Erstkommentierungen zum BauGB 2004

von

Dr. Dr. Jörg Berkemann

Richter am Bundesverwaltungsgericht a. D.
Honorarprofessor an der Universität Hamburg

Günter Halama

Richter am Bundesverwaltungsgericht

D1722583

vhw
Dienstleistung GmbH
verlag

Impressum

vhw – Dienstleistung GmbH
Neefestraße 2 a, 53115 Bonn

1. Auflage 2005
Alle Rechte beim Verlag

Redaktionelle Bearbeitung: Dr. Diana Coulmas

Layout: PAPYRUS – Schreib- und Büroservice, Bonn
Druck: DCM Druck Center Meckenheim

ISBN: 3-87941-920-5

Vorwort

Der Bundesgesetzgeber hat das Baugesetzbuch durch das Europarechtsanpassungsgesetz Bau – EAG Bau – vom 24. Juni 2004 (BGBl. I S. 1359) novelliert. Das Gesetz ist am 20. Juli 2004 in Kraft getreten. In seiner primären Zielsetzung dient es der innerstaatlichen Umsetzung der Richtlinie 2001/42/EG des Europäischen Parlaments und des Rates vom 27. Juli 2001 über die Prüfung der Umweltauswirkungen bestimmter Pläne und Programme (ABl. EG Nr. L 197, S. 30). Daneben enthält das EAG Bau zahlreiche Änderungen des Baugesetzbuches, namentlich für die Zulassung von Vorhaben im Innen- und im Außenbereich und für das Recht der Planerhaltung. Hinzu kommen Änderungen des Raumordnungsrechtes, des Naturschutzrechtes und des Gesetzes über die Umweltverträglichkeitsprüfung.

Die hier vorgelegte Erstkommentierung ist eine „Auswahlkommentierung". Sie behandelt zentral jene Änderungen des BauGB, die zum einen der Umsetzung der europarechtlichen Vorgaben dienen und die zum anderen wichtige Änderungen aus dem Bereich des Vorhabenrechtes betreffen. Insoweit wird eine leitfadenmäßige Auswahl getroffen. Diese soll gerade für jene Bestimmungen eine alsbaldige Orientierung bieten, die für die Praxis der planenden Gemeinden und der Genehmigungsbehörden von besonderem aktuellen Interesse sind. Diese Vorgehensweise bedingt eine Auswahl der zu kommentierenden Bestimmungen des BauGB. Gleichwohl versteht sich die Kommentierung nicht punktuell. Sie stellt vielmehr das neue Recht jeweils in den Gesamtzusammenhang der bisher geltenden Bestimmungen. Damit soll eine fundierte Orientierung über das neue Gesetzesrecht und seine Einordnung in das bisherige Recht erreicht werden.

Wesentliche Teile dieser Erstkommentierung sind im Zusammenhang mit der Vortragstätigkeit der beiden Autoren im Spätherbst 2004 entstanden. Der vhw hat auf Bundes-, aber auch auf Landesebene zahlreiche Fortbildungsseminare über das BauGB 2004 veranstaltet. Dabei konnte im kritischen Dialog manches an Klarheit über das neue Gesetzesrecht gewonnen werden. Das ist dieser Endfassung einer „ersten" Kommentierung zugute gekommen. Manche Zweifelsfragen haben sich allerdings nicht schlankweg ausräumen lassen. Weitere Fragen wird die konkrete Praxis aufwerfen.

Die Erstkommentierung folgt in ihrer Gliederung den Gesetzesparagraphen, die jeweils mit Text und Entstehungsgeschichte einführend angeführt werden. Dem Praktiker wird damit eine sofortige Zuordnung auftretender Probleme möglich sein, da der Gesetzgeber in der Systematik des Bauplanungsrechtes keine strukturellen Änderungen vorgenommen hat. Zahlreiche Belegstellen sollen zudem eine Rückkoppelung zur bisherigen Rechtslage ermöglichen. Die bis Anfang 2005 entstandene einführende Aufsatzliteratur zum BauGB 2004 ist berücksichtigt worden. Dasselbe gilt für die ober- und höchstgerichtliche Rechtsprechung, soweit sie inzwischen veröffentlicht war.

Die Autoren sind ein aktiver und ein ehemaliger Richter des für Bau- und Fachplanungsrecht zuständigen Senates des Bundesverwaltungsgerichts. Es bedarf kaum der Erwähnung, daß die im Kommentar vertretenen Ansichten keine „amtlichen" sind, was immer damit gemeint sein kann. Die Autoren folgen noch der „alten" Rechtschreibung. Daß sie durch ihre berufliche Tätigkeit geprägt sind und dies an der einen oder anderen Stelle des Kommentars auch zum Ausdruck kommt, wird niemand verwundern. Wenn auch die Autoren für alles, was sie niedergeschrieben haben, grade zu stehen haben, schließt dies nicht aus, für hilfreiche Unterstützungen zu danken. Das gilt neben zahlreichen Gesprächen mit Kollegen und mit Mitreferenten des vhw in besonderer Weise für Dr. Wolfgang Schrödter, dem Hauptgeschäftführer des Nieders. Städtetages. Der Dank richtet sich darüber hinaus an Dr. Diana Coulmas, Wiss. Referentin beim vhw, die das Projekt betreut und die Autoren in jeder Hinsicht unterstützt hat. Frau Ass. Juliane Fahner hat die Autoren durch Vorarbeiten in einigen Bereichen hilfreich unterstützt. Außerordentlich verbunden sind beide Autoren Oberamtsrätin Dipl-Bibl. Karin Siebert für gründliche Korrektur des Typoskriptes in seinen verschiedenen Fassungen. Wer weiß, wie leicht sich Fehler in einen umfangreichen Text einschleichen, wird sich diesem Dank nur anschließen können.

Berlin / Leipzig / Hamburg
März 2005

Jörg Berkemann   Günter Halama

Bearbeiterverzeichnis

Abkürzungsverzeichnis

a. A.	anderer Ansicht
ABl. EG	Amtsblatt der Europäischen Union (Europäischen Gemeinschaft)
Abs.	Absatz
AbwAG	Gesetz über Abgaben für das Einleiten von Abwasser in Gewässer (Abwasserabgabengesetz) in der Fassung der Bekanntmachung vom 3.11.1994 (BGBl. I S. 3370)
AEG	Allgemeines Eisenbahngesetz vom 27.12.1993 (BGBl. I S. 2378)
a. F.	alte Fassung
AfK	Archiv für Kommunalwissenschaft
AgrarR	Agrarrecht (auch AUR)
Anh.	Anhang
Anm.	Anmerkung
AnwBl.	Anwaltsblatt
ARGEBAU	Arbeitsgemeinschaft für das Bau-, Wohnungs- und Siedlungswesen zuständigen Minister der Länder
Art.	Artikel
Aufl.	Auflage
AUR	Agrar- und Umweltrecht
BAnz.	Bundesanzeiger
BauGB	Baugesetzbuch i. d. F. des EAG Bau vom 24.6.2004 (BGBl. I S. 1359)
BauGB-MaßnG	BauGB-Maßnahmengesetz i. d. F. vom 28.4.1993 (BGBl. I S. 622)
BauGB-RE	Referentenentwurf zum BauGB vom 3.6.2003
BauNVO	Baunutzungsverordnung i. d. F. vom 23.1.1990 (BGBl. I S. 132)
BauO	Bauordnung
BauR	Baurecht (Zeitschrift für das gesamte öffentliche und zivile Baurecht)
BauROG	Bau- und Raumordnungsgesetz 1998 vom 18.8.1997 (BGBl. I S. 2081)

BayObIG	Bayerisches Oberstes Landesgericht
BayVBl	Bayerische Verwaltungsblätter
BBauBl.	Bundesbaublatt
BBauG	Bundesbaugesetz vom 23.6.1960 (BGBl. I S.2256)
BBodSchG	Gesetz zum Schutz vor schädlichen Bodenveränderungen und zur Sanierung von Altlasten (Bundes-Bodenschutzgesetz) vom 17.3.1998 (BGBl. I S. 502)
BBodSchV	Bundes-Bodenschutz- und Altlastenverordnung vom 12.7.1999 (BGBl. I S. 1554)
Bek.	Bekanntmachung
BGBl. I	Bundesgesetzblatt Teil I
BGBl. II	Bundesgesetzblatt Teil II
BGH	Bundesgerichtshof
BGHZ	Entscheidungen des Bundesgerichtshofs (Amtliche Sammlung)
BImSchG	Bundes-Immissionsschutzgesetz i. d. F. vom 24.9.2002 (BGBl. I S. 3830)
1. BImSchV	1. Verordnung zur Durchführung des Bundes-Immissionsschutzgesetzes (Verordnung über kleinere und mittlere Feuerungsanlagen) i. d. F. vom 14.3.1999 (BGBl. I S. 490)
16. BImSchV	16. Verordnung zur Durchführung des Bundes-Immissionsschutzgesetzes (Verkehrslärmschutzverordnung) vom 12.6.1990 (BGBl. I S. 1036)
18. BImSchV	18. Verordnung zur Durchführung des Bundes-Immissionsschutzgesetzes (Sportanlagenlärmschutzverordnung) vom 18.7.1991 (BGBl. I S. 1588)
22. BImSchV	22. Verordnung zur Durchführung des Bundes-Immissionsschutzgesetzes (Verordnung über Immissionswerte für Schadstoffe in der Luft) vom 11.9.2002 (BGBl. I S. 3626)
24. BImSchV	24. Verordnung zur Durchführung des Bundes-Immissionsschutzgesetzes (Verkehrswege-Schallschutzmaßnahmenverordnung) vom 4.2.1997 (BGBl. I S. 172)
33. BImSchV	33. Verordnung zur Durchführung des Bundes-Immissionsschutzgesetzes (Verordnung zur Verminderung von Sommersmog, Versauerung und Nährstoffeinträgen) vom 13.7.2004 (BGBl. I S. 1612)
BK	Schlichter, Otto/Stich, Rudolf/Driehaus, Hans-Joachim/Paetow, Stefan (Hrsg.), Berliner Kommentar zum BauGB, Loseblatt-Kommentar, 3. Aufl., 2003

B/K/L	Battis, Ulrich/Krautzberger, Michael/Löhr, Rolf-Peter, Kommentar zum Baugesetzbuch, 9 Aufl., 2005
BKleinG	Bundeskleingartengesetz
BNatSchG	Bundesnaturschutzgesetz i.d.F. vom 25.3.2002 (BGBl. I S. 1193)
B-Plan	Bebauungsplan
BRat-Drs.	Bundesrat-Drucksache
BReg.	Bundesregierung
BRS	Baurechtssammlung
BSG	Bundessozialgericht
BTag-Drs.	Bundestag-Drucksache
Buchholz	Sammel- und Nachschlagewerk der Rechtsprechung des Bundesverwaltungsgerichts
Buchst.	Buchstabe
II. BV	Zweite Verordnung über wohnwirtschaftliche Berechnungen (Zweite Berechnungsverordnung)
BVerfG	Bundesverfassungsgericht
BVerfGE	Entscheidungen des Bundesverfassungsgerichts (Amtliche Sammlung)
BVerwG	Bundesverwaltungsgericht
BVerwGE	Entscheidungen des Bundesverwaltungsgerichts (Amtliche Sammlung)
BWaldG	Gesetz zur Erhaltung des Waldes und zur Erhaltung der Forstwirtschaft (Bundeswaldgesetz) vom 12.5.1975 (BGBl. I S. 1037)
Difu	Deutsches Institut für Urbanistik
DIN	Deutsches Institut für Normung e.V.
DNotZ	Deutsche Notar-Zeitschrift
DÖV	Deutsche Öffentliche Verwaltung
DVBl	Deutsches Verwaltungsblatt
DWW	Deutsche Wohnungswirtschaft
EAG Bau	Gesetz zur Anpassung des Baugesetzbuchs an EU-Richtlinien (Europarechtsanpassungsgesetz Bau) vom 24.6.2004 (BGBl. I S. 1359)
EEG	Gesetz für den Vorrang Erneuerbarer Energien (Erneuerbare-Energie-Gesetz) vom 21.7.2004 BGBl. I S. 1918)

EPLaR	Entscheidungen zum Planungsrecht
ESVGH	Entscheidungssammlung des Hessischen Verwaltungsgerichtshofs und des Verwaltungsgerichtshofs Baden-Württemberg
EU	Europäische Union
EuGH	Europäischer Gerichtshof
EuGHE	Entscheidungen des Europäischen Gerichtshofs (Amtliche Sammlung)
E/Z/B/K	Ernst, Werner/Zinkahn, Willy/Bielenberg, Walter/Krautzberger, Michael, Baugesetzbuch, Loseblatt-Kommentar.
FFH-RL	Richtlinie 92/43/EWG des Rates vom 21.05.1992 zur Erhaltung der natürlichen Lebensräume sowie der wildlebenden Tiere und Pflanzen (FFH-Richtlinie) (ABl. EG Nr. L 206 S. 7) i.d.F. der Richtlinie 97/62/EG des Rates vom 27.10.1997 (ABl. EG Nr. L 305 S. 42)
F-Plan	Flächennutzungsplan
FOC	Factory Outlet Center
FS	Festschrift
FStrG	Bundesfernstraßengesetz i.d.F. vom 20.2.2003 (BGBl. I S. 286)
Fußn.	Fußnote
GBO	Grundbuchordnung
GE	Gewerbegebiet (§ 8 BauNVO)
GemSen OGB	Gemeinsamer Senat der obersten Gerichtshöfe des Bundes
GewArch	Gewerbearchiv
GFZ	Geschoßflächenzahl
GG	Grundgesetz für die Bundesrepublik Deutschland
GI	Industriegebiet (§ 9 BauNVO)
GIRL	Geruchsimmissions-Richtlinie
GMBl.	Gemeinsames Ministerialblatt
GMK	Gemeinschaftskommentar
GO	Gemeindeordnung
GR	Größe der Grundfläche
GRZ	Grundflächenzahl
GVBl	Gesetz- und Verordnungsblatt
H	Höhe der baulichen Anlagen
HGZ	Hessischer Gemeindezeitung

Hrsg.	Herausgeber
i. d. F.	In der Fassung der Bekanntmachung
IFSP	Immissionswirksamer flächenbezogener Schallleistungspegel
in Verb. mit	In Verbindung mit
i. S. v.	Im Sinne von
IVU-RL	Richtlinie 96/61/EG über die integrierte Vermeidung und Verminderung von Umweltverschmutzungen
JMBl	Justizministerialblatt
juris	Datenbank „Rechtsprechung" des Juristischen Informationssystems juris
JZ	Juristenzeitung
KrW-AbfG	Gesetz zur Förderung der Kreislaufwirtschaft und Sicherung der umweltverträglichen Beseitigung von Abfällen vom 27.9.1994 (BGBl. I S. 2705)
KStZ	Zeitschrift für kommunales Steuerrecht
LAI	Länderausschuß für Immissionsschutz
LBauO	Landesbauordnung
LG	Landgericht
LKV	Landes- und Kommunalverwaltung
LuftVG	Luftverkehrsgesetz i. d. F. vom 27.3.1999 (BGBl. I S. 550)
MBl	Ministerialblatt
MD	Dorfgebiet (§ 5 BauNVO)
MI	Mischgebiet (§ 6 BauNVO)
MK	Kerngebiet (§ 7 BauNVO)
m. w. N.	mit weiteren Nachweisen
NBauO	Niedersächsische Bauordnung
NdsRPfl	Niedersächsischer Rechtspfleger
NdsVBl	Niedersächsische Verwaltungsblätter
NF	Neue Folge
n. F.	neue Fassung
NJW	Neue Juristische Wochenschrift
NordÖR	Zeitschrift für öffentliches Recht in Norddeutschland
NRW	Nordrhein-Westfalen
NST-N	Niedersächsischer Städtetag – Nachrichten für kreisfreie und kreiszugehörige Gemeinden

NuR	Natur und Recht
NVwZ	Neue Zeitschrift für Verwaltungsrecht
NVwZ-RR	NVwZ-Rechtsprechungsreport
NWVBl	Nordrhein-Westfälische Verwaltungsblätter
OLG	Oberlandesgericht
OVG	Oberverwaltungsgericht
OVGE Mü Lü	Entscheidungen des Oberwaltungsgerichts Münster und des Oberverwaltungsgerichts Lüneburg (Amtliche Sammlung)
PBefG	Personenbeförderungsgesetz i.d.F. vom 08.08.1990 (BGBl. I S. 1690)
Plan-UP-RL	Richtlinie 2001/42/EG des Europäischen Parlaments und Rates vom 27.6.2001 über die Prüfung der Umweltauswirkungen bestimmter Pläne und Programme (Abl. EG Nr. L 197 S. 30)
PlanzV	Planzeichenverordnung vom 18.12.1990 (BGBl. 1991 I S. 58)
RdL	Recht der Landwirtschaft
RdNr.	Randnummer
RechtsPfl	Der Deutsche Rechtspfleger
Rn.	Randnummer
ROG	Raumordnungsgesetz vom 18.8.1997 (BGBl. I S. 2081), zuletzt geändert durch das EAG Bau
SächsVBl	Sächsische Verwaltungsblätter
SchlHA	Schleswig-Holsteinische Anzeigen
SO	Sondergebiet (§§ 10, 11 BauNVO)
SRU	Rat von Sachverständigen für Umweltfragen
StuG	Deutscher Städte- und Gemeindebund
TA Lärm	Technische Anleitung zum Schutz gegen Lärm vom 26.8.1998 (Gemeinsames Ministerialblatt, herausgegeben vom Bundesministerium des Inneren, 1998 S. 503)
ThürVBl	Thüringer Verwaltungsblätter
TöB	Träger öffentlicher Belange
UIG	Umweltinformationsgesetz in der Fassung der Bekanntmachung vom 23.8.2001 (BGBl. I S. 2218)
UN-ECE	United Nations Economic Commission for Europe
UP	Umweltprüfung (nach BauGB)
UPR	Umwelt- und Planungsrecht
UVP	Umweltverträglichkeitsprüfung (nach UVPG)

UVPG	Gesetz über die Umweltverträglichkeitsprüfung i.d.F. vom 5.9.2001 (BGBl. I S. 205), zuletzt geändert durch das EAG Bau
UVP-RL	Richtlinie 85/337/EWG des Rates vom 27.6.1985 über die Umweltverträglichkeitsprüfung bei bestimmten öffentlichen und privaten Projekten (ABl. EG Nr. L 175 S. 40), geändert durch die Richtlinie des Rates vom 3.3.1997 (ABl. EG Nr. L 73 S.5)
VBlBW	Verwaltungsblätter für Baden-Württemberg
VDI	Verband Deutscher Ingenieure
VEP	Vorhaben- und Erschließungsplan
Verw	Die Verwaltung, Zeitschrift für Verwaltungsrecht und Verwaltungswissenschaften
VG	Verwaltungsgericht
VGH	Verwaltungsgerichtshof
VGHBW-Ls	VGH Baden-Württemberg Rechtsprechungsdienst (Leitsatzübersicht)
VO	Verordnung
Vogelschutz-RL	Richtlinie 79/409/EWG des Rates vom 2.4.1979 über die Erhaltung der wildlebenden Vogelarten (ABl. EG Nr. L 103 S. 1) i.d.F. der Richtlinie 97/49/EG der Kommission vom 29.7.1997 (ABl. EG Nr. L 223 S. 9)
VwGO	Verwaltungsgerichtsordnung i.d.F. vom 19.3.1991 (BGBl. I S. 686), zuletzt geändert durch das EAG Bau
VwRR MO	VerwaltungsRechtsReport (Aktuelle Rechtsprechung für die Verwaltungspraxis; Ausgabe Brandenburg, Mecklenburg-Vorpommern, Sachsen, Sachsen-Anhalt, Thüringen)
VwVfG	Verwaltungsverfahrensgesetz i.d.F. vom 23.1.2003 (BGBl. I S. 102)
WA	allgemeines Wohngebiet (§ 4 BauNVO)
WärmeschutzVO	Verordnung über einen energiesparenden Wärmeschutz bei Gebäuden vom 16.8.1999 (BGBl. I S. 2121)
WaStrG	Bundeswasserstraßengesetz i.d.F. vom 4.11.1998 (BGBl. I S. 3294)
WB	besonderes Wohngebiet (§ 4a BauNVO)
WHG	Wasserhaushaltsgesetz i.d.F. vom 12.11.1996 (BGBl. I S. 1695)
WR	reines Wohngebiet (§ 3 BauNVO)

WRRL	Wasserrahmenrichtlinie 2000/60/EG der EG vom 23.10.2000 (ABl. EG Nr. L 327 S. 1)
WS	Kleinsiedlungsgebiet (§ 2 BauNVO)
Z	Zahl der Vollgeschosse
ZAU	Zeitschrift für Angewandte Umweltforschung
ZfBR	Zeitschrift für deutsches und internationales Baurecht
ZfU	Zeitschrift für Umweltpolitik und Umweltrecht
ZfW	Zeitschrift für Wasserrecht
ZNER	Zeitschrift für neues Energierecht
ZUR	Zeitschrift für Umweltrecht

§ 1 BauGB – Aufgabe, Begriff und Grundsätze der Bauleitplanung

I.   § 1 Abs. 3 Satz 2 BauGB 2004

1.   Text der geänderten Fassung

1 (3) Die Gemeinden haben die Bauleitpläne aufzustellen, sobald und soweit es für die städtebauliche Entwicklung und Ordnung erforderlich ist. **Auf die Aufstellung von Bauleitplänen und städtebaulichen Satzungen besteht kein Anspruch; ein Anspruch kann auch nicht durch Vertrag begründet werden.**

2.   Textgeschichte

2 Die Gesetzesfassung entspricht dem Entwurf der BReg. (vgl. BTag-Drs. 15/2250 S. 10, S. 36). Der 14. Ausschuß ist dem Vorschlag gefolgt (vgl. BTag-Drs. 15/2996 S. 19).

3.   Erläuterung der Änderung

3.1 § 1 Abs. 3 Satz 1 BauGB 2004

3 Das **EAG Bau** hat § 1 Abs. 3 S. 1 BauGB nicht geändert. § 1 Abs. 3 S. 1 BauGB betrifft die Pflicht, Bauleitpläne (§ 1 Abs. 2 BauGB) zum Zwecke der städtebaulichen Entwicklung und Ordnung „aufzustellen". Die Bestimmung wird durch § 1 Abs. 8 BauGB sachlich erweitert. § 1 Abs. 3 S. 1 BauGB begründet eine ermessensbezogene Planungsbefugnis. Diese kann sich zu einer Planungspflicht verdichten.[1]

---

1   BVerwG, Urteil vom 17.9.2003 – 4 C 14.01 – BVerwGE 119, 25 = DVBl 2004, 239 = NVwZ 2004, 220 = UPR 2004, 137 = ZfBR 2004, 171 – Mülheim-Kärlich; vgl. zum Planerfordernis im Außenbe-

§ 1 Abs. 3 S. 1 BauGB ist striktes Recht. Die Erforderlichkeit der Planung kann die Gemeinde allerdings weitgehend, wenn auch unter Wahrung rechtlicher Schranken, selbst durch ihre eigene planerische Konzeption für die städtebauliche Entwicklung vorgeben. Die neuere Rechtsprechung des BVerwG kritisiert nur, daß die Gemeinde eine Planung bei hoher Komplexität der bauplanerischen Lage unterläßt.[2]

3.2 § 1 Abs. 3 Satz 2 BauGB 2004

(1) § 1 Abs. 3 S. 2 BauGB ist **textidentisch** mit § 2 Abs. 3 BauGB in der ergänzenden Fassung des BauROG 1998. Eine sachliche Änderung liegt in der „Verschiebung" des Gesetzestextes nicht vor. Das **EAG Bau** betont ebenfalls, daß gegen die Gemeinde kein Anspruch begründet werden kann, Bauleitpläne oder Satzungen aufzustellen. Das subjektive Recht auf Berücksichtigung privater Belange im Rahmen der Abwägung bleibt davon unberührt. Das EAG Bau bestätigt, daß die Gemeinde mit der Bauleitplanung ausschließlich im öffentlichen Interesse an einer geordneten städtebaulichen Entwicklung, nicht auch im individuellen Interesse einzelner tätig wird.[3] Das gilt gemäß § 1 Abs. 8 BauGB auch für die Änderung, Ergänzung oder Aufhebung eines Bauleitplanes. **4**

(2) § 1 Abs. 3 S. 2 BauGB duldet keine Ausnahme.[4] Ein Anspruch läßt sich auch nicht über den „Umweg" eines Folgenbeseitigungsanspruchs begründen.[5] Auch ein (subjektiver) Anspruch auf Fortsetzung eines begonnenen Aufstellungsverfahrens besteht nicht.[6] Es gibt auch keinen Anspruch darauf, daß ein Grundstück in **5**

reich BVerwG, Urteil vom 1.8.2002 – 4 C 5.01 – BVerwGE 117, 25 [35–37] = DVBl 2003, 62 = NVwZ 2003, 86 = UPR 2003, 35 = ZfBR 2003, 38 = BauR 2003, 55 = BRS 65 Nr. 10 (2002) – Einkaufszentrum Zweibrücken.

2 BVerwG, Urteil vom 17.9.2003 – 4 C 14.01 – BVerwGE 119, 25 = DVBl 2004, 239 = NVwZ 2004, 220 = UPR 2004, 137 = ZfBR 2004, 171 – Mülheim-Kärlich; vgl. zum Planerfordernis im Außenbereich BVerwG, Urteil vom 1.8.2002 – 4 C 5.01 – BVerwGE 117, 25 = DVBl 2003, 62 = NVwZ 2003, 86 = UPR 2003, 35 = ZfBR 2003, 38 = BauR 2003, 55 = BRS 65 Nr. 10 (2002) – Einkaufszentrum Zweibrücken, vgl. dazu H. Jochum, Die Genehmigung von Großvorhaben im Außenbereich: Von der Planungshoheit zur Planungsobliegenheit der Gemeinden, in: BauR 2003, 31–37; G. Wurzel, Zu Planerfordernissen für ein Factory Outlet Center und dem interkommunalen Abstimmungsgebot, in: DVBl 2003, 197–201; ferner G. Halama, Die Metamorphose der Krabbenkamp-Formel in der Rechtsprechung des Bundesverwaltungsgerichts, in: DVBl 2004, 79–83.

3 BVerwG, Urteil vom 17.9.2003 – 4 C 14.01 – BVerwGE 119, 25 = DVBl 2004, 239 = NVwZ 2004, 220 = UPR 2004, 137 = ZfBR 2004, 171 – Gewerbepark Mülheim-Kärlich; Urteil vom 30.4.2004 – 4 CN 1.03 – DVBl 2004, 1044 = NVwZ 2004, 1120 = ZfBR 2004, 567 = BauR 2004, 1427; Beschluß vom 9.10.1996 – 4 B 180.96 – NVwZ-RR 1997, 213 = ZfBR 1997, 97 = BauR 1997, 263 = BRS 48 Nr. 3; Beschluß vom 11.2.2004 – 4 BN 1.04 – BauR 2004, 1264.

4 BVerwG, Urteil vom 11.3.1977 – 4 C 45.75 – DVBl 1977, 529 = NJW 1977, 1979 = BauR 1977, 241; vgl. auch BVerwG, Beschluß vom 9.10.1996 – 4 B 180.96 – NVwZ-RR 1997, 213 = ZfBR 1997, 97 = BauR 1997, 263 = BRS 58 Nr. 3 (1996).

5 Vgl. BVerwG, Beschluß vom 28.7.1984 – 4 B 94.94 – NVwZ 1995, 598 = ZfBR 1985, 43 = BRS 56 Nr. 163.

6 BVerwG, Beschluß vom 9.10.1996 – 4 B 180.96 – NVwZ-RR 1997, 213 = ZfBR 1997, 97 = BauR 1997, 263 = BRS 58 Nr. 3; vgl. ferner BVerwG, Beschluß vom 3.8.1982 – 4 B 145.82 – DVBl 1982, 1096 = ZfBR 1982, 226 = BRS 39 Nr. 193.

den Geltungsbereich eines B-Plans einbezogen wird.[7] Eine andere Frage ist, ob die Gemeinde gemäß § 1 Abs. 3 S. 1 BauGB objektiv verpflichtet ist, einen Bauleitplan zum Zwecke der städtebaulichen Ordnung aufzustellen.[8] Eine andere Frage ist schließlich, ob eine Antragsbefugnis gemäß § 47 Abs. 2 VwGO gegeben ist, wenn die Gemeinde ein Grundstück „willkürlich" unbeplant gelassen hat.[9]

II. § 1 Abs. 4 BauGB 2004

1. Zielanpassungsgebot (§ 1 Abs. 4 BauGB)

6　(1) Das **EAG Bau** läßt § 1 Abs. 4 BauGB unberührt. Als für die Bauleitplanung verbindliches Ziel der Raumordnung gilt gemäß § 3 Nr. 2 ROG die verbindliche Vorgabe einer vom Träger der Landes- oder Regionalplanung abschließend abgewogenen Festlegung.[10] Ziele der Raumordnung erzeugen für die Gemeinde **strikte Rechtsbindungen.**[11] Ob eine raumordnerische Vorgabe die Qualität eines Ziels hat, hängt nicht von der Bezeichnung ab (vgl. § 7 Abs. 1 S. 3 ROG), sondern richtet sich nach dem materiellen Gehalt der Planaussage selbst. Erfüllt eine planerische Regelung nicht die inhaltlichen Voraussetzungen, die in § 3 Nr. 2 ROG umschrieben sind, so ist sie kein Ziel der Raumordnung.[12] Im Einzelfall können auch **gebietsscharfe Standortvorgaben** für gewichtige Infrastrukturvorhaben gerechtfertigt sein.[13]

7　(2) Die Raumordnungspläne müssen ihrerseits im Hinblick auf Art. 3 Abs. 1 bis 6 und Art. 4 der Richtlinie 2001/42/EG nach Maßgabe des Landesrechts den Anforderungen der **Umweltprüfung** genügen. Art. 5 der Richtlinie erfordert dazu einen **Umweltbericht.** Soweit die Gemeinde die vom Ziel der Raumordnung belassenen Gestaltungsräume eigenverantwortlich und insoweit abwägend durch Bauleitpläne ausfüllen kann, muß sie eine ergänzende UP vornehmen. Diese soll

---

7　BVerwG, Urteil vom 30.4.2004 – 4 CN 1.03 – DVBl 2004, 1044 = NVwZ 2004, 1120 = ZfBR 2004, 567 = BauR 2004, 1427.

8　BVerwG, Urteil vom 17.9.2003 – 4 C 14.01 – BVerwGE 119, 25 = DVBl 2004, 239 = NVwZ 2004, 220 = UPR 2004, 137 = ZfBR 2004, 171 – Gewerbepark Mülheim-Kärlich.

9　Vgl. VGH Mannheim, Beschluß vom 7.9.1994 – 3 S 1648 / 92 – VBlBW 1995, 204; OVG Bautzen, Urteil vom 28.9.1995 – 1 S 517/94 – DVBl 1996, 690 = NVwZ 1996, 1028; OVG Greifswald, Urteil vom 16.12.1997 – 3 K 17/97 – NordÖR 1998, 394 = LKV 1999, 68; OVG Koblenz, Beschluß vom 28.10.2003 – 8 C 10932/03 – n.v.; H. Dürr, Begriff des Nachteils bei der Normenkontrolle von Bebauungsplänen, in: DÖV 1990, 136–143 [143]; offen gelassen BVerwG, Urteil vom 30.4.2004 – 4 CN 1.03 – DVBl 2004, 1044 = NVwZ 2004, 1120 = ZfBR 2004, 567 = BauR 2004, 1427.

10　Vgl. BVerwG, Beschluß vom 20.8.1992 – 4 NB 20.91 – BVerwGE 90, 329 = DVBl 1992, 1438 = NVwZ 1993, 167 = ZfBR 1992, 280 = BRS 54 Nr. 12; Urteil vom 19.7.2001 – 4 C 4.00 – BVerwGE 115, 17 = DVBl 2001, 1855 = NVwZ 2002, 476 = ZfBR 2002, 65 = BauR 2002, 41 = BRS 64 Nr. 96 (2001).

11　BVerwG, Urteil vom 20.11.2003 – 4 CN 6.03 – DVBl 2004, 629 = NVwZ 2004, 614 = ZfBR 2004, 272 = BauR 2004, 807.

12　BVerwG, Urteil vom 18.9.2003 – 4 CN 20.02 – BVerwGE 119, 54 = NVwZ 2004, 226 = DVBl 2004, 251 = UPR 2004, 115 = ZfBR 2004, 177 = BauR 2004, 280; Beschluß vom 15.4. 2003 – 4 BN 25.03 – SächsVBl 2003, 192 = BauR 2004, 285.

13　BVerwG, Urteil vom 15.5.2003 – 4 CN 9.01 – BVerwGE 118, 181 = DVBl 2003, 1456 = NVwZ 2003, 1263 = ZfBR 2003, 776 = BauR 2003, 1679 (Landesmesse Stuttgart).

　　　　　　　　　　　　　　　　　　　　　　　　　　Berkemann

auf zusätzliche oder andere erhebliche Umweltauswirkungen beschränkt werden (§ 2 Abs. 4 S. 5 BauGB).

(3) § 7 Abs. 5 ROG 2004 setzt dies bundesrechtlich als **Rahmenrecht** um. Die Länder sind gemäß § 22 S. 2 ROG 2004 verpflichtet, diese Vorgabe bis zum 31.12.2006 zu erfüllen. Bis zu einer Umsetzung der Richtlinie 2001/42/EG durch die Länder ist § 7 Abs. 5 ROG 2004 unmittelbar anzuwenden. Das gilt gemäß der Überleitungsregelung des § 23 Abs. 3 S. 1 ROG für solche Raumordnungspläne, die **nach dem 20.7.2004** förmlich eingeleitet wurden. Ist § 7 Abs. 5 ROG 2004 unmittelbar anzuwenden, fungiert die Vorschrift als unmittelbares (revisibles) Bundesrecht. **8**

(4) Da die Gemeinde die Ziele der Raumordnung im Verfahren über die Aufstellung des Bauleitplans zu beachten hat, ist sie im Aufstellungsverfahren des Raumordnungsplanes zu beteiligen.[14] **9**

(5) Ziele der Raumordnung sind Rechtsvorschriften im Sinne von § 47 Abs. 1 Nr. 2 VwGO, die unabhängig davon der Normenkontrolle unterliegen, welche Rechtsform der Landesgesetzgeber für den Raumordnungsplan vorsieht, in dem sie enthalten sind.[15] **10**

2. Zielabweichungsverfahren (§ 11 ROG)

Von einem Ziel der Raumordnung kann in einem besonderen Verfahren abgewichen werden (vgl. § 11 S. 1 ROG). Das Nähere regelt das jeweilige Landesplanungsrecht. Die begünstigte Gemeinde kann durch ein derartiges Verfahren ihre zugewiesene Funktion verlieren. Aus diesem Grunde ist sie an dem Zielabweichungsverfahren notwendig zu beteiligen. **11**

III. § 1 Abs. 5 BauGB 2004 – Katalog der Ziele

1. Text der geänderten Fassung

(5) Die Bauleitpläne sollen eine nachhaltige städtebauliche Entwicklung, **die die sozialen, wirtschaftli- chen und umweltschützenden Anforderungen auch in Verantwortung gegenüber künftigen Gene- rationen miteinander in Einklang bringt**, und eine dem Wohl der Allgemeinheit **dienende** sozialge- rechte Bodennutzung gewährleisten. Sie sollen dazu beitragen, eine menschenwürdige Umwelt zu si- chern und die natürlichen Lebensgrundlagen zu schützen und zu entwickeln, **auch in Verantwortung für den allgemeinen Klimaschutz, sowie die städtebauliche Gestalt und das Orts- und Landschafts- bild baukulturell zu erhalten und zu entwickeln.** **12**

2. Textgeschichte

Der Gesetzestext entspricht weitestgehend dem Gesetzentwurf der BReg. (BTag- Drs. 15/2250 S. 10, 37). Der Bundesrat erhob keine Bedenken. Der 14. Ausschuß **13**

---

14 BVerwG, Beschluß vom 7.3.2002 – 4 BN 60.61 – NVwZ 2002, 869 = UPR 2002, 231 = ZfBR 2002, 487 = BauR 2002, 1061 = BRS 65 Nr. 51 (2002); vgl. auch BVerfGE 56, 298 [321]; 76, 107 [122].
15 BVerwG, Beschluß vom 17.6.2004 – 4 BN 5.04 – juris (Volltext).

ergänzte § 1 Abs. 5 S. 2 BauGB um die Worte „auch in Verantwortung für den allgemeinen Klimaschutz" (BTag-Drs. 15/2296 S. 19, 90).

3. Erläuterung

3.1 Allgemeines

14 (1) § 1 Abs. 5 BauGB wendet sich an die planende Gemeinde. Die Vorschrift umschreibt die allgemeinen Aufgaben und Ziele der Bauleitplanung. Das Gesetz konkretisiert die Aufgaben einer gemeindlichen Planungshoheit. Das **EAG Bau** hat gegenüber dem BauGB 1987 teilweise eine Neuordnung vorgenommen, auch in Hinblick auf die „einfachen" Belange des § 1 Abs. 6 BauGB 2004.

15 (2) Der dogmatische Standort des § 1 Abs. 5 BauGB ist unsicher. Er war dies bereits zu § 1 Abs. 5 S. 1 BauGB 1987. Die Bauleitpläne „sollen" die genannten Anforderungen gewährleisten. Das bisherige Schrifttum hat den von § 1 Abs. 5 S. 1 BauGB a. F. erfaßten Belangen auch den Status eines „Planungsleitsatzes" oder eines „Optimierungsgebotes" zugewiesen.[16] Ein wirklicher Erkenntnisgewinn hat sich dadurch indes nicht eingestellt. An diesem Befund hat die Neufassung des § 1 Abs. 5 BauGB nichts geändert. Ob man den Katalog des § 1 Abs. 5 BauGB dazu als „Planungsgrundsätze" bezeichnet, ändert an der rechtlichen Qualität der genannten Anforderungen ebenfalls nichts. Man sollte sich von einem gesetzespolitischen Aktionismus nicht täuschen lassen.

16 § 1 Abs. 5 BauGB hat vielmehr weitgehend programmatischen Charakter. Er erfährt dazu in § 1 Abs. 6 BauGB seine nähere Konkretisierung. Immerhin werden Zielwerte normiert. Von ihrer rechtlichen Beachtlichkeit darf nur in atypischen Fällen abgewichen werden. Insoweit läßt sich in § 1 Abs. 5 BauGB ein Bereich des „strikten Rechts" feststellen.[17] Dieser Regelungsbereich kann nicht im Wege der Abwägung überwunden werden.[18] So ist die Gesundheit der Menschen gemäß Art. 2 Abs. 2 S. 1 GG ein Belang, der stets zu wahren ist. Eine Parallelität besteht zu den Zielen der Raumordnung. Deren Beachtung kann gemäß § 1 Abs. 4 BauGB nicht durch Abwägung relativiert werden.[19] Immerhin ist erwägenswert, ob die in § 1 Abs. 5 BauGB gegenüber den in § 1 Abs. 6 BauGB bezeichneten „Zielwerte" einen relativen Vorrang besitzen.[20] Jedenfalls ist der Regelungsgehalt des § 1

---

16 So etwa B. Stüer, Städtebaurecht 2004, 2004, S. 24f.; vgl. allg. W. Hoppe, Die Bedeutung von Optimierungsgeboten im Planungsrecht, in: DVBl 1992, 853–862; ders., Berlin oder Bonn – Wer entscheidet über die städtebauliche Entwicklung Berlins als Hauptstadt Deutschlands, in: DVBl 1993, 573–583; R. Bartlsperger, Planungsrechtliche Optimierungsgebote, in: DVBl 1996, 1–13.

17 Vgl. zum Fachplanungsrecht BVerwG, Beschluß vom 30.10.1992 – 4 A 4.92 – NVwZ 1993, 565 [569] = UPR 1993, 62.

18 Vgl. weiterführend J. Dreyer, Die normative Steuerung der planerischen Abwägung. Strikte Normen, generelle Planungsbegriffe, Planungsleitlinie und Optimierungsgebote, 1995; W. Schrödter, in: H. Schrödter (Hrsg.), BauGB, 7. Aufl., 2005, § 1 Rn. 32.

19 BVerwG, Beschluß vom 20.8.1992 – 4 NB 20.91 – BVerwGE 90, 329 = DVBl 1992, 1438 = NVwZ 1993, 167 = ZfBR 1992, 280 = BRS 54 Nr. 12.

20 Vgl. auch BVerwG, Beschluß vom 5.4.1992 – 4 NB 3.91 – BVerwGE 92, 231 [232] = DVBl 1993, 662 = NVwZ 1994, 288 = ZfBR 1993, 197 = BRS 55 Nr. 37.

Abs. 5 BauGB weder als Optimierungsgebot noch als Gewichtungsvorgabe zu verstehen.[21] Das BVerwG, das zunächst den Gedanken eines Optimierungsgebotes grundsätzlich verfolgt hat, hat sich hiervon seit längerem gelöst.[22]

(3) § 1 Abs. 5 BauGB formuliert in Verbindung mit § 1 Abs. 1 und 3 BauGB **sechs** **17** **Zielwerte**. Ihnen kann man den Charakter von steuernden Großformeln zuweisen. Es sind dies:[23]

- Steuerung einer nachhaltigen städtebaulichen Entwicklung;
- Gewährleistung einer sozialgerechten Bodennutzung;
- Sicherung einer menschenwürdigen Umwelt;
- Schutz und Entwicklung der natürlichen Lebensgrundlagen des Menschen;
- Beiträge zum Klimaschutz;
- baukultureller Erhalt und Entwicklung der städtebaulichen Gestalt und des Orts- und Landschaftsbildes.

Die rechtliche Funktion des § 1 Abs. 5 BauGB läßt sich dazu in verschiedener Wei- **18** se entfalten: Als normierte Zielwerte konkretisiert und begrenzt die Bestimmung die Planungshoheit der Gemeinde. Demgemäß ist der Normierung das Verbot zu entnehmen, mit der Bauleitplanung andere als die städtebaulich ausgewiesenen Ziele zu verwirklichen.[24] Entscheidet sich die Gemeinde in der Abwägung für die konkretisierende Umsetzung eines dieser Ziele, legitimiert dies ihre Entscheidung.

3.2 § 1 Abs. 5 Satz 1 BauGB 2004

(1) Die zentrale Zielsetzung des § 1 Abs. 5 S. 1 BauGB ist es, den Grundsatz der **19** „**Nachhaltigkeit**" zu konkretisieren. Der Begriff bezieht sich auf die Ordnung und Gestaltung der städtebaulichen Entwicklung.

---

21 Vgl. zu Recht kritisch H.-J. Koch/R. Hendler, Baurecht, Raumordnungs- und Landesplanungsrecht, 4. Aufl., 2004, § 17 S. 240ff.; R. Bartlsperger, Planungsrechtliche Optimierungsgebote, in: DVBl 1996, 1–12; ders., Ökologische Gewichtungs- und Vorrangregelungen, in: Planung. FS W. Hoppe, 2000 S. 127–152; U. Kuschnerus, Der sachgerechte Bebauungsplan, 3. Aufl., 2004, Rn. 193; vgl. die früheren Präzisierungsversuche bei W. Hoppe, Das Abwägungsgebot in der Novellierung des Baugesetzbuchs, in: DVBl 1994, 1033–1041; nunmehr ders., Die Abwägung im EAG Bau nach Maßgabe des § 1 VII BauGB 2004. Unter Berücksichtigung von § 2 III, IV BauGB 2004, in: NVwZ 2004, 903–910 [909].

22 Deutlich bereits BVerwG, Beschluß vom 31.1.1997 – 4 NB 27.96 – BVerwGE 104, 68 = DVBl 1997, 1112 = NVwZ 1997, 1213 = UPR 1997, 403 = ZfBR 1997, 316 = BauR 1997, 794 = BRS 59 Nr. 8 (1997); dann deutlich zu § 50 BImSchG BVerwG, Urteil vom 28.1.1999 – 4 CN 5.98 – BVerwGE 108, 248 = DVBl 1999, 1288 = NVwZ 1999, 222 = UPR 1999, 268 = BauR 1999, 867 = BRS 62 Nr. 4 (1999); dort wird der Trennungsgrundsatz nur noch als „Abwägungsgrundsatz" bezeichnet, vgl. dagegen zuvor BVerwG, Urteil vom 22.3.1985 – 4 C 73.81 – BVerwGE 71, 163 [165] = DVBl 1985, 899 = NJW 1986, 82; Urteil vom 4.5.1988 – 4 C 2.85 – NVwZ 1989, 151.

23 Vgl. W. Schrödter, in: H. Schrödter (Hrsg.), BauGB, 7. Aufl., 2005, § 1 Rn. 75.

24 Vgl. BVerwG, Urteil vom 3.2.1984 – 4 C 54.80 – BVerwGE 68, 342 [349] = DVBl 1984, 629 = NVwZ 1984, 582 = ZfBR 1984, 135 = BauR 1984, 380 = BRS 42 Nr. 50: keine Schutz ortsansässige Betriebe vor Konkurrenz; BVerwG, Urteil vom 22.5.1987 – 4 N 4.86 – BVerwGE 77, 308 = DVBl 1987, 1001 [1002] = NVwZ 1987, 1072 = UPR 1987, 432 = ZfBR 1987, 249 = BRS 47 Nr. 54: Verbot kommunaler „Spielhallenpolitik".

20 Der **Begriff der Nachhaltigkeit** geht zurück auf das Aktionsprogramm für eine nachhaltige Entwicklung der Konferenz der Vereinten Nationen für Umwelt und Entwicklung 1992 in Rio de Janeiro – LOKALE AGENDA 21 – sowie das Abschluß-dokument der 2. Konferenz der Vereinten Nationen „Zukunftsfähige Entwicklung der Städte" (HABITAT II) von 1996 in Istanbul.[25] „Nachhaltige" Stadtentwicklung in diesem modernen Sinne soll danach bedeuten, daß ein weiterer Verbrauch von Grund und Boden vermieden wird. Die Planung habe dem vorsorgenden Umwelt-schutz und einer sozialverantwortlichen Wohnungsversorgung gleichermaßen zu dienen. Zugleich sollten stadtverträgliche Instrumente zur Wirtschaftsförderung und zur Verkehrsvermeidung entwickelt werden.[26]

21 (2) Der Grundsatz der „Nachhaltigkeit" wurde 1998 durch das BauROG in das BauGB eingeführt.[27] Für den Begriff der „Nachhaltigkeit" gab es im BauGB, anders als etwa in § 1 Abs. 2 ROG 1997, keine Definition.[28] **EAG Bau** modifiziert die Ver-pflichtung, im Rahmen der Bauleitplanung einen Beitrag zu einer nachhaltigen Stadtentwicklung zu leisten.[29] In der Neufassung wird der Begriff dahin erläutert, daß die sozialen, wirtschaftlichen und umweltschützenden Anforderungen auch in Verantwortung gegenüber künftigen Generationen miteinander in Einklang zu brin-gen sind (vgl. auch Kap. II § 29 HABITAT II). Das Ergebnis soll dann eine dem Wohl der Allgemeinheit dienende sozialgerechte Bodennutzung sein. Die Gemein-de soll hierzu einen angemessenen Ausgleich finden.[30]

22 (3) **Funktion.** Mit dem **Leitbild der Nachhaltigkeit** betont der Gesetzgeber er-neut die Ausgleichsfunktion der Bauleitplanung. Diese verträgt sich nicht mit einer einseitigen Ausrichtung an ökonomischen Interessen, sondern fordert, auch den sozialen und ökologischen Erfordernissen gerecht zu werden. Der Appell an die Verantwortung gegenüber künftigen Generationen soll nicht zuletzt im Interesse des Schutzes der natürlichen Ressourcen und einer auch sonst wirksamen Um-weltvorsorge den Blick für etwaige nachteilige Planungsfolgen schärfen, die erst auf lange Sicht drohen. Die gesetzlich normierte Ausgleichsfunktion wird in der Bauleitplanung durch deren Ordnungsfunktion und Gestaltungsfunktion instrumen-

---

25 Abschlußdokumente der Zweiten Konferenz der Vereinten Nationen über menschliche Siedlungen im Juni 1996 in Istanbul [Habitat II], hrsg. vom Bundesministerium für Raumordnung, Bauwesen und Städtebau (BflR), Bonn 1997.

26 Vgl. H.-G. Gierke, in: Brügelmann, BauGB, 1999, § 1 Rn. 504ff.; W. Schrödter, in: H. Schrödter (Hrsg.), BauGB, 7. Aufl., 2005, § 1 Rn. 91.

27 Vgl. auch Bericht der Bundesregierung über die Perspektiven für Deutschland – Nationale Strategie für eine nachhaltige Entwicklung (BTag-Drs. 14/8953).

28 Vgl. Thomas Robers, Das Gebot der nachhaltigen Stadtentwicklung als Leitvorstellung des Raum-ordnungs- und Bauplanungsrechts, 2003; A. Schink, Der Bodenschutz und seine Bedeutung für eine nachhaltige städtebauliche Entwicklung, in: DVBl 2000, 221–232; W. Spannowsky, Vertragliche Re-gelungen als Instrument zur Sicherung der nachhaltigen städtebaulichen Entwicklung, in: DÖV 2000, 569–579 [571]; D. Murswiek, „Nachhaltigkeit" – Probleme der rechtlichen Umsetzung eines umwelt-politischen Leitbildes, in: NuR 2002, 641–648.

29 Vgl. auch Bericht der BReg. über die Perspektiven für Deutschland. Nationale Strategie für eine nach-haltige Entwicklung, in: BTag-Drs. 14/8953.

30 Vgl. BVerwG, Beschluß vom 15.10.2002 – 4 BN 51.02 – NVwZ-RR 2003, 171 = ZfBR 2004, 287 = BauR 2004, 641.

tell umgesetzt.[31] Dazu gehört seit längerem die kommunale Entwicklungsplanung (vgl. § 1 Abs. 6 Nr. 11 BauGB). Das **EAG Bau** hat durch zahlreiche Einzelregelungen diese gemeindliche Aufgabenstellung akzentuiert. Hierzu normiert § 1 Abs. 5 S. 1 BauGB für die planende und zur Planung auch verpflichtete Gemeinde inhaltlich den konzeptuellen Rahmen.

(4) Die Gemeinde hat die zentrale Aufgabe, ihre Bauleitplanung für eine **sozial-** **23** **gerechte Bodennutzung** einzusetzen. § 1 Abs. 5 S. 1 BauGB bekräftigt damit die besondere Sozialbindung des Grundeigentums (vgl. Art. 14 Abs. 2 GG). § 1 Abs. 6 BauGB konkretisiert dieses Ziel, ebenso das besondere Städtebaurecht der §§ 136 ff. BauGB einschließlich des neu eingefügten § 171 e BauGB über die „Maßnahmen der Sozialen Stadt".[32]

(5) Eine grundlegende Änderung gegenüber der bisherigen Rechtslage liegt in **24** alledem nicht. Es überwiegt erneut der Appellcharakter. Schon nach dem bisherigen § 1 Abs. 5 S. 1 BauGB sollten die Bauleitpläne eine „nachhaltige städtebauliche Entwicklung" und eine dem Wohl der Allgemeinheit entsprechende sozialgerechte Bodenordnung gewährleisten und dazu beitragen, eine menschenwürdige Umwelt zu sichern und die natürlichen Lebensgrundlagen zu schützen und zu entwickeln. Die Forderungen, den Siedlungsflächenzuwachs deutlich zu verringern (vgl. § 1 Abs. 2 BauGB), nutzungsgemischte Stadtstrukturen zu schaffen oder im Wohnungsneubau einen Passivhausstandard zu gewährleisten, können als Belange abgewogen werden, ohne daß ihnen ein Vorrang vor anderen Belangen einzuräumen ist.[33]

3.3 § 1 Abs. 5 Satz 2 BauGB 2004

(1) **Schutz der natürlichen Lebensgrundlagen.** Das Grundgesetz fordert mit **25** der in Art. 20 a GG niedergelegten Staatszielbestimmung dazu auf, die natürlichen Lebensgrundlagen zu schützen. Diese Aufforderung trifft auch eine Gemeinde. Insoweit ist § 1 Abs. 5 S. 2 Halbs. 1 BauGB Ausdruck eines umweltschutzrechtlichen Anliegens. Die Bauleitpläne sollten auch bisher dazu beitragen, eine menschenwürdige Umwelt zu sichern und die natürlichen Lebensgrundlagen zu schützen und zu entwickeln. Das **EAG Bau** hat diese Forderungen um die „Verantwortung für den **Klimaschutz** sowie für die städtebauliche Gestalt und für das Orts- und Landschaftsbild" ergänzt. Der Gesetzgeber will die Bedeutung des Umweltschutzes in der Bauleitplanung aufgewertet wissen. Eine grundlegende Änderung gegenüber der bisherigen Rechtslage ist zwar nicht erkennbar, wohl aber eine gewisse Akzentverschiebung, die in der konkreten Rechtsanwendung subsumtiv kaum faßbar ist. Die Zielvorgabe des § 1 Abs. 5 S. 2 BauGB wird insoweit als

---

31 Ähnlich W. Schrödter, in: H. Schrödter (Hrsg.), BauGB, 7. Aufl., 2005, § 1 Rn. 8f.
32 Zur kommunalen Wohnungsbaupolitik vgl. W. Schrödter, in: H. Schrödter (Hrsg.), BauGB, 7. Aufl., 2005, § 1 Rn. 86 m.w.N.
33 So zutreffend W. Schrödter, in: H. Schrödter (Hrsg.), BauGB, 7. Aufl., 2005, § 1 Rn. 91a.

Belang und als Regelungsinhalt in § 1 Abs. 6 Nr. 7 Buchst. f), § 9 Abs. 1 Nr. 23 Buchst. b) und in § 11 Abs. 1 S. 2 Nr. 4 BauGB aufgenommen.

26 (2) Der Beitrag zur **Sicherung einer menschenwürdigen Umwelt** besteht vor allem darin, daß die Flächen, die schutzbedürftigen Nutzungen vorbehalten sind (z.B. §§ 2 bis 4 BauNVO), und die Flächen, die für störende Nutzungen bestimmt sind (z.B. §§ 8 und 9 BauNVO), einander so zugeordnet werden, daß gesunde Wohn- und Arbeitsverhältnisse (vgl. § 1 Abs. 6 Nr. 1 BauGB, vgl. auch § 34 Abs. 1 S. 2 BauGB) gewährleistet sind. Zur Entwicklung der „natürlichen Lebensgrundlagen" kann die Bauleitplanung dadurch beitragen, daß nicht bloß für bauliche Zwecke ausreichend bemessene Flächen zur Verfügung gestellt, sondern im Wege der Freiraumsicherung auch für sonstige Nutzungen angemessene Entfaltungsmöglichkeiten geschaffen werden (vgl. § 1 Abs. 1 BauGB:"... die bauliche und sonstige Nutzung der Grundstücke in der Gemeinde ..."). Daß in diesem Zusammenhang der Klimaschutz hervorgehoben wird, ist vor dem Hintergrund der allgemeinen Zielvorgabe zu sehen, durch eine Reduzierung der Treibhausgase einer Klimaänderung vorzubeugen (vgl. den Bericht der BReg. über die nationale Strategie für eine nachhaltige Entwicklung, in: BTag-Drs. 14/8953 S. 41, 67ff.).

27 (3) **Baukultur.** § 1 Abs. 5 S. 2 BauGB erweitert den Katalog um die Anforderungen an die städtebauliche Gestalt und das Orts- und Landschaftsbild, welche baukulturell zu erhalten und zu entwickeln sind. Daß es zu den Aufgaben der Bauleitplanung gehört, einen Beitrag zur allgemeinen Baukultur zu leisten, wird in der Begründung des Gesetzentwurfs aus dem gestalterischen Auftrag für den Innen- und Außenbereich abgeleitet (vgl. BReg., in: BTag-Drs. 15/2250 S. 34). Die Aufnahme der allgemeinen Baukultur in den Katalog der Leitvorstellungen verdeutlicht, daß auch dieser Belang für eine nachhaltige Entwicklung einen hohen Rang besitzen soll. Die Qualität der „gebauten" Umwelt ist Spiegelbild der Gesellschaft, die ihrerseits im Zusammenhang mit der Lebens- und Stadtqualität, aber auch mit Wirtschaftlichkeit und Standortqualitäten steht.

IV. § 1 Abs. 6 Nr. 7 BauGB 2004 – Katalog der Umweltbelange

1. Text der geänderten Fassung

28 (6) Bei der Aufstellung der Bauleitpläne sind insbesondere zu berücksichtigen:

1.

...

7. die Belange des Umweltschutzes, einschließlich des Naturschutzes und der Landschaftspflege, insbesondere

a) **die Auswirkungen auf Tiere, Pflanzen, Boden, Wasser, Luft, Klima und das Wirkungsgefüge zwischen ihnen sowie die Landschaft und die biologische Vielfalt,**

b) **die Erhaltungsziele und der Schutzzweck der Gebiete von gemeinschaftlicher Bedeutung und der Europäischen Vogelschutzgebiete im Sinne des Bundesnaturschutzgesetzes,**

c) **umweltbezogene Auswirkungen auf den Menschen und seine Gesundheit sowie die Bevölkerung insgesamt,**

Halama

d) umweltbezogene Auswirkungen auf Kulturgüter und sonstige Sachgüter,

e) die Vermeidung von Emissionen sowie der sachgerechte Umgang mit Abfällen und Abwässern,

f) die Nutzung erneuerbarer Energien sowie die sparsame und effiziente Nutzung von Energie,

g) die Darstellungen von Landschaftsplänen sowie von sonstigen Plänen, insbesondere des Wasser-, Abfall- und Immissionsschutzrechts,

h) die Erhaltung der bestmöglichen Luftqualität in Gebieten, in denen die durch Rechtsverordnung zur Erfüllung von bindenden Beschlüssen der Europäischen Gemeinschaften festgelegten Immissionsgrenzwerte nicht überschritten werden,

i) die Wechselwirkungen zwischen den einzelnen Belangen des Umweltschutzes nach den Buchstaben a, c und d,

...

2. Textgeschichte

Der Gesetzestext ist textidentisch mit dem Gesetzentwurf der BReg. (BTag-Drs. 15/2250 S. 10, 38). Der Bundesrat erhob keine Bedenken.   **29**

3. Erläuterung

Lit.: Wolfgang Schrödter, Das Europarechtsanpassungsgesetz Bau – EAG Bau – Übersicht über die wesentlichen Änderungen des BauGB, in: NST-N 2004, 197–216.   **30**

3.1 Allgemeines

(1) Der in § 1 Abs. 6 enthaltene Katalog ist nicht abschließend, sondern beispielhaft.[34] Eine Gemeinde ist grundsätzlich rechtlich ungebunden, sich im Rahmen der ihr aufgetragenen Abwägung für die Vorzugswürdigkeit eines bestimmten Belangs unter Hintansetzung eines anderen in § 1 Abs. 6 BauGB genannten Belangs zu entscheiden. Die Belange sind abstrakt gleichwertig.[35] Jeder Belang ist grundsätzlich im Rahmen der Abwägung durch einen anderen „überwindbar".[36] An dieser „abstrakten" Gleichwertigkeit aller Belange hat Art. 20a GG nichts geändert.   **31**

(2) § 1 Abs. 6 Nr. 7 BauGB stellt neben § 1 Abs. 5 S. 2 BauGB die zentrale inhaltliche Bestimmung des Umweltschutzes dar. Das EAG Bau akzentuiert dies bewußt (vgl. auch § 2 Abs. 4 BauGB). Gleichwohl ist die Bauleitplanung unverändert keine „reine Umweltplanung". Damit wäre die kommunale Planung zudem konstruktiv überfordert. Der Schutz der Umwelt läßt sich auf lokaler Ebene letztlich nur in Zusammenarbeit der Gemeinde mit anderen Planungsträgern, insbe-   **32**

---

34 BVerwG, Beschluß vom 5.4.1993 – 4 NB 3.91 – BVerwGE 92, 231 = DVBl 1993, 662 = NVwZ 1994, 288 = ZfBR 1993, 197 = BRS 55 Nr. 37.

35 Vgl. BVerwG, Beschluß vom 5.4.1993 – 4 NB 3.91 – BVerwGE 92, 231 = DVBl 1993, 662 = NVwZ 1994, 288 = ZfBR 1993, 197 = UPR 1993, 271 = BRS 55 Nr. 37.

36 BVerwG, Beschluß vom 21.12.1993 – 4 NB 40.93 – NVwZ 1994, 685 = UPR 1994, 152 = ZfBR 1994, 145 = BRS 55 Nr. 95; Beschluß vom 31.1.1997 – 4 NB 27.96 – BVerwG 104, 68 = DVBl 1997, 1112 = NVwZ 1997, 1213 = BauR 1997, 794 = BRS 59 Nr. 8; Beschluß vom 15.10.2002 – 4 BN 51.02 – NVwZ-RR 2003, 171 = ZfBR 2004, 287 = BauR 2004, 641.

sondere mit der für die Landes- und Regionalplanung, die Natur- und Landschaftsplanung, die Abfall- und Wasserplanung sowie die Verkehrs- und Energieplanung zuständigen Behörden und Träger öffentlicher Belange und mit den Genehmigungsbehörden erreichen (vgl. § 4 BauGB).[37]

33 (3) **Beweisführungslast.** Der Gesetzgeber kann mit der Betonung der Bedeutung bestimmter Belange einen spezifischen **Rechtfertigungsdruck** im Sinne einer „Abwägungsdirektive" auslösen, wenn die Gemeinde einen derartigen „ausgezeichneten" Belang durch andere im Rahmen ihrer planerischen Abwägung überwinden will.[38] Für **Umweltbelange** begründet § 1 Abs. 6 Nr. 7 BauGB in Verb. mit den Abwägungsdirektiven des § 1a BauGB einen derartigen Rechtfertigungsdruck. Nach dem gesetzgeberischen Konzept soll hierfür eine **spezifische Entscheidungsgrundlage** mit der erforderlichen UP (§ 2 Abs. 4 BauGB) und darstellend mit dem Umweltbericht (§ 2a BauGB) regelhaft geschaffen werden.

34 (4) Eine Gemeinde darf dazu **aktiven Umweltschutz**, auch vorbeugend, betreiben, soweit sich dies gemäß § 1 Abs. 3 S. 1 BauGB (auch) städtebaulich rechtfertigen läßt.[39] Gleichwohl soll sie gemäß § 1 Abs. 5 S. 1 BauGB eine dem Wohl der Allgemeinheit entsprechende sozialgerechte Bodennutzung gewährleisten. Von zentraler Bedeutung ist dazu § 1 Abs. 6 Nr. 7 BauGB. Die Vorschrift setzt Art. 1 Plan-UP-RL um. Das gesetzgeberische Ziel ist, ein hohes Umweltschutzniveau zu erreichen.[40] Ob damit eine generelle Optimierung der umweltbezogenen Belange verbunden ist, ist umstritten (vgl. § 2 Abs. 4 Rn. 50, 135 ff.).[41]

35 (5) Zwischen § 1 Abs. 6 Nr. 7 BauGB und § 2 Abs. 4 BauGB besteht ein verfahrensmäßiges Junktim. Die in § 1 Abs. 6 Nr. 7 BauGB aufgeführten Belange sind gemäß § 2 Abs. 4 S. 1 BauGB erst **nach** ihrer Ermittlung, Beschreibung und Bewertung im Rahmen der UP ohne Änderung in die gesamtplanerische Abwägung einzustellen (vgl. § 2 Abs. 4 S. 4 BauGB). Erst jetzt ist eine Abwägung dieser Belange mit anderen Belangen zulässig. In dieser Phase der konkreten Abwägung zeigt sich, daß die bauplanerisch relevanten Umweltbelange nicht abwägungsresistent sind.[42]

---

37 Instruktiv zu den Aufgaben der Gemeinden auf dem Gebiet des Umweltschutzes Bayer. Städtetag (Hrsg.), Die umweltbewußte Gemeinde – Leitfaden für eine nachhaltige Kommunalentwicklung", 1996.

38 Vgl. BVerwG, Beschluß vom 31.1.1997 – 4 NB 27.96 – BVerwG 104, 68 = DVBl 1997, 1112 = NVwZ 1997, 1213 = BauR 1997, 794 = BRS 59 Nr. 8 (naturschutzrechtliche Ausgleichspflicht); wie hier U. Kuschnerus, Der sachgerechte Bebauungsplan, 3. Aufl., 2004, Rn. 194, 199.

39 BVerwG, Beschluß vom 15.10.2002 – 4 BN 51.02 – NVwZ-RR 2003, 171 = ZfBR 2004, 287 = BauR 2004, 641.

40 Vgl. W. Hoppe, Die Abwägung im EAG Bau nach Maßgabe des § 1 VII BauGB 2004. Unter Berücksichtigung von § 2 III, IV BauGB 2004, in: NVwZ 2004, 903–910 [904].

41 Wohl bejahend M. Krautzberger/B. Stüer, Städtebaurecht 2004: Umweltprüfung und Abwägung, in: DVBl 2004, 914–924 [924]; eher verneinend W. Hoppe, Die Abwägung im EAG Bau nach Maßgabe des § 1 VII BauGB 2004. Unter Berücksichtigung von § 2 III, IV BauGB 2004, in: NVwZ 2004, 903–910 [904]; verneinend auch W. Schrödter, Das Europarechtsanpassungsgesetz Bau – EAG Bau, in: NST-N 2004, 197–216 [206].

42 Vgl. W. Hoppe, Die Abwägung im EAG Bau nach Maßgabe des § 1 VII BauGB 2004. Unter Berücksichtigung von § 2 III, IV BauGB 2004, in: NVwZ 2004, 903–910 [904, 907].

Halama

3.2 Bedeutung und Inhalt des § 1 Abs. 6 Nr. 7 BauGB 2004

(1) Besondere Bedeutung der benannten öffentlichen Belange besitzt § 1 Abs. 6 **36** Nr. 7 BauGB. In Verbindung mit § 1 a BauGB stellt die Vorschrift eine **spezifische „Checkliste" der Umweltbelange** zusammen.[43] § 1 Abs. 6 Nr. 7 BauGB lehnt sich dazu an das **Prüfprogramm der Plan-UP-RL** an. Nach Anhang I Buchst. f) Plan-UP-RL sind bei der Prüfung der voraussichtlichen erheblichen Umweltauswirkungen u. a. Aspekte wie die biologische Vielfalt, die Bevölkerung, die Gesundheit des Menschen, Fauna, Flora, Boden, Wasser, Luft, klimatische Faktoren, Sachwerte, das kulturelle Erbe einschließlich der architektonisch wertvollen Bauten und der archäologischen Schätze, die Landschaft und die Wechselbeziehung zwischen den genannten Faktoren zu berücksichtigen.

(2) Der Richtliniengeber weist in einer Fußnote darauf hin, daß in die nach Art. 5 **37** Plan-UP-RL gebotene Betrachtung auch sekundäre, kumulative, synergetische, kurz-, mittel- und langfristige, ständige und vorübergehende, positive und negative Auswirkungen einzubeziehen sind. Dieser **medienübergreifende Ansatz,** der auf der Stufe der Vorhabenzulassung bereits für die UVP-RL kennzeichnend war und in § 2 Abs. 1 UVPG seinen Niederschlag gefunden hat, soll sich nunmehr als roter Faden auch durch das Bauplanungsrecht ziehen. In § 1 Abs. 6 Nr. 7 Buchst. a), c), d) und i) BauGB werden hierzu die Belange aufgeführt, die Gegenstand der UP sein sollen. Mit der Aufnahme der Schutzgüter „Mensch", „Kulturgüter" und „Sachgüter" in den Katalog des § 1 Abs. 6 Nr. 7 BauGB folgt der deutsche Gesetzgeber der Systematik der Plan-UP-RL, obwohl insoweit nach herkömmlichem Verständnis eher soziale oder wirtschaftliche Aspekte behandelt werden als Umweltbelange. Dies ist nicht als begriffliche Unschärfe, sondern als Beleg dafür zu werten, daß nach der Konzeption des europäischen Umweltrechts ein **integrativer Ansatz** geboten ist.

3.2.1 Allgemeines

(1) Das **EAG Bau** faßt in § 1 Abs. 6 Nr. 7 BauGB die Belange des Umweltschut- **38** zes zusammen. Der so erstellte Katalog „definiert" den Bereich des Umweltschutzes einschließlich des Naturschutzes und der Landschaftspflege. Das hat vor allem Gründe systematischer Klarheit. Eine substantielle Änderung ist gegenüber der früheren Rechtslage nicht eingetreten. Die Belange hatte das BauGB bisher in verschiedenen Vorschriften und in einer nicht erkennbaren Systematik behandelt.[44] Der Katalog ist im Vergleich zur früheren Fassung des BauGB allerdings textlich erheblich erweitert worden. Mit § 1 Abs. 6 Nr. 7 BauGB hat sich die Zahl der „**abzuarbeitenden" Merkposten** deutlich erhöht.

(2) Der Katalog des § 1 Abs. 6 Nr. 7 BauGB ist inhaltlich offen, mithin nicht ab- **39** schließend, dennoch umweltbezogen zentriert. Er wird u. a. durch § 1 a Abs. 2 und

---

43 Vgl. U. Kuschnerus, Der sachgerechte Bebauungsplan, 3. Aufl., 2004, Rn. 183.
44 Vgl. dazu W. Schrödter, in: H. Schrödter (Hrsg.), BauGB, 6. Aufl., 1998, § 1 Rn. 120, 142, § 1a Rn. 7–12.

3 S. 1 BauGB ergänzt. Die Bodenschutz- und die Umwidmungssperrklausel des § 1a Abs. 2 BauGB sowie die Vermeidung und der Ausgleich voraussichtlich erheblicher Beeinträchtigungen des Landschaftsbildes sowie der Leistungs- und Funktionsfähigkeit des Naturhaushalts gehören im weiteren Sinne zu den Belangen des Umweltschutzes. Sie hätten aus systematischen Gründen in die Aufzählung des § 1 Abs. 6 Nr. 7 BauGB aufgenommen werden können (vgl. § 2 Abs. 4 S. 1 BauGB). Die Gemeinde muß neue tatsächliche oder rechtliche Entwicklungen in der Beurteilung der Umweltbelange, auch naturwissenschaftliche Erkenntnisfortschritte, berücksichtigen.[45]

40 (3) § 1 Abs. 6 Nr. 7 BauGB zielt – ebenso wie der Aufbau der Anlage zu § 2 Abs. 4 BauGB – auch auf ein praktisches Vorgehen in der Bauleitplanung. Das geschieht nicht zuletzt im Hinblick auf § 2 Abs. 4 S. 1 Halbs. 1 BauGB. Danach muß bei der Aufstellung von Bauleitplänen, aber auch bei deren Ergänzung oder Änderung, eine formalisierte UP durchgeführt werden. Die Gemeinde soll die bezeichneten Belange „abarbeiten". In der UP sind die voraussichtlichen erheblichen Umweltauswirkungen auf die Belange gerade der §§ 1 Abs. 6 Nr. 7 und § 1a BauGB zu ermitteln und zu bewerten, die mit der Durchführung eines Bauleitplanes verbunden sein können.

3.2.2 Bedeutung des § 1 Abs. 6 Nr. 7 Buchst. a) BauGB 2004

3.2.2.1 Allgemeiner Regelungsgehalt

41 (1) § 1 Abs. 6 Nr. 7 Buchst. a) BauGB erfaßt umweltschutzbezogene Auswirkungen auf Tiere, Pflanzen, Boden, Wasser, Luft und Klima. Insbesondere ist das Wirkungsgefüge zwischen diesen Umweltmedien und der Landschaft Inhalt eines Umweltbelangs. EAG Bau erweitert damit gegenüber § 1 Abs. 5 S. 2 Nr. 7 BauGB 1987 bewußt den Bereich der umweltbezogenen Belange. Nunmehr sind auch die biologische Vielfalt und die zwischen einzelnen Belangen gegebenen Wechselwirkungen zu berücksichtigen. Das alles verweist auf einen betont integrativen Ansatz.

42 (2) **Bezug auf den Naturhaushalt.** Die in § 1 Abs. 6 Nr. 7 Buchst. a) BauGB genannten Schutzgüter weisen Berührungspunkte mit dem Naturschutzrecht auf. Boden, Wasser, Luft, Klima, Tiere und Pflanzen sowie das Wirkungsgefüge zwischen ihnen gelten in § 10 Abs. 1 Nr. 1 BNatSchG als Bestandteile des „Naturhaushalts". Das BauGB will zielorientiert einen ökologischen Funktionszusammenhang aller biotischen und abiotischen Faktoren eines komplexen Wirkungsgefüges des Naturhaushaltes erfassen.[46] Der Vollzug der Planung soll möglichst dieses Wirkungsgefüge nicht beeinträchtigen.[47] Zudem besteht zwischen der Ermittlung und

45 Vgl. ähnlich W. Schrödter, in: H. Schrödter (Hrsg.), BauGB, 7. Aufl., 2005, § 1 Rn. 93, 94b, 132, auch unter Hinweis auf den gebotenen Hochwasserschutz.
46 Vgl. U. Kuschnerus, Der sachgerechte Bebauungsplan, 3. Aufl., 2004, Rn. 381.
47 Vgl. OVG Münster, Urteil vom 28.6.1995 – 7a D 44/94.NE – OVGE MüLü 45, 22 = DVBl 1996, 58 = NVwZ 1996, 274 = BRS 57 Nr. 276 (1995) zu § 8a Abs. 1 BNatSchG 1993.

Bewertung der Belange nach § 1 Abs. 6 Nr. 7 Buchst. a) BauGB und § 1a Abs. 3 BauGB ein enger innerer Zusammenhang. Weisen die planbedingten Auswirkungen auf Tiere, Pflanzen, Boden, Wasser, Luft, Klima und das Wirkungsgefüge zwischen ihnen sowie die Landschaft die Merkmale eines Eingriffs im Sinne des § 18 BNatSchG auf, so hat die Gemeinde im Rahmen der Abwägung begründete Überlegungen zu Vermeidungs- und zu Ausgleichsmaßnahmen (vgl. § 200a BauGB) anzustellen. Die bisher übliche landschaftspflegerische Darstellung ist in den Umweltbericht zu integrieren.[48]

3.2.2.2 Tiere und Pflanzen

(1) Tiere und Pflanzen sind Teile des Naturhaushaltes (vgl. § 2 Nr. 9 BNatSchG). **43** Der Belang umfaßt auch den Schutz der Lebensräume und Lebensstätten von Tieren und Pflanzen, da die mit der Bauleitplanung zugelassene Art der Bodennutzung in besonderer Weise in diese eingreift (vgl. § 1 Nr. 3 BNatSchG).[49] Der berücksichtigungsbedürftige Belang besteht darin, Tiere und Pflanzen nach Möglichkeit zu erhalten und deren Lebensbedingungen zu verbessern. Das legt auch der Tierschutz des Art. 20a GG nahe. Die Auswirkungen eines Bauleitplanes sind hierzu im Rahmen der Eingriffsregelung zu minimieren oder, wenn dieses nicht möglich ist, auszugleichen (vgl. § 1a Abs. 3 BauGB). Der Umweltbericht hat die bedrohte Tier- und Pflanzenwelt in Bestand und Gefährdungslage zu beschreiben (vgl. Nr. 2 Buchst. a) der Anlage zum BauGB).

(2) Tiere und Pflanzen erhalten durch gesonderte Gesetze einen weitergehenden **44** Schutz. Das ist in der Bauleitplanung zu beachten. Das gilt z.B. für den naturschutzrechtlichen Arten- und Biotopschutz (vgl. §§ 39ff. BNatSchG). Hinzu tritt der gemeinschaftsrechtliche Habitatschutz der FFH-RL und der Vogelschutz-RL (vgl. § 1 Abs. 6 Nr. 7 Buchst. b) BauGB in Verb. mit § 1a Abs. 4 BauGB). Die Planungshoheit der Gemeinde wird dadurch erheblich begrenzt. Das Landesrecht kann in Ausfüllung des bundesnaturschutzrechtlichen Rahmenrechts weitere Einschränkungen vorsehen. Das gilt etwa für Anforderungen an die Landschaftsplanung (vgl. §§ 12ff. BNatSchG).[50]

3.2.2.3 Bodenschutz

Der Schutz des Bodens stellt inzwischen eine zentrale Aufgabe der umweltbezo- **45** genen Bauleitplanung dar. Das gilt für den fortschreitenden Verbrauch an Grund und Boden, aber auch für umweltgefährdende Belastungen (vgl. auch § 9 Abs. 5 Nr. 3 BauGB). § 1 Abs. 6 Nr. 7 Buchst. a) BauGB erfaßt beides. Hinweise ergeben sich ergänzend aus § 2 Abs. 2 BBodSchG. Das **EAG Bau** hat bisherige Bestimmungen über den Bodenschutz (vgl. § 1a Abs. 1 BauGB 1998) in dem § 1a Abs. 2 BauGB 2004 zusammengefaßt und erweitert (vgl. § 1a Rn. 9). Die Gemeinde

---

48 Vgl. U. Kuschnerus, Der sachgerechte Bebauungsplan, 3. Aufl., 2004, Rn. 496.
49 Vgl. W. Schrödter, in: H. Schrödter (Hrsg.), BauGB, 7. Aufl., 2005, § 1 Rn. 130.
50 Vgl. W. Schrödter, in: H. Schrödter (Hrsg.), BauGB, 7. Aufl., 2005, § 1 Rn. 132 a.E.

kann für Maßnahmen des Bodenschutzes Festsetzungen nach § 9 Abs. 1 Nr. 20 BauGB treffen.[51]

3.2.2.4 Wasser

46 (1) Wasser ist seit jeher ein zentrales Schutzgut. Es bestehen zahlreiche gesetzliche Vorgaben (vgl. das WHG, AbwAG; EG-Wasserrahmenrichtlinie – WRRL [Richtlinie 2000 / 60 / EG]; Landeswassergesetze).[52] Ge- und Verbote, die sich aus Verordnungen zum Grundwasserschutz ergeben, sind für die Gemeinde verbindlich.[53]

47 (2) Bestehen keine verbindlichen Vorgaben, muß die Gemeinde den Gewässerschutz als öffentlichen Belang abwägen.[54] So kann sie im Rahmen der Bauleitplanung vielfältige Festsetzungen zum Schutz des Grundwassers wie zum Hochwasserschutz treffen.[55] Erhebliche Bedeutung für den Gewässerschutz hat die Versickerung des Regenwassers (Niederschlagswasser). Hierzu sind geeignete bauplanerische Festsetzungen möglich.[56]

48 (3) In aller Regel erfordert die erschließende Ausweisung größerer Baugebiete, daß eine kontrollierbare Abwasserableitung und Trinkwasserversorgung gewährleistet ist.[57] Die Überplanung eines nicht förmlich festgesetzten Überschwemmungsgebietes kann zu einem Abwägungsfehler führen.[58] Ein B-Plan, dessen Vollzug im wesentlichen nur mit Ausnahmegenehmigungen möglich ist, ist wegen fehlender Realisierungsfähigkeit regelmäßig unwirksam.[59] Etwas anderes gilt, wenn die vorgesehene Bebauung keinen oder nur geringen Einfluß auf den Wasserabfluß hat.[60]

51 Vgl. BVerwG, Beschluß vom 30.9.2003 – 4 BN 39.03 – Buchholz 406.11 § 9 BauGB Nr. 98.

52 Gesetz über Abgaben für das Einleiten von Abwasser in Gewässer. Abwasserabgabengesetz – AbwAG in der Fassung vom 3.11.1994 (BGBl. I S. 3370), mit späteren Änderungen; ferner Richtlinie 2000/60/EG des Rates zur Schaffung eines Ordnungsrahmens für Maßnahmen der Gemeinschaft im Bereich der Wasserpolitik – Wasserrahmenrichtlinie – WRRL – vom 23.10.2000 (ABl. EG Nr. L 327 S. 1 vom 22.12.2000); vgl. R. Breuer, Öffentliches und privates Wasserrecht, 3. Aufl., 2004, Rd. 8ff.

53 St. Huster, Baubeschränkungen in Wasserschutzgebieten, in: NuR 1992, 56–62.

54 BVerwG, Beschluß vom 26.3.1993 – 4 NB 45.92 – NVwZ-RR 1993, 598 = UPR 1993, 268 = BRS 55 Nr. 15; OVG Bautzen, Urteil vom 8.12.1993 – 1 S 143/92 – SächsVBl 1994, 131 = LKV 1994, 371; OVG Lüneburg, Urteil vom 15.5.2003 – 1 KN 3008/01 – BauR 2003, 1524.

55 Vgl. M. Kotulla, Möglichkeiten des Grundwasserschutzes bei Flächennutzungsplanung, in: ZfBR 1995, 119–128; St. Mitschang, Wasser- und Gewässerschutz in städtebaulichen Planungen, in: ZfBR 1996, 63–74; ders., Bodenschutz, Gewässerschutz und Hochwasserschutz in den städtebaulichen Planungen und im Baugenehmigungsverfahren, in: NVwZ 1996, 875–877; B. Stüer, Hochwasserschutz im Spannungsverhältnis zum Fachplanungsrecht und zur Bauleitplanung, in: NuR 2004, 415–420.

56 BVerwG, Urteil vom 30.8.2001 – 4 CN 9.00 – BVerwGE 115, 77 = DVBl 2002, 269 = NVwZ 2002, 202 = UPR 2002, 108 = ZfBR 2002, 164 = BauR 2002, 424 = BRS 64 Nr. 36 (2001); BGH, Urteil vom 18.2.1999 – III ZR 272/96 – BGHZ 140, 380 = DVBl 1999, 609 = NVwZ 1999, 689 = ZfBR 1999, 214 = BRS 62 Nr. 13 (1999).

57 W. Schrödter, in: H. Schrödter (Hrsg.), BauGB, 7. Aufl., 2005, § 1 Rn. 134.

58 BVerwG, Beschluß vom 26.3.1993 – 4 NB 45.92 – NVwZ-RR 1993, 598 = UPR 1993, 268 = BRS 55 Nr. 15; VGH Kassel, Urteil vom 4.12.1996 – 4 UE 2575/90 – BRS 58 Nr. 29.

59 Vgl. VGH München, Urteil vom 24.11.1994 – 2 N 93.3393 – NVwZ 1995, 924 = NuR 1995, 411 = BRS 56 Nr. 18.

60 OVG Lüneburg, Urteil vom 30.3.2000 – 1 K 2491/98 – ZfBR 2000, 573 = BRS 63 Nr. 63 für Einstellplätze; vgl. auch W. Schrödter, in: H. Schrödter (Hrsg.), BauGB, 7. Aufl., 2005, § 1 Rn. 135.

3.2.2.5 Klima und Luft

(1) Der **Schutz der Luft** bezieht sich auf deren Reinhaltung. Das Schutzniveau 49
ergibt sich u. a. aus dem BImSchG, hierauf bezogene Verordnungen, ferner aus
den Orientierungswerten der TA Luft 1998. Eine Planung, deren Vollzug erkennbar die Orientierungswerte der TA Luft 1998 nicht einhalten kann, ist wegen fehlender Realisierungsfähigkeit unwirksam.[61] Umstritten ist, ob der B-Plan auch gemäß § 9 Abs. 1 Nr. 23 Buchst. a) BauGB Grenzwerte für Luftverunreinigungen
festsetzen darf, die von den Werten der TA Luft 1998 abweichen.[62] Liegen städtebauliche Gründe vor, dürfte dies zu bejahen sein. Für die „soziale" Stadt sind betont gesundheitspolitische Zielsetzungen nicht ausgeschlossen.

(2) Das **EAG Bau** hat den allgemeinen Klimaschutz in § 1 Abs. 5 S. 2 BauGB 50
„aufgewertet". Der **Schutz des Klimas** erfolgt mittelbar, zum einen durch großflächige Maßnahmen der Reinhaltung der Luft (damit Verringerung u. a. kohlendioxid-
reicher Emissionen, Schadstoffminderung im Verkehr, Minderung der Methan-
emissionen im Abfallbereich), auch durch Ausweisung von Grünflächen und Wäl-
dern, um so u. a. klimawirksame Schneisen für Luftströmungen zu schaffen, auch
Durchlüftung der Innenstädte.[63]

3.2.2.6 Wirkungsgefüge zwischen Belangen

§ 1 Abs. 6 Nr. 7 Buchst. a) BauGB fordert, daß das Wirkungsgefüge zwischen der 51
Tier- und Pflanzenwelt, Boden, Wasser, Luft und Klima als medienübergreifender,
integrativer Belang berücksichtigt wird. Das ist ein modernes Verständnis des Umweltschutzes. Das EAG Bau anerkennt, daß Abhängigkeiten zwischen einzelnen
Medien bestehen.

3.2.2.7 Landschaft

Auswirkungen auf die Landschaft sind als Belang zu berücksichtigen. Als Schutz- 52
objekt „**Landschaft**" wird zunächst das **Landschaftsbild** (vgl. § 1 Nr. 4 BNatSchG)
erfaßt. Dieses soll vor allem vor optischen Störungen geschützt werden. Das erfordert regelhaft eine bewertende Betrachtung. Des weiteren ist die **Erholungs-
funktion** der Landschaft gemeint (vgl. § 2 Nr. 13 BNatSchG).[64] Der Schutz der
Landschaft gehört zu den wesentlichen Elementen des Regelungsprogramms der
§§ 18 ff. BNatSchG.

---

61 Vgl. BVerwG, Urteil vom 12.8.1999 – 4 CN 4.98 – BVerwGE 109, 246 = DVBl 2000, 187 = NVwZ
   2000, 550 = ZfBR 2000, 125 = BauR 2000, 229 = BRS 62 Nr. 1 – Sportlärm.
62 Vgl. W. Schrödter, in: H. Schrödter (Hrsg.), BauGB, 7. Aufl., 2005, § 1 Rn. 135 f., § 9 Rn. 128 ff.
63 Vgl. zu Maßnahmen des Klimaschutz W. Schrödter, in: H. Schrödter (Hrsg.), BauGB, 7. Aufl., 2005,
   § 9 Rn. 82, 140, 142 a. E.
64 Vgl. BVerwG, Beschluß vom 12.2.2003 – 4 BN 9.03 – NVwZ-RR 2003, 406 = UPR 2003, 230 =
   ZfBR 2003, 381 = BauR 2003, 838; OVG Münster, Urteil vom 30.11.2001 – 7 A 4857/00 – NVwZ
   2002, 1135 = ZfBR 2002, 495 = BauR 2002, 886.

3.2.2.8 Biologische Vielfalt

53 (1) Die **biologische Vielfalt** ist selbst Schutzgut. Das EAG Bau setzt damit die Vorgabe in Anhang I Buchst. f) Plan-UP-RL um (vgl. BReg., in: BTag-Drs. 15/2250 S. 38). Die Erhaltung der biologischen Vielfalt wird als Schutzgut auch in § 2 Nr. 8 BNatSchG aufgeführt.

54 (2) Maßgebend dürfte damit die in Art. 2 Abs. 2 der **Biodiversitätskonvention** (Convention of Biological Diversion [CBD]) von 1992 gegebene Begriffsbestimmung sein.[65] Danach wird unter biologischer Vielfalt verstanden „die Variabilität unter lebenden Organismen jeglicher Herkunft, darunter unter anderem Land-, Meer- und sonstige aquatische Ökosysteme und die ökologischen Komplexe, zu denen sie gehören". Die Vielfalt von Pflanzen, Tieren, Mikroorganismen und Lebensräumen bildet die Lebensgrundlage des Menschen und hält den Naturhaushalt im Gleichgewicht. Erfaßt wird außerdem die Vielfalt innerhalb der Arten und zwischen den Arten und die Vielfalt der Ökosysteme selbst. Maßgebend ist auf der Erkenntnisebene der gegenwärtige und für die Gemeinde greifbare **Wissensstand** (vgl. § 2 Abs. 4 S. 3 BauGB).

3.2.3 Bedeutung des § 1 Abs. 6 Nr. 7 Buchst. b) BauGB 2004

55 (1) **Verbotslage.** § 1 Abs. 6 Nr. 7 Buchst. b) BauGB 2004 bezeichnet als Belang die Erhaltungsziele und den Schutzzweck der Gebiete von gemeinschaftlicher Bedeutung (sog. FFH-Gebiete) und der Europäischen Vogelschutzgebiete im Sinne des BNatSchG. Die Vorschrift verweist damit mittelbar auf die Begriffsbestimmungen in § 10 Abs. 1 Nr. 9 und Nr. 10 BNatSchG, mittelbar auf §§ 32 bis 38 BNatSchG. § 1 Abs. 6 Nr. 7 Buchst. b) BauGB korrespondiert unmittelbar mit § 1 a Abs. 4 BauGB. Die genannten Gebiete sind ohne eine umfassende Verträglichkeitsprüfung nach Maßgabe des Art. 6 Abs. 3 FFH-RL in Verb. mit § 34 BNatSchG kaum überplanbar, auch wenn ein absolutes „Planungsverbot" nicht besteht.[66] Der Schutz erfaßt auch den sog. Umgebungsschutz.[67]

56 (2) **Abwägungslage.** Das EAG Bau verdeutlicht mit § 1 Abs. 6 Nr. 7 Buchst. b), daß die **Erhaltungsziele und der Schutzzweck der FFH-Gebiete und der Vo-**

---

65 Vgl. Gesetz vom 30.8.1993 (BGBl. II S. 1741) zum Übereinkommen über die biologische Vielfalt vom 5.6.1992; so auch U. Kuschnerus, Der sachgerechte Bebauungsplan, 3. Aufl., 2004, Rn. 382.

66 Andere Beurteilung bei W. Schrödter, in: H. Schrödter (Hrsg.), BauGB, 7. Aufl., 2005, § 1 Rn. 140.

67 Vgl. BVerwG, Urteil vom 19.5.1998 – 4 A 9.97 – BVerwGE 107, 1 – DVBl 1998, 900 = NVwZ 1998, 961 = UPR 1998, 384 = NuR 1998, 544 = ZfBR 1998, 318; OVG Lüneburg, Urteil vom 14.9.2000 – 1 L 2153 / 99 – ZfBR 2001, 208 = NdsRPfl 2001, 204 = NuR 2000, 338 = BRS 63 Nr. 15; VGH Mannheim, Beschluß vom 29.11.2002 – 5 S 2312 / 02 – NVwZ-RR 2003, 184 = NuR 2003, 228 mit Anm. E. Gassner, in: NuR 2003, 233–234; OVG Koblenz, Urteil vom 9.1.2003 – 1 C 10187/01 – NuR 2003, 441 = UPR 2003, 200 (L) –DVBl 2003, 819 (L) = BauR 2003, 1611 (L) mit Anm. C. Carlsen, in: NuR 2003, 450; ebenso W. Schrödter, Bauleitplanung in FFH-Gebieten und Vogelschutzgebieten, in: NuR 2001, 8–19 [9, 12]; M. Gellermann, Rechtsfragen des europäischen Habitatschutzes, in: NuR 1996, 548–558 [552]; Chr. Freytag/K. Iven, Gemeinschaftsrechtliche Vorgaben für den nationalen Habitatschutz. Die Richtlinie 92/43/EWG des Rates vom 21.5.1992 zur Erhaltung der natürlichen Lebensräume sowie der wildlebenden Tiere und Pflanzen, in: NuR 1995, 109–117 [114].

gelschutzgebiete auch dann zum Abwägungsmaterial gehören, wenn sie nicht im Sinne des § 1a Abs. 4 BauGB erheblich beeinträchtigt werden. Ihr Schutz bleibt auch dann abwägungsrelevant. Unterhalb der Erheblichkeitsschwelle erzeugen die FFH-RL und die Vogelschutz-RL zwar keine Verbotswirkungen. Als Abwägungsposten sind sie aber gleichwohl zu berücksichtigen und nur unter der Voraussetzung überwindbar, daß gewichtigere gegenläufige Belange dies rechtfertigen. Der Gesetzgeber hat damit die durch die FFH-RL und die Vogelschutz-RL geschützten Umweltgüter festgeschrieben, die für den Immissionsschutz seit langem zum festen Kanon üblicher Abwägungsdirektiven zählen. So ist als Abwägungsposten z. B. das Interesse relevant, vor vermehrten Verkehrslärmimmissionen bewahrt zu bleiben nicht erst dann, wenn Geräuschbeeinträchtigungen so erheblich zu Buche schlagen, daß sie als schädliche Umwelteinwirkungen zu qualifizieren sind und mögliche Schutzvorkehrungen erfordern.[68]

3.2.4 Bedeutung des § 1 Abs. 6 Nr. 7 Buchst. c) BauGB 2004

(1) § 1 Abs. 6 Nr. 7 Buchst. c) BauGB lehnt sich an das Prüfprogramm der Plan- **57** UP-RL an. Das **EAG Bau** setzt damit die Vorgabe in Anhang I Buchst. f) Plan-UP-RL um. Die Regelung stellt in Übereinstimmung mit Art. 2 Abs. 2 S. 1 GG endlich klar, daß der wohl wichtigste planerische Belang die Gesundheit der Menschen ist. Die Rechtsprechung des BGH zu sog. **Altlasten** kann als warnendes Beispiel gelten.[69]

(2) Auf Gesundheitsgefahren darf der Belang allerdings nicht reduziert werden. **58** Auswirkungen auf den Menschen betreffen auch seine soziale und individuelle Integrität, seine Sozialität und seine Kollektivität. Auswirkungen auf die Bevölkerung kommen z. B. in Betracht, wenn durch die Verwirklichung eines B-Plans Wohnungen aufgegeben werden müssen, ohne daß Gesundheitsgefahren drohen.[70]

(3) § 1 Abs. 6 Nr. 7 Buchst. c) BauGB steht in Zusammenhang mit § 1 Abs. 6 Nr. 1 **59** BauGB über den in der Bauleitplanung zu berücksichtigenden Anforderungen an gesunde Wohn- und Arbeitsverhältnisse (vgl. ähnlich § 34 Abs. 1 S. 2 BauGB).

3.2.5 Bedeutung des § 1 Abs. 6 Nr. 7 Buchst. d) BauGB 2004

(1) Die in § 1 Abs. 6 Nr. 7 Buchst. d) BauGB genannten Belange waren bereits im **60** Rahmen der projektbezogenen UVP in der Bauleitplanung zu prüfen (§ 1a Abs. 2

---

68 Vgl. BVerwG, Urteil vom 26.2.1999 – 4 CN 6.98 – NVwZ 1999, 197 = UPR 1999, 271 = ZfBR 1999, 219 = BauR 1999, 1128 = BRS 62 Nr. 48; Beschluß vom 18.3.1994 – 4 NB 24.93 – DVBl 1994, 701 = NVwZ 1994, 683 = UPR 1994, 263 = ZfBR 1994, 196 = BauR 1994, 490 = BRS 56 Nr. 30.

69 Vgl. BGH, Urteil vom 26.1.1989 – III ZR 194/87 – BGHZ 106, 323 = DVBl 1989, 504 = UPR 1989, 179 = ZfBR 1989, 119 = BauR 1989, 166; Urteil vom 21.12.1989 III ZR 118/88 – BGHZ 109, 380 = DVBl 1980, 358 = ZfBR 1990, 88 BRS 53 Nr. 19; Urteil vom 29.7.1999 – III 234/97 – BGHZ 142, 259 = DVBl 1999, 1507 = NJW 2000, 427 = BRS 62 Nr. 14; vgl. auch H.-J. Koch/P. Schütte, Bodenschutz und Altlasten, in DVBl 1997, 1415–1421.

70 Vgl. W. Schrödter, Das Europarechtsanpassungsgesetz Bau – EAG Bau, in: NST-N 2004, 197–216 [199].

Nr. 3 BauGB 2001). Das **EAG Bau** setzt mit § 1 Abs. 6 Nr. 7 Buchst. d) BauGB zugleich die Vorgabe in Anhang I Buchst. f) Plan-UP-RL um. Danach unterfallen die Kulturgüter und sonstigen Sachgüter dem Oberbegriff des kulturellen Erbes, einschließlich architektonisch wertvoller Bauten und archäologischer Schätze.

61 (2) Die genannten Schutzobjekte werden zumeist bereits vom Begriff der Baukultur und Denkmalpflege nach § 1 Abs. 6 Nr. 5 BauGB erfaßt. Die zusätzliche Erwägung in § 1 Abs. 6 Nr. 7 Buchst. d) BauGB verfolgt ein anderes. Die Schutzobjekte müssen gezielt im Rahmen der UP zusätzlich dahin untersucht werden, ob umweltbezogene Auswirkungen einer Planung sie gefährden können.[71] Der Gesetzesentwurf der BReg. gibt hierfür als Beispiel an, daß Erschütterungen oder Schadstoffbelastungen durch zusätzlichen Straßenverkehr und damit erhebliche Umweltauswirkungen die Kulturgüter gefährden können (BReg., in: BTag-Drs. 15/2250 S. 39).[72]

3.2.6 Bedeutung des § 1 Abs. 6 Nr. 7 Buchst. e) BauGB 2004

62 (1) Das **EAG Bau** führt mit § 1 Abs. 6 Nr. 7 Buchst. e) BauGB die Vermeidung von Emissionen sowie den sachgerechten Umgang mit Abfällen und Abwässern als Abwägungsbelang auf. Das ist nicht neu. Die Regelung fand sich bisher an anderer Stelle, nämlich in § 2a Abs. 2 Nr. 2 BauGB 2001, der die Konsequenzen aus den in Art. 3 und dem Anhang IV Nr. 1 der UVP-RRL getroffenen Regelungen zog.

63 (2) Schädliche Umweltauswirkungen und Belästigungen sind u.a. Gerüche, Erschütterungen, Lärm und Schadstoffbelastungen.[73] Die zu beachtende Emissionsbegrenzung kommt zwar in erster Linie auf der Zulassungsebene, etwa im immissionsschutzrechtlichen Genehmigungsverfahren (vgl. § 5 Abs. 1 Nr. 2 BImSchG), in Betracht. § 1 Abs. 6 Nr. 7 Buchst. e) BauGB will indes erreichen, daß bereits auf der Planungsstufe die Weichen nach Möglichkeit so gestellt werden, daß der Weg zu wirksamen Vermeidungsmaßnahmen eingeschlagen werden kann.

64 (3) Die Gemeinde ist gehalten, bereits auf der Planungsstufe den späteren **Umgang mit Abfällen und Abwässern** zu berücksichtigen. Dazu besteht Anlaß, wenn die Gemeinde im F-Plan gemäß § 5 Abs. 2 Nr. 4 BauGB Flächen für Versorgungsanlagen, für die Abfallentsorgung und Abwasserbeseitigung, für Ablagerungen sowie für Hauptversorgungs- und Hauptabwasserleitungen darstellt oder im B-Plan gemäß § 9 Abs. 1 Nrn. 12, 14 BauGB Flächen für die Abfall- und Abwasserbeseitigung (Kläranlagen), einschließlich der Rückhaltung und Versickerung von Niederschlagswasser, sowie für Ablagerungen festsetzt. Die Gemeinde muß dazu die mögliche Entschädigungspflicht bedenken (vgl. § 40 Abs. 1 Nrn. 6, 7 BauGB).

---

71 So zutreffend W. Schrödter, in: H. Schrödter (Hrsg.), BauGB, 7. Aufl., 2005, § 1a Rn. 115ff.
72 Vgl. BGH, Urteil vom 29.7.1999 – III 234/97 – BGHZ 142, 259 = DVBl 1999, 1507 = NJW 2000, 427 = BRS 62 Nr. 14.
73 Ebenso W. Schrödter, Das Europarechtsanpassungsgesetz Bau – EAG Bau, in: NST-N 2004, 197–216 [199].

Halama

(4) Insbesondere bei projektbezogenen B-Plänen erfordert der **Umweltbericht** 65 deutliche Angaben über eine umweltgerechte Abfall- und Abwässerbeseitigung. Dazu wird es vielfach erforderlich sein, gutachterliche Feststellungen zu treffen.

3.2.7 Bedeutung des § 1 Abs. 6 Nr. 7 Buchst. f) BauGB 2004

(1) Die Nutzung erneuerbarer Energien als ein Belang der Bauleitplanung steht im 66 Zusammenhang mit dem allgemeinen Klimaschutz. Das **EAG Bau** enthält dazu mehrere Bestimmungen, nach denen im Rahmen der Bauleitplanung in Verantwortung für den allgemeinen Klimaschutz (§ 1 Abs. 5 S. 2 BauGB) der sparsame und effiziente Umgang mit Energie zu berücksichtigen ist. Dieser Belang gewinnt nicht nur in Deutschland, sondern europa- und weltweit zunehmend an Bedeutung. Das EAG Bau hat davon abgesehen, § 1 Abs. 6 Nr. 7 Buchst. f) BauGB als ein „Optimierungsgebot" auszugestalten.

(2) Beleg für die Zielsetzung des EAG Bau sind auf internationaler Ebene das 67 **Kyoto-Protokoll** sowie die Richtlinie 2001/77/EG des Europäischen Parlaments und des Rates vom 27.9.2001 zur Förderung der Stromerzeugung aus erneuerbaren Energiequellen im Elektrizitätsbinnenmarkt (ABl. EG Nr. L 283 S. 33 vom 27.10.2001). Mit der Annahme des Kyoto-Protokolls hat die Dritte Konferenz der Vertragsstaaten des Klimarahmenabkommens von 1992 erstmals verbindliche quantitative Zielvorgaben und Umsetzungsinstrumente für die Reduktion von klimaschädlichen Treibhausgasen beschlossen. Der deutsche Bundestag hat dem Kyoto-Protokoll mit Vertragsgesetz vom 27.4.2002 (BGBl II S. 966) zugestimmt. Nach der Richtlinie 2001/77/EG ist es das für das Jahr 2010 angestrebte Richtziel, den Anteil erneuerbarer Energiequellen am Bruttoinlandsenergieverbrauch in der Gemeinschaft auf 12 % zu steigern und auf diese Weise den Ausstoß von Kohlendioxid zu senken. Auf nationaler Ebene werden die zur Umsetzung dieser Rechtsakte entwickelten Strategien im Interesse des allgemeinen Umwelt- und des Klimaschutzes ergänzt durch den Grundsatz der sparsamen und effizienten Nutzung von Energien. Zu den insoweit wichtigsten Instrumenten der Einsparung gehört u. a. das Kraft-Wärme-Kopplungsgesetz vom 19.3.2002 (BGBl I S. 1092).

(3) Das Ziel der Förderung des Einsatzes erneuerbarer Energien schlägt sich im 68 Bauplanungsrecht u. a. in der § 9 Abs. 1 Nr. 23 Buchst. b), § 11 Abs. 1 S. 2 Nr. 4 BauGB nieder (vgl. auch § 35 Abs. 1 Nr. 6 BauGB). Die Bauleitplanung ist gleichwohl auch nach neuem Recht des **EAG Bau** kein Instrument, um kommunale Energiepolitik durchzusetzen. § 1 Abs. 6 Nr. 7 Buchst. f) BauGB begründet auch keine Pflicht der Gemeinde, praktisch in jedem Bauleitplanverfahren formalisiert und mit hohem Rang zu prüfen, ob und in welchem Umfang erneuerbare Energien eingesetzt werden können.[74] Dennoch sollte die Gemeinde im Hinblick auf § 1 Abs. 6 Nr. 7 Buchst. f) BauGB im Rahmen der Bauleitplanung erwägen, ob Häuser bautechnisch ohne weitere Schwierigkeiten an erneuerbare Energien, insbe-

---

74 W. Schrödter, in: H. Schrödter (Hrsg.), BauGB, 7. Aufl., 2005, § 9 Rn. 114, 127.

sondere an Solarenergieanlagen, angeschlossen werden können. Im **Umweltbericht** muß diese Frage erörtert werden (arg. e § 2 Abs. 4 S. 1 Halbs. 1 BauGB).

3.2.8 Bedeutung des § 1 Abs. 6 Nr. 7 Buchst. g) BauGB 2004

69 § 1 Abs. 6 Nr. 7 Buchst. g) BauGB entspricht fast wortgleich dem bisherigen § 1a Abs. 2 Nr. 1 BauGB 1998. Die Verschiebung beruht nicht nur auf systematischen Gründen. Liegen Landschaftspläne oder sonstige Pläne nach § 1 Abs. 6 Nr. 7 Buchst. g) BauGB vor, ist ihr Inhalt in der UP heranzuziehen (vgl. auch § 1a Abs. 2 Nr. 1 BauGB a.F.). Die Aufnahme in den Katalog des § 1 Abs. 6 Nr. 7 BauGB löst mithin die allgemeine Pflicht aus, den Bestand der Pläne in der UP bewertend heranzuziehen und im Umweltbericht dokumentierend „abzuarbeiten" (vgl. § § 2 Abs. 4 S. 1 Halbs. 1 BauGB). Die Vorschrift dient damit der Verwaltungseffizienz und der Kostenersparnis. Die Bedeutung der in § 1 Abs. 6 Nr. 7 Buchst. g) BauGB aufgezählten Pläne für die Bauleitplanung unterstreicht zusätzlich § 2 Abs. 4 S. 6 BauGB.

3.2.8.1 Darstellung im Landschaftsplan

3.2.8.1.1 Allgemeines

70 § 1 Abs. 6 Nr. 7 Buchst. g) BauGB entspricht § 1a Abs. 2 Nr. 1 BauGB 1998. Ziel ist es, die Anforderungen, die Fachpläne an die Bauleitplanung stellen, zu präzisieren und damit den Gemeinden eine Hilfestellung für die Abwägung zu geben (so BRat-Drs. 635/96 S. 43). Das **EAG Bau** scheint diese gesetzgeberische Hoffnung nicht aufgeben zu wollen. Der Erfolg ist jedenfalls bescheiden.[75] Die Integration der landesrechtlich unterschiedlich geregelten Landschaftsplanung in die Bauleitplanung dürfte grosso modo kaum gelungen sein. Es besteht unverändert eine erhebliche Rechtsunsicherheit. Das EAG Bau hat nicht den Mut gefunden, diese Lage zu beenden.

3.2.8.1.2 Förmlicher Landschaftsschutz

71 (1) Von den Landschaftsplänen zu unterscheiden sind die Schutzgebietsausweisungen. Für diese bilden die §§ 22ff. BNatSchG die rahmenrechtliche Grundlage. Landschaftsschutzgebiete sind rechtsverbindlich festgesetzte Gebiete, die dem besonderen Schutz von Natur und Landschaft dienen (vgl. § 26 Abs. 1 BNatSchG). Die Ge- und Verbote, die zur Erreichung des mit einer förmlichen Unterschutzstellung angestrebten Schutzzwecks angeordnet zu werden pflegen, sind keiner Abwägung zugänglich.

72 (2) Die Gemeinde kann Regelungen des Natur- und Landschaftsschutzes nicht durch Bauleitpläne außer Kraft setzen. Eine Festsetzung eines B-Planes ist nichtig (unwirksam), wenn sie gegen entstehende Regelungen einer Landschaftsschutz-

---

75 Wie hier W. Schrödter, in: H. Schrödter (Hrsg.), BauGB, 7. Aufl., 2005, § 1 Rn. 145ff.

oder Naturschutzverordnung verstößt.[76] Diese Rechtsfolge wird vielfach mit der „internen" Regelung des § 1 Abs. 3 BauGB begründet. Alsdann fehle es an der Erforderlichkeit des Plans, wenn dessen Umsetzung rechtliche Hindernisse entgegenstehen. Richtigerweise liegt ein Verstoß gegen „externes" striktes Recht vor, und zwar des staatlichen Naturschutzrechtes.[77]

(3) Zulässig ist landesrechtlich eine sog. **Öffnungsklausel.** Danach sind Flächen **73** im Geltungsbereich einer Landschaftsschutz- oder Naturschutzverordnung nicht mehr Teile der Verordnung, sobald sie durch einen B-Plan überplant werden.[78] Diese Öffnungsklausel dürfte folgerichtig auch Änderungen eines F-Planes zulassen. Dieser ist gemäß § 8 Abs. 2 S. 1 BauGB zwingende Voraussetzung für die Aufstellung oder Änderung eines B-Planes, der das Gebiet der Öffnungsklausel überplant.[79] Eine Öffnungsklausel ist ein eher rechtstechnisches Verfahren. Sie bedeutet nicht, daß die Gemeinde konkrete Zielsetzungen und Inhalte der Landschaftsschutz- oder Naturschutzverordnung als unbeachtlich ansehen darf. In entsprechender Anwendung von Nr. 1 Buchst. b) der Anlage zum BauGB wird sie vielmehr im Umweltbericht sehr genaue Angaben und Erwägungen darzulegen haben, aus welchen Gründen sie „abweichen" will.

3.2.8.1.3 Begriff und Inhalt des Landschaftsplans

(1) Das Recht der Landschaftsplanung ist Rahmenrecht des Bundes (§§ 13 ff. **74** BNatSchG). Die Landesnaturschutzgesetze haben dieses Recht sehr unterschiedlich geregelt. Demgemäß bestimmt sich auch das Verhältnis zwischen der Bauleitplanung und der Landschaftsplanung jeweils nach den Vorgaben der Bundesländer.[80]

Die Landschaftsplanung wird auf örtlicher Ebene durch Landschaftspläne umge- **75** setzt (§ 16 BNatSchG). Auch deren Verfahren und Inhalt ergeben sich im einzelnen aus dem Landesrecht. Der Landschaftsplan besteht aus dem sog. Grundlagenteil des § 14 Abs. 1 Nr. 1 bis 3 BNatSchG und aus dem eigentlichen Planungsteil § 14 Abs. 1 Nr. 4 BNatSchG. Der Grundlagenteil enthält eine Bewertung von

---

76 Vgl. bereits BVerwG, Beschluß vom 21.12.1988 – 4 B 212.88 – NVwZ 1989, 622 = ZfBR 1989, 77 = BRS 48 Nr. 17; VGH Mannheim, Urteil vom 5.4.1990 – 8 S 2303/89 – NVwZ-RR 1990, 464 = UPR 1990, 355 = BRS 50 Nr. 8; OVG Frankfurt/Oder, 21.6.1996 – 3 D 15/94.NE – NuR 1997, 98; VGH Mannheim, Urteil vom 9.5.1997 – 8 S 2357/96 – NVwZ-RR 1998, 422 = NuR 1997, 597 = VBlBW 1998, 106 = BRS 59 Nr. 240 (1997); vgl. auch B. Stüer/D. Hönig, Umweltrecht: Wasserrecht, Naturschutzrecht, Atomrecht und Gentechnikrecht, in: DVBl 2004, 481–491 [486].

77 Vgl. BVerwG, Urteil vom 7.6.2001 – 4 CN 1.01 – BVerwGE 114, 301 = DVBl 2001, 1845 = NVwZ 2001, 1280 = ZfBR 2002, 70 = BauR 2002, 282 = BRS 64 Nr. 51 (2001); Urteil vom 21.10.1999 – 4 C 1.99 – BVerwGE 109, 371 = DVBl 2000, 794 = NVwZ 2000, 1045 = ZfBR 2000, 202 = BauR 2000, 695 = BRS 62 Nr. 38 (1999).

78 BVerwG, Beschluß vom 20.5.2003 – 4 BN 57.02 – DVBl 2003, 1462 = NVwZ 2003, 1259 = ZfBR 2003, 692 = NuR 2003, 624 = BauR 2003, 1688; vgl. auch M. Ell, Öffnungsklausel in Landschaftsschutzverordnung, in: NVwZ 2004, 182–184.

79 Wie hier W. Schrödter, in: H. Schrödter (Hrsg.), BauGB, 7. Aufl., 2005, § 1 Rn. 157f.

80 Vgl. auch Th. Siegel, Rechtliche Rahmenbedingungen und Gestaltungsspielräume bei der Aufstellung von Landschaftsplänen, in: NuR 2003, 325–332.

Natur- und Landschaft im Plangebiet; der Maßnahmeteil entwickelt konkrete Vorgaben zum Schutz, zur Pflege und zur Entwicklung von Natur und Landschaft.[81]

76 (2) Die Bundesländer haben die Verbindlichkeit der Landschaftsplanung für die Bauleitplanung in unterschiedlicher Form geregelt und dabei mehrere Formen der Integration eingeführt.[82] Integration der Bauleitplanung in die Landschaftsplanung zielt darauf ab, die Verfahren der Bauleitplanung und der Landschaftsplanung mit dem Ziel zu verbinden, daß bestimmte Aussagen der Landschaftsplanung die Qualität von Darstellungen oder Festsetzungen der Bauleitpläne erhalten und damit unmittelbar oder doch mittelbar an deren Rechtswirkungen teilnehmen.[83]

77 § 1 Abs. 6 Nr. 7 Buchst. g) BauGB setzt den unterschiedlichen normativen Status eines Landschaftsplanes voraus, nimmt dazu aus bundesgesetzlicher Sicht keine Stellung. Die Vorschrift will indes erreichen, daß die Gemeinde die landschaftsplanerische Darstellung zumindest als Belang in der Bauleitplanung zu berücksichtigen hat.[84] Demgemäß muß der Umweltbericht Darstellungen des Landschaftsplanes angeben (vgl. § 2 Abs. 4 S. 1 Halbs. 2 BauGB in Verb. mit Nr. 1 Buchst. b) der Anlage zum BauGB). Will die Gemeinde im Rahmen der Abwägung von einem Landschaftsplan abweichen, muß sie die hierfür maßgeblichen landesrechtlichen Bestimmungen beachten. Ist der Inhalt des Landschaftsplanes als Ziel der Raumordnung festgelegt, bedarf es dazu eines Zielabweichungsverfahrens (vgl. §§ 11, 23 Abs. 2 ROG).

78 (3) Die in einem Landschaftsplan entsprechend § 14 Abs. 1 Nr. 4 BNatSchG bestimmten „Erfordernisse und Maßnahmen" kann die Gemeinde in ihrem Bauleitplan darstellen oder festsetzen und damit städtebaulich sichern (vgl. § 5 Abs. 2 Nr. 10; § 9 Abs. 1 Nr. 20 BauGB). Die Gemeinde ist zu einer vollständigen Integration der Landschaftsplanung in die Bauleitplanung – mit Ausnahme der Regelungen in Bayern und Rheinland-Pfalz – nicht verpflichtet. Dies steht in ihrem planerischen Ermessen.[85] § 2 Abs. 4 S. 6 BauGB bestätigt dies. Danach sind Bestandsaufnahmen und Bewertungen bestehender Landschaftspläne in der UP nur „heranzuziehen", mithin nicht zu übernehmen. Die Gemeinde kann sich insoweit darauf beschränken, die Darstellungen des Landschaftsplanes gemäß § 5 Abs. 4, § 9 Abs. 6 in ihren Bauleitplan nur nachrichtlich zu übernehmen.

---

81 Vgl. R. Stich/K.-W. Porger/G. Steinebach, Örtliche Landschaftsplanung und Bauleitplanung, 1986, S. 17ff., 41ff.; K. Runge, Entwicklungstendenzen der Landschaftsplanung. Vom frühen Naturschutz bis hin zur ökologisch nachhaltigen Flächennutzung, 1998; C. Debes/ St. Körner/ L. Trepl, Naturschutz und Landschaftsplanung, 2001.

82 Vgl. Th. Siegel, Rechtliche Rahmenbedingungen und Gestaltungsspielräume bei der Aufstellung von Landschaftsplänen, in: NuR 2003, 325–332 327ff.].

83 Vgl. auch W. Schrödter, in: H. Schrödter (Hrsg.), BauGB, 7. Aufl., 2005, § 1 Rn. 152ff.

84 Vgl. auch W. Louis, Das Gesetz zur Neuregelung des Rechts des Naturschutzes und der Landschaftspflege, in: NuR 2002, 385–393 [387].

85 OVG Koblenz, Urteil vom 14.1.2000 – 1 C 12946/98 – BauR 2000, 1011 = BRS 63 Nr. 13; ebenso W. Schrödter, in: H. Schrödter (Hrsg.), BauGB, 7. Aufl., 2005, § 1 Rn. 155; a.A. Th. Siegel, Rechtliche Rahmenbedingungen und Gestaltungsspielräume bei der Aufstellung von Landschaftsplänen, in: NuR 2003, 325–332 [329].

Halama

Festsetzungen nach § 9 Abs. 1 Nr. 20 BauGB schließen eine ihrem Zweck wider- **79**
sprechende Bebauung aus. Die Gemeinde kann die Festsetzung mit Maßnahmen
des Bodenschutzes verbinden.[86] Sie muß allerdings eine Entschädigung nach § 40
Abs. 1 Nr. 14 BauGB leisten, sofern die entsprechenden Voraussetzungen erfüllt
sind.

3.2.8.1.4 Bauplanerische Abwägung

(1) Das **EAG Bau** hat die Bedeutung einer vorhandenen Landschaftsplanung **80**
aufgewertet. Die Gemeinde hat gemäß § 2 Abs. 4 S. 2 BauGB Umfang und Detaillierungsgrad der UP festzulegen. Dazu wird sie regelhaft die Darstellung eines
vorhandenen Landschaftsplanes zu beachten haben. Demgemäß sollte die Gemeinde in der Beteiligung der Behörden nach § 4 Abs. 1 BauGB hierauf hinweisen. Der Landschaftsplan ist zudem im Umweltbericht zu behandeln (vgl. § 2 Abs.
4 S. 1 Halbs. 2 in Verb. mit Nr. 1 Buchst. b) der Anlage zum BauGB) und gemäß
§ 2 Abs. 4 S. 6 BauGB in der UP heranzuziehen.

(2) Mit welchem Gewicht oder **Verbindlichkeitsanspruch** der maßnahmenbezo- **81**
gene Landschaftsplan in der Bauleitplanung eine Rolle spielt, richtet sich letztlich
nach dem Landesrecht (§ 16 Abs. 2 S. 1 BNatSchG). Soweit sich aus den landesrechtlichen Regelungen keine weitergehenden Bindungswirkungen ableiten lassen,
ist der Inhalt der Pläne insbesondere bei naturschutzorientierten Darstellungen
oder Festsetzungen nach § 5 Abs. 2 Nr. 10 BauGB oder § 9 Abs. 1 Nr. 20 BauGB
nur als Belang zu „berücksichtigen". Das mindert sein Gewicht nach neuer Rechtslage nicht wirklich. Der Landschaftsplan ist für die UP und damit auch für den Bauleitplan selbst sowohl als Belang (§ 1 Abs. 6 Nr. 7 Buchst. g) BauGB) als auch
verfahrensmäßig „wesentlich". Eine Mißachtung der entsprechenden Vorgaben
des EAG Bau führt daher zu einem beachtlichen **Planungsfehler** (vgl. § 214 Abs.
1 S. 1 Nr. 3 Halbs. 3 BauGB). Die Gemeinde wird in jedem Fall mit sehr sorgfälti-
ger Begründung darzulegen haben, aus welchen Erwägungen sie den Vorgaben
eines Landschaftsplanes oder einer Landschaftsschutz- oder Naturschutzverordnung nicht folgen will.

3.2.8.1.5 Befreiung – Ausnahme

(1) Eine Schutzgebietsausweisung kann im Wege einer Ausnahme oder einer **82**
Befreiung überwunden werden.[87] Fehlt es hieran, so ist der Bauleitplan unwirksam.
Der Grund liegt nach neuerer Ansicht des BVerwG darin, daß er wegen eines un-
überwindbaren rechtlichen Hindernisses nicht im Sinne des § 1 Abs. 3 Satz 1

---

86 Vgl. BVerwG, Beschluß vom 30.9.2003 – 4 BN 39.03 – Buchholz 406.11 § 9 BauGB Nr. 98.
87 BVerwG, Urteil vom 17.12.2002 – 4 C 15.01 – BVerwGE 117, 287 [290] = DVBl 2003, 797 = NVwZ
    2003, 733 = ZfBR 2003, 370 = BauR 2003, 828 = BRS 65 Nr. 96 (2002); Urteil vom 30.1.2003 – 4 CN
    14.01 – BVerwGE 117, 351 [353] = DVBl 2003, 733 = NVwZ 2003, 742 = ZfBR 2003, 471 = BauR
    2003, 1175; Beschluß vom 9.2.2004 – 4 BN 28.03 – NVwZ 2004, 1242 = ZfBR 2004, 380 = BauR
    2004, 786.

BauGB erforderlich ist.[88] Nach der neuen Rechtsprechung des BVerwG können auch Flächen, die einem naturschutzrechtlichen Bauverbot unterliegen, wirksam überplant werden, wenn die dafür notwendigen naturschutzrechtlichen Ausnahmen oder Befreiungen erfüllt sind (sog. **objektive Befreiungslage**).[89] Diese Voraussetzung ist regelmäßig erfüllt, wenn die zuständige Naturschutzbehörde im Rahmen der Beteiligung nach § 4 Abs. 1 und 2 BauGB eine derartige Ausnahme oder Befreiung in Aussicht stellt.

83 (2) Wird später im Verfahren der Vorhabenzulassung dem Vorhabenträger die von ihm beantragte Ausnahme oder Befreiung nicht erteilt, berührt dies die Rechtsgültigkeit des B-Plans für sich genommen nicht. Die Befreiung unterliegt nach § 61 Abs. 1 S. 2 Nr. 1 BNatSchG der Verbandsklage. Wird die Ausnahme oder Befreiung dauerhaft versagt, kann dies die Funktionslosigkeit jedenfalls einer „parzellenscharfen" Planung begründen.

3.2.8.2 Wasserbewirtschaftungspläne

84 (1) Ein Plan des Wasserrechts ist u. a. der Bewirtschaftungsplan im Sinne des § 36 b WHG 2002. Die Regelung setzt Art. 11 der **Wasserrahmenrichtlinie 2000/60/EG (WRRL)** um. Die Verbindlichkeit des Bewirtschaftungsplans erschöpft sich zwar darin, die für die Entwicklung der Lebens- und Wirtschaftsverhältnisse notwendigen wasserwirtschaftlichen Voraussetzungen zu sichern und wasserrechtliche Einzelentscheidungen zu steuern.[90] Insoweit kommt dem Bewirtschaftungsplan als Mittel informeller Planung keine Außenwirkung zu. Gleichwohl wertet § 1 Abs. 6 Nr. 7 Buchst. g) BauGB den Plan auf, indem er seinen Inhalt als abwägungserheblichen öffentlichen Belang normiert. Das EAG Bau respektiert damit die im Plan liegende Qualifizierungskompetenz.

85 (2) Eine andere rechtliche Qualität haben Verbotsvorschriften für nach Landesrecht festgesetzte Wasserschutz- oder Überschwemmungsgebiete (vgl. auch § 19, § 32 WHG). Derartige Gebiete entsprechen rechtlich einem förmlich festgesetzten Naturschutzgebiet. Über die landesrechtlichen Gebote oder Verbote, da striktes Recht, kann sich die Bauleitplanung nicht hinwegsetzen.[91]

3.2.8.3 Abfallwirtschaftspläne

86 (1) Für das Abfallrecht ist zu unterscheiden zwischen verbindlichen Plänen (vgl. § 29 Abs. 4 KrW-/AbfG), die gegenüber der Bauleitplanung Vorrang beanspruchen, und (informellen) Plänen, die nur eine Berücksichtigungspflicht begründen.

---

88 Vgl. BVerwG, Urteil vom 17.12.2002 – 4 C 15.01 – BVerwGE 117, 287 [290] = DVBl 2003, 797 = NVwZ 2003, 733 = ZfBR 2003, 370 = BauR 2003, 828 = BRS 65 Nr. 96 (2002).
89 Kritisch M. Egner, in: NuR 2003, 737–740 (Urteilsanmerkung); vgl. auch W. Schrödter, in: H. Schrödter (Hrsg.), BauGB, 7. Aufl., 2005, § 1a Rn. 143f.
90 Vgl. R. Breuer, Öffentliches und privates Wasserrecht, 3. Aufl., 2004, Rn. 604ff.
91 Vgl. BVerwG, Urteil vom 12.4.2001 – 4 C 5.00 – DVBl 2001, 1446 = NVwZ 2001, 1048 = ZfBR 2001, 561 = UPR 2001, 441 = NuR 2001, 633 = BauR 2001, 1701 = ZUR 2002, 103 = BRS 64 Nr. 94 (2001).

(2) Der Abfallwirtschaftsplan hat geeignete Flächen für die Abfallbeseitigungsan- 87
lagen festzulegen. Er bindet nach Maßgabe des Landesrechts die Gemeinde unmittelbar (vgl. § 29 Abs. 4 KrW-/AbfG). Das gilt auch dann, wenn der Inhalt nicht
als Ziel der Raumordnung festgelegt wurde. Die Bindungswirkung entsteht allerdings nur, wenn der Plan den Standort für die Entsorgungsanlage parzellenscharf
ausweist. Will die Gemeinde in der Umgebung einer Abfallentsorgungsanlage
planerisch Baugebiete ausweisen, hat sie den Abfallwirtschaftsplan als umweltbezogenen Belang zugunsten gesunder Wohn- und Arbeitsverhältnisse zu berücksichtigen.[92] Dies ist um Umweltbericht näher darzustellen.

3.2.8.4 Pläne des Immissionsschutzrechts

(1) Hierzu zählen insbesondere die Luftreinhaltepläne (§ 47 BImSchG) und Lärm- 88
minderungspläne (§ 47 a BImSchG).[93] Die Pläne stellen die jeweiligen Belastungen eines Gebietes durch Schadstoffe und Lärm fest. Sie beschreiben in einem
Maßnahmeteil Handlungen, durch welche die Belastungen minimiert werden können. Die Pläne geben wichtige Hinweise, ob mit gesunden Wohn- und Arbeits-
verhältnissen zu rechnen ist (vgl. § 1 Abs. 6 Nr. 7 Buchst. c) BauGB).

(2) Die **rechtliche Verbindlichkeit** der Pläne gegenüber der Bauleitplanung ist 89
differenziert. Sind in Luftreinhalteplänen planungsrechtliche Festlegungen vorgesehen, so haben die zuständigen Planungsträger dies nach § 47 Abs. 6 S. 2
BImSchG bei ihren Planungen zu berücksichtigen. Für Lärmminderungspläne gilt
Entsprechendes, da § 47 a Abs. 4 BImSchG insoweit auf § 47 Abs. 6 BImSchG
verweist. Soweit die Verbindlichkeit nicht besteht, liegt ihre Bedeutung darin, daß
sie als Abwägungsmaterial einen hohen qualifizierenden Rang besitzen. Sie bilden damit auch in diesem Falle die Grundlage einer von dem Gedanken der Um-
weltvorsorge geprägten Bauleitplanung.[94] Flächenbezogene Aussagen können
auch als Ziele der Raumordnung festgelegt sein. Diese sind gemäß § 1 Abs. 4
BauGB verbindlich (vgl. § 47 Abs. 3 S. 2, § 47 a Abs. 4 BImSchG).

Umgebungslärm-RL. Die Richtlinie 2002/49/EG über die Bewertung und Be- 90
kämpfung des Umgebungslärms vom 18.7.2002 (ABl. EG Nr. L 189 S. 12) ist zu
beachten. Der umsetzende Gesetzentwurf der BReg. sieht eine strategische Lärm-
kartierung und Lärmminderungspläne vor.[95] Die Umgebungslärm-RL sieht u. a.
den Schutz ruhiger Gebiete gegen die Zunahme des Lärms vor.

---

92 Ebenso W. Schrödter, in: H. Schrödter (Hrsg.), BauGB, 7. Aufl., 2007, § 1 Rn. 162f.
93 Vgl. dazu St. Mitschang, Lärmminderungsplanung als wichtige gemeindliche Aufgabe zum Schutz
    vor Lärm, in: ZfBR 2002, 438–448; A. Schmidt, Weiterentwicklung der Lärmminderungsplanung, in:
    UPR 2002, 327–333; H. D. Jarass, Luftqualitätsrichtlinien der EU und die Novellierung des Immissi-
    onsschutzrechts, in: NVwZ 2003, 257–266 [264].
94 Vgl. H. Schultze-Fielitz/A. Berger, Lärmminderungspläne als neue Form der Umweltplanung, in:
    DVBl 1992, 389–398 [398]; W. Erbguth, Zum Bodenschutz aufgrund der neugefaßten Vorschriften
    über Luftreinhalteplanung, in: BayVBl. 1993, 97–101 [100]; W. Schrödter, in: H. Schrödter (Hrsg.),
    BauGB, 7. Aufl., 2005, § 1 Rn. 145, 161a.
95 Vgl. dazu U. Philipp-Gerlach/J. Hensel, Der Gesetzentwurf der Bundesregierung zur Umsetzung
    der EG-Richtlinie über die Bewertung und Bekämpfung von Umgebungslärm, in: ZUR 2004, 329–334.

3.2.9 Bedeutung des § 1 Abs. 6 Nr. 7 Buchst. h) BauGB 2004

91 (1) Ziel des § 1 Abs. 6 Nr. 7 Buchst. h) BauGB ist die Erhaltung der bestmöglichen Luftqualität in Gebieten, in denen die durch Rechtsverordnung zur Erfüllung von bindenden Beschlüssen der EG festgelegten Immissionsgrenzwerte nicht überschritten werden.

92 (2) Die Regelung hat das **EAG Bau** erstmals geschaffen. Sie hat teilweise „nur" klarstellende Bedeutung. So sieht die Richtlinie 1999/30/EG des Rates vom 22.4.1999 (ABl. EG 1999 Nr. L 163 S. 41) vor, daß ab näher genannten Zeitpunkten für Schwefeldioxid, Stickstoffdioxid und Stickstoffoxide, Partikel und Blei in der Luft bestimmte Grenzwerte nicht überschritten werden dürfen. Eine ähnliche Regelung enthält die Richtlinie des Europäischen Parlaments und des Rates 2002/3/EG vom 12.2.2002 (ABl. EG 2002 Nr. L 67 S. 14) über den Ozongehalt der Luft.[96] Beide Richtlinien sind inzwischen nach Maßgabe des § 48a Abs. 1 und 3 BImSchG 2002 durch die **22. BImSchV** vom 11.9.2002 (BGBl I S. 3626) und die **33. BImSchV** vom 13.7.2004 (BGBl I S. 1612) in innerstaatliches Recht umgesetzt worden. Mit dem komplexen Regelwerk hat der deutsche Gesetz- und Verordnungsgeber auch die Richtlinie 96/62/EG des Rates vom 27.9.1996 über die Beurteilung und die Kontrolle der Luftqualität umgesetzt (ABl. EG 1996 Nr. L 296 S. 55).

93 (3) Werden die **Grenzwerte**, die in diesen Verordnungen in Erfüllung des EG-Rechts festgesetzt wurden, überschritten, hat die für den Immissionsschutz zuständige Behörde nach § 47 Abs. 1 S. 1 BImSchG einen Luftreinhalteplan aufzustellen. Dieser hat die erforderlichen Maßnahmen zur dauerhaften Verminderung von Luftverunreinigungen festzulegen. Das bedeutet aber nicht, daß dem Luftreinhalteinteresse unterhalb der immissionsschutzrechtlich relevanten Erheblichkeitsschwelle keine Bedeutung zukommt. Der Gesichtspunkt der Erhaltung der bestmöglichen Luftqualität ist bei allen raumbedeutsamen Planungen bei der Abwägung der betroffenen Belange zu berücksichtigen (vgl. § 50 S. 2 BImSchG). Der Umweltbericht muß dies erörtern (vgl. § 2 Abs. 4 S. 1 Halbs. 1 BauGB).

94 (3) Bei projektbezogenen B-Plänen für Industriebetriebe kann die Gemeinde gemäß § 9 Abs. 1 Nr. 23 Buchst. a) BauGB Grenz- und Richtwerte erlassen, soweit diese Werte mit der 22. BImSchV in Einklang stehen. Insbesondere in Gemengelagen kann danach eine planungsrechtliche Verschärfung von Richtwerten in Betracht kommen.[97]

---

96 Vgl. H. D. Jarass, Luftqualitätsrichtlinien der EU und die Novellierung des Immissionsschutzrechts, in: NVwZ 2003, 257–266; vgl. auch EuGH, Urteil vom 30.5.1991 – C–361/88 – EuGHE I 1991, 2567 = DVBl 1991, 1620 = NVwZ 1991, 866 = UPR 1992, 24 zur Nichtumsetzung der früheren Richtlinie 80/779/EG über Grenzwerte und Leitwerte der Luftqualität durch Schwefeldioxid und Schwefelstaub.

97 Vgl. W. Schrödter, in: H. Schrödter (Hrsg.), BauGB, 7. Aufl., 2005; § 9 Rn. 128.

3.2.10 Bedeutung des § 1 Abs. 6 Nr. 7 Buchst. i) BauGB 2004

§ 1 Abs. 6 Nr. 7 Buchst. i) BauGB lehnt sich an das Prüfprogramm der Plan-UP-RL **95**
an. Das **EAG Bau** setzt mit § 1 Abs. 6 Nr. 7 Buchst. i) BauGB zugleich die Vorgabe in Anhang I Buchst. f) Plan-UP-RL um. Die Berücksichtigung von Wechselwirkungen betrifft nur die in § 1 Abs. 6 Nr. 7 Buchst. a, c und d genannten Belange.
Das EAG Bau bestätigt damit in Übereinstimmung mit den Vorgaben des Richtlinienrechts den ganzheitlichen Ansatz des Umweltschutzes.

V. § 1 Abs. 7 BauGB 2004 – Abwägung der Belange

1. Text der geänderten Fassung

(7) Bei der Aufstellung der Bauleitpläne sind die öffentlichen und privaten Belange gegeneinander und **96**
untereinander gerecht abzuwägen.

2. Textgeschichte

Die Gesetzesfassung entspricht dem Gesetzesentwurf der BReg. (vgl. BTag-Drs. **97**
15/2250 S. 11, S. 40). Der 14. Ausschuß ist dem Vorschlag gefolgt (vgl. BTag-Drs.
15/2996 S. 19).

3. Erläuterung der Änderung

Lit.: Werner Hoppe, Die Abwägung im EAG Bau nach Maßgabe des § 1 VII BauGB 2004. Unter Berücksichtigung von § 2 III, IV BauGB 2004, in: NVwZ 2004, 903–910.

(1) § 1 Abs. 7 BauGB ist **textidentisch** mit § 1 Abs. 6 BauGB a. F. Es handelt **98**
sich um eine redaktionelle Folgeänderung. Das EAG Bau in § 1 Abs. 7 BauGB
hält an dem allgemeinen **Abwägungsgebot** fest. Damit übernimmt das EAG Bau
eine Grundstruktur des Planungsrechts. Dessen rechtsstaatliche Fundierung hat
das BVerwG wiederholt dargelegt.[98] Gefordert wird eine Gesamtabwägung zwischen der Schwere des Eingriffs und der Dringlichkeit der ihn rechtfertigenden
Gründe. Der „eigentlichen" Abwägung ist die Phase der Zusammenstellung des
Abwägungsmaterials vorgeschaltet. § 2 Abs. 3 BauGB bezeichnet dies als Ermittlung und Bewertung. Die Beteiligung der Öffentlichkeit und der Behörden dient
ihrerseits der gebotenen vollständigen Ermittlung und der zutreffenden Bewertung
(vgl. § 4 a Abs. 1 BauGB). §§ 4 a Abs. 6, 214 Abs. 1 S. 1 Nr. 1 BauGB bestätigen
diesen Zusammenhang.

Eine mittelbare Änderung ergibt sich insoweit, als § 1 Abs. 7 BauGB auf „**Belange**" **99**
verweist. Das EAG Bau hat mit § 1 Abs. 6 BauGB den „insbesondere" zu berücksichtigenden Katalog der Belange neugefaßt, teilweise auch inhaltlich verändert
und erweitert. Zwischen den in § 1 Abs. 6 BauGB genannten Belangen besteht –

---

98 Vgl. etwa BVerwG, Urteil vom 30.4.1969 – 4 C 6.68 – NJW 1969, 1868 = DVBl 1969, 697 = BauR
    1970, 35 = BRS 22 Nr. 3; Urteil vom 20.10.1972 – 4 C 14.71 – BVerwGE 41, 67 = DVBl 1973, 42 =
    BRS 25 Nr. 25; Urteil vom 14.2.1975 – BVerwGE 48, 56 [63] = NJW 1975, 1373 = DVBl 1975, 713 =
    BauR 1975, 191.

im Hinblick auf § 1 Abs. 7 BauGB – unverändert keine Vorzugsregelung. Die benannten Belange sind vielmehr „abstrakt" gleichwertig.[99] Daran hat auch Art. 20a GG nichts geändert.

100 (2) Der **Umweltschutz** erfährt im BauGB durch das EAG Bau insgesamt eine deutliche Akzentuierung. Zwar war die Gemeinde bereits nach alter Rechtslage nicht gehindert, einen **aktiven Umweltschutz** zu betreiben, soweit sich dies städtebaulich rechtfertigen läßt.[100] Insoweit enthält § 1 Abs. 5 BauGB durch die aufgenommene Bezugnahme auf „umweltschützende Anforderungen" und § 1 Abs. 6 Nr. 7 BauGB in seiner Katalogisierung nur eine gesetzgeberische Betonung dessen, was bereits bisher zulässiger Gegenstand planerischer Abwägung sein konnte. Gerade die Rückkoppelung der konkreten Bauleitplanung an die Interessen des Gemeinwohls stellt die innere Rechtfertigung für die Begrenzungen dar, welche die Bauleitplanung für die Nutzung des Eigentums bedeutet.[101]

101 Von größerem Gewicht sind die im BauGB getroffenen **verfahrensmäßigen Sicherungen**, damit umweltbezogene Belange als solche in ihrer Intensität „öffentlichkeitswirksam" erkannt werden. Erst dann wird die Bauleitplanung auf ihre umweltbezogenen Auswirkungen abwägend bezogen werden. Das **Anliegen des EAG Bau** ist ohne Zweifel, diesen Zusammenhang verfahrensmäßig zugunsten eines effektiven materiellen Umweltschutzes zu verdeutlichen (vgl. § 1a [ergänzende Vorschriften zum Umweltschutz]; § 2 Abs. 4 [Umweltprüfung]; § 2a BauGB [Umweltbericht]; § 3 Abs. 2 S. 2 [Angabe verfügbarer umweltbezogener Informationen]; § 4 Abs. 1 S. 1, Abs. 3 [Berichtspflicht der Behörden über Fragen des Umweltschutzes]; § 4c [Umweltmonitoring]; § 5 Abs. 5, § 9 Abs. 8 [umweltbezogene Begründungspflicht]). In der Abwägung nach § 1 Abs. 7 BauGB ist damit auch in **materieller Hinsicht** eine Verschiebung der zu berücksichtigenden Belange zugunsten des Umweltschutzes verbunden. Das EAG Bau intendiert, das **umweltbezogene Abwägungsprofil** auch inhaltlich zu steigern, ohne in diesem Bereich mit Ausnahme des europäischen Habitatschutzrechtes materiell striktes Recht zu begründen.

102 (3) Im Rahmen des § 1 Abs. 3 S. 1 BauGB 2004 in Verb. mit § 1 Abs. 5 BauGB ist es Aufgabe der planenden Gemeinde, die für ihre Planung zielbestimmenden städtebaulichen Gesichtspunkte zu bezeichnen. Dazu ist ihr die Befugnis zur planerischen Gestaltung zugewiesen. Sie muß das Gemeinwohl qualifizieren. Das Abwägungsgebot des § 1 Abs. 7 BauGB schließt dazu die Pflicht ein, die umweltbezogenen Belange in Zusammenhang mit anderen öffentlichen und mit privaten Interessen sachgerecht abzuwägen (vgl. § 2 Abs. 4 S. 5 BauGB). Dabei setzt das

---

99 BVerwG, Beschluß vom 5.4.1993 – 4 NB 3.91 – BVerwGE 92, 231 = DVBl 1993, 662 = NVwZ 1994, 288 = UPR 1993, 271 = ZfBR 1993, 197 = BRS 55 Nr. 37; Beschluß vom 15.10.2002 – 4 BN 51.02 – NVwZ-RR 2003, 17; vgl. auch Chr. Uebbing, Umweltprüfung bei Raumordnungsplänen: Eine Untersuchung zur Umsetzung der Plan-UP-Richtlinie in das Raumordnungsrecht, 2004, S. 299f.
100 BVerwG, Beschluß vom 15.10.2002 – 4 BN 51.02 – NVwZ-RR 2003, 17.
101 Vgl. BVerfG, Beschluß vom 19.12.2002 – 1 BvR 1402/91 – NVwZ 2003, 727 = UPR 2003, 143 = BauR 2003, 1338 = BRS 65 Nr. 6.

Berkemann

EAG Bau in der Durchsetzung seiner umweltpolitischen Ziele auf die **Loyalität der planenden Gemeinde**. Den allgemeinen umweltpolitischen Vorgaben darf sich die Gemeinde nicht entziehen. Da der B-Plan unmittelbar das durch Art. 14 Abs. 1 S. 1 GG geschützte Eigentum inhaltlich über Art. 14 Abs. 1 S. 2 GG beschränkt, kommt der Gemeinde die weitere Aufgabe der Zuweisung von Nutzungsinhalten zu. Auch hier erwartet das Gesetz die sozialgerechte Loyalität.

(4) Die skizzierte eigentumsrechtliche Rückbindung der Bauleitplanung begründet rechtsstaatliche Forderungen. Sie äußern sich in der verfahrensrechtlichen Bindung der Bauleitplanung, aber auch in der Möglichkeit effektiver gerichtlicher Kontrolle. **103**

Seit längerem wird die präventive staatliche Kontrolle durch Aufgabe der Genehmigungs- oder Anzeigepflichten stark gemindert. Der B-Plan unterliegt in aller Regel keinem Genehmigungsvorbehalt. Das EAG Bau hat erneut Genehmigungspflichten zurückgenommen (vgl. § 34 Abs. 4 S. 1 [Ergänzungssatzung]; § 35 Abs. 6 [Außenbereichssatzung]). Planerische Entscheidungen zu Lasten des verfahrensrechtlichen oder materiellen Umweltschutzes unterliegen wegen der nach deutschem Prozeßrecht erforderlichen individuellen Klagebefugnis (§§ 42 Abs. 1, 113 Abs. 1 VwGO) praktisch keiner gerichtlichen Kontrolle. Die umweltbezogene Bauleitplanung ist kein zulässiger Gegenstand der naturschutzrechtlichen Verbandsklage (vgl. § 61 Abs. 1 BNatSchG). Eine gemeinschaftsrechtliche Verbandsklage wird zwar erwogen, ist aber einstweilen kein geltendes Recht. Nur die verwaltungsgerichtliche Normenkontrolle (§ 47 VwGO) öffnet sich wegen ihres unverändert objektiven Charakters bei B-Plänen einer umfassenden Prüfung des Umweltschutzes. Auch hier muß indes zunächst die Hürde der Antragsbefugnis im Sinne individueller Betroffenheit genommen sein (§ 47 Abs. 2 VwGO).[102] Die Präklusion des § 215 Abs. 1 BauGB ist erneut erweitert worden. **104**

So kommt es mehr denn je darauf an, daß sich die Öffentlichkeit bei der Aufstellung der Bauleitpläne kritisch beteiligt. Das kann sie indes nur, wenn sie umfassend informiert wird. Dem dient u. a. die Richtlinie 2003/35/EG des Europäischen Parlaments und des Rates vom 26.5.2003 über die Beteiligung der Öffentlichkeit bei der Ausarbeitung bestimmter umweltbezogener Pläne und Programme und zur Änderung der Richtlinien 85/337/EWG und 96/61/EG des Rates in bezug auf die Öffentlichkeitsbeteiligung und den Zugang zu Gerichten (ABl. EG Nr. L 156 S. 17). **105**

---

102 Vgl. BVerwG, Beschluß vom 31.1.1997 – 4 NB 27.96 – BVerwGE 104, 68 = DVBl 1997, 1112 = NVwZ 1997, 1213 = UPR 1997, 4043 = ZfBR 1997, 316 = BauR 1997, 794 = BRS 59 Nr. 8 (1997) zu § 8a BNatSchG a. F.; vgl. zur Abwägung als „subjektives Recht" auch BVerwG, Urteil vom 24.9.1998 – 4 CN 2.98 – BVerwGE 1007, 215 = DVBl 1999, 100 = NJW 1999, 592 = BauR 1999, 134 = BRS 60 Nr. 46.

VI. § 1 Abs. 8 BauGB 2004 – Geltungsbereich des BauGB

1. Text der geänderten Fassung

106 (8) Die Vorschriften dieses Gesetzbuchs über die Aufstellung von Bauleitplänen gelten auch für ihre Änderung, Ergänzung und Aufhebung.

2. Textgeschichte

107 Die Gesetzesfassung entspricht dem Entwurf der BReg. (vgl. BTag-Drs. 15/2250 S. 1, S. 36). Der 14. Ausschuß ist dem Vorschlag gefolgt (vgl. BTag-Drs. 15/2996 S. 19).

3. Erläuterung der Änderung

108 (1) § 1 Abs. 8 BauGB ist **textidentisch** mit § 2 Abs. 4 BauGB a. F. Die Änderung beruht auf Gründen besserer Systematik. § 13 Abs. 1 BauGB ist eine gesetzliche Ausnahme von § 1 Abs. 8 BauGB. Eine weitere Ausnahme enthält § 214 Abs. 4 BauGB. Danach kann die Gemeinde einen zunächst rechtsfehlerhaften Bauleitplan rückwirkend „in einem ergänzenden Verfahren" in Kraft setzen.

109 (2) Auch die **Änderung oder Ergänzung** eines Bauleitplanes unterliegt den Anforderungen der UP des § 2 Abs. 4 BauGB in Verb. mit § 2a S. 2 Nr. 2 BauGB.[103] Fraglich ist nur, worauf sich diese Prüfung etwa in Fällen der Überplanung oder der Gliederung nach § 1 Abs. 4 und 9 BauNVO zu erstrecken hat. § 1 Abs. 8 BauGB und das Überleitungsrecht des § 244 Abs. 1 BauGB lassen nicht erkennen, ob in diesem Falle in eine „Totalprüfung" für das gesamte Plangebiet einzutreten ist oder ob die UP auf das jeweils geänderte Gebiet beschränkt werden kann. Soll z. B. in einem Gewerbegebiet (§ 8 BauNVO) der Einzelhandel gemäß § 1 Abs. 4 BauNVO für eine Teilfläche ausgeschlossen werden, dürfte sich die umweltbelastende Situation in ihrer Gesamtheit rechtlich nicht verändern. Faktisch kann allerdings in das Gebiet stärker störendes Gewerbe eindringen.

110 § 244 Abs. 1 BauGB bedarf dazu der gemeinschaftskonformen Auslegung. Die Vorschrift selbst will hinsichtlich der „Altfälle" gegenüber dem Forderungsprofil der Plan-UP-RL keine inhaltliche Verschärfung normieren. Nach Art. 3 Abs. 1 Plan-UP-RL sollen Pläne und Programme einer UP unterzogen werden, die voraussichtlich erhebliche Umweltauswirkungen haben. Die Richtlinie will gemäß Art. 4 Abs. 2 Plan-UP-RL die UP nur auf laufende Verfahren oder neue Verfahren angewandt wissen. Daraus ist zu entnehmen, daß eine Änderung eines Bauleitplanes nur dann und insoweit der UP nach § 2 Abs. 4 BauGB unterliegt, soweit die Änderung rechtlich im Vergleich gegenüber der früheren Rechtslage vor dem 20.7.2004 zu einer Beeinträchtigung der Umweltbelange im Sinne des § 1 Abs. 6 Nr. 7 BauGB führen kann.

---

103 Vgl. U. Kuschnerus, Der sachgerechte Bebauungsplan, 3. Aufl., 2004, Rn. 61f.

Berkemann

(3) § 1 Abs. 8 BauGB ist erweiternd auf die **„klarstellende" Aufhebung** eines   **111**
Bauleitplanes anzuwenden, wenn die Gemeinde von dessen Nichtigkeit ausgeht
und mit der Aufhebung nur den Rechtsschein beseitigen will.[104] Dieses Ergebnis
kann sie durch einen sog. Nichtanwendungsbeschluß nicht „konstitutiv" erreichen.[105] Im Falle einer nur „klarstellenden" Aufhebung ist eine Anwendung des
§ 2 Abs. 4 in Verb. mit § 2 a BauGB sinnwidrig, da die materielle Rechtslage nicht
geändert wird. Eine „stillschweigende" Aufhebung des Bauleitplans gibt es nicht.[106]

(4) § 1 Abs. 8 BauGB läßt die Frage der **Funktionslosigkeit** eines Bauleitplans   **112**
unberührt.[107] Dem soll hinsichtlich eines F-Plans die Überprüfung gemäß § 5 Abs.
1 S. 3 BauGB innerhalb von 15 Jahren vorbeugen. Mit § 9 Abs. 2 BauGB hat das
EAG Bau für den B-Plan die Möglichkeit vorgesehen, einen Zeithorizont festzulegen. Von einer allgemeinen Befristung der Bauleitpläne hat das EAG Bau abgesehen.

---

104 Vgl. BVerwG, Urteil vom 21.11.1986 – 4 C 22.83 – BVerwGE 75, 142 = DVBl 1987, 481 = NJW 1987,
    1344 = BauR 1987, 171 = BRS 46 Nr. 3; U. Kuschnerus, Der sachgerechte Bebauungsplan, 3. Aufl.,
    2004, Rn. 60, 64.
105 Vgl. BVerwG, Beschluß vom 5.6.2003 – 4 BN 29.03 – juris (Volltext); ebenso U. Kuschnerus, Der
    sachgerechte Bebauungsplan, 3. Aufl., 2004, Rn. 65 a.E.
106 BVerwG, Urteil vom 10.8.1990 – 4 C 3.90 – BVerwGE 85, 269 = DVBl 1990, 1182 = NVwZ 1991,
    673 = ZfBR 1990, 290 = BauR 1991, 51 = BRS 50 Nr. 97.
107 Vgl. BVerwG, Urteil vom 17.6.1993 – 4 C 7.91 – NVwZ 1994, 281 = ZfBR 1993, 304 = BauR 1993,
    698 = BRS 55 Nr. 34; Urteil vom 18.5.1995 – 4 C 20.94 – BVerwGE 98, 235 = DVBl 1996, 40 = NVwZ
    1996, 379 = BauR 1995, 807 = BRS 57 Nr. 67; Urteil vom 3.12.1998 – 4 CN 3.97 – BVerwGE 108, 71
    = DVBl 1999, 786 = NVwZ 1999, 986 = BauR 1999, 601 = BRS 60 Nr. 43; Beschluß vom 29.5.2001
    – 4 B 33.01 – NVwZ 2001, 1055 = BauR 2001, 1550 = BRS 64 Nr. 72 (2001); Beschluß vom 9.10.2003
    – 4 B 85.03 – BauR 2004, 1128.

§ 1a BauGB – Ergänzende Vorschriften zum Umweltschutz

I. Änderung – § 1 a Abs. 1 BauGB 2004

1. Text der geänderten Fassung

(1) Bei der Aufstellung der Bauleitpläne sind die nachfolgenden Vorschriften zum Umweltschutz   1
anzuwenden.

2. Textgeschichte

Die Gesetzesfassung entspricht textidentisch dem Entwurf der BReg. (vgl. BTag-   2
Drs. 15/2250 S. 10, S. 40). Der 14. Ausschuß ist dem Vorschlag gefolgt (vgl.
BTag-Drs. 15/2996 S. 22).

3. Erläuterung der Änderung

Lit.: Christoph Kaupat, Baurechtliches Entwicklungsgebot und Bodenschutz, in: BauR 2004, 1891–1894.

(1) § 1 a BauGB enthält, wie aus der Überschrift ersichtlich, „ergänzende Vor-   3
schriften zum Umweltschutz". Diese beziehen sich auf drei Bereiche, nämlich auf
den Bodenschutz, auf die naturschutzrechtliche Eingriffsregelung und damit verbundene Maßnahmen des Ausgleichs und auf die Verträglichkeitsprüfung nach
der FFH-RL. § 1 a BauGB ist **„ausgelagerter" Bestandteil** des Belangekatalogs
des § 1 Abs. 6 BauGB.[1]

(2) Der gesamte § 1 a BauGB steht in einem engen sachlichen Zusammenhang   4
mit § 1 Abs. 6 Nr. 7 BauGB, in dem die Belange des Umweltschutzes einschließlich des Naturschutzes und der Landschaftspflege beispielhaft angeführt werden.
§ 1 Abs. 1 BauGB betont dies. § 1 a BauGB darf gleichwohl nicht nur als Erweiterung des Kreises der in § 1 Abs. 6 BauGB aufgeführten abwägungserheblichen
Belange verstanden werden. Die Bestimmung umfaßt neben abwägungsdirigier-
ten Regelungen auch Vorschriften, die dem strikten Recht zuzuordnen sind. § 1 a
BauGB dient nicht zuletzt dazu, das europäische Naturschutzrecht zu integrieren,
dessen materielle Anforderungen sich weithin nicht darin erschöpfen, im Rahmen
des Abwägungsgebots Berücksichtigungspflichten zu begründen, sondern darauf
angelegt sind, als zwingendes Recht beachtet zu werden (vgl. § 1 a Abs. 4
BauGB).

(3) Äußerlich fungiert § 1 a Abs. 1 BauGB als Überleitung zwischen § 1 BauGB   5
und den ergänzenden Vorschriften der Absätze 2 bis 4 des § 1 a BauGB. Maßgebend sind die Vorschriften nicht nur bei der Aufstellung der Bauleitpläne, sondern
auch bei Änderungen oder Ergänzungen (vgl. § 1 Abs. 8 BauGB). Ergänzt wird
§ 1 a Abs. 3 und 4 BauGB im Sinne des sog. Baukompromisses durch Regelungen des BNatSchG (vgl. § 21 BNatSchG 2004).

---

1   Vgl. M. Krautzberger, Europaanpassungsgesetz Bau – EAG Bau 2004: Die Neuregelungen im Über-
     blick, in: UPR 2004, 241–246 [242].

II. Änderung – § 1 a Abs. 2 BauGB 2004

1. Text der geänderten Fassung

6 (2) Mit Grund und Boden soll sparsam und schonend umgegangen werden; dabei sind **zur Verringerung der zusätzlichen Inanspruchnahme von Flächen für bauliche Nutzungen die Möglichkeiten der Entwicklung der Gemeinde insbesondere durch Wiedernutzbarmachung von Flächen, Nachverdichtung und andere Maßnahmen zur Innenentwicklung zu nutzen sowie Bodenversiegelungen auf das notwendige Maß zu begrenzen. Landwirtschaftlich, als Wald oder für Wohnzwecke genutzte Flächen sollen nur im notwendigen Umfang umgenutzt werden. Die Grundsätze nach den Sätzen 1 und 2 sind nach § 1 Abs. 7 in der Abwägung zu berücksichtigen.**

2. Textgeschichte

7 Die Gesetzesfassung entspricht textidentisch dem Entwurf der BReg. (vgl. BTag-Drs. 15/2250 S. 10, 40). Der 14. Ausschuß ist dem Vorschlag gefolgt (vgl. BTag-Drs. 15/2996 S. 22).

3. Erläuterung der Änderung

3.1 Allgemeines

8 § 1 a Abs. 2 BauGB bietet im Vergleich mit dem alten Recht wenig neue Elemente. Der 1. Halbs. des Satz 1 entspricht § 1 a Abs. 1 Halbs. 1 BauGB a. F. Der 2. Halbs. beschränkt sich verbal nicht mehr auf das Gebot, Bodenversiegelungen auf das notwendige Maß zu begrenzen. Um dem Ziel der Verringerung zusätzlicher Flächeninanspruchnahmen Nachdruck zu verleihen, hebt der Gesetzgeber die Möglichkeiten der Entwicklung als Pflicht („sind") hervor, die sich der Gemeinde durch Wiedernutzbarmachung von Flächen, Nachverdichtung und andere Maßnahmen zur Innenentwicklung bieten. Trotz rückläufiger Bevölkerungszahlen mindert sich der Anteil der Bodenversiegelung kaum.

3.2 Bodenschutzklausel

9 (1) Die erweiterte Fassung läßt gleichwohl nicht auf verschärfte inhaltliche Anforderungen schließen. § 1 a Abs. 2 S. 1 BauGB hat vielmehr nur klarstellende Bedeutung. Schon in der alten Fassung spiegelte sich das gesetzgeberische Anliegen wider, anstelle der Neuausweisung von Bauflächen die Möglichkeiten der innerörtlichen Entwicklung auszuschöpfen.[2]

10 (2) Die Bodenschutzklausel enthält keine unüberwindbaren Grenzen und begründet keinen gesetzlichen Vorrang.[3] Sie hindert eine Neuausweisung von Bauland im bisher unbebauten Bereich nicht wirklich. Eine Neuausweisung bedarf zwar einer Rechtfertigung und damit einer das gesetzgeberische Gewicht des § 1 a Abs. 2 BauGB berücksichtigenden Abwägung aller im Einzelfall beachtlichen öffentlichen und privaten Belange. Es wird indes regelmäßig keine Anhaltspunkte dafür geben, daß die Abwägung diesen Vorgaben nicht gerecht geworden ist.

---

2   Vgl. die Begründung des Regierungsentwurfs zum BauGB 1987 – BTag-Drs. 10/4630.
3   M. Krautzberger, in: E/Z/B/K, BauGB, § 1a RdNr. 54 [Stand: Aug. 2002].

Halama

3.3 Umwidmungssperrklausel

Der Bodenschutzklausel in der Zielrichtung ähnlich ist die „Umwidmungssperrklau- 11
sel", die ohne inhaltliche Anreicherung lediglich ihren Standort gewechselt hat. Sie
ist jetzt nicht mehr, wie bisher in § 1 Abs. 5 S. 3 BauGB a.F., unter den allgemeinen Abwägungsbelangen aufgeführt. Statt dessen ist sie als Satz 2 nach § 1 a
Abs. 2 BauGB hinüber gewandert. Eine echte Sperre liegt indes nicht vor, vgl. § 1 a
Abs. 2 S. 3 BauGB.

3.4 Bedeutung der Bodenschutz- und der Umwidmungssperrklausel

(1) Ebenso wie die Vorgängerregelungen sind die Bodenschutz- und die Umwid- 12
mungssperrklausel seinerzeit nur als „**Soll**"-**Vorschriften** konzipiert. Diese Wortwahl hat in der Vergangenheit zu tiefsinnigen Betrachtungen Anlaß gegeben. Beiden Klauseln wurde ein hohes Maß an Erhabenheit zuerkannt. Beiden wurde be-
scheinigt, sich durch besondere Qualifikationsmerkmale von „gewöhnlichen" Abwägungsbelangen zu unterscheiden. § 1 a Abs. 2 S. 3 BauGB fordert indes nur
ihre **Berücksichtigung** in der Abwägung, zudem lediglich als „**Grundsätze**". Das
alles reimt sich bereits rechtstechnisch nicht.

(2) Zum Teil wurden die Klauseln gar – in Parallele zu dem in § 50 BImSchG nor- 13
mierten Trennungsgrundsatz – als „Optimierungsgebote" gekennzeichnet.[4] Aufzu-
hellen, was sich hinter diesem Begriff verbirgt, eignet sich als Stoff für Monogra-
phien. Das BVerwG hat 1985 § 50 BImSchG und 1992 § 1 Abs. 5 Sätze 1 und 3
BauGB a.F. als Optimierungsgebote charakterisiert.[5] Für den Anwendungsbereich
des § 50 BImSchG hat das Gericht spätestens 1999 diese Vorstellung aufgegeben.[6] Die normativen Besonderheiten werden durch den schlichteren Begriff der
„Abwägungsdirektive" umschrieben.[7] An dem bisherigen dogmatischen Status hat
das **EAG Bau** jedenfalls nichts geändert.[8]

---

4 Vgl. unverändert U. Battis, in: B/K/L, BauGB, 9. Aufl., 2005, § 1 Rn. 110.
5 BVerwG, Urteil vom 22.3.1985 – 4 C 73.82 – BVerwGE 71, 163 DVBl 1985, 899 = NJW 1986, 82 zu
   § 50 BImSchG; Beschluß vom 21.8.1990 – 4 B 104.90 – NVwZ 1991, 69 = UPR 1991, 102 = BRS
   50 Nr. 227 zu § 8 Abs. 2 und 3 BNatSchG a.F.; BVerwG, Beschluß vom 20.8.1992 – 4 NB 20.91 –
   BVerwGE 90, 329 = DVBl 1992, 1438 = NVwZ 1993, 167 = ZfBR 1992, 280 = BRS 54 Nr. 12 zu § 1
   Abs. 5 Sätze 1 und 3 BauGB a.F.
6 BVerwG, Urteil vom 28.1.1999 – 4 CN 5.98 – BVerwGE 108, 248 = DVBl 1999, 1288 = NVwZ 1999,
   1222 = ZfBR 1999, 219 = BRS 62 Nr. 4. Das Gericht spricht nur noch einer „Abwägungsdirektive". Es
   hatte sich bereits seit seinem Beschluß vom 31.1.1997 – 4 NB 27.97 – BVerwGE 104, 68 = DVBl 1997,
   1112 = NVwZ 1997, 1213 ersichtlich von der Annahme eines „Optimierungsgebotes" distanziert.
7 Vgl. BVerwG, Urteil vom 18.9.2003 – 4 CN 20.02 – BVerwGE 119, 54 = DVBl 2004, 251 = NVwZ
   2004, 226 = BauR 2004, 280; Urteil vom 19.9.2002 – 4 CN 1.02 – BVerwGE 117, 58 = DVBl 2003,
   204 = BauR 2003, 209 = BRS 65 Nr. 20; vom 11.1.2001 – 4 A 13.99 – NVwZ 2001, 1154 =
   BauR 2001, 900 = BRS 64 Nr. 19, jeweils zu § 50 BImSchG; BVerwG, Urteil vom 23.11.2001 – 4 A
   46.99 – DVBl 2002, 565 = BauR 2002, 920 = BRS 64 Nr. 211 zu § 2 Abs. 1 Nr. 7 BNatSchG;
   BVerwG, Beschluß vom 1.9.1999 – 4 BN 25.99 – NVwZ-RR 2000, 146 = ZfBR 2000, 419 zu § 1
   Abs. 5 S. 2 Nr. 1 BauGB a.F.
8 Wie hier M. Krautzberger, Europarechtsanpassungsgesetz Bau – EAG Bau 2004: Die Neuregelungen
   im Überblick, in: UPR 2004, 241–246 [242].

14 Sich zur Bodenschutz- und zur Umnutzungssperrklausel zu äußern, hatte das BVerwG nie wieder Gelegenheit. Das ist schwerlich ein Zufall. Denn ungeachtet der Bemühungen von Teilen der Literatur, diesen Regelungen zu einer kräftig-lebensvollen Existenz zu verhelfen, fristen die beiden Klauseln ein beklagenswertes Mauerblümchendasein. Beim BVerwG ist jedenfalls bisher kein einziger Rechtsstreit anhängig geworden, in dem diese Vorschriften bei der Planungsentscheidung eine maßgebliche Rolle gespielt hätten oder wenigstens, und sei es auch nur beiläufig, erwähnt worden wären. Das deutet nicht darauf hin, daß ihnen erhöhtes Gewicht beigemessen wird. Das ist erstaunlich. Denn man ist sich einig, daß es trotz der vielfältigen gesetzlichen Vorkehrungen nicht gelungen ist, den Bodenverbrauch nachhaltig einzudämmen.

15 Dem Gesetzgeber gebührt das Verdienst, diesem Befund realistisch Rechnung zu tragen. In § 1a Abs. 2 S. 3 BauGB unternimmt er gar nicht erst den Versuch, die Boden- und die Umwidmungssperrklausel verbal als Abwägungsposten besonderer Güteklasse zu kennzeichnen. Er beschränkt sich auf die schlichte Aussage, daß die Grundsätze nach den Sätzen 1 und 2 nach § 1 Abs. 7 BauGB „in der Abwägung zu berücksichtigen" sind.[9] Das mag bedauerlich erscheinen, denn der Bodenschutzaspekt kann objektiv nicht hoch genug eingeschätzt werden. Der Gesetzgeber ist aber offenbar realistisch genug, letztlich keine Anforderungen zu formulieren, welche die Planungspraxis allem Anschein nach überfordern.[10] Die Gemeinde wird allerdings im Umweltbericht als eine Frage der planerischen Alternative darzulegen haben, aus welchen Gründen sie brachliegende Flächen keiner neuen Nutzung zuführt.

III. Änderung – § 1a Abs. 3 BauGB 2004

1. Text der geänderten Fassung

16 (3) Die Vermeidung und der Ausgleich voraussichtlich erheblicher Beeinträchtigungen des Landschaftsbildes sowie der Leistungs- und Funktionsfähigkeit des Naturhaushalts in seinen in § 1 Abs. 6 Nr. 7 Buchstabe a bezeichneten Bestandteilen (Eingriffsregelung nach dem Bundesnaturschutzgesetz) sind in der Abwägung nach § 1 Abs. 7 zu berücksichtigen. Der Ausgleich erfolgt durch geeignete Darstellungen und Festsetzungen nach den §§ 5 und 9 als Flächen oder Maßnahmen zum Ausgleich. Soweit dies mit einer nachhaltigen städtebaulichen Entwicklung und den Zielen der Raumordnung sowie des Naturschutzes und der Landschaftspflege vereinbar ist, können die Darstellungen und Festsetzungen auch an anderer Stelle als am Ort des Eingriffs erfolgen. Anstelle von Darstellungen und Festsetzungen können auch vertragliche Vereinbarungen nach § 11 oder sonstige geeignete Maßnahmen zum Ausgleich auf von der Gemeinde bereitgestellten Flächen getroffen werden. Ein Ausgleich ist nicht erforderlich, soweit die Eingriffe bereits vor der planerischen Entscheidung erfolgt sind oder zulässig waren.

---

9 Vgl. M. Krautzberger/B. Stüer, Städtebaurecht 2004: Umweltprüfung und Abwägung, in: DVBl 2004, 914–924 [923].

10 Ebenso W. Schrödter, Das Europarechtsanpassungsgesetz Bau – EAG Bau, in: NST-N 2004, 197–216 [200].

Halama

2. Textgeschichte

Die Gesetzesfassung entspricht textidentisch dem Entwurf der BReg. (vgl. BTag- 17
Drs. 15/2250 S. 10, 40). Der 14. Ausschuß ist dem Vorschlag gefolgt (vgl. BTag-
Drs. 15/2996 S. 22).

3. Erläuterung der Änderung

3.1 Allgemeines

§ 1 a Abs. 3 BauGB faßt Bestimmungen zusammen, die bisher als naturschutz- 18
rechtliche Eingriffsregelung getrennt in § 1 Abs. 5 S. 2 Nr. 7 BauGB sowie in § 1 a
Abs. 2 Nr. 2 und Abs. 3 BauGB a. F. ihren Platz hatten. In der Sache ändert sich
nichts. Vgl. auch die korrespondierende Bestimmung des § 21 Abs. 1 BNatSchG
2004. Das EAG Bau wiederholt dazu den sog. Baurechtskompromiß (vgl. § 8 a
BNatSchG 1993). Eine naturschutzrechtliche Eingriffslage ist, naheliegend, nunmehr im Rahmen der UP abzuarbeiten (arg. e § 2 Abs. 4 S. 1 Halbs. 1 BauGB).
Demgemäß muß der Umweltbericht die Ermittlung und die fachliche Bewertung
einer naturschutzrechtlichen Eingriffslage erörtern.

3.2 § 1 a Abs. 3 Satz 1 BauGB 2004

(1) Die naturschutzrechtliche Eingriffsregelung wurde erstmals in dem im Rahmen 19
des Investitionserleichterungs- und Wohnbaulandgesetzes vom 22.4.1993 eingefügten § 8 a Abs. 1 S. 1 BNatSchG (BGBl I S. 481) mit dem Bauplanungsrecht ver-
klammert. Damals entbrannte ein heftiger Streit darüber, ob die Eingriffsregelung
ebenso wie im Vorhabenzulassungsrecht auch in der Bauleitplanung als strikte
Norm zu beachten oder nach den zum Abwägungsgebot entwickelten Grundsätzen zu berücksichtigen sei. Das BVerwG bezog 1997 dazu eindeutig Stellung.[11]
Das Gericht kennzeichnete das Vermeidungs- und Folgenbewältigungsprogramm
des § 8 a Abs. 1 S. 1 BNatSchG (Fassung 1993) als Abwägungsposten, der nicht
zuletzt wegen der verfassungsrechtlichen Wertung des Art. 20 a GG allerdings mit
hohem Gewicht zu Buche schlage, ohne deshalb als „Optimierungsgebot" qualifiziert werden zu können (vgl. § 2 BauGB, Rn. 149).

Das BauROG 1998 integrierte die Eingriffsregelung in das BauGB und bekräftigte 20
in Anknüpfung an die Rechtsprechung des BVerwG, daß die naturschutzrechtliche Eingriffslage nur Teil des planerischen Abwägungsmaterials sei (§ 1 a Abs. 2
BauGB a. F.: „in der Abwägung"). An diesem Konzept das EAG Bau fest. Eine
neue Facette bringt das Gesetz lediglich insofern ins Spiel, als es die Vermeidung
und den Ausgleich voraussichtlich erheblicher Beeinträchtigungen des Landschaftsbildes sowie der Leistungs- und Funktionsfähigkeit des Naturhaushalts
nunmehr zugleich als **Teil der UP** betrachtet.

---

11 BVerwG, Beschluß vom 31.1.1997 – 4 NB 27.96 – BVerwGE 104, 68 = DVBl 1997, 1112 = NVwZ
    1997, 1213 = ZfBR 1997, 316 = BauR 1997, 794 = BRS 59 Nr. 8 (1997).

21 (2) § 1 a Abs. 3 S. 1 BauGB 2004 ist in seinen textlichen Voraussetzungen gleichbedeutend mit der Eingriffsregelung des § 18 Abs. 1 BNatSchG. Maßgebend ist nicht ob der im Vollzug des Bauleitplanes gedachte Eingriff zu erheblichen Beeinträchtigungen führt, sondern ob diese Wirkung voraussichtlich zu erwarten ist. Die materielle Eingriffslage ist mithin nach BauGB und nach BNatSchG identisch. Indem § 1 a Abs. 3 S. 1 BauGB Vermeidung und Ausgleich zum Bestand der Bauleitplanung bestimmt, verlangt er, daß auf die Eingriffslage **„konzeptionell geantwortet"** wird.[12] Das gilt in zweifacher Hinsicht: Bereits bei der konzeptionellen Ausgestaltung der Planung muß das Integritätsinteresse von Natur und Landschaft beachtet werden.[13] Des weiteren muß das durch den zugelassenen Eingriff ausgelöste Folgenbewältigungsprogramm planerisch konzipiert sein. Hierfür muß der **Umweltbericht** sachliche Hilfen geben.

3.3 § 1 a Abs. 3 Satz 2 BauGB 2004

22 (1) § 1 a Abs. 3 S. 2 BauGB normiert Teile eines besonderen **Folgenbewältigungsprogramms.**[14] Auch dieses ist unverändert abwägungsbezogen. Dies muß im Umweltbericht fachlich beschrieben werden (vgl. Nr. 2 Buchst. c) der Anlage zum BauGB in Verb. mit § 2 Abs. 4 S. 1 Halbs. 2 BauGB).

23 (2) Der Begriff des „Ausgleichs" besitzt im Bauplanungsrecht einen anderen Inhalt als im Naturschutzrecht (vgl. dort § 19 BNatSchG). § 21 Abs. 1 BNatSchG 2004 stellt klar, daß in den Fällen, in denen aufgrund der Aufstellung, Änderung, Ergänzung oder Aufhebung von Bauleitplänen Eingriffe in Natur und Landschaft zu erwarten sind, über die Vermeidung, den Ausgleich und den Ersatz nach den Vorschriften des BauGB zu entscheiden ist. § 19 Abs. 2 BNatSchG differenziert zwischen Ausgleichs- und Ersatzmaßnahmen je nachdem, ob die Eingriffsfolgen in gleichartiger oder gleichwertiger Weise kompensiert werden.

24 Nach § 200 a BauGB 2004 umfaßt der Ausgleich im Sinne des § 1 a Abs. 3 BauGB dagegen sowohl Ausgleichs- als auch Ersatzmaßnahmen. Während nach § 19 Abs. 2 BNatSchG zwischen Ausgleichs- und Ersatzmaßnahmen eine Stufenfolge besteht, beanspruchen Ausgleichsmaßnahmen im Verhältnis zu Ersatzmaßnahmen im Rahmen der Abwägung nach § 1 Abs. 7 BauGB keine vorrangige Berücksichtigung.

25 (3) Der Ausgleich „erfolgt" durch geeignete Darstellungen und Festsetzungen nach den §§ 5 und 9 BauGB als Flächen oder Maßnahmen zum Ausgleich. Die Rechtslage hat sich gegenüber § 1 a Abs. 3 S. 1 BauGB a. F. nicht geändert. Die nunmehrige Textfassung ist lediglich etwas gestrafft. Sie ist sprachlich unverändert

12 So bereits BVerwG, Beschluß vom 31.1.1997 – 4 NB 27.96 – BVerwGE 104, 68 = DVBl 1997, 1112 = NVwZ 1997, 1213 = ZfBR 1997, 316 = BauR 1997, 794 = BRS 59 Nr. 8 (1997).
13 Vgl. U. Kuschnerus, Der sachgerechte Bebauungsplan, 3. Aufl., 2004, Rn. 385.
14 Vgl. dazu auch BVerwG, Beschluß vom 23.4.1997 – 4 NB 13.97 – NVwZ 1997, 1215 = ZfBR 1997, 261 = BauR 1997, 798 = BRS 59 Nr. 10 (1997); Beschluß vom 9.5.1997 – 4 N 1.96 – BVerwGE 104, 353 = DVBl 1997, 1121 = NVwZ 1997, 1216 = ZfBR 1997, 258 = BauR 1997, 799 = BRS 59 Nr. 11 (1997).

ungenau. Ein Ausgleich kann real nicht durch Darstellungen und Festsetzungen geschehen. Diese Maßnahmen können nur die Durchführung des Ausgleichs planerisch vorbereiten.

(4) Ausgeglichen ist eine Beeinträchtigung nur, wenn und soweit die beeinträch- **26** tigten Funktionen des Naturhaushalts wiederhergestellt oder die Störung des Landschaftsbildes landschaftsgerecht beseitigt oder neu gestaltet wurde (vgl. § 19 Abs. 2 BNatSchG). Andere Maßnahmen können der wertenden Kompensation des Eingriffs dienen. § 1a Abs. 3 BauGB liegt der **Gedanke einer Bilanzierung** von Eingriff und Ausgleich zugrunde. Bindende inhaltliche Vorgaben enthält das Gesetz dazu nicht. Es gebietet nicht, die Eingriffsintensität anhand standardisierter Maßstäbe oder in einem bestimmten schematisierten und rechenhaft handhabbaren Verfahren zu beurteilen.[15] Das von der Gemeinde gewählte Bewertungsverfahren (etwa ein Verfahren der „Biotopwertigkeit") darf nicht ungeeignet sein, um den gesetzlichen Anforderungen überhaupt gerecht zu werden. In einigen Bundesländern sind „Arbeitshilfen" im Erlaßwege ergangen.

(5) Der **Umweltbericht** gibt dazu als Befund die Ermittlungen wieder, ob und in **27** welcher Hinsicht Beeinträchtigungen von Natur und Landschaft bei einer projektierten Planung mutmaßlich eintreten werden. Dazu bedarf es einer Rückkoppelung zu den in § 1 Abs. 6 Nr. 7 BauGB angeführten Umweltbelangen. Die dazu erforderlichen Ermittlungen müssen zielorientiert, mithin auf den zu erreichenden Erkenntnisgewinn der sachgerechten Bestandsaufnahme bezogen sein.[16]

(6) Für Maßnahmen des Ausgleichs sind nur solche Flächen geeignet, die quanti- **28** tativ und qualitativ **aufwertungsbedürftig und aufwertungsfähig** sind.[17] Es genügt danach nicht, daß ein bereits bestehender ökologisch günstiger Zustand nur festgeschrieben wird. Geeignete Maßnahmen dürfen ferner nicht ihrerseits zu Beeinträchtigungen von Natur und Landschaft führen.[18]

3.4 § 1a Abs. 3 Satz 3 BauGB 2004

(1) **Ausgleich an anderer Stelle.** Soweit dies mit einer nachhaltigen städtebau- **29** lichen Entwicklung und den Zielen der Raumordnung sowie des Naturschutzes und

---

15 Vgl. BVerwG, Urteil vom 11.1.2001 – 4 A 13.99 – NVwZ 2001, 1154 = BauR 2001, 900 = BRS 64 Nr. 19 (2000); Urteil vom 22.1.2004 – 4 A 32.02 – DVBl 2004, 649 = NVwZ 2004, 722 = UPR 2004, 187 = BauR 2004, 957.

16 Vgl. BVerwG, Urteil vom 15.1.2004 – 4 A 11.02 – BVerwGE 120, 1 = DVBl 2004, 642 = NVwZ 2004, 732 = UPR 2004, 185 = BauR 2004, 966; Urteil vom 30.1.2003 – 4 CN 14.01 – BVerwGE 117, 351 = DVBl 2003, 733 = NVwZ 2003, 742 = ZfBR 2003, 471 = BauR 2003, 1175.

17 BVerwG, Urteil vom 23.8.1996 – 4 A 29.95 – DVBl 1997, 68 = NVwZ 1997, 486 = BauR 1997, 106 = BRS 58 Nr. 27; Urteil vom 28.1.1999 – 4 A 18.98 – NVwZ-RR 1999, 629 = BauR 1999, 891 = BRS 62 Nr. 223 (1999); Beschluß vom 18.7.2003 – 4 BN 37.03 – NVwZ 2003, 1515 = UPR 2003, 449 = ZfBR 2004, 60 = BauR 2004, 40; OVG Schleswig, Beschluß vom 10.10.2001 – 12 B 10 / 01 – NordÖR 2002, 160.

18 Vgl. BVerwG, Urteil vom 15.1.2004 – 4 A 11.02 – BVerwGE 120, 1 = DVBl 2004, 642 = NVwZ 2004, 732 = UPR 2004, 185 = BauR 2004, 966; vgl. auch A. Bunzel, Bauleitplanung und Flächenmanagement bei Eingriffen in Natur und Landschaft, 1999, S. 143ff.

der Landschaftspflege vereinbar ist, können Darstellungen und Festsetzungen auch an anderer Stelle als am Ort des Eingriffs erfolgen. Die Textfassung entspricht wortgleich der früheren Regelung. Entsprechende Darstellungen oder Festsetzungen sind in § 5 Abs. 2a, § 9 Abs. 1a BauGB vorgesehen.

30 (2) Trifft der B-Plan eine entsprechende Festsetzung, schließt sie damit die Privatnützigkeit des „Ausgleichsgrundstücks" aus. Der private Eigentümer kann unter den Voraussetzungen des § 40 Abs. 2 S. 1 Nr. 1 BauGB eine **Übernahme** verlangen. Das wird im Regelfall die Gemeinde selbst sein (vgl. § 44 Abs. 1 S. 2 BauGB). Unerheblich ist, wenn in demselben B-Plan andere Flächen des Eigentümers zu Bauland hochgestuft werden. Nach der Rechtsprechung des BGH beeinflußt dies lediglich die Höhe der Entschädigung für die zu übernehmende Fläche.[19] Damit kann der Eigentümer die praktisch wertlos gewordene Ausgleichsfläche der Gemeinde aufzwingen. Diese wird damit gemäß § 135a Abs. 2 S. 1 BauGB in die Lage versetzt, die Ausgleichsmaßnahme auch durchzuführen. Demgemäß empfiehlt es sich, daß die Gemeinde nur solche Ausgleichsflächen ausweist, die bereits in ihrem Eigentum stehen. Diese sollte sie dem Eingriffsgrundstück „zuordnen", so daß ihr damit die Möglichkeit der **Refinanzierung der Ausgleichsmaßnahme** nach Maßgabe der §§ 135a ff. BauGB eröffnet wird.

3.5 § 1a Abs. 3 Satz 4 BauGB 2004

31 Anstelle von Darstellungen und Festsetzungen können auch vertragliche Vereinbarungen nach § 11 oder „sonstige geeignete Maßnahmen" zum Ausgleich auf von der Gemeinde bereit gestellten Flächen getroffen werden. Die Textfassung entspricht wortgleich der früheren Regelung. Die Gemeinde ist gehalten, im Zeitpunkt der Beschlußfassung über den B-Plan (§ 214 Abs. 3 S. 1 BauGB) durch rechtliche Sicherungen dafür Sorge zu tragen, daß die vorgesehenen Ausgleichsmaßnahmen auch tatsächlich durchgeführt werden.[20] Das gilt auch dann, wenn die Gemeinde den Ausgleich auf eigenen Grundstücken vornehmen will.[21] Zweifel entstehen dann, wenn sich die Gemeinde von ihrer nur einseitig gegebenen Absichtserklärung im nachhinein ohne weitere Kontrolle und ohne Gefahr für den rechtlichen Bestand des B-Plans trennen kann.

3.6 § 1a Abs. 3 Satz 5 BauGB 2004

32 (1) Ein Ausgleich ist nicht erforderlich, soweit die Eingriffe bereits vor der planerischen Entscheidung erfolgt sind oder zulässig waren. Die Textfassung entspricht wortgleich der früheren Regelung.

---

19 Vgl. auch BGH, Urteil vom 9.10.1997 – III ZR 148/96 – DVBl 1998, 34 = NJW 1998, 2215 = ZfBR 1998, 42 = BauR 1998, 297 = BRS 59 Nr. 242 (1997).

20 BVerwG, Beschluß vom 9.5.1997 – 4 N 1.96 – BVerwGE 104, 353 = DVBl 1997, 1121 = NVwZ 1997, 1216 = ZfBR 1997, 258 = BauR 1997, 799 = BRS 59 Nr. 11 (1997).

21 BVerwG, Urteil vom 19.9.2002 – 4 CN 1.02 – BVerwGE 117, 58 = DVBl 2003, 204 = ZfBR 2003, 150 = BauR 2003, 209 = BRS 65 Nr. 219 (2002); Beschluß vom 18.7.2003 – 4 BN 37.03 – NVwZ 2003, 1515 = ZfBR 2004, 60 = BauR 2004, 40.

(2) § 1 a Abs. 3 S. 5 BauGB stellt allein darauf ab, welche Bebauung vor der „pla- **33** nerischen Entscheidung" zulässig war. Das wird in aller Regel eine Festsetzung in einem B-Plan sein. Die Vorschrift unterscheidet nicht danach, wann und unter welcher Rechtslage bestehende Baurechte entstanden sind. Schreibt der B-Plan mithin lediglich bereits vorhandene bauliche oder anderweitig als Eingriff zu wertende Nutzungen fort, bedarf es keiner Ausgleichsmaßnahme.[22] Ein Ausgleich ist bei der Überplanung von Flächen, für die bereits Baurechte bestehen, vielmehr nur insoweit erforderlich, als zusätzliche und damit neu geschaffene Baurechte entstehen. Da § 1 a Abs. 3 S. 5 BauGB als Ausnahme konzipiert ist, ist im Zweifel – nämlich, ob Baurechte geschaffen werden – von der Maßgeblichkeit des Folgenbewältigungsprogramms des § 1 a Abs. 3 S. 1 ff. BauGB auszugehen.[23]

(3) § 1 Abs. 3 S. 5 BauGB darf nicht dahin verstanden werden, daß der bereits **34** erfolgte Eingriff überhaupt kein Gegenstand der abwägenden Betrachtung mehr zu sein hat. Nach § 1 Nr. 1 BNatSchG besteht eine dauernde Pflicht, frühere Eingriffslagen zugunsten einer früher bestehenden Leistungs- und Funktionsfähigkeit des Naturhaushalts zu beseitigen.

3.7 Maßgeblichkeit der Natur- und Landschaftsschutzverordnung

Natur- und Landschaftsschutzverordnungen begründen striktes Recht. Sie stehen **35** eine planerischen Abwägung entgegen. Eine Unvereinbarkeit mit planerischen Darstellungen oder planerischen Festsetzungen ist unschädlich, wenn eine **Befreiungslage** nach Maßgabe des Natur- und Landschaftsrechts besteht (vgl. § 1 Rn. 82).[24]

IV. Änderung – § 1 a Abs. 4 BauGB 2004

1. Text der geänderten Fassung

(4) Soweit ein Gebiet im Sinne des § 1 Abs. 6 Nr. 7 Buchstabe b in seinen für die Erhaltungsziele **36** oder den Schutzzweck maßgeblichen Bestandteilen erheblich beeinträchtigt werden kann, sind die Vorschriften des Bundesnaturschutzgesetzes über die Zulässigkeit und Durchführung von derartigen Eingriffen einschließlich der Einholung der Stellungnahme der Kommission anzuwenden.

2. Textgeschichte

Die Gesetzesfassung entspricht textidentisch dem Entwurf der BReg. (vgl. BTag- **37** Drs. 15/2250 S. 10, 40). Der 14. BTags-Ausschuß ist dem Vorschlag gefolgt (vgl. BTag-Drs. 15/2996 S. 22).

---

22 Vgl. BVerwG, Beschluß vom 20.5.2003 – 4 BN 57.02 – DVBl 2003, 1462 = NVwZ 2003, 1259 = UPR 2003, 443 = ZfBR 2003, 692 = BauR 2003, 1688.
23 Ähnlich U. Kuschnerus, Der sachgerechte Bebauungsplan, 3. Aufl., 2004, Rn. 401.
24 Vgl. BVerwG, Beschluß vom 25.8.1997 – 4 NB 12.97 – NVwZ-RR 1998, 162 = ZfBR 1997, 320 = UPR 1998, 69 = BauR 1997, 998 = BRS 59 Nr. 29; Urteil vom 30.1.2003 – 4 CN 14.01 – DVBl 2003, 733 = NVwZ 2003, 742 = ZfBR 2003, 471 = UPR 2003, 304 (B-Plan); Urteil vom 17.12.2002 – 4 C 15.01 – BVerwGE 117, 287 = DVBl 2003, 797 = UPR 2003, 188 = ZfBR 2003, 370 = BauR 2003, 828 = BRS 65 Nr. 95 (F-Plan).

3. Erläuterung der Änderung

3.1 Allgemeines

38 (1) § 1a Abs. 4 BauGB soll den Anforderungen der Fauna-Flora-Habitat-Richtlinie 92/43/EWG vom 21.5.1992 (ABl. EG Nr. L 206 S. 7) Rechnung tragen. Die Regelung knüpft an § 1 Abs. 6 Nr. 7 Buchst. b) BauGB an. Danach gehören die Erhaltungsziele und der Schutzzweck der Gebiete von gemeinschaftlicher Bedeutung (FFH-Gebiete) und der europäischen Vogelschutzgebiete im Sinne des BNatSchG zu den Belangen des Umweltschutzes, die als Teil der UP an sich der Abwägung unterliegen.

39 (2) Anders als § 1a Abs. 2 Nr. 4 BauGB a.F., der insoweit mißverständlich formuliert war, stellt § 1a Abs. 4 BauGB klar, daß für eine Abwägung im Sinne des § 1 Abs. 7 BauGB für das europäische Habitatschutzrecht kein Raum ist, soweit ein Gebiet im Sinne des § 1 Abs. 6 Nr. 7 Buchst. b) BauGB in seinen für die Erhaltungsziele oder den Schutzzweck maßgeblichen Bestandteilen erheblich beeinträchtigt werden kann (vgl. § 34 BNatSchG). Das europäische Habitatschutzrecht ist **zwingendes Recht.** Es ist damit der planerischen Abwägung entzogen.

40 (3) Die Prüfung der Verträglichkeit des geplanten Vorhabens nach Art. 6 Abs. 3 FFH-RL kann nicht vollständig in die UP (§ 2 Abs. 4 BauGB) integriert werden (unklar hierzu der EAG Mustererlaß 2004, Nr. 2.5). Die FFH-Prüfung führt im Falle der Unverträglichkeit des Vorhabens grundsätzlich zu dessen Unzulässigkeit. Seine Verwirklichung ist nur unter besonderen, nicht abwägungsbezogenen Voraussetzungen möglich (vgl. Art. 6 Abs. 4 FFH-RL). Gleichwohl empfiehlt es sich, die Verträglichkeitsprüfung auf der Grundlage der UP vorzunehmen, indes ist dies gesondert darzustellen.[25]

3.2 Regelungsgehalt des § 1a Abs. 4 BauGB

3.2.1 Maßgeblichkeit der FFH-RL und der Vogelschutz-RL

41 (1) § 1a Abs. 4 BauGB nimmt Bezug auf § 35 S. 2 BNatSchG. Danach sind bei Bauleitplänen und Satzungen nach § 34 Abs. 4 S. 1 Nr. 3 BauGB die mit „Verträglichkeit und Unzulässigkeit von Projekten, Ausnahmen" überschriebenen Vorschriften des § 34 Abs. 1 S. 2 und Abs. 2 bis 4 BNatSchG entsprechend anzuwenden. § 34 BNatSchG trifft Regelungen für Gebiete von gemeinschaftlicher Bedeutung (FFH-Gebiete) und für Europäische Vogelschutzgebiete. Der Gesetzgeber verweist damit mit wünschenswerter Deutlichkeit auf die zwingenden Vorgaben der im BNatSchG geregelten Verträglichkeitsprüfung. § 1a Abs. 4 BauGB zielt auf eine **Verfahrensintegration** der Verträglichkeitsprüfung nach Maßgabe der FFH-RL und des umsetzenden deutschen Naturschutzrechts ab. Das ist für Bedeutung für Umfang und Intensität der UP (arg. e § 2 Abs. 4 S. 1 in Verb. mit § 1 Abs. 4 BauGB).

---

25 Ähnlich O. Reidt, in: K. Gelzer/Chr. Bracher/O. Reidt, Bauplanungsrecht, 6. Aufl., 2001, Rn. 766.

Halama

(2) **Keine unmittelbare Anwendung des BNatSchG.** Für den gegenwärtigen **42**
Rechtszustand ist folgendes zu beachten: Läßt man die Rechtsprechung des
BVerwG Revue passieren, fällt auf, daß die Vorschriften der §§ 32 ff.
BNatSchG unter Einschluß der §§ 34 und 35 BNatSchG nicht thematisiert werden, auch wenn
in den Entscheidungen von FFH- oder Vogelschutzgebieten die Rede ist. Ebenso
wenig erwähnt das BVerwG die Vorgängerregelungen der §§ 19 a ff. BNatSchG
a. F. Statt dessen greift das BVerwG unmittelbar auf das EG-Recht zurück. Es
folgt darin der Rechtsprechung des EuGH.[26] Die Auffassung des BVerwG beruht
auf folgenden Erwägungen:

In § 10 Abs. 1 Nr. 5 BNatSchG werden in Anlehnung an Art. 1 Buchst. k) der FFH- **43**
RL (Richtlinie 92/43/EWG) als Gebiete von gemeinschaftlicher Bedeutung, die in
die Liste nach Art. 4 Abs. 2 UAbs. 3 FFH-RL eingetragenen Gebiete definiert, auch
wenn sie noch nicht zu Schutzgebieten erklärt worden sind. In Art. 4 Abs. 2 UAbs.
3 FFH-RL ist die Liste angesprochen, welche die EU-Kommission nach der Konzeption der FFH-RL anhand der Gebietsmeldungen der Mitgliedstaaten als Grundlage für die Ausweisung von Gebieten gemeinschaftlicher Bedeutung bis zum
10.6.1998 zu erstellen hatte. Diese Liste liegt wegen der Saumseligkeit der Bundesrepublik Deutschland und anderer Mitgliedstaaten sechs Jahre nach Ablauf
der vorgesehenen Frist immer noch nicht vor. Insoweit fehlt es bereits an den tatbestandlichen Voraussetzungen für eine Anwendung der §§ 32 ff. BNatSchG. Das
System der §§ 32 ff. BNatSchG ist daher gegenwärtig nicht anwendbar. Insoweit
besteht – aus der Sicht des deutschen Rechts – ein „rechtloser" Zustand. Damit
ist an sich auch § 1 a Abs. 4 BauGB derzeit nicht anwendungsfähig. Einige Bundesländer befinden sich gegenwärtig in einer „Nachmeldephase". Diese soll Anfang 2005 abgeschlossen sein. Erst dann ist die EU-Kommission in der Lage, für
die Bundesrepublik das kohärente System NATURA 2000 festzulegen.

(3) Ist nach Herstellung und innerdeutscher Umsetzung des kohärenten Systems **44**
NATURA 2000 die Verträglichkeitsprüfung nach § 34 BNatSchG durchzuführen,
ist dies gemäß § 35 BNatSchG auf der Ebene der Bauleitplanung vorzunehmen.
Das ergibt sich auch aus § 37 Abs. 1 BNatSchG.[27] Die alsdann maßgebenden
„zwingenden Gründe des überwiegenden öffentlichen Interesses" sind striktes
Recht, damit selbst einer abwägenden Betrachtung entzogen.

3.2.2   Rechtslage bei FFH-Gebieten

3.2.2.1 Potentielle FFH-Gebiete

Anwendung der FFH-RL. Die in § 1 Abs. 6 Nr. 7 Buchst. b) BauGB und § 1 a **45**
Abs. 4 BauGB aufgeführten Gebiete von gemeinschaftlicher Bedeutung existieren
bisher nicht einmal auf dem Papier. Das BVerwG spricht deshalb von „potentiel-

---

26 Vgl. u. a. EuGH, Urteil vom 2.8.1993 – C 355/90 – EuGHE I 1993, 4221 = ZUR 1994, 305 = NuR
    1994, 521; Urteil vom 18.3.1999 – C 166/97 – EuGHE I 1999, 1719 = ZUR 1999, 148 = NuR 1999,
    501.
27 Vgl. näher U. Kuschnerus, Der sachgerechte Bebauungsplan, 3. Aufl., 2004, Rn. 428 ff.

len" FFH-Gebieten.[28] Die Zulässigkeit von Beeinträchtigungen dieser Gebiete mißt es unmittelbar an den Anforderungen des EG-Rechts. Dieses gebietet ein unterschiedliches Schutzregime, je nachdem, ob ein Gebiet mit oder ohne prioritäre Lebensraumtypen oder Arten betroffen ist.[29]

3.2.2.2 Gebiet mit prioritären Biotopen oder Arten

46 (1) Auf Gebiete mit prioritären Lebensraumtypen oder Arten wendet das BVerwG Art. 6 Abs. 3 und 4 FFH-RL an, obwohl diesen Bestimmungen nach Art. 4 Abs. 5 FFH-RL an sich nur Gebiete unterliegen, die in die Kommissionsliste aufgenommen worden sind. Das hängt mit den Besonderheiten des Gebietsauswahlverfahrens zusammen. Das EG-Recht sieht im Anhang III (Phase 2 Nr. 1) zur FFH-RL vor, daß alle von den Mitgliedstaaten ermittelten Gebiete, die prioritäre natürliche Lebensraumtypen bzw. Arten beherbergen, als Gebiete von gemeinschaftlicher Bedeutung zu betrachten sind. Anders als bei der Beurteilung der Bedeutung der übrigen in die Meldelisten der Mitgliedstaaten aufgenommenen Gebiete (vgl. hierzu Anhang III Phase 2 Nr. 2) gesteht die Richtlinie der Kommission insoweit keinen Auswahlspielraum zu. Die Wertung, die dieser Regelung zugrunde liegt, rechtfertigt es nach Ansicht des BVerwG, Projekte und Pläne in einem Gebiet, das wegen des Vorhandenseins prioritärer Biotope oder Arten dem Automatismus des Anhangs III Phase 2 Nr. 1 unterliegt, dem strengen Regime des Art. 6 Abs. 3 und 4 FFH-RL zu unterwerfen.

47 (2) Ergibt die Verträglichkeitsprüfung für ein Gebiet mit prioritären Biotopen oder Arten (Art. 6 Abs. 4 UAbs. 2 FFH-RL), daß dieses Gebiet in seinen für die Erhaltungsziele oder den Schutzzweck maßgeblichen Bestandteilen erheblich beeinträchtigt werden kann, so ist das (Plan-)Vorhaben nur unter der dreifachen Voraussetzung zulässig: Eine Alternativlösung darf nicht vorhanden sein (Art. 6 Abs. 4 Abs. 1 FFH-RL), zwingende, in Art. 6 Abs. 4 UAbs. 2 FFH-RL näher benannte Gründe des überwiegenden öffentlichen Interesses müssen den Eingriff rechtfertigen und die globale Kohärenz des Schutzgebietssystems muß gewahrt bleiben (Art. 6 Abs. 4 UAbs. 1 FFH-RL). Ob diese Tatbestandsmerkmale erfüllt sind, unterliegt uneingeschränkter gerichtlicher Kontrolle.[30] Es ist schwer vorstellbar, daß ein „normaler" F-Plan oder B-Plan diese Voraussetzungen erfüllen kann.

---

28 Vgl. Urteil vom 19.5.1998 – 4 A 9.97 – BVerwGE 107, 1 = DVBl 1998, 900 = NVwZ 1998, 961 = ZfBR 1998, 318; Urteil vom 19.5.1998 – 4 C 11.96 – NVwZ 1999, 528 = UPR 1998, 388; Urteil vom 27.1.2000 – 4 C 2.99 – BVerwGE 110, 320 = DVBl 2000, 814 = NVwZ 2000, 1171 = BauR 2000, 1147 = BRS 63 Nr. 222 (2000).

29 Vgl. BVerwG, Urteil vom 22.1.2004 – 4 A 32.02 – DVBl 2004, 649 = NVwZ 2004, 722 = UPR 2004, 187 = BauR 2004, 957.

30 Vgl. BVerwG, Urteil vom 27.1.2000 – 4 C 2.99 – BVerwGE 110, 302 = DVBl 2000, 814 = NVwZ 2000, 1171 = BauR 2000, 1147 = BRS 63 Nr. 33 (Fachplanung – B 1); Urteil vom 17.5.2002 – 4 A 28.01 – BVerwGE 116, 254 = DVBl 2002, 1486 = NVwZ 2002, 1243 = UPR 2002, 448 (Fachplanung – A 44).

Halama

3.2.2.3 FFH-Gebiete ohne prioritäre Lebensraumtypen oder Arten

(1) Für potentielle FFH-Gebiete ohne prioritäre Lebensraumtypen oder Arten (Art. 48
6 Abs. 4 UAbs. 1 FFH-RL) gilt ein weniger strenges Schutzregime. Art. 6 Abs. 3
und 4 FFH-RL ist nicht unmittelbar anwendbar, da nicht feststeht, ob die EU-Kommission in Ausübung des ihr eingeräumten Auswahlermessens alle gemeldeten
Gebiete dieser Kategorie in die von ihr zu erstellende Liste aufnehmen wird.

(2) Das bedeutet aber nicht, daß die Bundesrepublik Deutschland und die Bun- 49
desländer bis zur Kommissionsentscheidung keinen EG-rechtlichen Bindungen
unterliegen. Beide haben durch ihr Verhalten dazu beigetragen, daß die Kommissionsliste noch nicht vorliegt. Aus der Verpflichtung zu gemeinschaftstreuem Verhalten ist vielmehr abzuleiten, daß Bund und Bundesländer die Ziele der Richtlinie nicht unterlaufen und keine vollendeten Tatsachen schaffen dürfen, die ihnen
die Erfüllung der durch das Gemeinschaftsrecht begründeten Pflichten unmöglich
machen. Dies läuft indes nicht auf eine Veränderungssperre hinaus, die einer Vorwegnahme des Art. 6 Abs. 2 FFH-RL gleichkäme. Die gemeinschaftsrechtliche
Vorwirkung verhindert lediglich, daß Gebiete, deren Schutzwürdigkeit nach der
FFH-RL auf der Hand liegt, durch den Vollzug der Planung zerstört oder so nachhaltig beeinträchtigt werden, daß sie für eine Meldung oder eine Aufnahme in die
Kommissionsliste nicht mehr in Betracht kämen.[31]

3.2.3 Rechtslage bei Vogelschutzgebieten

3.2.3.1 Erklärte oder anerkannte Vogelschutzgebiete

Nach § 1 a Abs. 4 in Verb. § 35 Satz 2 und § 34 Abs. 1 Satz 2 und Abs. 2 bis 5 50
BNatSchG sind Bauleitpläne auch auf ihre Verträglichkeit mit den Erhaltungszielen von Europäischen Vogelschutzgebieten zu überprüfen. Der Gesetzgeber geht
davon aus, daß Vogelschutzgebiete dem Schutzregime unterliegen, das Art. 6
Abs. 3 und 4 FFH-RL entspricht. Das trifft aber nur für Vogelschutzgebiete zu, die
unter die Definition des § 10 Abs. 1 Nr. 6 BNatSchG fallen. Hierzu zählen die Gebiete, die die in Art. 4 Abs. 1 und 4 der Vogelschutzrichtlinie 79/409/EWG vom
2.4.1979 (ABl. EG Nr. L 103 S. 1) genannten Merkmale aufweisen. Nach diesen
Bestimmungen genießen die Gebiete, die die Mitgliedstaaten zu Vogelschutzgebieten erklärt oder die sie als Vogelschutzgebiete anerkannt haben, besonderen Schutz. Art. 7 FFH-RL dehnt unter den dort genannten Voraussetzungen das
Schutzregime des Art. 6 Abs. 2 bis 4 FFH-RL auf diese zu Vogelschutzgebieten
erklärten oder als solche anerkannten Gebiete aus.

---

31 Vgl. BVerwG, Urteil vom 19.5.1998 – 4 A 9.97 – BVerwGE 107, 1 = DVBl 1998, 900 = NVwZ 1998,
961 = ZfBR 1998, 318 (Fachplanung – Wakenitz I); Urteil vom 27.10.2000 – 4 A 18.99 – BVerwGE
112, 140 = DVBl 2001, 386 = NVwZ 2001, 673 = BauR 2001, 591 = BRS 63 Nr. 223 (Fachplanung –
A 71), Urteil vom 31.1.2002 – 4 A 15.01 – DVBl 2002, 990 = NVwZ 2002, 1103 = BRS 65 Nr. 216
(Fachplanung – Wakenitz II); Urteil vom 22.1.2004 – 4 A 32.02 – DVBl 2004, 649 = NVwZ 2004, 722
= UPR 2004, 187 (Fachplanung – B 27).

3.2.3.2 Faktische Vogelschutzgebiete

51 (1) Neben erklärten oder anerkannten Vogelschutzgebieten gibt es noch weitere Gebiete, die das BVerwG im Anschluß an die Rechtsprechung des EuGH als „faktische" Vogelschutzgebiete bezeichnet. Dabei handelt es sich um Gebiete, die gemessen an den in Art. 4 Abs. 1 und 2 VRL genannten Kriterien die Merkmale eines Vogelschutzgebiets erfüllen, trotz ihrer Eignung aber entgegen den Vorgaben der VRL (bislang) nicht förmlich ausgewiesen worden sind. Der Rechtsstatus dieser faktischen Vogelschutzgebiete bestimmt sich weiterhin nach Art. 4 Abs. 4 S. 1 VRL.[32] Die Annahme, daß ein bestimmter Landschaftsraum ein faktisches Vogelschutzgebiet ist, braucht sich der Gemeinde in der Regel dann nicht aufzudrängen, wenn weder das aktuelle **IBA-Verzeichnis** (derzeitiger Stand 6.8.2002) noch Äußerungen der EU-Kommission Anhaltspunkte dafür bieten, daß die in der Vogelschutz-RL bzw. der FFH-Richtlinie aufgeführten Eignungsmerkmale erfüllt sind.[33] Die IBA-Liste besitzt keinen Rechtsnormcharakter; ihr Inhalt ist mithin widerlegbar.[34]

52 (2) Art. 4 Abs. 4 S. 1 VRL richtet ein allgemeines Beeinträchtigungs- und Störungsverbot auf. Von ihm läßt das BVerwG in Übereinstimmung mit der Rechtsprechung des EuGH nur unter ganz engen Voraussetzungen Ausnahmen zu. Ein Vorhaben und damit auch eine darauf gerichtete Planung ist in einem „faktischen" (nicht-erklärten) Vogelschutzgebiet nach Art. 4 Abs. 4 Satz 1 der Vogelschutz-RL grundsätzlich unzulässig. Das ist etwa der Fall, wenn das Gebiet durch die Verkleinerung des Gebiets zum Verlust mehrerer Brut- und Nahrungsreviere führen würde, die einem Hauptvorkommen einer der Vogelarten in Anhang I der Richtlinie dienen.[35]

53 Nur überragende Gemeinwohlbelange wie etwa der Schutz des Lebens und der Gesundheit von Menschen oder der Schutz der öffentlichen Sicherheit sind geeignet, die Verbote des Art. 4 Abs. 4 S. 1 VRL zu überwinden. Diese Hürde erweist sich in aller Regel als unüberwindlich.[36] Zeichnet sich die Beeinträchtigung

---

32 EuGH, Urteil vom 7.12.2000 – C–374/98 – EuGHE 2000 I–10799 = DVBl 2001, 359 = NVwZ 2001, 549; Urteil vom 13.6.2002 – C–117/00 – EuGHE 2002 I–5356 = NVwZ 2002, 1228 = NuR 2002, 672; Urteil vom 6.3.2003 – C–240 / 00 – EuGHE I–22202; vgl. auch BVerwG, Urteil vom 1.4.2004 – 4 C 2.03 – DVBl 2004, 1115 = NVwZ 2004, 1114 = UPR 2004, 426 = NuR 2004, 524 = BauR 2004, 1588 = – Hochmoselbrücke.

33 BVerwG, Urteil vom 22.1.2004 – 4 A 32.02 – DVBl 2004, 649 = NVwZ 2004, 722 = UPR 2004, 187 = BauR 2004, 957.

34 Vgl. EuGH, Urteil vom 19.5.1998 – C–3/96 – EuGHE I–1998. 3031 = DVBl 1998, 888 = UPR 1998, 379; BVerwG, Urteil vom 14.11.2002 – 4 A 15.02 – BVerwGE 117, 149 = DVBl 2003, 534 = NVwZ 2003, 485 = BRS 65 Nr. 215 (2002); Urteil vom 22.1.2004 – 4 A 32.02 – DVBl 2004, 649 = NVwZ 2004, 722 = UPR 2004, 187 = BauR 2004, 957.

35 BVerwG, Urteil vom 1.4.2004 – 4 C 2.03 – DVBl 2004, 1115 = NVwZ 2004, 1114 = UPR 2004, 426 = NuR 2004, 524 = BauR 2004, 1588.

36 Vgl. BVerwG, Urteil vom 14.11.2002 – 4 A 15.02 – BVerwGE 117, 149 = DVBl 2003, 534 = NVwZ 2003, 485 = BauR 2003, 850 = BRS 65 Nr. 215 (Fachplanung – B 173); Urteil vom 15.1.2004 – 4 A 11.02 – DVBl 2004, 642 = NVwZ 2004, 732 = UPR 2004, 185 (Fachplanung – A 73); Urteil vom 1.4.2004 – 4 C 2.03 – DVBl 2004, 1115 = NVwZ 2004, 1114 = UPR 2004, 426 = BauR 2004, 1588.

eines „faktischen" Vogelschutzgebiets ab, so ist nach alledem größte Vorsicht geboten. Entgegen dem äußeren Eindruck, der durch § 1 a Abs. 4 BauGB und die naturschutzrechtlichen Regelungen vermittelt wird, auf die in diesem Zusammenhang verwiesen wird, ist es in diesen Fällen mit einer an den Erhaltungszielen ausgerichteten Verträglichkeitsprüfung im Sinne des Art. 6 Abs. 3 und 4 FFH-RL nicht getan. § 34 BNatSchG ist bei einem faktischen Vogelschutzgebiet nicht anwendbar.

(3) Der Übergang in das „schwächere" Schutzregime der FFH-RL setzt nach Art. 7 **54** FFH-RL eine endgültige rechtsverbindliche und außenwirksame Erklärung eines Gebiets zum besonderen Schutzgebiet (Vogelschutzgebiet) voraus. Die Meldung eines Gebiets an die EU-Kommission und die einstweilige naturschutzrechtliche Sicherstellung eines Gebiets lösen diesen Regimewechsel (noch) nicht aus.[37]

4. Rechtsfehler

(1) Für den Regelungsbereich des § 1 a Abs. 2 und 3 BauGB gilt das Planerhal- **55** tungsrecht des § 214 Abs. 1 S. 1 und Abs. 3 S. 2 BauGB in Verbindung mit dem Präklusionsrecht des § 215 BauGB uneingeschränkt.

(2) Für den Bereich des § 1 a Abs. 4 BauGB gilt striktes Recht. Eine Verletzung **56** wird von §§ 214, 215 BauGB nicht erfaßt. Mängel in der Verträglichkeitsprüfung nach Art. 6 Abs. 3 FFH-RL oder in der Anwendung des Art. 6 Abs. 4 UAbs. 1 und 2 FFH-RL stellen keine „Abwägungsfehler" dar. Dasselbe gilt für die Beurteilung eines faktischen Vogelschutzgebietes. Eine rückwirkende „Heilung" gemäß § 214 Abs. 4 BauGB ist allerdings nicht von vornherein ausgeschlossen.[38]

5. Überleitungsrecht

Maßgebend ist formal § 244 Abs. 1 BauGB. Für den Bereich des § 1 a Abs. 3 und **57** 4 BauGB hat sich die Rechtslage indes nicht geändert. Daher läuft die Überleitungsregelung des § 244 Abs. 1 BauGB insoweit leer. Das gilt faktisch auch für den Bereich des § 1 a Abs. 2 BauGB.

---

37 EuGH, Urteil vom 6.3.2003 – C–240/00 – EuGHE I–2003, 2202; Urteil vom 13.6.2002 – C–117/00 – EuGHE I–5356 = NVwZ 2002, 1228 = ZUR 2003, 102; BVerwG, Urteil vom 1.4.2004 – 4 C 2.03 – DVBl 2004, 1115 = UPR 2004, 426 = BauR 2004, 1588.
38 Vgl. BVerwG, Urteil vom 1.4.2004 – 4 C 2.03 – DVBl 2004, 1115 = NVwZ 2004, 1114 = UPR 2004, 426 = BauR 2004, 1588 zu § 17 Abs. 6c FStrG.

§ 2 BauGB – Aufstellung der Bauleitpläne

I. § 2 Abs. 2 Satz 2 BauGB 2004 – Interkommunales Recht

1. Text der geänderten Fassung

1 (2) Die Bauleitpläne benachbarter Gemeinden sind aufeinander abzustimmen. **Dabei können sich Gemeinden auch auf die ihnen durch Ziele der Raumordnung zugewiesenen Funktionen sowie auf Auswirkungen auf ihre zentralen Versorgungsbereiche berufen.**

2. Textgeschichte

2 Der Gesetzestext entspricht dem Gesetzesentwurf der BReg. (BTag-Drs. 15/2250 S. 11, S. 41, vgl. auch BR-Drs. 756/03, S. 113f.) und unverändert dem Ausschußbericht (BTag-Drs. 15/2996 S. 23). Der Bundesrat hatte keine Einwände erhoben. Die Unabhängige Expertenkommission hatte Änderungen für eine verbesserte „standortgerechte Steuerung des Einzelhandels" angeregt.[1]

3. Erläuterung der Änderung

3.1 Interkommunale Abstimmung (§ 2 Abs. 2 Satz 1 BauGB)

3.1.1 Allgemeines Abstimmungsgebot

3 (1) Bereits nach bestehender Gesetzeslage sind die Bauleitpläne der Gemeinden „aufeinander" abzustimmen. § 2 Abs. 2 S. 1 BauGB liegt die Vorstellung zugrunde, daß „benachbarte" Gemeinden sich mit ihrer jeweiligen Planungsbefugnis im Verhältnis der **Gleichordnung** gegenüber stehen. § 2 Abs. 2 BauGB gilt für alle Bauleitpläne, auch für den vorhabenbezogenen B-Plan.[2]

4 (2) Das interkommunale Abstimmungsgebot ist eine **besondere Ausprägung des (allgemeinen) Abwägungsgebots.** Eine verfahrensmäßig-formelle und eine materiell-inhaltliche Abstimmung ist nach den zum Abwägungsgebot entwickelten Grundsätzen geboten, wenn aufgrund unmittelbarer (prognostizierter) Auswirkungen „gewichtiger Art" auf die städtebauliche Ordnung und Entwicklung der Nachbargemeinde ein **qualifizierter Abstimmungsbedarf** besteht.[3] Unmittelbare Auswirkungen gewichtiger Art auf die Belange einer unmittelbaren Nachbargemeinde sind bei der Erweiterung eines bestehenden ca. 4000 qm großen Baumarktes um

---

1 Bericht der Unabhängigen Expertenkommission, Aug. 2002, Rn. 76ff., 220.

2 Vgl. BVerwG, Beschluß vom 9.5.1994 – 4 NB 18.94 – NVwZ 1995, 266 = ZfBR 1994, 243 = BauR 1994, 492 = BRS 56 Nr. 36 zu OVG Bautzen, Urteil vom 8.12.1993 – 1 S 81/93 – SächsVBl 1994, 180.

3 BVerwG, Urteil vom 8.9.1972 – 4 C 17.71 – BVerwGE 40, 323 [331] = DVBl 1973, 200 = BauR 1972, 352 = BRS 25 Nr. 14 – Krabbenkamp; Urteil vom 15.12.1989 – 4 C 36.86 – BVerwGE 84, 209 [217] = NVwZ 1990, 464 = ZfBR 1990, 154 = BRS 50 Nr. 193 – Schlachthof; OVG Lüneburg, Urteil vom 14.9.2000 – 1 K 5414/98 – NVwZ 2000, 452 = ZfBR 2001, 134 = NdsVBl 2001, 91 = BRS 63 Nr. 66 (2000) – Gebot der Rücksichtnahme; vgl. auch H.-U. Stühler, Gemeindenachbarrecht und zwischengemeindliches Abstimmungsgebot bei der Aufstellung von Bebauungsplänen, in: VBlBW 1999, 206–208; H. Büchner, Die Rechtsprechung zu baurechtlichen Problemen des Einzelhandels, in: NVwZ 1999, 345–349; G. Halama, Die Metamorphose der Krabbenkamp-Formel in der Rechtsprechung des Bundesverwaltungsgerichts, in: DVBl 2004, 79–83.

Berkemann

ca. 1600 qm verneint worden.[4] Auch die Planung eines Multiplex-Kinos kann eine städtebaulich nachhaltige Auswirkung darstellen.[5] Befinden sich benachbarte Gemeinden objektiv in einer **Konkurrenzsituation**, so darf keine von ihrer Planungshoheit rücksichtslos zum Nachteil der anderen Gebrauch machen.[6]

3.1.2 Inhalt des Abstimmungsgebotes

(1) § 2 Abs. 2 BauGB verlangt einen Interessenausgleich zwischen der Standort- **5** gemeinde und benachbarten Gemeinden. Das erfordert eine Koordination der eigenen und der fremden gemeindlichen Belange. § 2 Abs. 2 S. 1 BauGB begründet damit zugunsten benachbarter Gemeinden einen Anspruch gegen die planende Standortgemeinde auf **materielle Abstimmung**, der im Kern auf Rücksichtnahme und Vermeidung unzumutbarer Auswirkungen auf die Nachbargemeinde gerichtet ist.[7]

(2) Das interkommunale Abstimmungsgebot erfordert, daß das in der benachbar- **6** ten Standortgemeinde bauplanerisch vorgesehene Vorhaben unmittelbare und gewichtige Auswirkungen auf die städtebauliche Entwicklung und Ordnung der Nachbargemeinde hat und diese Auswirkungen ein unzumutbares Maß erreichen.[8] Das Gebot setzt dazu keine konkrete Planung der betroffenen Gemeinde voraus.[9] Die Abstimmungspflicht der Standortgemeinde hat mithin nicht nur auf bereits erlassene Bauleitpläne der Nachbargemeinde Rücksicht zu nehmen. Auch tatsächliche Auswirkungen gewichtiger Art können die Abstimmungspflicht auslösen.[10] Berücksichtigungsbedürftig sind nur solche Belange, welche dem Selbstverwaltungsrecht der anderen Gemeinde zuzuordnen sind.

---

4 VG Gera, Urteil vom 7.10.2004 – 4 K 1559/03 GE – ThürVBl 2005, 19; vgl. allg. BVerwG, Beschluß vom 9.5.1994 – 4 NB 18.94 – NVwZ 1995, 266 = ZfBR 1994, 243 = BauR 1994, 492 = BRS 56 Nr. 36.

5 OVG Frankfurt (Oder), Beschluß vom 8.5.1998 – 3 B 84/97 – LKV 1998, 359.

6 BVerwG, Urteil vom 1.8.2002 – 4 C 5.01 – BVerwGE 117, 25 = DVBl 2003, 62 = NVwZ 2003, 86 = UPR 2003, 35 = ZfBR 2003, 38 = BauR 2003, 55 = BRS 65 Nr. 10 (2002) – Einkaufszentrum Zweibrücken (FOC); Urteil vom 17.9.2003 – 4 C 14.01 – BVerwGE 119, 25 = DVBl 2004, 239 = NVwZ 2004, 220 = UPR 2004, 137 = ZfBR 2004, 171 – Gewerbepark Mülheim-Kärlich.

7 BVerwG, Urteil vom 8.9.1972 – 4 C 17.71 – BVerwGE 40, 323 [331] = DVBl 1973, 200 = BauR 1972, 352 = BRS 25 Nr. 14 – Krabbenkamp; Urteil vom 15.12.1989 – 4 C 36.86 – BVerwGE 84, 209 = NVwZ 1990, 464 = ZfBR 1990, 154 = BRS 50 Nr. 193 – Schlachthof; Beschluß vom 9.5.1994 – 4 NB 18.94 – NVwZ 1995, 266 = UPR 1994, 307 = ZfBR 1994, 243 = BauR 1994, 492 = BRS 56 Nr. 36; Beschluß vom 9.1.1995 – 4 NB 42.94 – NVwZ 1995, 694 = NWVBl 1995, 426 = UPR 1995, 195 = ZfBR 1995, 148 = BauR 1995, 354 = BRS 57 Nr. 5 (1995).

8 Vgl. BVerwG, Beschluß vom 9.1.1995 – 4 NB 42.94 – NVwZ 1995, 694 = NWVBl 1995, 426 = UPR 1995, 195 = ZfBR 1995, 148 = BauR 1995, 354 = BRS 57 Nr. 5 (1995); OVG Koblenz, Urteil vom 25.4.2001 – 8 A 11441/00 – NVwZ-RR 2001, 638 [640f.] = BauR 2002, 577 = BRS 64 Nr. 33 (2001); OVG Münster, Beschluß vom 31.1.2000 – 10 B 959/99 – DÖV 2000, 644 = BRS 63 Nr. 67; OVG Bautzen, Beschluß vom 6.6.2002 – 1 BS 108/02 – SächsVBl 2003, 95 (L).

9 BVerwG, Urteil vom 8.9.1972 – 4 C 17.71 – BVerwGE 40, 323 [330f.] = DVBl 1973, 200 = BauR 1972, 352 = BRS 25 Nr. 14 – Krabbenkamp; Urteil vom 15.12.1989 – 4 C 36.86 – BVerwGE 84, 209 = DVBl 1990, 427 = NVwZ 1990, 464 – Schlachthof; Beschluß vom 9.5.1994 – 4 NB 18.94 – NVwZ 1995, 266 = UPR 1994, 307 = ZfBR 1994, 243 = BauR 1994, 492 = BRS 56 Nr. 36; Beschluß vom 2.6.1992 – 4 NB 8.92 – juris (Volltext).

10 BVerwG, Beschluß vom 9.1.1995 – 4 NB 42.94 – NVwZ 1995, 694 = NWVBl 1995, 426 = UPR 1995, 195 = ZfBR 1995, 148 = BauR 1995, 354 = BRS 57 Nr. 5 (1995).

7 (3) Das interkommunale Abstimmungsgebot hat bei der Planung **großflächiger Einzelhandelsbetriebe** (§ 11 Abs. 3 S. 1 Nr. 2 BauNVO) und sog. **Factory Outlet Centren** (FOC) erhebliche Bedeutung gewonnen.[11] Das gilt vor allem dann, wenn das Vorhaben in seinem Zuschnitt nicht darauf ausgerichtet ist, nur den örtlichen Bedarf zu decken. In diesem Falle sind Einkaufszentren und sonstige großflächige Einzelhandelsbetriebe regelmäßig geeignet, Nachbargemeinden in so gewichtiger Weise zu beeinträchtigen, daß ihre Projektion das Abstimmungsgebot des § 2 Abs. 2 BauGB auslösen wird.[12]

3.1.3 Begriff der „benachbarten" Gemeinde

8 **„Benachbarte" Gemeinde** ist nicht nur die unmittelbar angrenzende Gemeinde. Maßgebend ist die Intensität der unmittelbaren Auswirkungen der beabsichtigten Planung der Standortgemeinde auf Nachbargemeinden, auch auf entfernt liegende Kommunen.[13] Unerheblich ist die räumliche Distanz; dieses Merkmal kann nur von indizieller Bedeutung sein.

9 Einer gemeindenachbarlichen Abstimmung bedarf es bereits dann, wenn unmittelbare Auswirkungen gewichtiger Art auf die städtebauliche Ordnung und Entwicklung einer anderen Gemeinde in Betracht kommen. Ob diese tatsächlich eintreten, ist für die Frage der interkommunalen Beteiligung unerheblich. Die Nachbargemeinde muß „mehr als geringfügig betroffen" sein. Voraussetzung ist dazu nicht, daß eine bereits hinreichend bestimmte Planung der anderen Gemeinde nachhaltig gestört wird oder daß wesentliche Teile von deren Gebiet einer durchsetzbaren Planung entzogen werden.[14] Darin unterscheidet sich das interkommunale Abstimmungsgebot von der rechtlichen Betroffenheit einer Gemeinde durch eine Fachplanung.

3.2 Vorgaben der Abstimmung (§ 2 Abs. 2 Satz 2 BauGB)

Lit.: Michael Uechtritz, Neuregelung im EAG Bau zur „standortgerechten Steuerung des Einzelhandels, in: NVwZ 2004, 1025–1033; Thorsten Heilhorn/Sebastian Seith, Zulassung und Planung großflächiger Einzelhandelsbetriebe. Zu den Neuregelungen durch die BauGB-Novelle 2004, in: VBlBW 2004, 409–

---

11 OVG Frankfurt (Oder), Beschluß vom 16.12.1998 – 3 B 116/98 – NVwZ 1999, 434 = BauR 1999, 613 = BRS 60 Nr. 201 (1996); OVG Koblenz, Beschluß vom 8.1.1999 – 8 B 12650/98 – NVwZ 1999, 435 = UPR 1999, 154 = BauR 1999, 367 = BRS 52 Nr. 66 (1999); OVG Greifswald, Beschluß vom 30.6.1999 – 3 M 144/98 – NVwZ-RR 2000, 559 = NordÖR 1999, 522 = BRS 62 Nr. 62 (1999).

12 BVerwG, Urteil vom 1.8.2002 – 4 C 5.01 – BVerwGE 117, 25 = DVBl 2003, 62 = NVwZ 2003, 86 = BauR 2003, 55 = BRS 56 Nr. 10 (2002) – Einkaufszentrum Zweibrücken (FOC).

13 BVerwG, Beschluß vom 9.1.1995 – 4 NB 42.94 – NVwZ 1995, 694 = ZfBR 1995, 148 = BauR 1995, 354 = BRS 57 Nr. 5 (1995); VGH München, Urteil vom 3.5.1999 – 1 N 98.1021 – NVwZ 2000, 822 [823] mit Anm. R. Jahn, in: BayVBl 2000, 267–271; OVG Lüneburg, Urteil vom 14.9.2000 – 1 K 5414/98 – NVwZ 2001, 452 = NdsVBl 2001, 91 = BRS 63 Nr. 66 (2000); vgl. auch M. Uechtritz, Die Gemeinde als Nachbar – Abwehransprüche und Rechtsschutz von Nachbargemeinden gegen Einkaufszentren, Factory Outlet und Großkinos, in: BauR 1999, 572–588 [573]; Chr. Bönker, in: W. Hoppe/Chr. Bönker/S. Grotefels, Öffentliches Baurecht, 3. Aufl., 2004, § 3 Rn. 142.

14 BVerwG, Beschluß vom 9.1.1995 – 4 NB 42.94 – NVwZ 1995, 694 [695] = UPR 1995, 195 = ZfBR 1995, 148 = BauR 1995, 354 = NWVBl 1995, 426 = BRS 57 Nr. 5 (1995); ferner M. Kment, Das Gebot der interkommunalen Abstimmung als Abwehrrecht, in: UPR 2005, 95–99 [95].

Berkemann

413; Martin Kment, Das Gebot der interkommunalen Abstimmung als Abwehrrecht – zur Problematik des neuen § 2 Abs. 2 BauGB, in: UPR 2005, 95–99.

3.2.1 Ergänzung des § 2 Abs. 2 Satz 1 BauGB

(1) § 2 Abs. 2 S. 2 BauGB ergänzt § 2 Abs. 2 S. 1 BauGB („dabei"). Das deutet **10** an, daß die mit § 2 Abs. 2 S. 2 BauGB zuerkannte Position gerade als Teil der interkommunalen Abstimmung verstanden werden soll. Das betrifft sowohl die vorbereitende als auch die verbindliche Bauleitplanung.

(2) Eine analoge Anwendung ist für den Außenbereich gemäß § 35 Abs. 3 Sätze 2 **11** und 3 BauGB und als öffentlicher Belang im Sinne des § 35 Abs. 3 Satz 1 BauGB naheliegend. Die Ziele der Raumordnung können auch im Außenbereich eine „verteilende", d. h. begünstigende Funktion der Ordnung im Raum haben. Allerdings muß es sich hierbei um eine der Gemeinde „zugewiesene Funktion" handeln. Dieselbe Frage der Analogie stellt sich hinsichtlich § 34 Abs. 1 S. 1 BauGB.[15]

3.2.2 Zielsetzung und Funktion

(1) § 2 Abs. 2 S. 2 BauGB hat sowohl **prozedurale** als auch **materielle Bedeu-** **12** **tung**. Innenstadtnahe Versorgungsbereiche einzelner Nachbargemeinden, Einkaufszentren oder großflächige Einzelhandelsgroßprojekte gelten als kritische Bereiche der interkommunalen Abstimmung.[16] Gerade diese sind geeignet, sich auf die raumordnerische Funktion der Gemeinde (etwa als zentraler Ort unterschiedlicher Stufen) auszuwirken.

(2) Das **interkommunale Abstimmungsgebot** war nach dem Stand der Recht- **13** sprechung auf städtebauliche Belange begrenzt, die ihren Ursprung in der kommunalen Selbstverwaltung haben. Die Prüfung orientiert sich derzeit zumeist an der Frage, ob Projekte im Einzugsbereich der Nachbargemeinde eine wesentliche Gefährdung der Funktionsfähigkeit zentraler Orte sowie der verbrauchernahen Versorgung der Bevölkerung erwarten lassen. Auch die Vermutungsregel des § 11 Abs. 3 S. 2 BauNVO diente und dient als Indiz.[17] § 11 Abs. 3 S. 1 BauNVO ist zwar durch eine betont **übergemeindliche Sichtweise** geprägt. § 2 Abs. 2 BauGB macht, soweit es darum geht, die Auswirkungen eines Vorhabens in der Standortgemeinde zu beurteilen, auch insoweit nicht an den Gemeindegrenzen Halt. § 2 Abs. 2 S. 2 BauGB erweitert den abwägungserheblichen Bereich absichtsvoll um

---

15 Vgl. BVerwG, Urteil vom 11.2.1993 – 4 C 15.92 – DVBl 1993, 658 = NVwZ 1994, 285 = UPR 1993, 263 = ZfBR 1993, 191 = BRS 55 Nr. 174 – Goldene Meile (Völklingen/Bous).

16 Vgl. BVerwG, Beschluß vom 9.5.1994 – 4 NB 18.94 – NVwZ 1995, 266 = UPR 1994, 307 = BauR 1994, 492 = ZfBR 1994, 243 = BRS 56 Nr. 36.

17 Vgl. BVerwG, Urteil vom 11.2.1993 – 4 C 15.92 – DVBl 1993, 658 = NVwZ 1994, 285 = UPR 1993, 263 = ZfBR 1993, 191 = BRS 55 Nr. 174 – Goldene Meile (Völklingen/Bous); Urteil vom 1.8.2002 – 4 C 5.01 – BVerwGE 117, 25 = DVBl 2003, 62 = NVwZ 2003, 86 = UPR 2003, 35 = ZfBR 2003, 38 = BauR 2003, 55 = BRS 65, 10 (2002) – Einkaufszentrum Zweibrücken (FOC); OVG Lüneburg, Beschluß vom 31.10.2000 – 1 M 3407/00 – NdsRpfl 2001, 277.

raumordnerische Belange.[18] Die Vorschrift stellt mithin auf den **Einwirkungs-bereich** ab, der weit über das Gebiet der Standortgemeinde hinausreichen kann. Auch unter dem Blickwinkel der „Entwicklung zentraler Versorgungsbereiche" läßt sie es unabhängig davon, ob insoweit landesplanerische Festlegungen oder gemeindliche Entwicklungskonzepte die Grundlage bilden, nicht mit einer auf ein bestimmtes Gemeindegebiet bezogenen Betrachtung bewenden.[19]

14 (3) Konkrete Ziele der Raumordnung sind vielfach solche raumstruktureller Art. Mit ihnen werden u. a. aus überörtlicher Sicht **Zentrenfunktionen** oder besondere Entwicklungsschwerpunkte festgelegt. Nach bisheriger Auffassung konnte sich eine Gemeinde, der das landesrechtliche Raumordnungsrecht die **Stellung eines Mittelzentrums** zuwies, unter Berufung auf die Ziele der Raumordnung nicht erfolgreich dagegen zur Wehr setzen, daß in einer benachbarten Standortgemeinde, der keine zentralörtliche Funktion zukam, eine Planung etwa zugunsten eines großflächigen Einzelhandelsbetriebes entstand.[20]

15 Eine landesplanerische Ausweisung war nach bisheriger Ansicht nicht drittschützend. Daher begründete etwa die Zuweisung einer Gemeinde als „**Mittelzentrum**" oder als „**Oberzentrum**" keine klagefähige Rechtsposition.[21] Der überörtliche Charakter derartiger Ausweisungen schloß es in aller Regel aus, ihnen eine drittschützende Funktion zugunsten der Nachbargemeinde beizumessen.[22] Die raum-

---

18 Vgl. bereits BVerwG, Urteil vom 15.5.2003 – 4 CN 9.01 – BVerwGE 118, 181 = DVBl 2003, 1456 = NVwZ 2003, 1263 = UPR 2003, 358 = ZfBR 2003, 776 = BauR 2003, 1679 – Stuttgarter Landesmesse; weiterführend G. Halama, Durchsetzung und Abwehr von Zielen der Raumordnung und Landesplanung auf der Gemeindeebene, in: Planung und Plankontrolle. FS O. Schlichter, 1995, S. 201–226; M. Kment, Rechtsschutz im Hinblick auf Raumordnungspläne, 2002.

19 BVerwG, Urteil vom 1.8.2002 – 4 C 5.01 – BVerwGE 117, 25 = DVBl 2003, 62 = NVwZ 2003, 86 = UPR 2003, 35 = ZfBR 2003, 38 = BauR 2003, 55 = BRS 65 Nr. 10 (2002) – Einkaufszentrum Zweibrücken (FOC).

20 BVerwG, Urteil vom 11.2.1993 – 4 C 15.92 – DVBl 1993, 658 = NVwZ 1994, 285 = UPR 1993, 263 = ZfBR 1993, 191 = BRS 55 Nr. 174 – Goldene Meile (Völklingen/Bous) zu § 34 Abs. 1 BauGB.

21 Wie hier OVG Lüneburg, Beschluß vom 31.10.2000 – 1 M 3407 / 00 – NdsRpfl 2001, 277; OVG Weimar, Beschluß vom 8.1.1999 – 1 EO 241 / 97 – UPR 1998, 376 = DÖV 1997, 791; OVG Bautzen, Beschluß vom 26.8.1992 – 1 S 150/92 – SächsVBl 1993, 85 = LKV 1993, 97; OVG Koblenz, Beschluß vom 8.1.1999 – 8 B 12650/435 – NVwZ 1999, 435 = BRS 62 Nr. 66; a.A. wohl OVG Münster, Beschluß vom 9.2.1988 – 11 B 2505/ 87 – NVwZ-RR 1988, 11 [12] = NWVBl 1988, 235 = BRS 48 Nr. 182; vgl. auch W. Schrödter, Das Europarechtsanpassungsgesetz Bau – EAG Bau, in: NST-N 2004, 197–216 [209].

22 Vgl. BVerwG, Urteil vom 15.12.1989 – 4 C 36.86 – BVerwGE 84, 209 = NVwZ 1990, 464 = BRS 50 Nr. 193; BVerwG, Urteil vom 11.2.1993 – 4 C 15.92 – DVBl 1993, 658 = NVwZ 1994, 285 = ZfBR 1993, 658; VGH München, Beschluß vom 25.10.1999 – 26 C 99.2222 – BauR 2000, 365 = BRS 62 Nr. 65; OVG Lüneburg, Urteil vom 30.3.2000 – 1 K 2491/98 – ZfBR 2000, 573 = BRS 63 Nr. 63 (2000); VGH Mannheim, Beschluß vom 21.12.1976 – III 415/76 – NJW 1977, 1465 = BauR 1977, 184; VGH Mannheim, Urteil vom 27.2.1987 – 5 S 2472/86 – NVwZ 1987, 1088 [1089] = ZfBR 1987, 210 = BauR 1987, 416; OVG Weimar, Beschluß vom 23.4.1997 – 1 EO 241/97 – DÖV 1997, 791 = UPR 1997, 791; OVG Koblenz, Beschluß vom 8.1.1999 – 8 B 12650/98 – NVwZ 1999, 435 = UPR 1999, 154 = BauR 1999, 367 = BRS 62 Nr. 66 (1999); OVG Koblenz, Urteil vom 24.6.1992 – 10 C 12780/90 – BauR 1993, 204 = BRS 54 Nr. 13; VGH Mannheim, 6.7.2000 – 8 S 2437/99 – VBlBW 2000, 479; ebenso H. Büchner, Die Rechtsprechung zu baurechtlichen Problemen des Einzelhandels, in: NVwZ 1999, 345–350 [348]; O. Otting, Factory Outlet Center und interkommunales Abstimmungsgebot, in: DVBl 1999, 595–598 [596]; a.A. H. Schmitz, Raumordnerisch und städtebaulich relevante Rechtsfragen der Steuerung von Factory-Outlet-Centren, in: ZfBR 2001, 85–92.

Berkemann

ordnerisch zugewiesene Funktion einer Gemeinde war eben nicht Ausfluß der Planungshoheit. Sie war nur durch außergemeindliche Planungsträger zugewiesen.[23] Ziele der Raumordnung vermitteln nach allgemeiner Ansicht keine gesonderten Interessen einer Gemeinde, sondern legen übergeordnete Planungsinteressen fest.

(3) § 2 Abs. 2 S. 2 BauGB will diese Rechtslage zugunsten der Abwehrposition **16** der Gemeinde in wesentlichen Bereichen ändern und diese stärken. § 2 Abs. 2 S. 2 BauGB „korrigiert" mithin die bisherige Judikatur, soweit „Ziele der Raumordnung" thematisiert sind. Dies entspricht dem Vorschlag der Unabhängigen Expertenkommission zur Novellierung des BauGB.[24] Die Vorstellung des Gesetzgebers ist es, die raumplanerische Zuweisung bestimmter Funktionen der gemeindlichen Planungshoheit zuzurechnen. Zugleich wird eine interkommunal bestehende Konkurrenzlage verfahrensmäßig auf die „höhere Ebene" der Raumordnungsplanung verlagert und dort abwägend entschieden.

(4) Die gesetzgeberische Entscheidung ist insoweit folgerichtig, als das **Anpas-** **17** **sungsgebot des § 1 Abs. 4 BauGB** für die kommunale Bauleitplanung nur belastende Wirkung besitzt. Diese kann sich bis zur Planungspflicht verdichten.[25] Die über § 1 Abs. 4 BauGB vermittelte Pflicht der Gemeinde rechtfertigt sich daraus, daß die Ziele der Raumordnung nach derzeitiger Ansicht grundsätzlich keine unmittelbare bodenrechtliche Wirkung entfalten. Der Regelungszweck des § 1 Abs. 4 BauGB liegt in der Gewährleistung umfassender materieller Konkordanz zwischen der übergeordneten Landesplanung und der gemeindlichen Bauleitplanung. Die Pflicht des § 1 Abs. 4 BauGB zielt nicht auf „punktuelle Kooperation", sondern auf dauerhafte Übereinstimmung verschiedener Planungs- und Entscheidungsebenen.[26]

(5) § 2 Abs. 2 S. 2 BauGB liegt insoweit materiell der Gedanke eines **überörtli-** **18** **chen Austauschverhältnisses** zugrunde. Die zentralörtlichen Versorgungsfunktionen und der „Verflechtungsbereich" der jeweiligen zentralen oder als Mittelzentrum ausgewiesenen Orte sollen aus raumordnerischen Gründen in einen wechselseitig verbindlichen Ausgleich gebracht werden. Die Zuweisung der zentralörtlichen Funktion wird diese zum derzeitigen Bestandteil der Planungshoheit, und zwar aus der Sicht raumordnerischer Entwicklung.[27]

Ein unverhältnismäßiger Eingriff in das Selbstverwaltungsrecht der beteiligten Ge- **19** meinden liegt nicht vor. Die Ziele der Raumordnung haben belastende, aber auch begünstigende und **berechtigende Wirkungen**. Die beteiligten Gemeinden sind

---

23 BVerwG, Gerichtsbescheid vom 27.7.1998 – 11 A 10.98 – UPR 1998, 459 = NuR 1999, 630.
24 Bericht, 2002, Rn. 220.
25 BVerwG, Urteil vom 17.9.2003 – 4 C 14.01 – BVerwGE 119, 25 = DVBl 2004, 239 = NVwZ 2004, 220 = UPR 2004, 137 = ZfBR 2004, 171 – Gewerbepark Mülheim-Kärlich.
26 Vgl. E. Schmidt-Aßmann, Fortentwicklung des Rechts im Grenzbereich zwischen Raumordnung und Städtebau, 1977 S. 20f. zu § 1 Abs. 3 BBauG.
27 Ähnlich H. Janning, Die Novelle zum BauGB aus der Sicht der Gemeinden, in: W. Spannowsky/T. Krämer (Hrsg.), BauGB-Novelle 2004. Aktuelle Entwicklungen des Planungs- und Umweltrechts, 2004, S. 11–37 [25].

verfahrensrechtlich an der abwägenden „Herstellung" der Ziele der Raumordnung beteiligt. Ziele, die unter Mißachtung ihrer Mitwirkungsbefugnis festgelegt worden sind, braucht die Gemeinde nicht gegen sich gelten zu lassen.[28]

20 Ob eine belastete Gemeinde eine **„Normverwerfungskompetenz"** besitzt, hat das BVerwG bislang nicht entschieden. Die Frage ist zu verneinen. Der Gemeinde ist der Weg der verwaltungsgerichtlichen Normenkontrolle gegeben, wenn der Landesgesetzgeber von der Möglichkeit des § 47 Abs. 1 Nr. 2 VwGO Gebrauch gemacht hat. Ziele der Raumordnung sind Rechtsvorschriften im Sinne dieser Vorschrift. Das gilt unabhängig davon, welche Rechtsform der Landesgesetzgeber für den Raumordnungsplan vorsieht, in dem sie enthalten sind.[29] Die Frage war bisher umstritten.[30] Fehlt es an der Möglichkeit des § 47 Abs. 1 Nr. 2 VwGO kommt eine negative Feststellungsklage in Betracht.

3.2.3 Inhalt der Regelung

21 (1) § 2 Abs. 2 S. 2 BauGB hebt **zwei Gesichtspunkte** hervor, auf die sich die begünstigte Gemeinde soll berufen dürfen: Neben die vielfach zuerkannte regionale Dominanz der Ziele der Raumordnung ist der zentrale Versorgungsbereich getreten. Die Standortgemeinde ist an der Bewahrung und Entwicklung zentralörtlicher Strukturen interessiert. Dazu tritt die Siedlungserweiterung. Ein Gegenschluß, daß andere Belange der Nachbargemeinde im Rahmen der interkommunalen Abstimmung unberücksichtigt bleiben dürfen, ist unzutreffend. § 2 Abs. 2 S. 2 BauGB will die Rechtsposition der Nachbargemeinde verbessern, nicht vermindern. § 2 Abs. 2 S. 2 BauGB will außer Streit stellen, ob und mit welchem Schwellenwert bei zentralen Versorgungsbereichen eine grenzüberschreitende Beurteilung großflächiger Einzelhandelsbetriebe und Einkaufszentren eine interkommunale Abstimmung auslöst.

---

28 BVerwG, Urteil vom 20.8.1992 – 4 NB 20.91 – BVerwGE 90, 329 [335] = DVBl 1992, 1438 = NVwZ 1993, 167 = UPR 1992, 447 = ZfBR 1992, 280 = BRS 54 Nr. 12; BVerwG, Urteil vom 18.2.1994 – 4 C 4.92 – BVerwGE 95, 123 = DVBl 1994, 1136 = NVwZ 1995, 267 = UPR 1994, 301 = ZfBR 1994, 234 = BauR 1994, 486 = BRS 56 Nr. 2.

29 BVerwG, Urteil vom 20.11.2003 – 4 CN 6.03 – BVerwGE 119, 217 = DVBl 2004, 629 = NVwZ 2004, 614 = ZfBR 2004, 272 = UPR 2004, 179 = BauR 2004, 807 = BRS 66 Nr. 55 (2003); Beschluß vom 17.6.2004 – 4 BN 5.04 – juris (Volltext); vgl. auch H.-J. Koch/R. Hendler, Baurecht, Raumordnungs- und Landesplanungsrecht, 4. Aufl., 2004, S. 57 Rn. 59.

30 Für entsprechende Anwendung u.a. W. Schrödter, in: H. Schrödter (Hrsg.), BauGB, 6. Aufl., 1998, § 2 Rn. 48; R. Jahn, Interkommunales Abstimmungsgebot und gemeindlicher Nachbarschutz bei Planung und Zulassung sog. Factory Outlets, in: GewArch 2002, 412–415 [413]; kritisch M. Uechtritz, Die Gemeinde als Nachbar – Abwehransprüche und Rechtsschutz von Nachbargemeinden gegen Einkaufszentren, Factory Outlet und Großkinos, in: BauR 1999, 572–588 [575]; ders., Interkommunales Abstimmungsgebot und gemeindliche Nachbarklage, in: NVwZ 2003, 176–179 [177], nicht näher erörtert bei W. Schrödter, in: H. Schrödter (Hrsg.), BauGB, 7. Aufl., 2005, § 2 Rn. 58.

Berkemann

(2) In seiner systematischen Stellung bezieht sich § 2 Abs. 2 S. 2 BauGB nur auf **22** die **Bauleitplanung**. Eine unmittelbare Anwendung auf baurechtliche **Einzelgenehmigungen** ist ausgeschlossen (arg. e § 34 Abs. 3 BauGB 2004).[31]

3.2.3.1 Durch Ziele der Raumordnung zugewiesene Funktion

3.2.3.1.1 Ziele der Raumordnung

(1) Ziele der Raumordnung sind Aussagen im Sinne von § 3 Nr. 2 ROG. Die **23** Standortplanung für Einzelhandelsgroßbetriebe kann dazu bereits auf der Ebene der Landesplanung oder Regionalplanung einsetzen und – in unterschiedlicher Gestalt – mit der zentralörtlichen Gliederung (**„polyzentrale Siedlungsstruktur"**) verbunden werden.[32]

(2) Die Verbindung großflächiger Einzelhandelsbetriebe mit einer bestimmten **24** Zentralitätsstufe soll in aller Regel die Versorgung in allen Teilen einer Region entsprechend dem Bedarf in zumutbarer Entfernung auch für die nicht-mobile Bevölkerung sicherstellen.[33] Sie soll zugleich einer Unterversorgung zentraler Wohnbereiche entgegenwirken. Diese kann eintreten, wenn etwa die Konzentration des großflächigen Einzelhandels an Standorten, die nicht zum Netz der zentralen Orte gehören oder innerhalb des hierarchisch gegliederten Systems auf einer niedrigen Zentralitätsstufe liegen, zu einem „flächendeckenden" Kaufkraftabzug aus den Versorgungszentren der höherstufigen zentralen Orte führt.

(3) Festgelegte Ziele der Raumordnung müssen hinreichend bestimmt, jedenfalls **25** bestimmbar, und auch inhaltlich rechtmäßig sein, um eine außenwirksame Rechtsposition der berechtigten Nachbargemeinde begründen zu können.[34] Ob eine raumordnerische Vorgabe die rechtliche Qualität eines Zieles hat und raumbedeutsam

---

31 Vgl. dazu für die frühere Rechtslage M. Uechtritz, Die Gemeinde als Nachbar – Abwehransprüche und Rechtsschutz von Nachbargemeinden gegen Einkaufszentren, Factory Outlet und Großkinos, in: BauR 1999, 572–588; ders., Interkommunales Abstimmungsgebot und gemeindliche Nachbarklage, in: NVwZ 2003, 176–179; vgl. auch Kommentierung zu § 34 Abs. 3 BauGB 2004, Rn. 6ff.
32 BVerwG, Urteil vom 17.9.2003 – 4 C 14.01 – BVerwGE 119, 25 = DVBl 2004, 239 = NVwZ 2004, 220 = UPR 2004, 137 = ZfBR 2004, 171 – Gewerbepark Mülheim-Kärlich.
33 Vgl. R. Jahn, Einzelhandelsgroßprojekte aus der Sicht der Raumordnung und Landesplanung in Thüringen, in: ThürVBl 1995, 49–54; W. Hoppe, Raumordnungsrechtliche Beschränkungen großflächiger Einzelhandelsbetriebe, in: DVBl 2000, 293–300; H. Schmitz, Raumordnerisch und städtebaulich relevante Rechtsfragen der Steuerung von Factory-Outlet-Centren, in: ZfBR 2001, 85–92; W. Spannowsky, Ansiedlung großflächiger Einzelhandelsbetriebe und raumordnerischer Vertrag, in: UPR 1999, 241–245; W. Spannowsky, Raumordnungsrechtliche Steuerung der Ansiedlung großflächiger Einzelhandelsbetriebe (1. Teil), in: NdsVBl 2001, 1–6; ders., (Teil 2), in: NdsVBl 2001, 32–41; W. Hoppe, Kritik an der textlichen Fassung und inhaltlichen Gestaltung von Zielen der Raumordnung in der Planungspraxis, in: DVBl 2001, 81–90; W. Hoppe, Ziele der Raumordnung (§ 3 Nr. 2 ROG 1998) in Soll-Formulierungen als durchgängiges Prinzip der Raumordnung in Bayern – Anmerkungen zu dem Fachziel Einzelhandelsprojekt/FOC im Entwurf zur Änderung des Landesentwicklungsprogramms Bayern, in: BayVBl 2002, 129–135; W. Spannowsky, Möglichkeiten zur Steuerung der Ansiedlung großflächiger Einzelhandelsbetriebe durch die Raumordnung und ihre Durchsetzung, in: UPR 2003, 248–256.
34 Vgl. BVerwG, Urteil vom 18.9.2003 – 4 CN 20.02 – DVBl 2004, 251 = NVwZ 2004, 226 = UPR 2004, 115 = ZfBR 2004, 177 = BauR 2004, 280.

---

ist, richtet sich nach dem materiellen Gehalt der Planaussage selbst.[35] Planaussagen, die zu allgemein sind, besitzen im Zweifel keine Zielqualität. Sie können zu berücksichtigende „Grundsätze" (§ 3 Nr. 3 ROG) sein.

26 (4) Die inhaltliche raumordnerische Steuerung des Einzelhandels ist in den Bundesländern nicht einheitlich.[36] Im einzelnen wird zumeist festgelegt: [1] Das Vorhaben ist/soll an einem zentralen Ort errichtet werden [**Zentralitätsgebot**]. [2] Der Einzugsbereich des Vorhabens hat/soll den zentralörtlichen Verflechtungsbereich der Ansiedlungsgemeinde nicht (wesentlich) überschreiten (**Kongruenzgebot**).[37] [3] Der Standort in der Gemeinde ist/soll städtebaulich in die vorhandene Siedlungsstruktur integriert sein (**Integrationsgebot**). Das Vorhaben darf nicht/ sollte nicht die verbrauchernahe Versorgung gefährden (**Beeinträchtigungsverbot**). Ob genaue prozentuale Vorgaben zulässig sind, ist umstritten. Ferner ist in diesem Zusammenhang zweifelhaft, ob eine „Soll-Struktur" generell zulässig ist. Durch ein festgelegtes Ziel der Raumordnung für eine Gemeinde einen absoluten Gebietsschutz zu begründen, erscheint im Hinblick auf Art. 28 Abs. 2 GG ebenfalls bedenklich.

3.2.3.1.2 Zugewiesene Funktion

27 (1) Die Ziele der Raumordnung stellen sich aus der Sicht des Gesetzes (auch) als eine Frage der Verteilung von raumordnerischen Zuweisungen dar. Indem Ziele der Raumordnung raumordnerische Funktionen „**verteilen**", entziehen sie diese zugleich anderen. Das deutet auf die jeweils bewußte und damit konkrete, d.h. auswählende und adressierende Ausweisung und Zuweisung von zentralörtlichen Funktionen, auf die Zuweisung der Gemeinde etwa als Mittelzentrum oder als Oberzentrum hin.[38] Auch ein Freiraumschutz kann Gegenstand der begünstigenden Festlegung sein. Eine Orientierung ermöglichen die Raumstrukturvorgaben in § 7 Abs. 2 ROG. Die Funktion muß **aufgabenorientiert** sein, nämlich auf Erfüllung der zugewiesenen „Leistungen" ausgerichtet. Dazu sind auch konkrete Standortvorgaben für besonders raumbedeutsame Vorgaben zu rechnen, etwa Anlagen der Verkehrsinfrastruktur (z.B. ÖNVP, Güterverkehrszentren), Anlagen der Versor-

35 BVerwG, Beschluß vom 15.4.2003 – 4 BN 25.03 – SächsVBl 2003, 192.

36 Vgl. W. Spannowsky, Möglichkeiten zur Steuerung der Ansiedlung großflächiger Einzelhandelsbetriebe durch die Raumordnung und ihre Durchsetzung, in: UPR 2003, 248–256 [250]; M. Uechtritz, Neuregelung im EAG Bau zur „standortgerechten Steuerung des Einzelhandels, in: NVwZ 2004, 1025–1033 [1027].

37 Vgl. dazu OVG Lüneburg, Urteil vom 30.3.2000 – 1 K 2491/98 – UPR 2000, 396 [398] = ZfBR 2000, 573 = BRS 63 Nr. 63 (2000); vgl. kontrovers W. Hoppe, Raumordnungsrechtliche Beschränkungen großflächiger Einzelhandelsbetriebe in: in: DVBl 2000, 293–300; W. Spannowsky, Möglichkeiten zur Steuerung der Ansiedlung großflächiger Einzelhandelsbetriebe durch die Raumordnung und ihre Durchsetzung, in: UPR 2003, 248–256; zurückhaltend OVG Frankfurt (Oder), Urteil vom 27.8.2003 – 3 D 5/99.NE – DVBl 2004, 256 = LKV 2004, 319 [323] = BRS 66 Nr. 8 (2003).

38 Vgl. näher M. Kment, Das Gebot der interkommunalen Abstimmung als Abwehrrecht, in: UPR 2005, 95–99 [97].

Berkemann

gungs- und der Entsorgungsinfrastruktur, Anlagen der standortgebundenen Abwasser- und Abfallbeseitigung.[39]

(2) Die Ziele der Raumordnung betreffen die Entwicklung, die Ordnung und die **28** Sicherung des Raumes (vgl. § 3 Nr. 2 ROG). Ihre Funktion ergibt sich aus textlichen oder zeichnerischen Festlegungen. Die Gemeinde muß „umsetzender" Adressat der bindenden, insoweit nicht abwägungsbezogenen Zuweisung sein (arg. e § 1 Abs. 4 BauGB).[40] Die begünstigende Festlegung von Zielen der Raumordnung entlastet die Standortgemeinde von dem konkreten Nachweis ihrer Betroffenheit (etwa Kaufkraftabzug oder „Abwerbung" von Gewerbebetrieben).[41] Streitentscheidend ist alsdann nur, ob das Verhalten der Standortgemeinde mit den festgelegten Zielen der Raumordnung vereinbar ist.

(3) In der Zuweisung der Funktion muß (absichtsvoll) eine Begünstigung der Ge- **29** meinde liegen.[42] Das wird sich in aller Regel anhand der Begründung etwa des Regionalplanes feststellen lassen.

3.2.3.2 Auswirkungen auf zentrale Versorgungsbereiche

3.2.3.2.1 Begriff des zentralen Versorgungsbereiches

(1) Der Begriff des zentralen Versorgungsbereiches wird in § 11 Abs. 3 S. 2 **30** BauNVO benutzt. Die Sichtweise ist hier städtebaulich geprägt, also nicht (allein) raumordnerisch. Der Regelungsgehalt des § 2 Abs. 2 S. 2 BauGB stellt hinsichtlich der Auswirkungen auf zentrale Versorgungsbereiche der anderen Gemeinde keine inhaltliche Änderung dar.[43] Das BVerwG billigt der benachbarten Gemeinden einen Schutz von Stadt- oder Ortsteilen vor einer „Verödungsgefahr" zu.[44]

(2) Als zentrale Versorgungsbereiche sind hier u. a. Einrichtungen gemeint, die **31** nach Lage, Art und Zweckbestimmung vorwiegend der nicht verbrauchernahen, d. h. lokalen, sondern in aller Regel eher der übergemeindlichen Versorgung dienen.[45] Das müssen nicht unbedingt nur Betriebe im Sinne des § 11 Abs. 3 Satz 1 BauNVO sein, also nicht nur großflächige Einzelhandelsbetriebe. Andere Leistun-

39 Vgl. U. Kuschnerus, Der sachgerechte Bebauungsplan, 3. Aufl., 2004, Rn. 146.
40 Ebenso K. Kment, Das Gebot der interkommunalen Abstimmung als Abwehrrecht, in: UPR 2005, 95–99 [97] unter Hinweis auf BVerwG, Beschluß vom 20.8.1992 – 4 NB 20.91 – BVerwGE 90, 329 [331, 333] = DVBl 1992, 1438 = NVwZ 1993, 167 = ZfBR 1992, 280 = BRS 54 Nr. 12.
41 Ähnlich EAG Mustererlaß 2004, Nr. 3.3 Abs. 2.
42 M. Krautzberger/B. Stüer, Städtebaurecht 2004: Was hat sich geändert?, in: DVBl 2004, 781–791 [782f.].
43 Wie hier M. Uechtritz, Neuregelung im EAG Bau zur „standortgerechten Steuerung des Einzelhandels, in: NVwZ 2004, 1025–1033 [1026]; vgl. auch H. Kopf, Rechtsfragen bei der Ansiedlung von Einzelhandelsgroßprojekten, 2002, S. 202f.; J. Schneider, Bauplanungsrechtliche Zulässigkeit von Factory Outlet Centern, 2003, S. 149ff.; G. Halama, Die Metamorphose der Krabbenkamp-Formel in der Rechtsprechung des Bundesverwaltungsgerichts, in: DVBl 2004, 79–83.
44 BVerwG, Beschluß vom 9.1.1995 – 4 NB 42.94 – NVwZ 1995, 694 = UPR 1995, 195 = ZfBR 1995, 148 = BRS 57 Nr. 5 (1995).
45 So auch BReg. in der Gesetzesbegründung, in: BTag-Drs. 15/2250, S. 41f.

gen können Versorgungsbereiche der Grundversorgung der Bevölkerung betreffen.

32 (2) Die maßgebende **Zentralitätsstufe** gibt § 2 Abs. 2 S. 2 BauGB nicht an. Auf eine zentrale Lage kommt es nicht stets an. Die Zentralität ist mithin nicht im Sinne eines „einzigen" Hauptzentrums zu verstehen. Auch Nebenzentren sind denkbar. Bei größeren Gemeinden kann die Zentralität auch für Gemeindegebietsteile bestehen.[46] Der Charakter eines Kerngebietes (§ 7 BauNVO) wird nicht vorausgesetzt.[47]

33 (3) In aller Regel wird sich die Zentralität des Versorgungsbereiches einer Gemeinde aus einer Darstellung im F-Plan oder aus Festsetzungen in B-Plänen ausdrücklich oder doch indiziell entnehmen lassen. Zentrale Versorgungsbereiche sind auch aus sonstigen planungsrechtlich noch nicht verbindlichen raumordnerischen Konzeptionen ableitbar.[48] Tatsächlich bestehende Strukturen können ausreichend sein. Zweifelhaft ist, ob jedes informelle Planungskonzept, etwa für Einzelhandelsbetriebe, für die Annahme eines zentralen Versorgungsbereiches genügt.[49] § 2 Abs. 2 S. 2 BauGB schützt keine nur virtuellen Zustände, also etwa Absichten „im politischen Raum". Zumindest muß die öffentliche Stufe eines von der Standortgemeinde beschlossenen städtebaulichen Entwicklungskonzeptes gegeben sein (vgl. § 1 Abs. 6 Nr. 11 BauGB; vgl. auch § 171b Abs. 2 BauGB).

3.2.3.2.2 Auswirkungen

34 (1) § 2 Abs. 2 S. 2 BauGB enthält sich einer unmittelbaren Aussage darüber, mit welcher Intensität die Auswirkungen bei der interkommunalen Abwägung zu berücksichtigen sind. § 2 Abs. 2 S. 2 BauGB läßt den Grad der Intensität unentschieden. Im Gegensatz zu § 34 Abs. 3 BauGB enthalten die Auswirkungen im Sinne des § 2 Abs. 2 S. 2 BauGB nicht den attributiven Zusatz der „Schädlichkeit". Dieser Unterschied ist systemgerecht. § 2 Abs. 2 S. 2 BauGB will nur die interkommunale Abstimmung als geboten eröffnen, ohne daß damit bereits das Ergebnis dieser Abstimmung in der nachfolgenden Abwägung entschieden ist. Hingegen enthält § 34 Abs. 3 BauGB eine abschließende, d.h. negative Entscheidung über das Vorhaben. Eine gewisse „Schädlichkeit" ist jeder Auswirkung immanent.

35 (2) **Auswirkungen** im Sinne des § 2 Abs. 2 S. 2 BauGB sind als **Fernwirkung** jedenfalls nur solche Wirkungen, welche die **Funktionsfähigkeit** der zentralen Versorgungseinrichtung berühren. Belange der Gemeinde müssen in **mehr als nur geringfügiger Weise nachteilig betroffen** sein. Dazu bieten etwa die Kriterien des § 11 Abs. 3 S. 2 BauNVO einen Anhalt. Ob die Auswirkungen außerdem

---

46 Ähnlich W. Schrödter, Das Europarechtsanpassungsgesetz Bau – EAG Bau, in: NST-N 2004, 197–216 [209].

47 Wie hier U. Kuschnerus, Der sachgerechte Bebauungsplan, 3. Aufl., 2004, Rn. 260.

48 Ähnlich H.-D. Upmeier, Einführung zu den Neuerungen durch das Europarechtsanpassungsgesetz Bau (EAG Bau), in: BauR 2004, 1382–1392 [1390].

49 So aber wohl W. Schrödter, Das Europarechtsanpassungsgesetz Bau – EAG Bau, in: NST-N 2004, 197–216 [209].

Berkemann

„unzumutbar" sind, ist nicht entscheidend. Auch eine negative „Beeinträchtigung" wird nicht vorausgesetzt. Das Gesetz stellt darauf nicht ab. Vielmehr legt § 2 Abs. 2 Satz 2 BauGB insoweit als Regulativ im Sinne eines **Prioritätsgrundsatzes** den Bestand der bereits vorhandenen „zentralen Versorgungsbereiche" zugrunde. Diese dürfen in ihrer Funktionalität nicht gestört werden, ohne daß dies geltend gemacht werden darf.

Dabei ist ein kleinlicher Maßstab zu vermeiden. Eine Gemeinde wird vor Verände- **36** rungen der finanziellen und planerischen Situation oder des wirtschaftlichen Umfelds nicht allgemein geschützt. Prognostizierende Umsatzumverteilungseffekte bzw. Kaufkraftabflüsse bieten zwar in ökonomischer Hinsicht Ansätze für eine Beurteilung. Die **Kaufkraft zentraler Versorgungsbereiche** der Gemeinde oder benachbarter Gemeinden soll auch ohne ausdrückliche Planung in einem gesamträumlichen Konzept gesteuert und ausgeglichen werden. Die Störung der Funktionalität zentraler Versorgungsbereiche ist aber auf ökonomische Nachteile nicht begrenzt. Diese müssen sich im Hinblick auf die Kompetenz des Bundes in jedem Fall letztlich auf städtebauliche Nachteile beziehen.

Das **Kriterium des Kaufkraftabzuges** aus innenstadtnahen Versorgungsberei- **37** chen einzelner Nachbargemeinden oder auch der prognostizierte Umsatz eines Einkaufszentrums kann als Anhalt zur Beurteilung der städtebaulichen Verträglichkeit von Einzelhandelsgroßprojekten geeignet sein. Das BVerwG hat sich dazu einer näheren Analyse bislang enthalten. Das Gericht hat insbesondere keine numerisch-präzisen Schwellen- oder Rahmenwerte bezeichnet.[50] In der Rechtsprechung der Obergerichte ist die Neigung erkennbar, den Schwellwert für die interkommunale Abstimmungspflicht bei etwa **10 % Kaufkraftabzug** anzusetzen.[51] Das Kriterium ist kritisch, da nicht primär städtebaulicher Qualität. Wirtschaftliche Auswirkungen können in städtebauliche Folgen „umschlagen". Das ist z. B. der Fall, wenn mit einer „Verödung" eines Stadtteils oder des gesamten Gemeindegebietes zu rechnen ist.[52] Die städtebauliche Relevanz entsteht u. a. dann, wenn in der betroffenen Gemeinde Zustände mutmaßlich eintreten, die eine Unterversorgung der dort ansässigen Bevölkerung erwarten lassen.

(3) Die Nachbargemeinde kann von der Standortgemeinde kein höheres Maß an **38** Rücksichtnahme auf ihre innerstädtischen Versorgungsbereiche verlangen als sie selbst diesen zukommen läßt.[53]

---

50 Vgl. BVerwG, Urteil vom 17.9.2003 – 4 C 14.01 – BVerwGE 119, 25 = DVBl 2004, 239 = NVwZ 2004, 220 = UPR 2004, 137 = ZfBR 2004, 171 = BayVBl 2004, 376.

51 OVG Koblenz, Urteil vom 25.4.2001 – 8 A 11441 / 00 – NVwZ-RR 2001, 638 = BauR 2002, 577 = BRS 64 Nr. 33 (2001); OVG Weimar, Beschluß vom 23.4.1997 – 3 EO 241/ 97 – UPR 1997, 376 = DÖV 1997, 791; OVG Münster, Urteil vom 5.9.1997 – 7 A 2902/ 93 – BauR 1998, 309 = BRS 59 Nr. 70 (1997); so auch W. Schrödter, Das Europarechtsanpassungsgesetz Bau – EAG Bau, in: NST-N 2004, 197–216 [209].

52 Vgl. OVG Greifswald, Beschluß vom 30.6.1999 – 3 M 144/98 – NVwZ-RR 2000, 559 = DÖV 2001, 134 = BRS 62 Nr. 62 (1999).

53 Vgl. OVG Frankfurt (Oder), Beschluß vom 16.12.1998 – 3 B 116 / 98 – NVwZ 1999, 434 = BauR 1999, 613 = BRS 60 Nr. 201 mit Bespr. Olaf Otting, Factory Outlet Center und interkommunales Abstimmungsgebot, in: DVBl 1999, 595–598; VGH Mannheim, Urteil vom 6.7.2000 – 8 S 2437 / 99 – VBlBW 2000, 479.

39 (4) § 2 Abs. 2 S. 2 BauGB enthält keine unmittelbare Aussage darüber, mit welcher Intensität die Auswirkungen bei der interkommunalen Abwägung zu berücksichtigen sind. Die Vorschrift löst nach ihrer Zielsetzung zwar ein auch verfahrensbezogenes Gebot der nachbargemeindlichen Rücksichtnahme aus. Damit wird das Gewicht dieser Rücksichtnahme noch nicht bestimmt. Ein allgemeiner Grundsatz der Maßgeblichkeit der Priorität läßt sich § 2 Abs. 2 S. 2 BauGB nicht entnehmen.

3.2.3.2.3 Unzumutbarkeit der Auswirkungen

40 § 2 Abs. 2 BauGB entscheidet nicht, bei welchem Gewicht nachbargemeindlicher Belange diese auch durch eine Abwägung nicht überwunden werden können. Insoweit gilt das „allgemeine" kommunale Abstimmungsgebot. Danach sind nachbargemeindliche Rechte erst dann verletzt, wenn die Auswirkungen der Planungen der Standortgemeinde derart schwerwiegend sind, daß sie für die Nachbargemeinde unzumutbar sind.[54] Für den Bereich des Einzelhandels wird dazu indiziell vielfach auf Schwellenwerte des Kaufkraftabflusses verwiesen.[55] Als planungshindernde Grenzwerte werden in aller Regel Werte oberhalb von 20 % des Einzelhandelsumsatzes angenommen. Das mag ein grober Anhalt sein. Prozentuale Berechnungen können indes nicht allein entscheidend sein. Sie verdecken nicht selten die absolute „Eingriffstiefe". Maßgebend sind letztlich strukturbedingte Einflüsse, die sich aus der Verflechtung der Gemeinden ergeben und die bei der Nachbargemeinde zu kaum ausgleichsfähigen Strukturdefiziten führen.

3.3 Rechtsfolge

3.3.1 Subjektive Rechtsposition

41 (1) Die begünstigte Gemeinde kann sich auf die ihr zugewiesene Funktion und auf die Auswirkungen „berufen". Das ist eine unscharfe Begrifflichkeit. Auf das Geltendmachen kommt es nicht an. Gemeint ist, daß die objektiv bestehende Position der „begünstigten" Gemeinde zugleich eine subjektive Rechtsposition kraft Gesetzes vermittelt.[56] Die Rechtsposition ist „wehrfähig" geworden; sie wird Teil der kommunalen Selbstverwaltungsgarantie und kann daher über Art. 28 Abs. 2 S. 1

---

54 Vgl. OVG Saarland, Urteil vom 21.3.1995 – 2 N 3 / 93 – BRS 57 Nr. 47; VGH München, Urteil vom 14.1.1991 – 2 B 89.785 – GewArch 1991, 314 [316]; OVG Koblenz, Urteil vom 25.4.2001 – 8 A 11441/00 – NVwZ-RR 2001, 638 = BauR 2002, 577 [583]; O. Otting, Factory Outlet Center und interkommunales Abstimmungsgebot, in: DVBl 1999, 595–598 [597]; M. Uechtritz, Die Gemeinde als Nachbar – Abwehransprüche und Rechtsschutz von Nachbargemeinden gegen Einkaufszentren, Factory Outlet und Großkinos, in: BauR 1999, 572–588 [578, 580].

55 Vgl. etwa OVG Weimar, Beschluß vom 23.4.1997 – 1 EO 241/97 – DÖV 1997, 791 [793] = UPR 1997, 376; OVG Greifswald, Beschluß vom 30.6.1999 – 3 M 144/98 – NVwZ-RR 2000, 559 [561]; OVG Koblenz, Urteil vom 25.4.2001 – 8 A 11441/00 – OVG Münster, Beschluß vom 9.2.1988 – 11 B 2505/ 87 – DÖV 1988, 843 [845] = BRS 48 Nr. 182; VGH München, Urteil vom 14.1.1991 – 2 B 89.785 – GewArch 1991, 314 [316].

56 Ähnlich M. Uechtritz, Neuregelung im EAG Bau zur „standortgerechten Steuerung des Einzelhandels, in: NVwZ 2004, 1025–1033 [1027]; M. Kment, Das Gebot der interkommunalen Abstimmung als Abwehrrecht, in: UPR 2005, 95–99 [98].

Berkemann

GG gerichtlich verfolgt werden. Es bedarf insoweit keines Eingreifens der Kommunalaufsicht.[57]

(2) § 2 Abs. 2 S. 2 BauGB läßt offen, gegenüber wem sich die Gemeinde auf die **42** ihr zuerkannten Positionen „berufen" darf. Immerhin deutet § 2 Abs. 2 S. 2 BauGB an, daß die zuerkannte Position gerade als Teil der interkommunalen Abstimmung verstanden werden soll („dabei").

3.3.2 Bedeutung und Folge des „Berufens"

(1) § 2 Abs. 2 S. 2 BauGB impliziert mit der angeordneten Regelung die Rechts- **43** widrigkeit solcher Maßnahmen, die mit der Funktionszuweisung der Ziele der Raumordnung unverträglich sind.[58] Im Rahmen der interkommunalen Abstimmung ist auch die planerisch tätige Standortgemeinde bereits objektiv-rechtlich an die Ziele der Raumordnung gebunden (vgl. oben). § 2 Abs. 2 S. 2 BauGB bestimmt damit ergänzend „nur", daß die betroffene Gemeinde die Mißachtung geltend machen kann. Das gilt sowohl im Rahmen der interkommunalen Abstimmung als auch in einem Rechtsschutzverfahren. § 2 Abs. 2 S. 2 BauGB läßt die Bindung des § 1 Abs. 4 BauGB unberührt.

(2) Haben **Maßnahmen anderer Gemeinden „Auswirkungen"** auf ihre zentra- **44** len Versorgungsbereiche, kann dies die betroffene Gemeinde ebenfalls geltend machen. § 2 Abs. 2 S. 2 BauGB enthält indes keine Entscheidung darüber, ob die betroffene Gemeinde im Rahmen der interkommunalen Abwägung von einer nachteiligen Entscheidung verschont zu bleiben hat. Das ist zu verneinen. § 2 Abs. 2 S. 2 BauGB enthält – anders als die Ziele der Raumordnung – **keinen** eigenen (zusätzlichen) **Bewertungsvorrang**, sondern ist in erster Linie prozedural zu verstehen.

3.4 Abgrenzung zu § 34 Abs. 3 BauGB 2004

Nach § 34 Abs. 3 BauGB n.F. dürfen im unbeplanten Innenbereich von Vorhaben, **45** die nach § 34 Abs. 1 oder 2 BauGB zu beurteilen sind, keine „schädlichen Auswirkungen" auf zentrale Versorgungsbereiche in der Gemeinde oder in anderen Gemeinden zu erwarten sein. § 34 Abs. 3 BauGB n.F. sieht eine Bindung der Ziele der Raumordnung nicht vor. Das ist im Hinblick auf die in § 2 Abs. 2 S. 2 BauGB angeordnete Parallelität wenig folgerichtig.

3.5 Rechtsschutzfragen

Lit.: Olaf Reidt, Einkaufszentren und großflächige Einzelhandelsbetriebe in der interkommunalen Abstimmung – Materieller Inhalt und Rechtsschutzmöglichkeiten, in: LKV 1994, 93–97; Hans Büchner, Zentrenkonzept zur Kontrolle der Einzelhandelsentwicklung in Randlagen, in: SächsVBl 1998, 116–118; Heinz

---

57 So noch die Fallgestaltung BVerwG, Urteil vom 17.9.2003 – 4 C 14.01 – BVerwGE 119, 25 = DVBl 2004, 239 = NVwZ 2004, 220 = UPR 2004, 137 = ZfBR 2004, 171 – Gewerbepark Mülheim-Kärlich.
58 Wie hier M. Uechtritz, Neuregelung im EAG Bau zur „standortgerechten Steuerung des Einzelhandels, in: NVwZ 2004, 1025–1033 [1027]: Unwirksamkeit des B-Plans. Ein F-Plan ist nichtig.

Janning, Gemeindenachbarlicher Rechtsschutz gegen rechtswidrige Einzelhandelsgroßprojekte, in: Städte- und Gemeinderat 1999, Nr. 12, 34–37; Martin Kment, Das Gebot der interkommunalen Abstimmung als Abwehrrecht, in: UPR 2005, 95–99.

3.5.1 Normenkontrollverfahren (§ 47 VwGO)

46 Die in § 2 Abs. 2 S. 2 BauGB normierte subjektive Rechtsposition kann im Verfahren der verwaltungsgerichtlichen Normenkontrolle verfolgt werden. § 2 Abs. 2 S. 2 BauGB erweitert allerdings nicht deren Gegenstandsbereich. Die gewollte prozessuale Erleichterung betrifft vor allem die Antragsbefugnis im Sinne des § 47 Abs. 2 S. 2 VwGO.[59]

3.5.1.1 Begriff der Gemeinde

47 Der Begriff der Gemeinde ist nicht räumlich, sondern wirkungsbezogen aus der Schutzposition des § 2 Abs. 2 S. 2 BauGB zu verstehen. Für die (materielle) gemeindenachbarliche Abstimmungspflicht nach § 2 Abs. 2 BauGB kommt es nicht auf ein unmittelbares Angrenzen der Gemeinden an.[60] Das gilt vor allem dann, wenn sich die Nachbargemeinde gegen eine Ansiedlung eines Factory Outlet Centers (FOC) wendet, das über ein erhebliches Einzugsgebiet verfügt.[61]

3.5.1.2 Gegenstand des Verfahrens

48 (1) Gegenstand des Verfahrens kann jede baurechtliche Satzung sein. Das BVerwG hat 1990 verneint, daß Darstellungen im F-Plan Gegenstand eines Normenkontrollverfahrens sein können.[62] Damit ist offen, in welcher Weise eine Gemeinde ein sie gemäß § 2 Abs. 2 S. 2 BauGB begünstigendes Ziel der Raumordnung prozessual durchsetzen kann, wenn es in einer Darstellung eines F-Planes der benachbarten Gemeinde mißachtet wird. Es spricht viel dafür, das Normenkontrollverfahren hierfür zu öffnen. Anderenfalls bleibt nur der Weg der Feststellungsklage. Ihr kommt indes eine Allgemeinverbindlichkeit nicht zu. Erwägenswert ist auch, in diesem Falle der Gemeinde einen Anspruch auf Einschreiten der Kommunalaufsicht zuzuerkennen.

49 (2) Besteht im Verhältnis benachbarter Gemeinden ein „qualifizierter" Abstimmungsbedarf im Sinne des § 2 Abs. 2 BauGB, so begründet dies in aller Regel für ein Vorhaben im Außenbereich ein Planungserfordernis.[63] Die Mißachtung eines

---

59 Vgl. M. Uechtritz, Neuregelung im EAG Bau zur „standortgerechten Steuerung des Einzelhandels, in: NVwZ 2004, 1025–1033 [1028].

60 BVerwG, Beschluß vom 9.1.1995 – 4 NB 42.94 – NVwZ 1995, 694 = NWVBl 1995, 426 = UPR 1995, 195 = ZfBR 1995, 148 = BauR 1995, 354 = BRS 57 Nr. 5 (1995); VGH München, Urteil vom 3.5.1999 – 1 N 98.1021 – NVwZ 2000, 822 = BayVBl 2000, 273; VGH München, Beschluß vom 25.6.1998 – 1 NE 98.1023 – UPR 1998, 467.

61 Vgl. auch VGH München, Urteil vom 7.6.2000 – 26 N 99.2961 – BayVBl 2001, 175 = BRS 63 Nr. 62 (2000).

62 Verneinend BVerwG, Beschluß vom 20.7.1990 – 4 N 3.88 – DVBl 1990, 1352 = NVwZ 1991, 262 = UPR 1991, 65 = ZfBR 1990, 296 = BRS 50 Nr. 36.

63 Vgl. OVG Weimar, Beschluß vom 19.12.2002 – 1 N 501/01 – ThürVBl 2003, 158 = UPR 2003, 2315 = BauR 2003, 1862 = BRS 65 Nr. 56 (2002).

Berkemann

derartigen Planungserfordernisses berührt zugleich den durch § 2 Abs. 2 BauGB erfaßten Rechtskreis der Nachbargemeinde und verletzt diese in ihren eigenen Rechten.[64]

3.5.1.3 Begründetheit

Die Nachbargemeinde kann neben der Verletzung des „allgemeinen" interkom-   **50** munalen Abstimmungsgebotes die Mißachtung ihrer durch § 2 Abs. 2 S. 2 BauGB eingeräumten Rechtsposition geltend machen. Ob die interkommunale Abstimmung nach § 2 Abs. 2 S. 1 BauGB, soweit sie materiell zu verstehen ist, rechtstechnisch noch als „Abwägung" im Sinne des § 1 Abs. 7 BauGB anzusehen ist, ist im Hinblick auf die jüngere Rechtsprechung des BVerwG zumindest erörterungsbedürftig.[65] Wenn § 2 Abs. 1 S. 1 BauGB nach Ansicht des BVerwG „eine besondere gesetzliche Ausprägung des planungsrechtlichen Abwägungsgebots" ist, kann dies Zweifel begründen, ob das Regelungssystem der §§ 2 Abs. 3, 214 Abs. 1 S. 1 Nr. 1 BauGB überhaupt auf die interkommunale Abstimmung anwendbar ist. Das hätte ggf. Folgen für den Anwendungsbereich des § 215 Abs. 1 BauGB. Das EAG Bau hatte insoweit ersichtlich kein Problembewußtsein.

Problematisch ist, wenn die Zielfestlegung als **„Soll"-Festlegung** oder „in der   **51** Regel"-Festlegung formuliert wurde. Derartige Festlegungen ziehen die bindende Qualität landesplanerischer Letztentscheidung in Zweifel.[66] Das OVG Bautzen hat

---

64 BVerwG, Urteil vom 1.8.2002 – 4 C 5.01 – BVerwGE 117, 25 = DVBl 2003, 62 = NVwZ 2003, 86 = UPR 2003, 35 = ZfBR 2003, 38 = BauR 2003, 55 = BRS 65 Nr. 10 (2002) – Einkaufszentrum Zweibrücken (FOC).

65 Vgl. U. Stelkens, Planerhaltung bei Abwägungsmängeln nach dem EAG Bau, in: UPR 2005, 81–88 [86f.] unter Hinweis auf BVerwG, Urteil vom 1.8.2002 – 4 C 5.01 – BVerwGE 117, 25 [32f.] = DVBl 2003, 62 = NVwZ 2003, 86 = BauR 2003, 55 = BRS 65 Nr. 10 (2002) – FOC Zweibrücken; Urteil vom 17.9.2003 – 4 C 14.01 – BVerwGE 119, 25 [34] = DVBl 2004, 239 = NVwZ 2004, 220 = ZfBR 2004, 171 = BRS 66 Nr. 1 (2003) – Gewerbepark Mülheim-Kärlich.

66 Wie hier: W. Erbguth, Das Gebot einer materiellen Abgrenzung zwischen Grundsätzen und Zielen der Raumordnung – Am Beispiel der landesplanerischen Stellungnahme nach brandenburgischem Recht, in: LKV 1994, 89–93 [92]; W. Hoppe, Durch Soll-Vorschriften „intendierte" Ziele der Raumordnung und ihre Bezüge zu „intendiertem Ermessen", in: Staat, Kirche, Verwaltung, FS H. Maurer, 2001, S. 625– 640; W. Hoppe, Ziele der Raumordnung (§ 3 Nr. 2 ROG 1998) und Allgemeine Ziele der Raumordnung und Landesplanung im Landesentwicklungsplan – LEPro – des Landes Nordrhein-Westfalen, in: NWVBl 1998, 461–468; W. Hoppe, Kritik an der textlichen Fassung und inhaltlichen Gestaltung von Zielen der Raumordnung in der Planungspraxis, in: DVBl 2001, 81–90 [88]; W. Hoppe, Ziele der Raumordnung (§ 3 Nr. 2 ROG 1998) in Sollformulierungen als „durchgängiges Prinzip der Raumordnung" in Bayern, in: BayVBl 2002, 129–135; W. Hoppe, Stehen die Ziele der Raumordnung in der Form von Soll-Zielen vor dem Aus?, in: DVBl 2004, 478–481; P. Runkel, in: Bielenberg/Erbguth/Runkel, ROLaPlaR, K, § 3 Rn. 23ff.; R. Bartlsperger, ARL-Arbeitsmaterial Nr. 266 (2000), S. 39, 44f.; W. Schroeder, Die Wirkung von Raumordnungszielen, in: UPR 2000, 52–58 [53f.]; a.A. R. Hendler, Systematische Aspekte der Raumordnungsgebiete und die Bindungswirkung von Raumordnungszielen, in: Hans D. Jarass (Hrsg.), Raumordnungsgebiete (Vorrang-, Vorbehalts- und Eignungsgebiete) nach dem neuen Raumordnungsgesetz, 1998, S. 88ff.[108ff.]; ders., Raumordnungsziele und Eigentumsgrundrecht, in: DVBl 2001, 1233–1242 [1239 Fn. 46]; K. Goppel, Ziele der Raumordnung, in: BayVBl 1998, 289–292 [292]; ders., Glaubenskrieg um die Soll-Ziele, in: BayVBl 2002, 449–451; W. Spoerr, Raumordnungsziele und gemeindliche Bauleitplanung, in: Planung. FS W. Hoppe, 2000, S. 3443–354 [352]; VGH München, Urteil vom 25.11.1991 – 14 B 89.3207 – BayVBl 1992, 529 = NuR 1993, 326 (Kiesabbau).

die Frage der Zulässigkeit ausdrücklich offen gelassen.[67] Dagegen scheint das OVG Münster die Zulässigkeit für das Landesentwicklungsprogramm (LEPro NRW) bejahen zu wollen.[68] Der VGH München erhebt gegen „Soll"-Festlegungen keine Bedenken. Das BVerwG ist einer klaren Entscheidung bislang ausgewichen.[69]

3.5.2 Anfechtungsklage (§§ 42, 113 VwGO)

3.5.2.1 Zielabweichungsentscheidung

52 Eine Zielabweichungsentscheidung (§ 11 ROG) kann für die bislang begünstigte Gemeinde ein belastender Verwaltungsakt sein. Ihr wird eine als Ziel der Raumordnung eingeräumte Position entzogen. Zwar ist dieses Ziel nicht selbst drittschützend, sondern nur vermittels der gesetzlichen Anordnung des § 2 Abs. 2 S. 2 BauGB. Diese gesetzestechnische Lösung ändert aber nichts daran, daß die Gemeinde sich auf die ihr zugewiesene Position hat einrichten dürfen.

3.5.2.2 Baugenehmigung der Standortgemeinde

3.5.2.2.1 Planbereich (§ 30 BauGB)

53 (1) Läßt die Standortgemeinde es bei ihrer Bauleitplanung an der gebotenen Abstimmung fehlen, so kann sich die Nachbargemeinde nach § 2 Abs. 2 S. 2 BauGB auch dagegen wehren, daß auf der Grundlage eines solchen nicht abgestimmten Bauleitplans ein genehmigtes Einzelvorhaben zugelassen wird.[70]

54 (2) Ein **einzelvorhabenbezogenes Abwehrrecht** kann es für die Nachbargemeinde auch dann geben, wenn die Standortgemeinde dem Bauinteressenten gerade unter Mißachtung des § 2 Abs. 2 S. 2 BauGB einen Zulassungsanspruch verschaffen will.[71] Dies setzt voraus, daß die Standortgemeinde durch einen nicht abgestimmten B-Plan oder im Falle des Fehlens eines solchen Planes auf andere Weise die Weichen in Richtung Zulassungsentscheidung gestellt hat.[72] Hat die

---

67 OVG Bautzen, Urteil vom 26.11.2002 – 1 D 36/01 – SächsVBl 2003, 84 = LKV 2003, 333 = ZNER 2003, Nr. 7, 66 mit Anm. M. Maslaton, in: LKV 2003, 318–321.

68 OVG Münster, Urteil vom 7.12.2000 – 7 a D 60/99.NE – NVwZ-RR 2001, 635 = DVBl 2001, 657 = BauR 2001, 1054 = NWVBl 2001, 349 = BRS 63 Nr. 34 mit krit. Anm. W. Hoppe, in: DVBl 2001, 661–664.

69 Vgl. BVerwG, Beschluß vom 15.4.2003 – 4 BN 25.03 – SächsVBl 2003, 192 = BauR 2004, 285 zu OVG Bautzen, Urteil vom 26.11.2002 – 1 D 36/01 – SächsVBl 2003, 84 = LKV 2003, 333 = ZNER 2003, Nr. 7, 66; erneut BVerwG, Urteil vom 18.9.2003 – 4 C 20.02 – DVBl 2004, 251 = NVwZ 2004, 226 = ZfBR 2004, 117 = BauR 2004, 280.

70 BVerwG, Urteil vom 11.2.1993 – 4 C 15.92 – DVBl 1993, 658 = NVwZ 1994, 285 = UPR 1993, 263 = ZfBR 1993, 191 = BRS 55 Nr. 174 – Goldene Meile (Völklingen / Bous); vgl. auch BVerwG, Urteil vom 15.12.1989 – 4 C 36.86 – BVerwGE 84, 209 = NVwZ 1990, 464 = ZfBR 1990, 154 = BRS 50 Nr. 193; Beschluß vom 9.5.1994 – 4 NB 18.94 – NVwZ 1995, 266 = UPR 1994, 307 = ZfBR 1994, 243 = BauR 1994, 492 = BRS 56 Nr. 36.

71 So H. Janning, Gemeindenachbarlicher Rechtsschutz gegen rechtswidrige Einzelhandelsgroßprojekte, in: Städte- und Gemeinderat 1999, Nr. 12, 34–37; Einzelheiten sind umstritten.

72 Vgl. BVerwG, Urteil vom 15.12.1989 – 4 C 36.86 – BVerwGE 84, 209 = NVwZ 1990, 464 = BRS 50 Nr. 193; Urteil vom 11.2.1993 – 4 C 15.92 – NVwZ 1994, 285 = DVBl 1993, 658; ebenso OVG Münster, Beschluß vom 31.1.2000 – 10 B 959/99 – NWVBl 2000, 134 [135] = BRS 63 Nr. 67; OVG

Standortgemeinde auf die Genehmigungsvoraussetzungen ersichtlich nicht einge-
wirkt, so liegt eine Umgehung des § 2 Abs. 2 S. 2 BauGB nicht vor.[73] Aus § 2 Abs.
2 S. 2 BauGB ist eine nachbargemeindliche Abwehrklage zu entwickeln. Dazu sind
grundsätzlich die drittschützenden Zuweisungen als materielle Rechtsgrundlage
geeignet. Die bisherige gegenteilige Auffassung ist obsolet.[74] Einzelheiten sind umstritten.

3.5.2.2.2 Unbeplanter Innenbereich (§ 34 BauGB)

(1) Das BVerwG hatte 1993 entschieden, daß sich eine Nachbargemeinde nicht **55**
darauf berufen könne, ein nach § 34 Abs. 1 BauGB zu beurteilendes Vorhaben
verstoße gegen Ziele der Raumordnung.[75] Dieses Ergebnis beruhte auf dem seinerzeitigen legislatorischen „Fehler", die in § 34 Abs. 1 BBauG früher enthaltene
Einschränkung, dem Vorhaben dürften **öffentliche Belange** nicht entgegenstehen,
zu streichen.[76] Allerdings hatte das BVerwG unentschieden gelassen, ob die Nachbargemeinde überhaupt aus ihrer Funktion als Mittelzentrum einen Schutzan-
spruch ableiten könne. Der Gesetzgeber hat diese Entscheidung nicht korrigiert.
Er hat mit § 34 Abs. 3 BauGB – unabhängig von bestehenden Zielen der Raumordnung – nur das (neue) Hindernis normiert, daß Vorhaben in der Standortgemeinde keine „schädlichen" Auswirkungen auf zentrale Versorgungsbereiche
anderer Gemeinden haben dürften (vgl. auch Kommentierung zu § 34 Abs. 3
BauGB).

Greifswald, Beschluß vom 30.6.1999 – 3 M 144/98 – NVwZ-RR 2000, 559 [560] = NordÖR 1999,
522 = BRS 62 Nr. 62; OVG Weimar; Beschluß vom 23.4.1997 – 1 EO 241/97 – UPR 1997, 376 =
DÖV 1997, 791; zurückhaltend dagegen OVG Lüneburg, Beschluß vom 31.10.2000 – 1 M 3407/00
– NdsRpfl 2001, 277.

73 Vgl. nur erwägend BVerwG, Urteil vom 11.2.1993 – 4 C 15.92 – DVBl 1993, 658 = NVwZ 1994, 285
    = UPR 1993, 263 = ZfBR 1993, 191 = BRS 55 Nr. 174 – Goldene Meile (Völklingen/Bous); dezidiert
    bejahend OVG Lüneburg, Beschluß vom 15.11.2002 – 1 ME 151/02 – NVwZ-RR 2003, 486 = ZfBR
    2003, 165 = BauR 2003, 659 = BRS 65 Nr. 69 (2002).

74 Wie hier OVG Lüneburg, Beschluß vom 31.10.2000 – 1 M 3407/00 – NdsRpfl 2001, 277; OVG
    Weimar, Beschluß vom 8.1.1999 – 1 EO 241/97 – UPR 1998, 376 = DÖV 1997, 791; OVG Bautzen,
    Beschluß vom 26.8.1992 – 1 S 150/92 – SächsVBl 1993, 85 = LKV 1993, 97; OVG Koblenz, Be-
    schluß vom 8.1.1999 – 8 B 12650/435 – NVwZ 1999, 435 = BRS 62 Nr. 66; a.A. wohl OVG Mün-
    ster, Beschluß vom 9.2.1988 – 11 B 2505/87 – NVwZ-RR 1988, 11 [12] = NWVBl 1988, 235 = BRS
    48 Nr. 182; VGH München, Beschluß vom 25.10.1999 – 26 C 99.2222 – BauR 2000, 365 = BRS 62
    Nr. 65; OVG Lüneburg, Urteil vom 30.3.2000 – 1 K 2491/98 – ZfBR 2000, 275 = BRS 63 Nr. 63
    (2000); VGH Mannheim, Urteil vom 27.2.1987 – 5 S 2472/86 NVwZ 1987, 1088 = ZfBR 1987, 210;
    OVG Weimar, Beschluß vom 23. April 1997 – 1 EO 241/97 – UPR 1997, 376 = DÖV 1997, 791;
    OVG Koblenz, Beschluß vom 8.1.1999 – 8 B 12650/98 – NVwZ 1999, 435 = UPR 1999, 154 = BRS
    62 Nr. 66 (1999); VGH Mannheim, Urteil vom 6.7.2000 – 8 S 2437/99 – VBlBW 2000, 479; ebenso
    H. Büchner, Die Rechtsprechung zu baurechtlichen Problemen des Einzelhandels, in: NVwZ 1999,
    345–350 [348].

75 BVerwG, Urteil vom 11.2.1993 – 4 C 15.92 – DVBl 1993, 914 = NVwZ 1994, 285 = ZfBR 1993, 191
    = UPR 1993, 263 = NuR 1994, 185 = BRS 54 Nr. 174 (Goldene Meile – Völklingen/Bous) mit Bespr.
    R. Voß, in: ZfBR 1994, 111–113.

76 Vgl. dazu seinerzeit O. Schlichter, in: BK, 2. Aufl., 1995, § 34 Rn. 39ff.

56 (2) Ein Anfechtungsgrund besteht für die Nachbargemeinde insoweit, als die Voraussetzungen des § 34 Abs. 3 BauGB gegeben sind. Insoweit genießt sie Drittschutz.

3.5.2.2.3 Außenbereich (§ 35 BauGB)

57 Besteht im Verhältnis benachbarter Gemeinden ein qualifizierter Abstimmungsbedarf im Sinne des § 2 Abs. 2 BauGB, so begründet dies in aller Regel für ein Vorhaben im Außenbereich ein Planungserfordernis.[77] Dieser qualifizierte Abstimmungsbedarf ergibt sich auch aus § 2 Abs. 2 S. 2 BauGB. Die Mißachtung eines derartigen Planungserfordernisses berührt zugleich den durch § 2 Abs. 2 BauGB erfaßten Rechtskreis der Nachbargemeinde und verletzt diese in ihren eigenen Rechten.[78]

II. § 2 Abs. 3 BauGB 2004 – Abwägungsmaterial

1. Text der geänderten Fassung

58 (3) Bei der Aufstellung der Bauleitpläne sind die Belange, die für die Abwägung von Bedeutung sind (Abwägungsmaterial), zu ermitteln und zu bewerten.

2. Textgeschichte

59 Der Gesetzestext entspricht dem Gesetzesentwurf der BReg. (BTag-Drs. 15/2250 S. 11) und dem Ausschußbericht (BTag-Drs. 15/2996 S. 23). Der Bundesrat hatte keine Einwände erhoben. Der Referentenentwurf (3.6.2003) hatte die Änderung dahin gefaßt, daß Belange, die „voraussichtlich" für die Abwägung von Bedeutung sind (Abwägungsmaterial), zu ermitteln und zu bewerten seien. Die Kabinettsfassung (Gesetzentwurf) vom 15.10.2003 stellt bereits die Gesetz gewordene Fassung dar (zur inneren Entwicklungsgeschichte vgl. auch Kommentierung zum Präklusionsrecht des § 214 Abs. 1 BauGB, Rn. 21ff.).

3. Erläuterung der Änderung

Lit.: Werner Hoppe, Die Abwägung im EAG Bau nach Maßgabe des § 1 VII BauGB 2004. Unter Berücksichtigung von § 2 III, IV BauGB 2004, in: NVwZ 2004, 903–910; Ingo Kraft, Gerichtliche Abwägungskontrolle von Bauleitplänen, in: UPR 2004, 331–335.

3.1 Anlaß der Gesetzesänderung

60 (1) Das Abwägungsgebot des § 1 Abs. 7 BauGB (ehemals § 1 Abs. 5 BBauG 1960) ist von komplexer Struktur. Rechtsprechung und Schrifttum haben – nicht nur für das Bauplanungsrecht, sondern auch für die Fachplanung – inzwischen

---

77 Vgl. OVG Weimar, Beschluß vom 19.12.2002 – 1 N 501/01 – ThürVBl 2003, 158 = UPR 2003, 2315 = BauR 2003, 1862 = BRS 65 Nr. 56 (2002).

78 BVerwG, Urteil vom 1.8.2002 – 4 C 5.01 – BVerwGE 117, 25 = DVBl 2003, 62 = NVwZ 2003, 86 = UPR 2003, 35 = ZfBR 2003, 38 = BauR 2003, 55 = BRS 65 Nr. 10 (2002) – Einkaufszentrum Zweibrücken (FOC).

Berkemann

zahlreiche **Elemente** einer abwägungsbezogenen, planerisch intendierten Entscheidung herausgearbeitet. Die Analyse der inneren Strukturen einer planerischen Entscheidung weist längst einen sehr hohen Schwierigkeitsgrad aus. Der Gesetzgeber war daher gut beraten, sich neben der Angabe strikten Rechts auf das Aufzeigen von berücksichtigungsfähigen und -bedürftigen Belangen und auf flankierendes Verfahrensrecht zu beschränken.

(2) Aus welchen Gründen der Gesetzgeber mit § 2 Abs. 3 BauGB nunmehr einen **61** Teilbereich dieser Komplexität in Ansätzen strukturiert hat, erschließt sich aus den Gesetzesmaterialien nur mühsam, im Zusammenhang der beabsichtigen Novellierung des Präklusionsrechts aber um so sicherer. Der Entwurf der BReg. gibt zu § 2 Abs. 3 BauGB selbst keine Motive an (vgl. BTag-Drs. 15/2250, S. 42). Vielmehr wird dort gerade betont, die neue Vorschrift entspreche der bisherigen, sich aus dem Abwägungsgebot ergebenden Rechtslage. Im Referentenentwurf (3.6.2003, Allg. Begr. S. 14) hieß es mit dem Hinweis auf die bisherige Rechtslage ähnlich, daß die Berücksichtigung aller bedeutsamen Belange in der Abwägung „zunächst deren ordnungsgemäße Ermittlung und zutreffende Bewertung voraussetzt".

Die ursprüngliche Regelungsabsicht ist aus der Bezugnahme des § 214 Abs. 1 S. 1 **62** Nr. 1 BauGB auf § 2 Abs. 3 BauGB ohne weiteres erkennbar, auch historisch sicher rekonstruierbar (vgl. § 214 BauGB, Rn. 18 ff.). Die ursprüngliche Absicht des die Gesetzesänderung vorbereitenden Bundesministeriums (BVBW) war es, Mängel des Abwägungsvorganges ausschließlich als Mängel des Verfahrens anzusehen und hierauf das Planerhaltungsrecht konstruktiv zu beziehen. Von dieser Vorstellung der indizierenden „planerhaltenden" Wirkung der Beachtung von Verfahrensrecht ausgehend lag es nahe, entsprechende Verfahrensvorschriften zu schaffen, auf die das Präklusionsrecht verweisen konnte. Das geschah mit § 2 Abs. 3 BauGB (vgl. § 214 Abs. 1 S. 1 Nr. 1 BauGB, Rn. 36 f.). Eine rechtliche Bedeutung der indizierenden Vermutung für die materielle Rechtmäßigkeit der planerischen Entscheidung ist dem indes nicht zu entnehmen.[79]

Die Pflicht der Gemeinde zur Ermittlung und Bewertung als Verfahrensanforderun- **63** gen sollte mithin mit dem frühzeitig konzipierten Planerhaltungsrecht korrespondieren. Entsprach die Gemeinde den Verfahrensanforderungen, sollte damit eine inhaltliche Kritik des Abwägungsvorganges ausgeschlossen sein. Das Bemerkenswerte an diesem Vorgehen ist, daß von der Steigerung der Bestandssicherheit her gedacht wurde, nicht aber von der Sicht einer Qualitätssteigerung der Ergebnisse planerischer Arbeit.[80]

---

79 Kritisch auch U. Kuschnerus, Der sachgerechte Bebauungsplan, 3. Aufl., 2004, Rn. 679.
80 In der Stellungnahme des Bundesrates zu § 214 BauGB (sic!) wird die BReg. um die Prüfung der Frage gebeten, „ob mit den Begriff Ermitteln und Bewerten alle Anforderungen an den Abwägungsvorgang abgedeckt werden" (BTag-Drs. 15/2250 S. 88). Die BReg. verneinte zu Recht die Frage (vgl. BTag-Drs. 15/2250 S. 95 f.).

3.2 Allgemeines (Abwägungsmaterial)

64 (1) § 2 Abs. 3 BauGB stellt in Verb. mit § 1 Abs. 7 BauGB für die **Entscheidungsgrundlage** der Bauleitplanung eine **Grundnorm** dar. Sie entspricht inhaltlich der bisherigen Rechtslage. Danach sind zur Erfüllung des Abwägungsgebotes die in der Abwägung zu berücksichtigenden Belange „**nach Lage der Dinge**" zu ermitteln und in ihrem Gewicht zu bewerten. Aus § 214 Abs. 1 S. 1 Nr. 1 BauGB ist rückschließend zu entnehmen, daß das EAG Bau diesen Vorgang als eine Frage des Verfahrens verstehen will. Der Gesetzgeber ist in einer derartigen Zuordnung durchaus frei. Gleichwohl: § 2 Abs. 3 BauGB ist insoweit neu, als das BauGB damit mit dem „Ermitteln und Bewerten" formal zwei **Handlungspflichten der Gemeinde** als Elemente des Aufstellungsverfahrens herausstellt. Verfehlt ist es, § 2 Abs. 3 BauGB 2004 als „Verfahrensgrundnorm" zu bezeichnen.[81] Eine hierauf bezogene Fundierung besteht nicht. § 2 Abs. 3 BauGB 2004 bestimmt nicht das Verfahren, sondern dessen materiellen Gehalt.

65 (2) § 2 Abs. 3 BauGB legt – insoweit unverändert – die planerische Abwägung als eine **Entscheidungsmethode** zugrunde. Das Gesetz verbindet dies in § 1 Abs. 7 BauGB mit der Vorgabe der Struktur einer interessen- und konfliktbezogenen Entscheidungsfindung.[82] § 2 Abs. 3 BauGB akzentuiert dazu die informationsbetonte Phase der **Ermittlung** und die Phase der **Bewertung**. Die nachfolgende Phase des Ausgleichs konfligierender und konkurrierender Belange wird in § 1 Abs. 7 BauGB beschrieben. Die abschließende Phase der elementaren planerischen Entscheidung als Abwägungsergebnis setzt das BauGB für den B-Plan verfahrensrechtlich in § 10 Abs. 1 BauGB voraus. Zugleich ordnete das Gesetz mit § 214 Abs. 3 S. 1 BauGB das Ende der früheren Phasen im Sinne einer Petrifizierung an. Die von der Rechtsprechung entwickelte grobe Trennung von „Abwägungsvorgang" und „Abwägungsergebnis" nimmt das EAG Bau zwar in § 214 Abs. 3 S. 2 Halbs. 2 BauGB und § 215 Abs. 1 Nr. 3 BauGB auf. Aber die innere Systematik gegenüber § 2 Abs. 3 BauGB und § 214 Abs. 1 S. 1 Nr. 1 BauGB bleibt unsicher, deutet eher auf einen Systembruch hin (vgl. dazu Kommentierungen zu § 214 Abs. 1 S. 1 Nr. 1 BauGB [Rn. 18ff.] und zu § 4a Abs. 6 S. 1 BauGB [Rn. 91ff.]).

66 (3) Die Phase der **Ermittlung** und die Phase der **Bewertung** sind nicht zeitlich voneinander getrennt im Sinne eines Ablaufmodells zu verstehen. Es handelt sich um nur analytisch trennbare Vorgänge, die jedoch aufeinander bezogen sein müssen. Die Ermittlungstätigkeit der Gemeinde bedarf der bewertenden Rückkoppelung. Das gilt für die Ermittlungsergebnisse selbst, aber auch hinsichtlich der Zielvorgaben der erwogenen Planung. § 2 Abs. 3 BauGB versucht die durchaus kom-

---

81 So etwa U. Kuschnerus, Der sachgerechte Bebauungsplan, 3. Aufl., 2004, Rn. 679; ebenso J. Schliepkorte/M. Tünnemann, Änderungen im allgemeinen Städtebaurecht durch das Europaanpassungsgesetz Bau, in: ZfBR 2004, 645–652 [646, 650] unter Übernahme der Begründung des Gesetzentwurfes der BReg. (in: BTag-Drs. 15/2250 S. 42; vgl. auch BTag-Drs. 15/2250 S. 63), dies ohne eigene Substanz wiederholend EAG Mustererlaß 2004, Nr. 2.4.2.1.

82 Vgl. W. Hoppe, Die Bedeutung von Optimierungsgeboten im Planungsrecht, in: DVBl 1992, 853–862 [856f.]; R. Steinberg/Berg/Wickel, Fachplanungsrecht, 3. Aufl., 2000, S. 207ff.

plexen Planungs- und Entscheidungsstrukturen in einer griffigen Formel zusammenzufassen. Dagegen ist an sich nichts einzuwenden; § 1 Abs. 7 BauGB verfährt ähnlich.

(4) § 2 Abs. 3 und Abs. 4 S. 1 BauGB regelt nicht, wer die Ermittlung, die Be- **67** schreibung und die Bewertung tatsächlich vorzunehmen hat. Die Gemeinde kann sich selbstverständlich eines Planungsbüros bedienen (arg. e § 4 b BauGB). Die normative (externe) Eigenverantwortlichkeit bleibt bei der Gemeinde.

3.3 Ermittlung

3.3.1 Ziel der Ermittlung

Ziel jeder Ermittlung ist die sachkundige **Zusammenstellung des Abwägungs-** **68** **materials**. Dazu gehören alle Belange, die „nach Lage der Dinge, in die Abwägung eingestellt werden" müssen.[83] Das sind diejenigen Belange, von denen sich bei der abwägenden Entscheidung über den Plan mit einer gewissen Wahrscheinlichkeit absehen läßt, daß sie **nicht geringwertig** sind und auch **schutzwürdige Interessen in mehr als geringfügiger Weise** betroffen werden. Hier ist indes Zurückhaltung geboten, um Mängel in sachgerechter Abwägung zu vermeiden. An all dem hat das EAG Bau nichts geändert.

3.3.2 Ermittlungsarbeit und Ermittlungstiefe

3.3.2.1 Akteure der Ermittlungstätigkeit

3.3.2.1.1 Gemeinde

(1) Die Gemeinde ist normativer Träger auch der fachlichen Ermittlung. Sie ist für **69** die Rechtmäßigkeit der Bauleitplanung verantwortlich (vgl. § 1 Abs. 3 in Verb. mit § 2 Abs. 3 BauGB). Auf sie kommt es letztlich an. Sie ist Zuordnungssubjekt der Bauleitplanung.

(2) Die **Ermittlungspflicht** bezieht sich auch und gerade auf die **Umwelt**. Daran **70** läßt das EAG Bau keinen Zweifel. Das gilt in zweierlei Richtung: Die Bauleitplanung muß die Umwelt berücksichtigen, um Schaden durch die Umwelt zu vermeiden. Hier obliegt der Gemeinde nunmehr eine **gezielte Ermittlungspflicht**. Das entspricht allerdings seit längerem dem Stand der Rechtsprechung, beispielhaft bei Altlasten.[84] Die Gemeinde muß durch ihre Bauleitplanung auch umgekehrt die vorhandene Umwelt vor schädigenden Eingriffen schützen. Diesen Blick auch auf

---

83 Vgl. BVerwG, Urteil vom 12.12.1969 – 4 C 105.66 – BVerwGE 34, 301 = DVBl 1970, 414; Urteil vom 5.7.1974 – 4 C 50.72 – BVerwGE 45, 310 = DVBl 1974, 767 = NJW 1975, 70 = BauR 1974, 311 = BRS 28 Nr. 4; Beschluß vom 9.11.1979 – 4 N 1.78 u.a. – BVerwGE 59, 87 = DVBl 1980, 233 = NJW 1980, 1061 = ZfBR 1980, 39 = BRS 35 Nr. 24; vgl. umfassend und meisterhaft W. Hoppe, in: ders./ Chr. Bönker/S. Grotefels, Öffentliches Baurecht, 2. Aufl., 2002, S. 233ff., 245ff.
84 Vgl. etwa BGH, Urteil vom 21.12.1989 – III ZR 118/88 – BGHZ 109, 380 = DVBl 1990, 358 = NJW 1990, 1038 = ZfBR 1990, 88 = BRS 53 Nr. 19; Urteil vom 26.1.1989 – III ZR 194/87 – BGHZ 106, 323 = DVBl 1989, 504 = NJW 1989, 976 = BRS 53 Nr. 16.

---

die Umwelt zu zentrieren, ist das besondere **Anliegen des EAG Bau**. Für die Zielverwirklichung sieht das Gesetz dazu die UVP als ein geeignetes Instrument an. Daß die Gemeinde als juristische Person des öffentlichen Rechts de lege lata keinen Anspruch auf freien Zugang zu Informationen über die Umwelt nach § 4 UIG hat, sollte rechtspolitisch überdacht werden.[85]

3.3.2.1.2 Beteiligung – Mitwirkung

71 (1) Das **EAG Bau** hält daran fest, die Ermittlungsarbeit der Gemeinde als einen verfahrensrechtlich „offenen" Prozeß zu verstehen. § 3 Abs. 1 BauGB und § 3 Abs. 2 BauGB dienen dieser Ermittlung durch die Beteiligung der Öffentlichkeit. § 3 Abs. 2 S. 4 BauGB ordnet ausdrücklich eine Prüfungspflicht fristgerecht abgegebener Stellungnahmen an. Diese Pflicht besteht unabhängig von individueller Betroffenheit. Die abgegebenen Stellungnahmen, auch der Behörden nach § 4 Abs. 2 BauGB, können bereits erheblich die Ermittlungsarbeit der Gemeinde strukturieren. Daher ist für die Rechtmäßigkeit des Plans nicht belanglos, wie die Gemeinde in dieser Phase der Ermittlung vorgeht (vgl. § 214 Abs. 1 S. 1 Nr. 2 BauGB).

72 (2) Die Gemeinde wird von ihrer Verpflichtung, sich im Verfahren zur Aufstellung eines B-Plans selbst Gewißheit über die abwägungserheblichen Belange zu verschaffen, grundsätzlich nicht durch (zustimmende) Stellungnahmen der am Planverfahren beteiligten Fachbehörden und TöB zum Planentwurf entbunden. Gleichwohl kann es bedeutsam sein, ob „berührte" Behörden und TöB den Planentwurf der Gemeinde unbeanstandet gelassen haben (vgl. § 4 Abs. 2 BauGB) und die potentiell betroffene Öffentlichkeit keine substantiierten Einwendungen erhoben hat. Für die Gemeinde wird dann häufig kein begründeter Anlaß bestehen, Einzelheiten zur planerischen Ausgangssituation und zum Gewicht der widerstreitenden Belange dennoch von sich aus weiter aufzuklären.[86]

3.3.2.2 Inhalt der Ermittlung

73 (1) Die Ermittlung ist ein Vorgang der **Informationsgewinnung** und der **Informationsverarbeitung**.[87] Tendenziell ist die Ermittlung eher weit als eng begrenzt.[88] Zu trennen sind **drei Bereiche: [1]** Zum einen ist die gegenwärtige Lage im Sinne einer **Befundaufnahme** zu ermitteln (sog. diagnostische Ermittlung). Besteht kein begründeter Anlaß, braucht die Gemeinde Einzelheiten zur planerischen Ausgangssituation nicht näher aufzuklären.[89] **[2]** Zum anderen ist die künftige Entwicklung zu ermitteln, wenn eine Bauleitplanung unterbleibt (sog. prognostische Er-

85 BVerwG, Beschluß vom 31.10.1995 – 1 B 126.95 – NVwZ 1996, 400 = NuR 1996, 248.
86 BVerwG, Beschluß vom 14.8.1989 – 4 NB 24.88 – DVBl 1989, 1105 = NVwZ-RR 1990, 122 = UPR 1989, 452 = ZfBR 1989, 264 = BRS 49 Nr. 22.
87 Vgl. W. Hoppe, in: ders./Chr. Bönker/S. Grotefels, Öffentliches Baurecht, 2. Aufl., 2002, S. 249ff.; O. Reidt, in: K. Gelzer/Chr. Bracher/O. Reidt, Bauplanungsrecht, 7. Aufl., 2004, Rn. 570ff.
88 Vgl. BVerwG, Beschluß vom 9.11.1979 – 4 N 1.78 u.a. – BVerwGE 59, 87 = DVBl 1980, 233 = NJW 1980, 1061 = ZfBR 1980, 39 = BRS 35 Nr. 24.
89 BVerwG, Beschluß vom 14.8.1989 – 4 NB 24.88 – DVBl 1989, 1105 = NVwZ-RR 1990, 122 = UPR 1989, 452 = ZfBR 1989, 264 = BRS 49 Nr. 22.

Berkemann

mittlung). **[3]** Hiervon ist schließlich die Frage zu trennen, welche Auswirkungen eine Bauleitplanung auf die Bereiche zu [1] und [2] haben wird. Auch dies ist im Kern ein prognostizierendes Ermitteln. Teil der Ermittlung ist auch jeweils die Aufnahme zugeordneter Interessen und Belange, ggf. auch bestehender Rechtslagen. Weiteres ist hier nicht darzustellen.[90]

(2) Die gebotene **Intensität** der Ermittlungsarbeit läßt sich abstrakt nicht angeben. **74** Die Beachtlichkeit der Ermittlung muß vor dem Hintergrund der konkreten Planungsabsichten reflektiert werden. Das BVerwG hat seit jeher die an sich zirkuläre Formel **„nach Lage der Dinge"** benutzt, um diese Relativität der Phase der Informationsgewinnung anzugeben.[91] Die aufzunehmenden Informationen dienen dazu einem doppelten Zweck. Sie besitzen eine die Planung **legitimierende**, aber auch eine **kritisierende Funktion**. Insoweit ist die „bloße" Information ambivalent. Daher sind Umfang, Tiefe und fachliche Sicherheit der Sachermittlung der Gemeinde von den konkreten Umständen abhängig.[92]

(3) Soweit sich für bestimmte Bereiche **ermittlungstechnische Standards** ent- **75** wickelt haben, darf die Gemeinde von diesen nicht ohne Grund abweichen. Das gilt auch für **umweltbezogene Sachverhalte**. In der Anlage zu § 2 Abs. 4 und § 2a BauGB (Umweltbericht) hat das EAG Bau eine gewisse **Strukturierung relevanter Umweltinformationen** normiert (vgl. auch § 2 Abs. 4 S. 1 BauGB). Das kann einen Anhalt bieten. Auf die Kriterien für die Vorprüfung des Einzelfalls nach Anlage 2 zu § 3c Abs. 1 UVPG, auf die Angaben in § 6 Abs. 3 und 4 UVPG und auf die Allgemeine Verwaltungsvorschrift zur Ausführung des UVPG (**UVPVwV**) ist hinzuweisen.

3.4 Bewertung

(1) § 2 Abs. 3 BauGB erfordert, daß die Belange, die für die Abwägung von Be- **76** deutung sind, zu **„bewerten"** sind. Dieser Ausdruck ist im BauGB neu. Er stammt teilweise aus der Sprache der Rechtsprechung.[93] Tatsächlich hat der Gesetzgeber des EAG Bau eine Ausdrucksweise des UVPG eher unreflektiert übernommen (vgl. § 12 UVPG).[94] Hieran knüpft mutmaßlich § 2 Abs. 3 BauGB und ebenso § 2 Abs. 4 S. 6 BauGB an. Es handelt sich um eine „rein" umweltbezogene Betrach-

---

90 Vgl. näher etwa J.-D. Just, Ermittlung und Einstellung von Belangen bei der planerischen Abwägung, 1996, S. 91ff., 124ff., 165ff.

91 Vgl. BVerwG, Beschluß vom 9.11.1979 – 4 N 1.78 u.a. – BVerwGE 59, 87 = DVBl 1980, 233 = NJW 1980, 1061 = ZfBR 1980, 39 = BRS 35 Nr. 24.

92 BVerwG, Beschluß vom 14.8.1989 – 4 NB 24.88 – DVBl 1989, 1105 = NVwZ-RR 1990, 122 = UPR 1989, 452 = ZfBR 1989, 264 = BRS 49 Nr. 22.

93 Vgl. jüngst etwa BVerwG, Urteil vom 19.9.2002 – 4 CN 1.02 – BVerwGE 117, 58 = DVBl 2003, 204 = ZfBR 2003, 150 = BauR 2003, 209 = BRS 65 Nr. 20 (2002).

94 Wie hier W. Hoppe, Die Abwägung im EAG Bau nach Maßgabe des § 1 VII BauGB 2004. Unter Berücksichtigung von § 2 III, IV BauGB 2004, in: NVwZ 2004, 903–910 [904]; W. Schrödter, Das Europarechtsanpassungsgesetz Bau – EAG Bau, in: NST-N 2004, 197–216 [212]; vgl. auch U. Battis/M. Krautzberger/R.-P. Löhr, Die Änderungen des Baugesetzbuchs durch das Europarechtsanpassungsgesetz Bau (EAG Bau), in: NJW 2004, 2553–2559 [2556].

---

tung des Ermittlungsergebnisses. Die gesetzgeberische Wortwahl in ihrem Bezug zum UVPG ist gefährlich. Die in dieser Phase der Befundaufnahme vorzunehmende „Bewertung" ist nicht identisch mit dem abwägungsbezogenen „Gewichten" im Sinne des § 1 Abs. 7 BauGB. In § 12 UVPG ist verfahrensmäßig ein fachliches Ein- und Zuordnen aufgenommener Teilbefunde gemeint. Maßstäbe der Bewertung gibt § 2 Abs. 3 und 4 BauGB nicht an.

77 (2) § 2 Abs. 3 BauGB verlangt nach seinem Wortlaut nicht, daß die Ermittlungsergebnisse zu bewerten sind, sondern die **Belange**, welche für die Abwägung von Bedeutung sind. Nur wenn und soweit sich die Ermittlung auf die Feststellung von Belangen bezieht, erstreckt sich der **Bewertungsvorgang** auch auf die Ermittlung. Ob aber Belange für die Abwägung von Bedeutung sind, ist ersichtlich selbst ein Vorgang der Beurteilung. So mag man bereits hier zweifeln, ob der Gesetzgeber gut daran getan hat, in § 2 Abs. 3 BauGB einen Teilaspekt der Abwägung zu normieren.

78 (3) Da § 2 Abs. 3 BauGB hinsichtlich des „**Abwägungsmaterials**" auf § 1 Abs. 7 BauGB verweist, kann man die Vorschrift dahin verstehen, daß mit „Bewerten" lediglich die Gewichtung der für die Abwägung bedeutsamen Belange gemeint ist. Das Gesetz hätte damit das von Rechtsprechung und Schrifttum vielfältig zugrunde gelegte Phasenmodell des Abwägungsvorganges nicht verlassen.[95] Die Begründung der BReg. zum Gesetzesentwurf verweist darauf, § 2 Abs. 3 BauGB entspreche der bisherigen, sich aus dem Abwägungsgebot ergebenden Rechtslage.[96] Dann hätte das EAG Bau – vorbehaltlich des § 214 Abs. 1 S. 1 Nr. 1 BauGB – eine neue Rechtslage nicht normiert. Immerhin ergibt die systematische Auslegung, daß die in § 2 Abs. 3 BauGB vorgesehene Bewertung der **Abwägungsentscheidung** des § 1 Abs. 7 BauGB **phasenbezogen vorgelagert** sein muß. Die „Bewertung" ist danach mit der „Abwägung" also nicht identisch, soll sie vielmehr vorbereiten.

79 Eine gewisse **Ähnlichkeit mit §§ 11, 12 UVPG** besteht. Dort wird zwischen einer Phase der informationsaufbereitenden Ermittlung und der nachfolgenden „**Bewertungsphase**" unterschieden. Aufzubereiten sind alle für die nachfolgende Bewertung und spätere Entscheidung erheblichen Informationen über das beabsichtigte Projekt. §§ 11, 12 UVPG formalisiert diesen Vorgang als getrennte Phasen. Eine Vermengung der Information und der Bewertung ist hier gerade unzulässig.[97] Für das UVPG heißt „Bewerten" nicht „Gewichten", sondern ein Einschätzen der ermittelten Befunde, bei dem u.a. Aussagen über die Wahrscheinlichkeit von Umweltveränderungen und deren Schädlichkeit gemachten werden.[98] Ob § 2 Abs. 3

---

95 Vgl. BVerwG, Urteil vom 12.12.1969 – 4 C 105.66 – BVerwGE 34, 301 [309] = DVBl 1970 = BauR 1970, 31; Beschluß vom 12.8.1983 – 4 B 16.83 – BRS 45 Nr. 98 (Straßenplanung); OVG Münster, 26.10.1999 – 11a D 173/96.NE – NWVBl 2000, 187 = BRS 62 Nr. 10.

96 BTag-Drs. 15/2250 S. 42 zu § 2 Abs. 3 [BauGB].

97 Vgl. BVerwG, Urteil vom 8.6.1995 – 4 C 4.94 – BVerwGE 98, 339 = DVBl 1995, 1012 = NVwZ 1996, 381 = UPR 1995, 391 – B–16 (Roding).

98 Wie hier W. Hoppe, Die Abwägung im EAG Bau nach Maßgabe des § 1 VII BauGB 2004. Unter Berücksichtigung von § 2 III, IV BauGB 2004, in: NVwZ 2004, 903–910 [904]; W. Erbguth/A. Schink, UVPG, 2. Aufl., 1996, § 12 Rn. 11f.; Chr. Uebing, Umweltprüfung bei Raumordnungsplänen, 2004, S. 130f.

Berkemann

BauGB eine entsprechende Sichtweise einnehmen will, bleibt zumindest fraglich. Immerhin übernimmt § 2 Abs. 4 S. 1 BauGB für die integrierte UP diese Struktur.

(4) Da jede Bewertung einen Bezug zu einem Maßstab herstellt, besagte § 2 **80** Abs. 3 BauGB bei wörtlichem Verständnis nur, daß Belange der vorzunehmenden Abwägung **quantifizierend und qualifizierend zuzuordnen** sind. Das wäre eine triviale Aussage, zu der sich der Gesetzgeber dann verstanden hätte. Aus § 214 Abs. 1 S. 1 Nr. 1 BauGB ergibt sich dazu, daß die Gemeinde eine Bewertung „in wesentlichen Punkten" verfehlen kann. Wenn das Gesetz einerseits dies in § 214 Abs. 1 S. 1 Nr. 1 BauGB als einen Mangel ansieht, andererseits dort unterstellt, daß ein derartiger Mangel nicht stets auf das „Ergebnis" des Verfahrens von Einfluß sein muß, bleibt um so mehr unsicher, was eigentlich gemeint sein soll. § 214 Abs. 3 S. 2 Halbs. 1 BauGB verstärkt diesen Zweifel an der Konsistenz der gesetzgeberischen Sicht. Dem Gesetzgeber ging es vor allem darum, Mängel im „bewertenden Teil" des Abwägungsvorgangs nicht auf die Verbindlichkeit der Bauleitplanung oder Satzungen „durchschlagen" zu lassen.

III. § 2 Abs. 4 BauGB 2004 – Umweltprüfung und Umweltbericht

1. Text der geänderten Fassung

(4) Für die Belange des Umweltschutzes nach § 1 Abs. 6 Nr. 7 und § 1a wird eine Umweltprüfung durch- **81** geführt, in der die voraussichtlichen erheblichen Umweltauswirkungen ermittelt werden und in einem Umweltbericht beschrieben und bewertet werden; die Anlage zu diesem Gesetzbuch ist anzuwenden. Die Gemeinde legt dazu für jeden Bauleitplan fest, in welchem Umfang und Detaillierungsgrad die Ermittlung der Belange für die Abwägung erforderlich ist. Die Umweltprüfung bezieht sich auf das, was nach gegenwärtigem Wissensstand und allgemein anerkannten Prüfmethoden sowie nach Inhalt und Detaillierungsgrad des Bauleitplans angemessenerweise verlangt werden kann. Das Ergebnis der Umweltprüfung ist in der Abwägung zu berücksichtigen. Wird eine Umweltprüfung für das Plangebiet oder für Teile davon in einem Raumordnungs-, Flächennutzungs- oder Bebauungsplanverfahren durchgeführt, soll die Umweltprüfung in einem zeitlich nachfolgend oder gleichzeitig durchgeführten Bauleitplanverfahren auf zusätzliche oder andere erhebliche Umweltauswirkungen beschränkt werden. Liegen Landschaftspläne oder sonstige Pläne nach § 1 Abs. 6 Nr. 7 Buchstabe g vor, sind deren Bestandsaufnahmen und Bewertungen in der Umweltprüfung heranzuziehen.

2. Textgeschichte

§ 2 Abs. 4 BauGB entspricht im wesentlichen dem Gesetzesentwurf der BReg. **82** (vgl. BTag-Drs. 15/2250 S. 11, 42). Der Bundesrat erhob in seiner Stellungnahme keine grundsätzlichen Bedenken (BTag-Drs. 15/2250 S. 76). Erst der 14. Ausschuß hat eine Reihe von Änderungen vorgenommen (vgl. BTag-Drs. 15/29960 S. 23, 91). Damit sollte den Ergebnissen des Planspiels entsprochen werden.

3. Erläuterung der Änderung

Lit.: Zur Entstehungsgeschichte der Plan-UP-RL 2001/42/EG: Josef Falke, Neueste Entwicklungen im europäischen Umweltrecht, in: ZUR 2003, 118–112; Willy Spannowsky, Rechts- und Verfahrensfragen einer „Plan-UVP" im deutschen Recht, in: UPR 2000, 201–210; vgl. ferner: Jost Piezcker/Chr. Fiedler, Die Umsetzung der Plan-UP-Richtlinie im Bauplanungsrecht, in: DVBl 2002, 929–940; Ulrich Battis/Michael Krautzberger/Rolf-Peter Löhr, Die Umsetzung des neuen UVP-Rechts in das Baugesetzbuch –

Zur Novellierung des BauGB 2001, in: NVwZ 2001, 961–968; Alexander Schink, Umweltverträglichkeitsprüfung in der Bauleitplanung, in: UPR 2004, 81–84; Willy Spannowsky, Neustrukturierung der Anforderungen an das Bauleitplanverfahren und die Abwägung aufgrund der Plan-UP-Richtlinie, in: ders./Tim Krämer (Hrsg.), BauGB-Novelle 2004. Aktuelle Entwicklungen des Planungs- und Umweltrechts, Köln 2004, S. 39–66; Klaus Pfalzgraf, Die Umweltprüfung in der Bauleitplanung, in: HGZ 2004, 238–242.

3.1 Allgemeines

3.1.1 Bedeutung der Plan-UP-RL

83 (1) Die Regelung des § 2 Abs. 4 BauGB ist auf die Richtlinie 2001/42/EG des Europäischen Parlaments und des Rates vom 27.6.2001 über die Prüfung der Umweltauswirkungen bestimmter Pläne und Programme, die sog. **Plan-UP-RL**, (ABl. EG Nr. L 197 S. 30) zurückzuführen.

84 (2) Die Richtlinie verpflichtet die Mitgliedstaaten, in ihrem nationalen Recht die Voraussetzungen dafür zu schaffen, daß die Umweltfolgen nicht lediglich bei der Projektzulassung nach Maßgabe der Richtlinie 85/337/EWG des Rates vom 27.6.1985 über die Umweltverträglichkeitsprüfung bei bestimmten öffentlichen und privaten Projekten, der sog. **UVP-RL**, (ABl. EG Nr. L 175 S. 40) abgeschätzt werden, sondern schon auf der Ebene der Raumplanung eine UP mit umfassender Öffentlichkeitsbeteiligung stattfindet.

85 (3) Nach Art. 3 Abs. 1 Plan-UP-RL unterliegen der Verpflichtung zur Durchführung einer UP grundsätzlich Pläne und Programme insbesondere im Bereich der Bodennutzung und der Raumordnung, sofern sie einen Rahmen für die künftige Genehmigung von Projekten setzen, die in den Anhängen I und II der UVP-RL aufgeführt sind, sowie Pläne und Programme, die gemäß der Richtlinie 92/43/EWG des Rates vom 21.5.1992 zur Erhaltung der natürlichen Lebensräume sowie der wildlebenden Tiere und Pflanzen, der sog. **FFH-RL**, (ABl. EG Nr. L 206 S. 7) zu prüfen sind.

86 Die Plan-UP-RL zielt darauf ab, zur Förderung einer nachhaltigen **Entwicklung ein hohes Umweltschutzniveau** sicherzustellen, indem für Pläne und Programme, die voraussichtlich erhebliche Umweltauswirkungen haben, eine UP durchgeführt wird. Soweit die Plan-UP-RL auf die Bodennutzung und die Raumordnung abstellt, beschränkt sich ihr Anwendungsbereich auf die Pläne und Programme, die einen Rahmen für den in der UVP-RL näher bezeichneten Kreis umweltrelevanter Vorhaben setzen. Dazu verlagert die Plan-UP-RL und ihr folgend das BauGB 2004 die UP auf die Ebene der vorgelagerten Pläne und Programme. Damit soll bei rahmensetzenden Grundentscheidungen eine Prüfung von Alternativen und Abhilfemaßnahmen gleichsam planerisch vorverlagert werden.[99]

---

99 Vgl. M. Krautzberger/B. Stüer, Städtebaurecht 2004 – zur Novellierung des BauGB, in: BauR 2003, 1301–1306; Chr. Sangenstedt, Vorstellung und Bewertung der Richtlinie der EG zur Strategischen Umweltprüfung, in: S. Reiter (Hrsg.), Neue Wege in der UVP, 2001, S. 236–254; T. Krämer, Die „Richtlinie über die Prüfung der Umweltauswirkungen bestimmter Pläne und Programme" und ihre Bedeutung für städtebauliche Planungen, in: W. Spannowsky/St. Mitschang, Umweltprüfungen bei städtebaulichen Planungen und Programmen, 2001, S. 147–163 [149ff.].

Berkemann/Halama

3.1.2 Umsetzung der Plan-UP-RL

3.1.2.1 Bisherige Gesetzeslage (§ 2a BauGB 2001)

(1) § 2 Abs. 4 BauGB 2004 bedeutet nichts grundlegend Neues. Neue materielle **87** Umweltstandards sind mit der Plan-UP-RL nicht verbunden (unstr.).[100] Wesentliche Elemente der UP geben Art. 3 Abs. 1, Art. 5 Abs. 1 und Art. 8 Plan-UP-RL dem deutschen Gesetzgeber vor.

Bereits nach bisherigem Recht waren dem Aufstellungsverfahren Einzelelemente, **88** die für die UP charakteristisch sind, durchaus nicht fremd. Beleg hierfür ist § 2a BauGB a.F. Diese Bestimmung hatte indes eine andere Funktion als die Vorschriften des EAG Bau, in denen die auf Planungsentscheidungen zugeschnittene UP den Regelungsgegenstand bildet. Sie war zwar in das System der Bauleitplanung integriert, wies aber die Merkmale einer UVP auf. Diese war beim damaligen Stand der Rechtsentwicklung eigentlich der Vorhabenzulassungsebene vorbehalten. So betrachtet wirkte sie im Planungsrecht wie eine Art Fremdkörper. Als solcher wurde sie in der Praxis zum Teil auch wohl empfunden. Mit ihr hatte es folgende Bewandtnis:

(2) § 2a BauGB a.F. wurde durch das Gesetz zur Umsetzung der UVP-Ände- **89** rungsrichtlinie, der IVU-Richtlinie und weiterer EG-Richtlinien zum Umweltschutz vom 27.7.2001 (BGBl I S. 1950) eingeführt (Art. 2 Nr. 3). Zugleich mit dieser Neuregelung änderte der Gesetzgeber § 17 UVPG (Art. 1 Nr. 18). Diese Änderung hatte zur Folge, daß drei unterschiedliche Typen von B-Plänen mit engem Vorhabenbezug einer UVP unterworfen wurden:

[1] § 17 Satz 1 UVPG (Fassung 2001) begründete für B-Pläne „im Sinne des § 2 **90** Abs. 3 Nr. 3 UVPG" die Verpflichtung, die UVP im Aufstellungsverfahren nach den Vorschriften des BauGB durchzuführen. [2] § 2 Abs. 3 Nr. 3 UVPG bezog in den Kreis der „Entscheidungen über die Zulässigkeit von Vorhaben" zum einen B-Pläne ein, die Planfeststellungsbeschlüsse für Vorhaben im Sinne der Anlage 1 zum UVPG ersetzen (z.B. Nr. 14.3: Bau einer Bundesautobahn oder einer sonstigen Bundesstraße). § 17 Abs. 3 S. 1 FStrG ermöglicht es, ebenso wie andere Fachplanungsgesetze, anstelle der an sich nach § 17 Abs. 1 FStrG gebotenen Planfeststellung auf das Mittel des B-Plans zurückzugreifen. Geschah dies, so hatte der B-Plan – auch aus UVP-rechtlicher Sicht – den Charakter einer Zulassungsentscheidung, da ihm kein weiterer Zulassungsakt nachfolgt.[101]

[3] Eine UVP war nach den aufgrund des Gesetzes vom 27.7.2001 modifizierten **91** UVP-rechtlichen Vorgaben im Aufstellungsverfahren ferner dann durchzuführen, wenn durch den B-Plan die „Zulässigkeit von bestimmten Vorhaben i.S.d. Anlage 1

---

100 B. Stüer/A. Sailer, Monitoring in der Bauleitplanung, in: BauR 2004, 1392–1401 [1395].
101 Vgl. nunmehr für die Fachplanung der Entwurf der BReg. eines Gesetzes zur Einführung einer Strategischen Umweltprüfung und zur Umsetzung der Richtlinie 2001/42/EG (SUPG), BTag-Drs. 15/4119, 15/4236 (Gegenäußerung der BReg.); vgl. auch Bericht des 15. BTags-Ausschusses (BTag-Drs. 15/4540).

zum UVPG begründet werden" sollte. Diese Regelung war auf maßnahmenbezogene B-Pläne gemünzt. Sie erstreckte sich auf zwei Arten von Planungen: Die erste Gruppe umfaßte B-Pläne, deren Planungsgegenstand „bestimmte" UVP-pflichtige Vorhaben (z. B. Nr. 1.1: Kraftwerk, Heizkraftwerk, Verbrennungsmotoranlage u. ä.; Nr. 2.1: Steinbruch) bildeten. Reine Angebotspläne in der Form der Festsetzung von Baugebieten schieden aus, auch wenn durch sie die Voraussetzungen für die Verwirklichung UVP-pflichtiger Vorhaben geschaffen wurden. Die zweite Gruppe bildeten B-Pläne für den eng umgrenzten Kreis von Vorhaben nach den Nrn. 18.1 bis 18.8 der Anlage 1 zum UVPG. Hierzu gehörten z. B. der Bau eines Feriendorfes oder eines Hotelkomplexes (Nr. 18.1), eines Freizeitparks (Nr. 18.3), einer Industriezone (Nr. 18.5) oder eines Städtebauprojekts (Nr. 18.7). Die Aufnahme dieser Vorhaben in den Katalog der Nrn. 18.1 bis 18.8 der Anlage 1 beruhte im Wesentlichen auf der Richtlinie 97/11/EG des Rates vom 3.3.1997 zur Änderung der UVP-Richtlinie (ABl. EG Nr. L 73 S. 5), in deren Anhang II sich entsprechende Bezeichnungen für „Projekte nach Art. 4 Abs. 2 UVP-Richtlinie" fanden.

92 Für derartige „Projekte" gibt es im deutschen Vorhaben- und Anlagenzulassungsrecht kein Pendant. Ein „Städtebauprojekt" etwa erfüllt nicht als solches die Merkmale eines Vorhabens i. S. d. § 29 Abs. 1 BauGB. Um den EG-rechtlichen Anforderungen gleichwohl gerecht zu werden, benutzte der deutsche Gesetzgeber das Bauleitplanverfahren als Trägerverfahren für die europarechtlich gebotene UVP. In § 17 S. 2 UVPG (Fassung 2001) legte er fest, daß die UVP bei Vorhaben nach den Nrn. 18.1 bis 18.8 ebenso wie bei planfeststellungsersetzenden B-Plänen „nur" im Aufstellungsverfahren durchzuführen war. Anders war in diesem Punkt die rechtliche Situation bei den übrigen B-Plänen, durch die die Zulässigkeit von „bestimmten" UVP-pflichtigen Vorhaben begründet wurde. Bei dieser Art von maßnahmenbezogenen B-Plänen hatte der UVP im Aufstellungsverfahren eine weitere UVP im Zulassungsverfahren nachzufolgen.

93 Um Doppelprüfungen zu vermeiden, eröffnete der Gesetzgeber in § 17 S. 3 UVPG (Fassung 2001) die Möglichkeit, die UVP im Zulassungsverfahren auf zusätzliche oder andere erhebliche Umweltauswirkungen des Vorhabens zu beschränken.[102]

3.1.2.2 Nunmehrige Gesetzeslage (§ 2 Abs. 4 BauGB 2004)

94 (1) Der deutsche Gesetzgeber ist bei der Umsetzung der Plan-UP-RL einen Schritt weitergegangen. Um die Bauleitplanung nicht mit schwer durchschaubaren Differenzierungen zu überfrachten, hat er sich, ohne hierzu europarechtlich verpflichtet gewesen zu sein, dafür entschieden, die **UP als (integriertes) Regelverfahren** einzuführen. Das Bauleitplanverfahren dient hierfür ganz allgemein als **Trägerverfahren**. Das BauGB verzichtet damit auf ein kompliziertes Screening-Verfahren (vgl. § 3 c UVPG).[103] Die Bauleitplanung übernimmt damit stärker **Aufgaben des**

---

102 Vgl. A. Schink, Umweltverträglichkeitsprüfung in der Bauleitplanung, in: UPR 2004, 81–94 [84].
103 Vgl. B. Stüer/A. Sailer, Monitoring in der Bauleitplanung, in: BauR 2004, 1392–1401 [1395]; B. Stüer/
H.-D. Upmeier, Städtebaurecht 2004: Vorschlag der Expertenkommission zur Änderung des BauGB, in:
ZfBR 2003, 114–121; S. Jung, Novellierung des Baugesetzbuchs, in: BBauBl 2003, Nr. 11 S. 14–17.

Berkemann/Halama

Umweltschutzes. Dieser wird damit zugleich gesetzespolitisch aufgewertet.[104] Die UP beschränkt sich dabei nicht auf nachteilige Umweltauswirkungen.

Das EAG Bau nutzt die Integration der umweltrechtlichen Anforderungen des Gemeinschaftsrechts für ein einheitliches und übersichtliches Verfahren, das den Vorgaben der Projekt-UVP-RL und der Plan-UP-RL gleichermaßen Rechnung trägt. Die Plan-UP-RL stellt keine weniger strengen verfahrensrechtlichen Anforderungen an die UP als die Projekt-UVP-RL an die UVP stellt. Daher geht die (Projekt-)UVP in der neuen Plan-UP auf. § 17 Abs. 1 S. 2 UVPG enthält dazu den klarstellenden Hinweis, daß eine nach den Vorschriften über die UVP vorgeschriebene Vorprüfung des Einzelfalls entfällt, wenn für den aufzustellenden B-Plan eine UP durchgeführt wird. § 2 Abs. 4 BauGB 2004 hat die erst 2001 eingeführten Vorschriften über UVP-pflichtige B-Pläne entfallen lassen.[105] Vermieden werden sollen Einzelverfahren. Zugleich sollen umweltbezogene Mehrfachprüfungen vermieden werden (sog. Abschichtungsregelungen nach Maßgabe der Planungsebenen: Raumordnung, F-Plan und B-Plan). **95**

(2) Das neue System des § 2 Abs. 4 BauGB ist in den Fällen der Nr. 18.1 bis 18.8 der Anlage 1 zum UVPG (noch) auf eine Doppelspurigkeit hin angelegt. In der Planungsphase ist eine Plan-UP durchzuführen. Ob im Zulassungsverfahren eine („erneute") UVP erforderlich ist, richtet sich nach den Vorgaben des UVPG. Soweit es auf der Zulassungsebene einer UVP bedarf (z.B. Nr. 18.4: Bau eines Parkplatzes; Nr. 18.6: Bau eines Einkaufszentrums), ist Landesrecht maßgebend. Die Länder müssen entsprechende Regelungen bereitstellen. Das kann in den **landesgesetzlichen Bauordnungen oder in landesgesetzlichen UVP-Gesetzen** geschehen. Diese müssen, auch aus der Sicht der Umsetzung des Gemeinschaftsrechtes, ggf. ergänzt werden.[106] Die Mitgliedstaaten haben hinsichtlich der Umsetzung der Richtlinie ein „gewisses Ermessen".[107] **96**

3.1.3 Verhältnis der bauleitplanerischen UP zum UVPG

Das BauGB 2004 regelt für die Bauleitplanung das Verfahren der UP abschließend. Das schließt eine abgrenzende Bezugnahme auf das UVPG nicht aus (vgl. § 13 Abs. 1 Nr. 1, § 34 Abs. 5 S. 1 Nr. 2, § 35 Abs. 6 S. 4 Nr. 2 BauGB). Eine Ausnahme bildet nur § 4a Abs. 5 S. 2 BauGB für grenzüberschreitende Auswirkungen (vgl. dazu § 8 UVPG). Das BauGB geht damit den Bestimmungen des UVPG vor (vgl. § 17 Abs. 1 und 2 UVPG). **97**

---

104 Zu den Motiven des Gesetzgebers vgl. BReg., in: BTag-Drs. 15/2250 S. 27ff.; zu dieser „Ökologisierung" der Bauleitplanung bereits E. Gassner, in: NuR 1989, 120–123; teilweise kritisch R. Stich, Die Rechtsentwicklung von der bebauungsbezogenen zur umweltschutzbestimmten städtebaulichen Planung, in: ZfBR 2003, 643–656.

105 Vgl. A. Schink, Umweltverträglichkeitsprüfung in der Bauleitplanung, in: UPR 2004, 81–94.

106 H.-D. Upmeier, in: Einführung zu den Neuregelungen durch das Europarechtsanpassungsgesetz Bau (EAG Bau), BauR 2004, 1382–1392 [1385].

107 EuGH, Urteil vom 11.9.1995 – C–431/92 – EuGHE I 1995, 2189 = DVBl 1996, 424 = NVwZ 1996, 369 = NuR 1996, 102.

3.2 § 2 Abs. 4 Satz 1 BauGB 2004

3.2.1 Grundaussage

98 (1) § 2 Abs. 4 S. 1 Halbs. 1 BauGB enthält die begriffliche Umschreibung der UP, und zwar in Anknüpfung an Art. 3 Abs. 1 Plan-UP-RL. Die Vorschrift normiert eine Proceduralisierung der **Ermittlung, Beschreibung** und **Bewertung** der bauplanerisch erheblichen Umweltbelange. Der Umweltbericht dokumentiert diese Arbeit (§ 2a S. 2 Nr. 2 BauGB) als gesonderten Teil der Planbegründung. In Einklang mit der Plan-UP-RL stehen verfahrensrechtliche Anforderungen im Vordergrund (vgl. auch Erwägung Nr. 6 der Plan-UP-RL). Demgemäß ist der Umweltbericht das zentrale Element der UP.

99 Die neue Dimension, in die das EG-Recht mit der Plan-UP-RL hineingewachsen ist, schlägt sich im deutschen Recht nieder. Sie äußert sich zunächst in einem formalen Perspektivenwechsel. Dieser ist dadurch gekennzeichnet, daß sich der Anwendungsbefehl für die UP nicht länger im UVP-Recht befindet. Nicht § 17 UVPG bestimmt, wie bisher, ob eine UVP in einem Aufstellungsverfahren durchzuführen ist. Die Verpflichtung, im Bereich der Bauleitplanung eine UP durchzuführen, ergibt sich jetzt aus § 2 Abs. 4 S. 1 BauGB. § 17 UVPG behält seine Bedeutung nur mehr für die Ebene der Vorhabenzulassung. Das EAG Bau will in Umsetzung der Plan-UP-RL eine nachhaltige Entwicklung fördern und dazu gemäß Art. 1 Plan-UP-RL ein hohes Umweltschutzniveau sicherstellen.[108] § 2 Abs. 4 S. 1 BauGB erfaßt die UP als Ermittlung, als Beschreibung und als Bewertung.

100 (2) Nach § 2 Abs. 4 S. 1 BauGB ist für die Belange des Umweltschutzes nach § 1 Abs. 6 Nr. 7 BauGB und § 1a BauGB **bei jedem Bauleitplan** eine UP durchzuführen. In ihr werden die voraussichtlichen erheblichen Umweltauswirkungen ermittelt und in einem Umweltbericht beschrieben und bewertet. Alle maßgebenden Umweltbelange sind zu ermitteln und zu bewerten. Ferner sind die in § 1a BauGB genannten spezifischen Belange einzubeziehen. Die UP ist nach dem gesetzgeberischen Konzept ein integrierter Bestandteil des Aufstellungsverfahrens des Bauleitplans.[109] Insoweit regelt das BauGB die UP, soweit die Bauleitplanung und hierauf beruhende Zulassungsentscheidungen betroffen sind, abschließend. § 2 Abs. 4 S. 1 BauGB gilt auch für Änderungen oder Ergänzungen eines Bauleitplanes (vgl. § 1 Abs. 8 BauGB). Dagegen ist für Innenbereichssatzungen nach § 34 Abs. 4 Nrn. 2 und 3 BauGB keine UP vorzunehmen (arg. e § 34 Abs. 5 S. 1 BauGB).

3.2.2 Gegenstände der UP

101 (1) **Bauleitpläne.** Anders als unter der Geltung des § 2a BauGB a.F. erstreckt sich die (grundsätzliche) Verpflichtung zur UP nicht mehr nur auf B-Pläne (auch

---

108 Vgl. M. Krautzberger/B. Stüer, Städtebaurecht 2004: Was hat sich geändert?, in: DVBl 2004, 781–791; dies., Städtebaurecht 2004: Umweltprüfung und Abwägung, in: DVBl 2004, 914–924.

109 W. Hoppe, Die Abwägung im EAG Bau nach Maßgabe des § 1 VII BauGB 2004. Unter Berücksichtigung von § 2 III, IV BauGB 2004, in: NVwZ 2004, 903–910 [904].

Berkemann/Halama

vorhabenbezogene B-Pläne, vgl. § 12 Abs. 2 S. 2 BauGB), sondern auch auf F-Pläne (arg. e § 2 Abs. 4 S. 2 BauGB 2004), auch auf Teilflächennutzungspläne (§ 5 Abs. 2b BauGB), demgemäß auch auf Konzentrationszonen im Sinne des § 35 Abs. 3 S. 3 BauGB.

Auf der Ebene der B-Pläne differenziert der Gesetzgeber auch nicht mehr zwischen **102** verschiedenen Arten von Plänen. Vielmehr schreibt er die UP über den in der Plan-UP-RL enthaltenen Umsetzungsauftrag hinaus generell vor. Auf der Planungsebene werden damit zum Teil höchst komplizierte einzelfallbezogene Prüfungen, wie sie vor dem Hintergrund der §§ 3a bis f UVPG zum Leidwesen der Rechtsanwender für die Projekt-UVP charakteristisch sind, überflüssig. Damit wird insgesamt eine verfahrensmäßige Vereinfachung erzielt.

(2) **„Ausnahmen".** Keine Prüfungspflicht besteht für informelle Pläne im Sinne **103** des § 1 Abs. 6 Nr. 11 BauGB. Auch Vorkaufssatzungen (§ 25 BauGB), Umlegungsbeschlüsse (§ 47 BauGB), Sanierungssatzungen (§ 142 BauGB) und Entwicklungssatzungen (§ 165 Abs. 6 BauGB) unterliegen keiner (zwingenden) UP-Prüfpflicht. Diese besonderen städtebaulichen Instrumente sind dadurch gekennzeichnet, daß sie selbst noch keine Baurechte begründen, sondern lediglich die Grundlage für etwaige Bauleitplanungen bilden oder diese sichern sollen. Erst auf dieser nachfolgenden Planungsstufe ist dann eine UP durchzuführen. Für die Entwicklungssatzungen könnte eine Vorabprüfung der Umweltbelange praktisch sein.

Satzungen im vereinfachten Verfahren (§ 13 Abs. 1 Nrn. 1 und 2 BauGB), Innen- **104** bereichssatzungen (§ 35 Abs. 4 S. 1 Nrn. 2 und 3 BauGB) und Außenbereichssatzungen (§ 35 Abs. 6 S. 4 Nrn. 2 und 3 BauGB) müssen tatbestandliche Voraussetzung die Notwendigkeit einer UP ausschließen (vgl. § 13 BauGB, Rn. 40ff.). Anderenfalls dürfen sie nicht erlassen werden. Es ist irreführend, insoweit von einem „Verzicht" auf eine UP zu sprechen (vgl. § 13 BauGB, Rn. 80). Ein Verbot, in diesen Fällen eine UP zu unterlassen, besteht gleichwohl nicht.

(3) Die UP ist gemäß § 1 Abs. 8 BauGB grundsätzlich auch bei **Änderungen** **105** **oder Ergänzungen eines Bauleitplans** durchzuführen.[110] Das gilt auch für Alt-Pläne, die vor dem 20.7.2004 wirksam wurden. Bei Änderungen kann sich eine geminderte Prüfungsintensität aus § 2 Abs. 4 S. 3 BauGB ergeben. Gerade in diesem Falle sind Inhalt und Detaillierungsgrad angemessen zu berücksichtigen. Wird ein B-Plan substantiell, also nicht nur zur Beseitigung des Rechtsscheins klarstellend, aufgehoben, muß die Gemeinde prüfen, welche umweltbezogenen Folgen sich daraus für die dann maßgebende Rechtslage ergeben.

3.2.3 Zweck der Prüfung

Die Plan-UP unterscheidet sich in ihrer Zielsetzung nicht nennenswert von der **106** Projekt-UVP. Ein Textvergleich bestätigt dies. Bei einer Gegenüberstellung des § 2 Abs. 4 S. 1 BauGB 2004 und des § 2 Abs. 1 S. 2 UVPG wird deutlich, daß der

---

110 Ebenso U. Kuschnerus, Der sachgerechte Bebauungsplan, 3. Aufl., 2004, Rn. 468.

Zweck der Prüfung bei beiden Vorschriften darin besteht, die voraussichtlichen erheblichen Auswirkungen auf die beispielhaft genannten Umweltgüter zu ermitteln, zu beschreiben und zu bewerten. Schon auf der Planungsebene und nicht erst, wie bisher, auf der nachfolgenden Zulassungsstufe soll gewährleistet werden, daß die Belange des Umweltschutzes bestmöglich zur Geltung kommen. Auf diese Weise wird der Gefahr vorgebeugt, daß Umweltbelange erst zu einem Zeitpunkt ins Blickfeld geraten, zu dem sich der Entscheidungsprozeß zu Lasten dieser Belange bereits so weit verfestigt hat, daß er nicht mehr oder nur noch schwer umkehrbar ist.[111]

3.2.3.1 Begriff der Umweltauswirkungen

107 (1) Die Umweltauswirkungen sind nicht allein in bezug auf ein einzelnes Schutzgut und einen einzelnen Belastungspfad zu bestimmen. Vielmehr ist der Beurteilung eine **medienübergreifende** Betrachtung unter Einschluß insbesondere der Wirkungen zugrunde zu legen, die sich aus der Kumulation von Vor- und Zusatzbelastungen oder aus synergistischen Reaktionen ergeben können. Das Gemeinschaftsrecht verschließt sich trotz seines integrativen Ansatzes indes nicht der Einsicht, daß es unmöglich ist, einen Standard festzulegen, der alle Belange des Umweltschutzes optimal erfaßt. So unterschiedliche Umweltgüter wie Boden, Wasser, Natur und Gesundheit lassen sich nicht miteinander verrechnen.[112] Der Gesetzgeber trägt dem Umstand Rechnung, daß die Einsicht in das Wirkungsgefüge zwischen den einzelnen Umweltfaktoren vom Stand der Erkenntnis und der Erkenntnismöglichkeiten abhängt, der derzeit noch lückenhaft ist und bei realistischer Betrachtung zumindest auf absehbare Zeit lückenhaft bleiben wird.

108 (2) Die UP erstreckt sich nicht auf sämtliche nur irgend erdenklichen umweltrechtlichen Fragestellungen. Zu prüfen sind die „erheblichen" Auswirkungen, die der Bauleitplan „voraussichtlich" für die Umwelt haben wird. Dieser Arbeitsschritt dient der Zusammenstellung des Abwägungsmaterials (vgl. § 2 Abs. 3 BauGB).

3.2.3.2 Erhebliche Umweltauswirkungen

109 (1) **Ermittlungstiefe.** Ermittlung und Bewertung beziehen sich nicht auf Umweltbelange, die in so geringem Maße berührt sind, daß sie nicht abwägungsrelevant sein können (Ausschluß wegen Geringfügigkeit). Hierin spiegelt sich die Tendenz wider, die Sachverhaltsermittlung auf das vernünftigerweise Vorhersehbare zu begrenzen. Dies entspricht der zum Abwägungsgebot entwickelten Formel, daß als Abwägungsmaterial die Belange anzusehen sind, die **„nach Lage der Dinge"** in die Abwägung eingestellt werden müssen.[113]

---

111 Vgl. auch H.-P. Bull, „Vernunft" gegen „Recht"? Zum Rationalitätsbegriff der Planungs- und Entscheidungslehre, in: Institutionenwandel in Regierung und Verwaltung. FS König, 2004, S. 179–199 [198].
112 So bereits BVerwG, Urteil vom 8.6.1995 – 4 C 4.94 – BVerwGE 98, 339 = DVBl 1995, 1012 = NVwZ 1996, 381 = UPR 1995, 391 = NuR 1995, 537.
113 Vgl. BVerwG, Beschluß vom 9.1.1979 – 4 N 1.78 – BVerwGE 59, 87 [102] = DVBl 1980, 233 = NJW 1980, 1061 = ZfBR 1980, 39 = BRS 35 Nr. 5; Urteil vom 5.7.1974 – 4 C 50.72 – BVerwGE 45, 310 [322] = DVBl 1974, 767 = NJW 1975, 70 = BRS 28 Nr. 4; Urteil vom 12.12.1969 – 4 C 105.66 –

Dahinter steht die allgemeine Erkenntnis, daß die Forderung, die Wirkungen be- **110**
stimmter Veränderungen in einem Ökosystem vollständig zu erfassen, schon wegen der Komplexität der Zusammenhänge nicht nur an praktische, sondern auch
an Grenzen des wissenschaftlichen Erkenntnisstandes stoßen würde. Einen „planerischen Einschätzungsspielraum", wie EAG Mustererlaß 2004, Nr. 2.4.2.5 Buchst.
a) Abs. 2 meint, besitzt die Gemeinde nicht. Ihr kann nur eine prognostische Be-
urteilungssphäre zugestanden werden. Der Erheblichkeitsbegriff des Art. 3 Abs. 1
Plan-UP-RL ist nicht (ohne weiteres) inhaltsgleich mit der „Abwägungserheblich-
keit" des deutschen Planungsrechts. Der Umweltbelang muß sich quantitativ, qualitativ und zeitlich von einer unbedeutenden, geringfügigen Beeinträchtigung abhe-
ben.[114] Maßgebend ist das „Kleinklima", das durch die vorgesehene (bodenrechtliche) Nutzung des beabsichtigten Bauleitplans beeinflußt sein kann. Die UP des
§ 2 Abs. 4 S. 1 BauGB dient nicht dazu, allgemein soziale, ökonomische oder andere außerökologische Auswirkungen „abzuprüfen".[115]

(2) **Methodik der Ermittlung.** Wie die Gemeinde bei der Ermittlung, Beschrei- **111**
bung und Bewertung der voraussichtlichen Umweltauswirkungen methodisch vorzugehen hat, schreibt der Gesetzgeber nicht im Einzelnen fest. Insbesondere gibt
er keine Hinweise auf bestimmte Untersuchungsverfahren. In der Anlage zu § 2
Abs. 4 BauGB und in § 2a BauGB nennt er einige Bewertungskriterien. Diese sind
jedenfalls Hinweise für eine sachgerechte Ermittlungstiefe. Im Übrigen beschränkt
das Gesetz sich in § 2 Abs. 4 S. 6 BauGB auf die Aussage, daß etwaige Bestandsaufnahmen oder Bewertungen, die sich in Landschaftsplänen oder sonstigen Plänen nach § 1 Abs. 6 Nr. 7 Buchst. g) BauGB finden, heranzuziehen sind.

In aller Regel ist das Ermittlungsverfahren zweistufig. Einer Grobselektion wird eine **112**
Feinselektion im Prozeß der Informationsgewinnung nachgeschaltet.[116] Diese setzt
bereits eine bewertende Rückkoppelung zum Planungsziel voraus. Die Aufbereitung ist dazu jeweils in einem Umfang vorzunehmen, daß eine sachgerechte Planungsentscheidung möglich ist. Ein vollständiges Erfassen aller umweltbezogenen
Auswirkungen ist zumeist nicht erforderlich.[117] Es kann genügen, im Untersu-
chungsraum auf bestimmte Indikationsgruppen abzustellen.[118] Soweit aussagekräf-

---

BVerwGE 34, 301 [309] = DVBl 1070, 414 = BauR 1970, 31; Urteil vom 1.11.1974 – 4 C 38.71 –
BVerwGE 47, 144 = DVBl 1975, 492 = NJW 1975, 841.
114 Vgl. U. Kuschnerus, Die Umweltverträglichkeitsprüfung in der Bauleitplanung, in: BauR 2001, 1211–
1223 [1218]; W. Schrödter, Das Europarechtsanpassungsgesetz Bau – EAG Bau, in: NST-N 2004,
197–216 [201].
115 Wie hier W. Haneklaus, in: W. Hoppe u.a., UVPG, 2. Aufl., 2002, § 5 Rn. 15; W. Schrödter, Das Europarechtsanpassungsgesetz Bau – EAG Bau, in: NST-N 2004, 197–216 [2001].
116 Vgl. W. Hoppe, in: ders./Chr. Bönker/S. Grotefels, Öffentliches Baurecht, 2. Aufl., 2002, S. 249ff.;
J.-D. Just, Ermittlung und Einstellung von Belangen bei der planerischen Abwägung, 1996, S. 151ff.
117 Vgl. BVerwG, Beschluß vom 21.2.1997 – 4 B 177.96 – NVwZ-RR 1997, 607 = UPR 1997, 295 =
NuR 1997, 353 = BauR 1997, 459 = BRS 59 Nr. 9 zur naturschutzrechtlichen Eingriffslage.
118 BVerwG, Urteil vom 30.1.2003 – 4 CN 14.01 – BVerwGE 117, 351 = DVBl 2003, 733 = NVwZ 2003,
742 = ZfBR 2003, 471 = BauR 2003, 1175; BVerwG, Gerichtsbescheid vom 10.9.1998 – 4 A 35.97 –
NVwZ 1999, 532 = BauR 1999, 484 = BRS 60 Nr. 216; Urteil vom VGH Kassel, Urteil vom 21.12.2000
– 4 N 2435/00 – NuR 2001, 702 = BRS 63 Nr. 226; OVG Münster, Urteil vom 21.8.2002 – 10a D
83/00.NE – NuR 2003, 378 = BRS 65 Nr. 218.

tige Regelwerke oder Umweltstandards fehlen, läßt sich die UP nicht dafür nutzbar machen, diesen Mangel zu kompensieren. Die Plan-UP-RL gebietet auch nicht, daß die Umweltauswirkungen anhand standardisierter Maßstäbe oder in standardisierten oder schematisierten und rechenhaft handhabbaren Verfahren ermittelt und bewertet werden.[119] Soweit die BReg. aussagefähige Verwaltungsvorschriften nach § 24 UVPG erlassen hat, kann sich die Gemeinde an ihnen orientieren. Eine inhaltliche Bindung besteht allerdings nicht.

113 (3) **Ermittlungsgebiet.** Die Ermittlung der umweltbezogenen Auswirkungen ist nicht auf das Plangebiet beschränkt. Anderenfalls würden die von der Gemeinde bestimmten Grenzen des Plangebiets den Umfang der Ermittlungen bestimmen. Auch auf das Gemeindegebiet ist die Ermittlung nicht begrenzt (arg. e § 2 Abs. 2 S. 1 BauGB).

3.2.3.3 Voraussehbarkeit der Umweltauswirkungen

114 § 2 Abs. 4 S. 1 BauGB fordert nur, die „voraussichtlichen" erheblichen Umweltauswirkungen festzustellen (ähnlich § 34 BNatSchG). Das mindert für die Gemeinde die Ermittlungsarbeit. Das gilt vor allem bei (geringfügigen) Änderungen und Ergänzungen (vgl. § 1 Abs. 8 BauGB), ggf. bei auch bei einer Überplanung. Die Planung ist stets nur ex ante möglich. Damit billigt § 2 Abs. 4 S. 1 BauGB in Umsetzung des Art. 3 Abs. 1 Plan-UP-RL ein prognostisches Element der Ermittlung. Die Gemeinde muß mithin keine komplexen Zukunftserwägungen anstellen. Die Prognosebezogenheit der Planung wird mittelbar im Monitoring aufgefangen (vgl. § 4c BauGB).

3.2.4 Umweltbericht

115 (1) Das wichtigste formelle Instrument für die Zielsetzung des § 2 Abs. 4 S. 1 BauGB bildet der Umweltbericht (vgl. auch Kommentierung zu § 2a BauGB, Rn. 11 ff.). In ihm spiegelt sich wider, was die UP im Einzelnen erbracht hat. Wie aus Satz 1 zu ersehen ist, wird die UP zielgerichtet „für die Belange des Umweltschutzes" durchgeführt. Diese Belange sind in § 1 Abs. 6 Nr. 7 BauGB und in § 1a BauGB als **Teil des Abwägungsmaterials** (§ 2 Abs. 4 S. 4 BauGB) dargestellt. Hierzu hat die Gemeinde die **Anlage zum BauGB** anzuwenden. Diese enthält bindende Angaben zum Inhalt des Umweltberichts. Aus der Plan-UP-RL ergeben sich keine bindenden Vorgaben, wie die Darstellung der erforderlichen Angaben im Detail zu erfolgen hat.[120] Ziel ist es, daß der Umweltbericht die UP verläßlich wiedergibt (sog. **Dokumentierungsfunktion des Umweltberichts**).

---

119 Vgl. zur Projekt-UVP BVerwG, Urteil vom 8.6.1995 – 4 C 4.94 – BVerwGE 98, 339 = DVBl 1995, 1012 = NVwZ 1996, 381 = UPR 1995, 391 = NuR 1995, 537.
120 Vgl. entsprechend BVerwG, Urteil vom 19.5.1998 – 4 C 11.96 – NVwZ 1999, 528 = UPR 1998, 388 = NuR 1998, 649 = BRS 60 Nr. 217 zur UVP-RL und zum UVPG; OVG Münster, Urteil vom 10.8.2000 – 7a D 162/98.NE – NuR 2001, 345 = BauR 2001, 201 = BRS 63 Nr. 22.

(2) § 2 Abs. 4 S. 1 BauGB verlangt in Anknüpfung an Art. 5 Abs. 1 Plan-UP-RL, **116** daß die voraussichtlichen erheblichen Auswirkungen, die die Durchführung des Plans auf die Umwelt hat, im Rahmen der UP ermittelt, beschrieben und bewertet werden. Die besondere Rolle, die der Gesetzgeber dieser Prüfung im Rahmen des Abwägungsvorgangs zuschreibt, verbessert rein faktisch die Aussicht, daß die Gemeinde die Umweltkenntnisse, derer sie für eine sachgerechte Planungsentscheidung bedarf, auch tatsächlich erlangt. Dies trägt mittelbar zu einer erhöhten Richtigkeitsgewähr bei.

(3) Eine **erste Fassung** des Umweltberichts ergibt sich für die Gemeinde aus dem **117** Ergebnis des Scopings (vgl. § 4 Abs. 1 S. 1 BauGB). Der Bericht sollte in seiner Strukturierung bereits in diesem Stadium nach Aufbau und Inhalt den Vorgaben der Anlage zu § 2 Abs. 4 BauGB in Verb. mit § 2 a BauGB folgen. Dazu sind die maßgebenden umweltbezogenen Belange (§ 2 Abs. 4 S. 1 in Verb. mit § 1 Abs. 6 Nr. 7, § 1 a BauGB) „abzuarbeiten".[121] Auch Ergebnisse einer frühzeitigen Öffentlichkeitsbeteiligung (§ 3 Abs. 1 BauGB) sind aufzunehmen. Auch dazu kann sich die Gemeinde den Rat der „berührten" Behörden einholen.

3.3 § 2 Abs. 4 Satz 2 BauGB 2004

3.3.1 Scopingverfahren

(1) Die Gemeinde legt für **jeden Bauleitplan** fest, in welchem Umfang und De- **118** taillierungsgrad die Ermittlung der Belange für die Abwägung erforderlich ist (sog. Scoping). Damit soll sie gehindert werden, die UP „nach Gutdünken" durchzuführen.[122]

Die Gemeinde wird verfahrensmäßig und zielorientiert durch die in § 2 Abs. 4 S. 1 **119** BauGB umweltbezogenen Segmente geführt. Sie muß in **eigener Verantwortung** den Umfang der UP bestimmen. Das schließt Angaben über den Detaillierungsgrad der Ermittlungen ein. Die Gemeinde muß mithin die Struktur der umweltbezogenen Ermittlung vorgeben. Mit den Arbeiten am Umweltbericht wird spätestens mit dem Abschluß des Scopings begonnen. Das ist ein wichtiger interner Verfahrensschritt, dessen nähere Ausgestaltung das EAG Bau der Gemeinde überträgt. Diese wird in aller Regel die Darstellung eines vorhandenen Landschaftsplanes zu beachten haben (vgl. auch § 2 Abs. 4 S. 6 BauGB).

(2) Die Regelung des § 2 Abs. 4 S. 2 BauGB ist für den Kenner ebenfalls keine **120** Unbekannte. Sie ist ihm bereits aus dem UVP-Recht vertraut. Dort gehört sie unter dem Etikett „Scoping" zum Standardrepertoire. Jetzt hat sie auch Einzug ins Bauplanungsrecht gehalten. Die Gemeinde soll zu einem effektiven Aufstellungsverfahren angehalten werden. Sie darf die Verantwortung nicht über das Scoping (§ 4 Abs. 1 BauGB) auf die beteiligten Behörden abdrängen.[123] Die Gemeinde ist

---

121 Vgl. U. Kuschnerus, Der Sachgerechte Bebauungsplan, 3. Aufl., 2004, Rn. 473.
122 Wie hier U. Kuschnerus, Der sachgerechte Bebauungsplan, 3. Aufl., 2004, Rn. 461, 462.
123 Vgl. U. Kuschnerus, Der sachgerechte Bebauungsplan, 3. Aufl., 2004, Rn. 462.

vielmehr selbst verpflichtet, den Detaillierungsgrad festzulegen. Es handelt sich gleichwohl um einen unselbständigen, internen Verfahrensschritt. Mit ihm werden Gegenstand, Ausmaß und Methodik der UP als Grundlage für die (weitere) Ermittlung der Umweltbelange festgelegt. Mängel in der Phase des Scopings haben – für sich gesehen – allerdings keine Auswirkungen auf die Rechtswirksamkeit des Bauleitplans (arg. e § 214 Abs. 1 S. 1 BauGB).[124]

121 (3) § 2 Abs. 4 S. 2 BauGB steht in einem engen sachlichen Zusammenhang mit § 3 Abs. 1 S. 1 BauGB und § 4 Abs. 1 S. 1 BauGB, die eine möglichst frühzeitige Unterrichtung der Öffentlichkeit und der Behörden über die voraussichtlichen Auswirkungen der Planung vorsehen. In § 4 Abs. 1 S. 1 BauGB tritt die Verknüpfung mit § 2 Abs. 4 S. 2 BauGB besonders deutlich zu Tage. Denn die Behörden sind nicht nur über die Planung zu unterrichten, sondern auch zur Äußerung im Hinblick auf den erforderlichen Umfang und Detaillierungsgrad der UP aufzufordern (vgl. § 4 Abs. 1 BauGB, Rn. 15 ff.).

122 (4) Der Verfahrensschritt des Scoping in der Ausprägung von §§ 2 Abs. 4 S. 2, 3 Abs. 1 S. 1 und 4 Abs. 1 S. 1 BauGB ist „unselbständig", in diesem Stadium (noch) ohne rechtliche Außenwirkung. Er dient als Instrument frühzeitiger Abstimmung. Die Gemeinde erhält die Gelegenheit, sich Klarheit über das voraussichtlich erforderliche Untersuchungsprogramm zu verschaffen. Gerade die frühzeitige Mobilisierung externen Sachverstands kann sich als hilfreich bei der Klärung der Frage erweisen, auf welche Gesichtspunkte sie ihr Augenmerk zu richten hat. Auf diese Weise wird der Gemeinde bereits in der Frühphase der Planung die Möglichkeit eröffnet, sich eine breite Informationsbasis zu verschaffen und bei der Erschließung zusätzlicher Erkenntnisquellen zielgerichtet vorzugehen. Dies sollte sie nutzen. Gleichzeitig wird es ihr erspart, sich auf zeit- und kostenaufwendige Ermittlungen einzulassen, die aus fachlicher Sicht nicht geboten erscheinen.

123 Den Untersuchungsrahmen so abzustecken, daß er möglichst die Gewähr dafür bietet, allen für die Entscheidung relevanten Umweltbelangen gerecht zu werden, trägt dazu bei, die Effektivität des Verfahrens zu steigern. Außerdem läßt sich dem Scoping auch ein gewisses Beschleunigungsmoment nicht absprechen. Die Gemeinde kann bereits auf einer frühen Planungsstufe das Ergebnis der vorgezogenen Öffentlichkeits- und Behördenunterrichtung zum Anlaß nehmen, ihre Planung ohne großen Aufwand zu ändern (vgl. § 3 Abs. 1 S. 2 und § 4 Abs. 1 S. 2 BauGB).

124 Wird für das umweltbezogene Abwägungsmaterial schon in diesem Verfahrensstadium eine zuverlässige Entscheidungsgrundlage geschaffen, so verringert sich die Gefahr, daß der Bauleitplanentwurf samt Umweltbericht im weiteren Planungsverlauf, etwa als Folge der nach § 3 Abs. 2 BauGB und § 4 Abs. 2 BauGB obligatorischen Öffentlichkeits- und Behördenbeteiligung geändert oder ergänzt werden muß. Tritt dieser Fall ein, so ist ein Zeitverlust unvermeidbar. Denn wird der Ent-

---

124 M. Krautzberger, Europarechtsanpassungsgesetz Bau – EAG Bau 2004: Die Neuregelungen im Überblick, in: UPR 2004, 241–246 [243]; J. Schliepkorte/M. Tünnemann, Änderungen im allgemeinen Städtebaurecht durch das Europarechtsanpassungsgesetz Bau, in: ZfBR 2004, 645–652 [647].

wurf des Bauleitplans erst im Anschluß an das Verfahren nach § 3 Abs. 2 BauGB oder § 4 Abs. 2 BauGB geändert oder ergänzt, so ist nach § 4 a Abs. 3 S. 1 BauGB ein erneutes Beteiligungsverfahren, ggf. nach Maßgabe des § 4 a Abs. 3 Sätze 2 bis 4 BauGB, durchzuführen.

3.3.2 Planungsalternative

(1) Art. 5 Abs. 1 Halbs. 2 PLan-UP-RL bestimmt als Inhalt des Umweltberichtes **125** auch die Angabe „vernünftiger Alternativen", welche die Ziele und den geographischen Anwendungsbereich des Plans berücksichtigen. § 2 Abs. 4 BauGB nimmt diese Forderung nicht auf. Die Notwendigkeit der Angaben von Planungsalternativen ergibt sich für das deutsche Recht erst mittelbar aus dem Inhalt der „zusammenfassenden Erklärung" (vgl. § 6 Abs. 5 S. 3, § 10 Abs. 4 BauGB).

(2) Die Alternativenprüfung der Plan-UP-RL entspricht grundsätzlich der in dem **126** Bauleitplanverfahren bereits gebotenen Variantenprüfung. Denkbar ist, daß Art. 5 Abs. 1 Plan-UP-RL eine verschärfte Analyse nahelegt.[125] Dafür spricht Nr. 2 Buchst. d) der Anlage zum BauGB, vgl. dazu § 2 a BauGB, Rn. 31.

3.4 § 2 Abs. 4 Satz 3 BauGB 2004

3.4.1 Ermittlungsaufwand

(1) § 2 Abs. 4 S. 3 BauGB läßt es in Anlehnung an den Wortlaut des Art. 5 Abs. **127** 2 Plan-UP-RL mit der Feststellung bewenden, daß sich die UP auf das bezieht, was nach **gegenwärtigem Wissensstand** und allgemein anerkannten Prüfmethoden sowie nach Inhalt und Detaillierungsgrad des Bauleitplans **angemessenerweise** verlangt werden kann. Die Gemeinde schuldet dazu keine uferlose Überprüfung des zu beplanenden Areals gleichsam „ins Blaue hinein". Was ihre planende Stelle nicht „sieht" und was sie nach den ihr zur Verfügung stehenden Erkenntnisquellen auch nicht zu „sehen" braucht, kann und braucht von ihr nicht berücksichtigt werden.[126] Wenn damit überzogene Anforderungen an die Prüfungspflicht nicht gestellt werden dürfen, darf die Gemeinde es dennoch nicht an der gebotenen Professionalität der Ermittlung fehlen lassen. § 2 Abs. 4 S. 3 BauGB zielt nur darauf ab, die Intensität der Prüfung auf ein für die Gemeinde vertretbares Maß zu begrenzen. Daher ersetzt die UP keine fehlenden Umweltstandards. Gleichwohl will § 2 Abs. 4 S. 3 BauGB eine „**professionelle**" Aufarbeitung erreichen. Die Grenzen werden nicht bereits dadurch erreicht, daß der Gemeinde ein zusätzlicher **Verwaltungsaufwand** entsteht.[127]

---

125 So Chr. Uebbing, Umweltprüfung bei Raumordnungsplänen, 2004, S. 166ff.; S. 176f.; zurückhaltend W. Hoppe, Die Abwägung im EAG Bau nach Maßgabe des § 1 VII BauGB 2004. Unter Berücksichtigung von § 2 III, IV BauGB 2004, in: NVwZ 2004, 903–910 [907].

126 So BGH, Urteil vom 9.7.1992 – III ZR 78/91 – UPR 1992, 438.

127 Die Annahme des Gesetzesentwurfs der BReg., ein zusätzlicher Verwaltungsaufwand entstehe nicht (vgl. BTag-Drs. 15/2250 S. 68), ist Motiv, nicht Gesetz gewordene Begrenzung. Die Annahme ist pauschal, voraussichtlich unzutreffend; insoweit, a.A. U. Kuschnerus, Der sachgerechte Bebauungsplan, 3. Aufl., 2004, Rn. 463.

128 Die bestehenden **Unsicherheiten der Untersuchungsmethoden** und Bewertungsmaßstäbe rühren daher, daß die Einsicht in das Wirkungsgefüge zwischen den einzelnen Umweltfaktoren vom Stand der Erkenntnis und der Erkenntnismöglichkeiten abhängt. Der Wissensstand ist derzeit lückenhaft. Wenn die Plan-UP-RL gleichwohl die Pflicht und den rechtlichen Rahmen für die Durchführung einer UP geschaffen hat, legt nicht schon dies den Grundstein für eine verbesserte Methodik der Ermittlung und der Bewertung von Umweltauswirkungen. Was auf diesem Felde die Wissenschaft (noch) nicht hergibt, vermag auch eine UP nicht zu leisten. Von der Gemeinde kann daher nicht mehr verlangt werden, als daß sie die Annahmen zugrunde legt, die dem allgemeinen Kenntnisstand und den allgemein anerkannten Prüfungsmethoden entsprechen.[128] Das zwingt sie allerdings ggf. zu einer gutachterlichen Vorabprüfung, um sich hinreichende Vorkenntnisse über Kenntnisstand und Prüfungsmethoden zu verschaffen.

129 (2) Die Bauleitplanung ist **zielorientiert**. Eine UP soll nicht ziellos betrieben werden. Das gilt vor allem, wenn in anderen Verfahren entsprechende Prüfungen bereits vorgenommen wurden (vgl. § 2 Abs. 4 S. 5 BauGB). Das Gebot der konkretisierenden Betrachtung ergibt sich auch aus der Vorgabe des Art. 5 Abs. 1 S. 1 Plan-UP-RL. Damit soll überzogenen Anforderungen an die UP entgegengewirkt werden.[129] Ebensowenig wie die Projekt-UVP ist die UP als Suchverfahren konzipiert, das dem Zweck dient, Umweltauswirkungen aufzudecken, die sich der Erfassung mit den herkömmlichen Erkenntnismitteln entziehen.[130]

130 Sind Ermittlungen anzustellen, so hat die Gemeinde Sorge dafür zu tragen, daß die Verfahren, die im konkreten Fall zur Erreichung des Untersuchungszwecks qualitativ und quantitativ geeignet erscheinen, nicht ungenutzt bleiben. Sie müssen herkömmlichen wissenschaftlichen Standards entsprechen. Dies kann ggf. Voruntersuchungen erfordern. Die Annahme des EAG Mustererlasses 2004 (Nr. 2.1 Abs. 2), die UP sei im wesentlichen nur formaler Art, ist in dieser Allgemeinheit irreführend, im Hinblick auf § 214 Abs. 1 S. 1 Nrn. 1 und 3 BauGB gefährlich.[131]

---

128 Vgl. BVerwG, Urteil vom 25.1.1996 – 4 C 5.95 – BVerwGE 100, 238 = DVBl 1996, 677 = NVwZ 1996, 788 = UPR 1996, 228 = BauR 1996, 511 = BRS 58 Nr. 7 zur UVP; vgl. U. Kuschnerus, Der sachgerechte Bebauungsplan, 3. Aufl., 2004, Rn. 464.

129 Die BReg. „verspricht" den Gemeinden in ihrer Gesetzesbegründung, daß mit der Plan-UP ein zusätzlicher Verwaltungsaufwand nicht entstünde (BTag-Drs. 15/2250 S. 68). Daran wird man zweifeln. Eine Mißachtung des Anforderungsprofils, wie es sich u.a. deutlich aus der Anlage zum BauGB ergibt, führt die Gemeinde in die Gefahr des Planungsfehlers im Sinne des § 214 Abs. 1 S. 1 Nr. 3 BauGB.

130 So bereits zur Projekt-UVP BVerwG, Urteil vom 25.1.1996 – 4 C 5.95 – BVerwGE 100, 238 = DVBl 1996, 677 = NVwZ 1996, 788 = UPR 1996, 228 = BauR 1996, 511 = BRS 58 Nr. 7; ähnlich BVerwG, Urteil vom 21.3.1996 – 4 C 19.94 – BVerwGE 100, 370 = DVBl 1996, 907 = NVwZ 1996, 1016; vgl. auch W. Hoppe, Die Abwägung im EAG Bau nach Maßgabe des § 1 VII BauGB 2004. Unter Berücksichtigung von § 2 III, IV BauGB 2004, in: NVwZ 2004, in: NVwZ 2004, 903–910 [908]; M. Beckmann, in: W. Hoppe (Hrsg.), UVPG, 2. Aufl., 2002, § 12 Rn. 108.

131 Vgl. auch Chr. Uebbing, Umweltprüfung bei Raumordnungsplänen, 2004, S. 127ff., 146ff.

Berkemann / Halama

3.4.2 Gegenstände der Ermittlung und Bewertung

Die Gegenstände der professionellen Ermittlung und Bewertung sind gemäß § 2 **131**
Abs. 4 S. 1 BauGB die Belange des Umweltschutzes (vgl. § 1 Abs. 6 Nr. 7 BauGB)
und ergänzend die Belange des § 1 a BauGB. Es werden **folgende Segmente** angeführt:

[1] die Auswirkungen auf Tiere, Pflanzen, Böden, Wasser, Luft, Klima, Landschaft
und biologische Vielfalt;

[2] die Erhaltungsziele nach Maßgabe der FFH-RL oder der Vogelschutz-RL;

[3] die Auswirkungen auf den Menschen und seine Gesundheit sowie der Bevölkerung insgesamt;

[4] die Auswirkungen auf Kulturgüter und sonstige Sachgüter, soweit diese umweltbezogen sind;

[5] die Vermeidung von Emissionen sowie der sachgerechte Umgang mit Abfällen und Abwässern;

[6] die Nutzung erneuerbarer Energien sowie der sparsame und effiziente Umgang mit Energie;

[7] die Darstellung von Landschaftsplänen sowie von sonstigen umweltbezogenen
Plänen;

[8] die Erhaltung der bestmöglichen Luftqualität in bestimmten Gebieten.

Die Schutzgüter sind hierzu integrativ zu erfassen. Die UP erfaßt nur die konkre- **132**
ten Folgen des jeweiligen Planes. Der hierzu teilweise benutzte Ausdruck der
„strategischen Umweltprüfung" ist irreführend.[132]

3.5 § 2 Abs. 4 Satz 4 BauGB 2004

3.5.1 Allgemeines

Die UP ist ein „formales" Verfahren mit einem von der Abwägungsarbeit zunächst **133**
getrennt zu haltenden Ergebnis. Dieses ist gleichwohl in der **Abwägung zu „berücksichtigen".** Damit verweist § 2 Abs. 4 S. 4 BauGB auf den zentralen Vorgang der Entscheidungsfindung nach § 1 Abs. 7 BauGB. Das deutet an, daß die
UP nur eine bestimmte verfahrensrechtlich gesteuerte Form der **Sammlung und
Bewertung des umweltrelevanten Abwägungsmaterials** sein soll.[133]

Das EAG Bau stellt damit klar, daß die Entscheidung, welchem auch umweltbe- **134**
zogenen Belang letztlich der Vorzug einzuräumen ist, nicht innerhalb der UP, sondern nur im Rahmen der Gesamtabwägung des § 1 Abs. 7 BauGB zu treffen

---

132 Wie hier U. Kuschnerus, Der sachgerechte Bebauungsplan, 3. Aufl., 2004, Rn. 458; den Begriff be-
nutzend etwa M. Krautzberger, Europarechtsanpassungsgesetz Bau – EAG Bau 2004: Die Neuregelungen im Überblick, in: UPR 2004, 241–246 [242].
133 Vgl. BVerwG, Urteil vom 21.3.1996 – 4 C 19.94 – BVerwGE 100, 370 = DVBl 1996, 907 = NVwZ
1996, 1016 = UPR 1996, 339 zur früheren Rechtslage nach dem UVPG in Umsetzung der UVP-RL
85/337/EWG.

ist.[134] Demgemäß muß die Gemeinde unterscheiden zwischen der fachlichen Bewertung innerhalb der UP und der Gewichtung innerhalb des Abwägungsvorganges. Das EAG Bau trennt diese Sprachebenen allerdings nicht sorgfältig voneinander.

3.5.2 Umweltbelang als „einfacher" Abwägungsposten

135 (1) Das **EAG Bau** läßt die Frage zu, ob die erweiterten und aufgewerteten Belange des Umweltschutzes in der Abwägung bereits per se „vorrangig" zu bewerten sind. Das ist zu verneinen. § 2 Abs. 4 BauGB in Verb. mit § 1 a Abs. 6 Nr. 7 BauGB normiert kein Gebot einer andere Belange verdrängenden Optimierung des Umweltschutzes.[135] Für die Annahme eines derart planerisch wirksamen Optimierungsgebotes, soweit an dieser Rechtsfigur überhaupt noch festzuhalten ist (vgl. § 1 a BauGB, Rn. 13 ff.), fehlt es an interpretatorischer Sicherheit. Dasselbe gilt für die Annahme eines „strikten" Planungsleitsatzes.

136 (2) Das EAG Bau zielt auf die Umsetzung der gemeinschaftsrechtlichen Vorgaben der Plan-UP-RL. Die Umsetzung ist verfahrensbezogen gemeint, wie die Zielsetzung der Plan-UP-RL selbst. Die Funktionalität des umweltbezogenen Verfahrensrechts läßt zwar mittelbar – nämlich als Ergebnis der vorgesehenen Verfahrensintensität – die Bedeutung der Umweltbelange wachsen, begründet indes keine materielle Vorgabe.[136] Auch der Text des geänderten BauGB läßt nicht erkennen, daß der Gesetzgeber absichtsvoll einen allgemeinen Vorrang des Umweltschutzes begründen wollte. Dafür gibt es auch in der Entstehungsgeschichte keinen Anhalt. Vielmehr betont § 2 Abs. 4 S. 4 BauGB, daß das Ergebnis der UP „in der Abwägung zu berücksichtigen" ist. Diese textliche Fassung ist traditionell. Sie weist vor allem nicht auf, daß die in § 1 Abs. 6 Nr. 7 BauGB enthaltene Katalogisierung zumindest immanent eine normative Gewichtungsvorgabe begründen soll. Die systematische Auslegung, die auf den Grundsatz der Nachhaltigkeit in § 1 Abs. 5 S. 1 BauGB verweisen kann, ergibt nichts anderes.

137 Demgemäß müssen sich auch die umfangreich ermittelten und bewerteten Umweltbelange materiell in der planerischen Abwägung anderen öffentlichen und privaten Belangen stellen. Eine nachhaltige Stadtentwicklung fordert nach dem Abschlußdokument zu HABITAT II (1996) auch eine „wirtschaftliche Entwicklung, Be-

---

134 Wie hier W. Schrödter, Das Europarechtsanpassungsgesetz Bau – EAG Bau, in: NST-N 2004, 197–216 [206].

135 Wie hier W. Hoppe, Die Abwägung im EAG Bau nach Maßgabe des § 1 VII BauGB 2004. Unter Berücksichtigung von § 2 III, IV BauGB 2004, in: NVwZ 2004, 903–910 [910]; W. Schrödter, in: H. Schrödter (Hrsg.), BauGB, 7. Aufl., 2005, § 1 Rn. 122 ff.; ders., Das Europarechtsanpassungsgesetz Bau – EAG Bau, in: NST-N 2004, 197–216 [206]; wohl a. A., indes undeutlich M. Krautzberger/B. Stüer, Städtebaurecht 2004: Umweltprüfung und Abwägung, in: DVBl 2004, 914–924.

136 Vgl. W. Schrödter, Umweltprüfung und Umweltüberwachung in der Bauleitplanung, in: NordÖR 2004, 317–326; W. Hoppe, Die Abwägung im EAG Bau nach Maßgabe des § 1 VII BauGB 2004. Unter Berücksichtigung von § 2 III, IV BauGB 2004, in: NVwZ 2004, 903–910 [908]; a. A. wohl M. Krautzberger/B. Stüer, Städtebaurecht 2004: Umweltprüfung und Abwägung, in: DVBl 2004, 914–924 [924].

Berkemann/Halama

schäftigungsmöglichkeiten und sozialen Fortschritt im Einklang mit der Umwelt" (vgl. § 1 BauGB, Rn. 22 ff.).[137]

3.5.3 Umweltbelang als „striktes Recht"

(1) § 2 Abs. 4 S. 4 BauGB ist für bestimmte Umweltbelange einschränkend aus- **138** zulegen. Einzelne Umweltbelange können nach Maßgabe ihrer rechtlichen Grundlage den Charakter strikten Rechts oder einer hervorgehobenen Abwägungsdirektive annehmen. In diesem Falle können diese Belange nicht im Wege „einfacher" Abwägung überwunden werden.

Derartige „strikte" Umweltschutzbelange stellen die auch für die Bauleitplanung **139** verbindlichen **Grenzwerte** dar, etwa für Verkehrslärm nach der 16. BImSchV, oder die **Maßnahmewerte** nach der Bundes-BodenschutzVO.[138] Ganz allgemein dürfen Auswirkungen eines Planes keine Gesundheitsgefahren begründen. Die Schwelle derartiger Gefahren bildet eine absolute Planungssperre.[139] Das ergibt Art. 2 Abs. 2 S. 1 GG.[140] Für Eingriffe nach Maßgabe der FFH-RL ist eine vollständige Kompensation zwingend geboten (vgl. Art. 6 Abs. 4 UAbs. 1 FFH-RL in Verb. mit § 34 Abs. 4 BNatSchG).

(2) **Bedeutung des Art. 20 a GG.** Das Staatsziel des Art. 20 a GG richtet sich in **140** erster Linie an den Gesetzgeber mit dem Ziel, den grundgesetzlichen Gestaltungsauftrag zugunsten der Umwelt umzusetzen.[141] Art. 20 a GG bildet gleichwohl eine wertentscheidende Grundsatznorm der Verfassung. Sie ist bei der Auslegung gesetzlicher Ermächtigungen mit unbestimmten Rechtsbegriffen zu beachten.[142] Das gilt für die Anwendung des § 2 Abs. 4 S. 4 BauGB in Verb. mit § 1 Abs. 6 Nr. 7 BauGB vor allem dann, wenn eine Gefährdung der natürlichen Lebensgrundlagen des Menschen in Betracht kommt.

3.5.4 Formale Aufwertung der Umweltbelange

(1) Die vorstehend erörterte Einordnung darf nicht zu dem Mißverständnis verlei- **141** ten, daß mit der UP nur ganz allgemein ein Teilaspekt des Abwägungsvorgangs

---

137 Vgl. H.-G. Gierke, in: Brügelmann, BauGB, 1999, § 1 Rn. 504 ff.
138 Bundes-Bodenschutz- und Altlastenverordnung (BBodSchV) vom 12.7.1999 (BGBl. I S. 1554).
139 Vgl. BVerwG, Urteil vom 23.9.1999 – 4 C 6.98 – BVerwGE 109, 314 = DVBl 2000, 192 = NVwZ 2000, 1050 = ZfBR 2000, 128 = BauR 2000, 234; Urteil vom 11.1.2001 – 4 A 13.99 – NVwZ 2001, 1154 = BauR 2001, 900 = BRS 64 Nr. 19; Urteil vom 21.3.1996 – 4 C 9.95 – BVerwGE 101, 1 = DVBl 1996, 916 = NVwZ 1996, 1003 = UPR 1996, 344 (zur Gesamtbelastung); Beschluß vom 8.6.2004 – 4 BN 19.04 – juris (Volltext).
140 Vgl. BGH, Urteil vom 26.1.1989 – III ZR 194/87 – BGHZ 106, 323 = DVBl 1989, 504 = BauR 1989, 166 zu Altlasten.
141 BVerwG, Beschluß vom 13.4.1995 – 4 B 70.95 – DVBl 1995, 1008 = NJW 1995, 2648 = UPR 1995, 309 = ZfBR 1995, 273 = BRS 58 Nr. 109; vgl. dazu A. Uhle, Das Staatsziel „Umweltschutz" und das Bundesverwaltungsgericht, in: UPR 1996, 55–57.
142 Vgl. auch BVerwG, Beschluß vom 15.10.2002 – 4 BN 51.02 – NVwZ-RR 2003, 171 = ZfBR 2004, 287 = BauR 2004, 641; VGH Mannheim, Beschluß vom 22.10.1999 – 5 S 1121/99 – NuR 2000, 275 [276] = DÖV 2000, 694.

markiert wird, dem sich auch § 2 Abs. 3 BauGB widmet.[143] Schon bisher war es eine Selbstverständlichkeit, daß die Umweltbelange als Abwägungsposten zu berücksichtigen waren. Daran hat die Gesamtkonzeption des § 2 Abs. 4 BauGB als solche nichts geändert.

142 (2) Die abwägungsbezogene Berücksichtigungspflicht des § 2 Abs. 4 S. 4 BauGB wird durch die Verpflichtung, eine UP durchzuführen, indes nicht lediglich schlicht bestätigt. Die Plan-UP-RL, welcher der deutsche Gesetzgeber in der Neufassung des BauGB Rechnung trägt, enthält Anforderungen, die über das herkömmliche (deutsche) Abwägungsmodell hinausgehen. Sie nötigt zu einer separaten Betrachtung der Umweltbelange. Die UP gewährleistet eine auf die Umweltauswirkungen zentrierte Vorabprüfung, und zwar zunächst unter Ausschluß der sonstigen Belange, die sich für oder gegen die Planung ins Feld führen lassen. Sie ist als unselbständiger Teil des Planaufstellungsverfahrens ein eingeschobener **formalisierter, gleichwohl integrierter Zwischenschritt** mit dem Ziel einer zunächst auf die Umweltbelange beschränkten Ermittlung und Bewertung der voraussichtlichen Auswirkungen der Planung im Rahmen der Abwägung aller abwägungsrelevanten Belange.

143 (3) Diese Vorgehensweise ermöglicht es, die Umweltbelange in gebündelter Form herauszuarbeiten. Das trägt dazu bei, eine solide Informationsbasis zu schaffen, indem verhindert wird, daß diese Belange in einer „atomistischen Betrachtungsweise" nicht mit dem Gewicht zum Tragen kommen, das ihnen in Wahrheit bei einer **Gesamtschau** gebührt.[144] Dem dient eine gezielt eingesetzte Öffentlichkeits- und Behördenbeteiligung (vgl. §§ 3, 4 BauGB). Im Rahmen der UP sollen Ideen gesammelt werden, die der Verwirklichung des Umweltschutzes auf einem hohem Niveau dienen können.[145] Das entspricht den Zielvorgaben der Plan-UP-RL und der Öffentlichkeitsbeteiligungs-RL.[146] Das Ziel ist neben der Vollständigkeit der Ermittlung der berührten Umweltbelange die Förderung der Akzeptanz der Planung.

144 (4) Trotz dieser neuen Elemente, die durch die Plan-UP-RL in den Abwägungsvorgang hineingetragen werden, taugt die UP nicht als umweltrechtliche Wunderwaffe. Ebenso wie die UVP-RL enthält die Plan-UP-RL selbst keine Aussagen zum materiellen Recht. Das kommt in der 9. Begründungserwägung der Richtlinie wie

---

143 Vgl. U. Kuschnerus, Die Umweltverträglichkeitsprüfung in der Bauleitplanung, in: BauR 2001, 1211–1223; ähnlich BVerwG, Urteil vom 25.1.1996 – 4 C 5.95 – BVerwGE 100, 238 = DVBl 1996, 677 = NVwZ 1996, 788 = UPR 1996, 228 = BauR 1996, 511 = BRS 58 Nr. 7.

144 Vgl. entsprechend zur Projekt-UVP BVerwG, Urteil vom 25.1.1996 – 4 C 5.95 – BVerwGE 100, 238 = DVBl 1996, 677 = NVwZ 1996, 788 = UPR 1996, 228 = BauR 1996, 511 = BRS 58 Nr. 7; Beschluß vom 22.3.1999 – 4 BN 27.98 – NVwZ 1999, 989 = ZfBR 1999, 348 = BauR 2000, 239 = BRS 62 Nr. 5; so auch U. Kuschnerus, Der sachgerechte Bebauungsplan, 3. Aufl., 2004, Rn. 481.

145 Vgl. W. Schrödter, in: H. Schrödter (Hrsg.), BauGB, 7. Aufl., 2005, § 1 Rn. 125.

146 Richtlinie 2003/35/EG über die Beteiligung der Öffentlichkeit bei der Ausarbeitung bestimmter umweltbezogener Pläne und Programme vom 25.6.2003 (ABl. EG L Nr. 156 S. 1); umzusetzen nach ihrem Art. 6 bis zum 25.6.2005; vgl. ferner Richtlinie 2003/4/EG des europäischen Parlaments und des Rates vom 28.1.2003 über den Zugang der Öffentlichkeit zu Umweltinformationen und zur Aufhebung der Richtlinie 90/313/EWG des Rates (ABl. EG L 41 vom 14.2.2003), umzusetzen nach ihrem Art. 10 bis zum 14.2.2005.

Berkemann/Halama

folgt zum Ausdruck: „Diese Richtlinie betrifft den Verfahrensaspekt, und ihre Anforderungen sollten entweder in die in den Mitgliedsstaaten bereits bestehenden Verfahren oder aber in eigens für diese Zwecke geschaffene Verfahren einbezogen werden."

Eine materiell-rechtliche Komponente enthält die Plan-UP-RL lediglich insofern, als **145** das Ergebnis der UP nach Art. 8 Plan-UP-RL bei der Planungsentscheidung „zu berücksichtigen" ist. Der deutsche Gesetzgeber greift dieses Erfordernis in § 2 Abs. 4 S. 4 BauGB auf. Er verdeutlicht, daß das Ergebnis der UP „in der Abwägung" zu berücksichtigen ist. Das Anliegen des Gemeinschaftsrechts ist es, klarzustellen, daß die UP sich nicht als Selbstzweck genügt, sondern durchgeführt wird, um in dem Plan oder dem Programm, dem sie vorausgeht, auch tatsächlich verwertet zu werden.

(5) Die planerische Entscheidung wird hierdurch freilich in keiner Richtung pro- **146** grammiert. Die Steuerungskraft des Art. 8 Plan-UP-RL geht nicht über das Berücksichtigungsgebot hinaus, das nach deutschem Planungsrecht seit jeher zum eisernen Bestand gehört. Welche Bedeutung die Gemeinde dem ermittelten und bewerteten Ergebnis „in der Abwägung" im Verhältnis zu anderen Belangen letztlich zuweist, bleibt ihrer eigenverantwortlich vorzunehmenden Gewichtung vorbehalten.[147] Es zählt zu den Markenzeichen der Bauleitplanung, daß bei der Aufstellung der Bauleitpläne die öffentlichen und die privaten Belange gegeneinander und untereinander gerecht abzuwägen sind (§ 1 Abs. 7 BauGB). Dabei versteht sich von selbst, daß die Umweltbelange als Abwägungsposten in die Abwägung einzustellen sind. Hieran hat § 2 Abs. 4 S. 4 BauGB nichts geändert.

(6) Die Umweltbelange erfahren als Abwägungsposten nach Maßgabe der Plan- **147** UP-RL insoweit also keine unmittelbare materielle Aufwertung.[148] Sie schlagen in der Abwägung nicht mit höherem Gewicht zu Buche als früher. Erst recht beanspruchen sie keinen Vorrang im Sinne eines „Optimierungsgebots".[149] Mit welchem Gewicht die Umweltbelange dennoch zu „berücksichtigen" sind, hängt unverändert von der jeweiligen Planungssituation ab.

Die Plan-UP-RL gibt für materielle Entscheidungskriterien, die über das Berück- **148** sichtigungsgebot hinausgehen, schon deshalb nichts her, weil sie keinen Maßstab dafür liefert, welcher Rang den Umweltbelangen im Rahmen der Planungsentscheidung zukommt. Daher können die Umweltbelange wie eh und je nach den zum Abwägungsgebot entwickelten Grundsätzen ggf. im Wege der Abwägung „überwunden" werden, wenn gewichtigere gegenläufige Belange diese Entscheidung rechtfertigen. Auch die ausführliche Regelung des § 1 Abs. 6 Nr. 7 BauGB

---

147 Vgl. U. Kuschnerus, Der sachgerechte Bebauungsplan, 3. Aufl., 2004, Rn. 456.
148 Ähnlich BVerwG, Urteil vom 25.1.1996 – 4 C 5.95 – BVerwGE 100, 238 = DVBl 1996, 677 = NVwZ 1996, 788 = UPR 1996, 228 = ZfBR 1996, 275 = BauR 1996, 511 = BRS 58 Nr. 7 (1996) zum UVPG in Umsetzung der UVP-RL 85/337/EWG.
149 Vgl. zur UVP-RL BVerwG, Urteil vom 21.3.1996 – 4 C 19.94 – BVerwGE 100, 370 = DVBl 1996, 907 = NVwZ 1996, 1016 = UPR 1996, 339 = NuR 1996, 598.

und zahlreiche umweltbezogene Regelungen des BauGB 2004 begründen bei isolierter Betrachtung keinen abstrakten Bewertungsvorrang zu Gunsten des Umweltschutzes. Das ergibt sich auch nicht ohne weiteres aus Art. 20a GG (vgl. § 1a BauGB, Rn. 19).[150] Die abwägungserheblichen Belange sind vielmehr unverändert abstrakt gleichwertig.[151]

149   Ob die UP unter diesen Voraussetzungen nach Maßgabe des § 2 Abs. 4 S. 4 BauGB im Sinne einer umfassenden Abwägung wirklich „ergebnisneutral" ist, mag gleichwohl zweifelhaft sein.[152] Daß den Umweltbelangen bei der planerischen Abwägung dennoch ein beträchtliches Eigengewicht zuzuerkennen ist, hat andere Gründe.[153] Eine gewisse Gewichtungsvorgabe folgt für das deutsche Recht zunächst aus der verfassungsrechtlichen Wertung des **Art. 20a GG**.[154] Des weiteren soll die UP von ihrem Anforderungsprofil her geeignet sein, den Abwägungsvorgang in bezug auf die Ermittlung und die Bewertung der Umweltauswirkungen anders zu strukturieren, als dies in der Vergangenheit üblich war. Das gilt vor allem für die erkennbaren **nachteiligen Folgen** der durch die Planung zugelassene Nutzungen (arg. e § 4 Abs. 3, § 4c S. 1 BauGB).

150   Die UP begründet – ebenso wie die UVP – ein System der „**Umweltfolgenabschätzung**". Daher obliegt der Gemeinde im Rahmen der Abwägung eine stärkere Begründungslast, wenn sie sich aufdrängende umweltbezogene Beeinträchtigungen hintanstellen will.[155] Denn sie muß sich mit dem im Umweltbericht gerade zielorientiert aufbereiteten Abwägungsmaterial (§ 2 Abs. 3 BauGB) differenziert auseinandersetzen. Nur dann kann sie den umweltbezogenen Belang „überwinden". Ob ihr dies gelungen ist, wird maßgeblich vom Inhalt der Planbegründung bestimmt. Deren substantielle Unvollständigkeit begründet einen Rechtsfehler, für den die Kausalitätsfrage nicht gestellt werden kann (vgl. § 214 Abs. 1 S. 1 Nr. 3 in Verb. mit § 9 Abs. 8 BauGB).

---

150 BVerwG, Beschluß vom 15.10.2002 – 4 BN 51.02 – NVwZ-RR 2003, 171 = ZfBR 2004, 287 = BauR 2004, 641.

151 Vgl. BVerwG, Beschluß vom 5.4.1993 – 4 NB 3.91 – BVerwGE 92, 231 = DVBl 1003, 662 = NVwZ 1994, 288 = ZfBR 1993, 197 = BRS 55 Nr. 37.

152 Vgl. so zum Fachplanungsrecht BVerwG, Beschluß vom 14.5.1996 – 7 NB 3.95 – BVerwGE 101, 166 [173] = DVBl 1997, 48 = NVwZ 1997, 494 = UPR 1996, 444; wiederholend BVerwG, Beschluß vom 9.7.2003 – 9 VR 1.03 – juris (Volltext); ferner BVerwG, Beschluß vom 16.11.1998 – 6 B 110.98 – NVwZ-RR 1999, 429 = NuR 1999, 507.

153 Vgl. H. P. Bull, „Vernunft" gegen „Recht"? Zum Rationalitätsbegriff der Planungs- und Entscheidungslehre, in: Institutionenwandel in Regierung und Verwaltung. FS König, 2004, S. 179–199 [198]; W. Hoppe, Die Abwägung im EAG Bau nach Maßgabe des § 1 VII BauGB 2004. Unter Berücksichtigung von § 2 III, IV BauGB 2004, in: NVwZ 2004, 903–910 [904].

154 Vgl. BVerwG, Beschluß vom 31.1.1997 – 4 NB 27.96 – BVerwGE 104, 68 = DVBl 1997, 1112 = NVwZ 1997, 1213 = ZfBR 1997, 316 = BauR 1997, 794 = BRS 59 Nr. 8 zur Berücksichtigung der naturschutzrechtlichen Eingriffslage in der Bauleitplanung.

155 Vgl. ähnlich BVerwG, Beschluß vom 31.1.1997 – 4 NB 27.96 – BVerwGE 104, 68 = DVBl 1997, 1112 = NVwZ 1997, 1213 = ZfBR 1997, 316 = BauR 1997, 794 = BRS 59 Nr. 8 zur Berücksichtigung der naturschutzrechtlichen Eingriffslage in der Bauleitplanung.

Berkemann / Halama

(7) Das Ergebnis der Berücksichtigung der ermittelten und bewerteten erhebli-   **151**
chen Umweltbelange kann in der planerischen Abwägung zu folgenden Lösungen
führen: [1] Das planerische Verfahren wird weitergeführt, weil – auch unter Berücksichtigung nachteiliger Umweltauswirkungen – andere für das Planungsergeb-
nis tatsächlich oder rechtlich bedeutsame Belange überwiegen oder vorgehen.
[2] Die Planung wird im Hinblick auf nachteilige Umweltauswirkungen geändert
oder ergänzt. [3] Die Planung wird im Hinblick auf die Beachtlichkeit nachteiliger
Umweltauswirkungen aufgegeben, weil die voraussichtlichen Auswirkungen nicht
mehr hinnehmbar sind.

3.6 Abschichtungsregelung – § 2 Abs. 4 Satz 5 BauGB 2004

3.6.1 Zielsetzung

(1) § 2 Abs. 4 S. 5 BauGB geht auf Art. 4 Abs. 3 Plan-UP-RL zurück, der darauf   **152**
angelegt ist, bei mehrstufigen Planungsprozessen Mehrfachprüfungen zu vermeiden. Das gilt insbesondere bei einer Planungshierarchie.

(2) Durch die Konzentration auf die Umweltauswirkungen und durch zusätzliche   **153**
Verfahrensvorkehrungen (vgl. § 2a [Umweltbericht], § 3 [Beteiligung der Öffent-
lichkeit], § 4 [Beteiligung der Behörden]) wird – bei idealtypischer Betrachtung –
der Grundstein für eine vollständige Ermittlung und eine zutreffende Bewertung
der Umweltbelange gelegt. Gleichwohl hat der Gesetzgeber Sorge, daß das eigentliche Ziel der Bauleitplanung, die städtebauliche Entwicklung und Ordnung zu
regulieren, zurückstehen könnte. Aus diesem Grunde soll nach § 2 Abs. 4 S. 5
BauGB die UP in einem zeitlich nachfolgend oder gleichzeitig durchgeführten Bauleitplanverfahren auf zusätzliche oder andere erhebliche Umweltauswirkungen beschränkt werden, also nicht erneut in vollem Umfang durchgeführt werden. Doppelprüfungen sollen vermieden werden (vgl. BReg., in: BTag-Drs. 15/2250 S. 42).

3.6.2 Bereiche und Intensität der Abschichtung

(1) **Planungshierarchie.** Eine UP auf der Ebene der Raumordnung (vgl. § 7 Abs.   **154**
5 ROG) kann auf der Ebene der Flächennutzungsplanung, eine UP auf dieser
Ebene auf der nachfolgenden Ebene der Bebauungsplanung zur Abschichtung
genutzt werden (vgl. auch § 1 Abs. 4 BauGB). Das ergibt sich beispielsweise,
wenn ein B-Plan auf der Grundlage eines F-Plans gemäß § 8 Abs. 2 S. 1 BauGB
entwickelt wird, der seinerseits in zeitlicher Nähe einer UP, ggf. parallel, unterzogen wurde. Auch Darstellungen in Landschaftsplänen und Pläne des Wasser-,
Abfall- und Emissionsschutzrechtes können herangezogen werden.

(2) Die Abschichtung kann auch für Auswirkungen bei der Aufstellung höherstu-   **155**
figer Planungen genutzt werden (BReg., in: BTag-Drs. 15/2250 S. 42). Bei der
Änderung eines F-Plans kann mithin auch eine aktuelle UP hinsichtlich eines B-
Planes genutzt werden. Maßgebend ist stets die zeitlich aktuellere und intensivere
UP. Einen festen zeitlichen Rahmen gibt es nicht. Maßgebend sind die Umstände
des Einzelfalles. Eine **Vorabprüfung** kann sich empfehlen, um § 2 Abs. 4 S. 5

BauGB anwenden zu können. Das gilt vor allem, wenn die sich für die frühere UP seinerzeit maßgebenden Verhältnisse geändert haben könnten.

156 (3) Der Umfang der Abschichtungswirkung hängt zum einen von der Intensität und der sachlichen Detailgenauigkeit der auf der vorangegangenen Stufe durchgeführten UP und zum anderen von dem zeitlichen Abstand der jeweiligen Prüfungen ab. Ist bei der anderen Planung ein bestimmter umweltbezogener Belang untersucht worden, beschränkt sich § 2 Abs. 4 S. 5 BauGB hierauf. Das Mittel der Abschichtung versagt bei erheblichem Zeitablauf zwischen den unterschiedlichen Verfahren. Auch wenn sich die für die UP maßgeblichen Verhältnisse geändert haben, kommt es nicht in Betracht. Die Gemeinde hat hierzu ein bewertendes Ermessen („soll"). Den Zeitrahmen bestimmt § 2 Abs. 4 BauGB nicht. Die Begründung des Gesetzesentwurfs der BReg. erwägt für den F-Plan den Zeitverlauf von 15 Jahren (vgl. § 5 Abs. 1 S. 3 BauGB).[156] Dem wird man als einem pauschalen Ansatz nicht folgen können. Vielmehr ist in aller Regel von kürzeren Fristen auszugehen. Maßgebend bleibt, ob Veränderungen im Untersuchungszeitraum anzunehmen sind.[157] Dafür kann ein erheblicher Zeitablauf indiziell sein.

157 (4) Die Anwendung des § 2 Abs. 4 S. 5 BauGB ist nicht ohne Risiko. Bestehen begründete Zweifel gegen die Sachgemäßheit der früheren UP, sollte die Gemeinde für die jetzige Planung eine erneute UP vornehmen. Eine rechtswidrig unterlassene eigene UP führt zu einem beachtlichen Planungsfehler. Der Umweltbericht ist dann in einem wesentlichen Punkt unrichtig, weil unvollständig (vgl. § 214 Abs. 1 S. 1 Nr. 3 BauGB).

3.6.3 Konflikttransfer

158 Die Möglichkeit der Abschichtung im Hinblick auf das nachfolgende Zulassungsverfahren regelt § 17 Abs. 3 UVPG. Die Vorschrift unterstellt zutreffend, daß im nachfolgenden Zulassungsverfahren zusätzliche oder nunmehr andere Umweltauswirkungen erheblich werden können.[158]

159 In welcher Weise § 2 Abs. 4 BauGB einen Konflikttransfer in das Zulassungsverfahren überhaupt zuläßt, ist kritisch. Aus Art. 3 Abs. 1 Plan-UP-RL ist die gemeinschaftsrechtliche Vorgabe zu entnehmen, daß die voraussichtlich erheblichen Umweltauswirkungen auf der Planungsebene möglichst abschließend abgearbeitet werden sollen. Soweit man einen derartigen Konflikttransfer als zulässig ansieht, muß das nachfolgende Genehmigungsverfahren als Trägerverfahren eine projektbezogene UP vorsehen und ermöglichen. Die Länder müssen entsprechende Regelungen bereitstellen. Das kann in den landesgesetzlichen Bauordnungen oder in landesgesetzlichen UVP-Gesetzen geschehen. Diese müssen ggf. ergänzt wer-

---

156 BReg., in: BTag-Drs. 15/2250 S. 54.
157 Ebenso J. Schliepkorte/M. Tünnemann, Änderungen im allgemeinen Städtebaurecht durch das Europarechtsanpassungsgesetz Bau, in: ZfBR 2004, 645–652 [646].
158 Vgl. B. Stüer, Städtebaurecht 2004, 2004, S. 23.

Berkemann/Halama

den.[159] Solange dies nicht geschehen ist, ist ein Konflikttransfer in jeder Hinsicht unzulässig.

3.7 § 2 Abs. 4 Satz 6 BauGB 2004

(1) Liegen Landschaftspläne oder sonstige Pläne nach § 1 Abs. 6 Nr. 7 Buchst. **160** g) BauGB vor, sind deren Bestandsaufnahmen und Bewertungen in der UP heranzuziehen (vgl. auch § 1 a Abs. 2 Nr. 1 BauGB a. F.). Die Vorschrift dient der Verwaltungseffizienz und der Kostenersparnis. Die Berücksichtigung der in den Plänen enthaltenen „Bewertungen" in der Abwägung ist keine unmittelbare, sondern nur eine durch die UP vermittelte. Die Bewertungen sind „heranzuziehen", gewiß kein präziser Ausdruck.

(2) Zu den Landschaftsplänen zählen auch Grünordnungspläne. Zieht die Gemein- **161** de einen Grünordnungsplan gemäß § 2 Abs. 4 S. 6 BauGB in der UP heran, so ist auf diesen Plan in der Offenlegung hinzuweisen. Der Plan wird über den Umweltbericht integrativer Teil der Entwurfsbegründung (vgl. § 3 Abs. 1 S. 1 in Verb. mit § 2 a S. 2 Nr. 2, § 2 Abs. 4 BauGB).[160] In aller Regel muß der (selbständige) Grünordnungsplan den Anforderungen des Landesnaturschutzrechtes genügen. Er wird dann seinem Inhalt nach zum „notwendigen" Abwägungsmaterial.[161]

4. Rechtsfehler

(1) Die Beachtung des § 2 Abs. 4 BauGB 2004 gehört zum regelmäßigen Prüf- **162** programm des Normenkontrollverfahrens. Das Normenkontrollgericht wird angesichts der Intention des EAG Bau stets einen Blick auf die Frage zu richten haben, ob die Umweltbelange hinreichend beachtet wurden. Insoweit hat das Gericht durchaus „ungefragt" eine Plausibilitätskontrolle vorzunehmen (vgl. § 214 BauGB, Rn. 7.).

(2) Wird eine gebotene UP nicht oder fehlerhaft durchgeführt, liegt ein Rechtsfeh- **163** ler vor. Kritisch ist, ob es sich hierbei um einen Verfahrensfehler oder um einen Mangel in der Abwägung handelt.[162] Zwar ist gemäß § 2 Abs. 4 S. 4 BauGB 2004 das Ergebnis der UP in der Abwägung zu berücksichtigen. Das könnte dafür sprechen, daß das EAG Bau die UP als eine abwägungsbezogene Frage der Ermittlung und Bewertung ansieht. Jedoch hat das EAG Bau die Vorgehensweise der UP – ohne Änderung der früheren Rechtslage – als unselbständigen Verfahrens-

---

159 H.-D. Upmeier, Einführung zu den Neuregelungen durch das Europarechtsanpassungsgesetz Bau (EAG Bau), BauR 2004, 1382–1392 [1385].
160 Abweichend OVG Lüneburg, Urteil vom 13.11.2002 – 1 K 2883/99 – BRS 65 Nr. 22 für die frühere Rechtslage.
161 Vgl. VGH Mannheim, Urteil vom 5.12.1991 – 5 S 976/91 – NVwZ-RR 1993, 97 = UPR 1992, 388 = NuR 1992, 335.
162 VGH München, Urteil vom 21.6.2004 – 20 N 04.1103 – DVBl 2004, 1123 (L) = juris (Volltext) nimmt für die frühere Rechtslage (§ 1 a Abs. 2 Nr. 3 BauGB) einen „Verfahrensfehler" an.

schritt ausgestaltet.[163] Treten hierbei Fehler auf, sind diese solche des Verfahrens, die allerdings Einfluß auch auf das Abwägungsergebnis haben können.

164 (3) Die formale Einordnung des Rechtsfehlers ist für die Reichweite des Planerhaltungsrechts bedeutsam. Liegt ein beachtlicher Abwägungsfehler vor, gilt die Kausalitätsprüfung des § 214 Abs. 3 Satz 2 Halbs. 2 BauGB. Bei einem beachtlichen Verfahrensfehler ist dies nicht der Fall. § 46 VwVfG gilt für Satzungen nicht. Das EAG Bau hat die frühere Regelung des § 214 Abs. 1a BauGB 2001 gestrichen. Aus § 214 Abs. 1 S. 1 Nr. 2 in Verb. mit § 2a S. 2 Nr. 2 BauGB ist zu entnehmen, daß das EAG Bau Mängel der UP als Verfahrensfehler ansieht.

5. Bedeutung des Art. 12 Abs. 2 Plan-UP-RL

165 Die Mitgliedstaaten haben gemäß Art. 12 Abs. 2 Plan-UP-RL sicherzustellen, daß der Umweltbericht von ausreichender Qualität ist, um die Anforderungen der Richtlinie zu erfüllen. Eine ausdrückliche Qualitätssicherung sieht das BauGB 2004 nicht vor. Eine präventive Sicherung besteht nur mittelbar, etwa durch die Kontrolle der höheren Verwaltungsbehörde im Verfahren der Genehmigung des F-Plans (vgl. § 6 Abs. 1 BauGB).

166 Für den B-Plan ist fraglich, ob das BauGB insoweit Art. 12 Abs. 2 Plan-UP-RL genügt. Ein Genehmigungsverfahren besteht im Regelfall nicht. Das Anzeigeverfahren nach § 246 Abs. 1a BauGB ist landesgesetzlich fakultativ. Zwar trägt die Öffentlichkeits- und die Behördenbeteiligung (§§ 3, 4 BauGB) indirekt zur Qualitätssicherung bei. Da diese Maßnahmen bereits in der Plan-UP-RL vorausgesetzt sind, geht die Zielsetzung des Art. 12 Abs. 2 Plan-UP-RL darüber hinaus.[164] Auch das Normenkontrollverfahren (§ 47 VwGO) kann die Anforderung des Art. 12 Abs. 2 Plan-UP-RL nicht erfüllen, da dies eine individuelle Antragsbefugnis voraussetzt.

---

163 Vgl. auch G. Gaentzsch, Zur Umweltverträglichkeitsprüfung von Bebauungsplänen und zu Fehlerfolgen insbesondere bei unmittelbarer Anwendbarkeit der UVP-Richtlinie, in: UPR 2001, 287–294.
164 A.A. offenbar B. Stüer, Städtebaurecht 2004, 2004, S. 22.

§ 2a BauGB – Begründung zum Bauleitplanentwurf, Umweltbericht

1. Text der geänderten Fassung

Die Gemeinde hat im Aufstellungsverfahren dem Entwurf des Bauleitplans eine Begründung bei- **1**
zufügen. In ihr sind entsprechend dem Stand des Verfahrens

1. die Ziele, Zwecke und wesentlichen Auswirkungen des Bauleitplans und

2. in dem Umweltbericht nach der Anlage zu diesem Gesetzbuch die auf Grund der Umweltprüfung nach § 2 Abs. 4 ermittelten und bewerteten Belange des Umweltschutzes

darzulegen. Der Umweltbericht bildet einen gesonderten Teil der Begründung.

2. Textgeschichte

Der Gesetzestext des § 2a BauGB 2004 entspricht im wesentlichen dem Geset- **2**
zesentwurf der BReg. (BTag-Drs. 15/2250, S. 11f.). Der Ausschußbericht faßt den
Text klarer (BTag-Drs. 15/2996, S. 24).

3. Erläuterung der Änderung

3.1 Funktion und Zielsetzung

(1) § 2a BauGB bringt keine echten Neuerungen mit sich. Auch nach altem **3**
Recht hatte die Gemeinde im Aufstellungsverfahren dem Entwurf des Bauleitplans

eine Begründung beizufügen. Zwar gab es keine Vorschrift, die inhaltlich mit § 2a Satz 1 BauGB übereinstimmte. Eine entsprechende Verpflichtung ließ sich indes mittelbar § 3 Abs. 2 S. 1 BauGB a. F. entnehmen. Danach waren die Entwürfe der Bauleitpläne mit dem Erläuterungsbericht oder der Begründung auf die Dauer eines Monats öffentlich auszulegen.

4 (2) § 2a BauGB besitzt eine **doppelte Zielsetzung**, eine eher interne, stärker eine externe. Die Pflicht zur schriftlichen Begründung zwingt die Gemeinde, sich frühzeitig Gedanken darüber zu machen, ob die beabsichtigte Planung in tatsächlicher und in rechtlicher Hinsicht rechtfertigungsfähig ist. Die Intensität dieses Vorgehens hat § 2a S. 1 Nr. 2 BauGB umweltbezogen erhöht. Das Erfordernis „durchdachter" Begründung einschließlich eines beizufügenden Umweltberichtes stellt des weiteren für die nachfolgende Öffentlichkeits- und Behördenbeteiligung ein wichtiges Kontrollelement dar (vgl. § 214 Abs. 1 S. 1 Nr. 3 BauGB), auch der gerichtlichen Prüfung.[1] Die Begründung kann dazu als Hilfe der Auslegung der Darstellung oder der Festsetzung dienen, ohne diese indes zu ersetzen.[2]

3.2 § 2a Satz 1 BauGB 2004

5 (1) Die Verpflichtung der Gemeinde bezieht sich auf das Aufstellungsverfahren (vgl. § 1 Abs. 8 BauGB). Die Gemeinde hat dem Entwurf des Bauleitplans, also der zeichnerischen und textlichen Darstellung, eine Begründung beizufügen (vgl. bestätigend auch § 3 Abs. 2 S. 1 BauGB und § 4 Abs. 2 S. 1 BauGB). In § 2a BauGB ist einheitlich von der „Begründung" die Rede. Der frühere Begriff des „Erläuterungsberichts" für den F-Plan taucht nicht mehr auf. Nach der neuen Diktion des § 5 Abs. 5 BauGB ist auch dem F-Plan „eine Begründung mit den Angaben nach § 2a beizufügen". Der Umweltbericht ist als Teil der Begründung gesondert zu fassen.

6 (2) Bereits die **Erstfassung des Umweltberichtes** ist öffentlich auszulegen (§ 3 Abs. 2 S. 1 BauGB) und den Behörden oder sonstigen TöB zur Stellungnahme zu übermitteln (§ 4 Abs. 2 BauGB).

7 (3) Das inhaltliche Profil der Anlage zum BauGB ist zu beachten. Dazu zählen nicht nur die Beschreibung und Bewertung der Umweltauswirkungen. Der Bericht muß neben der Bestandsaufnahme der berührten Umweltbelange auch über Prognosen und Entwicklungen informieren. Ferner sind **Planungsalternativen** darzustellen (vgl. § 10 Abs. 4 BauGB) und Prüfmethoden über eine spätere Überwachung anzugeben. Das Ganze muß in eine verständliche Zusammenfassung münden.

---

1   Vgl. BVerwG, Beschluß vom 21.2.1986 – 4 N 1.85 – BVerwGE 74, 47 = DVBl 1986, 686 = NVwZ 1986, 917 = ZfBR 1986, 142 = BauR 1986, 298 = BRS 46 Nr. 12.
2   Vgl. BVerwG, Urteil vom 30.6.1989 – 4 C 15.86 – DVBl 1989, 1061 = NVwZ 1990, 364 = UPR 1989, 433 = ZfBR 1990, 30 = BauR 1989, 687 = BRS 49 Nr. 29; OVG Münster, Urteil vom 9.2.2000 – 7 A 2386/98 – NVwZ-RR 2001, 15 = ZfBR 2001, 55 = BauR 2000, 1472 = BRS 63 Nr. 166 (2000).

(4) **Fortschreibungspflicht.** Der Inhalt der Begründung muß sich auf den „ent- **8** sprechenden Stand" des Verfahrens beziehen und diesen gleichzeitig widerspiegeln. Die Begründung und der beigefügte Umweltbericht ist mithin dynamisch fortzuschreiben. In sie hat die Gemeinden den erreichte Wissensstand integrierend aufzunehmen.[3]

3.3 § 2a Satz 2 BauGB 2004

3.3.1 § 2a S. 2 Nr. 1 BauGB 2004

Das EAG Bau regelt zusammenfassend näher, welchen inhaltlichen Anforderun- **9** gen die „Begründung" zu genügen hat. Nach § 2a S. 2 Nr. 1 BauGB sind in der Begründung entsprechend dem Stand des Verfahrens die **Ziele, Zwecke und wesentlichen Auswirkungen** des Bauleitplans darzulegen. Das entspricht der bisherigen Rechtslage. Die Begründung soll sicherstellen, daß die planerische Entscheidung in ihren **zentralen Punkten** erkennbar ist. Dazu sind die städtebauliche Rechtfertigung der Planung und ihre Erforderlichkeit zu rechnen, ferner die Grundlagen der Abwägung (vgl. § 2 Abs. 3 BauGB).[4] Der B-Plan muß die prägenden Festsetzungen, die Grundgedanken der Planung, die Wahl der Gebietsart und die Abgrenzung und Zuordnung verschiedener Nutzungen behandeln.

§ 2a S. 1 Nr. 1 BauGB ist insofern ein leicht irreführend, als im Zeitpunkt der Plan- **10** aufstellung noch kein Bauleitplan vorliegt. Der Gesetzgeber übernimmt die Formulierung, der er sich in § 9 Abs. 8 S. 2 BauGB a. F. bediente. Gegenstand dieser Regelung war freilich eine andere Begründung, nämlich die, die dem als Satzung bereits beschlossenen B-Plan beizufügen war. § 9 Abs. 8 BauGB weicht von der alten Fassung nur dem Wortlaut nach, nicht aber inhaltlich ab, denn er stellt klar, daß die Begründung die „Angaben nach § 2a" enthalten muß.

3.3.2 § 2a S. 2 Nr. 2 BauGB 2004 (Umweltbericht)

3.3.2.1 Zielsetzung und Funktion

(1) Mit dem aus § 2a S. 2 Nr. 2 BauGB ersichtlichen Erfordernis, in die Begrün- **11** dung des Planentwurfs einen **Umweltbericht** aufzunehmen, bewegt sich der Gesetzgeber auf vertrautem Terrain. Schon dem früheren Recht war der Umweltbericht bekannt. Unverändert löst der zu erstellende Umweltbericht keine materiellen Umweltstandards aus. Das inhaltliche Profil des Umweltberichtes, wie dieses § 2a S. 2 Nr. 2 BauGB normiert, unterscheidet sich allerdings in zwei Nuancen von dem in § 2a BauGB 2001 geregelten Vorgänger gleichen Namens:

Ein Umweltbericht ist nunmehr auch dann unverzichtbar, wenn ein F-Plan aufge- **12** stellt wird. Außerdem hat der Umweltbericht des § 2a S. 2 Nr. 2 BauGB eine

---

3 Vgl. M. Krautzberger, Europarechtsanpassungsgesetz Bau – EAG Bau 2004: Die Neuregelungen im Überblick, in: UPR 2004, 241–246 [242]; O. Reidt, in: K. Gelzer/Chr. Bracher/O. Reidt, Bauplanungsrecht, 7. Aufl., 2004, Rn. 385.
4 Ähnlich O. Reidt, in: K. Gelzer/Chr. Bracher/O. Reidt, Bauplanungsrecht, 7. Aufl., 2004, Rn. 386.

andere Funktion als der Umweltbericht alter Prägung. Der in § 2a BauGB 2001 geregelte Umweltbericht war ein ins Planaufstellungsverfahren vorverlagertes Instrument des Vorhabenzulassungsrechts. Er war nur dann zu erstellen, wenn den Planungsgegenstand ein Vorhaben bildete, für das nach dem UVPG eine UVP durchzuführen war. Das neue Recht erschließt ihm demgegenüber einen umfassenden Anwendungsbereich. Er gibt Auskunft über die aufgrund der UP nach § 2 Abs. 4 BauGB ermittelten und bewerteten Belange des Umweltschutzes.

13 **(2) Dokumentationsfunktion.** Der Umweltbericht hat die Aufgabe des Dokumentierens. Dieses bezieht sich auf das Ermitteln, das Beschreiben und das Bewerten der bauplanerisch relevanten Umweltbelange des § 1 Abs. 6 Nr. 7 BauGB und des § 1a BauGB. Dagegen enthält der Umweltbericht keine „abwägende" Beurteilung (arg. § 2 Abs. 4 S. 4 BauGB).[5]

3.3.2.2 Inhalt des Umweltberichts

3.3.2.2.1 Allgemeines

14 (1) Der Umweltbericht gibt **Auskunft** über die in § 1 Abs. 6 Nr. 7 BauGB und § 1a BauGB beispielhaft aufgeführten Umweltbelange, auf die sich die UP nach § 2 Abs. 4 S. 1 BauGB zu erstrecken hat. Welche dieser Belange zum Abwägungsmaterial gehören, läßt sich nicht abstrakt, sondern nur nach Maßgabe der jeweiligen Planungssituation beurteilen. Weitere und wesentliche Einzelheiten zur inhaltlichen Ausgestaltung des Umweltberichts ergeben sich aus der **Anlage zum BauGB**, auf die § 2 Abs. 4 S. 1 Halbs. 2 BauGB Bezug nimmt. Daraus ergibt sich ein **verbindlicher Mindestinhalt** des Umweltberichts.[6] Die Anlage zum BauGB enthält Regelungen formeller und materieller Art. Das entspricht Anhang I zu Art. 5 Plan-UP-RL.

15 (2) Mit dieser Regelungstechnik folgt der Gesetzgeber dem Beispiel der Plan-UP-RL. In der Anlage wird nach dem Muster der EG-Richtlinie ein Prüfschema für die Zusammenstellung des umweltbezogenen Abwägungsmaterials vorgegeben. Nach der **Art einer Checkliste** kann sich die Gemeinde vergewissern, was sie bei der Ermittlung, Beschreibung und Bewertung der voraussichtlichen Umweltauswirkungen zu beachten hat.[7]

16 Hinweise auf die Methodik der Prüfung und die Anforderungen an die Prüfungstiefe sollen dazu beitragen, den auf die Umweltbelange fokussierten Abwägungsvorgang näher auszuformen. Die Anlage zu § 2 Abs. 4 BauGB und zu § 2a BauGB eignet sich daher als eine **Art Leitfaden**. Durch sie wird vorgezeichnet, wie die Gemeinde methodisch vorgehen sollte. Ihre inhaltliche Bedeutung sollte indes nicht

---

5   Vgl. zur früheren Rechtslage R. Wulfhorst, Der Umweltbericht nach § 2a BauGB als Instrument der Umweltverträglichkeitsprüfung im Bebauungsplanverfahren, in: ZfBR 2001, 523–529 [525].

6   Wie hier W. Schrödter, Das Europarechtsanpassungsgesetz Bau – EAG Bau, in: NST-N 2004, 197–216 [201].

7   Vgl. zur Entstehungsgeschichte der Anlage zum BauGB u.a. A. Bunzel, Novelle des BauGB 2004 im Planspiel – Test, in: ZfBR 2004, 328–337 [331].

überschätzt werden. Die Anlage ist kein Nürnberger Trichter, der die Gemeinde der Mühe enthebt, eigenverantwortlich zu beurteilen, was sie in die Abwägung einzustellen und wie sie das von ihr zusammengetragene Abwägungsmaterial zu verarbeiten hat. Viele der in der Anlage genannten Merkposten gehören seit eh und je zum Allgemeingut des Planungsrechts.

(3) Der **konkrete Aufbau des Umweltberichts** folgt der Praktikabilität.[8] Es kann **17** sich empfehlen, bestimmte Umweltbelange geschlossen darzustellen und sich hierbei an § 1 Abs. 6 Nr. 7 BauGB zu orientieren. Die Sprache des Berichtes sollte nüchtern und um Verständlichkeit bemüht sein. Der Bericht muß als eigenständiger Teil der Planbegründung erkennbar sein (Rn. 46).

3.3.2.2.2 Verbindlicher Mindestinhalt (Anlage zum BauGB)

Die Begründung der BReg. zum Gesetzesentwurf sieht in der Anlage zum BauGB **18** ein „verbindliches Prüfungsschema" (BTag-Drs. 15/2250 S. 68). Eine Modifikation enthält indes § 2 Abs. 4 S. 3 BauGB. Insbesondere relativiert die **Angemessenheit** die Intensität der Ermittlung und Bewertung der Umweltbelange und damit auch die Intensität der Darstellungen des Umweltberichtes selbst. Gleichwohl besitzt die Anlage zum BauGB nur einen verfahrensrechtlichen Charakter. Die Gemeinde ist nicht verpflichtet, ihren Bericht gerade in der Reihenfolge der Anlage zu gliedern, mag dies auch zweckmäßig sein. Gleichwohl ist der Gemeinde zu raten, sich an einem Gliederungsmuster zu orientieren. Keinesfalls genügt die nur textliche Wiederholung der Angaben der Anlage zum BauGB.[9]

3.3.2.2.2.1 Inhalt nach Nr. 1 der Anlage zum BauGB

(1) Der Umweltbericht muß eine **Einleitung** enthalten. Darin müssen u.a. eine **19** kurze Darstellung über den Inhalt, die wichtigsten Ziele des Bauleitplans und die wesentlichen Festsetzungen des B-Plans angegeben werden. Das entspricht in ihrer Funktion einer Darstellung der Planrechtfertigung. Das alles gilt auch für Darstellungen des F-Plans. Die Anlage zum BauGB enthält insoweit ein Redaktionsversehen. Die Kurzdarstellung hat sich an den Umweltbelangen des § 1 Abs. 6 Nr. 7 BauGB und des § 1 a BauGB zu orientieren. Der Bericht muß hierzu auch konkrete Angaben über Standorte, Art und Umfang sowie im Hinblick auf die Bodenschutzklausel des § 1 a Abs. 2 BauGB auch den Bedarf an Grund und Boden für die geplanten Vorhaben aufnehmen.

Es ist zweckmäßig, die Beschreibung um umweltrelevante Fragen der Erschlie- **20** ßung zu ergänzen. Ferner sollte der Typus der Planung (F-Plan, B-Plan, vorhaben-

---

8   Vgl. Hinweise bei U. Kuschnerus, Der sachgerechte Bebauungsplan, 3. Aufl., 2004, Rn. 495; ferner
    W. Schrödter/K. Habermann-Nieße/F. Lehmberg, Umweltbericht in der Bauleitplanung, Arbeitshilfe,
    2004, S. 36 ff.
9   Vgl. BVerwG, Urteil vom 30.6.1989 – 4 C 15.86 – DVBl 1989, 1061 = NVwZ 1990, 364 = UPR 1989,
    433 = ZfBR 1990, 30 = BauR 1989, 687 = BRS 49 Nr. 29.

bezogener B-Plan nach § 12 BauGB) und eingeleitete Sicherungsmaßnahmen (§§ 14 ff. BauGB) angegeben werden.

21 (2) Der Umweltbericht muß ferner eine **verständliche Darstellung** der maßgebenden **umweltbezogenen Rechtsgrundlagen** und Fachpläne enthalten, soweit diese im konkreten Falle für den Bauleitplan relevant sind.[10] Das Gesetz will damit die Vorgaben des Anhangs I Buchst. e) der Plan-UP-RL umsetzen. In aller Regel werden Bestimmungen des **BImSchG** (vgl. dort §§ 3, 5, 50) zu beachten sein. In Betracht kommen auch Verordnungen, die nach Maßgabe des BImSchG erlassen wurden (16., 18., 22., 33. BImSchV). Auch TA Lärm und TA Luft sind zu berücksichtigen. Diese sind zwar keine Rechtssätze im formellen Sinne. Sie enthalten aber Angaben über Umweltstandards im Sinne des Anhangs I Buchst. e) Plan-UP-RL (vgl. Nr. 3 Buchst. a) der Anlage zum BauGB). Das gilt auch dann, wenn man sie nicht als „normkonkretisierende" Vorschriften versteht.[11] Ferner sind zu beachten das **BNatSchG**, das jeweilige Landesnaturschutzgesetz, die **FFH-RL**, die **Vogelschutz-RL** (arg. e § 1 a Abs. 4 BauGB), naturschutzrechtliche Verordnungen oder Satzungen über Naturschutz- und Landschaftsschutzgebiete, das **BBodSchG** (arg. e § 1 a Abs. 2 BauGB), die BBodSchV, die für Umweltschutz maßgebenden Landesgesetze (z. B. Landesbodenschutzgesetze), das **WHG**, die Landeswassergesetze und einschlägige Fachpläne.

22 Die Anlage zum BauGB erwähnt nicht die „auf internationaler und gemeinschaftlicher Ebene … festgelegten Ziele des Umweltschutzes" (Anhang I Buchst. e) zur Plan-UP-RL). Die Annahme der Begründung zum Gesetzesentwurf des EAG Bau, derartige Ziele seien „nach Umsetzung in deutsches Recht in den einschlägigen deutschen Fachgesetzen enthalten" (BReg., in: BTag-Drs. 15/2250 S. 69) ist irreführend. Für die Rechtswirksamkeit des Bauleitplans ist die Auffassung des Entwurfs sogar gefährlich. Das zeigt etwa die FFH-RL und die Vogelschutz-RL. Die immer noch nicht vollzogene Umsetzung insbesondere der FFH-RL verlangt deren unmittelbare Anwendung.[12] Derartiges muß der Umweltbericht nach Maßgabe der konkreten Umstände angeben. Außerdem kann das Richtlinienrecht der EU

---

10 Vgl. U. Kuschnerus, Der sachgerechte Bebauungsplan, 3. Aufl., 2004, Rn. 485.
11 Vgl. etwa der 7. Senat des BVerwG, Beschluß vom 15.2.1988 – 7 B 219/87 – NVwZ 1988, 824 [825] = DVBl 1988, 539 = UPR 1988, 264 = NuR 1989, 34; Urteil vom 28.1.1999 – 7 CN 1.97 – NVwZ 1999, 651 [652]= DVBl 1999, 863 = ZfBR 2000, 69; Urteil vom 20.12.1999 – 7 C 15.98 – BVerwGE 110, 216 = NVwZ 2000, 440 = DVBl 2000, 810 = UPR 2000, 309. Der 4. Senat des BVerwG hat dazu eine dezidierte Aussage bislang vermieden. Er betont statt dessen stets den „Orientierungscharakter" der Regelwerke, vgl. etwa BVerwG, Beschluß vom 18.12.1990 – 4 N 6.88 – NVwZ 1991, 881 = DVBl 1991, 442; Beschluß vom 27.1.1994 – 4 B 16.94 – NVwZ-RR 1995, 6; Beschluß vom 24.1.1992 – 4 B 228.91 – Buchholz 406.12 § 4a BauNVO Nr. 2.
12 BVerwG, Urteil vom 19.5.1998 – 4 A 9.97 – BVerwGE 107, 1 = NVwZ 1998, 961 = DVBl 1998, 900 = UPR 1998, 384 = NuR 1998, 544 = ZfBR 1998, 318; Urteil vom 27.1.2000 – 4 C 2.99 – BVerwGE 110, 302–320 = NVwZ 2000, 1171 = DVBl 2000, 814 = GewArch 2000, 244 = UPR 2000, 230 = NuR 2000, 448 = DÖV 2000, 687 = BauR 2000, 1147; Urteil vom 31.1.2002 – 4 A 15.01 – DVBl 2002, 990 = NVwZ 2002, 1103 = BauR 2002, 1676 = UPR 2002, 344 = NuR 2002, 539; vgl. auch W. Schrödter, Bauleitplanung in FFH-Gebieten und Vogelschutzgebieten, in: NuR 2001, 8–19; ders., Aktuelle Fragen der Fauna-Flora-Habitat-Richtlinie und der Vogelschutz-Richtlinie – dargestellt am Beispiel der Bauleitplanung – Teil I, in: NdsVBl 1999, 173–183.

bereits vor Ablauf der Umsetzungsfrist gemeinschaftsrechtlich erhebliche Vorwirkungen entfalten. Gerade im Umweltschutzrecht ist zudem mit weiteren EU-Richtlinien zu rechnen. Den Gemeinden kann daher nicht empfohlen werden, einschlägige EU-Richtlinien in ihrem Umweltbericht zu ignorieren. Sie steht sonst in der Gefahr, in einem wesentlichen Punkt einen unvollständigen Umweltbericht verfaßt zu haben (vgl. § 214 Abs. 1 S. 1 Nr. 3 BauGB).[13]

3.3.2.2.2.2 Inhalt nach Nr. 2 der Anlage zum BauGB

Der Umweltbericht hat eine Beschreibung und Bewertung der Umweltauswirkungen zu enthalten, wie sie in der UP gemäß § 2 Abs. 4 S. 1 BauGB ermittelt wurden (Anhang zum BauGB, Nr. 2). **23**

(1) **Angaben nach Nr. 2 Buchst. a) der Anlage.** Der Umweltbericht muß zwingend eine **Bestandsaufnahme** der maßgebenden Gesichtspunkte des derzeitigen tatsächlichen **Umweltzustandes** enthalten. Dazu sind auch die gegenwärtigen Umweltmerkmale des Plangebietes aufzunehmen (also z. B. das Immissionsniveau). Nach Lage der Dinge auch ein „negativer" Befund aufgenommen werden, ggf. in knapper Feststellung. **24**

Die Beschreibung wird regelmäßig die Angabe des baurechtlichen Status einschließen. Die Bestandsaufnahme hat sich alsdann auf die Umweltauswirkungen der Planung zu beziehen, soweit diese voraussichtlich zu einer „erheblichen" Beeinträchtigung führen werden (ähnlich § 2 Abs. 4 S. 1 Halbs. 1 BauGB). Ratsam ist es, sich bei der berichtenden Befundaufnahme an dem Katalog des § 1 Abs. 6 Nr. 7 BauGB und des § 1a BauGB situativ und konkret auszurichten.[14] Gebietsbeschreibende Informationen, die außerhalb geregelter gemeindlicher oder staatlicher Verfahren vorhanden und ersichtlich berücksichtigungsbedürftig sind, müssen angegeben werden. Das gilt etwa für die IBA-Liste.[15] **25**

Auch Angaben aus Landschaftsplänen oder anderen Umweltfachplänen sind „heranzuziehen" (vgl. § 1 Abs. 6 Nr. 7 Buchst. g) BauGB in Verb. mit § 2 Abs. 4 S. 6 BauGB).[16] Wird auf derartige Pläne verwiesen, müssen ihre Fundstellen oder Einsichtsmöglichkeiten angegeben werden. Es empfiehlt sich stets, ein „Kurzreferat" über den Inhalt in den Umweltbericht aufzunehmen. Es gilt auch hier der Gedanke der „Angemessenheit" (vgl. § 2 Abs. 4 S. 3 BauGB). **26**

---

13 Kritisch aus anderen Gründen H. Janning, Die Novelle zum BauGB aus der Sicht der Gemeinden, in: W. Spannowsky/T. Krämer (Hrsg.), BauGB-Novelle 2004. Aktuelle Entwicklungen des Planungs- und Umweltrechts, 2004, S. 11–37 [14].

14 Vgl. U. Kuschnerus, Der sachgerechte Bebauungsplan, 3. Aufl., 2004, Rn. 496ff. mit Einzelheiten.

15 Vgl. dazu EuGH, Urteil vom 7.12.2000 – C–374/98 – EuGHE I 2000, 10799 Rn. 25 = NVwZ 2001, 529 = DVBl 2001, 359 = ZUR 2001, 75 = NuR 2001, 210; BVerwG, Urteil vom 31.1.2002 – 4 A 15.01 – DVBl 2002, 990 = NVwZ 2002, 1103 = BauR 2002, 1676 = UPR 2002, 344 = NuR 2002, 539; Beschluß vom 12.6.2003 – 4 B 37.03 – juris (Volltext); ebenso beiläufig BVerwG, Urteil vom 27.2.2003 – 4 A 59.01 – NVwZ 2003, 1253 = DVBl 2003, 1061 = UPR 2003, 353 = ZUR 2003, 416 = NuR 2003, 686; vgl. dazu Chr. A. Maaß, Zur Berücksichtigung wirtschaftlicher und sozialer Belange bei der Auswahl, der Ausweisung und dem Schutz von Habitaten, in: ZUR 2001, 80–83.

16 Vgl. U. Kuschnerus, Der sachgerechte Bebauungsplan, 3. Aufl., 2004, Rn. 487.

27 (2) **Angaben nach Nr. 2 Buchst. b) der Anlage.** Über die **Prognose** der Entwicklung des derzeitigen Umweltstandes muß berichtet werden, wenn der Plan
durchgeführt wird. Der Umweltbericht soll insoweit die „Relativität" der UP nach
dem derzeitigen Kenntnisstand darstellen. Der Gemeinde ist zu raten, sich dazu
an dem Katalog des § 1 Abs. 6 Nr. 7 BauGB und an § 1a BauGB zu orientieren.
Mögliche negative Veränderungen in der Tier- und Pflanzenwelt oder des Grund-
wasservorkommens oder die Zunahme von Abfallmengen und Fragen deren Beseitigung sind zu beachten.[17] Das gilt etwa für die Prognose über eine Lärmbela-
stung. Vorgesehene Ausgleichsmaßnahmen sind in ihrer mutmaßlichen Entwicklung zu beurteilen. Die Gefahr ist, daß die Prognose nur spekulative Szenarien
abbildet.

28 Neu ist, daß nach Nr. 2 Buchst. b) der Anlage eine Prognose über die Entwicklung des Umweltzustandes auch bei „Nichtdurchführung der Planung" zu erstellen
ist. Es besteht also eine Pflicht, die sog. **Nullvariante** zu untersuchen.[18] Das bedingt eine alternative Betrachtung, auch im Hinblick auf § 1 Abs. 3 BauGB. Mit der
Angabe der Nullvariante soll die allgemeine Vorstellung, nur die Veränderung stelle
Fortschritt dar, etwas relativiert werden. Naheliegend ist die Erörterung vor allem
bei projektbezogener Planung.[19] Das kann z.B. für eine Verkehrswegeplanung
gemäß § 9 Abs. 1 Nr. 11 BauGB (Umgehungsstraße) bedeutsam sein. Die Gemeinde muß dann die Belastungsstruktur der Bevölkerung insgesamt näher beschreiben.[20]

29 (3) **Angaben nach Nr. 2 Buchst. c) der Anlage.** Der Bericht muß eine Prüfung
der Maßnahmen zur Vermeidung, Verringerung und zum Ausgleich nachteiliger
Auswirkungen enthalten. Der Bericht muß **bilanzierende Vorstellungen** zwischen
Eingriffslage und Ausgleichslage entwickeln. Maßgebend ist das jeweilige Fachrecht.

30 Ferner muß der Bericht u.a. in Umsetzung des § 1a Abs. 3 BauGB darstellen, wie
die planerisch als geeignet angesehenen Maßnahmen des naturschutzrechtlichen
Ausgleichs (vgl. § 200a BauGB) konkret verwirklicht werden sollen. Die Darstellung beschränkt sich indes nicht auf den Regelungsbereich des § 1a Abs. 3
BauGB. Die Erörterungspflicht bezieht sich auch auf alle nachteiligen Umweltauswirkungen (vgl. auch § 9 Abs. 1 Nr. 24 BauGB).[21] Ob ein Ausgleich überhaupt anzuordnen ist, gehört als Frage der Abwägung in die Planbegründung. Eine vertiefte Erörterung erfordern stets europarechtlich gebotene Ausgleichsmaßnahmen
(vgl. Art. 6 Abs. 4 UAbs. 1 FFH-RL in Verb. mit § 34 Abs. 5 BNatSchG). Geplante

---

17 Vgl. R. Wulfhorst, Der Umweltbericht nach § 2a BauGB als Instrument der Umweltverträglichkeitsprüfung im Bebauungsplanverfahren, in: ZfBR 2001, 523–529.
18 Vgl. näher mit Beispielen U. Kuschnerus, Der sachgerechte Bebauungsplan, 3. Aufl., 2004, Rn. 488.
19 Vgl. auch A. Bunzel, Novelle des BauGB 2004 im Planspiel – Test, in: ZfBR 2004, 328–337 [332] mit
Beispielen.
20 Vgl. W. Schrödter, Das Europarechtsanpassungsgesetz Bau – EAG Bau, in: NST-N 2004, 197–216
[202].
21 Vgl. etwa OVG Koblenz, Urteil vom 31.3.2004 – 8 C 11785 / 03 – BauR 2004, 1116 (Lärmschutz durch
Riegelbebauung).

Maßnahmen der Vermeidung, der Verringerung oder des Ausgleichs können sich auch auf immissionsschutzbezogene Situationen beziehen (z. B. Lärm, Luftschadstoffe, Erschütterungen). Auch erwartete Geruchsimmissionen verlangen eine Erörterung der Minderung, wiederum ggf. nach § 9 Abs. 1 Nr. 24 BauGB.

(4) **Angaben nach Nr. 2 Buchst. d) der Anlage.** Die Regelung ist neu. Nach bisherigem Rechtszustand war eine Alternative nur zu erwägen, wenn sie sich nach Lage der konkreten Verhältnisse aufdrängte.[22] Die nunmehrige Pflicht zur Darstellung **anderweitiger Planungsmöglichkeiten** ist zwingend.[23] Sie entspricht Art. 5 Abs. 1 S. 1 Halbs. 2 und Anhang I Buchst. h) der Plan-UP-RL. **31**

Gegenüber der UVP-RL besteht eine verfahrensrechtliche Änderung. Die Alternativen- oder Variantenuntersuchung spielt zwar auch im Rahmen der UVP eine maßgebliche Rolle. Das gilt nach Ansicht des BVerwG indes nicht in dem Sinne, daß in Betracht kommende andere Lösungen selbst Gegenstand der – nach Maßgabe des UVPG formalisierten – UVP zu sein hatten.[24] Die UVP-RL beschränkt sich in ihrem Art. 5 Abs. 1 in Verbindung mit dem Anhang III auf die Forderung, daß der Projektträger bei der Antragstellung im Rahmen der Projektbeschreibung gegebenenfalls eine Übersicht über die wichtigsten anderweitigen von ihm geprüften Lösungsmöglichkeiten gibt und Angaben zu den wesentlichen Auswahlgründen macht.[25] Hieran Art. 5 Abs. 1 S. 1 Halbs. 2 und Anhang I Buchst. h) der Plan-UP-RL knüpft an, präzisiert indes. **32**

Die Regelung wirft für das deutsche Recht erhebliche inhaltliche Fragen auf.[26] Allerdings relativieren sowohl die Richtlinie als auch die deutsche Umsetzung in Nr. 2 Buchst. d) des Anhangs zum BauGB die Alternativbetrachtung auf Ziele und den räumlichen Geltungsbereich des Bauleitplans. Das gilt auch für Standortfragen, wenn in der Öffentlichkeits- oder Behördenbeteiligung alternative Standorte substantiell vorgeschlagen worden sind. Eine Pflicht zur Alternativenprüfung statuiert für FFH-Gebiete ferner Art. 6 Abs. 4 UAbs. 1 FFH-RL in Verb. mit § 34 Abs. 3 Nr. 2 BNatSchG. **33**

---

22 Vgl. BVerwG, Urteil vom 22.3.1985 – 4 C 15.83 – BVerwGE 71, 166 = DVBl 1985, 900 = UPR 1985, 368 = BRS 44 Nr. 2; Beschluß vom 31.3.1998 – 4 BN 4.98 – NVwZ-RR 1998, 544 = ZfBR 1998, 252 = BauR 1998, 751 = BRS 60 Nr. 227.

23 Vgl. bereits BVerwG, Beschluß vom 31.1.1997 – 4 NB 27.96 – BVerwGE 104, 68 = DVBl 1997, 1112 = NVwZ 1997, 1213 = BauR 1997, 794 = BRS 59 Nr. 8 zu § 8a BNatSchG a.F.

24 Vgl. BVerwG, Urteil vom 25.1.1996 – 4 C 5.95 – BVerwGE 100, 238 = DVBl 1996, 677 = NVwZ 1996, 788 = ZfBR 1996, 275 = BauR 1996, 511 = BRS 58 Nr. 7 (1996); Urteil vom 21.3.1996 – 4 C 19.94 – BVerwGE 100, 370 = DVBl 1996, 339 = NVwZ 1996, 1016; Beschluß vom 15.9.1995 – 11 VR 16.95 – NVwZ 1996, 396 = UPR 1996, 26; Beschluß vom 14.5.1996 – 7 NB 3.95 – BVerwGE 101, 116 = DVBl 1997, 48 = NVwZ 1997, 494; dazu kritisch J. Berkemann, Die UVP als Rhetorik? – Semantik und Realität der Abwägungskontrolle,, in: H.-J. Koch (Hrsg.), Aktuelle Probleme des Immissionsschutzrechtes, 1998, S. 267–300.

25 Vgl. BVerwG, Urteil vom 27.10.2000 – 4 A 18.99 – BVerwGE 112, 140 = DVBl 2001, 386 = NVwZ 2001, 673 = UPR 2001, 144 = NuR 2001, 216 = BauR 2001, 591 = BRS 63 Nr. 223 (2000).

26 So auch W. Schrödter, Das Europarechtsanpassungsgesetz Bau – EAG Bau, in: NST-N 2004, 197– 216 [202].

34 Nr. 2 Buchst. d) der Anlage begründet indes keine umfassende Pflicht zur Alternativenprüfung.[27] Dagegen spricht der Verfahrenscharakter der Plan-UP-RL. Indes fordert Art. 5 Abs. 1 S. 1 PLan-UP-RL durchaus, daß im Umweltbericht „vernünftige" Alternativen behandelt werden. Entsprechend ist das EAG Bau und damit auch Nr. 2 Buchst. d) der Anlage gemeinschaftskonform auszulegen. Da § 2 Abs. 4 BauGB die Frage der Alternativenprüfung nicht thematisiert, muß der Regelungsgehalt der Nr. 2 Buchst. d) der Anlage gemeinschaftskonform ausgelegt werden. Das zwingt zu einer Rückkoppelung des Art. 5 Abs. 1 S. 1 Plan-UP-RL. Aus diesem Grund scheidet ein Verständnis der Nr. 2 Buchst. d) der Anlage dahin aus, die Gemeinde habe nur die sich bereits bisher aus dem deutschen Planungsrecht ergebenden Alternativen darzustellen.[28] Die von Art. 5 Abs. 1 S. 1 PLan-UP-RL geforderte Darstellung der „vernünftigen" Alternative hat sich auf das Spezifische der Plan-UP-RL zu beziehen, mithin gerade auf die Umweltbelange. Die Alternativenprüfung im Sinne des Art. 5 Abs. 1 S. 1 Plan-UP-RL findet hier ihre immanente Grenze.

35 Es muß sich um eine „vernünftige" Alternative handeln (Art. 5 Abs. 1 S. 1 PLan-UP-RL). Sie muß also „in Betracht kommen" (so Nr. 2 Buchst. b) der Anlage zum BauGB). Der Begriff der Alternative ist aus der Funktion des § 2 Abs. 4 BauGB zu entwickeln. Läßt sich das Planziel an einem nach dem Schutzkonzept der konkret berührten Umweltbelange günstigeren Standort oder mit geringerer Eingriffsintensität verwirklichen, so hat dies Gemeinde „ernsthaft" zu berücksichtigen und dies in Umweltbericht darstellen.

36 Die Gemeinde muß dazu nicht jede „theoretisch" denkbare Variante abhandeln. Vielmehr muß es sich um **plankonforme Alternativen** handeln.[29] Unverändert darf die Gemeinde auf der Grundlage einer **Grobanalyse** auch umweltrelevante Planungsalternativen frühzeitig ausscheiden.[30] Das gilt vor allem dann, wenn eine ökologische Alternative gänzlich unrealistisch ist. Auch ein übermäßiger Kostenaufwand kann eine „vernünftige" Alternative ausschließen.[31] Die Gemeinde muß im Umweltbericht nur dasjenige erarbeiten, was angemessenerweise verlangt wer-

---

27 Wie hier W. Schrödter, Das Europarechtsanpassungsgesetz Bau – EAG Bau, in: NST-N 2004, 197–216 [202].

28 So aber wohl U. Kuschnerus, Der sachgerechte Bebauungsplan, 3. Aufl., 2004, Rn. 490; M. Krautzberger/B. Stüer, Städtebaurecht 2004: Umweltprüfung und Abwägung, in: DVBl 2004, 914–924 [922]; wie hier wohl auch W. Schrödter, Das Europarechtsanpassungsgesetz Bau – EAG Bau, in: NST-N 2004, 197–216 [202], der allerdings die „alternativlosen" Erwägungen älterer F-Pläne betont.

29 Vgl. U. Kuschnerus, Der sachgerechte Bebauungsplan, 3. Aufl., 2004, Rn. 491.

30 Vgl. allg. BVerwG, Urteil vom 19.9.2002 – 4 CN 1.02 – BVerwGE 117, 58 = DVBl 2003, 204 = BauR 2003, 209 = BRS 65 Nr. 20; Beschluß vom 10.10.1995 – 11 B 100.95 – NVwZ-RR 1997, 336; Urteil vom 25.1.1996 – 4 C 5.95 – BVerwGE 110, 238 = DVBl 1996, 677 = NVwZ 1996, 788 = BauR 1996, 511 = BRS 58 Nr. 7.

31 Vgl. BVerwG, Urteil vom 27.1.2000 – 4 C 2.99 – BVerwGE 110, 302 = DVBl 2000, 814 = NVwZ 2000, 1171 = UPR 2000, 230 = BauR 2000, 1147 = BRS 63 Nr. 222 (zu Art. 6 Abs. 4 UAbs. 1 FFH-RL).

Halama

den darf (vgl. § 2 Abs. 4 S. 3 BauGB).[32] Diese Vorgehensweise muß die Gemeinde im Bericht nachvollziehbar darstellen. Eine verbindliche Pflicht zur Prüfung von Alternativen ergibt sich nur aus Art. 6 Abs. 4 UAbs. 1 FFH-RL (vgl. § 34 Abs. 3 Nr. 2 BNatSchG).[33] Läuft eine Variante auf einen anderen Plan hinaus, kann von einer vorzugswürdigen Alternative im Rechtssinne nicht mehr gesprochen werden. Nur gewisse Abstriche am Grad der Zielvollkommenheit ist eine typische Folge des Gebots, Alternativen zu nutzen.

3.3.2.2.2.3 Inhalt nach Nr. 3 der Anlage zum BauGB

Der Umweltbericht verlangt gemäß Nr. 3 der Anlage zum BauGB zusätzliche Angaben. Auch hier handelt es sich um Mindestangaben. Fehlen sie, indiziert dies die Unvollständigkeit im Sinne des § 214 Abs. 1 S. 1 Nr. 3 BauGB. **37**

(1) **Angaben nach Nr. 3 Buchst. a) der Anlage.** Der Bericht muß die wichtigsten Merkmale der verwendeten technischen Verfahren bei der UP beschreiben. Dieser aus der projektbezogenen UVP übernommene Begriff (vgl. § 6 Abs. 4 S. 1 Nr. 1 UVPG) ist auf eine flächenbezogene Planung nur begrenzt übertragbar. Denkbar sind z.B. Angaben über festgesetzte schadstoffreduzierende Maßnahmen (vgl. § 9 Abs. 1 Nr. 23 Buchst. b) BauGB). Anzugeben sind als Verwaltungsvorschriften u.a. TA Lärm, TA Luft und anerkannte Regelwerke der Technik, z.B. DIN 18005 Teil I (Schallschutz im Städtebau), GIRL (Geruchsimmissions-Richtlinie). Fachliche Prognosen oder fachliche Bewertungsverfahren sind offenzulegen. Eine Detaildarstellung ist nicht geboten.[34] Der Umweltbericht darf nicht in ein „Lehrbuch" ausarten. **38**

Die Angabe bestimmter Prüfmethoden verlangt Nr. 3 der Anlage zum BauGB abweichend von § 2a BauGB 2001 nicht mehr. Der Umweltbericht sollte sie dennoch anführen. Der Bericht muß ferner offenlegen, welche Schwierigkeiten bei der Zusammenstellung der umweltbezogenen Angaben auftraten. Diese können auch auf widersprüchlichen Ermittlungen beruhen. Technische Lücken oder fehlende Kenntnisse müssen offenbart werden (vgl. ebenso § 6 Abs. 4 S. 1 Nr. 3 UVPG). Damit soll die Öffentlichkeit darauf aufmerksam gemacht werden, welchen Zweifeln die mitgeteilten Befunde ggf. ausgesetzt sind. Für bestimmte Belastungen oder Beeinträchtigung bestehen keine Grenz- oder Orientierungswerte. Das gilt derzeit für Belastungswerte nach der BBodSchVO, teilweise für Gerüche der Landwirtschaft, soweit die GIRL nicht als Verwaltungsvorschrift eingeführt wurde.[35] **39**

---

32 Ähnlich EuGH, Urteil vom 27.6.1990 – C–118/89 – EuGHE I–2637 Rn. 12; zu ebenso wohl W. Schrödter, Das Europarechtsanpassungsgesetz Bau – EAG Bau, in: NST-N 2004, 197–216 [202]; G. Busse, Die Plan-UP-Richtlinie aus kommunaler Sicht, in: KomJur 2004, 245–251 [249f.].
33 Vgl. dazu BVerwG, Urteil vom 27.1.2000 – 4 C 2.99 – BVerwGE 110, 302 = DVBl 2000, 1171 = UPR 2000, 230 = BauR 2000, 1147 = BRS 63 Nr. 222 (zu Art. 6 Abs. 4 UAbs. 1 FFH-RL); Urteil vom 15.1.2004 – 4 A 11.02. DVBl 2004, 642 = NVwZ 2004, 732 = UPR 2004, 185 = BauR 2004, 966.
34 Wie hier U. Kuschnerus, Der sachgerechte Bebauungsplan, 3. Aufl., 2004, Rn. 492.
35 Vgl. dazu C. D. Hermanns/T. F. Weers, Aktuelle Entscheidungen bei der Bewertung landwirtschaftlicher Gerüche, in: NordÖR 2002, 435–439.

40   (2) **Angaben nach Nr. 3 Buchst. b) der Anlage.** Ein ganz neuartiges Instrument des Planungsrechts ist das **Umweltmonitoring.** Es wird in Nr. 3 Buchst. b) der Anlage zum BauGB in Anlehnung an Art. 10 Plan-UP-RL in etwas gedrechseltem Deutsch als „Beschreibung der geplanten Maßnahmen zur Überwachung der erheblichen Auswirkungen der Durchführung des Bauleitplans auf die Umwelt" bezeichnet.

41   Die hier angesprochenen Überwachungsmaßnahmen sind der Regelungsgegenstand des neu eingefügten § 4 c BauGB. Welche Maßnahmen die Gemeinde vorsehen will, liegt in ihrem Ermessen.[36] Dabei kann sie sich auf kritische, zentrale Fragen beschränken. Die gemeindlichen Vorstellungen müssen hinreichend bestimmt sein. Ein allgemeiner Hinweis auf die bereits gesetzlich bestehende Überwachungspflicht ist unzureichend.[37] Die Gemeinde muß situativ den Inhalt der Überwachung bestimmen. Fehlt dies, ist der Umweltbericht in einem wesentlichen Punkt unvollständig. Das führt zur Rechtswidrigkeit des Bauleitplans (vgl. § 214 Abs. 1 S. 1 Nr. 3 Halbs. 3 BauGB). Sollen Lärmmessungen vorgenommen werden, sollten als Überwachungsprogramm nähere Meßangaben nach Ort, Zeit und Methode festgelegt sein.

42   (3) **Angaben nach Nr. 3 Buchst. c) der Anlage.** Nicht gänzlich neu ist das in Anlage Nr. 3 Buchst. c) der Anlage zum BauGB aufgeführte Erfordernis, die Sammlung der im Rahmen der UP erhobenen Daten um eine **„allgemein verständliche Zusammenfassung"** zu ergänzen.

43   Einer vergleichbaren Verpflichtung unterlag die Gemeinde schon bisher, wenn auch nach § 2 a Abs. 3 BauGB a. F. beschränkt auf B-Pläne für Vorhaben, für die nach dem UVPG eine UVP durchzuführen war. Die allgemein verständliche Zusammenstellung soll eine „nichttechnische Zusammenfassung der Aussagen" sein (vgl. Anhang I Buchst. j) der Plan-UP-RL). Sie soll Dritten die Beurteilung ermöglichen, ob und in welchem Umfang sie von den Umweltauswirkungen der Festsetzungen betroffen werden können (vgl. § 6 Abs. 3 S. 3 UVPG).[38] Daß sich die Gemeinde auch bei der Begründung des Plans oder Planentwurfs um Allgemeinverständlichkeit bemüht, sollte ohnehin keiner weiteren Erwähnung bedürfen. Fachwissenschaftliche Begrifflichkeit sollte ohne inhaltlichen Informationsverlust umschrieben werden.

44   Die Angaben nach Nr. 3 Buchst. c) der Anlage sind Bestandteil des Umweltberichtes. Sie ersetzen nicht die zusammenfassende Erklärung nach § 6 Abs. 5 S. 3, § 10 Abs. 4 BauGB. In der zusammenfassenden Erklärung muß erläutert werden, in welcher Weise die im Aufstellungsverfahren abgegebenen Stellungnahmen berücksichtigt wurden oder aus welchen Gründen sich die Gemeinde in ihrer Planung nicht für eine bestimmte Planungsalternative entschieden hat.[39]

---

36 Vgl. W. Schrödter, Das Europarechtsanpassungsgesetz Bau – EAG Bau, in: NST-N 2004, 197–216 [204].

37 Wie hier U. Kuschnerus, Der sachgerechte Bebauungsplan, 3. Aufl., 2004, Rn. 513.

38 Vgl. M. Krautzberger, in: E/Z/B/K, BauGB, § 2a [a.F.], Rn. 50.

39 Wie hier W. Schrödter, Das Europarechtsanpassungsgesetz Bau – EAG Bau, in: NST-N 2004, 197–216 [203].

3.3.2.3 Fortschreibungspflicht

Der Umweltbericht ist bereits zu Beginn des Planungsprozesses zu erstellen (vgl. **45** § 2a S. 1 BauGB) und ggf. im Laufe des Aufstellungsverfahrens, etwa auf der Grundlage der Ergebnisse der frühzeitigen Öffentlichkeits- und Behördenbeteiligung fortzuschreiben (vgl. § 3, § 4 und § 4a BauGB). Er ist später gemäß § 2a S. 3 BauGB als **gesonderter Teil in die Planbegründung** aufzunehmen, die dem F-Plan oder dem B-Plan nach § 5 Abs. 5 BauGB bzw. § 9 Abs. 8 BauGB beizufügen ist. Als gesonderten Teil der Planbegründung muß der Umweltbericht **eigenständig identifizierbar** sein.[40]

3.4 § 2a Satz 3 BauGB 2004

§ 2a Satz 3 BauGB stellt klar, daß der Umweltbericht einen gesonderten Teil der **46** Begründung bildet (vgl. dazu § 5 Abs. 5 S. 2, § 9 Abs. 8 BauGB). § 2a S. 3 BauGB formuliert also das Gebot der formalen Eigenständigkeit des Umweltberichts. Damit muß der Umweltbericht in seiner Eigenständigkeit auch äußerlich erkennbar sein. Zweckmäßig wird dazu auch der abgrenzende Ausdruck „Umweltbericht" benutzt. Die „Sonderung" soll für eine **Transparenz** in der jeweiligen Planungsphase sorgen.

Dies läßt sich übrigens als Beleg dafür werten, daß der Bericht einen spezifisch **47** planungsrechtlichen Gehalt aufweist.

4. Rechtsfehler

Ein beachtlicher Rechtsfehler entsteht, wenn der Umweltbericht in wesentlichen **48** Punkten unvollständig ist (vgl. § 214 Abs. 1 S. 1 Nr. 3 BauGB). Beachtet die Gemeinde nicht die katalogmäßig vorgegebene Struktur der Anlage zum BauGB, wird dies regelhaft die Unvollständigkeit indizieren.

Das gilt etwa für das Unterlassen jeglicher Aussagen zum Monitoring.[41] Das er- **49** fordert von der Gemeinde ein Mindestmaß an Konkretisierung der beabsichtigten Überwachungsmaßnahmen. Es genügt nicht, wenn die Gemeinde in ihrem Umweltbericht nur den Gesetzestext wiederholt. § 4c S. 2 BauGB spricht ausdrücklich von den „im Umweltbericht angegebenen Überwachungsmaßnahmen". Mängel in der späteren Durchführung des Monitoring lassen dagegen die Rechtmäßigkeit des Plans unberührt, können allenfalls ein Indiz für die erkennbare Ungeeignetheit der vorgesehenen Überwachungsmaßnahmen sein.

5. Überleitungsrecht

Maßgebend ist § 244 Abs. 1 und 2 BauGB. **50**

---

40 M. Krautzberger, Europarechtsanpassungsgesetz Bau – EAG Bau 2004: Die Neuregelungen im Überblick, in: UPR 2004, 241–246 [242].
41 Wie hier U. Kuschnerus, Der sachgerechte Bebauungsplan, 3. Aufl., 2004, Rn. 513.

§ 3 BauGB – Beteiligung der Öffentlichkeit

I. § 3 Abs. 1 BauGB 2004 – Frühzeitige Öffentlichkeitsbeteiligung

1. Text der geänderten Fassung

(1) Die **Öffentlichkeit** ist möglichst frühzeitig über die allgemeinen Ziele und Zwecke der Planung, sich **1** wesentlich unterscheidende Lösungen, die für die Neugestaltung oder Entwicklung eines Gebiets in Betracht kommen, und die voraussichtlichen Auswirkungen der Planung öffentlich zu unterrichten; **ihr** ist Gelegenheit zur Äußerung und Erörterung zu geben. Von der Unterrichtung und Erörterung kann abgesehen werden, wenn

1. ein Bebauungsplan aufgestellt oder aufgehoben wird und sich dies auf das Plangebiet und die Nachbargebiete nicht oder nur unwesentlich auswirkt oder

2. die Unterrichtung und Erörterung bereits zuvor auf anderer Grundlage erfolgt sind.

An die Unterrichtung und Erörterung schließt sich das Verfahren nach Absatz 2 auch an, wenn die Erörterung zu einer Änderung der Planung führt.

2. Textgeschichte

Die Gesetzesfassung des § 3 Abs. 1 BauGB entspricht im wesentlichen dem Ge- **2** setzesentwurf der BReg. (BTag-Drs. 15/2250 S. 12, S. 43). Nach Ansicht des Entwurfs sollte die frühzeitige Beteiligung Gelegenheit zur Äußerung und Erörterung „auch im Hinblick auf den erforderlichen Umfang und Detaillierungsgrad der Umweltprüfung nach § 2 Abs. 4" eröffnen. Damit sollte das für die Behördenbeteiligung gemäß der Plan-UP-RL vorgesehene **Scoping** ausdrücklich auch auf die **Öffentlichkeitsbeteiligung** bezogen werden (Entwurfsbegründung, in: BTag-Drs. 15/2250 S. 31, 43). Anzustreben sei eine möglichst frühzeitige Einbeziehung externen Sachverstandes, um Ermittlungsfehler in der Zusammenstellung des Abwägungsmaterials zu vermeiden.

Der Bundesrat ist dieser Ansicht nicht gefolgt. In seiner Stellungnahme empfahl **3** er unter Hinweis auf Art. 5 Abs. 4 Plan-UP-RL, das Scoping auf die **Behördenbeteiligung** zu beschränken. Die BReg. widersprach der Streichung (BTag-Drs. 15/2250 S. 90 f.). Sie ergänzte ihre frühere Begründung und bezog sich nunmehr auf Art. 6 Abs. 3 des UN ECE-Protokolls über die **Strategische Umweltprüfung** vom 21.5.2003 zum Übereinkommen über die Umweltverträglichkeitsprüfung im grenzüberschreitenden Rahmen vom 25.2.1991 (**Espoo-Konvention**). Es sei zu erwarten, daß die EG der Konvention beitrete und dies den Erlaß einer entsprechenden EG-Richtlinie auslöse. Dem wolle die vorgeschlagene Fassung des § 3 Abs. 1 S. 1 BauGB bereits jetzt genügen. Der 14. Ausschuß folgte dem Anliegen der BReg. nicht, sondern schloß sich dem Vorschlag des Bundesrates an (BTag-Drs. 15/ 2996 S. 25, 92). Auch die Planspielgemeinden hatten sich gegen ein Scoping im Rahmen der Öffentlichkeitsbeteiligung ausgesprochen.

3. Erläuterung der Änderung

Lit.: Michael Kromer, Die Bürgerbeteiligung in der Gemeinde, in: DVBl 1985, 143–149; Hermann Hill, Integratives Verwaltungshandeln – Neue Formen von Kommunikation und Bürgermitwirkung, in: DVBl 1993, 973–982.

3.1 Zielsetzung

4 Das EAG Bau will durch die umfassende „**Öffentlichkeitsbeteiligung**" eine Zielvielfalt erreichen, u. a. Förderung des politischen Engagements, wechselseitige Informationsaufbereitung, Kanalisierung von Betroffenheiten, Mittel der Konsensbildung und Förderung der Akzeptanz. Das Gesetz folgt damit zugleich der Aarhus-Konvention vom 25.6.1998, für Deutschland seit dem 30.10.2001 verbindlich, und den europarechtlichen Vorgaben der Plan-UP-RL und der Projekt-UVP-RL über die Beteiligung der Öffentlichkeit (vgl. auch § 7 Abs. 6 ROG 2004).[1] Maßgebend ist auch die Richtlinie 2003/4/EG des Europäischen Parlaments und des Rates vom 28.1.2003 über den Zugang der Öffentlichkeit zu Umweltinformationen und zur Aufhebung der Richtlinie 90/313/EWG des Rates (ABl. EG Nr. L 41 S. 26, abgedruckt NVwZ 2003, 697–701). Die Richtlinie ist bis zum 14.2.2005 in nationales Recht umzusetzen.

3.2 Regelungsgehalt des § 3 Abs. 1 Satz 1 BauGB 2004

3.2.1 Allgemeines

5 (1) § 3 Abs. 1 S. 1 BauGB ersetzt für die frühzeitige Beteiligung den bisherigen Begriff „**Bürger**" durch den der „**Öffentlichkeit**". Damit soll das BauGB an die textliche Begrifflichkeit des Rechts der EG angepaßt werden (vgl. u. a. § 9 Abs. 1 UVPG, Art. 2 Buchst. d) Plan-UP-RL). Nach Art. 6 Abs. 4 Plan-UP-RL bestimmen die Mitgliedstaaten der EG, was unter „**Öffentlichkeit**" im Sinne der Beteiligung gemäß Art. 6 Abs. 2 Plan-UP-RL zu verstehen ist. Das EAG Bau hat von einer gesonderten Definition als nicht erforderlich abgesehen (vgl. BReg., in: BTag-Drs. 15/2250, S. 43).

6 Eine sachliche Änderung in Umfang und Intensität der Beteiligung gegenüber dem bisherigen Rechtszustand ist nicht beabsichtigt. Unverändert öffnet sich § 3 Abs. 1 S. 1 BauGB der Mitwirkungsmöglichkeit durch „**jedermann**". Das entspricht einer richtlinienkonformen Auslegung. Auch die (anerkannten) Naturschutzvereine (§§ 58 ff. BNatSchG) sind „jedermann"; sie sind keine „sonstigen" TöB im Sinne des § 4 Abs. 1 BauGB. Zwar kann sich jedermann beteiligen, die Unterrichtungspflicht bezieht sich gleichwohl nur auf die **gemeindliche Öffentlichkeit**.[2] Eine gezielte Begrenzung auf das mutmaßliche Plangebiet ist unzulässig, da dies eher eine Betroffenheitsbeteiligung wäre.

7 (2) Das EAG Bau erhält das 1976 eingeführte **zweistufige Beteiligungsverfahren** aufrecht. Die vorgezogene (frühzeitige) Bürgerbeteiligung ist als ein **bürgerschaftsfreundliches Gegengewicht** gegenüber der sich mit dem Planentwurf bereits abzeichnenden Verfestigung der planerischen Vorstellungen der Gemeinde-

---

1 Vgl. M. Butt, Erweiterter Zugang zu behördlichen Umweltinformationen – Die neue EG-Umweltinformationsrichtlinie, in: NVwZ 2003, 1071–1075; ders., Die Ausweitung des Rechts auf Umweltinformation durch die Aarhus-Konvention, 2001.
2 BVerwG, Urteil vom 5.7.1984 – 4 C 22.80 – BVerwGE 69, 344 = DVBl 1985, 110 = NJW 1985, 1570 = UPR 1985, 25 = ZfBR 1984, 291 = BauR 1984, 602 = BRS 42 Nr. 23.

organe gedacht. Ob dieses Ziel bislang erreicht wurde, erscheint zweifelhaft. Der Gesetzgeber läßt im Planerhaltungsrecht des § 214 Abs. 1 S. 1 Nr. 2 BauGB erkennen, daß er der frühzeitigen Beteiligung letztlich nur geringes Gewicht beimißt, in dem er ihr ex lege die Kausalität für den weiteren Planungsprozeß abspricht (vgl. auch § 13 Abs. 2 Nr. 1 BauGB). Eine konkrete (rechtliche) Betroffenheit setzt § 3 Abs. 1 S. 1 BauGB unverändert nicht voraus.

(3) **Zielsetzung und Verfahren.** Maßgebend auch für die **frühzeitige Öffentlichkeitsbeteiligung** sind u. a. die Zielwerte des § 4 a Abs. 1 BauGB. Eine konkrete Verfahrensweise bestimmt § 3 Abs. 1 S. 1 BauGB nicht. Die gewählte Passivkonstruktion der Vorschrift läßt dies bundesrechtlich offen, verweist die Frage damit in das Landesrecht. Soweit dieses keine Regelungen enthält, ist die jeweilige Gemeinde frei, das Verfahren bei Beachtung der Zielwerte des § 3 Abs. 1 BauGB und des § 4 a Abs. 1 BauGB näher zu gestalten.[3] Eine wiederholte frühzeitige Beteiligung ist nicht ausgeschlossen.   **8**

(4) Das mit der frühzeitigen Beteiligung verfolgte Ziel erfordert eine angemessene Information. Dazu sind u. a. neben den allgemeinen Zielen und Zwecken der Planung deren **voraussichtliche Auswirkungen** darzulegen. Diese erfassen auch **Umweltbelange.**   **9**

(5) Eine **Rechtspflicht**, sich in der frühzeitigen Beteiligung zu äußern, **besteht nicht.** Eine Präklusion entsprechend § 4 Abs. 6 BauGB hat das EAG Bau zu recht nicht angeordnet.[4] Das wäre kommunalpolitisch verfehlt. Der betroffene Bürger läuft allerdings Gefahr, daß Belange, die sich der planenden Gemeinde nicht „aufdrängen müssen", in der späteren Abwägung unberücksichtigt bleiben.[5]   **10**

3.2.2 Zeitpunkt der frühzeitigen Öffentlichkeitsbeteiligung

Die Öffentlichkeit ist „**möglichst frühzeitig**" zu unterrichten. Der dafür maßgebende Zeitpunkt richtet sich nach dem Stand der gemeindeinternen Planung und deren Komplexität und Dringlichkeit einerseits, nach der Informationsgeeignetheit der Unterrichtung andererseits. Die Öffentlichkeit soll in einer Frühphase beteiligt werden, um ihr eine Einflußnahme auf die weitere Planungsentwicklung zu sichern. Daher darf die Planung noch nicht so weit „verfestigt" sein, daß praktisch der Planungsstand nach § 3 Abs. 2 BauGB bereits erreicht ist. Dann wäre der Übergang von der einen zur anderen Phase nur eine „Formsache". Gleichwohl muß die beabsichtigte Unterrichtung hinreichend substantiell sein.   **11**

---

3   M. Krautzberger, in: E/Z/B/K, BauGB, § 3 Rn. 8 (Stand: Mai 2003).
4   Vgl. dazu BVerwG, Urteil vom 13.3.1981 – 4 C 1.78 – DVBl 1981, 928 = ZfBR 1981, 149 = BauR 1981, 354 = BRS 38 Nr. 186.
5   Vgl. BVerwG, Beschluß vom 9.11.1979 – 4 N 1.78 u. a. – BVerwGE 59, 87 = DVBl 1980, 233 = ZfBR 1980, 39 = BauR 1980, 36 = BRS 36 Nr. 24; vgl. auch entsprechend zur Fachplanung BVerwG, Urteil vom 13.9.1985 – 4 C 64.80 – NVwZ 1986, 740 = BauR 1986, 59 = BRS 44 Nr. 20.

12 Werden **umweltbezogene Belange** berührt, kann es angezeigt sein, eine vorläufige gutachterliche Stellungnahme abzuwarten.[6] Das kann erforderlich sein, um eine erste erörterungsfähige Problemebene zu erreichen.[7] Hier bestimmt der zu erarbeitende vorläufige Erkenntnisstand den Zeitpunkt der frühzeitigen Beteiligung. In jedem Falle muß die interne Planung soweit vorangetrieben sein, daß deren „allgemeine Ziele und Zwecke" bereits öffentlich darstellungsfähig sind (§ 3 Abs. 1 S. 1 BauGB).[8]

3.2.3 Gemeindeinterne Entscheidung

13 Träger der frühzeitigen Öffentlichkeitsbeteiligung ist in jeder ihrer Phasen die **Gemeinde**. Eine **Beschlußfassung** des Gemeinderates ist – vorbehaltlich abweichender Bestimmungen im Kommunalverfassungsrecht einschließlich der Hauptsatzung – naheliegend. Überträgt die Gemeinde Vorbereitung und Durchführung gemäß § 4 b BauGB einem Dritten, muß dieser in der Lage sein, die gebotenen fachlichen Entscheidungen zu treffen. Die frühzeitige Öffentlichkeitsbeteiligung setzt keinen Aufstellungsbeschluß (§ 2 Abs. 1 BauGB) voraus.[9]

3.2.4 Gegenstand der frühzeitigen Öffentlichkeitsbeteiligung

14 (1) § 3 Abs. 1 S. 1 BauGB umschreibt den Gegenstand der frühzeitigen Öffentlichkeitsbeteiligung unverändert als eine zielorientierte Unterrichtung. Zu ihr zählt auch die Angabe der „sich wesentlich unterscheidenden Lösungen" und „die voraussichtlichen **Auswirkungen der Planung**". Dazu zählen in entsprechender Anwendung von § 3 Abs. 2 S. 1 BauGB **wesentliche umweltbezogene Informationen**, soweit diese bereits verfügbar sind (vgl. auch § 1 Abs. 6 Nr. 7 BauGB). Sind hierauf bezogene **„Anhaltspunkte"** (vgl. § 13 Abs. 1 Nr. 2 BauGB) bereits vorhanden, kann es fehlerhaft sein, ohne eine vertiefende **umweltbezogene Vorabprüfung** eine frühzeitige Öffentlichkeitsbeteiligung zu beginnen. Maßgebend auch für die frühzeitige Öffentlichkeitsbeteiligung ist u. a. § 4 a Abs. 1 BauGB. Erforderlich ist, „offene" Prognosen über denkbare Umweltbelastungen zu vermitteln. Die Gemeinde ist gehindert, nur über solche Planungsalternativen zu informieren, die sie selbst in Betracht zieht.[10]

15 Der Entwurf der BReg. hatte als Gegenstand der Unterrichtung ein sog. **Scoping** vorgesehen (vgl. BTag-Drs. 15/2250 S. 31, 43). Der Gesetzgeber ist dem nicht gefolgt. Bundesrat und mit ihm der 14. Ausschuß des BTages haben darin ersichtlich eine Überfrachtung der frühzeitigen Öffentlichkeitsbeteiligung gesehen (vgl. auch Art. 5 Abs. 4 Plan-UP-RL). § 3 Abs. 1 S. 1 BauGB kennt daher eine Verpflichtung, auch im Hinblick auf den erforderlichen Umfang und Detaillierungsgrad

---

6 Vgl. M. Krautzberger, in: E/Z/B/K, BauGB, § 3 Rn. 14 (Stand: Mai 2003).
7 OVG Münster, Urteil vom 30.6.1999 – 7a D 184/97.NE – ZfBR 2000, 57 = NuR 2000, 55 = NWVBl 2000, 62 = BauR 2000, 358 = BRS 62 Nr. 35 (1999): „eher grobe Information".
8 Vgl. U. Kuschnerus, Der sachgerechte Bebauungsplan, 3. Aufl., 2004, Rn. 686.
9 in: K. Gelzer/Chr. Bracher/O. Reidt, Bauplanungsrecht, 7. Aufl., 2004, Rn. 416.
10 Wie hier M. Krautzberger, in: E/Z/B/K, BauGB, § 3 Rn. 10 (Stand: Mai 2003).

der UP nach § 2 Abs. 4 BauGB zu informieren, nicht. Das hindert die Gemeinde jedoch nicht, nach ihrem Ermessen diese Unterrichtung bereits in der frühzeitigen Öffentlichkeitsbeteiligung vorzunehmen.

(2) Die Öffentlichkeit „ist" zu unterrichten. Die Gemeinde besitzt in der Zusam- **16** menstellung des Materials der Unterrichtung kein Ermessen, wenngleich sie auch hinsichtlich der umweltbezogenen Auswirkungen entsprechend § 3 Abs. 2 S. 1 BauGB eine Einschätzungsprärogative besitzt. Liegen bereits Stellungnahmen von Behörden zu umweltrelevanten Problemen vor, sind diese in die Unterrichtung einzubeziehen. Erforderlich kann es sein, auf **umweltbezogene Ziele der Raumordnung** entsprechend § 1 Abs. 4 BauGB aufmerksam zu machen. Es gilt das Gebot der **Aktualität** der Information.

3.2.5 Öffentliche Unterrichtung

(1) Die „Öffentlichkeitsbeteiligung" ist – wie der Name es sagt – „öffentlich". Das **17** bedeutet jedweden Verzicht auf eine personenbezogene Begrenzung. Die Unterrichtung muß „ortsüblich" sein. Maßgebend sind die Bestimmungen der Gemeindeordnung. Die Unterrichtung muß eine **„Anstoßwirkung"** intendieren.[11]

(2) Die Öffentlichkeit muß das Anliegen der Gemeinde verstehen können. Dazu **18** dienen die üblichen öffentlichen Kommunikationsmittel. Eine individuelle Benachrichtigung der von einem künftigen B-Plan betroffenen Grundeigentümer ist jedenfalls für die frühzeitige Öffentlichkeitsbeteiligung nicht geboten.[12] Der Gesetzgeber hat die frühzeitige Beteiligung nicht zum Schutze von Rechtspositionen der von der Planung betroffenen Bürger eingeführt.[13] Die Gemeinde ist nicht gehindert, jene individuell zu unterrichten, deren Rechte die Planung unmittelbar berührt.

(3) Eine konkrete **Verfahrensweise** bestimmt § 3 Abs. 1 S. 1 BauGB nicht. Die **19** unverändert gewählte Passivkonstruktion der Vorschrift läßt dies bundesrechtlich offen, verweist die Frage im wesentlichen in das Landesrecht. Immerhin öffnet sich § 4 a Abs. 4 BauGB der **elektronischen Informationstechnologie**. Das gilt jedenfalls für die Unterrichtung. Soweit das Landesrecht seinerseits keine Regelungen enthält, ist die Gemeinde frei, das Verfahren bei Beachtung des Zielwertes des § 3 Abs. 1 BauGB und des § 4 a Abs. 1 BauGB zu gestalten.[14] Ein ministerieller Erlaß kann sie dazu nicht anweisen. Eine wiederholte frühzeitige Beteiligung ist nicht ausgeschlossen. § 3 Abs. 1 S. 3 BauGB kann nicht als ein entsprechendes Verbot verstanden werden.

---

11 BVerwG, Urteil vom 6.7.1984 – 4 C 22.80 – BVerwGE 69, 344 = DVBl 1985, 110 = NJW 1985, 1570 = UPR 1985, 25 = ZfBR 1984, 291 = BauR 1984, 602 = BRS 42 Nr. 23 zu § 2 Abs. 6 S. 2 BBauG 1960.

12 OVG Hamburg, Urteil vom 4.11.1999 – 2 E 29/96.N – NVwZ-RR 2001, 83 = NordÖR 2000, 417 = ZfBR 2000, 498 = BRS 62 Nr. 37 (1999).

13 BVerwG, Beschluß vom 16.12.1992 – 4 B 202.92 – Buchholz 406.11 § 3 BauGB Nr. 4 zu § 3 Abs. 2 BauGB; abweichend Chr. Fackler, Verfassungs- und verwaltungsrechtliche Aspekte eines Individualanspruchs auf Bauleitplanung, 1989, S. 90ff.

14 M. Krautzberger, in: E/Z/B/K, BauGB, § 3 Rn. 8 (Stand: Mai 2003).

3.2.6 Gelegenheit zur Äußerung und Erörterung

20 (1) § 3 Abs. 1 S. 1 Halbs. 2 BauGB fordert eine **Anhörung** der Öffentlichkeit. Die Anhörung selbst muß nicht ihrerseits „öffentlich" sein. Eine thematische Beschränkung gibt es nicht. Auf ein Vorbringen, das keinen Bezug zum Planungsgegenstand mehr hat, muß die Erörterung inhaltlich nicht eingehen. Die Erörterung verlangt von der Gemeinde auf der Grundlage abgegebener Stellungnahmen eine Erläuterung ihrer planerischen Vorstellungen. Erörterung ist mithin **strukturierter Dialog**. Der Bericht des Bundestagsausschusses hat den Vorgang anläßlich der Novelle 1976 dahin plastisch umschrieben, daß die Gemeinde mit dem Bürger das Vorgebrachte „durchzugehen" habe (BTag-Drs. 7/4793 S. 26).[15]

21 (2) Ob die **Erörterung** ihrerseits zwingend öffentlich zu sein hat, läßt sich § 3 Abs. 1 S. 1 BauGB nicht entnehmen.[16] Das EAG Bau hat allerdings die bisherige Wortwahl geändert. Neben der (allgemeinen) „Öffentlichkeit" verwendet das Gesetz an anderen Stellen den Ausdruck der „betroffenen Öffentlichkeit" (§ 13 Abs. 2 Nr. 2, § 4a Abs. 3 S. 4, § 33 Abs. 3 S. 2 BauGB). Dieser Änderung ist jedoch kein sachliches Gewicht beizumessen, da sie der Gesetzgeber nur „mechanisch" vorgenommen hat. Eine Absicht, mit dieser Änderung des Ausdrucks für § 3 Abs. 1 S. 1 BauGB eine „öffentliche" Erörterung festzulegen, läßt sich in der Entstehungsgeschichte des EAG Bau nicht nachweisen.

22 (3) Kritisch ist der **Zeitrahmen**. Das gilt für die Frist zwischen der öffentlichen Unterrichtung, der Möglichkeit, sich hierzu zu äußern, und der sich anschließenden Erörterung. Zweifelhaft ist, ob die Unterrichtung und die Erörterung in einem einzigen Termin verbunden werden darf.[17] Das läßt sich nicht allgemein entscheiden. Maßgebend ist der Komplexitätsgrad der beabsichtigten Planung. Die Öffentlichkeit muß sich ihrerseits anderweitig unterrichten können, um überlegen und überprüfen zu können.

23 Ebenso wie die Stellungnahmen nach § 3 Abs. 2 BauGB intendiert die frühzeitige Beteiligung nicht nur eine Steigerung der Akzeptanz der Planung, sondern auch eine mögliche Verbesserung des Abwägungsmaterials (§ 2 Abs. 3 BauGB). Das EAG Bau hat an der **Zweistufigkeit der Beteiligung** der Öffentlichkeit festgehalten. Das hat die praktische Handhabung zu respektieren. Zudem ist die frühzeitige Beteiligung ein Mittel, um die Notwendigkeit einer späteren Entwurfsänderung mit erneuter zeitverzögernder Offenlegung (§ 4a Abs. 3 BauGB) in Grenzen zu halten. Es mag einen Unterschied darstellen, ob Gegenstand der Unterrichtung ein F-Plan, der in den Außenbereich hineinwirkt, oder ein objektbezogener B-Plan im Innenbereich ist.

---

15 Ebenso M. Krautzberger, in: E/Z/B/K, BauGB, § 3 Rn. 12 (Stand: Mai 2003).

16 Verneinend U. Kuschnerus, Der sachgerechte Bebauungsplan, 3. Aufl., 2004, Rn. 687.

17 Bejahend OVG Hamburg, Urteil vom 4.11.1999 – 2 E 29/96.N – NVwZ-RR 2001, 83 = NordÖR 2000, 417 = ZfBR 2000, 498 = BRS 62 Nr. 37 (1999); M. Krautzberger, in: E/Z/B/K, BauGB, § 3 Rn. 12 (Stand Mai 2003); O. Reidt, in: K. Gelzer/Chr. Bracher/O. Reidt, Bauplanungsrecht, 7. Aufl., 2004, Rn. 422, a.A. A. Friege, in: St. Gronemeyer (Hrsg.), BauGB-Praxiskommentar, 1999, § 3 Rn. 6.

Berkemann

3.3 Unveränderter Regelungsgehalt des § 3 Abs. 1 Satz 2 BauGB 2004

(1) Von der Unterrichtung nach § 3 Abs. 1 S. 1 BauGB – und folglich auch von   24
der Erörterung – kann gemäß § 3 Abs. 1 S. 2 BauGB in zwei Fällen abgesehen
werden. Die Regelung entspricht der bisherigen Gesetzeslage. § 3 Abs. 1 S. 2 Nr.
1 BauGB besitzt eine Ähnlichkeit zum vereinfachten Verfahren (vgl. § 13 Abs. 2
Nr. 1 BauGB).

(2) Von einer Unterrichtung **kann** die Gemeinde **absehen**, wenn die Öffentlich-   25
keit zuvor in einem anderen Verfahren entsprechend den Zielvorgaben des § 3
Abs. 1 S. 1 BauGB unterrichtet wurde und eine Gelegenheit zur Erörterung bestand. Diese Unterrichtung mußte einen konkreten Bezug zur jetzigen Planung besitzen. Eine gewisse Zeitnähe ist erforderlich. Die frühere Informationslage muß
in ihrer Basisstruktur den Anforderungen des § 3 Abs. 1 S. 1 BauGB entsprechen.
Sie darf nicht überholt sein, muß vielmehr eine gewisse inhaltliche Parallelität aufweisen. Das schließt in entsprechender Anwendung von § 3 Abs. 2 S. 1 BauGB
umweltbezogene Informationen ein. Das gilt u. a. dann, wenn eine vorgezogene Behördenbeteiligung nach § 4 Abs. 1 BauGB (**Scoping**) derartige Informationen erbracht hat.[18] Stets müssen die voraussichtlichen **Auswirkungen** der nunmehrigen Planung aufweisbar sein. Die Öffentlichkeit muß erkenntnismäßig einen
Zusammenhang zwischen der Unterrichtung „auf anderer Grundlage" und der
jetzigen Planung selbst herstellen können.

3.4 Unveränderter Regelungsgehalt des § 3 Abs. 1 Satz 3 BauGB 2004

(1) An die frühzeitige Beteiligung der Öffentlichkeit schließt sich gemäß § 3 Abs. 1   26
S. 3 BauGB das förmliche Auslegungsverfahren nach § 3 Abs. 2 BauGB an. Die
Regelung entspricht der bisherigen Gesetzeslage. Nach Abschluß der frühzeitigen Beteiligung, also nach Erörterung im Sinne des § 3 Abs. 1 S. 1 BauGB, entscheidet die Gemeinde, ob und in welcher Weise das Verfahren fortgesetzt wird.

(2) Der „Übergang" von der frühzeitigen Beteiligung in das förmliche Auslegungs-   27
verfahren darf für die Öffentlichkeit nicht verwirrend sein. Diese Gefahr kann bestehen, wenn die Gemeinde aufgrund der Ergebnisse der frühzeitigen Beteiligung
in eine **Überarbeitung des bisherigen Konzepts** eintritt. Dazu bedarf es der
Auswertung und der weiteren Förderung in der Zusammenstellung des relevanten **Abwägungsmaterials** (vgl. § 2 Abs. 3 BauGB). Insoweit besitzt die Erörterung gegenüber der planenden Gemeinde ihrerseits „Anstoßfunktion". Das alles
erfordert ein Mindestmaß an Schriftlichkeit (arg. e § 216 BauGB). Eine erneute
frühzeitige Öffentlichkeitsbeteiligung bei Änderungen des ursprünglichen Planungskonzepts ist zulässig, aber nicht geboten.

Werden Plangebietsgrenzen eines im Rahmen der frühzeitigen Beteiligung vorge-   28
stellten Planentwurfs vor Auslegung gemäß § 3 Abs. 2 BauGB geändert, bedarf
es nach Ansicht des OVG Münster hierzu keiner ausdrücklichen Verlautbarung der

---

18   Ähnlich O. Reidt, in: K. Gelzer / Chr. Bracher / O. Reidt, Bauplanungsrecht, 7. Aufl., 2004, Rn. 422.

Änderungen in der Bekanntmachung der Auslegung.[19] Diese Ansicht ist nicht zu verallgemeinern. Die für § 3 Abs. 2 S. 1 BauGB erforderliche Anstoßfunktion ist auf der Grundlage der objektiv vorhandenen Informationslage der Öffentlichkeit zu beurteilen. Diese wird auch durch den Informationsgehalt der frühzeitigen Unterrichtung geprägt.

4. Rechtsfehler

29 Eine fehlerhafte Anwendung des § 3 Abs. 1 BauGB bleibt gemäß § 214 Abs. 1 S. 1 Nr. 2 BauGB sanktionslos.[20] Das gilt nur, soweit ein Verfahrensmangel besteht. Wirkt sich ein inhaltlicher Mangel der Unterrichtung auf das weitere Verfahren aus, ist dieses gleichsam „infiziert".[21]

II. § 3 Abs. 2 BauGB 2004 – Auslegung des Planentwurfs

1. Text der geänderten Fassung

30 (2) Die Entwürfe der Bauleitpläne sind mit der Begründung und **den nach Einschätzung der Gemeinde wesentlichen, bereits vorliegenden umweltbezogenen Stellungnahmen für** die Dauer eines Monats öffentlich auszulegen. Ort und Dauer der Auslegung **sowie Angaben dazu, welche Arten umweltbezogener Informationen verfügbar sind,** sind mindestens eine Woche vorher ortsüblich bekannt zu machen; **dabei ist darauf hinzuweisen, dass Stellungnahmen während der Auslegungsfrist abgegeben werden können und dass nicht fristgerecht abgegebene Stellungnahmen bei der Beschlussfassung über den Bauleitplan unberücksichtigt bleiben können.** Die nach § 4 Abs. 2 Beteiligten sollen von der Auslegung benachrichtigt werden. Die fristgemäß **abgegebenen Stellungnahmen** sind zu prüfen; das Ergebnis ist mitzuteilen. Haben mehr als 50 Personen **Stellungnahmen** mit im Wesentlichen gleichem Inhalt abgegeben, kann die Mitteilung dadurch ersetzt werden, dass diesen Personen die Einsicht in das Ergebnis ermöglicht wird; die Stelle, bei der das Ergebnis der Prüfung während der Dienststunden eingesehen werden kann, ist ortsüblich bekannt zu machen. Bei der Vorlage der Bauleitpläne nach § 6 oder § 10 Abs. 2 sind die nicht berücksichtigten **Stellungnahmen** mit einer Stellungnahme der Gemeinde beizufügen.

2. Textgeschichte

31 Die Gesetzesfassung entspricht textidentisch dem Gesetzesentwurf der BReg. (BTag-Drs. 15/2250 S. 12, 43f.). Der Bundesrat hatte in seiner Stellungnahme keine Änderungen vorgeschlagen.

---

19 OVG Münster, Urteil vom 30.6.1999 – 7a D 184/97.NE – ZfBR 2000, 57 = NuR 2000, 55 = NWVBl 2000, 62 = BauR 2000, 358 = BRS 62 Nr. 35 (1999): „eher grobe Information".

20 BVerwG, Beschluß vom 23.10.2002 – 4 BN 53.02 – NVwZ-RR 2003, 172 = UPR 2003, 152 = ZfBR 2003, 157 = BauR 2003, 216 = BRS 65 Nr. 47; vgl. VGH Mannheim, Beschluß vom 12.8.1994 – 8 S 903/94 – NVwZ 1996, 271 = VBlBW 1995, 241 = NuR 1995, 262 zu § 3 Abs. 1 S. 1 Nr. 3 BauGB 1987.

21 Vgl. BVerwG, Beschluß vom 15.4.1988 – 4 N 4.87 – BVerwGE 79, 200 = DVBl 1988, 958 = NVwZ 1988, 916 = UPR 1988, 388 = ZfBR 1988, 274 = BauR 1988, 562 = BRS 48 Nr. 21.

Berkemann

3. Erläuterung der Änderung

3.1 Zielsetzung

An dem Zweck einer effektiven Öffentlichkeitsbeteiligung hat sich gegenüber der [32] früheren „Bürgerbeteiligung" nichts Grundsätzliches geändert.[22] Im Sinne der Zielsetzung des EAG Bau ist die Unterrichtung über Sachverhalte verstärkt worden, die sich auf umweltbezogene Informationen beziehen. § 4a Abs. 1 BauGB betont die Ermittlungsfunktion der Öffentlichkeitsbeteiligung und verweist damit mittelbar auf § 2 Abs. 3 BauGB. Die Beteiligung der Öffentlichkeit dient zugleich der Verbesserung der Akzeptanz der Planung. Im Sinne der **Aarhus-Konvention** ist § 3 Abs. 2 BauGB zugunsten der Effektivität der Beteiligung auszulegen und anzuwenden.[23]

3.2 Regelungsgehalt

3.2.1 Allgemeines

Die Auslegung nach § 3 Abs. 2 BauGB lebt von der durch die ortsübliche Bekannt- [33] machung ausgelösten **Anstoßfunktion**.[24] Dazu muß die Bekanntmachung thematisch oder kommunikativ geeignet sein. Das EAG Bau hat dies im Sinne umweltpolitischer Zielsetzungen in § 3 Abs. 2 BauGB akzentuiert. Die Öffentlichkeit muß erkennen können, welche Planungsabsichten die Gemeinde verfolgt. Das BVerwG hat dazu die Vorstellung als unrealistisch abgelehnt, jeder Bürger in der Gemeinde verfolge jederzeit das gesamte kommunale Geschehen in seinen Einzelheiten.[25]

3.2.2 § 3 Abs. 2 Satz 1 BauGB 2004

(1) § 3 Abs. 2 S. 1 BauGB folgt der bisherigen Regelung, erweitert aber den Um- [34] fang der offen zu legenden Information. § 3 Abs. 2 S. 1 BauGB setzt unverändert einen **auslegungsreifen und beschlußfähigen Planentwurf** voraus. Die Auslegung ist unverändert nicht auf eine Betroffenheitsbeteiligung beschränkt (arg. e § 13 Abs. 2 Nr. 2 BauGB). § 3 BauGB normiert nicht, welches Gemeindeorgan

---

22 Vgl. zur früheren Gesetzeslage u.a. W. Schrödter, in: H. Schrödter (Hrsg.), BauGB, 6. Aufl., 1998, § 3 Rn. 3f.; 7. Aufl., 2005, § 2 Rn. 1.

23 Übereinkommen der UN ECE über den Zugang zu Informationen, die Öffentlichkeitsbeteiligung in Entscheidungsverfahren und den Zugang zu Gerichten in Umweltangelegenheiten vom 25.6.1998 (Aarhus-Konvention), abgedr. NVwZ-Beil. III 2001 zu H. 3/2001; Richtlinie 2003/35/EG des Europäischen Parlaments und des Rates vom 26.5.2003 über die Beteiligung der Öffentlichkeit bei der Ausarbeitung bestimmter umweltbezogener Pläne und Programme und zur Änderung der Richtlinien 85/337/EWG und 96/61/EG des Rates in Bezug auf die Öffentlichkeitsbeteiligung und den Zugang zu Gerichten (ABl. EG Nr. L 156 S. 17). Im Zeitpunkt des Inkrafttretens des EAG Bau (20.7.2004) war die Richtlinie noch nicht umgesetzt worden.

24 Vgl. BVerwG, Urteil vom 6.7.1984 – 4 C 22.80 – BVerwGE 69, 344 = DVBl 1985, 110 = NJW 1985, 1570 = UPR 1985, 25 = ZfBR 1984, 291 = BauR 1984, 602 = BRS 42 Nr. 23.

25 BVerwG, Urteil vom 6.7.1984 – 4 C 22.80 – BVerwGE 69, 344 = DVBl 1985, 110 = NJW 1985, 1570 = UPR 1985, 25 = ZfBR 1984, 291 = BauR 1984, 602 = BRS 42 Nr. 23 zu § 2 Abs. 6 S. 2 BBauG 1960.

die Entscheidung trifft, in die Phase des § 3 Abs. 2 BauGB einzutreten. Das gilt auch für die Frage, ob hierfür förmliche Beschlüsse erforderlich sind.[26]

35 (2) In der Praxis ist es üblich, die Entscheidung über die Auslegung in einem **Offenlegungsbeschluß** zu treffen. § 3 Abs. 2 BauGB bestimmt dies nicht.[27] Das Landes- oder Ortsrecht kann eine derartige förmliche Entscheidung vorsehen. Entscheidend ist bundesrechtlich nur, daß die Offenlegung zum Zwecke der Informationsvermittlung tatsächlich erfolgt.

3.2.2.1 Gegenstand der Auslegung – Begründung

36 (1) Auszulegen ist der **Entwurf des Bauleitplans**. Aus dem Inhalt der Bekanntmachung muß die **Art des Bauleitplanes** erkennbar sein, ob also der Entwurf für einen F-Plan oder B-Plan oder vorhabenbezogenen B-Plan ausgelegt wird. Die vorgesehenen Darstellungen oder Festsetzungen müssen ohne weitere Schwierigkeiten im Falle der Einsichtnahme erkennbar sein. Der zeichnerische Teil darf zwar verkleinert werden. Der gewählte Maßstab darf die Erkennbarkeit jedoch nicht erschweren.[28]

37 (2) Auslegungsgegenstand ist auch die auf den Entwurf bezogene **Begründung**. § 3 Abs. 2 S. 1 BauGB hat die Unterscheidung zwischen „Erläuterungsbericht" und „Begründung" zugunsten einer einheitlichen Terminologie beseitigt. Die Unterscheidung war sachlich überholt und nur historisch verständlich.

38 (3) Die Begründung mußte bereits gemäß § 2a Abs. 1 Halbs. 1 BauGB in der Fassung des UVP-ÄndG 2001 (Gesetz vom 27.7.2001 – BGBl. I S. 1950) einen **Umweltbericht** enthalten. Das entsprach Art. 5 Abs. 2 bis 4 und Art. 9 Abs. 1 der UVP-RL in der Fassung der Änderungsrichtlinie vom 3.3.1997 (Richtlinie 97/11/EG – ABl. Nr. L 73 S. 5), und zwar auch in Verb. mit § 6 Abs. 3 UVPG 2001. Dadurch wurde die UVP insoweit erstmals Bestandteil der Bauleitplanung. Das EAG Bau hat dies aufrechterhalten. Danach ist Teil der „auszulegenden" Begründung nunmehr gemäß § 2a S. 2 Nr. 2 BauGB 2004 der von der Gemeinde in ihrer Verantwortung erstellte **Umweltbericht**. Der Bericht muß entsprechend dem **„Stand des Verfahrens"** aktualisiert sein. Das bezieht sich hier auf den Zeitpunkt des Beginns des förmlichen Auslegungsverfahrens nach § 3 Abs. 2 S. 1 BauGB.

---

26 Vgl. BVerwG, Beschluß vom 3.10.1984 – 4 N 1.84 u.a. – DVBl 1985, 387 = NVwZ 1985, 487 = UPR 1985, 131 = ZfBR 1985, 48 = BRS 42 Nr. 21; Beschluß vom 15.4.1988 – 4 N 4.87 – BVerwGE 79, 200 = DVBl 1988, 958 = NVwZ 1988, 916 = UPR 1988, 388 = ZfBR 1988, 274 = BauR 1988, 562 = BRS 48 Nr. 21.

27 Vgl. BVerwG, Beschluß vom 15.4.1988 – 4 N 4.87 – BVerwGE 79, 200 = DVBl 1988, 958 = NVwZ 1988, 916 = ZfBR 1988, 274 = BauR 1988, 562 = BRS 48 Nr. 21; VGH Kassel, 5.5.2003 – 9 N 640/00 – HGZ 2003, 396 = ZfBR 2003, 704 (L); OVG Bautzen, Urteil vom 4.10.2000 – 1 D 19/00 – SächsVBl 2001, 34 = BRS 63 Nr. 36 (2000); VGH Mannheim, Urteil vom 27.11.1998 – 8 S 1030/98 – VBlBW 1999, 136.

28 Vgl. kritisch VGH Kassel, Urteil vom 22.10.1991 – 4 N 670/88 – ESVGH 42, 234 = BRS 52 Nr. 31.

Berkemann

3.2.2.2 Begriff der „Auslegung"

3.2.2.1 Gegenstand der Auslegung

(1) Die **Begründung** und der **Umweltbericht** sind zur Einsichtnahme offenzule- **39** gen. Dagegen müssen Verfahrensunterlagen – vorbehaltlich landesrechtlicher Einsichtsrechte – nicht ausgelegt werden. Bundesrecht ist insoweit eine abschließende Regelung nicht zu entnehmen, sondern enthält für den Umfang der Offenlegung nur einen Mindeststandard.[29] Eine **Kopie des Umweltberichtes**, ggf. kostenfrei, kann nach allgemeiner Auffassung nicht verlangt werden.[30] § 3 Abs. 2 S. 1 BauGB meint (bundesrechtlich) mit Auslegung nur die Möglichkeit der Einsichtnahme. Diese Begrenzung kann die Ausarbeitung einer Stellungnahme sehr erschweren. Das kann im Einzelfall unzumutbar sein. Die Gemeinde sollte die ihr in § 4a Abs. 4 BauGB eröffnete Möglichkeit einer Aufnahme ins Internet nutzen. Naheliegend ist auch, den **Umweltbericht** in **CD-Form** zur Verfügung zu stellen.

(2) Die Gemeinde hat bereits vorliegende **umweltbezogene Stellungnahmen** **40** auszulegen, wenn sie „wesentlich" sind. Umweltbezogene Stellungnahme sind stets solche, welche die Gemeinde im Verfahren nach § 4 Abs. 1 BauGB erhalten hat.[31] § 3 Abs. 2 S. 1 BauGB darin den Anforderungen der Aarhus-Konvention. Auch informationshaltige Stellungnahmen Privater oder Verbände sind grundsätzlich auszulegen. Das gilt dann nicht, wenn datenschutzrechtliche Gründe entgegenstehen.[32] Zuschriften allgemeinen Inhalts, etwa allgemein gehaltene Proteste, sind nicht auslegungsbedürftig. Die Gemeinde ist nicht auf die Auslegung gerade umweltbezogener Stellungnahmen beschränkt. Eine komplette Liste aller eingegangenen Stellungnahmen muß nicht angeführt werden. Gut ist es, wenn die Gemeinde in der Bekanntmachung **thematische Blöcke** bildet.

Eine Stellungnahme ist dann umweltbezogen, wenn sie sich thematisch auf den **41** Regelungsbereich des § 1 Abs. 6 Nr. 7 in Verb. mit § 1a, § 2 Abs. 4, § 2a S. 2 Nr. 2 BauGB bezieht. Ziel ist es, im Bereich des Umweltschutzes die **Informationsbreite der interessierten Öffentlichkeit** bereits in der Offenlegungsphase zu verbessern. Die voraussetzende Vorstellung des § 3 Abs. 2 S. 1 BauGB ist, daß derartige Kenntnisse die Transparenz der Planung dadurch erhöhen, daß die Stellungnahmen ihrerseits „umweltbezogene" Stellungnahmen auslösen. Angestrebt wird damit für den Umweltschutz ein **gesteigertes Kritikniveau**. Ein weiteres kommt hinzu: Der Umweltbericht (§ 2a S. 2 Nr. 2 BauGB) ist als gesonderter Teil der Begründung ohnedies auszulegen. Von dem Bericht, „nach dem Stand des Verfahrens" aktualisiert, darf eine Verarbeitung der bereits „vorliegenden" umweltbezogenen Stellungnahmen erwartet werden. Wenn § 3 Abs. 2 S. 1 BauGB gleich-

---

29 A.A.M. Krautzberger, in: E/Z/B/K, BauGB, § 3 Rn. 32 (Stand: Mai 2003).
30 M. Krautzberger, in: E/Z/B/K, BauGB, § 3 Rn. 32 (Stand: Mai 2003); O. Reidt, in: K. Gelzer/Chr. Bracher/O. Reidt, Bauplanungsrecht, 7. Aufl., 2004, Rn. 465.
31 Wie hier B. Stüer, Städtebaurecht 2004, 2004, S. 17; EAG Mustererlaß 2004, Nr. 3.4.3.3.
32 Vgl. J. Berkemann, Bauleitplanung und Datenschutz, in: ZfBR 1986, 155–161; ebenso EAG Mustererlaß 2004, Nr. 3.4.2.2.

wohl gesondert die Auslegung umweltbezogener Stellungnahmen fordert, soll der Öffentlichkeit vor dem Hintergrund der Kenntnis des Umweltberichtes auch eine Kritik darüber ermöglicht werden, in welcher Weise bereits vorliegende umwelt-bezogene Stellungnahmen verarbeitet wurden. Es ist gewissermaßen der Blick in die Werkstatt der umweltbezogenen Planung.

42 Aus diesen Zielsetzungen des § 3 Abs. 2 S. 1 BauGB läßt sich auch ableiten, wel-che umweltbezogenen Stellungnahmen als **„wesentlich"** anzusehen sind. Es sind solche Stellungnahmen, die methodisch und inhaltlich-fachlich bei objektiver Be-trachtung geeignet sind, den Kenntnisstand und das Kritikniveau im Bereich des § 1 Abs. 6 Nr. 7 in Verb. mit § 1a, § 2 Abs. 4, § 2a S. 2 Nr. 2 BauGB einschließ-lich § 5 Abs. 2a, § 5 Abs. 2b, § 9 Abs. 1a, § 200a BauGB substantiell zu erhö-hen. Dabei ist es an sich unerheblich, wer die umweltbezogenen Stellungnahmen abgegeben hat.

43 § 3 Abs. 2 S. 1 BauGB mindert die Pflicht zur Auslegung insoweit, als der Gemein-de ausdrücklich eine **Einschätzungsprärogative** zugewiesen wird. Sie hat die Wesentlichkeit der umweltbezogenen Stellungnahmen zu beurteilen. Die Entschei-dung ist nicht selbständig angreifbar. Der Kreis der auszulegenden Stellungnah-men darf nicht zu eng gezogen werden. Für Verstöße gegen § 3 Abs. 2 S. 1 BauGB besteht insoweit keine interne Unbeachtlichkeitsklausel im Sinne des § 214 Abs. 1 S. 1 Nr. 2 BauGB. Die Entscheidung muß „die Gemeinde" treffen. Bundes-recht normiert nicht, welches Gemeindeorgan zuständig ist. Da § 3 Abs. 2 BauGB insgesamt vom Beschlußverfahren absieht (vgl. dagegen § 2 Abs. 1 S. 2, § 6 Abs. 6, § 10 Abs. 1 BauGB), gibt das Bundesrecht nicht vor, daß ein „beschließen-des" Gemeindorgan die auswählende Entscheidung trifft.

44 (3) Nicht abschließend geklärt ist das Zusammenspiel von § 3 Abs. 2 S. 1 BauGB und **§ 4 Abs. 1 UIG** über den freien Zugang zu vorhandenen Informationen über die Umwelt.[33] Fraglich ist u.a., ob die förmliche Auslegung nach § 3 Abs. 2 BauGB ein „Vorverfahren" im Sinne des Art. 3 Abs. 2 UAbs. 1 Richtlinie 90/313/EWG vom 23.6.1990 in der Fassung der Richtlinie 2003/4/EG vom 28.1.2003 (ABl. EG Nr. L 41 S. 26, abgedruckt NVwZ 2003, 697–701) ist.[34] § 3 Abs. 2 S. 2 BauGB ver-langt für die Phase der öffentlichen Bekanntmachung Angaben darüber, welche Arten **umweltbezogener Informationen** „verfügbar" sind. Diese sprachliche Fas-sung enthält einen deutlichen Bezug auf einen Erwägungsgrund der seinerzeiti-gen Richtlinie 90/313/EWG („available").

45 Der Anspruch nach § 4 Abs. 1 UIG richtet sich nach der Legaldefinition des Be-griffs der Umweltinformationen in § 3 Abs. 2 UIG auf alle in Schrift, Bild oder auf sonstigen Informationsträgern vorliegenden Daten über den Zustand u.a. der Ge-wässer, der Luft und des Bodens (§ 3 Abs. 2 Nr. 1 UIG), über Tätigkeiten oder

---

33 Vgl. dazu O. Reidt, in: K. Gelzer/Chr. Bracher/O. Reidt, Bauplanungsrecht, 7. Aufl., 2004, Rn. 466.
34 Vgl. auch EuGH, Urteil vom 9.9.1999 – C–217/97 – EuGHE I 1999, 5087 = DVBl 1999, 1494 = NVwZ 1999, 1209; stark restriktiv EuGH, Urteil vom 17.6.1998 – C–321/96 – EuGHE I 1998, 3809 = DVBl 1998, 1176 = NVwZ 1998, 945 = UPR 1998, 444.

Berkemann

Maßnahmen, die diesen Zustand beeinträchtigen oder beeinträchtigen können (§ 3 Abs. 2 Nr. 2 UIG), und über Tätigkeiten oder Maßnahmen zum Schutz dieser Umweltbereiche einschließlich verwaltungstechnischer Maßnahmen und Programme zum Umweltschutz (§ 3 Abs. 2 Nr. 3 UIG). Eine Gemeinde hat als juristische Person des öffentlichen Rechts ihrerseits keinen Anspruch auf freien Zugang zu Informationen über die Umwelt nach § 4 UIG.[35]

3.2.2.2.2 Öffentlichkeit der Auslegung

(1) Die Auslegung ist „öffentlich". Eine individuelle Benachrichtigung kennt § 3 **46** Abs. 2 S. 1 BauGB nicht.[36] Das gilt auch, wenn für die Gemeinde eine konkrete Betroffenheit erkennbar ist (vgl. dagegen § 73 Abs. 4 S. 2 VwVfG für nicht „ortsässige Betroffene"). Das hat mittelbare Konsequenzen für die in § 4 a Abs. 6 BauGB vorgesehene Präklusion.

(2) Den Vorgang der mit der Auslegung verbundenen **Einsichtnahme** regelt § 3 **47** Abs. 2 BauGB selbst nicht, setzt ihn vielmehr voraus. Das EAG Bau hat hier keinen Anlaß gesehen, Vorgaben zu treffen. Im Gegensatz zum bekanntgemachten F-Plan oder B-Plan sind in der Phase des § 3 Abs. 2 BauGB Einsichts- und Auskunftsrechte nicht näher bestimmt (vgl. § 6 Abs. 5, § 10 Abs. 3 BauGB). Als Regel gilt: Was in der Bekanntmachung als vorhanden angegeben wird, muß auch eingesehen werden können (vgl. dazu näher unten). Daher muß jedenfalls nach neuer Rechtslage auch Einsicht in **vorbereitende Unterlagen** gewährt werden, wenn diese relevante **Umweltinformationen** enthalten.

3.2.2.3 Dauer der Auslegung

Die **Auslegungsfrist** beträgt unverändert einen Monat. § 3 Abs. 2 S. 1 BauGB **48** läßt nicht erkennen, ob damit nur eine Mindestfrist gemeint ist.[37] Dagegen spricht die abweichende Fassung des § 4 Abs. 2 S. 1 BauGB für die Behördenbeteiligung. Das EAG Bau hat eine Klarstellung nicht vorgenommen. Wählt die Gemeinde eine längere als die Monatsfrist, ist diese aus Gründen des Vertrauensschutzes maßgebend.

Von der Auslegungsfrist ist die **konkrete Einsichtszeit** zu unterscheiden. Der zur **49** Einsicht zur Verfügung stehende **Zeitrahmen** muß nach Umfang und Tageszeit angemessen sein, um die ausgelegten Unterlagen problemausgerichtet „studieren" zu können. Bundesrecht gebietet nicht, daß Bebauungsplanentwürfe wäh-

---

35 BVerwG, Beschluß vom 31.10.1995 – 1 B 126.95 – NVwZ 1996, 400 = NuR 1996, 248.

36 Vgl. OVG Hamburg, Urteil vom 4.11.1999 – 2 E 29/96.N – NVwZ-RR 2001, 83 = NordÖR 2000, 417 = ZfBR 2000, 498 = BRS 62 Nr. 37 (1999); O. Reidt, in: K. Gelzer/Chr. Bracher/O. Reidt, Bauplanungsrecht, 7. Aufl., 2004, Rn. 429ff.

37 Vgl. W. Schrödter, in: H. Schrödter (Hrsg.), BauGB, 6. Aufl., 1998, § 3 Rn. 28; M. Krautzberger, in: E/Z/B/K, BauGB, § 3 Rn. 39 (Stand: Mai 2003); ausführlich zur Fristenberechnung R. Ley, Die Berechnung der Fristen bei der öffentlichen Auslegung nach § 3 Abs. 2 Satz 1 und 2 BauGB, in: BauR 2000, 654–660.

rend der gesamten Dienststunden der Gemeindeverwaltung ausgelegt sein müssen.[38]

3.2.3 § 3 Abs. 2 Satz 2 BauGB 2004

3.2.3.1 Pflichtangaben in der Bekanntmachung

3.2.3.1.1 Ort und Zeit der Auslegung

50 Ort und Dauer der Auslegung sind mindestens eine Woche vorher ortsüblich bekannt zu machen. Das EAG Bau hat die bisherige Regelung übernommen. Die Bekanntmachung muß den Ort (Dienststelle) und die Zeit (Beginn und Ende der Auslegungsfrist) angeben. Erkannt werden muß auch, daß die **Auslegungsfrist** als Frist zur Einsichtnahme zugleich die „**Einwendungsfrist**" darstellt. Für die Frist der Bekanntmachung ist der Tag der Bekanntmachung selbst nicht mitzuzählen.[39] Wird die Frist nicht eingehalten, ist dies unschädlich, wenn die bekanntgemachte Dauer der Auslegung so bemessen ist, daß die Mindestfristen für Bekanntmachung und Auslegung des Entwurfs insgesamt eingehalten werden.[40] Näheres ist hier nicht darzustellen.

3.2.3.1.2 Angabe von Umweltinformationen

51 (1) Das **EAG Bau** hat den Inhalt der Bekanntmachung dahin ergänzt, daß zwingend auch anzugeben ist, **welche Arten umweltbezogener Informationen verfügbar sind**. Ein Hinweis auf die Durchführung einer UP ist entbehrlich (arg. e § 13 Abs. 3 BauGB).

52 § 3 Abs. 2 S. 2 Halbs. 1 BauGB setzt damit Vorgaben des Art. 6 Abs. 2 der Aarhus-Konvention sowie **Art. 3 Nr. 4 der Öffentlichkeits-RL** um.[41] Art. 6 der Aarhus-Konvention bezieht sich auf die Öffentlichkeitsbeteiligung an projektbezogenen Tätigkeiten. Auf der EU-Ebene ist die Umsetzung durch eine Änderung der Pro-

---

38 Vgl. BVerwG, Urteil vom 4.7.1980 – 4 C 25.78 – DVBI 1981, 99 = NJW 1981, 594 = ZfBR 1980, 245 = BauR 1980, 437 = BRS 36 Nr. 22; zu zahlreichen Einzelfällen vgl. M. Krautzberger, in: E/Z/B/K, BauGB, § 3 Rn. 35, 36 (Stand: Mai 2003); vgl. auch zur Fachplanung BVerwG, Urteil vom 13.9.1985 – 4 C 64.80 – NVwZ 1986, 740 = BauR 1986, 59 = BRS 44 Nr. 20 (Sylvester).

39 GemSen OBG, Beschluß vom 6.7.1972 – Gms-OBG 2/71 – BGHZ 59, 396 = BVerwGE 40, 363 = DVBI 1973, 30 = BauR 1972, 350 = BRS 25 Nr. 16.

40 BVerwG, Beschluß vom 23.7.2003 – 4 BN 36.03 – NVwZ 2003, 1391 = UPR 2003, 450 = ZfBR 2004, 64 = BauR 2004, 42.

41 Vgl. Übereinkommen der UN ECE über den Zugang zu Informationen, die Öffentlichkeitsbeteiligung in Entscheidungsverfahren und den Zugang zu Gerichten in Umweltangelegenheiten vom 25.6.1998 (Aarhus-Konvention), abgedr. NVwZ-Beil. III 2001 zu H. 3/2001; Richtlinie 2003/35/EG des Europäischen Parlaments und des Rates vom 26.5.2003 über die Beteiligung der Öffentlichkeit bei der Ausarbeitung bestimmter umweltbezogener Pläne und Programme und zur Änderung der Richtlinien 85/337/EWG und 96/61/EG des Rates in Bezug auf die Öffentlichkeitsbeteiligung und den Zugang zu Gerichten (ABI. EG Nr. L 156 S. 17). Im Zeitpunkt des Inkrafttretens des EAG Bau (20.7.2004) war die Richtlinie noch nicht umgesetzt worden. Vgl. auch S. Schlacke, Aarhus-Konvention – Quo vadis?, in: ZUR 2004, 129–130; Chr. Schrader, Neue Umweltinformationsgesetze durch die Richtlinie 2003/4/EG, in: ZUR 2004, 130–135; A. Fisahn, Effektive Beteiligung solange noch alle Optionen offen sind – Öffentlichkeitsbeteiligung nach der Aarhus-Konvention, in: ZUR 2004, 136–140.

jekt-UVP-RL vorgenommen worden, hier **Art. 5 Projekt-UVP-RL**. Dies wiederum bedingt die nationale Umsetzung, um eine umfassende Integration auch der Projekt-UVP-RL in das deutsche Recht sicherzustellen. Nach diesen **gemeinschaftsrechtlichen Vorgaben** müssen öffentliche Bekanntmachungen über eine Auslegung auch Angaben darüber enthalten, „welche relevanten Informationen über die Umwelt verfügbar sind". Die **Anstoßfunktion** wird aus umweltpolitischen Gründen auf umweltbezogene Informationen **erweitert**.

(2) **Verfügbarkeit über Umweltinformationen.** Während § 3 Abs. 2 S. 1 BauGB **53** die Gegenstände der Auslegung (Einsichtnahme) bestimmt und hierbei umweltbezogene Stellungnahmen einbezieht, behandelt § 3 Abs. 2 S. 2 Halbs. 1 BauGB den Inhalt der ortsüblichen Bekanntmachung.[42]

Es sind **Angaben über umweltbezogene Informationen** zu machen, über welche **54** gerade die planende Gemeinde verfügt und **verfügen** kann. Dieser Zusammenhang ergibt sich aus der Funktion der Bekanntmachung. Diese soll die interessierte Öffentlichkeit zur Auslegung des Planentwurfs, dessen Begründung einschließlich des Umweltberichtes und der bereits vorhandenen umweltbezogenen Stellungnahmen hinführen (vgl. § 3 Abs. 2 S. 1 BauGB). Die Bekanntmachung darf mit ihren Angaben daher keine umweltbezogene Informationsbasis suggerieren, über welche die auslegende Gemeinde jedenfalls im Zeitpunkt der Bekanntmachung nicht verfügt.

(3) **Inhalt der bekanntzumachenden Angaben.** Der Bereich der auszulegenden **55** umweltbezogenen Unterlagen und der Inhalt der bekanntzumachenden Angaben über verfügbare Umweltinformationen müssen nicht deckungsgleich, dürfen aber nicht zueinander widersprüchlich sein. Was gemäß § 3 Abs. 3 Abs. 2 Halbs. 2 BauGB in der Bekanntmachung anzugeben ist, muß auch nach § 3 Abs. 2 S. 1 BauGB eingesehen werden können. Um einen Widerspruch zu vermeiden, muß alles an Informationen während der Zeit der Auslegung zur Einsicht offen stehen, was in der Bekanntmachung als verfügbare umweltbezogene Informationen angegeben wurde und gemäß § 3 Abs. 2 S. 2 Halbs. 2 BauGB auch anzugeben ist.

§ 3 Abs. 2 S. 2 Halbs. 1 BauGB reduziert den Inhalt der Angaben auf „**Arten der 56 Informationen**". Das Gesetz folgt damit einem Vorschlag der BReg. (BTag-Drs. 15/2250 S. 44), die sich ihrerseits auf ein Votum der Unabhängigen Expertenkommission zur Novellierung des BauGB (Bericht 2002, Nr. 50) stützt. Eine übermäßige Detailliertheit soll vermieden werden.[43] Die Gemeinde verfügt möglicherweise bereits über einen ganz erheblichen Umfang an umweltbezogenen Informationen. Müßte sie diese in ihrer Gesamtheit in der Bekanntmachung als „verfügbar" anführen, könnte dies gegenüber der Zielsetzung etwa des Art. 3 Nr. 4 der

---

42 Vgl. auch Richtlinie 2003/4/EG des Europäischen Parlaments und des Rates vom 28.1.2003 über den Zugang der Öffentlichkeit zu Umweltinformationen und zur Aufhebung der Richtlinie 90/313/EWG des Rates (ABl. EG L Nr. 41 S. 26), abgedruckt auch in NVwZ 2003, 697; dazu Chr. Schrader, Neue Umweltinformationsgesetze durch die Richtlinie 2003/4/EG, in: ZUR 2004, 130–135.

43 Ebenso U. Kuschnerus, Der sachgerechte Bebauungsplan, 3. Aufl., 2004, Rn. 694.

Öffentlichkeits-RL oder des Art. 5 Projekt-UVP-RL dysfunktional sein. Eine „Überinformation" löst die beabsichtigte Anstoßfunktion nicht aus.[44] Nicht geboten ist die Angabe, über welche Umweltbelange bislang keine näheren Informationen vorliegen.

57 § 3 Abs. 2 Abs. 2 Halbs. 2 BauGB fordert keine Wiedergabe des Inhalts der umweltbezogenen Informationen, sondern eine verzeichnishafte Darstellung, über welche umweltbezogenen Informationen die planauslegende Gemeinde verfügt. Ob mit der Umschreibung der „Art der Information" das gemeinschaftsrechtlich zutreffende Maß der Reduktion getroffen ist, läßt sich kaum verallgemeinernd beurteilen. Der Gesetzesentwurf der BReg. sah die Reduktion darin, **Themenblöcke** zusammenzufassen (BTag-Drs. 15/2250 S. 44).[45] Die mit der Bekanntmachung angestrebte Orientierung muß jedenfalls die berührten **Umweltbereiche thematisch** und segmentär erfassen. Zugleich muß sie angeben, welchen Charakter die verfügbaren Informationen haben. Es muß etwa angegeben werden, für welche umweltbezogenen Bereiche Untersuchungen, gutachterliche Stellungnahmen (z.B. Lärmimmissionen, Luftqualität) oder naturschutzbezogene Bewertungsmodelle (Punktesysteme für Eingriffslagen), ggf. auch Landschaftspläne, vorliegen. Die Angabe über vorhandene **umweltspezifische Fachgutachten** wird stets geboten sein.

3.2.3.2 Hinweispflichten in der Bekanntmachung

58 Die Bekanntmachung muß gemäß § 3 Abs. 2 S. 2 Halbs. 2 BauGB zwei **weitere Hinweise** enthalten. Beide haben erläuternden und belehrenden Charakter.

3.2.3.2.1 Ort des Empfangs der „Bürger"-Stellungnahme

59 (1) Hinzuweisen ist in der Bekanntmachung darauf, daß Stellungnahmen während der Auslegungsfrist **abgegeben** werden können (§ 3 Abs. 2 S. 2 Halbs. 2 BauGB). Das EAG Bau ersetzt die bisherige Wendung „Anregung" (§ 3 Abs. 2 S. 2 BauGB a.F.) durch den Begriff der **Stellungnahme**. Sachlich begründet dies keinen Unterschied. Die Änderung stellt mittelbar klar, daß die Anregung als Stellungnahme im Zweifel schriftlich erfolgt.

60 Die geänderte Wendung, die Stellungnahme könne während der Auslegungsfrist „abgegeben" werden, ist als „übergeben" zu verstehen. Bundesrecht verbietet nicht, andere Formen der kommunikativen Vermittlung, etwa einer Erklärung zur Niederschrift der Gemeindeverwaltung, auszuschließen. Die Doppeldeutigkeit des Wortes „Abgabe" ist dem Gesetzgeber kaum bewußt gewesen. Eine Änderung der bisherigen Rechtslage war jedenfalls nicht beabsichtigt. Zulässig war bisher, die Bekanntmachung mit dem Hinweis zu versehen, Anregungen könnten „auch"

---

44   Vgl. BVerwG, Urteil vom 6.7.1984 – 4 C 22.80 – BVerwGE 69, 344 = DVBl 1985, 110 = NJW 1985, 1570 = UPR 1985, 25 = ZfBR 1984, 291 = BauR 1984, 602 = BRS 42 Nr. 23 zur Aufzählung von Flurstücken.

45   Ähnlich O. Reidt, in: K. Gelzer/Chr. Bracher/O. Reidt, Bauplanungsrecht, 7. Aufl., 2004, Rn. 446.

Berkemann

schriftlich oder zur Niederschrift vorgetragen werden.[46] Der Hinweis darf nicht miß-verständlich sein. Ein Hinweis, nur schriftliches oder nur mündliches Vorbringen werde berücksichtigt, ist unzulässig. Die Wendung „abgeben" in § 3 Abs. 2 S. 2 BauGB meint hier nur, daß niemand auf den postalischen Weg verwiesen werden darf. Der Ort der „Abgabe" muß nicht identisch mit dem Ort der Auslegung und der Einsicht sein. Er muß in der Bekanntmachung allerdings genau angeben wer-den.

(2) Ist der Hinweis unterblieben, liegt ein Verfahrensmangel im Sinne des § 214 **61** Abs. 1 S. 1 Nr. 2 Halbs. 1 BauGB vor. Dann ist anzunehmen, daß die Öffentlichkeit nicht ordnungsgemäß beteiligt wurde.[47] Dasselbe gilt, wenn der Hinweis sachlich falsch oder irreführend ist.[48] In der internen Unbeachtlichkeitsklausel des § 214 Abs. 1 S. 1 Nr. 2 Halbs. 2 BauGB ist eine Verletzung des § 3 Abs. 2 S. 2 Halbs. 2 BauGB nicht aufgeführt.

3.2.3.2.2 Präklusionshinweis

Das **EAG Bau** hat in § 3 Abs. 2 S. 2 Halbs. 2 (2. Altn.) BauGB eine Hinweisobli- **62** genheit geschaffen. Danach ist in der Bekanntmachung textlich darauf hinzuwei-sen, daß nicht fristgerecht abgegebene Stellungnahmen bei der Beschlußfassung über den Bauleitplan unberücksichtigt bleiben **können**. Dieser Hinweis korrespon-diert mit der neu geschaffenen **Präklusionsregelung** des § 4 a Abs. 6 BauGB. Vgl. Näheres zu § 4 a Abs. 6 BauGB.

3.2.3.2.3 Hinweis auf die Durchführung einer UVP

§ 3 Abs. 2 S. 2 Halbs. 2 BauGB 2001 sah bei B-Plänen die Angabe vor, ob eine **63** UVP durchgeführt oder nicht durchgeführt werden solle. Die Bestimmung war Teil der Integration der UVP in das Bauleitplanungsverfahren. Dazu war ggf. eine über-schlägige Prüfung entsprechend § 3 c Abs. 1 UVPG (sog. **screening**) erforderlich. Durch den Umweltbericht (§ 2 a BauGB 2001) war hinreichend sichergestellt, daß im Auslegungsverfahren (§ 3 Abs. 2 BauGB 2001) Angaben über Umweltauswir-kungen bekannt wurden. Das **EAG Bau** hat die Hinweispflicht beseitigt. Sie ist entbehrlich, da jeder Bauleitplan, auch F-Pläne, dem Verfahren der integrierten UVP unterliegen. Ausnahmen ergeben sich nur für das vereinfachte Verfahren (§ 13 Abs. 1 BauGB).

---

46 BVerwG, Beschluß vom 28.1.1997 – 4 NB 39.96 – NVwZ-RR 1997, 514 = ZfBR 1997, 213 = BauR 1997, 596 = BRS 59 Nr. 15 (1997); enger VGH Mannheim, Beschluß vom 25.2.1994 – 5 S 317/93 – DVBl 1994, 11543 = VBlBW 1994, 491 = BRS 56 Nr. 26 zur Angabe des betroffenen Grundstücks.

47 Vgl. O. Reidt, in: K. Gelzer/Chr. Bracher/O. Reidt, Bauplanungsrecht, 7. Aufl., 2004, Rn. 452.

48 Vgl. BVerwG, Beschluß vom 11.4.1978 – 4 B 37.78 – Buchholz 406.11 § 2a BBauG Nr. 1; Urteil vom 23.6.1972 – 4 C 3.70 – BVerwGE 40, 173 [175] = DVBl 1972, 38 = BauR 1972, 287 = BRS 25 Nr. 20; Urteil vom 6.7.1984 – 4 C 22.80 – BVerwGE 69, 344 = DVBl 1985, 110 = NJW 1985, 1570 = UPR 1985, 25 = ZfBR 1984, 291 = BauR 1984, 602 = BRS 42 Nr. 23 zu § 2 Abs. 6 S. 2 BBauG 1960.

3.2.4 Benachrichtigung (§ 3 Abs. 2 Satz 3 BauGB 2004)

64 (1) **Änderungen.** § 3 Abs. 2 S. 2 BauGB entspricht im wesentlichen dem bisherigen § 3 Abs. 3 S. 3 BauGB. Die jetzige Bezugnahme auf § 4 Abs. 2 BauGB stellt eine redaktionelle Anpassung dar. Der Fortfall der früheren Bezugnahme des § 3 Abs. 3 S. 3 BauGB auf § 4a Abs. 2 BauGB a. F. ist aus sachlichen Gründen entfallen. § 4a Abs. 2 BauGB a. F. betraf eine UVP im grenzüberschreitenden Bereich. Die Unterrichtungspflicht bestimmt sich nunmehr aufgrund der Verweisung des § 4a Abs. 5 BauGB nach Maßgabe des § 8 UVPG.

65 (2) **Benachrichtigungsadressat.** Zu benachrichtigen sind **Behörden** und sonstige **Träger öffentlicher Belange** (TöB), deren Aufgabenbereich durch die Planung berührt werden kann (vgl. § 4 Abs. 2 S. 1 BauGB). Der Gesetzgeber bezeichnet diese Beteiligtenkreise in § 13 Abs. 2 Nr. 3 BauGB und in § 33 Abs. 3 S. 2 BauGB knapp, aber sprachlich mißlungen als „berührte" Behörden. Zu ihnen sind auch Behörden der Landesplanung, auch benachbarte Gemeinden (vgl. § 2 Abs. 2 BauGB) zu zählen. Der Kreis der zu benachrichtigenden Stellen liegt inhaltlich nicht fest, sondern bestimmt sich nach dem Aufgabenbereich und nach den mutmaßlichen Auswirkungen der projektierten Planung. Zwischen beiden muß ein Zusammenhang hergestellt werden können.

66 (3) **Benachrichtigungspflicht und Benachrichtigungsinhalt.** Die Behörden und die TöB **„sollen"**, also im Regelfall, von der Auslegung „benachrichtigt" werden, d. h. von der Tatsache der bekanntgemachten oder kurz bevorstehenden Auslegung. Der Benachrichtigung muß ein Planentwurf nicht beigefügt sein, wenngleich dies – je nach dem vermuteten Interesse des Adressaten – zweckmäßig sein kann. Die Benachrichtigung muß den Behörden und sonstigen TöB die Prüfung ermöglichen, ob sie von sich aus den Wunsch haben, sich an der Planung durch Stellungnahmen zu beteiligen. Die Benachrichtigung entfällt nicht für jene Behörden und sonstigen TöB, die sich bereits nach § 4 Abs. 2 S. 1 BauGB durch Stellungnahmen am Planverfahren beteiligt haben.[49]

67 Für die Gemeinde kann die Benachrichtigung im Hinblick auf § 38 BauGB fachplanerisch vorteilhaft sein. Die Gemeinden haben gegenüber der **Fachplanung** materiell-rechtlich eine verhältnismäßig schwache Rechtsposition. Um so bedeutsamer ist es, daß kommunale Belange in der fachplanerischen Abwägung angemessen berücksichtigt werden. Dazu kann eine frühzeitige Unterrichtung über den Stand der kommunalen Planung dienen.[50]

---

49 Wie hier M. Krautzberger, in: E/Z/B/K, BauGB, § 33 Rn. 44 b (Stand: Mai 2003).

50 Vgl. BVerwG, Urteil vom 21.3.1996 – 4 C 26.94 – BVerwGE 100, 388 = DVBl 1996, 914 = NVwZ 1997, 169 = UPR 1996, 337 = ZfBR 1996, 280 [282] = BRS 58 Nr. 2 (1996); Urteil vom 26.2.1999 – 4 A 47.96 – NVwZ 2000, 560 = UPR 1999, 271; Urteil vom 11.1.2001 – 4 A 12.99 – NVwZ 2001, 1160 = DÖV 2001, 692; BVerwG, Beschluß vom 26.1.2000 – 4 VR 19.99 – Buchholz 407.4 § 17 FStrG Nr. 156.

Berkemann

3.2.5 Prüfungspflicht (§ 3 Abs. 2 Satz 4 BauGB 2004 BauGB)

(1) Die fristgemäß **abgegebenen Stellungnahmen** sind zu prüfen; das Ergebnis **68** ist mitzuteilen. Das EAG Bau hat die bisherige Regelung inhaltlich nicht geändert. Bereits das BauROG 1998 hatte die frühere Formel „Anregungen und Bedenken" (§ 3 Abs. 2 S. 2 BauGB 1987) auf „Anregungen" reduziert. Damit sollte der Reaktion des Bürgers ein positiver Klang beigemessen werden. Das EAG Bau ersetzt den Ausdruck „Anregung" durch das neutrale Wort „Stellungnahme" (vgl. Rn. 58).

(2) **Prüfungspflicht.** § 3 Abs. 2 S. 4 BauGB ordnet eine Prüfungspflicht bei frist- **69** gerecht abgegebenen Stellungnahmen an. Diese Pflicht besteht unabhängig von einer individuellen Betroffenheit. Durch die Anordnung der Prüfungspflicht wird die abgegebene Stellungnahme verfahrensrechtlich und inhaltlich zum Bestandteil des **Abwägungsmaterials** (arg. e § 3 Abs. 2 S. 6 BauGB). Die Prüfung ist damit integraler Bestandteil der planerischen Abwägung.[51] Eine Delegation auf einen Ausschuß ist unzulässig, allerdings eine ordnende Vorprüfung erlaubt.[52]

(3) **Bescheidungspflicht.** Das Ergebnis der Prüfung der abgegebenen Stellung- **70** nahme ist grundsätzlich **individuell** mitzuteilen.[53] Den **Zeitpunkt** der Mitteilung über das Ergebnis der Prüfung regelt § 3 Abs. 2 S. 4 BauGB wiederum nicht. Bereits nach bisheriger Rechtslage verlangte § 3 Abs. 4 S. 4 BauGB a. F. nicht, daß das Ergebnis der Prüfung bereits vor dem Satzungsbeschluß mitgeteilt wird.[54] Bundesrecht fordert unverändert auch nicht, daß die Gemeinde das Ergebnis der Prüfung der fristgerecht abgegebenen Stellungnahmen durch besonderen Beschluß feststellt.[55]

Die Mitteilung ist gleichsam von dem Fortgang des Aufstellungsverfahrens „ent- **71** koppelt". Das Unterbleiben einer Mitteilung hat daher keinen Einfluß auf die Rechtmäßigkeit des beschlossenen Bauleitplanes. § 214 Abs. 1 S. 1 Nr. 2 BauGB, der pauschal auf § 3 Abs. 2 BauGB verweist, bedarf insoweit einer reduktiven Auslegung.[56] Ob es für die Mitteilung als Antwort auf die im Aufstellungsverfahren abgegebene Stellungnahme „äußerste zeitliche Grenzen" gibt, hat das BVerwG unentschieden gelassen.[57] Wenn man derartige Grenzen anerkennt, bleibt deren Mißachtung ohne Einfluß auf die Rechtmäßigkeit des beschlossenen Bauleitplans.

---

51 BVerwG, Urteil vom 25.11.1999 – 4 CN 12.98 – BVerwGE 110, 118 = DVBl 2000, 798 = NVwZ 2000, 676 = UPR 2000, 191 = ZfBR 2000, 197 = BauR 2000, 845 = BRS 62 Nr. 45.
52 Wie hier M. Krautzberger, in: E/Z/B/K, BauGB, § 3 Rn. 51 (Stand: Mai 2003).
53 Vgl. U. Kuschnerus, Der sachgerechte Bebauungsplan, 3. Aufl., 2004, Rn. 479.
54 BVerwG, Beschluß vom 11.11.2002 – 4 BN 52.02 – NVwZ 2003, 206 = ZfBR 2003, 264 = BauR 2003, 500 = BRS 65 Nr. 48 (2002).
55 BVerwG, Urteil vom 25.11.1999 – 4 CN 12.98 – BVerwGE 110, 118 = DVBl 2000, 798 = NVwZ 2000, 676 = UPR 2000, 191 = ZfBR 2000, 197 = BauR 2000, 845 = BRS 62 Nr. 45.
56 Wie hier VGH Mannheim, Beschluß vom 5.6.1996 – 8 S 487.96 – NVwZ-RR 1997, 684 = VBlBW 1996, 376 = BRS 58 Nr. 19 (1996).
57 BVerwG, Beschluß vom 11.11.2002 – 4 BN 52.02 – NVwZ 2003, 206 = ZfBR 2003, 264 = BauR 2003, 500 = BRS 65 Nr. 48 (2002).

3.2.6 § 3 Abs. 2 Satz 5 BauGB 2004

72 § 3 Abs. 2 S. 5 BauGB regelt **Massenverfahren**. Das **EAG Bau** übernimmt hierzu die frühere Regelung. Das Verfahren folgt dem Vorbild des VwVfG (vgl. § 17 Abs. 1 VwVfG; vgl. auch § 10 Abs. 8 BImSchG). Verfassungsrechtliche Bedenken bestehen nicht.[58] Die Neufassung ist nur redaktioneller Art.

3.2.7 § 3 Abs. 2 Satz 6 BauGB 2004

73 (1) Ist die Bauleitplanung nach § 6 Abs. 2 BauGB oder nach § 10 Abs. 2 BauGB genehmigungspflichtig, sind die nicht berücksichtigten **Stellungnahmen** im Verfahren der nachgesuchten **Genehmigung** vorzulegen. Der Vorlage ist eine Stellungnahme der Gemeinde beizufügen. Das **EAG Bau** übernimmt die bisherige Regelung.

74 Die Vorlage und die Stellungnahme soll der Genehmigungsbehörde eine vertiefte Prüfung der Genehmigungsvoraussetzungen – auch im Hinblick auf § 216 BauGB – ermöglichen. Die beizufügende Stellungnahme der Gemeinde hat sich darauf zu beziehen, aus welchen Gründen eine abgegebene Stellungnahme unberücksichtigt blieb. § 3 Abs. 2 S. 6 BauGB ist entsprechend in dem nach § 246 Abs. 1a S. 1 BauGB landesrechtlich vorgesehenen **Anzeigeverfahren** anzuwenden.

75 (2) Legt die Gemeinde die Stellungnahmen, die sie nicht berücksichtigt hat, im Genehmigungsverfahren nicht vor und ergeht eine Genehmigung, ist umstritten, ob der so genehmigte Bauleitplan rechtswidrig ist.[59] § 214 Abs. 1 S. 1 Nr. 2 BauGB ist nicht anwendbar.[60]

---

58 Vgl. BVerwG, Urteil vom 27.5.1983 – 4 C 40.81 u.a. – BVerwGE 67, 209 = DVBl 1983, 901 zum Fachplanungsrecht.
59 Bejahend VGH Mannheim, Urteil vom 16.7.1970 – III 316.70 – VwRspr 22 Nr. 194; U. Battis, in: B/K/L, BauGB, 9. Aufl., 2005, § 3 Rn. 19; verneinend W. Schrödter, in: H. Schrödter (Hrsg.), BauGB, 7. Aufl., 2005, § 3 Rn. 42; O. Reidt, in: K. Gelzer/Chr. Bracher/O. Reidt, Bauplanungsrecht, 7. Aufl., 2004, Rn. 479.
60 Für entspr. Anwendung dagegen G. Gaentzsch, in: BK, 3. Aufl., 2002, § 3 Rn. 25.

§ 4 BauGB – Beteiligung der Behörden

I. § 4 Abs. 1 BauGB 2004 – Frühzeitige Behördenbeteiligung

1. Text der geänderten Fassung

1 (1) **Die Behörden und sonstigen Träger öffentlicher Belange**, deren Aufgabenbereich durch die Planung berührt werden kann, **sind entsprechend § 3 Abs. 1 Satz 1 Halbsatz 1 zu unterrichten und zur Äußerung auch im Hinblick auf den erforderlichen Umfang und Detaillierungsgrad der Umweltprüfung nach § 2 Abs. 4 aufzufordern. Hieran schließt sich das Verfahren nach Absatz 2 auch an, wenn die Äußerung zu einer Änderung der Planung führt.**

2. Textgeschichte

2 Die Gesetzesfassung entspricht nahezu wortgleich dem Gesetzesentwurf der BReg. (BTag-Drs. 15/2250 S. 12, 44). Der Bundesrat hatte keine Bedenken. Der 14. Ausschuß ersetzte das in der Entwurfsfassung des § 4 Abs. 1 S. 2 BauGB vorgesehene Wort „Erörterung" durch „Äußerung" (BTag-Drs. 15/2996 S. 26, 93). Die Änderung folgte einem Wunsch der Gemeinden des Planspiels. Sie sollte zugleich der Anpassung an § 4 Abs. 1 S. 1 BauGB dienen.

3. Erläuterung der Änderung

3.1 Allgemeines – Zielsetzung

3 (1) Die **Behörden** und **sonstige TöB** sollen frühzeitig von den planerischen Absichten der Gemeinde erfahren. Das liegt im beiderseitigen Interesse. § 4 Abs. 1 und 2 BauGB ordnet aus diesem Grunde **zwingend** ein **zweistufiges Verfahren** der Behördenbeteiligung an. Nach § 4 Abs. 1 S. 2 BauGB a.F. konnte die Gemeinde von einer frühzeitigen Beteiligung absehen. Das ist nur noch im vereinfachten Verfahren zulässig (§ 13 Abs. 2 Nr. 1 BauGB).

4 (2) § 4 BauGB normiert **Zweistufigkeit** der Behördenbeteiligung. Die Zielsetzung der Zweistufigkeit der Behördenbeteiligung ist funktional eine andere als bei der Öffentlichkeitsbeteiligung nach § 3 Abs. 1 und 2 BauGB. Die erste Stufe der Behördenbeteiligung dient nicht nur einer ersten allgemeinen Unterrichtung, um frühzeitig Abstimmungen der wechselseitig berührenden Planungen und Maßnahmen zu erreichen (sog. **Koordinierungsfunktion**).

5 Die Informationen, welche die Gemeinde in dieser ersten Stufe erhält, können ihr vor allem dazu dienen, unter Berücksichtigung der behördlichen Äußerungen den Planentwurf vor seiner Auslegung nach § 3 Abs. 2 S. 1 BauGB zu ändern. Das kann der Gemeinde Irrwege, insbesondere ein Änderungsverfahren gemäß § 4 a Abs. 3 S. 1 BauGB, ersparen. Die Gemeinde kann durch eine frühzeitige, wirklich informative Unterrichtung der Behörden versuchen, sich einen „**Abwägungsvorteil**" zu sichern. Das gilt insbesondere für den Bereich der **Fachplanung** und der damit ausgelösten konkurrierenden Planungen.[1] Dazu muß die Bauleitplanung hin-

---

[1] Vgl. BVerwG, Urteil vom 24.11.1994 – 7 C 25.93 – BVerwGE 97, 143 [153] = DVBl 1995, 238 = NVwZ 1995, 598; Urteil vom 21.3.1996 – 4 C 26.94 – BVerwGE 100, 338 [394] = DVBl 1996, 914 = NVwZ 1997, 169 = BRS 58 Nr. 2; Urteil vom 21.5.2003 – 9 A 40.02 – NVwZ 2003, 1381.

reichend konkretisiert und verfestigt sein.[2] Insgesamt zielt § 4 Abs. 1 auf eine Straffung des Aufstellungsverfahrens.[3]

§ 4 Abs. 1 S. 1 BauGB ordnet ein sog. **Scoping** an, vergleichbar dem Verfahrens- **6** stand des § 5 UVPG. Damit folgt das EAG Bau für das BauGB den Vorgaben des Art. 5 Abs. 4 in Verb. mit Art. 6 Abs. 3 Plan-UP-RL.[4] Die Gemeinde ist zur **Erfüllung der umweltbezogenen Planungsanforderungen** auf insoweit fachkundige Äußerungen vielfach angewiesen. Die Zweistufigkeit des Verfahrens der Behördenbeteiligung erfährt mithin nicht zuletzt durch das sog. Scoping ihre innere Rechtfertigung. Für die frühzeitige Öffentlichkeitsbeteiligung hat der Gesetzgeber von einer entsprechenden Regelung abgesehen.

(3) § 4 Abs. 1 BauGB hindert die Gemeinde nicht, bereits „formlos" oder nach **7** Grundsätzen der allgemeinen Amtshilfe Behörden um fachliche Auskünfte (**Informationshilfe**) zu ersuchen. Demgemäß sollte Gemeinde zum Ausdruck bringen, ob sie in das Verfahren nach § 4 Abs. 1 BauGB eintritt.

3.2 § 4 Abs. 1 Satz 1 BauGB 2004

Die planerischen Absichten der Gemeinde lösen gegenüber den Behörden und **8** sonstigen TöB, deren Aufgabenbereich durch die Planung berührt werden kann, **zwei Pflichten** aus. Die Gemeinde hat über ihre Planungsabsichten **frühzeitig** zu **unterrichten**. Außerdem hat sie zur **Äußerung** auch im Hinblick auf den erforderlichen Umfang und Detaillierungsgrad der UP nach § 2 Abs. 4 BauGB **aufzufordern**.

3.2.1 Adressaten

(1) § 4 Abs. 1 S. 1 BauGB folgt in der Beschreibung des Adressatenkreises der **9** bisherigen Regelung des § 4 Abs. 1 S. 1 BauGB a. F. Während das UVPG einen einheitlichen Behördenbegriff verwendet (vgl. § 7 UVPG), erweitert § 4 Abs. 1 BauGB den Adressatenkreis um die „sonstigen Träger öffentlicher Belange" (TöB). Eine inhaltliche Änderung gegenüber der früheren Rechtslage besteht darin nicht.[5] Der Begriff ist erstmals in § 2 Abs. 5 BauGB 1960 eingeführt worden. TöB ist nur,

---

2 Vgl. BVerwG, Urteil vom 21.3.1996 – 4 C 26.94 – BVerwGE 100, 388 = DVBl 1996, 914 = NVwZ 1997, 169; Urteil vom 11.4.1986 – 4 C 51.83 – BVerwGE 74, 124 [132] = DVBl 1986, 1003 = NVwZ 1986, 837; Beschluß vom 5.11.2002 – 9 VR 14.02 – DVBl 2003, 211 = NVwZ 2003, 207 = BauR 2003, 205 = BRS 65 Nr. 21; Beschluß vom 13.11.2001 – 9 B 57.91 – DVBl 2002, 276 = NVwZ-RR 2002, 178 = UPR 2002, 75; Beschluß vom 19.12.1989 – 4 B 224.89 – NVwZ 1990, 463 = UPR 1990, 220; Urteil vom 30.9.1993 – 7 A 14.93 – NVwZ 1994, 371 = ZfBR 1994, 43.

3 Vgl. H. Janning, Die Novelle zum BauGB aus der Sicht der Gemeinden, in: W. Spannowsky/T. Krämer (Hrsg.), BauGB-Novelle 2004. Aktuelle Entwicklungen des Planungs- und Umweltrechts, 2004, S. 11–37 [18].

4 Vgl. auch J. Pietzcker, Gutachten zum Umsetzungsbedarf der Plan-UP-Richtlinie der EG zum Baugesetzbuch, 30.4.2002, S. 68ff.

5 U. Battis, Die Novellierung des Baugesetzbuchs unter Berücksichtigung der Plan-UP-Richtlinie, in: AnwBl. 2004, 42–45 [45]; J. Schliepkorte/M. Tünnemann, Änderungen im allgemeinen Städtebaurecht durch das Europarechtsanpassungsgesetz Bau, in: ZfBR 2004, 645–652 [645].

wer nach Maßgabe des öffentlichen Rechts öffentliche Aufgaben zu erledigen hat.[6] Die Abgrenzung ist auch für § 214 Abs. 1 S. 1 Nr. 2 BauGB bedeutsam. Als TöB kommen auch Kirchen, Kammern und kommunale Wirtschaftsbetriebe oder andere öffentliche Versorgungsträger in Betracht.[7] Naturschutzverbände sind keine TöB. Das **EAG Bau** folgt dem Sprachgebrauch der sog. Öffentlichkeitsrichtlinie.[8] Wer kein TöB ist, kann sich nur nach § 3 BauGB beteiligen.

10 (2) Beteiligt sind Behörden oder sonstige TöB, deren Aufgabenbereich durch die beabsichtigte Planung **berührt** werden **kann** (so auch § 4 Abs. 1 S. 1 BauGB 1987). Das BauROG 1998 hatte dies dahin geändert (ähnlich § 7 UVPG), daß die Beteiligung nur vorzusehen war, wenn der Aufgabenbereich berührt **wird**. Das EAG Bau kehrt zu Recht wieder zur früheren Fassung zurück. Nicht selten wird erst durch eine Beteiligung zu klären sein, ob – aus der Sicht der zu beteiligenden Behörde – der Aufgabenbereich (Zuständigkeitsbereich) berührt wird. Aus der Sicht der Gemeinde ist ein „Anfangsverdacht" maßgebend und genügend, um die Beteiligungspflicht auszulösen. Entscheidend ist der inzwischen erreichte Konkre-tisierungsgrad der Planung. Zu den „Behörden" im Sinne des § 4 BauGB gehört verfahrensrechtlich, unabhängig von § 2 Abs. 2 S. 1 BauGB, auch die **Nachbar-gemeinde**.[9] Träger öffentlicher Belange sind nicht nur die Planungsträger im Sinne des § 7 BauGB.

11 (3) **Naturschutzrechtliche Verbände** sind keine „sonstigen" TöB.[10] Zwar sind diese funktional „Verwaltungshelfer".[11] Dennoch haben sie keinen Status, nach dem sie öffentliche Aufgaben nach Maßgabe des öffentlichen Rechts zu erledigen haben. Auch die **Nachfolgeunternehmen der Bahn und der Post** sind aufgrund ihrer privatrechtlichen Wirtschaftsstruktur keine TöB.[12] Daran ändert die teilweise bestehende gesetzliche Betriebspflicht nichts.[13] Die Bahn besitzt seit ihrer Privati-

---

6 Vgl. G. Gaentzsch, in: BK, 3. Aufl., 2002, § 4 Rn. 3.
7 B. Stüer, Städtebaurecht 2004, 2004, S. 18.
8 Richtlinie 2003/35/EG des Europäischen Parlaments und des Rates vom 26.5.2003 über die Betei-ligung der Öffentlichkeit bei der Ausarbeitung bestimmter umweltbezogener Pläne und Programme (ABl. Nr. L 156 S. 17); vgl. dazu Th. v. Danwitz, Aarhus-Konvention: Umweltinformation, Öffentlich-keitsbeteiligung, Zugang zu den Gerichten, in: NVwZ 2004, 272–282.
9 OVG Frankfurt (Oder), 8.5.1998 – 3 B 84/97 – LKV 1998, 359 (Errichtung eines Multiplex-Kinos).
10 BVerwG, Urteil vom 14.5.1997 – 11 A 43.96 – BVerwGE 104, 367 = DVBl 1997, 1123 = NVwZ 1998, 279 = UPR 1997, 413; ebenso OVG Koblenz, Urteil vom 13.3.1985 – 10 C 39/84 – NVwZ 1986, 314 = BauR 1985, 426.
11 Vgl. BVerwG, Urteil vom 12.12.1996 – 4 C 19.95 – BVerwGE 102, 358 = DVBl 1997, 714 = NVwZ 1997, 905; Beschluß vom 3.12.2001 – 4 B 81.01 – NuR 2002, 676 = BRS 64 Nr. 218 (2001); Urteil vom 27.2.2003 – 4 A 59.01 – DVBl 2003, 1061 = NVwZ 2003, 1253 = UPR 2003, 353.
12 Str., die Eigenschaft als TöB bejahend U. Battis, in: B/L/K, BauGB, 9. Aufl., 2005, § 4 Rn. 3; M. Krautz-berger, in: E/Z/B/K, BauGB, § 3 Rn. 5 (Stand: Mai 2003), vgl. auch J. Hasler, Die Berücksichtigung und Behandlung von Einwendungen der Träger öffentlicher Belange bei der gemeindlichen Bauleit-planung, in: VBlBW 1997, 9–12; Fr. Roer, Die Nachfolgeunternehmen von Bahn und Post in der Bauleitplanung, 1996.
13 Dies als Kriterium erwägend VGH München, Urteil vom 18.3.2003 – 15 N 98.2262 – ZfBR 2003, 574 (Mobilfunk).

Berkemann

sierung keine Befugnis zur Planfeststellung mehr. Die Abgrenzung ist wegen der Präklusion gemäß § 4a Abs. 6 BauGB bedeutsam.

3.2.2 Frühzeitige Unterrichtung

(1) Die Gemeinde hat „entsprechend" § 3 Abs. 1 S. 1 Halbs. 1 BauGB die Behör- **12** den und sonstige TöB zu unterrichten. Diese Bezugnahme bedeutet, daß eine (erste) Unterrichtung zeitlich auch gegenüber den Behörden **frühzeitig** zu erfolgen hat. Die Beteiligung ist von (teilweise informellen) Verhandlungen zu unterscheiden. Diese können sich bei **einzelnen zentralen Fragen** empfehlen.

(2) Der **Inhalt der Unterrichtung** hat dem Regelungsgehalt des § 3 Abs. 1 S. 1 **13** Halbs. 1 BauGB zu „entsprechen". Das ist nur ein **Mindestinhalt** der Unterrichtung. § 4 Abs. 1 S. 1 BauGB enthält keine verfahrensrechtlichen Vorgaben. Richtpunkt ist das Ziel der frühzeitigen Beteiligung. Gegenstand der Unterrichtung sind die Angaben des § 3 Abs. 1 S. 1 BauGB. Dazu zählen insbesondere die Ziele und Zwecke der Planung und die für die Gemeinde erkennbaren Auswirkungen. Die Gemeinde ist nicht gehindert, in der frühzeitigen Unterrichtung zusätzliche Informationen zu geben. Dabei kann sie sich am Aufgabenbereich der jeweiligen Behörde orientieren. Es kann sachgemäß sein, der Behörde einen ersten Vorentwurf zu übermitteln. Das gilt auch im Hinblick auf § 2 Abs. 4 BauGB für die bislang **verfügbaren umweltbezogenen Informationen** (z. B. fachliche Stellungnahmen, Fachgutachten). Insoweit kann und sollte die Gemeinde zielgerichtete Informationen „abfragen". Schriftlichkeit sieht § 4 Abs. 1 S. 1 BauGB nicht vor.

(3) Einen **Zeitpunkt** gibt § 4 Abs. 1 S. 1 BauGB ebenso wenig an wie § 3 Abs. 1 **14** S. 1 BauGB. Auch wenn § 4a Abs. 2 BauGB die Möglichkeit der Parallelbeteiligung für die frühzeitige Öffentlichkeits- und Behördenbeteiligung als sachgerecht unterstellt, wird man in aller Regel annehmen, daß die frühzeitige Behördenbeteiligung wegen der Anforderungen nach § 4a Abs. 1 S. 2 BauGB bereits der frühzeitigen Öffentlichkeitsbeteiligung (§ 3 Abs. 1 BauGB) zeitlich vorherzugehen hat. Das entspricht weitgehend der bisherigen Praxis. Insbesondere kann dadurch die Gefahr gemindert werden, daß der Planentwurf gemäß § 4a Abs. 3 BauGB erneut auszulegen ist.

3.2.3 Aufforderung zum sog. „geminderten" Scoping

3.2.3.1 Zielsetzungen

(1) Die in die Bauleitplanung integrierte UP stellt die Gemeinde vor fachliche **15** Schwierigkeiten. In Anlehnung an § 5 UVPG normiert das EAG Bau mit § 4 Abs. 1 S. 1 BauGB in Verb. mit § 2 Abs. 4 BauGB für die Gemeinde als „Vorhabenträgerin" einen Verfahrensabschnitt, den man als ein „gemindertes" Scoping-Verfahren bezeichnen kann. Angesichts des komplexen, medienübergreifenden Ansatzes der UP dient es der **Schwerpunktbildung, Spezifizierung (Detaillierung)** und **Präzisierung** der für eine UVP erforderlichen **Informationen**. Damit soll die Effizienz und die Leistungsfähigkeit der gemeindlichen Entscheidungen ermöglicht und

gesteigert werden. Als ein Scoping-Verfahren ist es – dies erkennt das EAG Bau zutreffend – dem eigentlichen abwägungsbezogenen Ermittlungs- und Bewertungsverfahren (§§ 2 Abs. 3, 4a Abs. 1 BauGB) und der Beschlußfassung vorgelagert.[14]

16 (2) Die Gemeinde soll mit Hilfe der beteiligten sachkundigen Behörden einen Untersuchungsrahmen erarbeiten, um die voraussichtliche Umwelterheblichkeit besser bestimmen zu können.[15] Das entspricht dem Ansatz der sog. **strategischen Umweltprüfung** nach Maßgabe der Plan-UP-RL.[16] Zweck des Scoping ist gemäß Art. 5 Abs. 4 Plan-UP-RL die Festlegung von Umfang und Detaillierungsgrad des Umweltberichts. Dazu sind, wie erwähnt, die gemäß Art. 6 Abs. 3 Plan-UP-RL bestimmten Behörden zu „konsultieren". Der Umsetzung dieses Konzepts dient § 4 Abs. 1 S. 1 BauGB innerhalb der frühzeitigen Behördenbeteiligung.

17 (3) **Form der Beteiligung.** § 4 Abs. 1 S. 1 BauGB normiert eine Pflicht zur Unterrichtung der Behörden, verbunden mit einer Aufforderung. Über die Form dieser Beteiligung schweigt das Gesetz. Regelmäßig wird die Behördenbeteiligung indes schriftlich zu erfolgen haben (arg. § 4a Abs. 4 BauGB).[17] Eine andere Form kann man sich im Hinblick auf die Angabe des Detaillierungsgrades der UP schwer vorstellen.

3.2.3.2 Inhalt des Scoping

18 (1) § 4 Abs. 1 S. 1 BauGB gibt einen bestimmten Inhalt des „abgefragten" Scoping nicht vor. Das Gesetz relativiert insoweit den Inhalt der abzugebenden Äußerung, und zwar sowohl fallbezogen als auch dem umweltbezogenen Kenntnisstand der Behörde entsprechend. Gleichwohl enthält § 4 Abs. 1 S. 1 einige strukturierende Vorgaben:

19 (2) Die Äußerung wird „im Hinblick auf" den nach § 2 Abs. 4 BauGB zu erarbeitenden **Umweltbericht** gefordert. Dessen Struktur ergibt sich aus Anlage 1 zum BauGB. Unter Beachtung dieser Zielsetzung sind in der Äußerung die voraussichtlich erheblichen Umweltauswirkungen des Bauleitplans beschrieben und bewertet (vgl. auch Art. 5 Abs. 1 Plan-UP-RL). Dazu muß die Behörde angeben, welchen Umfang und welchen Detaillierungsgrad nach ihrer fachlichen Beurteilung der Umweltbericht haben sollte, um seine ihm durch das EAG Bau zugemessene Aufgabe erfüllen zu können. Die Intensität bestimmt § 4 Abs. 1 S. 1 BauGB nach der „Erforderlichkeit". Das ist eine offene Relation. Hinweise zu Gegenstand, Umfang und Methode der UVP werden regelmäßig aufzunehmen sein. Gerade der anzugebende Detaillierungsgrad zielt auf die innere Qualität der UVP.

---

14 Vgl. auch Chr. Uebbing, Umweltprüfung bei Raumordnungsplänen, 2004, S. 256ff.

15 Vgl. allg. P. Nisipeanu, Das Scoping-Verfahren nach § 5 UVPG, in: NVwZ 1993, 319–326; W. Erbguth/A. Schink, UVPG, 2. Aufl., 1996, § 5 Rn. 1.

16 Vgl. K.-P. Dolde, Umweltprüfung in der Bauleitplanung – Novellierung des Baugesetzbuches – Bericht der Unabhängigen Expertenkommission, in: NVwZ 2003, 297–326.

17 A.A. W. Schrödter, Das Europarechtsanpassungsgesetz Bau – EAG Bau, in: NST-N 2004, 197–216 [207].

Berkemann

3.2.3.3 Leistungspflicht der Behörde

(1) Die Behörden verfügen – dies unterstellt das EAG Bau zutreffend – über viel- **20** fältige **umweltbezogene Informationen**. Sie sind daher in der Lage, der Gemeinde sachgerecht und tatkräftig zu helfen. § 4 Abs. 1 S. 1 BauGB statuiert daher eine **Rechtspflicht**, sich über Umfang und Detaillierungsgrad der UP zu äußern. Leitbild ist dafür das in § 2 Abs. 4 BauGB umschriebene Profil. Nach dem Zweck des § 4 Abs. 1 S. 1 BauGB schließt die Äußerung **Beratungs- und allgemeine Informationspflichten** nach dem verfügbaren umweltbezogenen Erkenntnisstand der Behörde ein. Die Stellungnahme der Behörde kann sich auch auf nicht umweltbezogene Bereiche, also etwa auf die Planungsziele, beziehen oder sonstige Hinweise enthalten.

(2) § 4 Abs. 1 S. 1 BauGB setzt keine **Fristen** fest. Die Monatsfrist des § 4 Abs. 2 **21** S. 2 BauGB ist nicht übertragbar. Entsprechend § 13 Abs. 2 Nrn. 3 BauGB setzt die Gemeinde eine „angemessene Frist". Der Zeitrahmen orientiert sich – wie bei der Frage der Verlängerung (§ 4 Abs. 2 S. 2 BauGB) – an der **Komplexität der beabsichtigten Planung** und an dem Umfang der erforderlichen Informationsaufbereitung. Daneben kann den Behörden durch Verwaltungsvorschrift eine interne Frist zur Äußerung gesetzt sein. Das ist z. B. durch Nr. 1 Abs. 2 des Abstandserlasses NRW vom 2.4.1998 (MBl. NW S. 744) für die staatlichen Umweltämter geschehen. Dort wird eine Monatsfrist angenommen.

(3) § 4 Abs. 1 BauGB enthält keine Sanktion, wenn die Äußerungspflicht verletzt **22** wird. Die „berührte" Behörde ist im weiteren Verfahren (§ 4 Abs. 2 BauGB) nicht ausgeschlossen.[18] Auch eine Präklusion nach § 4 a Abs. 6 S. 1 BauGB kommt nicht in Betracht. Die Äußerungspflicht ist eine (gesetzliche) Amtspflicht. Erwägenswert ist daher ein Schadenersatzanspruch nach § 839 BGB in Verb. mit Art. 34 S. 1 GG zugunsten der Gemeinde. Auch zwischen Behörden und Gemeinden können drittschützende Amtspflichten bestehen.[19] Ein Schaden kann entstehen, wenn die Verletzung der Äußerungspflicht später zu einer erneuten Auslegung (§ 4 a Abs. 3 BauGB) führt und der Gemeinde dadurch zusätzliche Kosten entstehen.

3.2.3.4 Äußerung – Erörterung

(1) § 4 Abs. 1 S. 1 BauGB verpflichtet die Behörde zur „Äußerung" als Form der **23** Unterrichtung der Gemeinde. Der Gesetzgeber hat den Vorschlag der BReg., in eine „Erörterung" einzutreten (vgl. (BTag-Drs. 15/2250 S. 12, 44), nicht übernommen. Das ist jedoch nicht dahin zu verstehen, daß der Gemeinde eine mündliche Erörterung versagt ist. Das kann durchaus angemessen sein. Der Beratungs-

---

18 Wohl a.A.M. Krautzberger, in: E/Z/B/K, BauGB, § 4 BauGB a.F. Rn. 34.

19 Vgl. BGH, Urteil vom 12.12.2002 – III ZR 201/01 – BGHZ 153, 198 = DVBl 2003, 400 = NVwZ 2003, 634 = NJW 2003, 1318 = UPR 2003, 110 = ZfBR 2003, 828 = BauR 2003, 858 (Rechtsaufsicht); vgl. dagegen BGH, Urteil vom 21.6.2001 – III ZR 34/00 – BGHZ 148, 139 = DVBl 2001, 1609 = NJW 2001, 2799 (Amtsarzt).

pflicht der Behörde entspricht es, daß sie sich einer von der Gemeinde gewünschten Erörterung nicht entziehen darf. § 4 Abs. 1 S. 1 BauGB ist nur dahin zu verstehen, daß das EAG Bau die Erörterung nicht zum Regelfall erheben wollte. In der Erörterung, die nicht öffentlich ist, können Sachverständige oder andere Behörden hinzugezogen werden.

24 (2) Die Behörde ist nicht verpflichtet, aus Anlaß der projektierten Planung eigene umweltbezogene Untersuchungen vorzunehmen. Sie muß aber – nach ihrem fachlichen Kenntnisstand – die Gemeinde auf die Erforderlichkeit derartiger Untersuchungen hinweisen. Nur dann kommt sie ihrer in § 4 Abs. 1 S. 1 BauGB normierten Beratungspflicht nach. Angezeigt sein kann auch, die Gemeinde auf die Gefahr überflüssiger umweltbezogener Untersuchungen aufmerksam zu machen.

3.3 § 4 Abs. 1 Satz 2 BauGB 2004

25 (1) § 4 Abs. 1 S. 2 BauGB behandelt das Verhältnis der beiden Stufen der Behördenbeteiligung zueinander. Danach geht die Gemeinde nach Abschluß der ersten Stufe der frühzeitigen Behördenbeteiligung in die zweite „reguläre" Stufe der Beteiligung der Behörde über. § 4 Abs. 1 S. 2 BauGB stellt klar, daß dieser Übergang auch geschehen kann, wenn die Gemeinde nach dem Ergebnis der frühzeitigen Beteiligung eine Änderung ihrer Planung vorgenommen hat. Zu einer Änderung kann insbesondere nach dem Ergebnis des sog. Scoping in Verbindung mit dem Anforderungsprofil des § 2 Abs. 4 BauGB Anlaß bestehen.

26 (2) § 4 Abs. 1 S. 2 BauGB enthält **kein Wiederholungsverbot**. § 4 Abs. 1 S. 2 BauGB enthält eine gesetzgeberische „Kompensation" für den mit dem EAG Bau nunmehr eingeführten Zwang, eine frühzeitige Behördenbeteiligung durchzuführen. Dieser Zwang soll in seinen Wirkungen gemildert werden.

27 Der Gesetzestext ist allerdings nicht eindeutig. Er läßt sprachlich offen, ob das EAG Bau ein Verbot der erneuten frühzeitigen Behördenbeteiligung oder nur eine Erlaubnis zum Übergang in die zweite Stufe trotz Änderung der Planung meint. Die bestimmende indikative Fassung und die Betonung des Fortgangs des Verfahrens („hieran") spricht für ein Wiederholungsverbot der ersten Stufe. Das würde auch der Beschleunigung des Verfahrens dienen. Das Gesamtbild des EAG Bau zeigt indes, daß der Gemeinde die Herrschaft über Inhalt, Umfang, Intensität und zeitlichen Verlauf des Aufstellungsverfahrens nicht genommen werden sollte. Die Gemeinde kann jederzeit ein Aufstellungsverfahren abbrechen. Daher gibt es keinen Grund ihr zu versagen, nochmals in die Phase der frühzeitigen Beteiligung einzutreten, wenn ihr dies sinnvoll erscheint. Damit kann sie die Gefahr mindern, gemäß § 4a Abs. 3 BauGB in das Verfahren der zweiten Auslegung oder der zweiten Behördenbeteiligung eintreten zu müssen.

4. Rechtsfehler

28 Mängel in der verfahrensmäßigen Durchführung des Scopings nach § 4 Abs. 1 BauGB sind kein beachtlicher „Verfahrensfehler" (arg. e § 214 Abs. 1 S. 1 Nr. 2

BauGB). Gleichwohl kann eine unterlassene oder unzureichende Durchführung des Scopings eine unzureichende Ermittlung und Bewertung begründen (vgl. § 214 Abs. 1 S. 1 Nrn. 1 und 2 BauGB in Verb. mit § 4a Abs. 1 BauGB). Führt eine unterlassene oder eine inhaltlich unzureichende Stellungnahme zu einer erneuten Auslegung (§ 4 Abs. 3 BauGB), kann in dem dadurch ausgelösten zusätzlichen Kostenaufwand ein Schaden zu Lasten der Gemeinde liegen (vgl. Rn. 22).

II. § 4 Abs. 2 BauGB 2004 – Behördenbeteiligung – Planentwurf

Lit.: Florian Kirchhof, Optimierung der Beteiligung der Träger öffentlicher Belange am Bauleitplanverfahren, 1994; Jürgen Hasler, Die Berücksichtigung und Behandlung von Einwendungen der Träger öffentlicher Belange bei der gemeindlichen Bauleitplanung, in: VBlBW 1997, 9–12.

1. Text der geänderten Fassung

(2) **Die Gemeinde holt die Stellungnahmen der Behörden und sonstigen** Träger öffentlicher Belange, **29**
deren Aufgabenbereich durch die Planung berührt werden kann, zum Planentwurf und der Be-
gründung ein. Sie haben ihre Stellungnahmen innerhalb eines Monats abzugeben; die Gemeinde soll
diese Frist bei Vorliegen eines wichtigen Grundes angemessen verlängern. In den Stellungnahmen sollen sich die **Behörden und sonstigen Träger öffentlicher Belange** auf ihren Aufgabenbereich beschränken; sie haben auch Aufschluß über von ihnen beabsichtigte oder bereits eingeleitete Planungen und
sonstige Maßnahmen sowie deren zeitliche Abwicklung zu geben, die für die städtebauliche Entwicklung
und Ordnung des Gebiets bedeutsam sein können. Verfügen **sie** über Informationen, die für die **Ermitt-**
lung und Bewertung des Abwägungsmaterials zweckdienlich sind, haben sie diese Informationen der
Gemeinde zur Verfügung zu stellen.

2. Textgeschichte

Die Gesetzesfassung entspricht wortgleich dem Gesetzesentwurf der BReg. (BTag-   **30**
Drs. 15/2250 S. 12, 44). Der Bundesrat und 14. Ausschuß hatten keine Bedenken (vgl. BTag-Drs. 15/2996 S. 26, 93).

3. Erläuterung der Änderung

3.1 Allgemeines – Zielsetzung

Die Beteiligung der Behörden und der sonstigen TöB ist Teil des förmlichen Bau-   **31**
leitplanverfahrens. Sie dient in beiden Beteiligungsstufen der möglichst effektiven
Aufbereitung des Abwägungsmaterials (vgl. § 4a Abs. 1 BauGB). Eine mangel-
hafte oder gar fehlende Behördenbeteiligung ist ein schwerwiegender Verfahrensmangel (vgl. § 214 Abs. 1 S. 1 Nr. 1 BauGB). § 4 BauGB hat die Behördenbeteiligung – insoweit abweichend von § 4 Abs. 1 S. 2 BauGB a.F. – von der Öffentlichkeitsbeteiligung entkoppelt.

3.2 § 4 Abs. 2 Satz 1 BauGB 2004

3.2.1 Pflichten der Gemeinde

(1) § 4 Abs. 2 S. 1 BauGB entspricht § 4 Abs. 1 S. 1 BauGB a.F. Die Gemeinde   **32**
hat in einer zweiten Stufe Stellungnahmen, derjenigen Behörden und sonstigen

TöB einzuholen, deren Aufgabenbereich durch die Planung **berührt werden kann**. Auch hier kommt es auf den „Anfangsverdacht" an. Die Beteiligung ist **zwingend**. Hat eine Behörde in der frühzeitigen Beteiligung nach § 4 Abs. 1 S. 1 BauGB ihre fehlende Zuständigkeit erklärt, kann die erneute Beteiligung entfallen, wenn neue Gesichtspunkte im Hinblick auf den endgültigen Planentwurf und der beigefügten Begründung nicht entstanden sind.

33 (2) Kommt die Gemeinde ihrer Pflicht nicht nach, erhöht sich dadurch kraft materiellen Rechts das Risiko einer fehlerhaften Abwägung (arg. e § 4a Abs. 1 BauGB). Die zu Unrecht nicht beteiligte Behörde besitzt kein hierauf gerichtetes Klagerecht.[20]

3.2.2 Inhalt der Unterrichtung der Behörde

34 (1) Die Gemeinde hat den „berührten" Behörden und den TöB den ausgearbeiteten **Planentwurf** und dessen **Begründung** zu übermitteln. Gleichgültig ist, ob sich „berührte" Behörden am frühzeitigen Verfahren (§ 4 Abs. 1 BauGB) fristgerecht beteiligt haben. Eine Verletzung der Äußerungspflicht des § 4 Abs. 1 BauGB führt nicht zu einer Präklusion im weiteren Verfahren. § 4a Abs. 6 S. 1 BauGB gilt insoweit nicht, auch nicht entsprechend.[21]

35 (2) Teil der Begründung ist gemäß § 2a S. 2 Nr. 2 BauGB „entsprechend dem Stand des Verfahrens" der **Umweltbericht**. Dieser ist – entsprechend dem Stand seiner Fortschreibung – ebenfalls in die Behördenbeteiligung einzubeziehen. Aus dem Sachzusammenhang des § 4 Abs. 2 BauGB ist zu entnehmen, daß die Gemeinde die entsprechenden Unterlagen zur Verfügung zu stellen hat. Schriftlichkeit sieht § 4 Abs. 2 BauGB nicht ausdrücklich vor, dürfte angesichts der zu übermittelnden Unterlagen dennoch der Regelfall sein.

36 (3) Entsprechend § 3 Abs. 2 S. 2 BauGB hat die Gemeinde die Behörden auch darüber zu unterrichten, welche **Arten umweltbezogener Informationen verfügbar** sind. Was hinsichtlich der Öffentlichkeitsbeteiligung bekanntzugeben ist, muß auch die beteiligte Behörde erfahren. Da diese außerdem nicht gehalten ist, sich am Auslegungsverfahren des § 3 Abs. 2 BauGB über den Inhalt der ausgelegten Unterlagen zu informieren, hat die Gemeinde die Behörde auch über die „bereits vorliegenden umweltbezogenen Stellungnahmen" (§ 3 Abs. 2 S. 1 BauGB) zu unterrichten.

37 Die **ergänzende Informationspflicht** bedeutet keine inhaltliche Wiedergabe der vorhandenen umweltbezogenen Informationen, sondern nur eine verzeichnishafte Darstellung, über welche umweltbezogenen Informationen die planauslegende Gemeinde verfügt. Der beteiligten Behörde bleibt es überlassen, ob sie für ihre Stellungnahme nach Maßgabe ihres Aufgabenbereichs den näheren Inhalt der verfügbaren Informationen erfahren muß.

---

20 OVG Frankfurt (Oder), Beschluß vom 28.1.2000 – 3 B 67/99 – LKV 2001, 466.
21 Wohl a.A.M. Krautzberger, in: E/Z/B/K, BauGB, § 4 BauGB a.F. Rn. 34.

3.2.3 Anpassungspflicht nach § 7 BauGB 2004

Ist die Behörde ein **öffentlicher Planungsträger**, gilt für sie die Anpassungspflicht **38** des § 7 BauGB. Danach hat der Planungsträger, der „nach § 4 oder § 13 beteiligt worden" ist, unter näheren Voraussetzungen seine Planung dem F-Plan anzupassen. Das EAG Bau hat die Bezugnahme auf §§ 4, 13 BauGB äußerlich unberührt gelassen. Dies ist für § 13 BauGB ohne Bedeutung. Dort wird die Behördenbeteiligung nur in § 13 Abs. 2 Nr. 3 BauGB normiert. Für den Bezug auf § 4 BauGB fehlt es angesichts der nunmehrigen obligatorischen Zweistufigkeit an dieser Eindeutigkeit. § 7 ist auf eine frühzeitige Koordination bezogen. Der Widerspruch kann daher bereits in der frühzeitigen Beteiligung nach § 4 Abs. 1 S. 1 BauGB ausgesprochen werden.[22]

3.3 § 4 Abs. 2 Satz 2 BauGB 2004

3.3.1 § 4 Abs. 2 Satz 2 Halbs. 1 BauGB 2004

(1) **Stellungnahmepflicht.** Die durch die Gemeinde beteiligten Behörden und **39** sonstige TöB sind verpflichtet, eine Stellungnahme abzugeben.[23] Diese Pflicht statuiert § 4 Abs. 2 S. 2 Halbs. 1 BauGB unmittelbar. Eine „Fehlanzeige" ist daher geboten. Die Pflicht der Behörde korrespondiert mit einem **Rechtsanspruch** der Gemeinde. Die Behörde darf es nicht bei einer nur negativen, d. h. ablehnenden Stellungnahme bewenden lassen.

(2) **Fristgebundenheit.** § 4 Abs. 2 S. 2 Halbs. 1 BauGB entspricht § 4 Abs. 2 S. 1 **40** Halbs. 1 BauGB a. F. Die Fristverletzung kann im Hinblick auf die Präklusion nach § 4 a Abs. 6 BauGB erheblich sein. Das EAG Bau hält an der **Monatsfrist** fest. Die Stellungnahme muß innerhalb der Frist bei der Gemeinde eingehen. Eine Verkürzung der Frist ist unzulässig.

(3) **Form der Stellungnahme.** § 4 Abs. 2 S. 2 BauGB normiert keine Form der **41** Stellungnahme. Im Regelfall ist Schriftlichkeit angemessen. Eine mündliche Erörterung ist nicht ausgeschlossen. Die Gemeinde kann einen „gemeinsamen" Erörterungstermin mit mehreren Behörden vorsehen.

(4) **Inhalt der Stellungnahme.** § 4 Abs. 2 S. 2 BauGB gibt nicht näher vor, wel- **42** chen Inhalt die einzuholende Stellungnahme hat. Die Stellungnahme dient in erster Linie der vollständigen Ermittlung, ist also primär informationsbezogen (vgl. § 4 a Abs. 1 BauGB). Das schließt den Bericht über betroffene Belange nicht aus. Die Stellungnahme hat sich bewertender, also abwägender Hinweise in aller Regel zu enthalten. Eine Vorwegabwägung innerhalb einer Behörde (Dezernatsabstimmung) ist nicht zulässig. Die „Abwägungshoheit" liegt ausschließlich bei der

---

22 Wie hier R.-P. Löhr, in: B/L/K, BauGB, 9. Aufl., 2005, § 7 Rn. 10; W. Bielenberg / P. Runkel, in: E/Z/B/K, BauGB (Stand: Febr. 2000), § 7 Rn. 8; H.-G. Gierke, in: Brügelmann, BauGB (Stand: Okt. 2003), § 7 Rn. 130.

23 Wie hier M. Krautzberger, in: E/Z/B/K, BauGB, § 4 Rn. 17 (Stand: Mai 2003).

Gemeinde. Das hat die Behörde im Hinblick auf Art. 28 Abs. 2 S. 1 GG in Verb. mit § 1 BauGB zu respektieren.

43 (5) **Keine Bindung.** Die Stellungnahme ist für die Gemeinde Teil des Abwägungsmaterials (vgl. § 4 a Abs. 1 BauGB). Eine Bindung der Gemeinde an den Inhalt der Stellungnahme besteht nicht. Dasselbe gilt für „Anforderungen" von Behörden und sonstigen TöB an konkrete Planinhalte. Es verbleibt bei der Eigenverantwortlichkeit der planenden Gemeinde.[24] Es kann ein Abwägungsmangel sein, wenn die Gemeinde sich an den Inhalt einer behördlichen Stellungnahme unkritisch gebunden glaubt.

44 (6) **Gebührenfreiheit.** Die Stellungnahme als TöB löst nach Maßgabe des landesrechtlichen Verwaltungskostenrechts keine Verwaltungsgebühr gegenüber der Gemeinde aus.[25]

3.3.2 § 4 Abs. 2 Satz 2 Halbs. 2 BauGB 2004

45 (1) § 4 Abs. 2 S. 2 Halbs. 2 BauGB entspricht § 4 Abs. 2 S. 1 Halbs. 2 BauGB a. F. Als wichtiger Grund für eine **Verlängerung der Stellungnahmefrist** kommt nur ein solcher in Betracht, der sich für die Behörde aus der Komplexität des konkreten Planungsfalles ergibt.[26] Organisatorische Schwierigkeiten, einschließlich interner Dezernatsabstimmungen, bleiben unberücksichtigt. Ohne das Vorliegen eines wichtigen Grundes darf nicht verlängert werden. Ein Antrag auf Verlängerung muß der Gemeinde **vor Ablauf der bisherigen Frist** zugehen. Ein verspäteter Antrag löst die nach § 4 a Abs. 6 S. 1 BauGB eingetretene Rechtsfolge der Präklusion aus; diese kann durch einen verspäteten Antrag nicht nachträglich aufgehoben werden. Die Gemeinde kann auch ohne Antrag vor Ablauf der Frist von sich aus die Frist verlängern. Dann muß ihr ein „objektiv" wichtiger Grund bekannt sein. Die Gemeinde darf nicht verlängern, um lediglich die Präklusion verspäteten Vorbringens zu vermeiden.

46 (2) Verweigert die Gemeinde die Verlängerung rechtswidrig und bleibt ein verspätetes Vorbringen der Behörde abwägungsrelevant unberücksichtigt, liegt ein nach § 214 Abs. 1 S. 1 Halbs. 1 BauGB beachtlicher Fehler vor.[27]

3.4 § 4 Abs. 2 Satz 3 BauGB 2004

47 (1) Die Bestimmung entspricht § 4 Abs. 2 S. 2 BauGB a. F. Sie normiert ergänzend den Inhalt der eingeholten Stellungnahme, ist indes nicht abschließend zu verstehen.

---

24 Vgl. BVerwG, Beschluß vom 28.8.1987 – 4 N 1.86 – DVBl 1987, 1273 = NVwZ 1988, 351 = ZfBR 1988, 44 = BRS 47 Nr. 3.

25 Vgl. OVG Weimar, Urteil vom 16.5.2001 – 1 KO 646/99 – ThürVBl 2001, 280 = DVBl 2001, 1876 (L).

26 Ähnlich M. Krautzberger, in: E/Z/B/K, BauGB, § 4 Rn. 4 (Stand: Mai 2003).

27 Ähnlich M. Krautzberger, in: E/Z/B/K, BauGB, § 4 Rn. 4, 37 (Stand: Mai 2003).

(2) Die nach § 4 Abs. 2 S. 1 eingeholten Stellungnahmen sollen **thematisch** sein. **48** Das versteht sich an sich von selbst. § 4 Abs. 2 S. 3 Halbs. 1 BauGB erinnert hieran. Die Behörden sollen sich in ihrer Stellungnahme auf ihren Aufgabenbereich und damit auf ihre fachliche Kompetenz beschränken.[28] Die sprachliche Fassung des § 4 Abs. 2 S. 3 BauGB ist etwas schief. Gemeint ist: Der Inhalt der Stellungnahme soll sich im Rahmen der fachlichen Zuständigkeit der Behörde halten und einen Bezug zum Planentwurf herstellen.

Die Stellungnahme kann sich durchaus mit der Begründung zum Planentwurf aus- **49** einandersetzen. Dieser enthält gemäß § 2 a S. 2 Nr. 2 BauGB „entsprechend dem Stand des Verfahrens" einen Umweltbericht. Hierauf kann sich die Stellungnahme beziehen. Helfende Erwägungen und Hinweise sind erwünscht (vgl. arg. e § 4 Abs. 2 S. 4 BauGB). Dagegen sind allgemeine Ausführungen zu städtebaulichen Fragen, vielleicht gar zur Gemeindepolitik, zu unterlassen. Verstößt die Behörde gegen das Beschränkungsgebot, so ist dies unschädlich. Die Gemeinde hat das Vorbringen gleichwohl zur Kenntnis zu nehmen und auf seine Abwägungsrelevanz zu überprüfen.

(3) **Behördliche Planungsabsichten.** Die Behörde hat die Gemeinde gemäß § 4 **50** Abs. 2 S. 3 Halbs. 2 BauGB über die von ihre beabsichtigten oder bereits eingeleiteten Planungen und sonstigen Maßnahmen zu unterrichten, die für die städtebauliche Entwicklung und Ordnung des Gebiets bedeutsam sein können. Sie hat auch einen hierauf bezogenen zeitlichen Rahmen anzugeben. Auch diese Pflicht entspricht der bisherigen Rechtslage. Die Informationen sollen auch dazu dienen, daß die Gemeinde eine entsprechende Planung gemäß § 9 Abs. 6 BauGB nachrichtlich aufnimmt.

3.5 § 4 Abs. 2 Satz 4 BauGB 2004

(1) **Informationspflicht.** § 4 Abs. 2 S. 4 BauGB entspricht mit einigen sprachli- **51** chen Änderungen § 4 Abs. 2 S. 3 BauGB a.F. Die von der Gemeinde nach § 4 Abs. 2 S. 1 BauGB beteiligte Behörde hat von sich aus ihre Stellungnahme um sachdienliche Informationen zu ergänzen. Das gilt für alle Informationen, die für die **Ermittlung und Bewertung des Abwägungsmaterials** zweckdienlich sind. § 4 Abs. 2 S. 4 BauGB statuiert eine Rechtspflicht.

(2) Das gilt auch für Informationen, welche der Vervollständigung des **Umwelt-** **52** **berichtes** dienen können. § 4 Abs. 2 S. 3 BauGB a.F. hob dies durch die Bezugnahme auf § 2 a BauGB a.F. hervor. Das EAG Bau wollte hieran nichts substantiell ändern. Das hätte seiner generellen Zielsetzung nicht entsprochen. Allerdings hat sich der frühere umweltrechtliche Grund verschoben. § 4 Abs. 2 S. 3 BauGB a.F. diente der Gemeinde dazu, ein „eigenes" Scoping-Verfahren zu ermöglichen. Das EAG Bau hat dies in § 4 Abs. 1 S. 2 BauGB gleichsam vorverlagert.

---

28 Vgl. dazu F. Kirchhof, Die Optimierung der Beteiligung der Träger öffentlicher Belange an Bauleitplanverfahren, 1994.

53 Die beteiligte Behörde hat ihr **eigenes Informationsniveau** dahin zu prüfen, ob im Hinblick auf die ihr übermittelte Begründung des Planentwurfs eine informationsbezogene Ergänzung angezeigt ist. § 4 Abs. 2 S. 4 BauGB umschreibt dies mit dem offenen Begriff der **Zweckdienlichkeit.**

54 (3) **Übermittlungspflicht.** Verfügt die beteiligte Behörde über entsprechende Informationen, so ist sie verpflichtet, diese der Gemeinde „zur Verfügung" zu stellen. Das hat innerhalb der Frist zur Stellungnahme geschehen. Diese Pflicht kann einen Grund geben, diese Frist zu verlängern. Die Regelung entspricht § 4 Abs. 2 S. 3 BauGB a.F. Dort wurde sie durch Art. 12 des UVPG vom 27.7.2001 (BGBl. I S. 1950) in das BauGB eingefügt.

4. Verarbeitung der Stellungnahme

55 (1) Die Gemeinde hat den Inhalt einer abgegebenen Stellungnahme als **Teil des Abwägungsmaterials** (§ 2 Abs. 3 BauGB) zu verarbeiten. § 4 Abs. 3 S. 1 BauGB a.F. bestimmte dies ausdrücklich. Das EAG Bau hat diese Regelung nicht übernommen. Das Gesetz hat vielmehr mit § 4a Abs. 1 BauGB eine allgemeine Bestimmung über die Funktion der Vorschriften über die Öffentlichkeits- und Behördenbeteiligung getroffen. Danach soll auch die Behördenbeteiligung dazu beitragen, zu einer vollständigen Ermittlung und zu einer zutreffenden Bewertung der von der Planung berührten Belange zu gelangen.

56 Aus der Präklusionsregelung des § 4a Abs. 6 S. 1 BauGB folgt übrigens im Umkehrschluß unverändert, daß die rechtzeitig abgegebene Stellungnahme zu berücksichtigen ist. Eine Bindung der Gemeinde hinsichtlich des Inhalts der Stellungnahme der Behörde besteht nicht.[29] Die Gemeinde bleibt für die Sachangemessenheit ihrer Beschlußfassung rechtlich verantwortlich.[30] Daran hat das EAG Bau nichts geändert.

57 (2) Gibt die beteiligte Behörde ihre Stellungnahme verspätet ab, gilt die Präklusionsregelung des § 4a Abs. 6 S. 1; gibt sie überhaupt keine Stellungnahme ab, so ist dies ein Umstand, der selbständig beurteilungsfähig ist. Die Gemeinde darf indes aus der Nichtabgabe einer Stellungnahme nicht ohne weiteres die Folgerung ziehen, öffentliche Belange, welche den Aufgabenbereich der sich verschweigenden Behörde betreffen, seien durch die Planung nicht berührt.

58 (3) Ist die abgegebene Stellungnahme der Behörde sachlich unzutreffend, kann dies zu einem Abwägungsfehler führen. Gegenüber Dritten, die von der fehlerhaften Planung betroffen sind, stellt die fehlerhafte Stellungnahme der Behörde keinen Amtshaftungstatbestand dar.[31] Im Außenverhältnis zu einem Dritten hat nur

---

29 BGH, Urteil vom 23.1.1992 – III ZR 265/89 – NVwZ-RR 1992, 948 = UPR 1992, 232.
30 BVerwG, Beschluß vom 14.8.1989 – 4 NB 24.88 – DVBl 1989, 1105 = NVwZ-RR 1990, 122 = ZfBR 1989, 264 = BRS 49 Nr. 22.
31 BGH, Urteil vom 23.1.1992 – III ZR 265/89 – NVwZ-RR 1992, 948 = UPR 1992, 232.

die Gemeinde einzustehen.[32] Ob die Gemeinde einen Regreßanspruch gegenüber der Behörde hat, erscheint zweifelhaft.

III. § 4 Abs. 3 BauGB 2004 – „Amtshilfe" beim Monitoring

1. Text der geänderten Fassung

(3) Nach Abschluss des Verfahrens zur Aufstellung des Bauleitplans unterrichten die Behörden die Gemeinde, sofern nach den ihnen vorliegenden Erkenntnissen die Durchführung des Bauleitplans erhebliche, insbesondere unvorhergesehene nachteilige Auswirkungen auf die Umwelt hat. 59

2. Textgeschichte

Die Gesetzesfassung entspricht im wesentlichen dem Gesetzesentwurf der BReg. (BTag-Drs. 15/2250 S. 12, 44). Der Bundesrat hatte vorgeschlagen, die Worte „insbesondere unvorhergesehene nachteilige" hinzuzufügen (BTag-Drs. 15/2250 S. 77 f.). Damit sollte eine allgemeine Unterrichtungspflicht für das Monitoring nach § 4c BauGB abgeschwächt werden. Die BReg. stimmte in ihrer Gegenäußerung zu (BTag-Drs. 15/2250 S. 91). Der 14. Ausschuß ist dem Anliegen des Bundesrates gefolgt. Zugleich sollte eine sprachliche Anpassung an den Wortlaut des § 4c BauGB erreicht werden (BTag-Drs. 15/2996 S. 26, 93). 60

3. Erläuterung der Änderung

3.1 Zielsetzung

(1) § 4 Abs. 3 BauGB ist auf das in § 4c BauGB normierte Verfahren der Überwachung (**Umweltmonitoring**) zu beziehen. Die Informationspflicht soll der Effektuierung der Überwachung nach § 4c BauGB dienen. Es handelt sich um eine kraft Gesetzes bestehende Rechtspflicht, und zwar im Sinne einer „Bringschuld".[33] Das EAG Bau folgt damit Art. 10 Abs. 1 Plan-UP-RL. Die Richtlinie verpflichtet die Mitgliedstaaten, erhebliche Auswirkungen der Durchführung der Pläne und Programme auf die Umwelt zu überwachen. § 4 Abs. 3 BauGB bezieht sich auf die Erfüllung dieser Pflicht. 61

(2) § 4 Abs. 3 BauGB befreit die Gemeinde nicht davon, aus Gründen des Monitoring (§ 4c BauGB) ggf. eigene Informationen zu erheben und selbständige Kontrollen vorzunehmen.[34] Sie darf sich nicht darauf verlassen, daß die TöB oder Naturschutzverbände sie unterrichten. Sie muß die Überwachung selbst organisieren. 62

---

32 BGH, Urteil vom 28.6.1984 – III ZR 35/83 – BGHZ 92, 34 = DVBl 1984, 1119 = NJW 1984, 2516 = UPR 1984, 331 = ZfBR 1984, 249 = BauR 1984, 480 = BRS 42 Nr. 5.
33 B. Stüer/A. Sailer, Monitoring in der Bauleitplanung, in: BauR 2004, 1392–1401 [1395]; vgl. auch Nr. 2.6.1 EAG Mustererlaß 2004.
34 Wie hier Rat von Sachverständigen für Umweltfragen (SRU), Zur Einführung der strategischen Umweltprüfung in das Bauplanungsrecht. Stellungnahme Nr. 3 / 2003, in: hht://www.umweltrat.de/03stellung/downlo03/stellung/Stellung_Sup_Mai2003.pdf.

3.2 Verpflichteter

63 (1) § 4 Abs. 3 BauGB verpflichtet nur „die Behörden", nicht auch sonstige TöB, die Gemeinde zu unterrichten.[35] Das schließt nicht aus, daß sich Dritte, also auch die TöB, von sich aus an die Gemeinde wenden.

64 (2) Welche Behörden im einzelnen zur Information verpflichtet sind, läßt § 4 Abs. 3 BauGB offen. Praktisch können es nur solche sein, die in irgendeiner Weise selbst mit der „Durchführung" des Bauleitplans befaßt sind. Das ist vor allem die nach Landesrecht zuständige Umweltschutzbehörde. Denn ohne deren Kenntnis läßt sich kaum etwa über die zu beurteilenden Auswirkungen berichten. Die Behörden haben von sich aus die Gemeinde zu informieren. Es handelt sich um eine „Bringschuld" der Fachbehörden (vgl. EAG Mustererlaß 2004, Nr. 2.6.1 Abs. 10 Buchst. c). § 4 Abs. 3 und § 4c BauGB legen eine intensive Zusammenarbeit zwischen Gemeinde und Behörde nahe.[36]

65 (3) Allgemeine Überwachungspflichten der Fachbehörden ergeben sich u. a. aus dem Wasserhaushaltsgesetz (WHG), aus dem BImSchG, etwa hinsichtlich der Luftqualität und der Lärmüberwachung, künftig aus der Umsetzung der europarechtlichen Umgebungs-RL, aus dem Bundes-Bodenschutzgesetz (BBodSchG) für altlastverdächtige Flächen und aus dem BNatSchG. § 4 Abs. 3 BauGB begrenzt die Informationspflicht nicht auf Bereiche, die bereits fachgesetzlich bestimmt sind. Vielmehr begründet § 4 Abs. 3 BauGB – je nach Sachlage – originäre Informationslasten. So hat die Straßenverkehrsbehörde über eine deutliche Erhöhung des Straßenverkehrs, oder über eine andere Straßenführung der Gemeinde zu berichten, wenn sich derartige Entwicklungen auf umweltrelevante Entscheidungen der Gemeinde auswirken können.[37]

3.3 Beginn der Informationspflicht

66 (1) Die Informationspflicht setzt mit dem **Abschluß des Verfahrens** „zur Aufstellung des Bauleitplans" ein. Das Verfahren ist abgeschlossen mit der **Bekanntmachung des Planungsergebnisses**. Beim F-Plan tritt die Wirksamkeit mit der Bekanntmachung der Genehmigung ein (§ 6 Abs. 2 BauGB), beim B-Plan gemäß § 10 Abs. 3 S. 1 BauGB entsprechend oder, falls – wie im Regelfall – eine Genehmigung nicht erforderlich ist, mit der Bekanntmachung des Beschlusses des B-Plans. Mit diesem Zeitpunkt beginnt die Phase der „Durchführung" des Bauleitplans. Dieser vom EAG Bau auch in § 4 Abs. 3 BauGB gewählte Ausdruck der Durchführung ist nicht sehr angemessen. Da die Bauleitplanung nach dem Grundkonzept des BauGB unverändert eine **Angebotsplanung** ist, hängt die weitere Entwicklung von der jeweiligen Planungssituation ab.

---

35 Wie hier U. Kuschnerus, Der sachgerechte Bebauungsplan, 3. Aufl., 2004, Rn. 678.

36 Zutreffend W. Schrödter, Das Europarechtsanpassungsgesetz Bau – EAG Bau, in: NST-N 2004, 197–216 [205].

37 Ähnlich W. Schrödter, Das Europarechtsanpassungsgesetz Bau – EAG Bau, in: NST-N 2004, 197–216 [205].

Halama

(2) Die Überwachung zielt auf Prüfung der Auswirkungen, die sich aus der Durch- 67
führung der Bauleitpläne ergeben. Die Überwachung kann daher frühestens mit
der teilweisen Realisierung des Bauleitplans einsetzen.

(3) Die Gemeinde muß ggf. bei den zuständigen Behörden nach dem Stand der 68
dortigen Erkenntnisse anfragen. Dazu hat sie Anlaß, wenn sie an der Effektivität
ihrer eigenen Überwachung zweifeln muß. Das kann unter anderem der Fall sein,
wenn sich Bürger an sie mit der Bitte um Abhilfe wenden.

3.4 Informationsempfänger

§ 4c BauGB hat das Umweltmonitoring als Aufgabe der **Gemeinde** übertragen. 69
Sie hat Überwachungsmaßnahmen vorzunehmen. Um sie dazu in den Stand zu
setzen, ist es folgerichtig, die Informationspflicht der Behörden auf die Gemeinde
zu beziehen.

3.5 Informationsinhalt

(1) § 4 Abs. 3 BauGB ist im Satzbau mißlungen. Das Gesetz sagt nicht, worüber 70
die Behörde die Gemeinde zu unterrichten hat, sondern mit der bedingenden
Wendung „sofern", unter welchen Voraussetzungen dies zu geschehen hat. Über
diese sprachliche Schludrigkeit muß man hinwegsehen. Dann ergibt sich, daß
Behörden, die Erkenntnisse, welche die Durchführung des Bauleitplans betreffen
und „insbesondere" auf unvorhergesehene nachteilige Auswirkungen auf die Umwelt hinweisen, diese der Gemeinde mitzuteilen haben.

Sehr klar ist der Gesetzestext gleichwohl nicht. Mit der Ausdrucksweise „erhebli- 71
che nachteilige" Umweltauswirkungen scheint sich § 4 Abs. 3 BauGB etwa an eine
Begrifflichkeit des UVPG anzuschließen. Damit ist indes nicht viel gewonnen. Die
Beschränkung auf „unvorhergesehene" Auswirkungen ist gegenüber der Überwachungspflicht des § 4c S. 1 BauGB jedenfalls **dysfunktional**. Die Gemeinde hat
nach § 4c S. 1 BauGB ganz generell die erheblichen Umweltauswirkungen zu
überwachen, die aufgrund der Durchführung des Bauleitplanes eintreten. Für diese erste Phase ihrer beobachtenden Tätigkeit ist es nach § 4c S. 1 BauGB ohne
Belang, ob die erheblichen Umweltauswirkungen **„voraussehbar"** waren oder
nicht und ob sie zudem „nachteilig" sind und worauf sich diese Nachteile beziehen.

Erst aus dem durch die Überwachung gewonnenen Erkenntnisstand kann es für 72
die Gemeinde in der sich nunmehr anschließenden Handlungsphase bedeutsam
sein, ob die festgestellten Auswirkungen vorhersehbar waren und nachteilig sind.
§ 4c S. 1 BauGB sieht diesen Zusammenhang durchaus zutreffend.

Daß der Gesetzgeber aufgrund der Stellungnahme des Bundesrates und ihm fol- 73
gend der 14. Ausschuß die Wendung „insbesondere unvorhergesehene nachteilige" für § 4 Abs. 3 BauGB übernahm, erweist sich dagegen als ein umweltpolitischer Mißgriff. Denn danach muß die informationsverpflichtete Behörde vorab prü-

fen, ob die nachteiligen Umweltauswirkungen auch „vorhersehbar" waren. Verneint sie dies, entfällt ihre Informationspflicht. Das mindert die insoweit nach § 4 c S. 1 BauGB nicht limitierte Überwachungskompetenz der Gemeinde. Da die Gemeinde selbst mit der Durchführung des Bauleitplanes vielfach nicht befaßt ist, ist sie gerade auf die Information nach § 4 Abs. 3 BauGB zur Effektivität des Monitoring angewiesen. In § 4 c S. 2 BauGB sieht das Gesetz dies richtig, bleibt in § 4 Abs. 3 BauGB inkonsequent.

74 (2) § 4 Abs. 3 BauGB bedarf aus der Sicht des Art. 10 Plan-UP-RL einer gemeinschaftskonformen Anwendung. Das nationale Recht muß die Wirksamkeit des gemeinschaftsrechtlich gebotenen Monitoring gewährleisten („effet utile"). Zwar gibt Art. 10 Plan-UP-RL nicht vor, wer die Überwachung durchzuführen hat. Dies zu bestimmen ist der Mitgliedstaat frei. Wird die aus der Überwachung resultierende Handlungspflicht und die Informationsaufbereitung verschiedene Trägern öffentlicher Gewalt übertragen, darf es im Informationsfluß zu Lasten der Entscheidungsfähigkeit des Handlungspflichtigen, hier also der Gemeinde, keine Limitierungen geben. Demgemäß haben die Behörden keine Vorprüfung vorzunehmen, sondern der Gemeinde alles mitzuteilen, was für die Effektivität des Monitoring mutmaßlich relevant ist.

4. Überleitungsrecht

75 § 4 Abs. 3 BauGB gilt für Bauleitpläne, die nach Vorschriften des EAG Bau abgeschlossen werden (§ 244 Abs. 1 BauGB). Entsprechend entfällt gemäß § 244 Abs. 3 BauGB insoweit die Pflicht der Gemeinde zum Monitoring.

Halama

§ 4a BauGB – Gemeinsame Vorschriften zur Beteiligung

I. Änderung – § 4a Abs. 1 BauGB 2004

1. Text der geänderten Fassung

1 **(1) Die Vorschriften über die Öffentlichkeits- und Behördenbeteiligung dienen insbesondere der vollständigen Ermittlung und zutreffenden Bewertung der von der Planung berührten Belange.**

2. Textgeschichte

2 Die Gesetzesfassung ist textidentisch mit dem Gesetzesentwurf der BReg. (BTag-Drs. 15/2250 S. 12, 45).

3. Erläuterung der Änderung

3.1 Zielsetzung des § 4a BauGB 2004

3 (1) Das EAG Bau faßt in § 4a BauGB **„gemeinsame"** Vorschriften für die Öffentlichkeits- und die Behördenbeteiligung zusammen. In seinen Absätzen 3, 4 und 6 wird diese Gemeinsamkeit wieder abgewandelt. § 4 a Abs. 1 BauGB, insoweit § 2 Abs. 3 BauGB ähnlich, hat zwar deutlich einen **programmatischen Charakter**. Zielvorgabe ist die **vollständige Ermittlung** und die **zutreffende Bewertung**. Die jeweils hinzugenommene attributive Ergänzung gehört systematisch eher zu § 2 Abs. 3 BauGB, da § 4 a Abs. 1 BauGB **instrumentell** ist („dienen"). Das Gesetz bestätigt aus seiner Sicht die Zweiteilung dieser Aufgabe, setzt sie im Planerhaltungsrecht des § 214 Abs. 1 S. 1 Nr. 1 BauGB fort.

(2) Gleichwohl ist die inhaltliche Substanz des § 4 a Abs. 1 BauGB gering. Es **4** handelt sich um eine Vorschrift, die dem ursprünglichen ministeriellen Konzept geschuldet war, eine Verfahrensrichtigkeit begründe die Ergebnisrichtigkeit der Bauleitplanung. Vgl. zur Aufgabe dieser Sichtweise die Kommentierung zu § 214 Abs. 1 S. 1 Nr. 1 BauGB. Das gilt auch für die sprachliche Fassung des § 2 Abs. 3 BauGB.

3.2 Regelungsbereich

§ 4 a Abs. 1 BauGB betrifft alle Fälle „der Planung", also der Bauleitplanung im **5** Sinne des § 1 Abs. 2 BauGB. Dazu ist auch der vorhabenbezogene B-Plan (§ 12 BauGB) zu rechnen. Auch eine Betroffenenbeteiligung nach § 13 BauGB dient der Zielsetzung des § 4 a Abs. 1 BauGB. Die städtebaulichen Satzungen gelten nicht als „Planung" im Sinne des § 4 a Abs. 1 BauGB, dagegen sprachlich unsicher das Präklusionsrecht des § 214 Abs. 1 S. 1 Nr. 1 BauGB, der diesen Fehlerbereich („von der Planung berührte Belange") wohl auch auf Satzungen beziehen will.

II. Änderung – § 4 a Abs. 2 BauGB 2004

1. Text der geänderten Fassung

(2) Die Unterrichtung nach § 3 Abs. 1 kann gleichzeitig mit der Unterrichtung nach § 4 Abs. 1, die **6** Auslegung nach § 3 Abs. 2 kann gleichzeitig mit der Einholung der Stellungnahmen nach § 4 Abs. 2 durchgeführt werden.

2. Textgeschichte

Die Gesetzesfassung ist textidentisch mit § 4 a Abs. 3 S. 1 des Gesetzesentwurfs **7** der BReg. (BTag-Drs. 15/2220 S. 12, 45 zu § 4 a Abs. 3 S. 1 des Entwurfs). Der 14. Ausschuß hatte die Fassung übernommen, aber aus redaktionellen Gründen eine andere Absatzstellung (§ 4 a Abs. 2) vorgesehen (BTag-Drs. 15/2296 S. 27).

3. Erläuterung der Änderung

(1) § 4 a Abs. 2 BauGB normiert die **zeitgleiche Parallelbeteiligung**. Das hat vor **8** allem klarstellende Bedeutung. Das EAG Bau erweitert die Regelung gegenüber § 4 Abs. 1 S. 2 BauGB a.F. Ziel des Parallelverfahrens ist die Beschleunigung des Verfahrens. Eine Parallelbeteiligung bietet sich in aller Regel nur für **einfache Sachverhalte** an. Vor allem bei umfangreichen Planverfahren empfiehlt es sich,

zunächst die frühzeitige Behördenbeteiligung und erst im Anschluß daran die vorgezogene Öffentlichkeitsbeteiligung durchzuführen.[1]

9   (2) § 4a Abs. 2 BauGB kennt – abweichend von der früheren Rechtslage – **zwei Fallkonstellationen**: Die frühzeitige Öffentlichkeitsbeteiligung (§ 3 Abs. 1 BauGB) kann gleichzeitig mit der frühzeitigen Behördenbeteiligung (§ 4 Abs. 1 BauGB) durchgeführt werden. Außerdem kann die „reguläre" Öffentlichkeitsbeteiligung durch Auslegung (§ 3 Abs. 2 BauGB) zeitgleich mit der „regulären" Behördenbeteiligung (§ 4 Abs. 2 BauGB) durch Einholung der Stellungnahmen durchgeführt werden. § 4a Abs. 2 BauGB ist im **vereinfachten Verfahren** nach § 13 Abs. 2 Nrn. 2 und 3 BauGB entsprechend anwendbar, nach § 13 Abs. 2 Nr. 1 BauGB auch, wenn die Gemeinde von einer frühzeitigen Unterrichtung und Erörterung nicht absieht.

10   (3) Die Gemeinde besitzt eine **Wahlbefugnis**. Wählt die Gemeinde das Verfahren der Parallelbeteiligung, so muß sie für jedes Verfahren die jeweiligen Verfahrensbedingungen einhalten.[2] Die Parallelität besteht nur im **zeitlichen Gleichlauf**. Hierzu muß die Gemeinde die beteiligte Behörde unterrichten. Es genügt nicht, wenn sie die Behörde nur über die Auslegung des Planentwurfs gemäß § 3 Abs. 2 S. 3 BauGB benachrichtigt.[3] Ein derartiger Fehler dürfte stets beachtlich im Sinne des § 214 Abs. 1 S. 1 Nr. 1 Halbs. 1 BauGB sein.

11   Die Gemeinde sollte von der Gleichzeitigkeit der frühzeitigen Beteiligung absehen, wenn das Quasi-Scoping nach § 4 Abs. 1 BauGB substantielle Informationen erwarten läßt. Zur Unterrichtungspflicht der Gemeinde bei Parallelität vgl. § 3 Abs. 2 S. 3 BauGB. Entscheidet sich die Gemeinde für die Gleichzeitigkeit des Verfahrens nach § 3 Abs. 2 und § 4 Abs. 2 BauGB, muß sie zuvor zwingend das Scopingverfahren (§ 4 Abs. 1 BauGB) durchgeführt haben (arg. e § 4 Abs. 1 S. 2 BauGB). Zugleich muß sie auf dieser so gewonnenen Informationsgrundlage ihren Umweltbericht angepaßt haben, sog. Fortschreibungspflicht (vgl. § 2a S. 1 BauGB).

12   (4) Das Verfahren der **Parallelbeteiligung** ist nicht mit dem **Parallelverfahren** nach § 8 Abs. 3 BauGB zu verwechseln. Hier wird nicht das Verfahren hinsichtlich desselben Bauleitplanes parallel geführt, sondern es werden zwei Pläne gleichzeitig geändert und damit zeitlich nacheinander die Planbearbeitung von F-Plan und B-Plan aufgelöst.[4]

---

1   Wie hier B. Stüer, Städtebaurecht 2004, 2004, S. 18.

2   Vgl. W. Schrödter, Europarechtsanpassungsgesetz Bau – EAG Bau, in: NST-N 2004, 197–216 [207].

3   BVerwG, Beschluß vom 7.11.1997 – 4 NB 48.96 – DVBl 1998, 331 = NVwZ 1998, 956 [958] = UPR 1998, 114 = ZfBR 1998, 96 = BauR 1998, 200 = BRS 59 Nr. 32 (1997); ebenso W. Schrödter, Das Europarechtsanpassungsgesetz Bau – EAG Bau, in: NST-N 2004, 197–216 [207].

4   Vgl. BVerwG, Beschluß vom 3.10.1984 – 4 N 4.84 – DVBl 1985, 385 = NVwZ 1985, 485 = ZfBR 1985, 50 = BauR 1985, 64 = BRS 42 Nr. 22.

III. Änderung – § 4a Abs. 3 BauGB 2004

1. Text der geänderten Fassung

(3) Wird der Entwurf des Bauleitplans nach dem Verfahren nach § 3 Abs. 2 oder § 4 Abs. 2 geändert **13** oder ergänzt, ist er erneut auszulegen und sind die Stellungnahmen erneut einzuholen. Dabei kann bestimmt werden, dass Stellungnahmen nur zu den geänderten oder ergänzten Teilen abgegeben werden können; hierauf ist in der erneuten Bekanntmachung nach § 3 Abs. 2 Satz 2 hinzuweisen. Die Dauer der Auslegung und die Frist zur Stellungnahme kann angemessen verkürzt werden. Werden durch die Änderung oder Ergänzung des Entwurfs des Bauleitplans die Grundzüge der Planung nicht berührt, kann die Einholung der Stellungnahmen auf die von der Änderung oder Ergänzung betroffene Öffentlichkeit sowie die berührten Behörden und sonstigen Träger öffentlicher Belange beschränkt werden.

2. Textgeschichte

§ 4a Abs. 3 BauGB entspricht im wesentlichen dem Gesetzesentwurf der BReg. **14** (BTag-Drs. 15/2250, S. 12, S. 45). Allerdings enthielt § 4 a Abs. 3 in der Fassung des Entwurfs als Satz 1 noch die nunmehr in § 4a Abs. 2 BauGB selbst gefaßte Regelung der gleichzeitigen Unterrichtung. Der 14. Ausschuß entschied sich für eine Verschiebung aus Gründen der besseren Übersichtlichkeit (vgl. BTag-Drs. 15/2996 S. 93). Ferner ersetzte der Ausschuß die im Entwurf der BReg. vorgesehene Frist von zwei Wochen durch die Erforderlichkeit einer „angemessenen" Frist.

3. Erläuterung der Änderung

3.1 Zielsetzung

§ 4a Abs. 3 BauGB regelt das Verfahren bei **Änderung von Planentwürfen**. Die **15** Vorschrift ersetzt die bisherige Regelung des § 3 Abs. 3 BauGB 1998 und § 4 Abs. 4 S. 1 BauGB 1998. Das **EAG Bau** hat die Grundstruktur übernommen, allerdings zahlreiche kleine Änderungen vorgenommen. Das **EAG Bau** hat § 4 Abs. 4 S. 2 BauGB 2001, der Änderungen im Umweltbericht (§ 2a BauGB 2001) betraf, nicht übernommen.

3.2 § 4a Abs. 3 Satz 1 BauGB 2004

§ 4a Abs. 3 S. 1 BauGB entspricht § 3 Abs. 3 BauGB a. F. und § 4 Abs. 4 BauGB **16** a. F., faßt aber beide früheren Regelungen zusammen. Das EAG Bau hat eine in § 4 Abs. 4 S. 1 BauGB a. F. enthaltene Privilegierung der Behördenbeteiligung zugunsten eines „vereinfachten Verfahrens" nach § 13 Nr. 3 BauGB a. F. in § 4a Abs. 3 S. 4 BauGB modifiziert.

3.2.1 Änderung oder Ergänzung des Entwurfs

(1) § 4a Abs. 3 S. 1 BauGB erfaßt die Planungssituation, daß nach Durchführung **17** des Verfahrens gemäß § 3 Abs. 2 BauGB oder gemäß § 4 Abs. 2 BauGB für die planende Gemeinde das Bedürfnis nach **Änderung oder Ergänzung des bisherigen Entwurfs** des Bauleitplans entsteht. Aus der Sicht des § 4a Abs. 3 S. 1 BauGB sind die Gründe unerheblich. Sie können auf dem Inhalt der abgegebenen Stellungnahmen beruhen.

18 (2) Änderung oder Ergänzung betreffen Darstellungen oder Festsetzungen des Bauleitplans. Eine derartige Begrenzung, welche der Wortlaut nahelegt, wäre indes nach dem Sinngehalt des § 4 Abs. 3 S. 1 BauGB verfehlt. § 3 Abs. 3 S. 1 BauGB a.F. und § 4 Abs. 4 S. 2 BauGB 2001 nannten als weiteren Fall, daß die Gemeinde Anlaß sah, den **Umweltbericht** gemäß § 2a BauGB a.F. und damit das Abwägungsmaterial zu verändern.

19 § 4a Abs. 3 S. 1 BauGB bedarf einer gemeinschaftskonformen Auslegung (str.).[5] Die Plan-UP-RL zielt auf eine intensive Beteiligung der Öffentlichkeit, auch aus Gründen der Akzeptanz, ab. Dem entspricht es, jedenfalls wesentliche Änderungen des Umweltberichtes zum Anlaß einer erneuten Auslegung zu nehmen.[6] Art. 6 Abs. 1 Plan-UP-RL fordert, daß der nach Art. 5 Plan-UP-RL erstellte Umweltbericht der Öffentlichkeit zugänglich gemacht wird. Der Umweltbericht dokumentiert die UP, die alsdann Gegenstand der planerischen Entscheidung wird. Art. 3 Abs. 1 Plan-UP-RL verlangt, daß die UP „vor Annahme des Plans" durchgeführt wurde. Dieser zeitliche Zusammenhang weist auf, daß die Gemeinde nur auf der Grundlage eines aktuellen, auch der Öffentlichkeit bekannten Umweltberichtes entscheiden soll. Es versteht sich von selbst, daß § 4a Abs. 3 BauGB keine Gelegenheit bietet, durch immer neue Einwendungen den Abschluß des Verfahrens zu verhindern (vgl. § 4a Abs. 6 BauGB). Bloße textliche Korrekturen begründen keine Pflicht zur erneuten Auslegung.

20 (3) Die abgegebenen Stellungnahmen nach § 3 Abs. 2 BauGB oder nach § 4 Abs. 2 BauGB können sich nur auf das Abwägungsmaterial beziehen, ohne daß dies auf das Abwägungsergebnis des Entwurfs „durchschlägt". Eine Änderung liegt nicht vor, wenn einzelne Darstellungen oder Festsetzungen nur redaktionell „klargestellt" werden.[7] Diese Beurteilung ist im Hinblick auf § 214 Abs. 1 S. 1 Nr. 2 BauGB nicht ohne „Risiko". Die dortige Regelung der Planerhaltung bezieht sich nur darauf, daß die Gemeinde „einzelne" Personen, Behörden oder sonstige TöB nicht beteiligt hatte.

3.2.2 Erneute Auslegung – erneute Stellungnahmen

21 (1) § 4a Abs. 3 S. 1 BauGB ordnet an, daß im Falle der **Änderung oder Ergänzung des Entwurfs** dieser erneut auszulegen ist. § 4a Abs. 3 BauGB sieht nur vor, daß der modifizierte Entwurf gemäß § 3 Abs. 2 BauGB erneut auszulegen ist und die Stellungnahmen der „berührten" Behörden und der TöB (§ 4 Abs. 2 BauGB)

5　Wie hier wohl U. Kuschnerus, Der sachgerechte Bebauungsplan, 3. Aufl., 2004, Rn. 475, dagegen indes Rn. 704; a.A. wohl A. Bunzel, Novelle des BauGB 2004 im Planspiel-Test, in: ZfBR 2004, 328–337 [331].

6　Wie hier W. Schrödter, Das Europarechtsanpassungsgesetz Bau – EAG Bau, in: NST-N 2004, 197–216 [206]; M. Krautzberger/B. Stüer, Städtebaurecht 2004: Umweltprüfung und Abwägung, in: DVBl 2004, 914–924 [922].

7　Vgl. BVerwG, Beschluß vom 18.12.1987 – 4 NB 2.87 – NVwZ 1988, 822; vgl. auch BGH, Urteil vom 29.11.1979 – III ZR 67.78 – DVBl 1980, 682 = NJW 1980, 1751 = ZfBR 1980, 207.

erneut einzuholen sind. Die Behörden und die TöB sind hierzu, insoweit abweichend von § 4 Abs. 4 S. 1 BauGB a.F., umfassend zu beteiligen.

Die Stellungnahmen müssen – vorbehaltlich § 4a Abs. 3 S. 2 BauGB – auch die **22** nicht geänderten Teile des Entwurfs erfassen. Dies kann durch Bezugnahme auf frühere Stellungnahmen geschehen. Eine gleichzeitige Auslegung (§ 3 Abs. 2 BauGB) und Einholung der Stellungnahme (§ 4 Abs. 2 BauGB) fordert § 4a Abs. 3 S. 1 BauGB nicht (arg. e. § 4a Abs. 2 BauGB), läßt also eine zeitliche Stufung zu. Ein erneutes Scopingverfahren gemäß § 4 Abs. 1 BauGB ist regelmäßig nicht geboten. Das ist dann anders, wenn die vorgesehenen Änderungen derart substantiell sind, daß der Bauleitplan dadurch eine weitgehend andere Zielrichtung erhält.

(2) Unklar ist, ob auch die Begründung zum Entwurf und – im Falle der Auslegung **23** – entsprechend § 3 Abs. 2 S. 1 BauGB die bereits vorliegenden umweltbezogenen Stellungnahmen – (erneut) auszulegen sind. § 4a Abs. 3 BauGB setzt voraus, daß die erneute Auslegung bekanntzumachen ist (arg. e § 4a Abs. 3 S. 2 Halbs. 2 BauGB). In der „erneuten" Bekanntmachung ist wiederum auf die Arten der nunmehr **verfügbaren umweltbezogenen Informationen** hinzuweisen. Das legt die Interpretation nahe, daß auch der „nach dem Stand des Verfahrens" veränderte **Umweltbericht** wiederum auszulegen ist (str.).[8] Daß der Bericht nicht Bestandteil des Plans selbst ist, ändert daran nichts. § 4a Abs. 3 S. 1 BauGB setzt voraus, daß das Verfahren entsprechend § 3 Abs. 2 BauGB und § 4 Abs. 2 BauGB wiederholt wird.

(3) § 4a Abs. 3 S. 1 BauGB gibt nicht an, ob und welche **Zeitspanne** zwischen **24** dem Auslegungsverfahren nach § 3 Abs. 2 S. 1 BauGB und der beabsichtigten Änderungsauslegung nach § 4a Abs. 3 S. 1 BauGB liegen darf. Zwischen der erneuten Auslegung und der früheren muß ein **zeitlicher Bezugsrahmen** bestehen. Der kritische Bereich dürfte mit Ablauf eines Jahres beginnen.[9] Einen Anhalt bietet die in § 215 Abs. 1 BauGB enthaltene eigene Wertung des Gesetzgebers.

3.3 § 4a Abs. 3 Satz 2 BauGB 2004

(1) **Beschränkung der Stellungnahme.** § 4a Abs. 3 S. 2 BauGB entspricht im **25** wesentlichen der früheren Rechtslage (vgl. § 3 Abs. 3 S. 1 Halbs. 2 BauGB a.F.). Die Gemeinde kann bestimmen, daß Stellungnahmen nur zu den **geänderten oder ergänzten Teilen** abgegeben werden können. Das entspricht der Planungspraxis. Die Gemeinde ist nicht verpflichtet, eine derartige Begrenzung vorzunehmen. Sie sollte von der Möglichkeit dann Gebrauch machen, wenn sich die vorgesehene Änderung einer Betroffenheitsbeteiligung nähert. Die Gemeinde muß dazu der individuellen „Berührtheit" des Personenkreises sicher sein. Gegenstand der Be-

---

8 A.A. EAG Mustererlaß 2004, Nr. 3.4.4.4 Abs. 3; wohl auch A. Bunzel, Novelle des BauGB 2004 im Planspiel-Test, in: ZfBR 2004, 328–337 [331].
9 Vgl. erwägend, wenn auch in einem anderen Zusammenhang BVerwG, Urteil vom 29.9.1978 – 4 C 30.76 – BVerwGE 56, 283 = DVBl 1979, 151 = NJW 1979, 1516 = BauR 1978, 449 zur „Haltbarkeit des Abwägungsergebnisses".

schränkung kann jede inhaltlich zulässige Darstellung oder Festsetzung sein. Hat die Gemeinde als Ergebnis des bisherigen Verfahrens den **Umweltbericht** (§ 2 Abs. 4 in Verb. mit § 2a S. 2 Nr. 2 BauGB) wesentlich geändert, erfordert dies regelmäßig die erneute Öffentlichkeits- und Behördenbeteiligung nach § 3 Abs. 2, § 4 Abs. 2 BauGB (str.).[10]

26 (2) Die Beschränkung setzt **objektive Trennbarkeit** voraus. Kann sich die Beschränkung auf andere Teile des Planbereiches auch abwägend auswirken, fehlt es insoweit an der Teilbarkeit. Die Grundsätze zur Teilnichtigkeit bieten dafür einen Anhalt.[11] Die Beschränkung muß textlich oder zeichnerisch eindeutig sein. Im Zweifel empfiehlt sich dann, von der Möglichkeit des § 4a Abs. 3 S. 2 BauGB abzusehen.[12]

27 (3) **Hinweispflicht.** Zur Klarstellung ordnet das Gesetz vorsorglich an, daß auf die Beschränkung in der erneuten Bekanntmachung ausdrücklich hinzuweisen ist. Dazu muß in der Bekanntmachung im Sinne einer **Anstoßfunktion** erkennbar sein, worauf sich die Beschränkung gegenständlich und thematisch beziehen soll. Die erneute Bekanntmachung muß den Anforderungen des § 3 Abs. 2 S. 2 BauGB genügen. Holt die Gemeinde gemäß § 4a Abs. 3 S. 1 BauGB in Verb. mit § 4 Abs. 2 S. 1 im Verfahren der Behördenbeteiligung erneut eine Stellungnahme ein, muß sie die Behörde oder den sonstigen TöB auf die Beschränkung hinweisen. Ändert die Gemeinde für die erneute Auslegung den **räumlichen Geltungsbereich** des Plans, ist sie gut beraten, dies kenntlich zu machen.[13]

28 (4) Stellungnahmen, die sich nicht auf den beschränkten Bereich beziehen, sind wie verspätet abgegebene zu behandeln (vgl. § 4a Abs. 6 BauGB).

3.4 § 4a Abs. 3 Satz 3 BauGB 2004

29 (1) § 4a Abs. 3 S. 3 BauGB weicht von der früheren Rechtslage des § 3 Abs. 3 S. 2 BauGB a.F. ab. Diese und auch § 4a Abs. 3 S. 3 BauGB nehmen an, daß die erneute Auslegung dem Zeitrahmen des § 3 Abs. 2 S. 1 BauGB unterliegt. Sie ermächtigen die Gemeinde indes, diesen zeitlichen Rahmen zu **verkürzen**. Das gilt auch, wenn die Gemeinde den Entwurf insgesamt erneut auslegt.

30 (2) Während § 3 Abs. 3 S. 2 BauGB dazu eine Mindestfrist von zwei Wochen vorsah, hat das EAG Bau hierauf verzichtet. Das Gesetz fordert nur noch eine „angemessene" Frist. Der Gemeinde soll damit ein höheres Maß an Flexibilität eröffnet werden. Daß die „angemessene" Frist aus sachgerechten Gründen unterhalb von zwei Wochen liegt, wird man schwerlich als einen praxisnahen Fall ansehen

---

10 Vgl. B. Stüer, Städtebaurecht 2004, 2004, S. 18.

11 Vgl. BVerwG, Beschluß vom 18.7.1989 – 4 N 3.87 – BVerwGE 82, 225 = DVBl 1989, 1100 = NVwZ 1990, 157; Beschluß vom 18.12.1990 – 4 NB 19.90 – NVwZ 1991, 778 = BauR 1991, 301; Urteil vom 7.7.1994 – 4 C 21.93 – BVerwGE 96, 217 = DVBl 1994, 1149 = NVwZ 1995, 375.

12 Ähnlich M. Krautzberger, in: E/Z/B/K, BauGB, § 3 Rn. 67.

13 Großzügig OVG Münster, Urteil vom 30.6.1999 – 7a D 184/97.NE – ZfBR 2000, 57 = NWVBl 2000, 62 = BauR 2000, 358 = BRS 62 Nr. 35 (1999).

Berkemann

können, der eine Gesetzesänderung rechtfertigte. Den Betroffenen muß unverändert eine „angemessene" Reaktionszeit eröffnet werden. Die Frist, welche die Gemeinde zu bestimmen hat, muß die erneute Bekanntmachung datumsmäßig angeben.

3.5 § 4a Abs. 3 Satz 4 BauGB 2004

(1) **Betroffenenbeteiligung.** § 4a Abs. 3 S. 4 BauGB übernimmt die Regelung **31** des § 3 Abs. 3 S. 3 BauGB, paßt sie zugleich an. Der Verweis auf das vereinfachte Verfahren des § 13 BauGB wird aufgegeben. Die Anwendung ist stark „fehlerträchtig", wenn die Gemeinde teilweise Anregungen berücksichtigt hat oder zahlreiche kleinere Änderungen zur Unübersichtlichkeit des Planungskonzepts führten.[14]

(2) Die Änderung oder Ergänzung des Entwurfs des Bauleitplans kann die **Grund-** **32** **züge der Planung** unberührt lassen. Das **EAG Bau** begründet für diesen Fall nunmehr ein von § 13 BauGB losgelöstes Verfahren. Eine allgemeine inhaltliche Aussage über den Begriff der „Grundzüge der Planung" ist nicht möglich.[15]

Ob Grundzüge der Planung durch eine Änderung oder Ergänzung berührt werden, **33** entscheidet sich grundsätzlich nach dem Planungskonzept des ausgelegten Entwurfs.[16] Grundlage für die Beurteilung ist die dem Entwurf beigefügte Begründung einschließlich der gemäß § 2a S. 2 Nr. 1 BauGB gebotenen Angaben über Ziele, Zwecke und wesentliche Auswirkungen des Bauleitplanes. Ferner liegt ein Umweltbericht vor. Schließlich enthält der Entwurf die vorgesehenen Darstellungen und Festsetzungen. Nicht maßgebend ist, ob die Änderungen und Ergänzungen mit den Grundzügen der bisherigen Planung „vereinbar" sind. Das „vereinfachte" Verfahren nach § 4a Abs. 3 S. 4 BauGB ist bereits ausgeschlossen, wenn die Änderungen und Ergänzungen die Grundzüge der bisherigen Planung nur **„berühren"**.

(3) Bleiben die Grundzüge der Planung durch die Änderung oder Ergänzung un- **34** berührt, kann die Gemeinde auf eine erneute allgemeine Auslegung verzichten. Sie kann zu einer **Betroffenenbeteiligung** übergehen. Dazu holt sie nur Stellungnahmen der durch die Änderung oder Ergänzung betroffenen Öffentlichkeit sowie der „berührten" Behörden und sonstigen TöB ein. Das geschieht in aller Regel dadurch, daß den Betroffenen der geänderte Entwurf mit der Aufforderung übermittelt wird, sich zur Änderung zu äußern.

---

14 Vgl. OVG Münster, Beschluß vom 17.9.1999 – 11a B 1158/99.NE – BauR 2000, 851 = BRS 62 Nr. 56 (1999).

15 BVerwG, Beschluß vom 15.3.2000 – 4 B 18.00 – NVwZ-RR 2000, 759 = BauR 2001, 207 = ZfBR 2001, 131 = BRS 63 Nr. 41 (2000); vgl. auch U. Kuschnerus, Der sachgerechte Bebauungsplan, 3. Aufl., 2004, Rn. 707.

16 Vgl. BGH, Urteil vom 29.11.1979 – III ZR 67.78 – DVBl 1980, 682 = NJW 1980, 1751 = ZfBR 1980, 207; ähnlich OVG Lüneburg, Urteil vom 10.4.1986 – 6 OVG 3.83 – ZfBR 1986, 293 = BRS 46 Nr. 16.

35 (4) Eine bestimmte **Frist** zur Äußerung sieht § 4 a Abs. 3 S. 4 BauGB nicht vor, auch keine Mindestfrist. § 13 Abs. 2 BauGB gilt entsprechend, so daß die Frist „angemessen" sein muß.[17] Eine Frist unterhalb von zwei Wochen dürfte kaum in Betracht kommen (arg. e § 3 Abs. 3 S. 2 BauGB a. F.).[18] Die Gemeinde sollte die Frist zur Klarstellung vorab bestimmen. § 4 a Abs. 3 BauGB läßt offen, wie verspätet abgegebene Äußerungen zu beurteilen sind. § 4 a Abs. 6 BauGB gilt auch hier. Für die nicht rechtzeitig abgegebene Stellungnahme gilt die allgemeine Präklusionsregelung des § 4 a Abs. 6 BauGB, wenn auf die Rechtsfolge gemäß § 4 a Abs. 6 S. 2 BauGB hingewiesen wurde.

4. Rechtsfehler

36 Eine fehlerhafte Auslegung oder eine fehlerhafte Behördenbeteiligung ist gemäß § 214 Abs. 1 S. 1 Nr. 2 BauGB grundsätzlich ein beachtlicher **Verfahrensfehler**. Hat die Gemeinde die Notwendigkeit des Verfahrens nach § 4 a Abs. 3 BauGB verkannt, so führt dies zur Rechtswidrigkeit des beschlossenen Bauleitplans. Die interne Unbeachtlichkeitsklausel des § 214 Abs. 1 S. 1 Nr. 2 Halbs. 2 BauGB ist, mit Ausnahme der Verletzung des § 4 a Abs. 3 S. 4 BauGB, nicht anwendbar.[19] Der Fehler kann zur nur teilweisen Rechtswidrigkeit führen, wenn etwa die Änderung die Grundzüge der Planung nicht berührt hat.[20] Die Fehleranfälligkeit sollte die Gemeinde veranlassen, von der Möglichkeit der beschränkten Auslegung nur zurückhaltend Gebrauch zu machen.

IV. Änderung – § 4 a Abs. 4 BauGB 2004

1. Text der geänderten Fassung

37 (4) Bei der Öffentlichkeits- und Behördenbeteiligung können ergänzend elektronische Informationstechnologien genutzt werden. Soweit die Gemeinde den Entwurf des Bauleitplans und die Begründung in das Internet einstellt, können die Stellungnahmen der Behörden und sonstigen Träger öffentlicher Belange durch Mitteilung von Ort und Dauer der öffentlichen Auslegung nach § 3 Abs. 2 und der Internetadresse eingeholt werden; die Mitteilung kann im Wege der elektronischen Kommunikation erfolgen, soweit der Empfänger hierfür einen Zugang eröffnet hat. Die Gemeinde hat bei Anwendung von Satz 2 Halbsatz 1 der Behörde oder dem sonstigen Träger öffentlicher Belange auf dessen Verlangen einen Entwurf des Bauleitplans und der Begründung zu übermitteln; § 4 Abs. 2 Satz 2 bleibt unberührt.

2. Textgeschichte

38 Die Gesetzesfassung entspricht hinsichtlich § 4 a Abs. 4 S. 1 BauGB dem Gesetzesentwurf der BReg. (BTag-Drs. 15/2250 S. 13, 45). § 4 a Abs. 4 S. 3 BauGB entspricht einem Vorschlag des Bundesrates (BTag-Drs. 15/2250 S. 78). Die BReg. hat dem Vorschlag zugestimmt.

---

17 Ähnlich EAG Mustererlaß 2004, Nr. 3.4.4.4 Abs. 2.
18 Ebenso U. Kuschnerus, Der sachgerechte Bebauungsplan, 3. Aufl., 2004, Rn. 705.
19 VGH Mannheim, Urteil vom 17.10.1989 – 5 S 3065/88 – NVwZ-RR 1990, 290 = UPR 1990, 308 = BauR 1990, 448; ebenso M. Krautzberger, in: E/Z/B/K, BauGB, § 3 Rn. 66 (Stand: Mai 2003).
20 Vgl. BVerwG, Beschluß vom 18.7.1989 – 4 N 3.87 – BVerwGE 82, 225 = DVBl 1989, 1100 = NVwZ 1990, 157 = ZfBR 1989, 270 = BauR 1989, 575 = BRS 49 Nr. 34.

3. Erläuterung der Änderung

§ 4a Abs. 4 BauGB öffnet sich der **elektronischen Informationstechnologie**.[21]   **39**
Das geschieht mit Vorsicht und ohne endgültige Aufgabe der bisherigen schriftlichen Kommunikationswege. Der deutsche Gesetzgeber folgt damit Art. 5 Abs. 3 der Aarhus-Konvention und der zur deren Umsetzung erlassenen Öffentlichkeitsrichtlinie der EG. Bislang besteht keine Rechtsverpflichtung, Bauleitpläne in das Internet einzustellen.

Die Gemeinde ist nicht gehindert, dies im Sinne des § 4a Abs. 4 S. 1 BauGB „er-   **40**
gänzend" vorzunehmen und damit die Breite der Bekanntmachung zu erhöhen. Textdateien, die auf einer jedermann zugänglichen Internetseite dauernd bereitgehalten werden, stellen eine allgemein zugängliche Information dar.[22]

3.1 § 4a Abs. 4 S. 1 BauGB 2004

§ 4 Abs. 4 S. 1 BauGB enthält eine allgemeine Ermächtigung, bei der Öffentlich-   **41**
keits- und Behördenbeteiligung elektronische Informationstechnologien zu nutzen. Die Nutzung ist nur **„ergänzend"** zulässig. Eine Ergänzung ist nur begleitend, jedoch keine Substitution. Die formalen Beteiligungsanforderungen bleiben unberührt. Die zugelassene Ergänzung betrifft nur die Öffentlichkeits- und Behördenbeteiligung nach §§ 3, 4 BauGB. Elektronische Informationstechnologien erfassen nicht nur das Internet, sondern auch den Bereich der E-Mail.

3.2 § 4a Abs. 4 S. 2 BauGB 2004

(1) Die Gemeinde ist durch § 4a Abs. 4 S. 2 Halbs. 1 BauGB mittelbar ermächtigt,   **42**
den **Entwurf des Bauleitplans** und die Begründung „ergänzend" in das Internet einzustellen. Das gilt für die Verfahren nach § 3 Abs. 2 und nach § 4 Abs. 2 BauGB. Geht die Gemeinde entsprechend vor, muß sie den Text vollständig in das Internet einstellen. Da Teil der Begründung auch der **Umweltbericht** ist, ist auch dieser einzustellen.

(2) § 4a Abs. 4 S. 2 Halbs. 1 BauGB sieht zwar nicht vor, den Zugang zum Inter-   **43**
net zu begrenzen. Gleichwohl richtet sich die Vorschrift der Sache nach nur an die Behörden und an die sonstigen TöB. Die Gemeinde kann zum Zwecke der Verfahrensvereinfachung im Verfahren nach § 4 Abs. 2 S. 1 BauGB von einer sonst üblichen „Einholung der Stellungnahme" absehen, wenn sie die Behörden und sonstige TöB über Ort und Dauer der öffentlichen Auslegung (§ 3 Abs. 2 BauGB) informiert und gleichzeitig den Zugang zum **Internet** unter der **Adresse** eröffnet, unter der der Entwurf des Bauleitplans und die Begründung aufgefunden werden kann. Mit dieser Vorgehensweise unternimmt der Gesetzgeber einen ersten Schritt zur „elektronischen Akte".

---

21 Vgl. H. Reinerman/J. v. Lucke, Electronic Government in Deutschland. Ziele, Stand, Barrieren, Beispiel, Umsetzung, München, 2002; V. Boehme-Neßler, Electronic Government: Internet und Verwaltung, in: NVwZ 2001, 374–380; K. Lenk/R. Traunmüller, Öffentliche Verwaltung und Informationstechnik, 1999.
22 Vgl. VGH München, Beschluß vom 17.3.2004 – 22 CS 04.362 – UPR 2004, 277.

44 Eine bestimmte Form der Mitteilung schreibt § 4a Abs. 4 S. 2 Halbs. 1 BauGB nicht vor. Nach § 4a Abs. 4 S. 2 Halbs. 2 BauGB kann die Mitteilung im Wege der elektronischen Kommunikation erfolgen, soweit der Empfänger hierfür einen Zugang eröffnet hat. Dann kann auch auf diesem Wege, also per E-Mail, das Plandokument übersandt werden.

3.3 § 4a Abs. 4 S. 3 BauGB 2004

45 (1) Das Verfahren nach § 4a Abs. 4 S. 2 Halbs. 1 BauGB verweist die Behörde oder die sonstigen TöB darauf, sich über den Zugang über das Internet die erforderlichen Unterlagen zu verschaffen, ggf. den Text unter Übernahme auf das eigene elektronische System in Papierform auszudrucken. Das erschien dem Bundesrat, auf dessen Initiative § 4a Abs. 4 S. 3 BauGB zurückgeht, nicht immer zumutbar. Das Gesetz begründet daher für die Behörde oder die sonstigen TöB einen Anspruch auf Übermittlung des Planentwurfs und der Begründung. Das ist jedenfalls für sehr großformatige Planentwürfe verständlich. Nach dem derzeitigen Stand der Technologie bereitet es einige Schwierigkeiten, großflächige Darstellungen durch Ausdruck zu reproduzieren.

46 (2) Die in § 4a Abs. 4 S. 3 Halbs. 2 BauGB enthaltene Klausel, daß § 4 Abs. 2 Satz 2 BauGB unberührt bleibe, zielt auf die Monatsfrist der Vorschrift. Sie soll durch das Verlangen auf Übersendung nicht „berührt" werden. Eine übermäßige Verzögerung kann ein wichtiger Grund für eine Verlängerung der Frist sein.

V. Änderung – § 4a Abs. 5 BauGB 2004 – Grenzüberschreitende Umweltprüfung

1. Text der geänderten Fassung

47 (5) Bei Bauleitplänen, die erhebliche Auswirkungen auf Nachbarstaaten haben können, sind die Gemeinden und Behörden des Nachbarstaates nach den Grundsätzen der Gegenseitigkeit und Gleichwertigkeit zu unterrichten. Abweichend von Satz 1 ist bei Bauleitplänen, die erhebliche Umweltauswirkungen auf einen anderen Staat haben können, dieser nach den Vorschriften des Gesetzes über die Umweltverträglichkeitsprüfung zu beteiligen; für die Stellungnahmen der Öffentlichkeit und Behörden des anderen Staates, einschließlich der Rechtsfolgen nicht rechtzeitig abgegebener Stellungnahmen, sind abweichend von den Vorschriften des Gesetzes über die Umweltverträglichkeitsprüfung die Vorschriften dieses Gesetzbuchs entsprechend anzuwenden.

2. Textgeschichte

48 Die Gesetzesfassung ist textidentisch mit dem Gesetzesentwurf der BReg. (BTag-Drs. 15/2250 S. 13, 45).

3. Erläuterung der Änderung

3.1 Entwicklung der grenzüberschreitenden Beteiligung

49 (1) Das EAG Bau faßt für grenzüberschreitende Auswirkungen in § 4a Abs. 5 BauGB zwei bisherige Regelungen (§ 4a BauGB 1998 und § 10 Abs. 4 BauGB 1998) zusammen und modifiziert gleichzeitig ihren Inhalt.

(2) Das BauROG 1998 hatte mit § 4a BauGB 1998 die Kooperation von Behör- **50** den, insbesondere Gemeinden, über Staatsgrenzen erstmals gesetzlich forma- lisiert. Bereits zuvor gab und gibt es in vielen Regionen innerhalb der EU informel- le grenzüberschreitende Beteiligung in Form von vertraglichen Regelungen oder grenzüberschreitenden Zweckverbänden.[23] § 4a BauGB 1998 wurde 2001 umfas- send geändert, um die Projekt-UP-RL umzusetzen. § 4a Abs. 2 und 3 BauGB 2001 regelte nunmehr ausführlich das Verfahren der grenzüberschreitenden Beteiligung bei B-Plänen für solche Vorhaben, für die eine UVP durchzuführen war. Die Aus- führlichkeit der neuen Regelung galt als notwendig, um damit den Besonderheiten des Bauplanungsrechts entsprechen zu können. Gleichwohl wurde das Verhältnis von Bedeutung und Umfang der Vorschrift als unangemessen angesehen.[24]

(3) Die Umsetzung der Plan-UP-RL hätte für das grenzüberschreitende Verfahren **51** eigentlich nur die Ausweitung der Regelung auf alle Bauleitpläne mit potentiellen Umweltauswirkungen erfordert.[25] Der Gesetzgeber des EAG Bau nahm indes die Novellierung zum Anlaß, die Rechtslage zu vereinfachen. Dies sollte durch eine Verweisung in das UVPG geschehen, um damit eine Vereinheitlichung der grenz- überschreitenden Verfahren zu erreichen.[26] Damit bezieht § 4a Abs. 5 BauGB das Regelwerk des § 8ff. UVPG in die Bauleitplanung ein. Weitergehende Regelungen zur Umsetzung völkerrechtliche Verpflichtungen von Bund und Ländern bleiben unberührt (vgl. § 8 Abs. 4 UVPG).

3.2 Zielsetzung der Regelung

§ 4a Abs. 5 BauGB soll die europäische Integration stärken; die hohe Bedeutung **52** des Integrationsgedankens durch Überwindung der Binnengrenzen wird auch durch den Umfang der umzusetzenden Normen der Projekt-UP-RL und Plan-UP-RL und des § 4a BauGB (2001) deutlich.[27] Nach der neuen Systematik des § 4a BauGB 2004 ist dazu zwischen erheblichen (allgemeinen) Auswirkungen von Bauleitplänen auf einen Nachbarstaat (§ 4a Abs. 5 S. 1 BauGB 2004) und erheblichen Umwelt- auswirkungen von Bauleitplänen (§ 4a Abs. 5 S. 2 BauGB 2004) zu unterscheiden. § 4a Abs. 5 S. 2 BauGB ist lex specialis gegenüber § 4a Abs. 5 S. 1 BauGB.

3.3 Regelungsgehalt

3.3.1 § 4a Abs. 5 Satz 1 BauGB 2004 – Unterrichtungspflicht

3.3.1.1 Voraussetzungen der Unterrichtungspflicht

§ 4a Abs. 5 S. 1 BauGB 2004 ist bis auf die Formulierung „Behörde" statt „Träger **53** öffentlicher Belange" wortgleich mit dem früheren § 4a Abs. 1 BauGB 2001 (ähnlich

---

23 Vgl. dazu ausführlich W. Schrödter, in: H. Schrödter (Hrsg.), BauGB, 7. Aufl., 2005, § 4a. Rn. 20, 24f.
24 U. Battis, in: B/K/L, BauGB, 8. Aufl., 2002, § 4a Rn. 1.
25 Vgl. Bericht der Unabhängigen Expertenkommission zur Novellierung des BauGB, 2002, Rn. 29, 30.
26 Begründung zum Referentenentwurf zum BauGB – BauGB-RE – (Stand: 3.6.2003), Allgemeiner Teil, II.1.g), S. 14.
27 U. Battis, in: B/K/L, BauGB, 9. Aufl., 2005, § 4a Rn. 7.

§ 16 ROG, § 8 UVPG). Die Unterrichtungspflicht besteht nur bei Bauleitplänen, auch bei vorhabenbezogenen B-Plänen. Das gilt auch für Änderungen oder Ergänzungen (§ 1 Abs. 8 BauGB).

3.3.1.1.1 Begriff der „erheblichen Auswirkungen"

54 (1) Die Unterrichtungspflicht wird nur ausgelöst, wenn der Vollzug des Bauleitplanes potentiell **erhebliche Auswirkungen** auf den Nachbarstaat, genauer auf dessen Planungen, haben kann. Das kann man sich – entsprechend § 2 Abs. 2 S. 1 BauGB – vorstellen, wenn im Grenzbereich auf deutscher Seite ein Factory Outlet Center als Sondergebiet (vgl. etwa § 11 Abs. 3 S. 1 BauNVO) ausgewiesen werden soll.[28]

55 (2) Der Begriff der Erheblichkeit ist nicht näher bestimmt. Ähnlich der kommunalen Abstimmungspflicht ist maßgebend, den Schwellenwert zu bestimmen, der die verfahrensbezogene Unterrichtungspflicht auslösen soll. Dazu genügt nicht irgendeine Auswirkung. Die Unterrichtungspflicht soll es dem Nachbarstaat u. a. ermöglichen, seine eigene Planung entsprechend einzurichten, aber auch der planenden Gemeinde abwägungsbezogene Hinweise und Bedenken zu geben. Legt man dies zugrunde, kann man sich an § 2 Abs. 2 BauGB orientieren. § 4 a Abs. 5 S. 1 BauGB wird kaum die Interessen des Nachbarstaates als gewichtiger beurteilen, als die Belange einer innerdeutschen Nachbargemeinde. Ein Verstoß gegen die materielle Abstimmungspflicht im Sinne des § 2 Abs. 2 BauGB liegt vor, wenn die Planung „unmittelbare Auswirkungen gewichtiger Art auf die städtebauliche Ordnung und Entwicklung der Nachbargemeinde haben kann".[29]

56 (3) Eine Auswirkung ist danach erheblich, wenn die Planung auf dem Gebiet des Nachbarstaates den dortigen städtebaulichen Status quo verändert, erst recht wenn sie städtebauliche Konflikte begründet. Maßgebend ist hierfür die erkennbare nachbarstaatliche Sichtweise. Es muß eine stärkere potentielle Beeinträchtigung vorliegen, als sie bei der Beteiligung „berührter" inländischer Behörden oder TöB (§ 4 Abs. 1, 2 BauGB) zu erwarten sind. Dies folgt aus der integrativen Zielsetzung des § 4 a Abs. 5 BauGB, die zwar die Überwindung von Binnengrenzen fördern, aber keine Gleichstellung der deutschen mit nachbarstaatlichen Gemeinden herbeiführen will.[30]

3.3.1.1.2 Gegenseitigkeit und Gleichwertigkeit

57 (1) Der Vorbehalt der Gegenseitigkeit und Gleichwertigkeit ist Voraussetzung, um durch § 4 a Abs. 5 S. 1 BauGB eine rechtliche Pflicht zur Unterrichtung auszulö-

---

28 Beispiel nach W. Schrödter, Das Europarechtsanpassungsgesetz Bau – EAG Bau, in: NST-N 2004, 197–216 [208].

29 BVerwG, Beschluß vom 9.1.1995 – 4 NB 42.94 – NVwZ 1995, 694 = NWVBl 1995, 426 = UPR 1995, 195 = ZfBR 1995, 148 = BauR 1995, 354 = BRS 57 Nr. 5 (1995); vgl. dazu auch M. Krautzberger, in: E/Z/B/K, BauGB (Mai 2003), § 4a a. F., Rn. 9.

30 Zu weitgehend EAG Bau-Mustererlaß, S. 55; danach soll es genügen, daß Auswirkungen „abwägungserheblich" sind.

sen. Dies beruht in aller Regel auf völkerrechtlichen Vereinbarungen.[31] Derartige Vereinbarungen bedürfen ggf. der Zustimmung der BReg. gemäß Art. 32 GG. Die Gemeinde kann allerdings auch ohne Gegenseitigkeit und Gleichwertigkeit betroffene Gemeinden und Behörden des Nachbarstaates im Sinne gutnachbarlicher Beziehungen unterrichten. Ein unmittelbarer Anspruch des Nachbarstaates auf Beteiligung besteht indes nicht.[32]

(2) Die Information muß nur erfolgen, wenn zwischen den Stellen eine gegensei- **58** tige und gleichwertige Unterrichtungspraxis besteht. § 4a Abs. 5 S. 1 BauGB enthält hinsichtlich Art und Weise der gegenseitigen Unterrichtung keine Vorgaben. Die erforderlichen Informationen können etwa im Rahmen von vertraglichen Vereinbarungen oder einfacher (faktischer) Verwaltungspraxis gegeben werden. Besteht noch keine Unterrichtungspraxis, ist die deutsche planende Gemeinde gleichwohl zur Unterrichtung verpflichtet, wenn mit dem Nachbarstaat eine Rahmenvereinbarung besteht.

(3) Die materielle Gleichwertigkeit der Information bezieht sich auf den Zeitpunkt **59** und auf den Inhalt und Umfang der gegenseitigen Information. § 4a Abs. 5 S. 1 BauGB will erreichen, daß die planende Gemeinde selbst mit den Behörden des Nachbarstaates vertragliche Vereinbarungen zur gegenseitigen Beteiligung treffen kann. Beide Seiten sollen dazu motiviert werden.

3.3.1.2 Verpflichteter

Verpflichtet zur Unterrichtung des Nachbarstaates ist die planende Gemeinde. **60** Einen Zeitpunkt bestimmt § 4a Abs. 5 S. 1 BauGB nicht. Nach der Zielsetzung der Vorschrift hat der Nachbarstaat vor Abschluß der Bauleitplanung, mithin während des Aufstellungsverfahrens, zu unterrichten. Nur dann kann der Nachbarstaat durch geltend gemachte Bedenken im Sinne integrativen Verhaltens auf den Inhalt des beabsichtigten Bauleitplans noch einwirken.

3.3.1.3 Adressat der grenzüberschreitenden Unterrichtung

Adressat der Information sind Gemeinden und Behörden des Nachbarstaates. § 4a **61** Abs. 5 S. 1 BauGB legt einen unmittelbaren Verkehr zwischen planender deutscher Gemeinde und den Gemeinden oder Behörden des Nachbarstaates zugrunde. Die Regelung weicht insoweit von § 8 Abs. 1 UVPG ab. Die planende Gemeinde ist gehalten, Stellungnahmen der Gemeinden oder Behörden des Nachbarstaates in ihre abwägende Bewertung aufzunehmen.

---

31 Beispiel: Abkommen zwischen dem Land Niedersachsen, dem Land Nordrhein-Westfalen und dem Königreich der Niederlande zur grenzüberschreitenden Zusammenarbeit zwischen den Gebietskörperschaften und anderer Stellen vom 25.5.1991 (Nds. GVBl S. 69).
32 U. Battis, in: B/K/L, BauGB, 8. Aufl., 2002, § 4a Rn. 6.

3.3.1.4 Gegenstand der grenzüberschreitenden Unterrichtung

62   (1) § 4 a Abs. 5 S. 1 BauGB normiert nicht den Inhalt der Unterrichtung. Im Umkehrschluß zu § 4 a Abs. 5 S. 1 BauGB ergibt sich nur, daß die Unterrichtungspflicht eingreift, wenn die erheblichen Auswirkungen keine Umweltauswirkungen sind. Damit wird der Regelungsbereich stark begrenzt. Nur wenige Planungen sind vorstellbar, die zwar die städtebauliche Ordnung gewichtig beeinträchtigen können, dabei aber keine Umweltauswirkungen haben. Denkbar sind z. B. Planungen von Einkaufszentren oder Gewerbegebieten, die infrastrukturelle Auswirkungen auf den Einzelhandel oder auf den Arbeitsmarkt im Nachbarstaat haben können. In aller Regel wird man indes kaum ausschließen können, daß derartige Planungen, zumindest wenn sie die Erheblichkeitsschwelle überschreiten, auch Auswirkungen auf die Umwelt haben, etwa allein durch das veränderte grenzüberschreitende Verkehrsaufkommen.

63   (2) Im Vordergrund dürften stehen allgemeine, gleichwohl lokale verkehrliche Maßnahmen, in der Grenzregion Fragen einer verbrauchernahen Versorgung der Bevölkerung, eigene Maßnahmen zum Schutz der Umwelt einschließlich der Belange des Landschaftsschutzes und des Schutzes des Naturhaushaltes. Als Form der Unterrichtung empfiehlt sich die Übermittlung geeigneter planerischer und konzeptioneller Unterlagen. Um Beteiligungsfehler zu vermeiden, ist der planenden Gemeinde in der Regel zu raten, im Zweifel in das Beteiligungsverfahren nach § 4 a Abs. 5 S. 2 BauGB überzugehen. Die systematische Trennung nach Umweltauswirkungen und anderen Auswirkungen ist zwar rechtlich möglich, aber kaum praktikabel.[33]

3.3.2   § 4 a Abs. 5 Satz 2 BauGB 2004 – Beteiligungspflicht

3.3.2.1   § 4 a Abs. 5 Satz 2 Halbs. 1 BauGB 2004

64   Für alle Bauleitpläne, die **erhebliche Umweltauswirkungen** auf einen anderen Staat haben können, verweist § 4 a Abs. 5 S. 2 Halbs. 1 BauGB auf das grenzüberschreitende Beteiligungsverfahren nach dem UVPG, und zwar im Sinne dynamischer Verweisung auf die jeweils geltende Fassung. Das EAG Bau erweitert die Beteiligungspflicht auf alle Bauleitpläne. Bisher galt das förmliche Verfahren nach § 4 a Abs. 2 und 3 BauGB 2001 nur für B-Pläne für UVP-pflichtige Vorhaben. Die jetzige Erweiterung ist durch Art. 7 Plan-UP-RL vorgegeben.

3.3.2.1.1   Begriff der „erheblichen Umweltauswirkungen"

65   (1) Der projektierte Bauleitplan muß erhebliche Umweltauswirkungen haben können. Die Prognose ist in zweifacher Weise zu stellen. Es muß hinreichend wahrscheinlich sein, daß der Bauleitplan vorhabenbezogen vollzogen wird und eben dies zu erheblichen Umweltauswirkungen führen wird. Im diesem Sinne genügt die

---

33   Wie hier EAG Bau – Mustererlaß, 2004, S. 55f.; ebenso M. Krautzberger, Die Umweltprüfung im Bauleitplanverfahren nach dem EAG Bau 2004, in: UPR 2004, 401–408 [406].

realistisch zu erwartende Auswirkung, bezogen auf den Zeitrahmen des Aufstellungsverfahrens.

(2) **Umweltauswirkungen.** Den Begriff der „erheblichen Umweltauswirkungen" 66
verwendet das EAG Bau mehrfach: So ist Ziel der UP nach § 2 Abs. 4 S.
1 BauGB die Ermittlung der voraussichtlichen erheblichen Umweltauswirkungen; nach § 4 c BauGB sind die erheblichen Umweltauswirkungen Gegenstand des Monitoring. § 4 a Abs. 5 S. 2 Halbs. 2 BauGB übernimmt den entsprechenden Begriff des Art. 7 Abs. 1 Plan-UP-RL. Umweltauswirkungen liegen vor, wenn die Schutzgüter des § 1 Abs. 6 Nr. 7 und § 1 a BauGB beeinträchtigt werden können.

(3) **Erheblichkeit.** Zu dem Begriff der erheblichen Umweltauswirkungen findet 67
sich in den Gesetzgebungsmaterialien in der Begründung zum Gesetzentwurf der BReg. zu § 4 c BauGB der Hinweis: „Erhebliche Umweltauswirkungen sind insbesondere Auswirkungen auf die in dem vorgeschlagenen § 1 Abs. 6 Nr. 7 genannten Belange."[34] In der Konsequenz dieser Ansicht wären auch alle Auswirkungen einzubeziehen, die sich auf Belange im Sinne des § 1 a BauGB beziehen. Der Begriff der Erheblichkeit in der angegebenen Gesetzesbegründung verweist nicht auf das Merkmal der Intensität der Umweltauswirkung, sondern gibt nur eine inhaltliche Bezugnahme dieser Auswirkung auf normierte Umweltbelange an. Diese Ausweitung erscheint indes überzogen.

§ 4 a Abs. 5 S. 2 Halbs. 2 BauGB will vielmehr am Maßstab der **Intensität der** 68
Umweltauswirkungen das Erfordernis grenzüberschreitender Beteiligung bestimmen. Das ergibt eine anhand des Art. 7 Abs. 1 Plan-UP-RL ausgerichtete Zielsetzung. Das EAG Bau ist bemüht, in Umsetzung der Plan-UP-RL einen Schwellenwert zu normieren, der die Pflicht zur Beteiligung des „anderen" Mitgliedstaates auslösen soll.

Daher erscheint fraglich, ob der Begriff der Erheblichkeit in § 4 a Abs. 5 S. 2 Halbs. 69
2 BauGB ebenso wie in den §§ 2 Abs. 4, 4 c BauGB auszulegen ist. Da § 4 a Abs. 5 S. 2 BauGB dem anderen Staat eine auf die Entscheidung der Gemeinde gerichtete Einwirkung eröffnen will, kommt es letztlich auf die Relevanz dieser Entscheidung auf den Umweltschutz im anderen Staat an. Zwar läßt sich für die grenzüberschreitende Beteiligung kein allgemein gültiger Richtwert festlegen. Gleichwohl bedingt die Annahme der Erheblichkeit in § 4 a Abs. 5 S. 2 BauGB eine gewisse Schwere und „gesicherte" Wahrscheinlichkeit der potentiellen Umweltauswirkung.

Eine Umweltauswirkung ist „erheblich", wenn der Vollzug der Planung der deut- 70
schen Gemeinde unmittelbare Auswirkungen gewichtiger Art auf die Umwelt, also auf einen der in § 1 Abs. 6 Nr. 7 BauGB oder § 1 a BauGB genannten Belange in einem Teilgebiet des Nachbarstaates hat. Das läßt sich in aller Regel nur anhand der konkreten Umweltschutzsituation im anderen Staat einerseits und dem Regelungsgehalt des Bauleitplanes der Gemeinde andererseits beurteilen. Das schließt

---

34 BReg. in: BTag-Drs. 15/2250, S. 46.

es aus, Umweltauswirkungen von voraussichtlicher Geringfügigkeit für „erheblich" im Sinne des § 4a Abs. 5 S. 2 Halbs. 2 BauGB anzusehen, um die Beteiligungspflicht auszulösen. Würde jede Umweltauswirkung, die eine Gemeinde etwa für das eigene Gemeindegebiet im Rahmen der UP zu ermitteln und zu bewerten hat, auch zum grenzüberschreitenden Beteiligungsverfahren führen, so wäre dieses Verfahren für alle planenden Gemeinden in Grenzgebieten praktisch der Regelfall.

71 (4) **Kein Ermessensspielraum.** Im Schrifttum wird angenommen, der Gemeinde erwachse für die Beurteilung der konkreten Umweltbedingungen insoweit ein Einschätzungsspielraum.[35] Diese Ansicht ist in dogmatischer Hinsicht zweifelhaft. § 4a Abs. 5 S. 2 Halbs. 1 BauGB ist striktes Recht. Anders als Art. 7 Abs. 1 Plan-UP-RL enthält § 4a Abs. 5 S. 2 Halbs. 1 BauGB nicht die Maßgabe, daß nur die „voraussichtlichen" erheblichen Umweltauswirkungen die Beteiligungspflicht auslöst. Die Gemeinde hat nur zu beurteilen, ob ihre Bauleitplanung erhebliche Umweltauswirkungen „haben kann". Für die Beurteilung der Beeinträchtigung der Umwelt kommt es auf eine ex-ante-Betrachtung der planenden Gemeinde an. Diese hat hierzu eine fachgerechte Prognose zu erstellen. Die damit verbundene Unsicherheit der Beurteilung künftiger Zustände ist indes nicht mit einer Einschätzungsprärogative gleichzusetzen.

3.3.2.1.2 Verpflichteter

72 Verpflichtet zur Beteiligung des „anderen Staates" ist grundsätzlich die planende Gemeinde. Einen formalen Zeitpunkt bestimmt § 4a Abs. 5 S. 2 BauGB nicht, indes muß dies nach Maßgabe des Art. 7 Abs. 1 Plan-UP-RL „frühzeitig" geschehen, also nach der Zielsetzung der Vorschrift vor Abschluß der Bauleitplanung, mithin während des Aufstellungsverfahrens.

3.3.2.1.3 Adressat der grenzüberschreitenden Beteiligung

73 Der „andere" Staat muß nicht nur der angrenzende Nachbarstaat sein. Maßgebend ist die Reichweite der mutmaßlich eintretenden erheblichen Umweltauswirkungen. § 4a Abs. 5 S. 2 Halbs. 1 BauGB überläßt es der Verständigung mit dem „anderen" Staat, wer im einzelnen Adressat der grenzüberschreitenden Beteiligung zu sein hat. Das EAG Bau folgt damit der Vorgabe des Art. 7 Abs. 2 UAbs. 2 PLan-UP-RL.

3.3.2.2   § 4a Abs. 5 Satz 2 Halbs. 1 BauGB 2004

3.3.2.2.1 Beteiligungspflicht

74 (1) **Beteiligungspflicht.** Sind erhebliche Umweltauswirkungen auf einem Teilgebiet des Nachbarstaates zu erwarten, sind Öffentlichkeit und Behörden des Nachbarstaates an der Bauleitplanung der (deutschen) Gemeinde zu beteiligen. Die Be-

---

35 So M. Krautzberger, Die Umweltprüfung im Bauleitplanverfahren nach dem EAG Bau 2004, in: UPR 2004, 401–408 [403]; vgl. auch EAG Bau – Mustererlaß, 2004, S. 19.

teiligung der Öffentlichkeit des Nachbarstaates ist mit dem EAG Bau erstmals bestimmt worden. Das Gesetz folgt damit auch insoweit der Vorgabe des Art. 7 Abs. 2 UAbs. 2 Plan-UP-RL.

(2) **Maßgeblichkeit des UVPG.** § 4a Abs. 5 S. 2 Halbs. 2 BauGB verweist auf die **75** Vorschriften des UVPG über die grenzüberschreitende Behörden- und Öffentlichkeitsbeteiligung, mithin auf §§ 8, 9a UVPG. Derzeit gilt das UVPG in der Fassung des Art. 3 EAG Bau. Die Änderung betraf nur §§ 16, 17 UVPG sowie Nr. 18 der Anlage 1 zum UVPG. Das EAG Bau regelt die Beteiligung mithin nicht selbst.

3.3.2.2.2 Behördenbeteiligung

(1) Die Behörden des Nachbarstaates, damit nach Maßgabe des Rechts dieses **76** Staates auch die betroffenen Gemeinden, sind nach den Grundsätzen des § 8 Abs. 1 UVPG zu beteiligen. § 8 UVPG sieht dazu ein zweistufiges Verfahren vor. In einem ersten Schritt informiert die planende Gemeinde die vom Nachbarstaat benannte Behörde, und zwar durch die Zuleitung geeigneter Unterlagen über den Plan (vgl. § 8 Abs. 1 S. 1 UVPG). Ist eine Behörde nicht benannt, unterrichtet die Gemeinde unmittelbar die oberste Umweltbehörde des Nachbarstaates (vgl. § 8 Abs. 1 S. 2 UVPG).

(2) Hält die Behörde des Nachbarstaates eine Beteiligung für erforderlich, wird **77** sie und andere von ihr benannte Stellen gemäß § 8 Abs. 1 S. 3 UVPG beteiligt. Die Gemeinde muß diesem Ersuchen entsprechen. Einer Erörterung oder einer verfahrensrechtlichen „Vorprüfung" bedarf es nicht. Auf eine vereinbarte Gegenseitigkeit kommt es nicht an.[36]

(3) Die Beteiligung erfolgt im zweiten Verfahrensschritt dadurch, daß gegenüber **78** der deutschen Behörde Gelegenheit zur Stellungnahme eingeräumt wird. Maßgebend ist insoweit § 4 BauGB. Das ergibt die „entsprechende" Anwendung, die § 4a Abs. 5 S. 2 Halbs. 2 BauGB vorschreibt. Die benachbarte Gemeinde und sonstige Behörden des „anderen" Staates werden damit wie ein inländischer TöB behandelt.

Die Gesetzesbegründung der BReg. formuliert hier mißverständlich. Danach richte **79** sich das „Ob" der Beteiligung nach dem UVPG, hingegen das „Wie" nach dem BauGB (BReg., in: BTag-Drs. 15/2250, S. 46). Die Voraussetzungen der Beteiligung sind in § 4a Abs. 5 S. 2 BauGB selbst geregelt. Die Vorschrift ordnet dazu an, daß die Normen des BauGB, soweit sie Regelungen über Stellungnahmen treffen, den Normen des UVPG vorgehen. Anwendbar im grenzüberschreitenden Verfahren sind damit § 4 Abs. 1 und 2 BauGB und § 4a Abs. 1 bis 4 BauGB. Ferner gelten die in den angeführten Bestimmungen normierten Fristen und die Präklusionsregel des § 4 Abs. 6 BauGB. Ob dies sehr praktisch ist, mag man bezweifeln.

---

36 Wie hier W. Schrödter, Das Europarechtsanpassungsgesetz Bau – EAG Bau, in: NST-N 2004, 197–216 [208]; insoweit undeutlich BReg., in: BTag-Drs. 15/2250 S. 46.

3.3.2.2.3 Öffentlichkeitsbeteiligung

80 (1) Die grenzüberschreitende Beteiligung der Öffentlichkeit, also der Bürger des Nachbarstaates, ist gesetzlich seit dem BauGB 2001 im BauGB verankert. Bereits vorher konnten ausländische Bürger nach überwiegender Ansicht im Rahmen der Bürgerbeteiligung nach § 3 BauGB a.F. zur Bauleitplanung einer deutschen Gemeinde Stellung nehmen.[37]

81 (2) Für die Beteiligung der Öffentlichkeit des „anderen" Staates gilt gemäß der Verweisung des § 4a Abs. 5 S. 2 Halbs. 2 BauGB nunmehr § 9a UVPG. § 4a Abs. 5 S. 2 Halbs. 2 BauGB bestätigt diese Beteiligung mittelbar, indem die Vorschrift von „Stellungnahmen der Öffentlichkeit" spricht. Die durch das EAG Bau angeordnete Anwendbarkeit des § 9a UVPG stärkt die Verfahrensposition des ausländischen Bürgers: So hat die deutsche Gemeinde auf eine Bekanntmachung ihres Vorhabens „hinzuwirken" und darüber zu informieren, bei welcher Behörde Gegenäußerungen vorgebracht werden können (vgl. § 9a Abs. 1 S. 2 UVPG). Die Informationen über die deutschen Planungen sollten nach dem im Nachbarstaat geltenden Recht zugänglich werden.

82 (3) Werden Stellungnahmen vorgetragen, sind diese nur nach den Regelungen des deutschen Städtebaurechts zu behandeln, § 4a Abs. 5 S. 2, 2. Halbs. BauGB. Gegenüber § 9a Abs. 1 Nr. 3 UVPG gilt kraft ausdrücklicher Regelung des § 4a Abs. 5 S. 2 Halbs. 2 BauGB die striktere Präklusionsregel des § 4a Abs. 6 BauGB. Zweifelhaft ist dagegen, ob die Gemeinde hinsichtlich der ausländischen Stellungnahmen der umfassenden Bescheidungspflicht des § 3 Abs. 2 S. 4 BauGB unterliegt. Hier ist wohl die Verweisungsanordnung des § 4a Abs. 5 S. 2 Halbs. 2 BauGB nicht zu Ende gedacht worden.

3.3.2.2.4 Konsultation

83 § 4a Abs. 5 S. 2 BauGB läßt die in § 8 Abs. 2 UVPG eröffnete Möglichkeit der bilateralen Konsultation unberührt. Danach bleibt neben dem bauplanungsrechtlichen Beteiligungsverfahren die Abgabe von Stellungnahmen zwischen den Staaten unverändert zulässig. § 8 Abs. 2 UVPG formuliert eine diplomatische Selbstverständlichkeit. Eine andere Frage ist, ob und in welcher Hinsicht eine derartige Konsultation auf den Planungsprozeß der Gemeinde Bedeutung gewinnen kann.

3.3.3 Abschluß der grenzüberschreitenden Beteiligung

84 Das Verfahren der Beteiligung endet damit, daß die Gemeinde den beteiligten Stellen des Nachbarstaates den Bauleitplan mit Begründung übermittelt. Sofern außerdem die Voraussetzungen der Grundsätze der Gegenseitigkeit und Gleichwertigkeit vorliegen, sollte die Gemeinde auch eine **Übersetzung** des Bauleitplans

---

37 Vgl. W. Schrödter, in: H. Schrödter (Hrsg.), BauGB, 6. Aufl., 1998, § 3 Rn. 9; M. Krautzberger, in: E/Z/B/K, BauGB (Stand: Mai 2003), § 3 Rn. 9.

Halama

und seiner Begründung beifügen (vgl. § 8 Abs. 3 UVPG). Gleiches galt nach alter Rechtslage gemäß § 10 Abs. 4 BauGB 2001 für den B-Plan.

3.4 Rechtsfehler

(1) Das Planerhaltungsrecht verweist in § 214 Abs. 1 S. 1 Nr. 2 Halbs. 1 BauGB **85** auf § 4a BauGB ohne absatzmäßige Einschränkung, damit auch auf § 4a Abs. 5 BauGB. Fehler im grenzüberschreitenden Verfahren sind danach als Beteiligungsfehler beachtliche Fehler und können damit zur Rechtsunwirksamkeit des Plans führen. Den Gemeinden, die in der Nähe der Außengrenzen der Bundesrepublik Deutschland liegen, ist dringlich zu raten, die Beteiligungsvorschriften des § 4a Abs. 5 BauGB sorgfältig zu beachten.[38]

(2) Wurden §§ 8, 9a UVPG, soweit diese Bestimmungen aufgrund Bezugnahme **86** anzuwenden waren, selbst nicht beachtet, stellt dies keinen erheblichen Verfahrensfehler im Sinne des § 214 Abs. 1 BauGB dar. Damit ist für § 214 Abs. 1 S. 1 Nr. 2 BauGB danach zu unterscheiden, ob der Rechtsmangel die Anwendungsvoraussetzungen des § 4a Abs. 5 BauGB oder die Anwendung der in Bezug genommenen Bestimmungen des UVPG betrifft.

3.5 Überleitungsrecht

Maßgebend ist § 244 Abs. 1 BauGB. Soweit die neue Rechtslage des EAG Bau **87** nicht anzuwenden ist, gilt § 4a BauGB in der bisherigen Fassung, demgemäß auch die in § 4a Abs. 2 BauGB 2001 enthaltenen Verweisungen.

VI. Änderung – § 4a Abs. 6 BauGB 2004

1. Text der geänderten Fassung

(6) Stellungnahmen, die im Verfahren der Öffentlichkeits- und Behördenbeteiligung nicht recht- **88** zeitig abgegeben worden sind, können bei der Beschlussfassung über den Bauleitplan unberücksichtigt bleiben, sofern die Gemeinde deren Inhalt nicht kannte und nicht hätte kennen müssen und deren Inhalt für die Rechtmäßigkeit des Bauleitplans nicht von Bedeutung ist. Satz 1 gilt für in der Öffentlichkeitsbeteiligung abgegebene Stellungnahmen nur, wenn darauf in der Bekanntmachung nach § 3 Abs. 2 Satz 2 zur Öffentlichkeitsbeteiligung hingewiesen worden ist.

2. Textgeschichte

Der Gesetzesentwurf der BReg. hatte als § 4a Abs. 2 eine entsprechende Rege- **89** lung enthalten (BTag-Drs. 15/2250 S. 12, 57).

(2) Stellungnahmen, die im Verfahren der Öffentlichkeits- und Behördenbeteiligung nicht rechtzeitig abgegeben worden sind, können bei der Beschlussfassung über den Bauleitplan unberücksichtigt bleiben, sofern die Gemeinde deren Inhalt nicht kannte und nicht hätte kennen müssen und wenn darauf in der Bekanntmachung nach § 3 Abs. 2 Satz 2 zur Öffentlichkeitsbeteiligung hingewiesen worden ist.

---

38 So auch W. Schrödter, Das Europarechtsanpassungsgesetz Bau – EAG Bau –, in: NST-N 2004, 197-216 [208].

90 Der Bundesrat hatte demgegenüber in seiner Stellungnahme als § 4a Abs. 2 folgende Fassung vorgeschlagen (BTag-Drs. 15/2250 S. 78), die sich im Eingangssatz dabei auf § 4a Abs. 1 BauGB bezog:

(2) Dies gilt nicht, wenn die Stellungnahmen für die Rechtmäßigkeit der Abwägung von Bedeutung sind. Satz 1 gilt für in der Öffentlichkeitsbeteiligung abgegebene Stellungnahmen nur, wenn darauf in der Bekanntmachung nach § 3 Abs. 2 Satz 2 zur Öffentlichkeitsbeteiligung hingewiesen worden ist.

91 Die Gesetz gewordene Fassung beruht auf der Empfehlung des 14. Ausschusses (BTag-Drs. 15/2996 S. 28, 93). Bereits in ihrer Gegenäußerung hatte die BReg. einer Änderung zugestimmt (BTag-Drs. 15/2250 S. 91).

3. Erläuterung der Änderung

3.1 Zielsetzung der Änderung

92 (1) Ziel der Regelung ist, die **Bestandssicherheit** der Bauleitplanung zu erhöhen. Die Regelung gehört im weiteren Sinne zu den Instrumenten der **Planerhaltung**, inhaltlich auf den Zeitpunkt der Abwägungsentscheidung bezogen. Einen allgemeinen, d.h. ungeschriebenen Rechtsgrundsatz der Planerhaltung gibt es allerdings nicht (str.).[39]

93 § 4a Abs. 6 BauGB normiert dazu den Ausschluß denkbarer Einwendungen, wie sie in rechtzeitig abgegebenen Stellungnahmen hätten erhoben werden können (**Präklusion**). § 4a Abs. 6 S. 1 BauGB erstreckt die bisherige Präklusionsnorm des § 4 Abs. 3 S. 2 BauGB auf die Öffentlichkeitsbeteiligung. Das EAG Bau setzt die mit § 10 Abs. 4 S. 4 BauGB-MaßnG 1990 begonnene Gesetzgebung fort. Die äußere Striktheit der Präklusionsfolge des § 4 Abs. 3 S. 2 BauGB mildert § 4a Abs. 6 S. 1 BauGB durch eine **Ermessensentscheidung**. Ein wirklich „harte" materielle Präklusion enthält § 4a Abs. 6 BauGB nicht.[40] Im praktischen Ergebnis zeigt die Vorschrift nur auf, daß der Bürger, der eine Stellungnahme verspätet vorlegt, dadurch den Fortgang des Planverfahrens nicht aufhalten kann.

94 (2) Nach bisheriger Rechtslage war ein Bürger nicht verpflichtet, sich am Aufstellungsverfahren zu beteiligen.[41] Eine Präklusion war verfahrensrechtlich nicht normiert. Bereits nach der bisherigen Rechtslage begründete die Möglichkeit der Beteiligung indes eine **Obliegenheit**. Hatte ein Betroffener es unterlassen, die Betroffenheit seiner Belange vorzutragen, konnte die Nichtberücksichtigung individueller Belange nur dann abwägungsfehlerhaft sein, wenn sich der planenden Gemeinde die Tatsache der Betroffenheit und der zugeordnete Sachverhalt **aufdrän-**

---

39 A.A. offenbar H. Sendler, Neue Entwicklungen bei Rechtsschutz und gerichtlicher Kontrolldichte im Planfeststellungsrecht, in: J. Kormann (Hrsg.), Aktuelle Fragen der Planfeststellung, 1994, S. 9–38 [28ff.]; bestätigend ders., Planerhaltung und kommunales Beitragsrecht, in: NVwZ 2001, 1006–1007; W. Hoppe, Das Abwägungsgebot in der Novellierung des Baugesetzbuches, in: DVBl 1994, 1033–1041 [1041]; zurückhaltender K.-P. Dolde, Das ergänzende Verfahren nach § 215a I BauGB als Instrument der Planerhaltung, in: NVwZ 2001, 976–982; J. Schmidt, Möglichkeiten und Grenzen der Heilung von Satzungen nach § 215a BauGB, in: NVwZ 2000, 977–983.

40 O. Reidt, in: K. Gelzer/Chr. Bracher/O. Reidt, Bauplanungsrecht, 7. Aufl., 2004, Rn. 456.

41 Vgl. OVG Hamburg, Urteil vom 27.9.1977 – Bf II 83/76 – NJW 1978, 658 = MDR 1978, 873.

Berkemann

gen mußte (sog. unechte Präklusion).[42] Nur den Belang, den die planende Gemeinde aufgrund der gerade zu diesem Zwecke durchzuführenden Beteiligung Dritter „sieht" oder ohne ausdrücklichen Hinweis „sehen muß", hat sie bei ihrer Abwägungsentscheidung zu berücksichtigen.[43] Eine sachliche Änderung gegenüber der bisherigen Rechtsprechung ist in § 4a Abs. 6 S. 1 BauGB nicht zu sehen.

(3) § 4 Abs. 3 S. 2 BauGB 1998 hatte erstmals eine Präklusion hinsichtlich einer **95** verspäteten Stellungnahme der Behörde formalisiert. § 4a Abs. 6 BauGB erweitert dies jetzt für die Öffentlichkeitsbeteiligung (§ 3 Abs. 2 BauGB), faktisch für die Betroffenheitsbeteiligung. Dazu übernimmt die Vorschrift ansatzweise Gedanken des Fachplanungsrechts (vgl. § 73 Abs. 4 S. 3 VwVfG; § 17 Abs. 4 S. 1 FStrG; § 20 Abs. 2 AEG).[44] § 4a Abs. 6 BauGB steht damit zwar formal in einem Zusammenhang mit der Präklusion des § 215 Abs. 1 BauGB als ein Einwendungsausschluß „zweiter Stufe" (so BReg., in: BTag-Drs. 15/2250 S. 45). Die innere Zielsetzung liegt jedoch wohl eher in der präventiven Wirkung der angedrohten Präklusion, um das Bauleitverfahren zu beschleunigen.

3.2 Regelungsgehalt des § 4a Abs. 6 Satz 1 BauGB 2004

Für die planerische Ermittlungsarbeit der Gemeinde wollen die §§ 3, 4 BauGB eine **96** effektive Beteiligung der Öffentlichkeit und der Behörden und sonstigen TöB erreichen (zum Begriff der TöB vgl. § 4 Rn. 9ff.). Das kann mißlingen. § 4a Abs. 6 BauGB will dies sanktionieren, um über die Androhung der Sanktion die Effektivität der Beteiligung zu steigern. Drei Reaktionen sind denkbar:

3.2.1 Rechtzeitige und unterlassene Stellungnahmen

(1) Wird die Stellungnahme fristgerecht (rechtzeitig) abgegeben, so ist ihr Inhalt **97** in der Abwägung zu berücksichtigen. Das folgt für die Öffentlichkeitsbeteiligung

---

42 BVerwG, Beschluß vom 9.11.1979 – 4 N 1.78 u.a. – BVerwGE 59, 87 [104] = DVBl 1980, 233 = NJW 1980, 1061 = ZfBR 1980, 39 = BauR 1980, 36 = BRS 35 Nr. 24; Beschluß vom 25.1.2001 – 6 BN 2.00 – ZfBR 2001, 419 = BRS 64 Nr. 214 (2001); ebenso für die Fachplanung BVerwG, Urteil vom 13.9.1985 – 4 C 64.80 – NVwZ 1986, 740 = BauR 1986, 59 = BRS 44 Nr. 20; Beschluß vom 11.1.2001 – 4 B 37.00 – NVwZ 2001, 1398 (zu § 17 Abs. 4 FStrG); vgl. auch W. Schrödter, in: H. Schrödter (Hrsg.), 7. Aufl., 2005, § 3 Rn. 6, 40; G. Gaentzsch, in: BK, 3. Aufl., 2002, § 3 Rn. 3; U. Battis, in: B/K/L, 9. Aufl., 2005, § 4a Rn. 16; W. Bielenberg/P. Runkel, in: E/Z/B/K, BauGB (Stand: Febr. 2000), § 3 Rn. 48.

43 Vgl. BVerwG, Urteil vom 5.7.1974 – 4 C 50.72 – BVerwGE 45, 309 [314] = DVBl 1974, 767 = NJW 1975, 70 = BauR 1974, 311 = BRS 28 Nr. 4; BGH, Urteil vom 21.2.1991 – III ZR 245/89 – BGHZ 113, 367 = DVBl 1991, 808 = NJW 1991, 2701 [2702] = ZfBR 1991, 167 = BauR 1991, 428 = BRS 52 Nr. 21; OVG Koblenz, Urteil vom 5.12.1990 – 10 C 52.89 – NVwZ 1992, 190 [191] = BauR 1991, 295 = BRS 50 Nr. 6; OVG Lüneburg, Urteil vom 22.1.1996 – 6 K 5436/93 – NuR 1997, 289 = BRS 58 Nr. 10 (1996).

44 BVerwG, Urteil vom 24.5.1996 – 4 A 38.95 – DVBl 1997, 51 = NVwZ 1997, 489 (zu § 17 Abs. 4 S. 1 FStrG); Beschluß vom 19.3.1995 – 11 VR 2.95 – NVwZ 1995, 905 (zu § 17 Nr. 5 WaStrG); Beschluß vom 13.3.1995 – 11 VR 2.95 – NVwZ 1995, 905 (zu § 20 Abs. 2 AEG); Urteil vom 16.3.1998 – 4 A 31.97 – NuR 1998, 647; Urteil vom 23.4.1997 – 11 A 7.97 – BVerwGE 104, 337 = NVwZ 1998, 847 = DVBl 1997, 1119; Urteil vom 3.7.1996 – 11 A 64.95 – NVwZ 1997, 391; OVG Hamburg, Urteil vom 3.9.2001 – 3 E 36/98.P – NordÖR 2002, 253.

bereits formal aus der Prüfungspflicht des § 3 Abs. 2 S. 4 BauGB, für die Behördenbeteiligung sinngemäß aus § 4 Abs. 2 BauGB. Die Stellungnahme kann im Offenlegungsverfahren nach § 3 Abs. 2 S. 2 BauGB ergehen, aber auch im vereinfachten Verfahren als „betroffene" Öffentlichkeitsbeteiligung nach § 13 Abs. 2 Nr. 2 BauGB.

98 (2) Wird eine Stellungnahme überhaupt nicht abgegeben (unterlassene Stellungnahme), bleiben die objektiv bestehenden Belange bei der Beschlußfassung im maßgebenden Zeitpunkt des § 214 Abs. 3 S. 1 BauGB unberücksichtigt. Das gilt insbesondere für bestehende individuelle Belange, auch wenn diese in objektiver Sicht abwägungserheblich wären. Hiervon unabhängig ist, ob sich der planenden Gemeinde die Tatsache der Betroffenheit und die damit verbundenen betroffenen Belange ohnedies **von Amts wegen aufdrängen** mußten.[45] Ist dies der Fall, ist es unerheblich, daß eine Stellungnahme nicht abgegeben wurde. Bedeutsam ist dies vor allem bei privaten Interessen der von der Planung Betroffenen.[46]

3.2.2 Präklusion verfristeter Stellungnahmen

99 (1) § 4a Abs. 6 BauGB behandelt den Sachverhalt, daß eine Stellungnahme nicht rechtzeitig abgegeben wurde. Sie wird zwar abgegeben, aber außerhalb gesetzter Frist, also **verspätet**. Demgemäß liegt die abgegebene Stellungnahme jedenfalls im Zeitpunkt der Beschlußfassung (§ 214 Abs. 3 S. 1 BauGB) vor.

100 Nach bisheriger Rechtslage war nur für die verspätet abgegebene Stellungnahme der TöB eine „geminderte" Präklusion angeordnet (§ 4 Abs. 3 S. 2 BauGB a.F.). Für verspätet abgegebene Stellungnahmen im Rahmen der Bürgerbeteiligung war, wie erwähnt, eine ausdrückliche Präklusion nicht normiert. Ob § 3 Abs. 2 S. 4 BauGB a.F. eine Präklusion rechtfertigte, war zweifelhaft. Die Vorschrift ordnete nur positiv an, daß fristgerecht vorgebrachte Anregungen zu prüfen seien. Das **EAG Bau** ändert die Rechtslage insoweit, als nunmehr auch für die Öffentlichkeitsbeteiligung ausdrücklich normiert ist, daß der Inhalt verspäteter Stellungnahmen mit Ablauf der Frist grundsätzlich unberücksichtigt bleibt.

101 (2) **Fristberechnung.** § 4a Abs. 6 BauGB selbst enthält keine Fristbestimmung. Die Rechtzeitigkeit der Stellungnahme bestimmt sich vielmehr nach § 3 Abs. 2 S. 1 BauGB oder § 4 Abs. 2 S. 1 BauGB. Bei der Öffentlichkeitsbeteiligung endet die Abgabefrist zwingend mit dem Ablauf der **Auslegungsfrist**. Auf die frühzeitige Beteiligung nach § 3 Abs. 1 BauGB kommt es nicht an. Maßgebend ist der Zeitpunkt

---

45 BVerwG, Beschluß vom 9.11.1979 – 4 N 1/78 u.a. – BVerwGE 59, 87 [104] = DVBl 1980, 233 = NJW 1980, 1061 = ZfBR 1980, 39 = BauR 1980, 36 = BRS 35 Nr. 24; Beschluß vom 25.1.2001 – 6 BN 2.00 – ZfBR 2001, 419 = BRS 64 Nr. 214 (2001); ebenso für die Fachplanung BVerwG, Urteil vom 13.9.1985 – 4 C 64.80 – NVwZ 1986, 740 = BauR 1986, 59 = BRS 44 Nr. 20; Beschluß vom 11.1.2001 – 4 B 37.00 – NVwZ 2001, 1398 (zu § 17 Abs. 4 FStrG); vgl. auch G. Gaentzsch, in: BK, 3. Aufl., 2002, § 3 Rn. 3; U. Battis, in: B/K/L, 9. Aufl., 2005, § 4a Rn. 15 a.E.; W. Bielenberg/P. Runkel, in: E/Z/B/K, BauGB (Stand: Febr. 2000), § 3 Rn. 48.

46 Vgl. BVerwG, Beschluß vom 23.1.1992 – 4 NB 2.90 – NVwZ 1992, 974 = UPR 1992, 189 = BauR 1992, 187 = BRS 54 Nr. 20.

Berkemann

des Eingangs der Stellungnahme bei der Gemeinde an dem in der Bekanntmachung angegebenen Ort. Entsprechendes gilt für die Behördenbeteiligung gemäß § 4 Abs. 2 S. 2 Halbs. 1 BauGB. Hat die Gemeinde die Frist gemäß § 4 Abs. 2 S. 2 Halbs. 2 BauGB verlängert, ist der Ablauf der so verlängerten Frist maßgebend. Auch für die Behördenbeteiligung ist der Zeitpunkt des Eingangs der Stellungnahme bei der Gemeinde entscheidend.

(3) Bei einer **erneuten Beteiligung** gemäß § 4 a Abs. 3 BauGB ist die Präklusionsregelung anzuwenden, wenn im Rahmen dieser erneuten Beteiligung den Beteiligten gemäß § 3 Abs. 2 oder § 4 Abs. 2 BauGB eine wiederum befristete Möglichkeit der Stellungnahme eingeräumt wurde. Im Falle der Öffentlichkeitsbeteiligung muß auf die Präklusion entsprechend § 4 a Abs. 6 S. 2 BauGB ausdrücklich hingewiesen worden sein.[47] **102**

3.2.3 Beachtlichkeit trotz Verfristung

(1) Als Rechtsfolge der Verfristung bestimmt § 4 a Abs. 6 S. 1 BauGB als Grundsatz, daß die verspätet abgegebene Stellungnahme bei der Beschlußfassung über den Bauleitplan **unberücksichtigt** bleiben kann; sie scheidet damit aus dem Abwägungsmaterial (§ 2 Abs. 3 in Verb. mit § 4 a Abs. 1 BauGB) aus. Diese gesetzliche Rechtsfolge (bleibt „unberücksichtigt") gilt, sofern die Gemeinde den Inhalt der Stellungnahme nicht kannte und nicht hätte kennen müssen. Die vom Gesetz benutzte doppelte Negation erschwert das Verständnis über die Reichweite der Präklusion. Der Inhalt der Stellungnahme darf für die Rechtmäßigkeit nicht „von Bedeutung ist". Gemeint ist: **103**

(2) Kannte die Gemeinden den Inhalt der verspätet abgegebenen Stellungnahme (bereits), hat sie ihn als Teil des objektiv gegebenen Abwägungsmaterials ohnehin zu berücksichtigen. In diesem Fall der bereits bestehenden Kenntnis ist die Verspätung grundsätzlich nicht kausal. Das kann nur dann anders sein, wenn abwägungserheblich sein konnte, ob und wer den Inhalt der Gemeinde als eigene Stellungnahme übermittelte. Kennt z. B. die Gemeinde einen Plan einer „berührten" Behörde, die ihrerseits die Gemeinde um Stellungnahme ersucht hat, so besteht für sie hinreichende Kenntnis. **104**

(3) Kannte die Gemeinde den Inhalt der verspätet abgegebenen Stellungnahme nicht (keine „positive" Kenntnis), hätte sie den Inhalt im Zeitpunkt des Fristendes aber „kennen müssen", kann sie ihren Inhalt nicht zurückweisen, wenn dieser für die Rechtmäßigkeit „von Bedeutung ist". Sie hat diesen Inhalt vielmehr bei ihrer Beschlußfassung zu berücksichtigen, obwohl sie den entsprechenden Informationsstand bis zum Eingang der verfristeten Stellungnahme objektiv nicht hatte. § 4 a Abs. 6 S. 1 BauGB behandelt damit gewissermaßen einen gesetzlichen Fall einer Ermessensreduzierung „auf Null". Kenntnisträger ist nicht der einzelne Bearbeiter des Plans, sondern die Gemeinde in ihrer Gesamtheit. Mängel in der Organisation **105**

---

47   Ebenso U. Kuschnerus, Der sachgerechte Bebauungsplan, 3. Aufl., 2004, Rn. 186.

der Gemeinde bleiben unbeachtlich. Nur „individuelles", d.h. persönliches Wissen ist unerheblich. Der Rechtsgedanke des § 48 Abs. 4 VwVfG gilt nicht.

106 § 4a Abs. 6 S. 1 BauGB bestätigt damit mittelbar die Rechtsprechung, nach der es einen Mangel der Abwägung darstellt, wenn die Gemeinde einen Sachverhalt unbeachtet läßt, der sich ihr vor Beschlußfassung hätte **„aufdrängen"** müssen (vgl. Rn. 98). Der Maßstab des „Kennenmüssens" bestimmt sich nach der allgemeinen Ermittlungspflicht der Gemeinde und der dabei gebotenen Sorgfalt der Planungstätigkeit (vgl. dazu § 2 Abs. 3 BauGB). Das EAG Bau erfaßt diese Rechtslage durchaus zutreffend. Bei einer verspätet abgegebenen Stellungnahme kann ein Betroffener nämlich nicht größere Nachteile haben, als hätte er von der Abgabe einer Stellungnahme gänzlich abgesehen.

107 (4) Kannte die Gemeinde den Inhalt der verfristet abgegebenen Stellungnahme nicht und mußte sie ihn auch nicht kennen, kann sie ihn in der Beschlußfassung unberücksichtigt lassen. Dabei ist es gleichgültig, welchen Inhalt die verfristete Stellungnahme hatte und von wem sie abgegeben wurde. Ob sie die Stellungnahme zurückweist, entscheidet sie nach Ermessen.

108 (5) **§ 4 Abs. 3 S. 2 BauGB a.F.** schloß eine Präklusion – dort nur im Hinblick auf die Behördenbeteiligung – auch dann aus, wenn die „verspätet vorgebrachten Belange ... **für die Rechtmäßigkeit der Abwägung von Bedeutung"** sind. Der Vorbehalt war inhaltlich sinnwidrig.[48] Das **EAG Bau** hat diese Gedankenlosigkeit des früheren Gesetzes auf Vorschlag des Bundesrates (vgl. BTag-Drs. 15/2250 S. 91) leider wiederholt. Daran ändert auch der leicht geänderte Wortlaut nichts.

109 Nach § 4a Abs. 6 S. 1 BauGB kommt es darauf an, ob der Inhalt der verspätet abgegebenen Stellungnahme **„für die Rechtmäßigkeit des Bauleitplans"** von Bedeutung ist. War der Inhalt der Stellungnahme für die Rechtmäßigkeit der Abwägung tatsächlich ohne Bedeutung, dann fehlte es an der Kausalität. Hierfür war es ohne Belang, ob die Stellungnahme rechtzeitig oder verfristet abgegeben wurde. Ist der Inhalt der (verspätet abgegebenen) Stellungnahme für die Rechtmäßigkeit im Sinne des Abwägungsergebnisses beachtlich, muß die Gemeinde ihn auch dann berücksichtigen, wenn sie den Inhalt nicht kennen mußte. In praktischer Hinsicht reduziert sich die Präklusionsregelung dahin, daß eine verspätete Stellungnahme nicht nach § 3 Abs. 2 S. 4 BauGB inhaltlich beschieden werden muß.

3.2.4 Ermessensentscheidung der Gemeinde

110 (1) § 4a Abs. 6 S. 1 BauGB eröffnet – insoweit abweichend vom Fachplanungsrecht[49] – der Gemeinde die Möglichkeit der Nachsicht. Die Rechtsfolge der Prä-

---

48 Ähnlich H. Jäde, in: ders./F. Dirnberger/J. Weiß, BauGB, 4. Aufl., 2005, § 4a Rn. 25; zur legislatorischen Entstehungsgeschichte dieser Sinnwidrigkeit vgl. M. Krautzberger, in: E/Z/B/K, BauGB (Stand: Mai 2003), § 4 Rn. 30.

49 Vgl. BVerwG, Beschluß vom 18.9.1995 – 11 VR 7.95 – NVwZ 1996, 399; Urteil vom 24.5.1996 – 4 A 38.95 – NVwZ 1997, 489 = DVBl 1997, 51; Beschluß vom 17.2.1997 – 4 VR 17.96 – LKV 1997, 328; Gerichtsbescheid vom 30.7.1998 – 4 A 1.98 – NVwZ-RR 1999, 162 = UPR 1999, 66.

klusion wird mithin in das Ermessen der Gemeinde gestellt („kann"). Die Gemeinde hat also bewertend zu beurteilen, ob sie den Inhalt der verfristeten Stellungnahme berücksichtigt. Dazu muß sie naturgemäß diesen Inhalt zur Kenntnis nehmen. Berücksichtigen sollte die Gemeinde den Inhalt im eigenen Interesse dann, wenn zweifelhaft sein kann, ob die Gemeinde den sachlichen Gehalt der Stellungnahme nicht ohnedies hätte kennen müssen.

(2) **Ermessensreduzierung.** Die Gemeinde hat ihr Ermessen dahin auszuüben, **111** daß sie nicht „**sehenden Auges**" einen objektiv rechtswidrigen Beschluß faßt. Das ist etwa der Fall, wenn sie grundrechtlich vorgegebene Schutzpflichten mißachten würde.[50] Würde der Beschluß striktes Recht verletzen, hat die Gemeinde den Inhalt der Stellungnahme stets zu beachten. Erkennt die Gemeinde etwa aufgrund des Inhalts der verspätet abgegebenen Stellungnahme, daß der Bauleitplan nicht realisierungsfähig wäre, liegt darin eine Verletzung des § 1 Abs. 3 BauGB. Vgl. auch die Kommentierung zu § 215 Abs. 1 BauGB zur Abgrenzung von Abwägung und zwingendem Recht (§ 215 Rn. 22 ff.).

(3) **Begründung der Zurückweisung.** Weist die Gemeinde eine verfristete Stel- **112** lungnahme zurück, kann sie in der Planbegründung klarstellen, ob sie die Stellungnahme wegen der Verfristung oder aus inhaltlichen Gründen unbeachtet läßt. Trotz der in § 4a Abs. 6 S. 2 BauGB vorgesehenen Belehrung kann sich die Regelung als hartes Schwert erweisen.

3.2.5 Rechtsfolge

(1) Der Betroffene, der sich im Rahmen der Öffentlichkeits- oder Behördenbetei- **113** ligung nicht oder nicht fristgerecht am Aufstellungsverfahren beteiligt, hat keinen Anspruch darauf, daß die Gemeinde den Inhalt der Stellungnahme bei der Beschlußfassung berücksichtigt. Die Gemeinde kann das Vorbringen als individuelles Vorbringen unberücksichtigt lassen. In praktischer Hinsicht reduziert sich die Präklusionsregelung letztlich dahin, daß eine verspätete Stellungnahme nicht nach § 3 Abs. 2 S. 4 BauGB inhaltlich beschieden werden muß.

(2) In welcher Hinsicht sich die Präklusion gemäß § 4a Abs. 6 S. 1 BauGB in **114** einem verwaltungsgerichtlichen Verfahren auswirkt, mag zweifelhaft sein.[51] § 4a Abs. 6 BauGB selbst enthält sich dazu einer Aussage. Die Frage war für die frühere Rechtslage ohne weitere Bedeutung, da § 4 Abs. 3 S. 2 BauGB nur die TöB betraf. Diese waren wegen fehlender Klagebefugnis kaum in der Lage, einen verwaltungsgerichtlichen Rechtsstreit zu beginnen. Das ist für eine „betroffene" Öffentlichkeit, die § 4a Abs. 6 S. 1 BauGB ebenfalls erfaßt, anders zu beurteilen. Mit Wirkung für das gerichtliche Verfahren ist ein Betroffener mit solchem Vorbringen

---

50 M. Krautzberger, in: E/Z/B/K, BauGB, § 4 Rn. 4 (Stand: Mai 2003), verweist als Beispiel auf die Beachtung von Altlasten.
51 Vgl. allg. E. Brandt, Präklusion im Verwaltungsverfahren, in: NVwZ 1997, 233–237; Th. v. Danwitz, Umweltrechtliche Präklusionsnormen zwischen Verwaltungseffizienz und Rechtsschutzgarantie, in: UPR 1996, 323–328.

ausgeschlossen, das an sich abwägungsrelevant ist, das die Gemeinde aber nicht hätte „kennen müssen". § 4a Abs. 6 S. 1 BauGB zielt aus Gründen der Bestandssicherung der Bauleitplanung insoweit auf einen endgültigen (materiell-rechtlichen) Ausschluß.

115 Anders ist die Rechtslage hinsichtlich tatsächlicher Umstände, welche die Gemeinde hätte „kennen müssen". Diese können im gerichtlichen Verfahren auch dann geltend gemacht werden, wenn sie im Aufstellungsverfahren verspätet oder gar nicht vorgetragen wurden. § 4a Abs. 6 S. 1 BauGB bestimmt nämlich nur, daß derartiges Vorbringen „bei der Beschlußfassung" unberücksichtigt bleibt. Das weicht von der im Fachplanungsrecht üblichen Regelung ab. Dort sind Einwendungen gegen den Plan, die nach Ablauf der Einwendungsfrist erhoben werden, „ausgeschlossen". Diese Rechtsfolge erfaßt auch tatsächliche Umstände, die dem Plangeber hätten bekannt sein müssen.[52] Eine vergleichbare Rechtsfolge enthält § 4a Abs. 6 S. 1 BauGB nicht. Aus rechtsstaatlichen Gründen der Klarheit hätte es dessen jedoch bedurft, wenn das EAG Bau einen Ausschluß auch für Umstände hätte anordnen wollen, die sich der Gemeinde ohnedies hätten „aufdrängen" müssen.

116 (3) Die eingetretene Präklusion entfällt, wenn und soweit sich die Gemeinde zu einer **erneuten Auslegung** gemäß § 4a Abs. 3 BauGB entschließt.

117 (4) Eine Verletzung der obligatorischen Äußerungspflicht des § 4 Abs. 1 BauGB präkludiert nicht für das weitere Verfahren. § 4a Abs. 6 S. 1 BauGB gilt insoweit nicht, auch nicht entsprechend.[53]

3.3 Hinweispflicht des § 4a Abs. 6 Satz 2 BauGB 2004

118 (1) Die Präklusion nach § 4a Abs. 6 S. 1 BauGB ist nach Ansicht des Gesetzgebers nicht ohne inhaltliches Risiko. Daher sieht § 3 Abs. 2 S. 2 Halbs. 2 (2. Altn.) BauGB für die Öffentlichkeitsbeteiligung obligatorisch vor, auf die in § 4a Abs. 6 S. 1 BauGB bestimmte Rechtsfolge ausdrücklich hinzuweisen. Der Inhalt des Hinweises muß in sich verständlich sein. Die bloße Angabe der Rechtsvorschrift genügt daher nicht.

119 (2) Gegenüber Behörden und sonstigen TöB (§ 4 BauGB) besteht eine rechtsbewahrende Hinweispflicht nicht. Bereits das BauGB-MaßnG hatte hier eine Hinweispflicht entfallen lassen. Das EAG Bau sah keinen Anlaß, dies zu ändern (vgl. BTag-Drs. 15/2250 S. 78, 91).

4. Rechtsfehler

120 Wird § 4a Abs. 6 BauGB verletzt, stellt dies einen nach § 214 Abs. 1 S. 1 Nr. 2 BauGB beachtlichen „Verfahrensfehler" dar. Auf die Kausalität der Rechtsverlet-

---

52 Vgl. BVerwG, Urteil vom 18.8.1995 – 11 A 2.95 – NVwZ 1996, 267 = UPR 1996, 142; Urteil vom 24.5.1996 – 4 A 38.95 – DVBl 1997, 51 = NVwZ 1997, 489 = UPR 1996, 386; Urteil vom 8.7.1998 – 11 A 30.97 – NVwZ 1999, 70 = UPR 1998, 455.
53 Wohl a.A.M. Krautzberger, in: E/Z/B/K, BauGB, § 4 BauGB a.F. Rn. 34.

zung für das planerische Entscheidungsergebnis kommt es nicht an. Ist die Hinweispflicht (§ 3 Abs. 2 S. 2 Halbs. 2 BauGB) verletzt, enthält § 4a Abs. 6 S. 2 BauGB die gesetzlich vorgesehene Sanktion. Daneben scheidet eine Anwendung des § 214 Abs. 1 S. 1 Nr. 2 BauGB scheidet aus. Anderenfalls wäre § 4a Abs. 6 BauGB funktionslos.[54]

5. Rechtsgültigkeit des § 4a Abs. 6 BauGB 2004

(1) Die allgemeine Beteiligung der Öffentlichkeit hat ihren Grund nicht in der Erfüllung einer grundrechtlichen Schutzpflicht. Sie besitzt vielmehr eine dem Gemeinwohl dienende Aufgabe, die bauliche und sonstige Nutzung der Grundstücke in der Gemeinde im Sinne des § 1 Abs. 3 BauGB vorzubereiten und zu leiten.[55] Das kann im Einzelfall dann anders sein, wenn eine individuelle Betroffenheit besteht. Aus der Sicht des Art. 14 Abs. 1 GG erlangt dann die Möglichkeit der Beteiligung einen verfassungsrechtlichen Hintergrund.[56] In dieser Hinsicht ist § 4a Abs. 6 S. 1 BauGB eine zulässige Inhalts- und Schrankenbestimmung des Eigentums im Sinne des Art. 14 Abs. 1 S. 2 GG.[57] Dazu ist eine verfassungskonforme Handhabung nicht ausgeschlossen, sondern kann nach Maßgabe der Umstände des Einzelfalles vielmehr geboten sein. Berührt die Planung den Schutzbereich des Art. 2 Abs. 2 GG, verlangt dies eine verfassungskonforme Handhabung des Ermessens.   **121**

(2) Man wird abwarten, ob und in welchen Umfang der **EuGH** die in § 4a Abs. 6 S. 1 BauGB ohnehin stark gemilderte Verwirkungspräklusion billigt, soweit gerade gemeinschaftsrechtliche Anforderungen berührt werden.[58] Der Gemeinde ist jedenfalls zu raten, ihr Ermessen tunlichst gemeinschaftsrechtskonform auszuüben.   **122**

---

54 Wie hier O. Reidt, in: K. Gelzer/Chr. Bracher/O. Reidt, Bauplanungsrecht, 7. Aufl., 2004, Rn. 457.

55 Vgl. BVerwG, Beschluß vom 16.12.1992 – 4 B 202.92 – Buchholz 406.11 § 3 BauGB Nr. 4.

56 Vgl. BVerwG, Urteil vom 19.7.2001 – 4 C 4.00 – BVerwGE 115, 17 = DVBl 2001, 1855 = NVwZ 2002, 476 = ZfBR 2002, 65 = UPR 2002, 33 = BauR 2002, 41 = BRS 64 Nr. 96 (2001) zu § 35 Abs. 3 S. 1 BauGB 1987; Urteil vom 8.6.1995 – 4 C 4.94 – BVerwGE 98, 339 = DVBl 1995, 1012 = NVwZ 1996, 381 = UPR 1995, 391 zu § 9 Abs. 1 UVPG.

57 Vgl. BVerwG, Urteil vom 24.5.1996 – 4 A 38.95 – DVBl 1997, 51 = NVwZ 1997, 489 = UPR 1996, 386 zu § 17 Abs. 4 FStrG.

58 Vgl. U. Battis/M. Krautzberger/R.-P. Löhr, Die Änderungen des Baugesetzbuchs durch das Europarechtsanpassungsgesetz Bau (EAG Bau 2004), in: NJW 2004, 2553–2559 [2556].

§ 4c BauGB – Überwachung

1. Text der Fassung

1   Die Gemeinden überwachen die erheblichen Umweltauswirkungen, die auf Grund der Durchführung der Bauleitpläne eintreten, um insbesondere unvorhergesehene nachteilige Auswirkungen frühzeitig zu ermitteln und in der Lage zu sein, geeignete Maßnahmen zur Abhilfe zu ergreifen. Sie nutzen dabei die im Umweltbericht nach Nummer 3 Buchstabe b der Anlage zu diesem Gesetzbuch angegebenen Überwachungsmaßnahmen und die Informationen der Behörden nach § 4 Abs. 3.

2. Textgeschichte

2   Der Gesetzestext des § 4c BauGB 2004 entspricht nahezu textgleich dem Gesetzesentwurf der BReg. (BTag-Drs. 15/2250, S. 13, 58). Die in § 4c S. 2 BauGB 2005 enthaltene Bezugnahme erfuhr allein aus redaktionellen Gründen eine Änderung.

3. Erläuterung der Änderung

Lit.: Bernhard Stüer/Anke Sailer, Monitoring in der Bauleitplanung, in: BauR 2004, 1392–1401; Arno Bunzel/Franziska Fröhlich/Stephan Tomerius, Monitoring und Bauleitplanung – Neue Herausforderungen für Kommunen bei der Überwachung von Umweltauswirkungen, hrsg. vom Deutschen Institut für Urbanistik, Berlin 2004.

3.1 Allgemeines

(1) § 4c BauGB setzt Art. 10 Plan-UP-RL um. Der Gesetzgeber beschreitet mit **3** § 4c BauGB in Verb. mit Nr. 3 Bucht. b) der Anlage zum BauGB Neuland. Erstmals normiert das BauGB ausdrücklich die Verpflichtung, Überwachungsmaßnahmen (sog. Monitoring) durchzuführen. § 4c BauGB begründet keine allgemeine Kontrollpflicht über das tatsächliche Baugeschehen, etwa zum Vollzug von Nebenbestimmungen einer Baugenehmigung.

(2) Bisher gab es in dieser Richtung allenfalls im Bereich der Kompensation der **4** Folgen von Eingriffen in Natur und Landschaft rudimentäre Ansätze. Aus § 135 a Abs. 1 BauGB ist zu ersehen, daß es nicht bloß sein Bewenden damit hat, Ausgleichsmaßnahmen im Sinne des § 1 a Abs. 3 BauGB festzusetzen. Die festgesetzten Maßnahmen sind vom Vorhabenträger auch „durchzuführen". Diese Regelung ist schon bisher als allgemeine Verankerung des Verursacherprinzips verstanden worden. Sie beansprucht nicht nur Geltung, wenn Kompensationsmaßnahmen den Gegenstand von Festsetzungen bilden, sondern kommt auch dann zum Tragen, wenn solche Maßnahmen vertraglich vereinbart sind oder auf von der Gemeinde bereit gestellten Flächen getroffen werden.

Wie aus der in § 135c Nr. 2 BauGB enthaltenen Verweisung auf § 128 Abs. 1 S. 1 **5** Nr. 2 BauGB zu folgern ist, hat der Gesetzgeber hierbei ausschließlich die Herstellung der Maßnahmen im Sinn. Etwaige Pflege- und Unterhaltungsmaßnahmen, durch die sichergestellt wird, daß die Maßnahmen ihre Kompensationswirkungen auch wirklich auf Dauer entfalten, umfaßt das bisherige Regelungskonzept nicht. Sie sind, wenn überhaupt, vertraglichen Vereinbarungen vorbehalten. Soweit solche Vorkehrungen fehlen, hat das BVerwG schon bisher anderweitige Sicherungsmittel (vgl. § 1 a Abs. 3 S. 4 BauGB 2004) gefordert.[1] Bei anderen Planungsgegenständen sind ähnliche **„Nachsorge"-Überlegungen** nicht einmal ansatzweise angestellt worden. Im Fachplanungsrecht überläßt § 75 Abs. 2 S. 4 VwVfG durch einen Anspruch auf Nachbesserung die Initiative dem Planbetroffenen.

(3) § 4c BauGB schließt diese Lücke. Satz 1 lehnt sich weithin an den Wortlaut **6** des Art. 10 Abs. 1 Plan-UP-RL an.[2] § 4c S. 2 BauGB greift die Erwägungen auf, die Art. 10 Abs. 2 Plan-UP-RL zugrunde liegen. Gemeinschaftsrechtlich ist ein

---

1 Vgl. BVerwG, Urteil vom 19.9.2002 – 4 CN 1.02 – BVerwGE 117, 58 = DVBl 2003, 204 = UPR 2003, 148 = ZfBR 2003, 150 = BauR 2003, 209 = BRS 65 Nr. 20 mit Anm. H. Schmaltz, in: DVBl 2003, 207–209 zu § 1a Abs. 3 S. 3 BauGB a.F.; vgl. auch BVerwG, Beschluß vom 18.7.2003 – 4 BN 37.03 – NVwZ 2003, 1515 = UPR 2003, 449 = ZfBR 2004, 60 = BauR 2004, 40.

2 Entscheidungshilfe bietet Europäische Kommission, Commission's Guidance on the implementation of Directive 2001/42/EC, in: http://europa.de.int/comm/enviroment/eia/030923_sea_guidance_de.pdf.

Monitoring nicht neu. Auch Art. 12 Abs. 4 S. 1 FFH-RL und Art. 13 Abs. 1 IVU-RL sehen ein Monitoring vor.

7 (4) Der inhaltliche und satzkonstruktive Aufbau des § 4 c BauGB ist (auch grammatikalisch) nicht gelungen. Die Maßnahme der „Abhilfe" erscheint nur als Zielvorgabe („um.. in der Lage zu sein"). Die Pflicht zur Abhilfe selbst wird nicht statuiert. § 4 c Satz 2 BauGB ergänzt („dabei") die Regelung des § 4 c Satz 1 BauGB. Das Ziel der Überwachung wird in § 4 c Satz 1 BauGB als ein doppeltes, ersichtlich als ein gestuftes, beschrieben. Die Gemeinde soll sich Erkenntnisse über erhebliche Umweltauswirkungen ihrer eigenen Planung erarbeiten. Gerade die so festgestellten Befunde sollen sie in die Lage versetzen, den weiteren Planvollzug kritisch zu reflektieren und über eine Abhilfe nachzudenken.

3.2 § 4 c Satz 1 BauGB 2004

3.2.1 Zuständigkeit der Gemeinde

8 (1) Überwachungspflichtig ist die Gemeinde, die den Bauleitplan erlassen hat.[3] Nach Art. 10 Plan-UP-RL ist die Überwachungspflicht Aufgabe der „Mitgliedstaaten". Eine bestimmte Stelle wird nicht benannt. Insbesondere schreibt Art. 10 Abs. 1 Plan-UP-RL keine Trennung zwischen Planungsträger und Überwachungsbehörde vor.

9 Europarechtlich begegnet es daher keinen Bedenken, die Gemeinden mit der Überwachung der Auswirkungen ihrer eigenen Planung zu betrauen. Diese Lösung erscheint schon deshalb sinnvoll, weil die Gemeinde als Trägerin der Planungshoheit auch für planerische Folgeentscheidungen zuständig ist. Wurde die Planungshoheit gemäß §§ 203 ff. BauGB anderen Entscheidungsebenen übertragen, so sind diese überwachungspflichtig.[4] Zweifelhaft ist, ob die Betretungsbefugnis nach § 209 Abs. 1 BauGB die Gemeinde für die ihr obliegende Überwachung in Anspruch nehmen kann.

10 (2) Auch **grenzüberschreitende Umweltauswirkungen** unterliegen dem Monitoring. Soweit eine zwischenstaatliche Vereinbarung nicht besteht, hat die Gemeinde auch hinsichtlich der Ergebnisse der Überwachung entsprechend § 4 a Abs. 5 BauGB zu verfahren.

3.2.2 Ziel der Überwachung

11 Die **nachsorgende Überwachung** im Sinne einer gemeindlichen Selbstkorrektur bezieht sich auf erhebliche Umweltauswirkungen, die sich gerade aus der Durch-

---

3 Vgl. B. Stüer/A. Sailer, Monitoring in der Bauleitplanung, in: BauR 2004, 1392–1401 [1395]; vgl. auch J. Pietzcker/Chr. Fiedler, Die Umsetzung der Plan-UP-Richtlinie im Bauplanungsrecht, in: DVBl 2002, 929–940 [936]; W. Schrödter, Das Europarechtsanpassungsgesetz Bau – EAG Bau, in: NST-N 2004, 197–216 [203, 205].

4 Vgl. W. Schrödter, Das Europarechtsanpassungsgesetz Bau – EAG Bau, in: NST-N 2004, 197–216 [205] zur nds. Samtgemeinde: Die Mitgliedsgemeinde bleibt zur Überwachung des B-Plans zuständig. Dagegen überwacht die Samtgemeinde die umweltbezogenen Auswirkungen des F-Planes.

führung des Bauleitplans ergeben.[5] Das Ziel der Überwachung ist es vor allem, unvorhergesehene nachteilige Auswirkungen frühzeitig zu erkennen. Der Erkenntnisgewinn soll die Gemeinde in die Lage versetzen, geeignete Maßnahmen der Abhilfe einzuleiten.

Die nach § 4 c BauGB gebotene Überwachung ist nicht mit einer Aktualisierung **12** der im Rahmen der Planaufstellung notwendigen UP gleichzusetzen. Sie hat sich zwar am Umweltbericht und den darin getroffenen tatsächlichen Feststellungen und Prognosen oder Einschätzungen zu orientieren. Gerade hier können „unvorgesehene" nachteilige Auswirkungen eintreten. Einer permanenten Neuermittlung der im Umweltbericht beschriebenen Auswirkungen bedarf es aber nicht. Die Überwachung ist also keine Fortsetzung des Planungsverfahrens mit anderen Mitteln. Ob das Monitoring zu einer Verbesserung der kommunalen Planungspraxis führt, bleibt abzuwarten.

Die Gemeinde ist durch § 4 c BauGB nicht verpflichtet, aber befugt, das Ergebnis **13** der Überwachung zu veröffentlichen.[6] Informationspflichten können sich indes aus § 4 Abs. 1 UIG in Verb. mit der Umweltinformationsrichtlinie 90/313/EWG vom 7.6.1990 (ABl. EG Nr. L 158 S. 56) ergeben. Das Ergebnis der Überwachung sind „verfügbare" Informationen.

3.2.3 Überwachungskonzept

(1) Damit sich das Überwachungserfordernis nicht in einer letztlich unverbindli- **14** chen Appellfunktion erschöpft, hat die Gemeinde bereits im Voraus ein Überwachungskonzept zu erarbeiten. Aus ihm lassen sich konkrete Handlungsanweisungen für die Zukunft ableiten. Wie aus der Nr. 3 Buchst. b) der Anlage zu § 2 Abs. 4 BauGB in Verb. mit § 2 a BauGB zu ersehen ist, muß der **Umweltbericht**, der als gesonderter Teil der Begründung sowohl dem Planentwurf als auch dem abschließend beschlossenen Plan beizufügen ist (vgl. §§ 2 a Satz 3, 5 Abs. 5 und 9 Abs. 8 BauGB), bereits eine Beschreibung der geplanten Überwachungsmaßnahmen enthalten. Da die Gemeinde ihr Überwachungskonzept im Umweltbericht festzulegen hat, wird das Konzept der Öffentlichkeit präsentiert (vgl. § 3 Abs. 2 in Verb. mit § 2 a S. 2 Nr. 2 BauGB). Auch Behörden und TöB sind an der Kontrolle des vorgestellten Konzepts beteiligt (arg. e § 4 Abs. 2 BauGB in Verb. mit § 4 Abs. 3 BauGB). Wichtige Gesichtspunkte eines erforderlichen Monitoring erfährt die Gemeinde aus dem Scopingverfahren (vgl. § 4 Abs. 1 BauGB).

§ 4 c BauGB erfährt hierdurch eine inhaltliche Konkretisierung. Es ist Ziel des § 4 c **15** BauGB, die Gemeinde gezielt mit der Verantwortung der Überwachung zu betrauen. Sie soll dadurch nach Maßgabe der vorhandenen bürokratischen und personellen Infrastruktur selbst das Überwachungskonzept erarbeiten und damit möglichst den Verwaltungsaufwand mindern. Die Überwachung der Darstellung eines

5   O. Reidt, in: K. Gelzer/Chr. Bracher/O. Reidt, Bauplanungsrecht, 7. Aufl., 2004, Rn. 46.
6   B. Stüer/A. Sailer, Monitoring in der Bauleitplanung, in: BauR 2004, 1392–1401 [1396]; O. Reidt, in: K. Gelzer/Chr. Bracher/O. Reidt, Bauplanungsrecht, 7. Aufl., 2004, Rn. 50.

allgemein F-Plans erfordert eine andere Sichtweise als die der Festsetzungen eines B-Plans oder eines qualifizierten F-Plans im Sinne des § 35 Abs. 3 S. 3 BauGB. Es ergeben sich Unterschiede aus dem Inhalt und dem jeweiligen Konkretisierungsgrad des B-Plans. Für den F-Plan ist in aller Regel entscheidend, ob er noch seine Steuerungsfunktion wahrnehmen kann.

16　Die gemeindliche Überwachung (§ 4c BauGB) ist nicht auf die im Umweltbericht angeführten Maßnahmen beschränkt. Bestimmte Annahmen, die im Zeitpunkt der Beschlußfassung (§ 214 Abs. 3 S. 1 BauGB) als sicher galten und keinen Anlaß für eine Überwachung boten, können sich als unzutreffend herausstellen.[7] Der Umweltbericht enthält eine Vorgabe, aber keine Begrenzung späterer Tätigkeiten. Die Gemeinde muß im Gegenteil alle erheblichen Umweltauswirkungen überwachen, die ihre Ursache in der Durchführung des Bauleitplanes haben. Das erfaßt die (objektiv) vorhersehbaren und die nicht vorhersehbaren nachteiligen Auswirkungen. Ein Trugschluß ist allerdings die Annahme, daß dies im Hinblick auf die Berichtspflicht der Behörden nach § 4 Abs. 3 BauGB stets kostenneutral möglich ist.[8]

17　(2) Die Gemeinde muß **Zeit, Inhalt und Verfahren** des Monitoring sorgfältig behandeln.[9] Umfang, Untersuchungstiefe und Untersuchungsmethoden beziehen sich auf die zu überwachende Planung.[10] Die Überwachung muß dazu die größenmäßige, zeitliche und räumliche Entwicklung wichtiger Parameter verfolgen, wie sie im seinerzeitigen Umweltbericht dargestellt wurden. Dazu muß sich die Gemeinde an dem Katalog der von ihr selbst bezeichneten Maßnahmen in ihrem späteren Verhalten messen lassen (z.B. Schadstofferhebungen oder Lärmmessungen in bestimmten Zeitabständen). Insoweit erzeugt die Beschreibung im Sinne der Nr. 3 Buchst. b) der Anlage zum BauGB, die als Teil der Begründung an sich keine normativen Wirkungen entfaltet, im Rahmen der Anwendung des § 4c BauGB sehr wohl **rechtliche Bindungen**. Von großer praktischer Bedeutung sind Überwachungsmaßnahmen bei allen Planungsaussagen, die auf Prognosen beruhen.

18　(3) Das konkrete Überwachungskonzept der Gemeinde ist als Bestandteil des Umweltberichtes bereits Gegenstand der Auslegung nach § 3 Abs. 2 BauGB.

3.2.4 Gegenstand der konkreten Überwachung

19　(1) § 4c BauGB betrifft jeden Bauleitplan (§ 1 Abs. 2 BauGB). Als Bauleitplan gilt auch der vorhabenbezogene B-Plan. Der B-Plan des vereinfachten Verfahrens (§ 13 BauGB) scheidet dagegen aus. Das erfordert eine einschränkende Ausle-

---

7　Ähnlich O. Reidt, in: K. Gelzer/Chr. Bracher/O. Reidt, Bauplanungsrecht, 7. Aufl., 2004, Rn. 46, etwa bei Veränderungen der Boden- und Grundwasserbeschaffenheit.

8　So aber H. Janning, Die Novelle zum BauGB aus der Sicht der Gemeinden, in: W. Spannowsky/T. Krämer (Hrsg.), BauGB-Novelle 2004. Aktuelle Entwicklungen des Planungs- und Umweltrechts, 2004, S. 11–37 [21].

9　Vgl. H.-D. Upmeier, Einführung zu den Neuregelungen durch das Europarechtsanpassungsgesetz Bau (EAG Bau), BauR 2004, 1382–1392 [1385].

10　Vgl. B. Stüer/A. Sailer, Monitoring in der Bauleitplanung, in: BauR 2004, 1392–1401 [1395ff.].

　　　　　　　　　　　　　　　　　　　　　　　Halama

gung. § 13 Abs. 1 Nr. 1 BauGB schließt eine Umweltrelevanz aus. Eine Überwachungspflicht für sonstige Satzungen besteht nicht.

(2) § 4c Satz 1 BauGB erfaßt auch den F-Plan. § 4c BauGB kann hier nur eine **20** eingeschränkte Bedeutung erhalten. Der F-Plan ist gemäß § 8 Abs. 2 S. 1 BauGB grundsätzlich nur auf Entwicklung des „nachgeordneten" B-Plans angelegt, kennt insoweit keine eigentliche Vollzugsphase. Das ist nur im Bereich des § 35 Abs. 3 S. 3 BauGB anders. Hier besitzt der F-Plan funktional „normative" Auswirkungen (vgl. auch § 15 Abs. 3 BauGB) und ist im Sinne der Zielsetzung des § 4c BauGB „durchführungsbezogen". Der „bestandssichernde" B-Plan des § 13 Abs. 1 BauGB unterliegt keinem Monitoring (arg. e § 13 Abs. 3 S. 1 Halbs. 2 BauGB).

3.2.5 Beginn der Überwachungspflicht

(1) Der Gemeinde wird die Verpflichtung auferlegt, auch nach Abschluß des Plan- **21** aufstellungsverfahrens die Planungsergebnisse nicht aus den Augen zu verlieren. Insoweit besteht eine gewisse Parallelität zu § 5 Abs. 1 S. 3 BauGB. Die Gemeinde kann ein eigenes Umweltinformationssystem erarbeiten. Das bietet sich gerade an, wenn mehrere Bauleitpläne in einem inneren Bezug zueinander stehen.

(2) Die Überwachung kann frühestens mit der teilweisen Realisierung des Bau- **22** leitplans einsetzen. Einen festgesetzten Zeitrahmen einer Überwachung verlangt § 4c BauGB nicht. Pauschale Angaben sind hier auch kaum möglich. Entscheidend wird in aller Regel die im Aufstellungsverfahren erkannte konkrete Konfliktlage sein. § 4c BauGB betont allerdings die Frühzeitigkeit der Überwachung.

Das bedeutet auch, daß die Überwachung nicht erst einsetzen darf, wenn bereits **23** Störungen erkennbar sind. Ist z.B. ein Lärmimmissionsschutz nach Maßgabe der TA Lärm oder der Werte der 16. BImSchV „gerade noch" tolerabel, kann es angezeigt sein, in kürzerer Zeit eine Nachmessung vorzusehen. Entsprechendes gilt für kritische Angaben etwa für zugelassene Abfalldeponien hinsichtlich des Grundwassers. Denkbar ist auch, den Grad der Realisierung zu bestimmen. Empfehlungswert ist ferner die Angabe eines Zeitpunktes, zu dem spätestens eine erste Überwachung einzusetzen hat, und eines Zeitrahmens, in dem die Überwachung turnusmäßig zu wiederholen ist.

3.2.6 Inhalt der Überwachung

3.2.6.1 Begriff der „erheblichen Umweltauswirkung"

(1) Zu überwachen sind die **„erheblichen Umweltauswirkungen"**, die aufgrund **24** der Durchführung (Vollzug) der Planung eintreten. Das BauGB 2004 definiert den Begriff der „erheblichen" Umweltauswirkungen nicht.[11] § 4c S. 1 BauGB über-

---

11 Bereits kritisch im Planspiel der Gemeinden, vgl. DifU, Planspiel BauGB-Novelle 2004. Bericht über die Stellungnahme der Planspielgemeinden, vgl. dazu A. Bunzel, Novelle des BauGB 2004 im Planspiel – Test, in: ZfBR 2004, 328–337.

nimmt damit wortgleich den entsprechenden Begriff des Art. 10 Abs. 1 Plan-UP-RL und damit die Sichtweise dieser Richtlinie.

25 (2) § 4 c BauGB will also die Überwachungspflicht nur bei einer bestimmten Intensität ausgelöst wissen. Das EAG Bau umschreibt dies mit dem Merkmal der „Erheblichkeit". Der Inhalt der „Erheblichkeit" ist aus der Funktion der UP (§ 2 Abs. 4 BauGB) und des Monitoring zu erschließen.[12] Das bedeutet: Von den in § 1 Abs. 6 Nr. 7 BauGB und in § 1 a BauGB genannten Schutzgütern her ist zu beurteilen, ob die umweltbezogenen Planungsziele im Zuge des Planungsvollzuges erreicht oder verfehlt worden sind. Die Überwachung ist nicht von der potentiellen Schwere der Betroffenheit abhängig. Auf die potentielle Schädlichkeit kommt es nicht an. Grundsätzlich verfehlt ist ferner eine Sichtweise, die sich in erster Linie auf die Möglichkeit einer „überwindende" Abwägung bezieht.[13] Das ist eine Frage, die erst bei der einzuleitenden Abhilfe bedeutsam ist. § 4 c BauGB erfaßt vorgesehene und nicht vorhergesehene, negative und positive Auswirkungen von Erheblichkeit.

26 (3) Die Umweltauswirkungen müssen gerade auf den Vollzug von Bauleitplänen zurückzuführen sein. Gerade in diesem Sinne müssen sie „erheblich" sein. Dabei liegt das eigentliche Schwergewicht der Überwachung naturgemäß in den „unvorgesehenen nachteiligen" Auswirkungen. Unvorhergesehen sind Auswirkungen, die nach Art, Intensität oder Umfang nicht Gegenstand der Abwägung waren. Die Überwachungspflicht ist aber nicht auf unvorgesehene nachteilige Auswirkungen begrenzt. Zweckmäßig ist es, wenn die Gemeinde zur Prüfung der zu kontrollierenden Umweltauswirkungen ein Indikatorensystem zugrunde legt.[14]

3.2.6.2 Fallbereich: Prognose

27 (1) Eine Bauleitplanung, die Änderungen der Bodennutzungen eröffnet, muß notwendig Prognosen über künftige Zustände zugrunde legen. Das gilt insbesondere für umweltbezogene Zustände.[15] Prognosen sind hinsichtlich Prognosebasis und Einschätzung erkenntnisbedingten Unsicherheiten ausgesetzt. Das gilt auch dann, wenn sie „methodengerecht" erstellt wurden.[16] Die Gemeinde soll zwar nicht gehindert sein, auf prognostischer Grundlage planerisch und damit auch abwägend zu entscheiden. § 4 c BauGB will ihr aber die Notwendigkeit der gebotenen Korrektur vor Augen führen, wenn der prognostische Zustand – aus welchen Gründen auch immer – nicht eingetreten ist. Das alles gilt auch dann, wenn die Gemeinde einer gutachterlichen Beurteilung gefolgt ist. In diesem Sinne soll die Gemeinde prognostische Entscheidungen, denen Umweltrelevanz zukommt, „unter Kontrolle

---

12 Ähnlich BVerwG, Urteil vom 1.4.2004 – 4 C 2.03 – DVBl 2004, 1115 = NVwZ 2004, 1114 = UPR 2004, 426 = BauR 2004, 1588 zum Erheblichkeitsbegriff bei nicht ausgewiesenen (faktischen) Vogelschutzgebieten.

13 So aber B. Stüer/A. Sailer, Monitoring in der Bauleitplanung, in: BauR 2004, 1392–1401 [1398], die in erster Linie auf die Abwägungsrelevanz im Sinne des § 1 Abs. 7 BauGB abstellen.

14 Vgl. O. Reidt, in: K. Gelzer/Chr. Bracher/O. Reidt, Bauplanungsrecht, 7. Aufl., 2004, Rn. 49.

15 Wie hier U. Kuschnerus, Der sachgerechte Bebauungsplan, 3. Aufl., 2004, Rn. 509.

16 Vgl. dazu BVerwG, Urteil vom 6. 12. 1985 – 4 C 59.82 – BVerwGE 72, 282 = DVBl 1986, 416 = BRS 44 Nr. 3.

halten". Dem dienen die Angaben im **Umweltbericht** nach Maßgabe Nr. 3 Buchst. b) der Anlage zum BauGB (vgl. § 2a Rn. 39).

(2) Derartige Prognosen sind etwa bei Lärmbeeinträchtigungen unvermeidbar **28** (vgl. z.B. 16. BImSchV, TA Lärm, DIN 18005). So wird etwa ein bestimmter Zu- und Abgangsverkehr als künftig gegeben angenommen. Vor allem bei immissionsträchtigen gewerblichen Nutzungen im Randbereich einer Wohnbebauung sind derartige Einschätzungen nötig. Die Überwachung hat zum Gegenstand, ob die prognostischen Beeinträchtigungen nicht überschritten wurden.[17] Das gilt besonders, wenn die Gemeinde Maßnahmen nach § 9 Abs. 1 Nr. 23 Buchst. b) BauGB planerisch getroffen hat. Eine effektiv mögliche Überwachung im Prognosebereich setzt die nähere Beschreibung des prognostizierten künftigen Zustandes voraus. Das muß sich aus dem Umweltbericht ergeben. Eine vorgesehene Überwachungsmaßnahme ohne gleichzeitige Angabe des konkreten Gegenstandes der Überwachung ist sinnlos. Auch die Prüfung, ob zugrunde gelegte Vorgaben von Luftreinhalteplänen (§ 47 BImSchG) oder Lärmminderungspläne (§ 47a BImSchG) eingehalten wurden, kann Gegenstand der Überwachung sein.

3.2.6.3 Fallbereich: Vollzugsdefizit

Die Überwachung bezieht sich auch auf die Prüfung, ob Vollzugsdefizite hinsicht- **29** lich der planerisch festgesetzten Schutzmaßnahmen bestehen.[18] Der Plan z.B. kann zur Vermeidung von Beeinträchtigungen durch Umweltauswirkungen Maßnahmen des Schutzes vorsehen, vgl. z.B. § 9 Abs. 1 Nr. 25 Buchst. a) BauGB) oder Maßnahmen zum Auffangen von Niederschlagswasser.[19] Die Beeinträchtigung wird alsdann nur vermieden, wenn die Schutzmaßnahme auch vollzogen wird. Unterbleibt der Vollzug, erhöht dies die Umweltauswirkungen. Diese sind alsdann erheblich, zudem nicht vorgesehen.[20]

3.2.7 Überwachungsbericht

§ 4c BauGB regelt nicht, in welcher Form das Ergebnis der Überwachung festzu- **30** halten ist. Es liegt nahe, daß ein derartiger Bericht in Anlehnung an den Umweltbericht des § 2 Abs. 4 BauGB erstellt wird.[21] Dafür spricht u.a., daß der Umweltbericht bereits Angaben für die Überwachung enthalten muß. Die Gemeinde ist nicht verpflichtet, das Ergebnis der Überwachung zu veröffentlichen. Eine Informationspflicht gegenüber der Öffentlichkeit ist nicht normiert. Diese ergibt sich weder aus Art. 9 Abs. 1 Plan-UP-RL noch aus Art. 12 PLan-UP-RL.

---

17 Vgl. W. Schrödter, Das Europarechtsanpassungsgesetz Bau – EAG Bau, in: NST-N 2004, 197–216 [203f.].
18 Zurückhaltend U. Kuschnerus, Der sachgerechte Bebauungsplan, 3. Aufl., 2004, Rn. 509 a.E.
19 BVerwG, Urteil vom 30.8.2001 – 4 CN 9.00 – BVerwGE 115, 77 = DVBl 2002, 269 = NVwZ 2002, 202 = ZfBR 2002, 164 = BauR 2002, 424 = BRS 64 Nr. 36 (2001).
20 Im Ergebnis ebenso W. Schrödter, Das Europarechtsanpassungsgesetz Bau – EAG Bau, in: NST-N 2004, 197–216 [204].
21 Ähnlich B. Stüer/A. Sailer, Monitoring in der Bauleitplanung, in: BauR 2004, 1392–1401 [1394].

3.2.8 Durchsetzung der Überwachungspflicht

31 (1) Hält die Gemeinde sich nicht an diese eigenen Vorgaben ihres Überwachungskonzeptes, so kann sie hierzu notfalls im Wege der Kommunalaufsicht angehalten werden. Diese kann sich auch auf Maßnahmen der Abhilfe beziehen. Das gilt insbesondere dann, wenn eine Planungspflicht gemäß § 1 Abs. 3 S. 1 BauGB entstanden ist.[22] Da die Gemeinde ihr Überwachungskonzept im Umweltbericht festzulegen hat (vgl. § 2a S. 2 Nr. 2 BauGB in Verb. mit Nr. 3 Buchst. b) der Anlage zum BauGB), eröffnet dies eine der Öffentlichkeit zugängliche Kontrollierbarkeit. Eine Planungspflicht wird stets anzunehmen sein, wenn ein Zustand der Gesundheitsgefährdung eingetreten ist oder die Erfordernisse des gemeinschaftsrechtlichen Habitatschutzrechtes nicht mehr eingehalten werden (vgl. auch Art. 11, 12 Abs. 4 FFH-RL).

32 (2) Nach derzeitiger deutscher Rechtslage hat der einzelne keinen Rechtsanspruch auf Durchführung der kommunalen Überwachung. Europarechtlich könnte sich aufgrund der Rechtsprechung des EuGH in absehbarer Zeit etwas anderes ergeben.[23] Ist ein rechtswidriger Zustand entstanden, kann dies Gegenstand eines Abwehranspruches sein. Ferner besteht ein Anspruch auf freien Zugang zu den während der Überwachung gesammelten Informationen. Das folgt aus § 4 Abs. 1 UIG.

4. Maßnahmen der Abhilfe

33 Der Stand der erreichten Erkenntnis soll es vor allem der Gemeinde ermöglichen, ggf. geeignete Abhilfemaßnahmen ergreifen zu können. Die Überwachung soll verbesserte Entscheidungsgrundlagen schaffen. Eine Überwachung wäre ziellos, wenn aus ihrem Ergebnis keine Handlungszwänge entstehen könnten.

4.1 Gemeindliche Pflicht zur Abhilfe

4.1.1 Adressat der Abhilfeverpflichtung

34 (1) Da sich die Überwachungspflicht an die Gemeinde richtet, kommen als „geeignete" Maßnahmen nur solche in Betracht, welche Gemeinde selbst instrumentell nach Maßgabe des BauGB zur Beseitigung der erheblichen (negativen) Umweltauswirkungen einsetzen kann.[24]

---

22 Vgl. BVerwG, Urteil vom 17.9.2003 – 4 C 14.01 – BVerwGE 119, 25 = DVBl 2004, 239 = NVwZ 2004, 220 = UPR 2004, 137 = ZfBR 2004, 171 – Gewerbepark Mülheim-Kärlich; ähnl. H.-D. Upmeier, Einführung zu den Neuregelungen durch das Europarechtsanpassungsgesetz Bau (EAG Bau), in: BauR 2004, 1382–1392 [1386].

23 Vgl. EuGH, Urteil vom 7.1.2004 – C–201/02 – DVBl 2004, 370 = NVwZ 2004, 593 = EurUP 2004, 57 – Delena Wells, vgl. auch B. Stüer/A. Sailer, Monitoring in der Bauleitplanung, in: BauR 2004, 1392–1401 [1400].

24 Ähnlich B. Stüer/A. Sailer, Monitoring in der Bauleitplanung, in: BauR 2004, 1392–1401 [1395]; B. Stüer/Chr. Upmeier, Städtebaurecht 2004. Vorschläge der Expertenkommission zur Änderung des BauGB, in: ZfBR 2003, 114–121 [116].

(2) § 4 c BauGB läßt offen, auf welcher kommunalen Entscheidungsebene die **35**
Überwachungsergebnisse „abzuarbeiten" sind. Das Gesetz betont nur die Gesamt-
verpflichtung der Gemeinde. Bundesrecht erlaubt insoweit auch keinen Durchgriff.
Dieser stünde dagegen dem landesrechtlichen Kommunalverfassungsrecht offen.
B. Stüer/A. Sailer (2004) unterstellen eine neue „Abwägungsentscheidung" der
Gemeinde.[25] Das hierauf bezogene Verfahren und der rechtliche Stellenwert einer
„bestätigenden" Entscheidung der früheren Planung bleibt indes offen.

4.1.2 Inhalt der gemeindlichen Abhilfe

(1) Welche Maßnahmen im Einzelnen zu ergreifen sind, ergibt sich aus § 4 c **36**
BauGB nicht. Auch Art. 10 Plan-UP-RL enthält keine Vorgaben. Die Gemeinden
werden durch § 4 c BauGB insbesondere nicht darauf festgelegt, eine Erfolgsga-
rantie zu übernehmen. Es wird mithin nur die allgemeine Zielrichtung vorgegeben.
Maßgeblich ist insoweit das materielle Recht. Die Gemeinde kann daher Erkenntnisse, die sie im Rahmen der Überwachung erworben hat, letztlich nur zum Anlaß
nehmen, im Rahmen des § 1 Abs. 3 S. 1 BauGB planerische Aktivitäten zu entfalten.[26] Dazu kann nach materiellem Bauplanungsrecht eine Pflicht bestehen.[27] Das
gilt vor allem dann, wenn nachträgliche Schutzauflagen nur aufgrund erneuter Planung rechtlich zulässig sind. Wird die Schwelle der Gesundheitsgefährdung überschritten, sind Maßnahmen zwingend geboten.[28]

(2) Werden durch nachträgliche negative Auswirkungen die Grundzüge der bis- **37**
herigen Planung selbst in Frage gestellt, so kann es nach § 1 Abs. 3 S. 1 BauGB
erforderlich sein, den Bauleitplan im Sinne des § 1 Abs. 8 BauGB zu ändern, zu
ergänzen oder ganz aufzuheben. Der Übergang zur Funktionslosigkeit der Bauleitplanung ist insoweit fließend.[29] Der Gesetzgeber räumt der Gemeinde zwar mit
der Planungsbefugnis einen weiten Planungsfreiraum ein. Das Planungsermessen kann sich aber zu einer strikten Planungspflicht verdichten, wenn qualifizierte
städtebauliche Gründe von besonderem Gewicht vorliegen.[30] Das kann sich auch
auf eine bereits vorhandene Bauleitplanung beziehen.

(3) Fehlende finanzielle Mittel sind kein Grund, von Maßnahmen der Abhilfe ab- **38**
zusehen. Das EAG Bau hat im Hinblick auf die Vorgabe des Art. 10 Plan-UP-RL

25 B. Stüer/A. Sailer, Monitoring in der Bauleitplanung, in: BauR 2004, 1392–1401 [1399].
26 B. Stüer/A. Sailer, Monitoring in der Bauleitplanung, in: BauR 2004, 1392–1401 [1396]; B. Stüer/
    Chr. Upmeier, Städtebaurecht 2004. Vorschläge der Expertenkommission zur Änderung des BauGB,
    in: ZfBR 2003, 114–121 [117]; O. Reidt/K. Gelzer/Chr. Bracher/O. Reidt, Bauplanungsrecht, 7.
    Aufl., 2004, Rn. 47.
27 Vgl. zur Erstplanungspflicht BVerwG, Urteil vom 17.9.2003 – 4 C 14.01 – BVerwGE 119, 25 = DVBl
    2004, 239 = NVwZ 2004, 220 = GewArch 2004, 80 = ZfBR 2004, 171 = UPR 2004, 137.
28 Vgl. auch G. Halama/B. Stüer, Lärmschutz in der Planung, in: NVwZ 2003, 137–144.
29 Vgl. dazu BVerwG, Beschluß vom 7.2.1997 – 4 B 6.97 – NVwZ-RR 1997, 513 = BRS 59 Nr. 56; Ur-
    teil vom 31.12.1998 – 4 CN 3.97 – BVerwGE 108, 71 = DVBl 1999, 786 = NVwZ 1999, 986 = BauR
    1999, 610; Beschluß vom 4 B 33.01 – NVwZ 2001, 1055 = BauR 2001, 1550 = BRS 64 Nr. 72; Be-
    schluß vom 21.12.1999 – 4 BN 48.99 – NVwZ-RR 2000, 411 = ZfBR 2000, 274 = BRS 62 Nr. 79.
30 Vgl. BVerwG, Urteil vom 17.9.2003 – 4 C 14.01 – BVerwGE 119, 25 = DVBl 2004, 239 = NVwZ
    2004, 220 = UPR 2004, 137 = ZfBR 2004, 171 (Gewerbepark Mülheim-Kärlich).

davon abgesehen, entsprechenden Bedenken des Deutschen Städte- und Gemeindetages (DStGB) zu folgen.

(4) Die Maßnahmen, welche die Gemeinde ergreift, können ihrerseits eine erneute UP auslösen. Das gilt dann nicht, wenn die vorzunehmenden Änderungen nur geringfügig sind.[31]

4.2 Pflicht zur gemeindlichen Maßnahme

39 Die Gemeinde ist im Rahmen ihres planerischen Ermessens frei, über die als geeignet anzusehenden Maßnahmen zu entscheiden. Eine wirksame rechtliche Sanktion besteht nicht, wenn die Gemeinde Überwachung und Abhilfe unterläßt. Sie muß indes damit rechnen, daß eine interessierte Öffentlichkeit sie nach Maßgabe des Umweltinformationsgesetzes (UIG) vom 8.7.1994 (BGBl. I S. 1490) kontrolliert.[32] Dieses Gesetz betrifft auch die Gemeinde.[33]

4.3 Maßnahmen staatlicher Stellen

40 Die Gemeinde kann andere öffentliche Stellen auf erhebliche Umweltauswirkungen aufmerksam machen. Unter Umständen reicht es dazu aus, im Nachhinein aufgetretenen Störungen oder Belästigungen nach Maßgabe des § 15 BauNVO oder der §§ 17, 22, 24 BImSchG Rechnung zu tragen. Entsprechende Entscheidungen kann indes nicht die Gemeinde, sondern nur die zuständige staatliche Behörde treffen.[34]

41 Der EAG Mustererlaß 2004, Nr. 2.6.2, geht davon aus, daß gemäß § 4c BauGB (auch) auf der Ebene des Genehmigungs- und Zulassungsverfahrens Ergebnisse der Überwachung zu beachten sind.[35] Das ist verfehlt. § 4 c BauGB richtet sich nur an die Gemeinde. Die Baugenehmigungsbehörde ist rechtlich an das Ergebnis der Überwachung der Gemeinde weder positiv noch negativ gebunden.[36] Sie mag ihm aus eigener Entscheidung folgen. Können die nachteiligen Umweltauswirkungen durch behördliche Maßnahmen des Vollzuges verhindert oder eingeschränkt werden, kann die Gemeinde dies anregen. Sie kann sich indes ihrer eigenen Pflicht zur Abhilfe nicht durch Verweis auf fachbehördliche Möglichkeiten entziehen.

---

31 B. Stüer/A. Sailer, Monitoring in der Bauleitplanung, in: BauR 2004, 1392–1401 [1394]; H.-J. Peters/ U. Surburg, Strategische Umweltprüfung bei Plänen und Programmen, in: VR 2004, 9–15.

32 Vgl. W. Schrödter, Das Europarechtsanpassungsgesetz Bau – EAG Bau, in: NST-N 2004, 197–216 [204].

33 Vgl. OVG Bautzen, Beschluß vom 28.3.2003 – 5 B 61/02 – NVwZ-RR 2003, 551 = NuR 2004, 180 = SächsVBl 2003, 239.

34 Insoweit unzutreffend O. Reidt, in: K. Gelzer/Chr. Bracher/O. Reidt, Bauplanungsrecht, 7. Aufl., 2004, Rn. 46 a.E.

35 Abweichend der Entwurf der BReg. (BTag-Drs. 15/2250 S. 59), der eine Anwendung des § 15 BauNVO durch die Gemeinde stillschweigend unterstellt; wohl auch B. Stüer, Städtebaurecht 2004, 2004, S. 20f.; vgl. U. Kuschnerus, Der sachgerechte Bebauungsplan, 3. Aufl., 2004, Rn. 511.

36 A.A. offenbar B. Stüer/A. Sailer, Monitoring in der Bauleitplanung, in: BauR 2004, 1392–1401 [1396] unter Bezugnahme auf den Gesetzesentwurf der BReg.

Halama

5. § 4 c Satz 2 BauGB 2004

(1) § 4 c Satz 2 BauGB ergänzt § 4 c Satz 1 BauGB („dabei"). Die Gemeinde hat **42** gerade die Überwachungen vorzunehmen, die sie sich im Zeitpunkt der Planaufstellung gemäß Nr. 3 Buchst. b) der Anlage zum BauGB konkretisierend überlegt und festgelegt hat. § 4 c Satz 2 BauGB bedeutet nicht, daß sich die Gemeinde auf die so festgelegten Maßnahmen zu beschränken hat.

(2) Welche konkreten Maßnahmen zur Überwachung geboten sind und sich für **43** diesen Zweck eignen, hängt maßgeblich vom jeweiligen Inhalt der Planung ab. Bestimmte zeitliche Vorgaben enthält § 4 c BauGB ebenso wenig wie inhaltliche oder verfahrensrechtliche Anforderungen. Wie die Gemeinde im Einzelfall vorgeht, bleibt ihrer Entscheidungsfreiheit überlassen. Auch Art. 10 Plan-UP-RL räumt den Mitgliedstaaten in diesem Punkt ohnehin einen weiten Gestaltungsspielraum ein. Da § 4 c die Gemeinde selbst trifft, kann auch nur erwartet werden, daß sie zur Abhilfe die Mittel einsetzt, die sie in eigener Kompetenz durchsetzen kann. Das sind zu allererst planerische Maßnahmen. So kommt einer „Nachbesserung" durch weitere Schutzmaßnahmen in Betracht.[37] Das sind daneben Maßnahmen nach § 178 BauGB oder die in einem städtebaulichen Vertrag zur Durchsetzung vorgesehenen Maßnahmen.

6. Amtshilfe (§ 4 Abs. 3 BauGB 2004)

(1) Obwohl die Gemeinde für die Überwachung ausschließlich verantwortlich ist, **44** entlastet der Gesetzgeber sie dadurch, daß er es ihr ermöglicht, sich den Sachverstand der Fachbehörden auch im Stadium des Planvollzuges zu Nutze zu machen. Soweit ihr Informationen dieser Behörden zur Verfügung stehen, dürfen sie nach § 4 c Satz 2 BauGB auf dieses Material zurückgreifen. Dies entspricht den Intentionen des Art. 10 Abs. 2 Plan-UP-RL. Diese stellt den Mitgliedstaaten ausdrücklich frei, „bestehende Überwachungsmechanismen" fruchtbar zu machen, um so Doppelarbeit bei der Überwachung zu vermeiden. § 4 Abs. 3 BauGB befreit die Gemeinde gleichwohl nicht davon, aus Gründen des Monitoring ggf. eigene Informationen zu erheben und selbständige Kontrollen vorzunehmen.[38] Sie darf sich nicht darauf verlassen, daß die TöB oder Naturschutzverbände sie unterrichten. Vielmehr muß sie die Überwachung selbst organisieren.

(2) Um auch nach Abschluß des Aufstellungsverfahrens die Gewähr für eine **45** sachgerechte Problembewältigung zu erhöhen, geht der nationale Gesetzgeber noch insofern einen Schritt weiter, als er in § 4 Abs. 3 BauGB eine Unterrichtungspflicht auch für den Fall begründet, daß die Durchführung des Bauleitplans nach den behördlichen Erkenntnissen erhebliche, insbesondere unvorgesehene nachteilige Auswirkungen auf die Umwelt hat.

---

37 Vgl. W. Schrödter, Das Europarechtsanpassungsgesetz Bau – EAG Bau, in: NST-N 2004, 197–216 [204].
38 Wie hier Rat von Sachverständigen für Umweltfragen (SRU), Zur Einführung der strategischen Umweltprüfung in das Bauplanungsrecht. Stellungnahme 7, in: http://www.umweltrat.de/03stellung/ downlo03/stellung/Stellung_Sup_Mai2003.pdf.

46 (3) § 4 c S. 2 BauGB schließt nicht aus, Informationen der Naturschutzverbände zu berücksichtigen.

7. Überleitungsrecht

47 § 4 c BauGB wird erst künftig bedeutsam. Die Überwachungspflicht gilt für Bauleitpläne, die gemäß § 244 Abs. 1 oder 2 BauGB nach den Vorschriften des BauGB 2004 zu Ende geführt werden (§ 244 Abs. 3 BauGB). Die Gemeinde **kann** sich während der **zweijährigen Übergangsfrist** des § 244 Abs. 1 BauGB gemäß § 233 Abs. 1 S. 1 BauGB entschließen, bereits das „neue" Recht der UP anzuwenden. Das EAG Bau will für diesen Fall ebenfalls die Anwendung des § 4 c BauGB ausschließen. Das eigentliche Monitoring findet zu einem deutlich späteren Zeitpunkt statt.

8. Rechtsfehler

48 Die Gemeinde sollte mit großer Sorgfalt im Umweltbericht das Monitoring in Erfüllung der Angaben nach Nr. 3 Buchst. b) der Anlage zum BauGB darstellen. Verzicht oder grobe, vor allem vermeidbare Mängel sind im Sinne des § 214 Abs. 1 S. 1 Nr. 3 Halbs. 3 BauGB beachtliche Planungsfehler.[39] Mängel in der Durchführung der Überwachung berühren die Rechtswirksamkeit des zu überwachenden Plans nicht.[40] Das ergibt sich mittelbar auch aus dem Fehlerkatalog des § 214 BauGB.

9. Einfluß der Überwachung auf Zulassungsentscheidungen

49 (1) Die Projekt-UVP-RL 1985 / 1997 kennt kein Monitoring. Erteilte Genehmigungen hindern durch ihre Bestandskraft die Wirkung eines geänderten B-Planes. § 4 c BauGB problematisiert dies nicht. Ein Widerruf der Genehmigung ist nur unter den engen Voraussetzungen des § 49 Abs. 2 VwVfG zulässig. Ob ein Widerruf nach § 49 Abs. 2 Nr. 5 VwVfG zulässig ist, läßt sich nicht einheitlich beantworten. Bei immissionsschutzrechtlichen Genehmigungen kommen nachträgliche Anordnungen gemäß § 17 BImSchG in Betracht. Entsprechendes kennen einzelne Landesbauordnungen auf einem deutlich anderen Eingriffsniveau.

50 (2) Dieser Rechtszustand könnte mit Anforderungen des Gemeinschaftsrechts in Widerspruch stehen.[41] Art. 10 Abs. 1 Plan-UP-RL setzt voraus, daß gebotene Maßnahmen der Abhilfe auch durchgeführt werden können.[42] Daran darf letztlich eine „deutsche" Bestandskraft nicht scheitern, auch wenn der Grundsatz der Verhältnismäßigkeit dem Gemeinschaftsrecht ebenfalls immanent ist.

---

39 Informativ A. Bunzel / F. Fröhlich / St. Tomerius, Monitoring und Bauleitplanung – Neue Herausforderungen für Kommunen bei der Überwachung von Umweltauswirkungen, hrsg. vom Deutschen Institut für Urbanistik, Berlin 2004.

40 B. Stüer / A. Sailer, Monitoring in der Bauleitplanung, in: BauR 2004, 1392–1401 [1396]; EAG Mustererlaß 2004, Nr. 2.6.3.

41 Vgl. dazu auch B. Stüer / A. Sailer, Monitoring in der Bauleitplanung, in: BauR 2004, 1392–1401 [1400].

42 Vgl. allgemein EuGH, Urteil vom 2.2.1989 – Rs. C–94 / 87 – EuGHE I–1989, 175; Urteil vom 20.3.1997 – Rs. C–24/95 – EuGHE I –1997, 1591 = DVBl 1997, 951 – Alcan; BVerwG, Urteil vom 23.4.1998 – 3 C 13.97 – BVerwGE 106, 328 = DVBl 1999, 44 – Alcan.

§ 5 BauGB – Inhalt des Flächennutzungsplans

I. § 5 Abs. 1 Satz 3 BauGB 2004 – Überprüfungspflicht

1. Text der geänderten Fassung

1 (1) Im Flächennutzungsplan ist für das ganze Gemeindegebiet die sich aus der beabsichtigten städtebaulichen Entwicklung ergebende Art der Bodennutzung nach den voraussehbaren Bedürfnissen der Gemeinde in den Grundzügen darzustellen. Aus dem Flächennutzungsplan können Flächen und sonstige Darstellungen ausgenommen werden, wenn dadurch die nach Satz 1 darzustellenden Grundzüge nicht berührt werden und die Gemeinde beabsichtigt, die Darstellung zu einem späteren Zeitpunkt vorzunehmen; **in der Begründung sind die Gründe hierfür darzulegen. Der Flächennutzungsplan soll spätestens 15 Jahre nach seiner erstmaligen oder erneuten Aufstellung überprüft und, soweit nach § 1 Abs. 3 Satz 1 erforderlich, geändert, ergänzt oder neu aufgestellt werden.**

2. Textgeschichte

2 Die Gesetzesfassung entspricht dem Gesetzesentwurf der BReg. (BTag-Drs. 15/2250 S. 13).

3. Erläuterung der Änderung

3.1 § 5 Abs. 1 S. 2 Halbs. 2 BauGB 2004

3 Die Änderung ist im wesentlichen redaktioneller Art. Der geänderte § 5 Abs. 1 S. 2 Halbs. 2 BauGB ersetzt den „Erläuterungsbericht" durch die „Begründung". Die Begründung, welche die Angaben nach § 2a BauGB zu enthalten hat, ist gemäß § 5 Abs. 5 BauGB dem F-Plan beizufügen. Zur „zusammenfassenden Erklärung" vgl. § 6 Abs. 3 S. 3 BauGB. Das EAG Bau hält an der Zweistufigkeit der Bauleitplanung und damit an dem **Entwicklungsgebot** des § 8 Abs. 2 S. 1 BauGB fest.

3.2 § 5 Abs. 1 S. 3 BauGB 2004

3.2.1 Zielsetzung der Änderung

4 (1) Der jeweilige Bauleitplan ist in seiner Gültigkeitsdauer formal nicht begrenzt. Grundsätzlich wird dem Plangeber de lege lata überlassen, Änderungen vorzunehmen. Verliert der Plan jeden Realitätsbezug, wird er **funktionslos**. Das führt zum Verlust seiner Gültigkeit. Diese Festsetzung im B-Plan muß die Fähigkeit verloren haben, die städtebauliche Entwicklung im Sinne des § 1 Abs. 3 BauGB noch in einer bestimmten Richtung zu steuern.[1] Die Rechtsprechung hat dies für B-

---

[1] BVerwG, Urteil vom 29.4.1977 – 4 C 39.75 – BVerwGE 54, 5 = DVBl 1977, 768 = NJW 1977, 2325 = BauR 1977, 248; Urteil vom 17.6.1993 – 4 C 7.91 – NVwZ 1994, 281 = UPR 1993, 445 = ZfBR 1993, 304 = BauR 1993, 698 = BRS 55 Nr. 34; Beschluß vom 31.8.1989 – 4 B 161.88 – NVwZ-RR 1990, 121 = UPR 1990, 27 = ZfBR 1990, 40 = BRS 49 Nr. 16; Beschluß vom 7.2.1997 – 4 B 6.97 – NVwZ-RR 1997, 513 = UPR 1997, 469 = NuR 1997, 593 = ZfBR 1998, 51 = BRS 59 Nr. 54 (1997); Beschluß vom 17.2.1997 – 4 B 16.97 – NVwZ-RR 1997, 512 = BRS 59 Nr. 55 (1997); Urteil vom 12.8.1999 – 4 CN 4.98 – BVerwGE 109, 246 = DVBl 2000, 68 = NVwZ 2000, 550 = ZfBR 2000, 125 = BauR 2000, 229; Urteil vom 21.3.2002 – 4 CN 14.00 – BVerwGE 116, 144 = DVBl 2002, 1469 = NVwZ 2002, 1509; Beschluß vom 23.1.2003 – 4 B 79.02 – NVwZ 2003, 749 = ZfBR 2003, 385 = BauR 2003, 838.

Berkemann

Pläne wiederholt anerkannt.[2] Das BVerwG hat diese Ansicht auf F-Pläne übertragen.[3] Die Überprüfung ist mithin geeignet, die Funktionslosigkeit alter Darstellungen festzustellen.[4]

(2) § 5 Abs. 1 S. 3 BauGB führt ein **gemindertes Monitoring** für F-Pläne ein, ge- 5
koppelt mit einer **Revisionsklausel.** Der Gesetzgeber hat damit abgelehnt, ein automatisches Außerkrafttreten eines F-Plans durch Zeitablauf anzuordnen. Eine derartige Lösung hätte die Gemeinde unter erheblichen Zeit- und Arbeitsdruck gestellt. Vielfach ist eine neue Gesamtkonzeption auch nicht angezeigt. Gleichwohl besteht ein Bedürfnis auf Aktualität der Darstellungen des F-Plans. Nur dann ist es innerlich gerechtfertigt, an dem Entwicklungsgebot des § 8 Abs. 2 S. 1 BauGB festzuhalten und dieses nicht im Wege des vorzeitigen B-Plans oder des nur im Parallelverfahren geänderten F-Plans stückweise zu relativieren. Das wäre der Steuerungs- und Koordinierungsfunktion des F-Plans abträglich.

(3) Der in § 5 Abs. 1 S. 3 BauGB gewählte Zeitraum von nicht mehr als 15 Jahren 6
ist angemessen. Er erreicht eine Spannweite von mehreren „Legislaturperioden" der Gemeindevertretung.

3.2.2   Erläuterung der Ergänzung

3.2.2.1   Überprüfungspflicht

3.2.2.1.1   Fristbestimmung

(1) Der F-Plan sollte eigentlich **regelmäßig überprüft** werden. § 5 Abs. 1 S. 3 7
BauGB gibt dafür grundsätzlich zwingend („soll") einen Zeitraum von „spätestens 15 Jahren" an. Damit fixiert das Gesetz einen praxisnahen Prognosezeitraum.

(2) Die Frist beginnt mit der **erstmaligen Aufstellung.** Diesen Sachverhalt darf es 8
in den **alten Bundesländern** eigentlich nicht geben. Nach § 5 Abs. 1 S. 1 BauGB müßte in jeder Gemeinde „längst" ein F-Plan aufgestellt worden sein. In den **neuen Bundesländern** ist die Rechtslage aus Zeitgründen anders, ggf. auch wegen der Zulässigkeit von Teil-Flächennutzungsplänen gemäß § 246a Abs. 1 S. 1 BauGB a. F. in Verb. mit § 5 Abs. 1 S. 3 BauZVO. § 246a BauGB a. F. ist durch das Bau-ROG 1998 aufgehoben worden.

(3) § 5 Abs. 1 S. 3 BauGB bestimmt eine Überprüfungspflicht ferner bei **erneuter** 9
Aufstellung. Das Gesetz „dynamisiert" also den Überprüfungsvorgang.

Der Begriff der erneuten Aufstellung ist unsicher. Er erscheint hier als Gegenbe- 10
griff zu Änderungen oder Ergänzungen. § 5 Abs. 1 S. 3 BauGB will vermeiden,

---

2   BVerwG, Urteil vom 3.12.1998 – 4 CN 3.97 – BVerwGE 108, 71 = DVBl 1999, 786 = NVwZ 1999, 986
    = UPR 1999, 222 = NuR 1999, 322 = ZfBR 1999, 155 = BauR 1999, 601 = BRS 60 Nr. 43 (1998).
3   BVerwG, Beschluß vom 8.2.2000 – 4 BN 1.00 – Buchholz 406.11 § 5 BauGB Nr. 11; Beschluß vom
    1.4.1997 – 4 B 11.97 – NVwZ 1997, 899 = ZfBR 1997, 266 = BRS 59 Nr. 75. Erwogen von BVerwG,
    Urteil vom 14.4.2000 – 4 C 5.99 – NVwZ 2000, 1048 = BauR 2000, 1312 = BRS 63 Nr. 115 (2000).
4   Zutreffend M. Krautzberger, Zur Novellierung des Baugesetzbuchs 2004, in: UPR 2004, 41–50 [47].

daß jede Änderung eines F-Plans der zeitlichen Überprüfungsmechanik des § 5 Abs. 1 S. 3 BauGB unterfällt. Demnach soll eine Änderung oder Ergänzung nicht bereits die Erfüllung einer Revision darstellen. Eine sachgemäße Abgrenzung hat von der Funktion des F-Plans auszugehen. Dieser ist ein „gesamträumliches Entwicklungskonzept" der Gemeinde.[5] Stellt die Gemeinde im Hinblick auf die **Grundzüge ihrer Planung** einen F-Plan gleichsam „auf neue Beine", ändert und erwägt sie die ihr nach § 1 Abs. 3 S. 1 BauGB aufgetragene Ordnung substantiell, dann trifft sie eine „erneute" Aufstellungspflicht. Sie hat dann eine Überprüfung für angezeigt gehalten und wahrgenommen. Ob Darstellungen des F-Plans äußerlich sichtbar geändert wurden, ist ein Indiz, aber nicht entscheidend.

11 (4) Der **Begriff der Aufstellung** ist deutungsbedürftig. Das „Aufstellen" eines Planes ist an sich ein prozeßhafter Vorgang. Hieran einen Zeitpunkt zu knüpfen, ist kaum sachgerecht. Fixierbare Zeitpunkte für einen F-Plan sind dagegen die Einleitungsentscheidung (§ 2 Abs. 1 BauGB), die Beschlußfassung über den Plan (in § 6 Abs. 6 BauGB vorausgesetzt), die Genehmigung des Plans (§ 6 Abs. 1 BauGB) und der Eintritt der Rechtswirksamkeit (§ 6 Abs. 5 S. 2 BauGB). § 5 Abs. 1 S. 3 BauGB hat derartige Verfahrensschritte nicht vor Augen, sondern will nur einen groben Zeitrahmen angeben. Für das Ziel der Überprüfung ist es sachgemäß, den Zeitpunkt der Beschlußfassung entsprechend § 214 Abs. 3 S. 1 BauGB zugrunde zu legen. Da dieser Zeitpunkt zumeist zeitnah zur Bekanntmachung sein wird, genügt diese Auslegung.

3.2.2.1.2 Inhalt der Überprüfung

12 § 5 Abs. 1 S. 3 BauGB beschreibt nicht ausdrücklich, worin die Überprüfung bestehen soll. Das erschließt sich indes aus der zugeordneten Revisionsklausel. Zu prüfen ist, ob die bisherigen Darstellungen noch den **Anforderungen des § 1 Abs. 3 BauGB** genügen.[6] Damit kann – etwa im Hinblick auf § 1 Abs. 4 BauGB – auch geprüft werden, ob die Gemeinde ihrer Anpassungspflicht entsprochen hat.[7] Insbesondere muß die Gemeinde prüfen, ob für die Darstellungen des F-Plans noch eine hinreichende **Realisierung** zu erwarten ist. Das ist nicht der Fall, wenn dem F-Plan in absehbarer Zeit tatsächliche oder rechtliche Hindernisse entgegenstehen werden.[8]

---

5   BVerwG, Urteil vom 22.5.1987 – 4 C 57.84 – BVerwGE 77, 300 [304] = DVBl 1987, 1008 = NVwZ 1988, 54 = BauR 1987, 651 = BRS 47 Nr. 5; Urteil vom 21.10.1999 – 4 C 1.99 – BVerwGE 109, 371 = DVBl 2000, 794 = NVwZ 2000, 1045 = ZfBR 2000, 202 = BauR 2000, 695 = BRS 62 Nr. 38 (1999).

6   Ebenso W. Schrödter, Das Europarechtsanpassungsgesetz Bau – EAG Bau, in: NST-N 2004, 197–216 [209].

7   Vgl. dazu BVerwG, Urteil vom 17.9.2003 – 4 C 14.01 – BVerwGE 119, 25 = DVBl 2004, 239 = NVwZ 2004, 220 = UPR 2004, 137 = ZfBR 2004, 171 – Gewerbepark Mülheim-Kärlich.

8   Vgl. BVerwG, Urteil vom 12.8.1999 – 4 CN 4.98 – BVerwGE 109, 246 = DVBl 2000, 187 = NVwZ 2000, 550 = ZfBR 2000, 125 = BauR 2000, 229 = BRS 62 Nr. 1 (1999); Urteil vom 21.3.2002 – 4 CN 14.00 – BVerwGE 116, 144 = DVBl 2002, 1469 = NVwZ 2002, 1509 = BauR 2002, 1650 = BRS 65 Nr. 17 (2002).

3.2.2.1.3 Rechtspflicht

(1) § 5 Abs. 1 S. 3 BauGB statuiert für die Gemeinde eine Rechtspflicht. Daran **13** ändert die „Soll"-Bestimmung nichts. Mit ihr wird nur vorgesehen, daß in atypischen Fällen etwas anderes gelten kann. In welcher Weise die Rechtspflicht durchgesetzt werden kann, läßt § 5 Abs. 1 S. 3 BauGB offen. In Betracht kommt die Kommunalaufsicht.

(2) Eine Mißachtung der Überprüfungspflicht hat – für sich genommen – nicht die **14** Unwirksamkeit des zu „überwachenden" F-Planes zur Folge. Das BVerwG hat für die gesetzgeberische Überprüfungspflicht bei verkehrlichen Bedarfsplänen diese Rechtsfolge abgelehnt.[9] Etwas anderes kommt in Betracht, wenn sich die Ausgangslage zwischenzeitlich so gravierend verändert hat, daß das angestrebte Planungsziel unter keinen Umständen auch nur annähernd noch erreicht werden kann. Dann besteht Funktionslosigkeit des ursprünglichen F-Plans. Erwägenswert ist, bei einer **deutlichen Überschreitung der Überprüfungsfrist** im Bereich von § 34 Abs. 4 S. 1 Nr. 2, § 35 Abs. 1 S. 1 Nr. 1 oder § 35 Abs. 3 S. 3 BauGB die Funktionslosigkeit indiziell zu vermuten.

3.2.2.2 Änderungspflicht

Ergebnis der Überprüfung ist die Entscheidung, ob der F-Plan nach Maßgabe des **15** § 1 Abs. 3 BauGB geändert, ergänzt oder neu aufgestellt werden muß. Diese Entscheidung obliegt dem für die Beschlußfassung zuständigen **Gemeindeorgan**. Daraus ergibt sich, daß dieses Organ auch mit den Ergebnissen der Überprüfung befaßt werden muß. Naheliegend ist es, daß die Gemeinde das Ergebnis der Überprüfung dokumentiert.[10]

3.3 Überleitungsrecht

§ 244 Abs. 4 BauGB verschiebt für F-Pläne, die vor dem 20.7.2004 aufgestellt wur- **16** den, den frühesten Prüfungszeitpunkt auf den 1.1.2010. § 244 Abs. 4 BauGB erfaßt damit nur F-Pläne, die bis Ende 1994 erstmalig oder neu aufgestellt wurden.

II. Mittelbare Änderung des § 5 Abs. 2a BauGB 1998

Das EAG Bau hat den Text des § 5 Abs. 2a BauGB 1998 äußerlich nicht geän- **17** dert. Es ist aber eine mittelbare Änderung eingetreten. § 5 Abs. 2a BauGB verweist auf den § 1a Abs. 3 BauGB 1998. § 1a Abs. 3 BauGB ist seinerseits durch das EAG Bau geändert worden. Die nunmehr entstandene Bezugnahme auch auf § 1a Abs. 3 **Satz 1** BauGB ist irreführend. Das Berücksichtigungsgebot des § 1a Abs. 3 S. 1 BauGB, der § 1a Abs. 2 Nr. 2 BauGB 1998 aufnimmt, bezieht sich zwar auch auf den F-Plan. § § 5 Abs. 2a BauGB regelt jedoch nur die Zuordnungsent-

---

9   BVerwG, Urteil vom 27.11.1996 – 11 A 99.95 – NVwZ 1997, 684.
10 Ebenso W. Schrödter, Das Europarechtsanpassungsgesetz Bau – EAG Bau, in: NST-N 2004, 197–
    216 [209].

scheidung. Die Bezugnahme ist daher sinngemäß auf § 1a Abs. 3 **Sätze 2 und 3** BauGB zu reduzieren.

III. § 5 Abs. 2b BauGB 2004 – Teilflächennutzungspläne

1. Text der geänderten Fassung

18   (2b) Für Darstellungen des Flächennutzungsplans mit den Rechtswirkungen des § 35 Abs. 3 Satz 3 können sachliche Teilflächennutzungspläne aufgestellt werden.

2. Textgeschichte

19   Die Gesetz gewordene Fassung beruht auf der Beschlußempfehlung des 14. Ausschusses (BTag-Drs. 15/2996 S. 29, 94). In der Begründung des 14. Ausschusses heißt es dazu:

Eine weitergehende Funktion kommt dem Flächennutzungsplan im Hinblick auf die Vorhaben nach § 35 Abs. 1 Nr. 2 bis 6 zu, sofern Darstellungen mit den Rechtswirkungen des § 35 Abs. 3 Satz 3 BauGB getroffen werden. Zur Erleichterung der Praxis für solche Darstellungen ist es geboten, die Gemeinde durch die Einfügung des Absatzes 2b in § 5 BauGB zu ermächtigen, hierfür sachliche Teilflächennutzungspläne aufstellen zu können.

3. Erläuterung der Änderung

Lit.: Bernhard Stüer/Eva Stüer, Planerische Steuerung von privilegierten Vorhaben im Außenbereich. Werden Flächennutzungspläne und Raumordnungspläne zu Rechtssätzen?, in: NuR 2004, 341–348.

3.1 Zielsetzung der Änderung

20   (1) § 5 Abs. 2b BauGB will die planerische Steuerung von privilegierten Vorhaben erleichtern.[11] Das soll offenbar dadurch geschehen, daß die **Steuerungsmöglichkeiten der Gemeinde** im **Außenbereich** erhöht werden. Das bislang erforderliche Anspruchsprofil ergibt sich aus der Rechtsprechung, auch der des BVerwG (vgl. nachfolgend). Anlaß der Gesetzgebung des EAG Bau ist, das massierte Eindringen der Windenergieanlagen in den Außenbereich solcher Gemeinden zu reduzieren, die bislang nicht damit rechneten, und zwar auch im Hinblick auf bisher technisch benötigte Windgeschwindigkeiten auch nicht zu rechnen brauchten (vgl. BReg., in: BTag-Drs. 15/2250 S. 52 zu § 15 BauGB). § 5 Abs. 2b BauGB 2004 bestätigt die Steuerungsfunktion des „qualifizierten" F-Plans im System der Regulierung des Außenbereichs.[12]

21   (2) Die in § 5 Abs. 2b BauGB zugrunde gelegte Gesetzestechnik erschließt sich aus dem Zusammenspiel der Darstellung einer **„Konzentrationsfläche"** in einem F-Plan und der in § 35 Abs. 3 S. 3 BauGB angeordneten Ausschlußwirkung. Die-

---

11   Vgl. M. Krautzberger, Europarechtsanpassungsgesetz Bau – EAG Bau 2004: Die Neuregelungen im Überblick, in: UPR 2004, 241–246 [243].

12   Vgl. BVerwG, Urteil vom 20.11.2003 – 4 CN 6.03 – NVwZ 2004, 614 = UPR 2004, 179 = ZfBR 2004, 272 = BauR 2004, 807; ebenso U. Kuschnerus, Der sachgerechte Bebauungsplan, 3. Aufl., 2004, Rn. 29, 38.

sen Zusammenhang stellt § 5 Abs. 2b BauGB selbst her. Das Gesetz macht sich mithin die in § 35 Abs. 3 S. 3 BauGB nach bisheriger Rechtslage bereits bestehende Scharnierfunktion des § 35 Abs. 3 S. 3 BauGB zunutze.

(3) Die Aufnahme des § 5 Abs. 2b BauGB steht im Zusammenhang mit der Mög- **22** lichkeit der **Zurückstellung nach § 15 Abs. 3 BauGB**. Das der Gemeinde mit einem „qualifizierten" F-Plan in § 35 Abs. 3 S. 3 BauGB zugebilligte Sperrinstrument erfordert Zeit für die planerische Umsetzung. Dazu eröffnet § 15 Abs. 3 BauGB der Gemeinde die Möglichkeit, eine **befristete Bausperre** auszulösen. Das EAG Bau stellt ihr dort allerdings nur einen Zeitrahmen von einem Jahr zur Verfügung. § 5 Abs. 2b BauGB will ersichtlich für die Gemeinde die Chancen verbessern, zumindest für ein kritisches Teilgebiet die Ausschlußwirkung des § 35 Abs. 3 S. 3 BauGB auszulösen.[13] Das muß für die Auslegung der Vorschrift bestimmend sein.

3.2 Erläuterung der Änderung

3.2.1 Zusammenhang von F-Plan und § 35 Abs. 3 S. 3 BauGB

(1) § 35 Abs. 3 S. 3 BauGB „ermächtigt" die Gemeinde, privilegierte Vorhaben **23** nach § 35 Abs. 1 Nr. 2 bis 6 BauGB in ihrem Gebiet durch **qualifizierte Darstellungen** im F-Plan mit Ausschlußwirkung zu steuern.[14] § 35 Abs. 3 S. 3 BauGB legt Intensität und Umfang dieser **planerischen Steuerung** allerdings nicht näher fest.

(2) Die mit der positiven Zuweisung verbundene Ausschlußwirkung hinsichtlich **24** anderer Standorte erfordert einen **sehr gründlichen Abwägungsprozeß**. Nach der Rechtsprechung des BVerwG setzt die Festlegung von Vorrangzonen ein schlüssiges, hinreichend städtebaulich motiviertes **Plankonzept** für das **gesamte Gemeindegebiet** voraus.[15] Das Konzept muß sich auf den **gesamten Außenbe-**

13 Ähnlich B. Stüer, Die planerische Steuerung von privilegierten Vorhaben im Außenbereich, in: ZfBR 2004, 341–345 [342, 344].
14 BVerwG, Urteil vom 17.12.2002 – 4 C 15.01 – BVerwGE 117, 287 = = DVBl 2003, 797 = NVwZ 2003, 733 = UPR 2003, 188 = ZfBR 2003, 370 = BauR 2003, 828; OVG Münster, Urteil vom 30.11.2001 – 7 A 4857/00 – NVwZ 2002, 1135 = BauR 2002, 886 = ZfBR 2002, 495 = BRS 64 Nr. 101 (2001).
15 BVerwG, Urteil vom 17.12.2002 – 4 C 15.01 – BVerwGE 117, 287 = DVBl 2003, 797 = NVwZ 2003, 733 = UPR 2003, 188 = ZfBR 2003, 370 = BauR 2003, 828; Urteil vom 13.3.2003 – 4 C 3.02 – NVwZ 2003, 1261 = ZfBR 2003, 469 = BauR 2003, 1172; OVG Münster, Urteil vom 30.11.2001 – 7 A 4857/00 – NVwZ 2002, 1135 = BauR 2002, 886 = ZfBR 2002, 495 = BRS 64 Nr. 101 (2001); OVG Koblenz, Urteil vom 20.2.2003 – 1 A 11406/01.OVG – NVwZ-RR 2003, 619 = NuR 2003, 558; OVG Lüneburg, Urteil vom 20.7.1999 – 1 L 5203 / 96 – NuR 2000, 49 = ZfBR 2000, 61; vgl. ferner Rühl, Planungsrechtliche Aspekte der Ansiedlung von Windenergieanlagen, in: UPR 2001, 413–418; Enders, Zur planerische Steuerungsmöglichkeit der Gemeinde von Windkraftanlagen durch Ausweisung sog. Konzentrationszonen im Flächennutzungsplan, in: ZfBR 2001, 450–453; R. Wolf, Windenergie als Rechtsproblem, in: ZUR 2002, 331–341 [338]; St. Mitschang, Standortkonzeptionen für Windenergieanlagen auf örtlicher Ebene, in: ZfBR 2003, 431–442 [434].

reich erstrecken. Nach der Rechtsprechung bedarf es eines „schlüssigen gesamt-räumlichen Planungskonzepts".[16]

25 Demgemäß bedarf es auch einer auf den gesamten Außenbereich bezogenen Ermittlung und Abwägung (§ 1 Abs. 7 in Verb. mit § 2 Abs. 3 und 4 BauGB). Diese Abwägung muß nicht parzellengenau sein, wohl aber die nachfolgende Festlegung des Konzentrationsgebietes. Nur wenn die Planung des F-Plans sicherstellt, daß die in § 35 Abs. 1 Nr. 2 bis 6 BauGB genannten Vorhaben in einem Teilbereich des Gemeindegebietes zulässig errichtet werden können, läßt sich nach Ansicht des BVerwG ihr Ausschluß an einer bestimmten Stelle rechtfertigen.[17] Dabei hat das BVerwG erkennbar in Erwägung gezogen, daß eine Darstellung mit Ausschlußwirkung für eine bisher bestehende Privilegierung im Hinblick auf Art. 14 Abs. 1 GG kritisch sein kann.[18]

3.2.2 Regelungsfunktion des „sachlichen Teilflächennutzungsplans"

3.2.2.1 Begriff des „sachlichen Teilflächennutzungsplans"

26 (1) Das BauGB kennt, wenngleich in anderem Zusammenhang, die Figur eines „Teilflächennutzungsplanes". Ein derartig „amputierter" F-Plan kann gemäß § 6 Abs. 3 BauGB entstehen, wenn die Genehmigungsbehörde aus der Genehmigung räumliche oder sachliche Teile des F-Planes herausnimmt. Dieser „Negativfall" wird dem Gesetzgeber kaum als Vorbild gedient haben. Der Sache nach einen Teil-F-Plan ermöglicht § 5 Abs. 1 S. 2 BauGB. Hier trifft die Gemeinde von vornherein eine rechtmäßige Entscheidung. Hier ist ein Vergleich eher möglich. § 5 Abs. 1 S. 2 BauGB ermächtigt die Gemeinde gerade, durch ihre Darstellung einen „weißen Fleck" herzustellen. Schließlich mag die frühere Rechtslage in den neuen Bundesländern Vorbild gewesen sein; dort bestand zeitweilig das Institut des Teilflächennutzungsplanes (vgl. § 246a Abs. 1 S. 1 Nr. 1 BauGB a.F.).

27 (2) **Auslegungsfragen.** Welche Bedeutung § 5 Abs. 2b BauGB dem **Attribut „sachlich"** in bezug auf den Teil-F-Plan inhaltlich zuweisen will, ist schwer zu deuten. Aus der Tatsache, daß der Gesetzgeber des EAG Bau § 5 Abs. 2b BauGB für erforderlich ansieht, darf man entnehmen, daß die Vorschrift der Gemeinde eine Gunst erweisen will, die im Zusammenhang mit der in § 35 Abs. 3 S. 3 BauGB eröffneten Steuerungsfunktion des F-Plans steht. Worin diese Gunst konkret und rechtstechnisch liegt, ist wenig deutlich.

---

16 Vgl. BVerwG, Urteil vom 13.3.2003 – 4 C 3.02 – NVwZ 2003, 1261 = ZfBR 2003, 469 = BauR 2003, 1172; Urteil vom 13.3.2003 – 4 C 4.02 – DVBl 2003, 1064 = NVwZ 2003, 738 = ZfBR 2003, 464 = BauR 2003, 1165.

17 BVerwG, Urteil vom 13.3.2003 – 4 C 3.02 – NVwZ 2003, 1261 = ZfBR 2003, 469 = BauR 2003, 1172.

18 Vgl. BVerwG, Urteil vom 19.7.2001 – 4 C 4.00 – BVerwGE 115, 17 = DVBl 2001, 1855 = NVwZ 2002, 476 = BauR 2002, 41 = BRS 64 Nr. 96 (zum „ausschließenden" Regionalplan).

Berkemann

Bereits bisher war die Gemeinde ermächtigt, im Rahmen einer Änderung des F- **28** Plans Vorrangflächen abschließend aufzustellen.[19] § 6 Abs. 3 und 4 BauGB unterscheidet zwischen räumlichen und sachlichen Teilen des F-Plans. Daraus ließe sich entnehmen, daß der „sachliche" Inhalt im Gegensatz zum „räumlichen" Inhalt eines Teil-F-Plans steht. Der „sachliche Teil" beträfe dann nur den Inhalt des F-Plans, also dessen Darstellungen, bliebe als F-Plan aber gesamträumlich auf das ganze Gemeindegebiet bezogen.[20] Dieses Ergebnis war indes nach der bisherigen Rechtslage bereits ohne weiteres erzielbar. Bezieht man das Wort „sachlich" auf die in § 5 Abs. 2b BauGB auf die beabsichtigten Rechtswirkungen des § 35 Abs. 3 S. 3 BauGB, wäre es überflüssig.

Die **Entstehungsgeschichte** des § 5 Abs. 2b BauGB legt eine andere Deutung **29** nahe. Das EAG Bau wollte den Gemeinden ersichtlich ein möglichst schnelles und einfaches Steuerungsinstrument zuweisen. Dies war erreichbar, wenn die Gemeinde sachliche Darstellung unter gleichzeitiger **räumlicher Begrenzung** für einen Teil des Plangebietes beschloß. § 5 Abs. 2b BauGB stellt, wie auch § 15 Abs. 3 BauGB, erkennbar eine Reaktion auf fortschreitende Vorhabentätigkeit der Windenergieanlagen dar. Das EAG Bau wollte der Gemeinde unumstritten effektivere Möglichkeiten der Abwehr an die Hand geben. Anlaß war die Fülle projektierter Vorhaben der Windenergiebetreiber. Nimmt man diese Problemgeschichte für die Auslegung hinzu, dann war eine **räumliche Segmentierung des Gemeindegebietes** naheliegend und erforderlich, aber auch ausreichend.[21] Für diesen räumlichen Bereich muß allerdings eine plankonzeptionelle Kontingentierung vorgenommen werden. Bei realistischer Betrachtung liegt den Bauanträgen bereits eine gebietliche Vorauswahl der Vorhabenträger zugrunde. Nur dieser Vorauswahl braucht die Gemeinde steuernd durch einen räumlich begrenzten „qualifizierten" F-Plan entgegenzutreten. Dieser läßt einen vorhandenen „gesamträumlichen" F-Plan unberührt, tritt vielmehr neben diesen.[22] Die Wortauslegung bestätigt das räumliche Verständnis. Der Ausdruck „Teilflächennutzungsplan" ist ein dreigliedriges substantivisches Kompositum. Nach den Regeln der Grammatik und des üblichen Sprachgebrauchs determiniert der erste Begriff attributiv das nachfolgende

19 Vgl. W. Schrödter, Das Europarechtsanpassungsgesetz Bau – EAG Bau, in: NST-N 2004, 197–216 [210].

20 So wohl die Deutung bei J. Schliepkorte/M. Tünnemann, Änderungen im allgemeinen Städtebaurecht durch das Europarechtsanpassungsgesetz Bau (EAG Bau),in: ZfBR 2004, 645–652 [649]. Dies scheint die im Bundesministerium für Verkehr, Bau- und Wohnungswesen derzeit vertretene „offiziöse" Auslegung zu sein.

21 Im Ergebnis ebenso B. Stüer/E. Stüer, Planerische Steuerung von privilegierten Vorhaben im Außenbereich, in: NuR 2004, 341–348 [344]; H.-D. Upmeier, Einführung zu den Neuerungen durch das Europarechtsanpassungsgesetz Bau (EAG Bau), in: BauR 2004, 1382–1392 [1389]; M. Dombert, Was bringt das EAG Bau im Bereich der Landwirtschaft?, in: AgrarR 2004, 393–398 [396]; so wohl auch der EAG Mustererlaß 2004, Nr. 3.5.1.1 Abs. 2; ähnlich U. Kuschnerus, Der sachgerechte Bebauungsplan, 3. Aufl., 2004, Rn. 53; unklar O. Reidt, in: Gelzer/Chr. Bracher/O. Reidt, Bauplanungsrecht, 7. Aufl., 2004, Rn. 108, 166, der wohl letztlich für ein begrenzte Teile des Gemeindegebietes votiert.

22 So wohl B. Stüer/E Stüer, Planerische Steuerung von privilegierten Vorhaben im Außenbereich, in: NuR 2004, 341–348 [342].

Berkemann

Grundwort. Das EAG Bau wählt den Ausdruck „Teil-Flächennutzungs-Plan", nicht indes „Flächennutzungs-Teil-Plan".

30 Dagegen gibt es schwerlich einen Sinn, § 5 Abs. 2b BauGB nur auf die Möglichkeit zu beziehen, einen gesonderten F-Plan zu erlassen, der die Rechtswirkungen des § 35 Abs. 3 S. 3 BauGB auslöst (so etwa EAG Mustererlaß 2004, Nr. 3.5.1.1). Denn diese Möglichkeit bestand bereits nach bisheriger Rechtslage, wenn ein vorhandener F-Plan um den Vorbehalt des § 35 Abs. 3 S. 3 BauGB ergänzt werden sollte. Dann hätte § 5 Abs. 2b BauGB 2004 nur „klarstellende" Bedeutung. Der gesetzgeberischen Intention, mag sie auch unvollkommen zum Ausdruck gekommen sein, entspricht dies nicht.[23]

31 (3) § 5 Abs. 2b BauGB könnte sich möglicherweise nur an solche Gemeinden richten, die bisher keinen F-Plan haben (vgl. § 8 Abs. 2 S. 2 BauGB) oder deren F-Plan rechtsunwirksam ist. Diese Gemeinden würden alsdann ermächtigt, einen F-Plan aufzustellen, der lediglich auf die Wirkung des § 35 Abs. 3 S. 3 BauGB zielt.[24] Das wäre dann in der Tat ein **sachlich isolierter F-Plan**. § 5 Abs. 2b BauGB wäre bei diesem Verständnis eine Ausnahme von der umfassenden Pflicht des § 5 Abs. 1 S. 1 BauGB. Der Gesetzgeber des EAG Bau müßte sich alsdann den Vorwurf gefallen lassen, daß er § 5 Abs. 2b BauGB irreführend plaziert hat. Das EAG Bau hatte bei dieser Deutung mit § 5 Abs. 2b BauGB einen mehr oder minder atypischen Sachverhalt zum Gegenstand. Endlich ist zu fragen, ob dieses Ergebnis nach bestehender Rechtslage ohnehin zu erreichen ist. Auch der nach § 5 Abs. 1 S. 1 BauGB gebotene F-Plan steht in seiner Regelungsdichte unter dem Vorbehalt des § 1 Abs. 3 S. 1 BauGB. Eine wirkliche „Erleichterung" zugunsten der Gemeinde, die gegenüber privilegierten Außenbereichsvorhaben rasch steuernd eingreifen will, bedeutet diese Auslegung jedenfalls nicht.

3.2.2.2 Materielle Voraussetzungen

32 (1) § 5 Abs. 2b BauGB hält das von der Rechtsprechung entwickelte Erfordernis des „schlüssigen gesamträumlichen Planungskonzeptes" für überzogen. Er setzt dieser auf das gesamte Gemeindegebiet bezogenen Ermittlung und Abwägung die Möglichkeit entgegen, bereits durch einen Teil-F-Plan die Rechtswirkungen des § 35 Abs. 3 S. 3 BauGB auszulösen. Die Gemeinde ist nicht (mehr) verpflichtet, für das gesamte Gemeindegebiet eine „lückenlose" Gesamtabwägung vorzunehmen.[25]

33 (2) Auch der Teil-F-Plan ist ein F-Plan im Sinne des § 5 Abs. 1 S. 1 BauGB. Er muß daher die spezifischen Aufgaben eines F-Planes erfüllen können. Diese be-

---

23 Vgl. auch R.-P. Löhr, in: B/K/L, BauGB, 9. Aufl., 2005, § 5 Rn. 35f. mit dem Versuch, substantielle Anwendungsbereiche zu finden. Kaum überzeugend ist die Annahme, der Gesetzgeber habe den Gemeinden im Falle unwirksamer F-Pläne durch ein „vereinfachtes" Verfahren helfen wollen.

24 So auch W. Schrödter, Das Europarechtsanpassungsgesetz Bau – EAG Bau, in: NST-N 2004, 197–216 [210].

25 Wie hier B. Stüer/E. Stüer, Planerische Steuerung von privilegierten Vorhaben im Außenbereich, in: NuR 2004, 341–348 [344].

Berkemann

stehen in der Darstellung eines „gesamträumlichen Entwicklungskonzeptes" der Gemeinde. Das ist auch bei einem Teil-F-Plan sinnvoll möglich.

Der räumliche Geltungsbereich eines derartigen Planes ist bei der hier vertretenen **34** Auslegung – erstens – so zu bestimmen, daß gegenüber notwendigerweise entstehenden anderen Teilräumen keine wechselseitigen Abhängigkeiten ausgelöst werden. § 5 Abs. 1 S. 2 BauGB umschreibt dies treffend dahin, daß die Grundzüge nicht berührt werden dürfen. Dies würde der städtebaulichen Ordnung im Sinne des § 1 Abs. 3 S. 1 BauGB nicht genügen. Daß § 5 Abs. 2b BauGB hiervon dispensiert, kann nicht angenommen werden. Der Geltungsbereich ist – zweitens – **räumlich** („teilräumlich") so zu bestimmen, daß das im Plan ebenfalls darzustellende Ausschlußgebiet praktisch nicht deckungsgleich mit dem Geltungsbereich des Teil-F-Plans, sondern neben Vorbehalts-, Vorrang- oder Eignungsgebieten seinerseits nur eine Teilfläche einnimmt.[26] Nur dann ist nämlich eine abwägende Entscheidung innerhalb des Teil-F-Plans möglich und nur dann ist diese Plan nicht funktional ein vorhabenausschließender B-Plan. Schließlich darf – drittens – der Teil-F-Plan nicht zu einer unzulässigen Verhinderungsplanung führen. Das kann der Fall sein, wenn die Fläche des Teil-F-Plans nicht ausreicht, um geeignete Vorrang- oder Eignungsflächen ausweisen zu können.[27]

(3) Der Teil-F-Plan muß nach der ausdrücklichen Anordnung des § 5 Abs. 2b **35** BauGB auf § 35 Abs. 3 S. 3 BauGB bezogen sein. Das bedeutet, daß diesem Teilplan die volle Rechtswirkung zugewiesen werden kann, um mit § 35 Abs. 3 S. 3 BauGB für raumbedeutsame Vorhaben (vgl. dazu § 3 Nr. 6 ROG 1998) einen Ausschluß zu bewirken. Mit einem anderen Ziel ist der Erlaß eines Teil-F-Plans nicht zulässig.

3.2.2.3 Teilflächennutzungsplan als Überplanung

Besteht bereits ein F-Plan, kann die Gemeinde die Möglichkeit des § 5 Abs. 2 **36** BauGB mit dem Ziel der teilweisen Überplanung nutzen. Das kann eine zweckmäßige Zielsetzung dann sein, wenn an der Gültigkeit des F-Planes Zweifel bestehen.[28]

3.2.3 Begriff und Inhalt der Darstellung

(1) § 35 Abs. 3 S. 3 BauGB fordert eine Darstellung, bei der eine positive (inner- **37** gebietliche) Standortzuweisung mit einer Ausschlußwirkung für das übrige (außergebietliche) Gemeindegebiet verbunden wird. Näherer Angabe enthält sich § 5 Abs. 2 und Abs. 2b BauGB. In jedem Falle muß für die innergebietliche Zuweisung eine „Sonderbaufläche" dargestellt werden. Vielfach wird die Terminologie des § 7 Abs. 4 Satz 1 Nr. 1 ROG übernommen.[29] Das ist kritisch, weil § 7 Abs. 4 ROG nur

26 A.A. U. Kuschnerus, Der sachgerechte Bebauungsplan, 3. Aufl., 2004, Rn. 53, der eine das gesamte Gemeindegebiet würdigendes schlüssiges Gesamtkonzept fordert.
27 Ähnlich O. Reidt, in: K. Gelzer/Chr. Bracher/O. Reidt, Bauplanungsrecht, 7. Aufl., 2004, Rn. 167.
28 Wie hier U. Kuschnerus, Der sachgerechte Bebauungsplan, 3. Aufl., 2004, Rn. 53.
29 Vgl. OVG Münster, Urteil vom 30.11.2001 – 7 A 4857/00 – NVwZ 2002, 1135 = BauR 2002, 886 = ZfBR 2002, 495 = NuR 2002, 431 = BRS 64 Nr. 101 (2001).

Rahmenrecht ist. So wird u.a. von Eignungsfläche, Vorrangfläche, Vorrangzone, Konzentrationszone gesprochen.

38 (2) Näheres ist hier nicht darzustellen. § 5 Abs. 2b BauGB setzt die Lösung dieser Frage voraus. Der **Gesetzesentwurf** zum EAG Bau sah in seinem § 5 Abs. 2 Nr. 11 vor, daß die Steuerung als Darstellung von „Vorrangflächen" oder als „Eignungsflächen" erfolgen könne (vgl. Rn. 47ff.). Damit sollte eine Ausschlußwirkung für die Zulässigkeit von Vorhaben **außerhalb** dieses Gebietes für den Regelfall ermöglicht werden. Eine abschließende Aussage über die Zulässigkeit von Vorhaben an einzelnen Standorten **innerhalb** des dargestellten Gebietes war damit allerdings nicht verbunden. Dieser Vorschlag, der zur Rechtsklarheit hätte beitragen können, fand nicht die Billigung des 14. BTags-Ausschusses.

39 (3) **UP – Genehmigungspflicht.** Von der Beachtung der allgemeinen Anforderungen des Aufstellungsverfahrens (§§ 3, 4 BauGB) dispensiert das EAG Bau nicht. Auch der Teil-F-Plan bedarf gemäß § 2 Abs. 4 BauGB der UP. Der Teil-F-Plan ist außerdem genehmigungspflichtig (vgl. § 6 Abs. 2 BauGB). Ein „vereinfachtes Verfahren" hat das EAG Bau nicht vorgesehen.

4. Rechtsfehler

40 Verletzt die Gemeinde die Anforderungen des § 5 Abs. 2b BauGB, führt dies zur Rechtsunwirksamkeit des Teilflächennutzungsplans. § 214 Abs. 1 S. 1 BauGB, Abs. 3 BauGB ist anzuwenden. Besonderheiten bestehen nicht. Der Teil-F-Plan unterliegt der verwaltungsgerichtlichen Normenkontrolle (vgl. näher § 214 BauGB, Rn. 174).

41 Ergeben sich im beplanten Gesamtraum Abwägungsfehler, kommt eine Teilunwirksamkeit im Sinne eines „Teilflächennutzungsplans" in Betracht.[30] § 5 Abs. 2b BauGB legt dies – auch in Anlehnung an § 6 Abs. 4 BauGB – nahe.[31] Beachtliche Fehler können gemäß § 215 Abs. 1 BauGB präkludieren. Eine rückwirkende „Heilung" ist möglich (vgl. § 214 Abs. 4 BauGB).

IV. § 5 Abs. 5 BauGB 2004 – Begründung des Flächennutzungsplans

1. Text der geänderten Fassung

42 (5) Dem Flächennutzungsplan ist **eine Begründung mit den Angaben nach § 2a** beizufügen.

2. Textgeschichte

43 Die Gesetzesfassung entspricht dem Entwurf der BReg. (vgl. BTag-Drs. 15/2250, S. 13, 60).

---

30 Vgl. OVG Lüneburg, Urteil vom 28.1.2004 – 9 LB 10/02 – ZfBR 2004, 466 = NdsVBl 2004, 234.
31 Wie hier B. Stüer, Planerische Steuerung von privilegierten Vorhaben im Außenbereich, in: ZfBR 2004, 341 [344].

3. Erläuterung der Änderung

3.1 Inhalt der Änderung

(1) Der geänderte § 5 Abs. 5 BauGB ersetzt den bisherigen „Erläuterungsbericht" **44** durch die „Begründung" (vgl. auch § 5 Abs. 1 S. 1 Halbs. 2 BauGB). Darin liegt keine sachliche Änderung. Das Gesetz will für F-Plan und B-Plan eine einheitliche Terminologie einführen.

(2) § 5 Abs. 5 BauGB 1987 ließ offen, welche Aussagen der Erläuterungsbericht **45** inhaltlich zu enthalten hatte. Nach seiner Zielsetzung hatte der Bericht eine hinreichende Begründung zu enthalten, um die einzelnen Darstellungen nach § 5 Abs. 2 BauGB zu erläutern.[32] Es lag nahe, in entsprechender Anwendung des § 9 Abs. 8 S. 2 BauGB 1987 zu verlangen, daß der Bericht zu den zentralen Punkten des F-Plans dessen **Inhalt, Ziele und Auswirkungen** verdeutlichte.[33] § 5 Abs. 5 BauGB 2004 präzisiert dies dahin, daß der Begründung des beschlossenen F-Plans die „**Angaben nach § 2a beizufügen**" sind. § 5 Abs. 5 BauGB stellt damit klar, daß die Begründung auch den Umweltbericht nach § 2a S. 2 BauGB als gesonderten (eigenständigen) Teil der Begründung enthalten muß. Das würde sich auch aus § 2a S. 2 BauGB ergeben.

3.2 Rechtsfehler

Ist dem F-Plan eine Begründung mit den Angaben des § 2a BauGB nicht beige- **46** fügt, liegt gemäß § 214 Abs. 1 S. 1 Nr. 3 Halbs. 1 BauGB ein beachtlicher Verfahrensfehler vor. Das gilt auch, wenn „nur" der Umweltbericht fehlt oder in wesentlichen Punkten unvollständig ist.

V. Gescheiterte Aufnahme des § 5 Abs. 2 Nrn. 11 und 12 BauGB-RegE

1. Gesetzesentwurf der Bundesregierung

Der Gesetzesentwurf der BReg. vom 15.10.2003 sah eine Ergänzung des Katalogs **47** der Darstellungen des § 5 Abs. 2 BauGB wie folgt vor (BTag-Drs. 15/2250, S. 13, 48):

Im Flächennutzungsplan können insbesondere dargestellt werden:

1. ...

...

11. die Flächen, die für Vorhaben der in § 35 Abs. 1 Nr. 2 bis 6 bezeichneten Art vorrangig vorgesehen (Vorrangflächen) oder allgemein geeignet (Eignungsflächen) sind, die an anderer Stelle im Plangebiet in der Regel ausgeschlossen werden sollen;

---

32 Vgl. zur früheren Rechtslage W. Schrödter, in: H. Schrödter (Hrsg.), BauGB, 6. Aufl., 1998, § 5 Rn. 51; O. Reidt, in: K. Gelzer/Chr. Bracher/O. Reidt, Bauplanungsrecht, 6. Aufl., 2001, Rn. 173.
33 BVerwG, Urteil vom 22.5.1987 – 4 C 57.84 – BVerwGE 77, 300 = DVBl 1987, 1008 = NVwZ 1987, 54 = UPR 1987, 427 = BauR 1987, 651 = BRS 47 Nr. 5; entsprechend zum B-Plan bereits BVerwG, Urteil vom 21.2.1986 – 4 N 1.85 – BVerwGE 74, 47 [51] = DVBl 1986, 686 = NVwZ 1986, 917 = UPR 1986, 222 = ZfBR 1986, 142 = BauR 1986, 298 = BRS 46 Nr. 12.

12. die Flächen, in denen wegen Häufung von Vorhaben in § 35 Abs. 1 Nr. 2 bis 6 bezeichneten Art die städtebauliche Entwicklung in der Gemeinde oder die Funktion des Außenbereichs erheblich beeinträchtigt ist und die von weiteren Vorhaben freigehalten werden sollen (Belastungsflächen).

48 Der Bundesrat schlug in seiner Stellungnahme Einschränkungen hinsichtlich der als privilegiert auszuweisenden Biogasanlagen vor (BTag-Drs. 15/2250 S. 78). In ihrer Gegenäußerung beharrte die BReg. auf ihrem Standpunkt (BTag-Drs. 15/2250 S. 91). Der 14. Ausschuß folgt dem Bundesrat (BTag-Drs. 15/2996 S. 29, 94).

2. Bedeutung der vorgeschlagenen Änderung

49 (1) Die Bedeutung der vorgeschlagenen Ergänzung liegt nicht so sehr in der Erweiterung des Katalogs des § 5 Abs. 2 BauGB. Dieser ist offen. Die Gemeinde konnte also immer schon Flächen für bestimmte Nutzungsweisen ausweisen. Sie konnte auch nach § 5 Abs. 2 BauGB Siedlungsbereiche darstellen.[34] In dieser Sicht hatte § 5 Abs. 2 Nr. 11 BauGB-E vor allem klarstellende Bedeutung. Dagegen war § 5 Abs. 2 Nr. 12 BauGB-E substantiell. Die Vorschrift sollte der Gemeinde die Möglichkeit verschaffen, eine planerisch überlegte „Negativplanung" umzusetzen und damit im Außenbereich eine Sperre auszulösen. Die wirkliche Bedeutung hätten die vorgesehenen Änderungen allerdings erst in ihrem Zusammenspiel mit § 35 Abs. 3 S. 3 BauGB gewonnen.

50 (2) Seine Ablehnung begründet der 14. BTags-Ausschuß u. a. mit der Erwägung, daß bereits nach geltendem Recht Nutzungsbeschränkungen gemäß § 5 Abs. 2 Nr. 6 BauGB möglich seien und sich dies über § 35 Abs. 1 Nr. 1 BauGB auswirken könne. Das bürdet der Gemeinde das rechtliche Risiko auf, mit welcher Intensität das „allgemeine" Steuerungsinstrument des F-Plans im Außenbereich über § 35 Abs. 3 S. 1 Nr. 1 BauGB überhaupt strategisch eingesetzt werden kann. § 5 Abs. 2 Nr. 12 BauGB-Reg soll der Gemeinde helfen, eine übermäßige Verdichtung der Tierhaltung und der damit verbundenen Massierung von Stallanlagen im Außenbereich durch eine Darstellung im F-Plan abzuwehren.

51 § 5 Abs. 2 Nr. 6 BauGB dürfte in erster Linie nur für die Abwehr einer Intensivtierhaltung in der Ortsrandlage sinnvoll sein. § 5 Abs. 2 Nr. 12 BauGB des Entwurfs der Reg. sollte der Gemeinde für bereits bestehende Belastungsgebiete die Möglichkeit verschaffen, eine planerisch überlegte Negativplanung umzusetzen und damit im Zusammenspiel mit § 35 Abs. 3 S. 3 BauGB für den Außenbereich eine Sperre auszulösen. Gerade die Massierung von Stallanlagen für Intensivtierhaltung kann ein Indiz für das Vorliegen städtebaulicher Mißstände darstellen.[35]

---

34 Vgl. BVerwG, Urteil vom 19.9.2002 – 4 CN 1.02 – BVerwGE 117, 58 = DVBl 2003, 204 = ZfBR 2003, 135 = BauR 2003, 209.

35 Vgl. OVG Lüneburg, Beschluß vom 15.1.2003 – 1 ME 325/02 – NVwZ-RR 2003, 342 = ZfBR 2003, 272 = BauR 2003, 667; vgl. H.-G. Gierke, Empfehlen sich Änderungen oder Ergänzungen des Baugesetzbuches zur Verbesserung der Steuerung von Standorten für Tierhaltungsanlagen, in: NdsVBl 2002, 225–232 [230].

Berkemann

§ 6 BauGB – „Zusammenfassende Erklärung"
Änderung – § 6 Abs. 5 Sätze 3 und 4 BauGB

1. Text der geänderten Fassung

(5) Die Erteilung der Genehmigung ist ortsüblich bekannt zu machen. Mit der Bekanntmachung wird der **1** Flächennutzungsplan wirksam. **Ihm ist eine zusammenfassende Erklärung beizufügen über die Art und Weise, wie die Umweltbelange und die Ergebnisse der Öffentlichkeits- und Behördenbeteiligung in dem Flächennutzungsplan berücksichtigt wurden, und aus welchen Gründen der Plan nach Abwägung mit den geprüften, in Betracht kommenden anderweitigen Planungsmöglichkeiten gewählt wurde. Jedermann kann den Flächennutzungsplan, die Begründung und die zusammenfassende Erklärung einsehen und über deren Inhalt Auskunft verlangen.**

2. Textgeschichte

Der Entwurf der BReg. hatte lediglich vorgesehen, in § 6 Abs. 5 S. 3 BauGB im **2** Sinne einer redaktionellen Anpassung das Wort „Erläuterungsbericht" durch den Ausdruck „Begründung" zu ersetzen (vgl. BTag-Drs. 15/2250 S. 13, 48). Der Bundesrat erhob Einwände (vgl. dazu Rn. 19). Die Gesetzesfassung beruht auf den Beratungen des 14. BTags-Ausschusses (vgl. Ausschußbericht, in: BTag-Drs. 15/2996 S. 29 f., 92).

3. Erläuterung der Änderung
Ergänzung – § 6 Abs. 5 Satz 3 BauGB 2004

3.1 Zielsetzung

Nach § 6 Abs. 6 S. 3 BauGB ist dem F-Plan eine **zusammenfassende Erklärung** **3** mit spezifischem Inhalt beizufügen. Diese Kurzdarstellung der UP hat den Anforderungen an die UP gemäß Art. 9 Abs. 1 Buchst. b) der Plan-UP-RL zu entsprechen. Nach dem Konzept der Richtlinie hat die „zusammenfassende Erklärung" im Zeitpunkt der Beschlußfassung über den Plan vorzuliegen.[1] Ähnlich § 10 Abs. 4 BauGB verspricht sich das EAG Bau eine zusätzliche „einfache" Information. Die Erklärung ist als Presseerklärung bezeichnet worden.[2] Das ist eine plastische Sicht.

3.1.1 Inhalt der „zusammenfassenden Erklärung"

3.1.1.1 Mindestaussagen

4 Nach § 6 Abs. 5 S. 3 BauGB muß die Erklärung bestimmte Mindestaussagen enthalten. Diese betreffen drei Elemente der Planung, nämlich [1] über die Art und Weise, wie die Umweltbelange berücksichtigt wurden, [2] wie die Ergebnisse der Beteiligung berücksichtigt wurden, [3] und aus welchen Gründen der Plan nach Abwägung mit Alternativen gewählt wurde.

3.1.1.2 Äußerer Aufbau

5 Der durch § 6 Abs. 5 S. 3 BauGB vorgegebene Mindestinhalt der Erklärung gibt indes nicht deren „pädagogischen" Aufbau vor. Der Plangeber ist darin frei. Gegenüber einem an sich naheliegenden dreistufigen Aufbau kann es durchaus sinnvoll sein, das Planverfahren chronologisch nachzuzeichnen, etwa nach Zielsetzung des Plans, Gang des Verfahrens mit Öffentlichkeits- und Behördenbeteiligung, Beurteilung der Umweltbelange und Abwägungsvorgang.[3] Es wird dazu auch vorgeschlagen, die zusammenfassende Erklärung „wie eine **Presseerklärung**" zu gestalten.[4]

3.1.1.3 Berücksichtigung der Umweltbelange

6 (1) § 6 Abs. 5 S. 3 BauGB verlangt eine eher plakative zusammenfassende Darstellung der berücksichtigten Umweltbelange. Damit wird die Vorgabe des Art. 9 Abs. 1 Buchst. b) Plan-UP-RL umgesetzt. Danach ist in der Zusammenfassung zu erklären, „wie Umwelterwägungen in den Plan oder das Programm einbezogen wurden, wie der nach Artikel 5 erstellte Umweltbericht (...) berücksichtigt wurde". Der Plangeber sollte hier knapp und verständlich zusammenfassen, wie er die Umweltbelange, die als Ergebnis der UP vorliegen, bei der Abwägung nach § 1 Abs. 7 BauGB gesehen und berücksichtigt hat.

---

1 Vgl. U. Kuschnerus, Der sachgerechte Bebauungsplan, 3. Aufl., 2004, Rn. 478; auch J. Pietzcker, Gutachten zum Umsetzungsbedarf der Plan-UP-Richtlinie der EG im Baugesetzbuch, 30.4.2002, S. 74; BReg., in: BTag-Drs. 15/2250 S. 43.

2 M. Krautzberger/B. Stüer, Städtebaurecht 2004: Umweltprüfung und Abwägung, DVBl 2004, 914–924 [921].

3 So die Beispiele von „zusammenfassenden Erklärungen" bei W. Schrödter/K. Habermann-Nieße/F. Lehmberg, Umweltbericht in der Bauleitplanung, Arbeitshilfe, 2004, S. 75ff.

4 M. Krautzberger/B. Stüer, Städtebaurecht 2004: Umweltprüfung und Abwägung, DVBl 2004, 914–924 [921].

(2) Es besteht das **Gebot der Verständlichkeit und der Kürze** der „zusammen- **7** fassenden Erklärung". Die Erklärung soll das Ergebnis der UP sehr knapp zusammenfassen. Denn eine fachliche Zusammenfassung der UP enthält bereits der Umweltbericht (vgl. Nr. 3 Buchst. c) der Anlage zu § 2 Abs. 4 und § 2a BauGB). Dem mit § 6 Abs. 5 S. 3 BauGB u. a. verfolgten Ziel, die Öffentlichkeit besser über den Plan zu informieren und die Planung damit transparenter zu gestalten, wird gerade dadurch entsprochen, wenn die „zusammenfassende Erklärung" den Bürger knapp und verständlich über die Berücksichtigung der Umweltbelange in der Abwägung informiert. Eine Detailfülle würde der Übersichtlichkeit und Verständlichkeit schaden. Zudem ist für denjenigen, der sich über die UP im einzelnen unterrichten will, nach § 6 Abs. 5 S. 4 BauGB auch die Begründung des F-Planes, mithin auch der Umweltbericht selber, zur Einsicht bereit zu halten.

(3) Von der „zusammenfassenden Erklärung" im Sinne des § 6 Abs. 5 S. 3 BauGB **8** ist die Zusammenfassung der UP des Umweltberichtes sorgfältig zu trennen. Die Zusammenfassung als Teil des Umweltberichtes ist Bestandteil der Begründung des F-Planes (§ 5 Abs. 5 in Verb. mit § 2a S. 3 BauGB). Sie muß damit bereits dem Entwurf des F-Planes beigefügt sein (§ 2a S. 1 BauGB) und während des Verfahrens fortgeschrieben werden (§ 2a S. 2 BauGB). Dagegen ist die „zusammenfassende Erklärung" im Sinne des § 6 Abs. 5 S. 3 BauGB nicht Teil der Begründung und unterliegt damit auch nicht der Fortschreibungspflicht und nicht der Behörden- und Öffentlichkeitsbeteiligung.

3.1.1.4 Berücksichtigung der Ergebnisse der Beteiligung

Dokumentiert werden muß, auf welche Art und Weise die Ergebnisse der Öffent- **9** lichkeits- und Behördenbeteiligung Berücksichtigung gefunden haben. Um dem Charakter einer „Zusammenfassung" gerecht zu werden, und im Interesse der bleibenden Verständlichkeit sollten die erfolgten Stellungnahmen wiederum nur knapp dokumentiert werden. Die „zusammenfassende" Erklärung ist keine Rechtfertigungsschrift. Ihre Aufgabe der verständlichen Erläuterung wird durch eine umfassende Planbegründung substituiert.[5]

Es muß dargestellt werden, wie zentrale Einwände oder Vorschläge der Öffentlich- **10** keit und/oder der Behörden in der Abwägung berücksichtigt wurden. Es ist denkbar, die Ergebnisse der Beteiligung in europarechtlicher Auslegung nur hinsichtlich der umweltbezogenen Stellungnahmen darzustellen.[6] Da § 6 Abs. 5 S. 3 BauGB für den Bürger die Transparenz der Planung erhöhen soll und gerade das Ergebnis einer engagierten Öffentlichkeitsbeteiligung von Interesse ist, sollten alle vorgetragenen Belange mit einigem Gewicht berücksichtigt werden. Insoweit hat § 6 Abs. 5 S. 3 BauGB neben der Bescheidungspflicht des § 3 Abs. 2 S. 4 BauGB auch eine kontrollierende Funktion.

---

5 A.A. H. Janning, Die Novelle zum BauGB aus der Sicht der Gemeinden, in: W. Spannowsky/T. Krämer (Hrsg.), BauGB-Novelle 2004. Aktuelle Entwicklungen des Planungs- und Umweltrechts, 2004, S. 11–37 [20].
6 So W. Schrödter, in: H. Schrödter (Hrsg.), BauGB, 7. Auflage, 2005, § 6 Rn. 27.

3.1.1.5 Angaben über die Abwägung der Alternativen

11 Die „zusammenfassende Erklärung" soll erklären, aus welchen Gründen der F-Plan – so und nicht anders – nach Abwägung mit Planungsalternativen gewählt wurde. Nach dem Wortlaut des § 6 Abs. 5 S. 3 BauGB müssen dazu alle geprüften, in Betracht kommenden Planungsalternativen zumindest knapp dargestellt werden. Diese gesetzliche Forderung ist überzogen und bedarf der teleologischen Reduktion, wenn das immanente Ziel der verständigen Mitteilung nicht aufgegeben werden soll. Für die Flächennutzungsplanung, die vielfach große Gebiete überplant, ist eine Darstellung aller Planungsalternativen kaum praktikabel.[7] Im Rahmen der „erklärenden" Zusammenfassung kann sich die Erklärung daher auf die wichtigsten Darstellungen des Plans beschränken. Dazu gehören z.B. Standortalternativen oder die im Beteiligungsverfahren vorgebrachten Änderungsvorschläge.[8]

3.1.2 Verfahrensrechtliche Fragen

12 (1) **Zeitpunkt.** Die „zusammenfassende Erklärung" steht in der Verantwortung der Gemeinde. Sie muß daher von dem zuständigen Plangeber beschlossen werden. Nur dieses Gemeindeorgan kann angeben, „aus welchen Gründen der Plan nach Abwägung gewählt wurde". Die „zusammenfassende Erklärung" muß spätestens im Zeitpunkt der Bekanntmachung der Genehmigung des F-Plans vorliegen. Nur dann läßt sich sagen, daß die Erklärung dem F-Plan im Zeitpunkt der Bekanntmachung der Genehmigung „beigefügt" ist. Aus ihrer Funktion des Kurzberichtes folgt auch, daß die „zusammenfassenden Erklärung" im Sinne des § 6 Abs. 5 S. 3 BauGB erst zum Abschluß des Aufstellungsverfahrens zu verfassen ist.[9]

13 (2) Aus dem **Genehmigungsverfahren** des § 6 Abs. 2 BauGB folgt, daß ein früherer Zeitpunkt maßgebend ist. Die Erklärung muß bereits im Zeitpunkt der Genehmigung vorliegen. Auch der höheren Verwaltungsbehörde muß es ermöglicht werden, alle Verfahrensschritte gemäß § 216 BauGB selbst nachzuprüfen. Dazu wird man auch die „zusammenfassende Erklärung" zu rechnen haben. Ist diese unvollständig, darf der F-Plan nicht genehmigt werden. Die Prüfungspflicht des § 216 BauGB ist nicht auf Mängel begrenzt, welche sich auf die Rechtmäßigkeit des F-Plans beziehen.

14 (3) **Bekanntmachung.** Die Bekanntmachung erfaßt nur die Tatsache der Genehmigung des F-Plans. Weiteres muß nach dem nicht geänderten § 6 Abs. 5 S. 1 BauGB nicht veröffentlicht werden.[10] Ein Hinweis in der Bekanntmachung auf eine Begründung oder insbesondere auf die **„zusammenfassende Erklärung"** ist danach nicht vorgesehen. Auch einen Hinweis auf die Einsichtsmöglichkeit verlangt

---

7   Sehr kritisch auch K. Finkelnburg, Die Änderungen des Baugesetzbuchs durch das Europarechtsanpassungsgesetz Bau, in: NVwZ 2004, 897–903 [901].

8   Ähnlich W. Schrödter, in: H. Schrödter (Hrsg.), BauGB, 7. Auflage, 2005, § 6 Rn. 29.

9   Vgl. U. Kuschnerus, Der sachgerechte Bebauungsplan, 3. Aufl., 2004, Rn. 478.

10 Vgl. BVerwG, Urteil vom 6.7.1984 – 4 C 28.83 – DVBl 1985, 112 = NJW 1985, 1569 = UPR 1984, 27 = ZfBR 1984, 293 = BauR 1984, 606 = BRS 42 Nr. 26; Urteil vom 5.12.1986 – 4 C 31.85 – BVerwGE 75, 262 = DVBl 1987, 486 = NJW 1987, 1346 = UPR 1987, 191 = BauR 1987, 166 = BRS 46 Nr. 13.

das Gesetz – anders in § 10 Abs. 3 S. 3 BauGB – nicht. Es scheint zweifelhaft, ob das den **Anforderungen des Art. 9 Abs. 1 Buchst. b) PLan-UP-RL** genügt. Der Gesetzgeber sollte jedenfalls Gelegenheit nehmen, in § 6 Abs. 5 BauGB insoweit entsprechend § 10 Abs. 3 BauGB die Hinweispflicht aufzunehmen. Den Gemeinden kann man nur raten, nach Ablauf der Übergangsfrist des § 244 Abs. 1 BauGB von sich aus in der Bekanntmachung auf die zusammenfassende Erklärung hinzuweisen.

3.2 Ergänzung – § 6 Abs. 5 Satz 4 BauGB 2004

(1) Die Änderungen in § 6 Abs. 5 S. 4 BauGB sind im wesentlichen redaktioneller Art. Jedermann kann den F-Plan, die Begründung (§ 5 Abs. 5 BauGB) und die „zusammenfassende Erklärung" (§ 6 Abs. 3 S. 3 BauGB) einsehen und über deren Inhalt Auskunft verlangen (ähnlich § 10 Abs. 3 S. 2 BauGB). Diese Befugnisse sollen u. a. die fehlende Veröffentlichung des F-Plans ersetzen. Grundsätzlich besteht das Gebot der **Zeitgleichheit** von Bekanntmachung und Einsichtsmöglichkeit. Eine nach Bekanntmachung der Genehmigung nur geringe Verzögerung der Einsichtsmöglichkeit läßt die Wirksamkeit des F-Plans unberührt.[11] **15**

(2) Der Erläuterungsbericht zum F-Plan ist wesentliche Hilfe zur Auslegung der Darstellungen des F-Plans.[12] Das gilt namentlich für die Beachtung des Entwicklungsgebotes nach § 8 Abs. 2 BauGB, aber nunmehr auch für Entscheidungen nach § 35 Abs. 3 S. 3 BauGB. Demgemäß muß der Bericht vom zuständigen Plangeber mitbeschlossen sein.[13] **16**

4. Rechtsfehler

Das Zusammenspiel von **Planbegründung**, der **Umweltbericht** und der „**zusammenfassenden Erklärung**" bedarf der interpretatorischen Klärung. Das EAG Bau hat sich praktisch auf die Übernahme von Formulierungen der Plan-UP-RL beschränkt.[14] **17**

Fehler unzureichender Begründung sind nach § 214 Abs. 1 S. 1 Nr. 3 BauGB zu beurteilen. Ein derartiger Mangel kann trotz § 214 Abs. 3 S. 2 Halbs. 1 BauGB indiziell für eine unzureichende Abwägung im Sinne des § 1 Abs. 7 BauGB sein. Mängel des Umweltberichtes werden auch durch § 214 Abs. 1 S. 1 Nr. 3 BauGB **18**

---

11 Eher großzügig zu § 12 BBauG 1960 BGH, Urteil vom 8.2.1971 – III ZR 28/70 – BGHZ 55, 288; BVerwG, Urteil vom 22.3.1985 – 4 C 63.80 – BVerwGE 71, 150 [157] = DVBl 1985, 896 = NJW 1985, 3034; vgl. zurückhaltend W. Schrödter, in: H. Schrödter (Hrsg.), BauGB, 7. Aufl., 2005, § 6 Rn. 31.

12 BVerwG, Urteil vom 22.5.1987 – 4 C 57.84 – BVerwGE 77, 300 = DVBl 1987, 1008 = NVwZ 1987, 54 = UPR 1987, 427 = BauR 1987, 651 = BRS 47 Nr. 5; ebenso OVG Berlin, Urteil vom 4.2.1994 – 2 B 2.91 – OVGE BE 21, 124 = BRS 56 Nr. 80.

13 BVerwG, Urteil vom 22.5.1987 – 4 C 57.84 – BVerwGE 77, 300 = DVBl 1987, 1008 = NVwZ 1987, 54 = UPR 1987, 427 = BauR 1987, 651 = BRS 47 Nr. 5.

14 Vgl. H. Janning, Die Novelle zum BauGB aus der Sicht der Gemeinden, in: W. Spannowsky/T. Krämer (Hrsg.), BauGB-Novelle 2004. Aktuelle Entwicklungen des Planungs- und Umweltrechts, 2004, S. 11–37 [19].

erfaßt. Demgemäß ist von erheblicher Bedeutung, ob die „zusammenfassende Erklärung" ein Teil der Begründung des F-Plans ist. Das ist zu verneinen. Das ergibt die Entstehungsgeschichte, die dem Gesetzeswortlaut entspricht:

19 Die „zusammenfassende Erklärung" sollte nach den Vorstellungen des Gesetzesentwurfes der BReg. ursprünglich Teil der Begründung sein (BTag-Drs. 15/2250 S. 11f., 43). Demgegenüber regte der Bundesrat in seiner Stellungnahme eine Umstellung an (BTag-Drs. 15/2250 S. 88, 90). Seine systematische Stellung erhielt § 6 Abs. 5 S. 3 BauGB erst in den Ausschußberatungen. Der federführende 14. BTags-Ausschuß wollte erkennbar vermeiden, daß die „zusammenfassende Erklärung" Teil der Begründung werde. Die Möglichkeit der Fehlerfolge nach § 214 Abs. 1 BauGB mag ihn dazu bewogen haben. Die Begründung des Ausschusses deutet dies hinreichend deutlich an (vgl. BTag-Drs. 15/2996, 91 zu § 2a).[15]

5. Überleitungsrecht

20 Maßgebend ist an sich § 233 Abs. 1 S. 1 BauGB. Die Vorschrift wird in § 244 Abs. 1 BauGB hinsichtlich der Stichtage auch für den F-Plan modifiziert.

---

15 So auch M. Krautzberger, Die Umweltprüfung im Bauleitplanverfahren nach dem EAG Bau 2004, UPR 2004, 401–408 [408]; W. Schrödter, in: H. Schrödter (Hrsg.), BauGB, 7. Auflage, 2005, § 6 Rn. 26; K. Finkelnburg, Die Änderungen des Baugesetzbuchs durch das Europarechtsanpassungsgesetz Bau, NVwZ 2004, 897–903 [901]; M. Krautzberger/B. Stüer, Städtebaurecht 2004: Umweltprüfung und Abwägung, DVBl 2004, 914–924 [921]; U. Kuschnerus, Der sachgerechte Bebauungsplan, 3. Auflage 2004, Rn. 478.

§ 9 BauGB 2004 – Inhalt des Bebauungsplans

IV. § 9 Abs. 8 BauGB 2004 – Begründung des Bebauungsplans

I. § 9 Abs. 1 BauGB 2004 – Ergänzung des Katalogs der Festsetzungen

1. Text der geänderten Fassung

1 (1) Im Bebauungsplan können aus städtebaulichen Gründen festgesetzt werden:

...

11. die Verkehrsflächen sowie Verkehrsflächen besonderer Zweckbestimmung, wie Fußgängerbereiche, Flächen für das Parken von Fahrzeugen, **Flächen für das Abstellen von Fahrrädern** sowie den Anschluss anderer Flächen an die Verkehrsflächen; **die Flächen können auch als öffentliche oder private Flächen festgesetzt werden;**

...

13. die Führung von **oberirdischen oder unterirdischen** Versorgungsanlagen und –leitungen;

...

23. Gebiete, in denen

a) zum Schutz vor schädlichen Umwelteinwirkungen im Sinne des Bundes-Immissionsschutzgesetzes bestimmte Luft verunreinigende Stoffe nicht oder nur beschränkt verwendet werden dürfen,

b) **bei der Errichtung von Gebäuden bestimmte bauliche Maßnahmen für den Einsatz erneuerbarer Energien wie insbesondere Solarenergie getroffen werden müssen;**

24. die von der Bebauung freizuhaltenden Schutzflächen und ihre Nutzung, die Flächen für besondere Anlagen und Vorkehrungen zum Schutz vor schädlichen Umwelteinwirkungen **und sonstigen Gefahren** im Sinne des Bundes-Immissionsschutzgesetzes sowie die zum Schutz vor solchen Einwirkungen oder zur Vermeidung oder Minderung solcher Einwirkungen zu treffenden baulichen und sonstigen technischen Vorkehrungen;

...

2. Textgeschichte

2 Die Änderungen in § 9 Abs. 1 Nrn. 11 und 13 BauGB beruhen auf der Empfehlung des 14. Ausschusses (vgl. BTag-Drs. 15/2996 S. 30, 95). Der Ausschuß folgt hinsichtlich § 9 Abs. 1 Nr. 13 BauGB einem Vorschlag des Bundesrates (BTag-Drs. 15/2250 S. 79). Die Änderungen in § 9 Abs. 1 Nr. 23 und 24 BauGB entsprechen dem Gesetzesentwurf der BReg. (BTag-Drs. 15/2250 S. 13, 48). Zu § 9 Abs. 1 Nr. 24 BauGB hatte der Bundesrat in seiner Stellungnahme vorgeschlagen, ausdrücklich einen Bezug zur Richtlinie 96/82/EG vom 9.12.1996 (sog. Seveso-II-Richtlinie) aufzunehmen (BTag-Drs. 15/2250 S. 79). Die BReg. stimmt dem in ihrer Gegenäußerung nicht zu (BTag-Drs. 15/2250 S. 91).

Berkemann

3. Erläuterung der Änderung

3.1 Änderung in § 9 Abs. 1 Nr. 11 BauGB 2004

3.1.1 Änderung in § 9 Abs. 1 Nr. 11 Halbs. 1 BauGB 2004

(1) Die Möglichkeit der Festsetzung von **Verkehrsflächen** ist infrastrukturell von 3
außerordentlicher Bedeutung, für die Aufstellung eines „qualifizierten" B-Plans
(§ 30 Abs. 1 BauGB) sogar zwingende Voraussetzung. Die Abgrenzung zwischen
Verkehrsflächen und solchen mit **besonderer Zweckbestimmung** (vgl. Nr. 6.3
PlanzV) hat nur methodischen Sinn. Damit soll sprachlich der gesetzliche Beispiel-
katalog („wie") eingeleitet werden. Umstritten ist, ob und in welcher Hinsicht § 9
Abs. 1 Nr. 11 BauGB mit den angeführten Beispielen eine abschließende Regelung enthält.[1] Verneint man dies, so können z. B. auch verkehrsberuhigte Zonen
(vgl. § 45 StVO) durch einen B-Plan festgesetzt werden.[2] Die Festsetzung ver-
kehrslenkender Maßnahmen ist in keinem Falle zulässig.[3] Setzt der B-Plan einen
Gehweg fest, ist der Träger der Straßenbaulast gehindert, die Fläche einem Rad-
fahrverkehr zu öffnen.[4]

(2) Das **EAG Bau** nimmt zu der Streitfrage eine pragmatische Haltung ein, indem 4
es eine Präzisierung vermeidet und den Katalog um Flächen für das **Abstellen
von Fahrrädern** ergänzt. § 9 Abs. 1 Nr. 11 BauGB unterstützt damit den Belang
des „nicht motorisierten Verkehrs" (vgl. § 1 Abs. 6 Nr. 9 BauGB). Der 14. Ausschuß,
auf dessen Empfehlung die Ergänzung beruht, verweist zur Begründung auf die
zunehmende Bedeutung der **Flächen für das Abstellen von Fahrrädern**. Die
bauplanungsrechtliche Festsetzung korrespondiert hier teilweise mit der nach einigen Landesbauordnungen vorgesehenen Pflicht, **Abstellanlagen für Fahrräder**
bereitzustellen (vgl. z. B. § 55 Abs. 1 S. 1 LBauO SH).

3.1.2 Änderung in § 9 Abs. 1 Nr. 11 Halbs. 2 BauGB 2004

(1) § 9 Abs. 1 Nr. 11 Halbs. 2 BauGB behandelt die Frage, ob die in § 9 Abs. 1 5
Nr. 11 Halbs. 1 BauGB angeführten Flächen als öffentliche oder als private festzusetzen sind. Die Möglichkeit der Festsetzung **privater Verkehrsflächen** war zunächst umstritten.[5] Die Rechtsprechung nahm überwiegend die Zulässigkeit der

---

1 Wohl verneinend etwa W. Schrödter, in: H. Schrödter (Hrsg.), BauGB, 7. Aufl., 2005, § 9 Rn. 50; H.-
  G. Gierke, in: Brügelmann, § 9 Rn. 227 (Marktflächen, Einkaufspassagen).
2 Vgl. H. Dürr, Rechtliche Aspekte der Verkehrsberuhigung von Innenstädten, in: VBlBW 1993, 361–
  370; R. Jahn, Rechtsfragen innerstädtischer Verkehrsbeschränkungen, in: NZV 1994, 5–10; W.
  Schrödter, in: H. Schrödter (Hrsg.), BauGB, 7. Aufl., 2005, § 9 Rn. 50; U. Steiner, Aktuelle Rechtsfragen er Errichtung verkehrsberuhigter Bereiche, in: NVwZ 1984, 201–206.
3 Vgl. OVG Koblenz, Urteil vom 14.11.1990 – 1 C 10236/90 – NVwZ-RR 1992, 342.
4 Vgl. VGH Mannheim, Urteil vom 18.8.1992 – 5 S 1/92 – DÖV 1983, 532 = UPR 1993, 160 (L).
5 Bejahend VGH Mannheim, Urteil vom 27.10.1994 – 8 S 2223/94 – NVwZ-RR 1995, 485 = BRS 56
  Nr. 23; W. Schrödter, in: H. Schrödter (Hrsg.), BauGB, 7. Aufl., 2005, § 9 Rn. 49; O. Reidt, in: K.
  Gelzer/Chr. Bracher/O. Reidt, Bauplanungsrecht, 6. Aufl., 2001, Rn. 307; verneinend seinerzeit K.
  Gelzer/H.-J. Birk, Bauplanungsrecht, 5. Aufl., Rn. 135; differenzierend VGH Kassel, Beschluß vom
  8.1.1992 – 3 N 1880/87 – UPR 1992, 390 = BRS 54 Nr. 2.

Festsetzung auch privater Verkehrsflächen an.[6] Das **EAG Bau** schafft hier eine Klarstellung. Der von einigen Gemeinden beschrittene „Ausweg", Festsetzungen nach § 9 Abs. 1 Nr. 21 BauGB zu treffen, ist nicht mehr erforderlich.

6 (2) Der relativierende Zusatz „auch" ist eher mißverständlich. Bereits der B-Plan sollte entscheiden, ob die festgesetzte Verkehrsfläche öffentlichen oder privaten Charakter hat. Von der Zuordnung gemäß § 40 Abs. 1 S. 1 Nr. 5 BauGB kann die Entschädigungsfrage abhängig sein oder für die Gemeinde gemäß § 24 Abs. 1 S. 1 Nr. 1 BauGB ein Vorkaufsrecht auslösen.

7 (3) Von der inhaltlichen Zulässigkeit der Festsetzung ist die Frage strikt zu trennen, ob die Festsetzung im Sinne des § 1 Abs. 3 S. 1 BauGB erforderlich ist und dem Gebot gerechter Abwägung entspricht.[7]

3.2 Änderung in § 9 Abs. 1 Nr. 13 BauGB 2004

8 (1) Eine inhaltliche Änderung der bestehenden Rechtslage besteht nicht. Festsetzungen nach § 9 Abs. 1 Nr. 13 BauGB haben die Aufgabe, im B-Plan die Trassenführung für Versorgungsleitungen planerisch „abzusichern". Als Versorgungsleitungen sind u. a. anzusehen Wasserleitungen, Abwasserleitungen, Gasleitungen, Fernwärmenetz und Hochspannungsleitungen. In seiner Begründung nimmt der 14. BTags-Ausschuß an, daß § 9 Abs. 1 Nr. 13 BauGB auch (unterirdische) Telekommunikationslinien erfasse (BTag-Drs. 15/2996 S. 95). Das mag in der Abgrenzung zu der besonderen Regelung der §§ 50ff. TKG zweifelhaft sein.

9 (2) § 9 Abs. 1 Nr. 13 BauGB 1987 enthielt sich der ausdrücklichen Bestimmung, ob die Versorgungsleitung oberirdisch oder unterirdisch sein mußte. § 9 Abs. 1 Nr. 6 BBauG 1960 hatte als Festsetzungsinhalt die Führung „oberirdischer" Versorgungsanlagen bestimmt. Dies wurde als einschränkend angesehen. Der Gesetzgeber der Novelle BBauG 1976 beseitigte daraufhin den Zusatz, um auch unterirdische Leitungen zu erfassen. Das Schrifttum hatte demgemäß keinen Zweifel, daß § 9 Abs. 1 Nr. 13 BauGB sowohl die oberirdischen als auch die unterirdischen Leitungen erfaßte.

10 Das EAG Bau folgt mit der Ergänzung des § 9 Abs. 1 Nr. 13 BauGB dem Vorschlag der kommunalen Spitzenverbände, den sich der Bundesrat in seiner Stellungnahme zu eigen machte (vgl. BTag-Drs. 15/2250 S. 79), um möglichen Mißverständnissen vorzubeugen. Eine inhaltliche Änderung besteht mithin nicht.

---

6   VGH Mannheim, Urteil vom 27.10.1994 – 8 S 2223/94 – NVwZ-RR 1995, 485 = BRS 56 Nr. 23; OVG Münster, Urteil vom 12.3.2003 – 7a D 20/02.NE – NVwZ-RR 2003, 667; ebenso G. Gaentzsch, in: BK, 3. Aufl., 2002, § 9 Rn. 33.

7   Zutreffend VGH Mannheim, Urteil vom 23.9.2002 – 5 S 2687/00 – BauR 2003, 1001 = BRS 65 Nr. 11; VGH Mannheim, Urteil vom 20.7.2000 – 8 S 2592/99 – NuR 2001, 586 = BRS 63 Nr. 32; vgl. auch BVerwG, Urteil vom 31.8.2000 – 4 CN 6.99 – BVerwGE 112, 41 = DVBl 2001, 377 = NVwZ 2001, 569 = BauR 2001, 358 = BRS 63 Nr. 1 (2000).

Berkemann

3.3 Ergänzung in § 9 Abs. 1 Nr. 23 Buchst. b) BauGB 2004

3.3.1 Rechtliche Einordnung § 9 Abs. 1 Nr. 23 Buchst. b) BauGB 2004

(1) Das EAG Bau wählt für die Regelung mit § 9 Abs. 1 Nr.   **11**
23 BauGB eine sich systematisch nicht anbietende Gesetzesstelle. § 9 Abs. 1 Nr. 23 Buchst. a) BauGB betrifft immissionsschutzrechtliche Verwendungsverbote, deren Beachtung grundsätzlich keinerlei bauliche Maßnahmen erfordern. Geeigneter wäre eine Ergänzung des § 9 Abs. 1 Nr. 24 BauGB gewesen. Dort behandelt der Gesetzgeber auch anzuordnende bauliche Maßnahmen.

(2) Der bisherigen Fassung des § 9 Abs. 1 BauGB fehlten geeignete Grundlagen,   **12**
um den Einsatz „erneuerbarer Energien" bereits bei der Errichtung von Gebäuden planerisch festsetzen zu können. § 9 Abs. 1 Nr. 23 BauGB war dazu ungeeignet. Diese Vorschrift diente dem immissionsschutzrechtlichen Schutz, auch als Maßnahme der Vorsorge (vgl. § 5 Abs. 1 Nr. 2 BImSchG).[8] Sie war also zur Umsetzung **energiepolitischer Zielsetzungen** nicht hinreichend. § 9 Abs. 1 Nr. 23 Buchst. b) BauGB 2004 zieht aus diesem Befund insoweit Folgerungen, um auch an dieser Stelle **energiepolitische Ziele** zu verfolgen (vgl. auch § 35 Abs. 1 Nrn. 5 und 6 BauGB).

(3) § 9 Abs. 1 Nr. 23 Buchst. b) BauGB 2004 wirft **kompetenzrechtliche Fragen**   **13**
auf. Bestimmungen über eine bestimmte bauliche Gestaltung von Gebäuden sind herkömmlich (auch) eine Frage des **Bauordnungsrechts**. Das war etwa für „passiven" Wärmeschutz als energiesparendes Bauen nicht zweifelhaft.[9] Die meisten Bauordnungen sehen demgemäß auch vor, daß bei baulichen Maßnahmen zur Verwirklichung von Vorhaben zur Energieeinsparung bauordnungsrechtliche Abweichungen zulässig sind. Das zielt auf eine mittelbare Förderung energiepolitischer Vorgaben.

§ 9 Abs. 1 Nr. 23 Buchst. b) BauGB 2004 will dagegen eine „gezielte" umwelt-   **14**
schutzbezogene Energiepolitik mit bestimmten Inhalten verfolgen. Zwar überläßt die Vorschrift die umsetzende Entscheidung der Gemeinde. Damit kann man indes der verfassungsrechtlichen Kompetenzfrage nicht ausweichen. Eine allgemeine **Kompetenz für Umweltpolitik** besitzt der Bund nach Art. 73 ff. GG nicht. Er ist vielmehr auf die Ausnutzung von Annexkompetenzen angewiesen. Hier kommt die „Bodennutzung" (Art. 74 Abs. 1 Nr. 18 GG) in Betracht. § 9 Abs. 1 Nr. 23 Buchst. b) BauGB sieht eine Pflicht vor („getroffen werden müssen"). Daß sich diese äußerlich auf bauliche Maßnahme bezieht, besagt nicht viel. Das eigentliche Ziel ist der „Einsatz erneuerbarer Energien". Zwar kann ein auf § 9 Abs. 1 Nr. 23 Buchst. a) BauGB gestütztes Gebot, nur besonders schadstoffmindernde Kohle- und Ölheizungen zu nutzen, alternative Überlegungen fördern, den Energiebedarf durch

---

8   Vgl. BVerwG, Urteil vom 17.2.1984 – 7 C 8.82 – BVerwGE 69, 37 = DVBl 1984, 476 = NVwZ 1984, 371.
9   Vgl. B. Locher, Energiesparendes Bauen in 16 Bundesländern. Zur Genehmigung von Bauvorhaben nach den Landesbauordnungen, in: NVwZ 2000, 1020–1022.

Einsatz erneuerbarer Energie zu befriedigen. Dennoch ist es ein rechtserheblicher Unterschied, jemanden zu einer derartigen Entscheidung zu verpflichten.

15 Der Katalog des § 9 Abs. 1 BauGB steht insgesamt unter dem Vorbehalt, daß die jeweilige Festsetzung nicht nur abstrakt, sondern auch konkret **städtebaulichen Zielen** genügen muß. Das gilt auch, nachdem das BauROG 1998 das Erfordernis der „besonderen städtebaulichen Gründe" in § 9 Abs. 1 Nr. 23 BauGB zu „städtebaulichen Gründen" reduziert hat.[10]

16 Der Hinweis etwa auf § 1 Abs. 6 Nr. 7 Buchst. f) BauGB dürfte dazu nicht ausreichen.[11] Unzulässig ist eine Erwägung, die Festsetzung sei aus „gesamtökologischen Gründen" gerechtfertigt.[12] Die Festsetzung muß vielmehr aus der lokalen und daher städtebaulichen Situation des Gemeindegebietes entwickelt werden können.[13] Die Begründung der BReg. zum Gesetzesentwurf anerkennt diese Begrenzung (BTag-Drs. 15/2250 S. 48). Die Festsetzung komme in Betracht, „um unter Berücksichtigung der jeweiligen städtebaulichen Situation und der im Bebauungsplan vorgesehenen baulichen Nutzungen bauliche Maßnahmen für den Einsatz erneuerbarer Energien vorzusehen". Dabei dürfen keine zu hohen Anforderungen gestellt werden.[14] Dennoch muß noch irgendein sachlicher Bezug der Festsetzung zum Plangebiet bestehen, also eine lokale Radizierung möglich sein. Hierbei ist die Gemeinde nicht auf die Abwehr von bereits entstandenen schädlichen Umwelteinwirkungen beschränkt. Unter diesen Voraussetzungen lassen sich kompetentielle Bedenken überwinden.

3.3.2 Auslegung des § 9 Abs. 1 Nr. 23 Buchst. b) BauGB 2004

17 (1) **Gegenstand der Festsetzung.** Gegenstand ist „nur" die Festsetzung **baulicher Maßnahmen.** Eine unmittelbare Verpflichtung, erneuerbare Energien zu verwenden, kann nicht Gegenstand der Festsetzung sein. Das EAG Bau möchte

---

10 Vgl. dazu BVerwG, Beschluß vom 16.12.1988 – 4 NB 1.88 – DVBl 1989, 2369 = NVwZ 1989, 664 = ZfBR 1989, 74 = BRS 48 Nr. 43; vgl. auch W. Schrödter, in: H. Schrödter (Hrsg.), BauGB, 7. Aufl., 2005, § 9 Rn. 114 und 120.

11 Vgl. ähnlich VGH Mannheim, Urteil vom 2.12.1997 – 8 S 1477/97 – NVwZ-RR 1998, 554 = UPR 1998, 237 = BRS 59 Nr. 24; OVG Münster, Beschluß vom 24.7.2000 – 7a D 179 / 98.NE – BauR 2001, 62 = BRS 63 Nr. 18 (2000) zu § 9 Abs. 1 Nr. 23 BauGB a.F. (Rauchquellen).

12 Vgl. OVG Münster, Beschluß vom 27.3.1998 – 10a D 188/97 – NVwZ-RR 1999, 110 = BRS 60 Nr. 25; OVG Münster, Beschluß vom 24.7.2000 – 7a D 179.98.NE – BauR 2001, 62 = BRS 63 Nr. 18 zu § 9 Abs. 1 Nr. 23 BauGB a.F.; OVG Lüneburg, Urteil vom 14.1.2002 – 1 KN 468/01 – NVwZ 2003, 174 = BRS 65 Nr. 28; ebenso O. Reidt, in: K. Gelzer/Chr. Bracher/O. Reidt, Bauplanungsrecht, 7. Aufl., 2004, Rn. 336; abschwächend dagegen R.-P. Löhr, in: B/K/L, BauGB, 9. Aufl., 2005, § 9 Rn. 81a; differenzierend H.-J. Koch/C. Mengel, Gemeindliche Kompetenzen für Maßnahmen des Klimaschutzes, in: DVBl 2000, 953–963 [957f.].

13 Ähnlich § 9 Abs. 1 Nr. 23 BauGB a.F. F. G. Gaentzsch, in: BK, 3. Aufl., 2002, § 9 Rn. 56f.; U. Battis, in: B/K/L, 8. Aufl., 2002, § 9 Rn. 81; W. Schrödter, in: H. Schrödter (Hrsg.), BauGB, 6. Aufl., 1998, § 9 Rn. 141.; H.-U. Stühler, Zur Auslegung des Verwendungsverbots gem. § 9 Abs. 1 Nr. 23 BauGB, in: VBlBW 1996, 328–334 [333].

14 So BVerwG, Beschluß vom 16.12.1988 – 4 NB 1.88 – DVBl 1989, 2369 = NVwZ 1989, 664 = ZfBR 1989, 74 = BRS 48 Nr. 43 zu § 9 Abs. 1 Nr. 23 BBauG 1976.

Berkemann

dies erreichen. Eine bauliche Maßnahme, die zwar „zum Einsatz" geeignet ist, aber nicht genutzt wird, erscheint sinnlos.

Demgemäß qualifiziert § 9 Abs. 1 Nr. 23 Buchst. b) BauGB die bauliche Maßnah- **18** me in zweierlei Hinsicht: Die bauliche Maßnahme muß auf den „Einsatz erneuerbarer Energien" ausgerichtet sein. Außerdem muß die Maßnahme **„bestimmt"** sein. Worauf sich diese Bestimmung über den Zielwert des Einsatzes hinaus zu beziehen hat, bleibt fraglich. Sinnvoll erscheint eine Auslegung, daß die Festsetzung bereits die **Art der „einzusetzenden" erneuerbaren Energie** anzugeben hat. Dieses Verständnis wird durch das im Gesetz angeführte Beispiel („insbesondere") der Solarenergie (solarer Strahlungsenergie) nahegelegt. Auch wenn der Bundesgesetzgeber eine Erweiterung des § 35 Abs. 1 Nr. 5 BauGB etwa um Solarenergie nicht vorgenommen hat, so ist doch offenkundig sein erklärtes Ziel, die Nutzung erneuerbarer Energien aus klimaschutz-, energie- und umweltpolitischen Gründen zu fördern.

(2) **Ziel: Einsatz erneuerbarer Energien.** § 9 Abs. 1 Nr. 23 Buchst. b) BauGB **19** meint nicht nur, durch bauliche Maßnahmen den Nachfragebedarf und damit den häuslichen Energieverbrauch im Gebäude zu mindern. Das wäre eine „passive" bauliche Maßnahme. Mit ihr wäre etwa die solare Einstrahlung dadurch genutzt, daß eine bestimmte Dachbeschichtung angeordnet wird. Zahlreiche Landesbauordnungen eröffnen bereits derartige Möglichkeiten. Die Einsparpotentiale werden mit etwa 7 % angegeben.

§ 9 Abs. 1 Nr. 23 Buchst. b) BauGB will darüber hinaus den **„aktiven" Einsatz** im **20** Sinne herzustellender Energieausnutzung durch Energieumwandlung (z. B. Photovoltaik) erreichen. § 11 Abs. 1 Nr. 4 BauGB beschreibt dies genauer. Dort wird angegeben, daß Solaranlagen für Wärme-, Kälte- und Elektrizitätsversorgung eingesetzt werden können. Der 14. Ausschuß hat gegenüber dem Gesetzentwurf der BReg. eine entsprechende Erweiterung empfohlen (BTag-Drs. 15/2996 S. 32, 95). Neue Technologien im Bereich der solaren Energieversorgung haben sich bislang nur langsam durchsetzen können. Im Rahmen ihrer Abwägung wird die Gemeinde den **„Grenznutzen"** zu prüfen haben.

(3) § 9 Abs. 1 Nr. 23 Buchst. b) BauGB selbst eröffnet der Gemeinde nicht die **21** Möglichkeit, einen **Anschluß- und Benutzungszwang** einzuführen.[15] Die Vorschrift erfaßt nur „bauliche Maßnahmen", nicht aber deren Benutzung. Das EAG Bau will lediglich Festsetzungen ermöglichen, welche bestimmte technische Vorkehrungen für bauliche Anlagen vorsehen. Unter welchen Voraussetzungen ein Anschluß an alternative Energiequellen geboten ist, entscheidet § 9 Abs. 1 Nr. 23 Buchst. b) BauGB dagegen nicht.

(4) Der **Begriff des Gebäudes** ist im BauGB nicht definiert. Das Gesetz benutzt **22** ihn auch an anderer Stelle (vgl. § 35 Abs. 1 S. 1 Nrn. 1ff. BauGB). Ersichtlich will

---

15 Wie hier W. Schrödter, Das Europarechtsanpassungsgesetz Bau – EAG Bau, in: NST-N 2004, 197–216 [210].

§ 9 Abs. 1 Nr. 23 Buchst. b) BauGB den allgemeinen Begriff der baulichen Anlage einschränken. Ein unmittelbarer Rückgriff auf bauordnungsrechtliche Definitionen verbietet sich. § 9 Abs. 1 Nr. 23 Buchst. b) BauGB setzt kein „Wohngebäude" voraus.

23 (5) Der **Begriff der baulichen Maßnahme** ist umfassend zu verstehen. Jede Maßnahme, die aus baulicher Sicht die Verwendung erneuerbaren Energien ermöglicht oder nur erleichtert, ist gemeint. Das können etwa bestimmte Leitungen, „Leerrohre" oder für Solarenergie eine bestimmte Dachform sein. Das EAG Bau will dazu eine kostenaufwendige „Nachrüstung" ersparen.

24 (6) **Zeitpunkt.** Die bauliche Maßnahme darf nur bei der **Errichtung von Gebäuden** festgesetzt werden. Damit wird der Zeitpunkt qualifiziert. Eine nachträgliche Festsetzung bei bereits vorhandenen Gebäuden scheidet aus.[16] Das EAG Bau gewährt damit **„Bestandsschutz".** Verfassungsrechtlich geboten wäre dies nicht, da es sich um einen nach Art. 14 Abs. 1 S. 2 GG zu beurteilenden Fall einer sog. unechten Rückwirkung handeln würde. § 9 Abs. 1 Nr. 23 Buchst. a) BauGB kennt diese zeitliche Begrenzung wegen der deutlicheren Allgemeinwohlbindung durch die bereits auftretende Immissionsbelastung nicht.

3.4 Ergänzung in § 9 Abs. 1 Nr. 24 BauGB 2004

25 (1) § 9 Abs. 1 Nr. 24 BauGB will einen Umweltschutz in unterschiedlichen Festsetzungsvarianten fördern. Die Ergänzung durch das EAG Bau betrifft die **zweite Alternative.** Diese ermächtigt die Gemeinde dazu, sowohl Flächen für besondere Anlagen festsetzen als auch Vorkehrungen durch Festsetzungen zu bestimmen. Diese betreffen bauliche oder technische Maßnahmen.[17]

26 (2) Das Ziel der Festsetzungen beschrieb § 9 Abs. 1 Nr. 24 BauGB bisher dahin, daß der Schutz vor schädlichen Umwelteinwirkungen im Sinne des BImSchG Regelungsgrund zu sein habe.[18] Der Begriff der „schädlichen" Umwelteinwirkungen ist durch § 3 BImSchG definiert. Der in § 9 Abs. 1 Nr. 24 BauGB selbst hergestellte Bezug zum BImSchG schließt daher jede Auslegungsnotwendigkeit aus. Eine Festsetzung nach § 9 Abs. 1 Nr. 24 BauGB kann gemäß § 40 Abs. 1 S. 1 Nr. 4 BauGB die **Pflicht zur Entschädigung** oder Übernahme auslösen.

27 (3) Die Begrenzung auf den **Bezugsbereich des § 3 BImSchG** ist nicht zeitgemäß. Was ehedem schutzeröffnend war, kann sich zunehmend als begrenzend auswirken. Das EAG Bau ändert dies, wenngleich in Maßen. Zwar kennt § 3 Abs. 1 BImSchG den Bezug auf Gefahren. Das meint aber, ob entstehende Immissionen geeignet sind, Gefahren für die Allgemeinheit oder die Nachbarschaft herbeizuführen. Das Vorsorgeprinzip des § 5 Abs. 1 Nr. 2 BImSchG und andere Gefahren-

---

16 Wie hier O. Reidt, in: K. Gelzer/Chr. Bracher/O. Reidt, Bauplanungsrecht, 7. Aufl., 2004, Rn. 337-
17 BVerwG, Beschluß vom 8.8.1989 – 4 NB 2.89 – DVBl 1989, 1103 = NVwZ 1990, 159 = ZfBR 1989, 274 = BauR 1989, 695 = BRS 49 Nr. 35.
18 BVerwG, Beschluß vom 2.11.1988 – 4 B 157.88 – BRS 48 Nr. 13.

potentiale werden damit nicht erfaßt. Indes darf die Gemeinde **im Rahmen der städtebaulichen Ordnung vorbeugenden Umweltschutz** betreiben.[19] Für die effektive Umsetzung ihrer Vorstellungen ist sie auf das Arsenal der Festsetzungen nach § 9 Abs. 1 BauGB angewiesen. Demgemäß erweitert das EAG Bau den **Regelungsgrund** um „**sonstige Gefahren**".

Die Erweiterung ist textlich nicht ungefährlich, weil sich der Gefahrenbegriff, für **28** sich genommen, einer inhaltlichen Präzisierung entzieht. Zu erinnern ist daran, daß § 9 Abs. 1 BauGB nur Festsetzungsinhalte angibt. Zwei begrenzende Korrektive ergeben sich bereits aus dem BauGB selbst. Die Festsetzung erfordert städtebauliche Gründe, ferner eine Abwägung der Belange. Darüber hinaus ist ein Mindestmaß an Konkretheit der Gefahren oder eine lokale Nähe zur „abstrakten" Gefahrenquelle zu fordern. Im Entwurf des Gesetzes verweist die BReg. auf die **Störanfälligkeit von Anlagen** (BTag-Drs. 15/2250 S. 48). In der Tat ist an die Vorgaben der Richtlinie des Rates (96/82/EG) vom 9.12.1996 zur Beherrschung von Gefahren bei schweren Unfällen mit gefährlichen Stoffen (ABl. EG Nr. L 10 S. 13) zu denken (sog. Seveso-II-Richtlinie). Die Gemeinde ist nicht gehindert, nachträglich Festsetzungen nach Maßgabe des § 9 Abs. 1 Nr. 24 BauGB durch **Überplanung** zu treffen.

(4) § 9 Abs. 1 Nr. 24 BauGB bezeichnet in der **dritten Alternative** als Regelungs- **29** grund den Schutz „vor solchen Einwirkungen". Das hinweisende Attribut „solche" bezieht sich auf das zur zweiten Alternative beschriebene Schutzgut. Da das EAG Bau dieses um „sonstige Gefahren" ergänzt hat, gilt diese Erweiterung auch für die dritte Alternative.

II. § 9 Abs. 2 BauGB 2004 – „Baurecht auf Zeit"

1. Text der geänderten Fassung

(2) Im Bebauungsplan kann in besonderen Fällen festgesetzt werden, dass bestimmte der in ihm **30** festgesetzten baulichen und sonstigen Nutzungen und Anlagen nur

1. für einen bestimmten Zeitraum zulässig oder

2. bis zum Eintritt bestimmter Umstände zulässig oder unzulässig

sind. Die Folgenutzung soll festgesetzt werden.

2. Textgeschichte

Der Gesetzestext entspricht im wesentlichen dem Gesetzesentwurf der BReg. **31** (BTag-Drs. 15/2250 S. 13, 49), die ihrerseits den Vorschlägen der Unabhängigen Expertenkommission gefolgt war (Bericht, 2002, Rn. 183ff.). Die BReg. hatte folgenden Text vorgeschlagen:

---

19 BVerwG, Urteil vom 14.4.1989 – 4 C 52.87 – DVBl 1989, 1050 = NVwZ 1990, 257 = UPR 1989, 352 = ZfBR 1989, 225 = BRS 49 Nr. 15.

(2) Bei Festsetzungen nach Absatz 1 kann in besonderen Fällen auch festgesetzt werden, dass bestimmte Nutzungen nur

1. für einen bestimmten Zeitraum zulässig,
2. bei Fortbestand der Nutzung zulässig oder
3. bis zum Eintritt bestimmter Umstände zulässig oder unzulässig

sind. Die Folgenutzung soll festgesetzt werden.

32 Dagegen hatte der Bundesrat in seiner Stellungnahme empfohlen, § 9 Abs. 2 Nr. 2 des Entwurfs zu streichen (BTag-Drs. 15/2250 S. 79). Die BReg. stimmte dem zu (BTag-Drs. 15/2250 S. 92). Die Gesetz gewordene Fassung, die einige Ergänzungen enthält, beruht auf der Empfehlung des 14. Ausschusses (BTag-Drs. 15/2996 S. 31, 95).

3. Erläuterung der Änderung

Lit.: Ulrich Kuschnerus, Befristete und bedingte Festsetzungen in Bebauungsplänen. Zur praktischen Anwendung des neuen § 9 Abs. 2 BauGB, in: ZfBR 2005, 125–134.

3.1 Zielsetzung der Regelung

33 (1) Nach bisheriger Rechtslage war es ausgeschlossen, Festsetzungen im B-Plan alternativ treffen oder Zwischennutzungen wegen kürzerer Nutzungszyklen festzulegen. Dies wurde dogmatisch damit begründet, daß Festsetzungen ihrem Charakter als Rechtsnorm nach abstrakt-generelle Bestimmungen seien. § 9 Abs. 1 BauGB sehe zudem in seinem abschließenden Katalog eine Variabilität der Festsetzungen nicht vor.[20] Daher sei es unzulässig, im B-Plan veränderliche Festsetzungen zu treffen.[21] Im Hinblick auf den Gesetzesvorbehalt des Art. 14 Abs. 1 S. 2 GG bedürfe eine entsprechende Regelung in jedem Falle einer ausdrücklichen gesetzgeberischen Entscheidung.

34 Der Katalog der Festsetzungen nach § 9 Abs. 1 BauGB ist abschließend.[22] In seiner bisherigen Fassung erlaubt die Vorschrift weder zeitlich gestaffelte unterschiedliche noch bedingte Festsetzungen.[23] Das gilt selbst dann, wenn eine Nutzung, wie der Bodenabbau, aus der Natur der Sache zeitlich begrenzt ist und sich daher die Frage nach der Folgenutzung geradezu aufdrängt.[24] Neben der textlichen Auslegung des § 9 Abs. 1 BauGB wurde diese Auffassung mit dem Regelungs-

---

20 Vgl. W. Schrödter, in: H. Schrödter (Hrsg.), BauGB, 6. Aufl., 1998, § 9 Rn. 14; ebenso R.-P. Löhr, in: B/K/L, BauGB, 9. Aufl., 2005, § 9 Rn. 7.
21 Vgl. bereits BVerwG, Urteil vom 30.1.1976 – 4 C 26.74 – BVerwGE 50, 114 = NJW 1976, 1329 = DÖV 1976, 382 = BauR 1976, 175.
22 BVerwG, Beschluß vom 12.12.1990 – 4 NB 13.90 – DVBl 1991, 440 = NVwZ-RR 1991, 455 = BRS 50 Nr. 16; Beschluß vom 6.5.1993 – 4 BN 32.92 – DVBl 1993, 1097 = NVwZ 1994, 292 = ZfBR 1993, 297 = BauR 1993, 693 = BRS 55 Nr. 10; Urteil vom 11.2.1993 – 4 C 18.91 – BVerwGE 92, 56 = DVBl 1993, 654 = NJW 1993, 2695 = ZfBR 1993, 299; Beschluß vom 31.1.1995 – 4 NB 48.93 – DVBl 1995, 143 = NVwZ 1995, 696 = ZfBR 1995, 143 = BauR 1995, 351 = BRS 57 Nr. 23 (1995).
23 Vgl. W. Schrödter, in: H. Schrödter (Hrsg.), BauGB, 6. Aufl., 1998, § 9 Rn. 14; R.-P. Löhr, in: B/K/L, BauGB, 9. Aufl., 2005, § 9 Rn. 7.
24 Vgl. OVG Lüneburg, Urteil vom 8.2.2000 – 1 K 5513/98 – DVBl 2000, 1365 = NVwZ-RR 2000, 577 = UPR 2000, 315 = NuR 2000, 707 = BauR 2000, 1302 = BRS 63 Nr. 37 (Sandgewinnung).

Berkemann

vorbehalt des Art. 14 Abs. 1 S. 2 GG begründet. Eine abweichende Lösung bedürfe daher einer ausdrücklichen gesetzgeberischen Entscheidung.

(2) Die Gemeinde kann zur Verwirklichung ihrer Zielen nach Maßgabe der Planungsschranken des BauGB sowohl zusätzliche, sonst nicht gegebene Baurechte erstmals schaffen als auch bislang bestehende Baurechte ändern oder ganz aufheben (vgl. § 1 Abs. 8 BauGB). Mit der Festsetzung einer bestimmten Nutzungsart für einen bestimmten Planbereich werden zwangsläufig zugleich andere Nutzungsarten untersagt, wenn sie dem Gebietscharakter widersprechen.[25] Diese Rechtslage hat das EAG Bau nunmehr geändert, wenngleich im begrenzten Rahmen. § 9 Abs. 2 BauGB will eine stärkere Variabilität der planerischen Festsetzungen „in der Zeit" in engen Grenzen zulassen. **35**

§ 9 Abs. 2 BauGB ermächtigt die Gemeinden, Festsetzungen im B-Plan zu befristen oder mit Bedingungen zu versehen. Das Schrifttum plakatiert dies als **„Baurecht auf Zeit"**.[26] Erreicht werden soll instrumentell, die weitere städtebauliche Entwicklung frühzeitig zu fördern und eine **„Zwischennutzung"** zu ermöglichen.[27] Voraussetzung ist dazu, daß sich eine städtebaulich relevante Folgenutzung hinreichend sicher abzeichnet. § 9 Abs. 2 BauGB kann damit zugleich der Entlastung der späteren Planungstätigkeit der Gemeinde dienen. Ein nachträgliches Änderungsverfahren nach § 1 Abs. 8 BauGB wird vermieden. Die Kontrolle wird in teilweise den Vollzugsbereich verlagert. **36**

(3) Die Erörterungen im Vorfeld der Gesetzgebungstätigkeit zeigen, daß man von der Effektivität des § 9 Abs. 2 BauGB überzeugt ist. Zahlreiche praktische Umsetzungen werden erwogen. Die Gesetzesfassung rechtfertigt einen derartigen Optimismus kaum. Die Auslegung und die Anwendung zeigen erhebliche Schwierigkeiten einer rechtssicheren Handhabung.[28] Das „Baurecht auf Zeit" mindert für die Gemeinde gewiß etwa die Sorge, sich bei späterer Änderung der Planung **Ansprüchen des Planungsschadensrechts** ausgesetzt zu sehen (§§ 39 ff. BauGB). Unverändert gilt auch hier der Grundsatz der Erforderlichkeit im Sinne des § 1 Abs. 3 S. 1 BauGB. Zu erinnern ist auch, daß sich bei zu erwartenden geringen Änderungen auch das vereinfachte Verfahren nach § 13 Abs. 1 BauGB anbietet. Nicht selten kann das Ziel im Zusammenwirken mit einem Investor deutlich besser mit dem Mittel eines städtebaulichen Vertrages oder eines Vorhaben- und Erschließungsplanes erreicht werden.[29] **37**

---

25 Vgl. BVerwG, Beschluß vom 4.3.1997 – 4 B 233.96 – NJW 1997, 2063 = ZfBR 1997, 218 = BauR 1997, 611 = BRS 59 Nr. 127 (1997).

26 Vgl. dazu J. Pietzcker, „Baurecht auf Zeit", in: NVwZ 2001, 968–975.

27 Vgl. M. Krautzberger/B. Stüer, Städtebaurecht 2004: Was hat sich geändert?, in: DVBl 2004, 781–791 [784]; J. Schliepkorte/M. Tünnemann, Änderungen im allgemeinen Städtebaurecht durch das Europarechtsanpassungsgesetz Bau (EAG Bau), in: ZfBR 2004, 645–652 [650].

28 Vgl. U. Kuschnerus, Befristete und bedingte Festsetzungen in Bebauungsplänen. Zur praktischen Anwendung des neuen § 9 Abs. 2 BauGB, in: ZfBR 2005, 125–134.

29 Vgl. J. Pietzcker, Baurecht auf Zeit. Rechtsgutachten für das BMBau, Bonn 2001; vgl. ders., „Baurecht auf Zeit", in: NVwZ 2001, 968–975.

38 (4) § 9 Abs. 2 BauGB hat zugleich klarstellende Bedeutung für die vertragliche Gestaltung des Vorhaben- und Erschließungsplans (§ 12 Abs. 1, 3 BauGB).[30] Es ist zulässig, in einem vorhabenbezogenen Vorhaben- und Erschließungsplan „auf Zeit" mit Folgenutzung eine begrenzte Nutzungsweise festzulegen.

3.2 Erläuterung

3.2.1 Regelungsgehalt des § 9 Abs. 2 S. 1 BauGB 2004

3.2.1.1 Die „doppelte" Festsetzung

39 (1) § 9 Abs. 2 BauGB 2004 eröffnet die Möglichkeit der zeitlichen oder anderweitig bedingten **Staffelung unterschiedlicher Festsetzungen**. In dem von § 9 Abs. 2 BauGB erstrebten „Idealfall" wird mit dem Beschluß über die erste (primäre) Festsetzung zugleich die als Folgenutzung bezeichnete sekundäre Festsetzung („soll festgesetzt werden") getroffen. § 9 Abs. 2 BauGB betrachtet mithin zwei bauplanungsrechtlich relevante Zustände, die er jeweils als durch einen B-Plan geregelt ansieht. Die Folgenutzung soll die weitere städtebauliche Entwicklung bestimmen. Damit wird der Gedanke des § 1 Abs. 3 S. 1 BauGB aufgenommen. Ohne § 9 Abs. 2 BauGB ist eine zeitlich gestaffelte unterschiedliche oder gar bedingte Festsetzung ausgeschlossen.

40 (2) Eine zweckorientierte Auslegung des § 9 Abs. 2 S. 1 BauGB ergibt, daß der „Folgezustand" nicht unbedingt seinerseits einer Festsetzung im Sinne des § 9 Abs. 1 BauGB unterworfen sein muß. Die Gemeinde kann das „Baurecht auf Zeit" nur auslaufen lassen, ohne eine Folgefestsetzung zu treffen. Das ist etwa erwägenswert, wenn die Gemeinde in den **status quo ante** zurückgehen will. Das kann auch ein Zustand sein, der nach § 34 BauGB oder nach § 35 BauGB zu beurteilen ist. Die Gemeinde ist nicht gehalten, eine entsprechende „Negativfeststellung" im B-Plan selbst zu treffen. Es empfiehlt sich jedoch, derartige Erwägungen in die Begründung des B-Plans aufzunehmen. Die Gemeinde muß indes beachten, daß **§§ 34 und 35 BauGB** kein vollwertiger Ersatz für einen B-Plan sind und nur als Planersatzvorschriften gelten, nicht als Ersatzplanung.[31]

3.2.1.2 Der B-Plan „in besonderen Fällen"

41 (1) § 9 Abs. 2 S. 1 deutet mit dem Hinweis, Festsetzungen seien nur „in besonderen Fällen" zulässig, eine gewisse Exklusivität an. Die Wortwahl nähert sich dem Begriff des „Einzelfalles". Die „Besonderheit" des jeweiligen Einzelfalls muß sich gerade aus städtebaulichen Gründen ergeben. Das erfordert ein Mindestmaß an Atypik. Es muß eine städtebauliche Sondersituation gegeben sein. Dazu reichen

---

30 Vgl. H.-D. Upmeier, Einführung zu den Neuregelungen durch das Europarechtsanpassungsgesetz Bau (EAG Bau), in: BauR 2004, 1382–1392 [1391].

31 Vgl. BVerwG, Urteil vom 17.9.2003 – 4 C 14.01 – BVerwGE 119, 25 = DVBl 2004, 239 = NVwZ 2004, 220 = UPR 2004, 137 = ZfBR 2004, 171 – Gewerbepark Mülheim-Kärlich.

　　　　　　　　　　　　　　　　　　　　　　　Berkemann

„reguläre städtebauliche Gründe in einer Standardsituation" nicht aus.[32] Es müssen vielmehr städtebauliche Gründe bestehen, von dem Grundsatz, daß durch B-Plan festgesetzte Bau- und Nutzungsrechte auf Dauer angelegt sind, abzuweichen. Gerade die Begrenzung muß eine städtebaulich angemessene Konfliktlösung sein. Umgekehrt ist der „besondere" Fall nicht im Sinne der Unabweisbarkeit zu verstehen.[33] Der Einsatz aufschiebender Bedingungen ist in aller Regel bedenklich, wenn dasselbe Planungsziel ohne weiteres mit dem herkömmlichen Instrumentarium des § 9 BauGB in Verb. mit der BauNVO erreicht werden kann.[34]

Naturgemäß ist es einem Gesetzgeber kaum möglich, entsprechende Sachverhalte näher zu umschreiben. Die Rechtsprechung hat nicht eben selten das „Besondere" auch im „Allgemeinen" gesehen.[35] In jedem Fall muß – auch im Hinblick auf § 1 Abs. 3 S. 1 BauGB – eine atypische städtebauliche Situation bereits gegeben sein. Diese wird in aller Regel in einem **absehbaren kurzen Nutzungszyklus** liegen. § 9 Abs. 2 BauGB dient nicht dazu, eine derartige Situation erst herbeizuführen. Der B-Plan „auf Zeit" ist mithin nur als planungsrechtliche Reaktion auf eine sich bereits abzeichnende Entwicklung zulässig. Als Beispiel wird die EXPO-Ausstellung in Hannover genannt, also Zweckbauten, auch die seinerzeit vom OVG Lüneburg zu beurteilende „Abgrabungssituation".[36] **42**

(2) Die Voraussetzung eines „besonderen Falles" ist nach der Konstruktion des § 9 Abs. 2 S. 1 BauGB Tatbestandsvoraussetzung für die inhaltliche Zulässigkeit der Festsetzung. Eine **fehlerhafte Beurteilung** des Kriteriums des „besonderen Falles" ist mithin keine Frage der Abwägung, sondern Inhaltsmangel. Inhaltsmängel sind nach dem System des Planerhaltungsrechtes immer beachtlich und zudem nicht präkludierbar. **43**

(3) Die Gemeinde unterliegt für die Annahme eines „besonderen Falls" der Begründungslast. Daher ist es ratsam, die Voraussetzungen bereits in der Planbegründung näher darzulegen.[37] Zwingend ist dies nicht. **44**

---

32 So eine Formulierung BVerwG, Urteil vom 25.11.1999 – 4 CN 17.98 – DVBl 2000, 800 = NVwZ 2000, 813 = ZfBR 2000, 191 = BauR 2000, 690 = BRS 62 Nr. 26 zu § 17 BauNVO.

33 Vgl. ähnlich zu § 17 Abs. 3 BauNVO BVerwG, Beschluß vom 23.1.1997 – 4 NB 7.96 – NVwZ 1997, 903 = ZfBR 1997, 215 = BauR 1997, 442 = BRS 59 Nr. 72; Urteil vom 25.11.1999 – 4 CN 17.98 – DVBl 2000, 80 = NVwZ 2000, 813 = ZfBR 2000, 191 = BauR 2000, 193 = BRS 62 Nr. 26; Urteil vom 31.8.2000 – 4 CN 6.99 – BVerwGE 112, 41 = DVBl 2001, 377 = NVwZ 2001, 560 = ZfBR 2001, 126 = BauR 2001, 358 = BRS 63 Nr. 1.

34 U. Kuschnerus, Befristete und bedingte Festsetzungen in Bebauungsplänen. Zur praktischen Anwendung des neuen § 9 Abs. 2 BauGB, in: ZfBR 2005, 125–134 [129].

35 Deutlich zu § 1 Abs. 9 BauNVO, vgl. BVerwG, Beschluß vom 22.5.1987 – 4 N 4.86 – BVerwGE 77, 308 = DVBl 1987, 1001 = NVwZ 1987, 1072; Beschluß vom 3.5.1993 – 4 NB 13.93 – Buchholz 406.12 § 1 BauNVO Nr. 16; zu § 172 Abs. 4 S. 1 BauGB vgl. BVerwG, Urteil vom 18.6.1997 – 4 C 2.97 – BVerwGE 105, 67 = DVBl 1998, 40 = NVwZ 1998, 503; vgl. auch § 37 Abs. 1 („besondere öffentliche Zweckbestimmung").

36 Vgl. OVG Lüneburg, Urteil vom 8.2.2000 – 1 K 5513/98 – DVBl 2000, 1365 = NVwZ-RR 2000, 577 = UPR 2000, 315 = NuR 2000, 707 = BauR 2000, 1302 = BRS 63 Nr. 37.

37 H.-D. Upmeier, Einführung zu den Neuregelungen durch das Europarechtsanpassungsgesetz Bau (EAG Bau), in: BauR 2004, 1382–1392 [1391].

Berkemann

3.2.1.3 Inhalt der „primären" Festsetzung

3.2.1.3.1 Allgemeine formelle und materielle Voraussetzungen

45 (1) Das **Aufstellungsverfahren** sieht für den B-Plan keine Besonderheiten vor. Es sind mithin §§ 3 ff. BauGB anzuwenden, demgemäß gemäß § 2 Abs. 4 BauGB auch die integrierte UP (vgl. auch § 244 Abs. 1 BauGB).

46 (2) **Entwicklungsgebot.** Der B-Plan „auf Zeit" unterliegt allen materiellen Voraussetzungen eines „normalen" B-Plans. Die getroffenen Festsetzungen „auf Zeit" müssen dem Entwicklungsgebot des § 8 Abs. 2 S. 1 BauGB genügen. § 9 Abs. 2 BauGB suspendiert hiervon nicht. Das ist eine Hürde. Die Gesetzesmaterialien lassen nicht erkennen, daß man diesen Zusammenhang gesehen hat. Im Hinblick auf § 8 Abs. 2 S. 2 BauGB wird man nicht engherzig sein. Eine fehlerhafte Beurteilung ist gemäß § 214 Abs. 2 Nr. 2 BauGB für die Rechtswirksamkeit des B-Plans unbeachtlich. Ob die geordnete städtebauliche Entwicklung (langfristig) beeinträchtigt wird, bestimmt sich auch nach dem Inhalt der Festsetzungen des B-Plans „auf Zeit" und nach dem Inhalt einer etwaigen Folgefestsetzung.

47 Sind beide Nutzungen mit der Darstellung des F-Plans vereinbar, ergeben sich keine weiteren Probleme. Das beruht auf der Darstellungsbreite des jeweiligen F-Planes. Besteht diese nicht, begrenzt dies die Anwendung des § 9 Abs. 2 BauGB. § 5 BauGB selbst eröffnet für den F-Plan keine Möglichkeit der alternativen Darstellung. Das ergibt sich auch nicht aus § 5 Abs. 2 BauGB.[38] Aus dieser Vorschrift folgt nur, daß die Gemeinde nicht an einen inhaltlichen Katalog der Darstellung gebunden ist. Sie befreit die Gemeinde nicht von dem Gebot, sich für eine bestimmte Darstellung als „vorbereitender" Bauleitplan zu entscheiden.[39] Diesem Ergebnis kann man nicht durch den Hinweis auf § 9 Abs. 2 BauGB entgehen. Das wäre eine zirkuläre Begründung. Das EAG Bau hat den Regelungskomplex des „Baurechts auf Zeit" nicht zu Ende gedacht.

48 (3) **Abwägungsgebot.** Der B-Plan „auf Zeit" hat der sachgerechten Abwägung zu genügen (§ 1 Abs. 7 BauGB). Dazu gehört auch, ob und in welcher Weise die Gemeinde von der Möglichkeit des § 9 Abs. 2 S. 1 BauGB Gebrauch machen will. Die Zulässigkeit bestimmter Festsetzungsinhalte indiziert noch keine sachgerechte Abwägung. Zweifelhaft ist die Anwendbarkeit des § 9 Abs. 2 BauGB für den vorhabenbezogenen B-Plan (§ 12 BauGB).[40]

49 Das Baurecht „auf Zeit" erfordert im Hinblick auf Art. 14 Abs. 1 GG im Rahmen der Abwägung eine genaue Berücksichtigung der schutzwürdigen Eigentümerinteressen. Das private Interesse am Erhalt bestehender Nutzungsrechte ist mit dem öf-

---

38 So aber U. Kuschnerus, Der sachgerechte Bebauungsplan, 3. Aufl., 2004, Rn. 43.

39 Vgl. zur Bestimmtheit des F-Plans BVerwG, Urteil vom 18.2.1994 – 4 C 4.92 – BVerwGE 95, 123 = DVBl 1994, 1136 = NVwZ 1995, 267 = ZfBR 1994, 234 = BauR 1994, 486 = BRS 56 Nr. 2.

40 Vgl. BVerwG, Urteil vom 18.9.2003 – 4 CN 3.02 – BVerwGE 119, 45 = DVBl 2004, 247 = NVwZ 2004, 229 = BauR 2004, 286 = UPR 2004, 118 = ZfBR 2004, 167; U. Kuschnerus, Der sachgerechte Bebauungsplan, 3. Aufl., 2004, Rn. 104, 657.

fentlichen Interesse an einer variablen Neuordnung des Plangebietes sorgfältig abzuwägen.[41] Der Zeitraum, für den die begrenzte Nutzungsmöglichkeit zugelassen wird, muß dem „kalkulierenden" Eigentümer die Möglichkeit bieten, die in Umsetzung des Rechts zu tätigenden Investitionen hinreichend wirtschaftlich ausnutzen zu können. Das legt eine Festsetzung der Folgenutzung nahe (§ 9 Abs. 2 S. 2 BauGB). Das „Baurecht auf Zeit" darf nicht dazu benutzt werden, um Entschädigungsansprüche nach § 42 BauGB umgehen zu können.[42] Zwar schafft § 9 Abs. 2 BauGB nur begrenztes Baurecht. Das wirkt sich auch auf Entschädigungsansprüche nach § 42 BauGB aus.[43] Die Gemeinde darf indes die gesetzliche Wertung der Siebenjahres-Frist des § 42 Abs. BauGB nicht bewußt unterlaufen.

(4) **Erforderlichkeit.** Der B-Plan „auf Zeit" muß selbstverständlich den sich aus **50** § 1 Abs. 3 S. 1 und Abs. 4 BauGB ergebenden Vorgaben genügen. Die getroffene Festsetzung muß realisierungsfähig sein.[44] Dieser Grundsatz kann nicht dadurch umgangen werden, daß die Zulässigkeit der festgesetzten Nutzung an die Bedingung geknüpft wird, ein rechtliches Hindernis – z. B. eine entgegenstehende LandschaftsschutzVO – müsse zuvor aufgehoben sein.[45] Etwas anderes gilt nach Ansicht des BVerwG nur, wenn objektiv eine Befreiungslage besteht.[46]

(5) **Widerspruchsfreiheit.** Die Begrenzung der Nutzung darf nicht in Widerspruch **51** zum festgesetzten Regelungsgehalt stehen. Das wird in aller Regel bei Wohnnutzungen der Fall sein, da hier der Sache nach eine Dauernutzung beabsichtigt ist. Dasselbe gilt für die Ausweisung eines Dauerkleingartens gemäß § 9 Abs. 1 Nr. 15 BauGB in Verb. mit § 1 Abs. 3, § 14 BKleinG.

(6) Die Anwendung des § 9 Abs. 2 BauGB kann den Effekt einer zeitlich nicht nä- **52** her fixierten **Bausperre** erreichen. Diese Gefahr besteht insbesondere bei aufschiebend bedingten Festsetzungen. Für einen mehr oder weniger unabsehbaren Zeitraum werden Nutzungen ausgeschlossen sind, welche die Verwirklichung des Plans verhindern oder wesentlich erschweren.

---

41 Vgl. BVerfG, NVwZ 2003, 727 = UPR 2003, 143 = BauR 2003, 1338 = BRS 65 Nr. 6 (2002).
42 Wie hier U. Kuschnerus, Befristete und bedingte Festsetzungen in Bebauungsplänen. Zur praktischen Anwendung des neuen § 9 Abs. 2 BauGB, in: ZfBR 2005, 125–134 [128] mit Beispielen.
43 Vgl. Unabhängige Expertenkommission, Bericht, 2002, Rn. 194.
44 Vgl. BVerwG, Urteil vom 12.8.1999 – 4 CN 4.98 – BVerwGE 109, 246 = DVBl 2000, 187 = NVwZ 2000, 550 = ZfBR 2000, 125 = BauR 2000, 229 = BRS 62 Nr. 1 (Sportlärm), Urteil vom 21.3.2002 – 4 CN 14.00 – BVerwGE 116, 144 = DVBl 2002, 1469 = NVwZ 2002, 1509 = ZfBR 2002, 795 = BauR 2002, 1650 = BRS 65 Nr. 17 (2002); Urteil vom 30.1.2003 – 4 CN 14.01 – BVerwGE 117, 351 [353] = DVBl 2003, 733 = NVwZ 2003, 742 = ZfBR 2003, 471 = BauR 2003, 1175.
45 Ebenso, allerdings teilweise abschwächend U. Kuschnerus, Befristete und bedingte Festsetzungen in Bebauungsplänen. Zur praktischen Anwendung des neuen § 9 Abs. 2 BauGB, in: ZfBR 2005, 125–134 [132].
46 Vgl. dazu BVerwG, Beschluß vom 25.8.1997 – 4 NB 12.97 – NVwZ-RR 1998, 162 = ZfBR 1997, 320 = BauR 1997, 978 = BRS 59 Nr. 29; Urteil vom 17.12.2002 – 4 C 15.01 – BVerwGE 117, 287 = DVBl 2003, 797 = NVwZ 2003, 733 = UPR 2003, 188 = ZfBR 2003, 370 = BauR 2003, 828 = BRS 65 Nr. 95 (2002) = NordÖR 2003, 161 mit Anm. M. Egner, in: NuR 2003, 737–740, M. Kment, in: NVwZ 2004, 314–315.

3.2.1.3.2 Zulässige Festsetzungsinhalte

53 (1) § 9 Abs. 2 S. 1 BauGB umschreibt als Inhalt der Festsetzung „bauliche und sonstige Nutzungen und Anlagen". Weshalb das Gesetz „bauliche und sonstige Nutzungen" dem Bereich der „Anlagen" gegenüberstellt, ist ungewiß. Nach der Zwecksetzung des B-Plans „auf Zeit" steht der gesamte Regelungsbereich des § 9 Abs. 1 BauGB in Verb. mit der BauNVO als Festsetzungsinhalt zur Verfügung.[47] Alles, was nach § 29 Abs. 1 BauGB vorhabenrelevant ist, kann gemäß § 9 Abs. 1 BauGB festgesetzt werden (sog. Typenzwang). Dagegen können keine bestimmten Nutzungsweisen festgesetzt werden, etwa Betriebszeiten oder für bestimmte Jahreszeiten (Saisonzeiten).[48]

54 (2) Der B-Plan „auf Zeit" muß einen Zusammenhang zwischen dem Festsetzungsinhalt und den in § 9 Abs. 2 S. 1 Nrn. 1 und 2 BauGB genannten „Ablaufprogrammen" selbst herstellen. Das ist mit der Wendung „bestimmte" in § 9 Abs. 2 S. 1 BauGB gemeint. Die Gemeinde muß also im B-Plan selbst, und zwar für jeden konkreten Festsetzungsinhalt, festlegen, ob § 9 Abs. 2 S. 1 BauGB diesen Inhalt erfaßt. Es genügt nicht, in der Begründung zum Plan derartige „Bestimmungen" zu treffen.[49] Unterläßt die Gemeinde diese **Zuordnung**, erreicht sie ihr Ziel nicht. Ist diese Zuordnung unvollkommen, liegt ein Inhaltsfehler vor. In ihm kann zugleich eine Verletzung des Abwägungsgebots (§ 1 Abs. 7 BauGB) liegen.

3.2.1.3.3 Regelungsgehalt des § 9 Abs. 2 Nr. 1 BauGB 2004 (Zeitraum)

55 (1) Mit § 9 Abs. 2 S. 1 Nr. 1 BauGB legt die Gemeinde den Zeitraum fest, bis zu dessen Ablauf die Festsetzung als satzungsrechtliche Rechtsnorm im Sinne des § 10 Abs. 1 BauGB gilt. Das besitzt eine Ähnlichkeit zu § 36 Abs. 2 Nr. 1 VwVfG. Wenn eine Festsetzung nur für einen bestimmten Zeitraum für zulässig erklärt wird, heißt dies, daß die Geltungsdauer der Nutzungsmöglichkeit befristet werden kann. Der Zeitpunkt der Nutzungsbeendigung muß feststehen. Das hat textlich im B-Plan zu geschehen. Dann läßt sich die zugelassene Nutzung auch in der **umsetzenden Baugenehmigung** befristen. Es muß verhindert werden, daß die formelle und die materielle Legalität bei Fristablauf nicht mehr übereinstimmen. Wird dies versäumt, entsteht ein entschädigungspflichtiger Widerrufsgrund (vgl. § 49 Abs. 2 S. 1 Nr. 4 VwVfG).

56 (2) § 9 Abs. 2 S. 1 Nr. 1 BauGB ist hier sprachlich etwas ungenau. Das Gesetz formuliert die Dauer des Zeitraums als eine Frage der Zulässigkeit einer Nutzung. Das ist eher die Sicht des § 29 Abs. 1 BauGB. § 9 Abs. 2 S. 2 BauGB erhellt den rechtlichen Zusammenhang besser. Danach löst die Festsetzung der Folgenut-

---

47 Wie hier U. Kuschnerus, Befristete und bedingte Festsetzungen in Bebauungsplänen. Zur praktischen Anwendung des neuen § 9 Abs. 2 BauGB, in: ZfBR 2005, 125–134 [125].

48 Wie hier U. Kuschnerus, Der sachgerechte Bebauungsplan, 3. Aufl., 2004, Rn. 658; ders., Befristete und bedingte Festsetzungen in Bebauungsplänen. Zur praktischen Anwendung des neuen § 9 Abs. 2 BauGB, in: ZfBR 2005, 125–134 [127].

49 Vgl. H.-D. Upmeier, Einführung zu den Neuregelungen durch das Europarechtsanpassungsgesetz Bau (EAG Bau), in: BauR 2004, 1382–1392 [1391].

zung die vorangehende Festsetzung ab, nicht aber die Zulässigkeit der Nutzung. Diese leitet sich aus der Festsetzung gemäß §§ 29, 30 BauGB ab.

(3) Die **Gemeinde befristet** mit § 9 Abs. 2 S. 1 Nr. 1 BauGB **selbst** die Gültigkeit **57** ihres B-Plans „auf Zeit". Mit dem Ablauf der im B-Plan festgelegten Frist tritt die Festsetzung, soweit sie als Festsetzung „auf Zeit" gekennzeichnet wurde, **ipso iure außer Kraft**. Damit ändert sich die materielle Rechtslage. Eines Aufhebungsverfahrens bedarf es nicht. Dieses ist nur erforderlich, wenn die Gemeinde die Rechtslage vor Fristablauf ändern will. In diesem Falle kommt auch das vereinfachte Verfahren nach § 13 Abs. 1 BauGB in Betracht.

(4) Wegen der ortsgesetzlichen Rechtswirkung muß der **Zeitraum** aus rechts- **58** staatlichen Gründen **bestimmt** mithin festsetzbar sein. § 9 Abs. 2 S. 1 Nr. 1 BauGB betont dies zutreffend. Die Bestimmtheit muß – in Abgrenzung zu § 9 Abs. 2 S. 1 Nr. 2 BauGB – **datumsbezogen** sein. Die Frist kann insoweit relativ sein, als sie an das Inkrafttreten des B-Plans anknüpft. Die Gemeinde muß diese zeitliche Bestimmung mit der Beschlußfassung über den B-Plan treffen. Das über den B-Plan beschlußfassende Gemeindeorgan kann die Festlegung des Zeitraums grundsätzlich nicht offen lassen und delegieren.[50] Fehlt eine Datumsangabe, liegt ein dauernder Rechtsfehler vor, der Inhaltsfehler ist. Die Gemeinde kann dann nach § 214 Abs. 4 BauGB verfahren. Ob bei fehlender Datumsangabe **Teilnichtigkeit** eintritt, entscheidet sich nach den allgemeinen Grundsätzen.

(5) Über die **Dauer des Zeitraums** enthält § 9 Abs. 2 S. 1 Nr. 1 BauGB keine An- **59** gaben. Beliebigkeit besteht nicht. Der Zeitraum ist vielmehr abwägungsbezogen festzusetzen. Er darf – wie § 5 Abs. 1 S. 3 BauGB verdeutlicht – einen Zeitraum von 15 Jahren bei weitem nicht erreichen. Eine Festsetzung, die deutlich länger als eine „Legislaturperiode" des Gemeinderates ist, wird man in aller Regel kaum als abwägungsgerecht hinnehmen können.

(6) Die **Geltungsdauer des Nutzungsrechtes** muß zeitlich begrenzt sein. Die **60** Gemeinde setzt das Nutzungsrecht im B-Plan nach Maßgabe des § 9 Abs. 1 BauGB fest und befristet es zugleich. Als **Beispiele** können **befristete Sonderereignisse** gelten: EXPO-Veranstaltung (Hannover), befristete Sportereignisse, Grünflächen für eine Bundes- oder Landesgartenschau; befristete Kunst- oder Kulturereignisse, Musterbau.[51] In Betracht kommt auch, eine befristete Gewinnung von Bodenschätzen oder eine kleingärtnerische Nutzung zuzulassen. Zweifelhaft dürfte es sein, bei einer **Überplanung** – etwa eines Gebietes nach § 34 BauGB – noch eine bestimmte Nutzung für einen Zeitraum zuzulassen. § 9 Abs. 2 BauGB dient nicht dazu, das Inkrafttreten eines B-Plans entgegen § 10 Abs. 3 S. 4 BauGB auf einen künftigen Zeitpunkt zu verschieben. Vielfach dürfte es im Hinblick auf passiven

---

50 Zum Sonderfall eines noch offenen Ermittlungsergebnisses vgl. BVerwG, Urteil vom 19.9.2002 – 4 CN 1.02 – BVerwGE 117, 58 = DVBl 2003, 204 = ZfBR 2003, 150 = BauR 2003, 209 = BRS 65 Nr. 20 („bedingter Satzungsbeschluß").

51 Vgl. W. Schrödter, Das Europarechtsanpassungsgesetz Bau – EAG Bau, in: NST-N 2004, 197–216 [211]; U. Kuschnerus, Der sachgerechte Bebauungsplan, 3. Aufl., 2004, Rn. 658.

Berkemann

Bestandsschutz auch an der Erforderlichkeit der Planung fehlen (vgl. § 1 Abs. 3 S. 1 BauGB).[52]

3.2.1.3.4 Regelungsgehalt des § 9 Abs. 2 Nr. 2 BauGB 2004 (Umstände)

3.2.1.3.4.1 Allgemeines

61 (1) Der B-Plan kann gemäß § 9 Abs. 2 S. 1 Nr. 2 BauGB festsetzen, daß eine bauliche Nutzung bis zum Eintritt **bestimmter Umstände** zulässig oder unzulässig ist. Damit regelt § 9 Abs. 2 S. 1 Nr. 2 BauGB zwei weitere Fallbereiche, jeweils selbständiger Qualität.[53] Die Normsetzung selbst ist nicht bedingt.[54] Bedingt ist nur der maßgebende Norminhalt. Das ist rechtsstaatlich ungewöhnlich und bedarf ausdrücklicher gesetzlicher Regelung. Das ist mit § 9 Abs. 2 S. 1 Nr. 2 BauGB geschehen.

62 (2) Die Beschreibung „bestimmte Umstände" zielt auf eine tatsächliche, datumsmäßig im voraus nicht fixierbare Entwicklung. Das entspricht der Situation einer Bedingung (vgl. § 36 Abs. 2 Nr. 2 VwVfG). Die Rechtswirkung der Festsetzung stellt § 9 Abs. 2 S. 1 Nr. 2 BauGB damit in Abhängigkeit zum Eintritt „bestimmter Umstände", in der Sprache des § 36 Abs. 2 Nr. 2 VwVfG von dem Eintritt eines „zukünftigen Ereignisses" (vgl. auch § 158 BGB).[55] Je nach dem, ob der „bestimmte" Umstand eingetreten ist oder nicht eingetreten ist, muß sich aus dem B-Plan ergeben, ob die Nutzung bis dahin zulässig oder unzulässig ist und ob sie nach dem Eintritt zulässig oder unzulässig sein soll. Ob dieser Eintritt gewiß oder ungewiß zu sein hat, normiert das Gesetz nicht. Offen ist, ob der Eintritt von einem durch die Festsetzung Betroffenen nach den Vorstellungen der Gemeinde erst herbeigeführt werden soll und darf (sog. Potestativbedingung). Das erscheint eher zweifelhaft.[56]

63 (3) Die Beschreibung des maßgebenden „Umstandes" und seines Eintritts in der textlichen Festsetzung des B-Plans muß **bestimmt** sein. Das folgt bereits aus rechtsstaatlichen Grundsätzen jeder Normsetzung. Das erweist sich im Einzelfall als durchaus kritisch. Das Kriterium der Bestimmtheit erfordert von der Gemeinde ein hohes Maß an genauer, auch alternativer Präzisierung der planerischen Festsetzung.[57] Die Gemeinde muß in ihrer Festsetzung bereits selbst entscheiden,

---

52 Großzügiger U. Kuschnerus, Der sachgerechte Bebauungsplan, 3. Aufl., 2004, Rn. 658.

53 Wie hier U. Kuschnerus, Befristete und bedingte Festsetzungen in Bebauungsplänen. Zur praktischen Anwendung des neuen § 9 Abs. 2 BauGB, in: ZfBR 2005, 125–134 [126].

54 Vgl. dazu BVerwG, Urteil vom 19.9.2002 – 4 C 1.02 – BVerwGE 117, 58 = DVBl 2003, 204 = ZfBR 2003, 150 = BauR 2003, 209 = BRS 65 Nr. 20 (2002).

55 Vgl. W. Schrödter, Das Europarechtsanpassungsgesetz Bau – EAG Bau, in: NST-N 2004, 197–216 [211].

56 Bejahend wohl U. Kuschnerus, Der sachgerechte Bebauungsplan, 3. Aufl., 2004, Rn. 661.f.; zurückhaltender ders., Befristete und bedingte Festsetzungen in Bebauungsplänen. Zur praktischen Anwendung des neuen § 9 Abs. 2 BauGB, in: ZfBR 2005, 125–134 [131].

57 Ähnlich U. Kuschnerus, Befristete und bedingte Festsetzungen in Bebauungsplänen. Zur praktischen Anwendung des neuen § 9 Abs. 2 BauGB, in: ZfBR 2005, 125–134 [126ff., 131f.].

was sie als „Eintritt eines bestimmten Umstandes" ansieht. Im Rahmen vernünftiger Auslegung dürfen interpretationsfähige Begriffe benutzt werden.

(4) Ob der so umschriebene bestimmte Umstand eingetreten ist, erfordert ferner **64** aus rechtsstaatlichen Gründen eine **Erkennbarkeit des Eintritts**. Die Erkennbarkeit muß angesichts des Normcharakters des B-Plans für jedermann gegeben und in diesem Sinne zweifelsfrei sein. Das verlangen rechtsstaatliche Grundsätze. Daraus ergeben sich rechtliche Bedenken zumindest gegen die Anwendbarkeitsbreite des § 9 Abs. 2 S. 1 Nr. 2 BauGB.

Diese Bedenken erfordern für § 9 Abs. 2 S. 1 Nr. 2 BauGB eine sehr einengende **65** Anwendung. Der B-Plan muß für den Normadressaten die Rechtslage eindeutig bestimmen. Diese muß aus dem Text und der Zeichnung gleichsam in objektiver Weise für jedermann ablesbar sein, ohne daß es weiterer „Zusatzinformationen" bedarf. Jeder potentielle Normadressat muß sich verläßlich „äußere" Kenntnisse darüber verschaffen können, ob eine Rechtsvorschrift gilt, und zwar auch, ob sie bereits gilt oder ob sie nicht mehr gilt.[58]

Dazu muß der Eintritt einer Bedingung, die auf einen tatsächlichen Umstand ver- **66** weist, ohne Zweifel **für jedermann erkennbar** sein, nicht nur für die an der Rechtslage als Betroffene Interessierte. Der Bedingungseintritt muß in diesem Sinne „objektiv" sein.[59] Auch die Baugenehmigungsbehörde muß die objektive Rechtslage ohne Zusatzinformationen beurteilen können. Ohnedies muß diese Vorgehensweise, wegen der Unsicherheit der Rechtslage, aus sachlichen Gründen gerechtfertigt sein.

Die objektive Erkennbarkeit des „bestimmten Umstandes" kann sich auf eine Än- **67** derung der Rechtslage durch **veröffentlichte Rechtsakte** anderer Behörden beziehen (vgl. Rn. 70). Kritisch ist dagegen, wenn der „bestimmte Umstand" in einem in der **Örtlichkeit ablesbaren Zustand** liegen soll, etwa in der Errichtung oder Beseitigung bestimmter baulicher Anlagen oder in der Aufnahme oder Einstellung bestimmter Nutzungen.[60] Für die Erkennbarkeit genügt es daher nicht, daß die Gemeinde durch spätere Bekanntmachungen auf den Eintritt des maßgebenden Umstandes hinweist. Damit äußert sie nur eine bewertende Meinung. Sie kann in den abgeschlossenen Normsetzungsvorgang jedenfalls nicht mehr „helfend" eingreifen.

3.2.1.3.4.2 „Auflösende Bedingung"

Die „auflösende" Bedingung beendet bei ihrem Eintritt die bisherige Rechtslage. **68** Wenn bestimmte festgesetzte Nutzungen nur bis zum Eintritt bestimmter Umstände

---

58 Vgl. BVerfGE 16, 6 [16f.] = NJW 1963, 1443; vgl. auch BVerfGE 40, 237 [252f., 255] = NJW 1976, 34; ähnlich BVerwG, Beschluß vom 16.5.1991 – 4 NB 26.90 – BVerwGE 88, 204 = DVBl 1991, 823 = NVwZ 1992, 371 = ZfBR 1991, 216 = BauR 1991, 563 = BRS 52 Nr. 32.

59 Wie hier U. Kuschnerus, Befristete und bedingte Festsetzungen in Bebauungsplänen. Zur praktischen Anwendung des neuen § 9 Abs. 2 BauGB, in: ZfBR 2005, 125–134 [127].

60 Vgl. U. Kuschnerus, Befristete und bedingte Festsetzungen in Bebauungsplänen. Zur praktischen Anwendung des neuen § 9 Abs. 2 BauGB, in: ZfBR 2005, 125–134 [127, 130].

zulässig sind, heißt dies, daß die Zulässigkeit der erfaßten Nutzungsform zu einem künftigen Zeitpunkt endet und damit das Recht zu ihrer Ausnutzung ohne weiteres erlischt.[61] Die Rechtsfolge entspricht der Regelung des § 9 Abs. 2 S. 1 Nr. 1 BauGB.

69 Den maßgebenden Umstand wird man schwerlich so wählen können, daß der Bedingungseintritt gleichsam überraschend ist. Ob dies durch eine Mitverantwortung eines Eigentümers vermeidbar ist, erscheint zweifelhaft.[62] „Auflösend" bedingte Festsetzungen sind jedenfalls ungeeignet, um städtebaulich unerwünschte Nutzungen zu verhindern.

3.2.1.3.4.3 „Aufschiebende Bedingung"

70 (1) § 9 Abs. 2 S. 1 Nr. 2 BauGB will den Gemeinden die Möglichkeit einer planerischen Festsetzung eröffnen, nach der bestimmte Anlagen oder Nutzungen erst zulässig sein sollen, wenn z. B. bestimmte Maßnahmen verwirklicht sind. Der Wortlaut läßt dieses Ziel nicht ohne weiteres erkennen. Die Entstehungsgeschichte vermag indes interpretatorische Zweifel beseitigen.[63]

71 (2) Bei der „aufschiebenden" Bedingung tritt die neue Rechtslage erst mit Bedingungseintritt ein. Die Zulässigkeit der „aufschiebend bedingten" Nutzungsmöglichkeit beginnt also erst mit Eintritt der Bedingung. Bis zu diesem Zeitpunkt gilt die bisherige Rechtslage. Diese kann sich aus einer bisherigen Planung, aber auch aus §§ 34, 35 BauGB ergeben. In ihrer Funktion nähert sich die „aufschiebende" Bedingung einer Bausperre, wenn die bisherige Rechtslage eine angemessene Nutzung nicht ermöglicht. Das ist indes hinzunehmen, da ein Anspruch auf Planfestsetzung ohnedies nicht besteht (vgl. § 1 Abs. 3 S. 2 BauGB).[64]

72 (3) Aufschiebend bedingte Festsetzungen sind unzulässig, wenn der Eintritt der Bedingung nicht mit an Sicherheit grenzender Wahrscheinlichkeit zu erwarten ist. Die Umsetzung des Plans darf letztlich nicht für unbestimmte Zeit offen bleiben. Das stellt einen Verstoß gegen § 1 Abs. 3 S. 1 BauGB dar. Es fehlt an der städtebaulichen Erforderlichkeit.[65] Ob die Bedingung so zu treffen ist, daß ihr Eintritt von dem betreffenden Grundeigentümer herbeigeführt oder jedenfalls maßgeblich beeinflußt werden kann, erscheint zweifelhaft.[66]

---

61 U. Kuschnerus, Befristete und bedingte Festsetzungen in Bebauungsplänen. Zur praktischen Anwendung des neuen § 9 Abs. 2 BauGB, in: ZfBR 2005, 125–134 [127, 130].

62 Hierfür U. Kuschnerus, Der sachgerechte Bebauungsplan, 3. Aufl., 2004, Rn. 662.

63 Vgl. Begründung der BReg. zum EAG Bau (BTag-Drs. 12/2250, S. 49). Danach sollen z.B. schutzbedürftige wohngenutzte bauliche Anlagen erst zulässig sein, wenn die Errichtung von im B-Plan festgesetzten schallschützenden Maßnahmen gesichert ist. Wie hier auch U. Kuschnerus, Befristete und bedingte Festsetzungen in Bebauungsplänen. Zur praktischen Anwendung des neuen § 9 Abs. 2 BauGB, in: ZfBR 2005, 125–134 [131ff.].

64 Abweichend Würdigung bei U. Kuschnerus, Der sachgerechte Bebauungsplan, 3. Aufl., 2004, Rn. 683.

65 Vgl. dazu BVerwG, Urteil vom 21.03.2002 – 4 CN 14.00 – BVerwGE 116, 144 = DVBl 2002, 1469 = NVwZ 2002, 1509 = ZfBR 2002, 795 = BauR 2002, 1650 = BRS 65 Nr. 17 (2002).

66 Befürwortend U. Kuschnerus, Befristete und bedingte Festsetzungen in Bebauungsplänen. Zur praktischen Anwendung des neuen § 9 Abs. 2 BauGB, in: ZfBR 2005, 125–134 [131].

(4) Die aufschiebend bedingte Festsetzung dient nicht dazu, einen ordnungsge- **73**
mäßen Planvollzugs zu gewährleisten.[67] Erörtert wird u. a., die Zulässigkeit der
Ausnutzung neuer Bauflächen daran zu knüpfen, daß zuvor der festgesetzte Ausgleich nach der naturschutzrechtlichen Eingriffsregelung realisiert ist. Die gebotene
Sicherstellung des Folgenbewältigungsprogramms (§ 1 a Abs. 3 BauGB) ist Gegenstand der planerischen Entscheidung.[68] Dem kann die Gemeinde nicht durch
Staffelung der Nutzungszeiträume ausweichen.[69]

3.2.1.3.4.4 Beispiele

(1) **Überplanung von Bahnanlagen.** § 9 Abs. 2 Nr. 2 BauGB bietet sich für eine **74**
Planung dann an, wenn auch die planungsrechtliche Zulässigkeit erst noch geschaffen werden muß. Das ist z. B. bei der zeitlich nachfolgenden „Entwidmung"
von Bahnflächen der Fall.[70] Hier enthält der ohnedies öffentlich bekanntzuma-
chende Zeitpunkt der Entwidmung einen geeigneten Anknüpfungspunkt.[71]

Eine beabsichtigte **Änderung des AEG** (2004) wird hier für eine Klarstellung sor- **75**
gen. Nach § 23 Abs. 1 AEG-E hat die Planfeststellungsbehörde auf Antrag der
Gemeinde oder des Grundstückseigentümers die Freistellung von Bahnbetriebs-
zwecken festzustellen, wenn kein Verkehrsbedürfnis mehr besteht und langfristig
eine Nutzung der Infrastruktur im Rahmen der (bahnbetriebsbezogenen) Zweckbestimmung nicht mehr zu erwarten ist.[72] Die veröffentlichte Freistellung stellt dann

---

67 Vgl. U. Kuschnerus, Befristete und bedingte Festsetzungen in Bebauungsplänen. Zur praktischen
 Anwendung des neuen § 9 Abs. 2 BauGB, in: ZfBR 2005, 125–134 [133].
68 Vgl. BVerwG, Urteil vom 19.9.2002 – 4 CN 1.02 – BVerwGE 117, 58 = DVBl 2003, 204 = ZfBR
 2003, 150 = BauR 2003, 209 = BRS 65 Nr. 20; Beschluß vom 18.7.2003 – 4 BN 37.03 – NVwZ
 2003, 1515 = ZfBR 2004, 60 = BauR 2004, 40.
69 Ähnlich U. Kuschnerus, Befristete und bedingte Festsetzungen in Bebauungsplänen. Zur praktischen
 Anwendung des neuen § 9 Abs. 2 BauGB, in: ZfBR 2005, 125–134 [133].
70 Vgl. BVerwG, Urteil vom 18.12.1988 – 4 C 48.86 – BVerwGE 81, 111 = DVBl 1989, 123 = NVwZ
 1989, 655 = ZfBR 1989, 123 = BRS 49 Nr. 3; Urteil vom 23.10.2002 – 9 A 22.01 – Buchholz 442.09
 § 18 AEG Nr. 55; Beschluß vom 27.4.1998 – 4 B 33.98 – NVwZ-RR 1998, 452 = ZfBR 1998, 258 =
 BauR 1998, 356 = BRS 60 Nr. 155; OVG Saarland, Urteil vom 24.9.2002 – 2 R 12/01 – BRS 65 Nr.
 155; OVG Koblenz, Urteil vom 29.6.2000 – 1 A 10262/00 – BRS 63 Nr. 171; OVG Münster, Urteil
 vom 19.12.1997 – 7 A 6271 / 95 – BRS 59 Nr. 154; U. Kuschnerus, Der sachgerechte Bebauungsplan,
 3. Aufl., 2004, Rn. 664 Ziff. 6; ders., Befristete und bedingte Festsetzungen in Bebauungsplänen.
 Zur praktischen Anwendung des neuen § 9 Abs. 2 BauGB, in: ZfBR 2005, 125–134 [132f.]; vgl. auch
 J. Schwind, Anspruch der Gemeinde auf Entwidmung nicht mehr entsprechend genutzter Bahnflächen, in: DVBl 2003, 839–845.
71 Ähnlich W. Schrödter, Das Europarechtsanpassungsgesetz Bau – EAG Bau, in: NST-N 2004, 197–
 216 [211].
72 Vgl. Drittes Gesetzes zur Änderung eisenbahnrechtlicher Vorschriften (Entwurf der BReg. BTag-Drs.
 15/3280; Ausschußbericht BTag-Drs. 15/4419; BRat-Drs. 955/04). Das Gesetz wurde vom Bundestag am 3.12.2004 beschlossen. Der BRat hat, aus anderen Gründen, den Vermittlungsausschuß an-
 gerufen. Vgl. auch B. Stüer/F. Berka, Aktuelle des Eisenbahnrechts, in: DVBl 2004, 1326–1333; Th.
 Nickel/H. Kopf, Einzelhandelsnutzungen in Bahngebäuden, in: GewArch 2003, 182–187; G. Schmidt-
 Eichstaedt, Planfeststellung, Bauleitplanung und städtebauliche Entwicklungsmaßnahmen, in: NVwZ
 2003, 129–137; M. Kaufmann, Anspruch der Gemeinde auf Entwidmung freiwerdender Bahnflächen?,
 in: Verwaltung 35, 491–506 (2002).

den Eintritt der im B-Plan getroffenen „aufschiebenden" Bedingung der bahnfremden Nutzungsausweisung dar.

76 (2) **Immissionsschutz.** Denkbar ist eine Festsetzung, daß zunächst eine bestimmte Nutzung verwirklicht werden muß, bevor eine weitere Nutzung zugelassen werden kann. Das ist z.B. im Immissionsschutzrecht denkbar. Hier können sich differenzierte Lösung zur Konfliktbewältigung entwickeln. Die Gemeinde kann durch den Plan selbst vorgeben, daß immissionsempfindliche Nutzungen erst dann aufgenommen werden dürfen, wenn die zu ihrem Schutz getroffenen Planfestsetzungen tatsächlich umgesetzt sind.[73] Das führt zu einen gestaffelten Realisierung der festgesetzten Nutzungsmöglichkeiten.

77 Erwogen werden kann, ob § 9 Abs. 2 S. 1 Nr. 2 BauGB für eine „Riegelbebauung" (Lärmschatten) genutzt werden kann. Die Riegelbebauung bezweckt den Schutz vor Lärmimmissionen zugunsten einer schutzbedürftigen wohngenutzten Bebauung.[74] Danach soll z.B. eine andere Nutzung (Parkplatzlärm, Anlieferverkehr, gewerbliche Nutzung) erst zulässig sein, wenn eine andere bauliche Nutzung bereits entstanden ist. Dieses Ziel kann auch durch die Festsetzung eines „immissionswirksamen flächenbezogenen Schalleistungspegels" erreicht werden.[75] Der durch die Festsetzung bezweckte Lärmschutz kann hier durch eine der Baugenehmigung beigefügte Nebenbestimmung auf Dauer gesichert werden. Erwogen werden kann eine Ausweisung neuer Wohnnutzung im Einwirkungsbereich landwirtschaftlicher Betriebe, sobald eine noch vorhandene und stark emittierende Tierhaltung aufgegeben wird.[76]

78 (3) **Abbaubare Bodenschätze.** Hier wird eine befristete Zulassung einer gewerblichen Nutzung ermöglicht. Die Nutzung läuft ihrer Natur nach in absehbarer Zeit endgültig aus. Man kann indes daran zweifeln, aus welchen Gründen der Eintritt der Funktionslosigkeit der Festsetzung nicht zur städtebaulichen Ordnung ausreicht. Das gilt namentlich dann, wenn die Gemeinde entgegen § 9 Abs. 2 S. 2 BauGB eine Folgefestsetzung nicht vorgesehen hat.

79 (4) **Gewerbebrachen.** Die Festsetzung einer Zwischennutzung bietet sich bei Gewerbebrachen an, z.B. bei ehemals militärisch genutzten Konversionsflächen.

---

73 Vgl. U. Kuschnerus, Befristete und bedingte Festsetzungen in Bebauungsplänen. Zur praktischen Anwendung des neuen § 9 Abs. 2 BauGB, in: ZfBR 2005, 125–134 [131].

74 Ähnlich H.-D. Upmeier, Einführung zu den Neuregelungen durch das Europarechtsanpassungsgesetz Bau (EAG Bau), in: BauR 2004, 1382–1392 [1391]; so auch das in der Gesetzesbegründung dargestellte Beispiel, vgl. BReg., in: BTag-Drs. 15/2250 S. 49.

75 BVerwG, Beschluß vom 27.1.1998 – 4 NB 3.97 – NVwZ 1998, 1067 = DVBl 1998, 891 = ZfBR 1998, 207 = DÖV 1998, 598 = UPR 1998, 306 = BauR 1998, 744 = NuR 1998, 419 = BRS 60 Nr. 26 (1998) zu OVG Münster OVG Münster, Urteil vom 17.10.1996 – 7a D 122/94.NE – NWVBl 1997, 210 = BRS 58 Nr. 30; ebenso VGH Mannheim, Urteil vom 9.8.2002 – 5 S 818/00 – NVwZ-RR 2003, 331 = ZfBR 2003, 56.

76 Beispiel nach U. Kuschnerus, Befristete und bedingte Festsetzungen in Bebauungsplänen. Zur praktischen Anwendung des neuen § 9 Abs. 2 BauGB, in: ZfBR 2005, 125–134 [131f.].

Hier kann der befürchteten Verwahrlosung der Fläche mit einer vorübergehenden Nutzung entgegengetreten werden.[77]

(5) **Erweiterter Bestandsschutz.** Die Gemeinde will im Rahmen einer Überpla- **80** nung gemäß § 1 Abs. 10 BauNVO eine Erweiterung, Änderung, Nutzungsänderung oder teilweise Erneuerung eines zulässigerweise errichteten Gewerbebetriebes nur für den gegenwärtigen Betrieb ermöglichen.

3.3 Rechtslage nach Beendigung der „Primärfestsetzung"

(1) **Planungsrechtliche Rechtslage.** Ist eine Folgefestsetzung festgesetzt, tritt **81** mit dem Ende der primären Festsetzung **ipso iure** die neue planungsrechtliche Rechtslage in Kraft. Besteht eine Folgefestsetzung nicht, tritt grundsätzlich die frühere Rechtslage in Kraft. Das gilt jedenfalls im Falle der Überplanung eines zuvor nach §§ 34, 35 BauGB zu beurteilenden Plangebietes.

Zweifelhaft kann die Rechtsfolge sein, wenn der B-Plan „auf Zeit" einen bereits **82** vorhandenen B-Plan „**überplant**". Hier gibt die Rechtsprechung zur Nichtigkeit eines überplanenden B-Plans einige Hinweise: Maßgebend ist der seinerzeitige Wille der Gemeinde, wie er objektiv zum Ausdruck kommt.[78] Die Gemeinde kann mit dem neuen B-Plan bewußt den früheren uno actu **aufheben.** In diesem Fall gilt nach Ablauf der Zeit die nach §§ 34, 35 BauGB zu beurteilende Rechtslage. Im Zweifel hat die Gemeinde durch die Überplanung ihren früheren B-Plan allerdings nur **ändern** wollen. Dann tritt die alte Planung wieder in Wirksamkeit. Einen derartigen „hypothetischen" Planungswillen der Gemeinde anzunehmen, entspricht vielfach der objektiven Interessenlage. Die Gemeinde kehrt gleichsam nach „Ablauf der Zeit" zur alten Rechtslage zurück. Das ist dann möglich, wenn diese nicht durch Maßnahmen in der „Zwischenzeit" funktionslos geworden ist.

(2) **Bestandskraft.** Auf der Grundlage des B-Plans „auf Zeit" sind **Baugenehmi-** **83** **gungen** zu erteilen. Diese sind zu **befristen.**[79] Einige Landesbauordnungen sehen diese Möglichkeit ausdrücklich vor.[80] Ist dies nach Landesrecht nicht der Fall, folgt aus der gebotenen Umsetzung des § 9 Abs. 2 BauGB die Notwendigkeit der Befristung. Ist eine Befristung in der Baugenehmigung unterblieben, ist das Vorhaben nach Fristablauf des § 9 Abs. 2 S. 1 BauGB materiell illegal, aber formal legal. Die Voraussetzungen für einen Widerruf nach § 49 Abs. 2 S. 1 Nr. 4 VwVfG dürften nicht vorliegen, unabhängig von der entstehenden Entschädigungslast. Zwar liegt mit Ablauf der Frist eine Änderung der Rechtslage vor. Der Bauherr hat

---

77 Ähnlich U. Kuschnerus, Befristete und bedingte Festsetzungen in Bebauungsplänen. Zur praktischen Anwendung des neuen § 9 Abs. 2 BauGB, in: ZfBR 2005, 125–134 [133].

78 Vgl. BVerwG, Urteil vom 10.8.1990 – 4 C 3.90 – BVerwGE 85, 289 = DVBl 1990, 1182 = NVwZ 1991, 673 = ZfBR 1990, 290 = BauR 1991, 51 = BRS 50 Nr. 97.

79 Wie hier U. Kuschnerus, Befristete und bedingte Festsetzungen in Bebauungsplänen. Zur praktischen Anwendung des neuen § 9 Abs. 2 BauGB, in: ZfBR 2005, 125–134 [130].

80 Vgl. § 75 Abs. 3 Nds. LBauO; ähnlich Art. 91 Abs. 6 BayBO. Vgl. auch BVerwG, Urteil vom 10.12.1982 – 4 C 52.78 – NVwZ 1983, 572 = ZfBR 1983 = BRS 39 Nr. 80 (befristete Baugenehmigung für eine Jagdhütte im Außenbereich).

aber bereits von der mit der Baugenehmigung ausgesprochenen „Vergünstigung" Gebrauch gemacht.

84 (3) Ist die **Baugenehmigung** zutreffend befristet, entsteht nach Ablauf dieser Frist ein **baurechtswidriger Zustand**, den zu beseitigen die Baugenehmigungsbehörde nach Maßgabe der bauordnungsrechtlichen Ermächtigungsgrundlage befugt ist. Wird die befristet zugelassene Nutzung nicht beseitigt, sondern geduldet, kann dies die in der näheren Umgebung nach § 34 BauGB zulässige Art der baulichen Nutzung mitprägen.[81]

3.4 Regelungsgehalt des § 9 Abs. 2 S. 2 BauGB 2004

85 (1) Die „Folgefestsetzung" enthält keine inhaltliche oder zeitliche Begrenzung. Maßgebend ist der Katalog des § 9 Abs. 1 BauGB. § 9 Abs. 2 S. 2 BauGB schließt formal keine „Kettenfolgefestsetzungen" aus. Jedoch kann man sich kaum entsprechende Festsetzungen als abwägungsgerecht vorstellen. Eine Folgefestsetzung kommt im Falle der „aufschiebenden" Bedingung (Rn. 70) nicht in Betracht. Ist eine bestimmte Nutzung oder Anlage bis zum Eintritt des im B-Plan bestimmten Umstandes unzulässig, so erübrigt sich die Festsetzung der Folgenutzung.[82]

86 (2) § 9 Abs. 2 S. 2 BauGB ordnet die Folgefestsetzung als Nachfolgefestsetzung nicht zwingend an, sondern normiert nur eine „Soll"-Bestimmung. Das Gesetz erwartet damit für den Regelfall eine Folgefestsetzung. Will die Gemeinde davon absehen, sollte sie die dafür bestehenden Gründe in der Planungsbegründung angeben. § 9 Abs. 2 S. 2 BauGB hindert nicht, nachträglich eine „Folgefestsetzung" zu treffen. Das hat für die Gemeinde den Vorteil, daß sie in diesem Falle an die sonst bestehende Zeitpunktfixierung des § 10 Abs. 3 S. 4 BauGB nicht gebunden ist.

87 (3) Auch die Folgefestsetzung unterliegt den allgemeinen Voraussetzungen. Die Folgefestsetzung muß nach Maßgabe des § 1 Abs. 3 S. 1 BauGB „erforderlich" sein, um für eine städtebauliche Ordnung und Entwicklung zu sorgen. Sie muß ferner abwägungsgerecht sein. Das wird in aller Regel nur möglich sein, wenn die nach Ablauf der Erstfestsetzung entstehende tatsächliche und rechtliche Lage bereits jetzt deutlich ist.[83] Die nach § 2 Abs. 4 BauGB gebotene UP hat sich auch auf die Folgenutzung zu beziehen.

88 (4) Die Gemeinde sollte die Möglichkeit der Festsetzung der Folgenutzung wahrnehmen, um durch das „Baurecht auf Zeit" beizeiten der Gefahr auszuweichen, sich bei späterer Änderung der Planung Ansprüchen des Planungsschadensrechts ausgesetzt zu sehen (§§ 39ff. BauGB).

---

81 Vgl. BVerwG, Beschluß vom 11.2.2000 – 4 B 1.00 – Buchholz 406.11 § 34 BauGB Nr. 197 = BRS 63 Nr. 102 (2000).

82 O. Reidt, in: K. Gelzer/Chr. Bracher/O. Reidt, Bauplanungsrecht, 7. Aufl., 2004, Rn. 360.

83 Ähnlich W. Schrödter, Das Europarechtsanpassungsgesetz Bau – EAG Bau, in: NST-N 2004, 197–216 [211].

Berkemann

III. § 9 Abs. 3 BauGB 2004 – Festsetzung der Höhenlage

1. Text der geänderten Fassung

(3) **Bei Festsetzungen nach Absatz 1 kann auch die Höhenlage festgesetzt werden.** Festsetzungen **89**
nach Absatz 1 für übereinanderliegende Geschosse und Ebenen und sonstige Teile baulicher Anlagen
können gesondert getroffen werden; dies gilt auch, soweit Geschosse, Ebenen und sonstige Teile baulicher Anlagen unterhalb der Geländeoberfläche vorgesehen sind.

2. Textgeschichte

Der Gesetzestext entspricht dem Gesetzesentwurf der BReg. (BTag-Drs. 15/2250 **90**
S. 13, 49).

3. Erläuterung der Änderung

Die Änderung besitzt nur redaktionelle Bedeutung. § 9 Abs. 3 S. 1 BauGB ist text- **91**
identisch mit § 9 Abs. 2 BauGB a. F. § 9 Abs. 2 BauGB betrifft nunmehr das sog.
Baurecht auf Zeit.

IV. § 9 Abs. 8 BauGB 2004 – Begründung des Bebauungsplans

1. Text der geänderten Fassung

(8) Dem Bebauungsplan ist eine Begründung **mit den Angaben nach § 2a** beizufügen. **92**

2. Textgeschichte

Der Gesetzestext entspricht dem Gesetzesentwurf der BReg. (BTag-Drs. 15/2250 **93**
S. 13, 49).

3. Erläuterung der Änderung

(1) Der B-Plan ist **begründungspflichtig.** Das gilt nicht nur für das Aufstellungs- **94**
verfahren (vgl. § 2a S. 1 BauGB). Auch der „fertige", d. h. bekanntgemachte B-Plan
(§ 10 Abs. 3 BauGB) ist begründungspflichtig. Genauer muß es heißen, daß die
getroffenen Festsetzungen begründungspflichtig sind. Die Begründung nach § 9
Abs. 8 BauGB unterliegt ihrerseits der Beschlußfassung durch das Gemeindeorgan, welches den B-Plan beschließt.[84] In der Regel ist davon auszugehen, daß
eine vorliegende Begründung eines B-Plans auch Gegenstand der Beschlußfassung durch die Gemeinde war.[85] Gleichwohl ist die Begründung kein Planbe-

---

84 Ausdrücklich für den F-Plan BVerwG, Urteil vom 22.5.1987 – 4 C 57.84 – BVerwGE 77, 300 = DVBl
    1987, 1008 = NVwZ 1987, 54 = UPR 1987, 427 = BauR 1987, 651 = BRS 47 Nr. 5.
85 BVerwG, Urteil vom 6.7.1984 – 4 C 28.83 – DVBl 1985, 112 = NVwZ 1984, 564 = UPR 1985, 27 =
    ZfBR 1984, 293 = BauR 1984, 606 = BRS 42 Nr. 26; Beschluß vom 23.10.2002 – 4 BN 53.02 –
    NVwZ-RR 2003, 172 = UPR 2003, 152 = ZfBR 2003, 157 = SächsVBl 2003, 37 = BauR 2003, 216 =
    BRS 65 Nr. 47 (2002).

standteil.[86] Sie nimmt nicht am Rechtscharakter des B-Plans teil und ist daher nicht „rechtsverbindlich".[87]

95 (2) **Funktion und Inhalt der Begründung.** Die Begründungspflicht soll als zwingende Verfahrensvorschrift sicherstellen, daß städtebauliche Rechtfertigung und Erforderlichkeit sowie die Grundlagen der Abwägung jedenfalls in ihren zentralen Punkten dargestellt werden, um eine effektive Rechtskontrolle des Plans zu ermöglichen.[88] Zudem kann die Begründung die Festsetzungen des B-Plans verdeutlichen und damit Hilfe für deren Auslegung sein.[89]

96 Die jetzige Fassung des § 9 Abs. 8 BauGB läßt nach ihrer Wortstellung die Frage offen, ob sich die **Begründungspflicht** nur auf die Angaben nach § 2 a S. 2 Nr. 1 BauGB bezieht. Das ist zu verneinen. Für § 9 Abs. 8 BauGB a. f. war nicht umstritten, daß sich die Begründung nicht auf die Darlegung der Angaben nach § 9 Abs. 8 S. 2 BauGB beschränken durfte. § 9 Abs. 8 S. 2 BauGB 1987 verwies begründungserweiternd darauf, daß (auch) die Ziele, Zwecke und wesentlichen Auswirkungen des B-Plans darzulegen seien. Das EAG Bau wollte daran nichts ändern.

97 (3) Die mit § 9 Abs. 8 BauGB vorgeschriebene Begründung darf sich allerdings auf die Erläuterung der für die Planungskonzeption bedeutsamen Regelungen beschränken.[90] Die Bezugnahme des § 9 Abs. 8 BauGB auf den gesamten § 2 a BauGB erfordert, daß auch die dem B-Plan beigefügte Begründung nicht nur – wie bisher – Ziele, Zwecke und wesentliche Auswirkungen (§ 9 Abs. 8 S. 2 BauGB a. F.) auszuweisen hat, sondern die Begründung gesondert einen **Umweltbericht** enthalten muß.

98 Maßgebend ist auch hier der „Stand des Verfahrens". Das ist auch in zeitlicher Hinsicht zu verstehen. Maßgebend ist nach § 214 Abs. 3 S. 1 BauGB der Zeitpunkt der Beschlußfassung über den B-Plan und die zugeordnete Begründung.[91] Die Gemeinde hat danach ggf. den Umweltbericht, wie er inhaltlich zunächst im Aufstellungsverfahren gemäß § 2 a S. 1 BauGB vorlag, nach dem inzwischen er-

86 BVerwG, Urteil vom 18.9.2003 – 4 CN 3.02 – BVerwGE 119, 45 = DVBl 2004, 247 = NVwZ 2004, 229 = UPR 2004, 118 = ZfBR 2004, 167 = BauR 2004, 286.

87 BVerwG, Urteil vom 18.3.2004 – 4 CN 4.03 – DVBl 2004, 957 = NVwZ 2004, 856 = UPR 2004, 424 = ZfBR 2004, 563 = BauR 2004, 1260.

88 Vgl. BVerwG, Urteil vom 7.5.1971 – 4 C 76.68 – DVBl 1971, 759 [762] = NJW 1971, 1266 = BRS 24 Nr. 15; Beschluß vom 22.9.1973 – 4 B 53.73 – BRS 27 Nr. 8; Urteil vom 30.6.1989 – 4 C 15.86 – DVBl 1989, 1061 = NVwZ 1990, 364 = BauR 1989, 687 = BRS 49 Nr. 29.

89 Vgl. BVerwG, Urteil vom 22.5.1987 – 4 C 57.84 – BVerwGE 77, 300 [306] = DVBl 1987, 1008 = NVwZ 1988, 54 = UPR 1987, 427 = ZfBR 1987, 293 = BauR 1987, 651 = BRS 47 Nr. 5; Beschluß vom 23.10.2002 – 4 BN 53.02 – NVwZ-RR 2003, 172 = UPR 2003, 152 = ZfBR 2003, 157 = SächsVBl 2003, 37 = BauR 2003, 216 = BRS 65 Nr. 47 (2002).

90 BVerwG, Beschluß vom 21.2.1986 – 4 N 1.85 – BVerwGE 74, 51 = DVBl 1986, 686 = NVwZ 1986, 917 = UPR 1986, 222 = BauR 1986, 298 = BRS 46 Nr. 12; Beschluß vom 3.11.1992 – 4 NB 28.92 – DVBl 1993, 116 = NVwZ-RR 1993, 286 = UPR 1993, 67 = ZfBR 1993, 89 = BRS 54 Nr. 111.

91 Zur Unterscheidung zwischen Entwurfsbegründung und Planbegründung vgl. BVerwG, Urteil vom 5.7.1974 – 4 C 50.72 – BVerwGE 45, 309 [330f.] = DVBl 1974, 767 = BauR 1974, 311 = BRS 28 Nr. 4 (Flachglas).

Berkemann

reichten „gegenwärtigen Wissensstand" (vgl. § 2 Abs. 4 S. 3 BauGB) zu ergänzen, ihn also **fortzuschreiben**. Dazu hat die Gemeinde u. a. die sie erreichenden Stellungnahmen zu berücksichtigen.

(4) **Örtliche Bauvorschriften.** Soweit der B-Plan gemäß § 9 Abs. 4 BauGB in **99** Verb. mit dem Landesrecht Festsetzungen aufgenommen hat (etwa örtliche Gestaltungsvorschriften), richtet sich eine etwaige Begründungspflicht nach Landesrecht, zumeist Landesbauordnungsrecht. Die Begründungspflicht kann u. a. durch Verweisung auf das Verfahren des BauGB bestimmt sein. Örtliche Bauvorschriften unterliegen dem Abwägungsgebot des § 1 Abs. 7 BauGB auch dann nicht, wenn sie als Festsetzungen in den B-Plan aufgenommen werden.[92] Landesrecht kann anderes bestimmen, ist aus Gründen des Rechtsstaatsgebots dazu jedoch nicht gezwungen.[93]

4. Rechtsfehler

Ist die beigefügte Begründung des B-Plans von dem zuständigen Gemeindeorgan **100** nicht gebilligt worden, so liegt ein beachtlicher Verfahrensmangel im Sinne des § 214 Abs. 1 Nr. 3 Halbs. 1 BauGB vor.[94] Der Mangel muß gegenüber der Gemeinde geltend gemacht worden sein, um den Ablauf der Zweijahresfrist gemäß § 215 Abs. 1 Nr. 1 BauGB zu verhindern.[95]

---

92 BVerwG, Urteil vom 16.3.1995 – 4 C 3.94 – DVBl 1995, 754 = NVwZ 1995, 899 = UPR 1995, 350 = ZfBR 1995, 212 = BauR 1995, 508 = BRS 57 Nr. 175 (1995).
93 BVerwG, Beschluß vom 3.11.1992 – 4 NB 28.92 – DVBl 1993, 116 = NVwZ-RR 1993, 286 = UPR 1993, 67 = ZfBR 1993, 89 = BRS 54 Nr. 111.
94 BVerwG, Beschluß vom 23.10.2002 – 4 BN 53.02 – NVwZ-RR 2003, 172 = UPR 2003, 152 = ZfBR 2003, 157 = SächsVBl 2003, 37 = BauR 2003, 216 = BRS 65 Nr. 47 (2002).
95 Vgl. BVerwG, Urteil vom 30.6.1989 – 4 C 15.86 – DVBl 1989, 1061 = NVwZ 1990, 364 = UPR 1989, 433 = ZfBR 1990, 30 = BauR 1989, 687 = BRS 49 Nr. 29.

§ 9 a BauGB 2004 – Verordnungsermächtigung

Das EAG Bau hat die **Ermächtigungsgrundlage** des § 2 Abs. 5 BauGB a.F. textidentisch nunmehr als § 9 a BauGB rubriziert. Eine inhaltliche Änderung ist damit nicht verbunden. Der Gesetzesentwurf der BReg. führt für die Verschiebung „systematische Gründe" an (BReg. in: BTag-Drs. 15/2250 S. 42).

Nagelmann

§ 10 BauGB – Beschluß, Genehmigung und Inkrafttreten des Bebauungsplans

I. § 10 Abs. 3 BauGB 2004 – Inhalt der Einsichtsnahme

1. Text der geänderten Fassung

(3) Die Erteilung der Genehmigung oder, soweit eine Genehmigung nicht erforderlich ist, der Beschluss **1** des Bebauungsplans durch die Gemeinde ist ortsüblich bekannt zu machen. Der Bebauungsplan ist mit der Begründung **und der zusammenfassenden Erklärung nach Absatz 4** zu jedermanns Einsicht bereitzuhalten; über den Inhalt ist auf Verlangen Auskunft zu geben. In der Bekanntmachung ist darauf hinzuweisen, wo der Bebauungsplan eingesehen werden kann. Mit der Bekanntmachung tritt der Bebauungsplan in Kraft. Die Bekanntmachung tritt an die Stelle der sonst für Satzungen vorgeschriebenen Veröffentlichung.

2. Textgeschichte

Die Gesetzesfassung beruht auf dem Vorschlag des 14. BTags-Ausschusses (BTag- **2** Drs. 15/2996 S. 31).

3. Erläuterung der Änderung

Nach Art. 9 Abs. 1 Buchst. b) Plan-UP-RL ist nach Annahme des Plans oder eines **3** Projekts der Öffentlichkeit eine „zusammenfassende Erklärung" bekannt zu geben. § 10 Abs. 4 BauGB beschreibt deren Inhalt (vgl. auch § 6 Abs. 5 S. 2 BauGB). § 10 Abs. 3 S. 2 BauGB übernimmt es, daß die „Erklärung" Teil des Einsichtsrechtes wird. Dieser Publikationsmodus dürfte richtlinienkonform sein. Nach Art. 9 Abs. 1 Plan-UP-RL kommt es nur auf die für die Öffentlichkeit bestehende **Zugänglichkeit** an.

II. § 10 Abs. 4 BauGB 2004 – „zusammenfassende Erklärung"

1. Text der geänderten Fassung

4 (4) Dem Bebauungsplan ist eine zusammenfassende Erklärung beizufügen über die Art und Weise, wie die Umweltbelange und die Ergebnisse der Öffentlichkeits- und Behördenbeteiligung in dem Bebauungsplan berücksichtigt wurden, und aus welchen Gründen der Plan nach Abwägung mit den geprüften, in Betracht kommenden anderweitigen Planungsmöglichkeiten gewählt wurde.

2. Textgeschichte

5 Die Gesetzesfassung beruht auf dem Vorschlag des 14. BTags-Ausschusses (BTag-Drs. 15/2996 S. 31). Der Gesetzesentwurf der BReg. hat eine Pflicht der Gemeinde zur „zusammenfassenden Erklärung" als Teil des Umweltberichtes nach § 2a S. 2 Nr. 3 BauGB vorgesehen (vgl. BTag-Drs. 15/2250 S. 11f., 43). Der Bundesrat hatte in seiner Stellungnahme eine Umstellung angeregt (BTag-Drs. 15/2250 S. 88).

3. Erläuterung der Änderung

3.1 Funktion der Zusammenfassung

6 (1) § 10 Abs. 4 BauGB stellt eine Parallelbestimmung zu § 6 Abs. 5 BauGB dar. Dem B-Plan ist eine „zusammenfassende Erklärung" beizufügen. Sie soll in knappen Worten einen Bericht darstellen. Das Gesetz gibt dazu einen Mindestinhalt an. § 10 Abs. 4 BauGB erweitert in einem untechnischen Sinne die Begründungspflicht.

7 (2) § 10 Abs. 4 BauGB dient der Umsetzung des Art. 9 Abs. 1 Buchst. b) Plan-UP-RL. Die Richtlinie verlangt dort, daß den beteiligten Stellen der Plan selber, eine „zusammenfassende Erklärung" und die beschlossenen Maßnahmen des Monitoring zugänglich gemacht werden. Ob es dieser Umsetzung nach seinerzeit gegebener Rechtslage bedurfte, war umstritten. Die Expertenkommission zur Novellierung des Baugesetzbuchs war hierzu der Ansicht, daß den Vorgaben der Plan-UP-RL bereits durch die Begründung bzw. der Erläuterungsbericht zu jedermanns Einsicht entsprochen werde (vgl. § 10 Abs. 3, § 6 Abs. 5 BauGB a.F.).[1]

8 Auch der veröffentlichte Referentenentwurf vom 3.6.2003 sah keine entsprechende Regelung vor. Nach dem Gesetzesentwurf der BReg. sollte die „zusammenfassende Erklärung" in die Begründung als „Erklärung zum Umweltbericht" aufgenommen werden (vgl. BTag-Drs. 15/2250 S. 11f., 43). Als Ort war hierfür eine Nr. 3 des § 2a S. 2 BauGB n.F. vorgesehen. Damit ging der Gesetzentwurf über die Vorgabe des Art. 9 Plan-UP-RL hinaus. Nach der Richtlinie muß die „zusammenfassende Erklärung" erst nach Abschluß des Verfahrens vorliegen. Dem Entwurf war dies bewußt (vgl. Begründung der BReg., in: BTag-Drs. 15/2250, S. 43). Demgegenüber regte der Bundesrat an, die „zusammenfassende Erklärung" in einem § 5 Abs. 5 BauGB angefügten Satz 2 zu regeln. Danach sollte die Begrün-

---

1   Bericht der Unabhängigen Expertenkommission zur Novellierung des BauGB, 2002, Rn. 34.

dung des F-Plans auch eine dem jetzigen Wortlaut entsprechende Erklärung enthalten (vgl. Stellungnahme des Bundesrates, in: BTag-Drs. 15/2250, S. 76). Dasselbe sollte für den für den B-Plan gelten (vgl. § 9 Abs. 8 S. 2 BauGB). Die BReg. folgte dem Vorschlag des Bundesrates nicht. Nach ihrer Ansicht werde die kommunale Praxis erleichtert, wenn die „zusammenfassende Erklärung" bereits dem Entwurf beigefügt sei (BReg., in: BTag-Drs. 15/2250, S. 90).

Der federführende 14. BTags-Ausschuß schlug nach Anhörung von Sachverstän- **9** digen die Gesetz gewordene Fassung vor. Die „zusammenfassende Erklärung" wird für F-Plan und B-Plan jeweils von den Bestimmungen über das Zustandekommen der Pläne, in §§ 6 und 10 BauGB getrennt geregelt (BTag-Drs. 15/2996, S. 24f., 29f., 31f.). Diese systematische Trennung von Begründungspflicht (vgl. §§ 5 Abs. 5, 9 Abs. 8 BauGB) einerseits und zusammenfassende Erklärung" (§§ 6 Abs. 5 S. 3, 10 Abs. 4 BauGB) andererseits erhärtet die Auffassung, daß der 14. Ausschuß die „zusammenfassende Erklärung" von der Begründung rechtlich „entkoppeln" wollte (vgl. auch Ausschußbericht, in: BTag-Drs. 15/2996, S. 91f.), vgl. auch § 6 Abs. 5 BauGB, Rn. 3ff.

3.2 Inhalt der „zusammenfassenden Erklärung"

(1) Die „zusammenfassende Erklärung" hat den Anforderungen an die UP gemäß **10** Art. 9 Abs. 1 Buchst. b) der Plan-UP-RL zu entsprechen. In der „zusammenfassenden Erklärung" zum B-Plan müssen in entsprechender Weise dieselben Angaben wie bei der „zusammenfassenden Erklärung" zum F-Plan gegeben werden. Auf die Kommentierung zu § 6 Abs. 5 BauGB wird verwiesen (vgl. § 6 Abs. 5 BauGB, Rn. 3ff.).

(2) Inhaltliche Unterschiede können sich nur hinsichtlich der Darstellung der Plan- **11** alternativen ergeben. Hier ist es für den B-Plan möglich, auch konkrete Alternativen innerhalb des Plangebietes zu umreißen und die Gründe, die für die beschlossene Planung sprechen, anzugeben.[2]

3.3 Verfahrensrechtliche Fragen

(1) § 10 Abs. 4 BauGB gibt nicht an, wer die zusammenfassende Erklärung zu er- **12** stellen hat. Verantwortlich ist im System des BauGB „die Gemeinde". Demgemäß hat der nach kommunalverfassungsrechtlicher Regelung bestimmte Ortsgesetzgeber die „zusammenfassende Erklärung" zu beschließen. Die Abgabe dieser Erklärung kann nicht „delegiert" werden. Entscheidender Zeitpunkt für das Vorliegen der Erklärung ist die Beschlußfassung über den B-Plan (vgl. § 214 Abs. 3 S. 1 BauGB). Diese Auslegung dürfte dem Konzept der Plan-UP-RL am besten entsprechen.[3] Zum Zeitpunkt der Beschlußfassung über den B-Plan muß die Erklä-

---

2   Wie hier W. Schrödter, in: H. Schrödter (Hrsg.), BauGB, 7. Auflage, 2005, § 10 Rn. 77.
3   Vgl. auch J. Pietzcker, Gutachten zum Umsetzungsbedarf der Plan-UP-Richtlinie der EG im Baugesetzbuch, 30.4.2002, S. 74; wohl auch BReg., in: BTag-Drs. 15/2250 S. 43.

rung dem Plan beigefügt sein (str.).[4] Mit dem Satzungsbeschluß ist für den Ortsgesetzgeber das Verfahren abgeschlossen.

13 (2) Die „zusammenfassende Erklärung" ist nicht Teil der Begründung des Planes (vgl. § 6 Abs. 5 S. 3 BauGB, Rn. 16 f.). Die Erklärung unterliegt auch nicht der Öffentlichkeits- oder Behördenbeteiligung. Dem Plangeber bleibt es unbenommen, die „zusammenfassende Erklärung" bereits im Planaufstellungsverfahren vorzubereiten und der aktuellen Entwicklung anzupassen.[5]

4. Rechtsfehler

14 Eine fehlerhafte oder gar unterlassene Zusammenfassung stellt zwar einen Verfahrensfehler dar. Dieser berührt jedoch die Rechtswirksamkeit des B-Plans nicht, wenn man die „zusammenfassende Erklärung" nicht als einen integralen Teil der Planbegründung ansieht (arg. e § 214 Abs. 1 S. 1 Nr. 3 BauGB).[6]

5. Überleitungsrecht

15 Maßgebend ist an sich § 233 Abs. 1 S. 1 BauGB. Die Vorschrift wird in § 244 Abs. 1 BauGB hinsichtlich der Stichtage auch für den B-Plan modifiziert.

---

4 A.A. U. Kuschnerus, Der sachgerechte Bebauungsplan, 3. Auflage 2004, Rn. 478, Grafik zu Rn. 472; W. Schrödter, Das Europarechtsanpassungsgesetz Bau – EAG Bau –, in: NST-N 2004, 197–216 [206].

5 So die Begründung des 14. BTags-Ausschusses zur Änderung der systematischen Stellung der zusammenfassenden Erklärungen (vgl. BTag-Drs. 15/2996, S. 91).

6 Der EAG Mustererlaß 2004, Nr. 3.5, verneint einen nach § 214 BauGB beachtlichen Fehler. Wortgleich M. Krautzberger, Die Umweltprüfung im Bauleitplanverfahren nach dem EAG Bau 2004, UPR 2004, 401–408 [408]; K. Finkelnburg, Die Änderungen des Baugesetzbuchs durch das Europarechtsanpassungsgesetz Bau, in: NVwZ 2004, 897–903 [901]; M. Uechtritz, Die Änderung im Bereich der Fehlerfolgen und der Planerhaltung nach §§ 214 ff. BauGB, in: ZfBR 2005, 11–20 [14].

§ 11 BauGB – Städtebaulicher Vertrag

§ 11 Abs. 1 BauGB 2004 – Inhalt des städtebaulichen Vertrages

1. Text der geänderten Fassung

(1) Die Gemeinde kann städtebauliche Verträge schließen. Gegenstände eines städtebaulichen Vertrages **1** können insbesondere sein:

1. die Vorbereitung oder Durchführung städtebaulicher Maßnahmen durch den Vertragspartner auf eigene Kosten; dazu gehören auch die Neuordnung der Grundstücksverhältnisse, die Bodensanierung und
sonstige vorbereitende Maßnahmen sowie die Ausarbeitung der städtebaulichen Planungen sowie
erforderlichenfalls des Umweltberichts; die Verantwortung der Gemeinde für das gesetzlich vorgesehene Planaufstellungsverfahren bleibt unberührt;

2. die Förderung und Sicherung der mit der Bauleitplanung verfolgten Ziele, insbesondere die Grund-
stücksnutzung, **auch hinsichtlich einer Befristung oder einer Bedingung,** die Durchführung des
Ausgleichs im Sinne des § 1a Abs. 3, die Deckung des Wohnbedarfs von Bevölkerungsgruppen mit
besonderen Wohnraumversorgungsproblemen sowie des Wohnbedarfs der ortsansässigen Bevölkerung;

3. die Übernahme von Kosten oder sonstigen Aufwendungen, die der Gemeinde für städtebauliche Maßnahmen entstehen oder entstanden sind und die Voraussetzung oder Folge des geplanten Vorhabens
sind; dazu gehört auch die Bereitstellung von Grundstücken;

4. **entsprechend den mit den städtebaulichen Planungen und Maßnahmen verfolgten Zielen und
Zwecken die Nutzung von Netzen und Anlagen der Kraft-Wärme-Kopplung sowie von Solaranlagen für die Wärme-, Kälte- und Elektrizitätsversorgung.**

2. Textgeschichte

(1) Die Ergänzung in § 11 Abs. 1 S. 2 Nr. 2 BauGB beruht auf dem Gesetzesent- **2**
wurf der BReg. (BTag-Drs. 15/2250 S. 14, 49). Der Bundesrat erhob keine Einwände.

(2) § 11 Abs. 1 S. 2 Nr. 4 BauGB beruht im wesentlichen auf einem Vorschlag **3**
der BReg. (vgl. (BTag-Drs. 15/2250, S. 14). Ihr Gesetzentwurf sah vor, daß städtebauliche Verträge auch Vereinbarungen über die Nutzung von Netzen und Anlagen der Kraft-Wärme-Kopplung enthalten konnten. Das sollte auch Vereinbarun-

gen über die sog. Kälteversorgung mit einschließen (vgl. BTag-Drs. 15/2250, S. 50). Der 14. BTags-Ausschuß empfahl die Ergänzung um den Bereich der Solaranlagen (vgl. BTag-Drs. 15/2996, S. 32, 95). Dem ist der Gesetzgeber gefolgt. Aufgegriffen wurde auch die Anregung des Ausschusses, die Regelungsmöglichkeit zur Nutzung von Anlagen und Netzen der Kraft-Wärme-Kopplung für die Kälteversorgung ausdrücklich zu bestimmen.

3. Erläuterung der Änderung

4　Die Regelungsgegenstände des städtebaulichen Vertrages bestimmt das BauGB nicht abschließend (vgl. § 11 Abs. 4 BauGB). § 11 Abs. 1 S. 2 BauGB gibt dafür gesetzliche Beispiele („insbesondere"). Es dient der Klarstellung, wenn der Gesetzgeber den Katalog des § 11 Abs. 1 S. 2 Nr. 2 BauGB präzisiert und mit § 11 Abs. 1 S. 2 Nr. 4 BauGB im Sinne energiepolitischer Zielsetzungen erweitert. Er entzieht damit auch einem denkbaren Einwand die rechtliche Grundlage, daß es sich im Einzelfall um einen „unzulässigen", weil nicht regelungsfähigen Vertragsgegenstand handele. In dem Katalog spiegeln sich Erfahrungen der Praxis, aber auch Wünsche für die Zukunft wider. Das letztere dürfte für die Aufnahme des § 11 Abs. 1 S. 2 Nr. 4 BauGB gelten.

3.1　Ergänzung des § 11 Abs. 1 S. 2 Nr. 2 BauGB 2004

5　Die Ergänzung durch das EAG Bau verfolgt eine vertragliche Parallelisierung des **Baurechts „auf Zeit"** (vgl. § 9 Abs. 2 BauGB). Damit ist zugleich die Angemessenheit im Sinne des § 11 Abs. 2 BauGB berührt. Eine vom BauGB als zulässig angesehenen Befristung mindert die Anforderung an die Angemessenheit der Gegenleistung. Daß ein Vertrag Befristungen und Bedingungen auch hinsichtlich des Vertragsgegenstandes enthalten kann, entspricht allgemeinem Vertragsrecht (vgl. § 62 S. 2 VwVfG in Verb. mit §§ 158 ff. BGB). Insoweit dient die Ergänzung des § 11 Abs. 1 Nr. 2 BauGB rechtlich nur einer Klarstellung. Das mindert ihren psychologischen Wert nicht.

3.2　Erweiterung um § 11 Abs. 1 Nr. 2 Nr. 4 BauGB 2004

3.2.1　Allgemeines

6　(1) Der Gesetzgeber des EAG Bau will in Umsetzung der Plan-UP-RL verstärkte Berücksichtigung von Umweltbelangen in der Bauleitplanung erreichen. § 11 Abs. 1 S. 2 Nr. 4 BauGB ist Ausdruck des Anliegens des Gesetzgebers, diesem Ziel u. a. durch Einsatz erneuerbarer Energien näher zu kommen. Die Aufnahme des § 11 Abs. 1 S. 2 Nr. 4 BauGB in den Katalog des § 11 Abs. 1 S. 2 BauGB ist damit in Zusammenhang mit weiteren energiepolitischen Bestimmungen des EAG Bau zu sehen. Eine substantielle Änderung der Rechtslage tritt hierdurch allerdings nicht ein. Die Gemeinde hat ganz allgemein im Rahmen der Bauleitplanung „in Verantwortung für den allgemeinen Klimaschutz" (§ 1 Abs. 5 S. 2 BauGB) den sparsamen und effizienten Umgang mit Energie zu berücksichtigen (vgl. auch § 1 Abs. 6

Nr. 7 Buchst. f), § 9 Abs. 1 Nr. 23 Buchst. b) BauGB, mittelbar § 35 Abs. 1 Nr. 6 BauGB). Auch vertragliche Regelungen können zur Umsetzung energiepolitischer Ziele und damit für den allgemeinen Klimaschutz eingesetzt werden. Daran will § 11 Abs. 1 S. 2 Nr. 4 BauGB in differenzierender Weise erinnern. Der Einsatz energiesparender Anlagen etwa der Wärmeversorgung wird durch die Bundesländer, aber auch die Gemeinden durch Förderungsprogramme unterstützt.[1] Auch die Europäische Kommission unterstützt die Entwicklung und Verbreitung entsprechender Umwelttechnologien (vgl. auch Richtlinie 8/2004/EG zur Förderung der Kraft-Wärme-Kopplung).[2]

§ 11 Abs. 1 S. 2 Nr. 4 BauGB behandelt Netze und Anlagen der Kraft-Wärme- **7** Kopplung und Solaranlagen für die Wärme-, Kälte- und Elektrizitätsversorgung. Das konkrete Vertragsziel muß zugleich im Einklang mit Zielen und Zwecken stehen, die sich aus den „städtebaulichen Planungen und Maßnahmen" ergeben. Damit wird gegenüber der Gemeinde der Gedanke herausgestellt, daß Abschluß und Inhalt entsprechender Verträge unmittelbar gemeinwohlorientiert sein müssen. Die im jeweiligen Kommunalrecht bestehenden Regelungen über einen Anschluß- und Benutzungszwang läßt § 11 Abs. 2 Nr. 4 BauGB unberührt.

(2) § 11 Abs. 1 S. 2 Nr. 4 BauGB steht in einem gewissen Zusammenhang mit **8** der Großfeuerungsanlagen-RL 2001/81/EG.[3] Die Richtlinie dient u.a. der Umsetzung des UN-ECE Göteborg-Protokolls von 1999 und des UN-ECE-Aarhus-Protokolls zur Reduktion von Schwermetallen von 1998. Die Mitgliedstaaten werden durch Art. 6 RL verpflichtet, mit Wirkung vom 27.11.2002 bei der Genehmigung von Neuanlagen oder bei Erweiterungen bestehender Anlagen um mindestens 50 MW zu prüfen, ob der Einsatz von Kraft-Wärme-Kopplung technisch und wirtschaftlich durchführbar ist. Die individuell errichtete KWK-Anlagen sind in aller Regel zu zertifizieren, um eine Vergütung nach dem EEG 2004 zu erreichen.[4]

3.2.2 Vereinbarungen zur Nutzung der Kraft-Wärme-Kopplung und Solarenergie

(1) Die Gemeinde kann das Instrument vertraglicher Vereinbarung einsetzen, um **9** ihre energiepolitischen und (lokalen) energiewirtschaftlichen Vorstellungen über die Nutzung erneuerbarer Energien konkretisierend umzusetzen. Auf der Grundlage des § 11 Abs. 1 S. 2 Nr. 4 BauGB kann sie mit Eigentümern oder Investoren im städtebaulichen Vertrag die Nutzung von Netzen und Anlagen der Kraft-Wärme-Kopplung sowie von Solaranlagen regeln. Auf der Grundlage von § 11 Abs. 1 S. 2

---

1   Vgl. E. Ehricke, Staatliche Maßnahmen zur Förderung umweltfreundlicher Energien und europäisches Wettbewerbsrecht, in: RdE 2003, 57–65.
2   Vgl. J. Falke, Neueste Entwicklungen im Europäischen Umweltrecht, in: ZUR 2003, 118–122; ZUR 2004, 180–183.
3   Richtlinie 2001/81/EG vom 30.10.2001 (ABl. EG 2001 Nr. L 309 S. 1).
4   Vgl. § 8 Abs. 3 des Gesetz über den Vorrang erneuerbarer Energien – EEG – vom 21.7.2004 (BGBl. I S. 1918) in Verb. mit dem Nachweis nach Arbeitsblatt FW 308 der Arbeitsgemeinschaft für Wärme und Heizkraft (AGFW e.V.) vom Nov. 2002 (BAnz. Nr. 218a vom 22.11.2002).

Nr. 4 BauGB können städtebauliche Vereinbarungen für eine effiziente Energieversorgung mit Kraft-Wärme-Kopplung oder Solarenergie ggf. mit den Möglichkeiten nach § 9 Abs. 1 Nr. 23 Buchst. b) BauGB zur Festsetzung bautechnischer Maßnahmen für den Einsatz erneuerbarer Energien verbunden werden. Damit soll insgesamt der kommunale Klimaschutz auch auf vertraglicher Grundlage gestärkt werden.

10 (2) Den Begriff der Kraft-Wärme-Kopplung erläutert das BauGB nicht. Ein Rückgriff auf das Kraft-Wärme-Kopplungsgesetz vom 13.3.2002 (BGBl. I S. 1092) ist naheliegend.[5] Nach diesem Gesetz ist unter Kraft-Wärme-Kopplung die gleichzeitige Umwandlung von eingesetzter Energie in mechanische und elektrische Energie und Nutzwärme zu verstehen.[6] In der Praxis ist die gekoppelte Erzeugung von elektrischer Energie und Wärme, z. B. bei Blockheizkraftwerken, von Bedeutung. Wichtige Anwendungsbereiche der Kraft-Wärme-Kopplung sind insoweit die Nah- und Fernwärmeversorgung und die Versorgung von Industriebetrieben mit Strom- und Prozeßwärme bzw. Prozeßdampf. Ein Vorzug gegenüber konventionellen Anlagen mit getrennter Erzeugung von elektrischer Energie und Wärme besteht in dem höheren Brennstoffausnutzungsgrad und damit einer effektiveren Nutzung der eingesetzten Energie. Den niedrigeren Betriebskosten stehen allerdings oftmals höhere Investitionskosten gegenüber.

11 (3) § 11 Abs. 1 S. 2 Nr. 4 sieht ausdrücklich auch die Nutzung von Solaranlagen als Gegenstand eines städtebaulichen Vertrags vor. Grundstückseigentümer können sich danach gegenüber der Gemeinde zur Nutzung von Solaranlagen für die Wärme-, Kälte- und Elektrizitätsversorgung verpflichten. Auch hier sind die Betriebskosten in aller Regel geringer als die Investitionskosten.

12 (4) Vertragsinhalt kann ergänzend eine Anschluß- und Benutzungspflicht sein. Fehlen derartige vertragliche Regelungen, bleibt der Zugriff über den kommunalen Anschluß- und Benutzungszwang nicht ausgeschlossen.[7] Maßnahmen der Gemeinde dienen in aller Regel Aufgaben der Daseinsvorsorge. Das ist rechtlich zulässig, auch in kartellrechtlicher und wettbewerbsrechtlicher Hinsicht (vgl. §§ 33, 20 Abs. 4 GWB, § 1 UWG). Ein (vertraglich vereinbarter) Anschluß- und Benutzungszwang kann insbesondere bei der Veräußerung kommunaler Grundstücke

---

5 Gesetz für die Erhaltung, die Modernisierung und den Ausbau der Kraft-Wärme-Kopplung (Kraft-Wärme-Kopplungsgesetz) – KWKG 2002 – vom 19.3.2002 (BGBl. I S. 1092), zuletzt geändert durch Art. 3 des Gesetzes vom 21.7.2004 (BGBl. I S. 1918). Das KWKG 2002 löste das Gesetz zum Schutz der Stromerzeugung aus Kraft-Wärme-Kopplung – KWKG 2000 – vom 12.5.2000 (BGBl I 703) mit Wirkung vom 1.4.2002 ab. Das KWKG 2002 tritt nach seinem § 13 Abs. 2 am 31.12.2010 außer Kraft. Kritisch zur energiepolitischen, ökonomischen und klimaschutzpolitischen Effektivität des KWKG 2002 vgl. K. Schrader/N. Krikalla/S. Lehmann, Schwächen des neuen Förderungsgesetzes für Kraft-Wärme-Kopplung, in: ET 2002, 66–69; A. Seeliger, in: ZögU 2002, 40–48.
6 Vgl. Th. Burmeister, Städtebauliche Verträge, 2. Aufl., 2005, Rn. 168 unter Hinweis auf A. Voß, Die Kraft-Wärme-Kopplung. Technik, Potenzial und Umweltwirkungen, in: Physikalische Blätter 57 Nr. 11 (2001), S. 61–64.
7 Vgl. OVG Schleswig, Urteil vom 21.8.2002 – 2 L 30/00 – ZUR 2003, 92 mit zust. Anm. W. Köck/D. Coder, Rechtliche Stärkung des kommunalen Klimaschutzes, in: ZUR 2003, 95–97.

Berkemann

bedeutsam sein.[8] Dabei können Kosten der Förderung der Kraft-Wärme-Kopplung auf den Letztverbraucher abgewälzt werden.[9] Das kann auch Gegenstand eines Erschließungsvertrages gemäß § 124 Abs. 3 S. 1 BauGB sein.

3.3 Städtebaulicher Zusammenhang

Bei Vereinbarungen zur Nutzung der Kraft-Wärme-Kopplung oder der Solarenergie   **13** muß in der Zielsetzung zwingend ein „städtebaulicher" Zusammenhang bestehen.[10] Die Vereinbarungen sollten hierzu städtebaulichen Planungen entsprechen, also z. B. nach Maßgabe von Baugebietsausweisungen in B-Plänen oder als städtebauliche Maßnahmen etwa in Sanierungs- oder Entwicklungsgebieten. Ein derartiger städtebaulicher Zusammenhang dürfte in aller Regel gegeben sein, wenn sich die Vereinbarung auf ein Gebiet bezieht, für das die Gemeinde Festsetzungen nach § 9 Abs. 1 Nr. 23 Buchst. a) oder Buchst. b) BauGB getroffen hat. Derartige Festsetzungen dienen dem vorbeugenden Emissionsschutz und dürfen ihrerseits nur aus städtebaulichen Gründen getroffen werden.

3.4 Angemessenheit

(1) Vertragliche Bindungen nach § 11 Abs. 1 S. 2 Nr. 4 BauGB müssen dem Ge-   **14** bot der Angemessenheit (§ 11 Abs. 2 Satz 1 BauGB) genügen. Sie werden aus diesem Grunde kaum unbefristet abgeschlossen werden dürfen. Ein überhöhtes Entgelt verletzt das Gebot der Angemessenheit. Bei Kraft-Wärme-Anlagen kann nach DIN V 4701–10 eine Stromgutschriftmethode angewandt werden.

(2) Mehrkosten für den Grundstückseigentümer gegenüber herkömmlichen Ener-   **15** giebezugsformen verletzen das Gebot der Angemessenheit noch nicht. Sie finden ihre Rechtfertigung in dem städtebaulichen Ziel des vorbeugenden Emissionsschutzes. Sie dürfen allerdings nur in einer solchen Höhe und für eine Dauer anfallen, die dem Betreiber der Anlage noch einen rentablen Betrieb ermöglichen. Der Anlagenbetreiber sollte eine sichere Berechnungsgrundlage für die Amortisation der jeweiligen Anlage und des Netzes der Kraft-Wärme-Kopplung bzw. der Solaranlage erhalten.

---

8   Vgl. BGH, Urteil vom 9.7.2002 – KZR 30/00 – BGHZ 151, 274 = NJW 2002, 3779 = GewArch 2003, 84 mit Anm. St. Gronemeyer, in: ZflR 2002, 1008–1011; M. Raabe, in: ZNER 2002, 283–290; W. Köck, in: ZUR 2003, 95–97 (Fall Gemeinde Börnsen [SH]).
9   Vgl. dazu G. Britz/F. Müller, Die Kostenabwälzung auf den Letztverbrauch im Rahmen der „subventionierten Preisregelungen" nach KWKG und EEG, in: RdE 2003, 163–171.
10 Vgl. BGH, Urteil vom 9.7.2002 – KZR 30/00 – BGHZ 151, 274 = NJW 2002, 3779 = GewArch 2003, 84 mit Anm. St. Gronemeyer, in: ZflR 2002, 1008–1011; M. Raabe, in: ZNER 2002, 283–290; W. Köck, in: ZUR 2003, 95–97 (Fall Gemeinde Börnsen [SH]).

§ 12 BauGB – Vorhaben- und Erschließungsplan

I. § 12 Abs. 1 BauGB 2004 – Planentwurf

1. Text der geänderten Fassung

1 (1) Die Gemeinde kann durch einen vorhabenbezogenen Bebauungsplan die Zulässigkeit von Vorhaben bestimmen, wenn der Vorhabenträger auf der Grundlage eines mit der Gemeinde abgestimmten Plans zur Durchführung der Vorhaben und der Erschließungsmaßnahmen (Vorhaben- und Erschließungsplan) bereit und in der Lage ist und sich zur Durchführung innerhalb einer bestimmten Frist und zur Tragung der Planungs- und Erschließungskosten ganz oder teilweise vor dem Beschluss nach § 10 Abs. 1 verpflichtet (Durchführungsvertrag). **Die Begründung des Planentwurfs hat die nach § 2a erforderlichen Angaben zu enthalten. Für die grenzüberschreitende Beteiligung ist eine Übersetzung der Angaben vorzulegen, soweit dies nach den Vorschriften des Gesetzes über die Umweltverträglichkeitsprüfung notwendig ist.** (...)

2. Textgeschichte

2 Der Gesetzestext des § 12 Abs. 1 BauGB entspricht dem Gesetzesentwurf der BReg. (BTag-Drs. 15/2250 S. 14, 50). Der Bundesrat hatte sich in seiner Stellungnahme dem Vorschlag der BReg. angeschlossen. Eine mittelbare Änderung liegt insoweit vor, als der 14. Ausschuß und ihm folgend der Gesetzgeber § 2a Abs. 1 Nr. 2 BauGB, auf den § 12 Abs. 1 BauGB verweist, redaktionell anders als der Gesetzesentwurf der BReg. gefaßt hat.

       Berkemann

3. Erläuterung der Änderung

Lit.: Hartwig Lüers, Die Änderungen des Baugesetzbuches durch das Bau- und Raumordnungsgesetz, in: ZfBR 1997, 231–240; Reinard Menke, Der vorhabenbezogene Bebauungsplan, in: NVwZ 1998, 577–581; Olaf Reidt, Der „neue" Vorhaben- und Erschließungsplan nach dem BauROG, in: BauR 1998, 903–919.

3.1 Allgemeines

(1) Der **Vorhaben- und Erschließungsplan (VEP)** ist ein junges Planungsinstru-   3
ment. Er soll Gemeinden und Vorhabenträgern die Möglichkeit verschaffen, auf einem „einfachen" Weg planungsrechtliche Grundlagen für die Verwirklichung von Investitionen zu schaffen. Das Planungsinstrument des vorhabenbezogenen B-Plans gilt inzwischen als hinreichend bewährt.[1] Das BauROG 1998 hatte den VEP mit § 12 BauGB als Dauerrecht in das BauGB übernommen. Der VEP muß nicht notwendig auch Erschließungsmaßnahmen vorsehen.[2]

Das Aufstellungsverfahren des vorhabenbezogenen B-Plans ist mit dem des „nor-   4
malen" B-Plans grundsätzlich identisch. Besonderheiten ergeben sich aus dem Initiativrecht des Vorhabenträgers (vgl. § 12 Abs. 2 S. 1 BauGB). Für den vorhabenbezogenen B-Plan gilt das Abwägungsgebot des § 1 Abs. 7 BauGB einschließlich der **Prüfung der Umweltbelange** nach den Maßstäben der UP (arg. e. § 12 Abs. 2 S. 2 BauGB).

(2) Das **EAG Bau** trifft nur wenige Ergänzungen. Der VEP ist unverändert durch   5
drei Elemente geprägt, nämlich durch die Satzung (vorhabenbezogener B-Plan), durch den VEP selbst und durch den Durchführungsvertrag. Der VEP wird Bestandteil des vorhabenbezogenen B-Plans (§ 12 Abs. 3 S. 1 BauGB). Der VEP ist damit im Ergebnis ein Unterfall eines B-Plans.[3] Die drei Elemente, also der VEP, der B-Plan und der Durchführungsvertrag, müssen aufeinander abgestimmt sein. Sie dürfen sich nicht widersprechen.[4] Dabei ist der B-Plan gemäß § 12 Abs. 3 S. 2 BauGB nicht an den Festsetzungskatalog des § 9 BauGB oder die Vorgaben der BauNVO gebunden, wenngleich er sich daran orientieren muß.[5] Maßgebend kann

---

1   Vgl. bereits Bericht der [1.] Expertenkommission zur Novellierung des BauGB (sog. Schlichter-Kommission) vom 28.10.1995, hrsg. vom BM Bau, 1996, Rn. 143ff.; vgl. dazu K.-P. Dolde, Novellierung des Baugesetzbuchs – Bericht der Expertenkommission, in: NVwZ 1996, 209–215 [212].

2   Zutreffend VGH Mannheim, Beschluß vom 25.11.1996 – 8 S 1151/96 – DVBl 1997, 841 = NVwZ 1997, 699 [700] = UPR 1997, 157 = ZfBR 1997, 162 = BRS 58 Nr. 248 zu § 7 BauGB-MaßnG; zustimmend H. Lüers, Die Änderungen des Baugesetzbuchs durch das Bau- und Raumordnungsgesetz 1998 – BauROG, in: ZfBR 1997, 231–240 [236]; R. Menke, Der vorhabenbezogene Bebauungsplan, in: NVwZ 1998, 577–581 [578].

3   Vgl. R. Menke, Der vorhabenbezogene Bebauungsplan, in: NVwZ 1998, 577–581; H. Lüers, Die Änderungen des Baugesetzbuchs durch das Bau- und Raumordnungsgesetz 1998 – BauROG, in: ZfBR 1997, 231–240 [236].

4   Vgl. BVerwG, Urteil vom 18.9.2003 – 4 CN 3.02 – BVerwGE 119, 45 = DVBl 2004, 247 = NVwZ 2004, 229 = UPR 2004, 118 = ZfBR 2004, 167 = BauR 2004, 286.

5   BVerwG, Urteil vom 6.6.2002 – 4 CN 4.01 – BVerwGE 116, 296 = DVBl 2002, 1494 = NVwZ 2003, 98 = ZfBR 2002, 792 = UPR 2002, 452 = BauR 2002, 1655 = BRS 65 Nr. 78 (2000) zu § 7 BauGB-MaßnG; vgl. auf W. Söfker, Der Vorhaben- und Erschließungsplan, in: Planung und Planungskontrolle. FS O. Schlichter, 1995, S. 389–405 [398].

insoweit die Zielvorgabe des § 1 Abs. 3 S. 1 BauGB sein (arg. e § 12 Abs. 1 S. 4 BauGB). Zudem muß der vorhabenbezogene B-Plan hinreichend bestimmt sein.

6 (3) **Vorhabenbegriff.** § 12 BauGB erfordert grundsätzlich die planerische Festlegung eines oder mehrerer konkreter Vorhaben im Sinne von § 29 Abs. 1 BauGB. Ein vorhabenbezogener B-Plan, der in bezug auf die Art der baulichen Nutzung planungsrechtlich eine unbestimmte Anzahl unterschiedlichster Vorhaben im Sinne von § 29 Abs. 1 BauGB zuläßt, dürfte sich außerhalb der zulässigen Bandbreite an Nutzungsmöglichkeiten des § 12 BauGB bewegen.[6] Das BVerwG scheint sich allerdings für den vorhabenbezogenen B-Plan von dem engen Vorhabensbegriff des § 29 Abs. 1 BauGB lösen zu wollen.[7]

3.2 Änderung des § 12 Abs. 1 Satz 2 BauGB 2004

7 (1) § 12 Abs. 1 S. 2 BauGB ist eine redaktionelle Anpassung an die abändernde Regelung des § 2 a BauGB. § 2 a S. 1 BauGB bestimmt, daß die Gemeinde im Aufstellungsverfahren dem Entwurf eines Bauleitplans eine spezifische Begründung beizufügen hat. Diese muß insbesondere in einem Umweltbericht die nach dem UVPG ermittelten und bewerteten Belange des Umweltschutzes darlegen. Der **Umweltbericht** ist Kernstück der UP. Er bildet einen gesonderten Teil der Begründung (§ 2 a S. 3 BauGB). § 12 Abs. 1 S. 2 BauGB ordnet an, daß diese Anforderungen auch für den vorhabenbezogenen B-Plan gelten. Wie im „normalen" B-Plan ist auch im vorhabenbezogenen B-Plan damit die UP in das Aufstellungsverfahren integriert.[8]

8 (2) § 12 Abs. 1 S. 2 BauGB besitzt nur eine klarstellende Funktion. Auch der vorhabenbezogene B-Plan muß grundsätzlich den verfahrensrechtlichen und materiell-rechtlichen Anforderungen eines „normalen" B-Plans genügen. Demgemäß bedarf auch der Entwurf des vorgezogenen B-Plans der im Aufstellungsverfahren vorgesehenen umweltspezifischen Begründung (vgl. § 2 a BauGB).

9 (3) Die **Begründung** darf nicht allgemein sein. Im Hinblick auf § 2 a S. 1 Nr. 1 BauGB muß sie konkretisierend darlegen, worin nach dem Stand des Verfahrens die Ziele, die Zwecke und die wesentlichen Auswirkungen gerade des VEP bestehen. Dies hat nicht der Investor, sondern die Gemeinde darzutun. Auch der beizufügende Umweltbericht muß sich konkretisierend auf den Vorhaben- und Erschließungsplan beziehen (vgl. § 2 a S. 1 Nr. 2 BauGB).

3.3 Änderung des § 12 Abs. 1 Satz 3 BauGB 2004

10 (1) Auch der vorhabenbezogene B-Plan hat § 4 a Abs. 5 BauGB zu beachten. Für die **grenzüberschreitende Beteiligung** ist dazu erforderlich, daß im Verhält-

---

6 Vgl. OVG Münster, Urteil vom 11.3.2004 – 7 a D 51/02.NE – ZfBR 2004, 575.
7 Vgl. BVerwG, Urteil vom 18.9.2003 – 4 CN 3.02 – BVerwGE 119, 45 = DVBl 2004, 247 = NVwZ 2004, 229 = UPR 2004, 118 = ZfBR 2004, 167 = BauR 2004, 286; vgl. auch U. Kuschnerus, Der vorhabenbezogene Bebauungsplan im Lichte der jüngeren Rechtsprechung, in: BauR 2004, 946–956.
8 Ebenso. U. Kuschnerus, Der sachgerechte Bebauungsplan, 3. Aufl., 2004, Rn. 109.

nis zu dem anderen Staat die Voraussetzungen der Grundsätze der Gegenseitigkeit und der Gleichwertigkeit erfüllt sind. Kann der Bauleitplan (F-Plan oder B-Plan) erhebliche Umweltauswirkungen auf einen anderen Staat haben, ist dieser nach den Vorschriften des UVPG zu beteiligen (vgl. § 4a Abs. 5 S. 2 Halbs. 1 BauGB). Das Beteiligungsverfahren selbst regelt sich nach dem BauGB (vgl. § 4a Abs. 5 S. 2 Halbs. 2 BauGB).

(2) Für die grenzüberschreitende Beteiligung ordnet § 12 Abs. 1 S. 3 BauGB an, **11** daß eine Übersetzung der Angaben vorzulegen ist, soweit dies nach den Vorschriften des UVPG notwendig ist. Als übersetzungsbedürftige Angaben sind die nach § 12 Abs. 1 S. 2 in Verb. mit § 2a erforderlichen anzusehen. Die Notwendigkeit der Übersetzung ergibt sich nicht aus dem BauGB, sondern (allenfalls) aus dem UVPG.

II. § 12 Abs. 2 BauGB 2004 – Umweltprüfung

1. Text der geänderten Fassung

(2) Die Gemeinde hat auf Antrag des Vorhabenträgers über die Einleitung des Bebauungsplanverfahrens **12** nach pflichtgemäßen Ermessen zu entscheiden. **Auf Antrag des Vorhabenträgers oder sofern die Gemeinde es nach Einleitung des Bebauungsplanverfahrens für erforderlich hält, informiert die Gemeinde diesen über den voraussichtlich erforderlichen Untersuchungsrahmen der Umweltprüfung nach § 2 Abs. 4 unter Beteiligung der Behörden nach § 4 Abs. 1.**

2. Textgeschichte

Der Gesetzestext des § 12 Abs. 2 S. 2 BauGB 2004 entspricht textidentisch dem **13** Gesetzesentwurf der BReg (BTag-Drs. 15/2250 S. 14, 50). Der Bundesrat hatte sich dem Vorschlag in seiner Stellungnahme angeschlossen.

3. Erläuterung der Änderung

3.1 Initiativrecht des Vorhabenträgers

(1) Besonderheiten des vorhabenbezogenen B-Plans gegenüber dem „normalen" **14** ergeben sich aus dem Initiativrecht des Vorhabenträgers (vgl. § 12 Abs. 2 S. 1 BauGB). Die Gemeinde hat über die Einleitung des Aufstellungsverfahrens „nach pflichtgemäßem Ermessen" zu entscheiden.[9] Ein Anspruch auf Einleitung gerade eines bestimmten Satzungsverfahrens folgt daraus ohnehin nicht.[10] Ermessensfehler sind im Hinblick auf die Weite des § 1 Abs. 3 S. 1 BauGB kaum vorstellbar. Das Antragsrecht des Vorhabenträgers und die damit korrespondierende Bescheidungspflicht der Gemeinde dient dem generellen „abstrakten" Schutz des Investors. Er soll beizeiten erkennen können, ob angesichts der Haltung der Gemeinde weitere projektbezogene Aufwendungen lohnend sind.[11]

---

9 Vgl. VGH Mannheim, Beschluß vom 22.3.2000 – 5 S 444/00 – NVwZ 2000, 1060 = ZfBR 2000, 417 = BauR 2000, 1704 = BRS 63 Nr. 40.

10 R. Menke, Der vorhabenbezogene Bebauungsplan, in: NVwZ 1998, 577–581 [579].

11 Ähnlich M. Krautzberger, in: E/Z/B, BauGB [Stand: Juni 1997], § 7 BauGB-MaßnG, Rn. 95; R. Menke, Der vorhabenbezogene Bebauungsplan, in: NVwZ 1998, 577–581 [579].

15 (2) Entscheidet sich die Gemeinde für ein Verfahren, dann ist die Bürgerbeteiligung nach § 3 Abs. 2 BauGB durchzuführen. Die Anhörung der Behörden und sonstiger TöB bestimmt sich nach § 4 Abs. 1 und 2 BauGB.

3.2 Umweltprüfung

16 (1) Der vorhabenbezogene B-Plan unterliegt gemäß § 2 Abs. 4 BauGB der **Regelprüfung nach dem UVPG**. § 12 Abs. 2 S. 2 BauGB setzt dies als selbstverständlich voraus. Die Gemeinde hat dazu gemäß § 2 Abs. 4 S. 2 BauGB auch für den vorhabenbezogenen B-Plan festzulegen, in welchem Umfang und Detaillierungsgrad die Ermittlung der Belange für die Abwägung erforderlich ist (sog. scoping). Hierfür ist der Untersuchungsrahmen der UVP zu bestimmen. § 12 Abs. 2 S. 2 BauGB setzt dieses materielle Anforderungsprofil voraus.

17 (2) Der Vorhabenträger kann ein erhebliches Interesse daran haben, über den voraussichtlich erforderlichen Untersuchungsrahmen der UVP frühzeitig unterrichtet zu werden, wie sich dieser aus § 2 Abs. 4 BauGB ergibt. Der Vorhabenträger benötigt in aller Regel – namentlich bei Vorhaben im Außenbereich – entsprechende Informationen, um einen ordnungsgemäßen VEP sachkundig vorbereiten zu können. Die Intensität der UP bestimmt sich inhaltlich nach § 2 Abs. 4 BauGB.

18 (3) § 12 Abs. 2 S. 2 BauGB begründet zugunsten des Vorhabenträgers ein Antragsrecht. Das entspricht im wesentlichen der bisherigen Rechtslage. § 12 Abs. 2 S. 2 BauGB zielt insoweit auf eine frühzeitige Kooperation. Aus diesem Grund sind die (zuständigen) Behörden nach § 4 Abs. 1 BauGB bereits in dieser Phase der Planung zu beteiligen. Da sich der Anspruch des Vorhabenträgers darin erschöpft, daß die Gemeinde über die beantragte Einleitung des Satzungsverfahrens ermessensfehlerfrei entscheidet, kann die Gemeinde auch in dieser Phase noch ein Satzungsverfahren beenden und damit das Begehren des Vorhabenträgers praktisch unterlaufen.

19 (4) § 12 Abs. 2 S. 2 BauGB ermächtigt die Gemeinde, von sich aus den Vorhabenträger über den voraussichtlich erforderlichen Untersuchungsrahmen der UVP zu informieren. Die Gemeinde darf also ihrerseits die Initiative zur Information des Vorhabenträgers ergreifen. Die Gemeinde war bereits nach alter Rechtslage befugt, dem Vorhabenträger ihren Wissensstand über die abwägungsrelevanten Umweltbelange mitzuteilen. Sie konnte dazu allerdings die informierende Beteiligung der TöB nicht erzwingen. Jedenfalls konnte dies zweifelhaft sein. § 12 Abs. 2 S. 2 BauGB ändert dies insoweit, als die nach § 4 Abs. 1 BauGB zu beteiligenden Behörden und sonstige TöB gegenüber der Gemeinde und damit mittelbar auch gegenüber dem Vorhabenträger nicht nur auskunftsbefugt, sondern auskunftspflichtig sind.

20 (5) Die **Initiativbefugnis der Gemeinde**, welche das EAG Bau vorsieht, entsteht erst nach Einleitung des Bebauungsplanverfahrens. Diesen Beginn erfaßt § 2 Abs. 1 S. 2 BauGB mit dem Aufstellungsbeschluß. Dem steht in erweiternder Auslegung des § 12 Abs. 2 BauGB die Entscheidung der Gemeinde über den Antrag des Vorhabenträgers gleich, ein Bebauungsplanverfahren einzuleiten.

Berkemann

3.3 Wechsel des Vorhabenträgers

Der Vorhabenträger kann wechseln. Dies bedarf der Zustimmung der Gemeinde **21**
(vgl. § 12 Abs. 5 S. 1 BauGB). Erst nach Zustimmung zum Wechsel ist der „neue"
Vorhabenträger und nur dieser befugt, Anträge nach § 12 Abs. 2 BauGB zu stellen. Ein beabsichtigter Wechsel des Vorhabenträgers zwingt die Gemeinde nicht,
die im Durchführungsvertrag vereinbarte Frist zur Durchführung des VEP abzuän-
dern.

III. § 12 Abs. 3 BauGB 2004 – Anwendung des Teilungsrechts

1. Text der geänderten Fassung

(3) Der Vorhaben- und Erschließungsplan wird Bestandteil des vorhabenbezogenen Bebauungsplans. **22**
Im Bereich des Vorhaben- und Erschließungsplans ist die Gemeinde bei der Bestimmung der Zulässigkeit
der Vorhaben nicht an die Festsetzungen nach § 9 und nach der auf Grund von § 9a erlassenen Verordnung gebunden; die §§ **14 bis 18, 22 bis 28**, 39 bis 79, 127 bis 135c sind nicht anzuwenden. Soweit der
vorhabenbezogene Bebauungsplan auch im Bereich des Vorhaben- und Erschließungsplans Festsetzungen nach § 9 für öffentliche Zwecke trifft, kann gemäß § 85 Abs. 1 Nr. 1 enteignet werden.

2. Textgeschichte

Die Änderung in § 12 Abs. 3 S. 2 BauGB hinsichtlich der Bezeichnung der Ermäch- **23**
tigungsgrundlage entspricht dem Gesetzesentwurf der BReg. (BTag-Drs. 15/2250
S. 14, 50). Der Bundesrat hatte sich dem Vorschlag in seiner Stellungnahme angeschlossen. Die Änderung in § 12 Abs. 3 S. 2 BauGB hinsichtlich der Heraus-
nahme der §§ 19, 20 aus dem Negativkatalog beruht auf einem Vorschlag des
Bundesrates im ersten Durchgang (BTag-Drs., 15/2250 S. 80). Die BReg. (BTag-
Drs. 15/2250 S. 92) und der 14. BTags-Ausschuß in seiner Beschlußempfehlung
(vgl. BTag-Drs. 15/2996, S. 33, 97) sind dem gefolgt.

3. Erläuterung der Änderung

(1) Es handelt sich hinsichtlich der Verweisung auf die BauNVO nur um eine re- **24**
daktionelle Anpassung. Das BauGB hat die Ermächtigungsgrundlage für den Erlaß der BauNVO ohne inhaltliche Änderung nunmehr in § 9a BauGB normiert.
Eine inhaltliche Änderung liegt darin nicht. Das BauGB öffnet den vorhabenbezogenen B-Plan unverändert für „maßgeschneiderte planerische Lösungen".[12] Hierfür besitzen § 9 Abs. 1 BauGB und die BauNVO Orientierungsfunktionen.[13]

(2) Aus dem bisherigen **Negativkatalog** sind die §§ 19, 20 BauGB gestrichen. **25**
Hinsichtlich des § 20 BauGB ist dies bereits äußerlich redaktionell folgerichtig, da
diese Vorschrift ersatzlos entfallen ist.

---

12 So plastisch OVG Münster, Urteil vom 6.4.2001 – 7a D 143/00.NE – BRS 64 Nr. 227 (2001); vgl.
    auch U. Kuschnerus, Der sachgerechte Bebauungsplan, 3. Aufl., 2004, Rn. 102.
13 BVerwG, Urteil vom 6.6.2002 – 4 CN 4.01 – BVerwGE 116, 296 = DVBl 2002, 1494 = NVwZ 2003,
    98 = ZfBR 2002, 792 = BauR 2002, 1655 = BRS 65 Nr. 78 (2002) zu § 7 BauGB-MaßnG.

26   (3) Das nunmehr maßgebende Teilungsrecht des § 19 BauGB hat einen anderen
      Inhalt erhalten. Die Herausnahme des (neuen) § 19 BauGB und damit auch des-
      sen Abs. 2 bedeutet, daß auch im **Geltungsbereich eines vorhabenbezogenen
      B-Plans** durch die Teilung eines Grundstücks keine Verhältnisse entstehen dürfen,
      die den Festsetzungen dieses B-Plans widersprechen. Die Verhinderung einer
      Umgehung städtebaulicher Festsetzungen erscheint dem Gesetzgeber auch bei
      einem vorhabenbezogenen B-Plan geboten (vgl. BReg., in: BTag-Drs. 15/2996
      S. 97). Versuche der Umgehung sind in der Tat denkbar. Das ist etwa der Fall,
      wenn einige Zeit nach Durchführung des VEP der Grundstückseigentümer bei einer
      im vorhabenbezogenen B-Plan festgesetzten geringeren Bebauungsdichte (GFZ,
      GRZ) eine Teilung vornimmt (Beispiel nach BTag-Drs. 15/2250 S. 80).

IV. Überleitungsrecht

27   (1) Das EAG Bau hat von einem besonderen Überleitungsrecht hinsichtlich der
      Änderungen des § 12 BauGB abgesehen. Maßgebend ist damit die Grundnorm
      des § 233 Abs. 1 BauGB in Verb. mit § 244 Abs. 1 BauGB. Entscheidet sich die
      Gemeinde gemäß § 233 Abs. 1 S. 2 BauGB, nach neuem Recht zu verfahren, löst
      dies auch ein Antragsrecht des Vorhabenträgers gemäß § 12 Abs. 2 S. 2 BauGB
      aus.

28   (2) Das nunmehr geltende Teilungsrecht des § 19 Abs. 2 BauGB ist mit Inkraft-
      treten des EAG Bau, also seit dem **20.7.2004**, anzuwenden. Das bedeutet: [1] Die
      Gemeinde darf durch einen vorhabenbezogenen B-Plan keinem Durchführungs-
      vertrag zustimmen, der zur Erfüllung des Vertragszwecks Teilungen vorsieht, die
      zu bauplanungsrechtlich rechtswidrigen Zuständen führen. [2] Nach Inkrafttreten
      des vorhabenbezogenen B-Plans darf der Vorhabenträger (oder sein Rechtsnach-
      folger) keine Teilungen im Geltungsbereich des vorhabenbezogenen B-Plans vor-
      nehmen, die nach Maßgabe der Festsetzungen eben dieses B-Planes baurechts-
      widrige Zustände auslösen würden. Soll dieses Ergebnis vermieden werden, muß
      der B-Plan geändert werden, ggf. im vereinfachten Verfahren (§ 13 Abs. 1 BauGB).

§ 13 BauGB – Vereinfachtes Verfahren

III. § 13 Abs. 3 BauGB 2004 – „Verzicht" auf Umweltprüfung

I. § 13 Abs. 1 BauGB 2004 – Gegenstandsbereich

1. Text der geänderten Fassung

1 (1) Werden durch **die Änderung oder Ergänzung** eines Bauleitplans die Grundzüge der Planung nicht berührt **oder wird durch die Aufstellung eines Bebauungsplans in einem Gebiet nach § 34 der sich aus der vorhandenen Eigenart der näheren Umgebung ergebende Zulässigkeitsmaßstab nicht wesentlich verändert, kann die Gemeinde das vereinfachte Verfahren anwenden, wenn**

1. die Zulässigkeit von Vorhaben, die einer Pflicht zur Durchführung einer Umweltverträglichkeitsprüfung nach Anlage 1 zum Gesetz über die Umweltverträglichkeitsprüfung oder nach Landesrecht unterliegen, nicht vorbereitet oder begründet wird und

2. keine Anhaltspunkte für eine Beeinträchtigung der in § 1 Abs. 6 Nr. 7 Buchstabe b genannten Schutzgüter bestehen.

2. Textgeschichte

2 Der Gesetzestext des § 13 Abs. 1 BauGB 2004 entspricht im wesentlichen dem Gesetzesentwurf der BReg. (BTag-Drs. 15/2250 S. 14, 50 f.). Bereits der Entwurf hatte in Erweiterung des § 13 BauGB a. f. eine Festschreibung der sich aus § 34 BauGB ergebenden Zulässigkeit vorgesehen. Der Ausschußbericht faßt diese Variante auf Anregung des Bundesrates (BTag-Drs. 15/2250 S. 79) klarer. Er erweitert zudem die Möglichkeiten, im vereinfachten Verfahren auch „nicht wesentliche" Änderungen der sich aus § 34 BauGB ergebenden Zulässigkeit festzusetzen (BTag-Drs. 15/2996 S. 33, 95 f.).

3. Erläuterung der Änderung

3.1 Funktion und Zielsetzung

3 (1) § 13 BauGB ist eine Ausnahme von § 1 Abs. 8 BauGB. Das EAG Bau hat § 13 BauGB erneut geändert, nachdem die Bestimmung bereits durch das BauROG 1998 modifiziert worden war. § 13 BauGB übernimmt die bisherige Regelung, erweitert und paßt sie verfahrensrechtlich an.

4 (2) **Änderung oder Ergänzung oder Neuplanung.** § 13 BauGB soll als „vereinfachtes Verfahren" der Beschleunigung des abändernden Planverfahrens (1. Altn.) oder der Bestandssicherheit (2. Altn.) dienen. § 13 Abs. 1 BauGB enthält für die Gemeinde nur eine Option. Liegen die Voraussetzungen des § 13 Abs. 1 BauGB vor, kann die Gemeinde **nach Ermessen** für den Bauleitplan auf eine Öffentlichkeitsbeteiligung (§ 3 Abs. 1 und 2 BauGB) oder auf eine Beteiligung der TöB (§ 4 BauGB) verzichten (vgl. § 13 Abs. 2 BauGB). § 13 BauGB gilt dagegen nicht für Satzungen gemäß § 34 Abs. 4 S. 1 Nr. 2 BauGB (Entwicklungssatzung) oder gemäß § 34 Abs. 4 S. 1 Nr. 3 BauGB (Ergänzungssatzung).

(3) **Bestandssicherung.** § 13 Abs. 1 BauGB setzt in seiner 2. Altn. eine andere 5
Funktion als in der bereits bisher bestehenden 1. Altn. voraus. Begrenzendes Element der 1. Altn. sind die „Grundzüge" der bisherigen Planung. In der neuen 2.
Altn. liegt die Begrenzung in der Zulässigkeit nach Maßgabe des § 34 BauGB.

Der Sinn der Neuregelung besteht darin, für den Regelungsbereich des § 34 BauGB 6
eine **normsetzende Bestandssicherung** zu erreichen. Die Gemeinde erhält ein
einfaches Mittel an die Hand, für kleine Gebiete einer „näheren Umgebung" den
status quo zu wahren. § 13 Abs. 1 BauGB dient hier der städtebaulichen Festschreibung kleinerer Gebietsteile. Das gilt auch für faktische Baugebiete (§ 34
Abs. 2 BauGB). Der Gesetzgeber hat damit formal den Typus eines den Bestand
sichernden B-Plans geschaffen.[1] Von dem Grundsatz der Erforderlichkeit der Bauleitplanung nach § 1 Abs. 3 S. 1 BauGB dispensiert § 13 Abs. 1 BauGB nicht.

(4) Die an sich in § 34 BauGB enthaltene Dynamik weiterer tatsächlicher Entwick- 7
lungen nimmt die 2. Altn. des § 13 Abs. 1 BauGB zugunsten der Festschreibung
des „vereinfachten" B-Plans zurück. Es entsteht ein „einfacher" B-Plan (§ 30 Abs. 3
BauGB). Diese Festschreibung kann sich für eine Gemeinde auch nachteilig auswirken. Immerhin kann sie den so entstandenen „bestandssichernden" B-Plan in
einem weiteren vereinfachten Verfahren nach Maßgabe der 1. Altn. ändern. Zumindest denkbar ist, daß auch ein „qualifizierter" B-Plan (§ 30 Abs. 1 BauGB) dann
entsteht, wenn örtliche Verkehrsverhältnisse durch einen anderen B-Plan geregelt
sind (sog. zusammengesetzter qualifizierter B-Plan).

(5) **Umweltschutzrecht.** Das vereinfachte Verfahren ist nur zulässig, wenn für 8
das zuzulassende Vorhaben eine UVP-Pflicht (§ 13 Abs. 1 Nr. 1 BauGB) oder eine
Beeinträchtigung nach Maßgabe des europäischen Habitatschutzrechtes (§ 13
Abs. 1 Nr. 2 BauGB) auszuschließen ist (arg. e § 13 Abs. 3 BauGB).

(6) § 13 VwGO ist „passive" **Verweisungsnorm** (Bezugsnorm). Die Vorschrift 9
wird in anderen Regelungen durch Bezugnahme für anwendbar erklärt (vgl. § 3
Abs. 3 S. 3, § 4 Abs. 4, § 12 Abs. 6 S. 3, § 33 Abs. 2, § 34 Abs. 6 S. 5 BauGB).

(7) **Gemeinschaftsrecht.** § 13 BauGB orientiert sich an europarechtlichen Vor- 10
gaben. Für Pläne, welche die „Nutzung kleiner Gebiete auf lokaler Ebene festlegen", kann auf eine UP „verzichtet" werden, vgl. dazu Art. 3 Abs. 5 PLan-UP-RL.[2]
Dies macht sich das EAG Bau für das vereinfachte Verfahren zunutze.[3] Ob das
mit § 13 Abs. 1 S. 1 BauGB gelungen ist, ist nicht zweifelsfrei.

---

1 Ebenso Begründung zum Referenten-Entwurf eines Gesetzes zur Anpassung des Baugesetzbuches
an EU-Richtlinien (Europarechtsanpassungsgesetz Bau – EAG Bau),[Stand: 3.6.2003], Allg. Teil S.
10.
2 Vgl. auch Bericht der [2.] Unabhängigen Expertenkommission, 2002, Rn. 57; J. Pietzcker, Baurecht
auf Zeit. Rechtsgutachten für das BMBau, Bonn 2001, S. 66f.; M. Krautzberger/J. Schliepkorte, Vorarbeiten für ein Gesetz zur Anpassung des Baugesetzbuchs an EU-Richtlinien (Europarechtsanpassungsgesetz Bau – EAG Bau), in: UPR 2003, 92–97 [94].
3 So auch M. Krautzberger, Europarechtsanpassungsgesetz Bau – EAG Bau 2004: Die Neuregelungen
im Überblick, in: UPR 2004, 241–246 [243].

3.2 Regelungsgehalt

3.2.1 Zwei Anwendungsfälle

3.2.1.1 Allgemeines

11 (1) Die gesetzliche Fassung ist sprachlich unscharf. Durch die „Aufstellung" eines Bauleitplanes selbst kann der Zulässigkeitsmaßstab nicht verändert werden. Gemeint ist etwas anderes. Erst die im Plan getroffenen Darstellungen oder Festsetzungen können die bisherige Rechtslage verändern und damit ein Vorhaben nunmehr gemäß §§ 30 ff. BauGB zulassen. Das BauGB verwendet den Begriff „Aufstellung" in anderen Textstellen zutreffend nur in bezug auf das Verfahren der Bauleitplanung. Das ist in § 13 Abs. 1 BauGB indes nicht gemeint.

12 (2) Nach einer im Schrifttum vertretenen Meinung stehen § 13 Abs. 1 BauGB hinsichtlich eines B-Planes und § 31 Abs. 2 BauGB alternativ nebeneinander.[4]

3.2.1.2 Bestehender Bauleitplan (1. Altn.)

13 (1) Die Rechtslage nach dem BauROG 1998 ist nicht verändert. Erfaßt wird der **vorbereitende und der verbindliche Bauleitplan** (§ 1 Abs. 2 BauGB). Regelungsziel ist die Änderung oder die Ergänzung eines bereits vorhandenen (rechtsgültigen) Bauleitplans. Das kann auch ein vorhabenbezogener B-Plan (§ 12 BauGB) sein. Auch dieser muß änderbar sein. Änderung und Ergänzung dürfen die Grundzüge der Planung nicht berühren. Der Ausdruck „Grundzüge der Planung", der für die erste Altn. verwendet wird, bezieht sich dort auf das jeweilige planerische Leitbild der Gemeinde. Dieses kommt in den bisherigen Darstellungen des F-Plans oder den bisherigen Festsetzungen des B-Plans zum Ausdruck.[5]

14 (2) Der Begriff der **Grundzüge der Planung** soll nur Minimalfälle erfassen. Maßgebend ist die bisherige Planungskonzeption (Leitbild). Der planerische Grundgedanke muß erhalten bleiben.[6] Maßgebend ist der (frühere) planerische Wille der Gemeinde, wie er im bisherigen Plan seinen Ausdruck gefunden hat.[7] Das bestimmt weitgehend die jeweilige Planungssituation.[8] Die Änderung muß mithin nach Inhalt und Umfang geringfügig oder infrastrukturell von untergeordneter Bedeu-

---

4 So G. Schmidt-Eichstaedt, Die Befreiung nach § 31 II und andere „Abweichungen", in: NVwZ 1998, 571–577 [575].

5 BVerwG, Beschluß vom 20.11.1989 – 4 B 163.89 – NVwZ 1990, 556 = UPR 1990, 152 = ZfBR 1990, 148 = DÖV 1990, 746 = NuR 1990, 407 = BRS 49 Nr. 175 zum B-Plan.

6 Vgl. BVerwG, Beschluß vom 15.3.2000 – 4 B 18.00 – NVwZ-RR 2000, 759 = ZfBR 2001, 131 = BauR 2001, 207 = BRS 63 Nr. 41; BGH, Urteil vom 29.11.1979 – III 67/78 – DVBl 1980, 682 [683] = NJW 1980, 1751 = BauR 1980, 337 = BRS 35 Nr. 16; Beschluß vom 5.3.1999 – 4 B 5.99 – NVwZ 1999, 1110 = ZfBR 1999, 283 = BauR 1999, 1280 = BRS 62 Nr. 99 (1999); J. Ziegler, Zu den „städtebaulichen Gründen" und den „Grundzügen der Planung", in: ZfBR 1980, 173–181 [180].

7 Vgl. BVerwG, Urteil vom 9.3.1990 – 8 C 76.88 – BVerwGE 85, 66 [71f.] = DVBl 1990, 786 = NVwZ 1990, 873 = ZfBR 1990, 250.

8 BVerwG, Beschluß vom 19.5.2004 – 4 B 35.04 – juris (Volltext) zu § 31 Abs. 2 BauGB.

Berkemann

tung sein.[9] Dazu sind die ursprünglichen und die geänderten Darstellungen oder Festsetzungen miteinander jeweils in ihrer Gesamtheit, mithin **relativ**, zu vergleichen. Nicht entscheidend ist, ob die einzelne Änderung – für sich betrachtet – bedeutsam ist. § 13 Abs. 1 BauGB ist nach seinem klaren Wortlaut bereits dann unanwendbar, wenn die beabsichtigte Änderung die bisherigen Grundzüge der Planung nur „**berührt**".

(3) **F-Plan.** § 13 Abs. 1 BauGB bezieht sich auch auf Änderungen oder Ergän- **15** zungen des F-Plans. Der Anwendungsbereich wird angesichts der üblichen konzeptionellen Sichtweise des F-Planes eher gering sein. Der F-Plan soll gemäß § 5 Abs. 1 S. 1 BauGB die Bedürfnisse der Gemeinde gerade „in den Grundzügen" darstellen. Dafür spricht auch der ihm zugeordnete Zeitrahmen (vgl. § 5 Abs. 1 S. 3 BauGB). Die Darstellung neuer Bauflächen (§ 5 Abs. 2 Nr. 1 BauGB), infrastrukturelle Maßnahmen, etwa des Verkehrs (§ 5 Abs. 1 Nr. 3 BauGB) oder Versorgungs- und Entsorgungsanlagen (§ 5 Abs. 2 Nr. 4 BauGB) oder Veränderungen eines an § 35 Abs. 3 S. 3 BauGB (ggf. in Verb. mit § 5 Abs. 2b BauGB) ausgerichteten „qualifizierten" F-Plans werden fast stets konzeptionelle Darstellungen „berühren". Die Reichweite des § 13 Abs. 1 BauGB dürfte damit auf wirkliche **Randkorrekturen** begrenzt sein. Die Anwendung des § 13 Abs. 1 BauGB entbindet nicht von der Genehmigungspflicht nach § 6 Abs. 2 BauGB.

(4) **B-Plan.** In aller Regel wird die Änderung der Art der baulichen Nutzung die **16** Grundzüge der Planung berühren.[10] Der Gesetzesentwurf der BReg. verweist auf die Möglichkeit, einen großflächigen Einzelhandel in einem Gewerbegebiet durch nachträgliche Änderung des B-Plans auszuschließen.[11] Das erscheint zweifelhaft, da hier Baurecht substantiell entzogen wird. Auch die Zahl der Wohnungen (§ 9 Abs. 1 Nr. 6 BauGB) läßt sich im vereinfachten Verfahren weder festlegen noch verändern.[12] Eine deutliche Verkleinerung des Plangebietes ist im vereinfachten Verfahren ebenfalls nicht möglich.[13] Dagegen sind „Randkorrekturen" der typische Regelungsbereich des § 13 Abs. 1 BauGB. So lassen sich bereits festgesetzte Gliederungen nach § 1 Abs. 4 ff. BauNVO ggf. unwesentlich verändern.[14] Auch

---

9 Vgl. OVG Münster, Urteil vom 2.3.1998 – 7 a D 125/96.NE – NWVBl 1998, 439 = UPR 1998, 461 = BRS 60 Nr. 34 (1998): Verschiebung einer Bauplanungsgrenze um fünf Meter; OVG Lüneburg, Urteil vom 17.10.2002 – 1 K 3660/01 – NuR 2003, 130: Sicherung des Baumbestandes.

10 Wie hier O. Reidt, in: K. Gelzer/Chr. Bracher/O. Reidt, Bauplanungsrecht, 6. Aufl., 2001, Rn. 934; H.-G. Gierke, in: Brügelmann, BauGB (Stand: 1998), § 13 Rn. 48; zurückhaltender BVerwG, Beschluß vom 15.3.2000 – 4 B 18.00 – NVwZ-RR 2000, 759 = ZfBR 2001, 131 = BauR 2001, 207 = BRS 63 Nr. 41 (Änderung eines reinen Wohngebietes (§ 3 BauNVO) in ein allgemeines Wohngebiet (§ 4 BauNVO).

11 BReg., in: BTag-Drs. 15/2250 S. 51 zu § 13 BauGB, mit Verweis auf den Bericht der Unabhängigen Expertenkommission zur Novellierung des BauGB, 2002, Rn. 210; die Bezugnahme ist verfehlt, da a.a.O. eine Planänderung nach § 13 BauGB nicht erörtert wird.

12 OVG Weimar, Beschluß vom 26.7.1996 – 1 EO 662/95 – NVwZ-RR 1997, 596 = BRS 58 Nr. 162 (1996).

13 Vgl. OVG Saarland, Urteil vom 22.10.1976 – II R 29/76 – BRS 30 Nr. 18.

14 Vgl. BVerwG, Beschluß vom 15.3.2000 – 4 B 18.00 – NVwZ-RR 2000, 759 = ZfBR 2001, 131 = BauR 2001, 207 = = BRS 63 Nr. 41.

kleinere Mängel können im vereinfachten Verfahren – auch rückwirkend (vgl. § 214 Abs. 4 BauGB) – beseitigt werden.[15]

17 (5) § 13 Abs. 1 BauGB eignet sich dazu, einen vorhabenbezogenen B-Plan aufzuheben (vgl. § 12 Abs. 6 S. 3 BauGB).

3.2.1.3 Bestandssichernder B-Plan (2. Altn.)

18 (1) § 13 Abs. 1 (2. Altn.) BauGB schafft den neuen Typus des „bestandssichernden Bebauungsplanes".[16] Dazu erweitert das Gesetz als 2. Altn. die Möglichkeit, gerade durch ein vereinfachtes Verfahren einen B-Plan erstmals aufzustellen und damit eine planerische Regelung in einem an sich nach § 34 BauGB zu beurteilenden Gebiet vorzunehmen. Der Sache nach handelt es sich um eine Überplanung eines Gebietes. Ein „bestandssichernder" B-Plan konnte bisher nur im regulären Verfahren nach §§ 3ff. BauGB ergehen. Der „bestandssichernde" Plan ist ein „einfacher" B-Plan (§ 30 Abs. 3 BauGB), vgl. Rn. 7.

19 (2) **Zielsetzungen:** Die Bestandssicherung kann im Sinne der Abwehrfunktion jedes B-Planes verhindern, daß fremde und unerwünschte Nutzungen in das Gebiet eindringen (z. B. Sicherung einer bestehenden Kleingartenanlage).[17] Der B-Plan kann dann dem Ausschluß bestimmter Nutzungen dienen, z. B. der Ausschluß von Einzelhandelsbetrieben in einem faktischen Gewerbegebiet oder den Ausschluß störender Gewerbebetriebe in einem angrenzenden, durch Wohnnutzung geprägten Gebiet. § 13 Abs. 1 BauGB eröffnet gleichzeitig – neben § 34 Abs. 3 a BauGB und entsprechend § 1 Abs. 10 BauNVO – die Möglichkeit der erweiterten Nutzung, soweit damit die bisherige zulässige Nutzung „nicht wesentlich" verändert wird.

20 (3) Der „vereinfachte" B-Plan kann Ausnahmen im Sinne des § 31 Abs. 1 BauGB vorsehen. Das bietet sich für die Gemeinde an, wenn sie sich am tatsächlichen Baugeschehen nach Maßgabe der §§ 31, 36 BauGB unverändert beteiligen will. Die Ausnahmen sind nach Maßgabe des Grundsatzes der Bestimmtheit jeder Festsetzung grob zu kennzeichnen.

3.2.1.3.1 „Plangebiet"

21 (1) Der B-Plan nach § 13 Abs. 1 BauGB muß sich auf ein nach § 34 BauGB zu beurteilendes Gebiet beziehen. Das setzt zunächst einen im Zusammenhang bebauten Ortsteil voraus. Gleichgültig ist, ob das zu „beplanende" Gebiet nach § 34

---

15 Vgl. BVerwG, Beschluß vom 22.9.1989 – 4 NB 24.89 – DVBl 1990, 364 = NVwZ 1990, 361 [362] = ZfBR 1990, 100 = UPR 1990, 182 = BRS 49 Nr. 5; voraussetzend auch BVerwG, Urteil vom 8.10.1998 – 4 CN 7.97 – DVBl 1999, 243 = NVwZ 1999, 414 = ZfBR 1999, 107 = BRS 60 Nr. 62 (1999); Urteil vom 16.12.1999 – 4 C 7.98 – BVerwGE 110, 193 = DVBl 2000, 804 = NVwZ 2000, 815 = UPR 2000, 227 = ZfBR 2000, 266 = BauR 2000, 684 = BRS 62 Nr. 44.
16 Ausdruck nach BReg., in: BTag-Drs. 15/2250 S. 50 zu § 13 BauGB.
17 Beispiel nach EAG Mustererlaß 2004, Nr. 2.7.2 Abs. 3.

Berkemann

Abs. 1 BauGB oder als „faktisches" Baugebiet nach § 34 Abs. 2 BauGB zu beurteilen ist. Maßgebend ist nur die (entstandene) **tatsächliche Bebauung**.[18]

(2) Innerhalb des **Bebauungszusammenhangs** ist für die Anwendung des § 13 **22** Abs. 1 BauGB eine weitere räumliche Begrenzung erforderlich. Maßgebend ist des weiteren „die nähere Umgebung". Das bedingt eine kleinräumige Struktur. Die nähere Umgebung muß selbst an der Geschlossenheit und der Zusammengehörigkeit des Gebietes teilnehmen.[19] Die Grenzen der näheren Umgebung im Sinne des § 34 BauGB lassen sich nicht schematisch festlegen. Sie sind nach der tatsächlichen städtebaulichen Situation zu bestimmen, in die das für die Bebauung vorgesehene Grundstück eingebettet ist.[20]

Die Umgebung kann so beschaffen sein, daß die Grenze zwischen näherer und **23** fernerer Umgebung dort zu ziehen ist, wo zwei jeweils einheitlich geprägte Bebauungskomplexe mit voneinander verschiedenen Bau- und Nutzungsstrukturen aneinanderstoßen.[21] Auch bebaute Grundstücke in einem benachbarten Plangebiet können Teil der näheren Umgebung sein.[22] Dieselbe Baugebietskategorie ist nur Indiz.[23]

---

18 BVerwG, Urteil vom 6.12.1967 – 4 C 94.66 – BVerwGE 28, 268 = DVBl 1968, 651; Urteil vom 6.11.1968 – 4 C 2.66 – BVerwGE 31, 20 = DÖV 1969, 645 = DVBl 1969, 262; Beschluß vom 12.2.1968 – 4 B 46.67 – BRS 20 Nr. 33; Urteil vom 22.3.1972 – 4 C 121.68 – BauR 1972, 222 = BayVBl 1972, 557 = DÖV 1972, 827; Beschluß vom 27.5.1988 – 4 B 71.88 – NVwZ-RR 1989, 4 = DÖV 1988, 840 = BauR 1988, 444 = BRS 48 Nr. 45; Urteil vom 12.12.1990 – 4 C 40.87 – NVwZ 1991, 879 = ZfBR 1991, 126 = BauR 1991, 308 = UPR 1991, 272 = BRS 50 Nr. 72 = NuR 1992, 76; Urteil vom 14.11.1991 – 4 C 1.91 – NVwZ-RR 1992, 227 = BRS 52 Nr. 146; Urteil vom 14.9.1992 – 4 C 15.90 – NVwZ 1993, 985 = DVBl 1993, 111 = UPR 1993, 56 = ZfBR 1993, 86 = BauR 1993, 300 = BRS 54 Nr. 65; Urteil vom 17.6.1993 – 4 C 17.91 – NVwZ 1994, 294 = ZfBR 1994, 37 = BauR 1994, 81 = BRS 55 Nr. 72; Beschluß vom 1.4.1997 – 4 B 11.97 – NVwZ 1997, 899 = ZfBR 1997, 266 = BRS 59 Nr. 75; Beschluß vom 18.6.1997 – 4 B 238.96 – NVwZ-RR 1998, 157 = BauR 1997, 807 = ZfBR 1997, 324 = UPR 1998, 61 = BRS 59 Nr. 78; Beschluß vom 23.11.1998 – 4 B 29.98 – NVwZ-RR 1999, 364 = BauR 1999, 233 = NuR 1999, 275 = ZfBR 1999, 229 = BRS 60 Nr. 82; Urteil vom 3.12.1998 – 4 C 7.98 – DVBl 1999, 249 = NVwZ 1999, 527 = BauR 1999, 232 = ZfBR 1999, 109 = NuR 1999, 276 = BRS 60 Nr. 81 (1998); Beschluß vom 2.8.2001 – 4 B 26.01 – ZfBR 2002, 69 = BauR 2002, 277 = BRS 64 Nr. 86 (2001); Beschluß vom 2.8.2001 – 4 B 26.01 – ZfBR 2002, 69 = BauR 2002, 277 = BRS 64 Nr. 86 (2001); Urteil vom 17.5.2002 – 4 C 6.01 – DVBl 2002, 1479 = ZfBR 2002, 801; Beschluß vom 11.7.2002 – 4 B 30.82 – ZfBR 2002, 808 = BauR 2002, 1827.

19 Vgl. BVerwG, Urteil vom 15.2.1990 – 4 C 23.86 – BVerwGE 84, 322 = DVBl 1990, 572 [573] = NVwZ 1990 755 = BauR 1990, 328 = ZfBR 1990, 198 = BRS 50 Nr. 75; Urteil vom 10.8.1990 – 4 C 3.90 – BVerwGE 85, 289 = DVBl 1990, 1182 = NVwZ 1991, 673 = ZfBR 1990, 290 = BauR 1991, 51 = UPR 1991, 68 = NuR 1992, 74 = BRS 50 Nr. 97; Beschluß vom 20.8.1998 – 4 B 79.98 – NVwZ-RR 1999, 105 = UPR 1999, 26 = BauR 1999, 32 = BRS 60 Nr. 176 (1998).

20 Vgl. W. Söfker, in: E/Z/B/K, BauGB, § 34 Rn. 36.

21 BVerwG, Beschluß vom 28.8.2003 – 4 B 74.03 – juris (Volltext); ähnlich BVerwG, Beschluß vom 20.8.1998 – 4 B 79.98 – NVwZ-RR 1999, 105 [106] = BauR 1999, 32 = UPR 1999, 26 = BRS 60 Nr. 176.

22 Vgl. BVerwG, Beschluß vom 10.7.2000 – 4 B 39.00 – NVwZ 2001, 70 = UPR 2000, 463 = DÖV 2000, 1010 = BauR 2000, 1851 = ZfBR 2001, 59 = NuR 2001, 86 = BRS 63 Nr. 101 (2000).

23 Vgl. BVerwG, Beschluß vom 20.8.1998 – 4 B 79.98 – NVwZ-RR 1999, 105 = UPR 1999, 26 = BauR 1999, 32 = BRS 60 Nr. 176 (1998).

---

24 (3) Die „nähere Umgebung" reicht nach der gefestigten Rechtsprechung so weit, wie einerseits die Umgebung den bodenrechtlichen Charakter eines Baugrundstücks prägt oder doch beeinflußt und andererseits die Ausführung des beabsichtigten Vorhabens sich auf die Umgebung auswirken kann.[24] Der Bebauungszusammenhang kann sich danach aus mehreren „näheren Umgebungen" zusammensetzen. Damit wird deutlich, daß § 13 Abs. 1 BauGB unter einer konzeptionellen Schwäche leidet. Die Problemsicht des § 34 BauGB ist als Zulassungstatbestand die städtebauliche Beurteilung eines konkreten Vorhabens.

25 Die **maßgebende „nähere Umgebung"** wird demgemäß räumlich von einem Baugrundstück her gedacht und ist damit relativ, nämlich in Relation zum Vorhaben. Demgegenüber sucht § 13 Abs. 1 BauGB entsprechend § 9 Abs. 7 BauGB den räumlichen Geltungsbereich des „vereinfachten" B-Planes faktisch, nicht indes planerisch zu bestimmen. Die zudem bestehende Unschärfe des § 34 Abs. 1 BauGB in seiner konkreten Anwendung gilt sowohl für die Frage, was als „nähere Umgebung" anzusehen ist, als auch für die Qualifizierung der „Eigenart" gerade dieser näheren Umgebung.[25]

26 Die Unsicherheiten begrenzen die Anwendung des § 13 Abs. 1 BauGB. Die Vorschrift wird ihre Bedeutung eher in hinreichend homogenen, strukturell geschlossenen Baugebieten, die einem Baugebietstyp im Sinne der BauNVO nicht entsprechen, erhalten können. Der Gesetzesentwurf verweist dazu auf eine Kleingartensiedlung.[26] Auch Fälle sog. bestandssichernder Objektplanung dürften zum praktischen Regelungsbereich des § 13 Abs. 1 (2. Altn.) BauGB zählen.

3.2.1.3.2 Voraussetzungen des bestandssichernden B-Plans

27 § 13 Abs. 1 BauGB regelt mittelbar den zulässigen Planungsinhalt. Maßgebend ist grundsätzlich die sich aus der vorhandenen Eigenart der näheren Umgebung abzuleitende Zulässigkeit vorhandener oder auch gedachter Vorhaben. Unberücksichtigt bleiben **singuläre** Anlagen, die in einem **auffälligen Kontrast** zu der sie umgebenden, insoweit im wesentlichen homogenen Bebauung stehen (sog. Fremdkörper).[27]

---

24 Vgl. BVerwG, Urteil vom 18.10.1974 – 4 C 77.73 – DÖV 1975, 103 = BauR 1975, 29 = NJW 1975, 460 = BRS 28, 95; Urteil vom 26.5.1978 – 4 C 9.77 – BVerwGE 55, 369 = DVBl 1978, 815 = NJW 1978, 2564 = BauR 1978, 276; Urteil vom 15.12.1994 – 4 C 19.93 – DVBl 1995, 749 = GewArch 1995, 25 = ZfBR 1995, 214 = BRS 56 Nr. 130.

25 BVerwG, Urteil vom 26.5.1978 – 4 C 9.77 – BVerwGE 55, 369 = DVBl 1979, 815 = BauR 1978, 276 = NJW 1978, 2564 (sog. Harmonie-Urteil) mit krit. Anm. von K. Redeker, in: NJW 1978, 2567.

26 BReg., in: BTag-Drs. 15/2250 S. 51 zu § 13 BauGB.

27 BVerwG, Urteil vom 18.10.1974 – 4 C 77.73 – DÖV 1975, 103 = BauR 1975, 29 = NJW 1975, 460; Beschluß vom 23.5.1986 – 4 B 83.86 – Buchholz 406.11 § 34 BBauG Nr. 113; Urteil vom 15.2.1990 – 4 C 23.86 – BVerwGE 84, 322 [325ff.] = DVBl 1990, 572 = BauR 1990, 328 = ZfBR 1990, 198 = NVwZ 1990, 755 = BRS 50 Nr. 75; VGH Kassel, Urteil vom 13.9.2002 – 4 UE 981/99 – NVwZ-RR 2003, 259; OVG Bautzen, Beschluß vom 28.7.2000 – 1 B 73/00 – SächsVBl 2000, 276 (L).

Berkemann

3.2.1.3.2.1 Merkmale des Gebietes

(1) **Unbeplanter Innenbereich.** § 13 Abs. 1 BauGB verweist auf den vorhandenen **28** Gebietscharakter, wie er nach § 34 Abs. 1 und 2 BauGB nach Maßgabe der dort genannten vier Kriterien zu beurteilen ist.[28] Die Eigenart der näheren Umgebung ist im Sinne einer Gesamtschau, gewissermaßen „kongenial" nach **Art** und **Maß** (vgl. § 16 ff. BauNVO) der baulichen Nutzung, der **Bauweise** (vgl. § 22 BauNVO) und der **überbauten Grundstücksfläche** (vgl. § 23 BauNVO) zu bestimmen („nachzuempfinden").[29] Damit liegen die zulässigen Planungsinhalte fest. Eine sklavische Rekonstruktion nach Angaben der BauNVO ist ohnedies nicht geboten.[30] Die **Merkmale**, nach denen sich ein Vorhaben im Sinne von § 34 Abs. 1 und 2 BauGB in die Eigenart der näheren Umgebung einfügen muß, sind jeweils **unabhängig voneinander.**[31]

§ 13 Abs. 1 BauGB läßt offen, ob der B-Plan jedes der in § 34 Abs. 1 BauGB ge- **29** nannten Merkmale normieren muß. Das ist zu verneinen. Es steht im planerischen Ermessen der Gemeinde, welches Merkmal sie für das vereinfachte Verfahren wählt. Maßgebend ist § 1 Abs. 3 S. 1 BauGB. § 13 Abs. 1 BauGB verweist ausdrücklich auf die **vorhandene Eigenart.** Das schließt für § 13 Abs. 1 BauGB die nur „potentielle" Anwendung des § 34 Abs. 3a BauGB aus. Wird allerdings ein Vorhaben nach Maßgabe des § 34 Abs. 3a BauGB errichtet, nimmt dies an der nunmehr bestehenden Eigenart teil, es sei denn, das so zugelassene Vorhaben ist als Fremdkörper anzusehen.

(2) **Faktisches Baugebiet.** § 13 Abs. 1 2. Altn. BauGB betrifft auch das faktische **30** Baugebiet.[32] Hier kann die Frage der Erforderlichkeit der Planung kritisch sein, da für das konkrete Vorhaben Ausnahmen und Befreiungen hinsichtlich der Art der baulichen Nutzung zulässig sind (§ 34 Abs. 2 BauGB in Verb. mit § 31 Abs. 1 und 2 BauGB).

(3) **Einfacher B-Plan.** Ist der Innenbereich durch einen einfachen B-Plan über- **31** plant, schließt dies die Anwendbarkeit des § 13 Abs. 1 2. Altn. BauGB nicht aus. Allerdings wird dann auch eine Änderung nach § 13 Abs. 1 1. Altn. BauGB in Betracht kommen.

---

28 Ebenso U. Kuschnerus, Der sachgerechte Bebauungsplan, 3. Aufl., 2004, Rn. 726f.
29 Vgl. BVerwG, Urteil vom 3.4.1981 – 4 C 61.78 – BVerwGE 62, 151 [152] = NJW 1981, 2770 = ZfBR 1981, 187 = UPR 1982, 16 = BauR 1981, 351 = BRS 38 Nr. 69
30 BVerwG, Urteil vom 3.4.1987 – 4 C 41.84 – BauR 1987, 538 = DVBl 1987, 903 = NJW 1987, 3214 = NVwZ 1987, 884 = ZfBR 1987, 260 = UPR 1987, 380 = BRS 47 Nr. 63; Urteil vom 15.12.1994 – 4 C 13.93 – ZfBR 1995, 100 = DVBl 1995, 515 = BBauBl 1995, 477 = UPR 1995, 228 = BauR 1995, 361 = GewArch 1995, 259 = NVwZ 1995, 698, vgl. auch OVG Münster, Urteil vom 25.9.1995 – 11 B 2195/95 – UPR 1996, 118 = BauR 1996, 222 = NVwZ-RR 1996, 493 = BRS 57 Nr. 94.
31 BVerwG, Beschluß vom 6.11.1997 – 4 B 172.97 – NVwZ-RR 1998, 539 = ZfBR 1998, 164.
32 Wie hier U. Kuschnerus, Der sachgerechte Bebauungsplan, 3. Aufl., 2004, Rn. 727.

3.2.1.3.2.2 Nicht wesentliche Änderungen – Einschränkungen

32 (1) Der B-Plan nach § 13 Abs. 1 2. Altn. BauGB darf den sich aus der vorhandenen Eigenart der näheren Umgebung ergebenden Zulässigkeitsmaßstab verändern. Die Änderung der bisherigen Zulässigkeit kann erweiternd oder begrenzend sein. Im Sinne einer Überplanung können etwa solche Vorhaben zugelassen werden, die nach dem status quo der vorhandenen Eigenart nicht zulässig wären, weil sie sich derzeit in die nähere Umgebung nicht einfügen. Das gilt etwa für das Maß der baulichen Nutzung oder bestimmte Nutzungen. Auch der Ausschluß bestimmter Nutzungen ist denkbar, soweit der Änderung ordnende Funktion zukommt. Ferner bietet § 1 Abs. 10 BauNVO einen Anhalt für denkbare Regelungen.

33 (2) Die Möglichkeit der „vereinfachten" Änderung der bisherigen bauplanungsrechtlichen Rechtslage ist in zweifacher Hinsicht eingeschränkt: **[1]** Die Änderung muß sich auf die Zulässigkeitsmaßstäbe beziehen, wie sie sich aus § 34 Abs. 1 BauGB selbst ergeben. Damit können die Änderungen nur die Art und das Maß der baulichen Nutzung, die Bauweise und die überbaute Grundstücksfläche erfassen. § 13 Abs. 1 BauGB läßt mithin keine ergänzenden Festsetzungen – etwa entsprechend § 34 Abs. 5 S. 2 BauGB – zu. Sehr sinnvoll ist diese Begrenzung nicht. **[2]** Die Änderung darf die bestehende Zulässigkeit, wie sie sich aus der Eigenart der näheren Umgebung ergibt, „nicht wesentlich" verändern. Eine wesentliche Änderung liegt stets vor, wenn der B-Plan „gedachte" Grundzüge der Planung berührt. Das ist u. a. der Fall, wenn die Festsetzungen geeignet sind, im Gebiet der näheren Umgebung infrastrukturelle Veränderungen einzuleiten. Der Gesetzesentwurf verweist dazu auf die Möglichkeit der Kleingartensiedlung.[33]

3.2.1.3.2.3 Art der baulichen Nutzung

34 (1) Ein **faktisches Baugebiet** kann entsprechend seinem Gebietscharakter „überplant" werden. Eine Gliederung des Gebietes gemäß § 1 Abs. 4ff. BauNVO ist nicht von vornherein ausgeschlossen. Der Ausschluß „wesentlicher" Unterarten, etwa generell des Einzelhandels, ist in aller Regel nicht zulässig.[34] Im Zweifel sollte die Gemeinde eher einen einfachen B-Plan wählen.

35 (2) Von praktischer Bedeutung kann das vereinfachte Verfahren für die erstmalige Überplanung einer (diffusen) Gemengelage sein. Die Kleingemengelage betrifft Nutzungskonflikte bei einer **kleinräumigen Mischung** unterschiedlicher Nutzungen. Die Nutzungen sind hier „kleinteilig" miteinander verzahnt.[35] Die Kleingemen-

---

33 BReg., in: BTag-Drs. 15/2250 S. 51 zu § 13 BauGB.

34 Abweichend wohl U. Kuschnerus, Der sachgerechte Bebauungsplan, 3. Aufl., 2004, Rn. 727, der den generellen Ausschluß von Spielhallen, Vergnügungsstätten und bestimmten Einzelhandelsbetriebe als „nicht wesentlich" ansieht.

35 Vgl. R. Menke, Bauleitplanung in städtebaulichen Gemengelagen. Geltendes Recht und Novellierungsvorschläge, 1984; M. Dolderer, Die „städtebauliche Gemengelage" – bisherige Lösungen und neue Entwicklungen, in: DÖV 1998, 414–422; Deutsches Institut für Urbanistik [Difu], Umweltprobleme in Gemengelagen, 1985 [vgl. dazu NVwZ 1985, 728].

Berkemann

gelage betrifft zumeist eine Nutzungsmischung von Wohnen einerseits und Handels-, Dienstleistungs- und Handwerksbetrieben andererseits.

Hier kann ein B-Plan gemäß § 13 Abs. 1 BauGB ein erster Anfang der Konfliktregulierung sein. Bei einer derartigen **Gemengelage** oder **diffuser Nutzungsstruktur** ist auch eine Festsetzung eines Baugebietstypus nach der BauNVO dann zulässig, wenn das Gebiet diesem Typus bereits weitgehend entspricht. Zu denken ist an die Festsetzung eines Mischgebietes (§ 6 BauNVO).[36] Hier kann der bestandssichernde B-Plan die Entwicklung unterhalb eines faktischen Baugebietes gleichsam planerisch aufnehmen.   **36**

3.2.1.3.2.4 Maß der baulichen Nutzung

Der bestandssichernde B-Plan kann sich hinsichtlich des Maßes der baulichen, wie zu § 34 Abs. 1 BauGB allgemein, an den §§ 16 ff. BauNVO orientieren.[37] Daraus läßt sich zugleich der Maßstab entwickeln, wann eine Änderung nicht mehr als unwesentlich im Sinne des § 13 Abs. 1 BauGB anzusehen ist. Eine deutliche Erweiterung der vorhandenen Strukturen – etwa hinsichtlich der Zahl der Vollgeschosse – ist im vereinfachten Verfahren nicht zulässig.[38]   **37**

3.2.1.3.2.5 Bauweise und überbaubare Grundstücksfläche

Ergibt die vorhandene Bebauung eine klare Entscheidung für eine offene oder für eine geschlossene Bauweise, dann kann dies im vereinfachten Verfahren nicht geändert werden. Entsprechendes gilt für die Frage der Hinterlandbebauung. Liegt weitgehend nur eine Straßenrandbebauung vor, kann im vereinfachten Verfahren nicht die durchgehende Möglichkeit einer Bebauung im Blockinneren eröffnet werden.   **38**

3.2.1.3.3 Abänderbarkeit des B-Plans

Der „vereinfachte" B-Plan kann seinerseits in einem vereinfachten Verfahren geändert oder ergänzt werden. In diesem Falle gelten als „Grundzüge der Planung" die seinerzeit festgeschriebene „Eigenart" der näheren Umgebung nach Maßgabe der vier Merkmale des § 34 Abs. 1 BauGB.   **39**

3.2.2 Weitere (einschränkende) Voraussetzungen

3.2.2.1 Allgemeines

(1) **Zielsetzung.** Das vereinfachte Verfahren ist ausgeschlossen, wenn die planungsrechtlich zugelassenen Vorhaben **europarechtlich** erhebliche **Umweltaus-**   **40**

---

36 Ähnlich U. Kuschnerus, Der sachgerechte Bebauungsplan, 3. Aufl., 2004, Rn. 727.
37 Vgl. BVerwG, Urteil vom 3.2.1984 – 4 C 25.82 – BVerwGE 68, 360 = DVBl 1984, 634 = BauR 1984, 373 = BRS 42 Nr. 52; Urteil vom 15.12.1994 – 4 C 13.93 – DVBl 1995, 515 = NVwZ 1995, 698 = ZfBR 1995, 100 = BauR 1995, 361 = BRS 56 Nr. 61; Beschluß vom 20.4.2000 – 4 B 25.00 – ZfBR 2001, 142 = BauR 2001, 212 = BRS 63 Nr. 103 (2000).
38 Wie hier U. Kuschnerus, Der sachgerechte Bebauungsplan, 3. Aufl., 2004, Rn. 727.

wirkungen auslösen könnten. § 13 Abs. 1 Nrn. 1 und 2 BauGB will dies gewähr-leisten. Liegen die inhaltlichen Voraussetzungen des § 13 Abs. 1 Nr. 1 oder Nr. 2 BauGB vor, ist ein vereinfachtes Verfahren ohne Ausnahme ausgeschlossen.

41 (2) Bauleitpläne im Sinne des § 13 Abs. 1 BauGB dürfen keine erheblichen Um-weltauswirkungen im Sinne der Plan-UP-RL und des europäischen Habitatschut-zes haben. Eine EG-konforme Handhabung wird sich hierzu u. a. an Art. 3 Abs. 5 S. 2 der Plan-UP-RL und an den Kriterien in Anhang II dieser Richtlinie auszurich-ten haben. Eine integrierte UP entfällt. Sie kann auch bei der 2. Alternative des § 13 BauGB zur Verbesserung der planerischen Abwägung nichts beitragen. Der Entwurf der BReg. nimmt dazu an, daß diese in § 13 Abs. 1 BauGB abstrakt-generelle Entscheidung des deutschen Gesetzgebers mit Art. 3 Abs. 6 der Plan-UP-RL vereinbar ist (BReg. in: BTag-Drs. 15/2250 S. 51). Dafür spricht immerhin Art. 3 Abs. 1 der Richtlinie.

42 Die Regelung des § 13 Abs. 1 Nrn. 1 und 2 BauGB beruht auf einer Empfehlung der Unabhängigen Expertenkommission zur Novellierung des BauGB.[39]

3.2.2.2 § 13 Abs. 1 Nr. 1 BauGB 2004

43 (1) § 13 Abs. 1 Nr. 1 BauGB besitzt eine Sicherungsfunktion von konstitutiver Be-deutung.[40] Kein Vorhaben (Projekt) mit erheblichen Umweltauswirkungen gemäß der Projekt-UVP-RL in Umsetzung des Artikelgesetzes vom 27.7.2001 (BGBl. I S. 1950) soll durch eine Planung der Gemeinde im vereinfachten Verfahren zulässig werden. Die geänderte Rechtslage zwingt die Gemeinde, § 13 Abs. 1 BauGB nur zurückhaltend anzuwenden (vgl. auch § 214 Abs. 1 S. 1 Nr. 2 BauGB).

44 Ferner soll durch eine Planung der Gemeinde kein Rahmen geschaffen werden, der für die Zulässigkeit des Vorhabens (Projekts) rechtlich günstig ist. Dieses Ziel erreicht § 13 Abs. 1 Nr. 1 BauGB nur indirekt. § 13 Abs. 1 Nr. 1 BauGB soll eine denkbare Lücke im selbst geschaffenen System des § 2 Abs. 4 BauGB ausschlie-ßen. Diese besteht in der Tat dann nicht, wenn das Vorhaben, dessen planerische Zulässigkeit erstmals begründet wird, in tatsächlicher Hinsicht keine Umweltaus-wirkungen im Sinne einer UVP haben kann. Bereits die **Pflicht zur Prüfung** ist ein Hinderungsgrund. Ob diese Pflicht besteht, ist nach dem **UVPG** in Verb. mit An-lage 1 zu § 2 UVPG oder nach dem entsprechenden landesrechtlichen UVPG (vgl. § 3 d UVPG) zu beurteilen.

45 (2) Von dem vereinfachten Verfahren darf danach nicht Gebrauch gemacht wer-den, wenn gerade durch dieses Verfahren erstmals die Zulässigkeit eines Vorha-bens im Sinne des § 29 Abs. 1 BauGB begründet oder vorbereitet wird, das einer UVP nach Maßgabe des UVPG unterliegen **würde**. Eine integrierte UVP entfällt.

---

39 Vgl. Bericht, 2002, Rn. 57ff.; vgl. ferner ausführlich J. Pietzcker, Gutachten zum Umsetzungsbedarf der Plan-UV-Richtlinie der EG zum Baugesetzbuch, 30.4.2002, S. 66f.

40 Verfehlt EAG Mustererlaß 2004, Nr. 2.7.3: „überwiegend klarstellende Funktion".

Berkemann

Sie kann auch bei der 2. Altn. des § 13 BauGB zur Verbesserung der planerischen Abwägung nichts beitragen.

(3) Die Zulässigkeit des Vorhabens im Sinne des § 13 Abs. 1 Nr. 1 BauGB muß **46** erstmals durch den Inhalt des „vereinfachten" Bauleitplans begründet werden. § 13 Abs. 1 Nr. 1 BauGB führt damit faktisch zu einer flächenmäßigen Begrenzung des Plangebietes. Das Gesetz nimmt dazu an, daß die in § 13 Abs. 1 BauGB enthaltene abstrakt-generelle Entscheidung des deutschen Gesetzgebers mit Art. 3 Abs. 6 der Plan-UP-RL vereinbar ist. Aus der Sicht des Art. 3 Abs. 5 S. 1 Plan-UP-RL handelt sich es bei § 13 Abs. 1 Nr. 1 BauGB um eine Ausnahmeregelung. Die Argumentations- und Beweislast liegt damit bei der Gemeinde.

(4) Zur Gewährleistung des Sicherungszieles ist erforderlich, daß jedes „gedach- **47** te" Vorhaben, dessen Zulässigkeit nach § 13 Abs. 3 BauGB planerisch bestimmt wird, sich einer UVP auf der Ebene der Planung und damit abstrakt zu unterziehen hat (vgl. Nr. 18 der Anlage 1 zum UVPG). Insoweit bedarf es jedenfalls ansatzweise einer **Vorprüfung**, also eines geminderten Screening.[41] Diese muß allerdings technisch nicht das Niveau des § 3c UVPG erreichen. § 13 Abs. 1 Nr. 1 BauGB erfordert für die planende Gemeinde damit einen „**Gegentest**". Gefragt werden muß, ob die mit der Planung erstmals zugelassenen Vorhaben einer Pflicht zur UVP unterliegen würden.[42] Die Pflicht ergibt sich nach deutschem Recht entweder nach dem UVPG (§ 3b Abs. 1 UVPG) oder nach Landesrecht. Anzuwenden ist dazu die **Anlage 1 zum UVPG** in der Fassung des Art. 3 Nr. 2 EAG Bau. Maßgebend sind dabei sog. Schwellenwerte.

(5) § 13 Abs. 1 Nr. 1 BauGB nach seinem Wortlaut läßt offen, worauf sich die UP **48** bei einer Planänderung zu beziehen hat. Fraglich ist, ob sich die Prüfung bei Änderung des Bauleitplanes nur auf die von der Änderung betroffenen Umweltbelange beschränkt oder ob die gesamte Planung entsprechend auf ihre Umweltauswirkungen zu überprüfen ist. Die Entstehungsgeschichte erlaubt keine Entscheidung.

(6) § 13 Abs. 1 Nr. 1 BauGB erweitert das gesetzliche Hindernis, wenn und so- **49** weit Landesrecht für ein Vorhaben die Durchführung einer UVP erfordern würde. Das **Landesrecht** (vgl. § 3d UVPG) kann eine **Sperrfunktion** auslösen.[43] Ist dies der Fall, bleibt der Gemeinde nur das reguläre Verfahren nach §§ 2ff. BauGB. In welchem Maße alsdann das Umweltrecht das Landesrecht im Hinblick auf den kodifikatorischen Anspruch des § 2 Abs. 4 BauGB zu beachten hat, bedarf der Klärung.

---

41 A.A. offenbar EAG Mustererlaß 2004, Nr. 2.7.1 Abs. 2.

42 Vgl. auch R. Hendler, Gutachten zur Umsetzung der EG-Richtlinie für die UVP bei Plänen und Programmen: Bestimmung der von der Richtlinie erfaßten Pläne und Programme der deutschen Rechts, März 2002.

43 Vgl. allg. Chr. Wefelmeier, Die Umsetzung der UVP-Richtlinie durch das Niedersächsische Gesetz über die Umweltverträglichkeitsprüfung, in: NdsVBl 2004, 169–176.

50 (7) Die Entbehrlichkeit einer UP im vereinfachten Verfahren bedeutet nicht, daß die Gemeinde bestehende Umweltbelange in ihre Abwägung nicht einzubeziehen hat. Im vereinfachten Verfahren sind unverändert alle maßgeblichen **materiellen Anforderungen**, also die in § 1 Abs. 6 Nr. 7 BauGB aufgenommenen Belange, zu beachten. Das gilt auch für belastende Immissionen.[44]

3.2.2.3 § 13 Abs. 1 Nr. 2 BauGB 2004

51 (1) Eine mögliche Beeinträchtigung der in § 1 Abs. 6 Nr. 7 Buchst. b) BauGB genannten Schutzgüter schließt das vereinfachte Verfahren stets aus. Die in Bezug genommene Vorschrift verweist ihrerseits auf die Erhaltungsziele und den Schutzzweck der Gebiete von gemeinschaftlicher Bedeutung (d. h. FFH-Gebiete) und der Vogelschutzgebiete nach Maßgabe des Art. 4 der Vogelschutz-RL. Für diese Gebiete erklärt § 1 a Abs. 4 BauGB im Falle einer „erheblichen Beeinträchtigung" das BNatSchG (vgl. dort §§ 33 ff.) für maßgebend. Das gilt auch für potentielle FFH-Gebiete und faktische Vogelschutzgebiete.

52 (2) § 13 Abs. 1 Nr. 2 BauGB senkt das **„Eingriffsniveau"** in dreifacher Hinsicht: **[1]** Jede, nicht nur die drohende „erhebliche" Beeinträchtigung im Sinne etwa des Art. 6 Abs. 3 FFH-RL schließt ein vereinfachtes Verfahren aus (vgl. § 34 Abs. 2 BNatSchG). Kommt eine erhebliche Beeinträchtigung in Betracht, ist nur ein normales Bauleitplanverfahren zulässig. Das löst zwingend eine UVP und ein Umweltmonitoring aus. **[2]** Das Schutzregime des Art. 4 Abs. 4 Vogelschutz-RL erfaßt auch Auswirkungen, die Ursachen außerhalb des Gebietes haben (sog. **Umgebungsschutz**).[45] Auch für ein FFH-Gebiet kommt ein Umgebungsschutz nach Art. 6 Abs. 3 Satz 1 FFH-RL in Betracht.[46] Eine derartige Lage kann eintreten, wenn eine gewerbegebietliche Ausweisung am Rande eines Dorfgebiets (MD) nur geringfügig in den Außenbereich hinein erweitert werden soll. **[3]** Es ist nach § 13 Abs. 1 Nr. 2 BauGB bereits ausreichend, daß **„Anhaltspunkte"** bestehen, um die Möglichkeit eines vereinfachten Verfahrens auszuschließen.

53 (3) Derartige Anhaltspunkte werden in aller Regel gegeben sein, wenn hinsichtlich des Vogelschutzes ein Gebiet in der **IBA-Liste** des Internationalen Rats für Vogelschutz (Inventory of Important Bird Areas in the European Community) ausgewie-

---

44 Wie hier U. Kuschnerus, Der sachgerechte Bebauungsplan, 3. Aufl., 2004, Rn. 730.

45 BVerwG, Urteil vom 19.5.1998 – 4 A 9.97 – BVerwGE 107, 1–29 = DVBl 1998, 900 = NVwZ 1998, 961 = UPR 1998, 384 = NuR 1998, 544 = ZfBR 1998, 318; VGH Mannheim, Beschluß vom 29.11.2002 – 5 S 2312/02 – NVwZ-RR 2003, 184 = NuR 2003, 228 = UPR 2003, 120 (L) mit Anm. E. Gassner, in: NuR 2003, 233–234.

46 Ebenso W. Schrödter, in: H. Schrödter (Hrsg.), BauGB, 7. Aufl., 2005, § 1a Rn. 102, 123; ders., Bauleitplanung in FFH-Gebieten und Vogelschutzgebieten, in: NuR 2001, 8–19 [9, 12]; M. Gellermann, Rechtsfragen des europäischen Habitatschutzes, in: NuR 1996, 548–558 [552]; Chr. Freytag/K. Iven, Gemeinschaftsrechtliche Vorgaben für den nationalen Habitatschutz. Die Richtlinie 92/43/EWG des Rates vom 21. Mai 1992 zur Erhaltung der natürlichen Lebensräume sowie der wildlebenden Tiere und Pflanzen, in: NuR 1995, 109–117 [114]; ebenso OVG Koblenz, Urteil vom 9.1.2003 – 1 C 10187/01 – NuR 2003, 441 = UPR 2003, 200 (L) = DVBl 2003, 819 (L) = BauR 2003, 1611 (L) mit Anm. C. Carlsen, in: NuR 2003, 450.

Berkemann

sen ist.[47] Das Regelwerk dient als Orientierungshilfe. Die Handhabung der Liste ist nicht ganz einfach. Die Liste enthält Hilfsbewertungskriterien (etwa das sog. C 6-Kriterium). Daneben gibt es noch die Kartierungen für sog. FIB- oder Ramsar-Gebiete.[48] Auch für FFH-Gebiete gibt es sog. Schattenlisten. Die Argumentations- und Beweislast liegt damit bei der planenden Gemeinde (vgl. auch § 1a Rn. 45ff.).

(4) § 13 Abs. 1 BauGB schließt die Anwendung des § 1a Abs. 3 BauGB in Verb. **54** mit § 18 BNatSchG nicht aus, wenn die Planung (ausnahmsweise) zu naturschutzrechtlichen Eingriffen führen kann.

3.2.2.4 Ermittlungs- und Beweislage

§ 13 Abs. 1 Nr. 1 und 2 BauGB zielen gemeinsam darauf ab, eine **europarecht- 55 lich vorgegebene Entscheidungslage** auszuschließen. Ob dies der Fall ist, hat die Gemeinde nach allgemeinen Grundsätzen zu ermitteln. Umfang und Tiefe der Sachermittlungspflicht bestimmt sich nach den konkreten Umständen.[49]

§ 13 Abs. 1 Nrn. 1 und 2 BauGB unterscheiden sich textlich. § 13 Abs. 1 Nr. 2 **56** BauGB läßt bereits „Anhaltspunkte" für eine Beeinträchtigung genügen. Das scheint im Hinblick auf Art. 6 Abs. 3 S. 1 FFH-RL ein geringerer Schwellenwert als in § 13 Abs. 1 Nr. 1 BauGB vorgegeben zu sein. Als ein Fall der „Durchführung einer Umweltverträglichkeitsprüfung nach Anlage 1" zum UVPG ist auch die UVP-Pflicht im Einzelfall (§ 3c UVPG) anzusehen.

Hier kommt es auf die „Einschätzung der zuständigen Behörde aufgrund über- **57** schlägiger Prüfung unter Berücksichtigung der in Anlage 2 aufgeführten Kriterien" an. Die Prüfung zielt hier auf die Frage, ob das Vorhaben „erhebliche nachteilige Umweltauswirkungen haben kann, die nach § 12 zu berücksichtigen wären". Aus der Zielsetzung der „Vermeidung" der UVP-Konfliktlage muß die Gemeinde bereits von dem „vereinfachten" Verfahren Abstand nehmen, wenn die Anwendung des § 3c UVPG in Betracht kommt.

---

47 EuGH, Urteil vom 19.5.1998 – C–3/96 – EuGHE I 1998, 3031–3074 [Rdnr. 69 und 70] = DVBl 1998, 888 = UPR 1998, 379 = NuR 1998, 538 = NordÖR 1998, 441 – Niederlande-Fall; EuGH [6. Kammer], Urteil vom 7.12.2000 – Rs. C–374/98 – EuGHE 2000, I–10799 = DVBl 2001, 359 = NVwZ 2001, 549 = ZUR 2001, 75 = NuR 2001, 210; BVerwG, Beschluß vom 21.11.2001 – 4 VR 13.00 – NuR 2002, 153 = ZUR 2002, 225 = BRS 64 Nr. 217; Urteil vom 31.1.2002 – 4 A 15.01 – DVBl 2002, 990 = NVwZ 2002, 1103 = BauR 2002, 1676 = UPR 2002, 344 = NuR 2002, 539; Beschluß vom 12.6.2003 – 4 B 37.03 – NVwZ 2004, 98; ebenso beiläufig BVerwG, Urteil vom 27.2.2003 – 4 A 59.01 – NVwZ 2003, 1253 = DVBl 2003, 1061 = UPR 2003, 353 = ZUR 2003, 416 = NuR 2003, 686; OVG Münster, Urteil vom 15.7.2002 – 7 A 860/01 – juris (L).

48 FIB- oder Ramsar-Gebiete sind Gebiete, die den Kriterien des am 2.2.1981 in Ramsar (Iran) geschlossenen Übereinkommens über Feuchtgebiete von Internationaler Bedeutung entsprechen (BGBl. II 1976 S. 1265) – Convention on Wetlands of International Importance especially as Waterfowl Habitat. Vgl. dazu das Schutzgebietssystem nach A. Ssymank/U. Hauke/E. Schröder, Das europäische Schutzgebietssystem NATURA 2000 – BfN-Handbuch zur Umsetzung der Flora-Fauna-Habitat-Richtlinie, Bonn-Bad Godesberg 1998, S. 62; vgl. auch G. Mitlacher, Ramsar-Bericht Deutschland, 1997.

49 Vgl. BVerwG, Beschluß vom 14.8.1989 – 4 NB 24.88 – DVBl 1989, 1105 = NVwZ-RR 1990, 122 = UPR 1989, 452 = ZfBR 1989, 264 = BRS 49 Nr. 22.

3.2.2.5 Weitere materielle Voraussetzungen

58 Der vereinfachte Plan muß den materiellen Anforderungen des § 1 BauGB genügen. Dazu zählt neben § 1 Abs. 3 S. 1 und § 1 Abs. 4 BauGB auch das allgemeine Abwägungsgebot des § 1 Abs. 7 BauGB. Das gilt auch für den „bestandssichernden" B-Plan. Auch dieser muß im Sinne des § 1 Abs. 3 S. 1 BauGB erforderlich sein; er darf dem Entwicklungsgebot des § 8 Abs. 2 BauGB nicht widersprechen.

59 Stellungnahmen nach § 13 Abs. 2 Nrn. 2 oder 3 BauGB sind als Abwägungsmaterial zu berücksichtigen.[50] Der nach § 13 Abs. 1 BauGB geänderte F-Plan bedarf
der Genehmigung nach § 6 Abs. 2 BauGB. Das gilt auch für den B-Plan, soweit
seine Änderung (1. Altn.) oder seine erstmalige Aufstellung (2. Altn.) nicht gemäß
§ 8 Abs. 2 BauGB aus einem F-Plan entwickelt wurde (vgl. § 10 Abs. 1 BauGB).

4. Rechtsfehler

60 Rechtsfehler in der Anwendung des § 13 Abs. 1 BauGB betreffen das Planverfahren. § 214 BauGB stellt hierfür Maßnahmen der Planerhaltung nicht bereit. § 214
Abs. 1 S. 1 Nr. 2 BauGB erfaßt nur Mängel im Verfahren der Beteiligung, mithin
nur im Regelungsbereich des § 13 Abs. 2 und bezüglich der Hinweispflicht des
§ 13 Abs. 3 **S. 2** BauGB. Folgerichtig erwähnt § 214 Abs. 1 S. 1 Nr. 2 BauGB eine
Verletzung des § 13 Abs. 3 **S. 1** BauGB nicht. Irrt sich die Gemeinde in der Anwendung des § 13 Abs. 1 Nrn. 1 oder 2 BauGB, führt dies zur dauernden Rechtswidrigkeit des B-Plans.

II. § 13 Abs. 2 BauGB 2004 – Beteiligungsverfahren

1. Text der geänderten Fassung

61 (2) Im vereinfachten Verfahren kann

1. von der frühzeitigen Unterrichtung und Erörterung nach § 3 Abs. 1 und § 4 Abs. 1 abgesehen werden,

2. der betroffenen Öffentlichkeit Gelegenheit zur Stellungnahme innerhalb angemessener Frist gegeben
   oder wahlweise die Auslegung nach § 3 Abs. 2 durchgeführt werden,

3. den berührten Behörden und sonstigen Trägern öffentlicher Belange Gelegenheit zur Stellungnahme
   innerhalb angemessener Frist gegeben oder wahlweise die Beteiligung nach § 4 Abs. 2 durchgeführt
   werden.

2. Textgeschichte

62 Der Gesetzestext entspricht im wesentlichen dem Gesetzesentwurf der BReg.
(BTag-Drs. 15/2250 S. 14, 50/51) und dem Ausschußbericht (BTag-Drs. 15/2996
S. 33/34). Der 14. BTags-Ausschuß hat § 13 Abs. 2 Nr. 3 BauGB hinzugefügt. Im
Entwurf der BReg. war darauf verzichtet worden.

---

50   OVG Münster, Urteil vom 3.11.1997 – 10a D 181/96.NE – juris (Volltext).

Berkemann

3. Erläuterung der Änderung

3.1 Allgemeines

§ 13 Abs. 2 BauGB zielt insgesamt auf eine „Verschlankung" des Verfahrens. **63** Nach § 13 Abs. 2 Nr. 1 BauGB läßt sich das „zweistufige" nach Ermessen der Gemeinde zu einem „einstufigen" Beteiligungsverfahren reduzieren. § 13 Abs. 2 Nrn. 1 und 2 BauGB sind an §§ 3, 4 BauGB redaktionell angepaßt. Substantielle Änderungen bestehen nicht.

3.2 § 13 Abs. 2 Nr. 1 BauGB 2004

(1) Die Gemeinde kann von einer frühzeitigen Unterrichtung und Erörterung der **64** Öffentlichkeit im Sinne einer vorgezogenen Bürgerbeteiligung (§ 3 Abs. 1 Satz 1 BauGB) oder von einer frühzeitigen Unterrichtung der Behörden (§ 4 Abs. 1 BauGB) absehen. Hinsichtlich des § 3 Abs. 1 BauGB entspricht dies der bisherigen Rechtslage der frühzeitigen Bürgerbeteiligung.

(2) § 3 Abs. 1 S. 1 BauGB bezieht sich auf F-Plan und B-Plan. Abweichend ge- **65** genüber § 3 Abs. 1 BauGB 1987 kann von einer frühzeitigen Öffentlichkeitsbeteiligung gemäß § 3 Abs. 1 S. 2 Nr. 1 BauGB allerdings nur noch beim B-Plan abgesehen werden. Bei einem F-Plan ist dies daher nur möglich, wenn die Voraussetzungen des § 13 Abs. 1 BauGB gegeben sind. Das mag die Anwendung des § 13 Abs. 1 BauGB bei Änderung des F-Plans attraktiv machen. Das gleiche gilt für die Behördenbeteiligung. Nach § 4 Abs. 1 S. 1 BauGB sind die Behörden und sonstige TöB entsprechend § 3 Abs. 1 S. 1 Halbs. 1 BauGB frühzeitig zu unterrichten. Auch hiervon kann die Gemeinde sowohl beim F-Plan als auch beim B-Plan unter den Voraussetzungen des § 13 Abs. 1 BauGB absehen.

(3) Die Entscheidung steht im Ermessen der Gemeinde. Der Verzicht auf eine **66** frühzeitige Beteiligung sollte sich auf Bagatellfälle beschränken (vgl. ähnlich § 3 Abs. 1 S. 1 BauGB). Ist die Öffentlichkeit bereits in einem anderen Verfahren hinreichend unterrichtet, kann von einer „frühzeitigen" Beteiligung abgesehen werden.[51] Auch eine Entwicklungsplanung kann den Verzicht nahelegen.

Rechtsfehler in der Ermessensentscheidung der Gemeinde sind für die Rechts- **67** gültigkeit der Planung als Verfahrensmangel unbeachtlich (arg. e § 214 Abs. 1 S. 1 Nr. 2 BauGB). Die Gemeinde kann von der Möglichkeit des § 13 Abs. 2 Nr. 1 BauGB auch nur eingeschränkten Gebrauch machen. Es kann ausreichend sein, die Behörde nach § 4 Abs. 2 BauGB im regulären Verfahren zu beteiligen, aber in diesem Zeitpunkt bereits jetzt zur Steigerung der Akzeptanz die Öffentlichkeit nach § 3 Abs. 1 BauGB zu unterrichten.

---

51 Vgl. VGH Mannheim, Beschluß vom 12.8.1994 – 8 S 903/94 – NVwZ 1996, 271 = NuR 1995, 262 = VBlBW 1995, 241.

3.3 § 13 Abs. 2 Nr. 2 BauGB 2004

3.3.1 Auswahl – Entschließungsermessen

68 (1) Die Gemeinde kann der betroffenen Öffentlichkeit Gelegenheit zur Stellungnahme innerhalb angemessener Frist geben oder wahlweise die Auslegung nach § 3 Abs. 2 durchführen. Entgegen der etwas unscharfen Wortfassung („kann") ist die Gemeinde verpflichtet, die eine oder andere Möglichkeit der Beteiligung einzuräumen.[52] Der Ausdruck „wahlweise" und dessen Wortstellung vor der zweiten Alternative deutet dies an (facultas alternativa). Im übrigen ergibt sich dies aus der verfassungskonformen Ausgangslage des Art. 14 Abs. 1 GG, soweit Bürger durch die Änderung der Rechtslage betroffen sein können.[53] Die Auswahl obliegt dem Ermessen der Gemeinde.

69 (2) Die Anwendung ist zwingend in den Fällen des § 3 Abs. 3 S. 3 oder des § 4 Abs. 4 BauGB.

3.3.2 „Betroffene" Öffentlichkeit

70 (1) **Begriff.** Der Begriff der „betroffenen Öffentlichkeit" ist umfassend. Er ersetzt den früheren Begriff der „betroffenen Bürger". Der Begriff erfaßt Grundeigentümer, aber auch von der beabsichtigten Planung betroffene Mieter[54] oder Pächter, aber auch immissionsbeeinträchtigte Nachbarn.[55] Sie müssen durch die neue Planung „betroffen" sein. Das sind sie stets dann, wenn ihre Belange abwägungserheblich sind.[56]

71 Maßgebend sind die rechtlichen und tatsächlichen Auswirkungen, welche die geänderte Rechtslage auslösen kann. Die Betroffenheit wird sich zumeist auf Grundstücke im Plangebiet beziehen, kann aber auch außerhalb des Geltungsbereichs der beabsichtigten Planänderung bestehen. Die Gelegenheit zur Stellungnahme

---

52 So R.-P. Löhr, in: B/K/L, BauGB, 9. Aufl., 2005, § 13 Rn. 5.
53 BVerfG (Kammer), Beschluß vom 19.7.2000 – 1 BvR 1053/93 – NVwZ 2000, 1283 = NordÖR 2000, 410 = BauR 2000, 1720 = UPR 2000, 449 = DVBl 2000, 1842 = BayVBl 2001, 16 zu BVerwG, Beschluß vom 7.5.1993 – 4 NB 14.93 – NVwZ-RR 1994, 235 zur Beiladung im verwaltungsgerichtlichen Normenkontrollverfahren.
54 Vgl. BVerwG, Beschluß vom 7.4.1995 – 4 NB 10.95 – NVwZ-RR 1996, 8 = BRS 57 Nr. 44 (1995).
55 BVerwG, Urteil vom 21.10.1999 – 4 CN 1.98 – NVwZ 2000, 807 = ZfBR 2000, 199 = UPR 2000, 189 = DVBl 2000, 793 = BauR 2000, 848 = BRS 62 Nr. 51 (1999); vgl. ferner BVerwG, Beschluß vom 18.3.1994 – 4 NB 24.93 – DVBl 1994, 701 = NVwZ 1994, 683 = DÖV 1994, 873 = ZfBR 1994, 196 = UPR 1994, 263 = BauR 1994, 490 = BRS 56 Nr. 30; Beschluß vom 19.2.1992 – 4 NB 11.91 – NJW 1992, 2844 = DVBl 1992, 1099 = UPR 1992, 264 = NuR 1993, 269 = BRS 54 Nr. 41.
56 Vgl. allg. BVerwG, Urteil vom 1.9.1997 – 4 A 36.96 – BVerwGE 105, 178 = NVwZ 1998, 505 = DVBl 1998, 44 = DÖV 1998, 157 = ZfBR 1998, 46 = NuR 1998, 41 = UPR 1998, 70 = BauR 1998, 99 = BRS 59 Nr. 238 (1997); Urteil vom 24.9.1998 – 4 CN 2.98 – BVerwGE 107, 215 = UPR 1999, 27 = DVBl 1999, 100 = ZfBR 1999, 39 = NJW 1999, 592 = BauR 1999, 134 = DÖV 1999, 208 = BayVBl 1999, 249 = NuR 1999, 214 (Freizeitlärm einer Kleingartenanlage mit Vereinsheim) mit Anm. M. Schmidt-Preuß, in: DVBl 1999, 103–106; Urteil vom 26.2.1999 – 4 CN 6.98 – NVwZ 2000, 197 = ZfBR 1999, 223 = UPR 1999, 271 = DÖV 1999, 733 = BauR 1999, 1128 = NuR 1999, 639 = BRS 62 Nr. 48 (1999); Urteil vom 21.10.1999 – 4 CN 1.98 – NVwZ 2000, 807 = ZfBR 2000, 199 = UPR 2000, 189 = DVBl 2000, 793 = BauR 2000, 848 = BRS 62 Nr. 51 (1999).

         Berkemann

braucht nur der „betroffenen" Öffentlichkeit gegeben zu werden. Ist die Gemeinde in der entsprechenden Feststellung unsicher, ist stets eine öffentliche Auslegung nach § 3 Abs. 2 BauGB ratsam.[57]

(2) **Stellungnahme** ist „Anhörung" im Sinne des § 28 VwVfG. Diese ist sinnvoll **72** nur möglich, wenn sich die Betroffenen zuvor über die Sachlage hinreichend unterrichten können. Genügend ist, daß vorhandene Planungsunterlagen eingesehen werden können.[58] Über entsprechende Möglichkeiten muß unterrichtet werden. Die Gemeinde kann auch der „betroffenen" Öffentlichkeit einen Planentwurf übersenden.

Die Frist zur Abgabe der Stellungnahme muß **angemessen** sein. Die Gemeinde **73** sollte diese Frist bestimmen. Der einzuräumende Zeitrahmen richtet sich nach der konkreten Komplexität. Ist diese problematisch, ist das „vereinfachte" Verfahren ohnedies kaum geeignet. Die Angemessenheit der Frist wird sich an dem Zeittableau des § 3 Abs. 2 BauGB orientieren können, den dortigen Zeitrahmen indes zumeist unterschreiten.[59] Die mit § 13 BauGB verfolgte Vereinfachung liegt dabei weniger in der fristbezogenen Beschleunigung, als vielmehr in der Beschränkung der Zahl der Beteiligten. Eine **Verlängerung** ist zulässig.

(3) **Präklusion.** § 13 Abs. 2 BauGB läßt offen, wie verspätet abgegebene Äuße- **74** rungen zu beurteilen sind. Für sie gilt die allgemeine Präklusionsregelung des § 4 a Abs. 6 BauGB, wenn auf die Rechtsfolge gemäß § 4 a Abs. 6 S. 2 BauGB hingewiesen wurde.

3.3.3 Offenlegungsverfahren

Die Gemeinde kann auf die förmliche Auslegung des Entwurfs des Bauleitplans **75** (§ 3 Abs. 2 BauGB) verzichten, wenn sie der „betroffenen" Öffentlichkeit Gelegenheit zur Stellungnahme gibt. Wählt sie diesen Weg nicht, muß sie zwingend das Verfahren des § 3 Abs. 2 BauGB durchführen.

3.4 § 13 Abs. 2 Nr. 3 BauGB 2004

(1) § 13 Abs. 2 Nr. 3 BauGB sieht eine § 13 Abs. 2 Nr. 2 BauGB vergleichbare **76** Wahlmöglichkeit für die Beteiligung der Behörden und sonstiger TöB vor.

(2) **Wahlbefugnis.** Die Gemeinde kann statt der Gelegenheit zur Stellungnahme **77** die Beteiligung nach § 4 Abs. 2 BauGB eröffnen (facultas alternativa). Ein substantieller Unterschied zwischen den beiden Formen ist kaum erkennbar. Auch das Verfahren nach § 4 Abs. 2 BauGB erfaßt nur die „berührten" Behörden und sonstige TöB. Der Kreis der Beteiligten ist derselbe. Allerdings löst formal nur die

---

57 Vgl. auch A. Bunzel/Lau/R.-P. Löhr/R. Schäfer, Planspiel „BauGB-Novelle 1997", in: DIFU-Materialien, 1/97, Berlin 1997, S. 76ff. zum BauROG 1998.
58 VGH München, Beschluß vom 23.7.1990 – 1 N 87.04052 – NVwZ-RR 1991, 176 = BauR 1991, 44 = BRS 50 Nr. 35.
59 Vgl. R.-P. Löhr, in: B/K/L, BauGB, 9. Aufl., 2005, § 13 Rn. 8.

Beteiligung nach § 4 Abs. 2 S. 1 BauGB die behördliche Informationspflicht nach § 4 Abs. 2 S. 2 BauGB aus.

78 (3) **Kreis der Beteiligten.** Behörden und sonstige TöB, deren Aufgabenbereich durch die Planung berührt werden kann (vgl. § 4 Abs. 1 BauGB) sind in der Sprache des § 13 Abs. 2 Nr. 3 BauGB „berührte" Behörden oder sonstige TöB. Die Gemeinde sollte hier großzügig verfahren. Das Ressortinteresse der „berührten" Behörde hinsichtlich ihres Aufgabenbereiches ist nicht zu unterschätzen, der Fremdblick der Gemeinde kann trügerisch sein. Auch die gebotene interkommunale Abstimmung (§ 2 Abs. 2 BauGB) kann eine „Betroffenheit" auslösen.

79 (3) **Frist.** Die Gemeinde hat Gelegenheit zur Stellungnahme innerhalb angemessener Frist zu geben. Die Frist des § 4 Abs. 2 S. 2 BauGB gilt nicht. Sie kann aber als Orientierung dienen. Entsprechend § 4 Abs. 2 S. 2 Halbs. 2 BauGB kann die Gemeinde die eingeräumte Frist aus wichtigem Grunde verlängern.

3.5 Begriff der „Gemeinde"

80 (1) § 13 Abs. 1 BauGB bezeichnet als Entscheidungsträger die „Gemeinde". Bundesrecht überläßt es auch hier dem Kommunalverfassungsrecht, die gemeindeinternen Zuständigkeiten zu bestimmen. Bundesrecht verlangt nur, daß dasjenige Kommunalorgan, das über den Bauleitplan beschließt, auch uneingeschränkten Zugriff auf die erforderliche Abwägung besitzt.[60]

81 (2) § 13 Abs. 2 BauGB läßt ferner offen, wer zu entscheiden hat, von einer bestimmten Mitwirkungsform abzusehen. Auch dies hat demgemäß das Landesrecht zu bestimmen.[61] Die Entscheidung ist im Zweifel **keine Aufgabe der laufenden Verwaltung.**[62] Soweit kommunalrechtlich zulässig, kann die Hauptsatzung die Entscheidung einem Ausschuß des Gemeinderates übertragen. Sie kann es auch dem Hauptverwaltungsbeamten übertragen.

3.6 Auswertung der Stellungnahmen

82 (1) § 13 BauGB normiert nicht, in welcher Weise die Gemeinde abgegebene Stellungnahmen zu behandeln hat. Nach der Zielsetzung des § 13 Abs. 2 Nrn. 2 und 3 BauGB sind fristgerecht abgegebene Äußerungen Teil des „Abwägungsmaterials" (arg. e § 3 Abs. 2 S. 4, § 4 Abs. 2; § 4a Abs. 6 BauGB). Naheliegend ist es, die „betroffene" Öffentlichkeit entsprechend § 3 Abs. 2 S. 4 BauGB von dem Ergebnis der Prüfung der eingegangenen Stellungnahme jedenfalls zu unterrichten, wenn

---

60 Vgl. BVerwG, Urteil vom 25.11.1999 – 4 CN 12.98 – BVerwGE 110, 118 = DVBl 2000, 798 = NVwZ 2000, 676 = UPR 2000, 191 = ZfBR 2000, 197 = BauR 2000, 845 = BRS 62 Nr. 45 (1999); ähnlich OVG Bautzen, Urteil vom 4.10.2000 – 1 D 19/00 – BRS 63 Nr. 36 (2000) = SächsVBl 2001, 34.

61 Ähnlich G. Grauvogel, in: Brügelmann, BauGB (Stand: 1988), § 3 Rn. 23 zu der vergleichbaren Rechtslage des § 3 Abs. 1 S. 1 BauGB; so auch VGH Kassel 5.5.2003 – 9 N 640/00 – HGZ 2003, 396 = ZfBR 2003, 704 (L).

62 Wie hier M. Krautzberger, in: E/Z/B/K, BauGB (Stand: Mai 2003), § 3 Rn. 17; W. Schrödter, in: H. Schrödter (Hrsg.), BauGB, 7. Aufl., 2005, § 3 Rn. 17.

Berkemann

die Gemeinde ihr inhaltlich nicht folgen will. Verspätet abgegebene Stellungnahmen sind nach § 4a Abs. 6 BauGB zu beurteilen.

(2) Führen die Stellungnahmen zu einer Änderung der Planung, bedarf es einer 83
Beteiligung nach Maßgabe des § 13 Abs. 2 BauGB. Das ergibt sich aus der entsprechenden Anwendung des § 4 Abs. 3 BauGB.

III. § 13 Abs. 3 BauGB 2004 – „Verzicht" auf Umweltprüfung

1. Text der geänderten Fassung

(3) Im vereinfachten Verfahren wird von der Umweltprüfung nach § 2 Abs. 4, von dem Umweltbe- 84
richt nach § 2a und von der Angabe nach § 3 Abs. 2 Satz 2, welche Arten umweltbezogener Informationen verfügbar sind, abgesehen; § 4c ist nicht anzuwenden. Bei der Beteiligung nach Absatz 2
Nr. 2 ist darauf hinzuweisen, dass von einer Umweltprüfung abgesehen wird.

2. Textgeschichte

Der Gesetzestext entspricht dem Gesetzesentwurf der BReg und dem Bericht des 85
14. BTags-Ausschusses (BTag-Drs. 15/2996 S. 34).

3. Erläuterung der Änderung

(1) **Umweltbezogene Vereinfachung.** Das vereinfachte Verfahren darf gemäß 86
§ 13 Abs. 1 Nr. 1 BauGB nur durchgeführt werden, wenn bei der Umsetzung der
Planung in die Zulassungsebene erhebliche Umwelteinwirkungen nicht zu erwarten sind. Insoweit bedarf es einer Vorprüfung. Verneint diese die Notwendigkeit
einer UVP, dispensiert § 13 Abs. 3 BauGB von allem weiteren. Es ist mißverständlich, von einem „Verzicht" auf die UP zu sprechen.[63] Im Hinblick auf § 13 Abs. 1
Nr. 1 BauGB stellt sich die entsprechende Frage nicht. Die gebotene Vorabprüfung hat ergeben, daß durch den B-Plan ein UP-pflichtiges Vorhaben nicht zugelassen werden wird.

§ 13 Abs. 3 BauGB führt dies näher an, nämlich eine UP nach § 2 Abs. 4 BauGB, 87
die Erstellung eines Umweltberichtes (§ 2a BauGB) und die Angabe der Arten von
umweltbezogenen Informationen (§ 3 Abs. 2 S. 2 BauGB). Insbesondere ist eine
Überwachung (Monitoring) nach § 4c BauGB entbehrlich, gleichwohl kann die Gemeinde sie vorsehen. § 13 Abs. 3 S. 1 Halbs. 2 BauGB stellt dies „klar". Selbstverständlich ist dies nicht. Gegenüber dem UVPG ist § 13 Abs. 3 S. 1 BauGB lex
specialis. Demgemäß entfällt im vereinfachten Verfahren auch die zusammenfassende Erklärung nach § 6 Abs. 5 S. 3 BauGB und § 10 Abs. 4 BauGB.[64]

---

63 So aber U. Kuschnerus, Der sachgerechte Bebauungsplan, 3. Aufl., 2004, vor Rn. 467; H. Janning,
    Die Novelle zum BauGB aus der Sicht der Gemeinden, in: W. Spannowsky/T. Krämer (Hrsg.),
    BauGB-Novelle 2004. Aktuelle Entwicklungen des Planungs- und Umweltrechts, 2004, S. 11–37
    [17]; vgl. auch W. Schrödter, Das Europarechtsanpassungsgesetz Bau – EAG Bau, in: NST-N 2004,
    197–216 [198].
64 J. Schliepkorte/M. Tünnemann, Änderungen im allgemeinen Städtebaurecht durch das Europarechts-
    anpassungsgesetz Bau (EAG Bau), in: ZfBR 2004, 645–652 [648]; ebenso EAG Bau Mustererlaß
    2004, Nr. 2.7.4.

Berkemann   295

88 (2) **Hinweispflicht.** Bei der Beteiligung nach § 3 Abs. 2 BauGB ist gemäß § 13 Abs. 3 S. 2 Halbs. 2 BauGB zwingend darauf hinzuweisen, daß von einer UP abgesehen wird. Der Hinweis besitzt Anstoßfunktion. Er soll der betroffenen Öffentlichkeit oder im Falle der Offenlegung der Allgemeinheit die Möglichkeit der Kritik eröffnen. Die Hinweispflicht setzt Art. 6 Abs. 2 Buchst. e) der Aarhus-Konvention vom 25.6.1998, diese für Deutschland seit 30.10.2001 verbindlich, sowie die auf der Grundlage dieser Konvention erlassene sog. Öffentlichkeitsbeteiligungs-RL um.[65] Das EAG Bau sieht für die Bauleitplanung in §§ 2 Abs. 4, 2a BauGB als Regelfall eine UP vor. § 13 Abs. 3 BauGB unterstellt daher als eine zutreffende Umsetzung des EG-Rechts, daß bei diesem Konzept die Öffentlichkeit nur über ein Abweichen von der Regel zu unterrichten ist.[66]

4. Rechtsfehler

89 (1) Die **Verletzung** des § 13 Abs. 2 Nrn. 2 oder 3 BauGB ist gemäß § 214 Abs. 1 S. 1 Nr. 2 BauGB ein **beachtlicher Verfahrensfehler.** Sind nur einzelne Personen, Behörden oder sonstige Träger öffentlicher Belange nicht beteiligt worden, ist dies dann **unbeachtlich,** wenn die entsprechenden Belange unerheblich waren oder in der Entscheidung berücksichtigt wurden. Wurde der Hinweis nach § 13 Abs. 3 S. 2 BauGB unterlassen, ist dies ebenfalls als Verfahrensfehler unbeachtlich. Voraussetzung ist, daß die Gemeinde gerade das vereinfachte Verfahren bewußt gewählt hat.[67]

90 (2) **Unbeachtlich** ist ferner, wenn bei der Anwendung des § 13 BauGB die Voraussetzungen für die Durchführung der Beteiligung nach diesen Vorschriften verkannt wurden. Die Gemeinde hat die Voraussetzungen verkannt, wenn sie sich nicht im einzelnen mit den tatbestandlichen Voraussetzungen des § 13 BauGB befaßt hat.[68] Dagegen ist es verfahrensfehlerhaft, wenn die Gemeinde das Verfahren nach § 13 BauGB bewußt durchführt, obwohl sie weiß, daß dessen Voraussetzungen nicht gegeben sind. Der bewußte Rechtsverstoß – auch als dolis even-

---

65 EG-Richtlinie 2003/35/EG des Europäischen Parlaments und des Rates vom 26.5.2003 über die Beteiligung der Öffentlichkeit bei der Ausarbeitung bestimmter umweltbezogener Pläne und Programme und zur Änderung der Richtlinie 85/337/EWG und 96/61/EG des Rates in Bezug auf die Öffentlichkeitsbeteiligung und den Zugang zu Gerichten (ABl. EG Nr. L 156 S. 17); vgl. A. Epiney, Zu den Anforderungen der Aarhus-Konvention an das europäische Gemeinschaftsrecht, in: ZUR, Sonderheft 2003, 176–184; J. Falke, Neueste Entwicklungen im europäischen Umweltrecht, in: ZUR 2003, 118–112.
66 Vgl. Begründung der BReg., in: BTag-Drs. 15/2250 S. 51 zu § 13.
67 Vgl. VGH Mannheim, Urteil vom 17.10.1989 – 5 S 3065/88 – NVwZ-RR 1990, 290 = UPR 1990, 308 = BauR 1990, 448 = BRS 50 Nr. 34; OVG Lüneburg, Urteil vom 19.10.2000 – 1 K 4464/88 – BRS 63 Nr. 28 (2000); W. Bielenberg, in: E/Z/B, BauGB § 214 Rn. 3; P. Lemmel, in: BK, 3. Aufl., 2002, § 214 Rn. 24.
68 Vgl. BVerwG, Beschluß vom 15.3.2000 – 4 B 18.00 – NVwZ-RR 2000, 759 = ZfBR 2001, 131 = BauR 2001, 207 = = BRS 63 Nr. 41; O. Reidt, in: K. Gelzer/Chr. Bracher/O. Reidt, Bauplanungsrecht, 6. Aufl., 2001, Rn. 1221 mit Hinweis auf BVerwG, Urteil vom 14.12.1984 – 4 C 54.81 – DVBl 1985, 795 = NVwZ 1985, 745 = BauR 1985, 282 = BRS 42 Nr. 17 zu der insoweit abweichenden Gesetzesfassung „nicht richtig beurteilt"; a.A. K. Schmaltz, in: H. Schrödter (Hrsg.), BauGB, 6. Aufl., 1998, § 214 Rn. 20.

tualis – bedarf keines Schutzes.[69] Auch die fehlerhafte Durchführung des vereinfachten Verfahrens vorbehaltlich § 214 Abs. 1 S. 1 Nr. 1 Halbs. 2 BauGB ist beachtlich.[70]

(3) Zur Vermeidung derartiger Rechtsfehlern ist es ratsam, daß die Gemeinde die **91** Zulässigkeit des „vereinfachten" Verfahrens nach § 13 Abs. 1 BauGB gesondert begründet. Die allgemeine Begründungspflicht folgt aus § 1 Abs. 8 BauGB in Verb. mit § 9 Abs. 8 BauGB.

---

69 Vgl. OVG Lüneburg, Urteil vom 23.8.1993 – 6 K 3108/91 – NdsRpfl 1994, 54 = UPR 1994, 114.
70 Vgl. BVerwG, Beschluß vom 11.12.2002 – 4 BN 16.02 – BVerwGE 117, 239 = DVBl 2003, 795 = NVwZ 2003, 120 = ZfBR 2003, 383 = UPR 2003, 226 = BauR 2003, 847 = BRS 65 Nr. 49 (2002).

§ 14 BauGB – Veränderungssperre

1. Text der geänderten Fassung – § 14 Abs. 3 BauGB 2004

1 (3) Vorhaben, die vor dem Inkrafttreten der Veränderungssperre baurechtlich genehmigt worden sind, **Vorhaben, von denen die Gemeinde nach Maßgabe des Bauordnungsrechts Kenntnis erlangt hat und mit deren Ausführung vor dem Inkrafttreten der Veränderungssperre hätte begonnen werden dürfen, sowie** Unterhaltungsarbeiten und die Fortführung einer bisher ausgeübten Nutzung werden von der Veränderungssperre nicht berührt.

2. Textgeschichte

2 Der Gesetzgeber ist dem Text des Regierungsentwurfes gefolgt (vgl. BReg, in: BTag-Drs. 15/2250, S. 14, 51 f.). Der Bundesrat hatte keine Einwendungen erhoben. Der 14. BTags-Ausschuß hatte die Beschlußfassung empfohlen (BTag-Drs. 15/2996 S. 34).

3. Erläuterung der Änderung

Lit.: Gerd Hager/Christian Kirchberg, Veränderungssperre, Zurückstellung von Baugesuchen und faktische Bausperren. Voraussetzungen, aktuelle Probleme, Haftungsfragen, in: NVwZ 2002, 400–406.

3.1 Allgemeines

3.1.1 Zielsetzung

3 § 14 Abs. 3 BauGB dient – auch in der bisherigen Fassung – dem **Vertrauens-schutz** in die bisherige Rechtslage gegenüber einer nachträglichen Veränderungssperre. Die Vorschrift besitzt im wesentlichen klarstellende Funktion. Sie setzt den Gedanken des **Bestandsschutzes** und die sich darin äußernde Rechtssicherheit voraus, regelt indes den Umfang dieses Schutzes in **spezifischer Weise**, mithin abschließend.

Die Neufassung zieht Folgerungen aus dem geänderten Landesbauordnungsrecht **4** (vgl. § 62 MusterBauO 2002). Die vorausgesetzte Annahme des früheren § 14 Abs. 3 BauGB war, daß alle bedeutsamen Vorhaben nach Maßgabe des landesrechtlichen Bauordnungsrechtes genehmigungsbedürftig sind. Das trifft seit fast einem Jahrzehnt im Hinblick auf die umfangreichen landesbauordnungsrechtlichen Freistellungen so nicht mehr zu. § 14 Abs. 3 BauGB 2004 zieht daraus insoweit Folgerungen, als das Kenntnisgabeverfahren (z. B. Baden-Württemberg) oder ähnliche Anzeigeverfahren der erteilten Baugenehmigung hinsichtlich des Vertrauensschutzes gleichgestellt werden.

3.1.2 Regelungsgegenstände des § 14 Abs. 3 BauGB 2004

§ 14 Abs. 3 BauGB umschreibt **drei Bereiche**, in denen die (konservierende) Ver- **5** änderungssperre nicht „greifen" soll.[1] § 14 Abs. 3 BauGB unterscheidet dazu zwischen einer erreichten Rechtsposition (Genehmigung), dem Fall eines möglichen Eingreifens der Gemeinde und einer tatsächlichen (legitimen) Nutzung. § 14 **Abs. 3 BauGB** besitzt **logischen Vorrang** vor § 14 **Abs. 2** BauGB. Das heißt: Die Baugenehmigungsbehörde hat bei einem Antrag zuerst, also vor § 14 Abs. 2 BauGB, die Voraussetzungen des § 14 Abs. 3 BauGB durchzuprüfen, da die Anwendung des § 14 Abs. 3 BauGB **Einvernehmen** nicht verlangt.

3.2 Genehmigte Vorhaben

3.2.1 Erteilte Baugenehmigung

(1) Gemeint ist die **normale Baugenehmigung**, wie sie § 36 Abs. 1 BauGB in **6** Verb. mit der LBauO voraussetzt. § 14 Abs. 3 BauGB hat insoweit klarstellende Bedeutung. Dies folgt aus der Feststellungswirkung der Genehmigung. Diese wird durch die später eintretende Änderung der Rechtslage nicht berührt.

Gegenstand der Genehmigung muß ein Vorhaben im Sinne des § 29 Abs. 1 BauGB **7** sein. Ein Vorhaben ist genehmigt, wenn der Genehmigungsbescheid im Sinne des § 43 Abs. 1 S. 2 VwVfG wirksam wurde.[2] Auf die Bestandskraft der Baugenehmigung kommt es nach wohl h. M. nicht an.[3] Der Bescheid verliert seine Wirkung nach Maßgabe der LBauO (vgl. § 77 Abs. 1 BauO NW; § 78 Abs. 1 BbgBO; § 72

---

1 Vgl. G. Hager/Chr. Kirchberg, Veränderungssperre, Zurückstellung von Baugesuchen und faktische Bausperren. Voraussetzungen, aktuelle Probleme, Haftungsfragen, in: NVwZ 2002, 400–406 [402ff.].

2 Vgl. BVerwG, Urteil vom 19.9.1969 – 4 C 18.67 – DVBl 1970, 62 = NJW 1970, 263 = DÖV 1970, 135 = BRS 22 Nr. 184 mit Anm. E. Schuegraf, in: NJW 1970, 581–582.

3 OVG Lüneburg, Urteil vom 31.3.1989 – 1 A 5/88 – NVwZ 1990, 685 = BauR 1990, 686 = BRS 49 Nr. 108 (Vorbescheid); VGH München, 30.10.1986 – 2 B 86.01790 – BayVBl 1987, 210 = ZfBR 1987, 215 = UPR 1987, 232; so auch O. Reidt, in: K. Gelzer/Chr. Bracher/O. Reidt, Bauplanungsrecht, 6. Aufl., 2001, Rn. 2728; Chr. Bönker, in: W. Hoppe/Chr. Bönker/S. Grotefels, Öffentliches Baurecht, 2. Aufl., 2002, S. 433; OVG Lüneburg, Urteil vom 31.3.1989 – 1 A 5.88 – NVwZ 1990, 685 = BauR 1990, 72 = BRS 49 Nr. 108 (zum Nachbarwiderspruch).

Abs. 1 SächsBO). Bei der Verlängerung einer Baugenehmigung ist die jetzt bestehende Rechtslage maßgebend, so daß sich die Veränderungssperre nunmehr durchsetzt.

8 (2) Ein Widerruf einer Baugenehmigung kann nicht gemäß § 49 Abs. 2 S. 1 Nr. 4 VwVfG auf das nunmehrige Vorliegen einer Veränderungssperre gestützt werden.[4] Etwas anderes würde der Zielsetzung des § 14 Abs. 3 BauGB widersprechen, die sich als abschließend versteht. Die Frage ist seit jeher stark umstritten.[5]

9 (3) Die Gunst des § 14 Abs. 3 BauGB besteht nicht für Vorhaben, die aufgrund eines Bauantrages vor Inkrafttreten der Veränderungssperre beizeiten hätten genehmigt werden müssen, aber nicht genehmigt wurden.[6] Eine entsprechende Anwendung ist ausgeschlossen.

10 Der Vorhabenträger ist wegen verzögerlicher Entscheidung auf Ansprüche aus Amtshaftung verwiesen.[7] Verzögert die Baugenehmigungsbehörde pflichtwidrig die Entscheidung über eine Bauvoranfrage und erläßt die Gemeinde im Anschluß daran eine Veränderungssperre, so beurteilt sich die Schadensursächlichkeit für das spätere Scheitern des Vorhabens danach, zu welchem Zeitpunkt der Bauwerber bei pflichtgemäßer Entscheidung über seine Bauvoranfrage den Antrag auf Baugenehmigung gestellt hätte und ob diesem noch vor Inkrafttreten der Veränderungssperre hätte stattgegeben werden müssen.[8]

3.2.2 Vorbescheid

11 (1) Die Rechtslage ist hier kompliziert, da das Institut des Vorbescheides dem Landesrecht (Bauordnung) angehört (vgl. z.B. § 66 Abs. 1 BauO NW). Das Landesrecht kann die Bindungswirkung des Vorbescheides unterschiedlich ausgestalten (so z.B. § 71 Abs. 1 HBauO [Hamburg]). Die **Bebauungsgenehmigung** wird

---

4   VGH Mannheim, Beschluß vom 9.1.2001 – 3 S 2413/00 – ESVGH 51, 126 = VBIBW 2001, 323 vgl.
    auch U. Gailus, Die Zulässigkeit des Widerrufs der Baugenehmigung auf Grund einer Veränderungs-
    sperre, in: NVwZ 1990, 536–539; unentschieden M. Krautzberger, in: B/K/L, 8. Aufl., 2002, BauGB,
    § 14 Rn. 14.
5   Wie hier: J. Stock, in: E/Z/B, BauGB, [Stand: Sept. 2000], § 14 Rn. 116; G. Hager/Chr. Kirchberg,
    Veränderungssperre, Zurückstellung von Baugesuchen und faktische Bausperren. Voraussetzun-
    gen, aktuelle Probleme, Haftungsfragen, in: NVwZ 2002, 400–406 [403]; K.-M. Ortloff, Zur Bindungs-
    wirkung des baurechtlichen Vorbescheides bei nachfolgender Änderung der Sach- und Rechtslage,
    in: NVwZ 1983, 705–709; eher ablehnend P. Lemmel, in: BK, 3. Aufl., 2002, § 14 Rn. 21; zweifelnd
    K. Schmaltz, in: H. Schrödter (Hrsg.), BauGB, 6. Aufl., 1998, § 14 Rn. 24; C. Weidemann, Widerruf
    einer Baugenehmigung nach Erlaß einer Veränderungssperre?, in: BauR 1987, 9–14; wohl auch OVG
    Berlin, Beschluß vom 22.5.2003 – 6 B 17.03 – LKV 2004, 33.
6   BVerwG, Beschluß vom 11.12.1967 – 4 B 25.67 – BRS 18 Nr. 60; VGH Mannheim, Urteil vom
    4.2.1999 – 8 S 39/99 – VBIBW 1999, 266 = ZfBR 2000, 70 = BauR 2000, 1159 = BRS 62 Nr. 123
    (1999).
7   BGH, Urteil vom 23.1.1992 – III ZR 191/90 – NVwZ 1993, 299 = BRS 53 Nr. 66; Urteil vom 12.7.2001
    – III ZR 282/00 – DVBI 2001, 1619 = NVwZ 2002, 124 = ZfBR 2001, 555 = BauR 2001, 1884 = BRS
    64 Nr. 157 (2001); Urteil vom 9.6.1994 – III ZR 37/93 – NJW-RR 1994, 1171, jeweils bei beantrag-
    tem Vorbescheid.
8   BGH, Urteil vom 23.9.1993 – III ZR 54/92 – DVBI 1994, 278 = NVwZ 1994, 405.

nach allg. M. von § 14 Abs. 3 BauGB erfaßt, also als ein nach Landesrecht „vorweggenommener Teil" der späteren Baugenehmigung.[9] Zwingend ist diese Auslegung nicht. Welche Bindungsintensität § 14 Abs. 3 BauGB letztlich zu Lasten der Planungshoheit der Gemeinde hinnehmen will, hat das Bundesrecht zu entscheiden, nicht indes die Ausgestaltung des jeweiligen Landesrechts.

(2) Eine **Zusage** nach § 38 VwVfG steht kraft Gesetzes unter dem Vorbehalt, daß **12** sich die Rechtslage nicht ändert (vgl. § 38 Abs. 3 VwVfG). Daher setzt sich die Veränderungssperre durch.[10]

3.2.3 Andere Zulässigkeitsgründe

(1) Nach § 14 Abs. 3 BauGB a. F. waren auch Vorhaben erfaßt, die vor dem In **13** krafttreten einer Veränderungssperre „auf Grund eines anderen baurechtlichen Verfahrens zulässig sind". § 14 Abs. 3 BauGB 2004 hat dies durch eine eingrenzende Regelung ersetzt. Fraglich ist, ob auch eine immissionsschutzrechtliche Genehmigung den Vertrauensschutz gewährt. § 14 Abs. 3 BauGB betont die „baurechtliche" Genehmigung.

(2) Im Schrifttum wird erwogen, ein erteiltes gemeindliches Einvernehmen bei un **14** veränderter Sach- und Rechtslage dem Rechtsvorteil des § 14 Abs. 3 BauGB zu unterwerfen.[11] Das BVerwG hat die Frage offen gelassen.[12] Eine analoge Anwendung des § 14 Abs. 3 BauGB ist zu verneinen. Eine vergleichbare Vertrauenslage wird durch eine Stellungnahme der Gemeinde nicht hergestellt. Diese bleibt ein Internum.[13] Zwischen Gemeinde und Vorhabenträger entstehen keine unmittelbaren Rechtsbeziehungen. Das Einvernehmen vermittelt dem Vorhabenträger keine Rechte.

---

9   Seit BVerwG, Urteil vom 11.11.1970 – 4 C 79.68 – DVBl 1971, 468 = BauR 1971, 34 = BRS 23 Nr. 88; Urteil vom 3.2.1984 – 4 C 39.82 – BVerwGE 69, 1 = NJW 1984, 1473 = ZfBR 1984, 144 = UPR 1984, 237 = BauR 1984, 384 = BRS 42 Nr. 170 mit Anm. J. Bosch, in: BauR 1984, 350–358; Urteil vom 26.10.1984 – 4 C 53.80 – BVerwGE 70, 228 [230] = DVBl 1985, 392 = NVwZ 1985, 563 = BauR 1985, 176 = BRS 42 Nr. 171; BGH, Urteil vom 20.12.1985 – V ZR 263/83 – BGHZ 96, 385 = NVwZ 1986, 964 = BauR 1986, 319 = BRS 44 Nr. 94 mit Bespr. J. Kohler, in: JR 1989, 317 = 324; VGH München, Beschluß vom 29.11.1999 – 1 B 97.3762 – BayVBl 2000, 314 mit Anm. H. Jäde, in: BayVBl 2000, 314–315; ferner OVG Münster, Urteil vom 1.10.1981 – 7 A 2283/79 – BauR 1982, 50 = BRS 38 Nr. 110 = DÖV 1982, 994; H. Goerlich, Zur Reichweite des Bauvorbescheides, in: NVwZ 1986, 90–92; a.A. seinerzeit BVerwG, Urteil vom 20.8.1965 – 4 C 31.65 – BBauBl 1966, 321 = BayVBl 1965, 418; BGH, Urteil vom 14.12.1978 – III ZR 77/76 – BGHZ 73, 161 = DVBl 1980, 164 = NJW 1979, 653 = BauR 1979, 127 = BRS 34 Nr. 105.

10 Ebenso für die frühere Rechtslage BVerwG, Urteil vom 20.8.1965 – 4 C 31.65 – Buchholz 406.11 § 14 BBauG Nr. 1; OVG Berlin, Beschluß vom 27.3.1986 – 2 S 145/85 – NVwZ 1986, 579 = BauR 1986, 546; K.-M. Ortloff, Zur Bindungswirkung des baurechtlichen Vorbescheides bei nachfolgender Änderung der Sach- und Rechtslage, in: NVwZ 1983, 705–709 [705 a.E.]; a.A. wohl G. Gaentzsch, BauGB, 1990 § 14 Rn. 10 a.E.

11 So etwa H. Jäde, Gemeinde und Baugesuch, 2. Aufl., 2000, Rn. 123.

12 BVerwG, Urteil vom 19.2.2004 – 4 CN 16.03 – DVBl 2004, 950 = NVwZ 2004, 858 = UPR 272 = ZfBR 2004, 460 = BauR 2004, 1252.

13 BVerwG, Urteil vom 10.8.1988 – 4 C 20.84 – NVwZ-RR 1989, 6 = ZfBR 1989, 39 = BauR 1988, 694 = BRS 48 Nr. 144.

3.3 Anzeige- oder Kenntnisgabeverfahren

15 (1) § 14 Abs. 3 BauGB will nur in bestimmten Fällen eines „freigestellten" Genehmigungsverfahrens Vertrauensschutz gegenüber einer Veränderungssperre einräumen. Eine allgemeine Begünstigung für alle landesrechtlich vom Genehmigungsverfahren „freigestellten" Vorhaben normiert § 14 Abs. 3 BauGB nicht (vgl. dazu §§ 61, 62 MusterBauO 2002). Gedacht ist in § 14 Abs. 3 BauGB an das Leitbild eines „Kenntnisgabeverfahrens" (vgl. § 51 LBO BW; Art. 64 Abs. 1 BayBO; § 67 BauO NW; § 66 SaarlBO; vgl. auch § 62 LBauO RP).[14] Auch ein differenziertes Anzeigeverfahren wird erfaßt. Nach § 69 a Abs. 1 Nr. 2 in Verb. mit Abs. 4 S. 1 NBauO kann erst gebaut werden, wenn dem Bauherrn bestätigt wurde, daß die Erschließung gesichert und eine vorläufige Untersagung nach § 15 Abs. 1 S. 2 BauGB nicht beantragt werden soll.

16 (2) Dies ist unter **drei Voraussetzungen** möglich.

17 **[1] Materielle Rechtslage.** Das Vorhaben im Sinne des § 29 Abs. 1 BauGB muß nach bisheriger Rechtslage materiell bauplanungsrechtlich rechtmäßig sein.

18 **[2] Unterrichtung der Gemeinde.** Die Gemeinde muß von dem Vorhaben im Sinne des § 29 Abs. 1 BauGB „nach Maßgabe des landesrechtlichen Bauordnungsrechts" unterrichtet worden sein. Die LBauO muß die Unterrichtung der Gemeinde vorsehen. Die Unterrichtung der Gemeinde ist verfahrensbezogen, darf also nicht zufällig sein. Vielmehr muß die Kenntnis (Information) durch ein **förmliches Verfahren** begründet worden sein. Der Gemeinde soll durch diese bauordnungsrechtlich vorgesehene Unterrichtung die Möglichkeit der bauordnungsrechtlich vorgesehenen Reaktion eröffnet werden. Das bedingt nicht, daß gleichzeitig auch die Baugenehmigungsbehörde unterrichtet ist.[15]

19 **[3] Verhalten der Gemeinde.** Die Gemeinde verschweigt sich innerhalb der landesrechtlich normierten **Wartefrist** oder sie stimmt dem Vorhaben „positiv" zu. Die Wartefrist (Reaktionszeit) bestimmt sich nach der LBauO.[16] Das Verschweigen der Gemeinde, obwohl nach der LBauO rechtliche Handlungsmöglichkeiten gegen eine „Baufreigabe" bestehen, darf der Bauherr nach Maßgabe der LBauO untechnisch als „Zustimmung" zu seinem Vorhaben deuten. Vertrauensbasis ist also das Nichtstun der Gemeinde, obwohl objektiv Handlungsmöglichkeiten gegeben

---

14 Vgl. M. Krautzberger, in: B/K/L, BauGB, 9. Aufl., 2005, § 14 Rn. 21 zur früheren Fassung des § 14 Abs. 3 BauGB. Zu den bauordnungsrechtlichen Unterschieden zwischen „Anzeigeverfahren" und „Freistellungsverfahren" vgl. H. Jäde, Verfahrensfragen in den neuen Landesbauordnungen, in: UPR 1995, 81–85.; ders., Nochmals: Das Genehmigungsfreistellungsverfahren, in: NWVBl 1995, 206–209; W. Erbguth/F. Stollmann, Aktuelle Rechtsentwicklungen im Bauordnungsrecht, in: JZ 1995, 1141–1150 [1142].

15 Vgl. VGH München, Beschluß vom 13.1.2000 – 26 CS 99.2149 – NVwZ-RR 2001, 649 = BauR 2000, 705 = BayVBl 2000, 311; H. Jäde, in: ders./F. Dirnberger/J. Weiß, BauGB, 4. Aufl., 2005, § 14 Rn. 44; kritisch ders., Gemeinde und Baugesuch, 2. Aufl., 2000, Rn. 225.

16 Vgl. etwa VGH Mannheim, Beschluß vom 4.12.2000 – 8 S 2633/00 – NVwZ-RR 2001, 574 = ZfBR 2001, 282 = BauR 2001, 607; VGH Mannheim, Beschluß vom 30.9.1996 – 3 S 2576/96 – VBlBW 1997, 141 = BRS 59 Nr. 99.

Berkemann

sind.[17] Jedenfalls begründet dieses Verhalten nach Ansicht des novellierenden Gesetzgebers eine hinreichende Grundlage für einen die Veränderungssperre zurückdrängenden Vertrauensschutz.

Der Vertrauensschutz ist nicht davon abhängig, ob das Bauvorhaben im Zeitpunkt **20** des Inkrafttretens der Veränderungssperre (§ 16 Abs. 2 BauGB) bereits begonnen wurde. Es genügt, daß das Vorhaben **nach Ablauf** der in der LBauO vorgesehenen **gemeindlichen „Reaktionszeit"** hätte begonnen werden dürfen.

3.4 Unterhaltungsarbeiten

(1) Dazu zählen auch **Instandsetzungsarbeiten**, um einem möglichen „Verfall" **21** zu begegnen. Hier ist eine verfassungskonforme Handhabung zu beachten. Das gilt vor allem dann, wenn diese Arbeiten nötig sind, um die **bisher ausgeübte Nutzung** zu gewährleisten. Der Begriff „Unterhaltungsmaßnahmen" deckt – gerade in den neuen Bundesländern – häufig durchaus umfassende Reparaturarbeiten.[18] Ob die Unterhaltungsarbeiten bauordnungsrechtlich genehmigungspflichtig sind, ist unerheblich. Entscheidend ist auch nicht, ob die Arbeiten nur einen Wertverfall verhindern, sondern letztlich zu einer Wertsteigerung führen.[19]

(2) **Modernisierungsarbeiten** (vgl. aber § 177 BauGB) und ein teilweiser Wieder- **22** aufbau (vgl. aber § 35 Abs. 4 S. 1 Nr. 3 BauGB) werden von § 14 Abs. 3 BauGB nicht erfaßt.

3.5 Fortführung bisher ausgeübter Nutzung

(1) Ist die Änderung der Nutzung einer baulichen Anlage als **Nutzungsänderung** **23** im Sinne des **§ 29 Abs. 1 BauGB** zu qualifizieren, so liegt keine Fortführung der bisher ausgeübten Nutzung im Sinne des § 14 Abs. 3 BauGB vor.[20] Maßgebend ist der Inhalt einer erteilten früheren Baugenehmigung.

(2) Es gibt dazu „nachwirkenden Bestandsschutz", wenn nach der Verkehrsauf- **24** fassung mit der Wiederaufnahme der bisherigen Nutzung zu rechnen ist. Besonderheiten bestehen nicht. Beurteilungsgrundlage kann das vom BVerwG entwickelte „Zeitmodell" sein.[21]

---

17 Ähnlich BReg., in: BTag-Drs. 15/2250, S. 51f. zu § 14 Abs. 3 BauGB; T. Krämer, Änderungen im Bereich der Plansicherungsinstrumente, in: W. Spannowsky/T. Krämer (Hrsg.), BauGB-Novelle 2004. Aktuelle Entwicklungen des Planungs- und Umweltrechts, 2004, S. 79–86 [80]; ebenso bereits VGH München, Beschluß vom 13.1.2000 – 26 CS 99.2149 – NVwZ-RR 2001, 649 = BauR 2000, 705 = BayVBl 2000, 311 zur früheren Fassung des § 14 Abs. 3 BauGB.
18 Zutreffend OVG Greifswald, Beschluß vom 12.7.1995 – 3 M 33/95 – UPR 1996, 116 = LKV 1996, 213 = BRS 57 Nr. 118.
19 Vgl. OVG Greifswald, Beschluß vom 12.7.1995 – 3 M 33 / 95 – UPR 1996, 116 = LKV 1996, 213 = BRS 57 Nr. 118 (1995) zugunsten einer „weiten" Auslegung für Arbeiten in den neuen Bundesländern.
20 BVerwG, Beschluß vom 1.3.1989 – 4 B 24.89 – BauR 1989, 308 = NVwZ 1989, 666 = DÖV 1989, 725 = ZfBR 1989, 228 = UPR 1989, 426 = BRS 49 Nr. 171.
21 BVerwG, Urteil vom 18.5.1995 – 4 C 20.94 – BVerwGE 98, 253 = BauR 1995, 807 = DVBl 1996, 40 = NVwZ 1996, 379 = BRS 57 Nr. 67 = UPR 1996, 69 mit Anm. H. C. Fickert, in: DVBl 1996, 251; J.

3.6 Rechtsfolge

25 Die durch die Veränderungssperre geschaffene „interimistische" neue Rechtslage setzt sich in den genannten drei Bereichen nicht durch. Die mit der Veränderungssperre gemäß § 14 Abs. 1 Nrn. 1 oder 2 BauGB ausgelösten Verbote sind unbeachtlich. Es bleibt hinsichtlich des beabsichtigten Vorhabens oder der ausgeübten Nutzung bei der Rechtslage des status quo ante. Zu erinnern ist daran, daß die Maßnahmen, welche die Veränderungssperre verbietet, ausdrücklich im Text der Satzung über die Veränderungssperre festgesetzt sein müssen.[22]

4. Kein weiterer „Bestandsschutz"

26 Außerhalb des § 14 Abs. 3 BauGB gibt es keinen weiteren „aktiven" Bestandsschutz. Das BauGB läßt weiteren „Vertrauensschutz" – vorbehaltlich der §§ 39 ff. BauGB – einfachgesetzlich nicht zu. Die frühere, durchaus großzügigere Rechtsprechung des BVerwG ist überholt.[23] Einen Bestandsschutz außerhalb der gesetzlichen Regelungen gibt es nicht.[24] Kommt § 14 Abs. 3 BauGB nicht in Betracht, muß die Baugenehmigungsbehörde – **vorsichtshalber** – die Voraussetzungen des § 14 **Abs. 2** BauGB im Sinne einer **verfassungskonformen** Handhabung prüfen.

Ziegler, in: ZfBR 1966, 114; VGH Kassel, Urteil vom 15.2.2001 – 4 UE 1481/96 – ESVGH 51, 141 = AgrarR 2002, 366 = ZfBR 2002, 705 (L); vgl. auch A. Ganter, Die zeitliche Begrenzung der Baugenehmigung, in: BayVBl 1985, 267–269; M. Uechtritz, Grenzen der „Legalisierungswirkung" der Baugenehmigung und „Bestandsschutz" bei Nutzungsänderungen und -unterbrechungen, in: FS K. Gelzer, 1991, S. 259–271; H. Jäde, Nutzungsunterbrechung, Baugenehmigung und „Bestandsschutz", in: ThürVBl 2000, 102–104.

22 Vgl. VGH Mannheim, Urteil vom 30.4.1984 – 5 S 2079/83 – NJW 1986, 149 = NVwZ 1986, 140 (L) = DÖV 1985, 208 = ZfBR 1984, 303.

23 Vgl. etwa BVerwG, Urteil vom 17.1.1986 – 4 C 80.82 – BVerwGE 72, 362 = BauR 1986, 302 = UPR 1986, 221 = DVBl 1986, 677 = ZfBR 1986, 143 = NJW 1986, 2126 = NVwZ 1986, 740 = DÖV 1986, 697 = BRS 46 Nr. 148 (Garagen im Außenbereich als „zeitgemäß-funktionsgerechte Nutzung").

24 Vgl. u.a. BVerwG, Beschluß vom 1.12.1995 – 4 B 271.95 – BRS 57 Nr. 100 (1995) – Koppelschafhaltung; Urteil vom 15.2.1990 – 4 C 23.96 – NVwZ 1990, 775 = DVBl 1990, 572.

Berkemann

§ 15 BauGB – Zurückstellung von Baugesuchen

1. Text der Ergänzung – § 15 Abs. 3 BauGB 2004

(3) Auf Antrag der Gemeinde hat die Baugenehmigungsbehörde die Entscheidung über die Zulässigkeit **1** von Vorhaben nach § 35 Abs. 1 Nr. 2 bis 6 für einen Zeitraum bis zu längstens einem Jahr nach Zustellung der Zurückstellung des Baugesuchs auszusetzen, wenn die Gemeinde beschlossen hat, einen Flächennutzungsplan aufzustellen, zu ändern oder zu ergänzen, mit dem die Rechtswirkungen des § 35 Abs. 3 Satz 3 erreicht werden sollen, und zu befürchten ist, dass die Durchführung der Planung durch das Vorhaben unmöglich gemacht oder wesentlich erschwert werden würde. Auf diesen Zeitraum ist die Zeit zwischen dem Eingang des Baugesuchs bei der zuständigen Behörde bis zur Zustellung der Zurückstellung des Baugesuchs nicht anzurechnen, soweit der Zeitraum für die Bearbeitung des Baugesuchs erforderlich ist. Der Antrag der Gemeinde nach Satz 1 ist nur innerhalb von sechs Monaten, nachdem die Gemeinde in einem Verwaltungsverfahren von dem Bauvorhaben förmlich Kenntnis erhalten hat, zulässig.

2. Textgeschichte

Der Referentenentwurf zum BauGB (3.6. 2003) sah in § 245 b BauGB-RE ein be- **2** sonderes Überleitungsrecht vor. Übernommen werden sollte die Regelung, die seinerzeit im Zusammenhang mit der Privilegierung von Windenergieanlagen nach § 35 Abs. 1 Nr. 6 BauGB zugunsten der Gemeinden geschaffen worden war. Dies sollte auf die Privilegierung von Biogasanlagen und auf gewerbliche Tierhaltung begrenzt werden:

Auf Antrag der Gemeinde hat die Baugenehmigungsbehörde die Entscheidung über die Zulässigkeit von Vorhaben zur Herstellung und Nutzung der Energie von aus Biomasse erzeugtem Gas nach § 35 Abs. 1 Nr. 6 sowie von Vorhaben der gewerblichen Tierhaltung nach § 35 Abs. 1 Nr. 4 bis längsten zum 31.12.2007 auszusetzen, wenn die Gemeinde beschlossen hat, einen Flächennutzungsplan aufzustellen, zu ändern oder zu ergänzen und beabsichtigt zu prüfen, ob Darstellungen zu solchen Anlagen im Sinne des § 35 Abs. 3 Satz 3, zu Vorhaben der gewerblichen Tierhaltung als Eignungs- oder Belastungsfläche in Betracht kommen. Satz 1 gilt entsprechend, wenn in einem anderen Verfahren über die Zulässigkeit des Vorhabens entschieden wird sowie für einen Antrag der für Raumordnung zuständigen Stelle, wenn diese die Aufstellung, Änderung oder Ergänzung von entsprechenden Zielen der Raumordnung eingeleitet hat.

3 (2) Der Gesetzesentwurf der BReg. hatte sich bereits entschieden, die Befugnis zur Zurückstellung aus dem Überleitungsrecht herauszunehmen und im Grundsatz eine zeitlich unbefristete Rückstellungsmöglichkeit zu schaffen (BTag-Drs. 15/2250 S. 14, 52). Eine Begrenzung auf Biogasanlagen und auf gewerbliche Tierhaltung wurde nicht vorgesehen.

(3) Auf Antrag der Gemeinde hat die Baugenehmigungsbehörde die Entscheidung über die Zulässigkeit von Vorhaben nach § 35 Abs. 1 Nr. 2 bis 6 bis längstens ein Jahr auszusetzen, wenn die Gemeinde beschlossen hat, einen Flächennutzungsplan aufzustellen, zu ändern oder zu ergänzen und beabsichtigt zu prüfen, ob Darstellungen zu solchen Vorhaben im Sinne des § 35 Abs. 3 Satz 3 in Betracht kommen.

(4) Absatz 3 gilt für die Entscheidung über die Zulässigkeit von Vorhaben nach § 35 Abs. 1 Nr. 5 nur, wenn der Antrag auf Genehmigung im Zeitraum vom [Inkrafttreten des EAG Bau] bis zum [ein Jahr nach dem Inkrafttreten des EAG Bau] gestellt wird.

4 Der 14. BTags-Ausschuß hat § 15 Abs. 3 und 4 BauGB in der Fassung des Gesetzesentwurfs der BReg. nicht übernommen, sondern stark verändert (BTag-Drs. 15/2996 S. 34f., 96). Ein Überleitungsrecht hat der Ausschuß abgelehnt. Der Gesetzgeber ist der insoweit abweichenden Beschlußfassung des Ausschusses ohne Einschränkung gefolgt. Die Forderung der kommunalen Spitzenverbände, die Zeit der Zurückstellung auf mindestens zwei Jahre zu bestimmen, blieb erfolglos. Dagegen konnte die Steuerungsmöglichkeit durch Teilflächennutzungspläne „durchgesetzt" werden (vgl. § 5 Abs. 2b BauGB).

3. Erläuterung der Änderung

3.1 Allgemeines

5 (1) § 15 Abs. 3 BauGB stellt „**Dauerrecht**" dar. Das EAG Bau hat die ursprüngliche Absicht, mit einer Neufassung des § 245b BauGB für den Regelungsbereich des § 35 Abs. 1 Nr. 6 BauGB nur eine befristete Überleitungsbestimmung zu schaffen, im Gesetzgebungsverfahren aufgegeben (vgl. Referentenentwurf vom 3.6.2003). Eine „erfolgreiche" Zurückstellung hindert die Gemeinde nicht, Maßnahmen durch einen B-Plan zu ergreifen.[1] Die Gemeinde kann auch innerhalb bestehender Konzentrationszonen eine Veränderungssperre gemäß §§ 14, 16 BauGB erlassen. Das erforderliche gesamträumliche Planungskonzept steht dem nicht entgegen.[2]

---

1 BVerwG, Urteil vom 19.2.2004 – 4 CN 16.03 – DVBl 2004, 950 = NVwZ 2004, 858 = UPR 2004, 272 = ZfBR 2004, 460 = BauR 2004, 1252; Beschluß vom 25.11.2003 – 4 BN 60.03 – NVwZ 2004, 477 = UPR 2004, 148 = ZfBR 2004, 279 = BauR 2004, 634.

2 Vgl. zum erforderlichen Planungskonzept BVerwG, Urteil vom 13.3.2003 – 4 C 3.02 – NVwZ 2003, 1261 = ZfBR 2003, 469 = BauR 2003, 1172; Urteil vom 13.3.2003 – 4 C 4.02 – DVBl 2003, 1064 = NVwZ 2003, 738 = ZfBR 2003, 464 = BauR 2003, 1165, jeweils zu Windenergieanlagen.

(2) § 15 Abs. 3 BauGB dient der **Sicherung der eigenen Planung der Gemein-** 6
de. Die Vorschrift verknüpft das Steuerungsinstrument des qualifizierten F-Plans
in § 35 Abs. 3 S. 3 BauGB mit dem Sicherungsinstrument der Zurückstellung. Das
der Gemeinde mit einem „qualifizierten" F-Plan unverändert zugebilligte Sperrinstrument erfordert Zeit für die planerische Umsetzung. Insoweit entspricht die
Handlungsebene der eines vorgesehenen verbindlichen Bauleitplanes.

§ 15 Abs. 3 BauGB eröffnet der Gemeinde die Möglichkeit, eine **befristete Bau-** 7
sperre auszulösen. § 15 Abs. 3 S. 1 BauGB unterstellt dazu realistisch, daß über
die Zulässigkeit der bezeichneten Vorhaben nach § 35 Abs. 1 Nrn. 2 bis 6 BauGB
nur in einem Genehmigungsverfahren befunden werden kann. Land- und forstwirtschaftliche Betriebe sind nicht erfaßt, wohl aber Betriebe der Intensivtierhaltung
(vgl. § 35 Abs. 1 Nr. 4 BauGB). Baugesuch im Sinne des § 35 Abs. 3 S. 1 BauGB
ist auch der Antrag auf Erteilung eines planungsrechtlichen Vorbescheides.[3] Das
beruht auf dessen Bindungswirkung (arg. e § 14 Abs. 3 BauGB).[4] Nach § 5 Abs.
2 b steht dem F-Plan ein „sachlicher Teilflächennutzungsplan" insoweit gleich.

(3) Die **Zurückstellung** des Bauantrages kann längstens **ein Jahr** betragen. 8
Damit folgt der Gesetzgeber der Zeitvorstellung des § 15 Abs. 1 BauGB. Dieser
Zeitraum ist angesichts der inhaltlichen Voraussetzungen für einen rechtswirksa-
men „qualifizierten" F-Plan im Sinne des § 35 Abs. 3 S. 3 BauGB äußerst knapp.
Die Parallelität zu § 15 Abs. 1 BauGB – wie die Begründung des BTags-Aus-
schußberichts ersichtlich annimmt – ist konzeptionell nicht tragfähig. § 15 Abs. 1
BauGB ist im Zusammenhang mit der Veränderungssperre (§§ 14, 17 BauGB) zu
sehen. Diese eröffnet der Gemeinde für einen B-Plan unter Anrechnung der Zurückstellung eine Sperrzeit von insgesamt vier Jahren.

Eine **vorhabenausschließende Darstellung** im Sinne des § 35 Abs. 3 S. 3 BauGB 9
setzt nach bisheriger Rechtsprechung die Ermittlung und Festlegung von Konzen-
trationsflächen, mithin ein schlüssiges, hinreichend städtebaulich motiviertes **Plankonzept** für das gesamte Gemeindegebiet voraus.[5] Das Konzept muß sich auf den

---

3   Vgl. BVerwG, Urteil vom 11.11.1970 – 4 C 79.68 – BVerwGE 36, 296 = DVBl 1971, 468 = NJW 1971,
    445.
4   Vgl. BVerwG, Urteil vom 3.2.1984 – 4 C 39.82 – BVerwGE 69, 1 = NJW 1984, 1473 = DÖV 1984,
    852 = BauR 1984, 384 = ZfBR 1984, 144.
5   BVerwG, Urteil vom 17.12.2002 – 4 C 15.01 – BVerwGE 117, 287 = NVwZ 2003, 733 = DVBl 2003,
    797 = UPR 2003, 188 = ZfBR 2003, 370 = NordÖR 2003, 161 = NuR 2003, 365 = BauR 2003, 828 =
    ZUR 2003, 280 = RdL 2003, 202 = BayVBl 2003, 664 mit Anm. Franz-Josef Tigges, in: ZNER 2003,
    Nr. 7, 43; OVG Münster, Urteil vom 30.11.2001 – 7 A 4857/00 – NVwZ 2002, 1135 = BauR 2002,
    886 = ZfBR 2002, 495 = NuR 2002, 431 = BRS 64 Nr. 101 (2001) = DVBl 2002, 723–724 (L); OVG
    Koblenz, Urteil vom 20.2.2003 – 1 A 11406/01.OVG – NVwZ-RR 2003, 619 = NuR 2003, 558 =
    DVBl 2003, 820 (L) = BauR 2003, 1085 (L) = UPR 2003, 319 (L); OVG Lüneburg, Urteil vom 20.7.1999
    – 1 L 5203/96 – NuR 2000, 49 = ZfBR 2000, 61; OVG Lüneburg, Urteil vom 24.3.2003 – 1 LB
    3571/01 – RdL 2003, 234 = BauR 2003, 1443 (L) = NordÖR 2003, 427 (L); vgl. ferner Chr. Rühl,
    Planungsrechtliche Aspekte der Ansiedlung von Windenergieanlagen, in: UPR 2001, 413–418; R.
    Enders/P. Bendermacher, Zur planerischen Steuerungsmöglichkeit der Gemeinde von Windkraftan-
    lagen durch Ausweisung sog. Konzentrationszonen im Flächennutzungsplan, in: ZfBR 2001, 450–
    453; R. Wolf, Windenergie als Rechtsproblem, in: ZUR 2002, 331–341 [338]; St. Mitschang, Stand-
    ortkonzeptionen für Windenergieanlagen auf örtlicher Ebene, in: ZfBR 2003, 431–442 [434].

gesamten Außenbereich erstrecken (vorbehaltlich der Zulässigkeit eines Teilflächennutzungsplanes [§ 5 Abs. 2 b BauGB]). Demgemäß bedarf es einer auf den gesamten Außenbereich bezogenen Ermittlung und Abwägung.

10 Es ist schwer zu erkennen, in welcher Weise die Gemeinde diese Aufgabe innerhalb eines Jahres seit der Erstellung eines Umweltberichts, einschließlich des Offenlegungsverfahrens nach § 3 BauGB und des nach § 6 Abs. 1 BauGB erforderlichen Genehmigungsverfahrens erfüllen kann. Man kann den Gemeinden daher nur raten, bereits jetzt und damit unabhängig von konkreten Baugesuchen mit einer vertieften Ermittlung ihres Außenbereichs zu beginnen. Hier mag die neue Möglichkeit des **sachlichen Teilflächennutzungsplanes (§ 5 Abs. 2 b BauGB)** der Gemeinde eine Milderung bringen.

11 (4) **Bedeutung eines Entwurfes.** Darstellungen eines Entwurfes eines F-Planes kommt eine Ausschlußwirkung nach § 35 Abs. 3 S. 3 BauGB nicht zu.[6] Auf die Planreife des Entwurfs kommt es nicht an.[7] Fehlt es an der Genehmigung oder jedenfalls an der Rechtsverbindlichkeit der Planänderung, so kann die damit erstrebte Standortzuweisung dem Vorhaben (derzeit) nicht entgegenstehen. Es ist nicht zulässig, §§ 14, 15 BauGB entsprechend anzuwenden und eine Zurückstellung auszusprechen. Dies ist nur bei der Aufstellung eines B-Plans möglich.[8]

12 (5) § 15 Abs. 3 BauGB schließt es nicht aus, daß die Gemeinde für das vorgesehene Vorranggebiet zeitgleich einen B-Plan aufstellt und hierfür eine **Veränderungssperre** vorsieht.[9] Das kann zweckmäßig sein, wenn das Maß der baulichen Nutzung normiert werden soll.

3.2   § 15 Abs. 3 Satz 1 BauGB 2004

3.2.1 Regelungsbereiche

13 (1) Die Gegenstände betreffen nur Vorhaben, die nach § 35 Abs. 1 Nrn. 2 bis 6 BauGB privilegiert sind. Vorhaben nach § 35 Abs. 1 Nr. 1 BauGB (Land- und Forstwirtschaft) und § 35 Abs. 1 Nr. 7 BauGB (Kernenergie) werden ohnedies nicht von

---

6   Wie hier OVG Lüneburg, Urteil vom 18.3.1999 – 1 L 6696/96 – NVwZ 1999, 1003 = UPR 1999, 358 = ZfBR 1999, 285 = UPR 1999, 358 = BauR 1999, 1150 = NuR 2000, 47 = BRS 62 Nr. 112; OVG Bautzen, Urteil vom 18.5.2000 – 1 B 29/98 – NuR 2002, 162 = SächsVBl 2000, 244 (Entwurf eines Raumordnungsplanes); G. M. Jeronim, Praxisprobleme bei der Zulassung von Windenergieanlagen, in: BauR 2003, 820–828 [822]; wohl tendenziell auch BVerwG, Urteil vom 13.3.2003 – 4 C 3.02 – ZfBR 2003, 469 = BauR 2003, 1172 = UPR 2003, 355 = NVwZ 2003, 1261 = NuR 2003, 615, unentschieden dagegen hinsichtlich § 35 Abs. 3 **Satz 1** BauGB.

7   OVG Lüneburg, Beschluß vom 22.1.1999 – 1 L 5538 / 97 – NdsRpfl 1999, 150 = RdL 1999, 91 = NuR 1999, 289 = BRS 62 Nr. 111 (1999); ebenso St. Mitschang, Standortkonzeptionen für Windenergieanlagen auf örtlicher Ebene, in: ZfBR 2003, 431–442 [432].

8   OVG Münster, Beschluß vom 2.7.2002 – 7 B 918/02 – NuR 2003, 54 = BauR 2002, 1827 = StuG 2003, 32 = ZNER 2002, Nr 3, 245 = UPR 2003, 40 (L) = ZUR 2003, 52 (L) mit Anm. W. Andreas Lahme, in: ZNER 2002, 246–247.

9   Vgl. W. Schrödter, Das Europarechtsanpassungsgesetz Bau – EAG Bau, in: NST-N 2004, 197–216 [212].

§ 35 Abs. 3 S. 3 BauGB erfaßt. Es besteht inhaltliche Parallelität zu § 35 Abs. 3 S. 3 BauGB.

(2) Die Praxis weiß, daß die Sicherungsinstrumente der Zurückstellung und der **14** Veränderungssperre eine Neigung der Gemeinde fördern können, eine Negativ- oder Verhinderungsplanung zu begünstigen. Das erfordert von den Baugenehmigungsbehörden eine sorgfältige Prüfung der Rückstellungsvoraussetzungen. Die Gemeinde kann keine allgemeine Sperre für künftige Vorhaben anordnen.[10] Kritisch ist die Frage, ob die Genehmigungsbehörde gegenüber der Gemeinde in eine inhaltliche Rechtskontrolle, etwa des Aufstellungsbeschlusses, eintreten darf. Das dürfte im Hinblick auf die Feststellungswirkung des Beschlusses zu verneinen sein.

3.2.2 Aufstellungsbeschluß

(1) Voraussetzung der Zurückstellung ist, daß die Gemeinde bereits einen Auf- **15** stellungsbeschluß gemäß § 2 Abs. 1 S. 1 BauGB über einen „qualifizierten" F-Plan beschlossen hat. Sie muß beabsichtigen, in den künftigen F-Plan „Darstellungen" aufzunehmen, die geeignet sind, die Rechtswirkungen des § 35 Abs. 3 S. 3 BauGB auszulösen. Diese Zielsetzung muß in der Beschlußfassung auch textlich erkennbar sein. Für die Phase der planerischen Entscheidung genügt allerdings eine Grobanalyse. Der Inhalt des qualifizierten F-Plans muß mit einem Mindestmaß konkretisiert sein.[11] Dazu gehört eine nähere Angabe der überplanten Fläche. Die inhaltlichen Anforderungen dürfen – ähnlich wie bei der Veränderungssperre nach § 14 Abs. 1 BauGB – nicht überspannt werden.

(2) Eine Gemeinde ist befugt, einen Bauantrag oder einen Vorbescheidsantrag **16** zum Anlaß zu nehmen, ihre bisherige Planung (nochmals) zu überprüfen und ggf. über planungssichernde Maßnahmen nach § 15 Abs. 3 BauGB zu entscheiden.[12] Ein bereits erteiltes **Einvernehmen** nach § 36 Abs. 1 BauGB hindert sie nicht, einen Aufstellungsbeschluß mit dem Ziel zu fassen, eine Zurückstellung nach § 15 Abs. 3 S. 1 BauGB zu erreichen.[13] § 36 Abs. 1 BauGB enthält kein Planungsverbot.

(3) Ein **rechtswirksamer Beschluß** über die Aufstellung eines F-Planes ist ma- **17** teriell-rechtliche Voraussetzung jeder Zurückstellung.[14] Das **Verfahren über den**

---

10 Vgl. BVerwG, Beschluß vom 27.11.2003 – 4 BN 61.03 – juris (Volltext); Urteil vom 13.3.2003 – 4 C 4.02 – BVerwGE 118, 33 = DVBl 2003, 1064 = NVwZ 2003, 738 = UPR 2003, 309 = BauR 2003, 1165.
11 Vgl. zur Veränderungssperre BVerwG, Urteil vom 19.2.2004 – 4 CN 13.03 – NVwZ 2004, 984 = ZfBR 2004, 464 = UPR 2004, 271 = BauR 2004, 1256; Urteil vom 19.2.2004 – 4 CN 16.03 – DVBl 2004, 950 = NVwZ 2004, 858 = ZfBR 2004, 460 = BauR 2004, 1252 = UPR 2004, 272.
12 Vgl. OLG Schleswig, Urteil vom 15.5.1997 – 11 U 121/94 – NVwZ-RR 1998, 6.
13 BVerwG, Urteil vom 19.2.2004 – 4 CN 16.03 – DVBl 2004, 950 = NVwZ 2004, 858 = UPR 272 = ZfBR 2004, 460 = BauR 2004, 1252; OVG Münster, Beschluß vom 2.4.2003 – 7 B 235/03 – juris = BauR 2003, 1019; OLG Koblenz, Urteil vom 5.12.2001 – 1 U 901/01 – ZfIR 2002, 473 unter Hinweis auf BGH, Urteil vom 12.7.2001 – III ZR 282 / 01 – MDR 2001, 1112 (jeweils zur Veränderungssperre).
14 Vgl. OVG Weimar, Urteil vom 18.5.2001 – 1 N 932/00 – ThürVGRspr 2002, 141 = ThürVBl 2002, 74 = ZfBR 2002, 272 = NVwZ-RR 2002, 415 = BauR 2002, 917 = RdL 2002, 189 = BRS 64 Nr. 53 (2001).

Aufstellungsbeschluß richtet sich nach den Bestimmungen des Kommunalverfassungsrechts. Das betrifft auch die Zuständigkeit, einen Aufstellungsbeschluß zu fassen. Diese ergibt sich aus dem Gemeinderecht, ggf. in Verbindung mit einer Hauptsatzung.[15] Das kann für die Frage bedeutsam sein, ob ein „Eilbeschluß" (sog. Dringlichkeitsbeschluß) zulässig ist.[16]

18 Eine Anhörung der Behörden und sonstiger TöB ist nicht erforderlich, aber zulässig. Zu § 15 Abs. 1 BauGB wird angenommen, daß der Aufstellungsbeschluß ortsüblich bekanntgemacht worden sein muß (vgl. § 2 Abs. 1 S. 2 BauGB).[17] Ob dies auch für § 15 Abs. 3 BauGB gilt, mag zweifelhaft sein. Das Gesetz verlangt textlich nur, daß die Gemeinde beschlossen hat, einen F-Plan aufzustellen. Der Gesetzgeber ist indes von einer Parallelität von § 15 Abs. 1 und § 15 Abs. 3 BauGB ausgegangen. Recht einleuchtend ist es nicht, das Erfordernis der Bekanntmachung für das Verfahren der Zurückstellung zu fordern. Die Praxis wird von dieser Voraussetzung gleichwohl auszugehen haben. Die versäumte Bekanntmachung des Aufstellungsbeschlusses kann mit Wirkung ex nunc nachgeholt werden.[18]

19 (4) Der Aufstellungsbeschluß muß ein **Mindestmaß** dessen erkennen lassen, was Inhalt der zu erwartenden Darstellung im F-Plan sein soll.[19] Die Gemeinde muß bereits „positive" Vorstellungen über den Inhalt der Darstellung entwickelt haben. Sie muß also „irgendeine" substantielle Entwicklungsvorstellung besitzen. § 15 Abs. 3 BauGB läßt kein Veto zu, ohne einen möglichen inhaltlichen Bezug. Eine Negativplanung, um einzelne Vorhaben „nur" auszuschließen", genügt auch in diesem Stadium der ersten planerischen Orientierung nicht. Anderes wäre mit Art. 14 Abs. 1 GG kaum vereinbar. § 15 Abs. 3 BauGB dient nicht der abstrakten

---

15 OVG Lüneburg, Urteil vom 17.12.1998 – 1 K 1103/98 – NVwZ 1999, 1001; OVG Münster, Urteil vom 23.4.1996 – 10 A 620/91 – NVwZ 1997, 598 = NWVBl 1996, 441 (Veränderungssperre).

16 Vgl. OVG Lüneburg, Urteil vom 15.3.2001 – 1 K 2440/00 – BauR 2001, 1552 = NdsRpfl 2001, 374 = NVwZ-RR 2002, 417 = BRS 64 Nr. 111 (2001); OVG Lüneburg, Urteil vom 17.12.1999 – 1 K 1103/98 – NVwZ 1999, 1001 = BRS 60 Nr. 59; OVG Münster, Urteil vom 23.4.1996 – 10 A 620/91 – NVwZ 1997, 598; OVG Schleswig, Beschluß vom 1.11.2000 – 1 M 117/00 – SchlHA 2001, 70 zu § 27 Abs. 2 S. 1, § 28 Nr. 2 GemO SH.

17 BGH, Urteil vom 12.7.2001 – III ZR 282/00 – DVBl 2001, 1619 = NVwZ 2002, 124 = UPR 2002, 24 = ZfBR 2001, 555 = BauR 2001, 1884 = BRS 64 Nr. 157 (2001); vgl. ferner BVerwG, Beschluß vom 15.4.1988 – 4 N 4.87 – BVerwGE 79, 200 [205] = DVBl 1988, 958 = NVwZ 1988, 916 = ZfBR 1988, 274 = BauR 1988, 562 = BRS 48 Nr. 21; Beschluß vom 9.2.1989 – 4 B 236/88 – NVwZ 1989, 661 [662] = ZfBR 1989, 171 = BauR 1989, 432 = BRS 49 Nr. 21; Beschluß vom 4 N 1.92 – NVwZ 1993, 471 = ZfBR 1992, 292 = BauR 1993, 59 = BRS 54 Nr. 77; OVG Koblenz, Urteil vom 9.10.1980 – 10 C 3/80 – AS RP-SL 16, 135 = BRS 36 Nr. 108; G. Grauvogel, in: Brügelmann, BauGB [Stand: Juli 2000], § 14 Rn. 8; B. Stüer, Bauleitplanung, in: HdbÖffBauR (Stand: April 2000) Rn. B 476, zu § 15 Abs. 1 BauGB.

18 Vgl. BVerwG, Beschluß vom 6.8.1992 – 4 N 1.92 – DVBl 1992, 1448 = NVwZ 1993, 471 = ZfBR 1992, 292 = UPR 1993, 21 = BauR 1993, 59; Urteil vom 20.8.1992 – 4 C 54.89 – NVwZ-RR 65 = BauR 1993, 51.

19 Zur vergleichbaren Lage bei Erlaß einer Veränderungssperre vgl. BVerwG, Urteil vom 10.9.1976 – 4 C 39.74 – BVerwGE 51, 121 [128] = NJW 1977, 400 = BauR 1977, 31; Beschluß vom 27.7.1990 – 4 B 156.89 – NVwZ 1991, 62 = ZfBR 1990, 302 – BauR 1990, 694 = BRS 50 Nr. 101; Beschluß vom 25.11.2003 – 4 BN 60.03 – NVwZ 2004, 858 = UPR 272 = ZfBR 2004, 460; Beschluß vom 25.11.2003 – 4 BN 60.03 – NVwZ 2004, 477 = UPR 2004, 148 = ZfBR 2004, 279 = BauR 2004, 634.

Berkemann

Sicherung der Planungszuständigkeit der Gemeinde.[20] Der Betroffene muß erkennen können, was mit der Zurückstellung, die den Aufstellungsbeschluß für ihn umsetzt, **planerisch** erreicht werden soll.[21] Gleichwohl dürfen die Anforderungen nicht überspannt sein. Der Gemeinde soll gerade ein Zeitrahmen gegeben werden, innerhalb dessen sie ihre planerischen Vorstellungen erarbeiten, weiter entwickeln und konkretisieren können soll.

Der künftige **Planbereich** muß bekannt sein. Hierauf bezieht sich auch das Planungsermessen der Gemeinde.[22] Der (geographische) Geltungsbereich des künftigen F-Plans (**räumlicher Geltungsbereich**) muß hinreichend **bestimmt** sein. Das Gebiet muß jedenfalls mit den Mitteln verständiger Würdigung im Aufstellungsbeschluß „bestimmbar" sein. Das ist im Hinblick auf die zumeist **gewollte Ausschlußwirkung** des „qualifizierten" F-Plans unabdingbar.[23] Ferner muß zumindest in Umrissen mit dem Aufstellungsbeschluß erkennbar sein, was **Inhalt** des künftigen F-Plans sein soll. Ein Aufstellungsbeschluß ist unzulässig, wenn zur Zeit seines Erlasses der Inhalt der beabsichtigten Planung **noch in keiner Weise abzusehen ist.**[24]   **20**

Der Aufstellungsbeschluß muß die ernsthafte Absicht der F-Planung vermitteln und durch die Pflicht, die städtebauliche Ordnung zu entwickeln (§ 1 Abs. 3 S. 1 BauGB), auch subjektiv veranlaßt sein; der Beschluß muß die hierauf bezogene Absicht der Sicherung haben. Ein Baugesuch darf nicht zurückgestellt werden, wenn die Gemeinde noch keine positiven Vorstellungen über den Inhalt des aufzustellenden B-Plans besitzt. Allein das Ziel, ein bestimmtes Vorhaben zu verhindern, genügt nicht.[25]   **21**

Die **Erforderlichkeit der Änderung des F-Plans** ist nach Maßgabe des § 1 Abs. 3 S. 1 BauGB in aller Regel nur gegeben, wenn Umstände vorliegen oder erkennbar werden, die die Verwirklichung der gemeindlichen Planungsabsichten gefährden oder erschweren. Der Aufstellungsbeschluß darf kein vorgeschobenes Mittel sein, um einen Bauwunsch nur „negativ" zu durchkreuzen.[26]   **22**

---

20 Vgl. W. Söfker, Das Sicherungsbedürfnis beim Erlaß von Veränderungssperren, in: Baurecht – Aktuell. FS F. Weyreuther, 1993, S. 377–388 [385] zur vergleichbaren Lage beim Erlaß einer Veränderungssperre.

21 Vgl. BVerwG, Urteil vom 20.10.1978 – 4 C 48.76 – DVBl 1979, 153 = BauR 1979, 139 = ZfBR 1979, 34 [35] zur Veränderungssperre; erneut BVerwG, Urteil vom 19.2.2004 – 4 CN 13.03 – NVwZ 2004, 984 = ZfBR 2004, 464 = UPR 2004, 271 = BauR 2004, 1256; Urteil vom 19.2.2004 – 4 CN 16.03 – DVBl 2004, 950 = NVwZ 2004, 858 = ZfBR 2004, 460 = BauR 2004, 1252 = UPR 2004, 272.

22 Vgl. BVerwG, Beschluß vom 10.11.1995 – 4 B 23.94 – DVBl 1996, 264 = NVwZ 1996, 888 = ZfBR 1996, 110 = BauR 1996, 215 = BRS 57 Nr. 3.

23 Vgl. dazu BVerwG, Urteil vom 17.12.2002 – 4 C 15–01 – BVerwGE 117, 287 = DVBl 2003, 797 = NVwZ 2003, 733 = ZfBR 2003, 370 = BauR 2003, 828 = BRS 65 Nr. 95 (2002); Urteil vom 13.3.2003 – 4 C 4.02 – DVBl 2003, 1064 = NVwZ 2003, 738 = ZfBR 2003, 464 = BauR 2003, 1165.

24 BVerwG, Urteil vom 10.9.1976 – 4 C 39.74 – BVerwGE 51, 121 = MDR 1977, 166 = NJW 1977, 400 = DÖV 1977, 290 = BauR 1977, 31 = Buchholz 406.11 § 14 BBauG Nr. 7 mit Anm. von J. Pietzcker, in: DÖV 1977, 295f. zur Veränderungssperre.

25 BVerwG, Beschluß vom 5.2.1990 – 4 B 191.89 – NVwZ 1990, 558 = BauR 1990, 335 = DÖV 1990, 476 = ZfBR 1990, 206 = UPR 1990, 335 = BRS 50 Nr. 103.

26 Vgl. BVerwG, Beschluß vom 18.12.1990 – 4 NB 8.90 – DVBl 1991, 445 = NVwZ 1991, 875 = ZfBR 1991, 123 = BauR 1991, 165 = BRS 50 Nr. 9 zu § 1 Abs. 3 BauGB.

23 (5) **Beschlußbegründung.** Der Aufstellungsbeschluß bedarf nach dem BauGB keiner förmlichen Beschlußbegründung. Dennoch empfiehlt es sich sehr, in der Vorlage an den Gemeinderat die Ziele und Gründe anzugeben, was mit der beabsichtigten Änderung des F-Plans erreicht werden soll. **Auch hier gilt die prozeßbewährte Regel:** Die ehrenwerten Gründe und Motive müssen beizeiten auf den Tisch.[27] Maßgebend ist die Sicht der Gemeinde; sie besitzt eine Einschätzungsprärogative.[28] Aber die Gemeinde muß auch konsequent sein. Sie darf das Instrument des Aufstellungsbeschlusses in Verb. mit § 15 Abs. 3 BauGB nicht einsetzen, um eine punktuelle Verhinderungsplanung einzuleiten.[29] Eine unzulässige Verhinderungsplanung kann im Ergebnis auch bei **planerischer „Unentschlossenheit"** gegeben sein.

24 (6) Änderungen **einzelner** Planungsabsichten zwischen Aufstellungsbeschluß und Beschluß über den F-Plan sind für dessen Wirksamkeit unerheblich. Wenn zwischen dem Aufstellungsbeschluß und dem Beschluß über den F-Plan ein langer Zeitraum liegt, kann dies Zweifel an der Ernsthaftigkeit der Planungsabsichten der Gemeinde begründen.

3.2.3 Antragserfordernis

25 (1) Das **verwaltungsinterne** Verfahren ist kaum geregelt. Der Gesetzgeber des BauGB setzt selbstverständlich eine sinnvolle „Kooperation" zwischen Baugenehmigungsbehörde und Gemeinde voraus. Das Zurückstellungsverfahren setzt **Kenntnis der Gemeinde** über beabsichtigte Vorhaben voraus. Nur bei Kenntnis kann die Gemeinde entscheiden, ob sie Maßnahmen der Sicherung der Bauleitplanung ergreifen will (**Anstoßwirkung**). Die Gemeinde ist nicht verpflichtet, einen Zurückstellungsantrag zu stellen.

26 Erforderlich ist ein (schriftlicher) Antrag der Gemeinde. Das zuständige Organ bestimmt sich nach Kommunalverfassungsrecht.[30] Sie hat dazu den Aufstellungsbeschluß und das Baugesuch vorzulegen. Es ist ratsam, mit dem Antrag konkretisierend darzulegen, aus welchen Gründen das beabsichtigte Bauvorhaben die Umsetzung der Planung nach Maßgabe des § 35 Abs. 3 S. 3 BauGB unmöglich macht oder doch wesentlich erschwert. Die Gemeinde muß in ihrem Antrag den Zeitraum angeben, bis zu dem zurückgestellt werden soll.

---

27 Vgl. zur mißglückten Verschleierung lehrreich BVerwG, Urteil vom 10.9.1976 – 4 C 5.76 – DVBl 1977, 405 = DÖV 1977, 607 = BauR 1977, 44 = BRS 37 Nr. 6 (Leitsatz im Text); teilweise abweichend OVG Münster [15.6.1988] – 7 A 675/87 – BRS 48 Nr. 93; vgl. auch N. Grosse-Hündfeld, Zulässigkeitsfragen bei der Veränderungssperre, in: BauR 1977, 11–16; wie hier eindringlich auch B. Stüer, Bauleitplanung, in: HdbÖffBauR (Stand: April 2000), Rn. B 739.

28 Vgl. BVerwG, Beschluß vom 26.6.1992 – 4 NB 19.92 – NVwZ 1993, 475 = BRS 54 Nr. 73.

29 Vgl. OVG Magdeburg, Beschluß vom 24.4.2002 – 2 R 270/01 – ZNER 2002, 247; vgl. VGH Mannheim, Urteil vom 15.7.2002 – 5 S 1601/01 – NuR 2002, 750 = VBlBW 2003, 68 = BauR 2002, 1751 (L) = ZfBR 2003, 171 (L) = UPR 2003, 159 (L) – zur Überplanung eines Kernkraftwerksgeländes, das als Ganzes frühestens im Jahr 2028 für eine andere Nutzung frei wird.

30 Vgl. OVG Lüneburg, Urteil vom 9.9.1975 – VI A 154/73 – BRS 30 Nr. 81 (zu § 62 Abs. 1 GO NdS a.F.) In der Regel dürfte dies ein „Geschäft der laufenden Verwaltung" sein.

(2) **Begriff der Gemeinde.** Gemeinde im Sinne des § 15 Abs. 3 S. 1 BauGB ist **27** diejenige Körperschaft, die befugt ist, den nach § 35 Abs. 3 S. 3 qualifizierten F-Plan zu erlassen. Denn § 15 Abs. 3 BauGB dient der Effektivität gerade dieses F-Planes. Ist einer Samtgemeinde die Befugnis zum Erlaß des F-Plans übertragen, kann nur sie, nicht aber die einzelne Mitgliedsgemeinde, den Antrag auf Zurück-stellung stellen.[31] Eine andere Frage ist es, ob die Samtgemeinde gehalten ist, auf Ersuchen der Mitgliedsgemeinde einen entsprechenden Antrag zu stellen. Das entscheidet das jeweilige Kommunalverfassungsrecht.

3.2.4 Entscheidung der Baugenehmigungsbehörde

(1) Die Bauaufsichtsbehörde ist weitgehend auf eine formelle Prüfung des An- **28** trags der Gemeinde beschränkt. Ein Ermessen besteht nicht. § 15 Abs. 3 S. 1 BauGB unterstellt realistisch, daß über die Zulässigkeit der bezeichneten Vorha-ben nach § 35 Abs. 1 Nrn. 2 bis 6 BauGB nur in einem Genehmigungsverfahren befunden werden kann.

(2) Der Antrag ist begründet, wenn **[1]** die Gemeinde einen Aufstellungsbeschluß **29** gefaßt hat, der geeignet ist, die Rechtswirkungen des § 35 Abs. 3 S. 3 BauGB auszulösen, und wenn **[2]** zu befürchten ist, daß das Bauvorhaben die Durchfüh-rung der Planung unmöglich machen oder doch wesentlich erschweren würde (wie § 15 Abs. 1 BauGB). Eine plausible „**Kausalität**" der Befürchtung ist ausreichend.

Die Planung ist unmöglich, wenn im Zeitpunkt des Beschlusses über die Darstel- **30** lung im F-Plan die jetzige Realisierung der F-Planung gerade im Hinblick auf die Ausschlußwirkung des § 35 Abs. 3 S. 3 BauGB zu verneinen ist. Das ist der Fall, wenn dieser Planung bestandskräftige Baugenehmigungen entgegenstehen. Maß-gebend ist das konkrete Planungskonzept der Gemeinde. § 15 Abs. 3 S. 1 BauGB unterstellt, daß ein Widerruf einer erteilten Baugenehmigungen nach § 49 Abs. 3 VwVfG nicht zu erwarten ist. Die Durchführung ist „wesentlich erschwert", wenn das beabsichtigte Planungskonzept der Gemeinde substantiell gestört wird. Da-bei ist zu berücksichtigen, daß § 35 Abs. 3 S. 3 BauGB selbst **Ausnahmen** für eine atypische Situation ermöglicht.[32] Auch eine entsprechende Anwendung des § 14 Abs. 2 BauGB kommt für diese Planungsphase in Betracht.

(3) **Vorbescheid.** § 15 Abs. 3 S. 1 BauGB regelt nicht, welche Wirkung ein landes- **31** rechtlich vorgesehener Vorbescheid (Bebauungsgenehmigung) für einen Rück-stellungsantrag der Gemeinde hat. Nach allg. M. setzt sich der Vorbescheid ent-sprechend einer Baugenehmigung gegen das Inkrafttreten eines B-Planes durch.[33] Ob dasselbe gegenüber einem später erlassenen „qualifizierten" F-Plan (§ 35 Abs. 3

---

31 A.A. wohl W. Rieger, in: H. Schrödter (Hrsg.), BauGB, 7. Aufl., 2005, § 15 Rn. 21; W. Schrödter, Das Europaanpassungsgesetz Bau – EAG Bau, in: NST-N 2004, 197–216 [212].
32 Vgl. BVerwG, Urteil vom 17.12.2002 – 4 C 15.01 – BVerwGE 117, 287 = DVBl 2003, 707 = NVwZ 2003, 733 = ZfBR 2003, 370 = BauR 2003, 828 = BRS 65 Nr. 95.
33 BVerwG, Urteil vom 20.8.1965 – 4 C 31.65 – Buchholz 406.11 § 14 BBauG Nr. 1 = BRS 16 Nr. 45 = BayVBl 1966, 321; BGH, Urteil vom 20.12.1986 – V ZR 263/83 – BGHZ 96, 385 = NVwZ 1986, 964 = BauR 1986, 319.

Berkemann

S. 3 BauGB) gilt, hat das BauGB nicht ausdrücklich entscheiden. Daran knüpfen sich Zweifel:

32 Ist der Vorbescheid, wie in aller Regel, ein nach Landesrecht ein „vorgenommener" Teil der (späteren) Baugenehmigung, ist bauplanerisch der Zeitpunkt der Erteilung des Vorbescheides maßgebend, wenn dieser die bauplanerische Zulässigkeit des Vorhabens abschließend feststellt. Hat die Baugenehmigungsbehörde über die bodenrechtliche Zulässigkeit bereits durch Vorbescheid befunden, ist eine Zurückstellung im nachfolgenden Baugenehmigungsverfahren dann nicht zulässig, wenn die Gemeinde einen B-Plan erlassen will. Es wäre nämlich widersprüchlich, daß ein Vorhaben, das gemäß § 14 Abs. 3 BauGB nicht verhindert werden kann, dennoch nach § 15 **Abs. 1** BauGB zurückgestellt werden könnte.[34] Für die Zurückstellung nach § 15 Abs. 3 BauGB besteht eine vergleichbare Lage nicht in jeder Hinsicht. § 15 Abs. 1 BauGB korrespondiert mit § 14 Abs. 3 BauGB. Derartiges Zusammenspiel gibt es für § 15 Abs. 3 BauGB nicht. Diese Vorschrift übernimmt selbst die Funktion einer befristeten Veränderungssperre, ohne daß das EAG Bau eine § 14 Abs. 3 BauGB vergleichbare Regelung geschaffen hat. Entscheidend ist indes ein anderer Gesichtspunkt. Das EAG Bau will durch die Möglichkeit der Zurückstellung in jedem Falle erreichen, daß die Gemeinde für einen Zeitraum von mindestens einem Jahr den Vollzug und damit vollendete Tatsachen verhindern kann. Die Gemeinde kann diese Zeit nutzen. Dazu gehört nicht zuletzt auch die Erwägung, den Vorbescheid wegen veränderter Rechtslage gemäß § 49 Abs. 2 Nr. 4 VwVfG zu widerrufen.[35] Die zu § 15 Abs. 1 BauGB umstrittene Frage, ob ein Widerruf im Hinblick auf die gesetzliche Wertung des § 14 Abs. 3 BauGB überhaupt zulässig ist, stellt sich für § 15 Abs. 3 BauGB nicht.[36]

33 (4) Maßgebend ist der im Zurückstellungsbescheid der Behörde festgelegte Zeitraum. Dieser muß ggf. anhand des Zustelldatums konkret berechnet werden (sog. **Ablauffrist**). Wird gegen den Zurückstellungsbescheid ein Rechtsbehelf erhoben (Widerspruch, Klage), so hat dies **keinen Einfluß** auf den Fristablauf.[37]

34 (5) Besteht **Identität** zwischen **Bauaufsichtsbehörde** und **Gemeinde**, entfällt ein Antrag auf Zurückstellung.[38] Die Behörde entscheidet selbst über die Zurückstel-

---

34 So P. Lemmel, in: BK, BauGB, 3. Aufl., 2002, § 15 Rn. 2; auch K. Schmaltz, in: H. Schrödter (Hrsg.), BauGB, 6. Aufl., 1998, § 15 Rn. 7.

35 Vgl. BVerwG, Urteil vom 19.9.2002 – 4 C 10.01 – BVerwGE 117, 44 – DVBl 2003, 526 = NVwZ 2003, 478 = ZfBR 2003, 260 = BauR 2003, 488 = BRS 65 Nr. 74 (Zwangsvollstreckungsgegenklage) mit Anm. St. Jung, in: BauR 2003, 1509–1512.

36 Vgl. VGH Mannheim, Beschluß vom 9.1.2001 – 3 S 2413/00 – ESVGH 51, 126 = VBlBW 2001, 323; OVG Berlin, Beschluß vom 22.5.2003 – 6 B 17.03 – LKV 2004, 33; vgl. ferner kontrovers K.-M. Ortloff, Zur Bindungswirkung des baurechtlichen Vorbescheids bei nachfolgender Änderung der Sach- und Rechtslage, in: NVwZ 1983, 705–709; C. Weidemann, Widerruf einer Baugenehmigung nach Erlaß einer Veränderungssperre?, in: BauR 1987, 9–14; U. Gailus, Die Zulässigkeit des Widerrufs der Bebauungsgenehmigung aufgrund einer Veränderungssperre, in: NVwZ 1990, 536–539.

37 Vgl. VGH Mannheim, Beschluß vom 28.1.1991 – 8 S 2238/90 – VBlBW 1991, 260 = ZfBR 1991, 231 (S) = UPR 1992, 38 (L) = BRS 52 Nr. 87. Die Frage ist umstritten.

38 Vgl. BVerwG, Urteil vom 19.8.2004 – 4 C 16.03 – ZfBR 2004, 805.

Berkemann

lung. Es gelten dieselben Grundsätze wie im Falle des Einvernehmens nach § 36 Abs. 1 BauGB.

(6) **Einvernehmen.** Durch die Erteilung ihres Einvernehmens (§ 36 Abs. 1 BauGB) **35** zu einem Bauvorhaben wird die Gemeinde grundsätzlich nicht gehindert, eine dem Vorhaben widersprechende Bauleitplanung einzuleiten und zu betreiben. Sie kann den planerischen Erfolg dieser Bauleitplanung durch einen Zurückstellungsantrag (§ 15 Abs. 3 BauGB) sichern.[39]

3.2.5 Rechtsfolge

(1) Sind die Voraussetzungen des § 15 Abs. 3 S. 1 BauGB gegeben, spricht die **36** Baugenehmigungsbehörde aus, daß das Baugesuch für einen anzugebenden Zeitraum „zurückgestellt" wird. Die Zurückstellung ist eine individuelle Sperre. Sie bezieht sich nur auf das konkrete Baugesuch. Die zurückstellende Entscheidung wird „zugestellt". Das ergibt sich mittelbar aus § 15 Abs. 3 S. 2 BauGB. Der Bescheid muß die Zurückstellungsfrist enthalten. Fehlt die Fristbestimmung (Aussetzungszeit), ist der Bescheid rechtswidrig. Der Mangel kann nicht durch Rückgriff auf § 15 Abs. 3 S. 1 BauGB ersetzt werden.

(2) Der Bauantrag ist nicht abzulehnen, sondern seine Entscheidung ist auszu- **37** setzen. Einer Aussetzung bedarf es dagegen nicht, wenn das beantragte Vorhaben auch ohne den steuernden „qualifizierten" F-Plan – etwa nach Maßgabe der in § 35 Abs. 3 S. 1 BauGB genannten öffentlichen Belange – unzulässig ist.

Ist das beabsichtigte Vorhaben nach **derzeitiger Rechtslage** nicht genehmigungs- **38** fähig, dann ist nicht zurückzustellen, sondern bereits jetzt abzulehnen (**Ablehnungsbescheid**). Das gilt jedenfalls für alle bauplanungsrechtlichen Hindernisse.[40] Ist nach Stellung des Antrages der Gemeinde, die Bearbeitung und Bescheidung des Bauantrages zunächst zurückzustellen, inzwischen eine Änderung der Rechtslage eingetreten, darf ebenfalls nicht zurückgestellt werden. Das ist z.B. der Fall, wenn eine Regionalplanung als Ziel der Raumordnung ein nach § 35 Abs. 3 S. 3 BauGB zu beachtendes Gebiet festgelegt hat.

3.2.6 Immissionsschutzrechtliche Verfahren

Ein erforderliches immissionsschutzrechtliches Verfahren erfaßt für genehmigungs- **39** bedürftige Vorhaben wegen der Konzentrationswirkung (§ 13 BImSchG) auch die baurechtliche Zulassung. Auch im immissionsschutzrechtlichen Verfahren ist eine Zurückstellung des „Baugesuchs" nach der Zielsetzung des § 15 BauGB zulässig.[41]

---

39 Vgl. BVerwG, Urteil vom 19.2.2004 – 4 CN 16.03 – DVBl 2004, 950 = NVwZ 2004, 858 = ZfBR 2004, 460 = UPR 2004, 272 = BauR 2004, 1252 [betreffend Veränderungssperre].

40 Vgl. BVerwG, Urteil vom 18.10.1985 – 4 C 21.80 – BVerwGE 72, 172 = NVwZ 1986, 649 = UPR 1986, 137 = ZfBR 1986, 41 = BauR 1986, 64 = BRS 44 Nr. 96; a.A. wohl M. Krautzberger, in: B/K/L, BauGB, 9. Aufl., 2005, § 15 Rn. 2, im Falle bauordnungsrechtlicher Unzulässigkeit.

41 Wie hier J. Stock, in: E/Z/B/K, BauGB (Stand: Sept. 2004), § 15 Rn. 24; wohl auch K. Schmaltz, in: H. Schrödter (Hrsg.), BauGB, 6. Aufl., 1998, § 15 Rn. 9; ebenso wohl M. Krautzberger, in: B/K/L, BauGB, 9. Aufl., 2005, § 15 Rn. 1.

Die Entscheidung über die Zurückstellung trifft nicht die Baugenehmigungs-, sondern die Immissionsschutzbehörde. Ein immissionsschutzrechtliches Verfahren ist insbesondere für eine Windenergieanlage als Teil eines „Windparks" erforderlich. In **materieller Hinsicht** muß die Frage entschieden werden, ob einzelne oder eine Mehrheit von Anträgen ein immissionsschutzrechtliches Verfahren auslöst und/oder die UVP-Pflichtigkeit begründet.

40 Art. 4 des Gesetzes zur Umsetzung der UVP-Änderungsrichtlinie, der IVU-Richtlinie und weiterer EG-Richtlinien zum Umweltschutz vom 27.7.2001 (BGBl I S. 1950) unterwirft mit der Neufassung der Anlage zur 4. Verordnung zur Durchführung des Bundes-Immissionsschutzgesetzes – 4. BImSchV – vom 14.3.1997 (BGBl. I S. 504) in Nr. 1.6, Spalten 1 und 2, „Windfarmen" mit Wirkung vom 3.8.2001 **ab drei (Einzel-)Anlagen** der immissionsschutzrechtlichen Genehmigungspflicht nach dem BImSchG. Nach Ansicht des BVerwG ist eine „Windfarm" im Sinne der Nr. 1.6 der Anlage 1 zum UVPG und der Nr. 1.6 des Anhangs zur 4. BImSchV dadurch gekennzeichnet, daß sie aus mindestens drei Windkraftanlagen besteht, die einander räumlich so zugeordnet sind, daß sich ihre Einwirkungsbereiche überschneiden oder wenigstens berühren.[42]

41 Entscheidend für das Vorhandensein einer Windfarm ist der räumliche Zusammenhang der einzelnen Anlagen. Der räumliche Zusammenhang indiziert die zu prüfenden Umweltauswirkungen. Sind die einzelnen Anlagen so weit voneinander entfernt, daß sich die nach der UVP-RL maßgeblichen Auswirkungen nicht summieren können, so behält jede für sich den Charakter einer Einzelanlage.

3.2.7 Weiterbearbeitung

42 Die Zurückstellungsentscheidung enthält keine Sachentscheidung, sondern setzt die Entscheidung über den Bauantrag nur aus. Der Antragsteller hat einen **Anspruch auf Weiterbearbeitung**, [1] wenn ein F-Plan in Kraft getreten ist, auf dessen Grundlage das Vorhaben zulässig ist, [2] wenn die Gemeinde ihre Planung definitiv aufgegeben hat (vgl. entsprechend § 17 Abs. 4 BauGB), [3] wenn der Rückstellungszeitraum abgelaufen ist oder [4] wenn gegen den Rückstellungsbescheid ein Widerspruch eingelegt wurde und dies die aufschiebende Wirkung ausgelöst hat (vgl. § 80 Abs. 1 VwGO).

3.3 § 15 Abs. 3 Satz 2 BauGB 2004

43 (1) § 15 Abs. 3 S. 2 BauGB ist verwirrend gefaßt. Das Gesetz verwendet den Ausdruck „Zeitraum" unterschiedlich. Zu unterscheiden ist der „Zeitraum der Zurückstellung" und der „Zeitraum für die Bearbeitung" des Baugesuchs. § 15 Abs. 3 S. 2 BauGB will ein Anrechnungsproblem entscheiden (ähnlich § 17 Abs. 1 S. 2 BauGB).

---

42 BVerwG, Urteil vom 30.6.2004 – 4 C 9.03 – DVBl 2004, 1304 = NVwZ 2004, 1235 = NuR 2004, 665 = UPR 2004, 442 = BauR 2004, 1745.

Berkemann

(2) § 15 Abs. 3 S. 1 BauGB begrenzt die Möglichkeit der Zurückstellung auf einen **44** Zeitraum von **längstens einem Jahr**. Dieser Zeitraum beginnt mit der „Zustellung" des Zurückstellungsbescheides. Der erste Tag der Bekanntgabe zählt mit. Auf diesen so beginnenden Zeitraum ist gemäß § 15 Abs. 3 S. 2 BauGB der Zeitraum nicht anzurechnen, der seit dem Eingang des Baugesuchs bei der für die Entscheidung zuständigen Behörde bereits abgelaufen ist. Das führt faktisch zu einer Verlängerung. Dies gilt nur für den Zeitablauf, der im Zeitpunkt der Zustellung des Zurückstellungsbescheides bereits abgelaufene Zeitraum für die Bearbeitung des konkreten Baugesuchs „erforderlich" war (ähnl. § 42 Abs. 7 S. 2 BauGB).

(3) **Anrechnungszeit.** § 15 Abs. 3 S. 2 BauGB normiert nicht, wie der Rückstel-**45** lungszeitraum zu bestimmen ist, wenn der bereits abgelaufene Zeitraum für die Bearbeitung des Baugesuchs nicht „erforderlich" ist. Diese Rechtsfolge ist durch einen Umkehrschluß zu erschließen. § 15 Abs. 3 S. 2 BauGB will eine tatsächliche Zurückstellung, die in einer rechtswidrigen Nichtbearbeitung liegt, für anrechnungsfähig ansehen. Tragender gesetzlicher Gesichtspunkt ist eine Folgenbeseitigung „in Zeit".[43]

(4) Ein fester Zeitraum für die Bearbeitung läßt sich dem Bundesrecht nicht ent-**46** nehmen. Derartige Fristsetzungen finden sich allerdings in einigen Landesgesetzen; dabei wird teilweise wiederum an den Eingang bestimmter Stellungnahmen angeknüpft.[44] § 15 Abs. 3 S. 2 BauGB gebietet eine **konkrete Betrachtung**. Als Faustformel gilt, daß bei einem „normalen" Bauantrag ein Zeitraum von etwa drei Monaten angemessen ist (arg. e § 75 S. 2 VwGO).[45] Die Rechtsprechung des BGH zur verzögerlichen Bearbeitung eines Bauantrages nach Maßgabe des Amtshaftungsrechts kann übertragen werden.[46]

Bei besonderen sachlichen Gründen besteht ein längerer Zeitbedarf. Das ist etwa **47** der Fall, wenn das Baugesuch gemäß § 4 BImSchG in Verb. mit der 4. BImSchV nach §§ 10, 19 BImSchG ein immissionsschutzrechtliches Verfahren auslöst. Vor

---

43 Ähnlich zur Veränderungssperre BVerwG, Urteil vom 11.11.1970 – 4 C 79.68 – DVBl 1971, 468 = NJW 1971, 445 = BauR 1971, 34 = BRS 23 Nr. 88; Beschluß vom 27.4.1992 – 4 NB 11.92 – DVBl 1992, 1448 = NVwZ 1992, 1090 = ZfBR 1992, 185 = UPR 1992, 344 (Lebensmittelmarkt); ähnlich BVerwG, Beschluß vom 27.7.1990 – 4 B 156.89 – NVwZ 1991, 62 = ZfBR 1990, 302 = BauR 1990, 694 = UPR 1991, 29 = NuR 1991, 72 = BRS 50 Nr. 101; wie hier Chr. Bönker, in: W. Hoppe/Chr. Bönker/S. Grotefels, Öffentliches Baurecht, 2. Aufl., 2002, S. 435; dezidiert ablehnend: G. Gaentzsch, BauGB, 1990 § 17 Rn. 3; a.A. wohl auch OVG Münster, Urteil vom 19.1.1996 – 10a D 1/95.NE – nur juris; dagegen unentschieden OVG Münster, Beschluß vom 28.9.1995 – 10a B 2113/95.NE – BRS 57 Nr. 117; vgl. auch G. Hager/Chr. Kirchberg, Veränderungssperre, Zurückstellung von Baugesuchen und faktische Bausperren. Voraussetzungen, aktuelle Probleme, Haftungsfragen, in: NVwZ 2002, 400–406.
44 BVerwG, Beschluß vom 9.4.2003 – 4 B 75.02 – nur juris (Volltext).
45 OVG Schleswig, Urteil vom 15.3.2001 – 1 L 107/97 – NordÖR 2002, 155.
46 BGH, Urteil vom 21.9.1989 – III ZR 41/88 – BGHR BGB § 829 I 1 Baugenehmigung 1; BGH, Urteil vom 25.10.1990 – III ZR 167/89 – NVwZ 1991, 298 = BRS 53 Nr. 46; BGH, Urteil vom 23.1.1992 – III ZR 191/90 – BayVBl 1992, 444; BGH, Urteil vom 23.9.1993 – III ZR 54/92 – DVBl 1994, 278 = WM IV 1994, 430 = ZfBR 1994, 93 mit Anm. von W. Schmidt LM BGB § 839 (B) Nr 46 (4/1994); ebenso BayObLG, Urteil vom 21.2.1995 – 2Z RR 270/94 – BayObLGZ 1995 Nr. 17 = NVwZ 1995, 928.

---

allem in diesem Falle kann es – jedenfalls aus der Sicht der Gemeinde – sogar zweckmäßig sein, den Antrag auf Zurückstellung unter Beachtung der Fristgrenze des § 15 Abs. 3 S. 3 BauGB erst vor Ablauf der Frist zu stellen. Allerdings darf sich die Gemeinde nicht treuwidrig verhalten. Das kann der Fall sein, wenn sie in Kenntnis von investiven Maßnahmen des späteren Bauantragstellers (etwa im Sinne des § 39 Abs. 1 BauGB) einen begründeten Rückstellungsantrag zurückhält.

48 (5) Eine **Verlängerung** der ausgesprochenen Rückstellung, wenn diese die Jahresfrist erschöpft, oder eine spätere erneute Rückstellung ist ausgeschlossen.[47]

3.4 § 15 Abs. 3 Satz 3 BauGB 2004

49 (1) **Verfristung.** Die Zulässigkeit eines Zurückstellungsantrags der Gemeinde ist befristet. Die **Frist** beträgt **sechs Monate**. Die Frist beginnt mit der Kenntnis der Gemeinde von dem Baugesuch, auf das sich die Zurückstellung beziehen soll. § 15 Abs. 3 S. 3 BauGB spricht vom „Bauvorhaben". Damit wird angedeutet, daß die halbjährige Frist bereits beginnt, wenn die Gemeinde von dem Projekt erfahren hat. Auf die genaue Kenntnis des Baugesuchs soll es dagegen nicht ankommen. § 15 Abs. 3 S. 3 BauGB erwartet, daß sich die Gemeinde innerhalb von sechs Monaten darüber schlüssig wird, ob sie das Bauvorhaben im Außenbereich gemäß § 35 Abs. 3 S. 3 BauGB aus städtebaulichen Gründen verhindern will.

50 (2) Die **fristauslösende Kenntnis** der Gemeinde muß diese „förmlich" in einem Verwaltungsverfahren gewonnen haben. Die gesetzliche Fassung weicht von der des § 14 Abs. 3 BauGB ab. Dort ist die Kenntnis der Gemeinde erheblich, die diese „nach Maßgabe des Bauordnungsrechts" erlangt hat. § 15 Abs. 3 S. 3 BauGB will – auch aus Beweisgründen – es genügen lassen, daß die Gemeinde die Kenntnis in einem Verwaltungsverfahren erlangt hat, an dem sie „förmlich" beteiligt ist. Das kann ein bauordnungsrechtliches Genehmigungsverfahren, aber auch ein immissionsschutzrechtliches Verfahren sein. Da das gemeindliche Einvernehmen für das Vorhaben im Außenbereich gemäß § 36 Abs. 1 S. 1 BauGB herzustellen ist, erfährt die Gemeinde von dem beabsichtigten Vorhaben, wenn sie das Ersuchen der Genehmigungsbehörde erhält (vgl. § 36 Abs. 2 S. 2 BauGB).

51 (3) **Verspäteter Antrag.** Die Baugenehmigungsbehörde ist gehalten, den Bauantrag alsbald zu bescheiden. Eine verzögerliche Bearbeitung eines Bauantrages stellt eine Amtspflichtverletzung dar.[48] Daß die Gemeinde noch die Möglichkeit hat, gemäß § 15 Abs. 3 S. 1 BauGB einen Zurückstellungsantrag zu stellen, hemmt die Pflicht der Baugenehmigungsbehörde zur Bescheidung eines entscheidungsreifen Bauantrages nicht. Sie hat keine Rücksicht auf die Gemeinde zu nehmen. Die

---

47 Wie hier M. Dombert, Was bringt das EAG Bau im Bereich der Landwirtschaft?, in: AgrarR 2004, 393–398 [395].

48 BGH, Urteil vom 21.9.1989 – III ZR 41/88 – BGHR BGB § 829 I 1 Baugenehmigung 1; BGH, Urteil vom 25.10.1990 – III ZR 167/89 – NVwZ 1991, 298 = BRS 53 Nr. 46; BGH, Urteil vom 23.1.1992 – III ZR 191/90 – BayVBl 1992, 444; BGH, Urteil vom 23.9.1993 – III ZR 54/92 – DVBl 1994, 278 = WM IV 1994, 430 = ZfBR 1994, 93 mit Anm. von W. Schmidt LM BGB § 839 (B) Nr 46 (4 / 1994); ebenso BayObLG, Urteil vom 21.2.1995 – 2Z RR 270/94 – BayObLGZ 1995 Nr. 17 = NVwZ 1995, 928.

Berkemann

Behörde kann und hat daher bereits vor Ablauf der gemeindlichen Antragsfrist den Bauherrn positiv zu bescheiden. Ein nunmehriger Antrag der Gemeinde ist verspätet und führt zu dessen Zurückweisung. § 15 BauGB setzt ein noch „offenes" Antragsverfahren voraus.

3.5 Maßgeblichkeit eines nachträglichen F-Plans oder B-Plans

Die Gemeinde kann einer wegen Ablauf der Zurückstellungsfrist zu erteilenden **52** und auch erteilten Baugenehmigung, selbst einem rechtskräftigen Verpflichtungsurteil nachträglich die jetzige Darstellung eines F-Plans oder die jetzige Festsetzung eines B-Plans entgegensetzen. Das erfordert einen Widerruf oder im Falle des Verpflichtungsurteils eine Zwangsvollstreckungsgegenklage (§§ 173 VwGO, 767 ZPO).[49] Das ist nicht nur zulässig, wenn eine ursprüngliche Bauleitplanung fehlerhaft war. Dann kann dies ggf. eine Entschädigungspflicht auslösen. War die ursprüngliche Planung fehlerhaft, kann sie gemäß § 214 Abs. 4 BauGB rückwirkend in Kraft gesetzt werden.

4. Überleitungsrecht

(1) Das BauGB 2004 enthält kein auf § 15 Abs. 3 BauGB bezogenes Überleitungs- **53** recht. Insbesondere erwähnt § 244 BauGB 2004 die Möglichkeit der Zurückstellung nicht. Ist der Aufstellungsbeschluß nach dem 20.7.2004 wirksam geworden, gilt neues Recht. Das folgt unmittelbar aus §§ 233 Abs. 1, 244 Abs. 1 BauGB. Es liegt in keiner Sicht ein „Altverfahren" vor.

(2) Ist der Aufstellungsbeschluß vor dem 21.7.2004 wirksam geworden, fehlt es an **54** einer vergleichbaren Regelung. Auch in diesem Falle wird man § 15 Abs. 3 BauGB für anwendungsfähig anzusehen haben. Das gebietet zum einen die Zielsetzung des § 15 Abs. 3 BauGB selbst. Da § 15 Abs. 3 BauGB keinen Bezug zum Umweltrecht hat, scheidet eine Berücksichtigung des § 244 Abs. 1 BauGB ohnedies aus. Die Frist des § 15 Abs. 3 S. 3 BauGB beginnt in einem derartigen „Altfall" mit dem Zeitpunkt, in dem die Gemeinde von dem Vorhaben in einem Verwaltungsverfahren „förmlich Kenntnis erhalten hat". Liegt dieser Zeitpunkt vor dem 21.7.2004, beginnt die Frist mit dem 21.7.2004, also mit dem Inkrafttreten des EAU Bau.

5. Rechtsschutz

(1) Der **Zurückstellungsbescheid ist Verwaltungsakt**. Der Bescheid bedarf **55** der Begründung und einer Rechtsbehelfsbelehrung.[50] Er kann mit Widerspruch und Klage isoliert angegriffen werden.[51]

---

49 BVerwG, Urteil vom 19.9.2002 – 4 C 10.01 – BVerwGE 117, 44 – DVBl 2003, 526 = NVwZ 2003, 478 = ZfBR 2003, 260 = BauR 2003, 488 = BRS 65 Nr. 74 mit Anm. St. Jung, in: BauR 2003, 1509–1512.
50 VGH Kassel, Urteil vom 29.4.1993 – 4 UE 1391/88 – DVBl 1993, 1101 (L); B. Stüer, Bauleitplanung, in: Hoppenberg (Hrsg.), Handbuch des öffentlichen Baurechts, Rn. B 817.
51 VGH Mannheim, Urteil vom 9.8.2002 – 3 S 1517/02 – ESVGH 53, 61 = NVwZ-RR 2003, 333 = DÖV 2003, 555 = DVBl 2003, 82 (L) = BauR 2002, 1749 (L) = ZfBR 2003, 281 (L) = UPR 2003, 159 (L).

56   (2) Die Klage ist begründet, wenn die Zurückstellung unrechtmäßig ist, z. B. weil ein rechtmäßiger Aufstellungsbeschluß nicht gegeben ist, oder das Vorhaben nicht der Planungskonzeption der Gemeinde widerspricht; auch die **fehlerhafte Berechnung** begründet die Klage. Die Gemeinde ist **beizuladen.**

57   (3) **Umstritten** ist, ob das Klageziel durch Anfechtungsklage oder durch Verpflichtungsklage erreicht werden kann. Die Form der **isolierten Anfechtungsklage** ist durchaus dann sinnvoll, wenn der Kläger gerade erreichen will, daß erst die Baugenehmigungsbehörde sein Baugesuch in der Sache prüft und bescheidet.[52] Das gilt jedenfalls für den Fall einer ermessensbezogenen Entscheidung. Auch eine **Verpflichtungsklage** (in der Form einer Bescheidungsklage) mit dem Ziel der Erteilung der Baugenehmigung ist gut vertretbar.[53]

58   (4) **Sofortiger Vollzug.** Widerspruch und Klage des Bauherrn gegen einen Zurückstellungsbescheid haben nach herrschender Ansicht gemäß § 80 Abs. 1 VwGO aufschiebende Wirkung.[54] § 212 a BauGB ist nicht anwendbar.

59   Die Bauaufsichtsbehörde kann gemäß § 80 Abs. 1 Nr. 4 VwGO den sofortigen Vollzug des Zurückstellungsbescheides anordnen.[55] Ordnet die Baurechtsbehörde die sofortige Vollziehung des Zurückstellungsbescheides an, steht dem durch den Bescheid belasteten Bauherrn als statthaftes Rechtsmittel ein Antrag nach § 80 Abs. 5 VwGO zur Verfügung, mit dem Ziel der Wiederherstellung der aufschiebenden Wirkung seines Widerspruchs gegen den Zurückstellungsbescheid.[56] Wird ein Sofortvollzug nicht angeordnet, entsteht für die Baugenehmigungsbehörde die Pflicht zur Weiterbearbeitung des Bauantrages. Wird dies nicht beachtet, kann für den Bauantragsteller ein Amtshaftungsanspruch entstehen.[57]

---

52   OVG Lüneburg, Beschluß vom 7.2.1989 – 1 B 145/88 – BRS 49 Nr. 156; OVG Berlin, Urteil vom 28.9.1990 – 2 B 89.86 – OVGE BE 19, 105 = DÖV 1991, 897 (L); OVG Berlin, Beschluß vom 21.11.1994 – 2 S 28/94 – BRS 56 Nr. 90 = DÖV 1995, 252 = NVwZ 1995, 339; ähnlich wohl VGH Mannheim, Beschluß vom 28.1.1991 – 8 S 2238/90 – BRS 52 Nr. 87 = VBlBW 1991, 260; a.A. P. Lemmel, in: BK, 3. Aufl., 2002, § 15 Rn. 8; VGH Mannheim, Urteil vom 8.9.1998 – 3 S 87/96 – VBlBW 1999, 216; K. Schmaltz, in: H. Schrödter (Hrsg.), 6. Aufl., 1998, § 15 Rn. 7.

53   VGH Mannheim, Urteil vom 8.9.1998 – 3 S 87/96 – VGHBW RSpDienst 1998, Beilage 11, B 1; hierfür etwa K. Schmaltz, in: H. Schrödter (Hrsg.), BauGB, 6. Aufl., 1998 § 15 Rn. 15.; G. Gaentzsch, BauGB 1990 § 15 Rn. 3; W. Bielenberg, in: E/Z/B, § 15 Rn. 13; OVG Lüneburg, Beschluß vom 7.2.1989 – 1 B 145/88 – BRS 49 Nr. 156 läßt Anfechtungs- oder Verpflichtungsklage zu; ebenso VGH Kassel, Urteil vom 29.4.1993 – 4 UE 1391/88 – DVBl 1993, 1101 (L).

54   So OVG Berlin, Beschluß vom 21.11.1994 – 2 S 28/94 – DÖV 1995, 252 = NVwZ 1995, 399 = BRS 56 Nr. 90; VG Sigmaringen, Urteil vom 28.1.1999 – 4 K 1373/98 – VBlBW 1999, 432; ebenso P. Lemmel, in: BK, 3. Aufl., 2002, § 15 Rn. 17.

55   BGH, Urteil vom 26.7.2001 – III ZR 206/00 – WM 2001, 1961 = MDR 2001, 1232 = ZfBR 2001, 557 = BauR 2001, 1887 = UPR 2002, 25 = NVwZ 2002, 123 = BayVBl 2002, 56 = BRS 64 Nr. 156 (2001); OVG Koblenz, Beschluß vom 23.5.2002 – 8 B 10633/02 – NVwZ-RR 2002, 708 = BauR 2002, 1376; vgl. auch OVG Lüneburg, Beschluß vom 1.2.1989 – 1 B 145/98 – BRS 49 Nr. 156; OVG Münster, Beschluß vom 26.1.2000 – 7 B 2023/99 – NVwZ-RR 2001, 17 = BauR 2000, 1021 = NWVBl 2000, 346 = BRS 56 Nr. 86 (2000); ebenso BTags-Ausschußbericht, in: BTag-Drs. 15/ 2996 S. 96 zu § 15 BauGB.

56   VGH Mannheim, Urteil vom 9.8.2002 – 3 S 1517/02 – ESVGH 53, 61 = NVwZ-RR 2003, 333 = DÖV 2003, 555 = DVBl 2003, 82 (L) = BauR 2002, 1749 (L); OVG Münster, Beschluß vom 26.1.2000 – 7 B 2023/99 – BauR 2000, 1021.

57   BGH, Beschluß vom 26.7.2001 – III ZR 206/00 – NVwZ 2002, 123 = ZfBR 2001, 557 = UPR 2002, 25 = BauR 2001, 557 = BRS 64 Nr. 156 (2001).

Berkemann

§ 17 BauGB – Geltungsdauer der Veränderungssperre

I. § 17 Abs. 2 BauGB 2004 – Änderung

1. Text der geänderten Fassung

(2) Wenn besondere Umstände es erfordern, kann die Gemeinde die Frist bis zu einem weiteren Jahr **1** nochmals verlängern.

2. Textgeschichte

Der Gesetzestext des § 17 Abs. 2 BauGB entspricht dem Ausschußbericht (BTag- **2** Drs. 15/2296, S. 35, 96 zu § 17 BauGB). Der Ausschuß ist damit einem Vorschlag des Bundesrates gefolgt (BTag-Drs. 15/2250 S. 80). Der Entwurf der BReg. hatte eine Änderung nicht vorgesehen.

3. Erläuterung der Änderung

(1) **Zielsetzung der Änderung.** Die Gemeinde beschließt die Verlängerung um **3** (höchstens) ein weiteres Jahr durch Satzung. Das bisherige Zustimmungserfordernis der nach Landesrecht bestimmten Behörde entfällt.[1] Die Streichung soll der gewünschten Deregulierung dienen.

(2) **Inhaltliche Voraussetzungen** der weiteren Verlängerung: Die nochmalige **4** Verlängerung, also für einen Zeitraum bis nunmehr insgesamt **vier Jahren**, erfordert für die Gemeinde eine doppelte Prüfung:

---

1 Das ist in NRW der Regierungspräsident. Dies ergibt sich aus § 2 Abs. 1 der Verordnung zur Durchführung des Bundesbaugesetzbuches vom 7.7.1987 (GV NW S. 220), zuletzt geändert durch die Verordnung vom 11.5.1993 (GV NW S. 294).

5 [1] Die allgemeinen Voraussetzungen des § 14 Abs. 1 BauGB müssen (noch) gegebenen sein. [2] **Besondere Umstände** erfordern eine nochmalige Verlängerung. Dazu ist ein strenger Maßstab geboten. Besondere Umstände, die eine zweite Verlängerung der Veränderungssperre oder eine das dritte (Sperr-)Jahr überschreitende Erneuerung der Veränderungssperre gestatten, liegen nur vor, wenn die Verzögerung des Planverfahrens durch eine **ungewöhnliche Sachlage** verursacht worden ist und der Gemeinde im Zusammenhang damit **nicht der Vorwurf eines Fehlverhaltens** gemacht werden kann.[2] Die Schwierigkeiten müssen in der Komplexität der Planung selbst liegen. Dazu zählt etwa die Erforderlichkeit umfangreicher Begutachtungen.[3]

6 Besondere Umstände, welche die Verlängerung einer erneuten Veränderungssperre über die **Sperrzeit** von drei Jahren hinaus rechtfertigen können, sind dann nicht gegeben, wenn das Bebauungsplanverfahren lediglich wegen Entscheidungsschwäche des Satzungsgebers nicht rechtzeitig abgeschlossen wurde.[4] Sorglosigkeiten und fehlender Organisationswille können nicht toleriert werden.[5] Dies wäre mit Art. 14 Abs. 1 GG unvereinbar.

7 (3) **Entscheidungskompetenz der Gemeinde.** Die Gemeinde trifft die Entscheidung über die weitere (zweite) Verlängerung der Veränderungssperre rechtlich in eigener Verantwortung. Ob besondere Umstände eine Verlängerung erfordern, hat sie nach Maßgabe objektiver Kriterien zu entscheiden. Ihre Beurteilung ist gerichtlich voll nachprüfbar.

8 Da die Gemeinde mit der Entscheidung der erneuten Verlängerung gleichsam Richter in eigener Sache ist und das EAG Bau das kompensatorische Element der kontrollierenden Zustimmung beseitigt hat, steht zu vermuten, daß die Neigung wächst, die Verlängerungsentscheidung gerichtlich anzugreifen. Der Gemeinde sollte dem begegnen. Dazu ist es ratsam, bereits bei der ersten Verlängerung ein klares zeitliches Konzept aktenmäßig niederzulegen, wie und mit welchen zeitlichen Schritten eine Bewältigung der Planung erreicht werden soll.

9 (4) Das EAG Bau sieht nicht vor, daß die Länder das Erfordernis der Zustimmung der Verlängerung der Veränderungssperre kraft Landesrechts wieder einführen dürfen. Der Bundesgesetzgeber hat eine entsprechende Öffnungsklausel nicht normiert. Ob ein Land überhaupt im Bauplanungsrecht Zustimmungserfordernis-

---

2 BVerwG, Urteil vom 10.9.1976 – 4 C 39.74 – BVerwGE 51, 121 = NJW 1977, 400 = DÖV 1977, 290 = BauR 1977, 31 mit Anm. von J. Pietzcker, in: DÖV 1977, 295–296; N. Grosse-Hündfeld, in: BauR 1977, 11–16.

3 Vgl. OVG Münster, Urteil vom 2.3.2001 – 7 A 2983/98 – BauR 2001, 1388 = NVwZ 2001, 1423 = BRS 64 Nr. 116 (2001) = DVBl 2001, 1308 (L) = UPR 2001, 399 (L) = DÖV 2001, 965 (L).

4 OVG Lüneburg, Urteil vom 5.12.2001 – 1 K 2682/98 – BauR 2002, 594 = BRS 64 Nr. 112 (2001) = UPR 2002, 359 (L).

5 Ähnlich OVG Lüneburg, Urteil vom 27.3.1981 – 1 A 158/80 – BauR 1982, 82 = BRS 38 Nr. 11; OVG Lüneburg, Urteil vom 25.3.1987 – 1 C 7/85 – BauR 1988, 186 = BRS 47 S. 227; ebenfalls streng K. Schmaltz, in: H. Schrödter (Hrsg.), BauGB, 5. Aufl., 1992, § 17 Rn. 8.

Berkemann

se treffen darf, erscheint ohnedies zweifelhaft. Das BauGB versteht sich im Zweifel kodifikatorisch als eine abschließende Regelung.[6]

4. Überleitungsrecht

Für eine Veränderungssperre im Sinne des § 17 Abs. 2 BauGB, die vor dem Inkrafttreten des EAG Bau beschlossen wurde, entfällt das Erfordernis der Zustimmung der nach Landesrecht zuständigen Behörde. Ein hierauf gerichteten Antrag hat sich erledigt. **10**

II. § 17 Abs. 3 BauGB 2004 – Änderung

1. Text der geänderten Fassung

(3) Die Gemeinde kann eine außer Kraft getretene Veränderungssperre ganz oder teilweise erneut beschließen, wenn die Voraussetzungen für ihren Erlass fortbestehen. **11**

2. Textgeschichte

Der Gesetzestext des § 17 Abs. 3 BauGB 2004 entspricht dem Vorschlag des Ausschußberichtes (BTag-Drs. 15/2296, S. 35, 96 zu § 17 BauGB). Der 14. BTags-Ausschuß ist damit einem Vorschlag des Bundesrates gefolgt (BTag-Drs. 15/2250 S. 80). Der Entwurf der BReg. hatte eine Änderung nicht vorgesehen. **12**

3. Erläuterung der Änderung

3.1 Zielsetzung der Änderung

Die Gemeinde beschließt die erneute Veränderungssperre abschließend in eigener Verantwortung. Das bisherige Zustimmungserfordernis der höheren Verwaltungsbehörde entfällt. Die Streichung soll auch – wie zu § 17 Abs. 2 BauGB – hier der Deregulierung dienen. **13**

3.2 Inhaltliche Voraussetzungen

(1) Die Gemeinde kann ihre Befugnis, eine Veränderungssperre zu erlassen, nicht „verbrauchen". Allerdings ist eine erneute Sperre an zusätzliche Voraussetzungen geknüpft. Eine „erneute" Veränderungssperre setzt eine frühere voraus. Zusätzlich muß ein gewisser zeitlicher und sachlicher Bezug bestehen. Die Voraussetzungen für den Erlaß müssen „fortbestehen". **14**

---

6 Vgl. BVerwG, Beschluß vom 21.8.1995 – 4 N 1.95 – BVerwGE 99, 127 = DVBl 1996, 47 = NVwZ 1996, 265 = BauR 1995, 804 = BRS 57 Nr. 115 (1995) zum „gemeindefreien" Gebiet. Die Rechtmäßigkeit des § 2a der nordrhein-westfälischen Verordnung zur Durchführung des BauGB vom 7.7.1987 (GV NRW S. 220), geändert durch Verordnung vom 11.5.1993 (GV NRW S. 295), vom 29.10.1998 (GV NRW S. 645) und vom 12.11.2002 (GV NRW S. 566) dürfte zu verneinen sein. Die Vorschrift bestimmt, daß für Vorhaben nach § 35 Abs. 2 und 4 BauGB die Zustimmung der höheren Verwaltungsbehörde erforderlich ist.

15 (2) Die Abgrenzung zwischen einer „neuen", einer „erneuerten" oder einer „verlängerten" Veränderungssperre für dasselbe Plangebiet kann schwierig sein.[7] Das gilt nicht zuletzt im Hinblick auf die Entschädigungsregelung des § 18 BauGB.

16 Keine Erneuerung einer außer Kraft getretenen Veränderungssperre im Sinne von § 17 Abs. 3 BauGB, sondern eine andere („neue") selbständige Veränderungssperre ist anzunehmen, wenn die Sperre nach Ablauf einer ersten Veränderungssperre zwar für denselben Bereich erlassen wird, sich jedoch verfahrensmäßig und materiell auf andere Planung bezieht.[8] Eine selbständige „neue" Veränderungssperre liegt nicht vor, wenn die Gemeinde ihre Planungsabsichten nur konkretisiert und das Ziel, ein bestimmtes Vorhaben zu sperren, unverändert bleibt.[9] Bei erheblichem zeitlichen Abstand zwischen der ersten (auch verlängerten) Veränderungssperre und der nunmehrigen Veränderungssperre wird immer zweifelhafter, ob es sich im rechtlichen Sinne noch um eine „Erneuerung" handelt.[10] Eine besonders strenge Prüfung ist fast stets geboten, wenn die Veränderungssperre insgesamt den Zeitraum von vier Jahren übersteigen soll.

3.3 Entscheidungskompetenz der Gemeinde

17 Die Gemeinde trifft die Entscheidung über die erneute Veränderungssperre rechtlich in eigener Verantwortung. Ihre Beurteilung ist gerichtlich voll nachprüfbar.

4. Überleitungsrecht

18 Für eine Veränderungssperre im Sinne des § 17 Abs. 3 BauGB, die vor dem Inkrafttreten des EAG Bau beschlossen wurde, entfällt das Erfordernis der Zustimmung der höheren Verwaltungsbehörde. Ein hierauf gerichteten Antrag hat sich erledigt.

---

7   Vgl. Y. Schäling, Die selbständige andere Veränderungssperre als Mittel einer dauerhaften Planungssicherung?, in: NVwZ 2003, 149ff.; W. Bielenberg/J. Stock, in: E/Z/B/K, BauGB, § 17 Rn. 57ff.
8   OVG Münster, Urteil vom 5.6.2000 – 10 A 696/96 – juris (Volltext).
9   OVG Lüneburg, Beschluß vom 4.3.2003 – 1 KN 104/02 – BauR 2003, 1085 (L).
10   Vgl. ähnl. OVG Saarland, Urteil vom 11.1.1980 – II N 2/79 – BauR 1981, 251 [252] = BRS 36 Nr. 109; wie hier auch K. Schmaltz, in: H. Schrödter (Hrsg.), BauGB 6. Aufl., 1998, § 17 Rn. 11; P. Lemmel, in: BK, 3. Aufl., 2002, § 17 Rn. 5; G. Grauvogel, in: Brügelmann, BauGB (Stand: April 1996), § 17 Rn. 48; W.-R. Schenke, Veränderungssperre und Zurückstellung des Baugesuchs als Mittel zur Sicherung der Bauleitplanung, in: WiVerw 1994, 253–366 [318]; vgl. auch BVerwG, Beschluß vom 30.10.1092 – 4 NB 44.92 – DVBl 1993, 115 = NVwZ 1993, 474 = ZfBR 1993, 93; a.A. dezidiert Y. Schäling, Die selbständige andere Veränderungssperre als Mittel einer dauerhaften Planungssicherung?, in: NVwZ 2003, 149–153.

Berkemann

§ 19 BauGB – Teilung von Grundstücken

Lit.: Tim Krämer, Änderungen im Bereich der Plansicherungsinstrumente, in: W. Spannowsky/T. Krämer (Hrsg.), BauGB-Novelle 2004. Aktuelle Entwicklungen des Planungs- und Umweltrechts, 2004, S. 79–86; Michael Dümig, Die für das Grundbuchverfahren relevanten Änderungen des Baugesetzbuchs zum 20. Juli 2004, in: RPfleger 2004, 461–464; Herbert Grziwotz, Neuerungen des EAG Bau, städtebauliche Verträge und Grundstücksverkehr, in: DNotZ 2004, 674–693; Stefan Voß, Der Verkauf von Teilflächen nach dem Wegfall der Teilungsgenehmigung, in: ZflR 2004, 797–804.

I. § 19 Abs. 1 BauGB 2004 – Begriff der Teilung

1. Text der geänderten Fassung

(1) Die Teilung eines Grundstücks ist die dem Grundbuchamt gegenüber abgegebene oder sonst **1**
wie erkennbar gemachte Erklärung des Eigentümers, dass ein Grundstücksteil grundbuchmäßig
abgeschrieben und als selbständiges Grundstück oder als ein Grundstück zusammen mit anderen
Grundstücken oder mit Teilen anderer Grundstücke eingetragen werden soll.

2. Textgeschichte

§ 19 Abs. 1 BauGB entspricht wortgleich dem Gesetzesentwurf der BReg. (BTag- **2**
Drs. 15/2250 S. 14f., 52). Die Teilung eines Grundstücks keiner städtebaulich
motivierten Genehmigungspflicht mehr zu unterwerfen, entsprach dem Vorschlag
der Unabhängigen Expertenkommission (vgl. Bericht, 2002, Rn. 168, 170).

3. Erläuterung der Änderung

3.1 Zielsetzung

3 (1) Das EAG Bau faßt das Recht der Grundstücksteilung mit § 19 BauGB 2004 bundesrechtlich vollkommen neu. Das bisherige Genehmigungsverfahren entfällt. Der Gesetzgeber folgt dem Votum der Unabhängigen Expertenkommission (2002).[1] Dieser schien der Verwaltungsaufwand zu hoch, den das bisherige Verfahren auf sich zog.[2] In der Tat ist die Effektivität des bisherigen Teilungsrechts als Sicherungsrecht eher gering.

4 Die jetzige Lösung stützt sich auf Vorschläge der sog. Schlichter-Kommission (1995). Der Bundesrat hatte seinerzeit der grundsätzlichen Änderung des Teilungsrechtes nicht zugestimmt.[3] Die jetzige Regelung ist im wesentlichen das Ergebnis des damaligen Vermittlungsverfahrens. Ob die Länder in ihrem Bauordnungsrecht ein „bauordnungsrechtliches" Genehmigungsverfahren in Fällen der Grundstücksteilung einführen und aus kompetenzrechtlichen Gründen im Sinne einer Kompensation einführen dürfen, steht dahin.[4] Eine auf das Bauordnungsrecht bezogene Regelung stellt § 8 Abs. 1 ThürBauO dar.[5]

5 (2) § 19 BauGB substituiert den Fortfall in seinem Abs. 2 mit einer materiell-rechtlichen Regelung. Deren Inhalt hatte sich in der Rechtsprechung als eine Frage der Umgehung in Auslegung des § 20 Abs. 1 BauGB a. F. bereits angedeutet.

6 (3) Die Rechtslage ändert sich durch das EAG Bau für die Gemeinden nicht, denen das Land aufgrund des § 19 Abs. 5 BauGB a. F. den Erlaß einer Teilungsgenehmigungssatzung durch Rechtsverordnung untersagt hatte.[6]

3.2 Erörterung zu § 19 Abs. 1 BauGB 2004

7 (1) § 19 Abs. 1 BauGB ist **textidentisch mit § 19 Abs. 2 BauGB a. F.** Die Vorschrift verfolgt eine definitorische Funktion.[7] Das EAG Bau hat keinen Anlaß gesehen, den Begriff der Teilung im grundbuchrechtlichen Sinne zu ändern.

---

1 Vgl. dazu K.-P. Dolde, Umweltprüfung in der Bauleitplanung – Novellierung des Baugesetzbuchs – Bericht der Unabhängigen Expertenkommission, in: NVwZ 2003, 297–304 [302].

2 Vgl. Bericht der unabhängigen Expertenkommission zur Novellierung des BauGB, 2002, Rn. 170.

3 Vgl. H. Lüers, Die Änderungen des Baugesetzbuchs durch das Bau- und Raumordnungsgesetz 1998 – BauROG, in: ZfBR 1997, 231–240 [239].

4 Vgl. Bejahend wohl K.-P. Dolde, Umweltprüfung in der Bauleitplanung – Novellierung des Baugesetzbuchs – Bericht der Unabhängigen Expertenkommission, in: NVwZ 2003, 297–304 [302] mit Hinweis auf den Bericht der Kommission, 2002, Rn. 174.

5 § 8 Abs. 1 ThürBO 2004 in Fassung des Änderungsgesetzes vom 10.2.2004 (GVBI S. 76); dagegen ist die Teilungsgenehmigung nach § 8 HessBauO 1993 aufgrund der Hess. Bauordnung vom 18.6.2002 (GVBI I S. 264) entfallen, ebenso § 8 BauO LSA aufgrund des Gesetzes zur Vereinfachung des Baurechts in Sachsen-Anhalt vom 9.2.2001 (GVBI S. 723) und § 8 SächsBauO aufgrund des Gesetzes zur Vereinfachung des Baurechts im Freistaat Sachsen vom 18.3.1999 (GVBI S. 85).

6 Vgl. z.B. in Brandenburg durch die 3. VO zur Durchführung des BauGB vom 7.5.1998 (GVBI. II S. 406), in Mecklenburg-Vorpommern durch die „Teilungsgenehmigungsausschlußverordnung" vom 24.2.1998 (GVBI. S. 194), in Sachsen-Anhalt mit Verordnung vom 2.1.1998 (GVBI. S. 2).

Berkemann

Gleichwohl ist funktional eine Änderung eingetreten. Nach § 19 BauGB a.F. hatte **8** die Erklärung der Teilung städtebaurechtliche Relevanz. Denn die Erklärung der Teilung, nicht diese selbst, unterlag gemeindlichem Genehmigungsvorbehalt. War eine Teilung nicht rechtswirksam erklärt, war die entsprechende Genehmigung ihrerseits rechtsunwirksam. Das hatte zur Folge, daß das Grundbuchamt die Teilung nicht eintragen durfte. War gleichwohl eingetragen, war das Grundbuch unrichtig (vgl. § 20 Abs. 3 BauGB a.F.), stand aber unter öffentlichem Glauben (§ 892 BGB). § 19 BauGB hat diesen früheren Zusammenhang zwischen Städtebaurecht und Grundbuchrecht beendet. Ein mittelbarer Bezug besteht noch in § 51 Abs. 1 S. 1 Nr. 1, § 109 Abs. 1 und in § 144 Abs. 2 Nr. 5 BauGB.

(2) § 19 Abs. 1 BauGB bestimmt unverändert in erster Linie die Teilung als ziel- **9** gerichtete **grundbuchrechtliche Erklärung**, mithin als eine „spezifische" Willenserklärung. Erklärender ist der Eigentümer des Grundstücks, Erklärungsempfänger das Grundbuchamt. Die Erklärung unterliegt der Form des § 29 Abs. 1 GBO. Das EAG Bau hätte diesen „Restbestand" des alten Genehmigungsrechts besser in die GBO aufnehmen sollen.

(3) § 19 Abs. 1 BauGB stellt unverändert der grundbuchrechtlichen Erklärung die **10** „sonstwie erkennbar gemachte Erklärung" gleich. Für diese Gleichstellung ist ein Sinn nach Fortfall des Genehmigungsvorbehalts schwer erkennbar. Die Erklärung wird – wie ein Umkehrschluß ergibt – gerade nicht gegenüber dem Grundbuchamt abgegeben. Die durch § 19 Abs. 2 BauGB a.F. ausgesprochene Gleichstellung mit einer „sonstwie erkennbar gemachte Erklärung" diente dem Interesse des Eigentümers. Dieser sollte von der Gemeinde frühzeitig zu erfahren, ob eine Teilung genehmigt werde.[8] Die „sonstwie erkennbar gemachte Erklärung" mußte dazu zwar eine gewisse Verbindlichkeit besitzen.[9] Sie galt gleichwohl nur der Vorbereitung der gegenüber dem Grundbuchamt später allein maßgebenden Teilungserklärung. Das EAG Bau hat diesen Zusammenhang aus den Augen verloren.

II. § 19 Abs. 2 BauGB 2004 – „baurechtswidrige Zustände"

1. Text der geänderten Fassung

(2) Durch die Teilung eines Grundstücks im Geltungsbereich eines Bebauungsplans dürfen keine **11** Verhältnisse entstehen, die den Festsetzungen des Bebauungsplans widersprechen.

2. Textgeschichte

Bereits der Gesetzesentwurf der BReg. zielte darauf ab, in Fortsetzung des § 20 **12** Abs. 1 BauGB a.F. einen Mißbrauch der Grundstücksteilung im Hinblick auf die

---

7 Ebenso EAG Mustererlaß 2004, Nr. 3.6.3 Abs. 1.

8 BVerwG, Urteil vom 30.6.1964 – 1 C 79.63 – BVerwGE 19, 82 = DVBI 1964, 916; vgl. auch BVerwG, Urteil vom 16.4.1971 – 4 C 2.69 – DVBI 1971, 756 = BauR 1971, 246. Vgl. auch das Rundschreiben des Bundesministeriums für Wohnungsbau vom 28.3.1962 (BBauBl 1962, 248).

9 BVerwG, Beschluß vom 28.5.1984 – 4 B 68.84 – NJW 1984, 2481 = BRS 42 Nr. 103; vgl. auch BGH, Urteil vom 29.3.1974 – V ZR 42/72 – NJW 1974, 1654 (Vorlage des notariellen Kaufvertrages bei der Genehmigungsbehörde).

Verbindlichkeit bauplanungsrechtlicher Vorgaben zu unterbinden (BTag-Drs. 15 / 2250 S. 15, 52). Dazu schlug der Entwurf folgende Regelung vor:

(2) Durch die Teilung eines Grundstücks dürfen keine Verhältnisse entstehen, die mit den Festsetzungen eines Bebauungsplans nach § 30 Abs. 1 und 3 nicht vereinbar sind.

(3) Wird durch die Teilung eines Grundstücks eine vorhandene bauliche Anlage auf einem abgetrennten Grundstück mit den Festsetzungen des Bebauungsplans unvereinbar, beurteilt sich die bauplanungsrechtliche Zulässigkeit eines Vorhabens auf dem neu entstandenen Grundstück nach den Grundstücksverhältnissen vor der Grundstücksteilung.

13 Der Bundesrat äußerte keine grundsätzlichen Bedenken. Er schlug nur eine Änderung hinsichtlich vorhabenbezogener B-Pläne vor (BTag-Drs. 15/2250 S. 80). Allerdings warf er die Frage auf, ob ein Verstoß gegen § 19 Abs. 2 BauGB-E als gesetzliches Verbot im Sinne des § 134 BGB zu beurteilen sei. Die BReg. verneint dies in ihrer Gegenäußerung. Der 14. BTags-Ausschuß empfahl die Streichung des § 19 Abs. 3 in der Fassung des Gesetzesentwurfes, um Schwierigkeiten im Gesetzesvollzug zu vermeiden (BTag-Drs. 15/2996 S. 97). Worin diese bestehen konnten, bliebt dabei offen. Man war sich ersichtlich nicht schlüssig, wie man eine vermutetes Unterlaufen planerischer Vorgaben durch „geschickte" Grundstücksteilung rechtstechnisch unterbinden könne und ggf. sanktionieren müsse. Der gefundene Kompromiß erscheint halbherzig.

3.   Erläuterung der Änderung

3.1 Zielsetzung der Regelung

14 (1) § 19 Abs. 2 BauGB will das Eintreten eines als rechtswidrig angesehenen Zustandes trotz der Entkoppelung von Bauplanungsrecht und Grundstücksrecht verhindern. Dazu übernimmt die Vorschrift den Regelungsgedanken des bisherigen § 20 Abs. 1 BauGB a.F. und paßt ihn der jetzigen Gesetzeslage an. Tragender Gedanke ist, die Effektivität bauplanungsrechtlicher Entscheidungen der Gemeinde zu wahren. Das Bauplanungsrecht soll nicht durch geschickte Grundstücksteilungen umgangen werden.[10] § 19 Abs. 2 BauGB beschreibt nur einen Zustand. An wen sich die Vorschrift eigentlich richtet, ist im Hinblick auf die Rechtsfolge indes problematisch. § 19 Abs. 2 BauGB lehnt sich an § 7 der Musterbauordnung 2002 an.

15 (2) § 19 Abs. 2 BauGB betrifft gegenständlich nur Festsetzungen, für welche die Größe der Grundstücksfläche rechtlich bedeutsam ist. Das ist nur der Fall, wenn die jeweilige Grundstücksgröße tatbestandliches Element ist.

3.2   Erläuterung des § 19 Abs. 2 BauGB 2004

3.2.1 Begriff des Geltungsbereichs

16 (1) § 19 Abs. 2 BauGB betrifft nur die Teilung eines Grundstücks im **sachlichen Geltungsbereich** eines B-Plans. Als solcher gilt der qualifizierte (§ 30 Abs. 1 BauGB)

---

10 Vgl. B. Stüer, Städtebaurecht 2004, 2004, S. 32; ebenso EAG Mustererlaß 2004, Nr. 3.6.3 Abs. 2.

und der einfache (§ 30 Abs. 3 BauGB), außerdem der vorhabenbezogene B-Plan (arg. e § 12 Abs. 3 S. 1 Halbs. 2 BauGB).

(2) Teilungen im Geltungsbereich der Entwicklungs- und der Ergänzungssatzung **17** (§ 34 Abs. 4 S. 1 Nrn. 2 und 3 BauGB) werden nicht erfaßt. Das ist mißlich. Beide städtebaulichen Satzungen können gemäß § 34 Abs. 5 S. 2 BauGB Festsetzungen nach § 9 Abs. 1 BauGB enthalten, die ihrem Gewicht einem einfachen B-Plan nicht nachstehen müssen. Das EAG Bau hat offenbar einen Regelungsanlaß gesehen und folgt insoweit der früheren Gesetzeslage. Bereits § 19 Abs. 1 BauGB a.F. hatte sich auf B-Pläne beschränkt.

(3) Den **räumlichen Geltungsbereich** bestimmt § 9 Abs. 7 BauGB. Ob das zu **18** teilende Grundstück in seiner Gesamtheit innerhalb der Grenzen des Geltungsbereichs liegen muß, sagt § 19 Abs. 2 BauGB nicht. Der Gesetzestext deutet dies zwar an, indes ist dies einem möglichst einfachen Satzbau geschuldet. Liegt ein Teil des Grundstücks innerhalb, der andere außerhalb des Geltungsbereichs, erfaßt § 19 Abs. 2 BauGB auch diese Sachlage. Maßgebend bleibt auch hier, ob durch die Teilung ein baurechtswidriger Zustand innerhalb des räumlichen Geltungsbereichs eines B-Plans begründet.

3.2.2 Begriff der Teilung

(1) § 19 BauGB eröffnet mit dem Begriff der Teilung ein Verwirrspiel. Das EAG **19** Bau übernimmt die fehlende Präzision der bisherigen Gesetzeslage. Nach § 19 Abs. 1 BauGB ist die Teilung definitorisch die auf Teilung des Grundstücks gerichtete **Erklärung**.

(2) Der textliche Zusammenhang mit § 19 Abs. 2 BauGB suggeriert, daß dort der- **20** selbe Inhalt wie in § 19 Abs. 1 BauGB gemeint sein soll. Das ist jedoch nicht der Fall. Teilung im Sinne des § 19 Abs. 2 BauGB ist nicht die Erklärung, sondern der durch die grundbuchrechtlich vollzogene Teilung entstandene **neue Rechtszustand**. Durch die Erklärung kann die in § 19 Abs. 2 BauGB diskreditierte Rechtslage noch nicht eintreten. Das EAG Bau hat den von ihm selbst vorgenommenen „Systemwechsel", der in der nunmehr endgültigen Aufgabe des Genehmigungserfordernisses liegt, mithin nicht folgerichtig durchgeführt. Nur solange es ein Genehmigungserfordernis gab, war auf die Erklärung, die einen Zustand herbeiführen wollte, abzustellen.

3.2.3 Begriff des Widerspruchs

(1) § 19 Abs. 2 BauGB vergleicht zwei Zustände miteinander, nämlich die Rechts- **21** lage vor und nach der Teilung des Grundstücks. Der Begriff des Grundstücks wird nicht normiert. Die Rechtslage vor der Teilung erwähnt § 19 Abs. 2 BauGB nicht. Unterstellt wird insoweit, daß zu diesem Zeitpunkt ein rechtmäßiger Zustand besteht. Betrachtet wird nur der baurechtliche Zustand, der nach der Teilung des Grundstücks entstehen würde. Die Betrachtung bezieht sich auf beide neu entstandenen Grundstücke. Es sind also insgesamt drei Zustände zu unter-

suchen. Bei gleichzeitiger Mehrfachteilung erweitert sich die Analyse entsprechend.

22 (2) § 19 Abs. 2 BauGB verlangt zu prüfen, ob aus bauplanungsrechtlicher Sicht ein **baurechtswidriger Zustand** entsteht.[11] Das ist mit dem Ausdruck „Widerspruch" gemeint. Maßgebend als Beurteilungsgrundlage sind ausschließlich die im B-Plan getroffenen bauplanungsrechtlichen Festsetzungen. § 19 Abs. 2 BauGB betrifft bebaute oder unbebaute Grundstücke. Ein bereits bebautes Grundstück wird danach beurteilt, ob die bestehende und bisher zulässige Bebauung gerade infolge der Teilung rechtswidrig wäre.[12]

23 (3) **Beispiele: [1]** Bei einem Trenngrundstück wird die festgesetzte GRZ oder die festgesetzte GFZ des bereits bebauten Grundstücks infolge der Teilung nicht (mehr) eingehalten (vgl. §§ 19 Abs. 1, 20 Abs. 2 BauNVO). Für das „abgeschriebene", noch nicht bebaute Grundstück kann die GRZ eingehalten werden.[13] **[2]** Die Teilung kann die festgesetzte offene Bauweise verletzen, auch festgesetzte Baulinien. **[3]** Bei unbebautem Grundstück kann eine festgesetzte Mindestgröße (§ 9 Abs. 1 Nr. 3 BauGB) unterschritten werden.[14] **[4]** Denkbar ist auch eine Verletzung des § 9 Abs. 1 Nr. 6 BauGB, wenn die Zahl der Wohnungen je Wohngebäude sich nicht absolut, sondern nach der Fläche des Grundstücks bestimmt.[15]

24 (4) Eine bauordnungsrechtliche Beurteilung ordnet § 19 Abs. 2 BauGB nicht an. Eine Berücksichtigung von örtlichen Bauvorschriften nach Maßgabe des § 9 Abs. 4 BauGB scheidet aus. Der Landesgesetzgeber kann die Anwendung des § 19 Abs. 2 BauGB in Verb. mit § 9 Abs. 4 BauGB anordnen.[16] Die Frage hinreichender Erschließung betrifft nicht die Festsetzung, sondern die vorhabenbezogene tatbestandliche Anwendung der §§ 30 ff. BauGB.

25 (5) § 19 Abs. 2 BauGB enthält keinen Hinweis darauf, ob eine **Ausnahme oder Befreiung** gemäß § 31 BauGB zu berücksichtigen ist. Das ist zu bejahen. Dazu ist allerdings nicht eine „objektive" Ausnahme- oder Befreiungslage maßgebend, sondern erst die hierauf bezogene Entscheidung. Diese kann in einem Vorbescheid

---

11 Wie hier H.-D. Upmeier, Einführung zu den Neuregelungen durch das Europarechtsanpassungsgesetz Bau (EAG Bau), in: BauR 2004, 1382–1392 [1387]; vgl. auch OVG Berlin, Beschluß vom 4.4.2002 – 2 S 6.02 – ZfBR 2002, 420 = BauR 2002, 1235 = BRS 65 Nr. 204.

12 Vgl. BVerwG, Urteil vom 9.10.1981 – 4 C 42.78 – NJW 1982, 1061 = ZfBR 1982, 42 = BauR 1982, 39 = BRS 38 Nr. 113; Urteil vom 14.2.1991 – 4 C 51.87 – BVerwGE 88, 24 = DVBl 1981, 812 = NJW 1991, 2783 = ZfBR 1981, 173 = BRS 52 Nr. 161 zu § 20 Abs. 1 BauGB a.F. (zur Vereinigungsbaulast).

13 Beispiel nach T. Krämer, Änderungen im Bereich der Plansicherungsinstrumente, in: W. Spannowsky/ T. Krämer (Hrsg.), BauGB-Novelle 2004. Aktuelle Entwicklungen des Planungs- und Umweltrechts, 2004, S. 79–86 [83f.

14 Vgl. W. Schrödter, Das Europarechtsanpassungsgesetz Bau – EAG Bau, in: NST-N 2004, 197–216 [213]; vgl. ferner VGH Mannheim, Urteil vom 20.6.1983 – 5 S 657/83 – BRS 40 Nr. 102; EAG Mustererlaß 2004, Nr. 3.6.3 Abs. 2.

15 Vgl. BVerwG, Urteil vom 8.10.1998 – 4 C 1.97 – BVerwGE 107, 256 = DVBl 1999, 238 = NVwZ 1999, 415 = ZfBR 1999, 43 = BauR 1999, 148 = BRS 60 Nr. 16.

16 Wie hier K. Schmaltz, in: H. Schrödter (Hrsg.), BauGB, 6. Aufl., 1998, § 20 Rn. 10.

verbindlich getroffen werden. Solange eine entsprechende Ausnahme- oder Befreiungsentscheidung nicht ergangen ist, gilt § 19 Abs. 2 BauGB.

3.2.4 Begriff des Grundstücks

§ 19 Abs. 2 BauGB meint – wie bisher – das Buchgrundstück.[17] Ausnahmen sind   **26**
nur vertretbar, ggf. so gar geboten, wenn bei Anwendung des grundbuchrechtlichen Begriffs die Gefahr entsteht, daß der Sinn einer bestimmten bau- oder bodenrechtlichen Regelung „handgreiflich" verfehlt würde.[18] § 19 Abs. 2 BauGB setzt gedanklich das Grundstück im bauplanungsrechtlichen Sinne voraus.

3.3 Bundesrechtliche Rechtsfolgen bei Verstoß

(1) Das „eigentliche" Problem des § 19 Abs. 2 BauGB liegt in der **Feststellung**   **27**
der Rechtsfolge. Eine Rechtsregel sollte sich darüber erklären, ob und welche Rechtsfolge sie vorsieht, wenn ein Zustand eintritt, der nach eben dieser Rechtsregel nicht eintreten durfte. § 19 Abs. 2 BauGB selbst äußert sich zur Sanktionsfrage nicht. § 19 Abs. 2 BauGB sagt nur, daß durch die Teilung eines Grundstücks keine Verhältnisse entstehen dürfen, die den Festsetzungen des B-Plans widersprechen. Aus diesem Grunde müssen Lösungsmöglichkeiten durch Auslegung gewonnen werden. Mehrere sind diskutierbar:

(2) Eine erste Lösung setzt an der rechtlichen Zulässigkeit der grundbuchrechtli-   **28**
chen Teilung an. Als auch **Grundregel** bestimmt **§ 134 BGB,** daß ein Rechtsgeschäft, das gegen ein gesetzliches Verbot verstößt, nichtig ist. Das gilt dann nicht, wenn sich aus dem Gesetz, welches das gesetzliche Verbot statuiert, etwas anderes ergibt. § 19 Abs. 2 BauGB mißbilligt das Eintreten eines bestimmten Rechtszustandes. Das legt zunächst die Anwendung des § 134 BauGB nahe. In ihrer Gegenäußerung vertrat die BReg. die Ansicht, § 19 Abs. 2 BauGB stelle ein Verbotsgesetz im Sinne des § 134 BGB nicht dar (BTag-Drs. 15/2250 S. 92). Das entsprach auch der Stellungnahme des Bundesrates (BTag-Drs. 15/2250 S. 80).

Ob die in § 134 BGB enthaltene Vermutung der Nichtigkeit für den Regelungs-   **29**
bereich des § 19 Abs. 2 BauGB ausgeräumt werden kann, ist gerade im Hinblick auf die bewußt sachenrechtliche Regelung des § 19 Abs. 1 BauGB nicht eindeutig. Als beurteilungsfähiges Rechtsgeschäft im Sinne des § 134 BGB käme gerade die Änderung der sachenrechtlichen Lage in Betracht, wie sie § 19 Abs. 1 BauGB thematisiert. Nach früherer Gesetzeslage führte eine nach Maßgabe des B-Plans mißbräuchliche Teilung dazu, daß die Teilung rechtswidrig und damit das Grundbuch unrichtig wurde (vgl. § 20 Abs. 3 BauGB a.F., früher § 23 Abs. 3 BBauG).

---

17 Vgl. BVerwG, Urteil vom 14.12.1973 – 4 C 48.72 – BVerwGE 44, 250 = BauR 1974, 104 = BRS 27
Nr. 82; Urteil vom 9.4.1976 – 4 C 75.74 – BVerwGE 50, 311 = NJW 1977, 210 = BauR 1976, 259;
Urteil vom 14.2.1991 – 4 C 5r1.87 – BVerwGE 88, 24 = DVBl 1981, 812 = NJW 1991, 2783 = ZfBR
1981, 173 = BRS 52 Nr. 161.
18 BVerwG, Urteil vom 19.9.2002 – 4 C 13.01 – BVerwGE 117, 50 = NVwZ 2003, 478 = DVBl 2003, 526
= BauR 2003, 488 = BRS 65 Nr. 74.

Berkemann

Um dies aus Gründen der Rechtssicherheit zu vermeiden und das Grundbuchamt von einer Überprüfung zu entlasten, sah das Gesetz ein „vorgeschaltetes" Genehmigungsverfahren vor. Dieses Prüfverfahren hat das EAG Bau indes aufgegeben. Damit hat das Gesetz ersatzweise kein Kontrollverfahren des Grundbuchamtes begründen wollen. Vielmehr ist das EAG Bau zu einer Grundregel des Bauplanungsrechts zurückgekehrt, daß konkrete sachenrechtliche Grundstücksgrenzen bauplanungsrechtlich grundsätzlich irrelevant sind. Das entspricht der **Entkoppelung von Bauplanungsrecht und Grundstücksrecht.**

30 Folgerichtig hat das EAG Bau der **sachenrechtlichen Teilung** keinen Einfluß auf die Beurteilung der bauplanungsrechtlichen Rechtslage einräumen wollen. Die Teilung hat gegenüber Festsetzungen des B-Plans keine salvierende Bedeutung. Das bedeutet: Jede Teilrechtsordnung lebt für sich. Der „Verstoß" ist nicht irrelevant, er beschränkt sich aber auf das Baurecht und führt zu baurechtswidrigen Zuständen, läßt also die Teilung selbst unberührt. Baurechtswidrige Zustände zu beseitigen, ist Aufgabe der zuständigen Behörden.[19]

31 (3) **Bauplanungsrechtliche Auslegungsvarianten.** Schließt man eine sachenrechtliche Deutung des § 19 Abs. 2 BauGB aus, muß die Lösung innerhalb des Baurechts gefunden werden. Deutlich ist alsdann nur, daß § 19 Abs. 2 BauGB das Eintreten eines bestimmten bauplanungsrechtlichen Rechtszustandes mißbilligt. Zwei Lösung stehen dafür konzeptionell zur Verfügung:

32 **[1]** Eine erste Lösung „ignoriert" in bauplanungsrechtlicher Sicht die zivilrechtliche Teilung (bauplanungsrechtliche Junktim und status pro ante). Das führt z. B. dazu, daß die abgeschriebene und bislang nicht bebaute Grundstücksfläche nicht als eigenständiges Grundstück angesehen wird, wenn dadurch die vorhandene Bebauung (Nutzung), bezogen auf die jetzige Grundstücksfläche, nunmehr als baurechtswidrig anzusehen wäre. Die angestrebte Sanktion des § 19 Abs. 2 BauGB liegt bei dieser Lösung in der Verhinderung einer weiteren (zusätzlichen) Bebauung (Nutzung) auf dem bislang unbebauten Grundstücksteil (nachträgliche Verhinderungslösung).[20]

33 **[2]** Eine zweite Lösung betrachtet das baurechtliche Schicksal der beiden entstandenen Grundstücksflächen nach der Teilung baurechtlich jeweils getrennt (planungsrechtliche Entkopplung und status quo). Der bislang bebaute Grundstücksteil und der bislang nicht bebaute Grundstücksteil werden baurechtlich jeweils getrennt beurteilt. Das Entstehen eines baurechtswidrigen Zustandes auf dem bebauten Grundstücksteil wird zugunsten der Nutzungsmöglichkeit der neu entstandenen und bislang ungenutzten Grundstücksfläche hingenommen, indes mit der

---

19 Wie hier H.-D. Upmeier, Einführung zu den Neuregelungen durch das Europarechtsanpassungsgesetz Bau (EAG Bau), in: BauR 2004, 1382–1392 [1387]; vgl. auch OVG Berlin, Beschluß vom 4.4.2002 – 2 S 6.02 – ZfBR 2002, 420 = BauR 2002, 1235 = BRS 65 Nr. 204.

20 So T. Krämer, Änderungen im Bereich der Plansicherungsinstrumente, in: W. Spannowsky/T. Krämer (Hrsg.), BauGB-Novelle 2004. Aktuelle Entwicklungen des Planungs- und Umweltrechts, 2004, S. 79–86 [85].

Folge des nunmehr baurechtswidrigen Zustandes der vorhandenen Nutzung und der bauordnungsrechtlichen Beseitigungspflicht (nachträgliche Beseitigungslösung). Hiervon unberührt ist, ob für den bislang unbebauten Grundstücksteil eine Unbebaubarkeit besteht, z. B. wenn für das Plangebiet eine Mindestgrundstücksgröße vorgesehen ist.

Der Wortlaut des § 19 Abs. 2 BauGB läßt beide Interpretationen zu. Kein Zweifel **34** besteht nur darin, daß die rechtliche Beurteilungsebene jeweils die des **baurechtswidrigen Zustandes** ist, der gerade auf die Teilung zurückzuführen ist. Dies nimmt § 19 Abs. 2 BauGB selbst an, da es einen Widerspruch zu Festsetzungen des B-Plans voraussetzt. Insoweit ist § 19 Abs. 2 BauGB eine **materiell-rechtliche**, nicht (nur) eine verfahrensrechtliche **Bestimmung**. Die erste Lösung (Betrachtung status pro ante) ist nach der Zielsetzung der Sicherung der Bauleitplanung die effektivere. Eine Beseitigung des entstandenen baurechtswidrigen Zustandes (Lösung zu [2]) führt zur Vernichtung rechtmäßig eingesetzten Kapitals. Sie wird sich vielfach auch nicht durchsetzen lassen. Die Lösung zu [1] besitzt zudem eine größere Nähe zum Wortlaut des § 19 Abs. 2 BauGB. Ihr Nachteil besteht in der erforderlichen zeitlichen Rekonstruktion der Grundstücksteilung, wenn ein Bauantrag für die bislang ungenutzte und abgeteilte Grundstücksfläche gestellt wird. Indes werden die Bauakten regelmäßig hinreichend aussagefähig sein.

(4) **Nachbarschutz.** Betrifft der baurechtswidrige Zustand die Art der baulichen **35** Nutzung, besteht Nachbarschutz, ohne daß es auf eine tatsächliche Beeinträchtigung ankommt.[21] In diesen Fällen dürfte von einer Ermessensreduzierung „auf Null" auszugehen sein.[22]

(5) **Hinweispflicht des Notars.** Über das durch Teilung begründete Entstehen **36** baurechtswidriger Zustände – zumindest auf einem bereits bebauten Teilgrundstück – muß der die Teilungserklärung protokollierende Notar belehren. Vgl. zur Notarhaftung § 19 Abs. 1 BNotO.

3.4 Landesrechtliche Rechtsfolgen bei Verstoß

Durch Teilung eines bebauten Grundstücks können auch Verhältnisse entstehen, **37** welche dem Bauordnungsrecht zuwiderlaufen. Hier kann die Bauaufsichtsbehörde ebenfalls verlangen, daß baurechtmäßige Zustände hergestellt werden.[23] § 8 LBauO SH sieht dies ausdrücklich vor und verweist dazu klarstellend auf die bauordnungsrechtlichen Beseitigungsbefugnisse; ähnlich § 94 NBauO.[24] §91 III BayBO

---

21 BVerwG, Urteil vom 16.9.1993 – 4 C 28.91 – BVerwGE 94, 151 = DVBl 1994, 284 = NJW 1994, 1546 = ZfBR 1994, 97 = BauR 1994, 223 = BRS 55 Nr. 110; Urteil vom 23.8.1996 – 4 C 13.94 – BVerwGE 101, 364 = DVBl 1997, 61 = NVwZ 1997, 384 = ZfBR 1996, 328 = BauR 1997, 72 = BRS 58 Nr. 159.
22 BVerwG, Beschluß vom 9.2.2000 – 4 B 11.00 – BauR 2000, 1318 = ZfBR 2000, 490; Beschluß vom 13.12.1999 – 4 B 101.99 – Buchholz 406.19 Nachbarschutz Nr. 161 = ZfBR 2001, 143 (L).
23 Vgl. OVG Berlin, Beschluß vom 4.4.2002 – 2 S 6/02 – DVBl 2002, 1142 (L) = LKV 2002, 420.
24 Zum Beseitigungsbefugnis vgl. auch OVG Berlin, Beschluß vom 4.4.2002 – 2 S 6/02 – ZfBR 2002, 592 = BauR 2002, 1235 = BRS 65 Nr. 204 (2002) = LKV 2002, 420 zu § 7 BerlBauO.

III. Überleitungsrecht

38 (1) Das Überleitungsrecht bestimmt sich nach § 233 Abs. 1 BauGB und nach § 244 Abs. 5 BauGB (vgl. die dortige Kommentierung). Die am 20.7.2004 anhängigen **Verfahren**, die eine Genehmigungen der Teilung eines Grundstücks gemäß § 19 Abs. 1 BauGB a.F. zum Gegenstand haben, können nicht fortgesetzt werden. § 233 Abs. 1 BauGB ist nicht anwendbar. Die Verfahren sind ohne Sachentscheidung zu beenden.[25]

39 (2) Vor dem 20.7.2004 wirksam gewordene Entscheidungen über Genehmigungsanträge gelten „an sich" gemäß § 233 Abs. 3 BauGB fort. Das ist im Falle eines positiven Bescheides ohne weiteres Interesse. War der Bescheid ablehnend, gilt grundsätzlich dasselbe. Die neue Rechtslage hat die Notwendigkeit einer Teilungsgenehmigung auch gegenüber dem Grundbuchamt entfallen lassen. Entsprechende negative Bescheide sind damit gegenstandslos geworden. Etwas anderes kann nur dann der Fall sein, wenn ausnahmsweise die Teilungsgenehmigung eine **privatrechtsgestaltende Wirkung** für einen schuldrechtlich zu beurteilenden Teilungskauf besitzt.[26] Ist der ablehnende Bescheid unanfechtbar geworden, kann das Verfahren trotz geänderter Gesetzeslage nicht aufleben.

40 (3) **Negativattest** (vgl. § 20 Abs. 2 S. 2 BauGB a.F.) ist künftig entbehrlich. Verweigert das Grundbuchamt eine Eintragung der Teilung, ist dem mit Mitteln des grundbuchrechtlichen Verfahrensrechtes entgegenzutreten. Eine Bestätigung der eingetretenen Gesetzeslage ist unzulässig.

---

25 Vgl. Beschluß vom 14.5.1999 – 4 B 41.99 – ZfBR 2000, 201 = BRS 62 Nr. 126 (1999); Urteil vom 1.7.1999 – 4 C 23.97 – NVwZ 2000, 195 = ZfBR 1999, 353 = BauR 2000, 75 = BRS 62 Nr. 124; VGH München, 4.2.1999 – 1 B 98.1800 – NJW 1999, 2296 = BauR 1999, 887 = BRS 62 Nr. 127.

26 Vgl. BVerwG, Beschluß vom 22.10.1975 – 4 B 95.75 – BauR 1975, 407 = BRS 29 Nr. 73; Beschluß vom 15.4.1999 – 4 B 41.99 – ZfBR 2000, 201 = BRS 62 Nr. 126; vgl. auch E. Taegen, in: BK, 2. Aufl., 1995, § 19 Rn. 21.

Berkemann

§ 24 BauGB – Allgemeines Vorkaufsrecht

1. Text der geänderten Fassung

(1) Der Gemeinde steht ein Vorkaufsrecht zu beim Verkauf von Grundstücken **1**

...

4. im Geltungsbereich **einer Satzung zur Sicherung von Durchführungsmaßnahmen des Stadtumbaus** und einer Erhaltungssatzung,

2. Inhalt und Bedeutung der Änderung

Das Gesetz erweitert das gemeindliche (gesetzliche) Vorkaufsrecht auf Satzun- **2** gen, die der Durchführung des Stadtumbaus dienen. Es handelt sich um eine Folgeänderung zu den eingefügten Bestimmungen über den Stadtumbau (§§ 171 aff. BauGB 2004). Die Interessenlage ist derjenigen von Sanierungsgebieten und Entwicklungsbereichen vergleichbar. Erläßt die Gemeinde eine Satzung über den Stadtumbau wächst ihr damit auch ein gesetzlich verankertes Vorkaufsrecht zu.

§ 29 BauGB – Begriff des Vorhabens; Geltung von Rechtsvorschriften

1. Änderung (Streichung) des § 29 Abs. 3 BauGB

1 Das BauGB 2004 streicht § 29 Abs. 3 BauGB ersatzlos. Die Vorschrift war durch das BauROG 1998 neugefaßt worden. Sie hatte folgenden Inhalt:

> Können die Erhaltungsziele oder der Schutzzweck der Gebiete von gemeinschaftlicher Bedeutung und der Europäischen Vogelschutzgebiete im Sinne des Bundesnaturschutzgesetzes durch Vorhaben, die nach § 34 zugelassen werden, erheblich beeinträchtigt werden, sind die Vorschriften des Bundesnaturschutzgesetzes über die Zulässigkeit oder Durchführung von derartigen Eingriffen sowie über die Einholung der Stellungnahme der Kommission anzuwenden (Prüfung nach der Fauna-Flora-Habitat-Richtlinie).

2. Textgeschichte

2 Der Gesetzesentwurf der BReg. schlug den vor, § 29 Abs. 3 BauGB wegen seiner nur klarstellenden Aufgabe ersatzlos zu streichen (BTag-Drs. 15/2250 S. 53). Diesem Vorschlag sind Bundesrat und der 14. Ausschuß des Bundestages gefolgt.

3. Erläuterung

3 (1) § 29 Abs. 3 BauGB 1998 hatte bislang ausschließlich klarstellende Bedeutung. Eine materielle Änderung besteht daher nicht (vgl. § 37 BNatSchG 2002). Die in Bezug genommene Vorschrift verweist ihrerseits auf die Erhaltungsziele und den Schutzzweck der Gebiete von gemeinschaftlicher Bedeutung (d.h. FFH-Gebiete) und der Vogelschutzgebiete nach Maßgabe des Art. 4 der Vogelschutz-RL.

4 (2) Die seinerzeitige Vorstellung des Bundesgesetzgebers des BauROG 1998 war, durch eine wechselbezügliche Bezugnahme von BauGB und BNatSchG zu gewährleisten, daß kein Regelungswerk gegen das andere „ausgespielt" werden könnte. In diesem Sinne war § 29 Abs. 3 BauGB eine Art Angstklausel des Gesetzgebers (ähnlich § 1a Abs. 2 Nr. 4 BauGB 1998; § 21 BNatSchG 2002).

§ 33 BauGB – Zulässigkeit von Vorhaben während der Planaufstellung

I. § 33 Abs. 1 BauGB 2004 – Formelle und materielle Planreife

1. Text der geänderten Fassung

1 (1) In Gebieten, für die ein Beschluss über die Aufstellung eines Bebauungsplans gefasst ist, ist ein Vorhaben zulässig, wenn

1. **die Öffentlichkeits- und Behördenbeteiligung nach § 3 Abs. 2, § 4 Abs. 2 und § 4a Abs. 2 bis 5 durchgeführt worden ist,**

2. anzunehmen ist, dass das Vorhaben den künftigen Festsetzungen des Bebauungsplans nicht entgegensteht,

3. der Antragsteller diese Festsetzungen für sich und seine Rechtsnachfolger schriftlich anerkennt und

4. die Erschließung gesichert ist.

2. Textgeschichte

2 Der Gesetzestext entspricht im wesentlichen dem Vorschlag der BReg. (vgl. BTag-Drs. 15/2250 S. 15, 53). Der 14. BTags-Ausschuß hat zu § 33 Abs. 1 Nr. 1 BauGB die Bezugnahme auf § 4a Abs. 2 BauGB hinzugefügt.

3. Erläuterung der Änderung

3.1 Zielsetzung

3 (1) Das Verfahren der Planaufstellung ist eine notwendige Durchgangsstation, um zu einem wirksamen B-Plan zu gelangen. Das erfordert indes Zeit. Die darin liegende Verzögerung will § 33 BauGB aus Gründen der Effektivität des Baugeschehens durch einen städtebaupolitischen Kompromiß mildern.

4 § 33 BauGB will dazu einerseits mit seinem selbständigen Zulassungstatbestand den **Grundsatz der Planmäßigkeit** der städtebaulichen Entwicklung beachten.[1] Andererseits verschließt sich das Gesetz nicht der Einsicht, daß das Planaufstellungsverfahren auf Hindernisse stoßen kann, die zu unvermeidbaren Verzögerungen führen können. Diese Unwägbarkeiten sollen ausglichen werden. Sie sollen jedenfalls dann nicht zu Lasten eines Bauwerbers gehen, der bereit ist, sich Festsetzungen, die sich für die Zukunft bereits verläßlich abzeichnen, zu unterwerfen. Unter diesen Voraussetzungen begründet § 33 BauGB einen **zusätzlichen (positiven) Zulässigkeitstatbestand.**

5 (2) Das EAG Bau übernimmt dieses gesetzgeberische Konzept der Vorweggenehmigung. Das Gesetz hat davon abgesehen, § 33 Abs. 1 BauGB auf Innenbereichs- und Außenbereichssatzungen zu beziehen.[2]

---

1 Ausdrücklich BVerwG, Urteil vom 1.8.2002 – 4 C 5.01 – BVerwGE 117, 25 = DVBl 2003, 62 = NVwZ 2003, 86 = UPR 2003, 35 = ZfBR 2003, 38 = BauR 2003, 55 = BRS 65 Nr. 10 (2002) – Einkaufszentrum Zweibrücken (FOC).

2 Vgl. dazu ablehnend VGH Kassel, Beschluß vom 6.3.1985 – 3 N 207/85 – NVwZ 1985, 839 = UPR 1985, 430 = BauR 1986, 179 = BRS 44 Nr. 1; ebenso J. Stock, in: E/Z/B/K, BauGB, § 33 Rn. 11 (Stand: Mai 2003).

Berkemann

3.2 Bedeutung des § 33 Abs. 1 Nr. 1 BauGB 2004

3.2.1 Bezugnahme auf §§ 3 Abs. 2, 4 Abs. 2 BauGB 2004

(1) § 33 Abs. 1 Nr. 1 BauGB umschreibt unverändert die sog. **formelle Planreife.** 6
Dazu verweist das Gesetz auf die Öffentlichkeits- und Behördenbeteiligung der
geänderten § 3 Abs. 2 BauGB und § 4 Abs. 2 BauGB. Die Änderung in § 33 Abs.
1 Nr. 1 BauGB ist hierzu im wesentlichen redaktioneller Art. Kaum erklärlich ist es,
daß § 33 Abs. 1 Nr. 1 BauGB die zwingende frühzeitige Behördenbeteiligung nach
§ 4 Abs. 1 BauGB unerwähnt läßt. Das EAG Bau nimmt wohl an, daß es ein Verfahren nach § 4 Abs. 2 BauGB ohne frühzeitige Behördenbeteiligung (Scoping)
praktisch ausgeschlossen ist. Diese Annahme kann sich als Irrtum erweisen, wenn
die Gemeinde im Verfahren des Scopings eine „wichtige" Behörde übersehen hat.
Eines Aufstellungsbeschlusses (§ 2 Abs. 1 BauGB) bedarf es nicht.[3]

(2) Die formelle Planreife tritt nicht mit dem Ablauf der Auslegungs- oder Stellung- 7
nahmefrist ein. Maßgebend ist vielmehr der **Zeitpunkt,** zu dem die Gemeinde die
abgegebenen Stellungnahmen in dem Sinne abschließend geprüft hat, ob eine
erneute Auslegung gemäß § 4 a Abs. 3 BauGB angezeigt ist.[4] Die nach § 3 Abs. 2
S. 4 BauGB vorgesehene Bescheidung muß nicht abgewartet werden.

3.2.2 Bezugnahme auf § 4 a Abs. 2 bis 5 BauGB 2004

3.2.2.1 Allgemeines

Die zusätzliche Bezugnahme in § 33 Abs. 1 Nr. 1 BauGB auf § 4 a Abs. 2 bis 5 8
BauGB ist **gesetzestechnisch** veranlaßt. In der früheren Fassung des § 33 Abs. 1
Nr. 1 ergab sich der Inhalt der Bezugnahme auf die andere Fassungen der §§ 3 ff.
BauGB. Das EAG Bau beabsichtigt keine inhaltliche Änderung, sondern will viel-
mehr den Stand der formellen Planreife möglichst genau angeben.

3.2.2.2 Bezugnahme auf § 4 a Abs. 2 BauGB 2004

Die Bezugnahme auf § 4 a Abs. 2 BauGB ist **einschränkend** zu verstehen. Sie 9
bedeutet nicht, daß § 33 Abs. 1 Nr. 1 BauGB gemäß § 4 a (1. Altn.) BauGB in Verb.
mit § 3 Abs. 1 BauGB neben der regulären Auslegung (§ 3 Abs. 2 BauGB) zusätzlich eine frühzeitige Öffentlichkeitsbeteiligung verlangt. Der Gesetzgeber hat in der
Bezugnahme nur ausdrücklich wollen, daß auch für die Annahme der formellen
Planreife auch eine zeitgleiche parallele Öffentlichkeits- und Behördenbeteiligung
zulässig ist.

3.2.2.3 Bezugnahme auf § 4 a Abs. 3 BauGB 2004

(1) § 4 a Abs. 3 BauGB behandelt die **2. Stufe der Öffentlichkeits- und Behör-** 10
denbeteiligung. Bereits nach § 33 Abs. 1 Nr. 1 BauGB a. F. wurde vielfach die

---

3 A.A. ohne nähere Begründung U. Kuschnerus, Der sachgerechte Bebauungsplan, 3. Aufl., 2004,
   Rn. 684.
4 Ähnlich W. Rieger, in: H. Schrödter (Hrsg.), BauGB, 7. Aufl., 2005, § 33 Rn. 6.

Ansicht vertreten, daß die Annahme der formellen Planungsreife die vollständige Durchführung des Beteiligungsverfahren gegeben war. Dazu zählte die Sichtung und Würdigung der eingegangenen Anregungen und Stellungnahmen.[5] Entscheidet sich die Gemeinde für eine erneute Beteiligung gemäß § 4 a Abs. 3 BauGB, hindert dies die Annahme der formellen Planreife. Ob es in diesem Falle eine formellen **Teilplanreife** gibt, ist umstritten.[6]

11 (2) Die Bezugnahme auf § 4 a Abs. 3 BauGB klärt die Frage. § 4 a Abs. 3 S. 1 BauGB setzt gedanklich voraus, daß die Änderung oder Ergänzung des bisherigen Entwurfs des B-Plans auf die bislang eingeholten Stellungnahmen beruht. Das bedingt deren bewertende Verarbeitung. Solange dies nicht geschehen ist, besteht keine formelle Planreife im Sinne des § 33 Abs. 1 Nr. 1 BauGB.

3.2.2.4 Bezugnahme auf § 4 a Abs. 4 BauGB 2004

12 Die Bezugnahme auf § 4 a Abs. 4 BauGB ist gegenüber der früheren Regelung neu, weil das EAG Bau mit § 4 a Abs. 4 BauGB erstmals, wenngleich noch in einem engen Bereich, die **elektronische Informationstechnologie** als Kommunikationsweg zuläßt. Die Bezugnahme soll den als möglich vorgestellten Einwand abweisen, die Auslegung sei nicht ordnungsgemäß durchgeführt worden.

3.2.2.5 Bezugnahme auf § 4 a Abs. 5 BauGB 2004

13 (1) Bereits Art. 12 des Gesetzes zur Umsetzung der UVP-Änderungs-RL, der IVU-RL und weiterer EG-RL zum Umweltschutz vom 27.7.2001 (BGBl. I S. 1950 [2013]) hat umweltrechtliche Verfahrenspflichten der Gemeinde bei der Aufstellung bestimmter B-Pläne eingeführt. Dazu zählt auch § 4 a BauGB a. F. über die grenzüberschreitende Beteiligung. § 33 Abs. 1 BauGB nahm darauf seit 2001 Bezug. Die formelle Planreife verlangte danach nunmehr auch die Beachtung der im Einzelfall gebotenen **grenzüberschreitenden Beteiligung**. Das EAG Bau will dies aufrechterhalten.

14 (2) Die Bezugnahme in § 33 Abs. 1 Nr. 2 BauGB auf § 4 a Abs. 5 BauGB ist mißverständlich. Gefordert wird, daß die grenzüberschreitende Beteiligung durchgeführt worden **ist**, also abgeschlossen wurde. Gemeint ist etwas anderes: Die formelle Planreife erfordert durch die Bezugnahme auf § 4 a Abs. 5 BauGB die Prüfung, ob die Voraussetzungen für eine grenzüberschreitende Beteiligung gegeben sind und – bejahendenfalls – ob die Beteiligung (bereits) durchgeführt **wurde**. Ist sie gemäß § 4 a Abs. 5 S. 2 BauGB geboten, aber noch nicht durchgeführt, fehlt

---

5   Vgl. J. Stock, in: E/Z/B/K, BauGB, § 33 Rn. 23 (Stand: Mai 2003).
6   Bejahend OVG Berlin, Urteil vom 25.7.1980 – 2 B 36/77 – BRS 36 Nr. 52; OVG Berlin, Urteil vom 19.4.1991 – 2 B 11.88 – NVwZ 1992, 897 = ZfBR 1992, 50 = BRS 52 Nr. 170; ähnlich VGH Mannheim, Beschluß vom 9.3.1998 – 5 S 3203/97 – BRS 60 Nr. 80; J. Stock, in: E/Z/B/K, BauGB, BauGB, § 33 Rn. 26 (Stand: Mai 2003); H. Jäde, Planreife – ein Befreiungstatbestand?, in: BauR 1987, 252–259 [257]; eher ablehnend U. Steiner, Bauen nach künftigem Bebauungsplan (§ 33 BauGB), in: DVBl 1991, 739–744 [744].

Berkemann

es an der formellen Planreife. Ist sie dagegen nicht erforderlich, stellt sich naturgemäß nicht die Frage, ob sie durchgeführt wurde.

(3) Da § 33 Abs. 1 BauGB einen Zulassungstatbestand ist, kann im Einzelfall um- **15**
stritten sein, ob die Voraussetzungen für eine grenzüberschreitende Beteiligung
gegeben sind. Bejaht die Genehmigungsbehörde und verneint die Gemeinde, wird
die Entscheidung in das Verfahren des Einvernehmens nach § 36 Abs. 1 S. 1,
Abs. 2 S. 1, § 33 BauGB „verlagert". Verneint die Genehmigungsbehörde, kommt
es auf die Ansicht der Gemeinde nicht an, so daß der Bauantrag abzulehnen ist.

3.3 § 33 Abs. 1 Nr. 2 BauGB (materielle Planreife)

(1) Eine Zulassung des Vorhabens auf der Grundlage des § 33 Abs. 1 BauGB **16**
kommt nur dann in Betracht, wenn u. a. anzunehmen ist, daß das Vorhaben den
künftigen Festsetzungen des B-Plans nicht entgegensteht (vgl. § 33 Abs. 1 Nr. 2
BauGB).[7] Das EAG Bau hat diese Voraussetzung aufrechterhalten.

(2) An das Vorliegen der **materiellen Planreife** sind strenge Anforderungen zu **17**
stellen. Der projektierte B-Plan, so wie er als Entwurf vorliegt, muß rechtmäßig in
Kraft treten können. Die sichere Prognose muß nach aller Erfahrung gerechtfertigt
sein, der vorliegende Planentwurf werde mit seinem konkret vorgesehenen Inhalt
gültiges Ortsrecht. Dazu muß der Plan u. a. den Anforderungen genügen, die sich
nach Maßgabe des EAG Bau aus dem **materiellen Planungsrecht** ergeben.[8] Dazu zählt eine Abwägung gemäß § 1 Abs. 7 BauGB, die Beachtung des interkommunalen Abstimmungsgebots nach § 2 Abs. 2 BauGB, ferner die Beachtung des
§ 1 Abs. 3 und 4 BauGB. Eine Abwägung als realer Vorgang wird nicht gefordert.
Dieser ist ohnedies dem Satzungsbeschluß vorbehalten. Ihre Auffassung kann die
Gemeinde ggf. im **Verfahren des Einvernehmens** (§§ 33, 36 Abs. 1 S. 1 BauGB)
darlegen.

(3) Das **EAG Bau** hat § 33 Abs. 1 Nr. 2 BauGB nur äußerlich unverändert gelas- **18**
sen. Die für die Annahme der materiellen Planreife gebotene „Entscheidungsreife"
hat sich nunmehr auch auf den Regelungsbereich des **§ 2 Abs. 4 BauGB** zu beziehen. Das gilt zunächst in verfahrensmäßiger Hinsicht. Die Gemeinde hat nach
§ 2 Abs. 4 S. 2 BauGB für jeden B-Plan festzulegen, welchen Umfang und Detaillierungsgrad die Ermittlung der Belange des Umweltschutzes (§ 1 Abs. 6 Nr. 7 und
§ 1a BauGB) für die Abwägung nach § 1 Abs. 7 BauGB erforderlich (**Scoping**).
Diese Festlegung ist wesentlicher Teil der in die Bauleitplanung integrierten UVP.
Die Bezugnahme des § 33 Abs. 1 Nr. 1 BauGB lediglich auf § 4 Abs. 2 BauGB erlaubt keinen inhaltlichen Gegenschluß.

---

7   Vgl. E. Bartholomäi, Die vorzeitige Zulässigkeit nach § 33 BauGB, in: BauR 2001, 725–735 [726].
8   Vgl. BVerwG, Beschluß vom 6.12.1963 – 1 B 171.63 – Buchholz 406.11 § 33 BBauG Nr. 1; Be-
    schluß vom 10.6.1970 – 4 B 163.68 – BRS 23 Nr. 33; Beschluß vom 2.3.1978 – 4 B 26.78 – Buch-
    holz 406.11 § 33 BBauG Nr. 5.

19 Bevor derartige Festlegungen nicht getroffen sind, scheidet die Möglichkeit der Vorweggenehmigung grundsätzlich aus. Auch § 3 Abs. 2 BauGB in Verb. mit § 2 a BauGB erzwingt diesen Zusammenhang. Die Gemeinde hat dem Entwurf des B-Plans entsprechend dem Stand des Verfahrens einen **Umweltbericht** beizufügen. § 3 Abs. 2 S. 2 BauGB, auf den § 33 Abs. 1 Nr. 1 BauGB Bezug nimmt, verlangt von der Gemeinde im Verfahren der Offenlegung eine (erste) Einschätzung der bestehenden umweltschutzrelevanten Lage. Dazu zählen auch Angaben über die Verfügbarkeit umweltbezogener Informationen. Dieses vom EAG Bau in vielfältiger Weise angestrebte Niveau einer umweltbezogenen Problemsicht bereits zu Beginn der Öffentlichkeits- und Behördenbeteiligung darf auch für § 33 Abs. 1 Nr. 2 BauGB nicht ignoriert werden.

20 Dies schließt es aus, eine Vorweggenehmigung nach § 33 Abs. 1 BauGB unabhängig von der geforderten und bereits erreichten umweltbezogenen „Verarbeitung" der Gemeinde zu erteilen. Das kann zu Verzögerungen im Baugeschehen führen. In der Anwendung des § 33 Abs. 1 Nr. 2 BauGB ist dies hinzunehmen. Verzögerungen im zeitlichen Ablauf des Aufstellungsverfahrens beruhen auf dem integrativen Verfahrensansatz der Plan-UP-RL und der Projekt-UVP-RL. Sie ist damit durch die inhaltlich sachgerechte Berücksichtigung der Umweltauswirkungen bereits im Aufstellungsverfahren bedingt.

21 (3) **Vorabbeschluß der Gemeinde.** Zweifelhaft ist, ob die materielle Planreife dadurch eintreten kann, daß die Gemeinde im Verfahren der Offenlegung beschließt, den in den umweltbezogenen Stellungnahmen erhobenen Bedenken nicht zu folgen. Das BVerwG hat dies in einem anderen Zusammenhang verneint. Das Gericht meint, daß die Planreife nicht bereits durch Beschluß der Gemeinde entstehen könne, Anregungen nicht zu berücksichtigen.[9] Diese Auffassung ist im Schrifttum als zu eng auf Bedenken gestoßen.[10] Die bloße Tatsache, daß jemand im Rahmen der Öffentlichkeitsbeteiligung umweltbezogenen Einwände erhebt, kann nicht bereits dazu führen, eine Anwendung des § 33 BauGB auszuschließen. Das würde entsprechenden Stellungnahmen den Charakter eines vorläufigen Vetos zuweisen. Das wäre nach der Zielsetzung des § 33 Abs. 1 BauGB dysfunktional.

22 § 33 Abs. 1 Nr. 2 BauGB entscheidet indes nicht, auf wessen materielle Sicht- und Beurteilungskompetenz es ankommt, ob „anzunehmen" sei, daß künftige Festsetzungen dem Vorhaben entgegenstehen. Daß die Zulässigkeit des Vorhabens nach § 33 Abs. 1 BauGB verfahrensrechtlich der Entscheidung der Baugenehmigungsbehörde unterliegt, enthält noch keine materielle Antwort. Die Frage ist vielmehr dahin zu stellen, ob die Genehmigungsbehörde gehalten ist, die Sichtweise der Gemeinde in der Bewertung zu übernehmen oder ob für sie eine auch inhaltlich eigenständige Beurteilungskompetenz besteht.

---

9   BVerwG, Beschluß vom 10.6.1970 – 4 B 163.68 – BRS 23 Nr. 33.
10 Vgl. etwa J. Stock, in: E/Z/B/K, BauGB, § 33 Rn. 31 (Stand: Mai 2003), wohl auch O. Schlichter, in: BK, 2. Aufl., 1995, § 33 Rn. 5.

§ 2 Abs. 4 S. 4 BauGB verlangt zwar, daß die Ergebnisse der UP zu berücksichti- **23** gen sind. Das ist eine objektiv zu verstehende Pflicht, deren Beachtung der Beurteilung der Genehmigungsbehörde zugänglich ist. Zugleich weist das Gesetz die Berücksichtigung derartiger Ergebnisse dem Vorgang der Abwägung und damit der Kompetenz der Gemeinde zu. Die zu § § 33 Abs. 1 Nr. 2 BauGB zu stellende Prognose bezieht sich jedoch nicht nur auf die Frage, ob die künftigen Festsetzungen rechtmäßig sind, sondern auch darauf, ob die Gemeinde die für die Zulässigkeit des Vorhabens benötigten Festsetzungen überhaupt treffen wird.

Die dazu erforderliche „Annahme" muß mithin den Zeitpunkt der Beschlußfassung **24** der Satzung nach § 10 Abs. 1 BauGB in Verb. mit § 214 Abs. 3 S. 1 BauGB einbeziehen. Der Antragsteller hat die **Beweislast**, ob die Voraussetzungen des § 33 Abs. 1 Nr. 2 BauGB gegeben sind.[11] Denn er will eine Vorweggenehmigung erreichen. Kann die (positive) Prognose für den Zeitpunkt des Satzungsbeschlusses nicht hinreichend sicher gestellt werden, scheidet die Anwendung des § 33 Abs. 1 BauGB aus. Die Prognose läßt sich für einen Bereich, der abwägungsbezogen und hinsichtlich der Ergebnisse der **Umweltprüfung objektiv kontrovers** ist, kaum sicher stellen.[12]

(3) **Zeitpunkt.** Die **materielle Planreife** muß im Zeitpunkt der Beurteilung der Zu- **25** lässigkeit des Vorhabens bestehen.[13] Maßgebend ist dazu u. a. der **Stand der Planungsarbeiten.** Die beabsichtigten Festsetzungen des B-Plans müssen nach dem erreichten Stand der Erkenntnisse unverändert rechtmäßig sein.[14] Der Stand der Planungsarbeiten wird auch durch den Inhalt der nach §§ 3 Abs. 2, 4 Abs. 2 BauGB eingeholten Stellungnahmen bestimmt. Diese müssen hinsichtlich ihrer umweltschutzbezogenen Erheblichkeit „verarbeitet" worden sein.[15] Einen Anspruch auf Herstellung der materiellen Planungsreife gibt es nicht (arg. e § 1 Abs. 3 S. 2 BauGB). Betreibt die Gemeinde das Aufstellungsverfahren nicht weiter, wird die

---

11 Ähnlich OVG Lüneburg, Urteil vom 15.8.1963 – I A 132/62 – DVBl 1964, 151 = OVGE MüLü 19, 394 = BRS 14 S. 21; K. Schmaltz, in: H. Schrödter (Hrsg.), BauGB, 6. Aufl., 1998, § 33 Rn. 8.
12 Zur Berücksichtigung der (auch kommunalpolitischen) Kontroversität in der Anwendung des § 33 Abs. 1 BauGB vgl. J. Stock, in: E/Z/B/K, BauGB, § 33 Rn. 32; E. Bartholomäi, Die vorzeitige Zulässigkeit nach § 33 BauGB, in: BauR 2001, 725–735 [727].
13 OVG Berlin, Beschluß vom 18.7.2001 – 2 S 1/01 – NVwZ-RR 2001, 2001, 722 = OVGE BE 23, 259; J. Stock, in: E/Z/B/K, BauGB, § 33 Rn. 28 (Stand: Mai 2003).
14 Vgl. OVG Münster, Beschluß vom 14.3.2001 – 7 B 355/01 – NVwZ-RR 2001, 568 = ZfBR 2001, 424 = BauR 2001, 1394 = BRS 64 Nr. 83.
15 Vgl. OVG Münster, Beschluß vom 15.2.1991 – 11 B 2659 / 90 – NVwZ 1992, 278 = BauR 1991, 442 = BRS 52 Nr. 196; Beschluß vom 14.3.2001 – 7 B 355/01 – NVwZ-RR 2001, 568 = ZfBR 2001, 424 = BauR 2001, 1394 = BRS 64 Nr. 83 (2001); VGH Mannheim, Beschluß vom 1.10.1996 – 3 S 1904/96 – NVwZ-RR 1998, 96.

materielle Planreife mit zunehmendem Zeitablauf immer zweifelhafter.[16] Die Gemeinde muß unverändert einen **ernstlichen Planungswillen** haben.[17]

26 **(4) Ziele der Raumordnung.** Ziele der Raumordnung sind während der Planaufstellung zu beachten. Es ist davon auszugehen, daß die Gemeinde ihrer Anpassungspflicht (§ 1 Abs. 4 BauGB) genügen wird. Sind die Ziele der Raumordnung erst in Aufstellung begriffen, ist auch dies zu beachten. Die Gemeinde hat diesen Zustand gemäß § 3 Nr. 4 ROG in Verb. mit § 4 Abs. 2 ROG) abwägend zu berücksichtigen. Maßgebend ist für die vorzunehmende Prognose der materiellen Planreife der Verfahrensstand, den die möglicherweise entgegenstehende Landesplanung erreicht hat.[18]

27 Die Gemeinde muß im Hinblick auf ihre Anpassungspflicht des § 1 Abs. 4 BauGB damit rechnen, daß der B-Plan bereits vor seinem Inkrafttreten anpassungspflichtig ist. Dies hat die Bauaufsichtsbehörde im Genehmigungsverfahren zu beachten. Die Gemeinde sollte hier – auch im Verfahren des Einvernehmens (§ 36 Abs. 2 BauGB) – zurückhaltend sein, um nicht vermeidbare Entschädigungsansprüche nach §§ 39 ff. BauGB auszulösen. Das gilt alles erst Recht, wenn der Gemeinde gemäß § 12 Abs. 1 Nr. 2 ROG in Verb. mit den landesrechtlichen Regelungen die Fortsetzung des Aufstellungsverfahren (befristet) untersagt hat.

3.4 Mißbrauch – Dysfunktionalität

28 (1) § 33 BauGB ist ersichtlich mißbrauchsanfällig.[19] Die Gemeinde muß die Absicht haben, das Bauleitplanverfahren zum Abschluß bringen. Die Vorschrift verlangt von ihr, daß gerade sie die Voraussetzungen für das Inkrafttreten eines B-Plans nach Eintritt der formellen Planreife unverzüglich schafft, um die Verwirklichung von Vorhaben zu ermöglichen, die gegenwärtig gemäß §§ 30, 34 oder 35 BauGB unzulässig sind. Sog. Schubladenplanungen sind rechtswidrig.[20] Aus diesem Grunde darf § 33 BauGB nicht so praktiziert werden, daß der typische Vorgriff auf einen B-Plan ins Leere geht oder als taktisches Mittel herhält. Für die Anwendung des § 33 BauGB fehlt es in diesem Falle an der inneren Rechtfertigung. Ob äußerlich seine Tatbestandsvoraussetzungen erfüllt sind, ist unerheblich.

---

16 BVerwG, Beschluß vom 25.11.1991 – 4 B 212.91 – Buchholz 406.11 § 33 BauGB Nr. 7; Beschluß vom 15.10.2001 – 4 BN 48.01 – NVwZ-RR 2002, 256 = UPR 2002, 110 = ZfBR 2002, 172 = BauR 2002, 172 = BRS 64 Nr. 50 (2001); OVG Münster, Beschluß vom 14.3.2001 – 7 B 355 / 01 – NVwZ-RR 2001, 568 = ZfBR 2001, 424 = BauR 2001, 1394 = BRS 64 Nr. 83 (2001).

17 BVerwG, Urteil vom 7.3.1986 – 8 C 103.84 – DVBl 1986, 771 = NVwZ 1986, 647 = DÖV 1986, 878.

18 Vgl. O. Reidt, Die Bedeutung von (in Aufstellung befindlichen) Zielen der Raumordnung bei der Genehmigung von Bauvorhaben Privater, in: ZfBR 2004, 431–439 [432].

19 Vgl. BVerwG, Beschluß vom 25.11.1991 – 4 B 212.91 – Buchholz 406.11 § 33 BauGB Nr. 7; Beschluß vom 15.10.2001 – 4 BN 48.01 – NVwZ-RR 2002, 256 = UPR 2002, 110 = ZfBR 2002, 172 = BauR 2002, 172 = BRS 64 Nr. 50 (2001); vgl. auch O. Reidt, in: K. Gelzer/Chr. Bracher/O. Reidt, Bauplanungsrecht, 7. Aufl., 2004, Rn. 1918.

20 Vgl. auch M. Uechtritz/H. Buchner, Einschränkung des Anwendungsbereichs des § 33 BauGB durch das Bundesverwaltungsgericht, in: BauR 2003, 813–820 [814].

(2) Die „vorgezogene" Zulässigkeit des Vorhabens ist daher ausgeschlossen, **29** wenn die Gemeinde nicht alles zum Abschluß des Planaufstellungsverfahrens Erforderliche und Zumutbare unternimmt. Das gilt insbesondere, wenn der B-Plan nicht in angemessener Zeit nach Beschlußfassung gemäß § 10 Abs. 3 S. 1 BauGB in Kraft gesetzt wird.[21] Sieht die Gemeinde gleichwohl absichtsvoll davon ab, mit dem Formalakt der Bekanntmachung einen Schlußstrich unter ihre Planung zu ziehen, ist § 33 BauGB nicht anwendungsfähig. Die Gemeinde ist zwar auch nach Beschlußfassung im Sinne des § 214 Abs. 3 S. 1 BauGB rechtlich nicht gehalten, den beschlossenen B-Plan gemäß § 10 Abs. 3 BauGB bekanntzumachen. Sie kann in diesem Stadium immer noch ihre Planung aufgeben.[22] Alsdann bietet selbst der bereits beschlossene B-Plan jedoch keine Grundlage mehr, das künftige Baugeschehen zu beurteilen. Das gilt auch, wenn die Gemeinde einen **ernstlichen Planungswillen** nicht mehr hat.[23]

(3) Die Baugenehmigungsbehörde darf nach längerem zeitlichen Abstand nach **30** Beschlußfassung über den B-Plan ohne vorgenommene Bekanntmachung nicht unbesehen und unverändert von einer materiellen Planreife ausgehen.[24]

4. Überleitungsrecht

§ 33 Abs. 1 BauGB ist gemäß § 233 Abs. 1 BauGB ist der nunmehrigen Fassung **31** anzuwenden, wenn das Genehmigungsverfahren erst nach dem 10.7.2004 durch Antrag eingeleitet wurde. In diesem Falle bedürfen die Voraussetzungen des § 33 Abs. 1 Nrn. 1 und 2 BauGB im Hinblick auf das abweichende Überleitungsrecht des § 244 Abs. 1 BauGB eine einschränkende Anwendung. Solange die Gemeinde nicht gehalten ist, für das Bebauungsplanverfahren das „neue Recht" anzuwenden, ist auch für die Anwendung des § 33 Abs. 1 BauGB die „alte" Rechtslage zugrunde zu legen. Kann ein nach „Altlage" förmlich eingeleitetes Planverfahren voraussichtlich nicht mehr vor dem 21.7.2006 abgeschlossen werden, darf dieser B-Plan der Entscheidung nach § 233 Abs. 1 BauGB nicht zugrunde gelegt werden. Vielmehr ist die geänderte Rechtslage maßgebend (arg. e § 244 Abs. 1 BauGB). Beurteilungszeitpunkt ist der Zeitpunkt der behördlichen Zulassungsentscheidung.

---

21 BVerwG, Urteil vom 1.8.2002 – 4 C 5.01 – BVerwGE 117, 25 [39] = DVBl 2003, 62 = NVwZ 2003, 86 = UPR 2003, 35 = NuR 2003, 165 = ZfBR 2003, 38 [41]= BauR 2003, 55 = BRS 65 Nr. 10 – FOC Zweibrücken.
22 Vgl. BVerwG, Urteil vom 11.3.1977 – 4 C 45.75 – DVBl 1977, 529 = NJW 1977, 1979 = BauR 1977, 241; Beschluß vom 9.10.1996 – 4 B 180.96 – NVwZ-RR 1997, 213 = UPR 1997, 102 = ZfBR 1997, 97 = BauR 1997, 263 = BRS 58 Nr. 3; Beschluß vom 15.10.2001 – 4 BN 48.01 – NVwZ-RR 2002, 256 = UPR 2002, 110 = ZfBR 2002, 172 = BauR 2002, 172 = BRS 64 Nr. 50 (2001).
23 BVerwG, Urteil vom 7.3.1986 – 8 C 103.84 – DVBl 1986, 771 = NVwZ 1986, 647 = DÖV 1986, 878.
24 BVerwG, Beschluß vom 25.11.1991 – 4 B 212.91 – Buchholz 406.11 § 33 BauGB Nr. 7.

II. § 33 Abs. 2 BauGB 2004 – Geänderter Planentwurf

1. Text der geänderten Fassung

32 (2) In Fällen des § 4a Abs. 3 Satz 1 kann vor der erneuten Öffentlichkeits- und Behördenbeteiligung ein Vorhaben zugelassen werden, wenn sich die vorgenommene Änderung oder Ergänzung des Bebauungsplanentwurfs nicht auf das Vorhaben auswirkt und die in Absatz 1 Nr. 2 bis 4 bezeichneten Voraussetzungen erfüllt sind.

2. Textgeschichte

33 Diese Gesetzesfassung ist textidentisch mit § 4a Abs. 3 Satz 2 BauGB in der Fassung des Gesetzesentwurfs der BReg. (BTag-Drs. 15/2250 S. 15, 53). Der 14. BTags-Ausschuß hat aus redaktionellen Gründen Satz 2 der Entwurfsfassung als Satz 1 beschlossen (BTag-Drs. 15/2996 S. 38).

3. Erläuterung der Änderung

3.1 Zielsetzung

34 Nach § 33 Abs. 2 S. 1 BauGB a.F. konnte nach Ermessen vor der Durchführung der Bürger- und Behördenbeteiligung ein Vorhaben zugelassen werden. Allerdings mußte in diesem Falle eine Betroffenenbeteiligung durchgeführt werden. Umstritten war, in welchen Fällen die Genehmigungsbehörde von ihrem Ermessen kein Gebrauch durfte.[25] Ferner war umstritten, ob eine formelle Teilplanreife anzunehmen sei, wenn die Gemeinde nur für Teilbereiche eine erneute Beteiligung für erforderlich ansah.[26] § 33 Abs. 2 BauGB will beide Frage de lege lata unter Vorbehalt der besonderen Regelung des § 33 Abs. 3 BauGB außer Streit stellen. Das EAG Bau berücksichtigt zugleich, daß ein Vorhaben auf der Grundlage eines Planes nicht zugelassen werden darf, wenn dieser nicht den Voraussetzungen der Plan-UP-RL genügt. Dazu gehört nach Art. 6 Plan-UP-RL auch die Beteiligung der Öffentlichkeit.

3.2 Erläuterung

35 (1) § 33 Abs. 2 BauGB schließt die Anwendung des § 33 Abs. 1 BauGB allgemein aus, wenn die Öffentlichkeits- und Behördenbeteiligung noch nicht durchgeführt wurde. Eine „allgemeine" Ausnahmemöglichkeit besteht nicht mehr. Da erledigt sich der Streit, in welchem Verhältnis formelle und materielle Planreife für die Ermessensentscheidung nach § 33 Abs. 2 BauGB a.F. erheblich sein konnte.

---

25 Vgl. VGH Mannheim, Beschluß vom 1.10.1986 – 3 S 1904/96 – NVwZ-RR 1998, 96; OVG Münster, Beschluß 15.2.1991 – 11 B 2659/90 – NVwZ 1992, 278 = BauR 1991, 442 = BRS 52 Nr. 196.

26 Bejahend OVG Berlin, Urteil vom 25.7.1980 – 2 B 36/77 – BRS 36 Nr. 52; OVG Berlin, Urteil vom 19.4.1991 – 2 B 11.88 – NVwZ 1992, 897 = ZfBR 1992, 50 = BRS 52 Nr. 170; ähnlich VGH Mannheim, Beschluß vom 9.3.1998 – 5 S 3203/97 – BRS 60 Nr. 80; J. Stock, in: E/Z/B/K, BauGB, § 33 Rn. 26 (Stand: Mai 2003); H. Jäde, Planreife – ein Befreiungstatbestand?, in: BauR 1987, 252–259 [257].

Berkemann

(2) § 33 Abs. 2 BauGB regelt nur den Fall einer formellen Teilplanreife. Ob diese **36** gegeben ist, nach Maßgabe des § 4 a Abs. 3 S. 1 BauGB zu entscheiden. Dazu muß die Gemeinde geprüft haben, ob sich die vorgenommen Änderungen und Ergänzungen auf das beabsichtigte Vorhaben auswirkt. Ist dies zu bejahen, ist eine Vorweggenehmigung nicht zulässig. Haben Änderungen und Ergänzungen keinen Einfluß auf die Beurteilung des Vorhabens, kann das Vorhaben zugelassen werden. Das ist nach Ermessen zu entscheiden. Rechtliche Beurteilungsgrundlage ist hinsichtlich der materiellen Planreife unverändert § 33 Abs. 2 Nr. 2 BauGB. Aber zu berücksichtigen ist, daß ein Teil des bisherigen Planentwurfs weder geändert noch ergänzt wurde. Er hat insoweit zumeist und erkennbar die Billigung der Gemeinde gefunden. Zwingend ist dies jedoch nicht. § 4 a Abs. 3 S. 1 BauGB erlaubt diesen Schluß nicht. Auch die nur eingeschränkte erneute Auslegung verpflichtet die Gemeinde nicht, den B-Plan ganz oder nur teilweisen zu erlassen. Daher schreibt das EAG Bau zutreffend auch im Falle des § 33 Abs. 2 BauGB die Prüfung der materiellen Planreife vor.

(3) Die Entscheidung liegt im **Ermessen** sowohl der Baugenehmigungsbehörde **37** als auch im eigenen Ermessen der Gemeinde (arg. e § 36 Abs. 2 BauGB). Kann sich die beabsichtigte Änderung oder Ergänzung in keiner Weise auf das beantragte Vorhaben auswirken, wird im Regelfall das Ermessen zugunsten des Bauherrn auszuüben sein.

4. Überleitungsrecht

Das Überleitungsrecht des § 233 Abs. 1 BauGB ist in Verb. mit § 244 Abs. 1 BauGB **38** einschränkend anzuwenden. Auf die Kommentierung zu § 33 Abs. 1 BauGB wird verwiesen.

III. § 33 Abs. 3 BauGB 2004 – Betroffenheitsbeteiligung

1. Text der geänderten Fassung

(3) Wird ein Verfahren nach § 13 durchgeführt, kann ein Vorhaben vor Durchführung der Öffentlich- **39** keits- und Behördenbeteiligung zugelassen werden, wenn die in Absatz 1 Nr. 2 bis 4 bezeichneten Voraussetzungen erfüllt sind. Der betroffenen Öffentlichkeit und den berührten Behörden und sonstigen Trägern öffentlicher Belange ist vor Erteilung der Genehmigung Gelegenheit zur Stellungnahme innerhalb angemessener Frist zu geben, soweit sie dazu nicht bereits zuvor Gelegenheit hatten.

2. Textgeschichte

Der Gesetzestext entspricht dem Vorschlag der BReg. (vgl. BTag-Drs. 15/2250 **40** S. 15, 53).

3. Erläuterung der Änderung

3.1 Zielsetzung

(1) Das **EAG Bau** nimmt an, daß § 33 Abs. 3 BauGB – ebenso wie § 33 Abs. 2 **41** BauGB a.F. – einem Bedürfnis der Praxis entspricht, bei einfach gelagerten Sach-

Berkemann

verhalten durch eine Beschleunigung des Verfahrens eine Zulässigkeit eines Vorhabens zu erreichen. Das Gesetz betont mittelbar dieses Motiv durch die nunmehrige Bezugnahme auf das „vereinfachte" Verfahren im Sinne des § 13 BauGB. Das dürfte bereits tatbestandlich ausschließen, § 33 Abs. 3 BauGB auf schwierige und umstrittene Projekte anzuwenden. Das war nach früherer Rechtslage immerhin zweifelhaft.[27]

42 (2) § 33 Abs. 3 BauGB folgt in seiner Struktur § 33 Abs. 2 BauGB a. F. Bereits vor **formeller Planreife** im Sinne des § 33 Abs. 1 Nr. 1 BauGB soll ermöglicht werden, eine positive Entscheidung über die Zulässigkeit des projektierten Vorhabens zu treffen. Nur die in § 33 Abs. 1 Nr. 1 BauGB genannten Voraussetzungen entfallen. Die müssen vorliegen. Dies ergibt die uneingeschränkte Verweisung des § 33 Abs. 3 S. 1 BauGB auf § 33 Abs. 1 Nrn. 2 bis 4 BauGB. Insbesondere muß für das konkrete Vorhaben **materielle Planreife** bestehen.

43 (3) § 33 Abs. 3 S. 2 BauGB setzt ebenso wie § 33 Abs. 2 S. 2 BauGB a. F. ein Genehmigungsverfahren voraus. Die Notwendigkeit ergibt sich auch aus der vorgesehenen Ermessensentscheidung. Diese bedingt ein behördliches Verfahren.

3.2 Erläuterung

3.2.1 Gegenstand: Vereinfachtes Verfahren (§ 13 BauGB 2004)

44 § 33 Abs. 3 BauGB begründet, seinem Vorläufer § 33 Abs. 2 BauGB a. F. folgend, **einen weiteren Zulässigkeitstatbestand.** Voraussetzung ist, daß die Zulässigkeit des Vorhabens auf der Grundlage eines B-Plans zu beurteilen ist, der sich in einem noch nicht abgeschlossenen „vereinfachten Verfahren" (§ 13 BauGB) befindet. Das ist gegenüber § 33 Abs. 2 BauGB a. F. eine Verschärfung der Voraussetzungen.

45 (2) Die Bezugnahme auf § 13 BauGB ist eine sinnvolle Regelung für den mit **1. Altn. des § 33 Abs. 1 BauGB** erfaßten Bereich. Im Falle des sog. **bestandssichernden B-Plans** (2. Altn. des § 13 Abs. 1 BauGB) wird die Regelung des § 33 Abs. 3 S. 1 BauGB kaum wirkliche Bedeutung erlangen. Der Bauherr hat in aller Regel bereits nach der Rechtslage des § 34 BauGB einen Anspruch auf Zulassung seines Vorhabens, soweit sich dieses „einfügt". Anders ist dies nur, wenn der nach § 34 BauGB zu beurteilende Zulässigkeitsmaßstab im vereinfachten Verfahren zugunsten des Vorhabens erweitert wird und eine Zulässigkeit des Vorhabens nach § 34 Abs. 3a BauGB nicht in Betracht kommt oder problematisch ist. Dabei ist zu bedenken, daß nach der Rechtsprechung ein Vorhaben nach § 34 Abs. 1 BauGB auch zulässig ist, wenn es keine „bodenrechtlichen Spannungen" auslöst.[28] Ein

---

27 Zum früheren Rechtszustand vgl. OVG Münster, Beschluß vom 15.2.1991 – 11 B 2659/90 – NVwZ 1992, 278 = BauR 1991, 442 = BRS 52 Nr. 196; J. Stock, in: E/Z/B/K, BauGB (Stand: Mai 2003), § 33 Rn. 49.

28 Vor allem: BVerwG, Urteil vom 26.5.1978 – 4 C 9.77 – BVerwGE 55, 369 = DVBl 1978, 815 = NJW 1978, 2564 = BauR 1978, 276; Urteil vom 19.9.1986 – 4 C 15.84 – BVerwGE 75, 34 = DVBl 1987, 478 = NVwZ 1987, 406 = NJW 1987, 1656 = UPR 1987, 224 = ZfBR 1987, 44 = BauR 1987, 52 =

faktisches Baugebiet eröffnet über § 34 Abs. 2 Halbs. 2 BauGB die Möglichkeit der Ausnahme und der Befreiung nach § 31 BauGB.

(3) Die Durchführung des vereinfachten Verfahrens nach § 13 Abs. 1 BauGB liegt **46** im planerischen Ermessen der Gemeinde. Lehnt diese diesen Verfahrensmodus ab, scheitert auch eine Vorweggenehmigung nach § 33 Abs. 3 BauGB.

3.2.2 Planungsrechtliches Beteiligungsverfahren

(1) § 33 Abs. 3 S. 1 BauGB dispensiert von der allgemeinen Öffentlichkeits- und **47** Behördenbeteiligung der §§ 3 Abs. 2, 4 Abs. 2 BauGB. Das EAG Bau übernimmt das Konzept des § 33 Abs. 2 BauGB. Die Beteiligung wird auf eine Betroffenheitsbeteiligung reduziert und zeitlich auf den Zeitpunkt der Genehmigungserteilung verschoben. Ähnliche Regelungen enthält § 13 BauGB für das vereinfachte Verfahren und § 34 Abs. 6 S. 1 BauGB für Innenbereichssatzungen.

(2) Der **betroffenen Öffentlichkeit** und den „**berührten**" **Behörden** und sonsti **48** gen TöB ist zwingend Gelegenheit zur Stellungnahme zu geben. Das entspricht – mit Ausnahme der facultas alternativa – der Regelung des § 13 Abs. 2 Nr. 2 und 3 BauGB. Auf die dortigen Bemerkungen wird verwiesen. Allerdings ist der Kreis der Beteiligten in § 33 Abs. 3 S. 2 BauGB enger. Die Betroffenheit bestimmt sich hier nach dem konkreten Projekt und seinen mutmaßlichen Auswirkungen. § 33 Abs. 3 BauGB ist ein Zulassungstatbestand, § 13 BauGB betrifft hingegen eine räumlich bezogene Planung.[29]

Orientierungspunkt kann für die Abgrenzung nach § 33 Abs. 3 BauGB sein, ob bei **49** einer objektbezogenen Planung ein relevanter Abwägungszusammenhang mit der betroffenen Öffentlichkeit oder den Belangen, deren Wahrung den „berührten" Behörden aufgetragen ist, bestünde. Es ist nicht erforderlich, daß mit dem projektierten Vorhaben ein Eingriff in eine andere Rechtsposition verbunden ist. Die Festsetzungen nach § 33 Abs. 1 Nr. 2 BauGB verlangen in der erforderlichen Abwägung keinen Eingriff in eine Rechtsposition.[30] § 33 Abs. 3 S. 2 BauGB will erreichen, daß auch die möglicherweise Betroffenen Gelegenheit erhalten, ihre Betroffenheit darzulegen.[31] Die Ermittlung dieser Betroffenen einschließlich der mutmaßlich „berührten" Belange kann schwierig sein. Dann empfiehlt es sich aus praktischen Gründen, auf das Verfahren des § 33 Abs. 3 BauGB zu verzichten.[32]

BRS 46 Nr. 62; Beschluß vom 4.10.1995 – 4 B 68.95 – NVwZ-RR 1996, 375 = ZfBR 1996, 103 = BRS 57 Nr. 95; Urteil vom 17.6.1993 – 4 C 17.91 – NVwZ 1994, 294 = ZfBR 1994, 37 = BauR 1994, 81 = UPR 1994, 65 = BRS 55 Nr. 72; Beschluß vom 24.2.1986 – 4 B 7.86 u.a. – NVwZ 1986, 740 = ZfBR 1986, 152 = BRS 46 Nr. 64; Beschluß vom 29.10.1997 – 4 B 8.97 – NVwZ-RR 1998, 540.
29 Abweichend J. Stock, in: E/Z/B/K, BauGB, § 33 Rn. 53 (Stand: Mai 2003), der auf die vorgesehenen Festsetzungen nach § 33 Abs. 1 Nr. 2 BauGB a.F. abstellen will.
30 Vgl. BVerwG, Urteil vom 24.9.1998 – 4 CN 2.98 – BVerwGE 107, 225 = DVBl 1999, 100 = NJW 1999, 592 = UPR 1999, 27 = ZfBR 1999, 39 = BauR 1999, 134 = BRS 60 Nr. 46 (1998).
31 Ähnlich J. Stock, in: E/Z/B/K, BauGB, § 33 Rn. 52 (Stand: Mai 2003) zu § 33 Abs. 2 S. 2 BauGB a.F.
32 Ähnlich E. Bartholomäi, Die vorzeitige Zulässigkeit nach § 33 BauGB, in: BauR 2001, 725–735 [728].

50 (3) **Geboten** ist nur die **Gelegenheit zur Stellungnahme**. Der Modus der Gelegenheit ist durch das BauGB nicht vorgegeben (sog. Sonderbeteiligung). Wird dem Vorhaben zugestimmt, bindet das die Genehmigungsbehörde nicht. Auch das Umgekehrte gilt, führt aber für die Ermessensentscheidung zu einem verstärkten Begründungszwang. Die frühere nach § 13 Abs. 1 S. 3 BBauG gegebene Maßgeblichkeit des Widerspruchs Betroffener hatte der Gesetzgeber bereits in der Neufassung des § 13 BauGB durch das BauROG 1998 beseitigt. Die einzuräumende Frist muß „angemessen" sein, vgl. dazu die Bemerkungen zu § 13 Abs. 2 Nr. 2 und 3 BauGB (Rn. 43 ff.).

51 (4) § 33 Abs. 3 S. 2 BauGB gibt nicht an, wer die Gelegenheit zur Stellungnahme einzuräumen hat. Ob dies die **Gemeinde** ist, erscheint nicht von vornherein zwingend.[33] Die verfahrensmäßige Entscheidung über die Zulässigkeit des Vorhabens nach § 33 Abs. 3 BauGB liegt in den Händen der Genehmigungsbehörde. Diese ist zwar auf interne Kooperation mit der planenden Gemeinde angewiesen, bleibt aber im Außenverhältnis allein zuständig.

52 Gleichwohl übernimmt funktional das Verfahren nach § 33 Abs. 3 S. 2 BauGB die Aufgaben der nicht durchgeführten Öffentlichkeits- und Behördenbeteiligung gemäß §§ 3 Abs. 2, 4 Abs. 2 BauGB. Die Lösung liegt an anderer Stelle. Geht man davon aus, daß die in § 33 Abs. 3 S. 1 BauGB angeordnete Bezugnahme auch das Verfahren nach § 13 Abs. 2 Nr. 2 und 3 BauGB erfaßt, beschränkt sich der Gehalt des § 33 Abs. 3 S. 2 BauGB auf die Aussage des maßgeblichen Zeitpunktes, in dem frühestens über das Vorhaben positiv entschieden werden darf. Dann liegt die Zuständigkeit, Gelegenheit zur Stellungnahme zu geben, bei der Gemeinde. Denn diese muß für das „vereinfachte Verfahren" ohnedies das Verfahren der Stellungnahme durchführen.

53 (5) **Gemeindebeteiligung.** § 33 Abs. 3 BauGB regelt nicht, ob auch die Gemeinde am Verfahren „vorab" zu beteiligen ist. Das EAG Bau hat dies – möglicherweise – im Hinblick auf das Verfahren des Einvernehmens nach § 36 BauGB für entbehrlich angesehen. Das wäre jedoch etwas kurzschlüssig. Denn das Verfahren des Einvernehmens versteht § 36 Abs. 2 S. 1 BauGB als Rechtmäßigkeitsprüfung der Gemeinde, ggf. verbunden – wie hier – mit einer Ermessensentscheidung (vgl. Rn. 59).[34] Die Verfahrensbeteiligung nach § 13 Abs. 2 VwVfG besitzt eine andere Aufgabe. Sie soll dazu beitragen, den maßgebenden Sachverhalt gemäß § 26 VwVfG aufzuklären. Ein nur allgemeines Interesse der Gemeinde genügt dazu nicht.[35]

---

33 So aber aus praktischen Gründen J. Stock, in: E/Z/B/K, BauGB, § 33 Rn. 54 (Stand: Mai 2003), zu § 33 Abs. 2 S. 2 BauGB a.F.

34 BVerwG, Beschluß vom 10.10.1991 – 4 B 167.91 – Buchholz 406.11 § 36 BauGB Nr. 45; BGH Urteil vom 21.5.1992 – III ZR 158/90 – NJW 1992, 2218; BGH, Urteil vom 23.9.1993 – III ZR 54/92 – DVBl 1994, 278 = ZfBR 1994, 93.

35 Vgl. BVerwG, Beschluß vom 17.2.1992 – 4 B 232.91 – juris (Volltext).

Berkemann

3.2.3 Zuständigkeit zur Umweltvorabprüfung

Die Bezugnahme des § 33 Abs. 3 S. 1 BauGB auf § 13 BauGB schließt es rechts- **54** technisch aus, daß die Genehmigungsbehörde Vorhaben zuläßt, die nach Maß-gabe des § 13 Abs. 1 Nrn. 1 oder 2 BauGB UVP-pflichtig oder habitatschutzrele-vant sind. Ob dies der Fall ist, hat die Gemeinde zu entscheiden. Sie hat es da-durch getan, daß sie ein Verfahren nach § 13 Abs. 1 BauGB begonnen hat. § 33 Abs. 3 S. 1 BauGB verdeutlicht diesen Bezug, indem die Vorschrift fordert, daß ein Verfahren „nach § 13 durchgeführt" wird. Damit bezieht sich § 33 Abs. 3 BauGB auf ein bereits „laufendes" Verfahren. § 13 Abs. 1 BauGB weist der Gemeinde die Kompetenz zur Beurteilung zu, ob die in § 13 Abs. 1 Nrn. 1 und 2 BauGB ge-nannten Voraussetzungen gegeben sind.

Die Baugenehmigungsbehörde hat danach nur zu prüfen, ob die Gemeinde eine **55** entsprechende Entscheidung getroffen hat. Eine inhaltliche Kontrolle steht ihr nicht zu. Das würde eine vorgezogene „Normverwerfungskompetenz" der Genehmi-gungsbehörde voraussetzen. Diese besteht nach wohl allgemeiner Auffassung nicht.[36] § 216 BauGB ist nicht entsprechend anwendbar.

3.2.4 Vorausgesetztes Genehmigungsverfahren (§ 33 Abs. 3 Satz 2 BauGB 2004)

(1) Die Zulässigkeit des vereinfachten Verfahrens bedingt, daß den betroffenen **56** Öffentlichkeit und den berührten Behörden und sonstigen TöB Gelegenheit zur Stellungnahme eingeräumt wurde (entspr. § 13 Abs. 2 Nrn. 2 und 3 BauGB). § 33 Abs. 3 S. 2 BauGB bezeichnet den „Akteur" nicht. Nach dem Gesamtzusammen-hang (vgl. auch § 36 Abs. 1 S. 1 BauGB) ist es die für die Zulassung des Vorha-bens zuständige Behörde. Die einzuräumende Gelegenheit zur Stellungnahme ist Teil des anhängigen Genehmigungsverfahrens.

Demgemäß setzt auch nur diese Behörde die „angemessene" Stellungnahmefrist **57** fest. Die Angemessenheit richtet sich nach den konkreten Umständen, mithin nach der Komplexität des Sachverhaltes und nach der Informationslage der betroffe-nen Öffentlichkeit und der berührten Behörden (vgl. Kommentierung zu § 13 Abs. 2 BauGB). Eine Verlängerung der Frist ist zulässig (entspr. § 4 Abs. 2 S. 2 Halbs. 2 BauGB). Diese Möglichkeit ist Korrelat zur nur „angemessenen" Fristbestimmung.

(2) **Entscheidungsreife.** Entschieden werden darf erst nach Fristablauf. Das gilt **58** dann, wenn die Behörde erwägt, das Vorhaben nach Maßgabe des § 33 Abs. 3 S. 1 BauGB als Vorweggenehmigung zuzulassen. § 33 Abs. 3 BauGB will mit sei-

---

36 Vgl. „ausnahmsweise" bejahend BVerwG (6. Senat), Urteil vom 31.1.2001 – 6 CN 2.00 – BVerwGE 112, 373 = DVBl 2001, 931 = NVwZ 2001, 1035 = ZfBR 2001, 342 = BauR 2001, 1066 = BRS 64 Nr. 210 (2001); allgemein bejahend G. Gaentzsch, in: BK, 3. Aufl., 2002, § 10 Rn. 39; R.-P. Löhr, in: B/K/L, BauGB, 9. Aufl., 2005, § 10 Rn. 10ff.; vgl. grundsätzlicher und verneinend E. Schmidt-Aßmann, in: F. Schoch u.a., VwGO, Einleitung Rn. 56, 59f.; W. Schrödter, in: H. Schrödter (Hrsg.), BauGB, 7. Aufl., 2005, § 10 Rn. 11ff.; zur Pflicht der Behörde, Normenkontrollverfahren einzuleiten, vgl. P. Bau-meister/J. Ruthig, Staatshaftung wegen Vollzugs nichtiger Normen, in: JZ 1999, 117–125.

nen Maßgaben – ähnlich § 13 Abs. 2 Nrn. 2 und 3 BauGB – Schutzfunktionen zugunsten der betroffenen Öffentlichkeit und der „berührten" Behörden wahrnehmen. Dieses Schutzes bedarf es nicht, wenn die zuständige Behörde bereits auf der Grundlage der für sie erkennbaren Sachlage das Vorhaben als unzulässig beurteilt. Dann liegt Entscheidungsreife vor. Die Behörde hat zu entscheiden.

3.2.5 Ermessen

59 § 33 Abs. 3 BauGB erfordert eine Ermessensentscheidung und ist damit kraft Bundesrechts notwendig verfahrensbezogen. Die Ermessensentscheidung trifft die **Genehmigungsbehörde** und in dem gemäß § 36 Abs. 1 S. 1 BauGB zugeordneten Verfahren des Einvernehmens die Gemeinde. Ist eine behördliche Entscheidung nicht getroffen worden, entsteht trotz des Vorliegens der tatbestandsmäßigen Voraussetzungen des § 33 Abs. 3 BauGB ein baurechtswidriger Zustand. Daran hat das bauordnungsrechtliche Freistellungsrecht nichts geändert. Eine Reduzierung des Ermessens „auf Null" ist nach dem erreichten **Stand der Planungsarbeiten** denkbar. Versagt die Gemeinde rechtswidrig ihr Einvernehmen, kann dieses ersetzt werden. Einzelheiten hierzu sind umstritten.[37] Das EAG Bau hat keinen Anlaß gesehen, zu § 36 BauGB eine Klärung vorzunehmen.

4. Rechtsfehler

60 § 33 BauGB ist ein Zulassungstatbestand. Die Planerhaltungsregelung der §§ 214, 215 BauGB gilt nicht. Irrt sich die Genehmigungsbehörde etwa bei ihrer Entscheidung nach § 33 Abs. 3 S. 2 BauGB über den Kreis der betroffenen Öffentlichkeit oder der „berührten" Behörden, so ist hierauf § 214 Abs. 1 S. 1 Nr. 2 BauGB nicht anwendbar.

5. Rechtsschutz

61 (1) Der Nachbarschutz ist in Anlehnung an § 31 Abs. 2 BauGB zumeist nur bei tatsächlicher Betroffenheit eingeräumt worden. Zudem ist Voraussetzung, daß die Festsetzungen des künftigen B-Plans ihrerseits nachbarschützend waren.[38] Die fehlende materielle Planreife soll der Nachbar dagegen nicht geltend machen kön-

---

37 Vgl. J. Hellermann, Das gemeindliche Einvernehmen (§ 36 BauGB), in: Jura 2002, 589–595; H.-D. Horn, Das gemeindliche Einvernehmen unter städtebaulicher Aufsicht. Zur Debatte um die Rechtsfolgen des § 36 II 3 BauGB, in: NVwZ 2002, 406–416; G. Klinger, Die Ersetzung des gemeindlichen Einvernehmens gemäß § 36 Abs. 2 Satz 3 BauGB, Art. 74 BayBO 1998 – Versuch einer Neubestimmung, in: BayVBl 2002, 481–485; St. Lasotta, Das gemeindliche Einvernehmen nach § 36 BauGB, 1998, S. 209; ders., Das Ersetzen des gemeindlichen Einvernehmens nach § 36 BauGB i.d.F. durch das BauROG 1998, in: BayVBl 1998, 609–618 [615]; ohne Problembewußtsein OVG Koblenz, Beschluß vom 23.9.1998 – 1 B 11493 / 98 – BRS 60, 91; OVG Lüneburg, Beschluß vom 15.10.1999 – 1 M 3614/99 – DVBl 2000, 212 = NVwZ 2000, 1061 = ZfBR 2000, 141 = BauR 2000, 73 = BRS 62 Nr. 122.

38 Vgl. VGH Mannheim, Beschluß vom 24.2.1992 – 3 S 3206/91 – VBlBW 1992, 295 = BauR 1992, 494 = BRS 54 Nr. 172; OVG Münster, Beschluß vom 15.2.1991 – 11 B 2659/90 – NVwZ 1992, 278 = ZfBR 1992, 50 = BauR 1991, 442 = BRS 52 Nr. 170.

Berkemann

nen.[39] Das BVerwG hat in Fortentwicklung des seit 1993 entwickelten nachbarschützenden „Plangewährleistungsanspruches" noch nicht entschieden, ob der Nachbar geltend machen kann, daß das projektierte Vorhaben den künftigen Festsetzungen nicht entspricht.[40] Diese Erweiterung des Nachbarschutzes wäre folgerichtig. Kritisch bleibt die Frage, ob der Nachbar sich allein gegen die mißbräuchliche Anwendung des § 33 BauGB wenden kann.

(2) Die künftigen Festsetzungen können den Anspruch der Nachbargemeinde auf **interkommunale Abstimmung** verletzen. Dazu wird allgemein angenommen, daß die Nachbargemeinde dies auch gegenüber einer erteilten Genehmigung geltend machen kann.[41] Dafür spricht manches.[42] Das EAG Bau hat zudem durch **§ 2 Abs. 2 S. 2 BauGB** die Rechtsposition der Nachbargemeinde stärken wollen. Maßgebend sind mutmaßliche Auswirkungen der künftigen Festsetzungen der Planung insgesamt auf die Nachbargemeinde.[43] Das ist anders, soweit eine flächenbezogene Teilrechtswidrigkeit in Betracht kommt. Nicht entscheidend sind die Wirkungen nur des projektierten Vorhabens; diese können allerdings indiziell bedeutsam sein (vgl. auch § 34 Abs. 3 BauGB). **62**

(3) Eine Normenkontrollklage (§ 47 Abs. 1 VwGO) gegen künftige Festsetzungen ist nach gefestigter Rechtsprechung der Normenkontrollgerichte unzulässig.[44] Das gilt auch dann, wenn Planreife im Sinne des § 33 BauGB gegeben ist.[45] Das BVerwG hat die Frage zu § 33 BauGB a. F. erwogen, aber im konkreten Fall unentschieden gelassen.[46] **63**

---

39 BVerwG, Beschluß vom 28.7.1994 – 4 B 94.94 – NVwZ 1995, 598 = UPR 1995, 107 = ZfBR 1995, 53 = BRS 56 Nr. 163: weitergehend erwägend OVG Schleswig, Beschluß vom 29.3.1994 – 1 M 14/94 – NVwZ 1994, 916 = SchlHA 1994, 152.

40 Vgl. BVerwG, Urteil vom 16.9.1993 – 4 C 28.91 – BVerwGE 94, 151 = DVBl 1994, 284 = NVwZ 1994, 783 = UPR 1994, 69 = ZfBR 1994, 97 = BauR 1994, 223 = BRS 55 Nr. 110; Urteil vom 23.8.1996 – 4 C 13.94 – BVerwGE 101, 364 = DVBl 1997, 61 = NVwZ 1997, 384 = ZfBR 1996, 328 = BauR 1997, 72 = BRS 58 Nr. 159 (1996); Urteil vom 24.2.2000 – 4 C 23.98 – DVBl 2000, 1340 = NVwZ 2000, 1054 = UPR 2000, 455 = ZfBR 2000, 423 = BauR 2000, 1306; Beschluß vom 2.2.2000 – 4 B 87.99 – NVwZ 2000, 679 = UPR 2000, 234 = ZfBR 2000, 421 = BauR 2000, 1019.

41 Vgl. J. Stock, in: E/Z/B/K, BauGB, § 33 Rn. 67 (Stand: Mai 2003).

42 Vgl. M. Uechtritz, Die Gemeinde als Nachbar – Abwehransprüche und Rechtsschutz von Nachbargemeinden gegen Einkaufszentren, Factory-Outlets und Großkinos, in: BauR 1999, 572–588.

43 Vgl. dazu BVerwG, Urteil vom 1.8.2002 – 4 C 5.01 – BVerwGE 117, 25 = DVBl 2003, 62 = NVwZ 2003, 86 = UPR 2003, 35 = NuR 2003, 165 = ZfBR 2003, 38 = BauR 2003, 55 = BRS 65 Nr. 10 – Einkaufszentrum Zweibrücken.

44 Vgl. etwa VGH München, Beschluß vom 15.12.1999 – 1 NE 99.3162 – NVwZ-RR 2000, 469; OVG Bautzen, Beschluß vom 22.1.1998 – 1 S 770/97 – NVwZ 1998, 527 = BauR 1998, 513 = BRS 60 Nr. 61; OVG Schleswig, Beschluß vom 29.3.1994 – 1 M 14/94 – NVwZ 1994, 916; ebenso BVerwG, Beschluß vom 2.6.1992 – 4 N 1.90 – NVwZ 1992, 1088 = UPR 1992, 347 = ZfBR 1992, 238 = BauR 1992, 743 = BRS 54 Nr. 33.

45 Vgl. VGH München, Urteil vom 30.7.1999 – 26 NE 99.2007 – ZfBR 1999, 347 = UPR 1999398 = BRS 62 Nr. 57; a. A. H. Jäde, Prinzipale Normenkontrolle planreifer Bebauungspläne?, in: BayVBl 1985, 225–227; M. Uechtritz, Die Gemeinde als Nachbar – Abwehransprüche und Rechtsschutz von Nachbargemeinden gegen Einkaufszentren, Factory-Outlets und Großkinos, in: BauR 1999, 572–588 [587].

46 BVerwG, Beschluß vom 5.10.2001 – 4 BN 48.01 – NVwZ-RR 2002, 256 = UPR 2002, 110 = ZfBR 2002, 172 = BauR 2002, 172 = BRS 64 Nr. 50 (2001).

6. Überleitungsrecht

64 (1) Besondere Regelungen zu § 33 Abs. 3 BauGB bestehen nicht. Maßgebend ist nach den allgemeinen Regeln die Gesetzeslage im Zeitpunkt der behördlichen Entscheidung über den Bauantrag.

65 (2) Jedoch ist in materieller Hinsicht § 244 Abs. 2 BauGB entsprechend anzuwenden, wenn das Bebauungsplanverfahren förmlich vor dem 20.7.2004 eingeleitet wurde und die Genehmigungsentscheidung vor dem 20.7.2006 ergeht (vgl. zur entsprechenden Fragestellung oben zu § 33 Abs. 1 und 2 BauGB).

§ 34 BauGB – Zulässigkeit von Vorhaben innerhalb der im Zusammenhang bebauten Ortsteile

Berkemann

I. § 34 Abs. 2 BauGB 2004 – Anpassung an § 9 a BauGB 2004

1. Text der geänderten Fassung

(2) Entspricht die Eigenart der näheren Umgebung einem der Baugebiete, die in der auf Grund des § 9a **1** erlassenen Verordnung bezeichnet sind, beurteilt sich die Zulässigkeit des Vorhabens nach seiner Art allein danach, ob es nach der Verordnung in dem Baugebiet allgemein zulässig wäre; auf die nach der Verordnung ausnahmsweise zulässigen Vorhaben ist § 31 Abs. 1, im Übrigen ist § 31 Abs. 2 entsprechend anzuwenden.

2. Textgeschichte

Der Gesetzestext entspricht dem Entwurf der BReg. und dem Bericht des 14. BTags- **2** Ausschusses (BTag-Drs. 15/2250 S. 15, 54; 15/2996 S. 38).

3. Erläuterung der Änderung

Die Änderung ist eine Folgeänderung; sie ist nur redaktioneller Art. Die Ermächti- **3** gungsregelung des § 2 Abs. 5 BauGB a.F. wird als § 9a BauGB n.F. im BauGB nur aus systematischen Gründen abweichend plaziert.

II. § 34 Abs. 3 BauGB 2004 – Schädliche Auswirkungen

1. Text der geänderten Fassung

(3) Von Vorhaben nach Absatz 1 oder 2 dürfen keine schädlichen Auswirkungen auf zentrale Ver- **4** sorgungsbereiche in der Gemeinde oder in anderen Gemeinden zu erwarten sein.

2. Textgeschichte

Der Gesetzestext entspricht dem Entwurf der BReg. und dem Bericht des 14. BTags- **5** Ausschusses (BTag-Drs. 15/2250 S. 16, 54; 15/2996 S. 38f., 98). Die Unabhängige Expertenkommission hatte Änderungen für eine verbesserte „standortgerechte Steuerung des Einzelhandels" angeregt.[1] Ihre Empfehlung enthielt auch den Vorschlag, daß einem nach § 34 BauGB zu beurteilenden Vorhaben Ziele der Raumordnung nicht entgegenstehen dürften. Dem ist der Gesetzgeber nicht gefolgt.[2]

3. Erläuterung der Änderung

Lit.: Peter Runkel, Factory-Outlet-Center. Eine neue Dimension von Einkaufszentren als Bedrohung lebendiger Innenstädte, in: UPR 1998, 241–247; Michael Uechtritz, Neuregelungen im EAG Bau zur „standortgerechten Steuerung des Einzelhandels", in: NVwZ 2004, 1025–1033: Matthias Paul, Rechtliche Bindungen und Steuerungsmöglichkeiten bei der Ansiedlung von Einkaufszentren in der Innenstadt, in: NVwZ 2004, 1033–1040.

3.1 Zielsetzung und Funktion

6 (1) § 34 Abs. 3 BauGB enthält Vorgaben für die Ansiedlung von Vorhaben im unbeplanten Innenbereich. Es handelt sich weitgehend um eine Parallelbestimmung zu § 2 Abs. 2 S. 2 BauGB 2004. Danach können sich die Gemeinden im Rahmen der interkommunalen Abstimmung „auch auf die ihnen durch Ziele der Raumordnung zugewiesenen Funktionen sowie auf Auswirkungen auf ihre zentralen Versorgungsbereiche berufen".

7 (2) Die städtebaupolitische Nähe der Regelung zu § 11 Abs. 3 BauNVO ist offenkundig. § 11 Abs. 3 BauNVO erfaßt Betriebe, die entgegen dem städtebaulichen Leitbild, durch die Standorte des Einzelhandels eine funktionsnahe Beziehung zum Wohnen herzustellen, an wohnungsfernen, verkehrlich schlecht oder nur mit dem Auto erreichbaren Standorten auf großer Fläche ein Warenangebot für den privaten Bedarf der Allgemeinheit bereithalten. Er zielt darauf ab, den Einzelhandel an den Standorten zu sichern, die in das städtebauliche Ordnungssystem funktionsgerecht eingebunden sind.

8 Daß auf diese Weise die Wirtschaftsstruktur in den vorhandenen zentralen Versorgungsbereichen gestärkt wird, ist nicht Selbstzweck. Der Schutz der mittelständischen Wirtschaft dient nicht als Mittel dafür, bestimmte Wettbewerbsverhältnisse zu stabilisieren. Vielmehr soll sichergestellt werden, daß durch die überregionale Steuerung von Einzelhandelsbetrieben nicht die wirtschaftliche Existenz derjenigen Betriebe bedroht oder gar vernichtet wird, die eine verbrauchernahe Versorgung gewährleisten.[3]

---

1 Bericht der Unabhängigen Expertenkommission, Aug. 2002, Rn. 76ff.

2 Ablehnend auch H. Janning, Die Novelle zum BauGB aus der Sicht der Gemeinden, in: W. Spannowsky/T. Krämer (Hrsg.), BauGB-Novelle 2004. Aktuelle Entwicklungen des Planungs- und Umweltrechts, 2004, S. 11–37 [26].

3 BVerwG, Urteil vom 1.8.2002 – 4 C 5.01 – BVerwGE 117, 25 = DVBl 2003, 62 = NVwZ 2003, 86 = GewArch 2002, 491 = UPR 2003, 35 = ZfBR 2003, 38 = BauR 2003, 55 = NuR 2003, 165 = BayVBl 2003, 279 zu OVG Koblenz, Urteil vom 25.4.2001 – 8 A 11441/00 – NVwZ-RR 2001, 638 = BauR 2002, 577 = BRS 64 Nr. 33, mit Anm. Th. Nickel, in: UPR 2003, 22–24; G. Wurzel, in: DVBl 2003, 197–201; M. Uechtritz, in: NVwZ 2003, 176–179; H. Jochum, in: BauR 2003, 31–37.

Berkemann

(3) § 34 Abs. 3 BauGB 2004 korrigiert u. a. zumindest teilweise eine Rechtspre- 9
chung. Das BVerwG hatte 1993 entschieden, daß sich eine Nachbargemeinde
nicht darauf berufen könne, ein nach § 34 BauGB zu beurteilendes Vorhaben verstoße gegen Ziele der Raumordnung.[4] Dieses Ergebnis beruhte letztlich auf der
seinerzeitigen Entscheidung des Gesetzgebers, die in § 34 Abs. 1 BBauG enthaltene Einschränkung, dem Vorhaben dürften öffentliche Belange nicht entgegenstehen, zu streichen (vgl. § 34 Abs. 1 BauGB 1987).[5]

Damit war zugleich eine überregionale **Steuerung der Fernwirkung** großflächiger 10
Einzelhandelsbetriebe durch festgelegte Ziele der Raumordnung ausgeschlossen.[6]
Über den Vorbehalt der „entgegenstehenden öffentlichen Belange" wäre in der
Anwendung des § 34 Abs. 1 BauGB unmittelbar ein Rückgriff auf das Planungserfordernis als Zulässigkeitsvoraussetzung möglich gewesen. Eine Regulierung
konnte zwar objektiv durch eine auf § 1 Abs. 3 S. 1 BauGB gestützte „Erstplanungspflicht" bei hoher infrastruktureller Komplexität durchaus kompensiert werden.[7] Jedoch konnten dies weder der Nachbar noch die Nachbargemeinde unmittelbar geltend machen. Es bedurfte dazu des „Umweges" über die Kommunalaufsicht, auf deren Einschreiten im Zweifel ein subjektives Recht nicht gegeben ist.

(4) § 34 Abs. 3 BauGB korrigiert die Entscheidung des Gesetzgebers des BauGB 11
1987 mittelbar und gegenständlich begrenzt, ohne einen ausdrücklichen Rückgriff
auf Ziele der Raumordnung vorauszusetzen. Aus § 11 Abs. 3 Satz 2 und 3 BauNVO
lassen sich entsprechende Zielsetzungen entnehmen.[8] Kritisch bleibt die Frage
gleichwohl für **zwei Fallbereiche**. Für diese hält § 11 Abs. 3 BauNVO selbst keine
angemessene Lösung bereit:

[1] Denkbar ist folgendes: **Innerhalb der Gemeinde** hat sich ein faktisches Son- 12
dergebiet entwickelt, in dem bereits eine oder mehrere gleichartige Anlagen vorhanden sind. Soll z. B. ein weiterer großflächiger Einzelhandelsbetrieb in diesem
Gebiet errichtet werden, bietet dagegen § 11 Abs. 3 BauNVO kaum einen angemessenen Regulierungsmechanismus.[9] Hier soll § 34 Abs. 3 BauGB zumindest
bei einer überörtlich relevanten Struktur ein Hindernis bieten, auch wenn ein zentraler Versorgungsbereich als ein Ziel der Raumordnung nicht festgelegt wurde.

---

4   BVerwG, Urteil vom 11.2.1993 – 4 C 15.92 – DVBl 1993, 914 = NVwZ 1994, 285 = ZfBR 1993, 191
    = UPR 1993, 263 = NuR 1994, 185 = BRS 54 Nr. 174 (Goldene Meile – Völklingen/Bous) mit Bespr.
    R. Voß, in: ZfBR 1994, 111–113.
5   Vgl. dazu O. Schlichter, in: BK, 2. Aufl., 1995, § 34 Rn. 39ff.
6   Vgl. BVerwG, Urteil vom 26.5.1978 – 4 C 9.77 – BVerwGE 55, 369 = DVBl 1978, 815 = BauR 1978,
    276 = NJW 1978, 2564 [Harmonie-Urteil mit Anm. W. Lenz, in: BauR 1978, 329; Urteil vom 3.2.1984
    – 4 C 17.82 – BVerwGE 68, 369 = DVBl 1984, 632 = NVwZ 1984, 583 (Verbrauchermarkt SB-Waren-
    haus).
7   BVerwG, Urteil vom 17.9.2003 – 4 C 14.01 – BVerwGE 119, 25 = DVBl 2004, 239 = NVwZ 2004,
    220 = UPR 2004, 137 (Mülheim-Kärlich); zurückhaltend zum „Planerfordernis" im Anwendungsbe-
    reich des § 34 Abs. 1 BBauG noch BVerwG, Urteil vom 24.10.1980 – 4 C 3.78 – BVerwGE 61, 128
    = DVBl 1981, 401 = NJW 1981, 2426 = ZfBR 1981, 34 = BauR 1981, 48 = BRS 36 Nr. 169.
8   Vgl. BVerwG, Urteil vom 1.8.2002 – 4 C 5.01 – BVerwG 117, 25 = DVBl 2003, 62 = NVwZ 2003, 86
    = BauR 2003, 55 – Einkaufszentrum Zweibrücken (FOC).
9   So Unabhängige Expertenkommission, Bericht, Aug. 2002, Rn. 207ff.

13 [2] Geschützt werden soll ferner die Gemeinde, in deren Gebiet sich ein zentraler Versorgungsbereich befindet, vor „gegenläufigen" Vorhaben in einer **konkurrierenden Nachbargemeinde**. § 34 Abs. 1 BauGB erfaßt nach allgemeiner Auffassung nur den maßgeblichen „kleinräumigen" Bezugsrahmen der näheren Umgebung, also keine **Fernwirkung** großflächiger Einzelhandelsbetriebe.[10] § 34 Abs. 3 BauGB will diese Begrenzung aufheben. Die Vorschrift richtet sich damit erkennbar gegen nicht gesamträumlich geplante Factory Outlet Centren.[11] Die Vorschrift ist darauf indes nicht beschränkt.

3.2 Inhalt der Regelung

3.2.1 Regelungsbereiche

14 (1) § 34 Abs. 3 BauGB betrifft sowohl den nicht qualifiziert beplanten Innenbereich nach § 34 Abs. 1 BauGB als auch das faktische Baugebiet nach § 34 Abs. 2 BauGB. Das Gesetz geht davon aus, daß auch bei einer über § 34 Abs. 2 BauGB angeordneten Anwendung der BauNVO eine substantielle ökonomische Gefährdung eintreten kann, ohne daß dem gemeindegebietsbezogen durch Mittel der BauNVO begegnet werden kann. In der Tat erfaßt § 15 Abs. 1 BauNVO ebenfalls keine Fernwirkungen.[12]

15 (2) § 34 Abs. 3 BauGB wird mutmaßlich seine praktische Bedeutung vor allem bei städtebaulich relevanten Konkurrenzlagen **großflächiger Einzelhandelsbetriebe** erhalten.[13] Soll innerhalb eines nach § 34 BauGB zu beurteilenden Gebiets ein weiterer großflächiger Einzelhandelsbetrieb errichtet werden, so wird sich der „neue" Betrieb in aller Regel nach Maßgabe des § 34 Abs. 1 BauGB in die vorhandene Struktur einfügen. Dieser Situation könnte die Gemeinde durch planerische Ausweisung von Sondergebieten zwar ohne weiteres begegnen. Das ist auch durch Veränderungssperren (§ 14 BauGB) möglich. Unterläßt die Gemeinde derartige planerische Maßnahmen, kommt ihr § 34 Abs. 3 BauGB insoweit entgegen, als schädliche Auswirkungen auf bereits zentrale Versorgungsbereiche im eigenen Gemeindegebiet ausgeschlossen werden.

3.2.2 Schutzziel: zentraler Versorgungsbereich

16 (1) **Schutzobjekt** ist ein bereits vorhandener „zentraler Versorgungsbereich", und zwar in der eigenen Gemeinde (Standortgemeinde) oder in einer Nachbargemein-

10 Vgl. BVerwG, Urteil vom 11.2.1993 – 4 C 15.92 – DVBl 1993, 914 = NVwZ 1994, 285 = ZfBR 1993, 191 = UPR 1993, 263 = NuR 1994, 185 = BRS 54 Nr. 174 (Goldene Meile – Völklingen/Bous) mit Bespr. R. Voß, in: ZfBR 1994, 111–113; ferner BVerwG, Beschluß vom 20.4.2000 – 4 B 25.00 – ZfBR 2001, 142 = BauR 2001, 212 = BRS 63 Nr. 103 (2000).

11 Vgl. allg. W. Erbguth, Factory-Outlet-Center. Landesplanungs- und städtebauliche Fragen, verfassungswie verwaltungsrechtliche Aspekte, in: NVwZ 2000, 969–977; H. Schmitz, Raumordnerisch und städtebaulich relevante Rechtsfragen der Steuerung von Factory-Outlet-Center, in: ZfBR 2001, 85–92.

12 BVerwG, Urteil vom 3.2.1984 – 4 C 8.80 – BVerwGE 68, 352 = DVBl 1984, 637 = UPR 1984, 234 = ZfBR 1984, 137 = BauR 1984, 373 = BRS 42 Nr. 49.

13 H.-D. Upmeier, Einführung zu den Neuregelungen durch das Europarechtsanpassungsgesetz Bau (EAG Bau), in: BauR 2004, 1382–1392 [1390]; ebenso EAG Mustererlaß 2004, Nr. 4.2.1 Abs. 1.

de („andere Gemeinde"). Hingegen ist kein Schutzobjekt der vorhandene kleinflächige Einzelhandel, der sich, etwa im Stadtkern, den Auswirkungen eines (weiteren) großflächigen Einzelhandels ausgesetzt sieht.

Das Gesetz bestimmt nicht, was als „zentraler Versorgungsbereich" zu verstehen **17** ist (vgl. ähnlich § 2 Abs. 2 S. 2 BauGB). Als zentrale Bereiche sind u.a. Märkte gemeint, die nach Lage, Art und Zweckbestimmung vorwiegend der nicht verbrauchernahen, sondern eher der übergemeindlichen Versorgung der Bevölkerung dienen. Die Entwurfsbegründung der BReg. denkt dabei in erster Linie an den großflächigen Einzelhandelsbetrieb.[14] Das ist indes zu eng. § 34 Abs. 3 BauGB ist nicht auf den Einzelhandel begrenzt. Die Regelung kann auch für andere zentrale Versorgungsbereiche bedeutsam sein.

Nicht genügend ist es, wenn „nur" irgendwelche Auswirkungen auf die Versorgung **18** der Bevölkerung im Einzugsbereich des Vorhabens nachweisbar sind.[15] Eine derartige Deutung würde zu einer starken Petrifizierung bereits vorhandener Versorgungsstrukturen, auch gerade der Nahversorgung, führen. Die Nahversorgung der Bevölkerung ist in § 34 Abs. 3 BauGB nur über das Medium der zentralen Versorgungsbereiche innerstädtisch oder interkommunal schutzfähig.

(2) **Gefährdungsobjekt** ist die vorhandene Zentralität einer Versorgung der Be **19** völkerung. Die Zentralität muß durch das Ansiedlungsvorhaben in seiner flächenbezogenen Funktionalität beeinträchtigt werden. Eine Gemeinde kann mehrere zentrale Versorgungsbereiche haben, etwa stadtteilbezogen.[16]

Der zu schützende zentrale Versorgungsbereich muß grundsätzlich tatsächlich **20** vorhanden sein. In aller Regel wird sich dazu die Zentralität des Versorgungsbereiches einer Gemeinde aus einer Darstellung im F-Plan oder aus Festsetzungen in B-Plänen ausdrücklich oder doch indiziell entnehmen lassen.[17] Der „zentrale Versorgungsbereich" kann auch als **Ziel der Raumordnung** im Sinne des § 3 Nr. 2 ROG in einem Raumordnungsplan festgelegt sein. Die Festlegung ist nach § 7 Abs. 2 S. 1 Nr. 1 Buchst. b) ROG möglich. Das kann in einem Regionalplan geschehen. Die Festlegung eines Ziels der Raumordnung erfordert allerdings eine letztverbindliche Entscheidung, die weiterer vorhabenbezogener Abwägung nicht zugänglich ist.[18]

---

14 BReg, in: BTag-Drs. 15/2250 S. 54.
15 Wie hier M. Uechtritz, Neuregelung im EAG Bau zur „standortgerechten Steuerung des Einzelhandels, in: NVwZ 2004, 1025–1033 [1029f.].
16 Vgl. H. Kopf, Rechtsfragen bei der Ansiedlung von Einzelhandelsgroßprojekten unter besonderer Berücksichtigung von Factory Outlet Centren, 2002, S. 218; W. Söfker, in: E/Z/B, BauNVO, § 11 Rn. 76; abweichend insoweit wohl OVG Bautzen, Urteil vom 8.12.1993 – 1 S 81/93 – LKV 1995, 84 [86] = SächsVBl 1994, 180.
17 Wie hier M. Uechtritz, Neuregelung im EAG Bau zur „standortgerechten Steuerung des Einzelhandels, in: NVwZ 2004, 1025–1033 [1030].
18 Vgl. BVerwG, Beschluß vom 20.8.1992 – 4 NB 20.91 – BVerwGE 90, 329 [334f.] = NVwZ 1993, 167 = DVBl 1992, 1438 = ZfBR 1992, 280 = UPR 1992, 447 = DÖV 1993, 118 = NuR 1993, 79 = BRS 54 Nr. 12; Urteil vom 19.7.2001 – 4 C 4.00 – BVerwGE 115, 17 = NVwZ 2002, 476 = DVBl 2001, 1855 [1856] = UPR 2002, 33 = BauR 2002, 41 = DÖV 2002, 76 = NuR 2002, 49 = ZfBR 2002, 65; vgl. auch W. Hoppe, in: W. Hoppe/Chr. Bönker/S. Grotefels, Öffentl. Baurecht, 2. Aufl., 2002, S. 73, 82.

21 Nicht ausreichend ist es für die Annahme einer Gefährdung, daß in einem informelen Einzelhandelskonzept zentrale Versorgungsbereiche vorgesehen sind.[19] Von den nach § 34 Abs. 1 oder Abs. 2 BauGB an sich zulässigen Vorhaben können keine schädlichen Auswirkungen auf zentrale Versorgungsbereiche ausgehen, solange diese nicht vorhanden sind oder zumindest planerisch als vorhanden gelten können. § 34 Abs. 3 BauGB beabsichtigt keinen Schutz von Konzepten, die das Stadium einer außenwirksamen Planung nicht erreicht haben. Dies würde sonst einer informell ausgelösten Veränderungssperre gleichkommen.

3.2.3 Schädliche Auswirkungen

22 (1) **Auswirkungen.** Der Begriff der „Auswirkungen" ist stark interpretationsbedürftig. Eine Eingrenzung ist zunächst dahin vorzunehmen, daß sich die Wirkungen gerade auf einen (vorhandenen) zentralen Versorgungsbereich als Schutzobjekt beziehen muß. Mithin muß sich die mit dem Vorhaben verbundene Nutzungsweise beeinflussend auf die Funktionalität des zentralen Versorgungsbereich beziehen. Derartige Wirkung werden sich regelmäßig zugleich auf die städtebauliche Entwicklung und Ordnung auswirken können (vgl. § 11 Abs. 3 S. 1 Nr. 2 BauNVO). § 11 Abs. 3 S. 2 BauNVO enthält eine beispielgebende Umschreibung dieser Wirkungen. Dies kann zur Erläuterung der gesetzlichen Regelung herangezogen werden. Danach sind derartige Auswirkungen vor allem Auswirkungen auf die infrastrukturelle Ausstattung, auf den Verkehr, auf die Versorgung der Bevölkerung im Einzugsbereich der „zentralen" Versorgungseinrichtung, auf die weitere Entwicklung vorhandener, insoweit auch miteinander vernetzter zentraler Versorgungseinrichtungen in der Gemeinde.

23 (2) **Schädliche Auswirkungen.** Daß ein Vorhaben innerhalb der Gemeinde oder in einer Nachbargemeinde Auswirkungen hat, ist an sich noch kein Hindernis für seine Zulässigkeit. Daß würde anderenfalls zu einer Petrifizierung führen. Daß das zu beurteilende Vorhaben „Auswirkungen" mutmaßlich auf zentrale Versorgungsbereiche besitzt, genügt daher noch nicht, um aus diesem Grunde eine Zulassung zu verhindern. Die Auswirkung muß darüber hinaus für einen zentralen Versorgungsbereich „schädlich" sein. Mit diesem Erfordernis unterscheidet sich § 34 Abs. 3 BauGB n.F. textlich von der Regelung des § 11 Abs. 3 S. 2 BauNVO. Die Differenzierung ist verständlich. § 11 Abs. 3 S. 1 BauNVO will durch die Zuweisung in das Kerngebiet oder in ein Sondergebiet bereits auf einer tieferen Stufe der Regulierung eingreifen. Daher ist hier der „Schwellenwert" der Auswirkung für Vorhaben innerhalb der Gemeinde geringer gewählt. Auch ein Bezug auf § 2 Abs. 2 S. 2 BauGB scheidet aus.

24 Veränderungen der bestehenden Wettbewerbslage genügen grundsätzlich nicht. § 34 Abs. 3 BauGB eröffnet keine interkommunale Abwägung, sondern stellt bereits das Ergebnis einer gesetzlichen Abwägung dar. Daher muß der Schwellen-

---

19 A.A. wohl W. Schrödter, Das Europarechtsanpassungsgesetz Bau – EAG Bau, in: NST-N 2004, 197–216 [209].

Berkemann

wert hier tendenziell deutlich höher liegen, als es die nur abwägungseröffnende Zielsetzung des § 2 Abs. 2 BauGB erfordert. Die sog. „Krabbenkamp"-Formel des BVerwG ist jedenfalls hier nicht anwendbar.[20]

Die „Schädlichkeit" kann sich auf die Gefahr einer nachhaltigen Störung der städte- 25
baulichen Entwicklung und Ordnung der Gemeinde beziehen, auch auf die fehlende Effektivität der überregionalen Steuerung durch Ziele der Raumordnung (vgl. § 7 Abs. 7 ROG 2004).[21] Die Auswirkungen müssen nicht nur nachteilig, sondern „schädlich" sein. Der Schaden muß in der nunmehrigen „Unausgewogenheit" durch störende Faktoren entstehen, die gerade in Wirkungen des beabsichtigten Vorhabens liegen. Die Zulassung weiterer Vorhaben muß zu einer erheblichen Belastung im Raum führen. Auch Störungen in der verbrauchernahen Versorgung der Bevölkerung kommen in Betracht.

Im allgemeinen wird hierbei hinsichtlich großflächiger Einzelhandelsbetriebe ein 26
wirklich spürbaren **Kaufkraftentzug** (Kaufkraftabfluß, Kaufkraftumlenkung) indiziell sein.[22] Vielfach wird eine „schädliche", weil auch abwägungsresistente Auswirkung bei einem prognostizierten Kaufkraftabfluß von etwa 20 % des Einzelhandelsumsatzes angenommen. § 34 Abs. 3 BauGB dient indes keinem verbotenen Konkurrentenschutz. Das wäre mit dem Grundsatz der Berufsfreiheit nicht vereinbar. Daher bedarf der Begriff der schädlichen Auswirkungen der teleologischen Reduktion dahin, daß die Auswirkungen zugleich in die städtebauliche Ordnung und Entwicklung störend eingreift. Der Kaufkraftabfluß ist indes nur ein Indiz, etwa im Sinne eines „Anfangsverdachtes". Maßgebend sind letztlich infrastrukturelle Störungen von Gewicht. Das können auch städtische Verödungen sein, die deutlich unterhalb des Kaufkraftabflusses von etwa 20 % liegen. Zu denken ist ganz allgemein an erhebliche städtebauliche Funktionsverluste (vgl. § 171 a Abs. 2 BauGB).

Auch die erhebliche Veränderung von Verkehrsströmen oder ein unerwünschtes 27
Verkehrsaufkommen können „schädliche" Auswirkungen auf zentrale Versorgungsbereiche sein. Ein sog. trading-down-Effekt kann bereits hinreichend sein. Das alles muß mutmaßlich („zu erwarten sein") letztlich auch städtebauliche Auswirkungen haben.

---

20 Vgl. näher G. Halama, Die Metamorphose der Krabbenkamp-Formel in der Rechtsprechung des Bundesverwaltungsgerichts, in: DVBl 2004, 79–83 [81]; vgl. BVerwG, Urteil vom 8.9.1972 – 4 C 17.71 – BVerwGE 40, 323 = DVBl 1973, 34 = BauR 1972, 352 = BRS 25 Nr. 14; abweichend wohl M. Uechtritz, Neuregelung im EAG Bau zur „standortgerechten Steuerung des Einzelhandels, in: NVwZ 2004, 1025–1033 [1031], der bereits einen Kaufkraftabfluß bei zentrenrelevanten Sortimenten ab etwa 10 % als „schädliche" Auswirkung ansehen will.

21 Vgl. BVerwG, Urteil vom 30.1.2003 – 4 CN 14.01 – DVBl 2003, 733 = NVwZ 742; Beschluß vom 20.8.1992 – 4 NB 20.91 – BVerwGE 90, 329 [334f.] = DVBl 1992, 1438 = NVwZ 1993, 410 = ZfBR 1992, 280 = UPR 1992, 447 = NuR 1993, 78 = BRS 54 Nr. 12; Urteil vom 19.7.2001 – 4 C 4.00 – BVerwGE 115, 17 = DVBl 2001, 1855 = NVwZ 2002, 478 = UPR 2002, 33 = BauR 2002, 41 = NuR 2002, 49 = ZfBR 2002, 65 = BRS 64 Nr. 96; vgl. auch G. Halama, Durchsetzung und Abwehr von Zielen der Raumordnung und Landesplanung auf der Gemeindeebene, in: J. Berkemann u.a. (Hrsg.), Planung und Planungskontrolle. Festschrift O. Schlichter, 1995, S. 201–226.

22 Vgl. OVG Frankfurt (Oder), Beschluß vom 26.3.2001 – 3 B 113/00 Z – DVBl 2001, 1288.

3.2.4 Behördliche Feststellungen

28 (1) **Aufklärungslast der Behörde.** Die Genehmigungsbehörde hat die **Beweislast** für die Voraussetzungen des § 34 Abs. 3 BauGB. Die Regelung schränkt die Zulässigkeit des Vorhabens nach § 34 Abs. 1 und 2 BauGB ein. Die Behörde muß daher die schädlichen Auswirkungen näher ermitteln (ggf. durch Gutachten) und begründen. Eine naheliegende Frage ist es, ob der Landesgesetzgeber in der LBauO spezifische Ermittlungsregelungen schaffen sollte.

29 Es steht jedenfalls nichts entgegen, daß die Baugenehmigungsbehörde die benachbarte Gemeinde unterrichtet und ihr Gelegenheit zur Stellungnahme gibt. Das kann zweckmäßig sein, um die Bestandskraft der erteilten Baugenehmigung abzusichern. Die Standortgemeinde kann sich im Rahmen des Einvernehmensverfahrens äußern (§ 36 Abs. 1 BauGB).

30 (2) **Vermutungsregel des § 11 Abs. 3 S. 2ff. BauNVO?** Die Genehmigungsbehörde kann auf die Vermutungsregel des § 11 Abs. 3 S. 3 BauNVO auch in Fällen eines großflächigen Einzelhandels nicht zurückgreifen, um von „schädlichen" Auswirkungen ausgehen zu können.[23] Die Vermutungsregelung des § 11 Abs. 3 S. 3 BauNVO setzt eine planerische Entscheidung der Gemeinde voraus, welche im Sinne des § 1 Abs. 3 S. 1 BauGB Ordnung und Entwicklung abwägend steuert. Daran fehlt es in § 34 Abs. 3 BauGB. Erst die planerische Entscheidung der Gemeinde löst die „vermutete" Unzulässigkeit des großflächigen Einzelhandelsbetriebes aus. Es besteht kein Anhalt dafür, daß der Gesetzgeber dieses Ziel in § 34 Abs. 3 BauGB ebenfalls typischerweise erreichen wollte. Vielmehr sollten nur die „Fernwirkungen" einbezogen werden.[24]

3.3 Subjektive Rechtsposition

31 (1) Die Standortgemeinde kann sich der fehlerhaften Anwendung des § 34 Abs. 3 BauGB durch Versagen des Einvernehmens (§ 36 Abs. 1 S. 1 BauGB) bereits verfahrensrechtlich erwehren. Die Nachbargemeinde hat diese Möglichkeit nicht. Auf ihre „interkommunale" Zustimmung kommt es nicht an.

32 (2) Für die Nachbargemeinde war bisher umstritten, ob sie sich bei der baurechtliche **Einzelgenehmigung** auf das interkommunale Abstimmungsgebot des § 2 Abs. 2 BauGB berufen kann. Die Meinungen waren im Schrifttum geteilt.[25] Die

---

23 Wie hier M. Uechtritz, Neuregelung im EAG Bau zur „standortgerechten Steuerung des Einzelhandels, in: NVwZ 2004, 1025–1033 [1031f.]; abweichend wohl G. Halama, Die Metamorphose der Krabbenkamp-Formel in der Rechtsprechung des Bundesverwaltungsgerichts, in: DVBl 2004, 79–83 [82f.]; OVG Lüneburg, Beschluß vom 15.11.2002 – 1 ME 151/02 – NVwZ-RR 2003, 486 = BauR 2003, 659 = BRS 65 Nr. 69 (2002).

24 Vgl. W. Söfker, Neuregelungen im Bereich der planungsrechtlichen Zulässigkeit von Vorhaben, in: W. Spannowsky/T. Krämer (Hrsg.), BauGB-Novelle 2004. Aktuelle Entwicklungen des Planungs- und Umweltrechts, 2004, S. 87–94 [88].

25 Für entsprechende Anwendung u.a. W. Schrödter, in: H. Schrödter (Hrsg.), BauGB, 6. Aufl., 1998, § 2 Rn. 48; R. Jahn, Interkommunale Abstimmungsgebot und gemeindlicher Nachbarschutz, in: GewArch 2002, 412–415 [413]; kritisch M. Uechtritz, Die Gemeinde als Nachbar – Abwehransprüche und

Berkemann

§ 34 BauGB 2004

Rechtsprechung des BVerwG war hierzu nicht eindeutig.[26] § 34 Abs. 3 BauGB beendet diese Streitfrage. Die Vorschrift begründet für die „andere Gemeinde" eine „drittschützende" Rechtsschutzposition.[27] Sie kann mit Rückgriff auf § 34 Abs. 3 BauGB jedenfalls geltend machen, daß durch das projektierte Vorhaben „schädliche Auswirkungen" auf zentrale Versorgungsbereiche in ihrem Gemeindegebiet zu erwarten sind.

Das eröffnet der Nachbargemeinde Widerspruchs- und Klagebefugnisse gegen **33** insoweit rechtswidrige Baugenehmigungen.[28] Problematisch ist hierzu die Frage der Rechtzeitigkeit. Da im Regelfall die erteilte Baugenehmigung der Nachbargemeinde nicht zugestellt worden sein wird (vgl. § 58 Abs. 1 VwGO), kommt es nach Treu und Glauben darauf an, wann das Erheben eines Rechtsbehelfs zumutbar ist.[29] Das setzt hinreichend zuverlässige Kenntnis der Nachbargemeinde voraus, welche die Gemeinde zur Nachfrage bei der Standortgemeinde oder der zuständigen Baugenehmigungsbehörde veranlassen kann. Das muß nicht erst im Zeitpunkt der Betriebsaufnahme der Fall sein.

(3) Für andere Dritte, seien sie in der Standortgemeinde oder in der Nachbarge- **34** meinde, eröffnet § 34 Abs. 3 BauGB keinen Rechtsschutz. § 34 Abs. 3 BauGB verändert nicht den Grundsatz, daß städtebauliche Regelungen grundsätzlich „wettbewerbsneutral" sind. Geschützt wird durch § 34 Abs. 3 BauGB die Funktionalität zentraler Versorgungsbereiche. Die dadurch erzeugte Erschwernis der Ansiedlung anderer Versorgungsbereiche ist lediglich ein faktischer Reflex dieses Zieles.

4. Überleitungsrecht

(1) § 34 Abs. 3 BauGB 2004 begrenzt die bisherige Zulässigkeit eines Vorhabens. **35** Die Vorschrift ist mit dem Inkrafttreten des EAG Bau anzuwenden.

Rechtsschutz von Nachbargemeinden gegen Einkaufszentren, Factory Outlet und Großkinos, in: BauR 1999, 572–588 [575]; ders., Interkommunales Abstimmungsgebot und gemeindliche Nachbarklage, in: NVwZ 2003, 176–179 [177].

26 Unentschieden letztlich BVerwG, Urteil vom 11.2.1993 – 4 C 15.92 DVBl 1993, 914 = NVwZ 1994, 285 [288] = ZfBR 1993, 191 = UPR 1993, 263 = NuR 1994, 185 = BRS 54 Nr. 174 (Goldene Meile – Völklingen/Bous), bejahend für den Außenbereich BVerwG, Urteil vom 1.8.2002 – 4 C 5.01 – BVerwG 117, 25 = DVBl 2003, 62 = NVwZ 2003, 86 = BauR 2003, 55 – Einkaufszentrum Zweibrücken (FOC).

27 M. Uechtritz, Neuregelung im EAG Bau zur „standortgerechten Steuerung des Einzelhandels, in: NVwZ 2004, 1025–1033 [1032]; ähnlich B. Stüer/D. Hönig, Umweltrecht: Immissionsschutzrecht, Abfallrecht, Bodenschutzrecht und Bergrecht, in: DVBl 2004, 282–293 [284]; W. Schrödter, Das Europarechtsanpassungsgesetz Bau – EAG Bau, in: NST-N 2004, 197–216 [209]; ähnlich VGH München, Urteil vom 14.1.1991 – 2 B 89.785 – GewArch 1991, 314 zu § 11 Abs. 3 BauNVO.

28 Ebenso M. Uechtritz, Neuregelung im EAG Bau zur „standortgerechten Steuerung des Einzelhandels, in: NVwZ 2004, 1025–1033 [1027]; W. Söfker, Neuregelungen im Bereich der planungsrechtlichen Zulässigkeit von Vorhaben, in: W. Spannowsky/T. Krämer (Hrsg.), BauGB-Novelle 2004. Aktuelle Entwicklungen des Planungs- und Umweltrechts, 2004, S. 87–94 [88].

29 Vgl. BVerwG, Urteil vom 25.1.1974 – 4 C 2.72 – BVerwGE 44, 299 = NJW 1974, 1260 = BauR 1974, 401; Beschluß vom 18.1.1988 – 4 B 257.87 – NVwZ 1988, 532 = ZfBR 1988, 144 = BRS 48 Nr. 180; Urteil vom 16.5.1991 – 4 C 4.89 – NVwZ 1991, 1182 = BauR 1991, 597 = BRS 52 Nr. 218.

36 (2) Eine bis dahin zulässige Nutzung eines Grundstücks kann dadurch aufgehoben oder wesentlich geändert werden (Bodenwertminderung). Für diesen Fall gewährt § 238 S. 2 BauGB eine Entschädigung entsprechend § 42 BauGB.[30] Das setzt nach § 42 Abs. 2 BauGB voraus, daß innerhalb von sieben Jahren seit erstmaliger Zulässigkeit ein bis zu diesem Zeitpunkt nach § 34 BauGB zulässiges Vorhaben nunmehr aufgrund des § 34 Abs. 3 BauGB unzulässig geworden ist.

III. § 34 Abs. 3a BauGB 2004 – Abweichung

Lit.: Jürgen Müller, Kommunale Wirtschaftsförderung durch Baurecht? Zur Auslegung des § 34 Abs. 3 Satz 1 Nr. 2 BauGB [1987], in: UPR 1989, 248–253; Hartmut Dyong, Die Zulassung von Vorhaben nach § 34 Abs. 3 BauGB, in: Baurecht-Aktuell. FS F. Weyreuther, 1993, S. 341–348.

1. Text der geänderten Fassung

37 **(3a) Vom Erfordernis des Einfügens in die Eigenart der näheren Umgebung nach Absatz 1 Satz 1 kann im Einzelfall abgewichen werden, wenn die Abweichung**

1. **der Erweiterung, Änderung, Nutzungsänderung oder Erneuerung eines zulässigerweise errichteten Gewerbe- oder Handwerksbetriebs dient,**

2. **städtebaulich vertretbar ist und**

3. **auch unter Würdigung nachbarlicher Interessen mit den öffentlichen Belangen vereinbar ist.**

Satz 1 findet keine Anwendung auf Einzelhandelsbetriebe, die die verbrauchernahe Versorgung der Bevölkerung beeinträchtigen oder schädliche Auswirkungen auf zentrale Versorgungsbereiche in der Gemeinde oder in anderen Gemeinden haben können.

2. Textgeschichte

38 Das BauGB 1987 enthielt in § 34 Abs. 3 BauGB eine fast wortgleiche Regelung. Sie wurde mit dem BauROG 1998 ersatzlos gestrichen. Die jetzige Regelung entspricht einem Vorschlag des Bundesrates (BTag-Drs. 15/2250 S. 80). Die BReg. hatte dem mit Maßgaben zugestimmt (BTag-Drs. 15/2250 S. 92f.). Der Gesetzgeber hat dem entsprechenden Vorschlag des 14. BTags-Ausschusses entsprochen (vgl. BTag-Drs. 15/2996 S. 39).

39 Der Regelungsgegenstand wurde auf vorhandene Handwerks- und Gewerbebetriebe beschränkt. Die Gemeinde soll mit der Gesetzesänderung von der ihr stets möglichen Bauleitplanung entlastet werden. Abweichend von der früheren Fassung bezieht sich § 34 Abs. 3a BauGB nur auf den Bereich des § 34 Abs. 1 BauGB, nicht mehr auch auf § 34 Abs. 2 BauGB. Ferner ist der Zulassungsgrund der Erforderlichkeit aus Gründen des Wohls der Allgemeinheit nicht aufgenommen worden.

---

30 Vgl. W. Söfker, Neuregelungen im Bereich der planungsrechtlichen Zulässigkeit von Vorhaben, in: W. Spannowsky/T. Krämer (Hrsg.), BauGB-Novelle 2004. Aktuelle Entwicklungen des Planungs- und Umweltrechts, 2004, S. 87–94 [89].

3. Erläuterung der Änderung

3.1 Funktion und Zielsetzung

(1) § 34 Abs. 3 a BauGB ist kein eigener Genehmigungstatbestand. Die Vorschrift **40** erweitert nur den Regelungsbereich des § 34 BauGB für bestimmte Vorhaben. Die zugelassene Abweichung gilt nicht für das faktische Baugebiet (§ 34 Abs. 2 BauGB). Hier bestehen bereits Ausnahme- und sehr „großzügige" Befreiungsmöglichkeiten (§ 34 Abs. 2 BauGB in Verb. mit § 31 Abs. 1 und 2 BauGB). Das erscheint dem Gesetzgeber als ausreichend. Zu § 34 Abs. 1 BauGB hat die Rechtsprechung der Sache nach eine „Befreiungsmöglichkeit" für den Fall entwickelt, daß das projektierte Vorhaben keine „bodenrechtlichen Spannungen" auslöst.[31] Allerdings war das Gebot der Rücksichtnahme keine allgemeine Härteklausel, die über den speziellen Vorschriften des Städtebaurechts oder gar des gesamten öffentlichen Baurechts stand.[32] § 34 Abs. 1 BauGB wählt dazu die vorhandene Bebauung als „feste Größe". Das schließt eine Kompensation aus. Dem Bundesgesetzgeber erschien diese Flexibilität für den Bereich des § 34 Abs. 1 BauGB nicht als ausreichend.

(2) § 34 Abs. 3 a BauGB dient im wesentlichen der Standortsicherung von **beste- 41 henden Betrieben** in Gemengelagen. Das gesetzgeberische Ziel des § 34 Abs. 3 a S. 1 BauGB ist zudem, bestimmten gewerblichen Betrieben in gewachsenen Gemengelagen einen besonderen Bestands- und Weiterentwicklungsschutz zu gewähren. Deshalb können Gemengelagen, die in ihrer zufälligen Zusammensetzung städtebaulichen Ordnungsvorstellungen an sich widersprechen, gleichwohl städtebaulich vertretbar sein.[33] Investitionen sollen erleichtert, die anderenfalls notwendige Aufstellung eines Vorhaben- und Erschließungsplans kann vermieden werden.[34] § 34 Abs. 3 a BauGB bestätigt mittelbar, daß es im Hinblick auf § 29 Abs. 1 einen „aktiven" Bestandsschutz außerhalb bestehender gesetzlicher Regelungen nicht gibt.[35] Der Gesetzgeber hat sich von der Vorstellung leiten lassen, daß gewerbliche Unternehmen zum Zwecke der betrieblichen Existenzsicherung eher als eine Wohnnutzung auf die Möglichkeit der Erweiterung angewiesen sind (ähnlich § 35 Abs. 4 S. 1 Nr. 6 BauGB).

---

31 Vor allem: BVerwG, Urteil vom 26.5.1978 – 4 C 9.77 – BVerwGE 55, 369 = DVBl 1978, 815 = NJW 1978, 2564 = BauR 1978, 276 406.11 § 34 Nr. 63; Beschluß vom 24.2.1986 – 4 B 7.86 u.a. – ZfBR 1986, 152 = = NVwZ 1986, 740 BRS 46 Nr. 64; Urteil vom 19.9.1986 – 4 C 15.84 – BVerwGE 75, 34 = DVBl 1987, 478 = NVwZ 1987, 406 = NJW 1987, 1656 = BauR 1987, 52 = DÖV 1987, 298 = BRS 46 Nr. 62 = ZfBR 1987, 44 = UPR 1987, 224; Urteil vom 17.6.1993 – 4 C 17.91 – ZfBR 1994, 37 = BauR 1994, 81 = UPR 1994, 65 = NVwZ 1994, 294 = BRS 55 Nr. 72; Beschluß vom 29.10.1997 – 4 B 8.97 – NVwZ-RR 1998, 540.

32 Vgl. BVerwG, Beschluß vom 11.1.1999 – 4 B 128.98 – DVBl 1999, 786 = NVwZ 1999, 879 = UPR 1999, 191 = BauR 1999, 815 = DÖV 1999, 558 = ZfBR 1999, 148 = BayVBl 1999, 568.

33 Vgl. BVerwG, Urteil vom 15.2.1990 – 4 C 23.86 – BVerwGE 84, 322 = DVBl 1990, 572 = NVwZ 1990, 755 = BauR 1990, 328 = GewArch 1990, 219 = ZfBR 1990, 198 = BRS 50 Nr. 75 mit Anm. M. Krautzberger, in: JZ 1991, 142–143 zur früheren Fassung des § 34 Abs. 3 BauGB 1987.

34 So H.-D. Upmeier, Einführung zu den Neuregelungen durch das Europarechtsanpassungsgesetz Bau (EAG Bau), in: BauR 2004, 1382–1392 [1390].

35 Ähnlich W. Söfker, in: E/Z/B, BauGB (Stand. Jan. 1995), § 34 Rn. 84.

42 (3) § 34 Abs. 3 a S. 1 BauGB will zudem für Zweifelsfälle eine praktische Lösung bieten. Das gilt insbesondere für **Gemengelagen**, auch für die Abgrenzung gegenüber einem „**Fremdkörper**" in der näheren Umgebung.[36] Hier bestehen vielfach qualifizierende Einordnungsschwierigkeiten. Die Bauaufsichtsbehörde kann in diesem Falle ihre Entscheidung alternativ auf § 34 Abs. 1 BauGB und (hilfsweise) auf § 34 Abs. 3 a S. 1 BauGB stützen.[37]

43 (4) § 34 Abs. 3 a S. 1 BauGB greift nur ein, wenn sich eine beabsichtigte Betriebserweiterung nicht im Sinne von § 34 **Abs.** 1 BauGB in die Eigenart der näheren Umgebung einfügt, weil sie bodenrechtlich beachtliche Spannungen begründet oder vorhandene Spannungen verschärft. Die Regelung gilt – abweichend von § 34 Abs. 3 BauGB 1987 – nicht für faktische Baugebiete (§ 34 Abs. 2 BauGB). Hier kann ohnehin im Wege der Ausnahme oder Befreiung „erweiternd" zugelassen werden. § 34 Abs. 3 a BauGB schließt einen „selbständigen" Genehmigungsanspruch auf der Grundlage des sog. überwirkenden Bestandsschutzes aus.[38]

44 (5) Festsetzungen eines **einfachen B-Plans** können der Anwendung des § 34 Abs. 3 a S. 1 BauGB entgegenstehen. In diesem Falle ist die Möglichkeit der Befreiung nach § 31 Abs. 2 BauGB zu prüfen.

3.2   Inhalt der Regelung

3.2.1   § 34 Abs. 3 a Satz 1 BauGB 2004

45 (1) **Anwendungsbereich.** Das Vorhaben muß innerhalb eines im Zusammenhang bebauten Ortsteils (§ 34 Abs. 1 BauGB) verwirklicht werden. Das ist der Fall, wenn die Gemeinde gemäß § 34 Abs. 4 S. 1 Nr. 1 BauGB eine Klarstellungssatzung erlassen hat und sich das Vorhaben innerhalb des so bezeichneten Gebietes befindet.[39]

46 (2) Eine analoge Anwendung des § 34 Abs. 3 a S. 1 BauGB auf Wohngebäude oder nicht gewerbliche Anlagen ist ausgeschlossen.[40] Nach der gesetzgeberischen Zielsetzung soll nur die Möglichkeit zur Anpassung an gewandelte oder betriebs-

---

36 Vgl. BVerwG, Urteil vom 13.6.1969 – 4 C 81.68 – Buchholz 406.11 § BBauG Nr. 22; Urteil vom 18.10.1974 – 4 C 77.73 – NJW 1975, 460 = BauR 1975, 29 = BRS 28 Nr. 27; Beschluß vom 23.5.1986 – 4 B 83.86 – Buchholz 406.11 § 34 BBauG Nr. 113; Urteil vom 15.2.1990 – 4 C 23.86 – BVerwGE 84, 322 = DVBl 1990, 572 = NVwZ 1990, 755 = BauR 1990, 328 = GewArch 1990, 219 = ZfBR 1990, 198 = BRS 50 Nr. 75; Beschluß vom 16.7.1990 – 4 B 196.90 – NVwZ-RR 1991, 59 = ZfBR 1990, 306 = BauR 688 = UPR 1990, 442 = NuR 1993, 76 = BRS 50 Nr. 76; VGH Kassel, Urteil vom 13.9.2002 – 4 UE 981 / 99 – NVwZ-RR 2003, 259 = BRS 65 Nr. 83; OVG Lüneburg, Urteil vom 28.9.2001 – 1 L 3779/00 – ZfBR 2002, 378.

37 Abweichend wohl W. Söfker, in: E/Z/B, BauGB (Stand: Jan. 1995), § 34 Rn. 87 a.E.

38 Vgl. BVerwG, Urteil vom 15.2.1990 – 4 C 23.86 – BVerwGE 84, 322 = DVBl 1990, 572 = NVwZ 1990, 755 = BauR 1990, 328 = GewArch 1990, 219 = ZfBR 1990, 198 = BRS 50 Nr. 75 mit Anm. M. Krautzberger, in: JZ 1991, 142–143 zur früheren Fassung des § 34 Abs. 3 BauGB 1987.

39 VGH Mannheim, Urteil vom 12.9.1991 – 8 S 1382/91 – UPR 1992, 158 = NuR 1993, 29 = BRS 52 Nr. 187 zur Abrundungssatzung nach § 34 Abs. 4 S. 1 Nr. 1 BauGB 1987.

40 BVerwG, Beschluß vom 15.10.1993 – 4 B 165.93 – DVBl 1994, 292 = NVwZ-RR 1994, 309 = UPR 1994, 103 = ZfBR 1994, 137 = NuR 1994, 190 = BRS 56 Nr. 51.

Berkemann

organisatorische Gegebenheiten eröffnet werden.[41] Dieser Normzweck schließt auch eine extensive Auslegung aus.

(3) § 34 Abs. 3a BauGB bietet keine Handhabe, etwaigen Nutzungskonflikten vor- **47** zubeugen, die in der Zukunft drohen, falls Vorhaben, die vorerst noch nicht über Absichten hinaus gediehen sind, konkrete Gestalt annehmen.[42] Ein noch nicht verwirklichtes Erweiterungsinteresse kann zu einem späteren Zeitpunkt wegen einer in der Zwischenzeit eingetretenen Situationsveränderung nicht mehr durchsetzbar sein. Daß sich der Beurteilungsrahmen für künftige Vorhaben durch bauliche Veränderungen in der Umgebung verschieben kann, ist die Folge des in § 34 Abs. 1 BauGB verwendeten „dynamischen" Zulässigkeitsmaßstabes. Derartigen Entwicklungen kann nur durch eine Planung begegnet werden. Die Komplexität kann eine Erstplanungspflicht der Gemeinde auslösen.[43]

3.2.1.1 Anwendungsvoraussetzungen

(1) **Projektiertes Vorhaben.** § 34 Abs. 3a BauGB erfaßt nur Vorhaben im Sinne **48** des § 29 Abs. 1 BauGB. Maßgebend ist, daß die tatbestandlichen Voraussetzungen des § 29 Abs. 1 BauGB gegeben sind. Vorhaben im Sinne des § 29 Abs. 1 BauGB ist die bauliche Anlage als bauliche Substanz in ihrer durch die Nutzung bestimmten Funktion.[44]

(2) § 34 Abs. 3a S. 1 BauGB erfaßt dagegen keine Maßnahmen der Instandset- **49** zung, der Instandhaltung oder Reparaturarbeiten, soweit diese durch Bestandskraft oder (materiellen) Bestandsschutz nicht gedeckt sind. Insoweit liegt bereits kein Vorhaben im Sinne des § 29 Abs. 1 BauGB vor.[45] Maßgebend für die Beurteilung ist nicht die isolierte einzelne tatsächliche Maßnahme, sondern der **Gesamtbestand**. Maßgebend ist die Identität eines Bauwerks. Das ursprüngliche Gebäude muß nach wie vor als „Hauptsache" erscheinen.[46]

---

41 Vgl. seinerzeitige Begründung zum Gesetzesentwurf der BReg., in: BTag-Drs. 10/4630 S. 87 zu § 34 Abs. 3 S. 1 BauGB 1987.
42 Vgl. BVerwG, Urteil von 14.1.1993 – 4 C 19.90 – DVBl 1993, 652 = NVwZ 1993, 1184 = BauR 1993, 445 = ZfBR 1993, 243 = UPR 1993, 221 = BRS 55 Nr. 175 zu § 34 Abs. 3 BauGB 1987.
43 BVerwG, Urteil vom 17.9.2003 – 4 C 14.01 – BVerwGE 119, 25 = DVBl 2004, 239 = NVwZ 2004, 220 = UPR 2004, 137 = ZfBR 2004, 171 – Mülheim-Kärlich.
44 BVerwG, Beschluß vom 9.9.2002 – 4 B 52.02 – BauR 2003, 1021 = BRS 65 Nr. 92 (2000).
45 BVerwG, Urteil vom 19.10.1966 – 4 C 16.66 – BVerwGE 25, 161 [163] = DÖV 1967, 277; Urteil vom 22.9.1967 – 4 C 109.65 – BVerwGE 27, 341 [343]; Urteil vom 25.11.1970 – 4 C 119.68 – BVerwGE 36, 296 [300].
46 Zu Instandsetzungsarbeiten vgl. BVerwG, Urteil vom 12.3.1998 – 4 C 10.97 – BVerwGE 106, 228 = NVwZ 1998, 842 = UPR 1998, 228 = GewArch 1998, 238 = DÖV 1998, 600 = BauR 1998, 760 = NuR 1998, 424 = ZfBR 1998, 259; Urteil vom 24.10.1980 – 4 C 81.77 – BVerwGE 61, 112 = DVBl 1981, 391 = DÖV 1981, 359 = BauR 1981, 180 = NJW 1981, 2140 = BRS 36 Nr. 99; Urteil vom 17.1.1986 – 4 C 80.82 – BVerwGE 72, 362 = BauR 1986, 302 = NVwZ 1986, 221 = DVBl 1986, 677 = ZfBR 1986, 143 = DÖV 1986, 697 = BRS 46 Nr. 148; Beschluß vom 21.3.2001 – 4 B 18.01 – NVwZ 2002, 92 = ZfBR 2001, 501 (L) = BRS 64 Nr. 90 (2001); Beschluß vom 24.5.1993 – 4 B 77.93 – Buchholz 406.16 Eigentumsschutz Nr. 63 unter Hinweis auf BVerwG, Beschluß vom 5.8.1991 – 4 B 130.91 – Buchholz 406.17 Bauordnungsrecht Nr. 35; zu Reparaturen vgl. BVerwG,

50 (3) § 34 Abs. 3a S. 1 BauGB ist in das BauGB aufgenommen worden, um „notwendige" Vorhaben im Zusammenhang mit bereits **vorhandenen Anlagen** genehmigen zu können. Die Regelung erfaßt daher nur **bestehende gewerbliche Betriebe.**[47] Eine gegebene Situation soll erhalten oder entwickelt werden. Dagegen ist § 34 Abs. 3a BauGB nicht zur Erleichterung von betrieblichen Neugründungen bestimmt.[48] Will die Gemeinde derartige Ziele außerhalb des Regelungsbereiches § 34 Abs. 1 und 2 BauGB ermöglichen, muß sie zum Mittel der Planung greifen. Ggf. kann es genügen, gemäß § 13 Abs. 1 BauGB ein B-Plan im vereinfachten Verfahren zu erlassen.

3.2.1.1.1 Funktionszusammenhang

3.2.1.1.1.1 Projektierte Maßnahmen

51 (1) **Erweiterung.** Die Erweiterung soll eine Ergänzung des vorhandenen Bestandes ermöglichen, um dessen Nutzung durch bauliche Maßnahmen intensivieren zu können. Sie schafft zusätzliche Bausubstanz und begründet damit eine Verfestigung der vorhandenen Situation. Eine Erweiterung setzt einen funktionalen und baulichen Zusammenhang zwischen dem vorhandenen Gebäude und der beabsichtigten baulichen Erweiterung voraus.[49] Maßgeblich ist das Gesamtvorhaben, wie es bislang besteht und alsdann durch die Erweiterung bestehen wird. Eine Grenze besteht dort, wo die Erweiterung der vorhandenen Bausubstanz der Sache nach ein neues Bauvorhaben darstellt.

52 Erweiterung ist begrifflich die bauliche Änderung des Baukörpers unter Erhöhung des Nutzungsmaßstabes (etwa Anbau, Aufstockung, Befestigung einer Fläche zur Einziehung der betrieblichen Tätigkeit).[50] Eine Erweiterung kann auch in dem

---

Urteil vom 24.10.1980 – 4 C 81.77 – BVerwGE 61, 112 = DVBl 1981, 397 = DÖV 1981, 359 = BauR 1981, 180 = NJW 1981, 2140 = BRS 36 Nr. 99; Urteil vom 18.10.1974 – 4 C 75.71 – BVerwGE 47, 126; Urteil vom 28.10.1974 – 4 C 75.71 – BVerwGE 47, 126 = BauR 1975, 114 = BRS 28, 252 = DVBl 1975, 501 für einen Fall im Außenbereich; zur Modernisierung vgl. BVerwG, Urteil vom 19.10.1966 – 4 C 16.66 – BVerwGE 25, 161 [163] = DÖV 1967, 277; Urteil vom 22.9.1967 – 4 C 109.65 – BVerwGE 27, 341 [343] = DVBl 1968, 44 = NJW 1968, 66; Urteil vom 25.11.1970 – 4 C 119.68 – BVerwGE 36, 296 [300] = BauR 1971, 38 = NJW 1971, 1054 = BRS 23 Nr. 149; Beschluß vom 20.3.1981 – 4 B 195.80 – NVwZ 1982, 38 = BRS 38 Nr. 102 zu § 35 Abs. 5 S. 1 Nr. 4 b BBauG 1979.

47 BVerwG, Beschluß vom 7.5.1991 – 4 B 52.91 – NVwZ 1991, 1075 = UPR 1991, 312 = ZfBR 1991, 180 = BauR 1991, 572 = BRS 52 Nr. 68; OVG Koblenz, Urteil vom 7.7.1993 – 8 A 12405/92 – BauR 1994, 340 = BRS 55 Nr. 56 zu § 34 Abs. 3 S. 1 Nr. 2 BauGB 1987.

48 Vgl. BVerwG, Beschluß vom 7.5.1991 – 4 B 52.91 – NVwZ 1991, 1075 = ZfBR 1991, 180 = UPR 1991, 312 = BauR 1991, 572 = BRS 52 Nr. 68; OVG Schleswig, Urteil vom 20.12.1993 – 1 L 81/92 – SchlHA 1994, 212 zu § 34 Abs. 3 S. 1 Nr. 2 BauGB 1987.

49 Vgl. BVerwG, Beschluß vom 17.9.1991 – 4 B 161.91 – NVwZ 1992, 477 = ZfBR 1992, 45 = BauR 1991, 725 = UPR 1992, 28 = BRS 52 Nr. 84 zu § 35 Abs. 4 S. 1 Nr. 6 BauGB; Beschluß vom 16.3.1993 – 4 B 253.92 – DVBl 1993, 884 = NVwZ 1994, 266 = DÖV 1993, 916 = ZfBR 1993, 250 = UPR 1993, 268 = NuR 1994, 188 = BRS 55 Nr. 67 zu § 34 Abs. 3 S. 1 BauGB 1987; ebenso W. Söfker, in: E/Z/B, BauGB (Stand: Jan. 1995), § 34 Rn. 85.

50 Vgl. G. Gaentzsch, BauGB, Kommentar, 1990, § 34 Abs. 3 Rn. 21.

Berkemann

Bau einer Betriebsleiterwohnung (vgl. § 8 Abs. 3 Nr. 1 BauNVO) liegen. Sie ist nur innerhalb des Zusammenhanges des bebauten Ortsteils zulässig.

Eine Erweiterung in den angrenzenden **Außenbereich** hinein ist auch auf der **53** Grundlage des § 34 Abs. 3a S. 1 BauGB nicht zulässig.[51] Die Gemeinde kann ggf. durch eine Innenbereichssatzung nach § 34 Abs. 4 S. 1 BauGB „helfen". Die Erweiterung in den Außenbereich als sonstiges Vorhaben muß zudem nicht stets öffentliche Belange beeinträchtigen.

(2) **Änderung.** Der Begriff ist identisch mit dem in § 29 Abs. 1 BauGB.[52] Änderung **54** bedeutet die Veränderung der äußeren Gestalt oder des Inneren der baulichen Anlage. Erforderlich ist eine Abgrenzung zu Instandsetzungs- und Reparaturarbeiten.

(3) **Nutzungsänderung.** Maßgebend ist die Begrifflichkeit des § 29 Abs. 1 BauGB. **55** Nutzungsänderung ist die Änderung der Zweckbestimmung, auch ohne Änderung der Bausubstanz. Erfaßt werden keine Änderungen innerhalb der Nutzungsvariabilität.[53] Maßgebend ist hierfür zunächst der Inhalt einer bestehenden Baugenehmigung. Das Spektrum der Nutzungsvarianten richtet sich nicht danach, welche Nutzungsweise dem Betriebsinhaber nach Lage der Dinge zweckmäßig erscheint. Nutzungen, die zwar faktisch ausgeübt werden, aber nicht genehmigt wurden und auch früher nicht hätten genehmigt werden können, scheiden aus der Betrachtung aus.

Ob eine Änderung der Nutzungsweise über die der genehmigten Nutzungsart eigene Variationsbreite hinausgeht und die Kennzeichen einer Nutzungsänderung **56** im bebauungsrechtlichen Sinne aufweist, beurteilt sich danach, ob die in § 1 Abs. 5 und 6 BauGB genannten Belange berührt werden.[54] Maßgebend ist die bauplanungsrechtliche Relevanz.[55] Das ist der Fall, wenn für die neue Nutzung weitergehende Vorschriften gelten als für die alte, aber auch dann, wenn sich die Zulässigkeit der neuen Nutzung nach derselben Vorschrift bestimmt, nach dieser Vorschrift aber wegen anderer Auswirkungen anders zu beurteilen ist als die frühere Nutzung.[56] In diesem Sinne bodenrechtlich erheblich ist eine Änderung der Nutzungsweise stets dann, wenn sie für die Nachbarschaft erhöhte Belastungen mit sich bringt.

51 BVerwG, Urteil vom 14.1.1993 – 4 C 19.90 – DVBl 1993, 652 = NVwZ 1993, 1184 = BauR 1993, 445 = ZfBR 1993, 243 = UPR 1993, 221 = BRS 55 Nr. 175 zu § 34 Abs. 3 BauGB 1987.

52 Vgl. W. Söfker, in: E/Z/B, BauGB (Stand: Jan. 1985), § 34 Rn. 85.

53 Vgl. H.-C. Sarnighausen, Zur Nutzungsänderung als Neubauvorhaben, in: DÖV 1995, 225–230.

54 Vgl. BVerwG, Urteil vom 27.5.1983 – 4 C 67.78 – BauR 1983, 443 = ZfBR 1984, 45 = BRS 40 Nr. 56; Urteil vom 3.2.1984 – 4 C 25.82 – BVerwGE 68, 360 = DVBl 1984, 634 = NJW 1984, 1771 = ZfBR 1984, 139 = UPR 1984, 231 = BauR 1984, 373 = BRS 42 Nr. 52; Urteil von 14.1.1993 – 4 C 19.90 – DVBl 1993, 652 = NVwZ 1993, 1184 = BauR 1993, 445 = ZfBR 1993, 243 = UPR 1993, 221 = BRS 55 Nr. 175 zu § 34 Abs. 3 BauGB 1987.

55 Vgl. BVerwG, Urteil vom 15.11.1974 – 4 C 32.71 – BVerwGE 47, 185 = DVBl 1975, 498 = BauR 1975, 44 = BRS 28 Nr. 34; Urteil vom 11.2.1977 – 4 C 8.75 – NJW 1977, 1932 = BauR 1977, 253.

56 Vgl. BVerwG, Urteil vom 11.2.1977 – 4 C 8.75 – NJW 1977, 1932 = BauR 1977, 253, Urteil vom 28.10.1983 – 4 C 70.78 – NVwZ 1984, 510 = NuR 1984, 145 = BRS 40 Nr. 93.

57 (4) **Erneuerung.** Die Zulässigkeit einer Erneuerung soll im Einzelfall die Modernisierung des Altbestandes ermöglichen. Das kann unter Beseitigung (Zerstörung) der bisherigen baulichen Anlage die anschließende Neuerrichtung bedeuten. Ein räumlicher Bezug an „Ort und Stelle" muß gewahrt sein. Das Gesetz will unter Aufrechterhaltung bisheriger Nutzungsweise eine Art gesetzlichen Bestandsschutz bei geänderter Rechtslage gewährleistet wissen. § 34 Abs. 3a S. 1 BauGB nimmt ggf. hin, daß die Erneuerung der baulichen Substanz zugleich eine Verfestigung der bestehenden Nutzungsstrukturen enthält.[57] Ob auch die Ersetzung bei „Verfall" der bisherigen Bausubstanz erfaßt wird, erscheint zweifelhaft.[58] § 34 Abs. 3a BauGB will die betriebliche Existenzsicherung fördern, nicht aber generell einen Neuanfang am alten Standort ermöglichen.

58 (5) **Kombination der Maßnahmen.** Die gesetzlichen Merkmale können kombiniert werden, und zwar in voller Summation.[59] Zwar verfolgen Erweiterung und Erneuerung teilweise unterschiedliche Ziele. Gleichwohl ist eine Erweiterung und eine gleichzeitige Erneuerung (Modernisierung) zulässig, soweit dies im Einzelfall städtebaulich vertretbar ist.[60] Es widerspräche ökonomischer Vernunft, die Verwirklichung der in § 34 Abs. 3a BauGB geschaffenen Möglichkeiten in einem einheitlichen Vorhaben zu unterbinden.

59 Es fehlt zwar in § 34 Abs. 3a S. 1 BauGB – im Gegensatz zu § 35 Abs. 4 S. 1 Nr. 6 BauGB – an einem eingrenzenden Merkmal. Mit den öffentlichen Belangen ist es ohnedies unvereinbar, wenn das Vorhaben städtebaulich unvertretbar ist. In der praktischen Handhabung wird es in aller Regel ausreichen, in der Frage der gedachten Erweiterungsfähigkeit des Vorhabens der bisherigen baulichen Anlage eine äußerste Grenze auch für die gleichzeitig zu verwirklichende Erneuerung zu sehen. Eine Ausnutzung der Möglichkeiten darf nicht zum praktischen Ergebnis einer Neuansiedlung führen.[61]

3.2.1.1.1.2 Privilegierter „Altbestand"

60 (1) Der durch § 34 Abs. 3a S. 1 BauGB begünstigte Altbestand ist begrenzt. Er bezieht sich nur (noch) auf Gewerbebetriebe und Handwerksbetriebe (ähnlich § 35 Abs. 6 S. 2 BauGB, dort nur „kleine" Betriebe). Ausgeschlossen sind damit u.a. Industrie- und landwirtschaftliche Betriebe und freiberufliche Tätigkeiten. Ausgeschlossen sind auch Wohngebäude, die zu einem Unternehmen gehören und ge-

---

57 Vgl. BVerwG, Beschluß vom 16.3.1993 – 4 B 253.92 – DVBl 1993, 884 = NVwZ 1994, 266 = DÖV 1993, 916 = ZfBR 1993, 250 = UPR 1993, 268 = NuR 1994, 188 = BRS 55 Nr. 67 zu § 34 Abs. 3 S. 1 BauGB 1987.
58 Bejahend vgl. G. Gaentzsch, BauGB, Kommentar, 1990, § 34 Rn. 21.
59 Wie hier W. Söfker, in: E/Z/B, BauGB (Stand: Jan. 1995), § 34 Rn. 85.
60 Vgl. BVerwG, Beschluß vom 17.9.1991 – 4 B 161.91 – NVwZ 1992, 477 = ZfBR 1992, 45 = BauR 1991, 725 = UPR 1992, 28 = BRS 52 Nr. 84 zu § 35 Abs. 4 S. 1 Nr. 6 BauGB; ebenso VGH München, Urteil vom 14.8.1992 – 2 B 90.2946 – BayVBl 1993, 307 zu § 34 Abs. 3 S. 1 Nr. 1 BauGB 1987; ebenso G. Gaentzsch, BauGB, Kommentar, 1990, § 34 Rn. 21.
61 Ähnlich G. Gaentzsch, BauGB, Kommentar, 1990, § 34 Rn. 23.

Berkemann

werblich genutzt werden.[62] Die vergleichbare Regelung des § 4 Abs. 2 BauGB-MaßnG ist aufgehoben.

(2) **Gewerbebetrieb.** Die Gesetzesfassung ist unscharf, sprachlich verkürzend. **61** Ein Gewerbebetrieb wird nicht „errichtet". Gemeint ist, daß eine bauliche Anlage im Sinne des § 29 Abs. 1 BauGB errichtet worden war, die einem Gewerbebetrieb dient. Die vorhandene bauliche oder sonstige Anlage muß **zulässigerweise errichtet** sein. Die Zulässigkeit der vorhandenen baulichen Anlage ergibt sich hierzu aus der formellen Legalität (**Baugenehmigung**) oder aus der materiellen Legalität (**Bestandsschutz**). Für das Letztere genügt es, daß die Anlage nach ihrer Errichtung zumindest später in einem nennenswerten Zeitraum dem materiellen Bauplanungsrecht entsprach.[63] Die Rechtsprechung umschreibt diese objektive Betrachtungsweise mit den Worten, daß der Bestandsschutz fortdauert, solange die **Verkehrsauffassung** eine Wiederaufnahme der aufgegebenen Nutzung erwartet.[64]

(3) **Handwerksbetrieb.** Die Gesetzesfassung ist unscharf (vgl. zuvor). Die BauNVO **62** benutzt den Begriff des Handwerksbetriebes in § 2 Abs. 2 Nr. 2, § 3 Abs. 3 Nr. 1, § 4 Abs. 2 Nr. 2 BauNVO, jeweils mit dem Zusatz „nicht störend", ferner davon abweichend § 5 Abs. 1 S. 1 BauNVO.[65] Auch der Handwerksbetrieb ist ein Gewerbebetrieb. Das Gewerbe muß „handwerksmäßig" im Gegensatz zu einer industriellen Fertigung betrieben werden.[66] Die HandwO bietet einen Anhalt.

---

62 Wie hier W. Söfker, in: E/Z/B, BauGB (Stand: Jan. 1995), § 34 Rn. 89 zu § 34 Abs. 3 BauGB 1987.

63 Vgl. BVerwG, Urteil vom 25.3.1988 – 4 C 21.85 – ZfBR 1988, 195 = BauR 1988, 569 = NuR 1989, 128 = BRS 48 Nr. 138; Urteil vom 18.5.1995 – 4 C 20.94 – BVerwGE 98, 253 = UPR 1996, 69; A. Ganter, Die zeitliche Begrenzung der Baugenehmigung, in: BayVBl. 1985, 267–269; M. Uechtritz, Grenzen der „Legalisierungswirkung" der Baugenehmigung und des „Bestandsschutzes" bei Nutzungsänderungen und -unterbrechungen, in: FS Gelzer, 1991, S. 259–271; ders., Grenzen des baurechtlichen Nachbarschutzes bei Nutzungsunterbrechung. Ein Beitrag zur Abgrenzung zwischen einfachrechtlichem und verfassungsrechtlichem Bestandsschutz, in: DVBl 1997, 347–351; krit. H. Jäde, Föderalismusprobleme des bauplanungsrechtlichen Bestandsschutzes, in: UPR 1998, 206–210; ders., Nutzungsunterbrechung, Baugenehmigung und „Bestandsschutz, in: ThürVBl 2000, 102–104.

64 Vgl. BVerwG, Urteil vom 11.2.1977 – 4 C 8.75 – NJW 1977, 1932 = BauR 1977, 253; BVerwG, Beschluß 10.7.1987 – 4 B 147.87 – Buchholz 406.16 Eigentumsschutz Nr. 44; Urteil vom 23.1.1981 – 4 C 83.77 – NJW 1981, 1224 = DÖV 1981, 457 = BauR 1981, 246 = BRS 38 Nr. 89; Urteil vom 21.8.1981 – 4 C 65.80 – BVerwGE 64, 42 = NJW 1982, 400 = UPR 1982, 19 = ZfBR 1981, 288 = BauR 1981, 552 = BRS 38 Nr. 99; Beschluß vom 17.5.1988 – 4 B 82.88 – Buchholz 406.11 § 35 BBauG Nr. 248; Urteil vom 18.5.1995 – 4 C 20.94 – BVerwGE 98, 235 = DVBl 1996, 40 = NVwZ 1996, 379 = UPR 1996, 69 = BayVBl 1996, 151 = GewArch 1996, 119 = BauR 1995, 807 = BRS 57 Nr. 67 (Zeitmodell des BVerwG) mit Anm. von H. C. Fickert, in: DVBl 1996, 251; J. Ziegler, in: ZfBR 1996, 114; vgl. auch M. Uechtritz, Grenzen des baurechtlichen Nachbarschutzes bei Nutzungsunterbrechung. Ein Beitrag zur Abgrenzung zwischen einfachrechtlichem und verfassungsrechtlichem Bestandsschutz, in: DVBl 1997, 347–351; dem BVerwG folgend VGH Kassel, Urteil vom 15.2.2001 – 4 UE 1481/96 – ESVGH 51, 141 = BauR 2002, 988 (L) = UPR 2002, 358 (L).

65 Vgl. BVerwG, Beschluß vom 4.12.1995 – 4 B 258.95 – NVwZ-RR 1996, 428 = BauR 1996, 218 = ZfBR 1996, 121 = BRS 57 Nr. 70; vgl. auch G. Boeddinghaus, Einfügung störender Handwerksbetriebe in eine umgebende Wohnbebauung, in: UPR 1992, 321–326.

66 Vgl. BVerwG, Urteil vom 6.12.1963 – 7 C 18.63 – BVerwGE 17, 230 = DVBl 1964, 233 = NJW 1974, 512 = GewArch 1964, 83 („Express-Schuhbar") mit Bespr. Chr.-F. Menger, in: VerwArch 55 (1964) S. 275–287.

Berkemann   373

63 (4) Der Betrieb muß im Zeitpunkt der projektierten Änderung tatsächlich genutzt werden. Eine Aufgabe oder eine längere Unterbrechung der Nutzung führt zum Verlust der vorausgesetzten formellen oder materiellen Legalität des Altbestandes.[67] Ist dies der Fall, liegt eine betriebliche Neugründung vor. Sie wird von § 34 Abs. 3a BauGB nicht erfaßt.[68]

3.2.1.1.1.3 Funktionale Zuordnung

64 Das projektierte Vorhaben „**dient**" dem Betrieb, wenn es unter Beachtung der konkreten örtlichen Gegebenheiten in die bereits vorhandene betriebliche Nutzung der vorhandenen baulichen oder sonstigen Anlagen einbezogen wird.[69] Es muß ein räumlicher und funktionaler Zusammenhang zum vorhandenen Betrieb bestehen. Dieser muß als konkrete Betriebszuordnung äußerlich erkennbar sein. Maßgebend sind objektive Merkmale.[70] Die betriebliche Erweiterung muß nicht im strikten Sinne „erforderlich" sein, wohl aber im Sinne sinnvoller **betrieblicher Integration** „vernünftigerweise geboten". Diese Frage kann auch für die Ermessensentscheidung bedeutsam sein.

3.2.1.1.1.4 Beweislast

65 Der Bauherr trägt die Beweislast für die Frage, ob der Gewerbebetrieb oder der Handwerksbetrieb zu einem früheren Zeitpunkt zulässig errichtet wurde. Der Beweis kann im Falle formeller Legalität durch eine Baugenehmigung geführt werden. Wird eine bauliche Nutzung formell illegal ausgeübt, kann sie gleichwohl materiell legal sein. Auch hierfür trägt der Bauherr die Beweislast.[71]

3.2.1.1.2 Städtebauliche Vertretbarkeit

66 (1) Die Erweiterung eines Betriebes ist städtebaulich vertretbar, wenn sie am konkreten Standort durch eine „gezielte" Bauleitplanung zugelassen werden könnte.[72] Was nicht mit einem B-Plan geplant werden könnte, ist nicht städtebaulich vertretbar.

---

67 Vgl. BVerwG, Urteil vom 18.5.1995 – 4 C 20.94 – BVerwGE 98, 235 [240] = DVBl 1996, 40 = NVwZ 1996, 379 = BauR 1995, 807 = UPR 1996, 69 = BRS 57 Nr. 67; Beschluß vom 8.2.2000 – 4 BN 1.00 – Buchholz 406.11 § 5 BauGB Nr. 11 zum Zeitmodell.

68 BVerwG, Beschluß vom 9.9.2002 – 4 B 52.02 – BauR 2003, 1021 = BRS 65 Nr. 92 (2000).

69 Ähnlich G. Gaentzsch, BauGB, Kommentar, 1990, § 34 Rn. 23.

70 Vgl. W. Söfker, in: E/Z/B, BauGB (Stand. Jan. 1995), § 34 Rn. 89.

71 BVerwG, Beschluß vom 19.2.1988 – 4 B 33.88 – juris (Volltext); ebenso OVG Koblenz, 22.8.2002 – 8 A 11014/02 – juris; OVG Münster, Beschluß vom 18.1.2001 – 10 B 1998/00 – ZfBR 2001, 354 = BauR 2001, 758 = BRS 64 Nr. 161; wohl auch VGH Kassel, Beschluß vom 18.9.1985 – 4 TH 486/85 – DÖV 1986, 443; VGH Kassel, Urteil vom 20.9.1985 – 4 UE 2781/84 – AgrarR 1986, 270; OVG Schleswig, Urteil vom 25.11.1991 – 1 L 115/91 – BRS 54 Nr. 206.

72 Vgl. BVerwG, Urteil vom 15.2.1990 – 4 C 23.96 – BVerwGE 84, 322 = DVBl 1990, 572 = NVwZ 1990, 755 = BauR 1990, 328 = GewArch 1990, 219 = ZfBR 1990, 198 = BRS 50 Nr. 75; ebenso bereits BVerwG, Beschluß vom 8.5.1989 – 4 B 78.89 – NVwZ 1989, 1060 = ZfBR 1989, 225 = DÖV 1989, 861 = UPR 1989, 430 = BauR 1989, 440 = BRS 49 Nr. 66.

(2) Diese prüfende Vorgabe erfordert anhand der konkreten Gegebenheiten eine **67** hypothetische Betrachtung.[73] Eine entsprechende Festsetzung ist unter drei Voraussetzungen denkbar: **[1]** Das beabsichtigte Vorhaben muß **festsetzungsfähig** im Sinne des § 9 Abs. 1 BauGB sein. **[2]** Der B-Plan muß im Sinne des § 1 Abs. 3 S. 1 BauGB „**erforderlich**" sein. Eine geordnete städtebauliche Entwicklung darf nicht behindert werden.[74] **[3]** Der so gedachte B-Plan muß zudem **abwägungsgerecht** im Sinne des § 1 Abs. 5 bis 7 BauGB sein.[75] Insoweit erfordert – anders als § 34 Abs. 1 BauGB – die Anwendung des § 34 Abs. 3a S. 1 Nr. 2 BauGB – eine Art „planerische Entscheidung".[76]

Allerdings stellt § 34 Abs. 3a S. 1 Nr. 2 BauGB gegenüber § 34 Abs. 2 in Verb. mit **68** § 31 Abs. 2 Nr. 2 BauGB insoweit erkennbar geringere Anforderungen, als hier nicht verlangt wird, daß die „Grundzüge der Planung" bzw. der sich aus der vorhandenen Bebauung ergebende Gebietscharakter unberührt bleiben. Gleichwohl bietet § 34 Abs. 3a S. 1 BauGB keine Möglichkeit der Umstrukturierung der „näheren Umgebung". An der städtebaulichen Vertretbarkeit fehlt es dann, wenn die projektierte Nutzung in krassem Gegensatz zum vorhandenen Gebietscharakter steht und zu erheblichen Spannungen führt.[77] Zwar verlangt § 34 Abs. 3a BauGB – anders als § 31 Abs. 2 BauGB – nicht die Beachtung der „Grundzüge der Planung". Gleichwohl ist die Vorschrift kein Instrument, die vorhandene Situation strukturell zu ändern. Die städtebauliche Ordnung, wie sie in der vorhandenen Bebauung in ihren Grobstrukturen erkennbar ist, muß erhalten bleiben. Ihre Änderung bedarf gemäß § 1 Abs. 3 S. 1 BauGB der politisch-abwägenden und damit planerischen Entscheidung. Auch zu § 34 Abs. 3a BauGB besteht der ungeschriebene Vorbehalt des Planungserfordernisses (§ 1 Abs. 3 S. 1 BauGB).[78]

(2) Eine städtebauliche Vertretbarkeit kann gegeben sein, wenn die mit der Er- **69** weiterung des Betriebes verbundenen bodenrechtlichen Spannungen zugleich gemindert oder wenigstens ausgeglichen werden. Damit wird ein planerisches Element in die Entscheidung über ein einzelnes Vorhaben einbezogen. Das Tatbe-

---

73 Vgl. BVerwG, Urteil vom 17.12.1998 – 4 C 16.97 – BVerwGE 108, 190 [201] = NVwZ 1999, 981 = DVBl 1999, 782 = DÖV 1999, 559 = ZfBR 1999, 160 = NordÖR 1999, 351 = BauR 1999, 603 = BRS 60 Nr. 71 (1998).

74 Vgl. H.-D. Upmeier, Einführung zu den Neuregelungen durch das Europarechtsanpassungsgesetz Bau (EAG Bau), in: BauR 2004, 1382–1392 [1390].

75 Ebenso BVerwG, Urteil vom 15.2.1990 – 4 C 23.96 – BVerwGE 84, 322 = DVBl 1990, 572 = NVwZ 1990, 755 = GewArch 1990, 219 = ZfBR 1990, 198 = BauR 1990, 328 = BRS 50 Nr. 75; ähnlich auch W. Söfker, in: E / Z / B, BauGB (Stand: Jan. 1995), § 34 Rdnr. 84, 89; M. Krautzberger, Das neue Baugesetzbuch – Sicherung der Bauleitplanung; Zulässigkeit von Vorhaben, in: NVwZ 1987, 449–454 [453].

76 Vgl. BVerwG, Urteil vom 14.1.1993 – 4 C 19.90 – DVBl 1993, 652 = NVwZ 1993, 1184 = BauR 1993, 445 = ZfBR 1993, 243 = UPR 1993, 221 = BRS 55 Nr. 175 zu § 34 Abs. 3 BauGB 1987; so auch BVerwG, Urteil vom 15.2.1990 – 4 C 23.86 – BVerwGE 84, 322 = DVBl 1990, 572 = NVwZ 1990, 755 = GewArch 1990, 219 = ZfBR 1990, 198 = BauR 1990, 328 = BRS 50 Nr. 75.

77 VGH Mannheim, Urteil vom 27.4.1990 – 8 S 2906/89 – NVwZ 1990, 1094 = VBlBW 1990, 433 = BRS 50 Nr. 163 (Spielhallen in einem reinen Wohngebiet).

78 Vgl. BVerwG, Urteil vom 17.9.2003 – 4 C 14.01 – BVerwGE 119, 25 = DVBl 2004, 239 = NVwZ 2004, 220 = UPR 2004, 137 = ZfBR 2004, 171 – Gewerbepark Mülheim-Kärlich.

standsmerkmal der städtebaulichen Vertretbarkeit ermöglicht, Vor- und Nachteile des Vorhabens in einer – dem Baugenehmigungsverfahren sonst fremden kompensatorischen Weise und gleichsam planerisch gegeneinander abzuwägen.[79] Maßnahmen des Ausgleichs können nur – insoweit abweichend von einer Planung – **vorhabenbezogen** sein. Sie müssen das projektierte Vorhaben selbst oder dessen unmittelbare Umgebung betreffen. Ein erforderlicher gebietsbezogener Ausgleich ist der Regelung einem B-Plan vorbehalten.

70 (3) Die gedachte Abwägung kann bereits im Widerspruch mit nachbarlichen Interessen stehen. Eine absolute Grenze für die Zulässigkeit der Erweiterung eines den Rahmen der Umgebung sprengenden Gewerbebetriebes ist gegeben, wenn von dem (veränderten) Betrieb Emissionen ausgehen würden, die der Nachbarschaft nicht zumutbar wären.[80] Das ist u. a. der Fall, wenn die schädlichen Umweltauswirkungen ein Einschreiten der Gewerbeaufsicht rechtfertigten. Selbst eine im Rahmen der Betriebserweiterung vorzunehmende Verbesserung muß daher nicht zur städtebaulichen Vertretbarkeit des Vorhabens führen, wenn nämlich die Wohnsituation dennoch weiterhin unzumutbar bleibt.[81] Für das Verhältnis von emittierendem Gewerbebetrieb und Wohnbebauung müssen jedenfalls die allgemeinen Anforderungen an gesunde Wohnverhältnisse gewahrt werden.

71 (4) Da § 34 Abs. 3 a BauGB vor allem in kritischen Gemengelagen bedeutsam ist, darf in diesen Fällen die städtebauliche Gesamtsituation nicht zu einer immissionsschutzrechtlich kritischen Lage führen. Ob ein **Verschlechterungsverbot**, ein **Verfestigungsverbot** oder gar ein **Verbesserungsgebot** besteht, läßt sich nicht allgemein beantworten.[82] Die Frage ist in einer Gemengelage ganz allgemein „kritisch".[83] Maßgebend wird in aller Regel die „Toleranzgrenze" hinsichtlich schädlicher

79 BVerwG, Urteil vom 15.2.1990 – 4 C 23.86 – BVerwGE 84, 322 = DVBl 1990, 572 = NVwZ 1990, 755 = GewArch 1990, 219 = ZfBR 1990, 198 = BauR 1990, 328 = BRS 50 Nr. 75 mit Anm. M. Krautzberger, in: JZ 1991, 142–143; ebenso G. Gaentzsch, BauGB, Kommentar, 1990, § 34 Rn. 23.

80 BVerwG, Urteil vom 15.2.1990 – 4 C 23.86 – BVerwGE 84, 322 = DVBl 1990, 572 = NVwZ 1990, 755 = GewArch 1990, 219 = ZfBR 1990, 198 = BauR 1990, 328 = BRS 50 Nr. 75 mit Anm. M. Krautzberger, in: JZ 1991, 142–143.

81 BVerwG, Urteil vom 15.2.1990 – 4 C 23.86 – BVerwGE 84, 322 = DVBl 1990, 572 = NVwZ 1990, 755 = GewArch 1990, 219 = ZfBR 1990, 198 = BauR 1990, 328 = BRS 50 Nr. 75 mit Anm. M. Krautzberger, in: JZ 1991, 142–143.

82 Ein Verschlechterungsverbot zu § 34 Abs. 3 BauGB 1987 bejahend W. Lenz, Zulässigkeit von Vorhaben und Nutzungen nach dem Baugesetzbuch, in: BauR 1987, 1–9 [6]; a.A. H. Dürr, Die Veränderungen im Bauplanungsrecht durch die §§ 1 bis 38 BauGB, in: VBlBW 1987, 201–212 [209]; wohl auch J. Müller, Kommunale Wirtschaftsförderung durch Baurecht? – Zur Auslegung des § 34 Abs. 3 Satz 1 Nr. 2 BauGB, in: UPR 1989, 248–253 [252]; für Verbesserungsgebot W. Söfker, Baugesetzbuch, Leitfaden, 1987, Rdnr. 184.

83 Zum Verschlechterungsverbot vgl. BVerwG, Beschluß vom 6.2.2003 – 4 BN 5.03 – Buchholz 406.11 § 1 BauGB Nr. 116; VGH Mannheim, Beschluß vom 27.2.1991 – 3 S 557/90 – VBlBW 1992, 18 = UPR 1991, 355 = BRS 52 Nr. 3; VGH Mannheim, Beschluß vom 12.4.1994 – 8 S 3075/93 – UPR 1995, 39 (L) = ZfBR 1995, 59 (L) = juris (Volltext); W. Hoppe, in: ders./Chr. Bönker/S. Grotefels, Öffentliches Baurecht, 2. Aufl., 2002, Rn. 173 S. 308; K.-P Dolde, Konfliktsituationen zwischen gewerblicher Wirtschaft und Wohnen als Problem des Städtebaurechts, in: DVBl 1983, 732–740 [739]; R. Menke, Das Gebot planerischer Konfliktbewältigung bei der Überplanung von Gemengelagen, in: UPR 1985, 111–117 [116]; J. Ziegler, Überplanung bebauter Gebiete, insbesondere von Gemenge-

Berkemann

Umwelteinwirkungen sein. Eine Verminderung der Belastungen kann ggf. durch Gestaltung des Bauvorhabens und durch Maßnahmen nach dem Stand der Technik zugunsten eines effektiven Immissionsschutzes erreicht werden (vgl. auch §§ 22, 24 BImSchG). Entsprechende Entscheidungen können als ermessensbezogene Auflagen in der zulassenden Genehmigung zugunsten einer vorhandenen Wohnbebauung angeordnet werden.[84]

An der städtebaulichen Vertretbarkeit fehlt es allerdings dann, wenn das projek- **72** tierte Vorhaben zu einer konfliktträchtigen Verschärfung einer bereits bestehenden Gemengelage führt. So ist z. B. die Erweiterung eines Fuhrunternehmens in einer hauptsächlich durch Wohnnutzung geprägten Gemengelage als ein das Wohnen erheblich störendes Gewerbe als unzulässig angesehen worden.[85]

Bestehende unzumutbare Wohnverhältnisse infolge schädlicher Umwelteinwirkun- **73** gen im Sinne von § 3 Abs. 1 BImSchG dürfen nicht durch die Zulassung einer Betriebserweiterung verfestigt werden.[86] Dabei kann die Möglichkeit betriebsbeschränkender Maßnahmen – etwa gemäß §§ 24, 22 BImSchG – erheblich sein.[87] Die Planung eines Gewerbe- oder gar Industriegebiets ohne schützende Maßnahmen unmittelbar neben einem Wohngebiet ist im Regelfall städtebaulich nicht vertretbar.

3.2.1.1.3 Würdigung nachbarlicher Interessen

(1) Die Würdigung nachbarlicher Interessen ist neben der Prüfung der städtebau- **74** lichen Vertretbarkeit gesondert vorzunehmen. Zumeist werden sich allerdings insoweit dieselben, bereits im Zusammenhang mit der städtebaulichen Vertretbarkeit erörterten Fragen stellen und dort auch „abgewogen" werden.[88]

(2) § 34 Abs. 3a S. 1 BauGB verweist durch den Bezug auf die Würdigung nach- **75** barlicher Interessen auf das Gebot der Rücksichtnahme. Die Voraussetzungen sind mit dem gleichlautenden § 31 Abs. 2 BauGB im Ansatz identisch. Der Ge-

lagen (Teil 2), in: ZfBR 1984, 110–117 [11f.]; zum Verbesserungsgebot vgl. BVerwG, Beschluß vom 23.6.1989 – 4 B 100.89 – NVwZ 1990, 263 = UPR 1989, 432 = NuR 1990, 316 (luftverkehrsrechtliche Auflage); Beschluß vom 18.12.1990 – 4 N 6.88 – DVBl 1991, 442 = NVwZ 1991, 881 = UPR 1991, 151 = BayVBl 1991, 310 = ZfBR 1991, 120 = BRS 50 Nr. 25; vgl. auch E. Schmidt-Aßmann, Die Berücksichtigung situationsbestimmter Abwägungselemente bei der Bauleitplanung, 1981; ähnl. seinerzeit B. Stüer, Handbuch des Bau- und Fachplanungsrechts, 1. Aufl., 1997, Rn. 660.

84 Wie hier W. Söfker, in: E/Z/B, BauGB (Stand: Jan. 1995), § 34 Rn. 89.

85 OVG Schleswig, Urteil vom 19.1.1994 – 1 L 106/92 – juris (Volltext).

86 Vgl. BVerwG, Urteil vom 15.2.1990 – 4 C 23.86 – BVerwGE 84, 322 = DVBl 1990, 572 = NVwZ 1990, 755 = GewArch 1990, 219 = ZfBR 1990, 198 = BauR 1990, 328 = BRS 50 Nr. 75 mit Anm. M. Krautzberger, in: JZ 1991, 142–143.

87 Vgl. BVerwG, Urteil vom 23.9.1999 – 4 C 6.98 – BVerwGE 109, 314 = NVwZ 2000, 1050 = DVBl 2000, 192 = DÖV 2000, 463 = UPR 2000, 183 = ZfBR 2000, 128 = BauR 2000, 234 = BRS 62 Nr. 86 (1999) – Sportplatz; Urteil vom 18.5.1995 – 4 C 20.94 – BVerwGE 98, 235 = DVBl 1996, 40 = NVwZ 1996, 379 = UPR 1996, 69 = BayVBl 1996, 151 = GewArch 1996, 119 = BauR 1995, 807 = BRS 57 Nr. 67 (1995) – Autolackierer.

88 Vgl. BVerwG, Urteil vom 15.2.1990 – 4 C 23.86 – BVerwGE 84, 322 = DVBl 1990, 572 = NVwZ 1990, 755 = BauR 1990, 328 = GewArch 1990, 219 = ZfBR 1990, 198 = BRS 50 Nr. 75.

setzgeber hat durch § 34 Abs. 3a BauGB allerdings die wechselseitig zu beachtende Rücksichtnahme zu Lasten der nachbarlichen Interessen bauplanungsrechtlich verschoben.[89] Das kann nunmehr die Notwendigkeit eines immissionsschutzrechtlichen Ausgleichs gemäß §§ 24, 22 BImSchG auslösen.

76 (3) Die allgemeinen Anforderungen an **gesunde Wohnverhältnisse** müssen in jedem Falle gewahrt bleiben. Von § 34 Abs. 1 S. 2 BauGB suspendiert § 34 Abs. 3a BauGB trotz des pauschalen Bezuges auf die Gesamtregelung des § 34 Abs. 1 BauGB nicht. Insoweit bedarf es der teleologischen Reduktion. Die Erweiterung eines Gewerbebetriebes darf nicht zu ungesunden Wohnverhältnissen führen. Auch schon bestehende unzumutbare Wohnverhältnisse infolge schädlicher Umwelteinwirkungen im Sinne von § 3 Abs. 1 BImSchG dürfen nicht durch die Zulassung einer Betriebserweiterung verfestigt werden.[90]

77 (4) Die Nachbarn müssen in aller Regel solche Immissionen hinnehmen, wie sie in einem Mischgebiet (§ 6 BauNVO) zulässig sind. Derartige Immissionen sind generell zumutbar, weil ein Mischgebiet auch dem Wohnen dient. Der durch die Erweiterung betriebsbedingte zusätzliche Zu- und Abfahrtsverkehr ist zu berücksichtigen. Beeinträchtigungen können vor allem durch die An- und Abfahrt von Schwerlastkraftwagen sowohl vor als auch nach der regelmäßigen Tagesarbeitszeit entstehen. Der Verkehr ist dem projektierten Vorhaben zuzurechnen (vgl. auch Nr. 7.4 TA Lärm 1998).[91]

3.2.1.1.4 Vereinbarkeit mit öffentlichen Belangen

78 (1) Eine Erweiterung ist nicht zulässig, wenn ihr öffentliche Belange entgegenstehen. Es gelten entsprechend § 31 Abs. 2 BauGB alle öffentlichen Belange. Dabei ist gebührend zu beachten, daß der Gesetzgeber den Bereich des § 34 Abs. 1 BauGB gerade erweitern will.

79 Dazu zählt auch § 1 Abs. 3 S. 1 BauGB. Eine geordnete städtebauliche Entwicklung darf nicht beeinträchtigt werden.[92] Ähnlich wie zu § 31 Abs. 2 BauGB ist neben dem Kriterium der städtebaulichen Vertretbarkeit ein eigenständiger Regelungswert der Vereinbarkeit des projektierten Vorhabens mit den öffentlichen Be-

---

89 Ähnlich W. Söfker, in: E/Z/B, BauGB (Stand: Jan. 1995), § 34 Rn. 90.

90 BVerwG, Urteil vom 15.2.1990 – 4 C 23.86 – BVerwGE 84, 322 = DVBl 1990, 572 = NVwZ 1990, 755 = GewArch 1990, 219 = ZfBR 1990, 198 = BauR 1990, 328 = BRS 50 Nr. 75 mit Anm. M. Krautzberger, in: JZ 1991, 142–143.

91 BVerwG, Urteil vom 3.2.1984 – 4 C 25.82 – BVerwGE 68, 360 = ZfBR 1984, 139 = DVBl 1984, 634 = NJW 1984, 1771 = UPR 1984, 231 = BauR 1984, 373 = BRS 42 Nr. 52; Beschluß vom 4.6.1985 – 4 B 102.85 – ZfBR 1986, 47 = BRS 44 Nr. 65, jeweils zu Verkehrsimmissionsbelastungen durch Verbrauchermärkte; BVerwG, Urteil vom 27.8.1998 – 4 C 5.98 – NVwZ 1999, 523 = ZfBR 1999, 49 = UPR 1999, 68 = BauR 1999, 152 = BRS 60 Nr. 83 (1998); vgl. ferner BVerwG, Urteil vom 16.5.2001 – 7 C 16.00 – DVBl 2001, 1451 = NVwZ 2001, 1167 = UPR 2001, 352 = BRS 64 Nr. 181 (2001).

92 Vgl. BVerwG, Urteil vom 9.6.1978 – 4 C 54.75 – BVerwGE 56, 71 [77] = NJW 1979, 939 = BauR 1978, 387.

Berkemann

langen kaum erkennbar.[93] Das Vorhaben ist nicht mit den öffentlichen Belangen vereinbar, wenn es angesichts seiner **Vorbildwirkung** die planungsrechtlich relevante Umstrukturierung eines ganzen Gebietes einleiten würde.[94] Dann wäre das Vorhaben auch kaum städtebaulich vertretbar. Zu den öffentlichen Belangen zählt auch die Planungshoheit der Gemeinde selbst.[95] Ob die Bauaufsichtsbehörde bei der Ausübung des Befreiungsermessens nach § 31 Abs. 2 BauGB auch verfestigte Planungsvorstellungen der Gemeinde berücksichtigen darf, die bislang z. B. in einer Veränderungssperre oder einem Zurückstellungsantrag noch keinen Ausdruck gefunden haben, ist zweifelhaft.[96] Öffentlich Belange stehen entgegen, wenn im Hinblick auf die beantragte Abweichung (nunmehr) von einer Planungspflicht auszugehen ist.[97]

(2) § 34 Abs. 3a S. 1 BauGB verlangt die **positive** Feststellung, daß das Vorha- **80** ben mit öffentlichen Belangen vereinbar ist. Das ist nicht der Fall, wenn ein **Widerspruch** besteht; aber auch bereits die **Beeinträchtigung öffentlicher Belange** erlaubt nicht, von einer Vereinbarkeit auszugehen. Bei schwerwiegenden Nutzungskonflikten, die nach § 50 BImSchG (Trennungsgrundsatz) erheblich sind, ist das projektierte Vorhaben nach § 34 Abs. 3a S. 1 BauGB nicht zulässig.

3.2.1.1.5 Einzelfall

(1) § 34 Abs. 3a BauGB reduziert die Möglichkeit der Erweiterung auf den „Ein- **81** zelfall". Die Regelung weicht damit von § 31 BauGB ab. Das BauROG 1998 hatte zu § 31 Abs. 2 BauGB die tatbestandliche Voraussetzung des Einzelfalles bewußt gestrichen.[98]

(2) § 34 Abs. 3 a BauGB besitzt **Ausnahmecharakter**.[99] Die Vorschrift fordert, **82** daß ein **atypischer Sachverhalt** gegeben ist. Daran fehlt es, wenn die Gründe, die für eine Erweiterung sprechen, für jedes oder nahezu für jedes Grundstück in der näheren Umgebung gegeben sind.[100] Eine „Einzigartigkeit" wird nicht voraus-

---

93 Wie hier W. Söfker, in: E/Z/B, BauGB (Stand: Jan. 1995), § 34 Rn. 90; ähnlich VGH Mannheim, Urteil vom 3.12.1993 – 8 S 2378/93 – NVwZ-RR 1994, 638 = UPR 1994, 396 zum „dringenden Wohnbedarf"; ebenso VGH Mannheim, Urteil vom 25.5.1992 – 5 S 2775/91 – VBIBW 1993, 19 = UPR 1993, 106 = BRS 54 Nr. 152; VGH Mannheim, Beschluß vom 5.3.1992 – 8 S 77/92 – NVwZ-RR 1993, 67 = ZfBR 1992, 295 (L).
94 Vgl. BVerwG, Beschluß vom 16.3.1993 – 4 B 253.92 – DVBl 1993, 884 = NVwZ 1994, 266 = DÖV 1993, 916 = ZfBR 1993, 250 = UPR 1993, 268 = NuR 1994, 188 = BRS 55 Nr. 67 zu § 34 Abs. 3 S. 1 BauGB 1987.
95 Vgl. VGH München, Urteil vom 12.2.1996 – 14 B 93.3033 – BayVBl 1997, 18 = BRS 58 Nr. 38 (1996).
96 So aber VGH Mannheim, Urteil vom 27.10.2000 – 8 S 714/00 – VBIBW 2001, 185.
97 Vgl. BVerwG, Urteil vom 17.9.2003 – 4 C 14.01 – BVerwGE 119, 25 = DVBl 2004, 239 = NVwZ 2004, 220 = UPR 2004, 137 = ZfBR 2004, 171 – Gewerbepark Mülheim-Kärlich.
98 Vgl. dazu G. Schmidt-Eichstaedt, Die Befreiung im Spannungsfeld zwischen Bauleitplanung und Einzelfallentscheidung, in: DVBl 1989, 1–8.
99 Wie G. Gaentzsch, BauGB, Kommentar, 1990, zu § 34 Abs. 3 BauGB 1987, Rn. 20.
100 Vgl. BVerwG, Urteil vom 20.11.1989 – 4 B 163.89 – NVwZ 1990, 556 = ZfBR 1990, 148 [150] = NuR 1990, 407 = UPR 1990, 152 = BRS 49 Nr. 175; vgl. ferner OVG Hamburg, Urteil vom 23.6.1994 – Bf II 39/ 93 – NVwZ-RR 1995, 379 = UPR 1995, 150 = BRS 56 Nr. 47 zu § 4 Abs. 1a BauGB-MaßnG; VGH Kassel, Urteil vom 23.6.1995 – 3 UE 615/95 – NVwZ-RR 1996, 488 = UPR 1996, 76 = ZfBR 1996, 104 = BRS 57 Nr. 91 (1995) zu § 4 Abs. 1a BauGB-MaßnG.

gesetzt. Einzelfälle im Rechtssinne können auch bei mehreren vergleichbaren Einzelfällen gegeben sein.

83 (3) Die Besonderheit des Einzelfalles muß auf eine Beurteilungsebene (Referenzebene) bezogen werden. Bei § 34 Abs. 3a S. 1 BauGB kann diese – anders als zu § 31 BauGB – nicht in der vorhandenen und typisierenden Planung liegen und hieran die grundstücksbezogene Atypik abbilden.[101] Eine derartige, im Einzelfall zu korrigierende Planung gibt es im Regelungsbereich des § 34 Abs. 3a S. 1 BauGB nicht. Die Voraussetzung des Einzelfalles kann daher nur im Gegensatz zum Gebot der Gleichbehandlung verstanden werden. Der zu beurteilende Einzelfall muß – verallgemeinert und abstrakt – auf jedes Grundstück in vergleichbarer Lage bezogen werden.[102] Ist die in dieser Weise hypothetisch vorgestellte „nähere Umgebung" mit der bisherigen gebietlichen Charakteristik nicht mehr identisch, liegt ein Einzelfall nicht vor.[103] Die Zahl derartiger Vorhaben muß so niedrig und ihre verändernde Qualität so gering sein, daß die nach § 34 Abs. 3a S. 1 BauGB zulässigen Vorhaben **keinen neuen Rahmen** im Sinne des § 34 Abs. 1 BauGB für künftige Vorhaben bilden.[104]

84 (4) Gründe des Gemeinwohls indizieren keinen atypischen Sachverhalt.[105] Sie verlangen vielmehr nach einer Planung.

3.2.1.2 Rechtsfolgen

3.2.1.2.1 Begriff des Abweichens

85 Das Abweichen kann sich auf alle Merkmale des Einfügens nach § 34 Abs. 1 BauGB beziehen, also auf Art und Maß der baulichen Nutzung, auf die Bauweise und auf die überbaubare Grundstücksfläche, jeweils bezogen auf die „nähere Umgebung". So darf ein Handwerksbetrieb, der sich nach rückwärts erweitern möchte, die in der näheren Umgebung erkennbare Baugrenze gemäß § 34 Abs. 1 BauGB nicht überschreiten; hier kann eine Abweichung nach § 34 Abs. 3a S. 1 BauGB zulässig sein, um z. B. durch die Erweiterung die Möglichkeit zu schaffen, den vom Betrieb ausgehenden Lärm zu mindern.

---

101 So etwa BVerwG, Beschluß vom 19.2.1982 – 4 B 21.82 – BRS 39 Nr. 168; Urteil vom 14.2.1991 – 4 C 51.87 – BVerwGE 88, 24 = DVBl 1991, 812 = NVwZ 1991, 2783 = ZfBR 1991, 173 [175] = BauR 1991, 582 = BRS 52 Nr. 161; vgl. auch BVerwG, Beschluß vom 8.5.1989 – 4 B 78.89 – NVwZ 1989, 1060 = DÖV 1989, 861 = ZfBR 1989, 225 = UPR 1989, 430 = BauR 1989, 440 = BRS 49 Nr. 66.

102 Vgl. BVerwG, Beschluß vom 20.11.1989 – 4 B 163.89 – NVwZ 1990, 556 = ZfBR 1990, 148 = UPR 1990, 152 = NuR 1990, 407 = BRS 49 Nr. 175; OVG Hamburg, Urteil vom 23.6.1994 – Bf II 39/93 – NVwZ-RR 1995, 379 = UPR 1995, 150 = BRS 56 Nr. 47.

103 Ähnlich BVerwG, Beschluß vom 16.3.1993 – 4 B 253.92 – DVBl 1993, 884 = NVwZ 1994, 266 = DÖV 1993, 916 = ZfBR 1993, 250 = UPR 1993, 268 = NuR 1994, 188 = BRS 55 Nr. 67 zu § 34 Abs. 3 S. 1 BauGB 1987.

104 Vgl. VGH München, Urteil vom 14.8.1992 – 2 B 90.2946 – BayVBl 1993, 307 mit Anm. H. Jäde, in: BayVBl 1993, 308–309.

105 Ähnlich VGH Kassel, Urteil vom 21.8.1995 – 3 UE 615 / 95 – ZfBR 1996, 104; abweichend VGH Mannheim, Urteil vom 5.4.1994 – 5 S 2915/93 – NVwZ-RR 1995, 380 (dringender Wohnbedarf).

Berkemann

3.2.1.2.2 Ermessen

(1) § 34 Abs. 3a S. 1 BauGB stellt die Zulässigkeit des Vorhabens in das Ermes- **86**
sen. Grundsätzlich besteht auch dann, wenn die tatbestandlichen Voraussetzungen der Vorschrift gegeben sind, nur ein Anspruch auf ermessensfehlerfreie Entscheidung.[106] Liegen die tatbestandsmäßigen Voraussetzungen für die Anwendung des § 34 Abs. 3a S. 1 BauGB nicht vor, entfällt eine Ermessensentscheidung der Bauaufsichtsbehörde oder der Gemeinde.

(2) Auch bei Vorliegen der tatbestandsmäßigen Voraussetzungen des § 34 Abs. **87**
3a S. 1 BauGB besteht grundsätzlich kein Rechtsanspruch auf Zulässigkeit des projektierten Vorhabens.[107] Für die Ausübung des Ermessens ist angesichts der „Weite" der tatbestandsmäßigen Voraussetzungen allerdings wenig Raum.[108] Der Ermessensspielraum wird um so kleiner sein, je mehr die städtebauliche Situation durch die beantragten baulichen Maßnahmen verbessert wird.[109]

3.2.1.2.2.1 Grundsatz

(1) **Wesentliche Gesichtspunkte** einer sachgerechten Ermessensausübung sind **88**
bereits durch die gesetzlichen Tatbestandsmerkmale erfaßt. Die Gefahr ist groß, daß die weiteren Tatbestandselemente, die eine Entscheidung nach Ermessen überhaupt voraussetzen (z. B. Vereinbarkeit mit öffentlichen Belangen, Würdigung nachbarlicher Interessen, Einzelfall) in der Begründung der Ermessensentscheidung nur wiederholt werden. Dann liegt eine fehlerhafte Ermessenentscheidung vor.

(2) Das Ermessen ist **„pflichtgemäß"** auszuüben.[110] Das verbietet sachfremde **89**
Erwägungen. Sachfremd sind Erwägungen, welche mit der Zulässigkeit des Vor-

---

106 Vgl. W. Söfker, in: E/Z/B, BauGB (Stand: Jan. 1995), § 34 Rn. 93.
107 Vgl. BVerwG, Urteil vom 19.9.2002 – 4 C 13.01 – BVerwGE 117, 50 = DVBl 2003, 526 = NVwZ 2003, 478 = UPR 2003, 146 = NuR 2003, 357 = ZfBR 2003, 260 = BauR 2003, 488 = BRS 65 Nr. 75 (2002); Beschluß vom 8.7.1998 – 4 B 64.98 – ZfBR 1999, 54 (Ermessen der Bauaufsicht); Beschluß vom 10.10.1991 – 4 B 167.91 – Buchholz 4056.11 § 36 BauGB Nr. 45 (Ermessen der Gemeinde); vgl. auch W. Söfker, in: E/Z/B/K, BauGB (Stand: Febr. 1999), § 31 Rn. 61; BGH, Urteil vom 17.12.1981 – III ZR 88/80 – BGHZ 82, 361 [369] = DVBl 1982, 536 = ZfBR 1982, 131 = BauR 1982, 235 = BRS 38 Nr. 3; Urteil vom 23.9.1993 – III ZR 54/92 – DVBl 1994, 278 = NVwZ 1994, 405 = ZfBR 1994, 93.
108 Vgl. R.-P Löhr, in: B/K/L, BauGB, 9. Aufl., 2005, § 31 Rn. 43; H. Jäde, in: ders./F. Dirnberger/J. Weiß, BauGB, 4. Aufl., 2005, § 31 Rn. 29.
109 Vgl. BVerwG, Urteil vom 15.2.1990 – 4 C 23.86 – BVerwGE 84, 322 = DVBl 1990, 572 = NVwZ 1990, 755 = GewArch 1990, 219 = ZfBR 1990, 198 = BauR 1990, 328 = BRS 50 Nr. 75 mit Anm. M. Krautzberger, in: JZ 1991, 142–143.
110 Vgl. BVerwG, Urteil vom 14.7.1972 – 4 C 69.79 – BVerwGE 40, 268 = NJW 1970, 263; Urteil vom 9.6.1978 – 4 C 54.75 – BVerwGE 56,71 = ZfBR 1978, 35 = NJW 1979, 939 = BauR 1978, 387 = BRS 33 Nr. 150; Urteil vom 19.9.1986 – 4 C 8.84 – BauR 1987, 70 = DÖV 1987, 296 = NVwZ 1987, 409 = DVBl 1987, 476 = ZfBR 1987, 47 = UPR 1987, 185 = BRS 46 Nr. 173; Urteil vom 16.5.1991 – 4 C 17.90 – BVerwGE 88, 191 = DVBl 1991, 819 = NVwZ 1992, 165 = DÖV 1991, 886 = UPR 1991, 381 = NJW 1991, 3293 = ZfBR 1991, 221 = BRS 52 Nr. 157; BGH, Urteil vom 25.11.1982 – III ZR 55.87 – ZfBR 1983, 143 = BauR 1983, 231 = BRS 39 Nr. 169; W. Söfker, in: E/Z/B/K, BauGB (Stand: Febr. 1999), § 31 Rn. 61; abweichend H. Erwe, Ausnahmen und Befreiungen im öffentlichen Baurecht, 1986, S. 135.

habens „nichts zu tun haben". Das sind Überlegungen, die ihre Wurzel nicht im Bauplanungsrecht haben. Als ermessenssteuernde Erwägung ist die Frage zulässig, daß eine Regelung durch einen B-Plan abgewartet werden kann. Es ist zweifelhaft, aber immerhin erwägenswert, ob im Rahmen des Ermessens nach § 34 Abs. 3a BauGB deshalb (ergänzend) überhaupt noch individuelle oder bodenrechtlich relevante Erwägungen zulässig sein können.[111]

3.2.1.2.2.2 Frage- und Prüfungshorizont der Bauaufsichtsbehörde

90 Gesichtspunkte, die für oder gegen eine Befreiung erörtert werden sollten, sind ähnlich denen zu § 31 Abs. 1 und 2 BauGB. Fraglich ist, ob **Planungsabsichten der Gemeinde,** die sich noch nicht in einem förmlichen Beschluß niedergeschlagen haben, im Rahmen der Ermessensausübung negativ zu berücksichtigen sind.[112] Eine gegenläufige Planung, die bereits das Aufstellungsverfahren eine gewisse Konkretisierung erreicht hat, kann als Ermessensgrund die Ablehnung rechtfertigen.[113] Ob die Baugenehmigungsbehörde bei der Ausübung des Ermessens tragend auch nicht verfestigte Planungsvorstellungen der Gemeinde berücksichtigen darf, die also z. B. in einem Aufstellungsbeschluß, in einer Veränderungssperre oder einem Zurückstellungsantrag bislang keinen Ausdruck gefunden haben, ist dagegen zweifelhaft.[114]

3.2.1.2.2.3 Ermessensreduzierung

91 (1) Die Baugenehmigungsbehörde kann durch den verfassungsrechtlichen **Grundsatz der Gleichbehandlung** gebunden sein, eine Ermessenspraxis fortzusetzen (Ermessensreduzierung „auf Null").[115] Die Baugenehmigungsbehörde kann ihre bisherige Ermessenspraxis aufgeben. Sie unterliegt dann aber **besonderen Begründungsanforderungen.** Die Genehmigungspraxis ist aufzugeben, wenn sie zu rechtswidrigen Ergebnissen führt. Das ist u. a. der Fall, wenn die Einzelgenehmigungen in ihrer Gesamtheit zu einer Änderung der Gebietsstruktur führen wür-

---

111 Verneinend zu § 31 Abs. 2 BauGB H. Jäde, in: ders./F. Dirnberger/J. Weiß, BauGB, 4. Aufl., 2005, § 31 Rn. 30; erwägend O. Schlichter, in: BK, 2. Aufl., 1995, § 31 Rn. 40 (für den Regelfall).
112 Bejahend wohl W. Söfker, in: E/Z/B/K, BauGB (Stand: Febr. 1999), § 31 Rn. 6; H. Dürr, in: Brügelmann, BauGB, (Stand: 1997), § 31 Rn. 59; K. Schmaltz, in: H. Schrödter (Hrsg.), BauGB, 6. Aufl., 1998, § 31 Rn. 33; zurückhaltend R.-P. Löhr, in: B/K/L, BauGB, 9. Aufl., 2005, § 31 Rn. 46; H. Erwe, Ausnahmen und Befreiungen im öffentlichen Baurecht, 1986, S. 173ff.
113 BVerwG, Urteil vom 19.9.2002 – 4 C 13.01 – BVerwGE 117, 50 = NVwZ 2003, 478 = DVBl 2003, 526 = ZfBR 2003, 260 = UPR 2003, 146 = NuR 2003, 357 = BauR 2003, 488 = BRS 65 Nr. 74 (2000).
114 So aber VGH Mannheim, Urteil vom 27.10.2000 – 8 S 714/00 – VBIBW 2001, 185.
115 Vgl. BVerwG, Urteil vom 15.2.1990 – 4 C 23.86 – BVerwGE 84, 322 = DVBl 1990, 572 = NVwZ 1990, 755 = BauR 1990, 328 = GewArch 1990, 219 = ZfBR 1990, 198 = BRS 50 Nr. 75; VGH Kassel, Urteil vom 9.6.1983 – III OE 73/82 – BRS Nr. 184; vgl. auch OVG Münster, Urteil vom 1.3.1982 – 7 A 2299/80 – BRS 39 Nr. 115; a.A. wohl W. Lenz, Zulässigkeit von Vorhaben und Nutzungen nach dem Baugesetzbuch in: BauR 1987, 1–9 [6]; G. Schmidt-Eichstaedt, Die Befreiung im Spannungsfeld zwischen Bauleitplanung und Einzelfallentscheidung. Ist eine Begrenzung der Befreiung nach § 31 Abs. 2 BauGB auf den „atypischen Sonderfall" gerechtfertigt?, in: DVBl 1989, 1–8.

den. Auch Gesichtspunkte des Eigentumsschutzes (Art. 14 Abs. 1 S. 1 GG) können bedeutsam sein.

(2) Es ist denkbar, daß die öffentlichen Interessen eine Reduzierung des Ermessens geradezu erzwingen.[116] Berührt die Befreiung keine Belange der Gemeinde, so kann sich nach Ansicht des **BGH** das Ermessen der Gemeinde dahin verdichten, daß sie zur Erteilung einer Befreiung verpflichtet ist.[117] Das erscheint indes zweifelhaft. Die Gemeinde hat gemäß § 36 Abs. 2 S. 1 BauGB dieselbe Rechtsprüfung wie die Baugenehmigungsbehörde vorzunehmen. **92**

(3) **Entwurf eines B-Plans.** Auch ein Entwurf eines B-Planes oder eines F-Planes kann im Hinblick auf die beabsichtigte Planänderung ein hinreichender Ermessensgesichtspunkt sein, eine Befreiung abzulehnen. Als Ermessenserwägung sind Planungsänderungsabsichten (Rn. 90) der Gemeinde allerdings nur beachtlich, wenn sie **ernsthaft und hinreichend konkret** sind.[118] **93**

3.2.1.2.2.4 Nebenbestimmungen

Die Baugenehmigungsbehörde sollte stets prüfen, ob das projektierte Vorhaben nur unter näheren Auflagen möglich ist, diese in der vorhandenen Gemengelage sogar erfordert. Sie darf hiervon ihre Ermessensentscheidung abhängig machen (vgl. § 36 Abs. 2 Nr. 4 VwVfG). Planungsrechtliche Versagungsgründe, soweit diese struktureller Art sind, können durch Auflagen nicht ausgeräumt werden.[119] **94**

3.2.2 § 34 Abs. 3a Satz 2 BauGB 2004

3.2.2.1 Ausschlußgründe – Überblick

(1) Die Zielsetzung des § 34 Abs. 3 a S. 2 BauGB liegt darin, den Schutz des Einzelhandels an solchen Standorten zu sichern, die in das städtebauliche Ordnungssystem bisher funktionsgerecht planerisch oder faktisch eingebunden sind.[120] Ob diese Zielsetzung gegenwärtig noch eine empirisch nachweisbare Grundlage besitzt, erscheint zunehmend zweifelhaft. Sozialstaatliche Bedenken im Hinblick auf **95**

---

116 Vgl. BVerwG, Urteil vom 4.7.1986 – 4 C 31.84 – BVerwGE 74, 315 = DVBl 1986, 1273 = NJW 1987, 1713 = DÖV 1987, 293 = NuR 1987, 125 = UPR 1987, 106 = ZfBR 1986, 240 mit Anm. M.-J. Seibert, in: DVBl 1986, 1277 zu § 31 Abs. 2 BauGB in Verb. mit des § 48 Abs. 1 S. 2 BBergG („Rohstoffsicherungsklausel").

117 Vgl. BGH, Urteil vom 23.9.1993 – III ZR 54/92 – DVBl 1994, 278 = NVwZ 1994, 406 = ZfBR 1994, 93; ebenso W. Söfker, in: E/Z/B/K, BauGB (Stand: Febr. 1999), § 31 Rn. 61.

118 BVerwG, Urteil vom 19.9.2002 – 4 C 13.01 – BVerwGE 117, 50 = DVBl 2003, 526 = NVwZ 2003, 478 = UPR 2003, 146 = NuR 2003, 357 = ZfBR 2003, 260 = BauR 2003, 488 = BRS 65 Nr. 75 (2002) zu § 31 Abs. 2 BauGB.

119 Vgl. OVG Münster, Urteil vom 21.3.1995 – 11 A 1089/91 – NVwZ 1996, 921 = BauR 1995, 814 = UPR 1996, 79 = BRS 57 Nr. 68.

120 Vgl. BVerwG, Urteil vom 1.8.2001 – 4 C 5.01 – BVerwGE 117, 25 = NVwZ 2003, 86 = DVBl 2003, 62 = GewArch 2002, 491 = UPR 2003, 35 = NuR 2003, 165 = BayVBl 2003, 279 = ZfBR 2003, 38 = BauR 2003, 55 mit Anm. G. Wurzel, in: DVBl 2003, 197–201; H. Jochum, in: BauR 2003, 31–37; vgl. ferner M. Uechtritz, Interkommunales Abstimmungsgebot und gemeindliche Nachbarklage, in: NVwZ 2003, 176–179.

zumeist kostengünstige Einkaufsmöglichkeiten außerhalb des Innenstadtbereichs können hinzutreten.[121]

96 (2) § 34 Abs. 3 a S. 2 BauGB enthält kein Planungsverbot. Die Regelung ist nach ihrer systematischen Stellung vorhabenbezogen. Die Gemeinde kann das Hindernis durch bauplanerische Festsetzung ausschalten. Die Einzelhandelsbetriebe können aber – vorbehaltlich § 34 Abs. 3 BauGB nach § 34 Abs. 1 oder 2 BauGB zulässig sein. § 34 Abs. 3 a S. 2 BauGB will die Zulässigkeit alsdann einer planerischen Entscheidung der Gemeinde vorbehalten. Diese Zielsetzung entspricht der des § 11 Abs. 3 BauNVO. Auch dort ist die Zulässigkeit bestimmter Einzelhandelsbetriebe einer gezielten planerischen Entscheidung der Gemeinde vorbehalten.[122] Gleichwohl ist der Regelungsbereich des § 11 Abs. 3 BauNVO enger als der des § 34 Abs. 3 a S. 2 BauGB. Für § 11 Abs. 3 BauNVO ist das Erfordernis der „verbrauchernahen Versorgung" ein Merkmal unter anderen.[123]

3.2.2.2 Begriff des Einzelhandelsbetriebes

97 (1) Der Einzelhandel ist Gewerbe. Die BauNVO benutzt den Begriff in § 5 Abs. 2 Nr. 5, § 6 Abs. 2 Nr. 3, § 7 Abs. 2 Nr. 2 und § 11 Abs. 3 S. 1 Nr. 2 BauNVO, im letzteren Falle mit dem Zusatz „großflächig". Der Begriff selbst wird nicht näher bestimmt. § 34 Abs. 3 a S. 2 BauGB setzt die Großflächigkeit des Betriebes nicht voraus. Maßgebendes Kriterium ist die **unmittelbare Beziehung des Verkaufs an den Endverbraucher.** Elemente der Dienstleistung werden „mitgezogen".

98 (2) Fügt sich ein (großflächiger) Einzelhandelsbetrieb nach § 34 Abs. 1 BauGB in die Eigenart der näheren Umgebung ein, ist er – vorbehaltlich § 34 Abs. 3 BauGB – nicht zu verhindern. § 34 Abs. 3 a S. 2 BauGB enthält kein Nutzungsverbot. Ob sich ein großflächiger Einzelhandelsbetrieb in die Eigenart der näheren Umgebung einfügt, beurteilt sich nach der tatsächlich vorhandenen Gebietsstruktur. So kann sich ein großflächiger Einzelhandelsbetrieb mit 87 Stellplätzen in die Eigenart der näheren Umgebung nicht einfügen, wenn sich diese als eine Gemengelage von Nutzungselementen des Mischgebietes bis zum reinen Wohngebiet darstellt.[124]

3.2.2.3 Ausschlußgrund: Beeinträchtigung verbrauchernaher Versorgung

99 (1) Kann der bereits bestehende Einzelhandelsbetrieb eine verbrauchernahe Versorgung beeinträchtigen, ist eine Erweiterung nach § 34 Abs. 3 a S. 1 BauGB ausgeschlossen. Dasselbe gilt, wenn die Beeinträchtigung erst nach Verwirklichung der projektierten Änderung eintreten kann.[125] Der Wortlaut des § 34 Abs. 3 a S. 1 BauGB ist insoweit unscharf und bedarf der berichtigenden Auslegung.

---

121 Vgl. O. Reidt, in: K. Gelzer/Chr. Bracher/O. Reidt, Bauplanungsrecht, 7. Aufl., 2004, Rn. 1617ff.
122 Ähnlich W. Söfker, in: E/Z/B, BauGB (Stand: Jan. 1995), § 34 Rn. 94.
123 Vgl. G. Gaentzsch, BauGB, 1990, § 34 Rn. 24.
124 Vgl. OVG Münster, Urteil vom 20.6.1991 – 11 A 728/88 – juris (Volltext).
125 Wie hier G. Gaentzsch, BauGB, Kommentar, 1990, § 34 Rn. 24.

Berkemann

(2) Der Begriff der „verbrauchernahen Versorgung" der Bevölkerung ist § 1 Abs. 5 **100**
S. 2 Nr. 8 BauGB 1987 und § 11 Abs. 3 S. 4 BauNVO entlehnt. Er enthält einen
geographischen (wohnungsnahen) und einen auf die „konsumierende" Bevölkerung (privaten Bedarf) gerichteten Bezug. Eine funktionsnahe Beziehung zwischen
dem Standort der Versorgung (Warenangebot) gerade durch den Einzelhandel
und dem Wohnen der Verbraucher (Konsumenten) wird zugrunde gelegt. Ziel ist
der Schutz einer mittelständischen Wirtschaftsstruktur im Interesse der verbrauchernahen Versorgung. Das erfaßt nur Betriebe, welche für die verbrauchernahe
Versorgung überhaupt relevant sein können.[126] Das sind jedenfalls Betriebe für
die Versorgung des täglichen Bedarfs (z.B. Lebensmittel und das übliche Ergän-
zungssortiment). Zur verbrauchernahen Versorgung gehören auch Fachmärkte
mit begrenztem Sortiment oder mit Randsortimenten. Das Warenangebot für den
eher mittel- oder langfristigen Bedarf wird tendenziell von § 34 Abs. 3a S. 2 BauGB
nicht erfaßt.

(3) Es genügt, daß diese Beeinträchtigung hinreichend wahrscheinlich ist.[127] Es **101**
muß eine realistische Möglichkeit der Störung bestehen. Eine städtebaulich störende Konkurrenzlage muß nicht bereits eingetreten sein. Kritisch wird in aller Regel die Standortfrage sein. Für die Annahme einer zu erwartenden Beeinträchtigung kann die Größe des jeweiligen Einzelhandelsbetriebes einschließlich dessen
Sortiment bedeutsam sein. Werden sich kleine Betriebe in der näheren Umgebung im Hinblick auf diesen Einzelhandelsbetrieb nicht mehr halten können und
führt dies für die Bevölkerung zu längeren Wegen, liegt eine Beeinträchtigung im
Sinne des § 34 Abs. 3a S. 2 BauGB vor.

3.2.2.4 Ausschlußgrund: Schädliche Auswirkungen auf zentrale Versor-
gungsbereiche

(1) Die Regelung ist weitgehend überflüssig. Der Ausschlußgrund ergibt sich im **102**
wesentlichen bereits aus § 34 Abs. 3 BauGB.

(2) Allerdings gibt es eine sprachliche Unterscheidung. Ob ihr inhaltliche Bedeu- **103**
tung zukommt, erscheint im Hinblick auf die repressive Zielsetzung zweifelhaft.
Nach § 34 Abs. 3a S. 2 BauGB ist der Ausschlußgrund bereits gegeben, wenn
der Einzelhandelsbetrieb schädliche Auswirkungen auf zentrale Versorgungsbereiche „haben kann". Es genügt mithin eine Potentialität mit einem nicht näher
angegebenen Grad an Wahrscheinlichkeit. Dagegen müssen nach § 34 Abs. 3
BauGB die schädlichen Auswirkungen „zu erwarten sein". Das zielt auf einen etwas höheren Grad an Gewißheit des Eintretens tatsächlicher Folgen. Das Gesetz
vermeidet hier etwa die Wendung, daß von dem Vorhaben schädliche Auswirkungen nicht „ausgehen". Das würde eine hinreichend sichere Feststellung erfordern. Die in § 35 Abs. 3 S. 1 Nr. 7 BauGB benutzte Wendung, daß das Eintreten

---

126 Ähnlich W. Söfker, in: E/Z/B, BauGB (Stand: Jan. 1995), § 34 Rn. 94.
127 Ähnlich W. Söfker, in: E/Z//B, BauGB (Stand: Jan. 1995), § 34 Rn. 94.

Berkemann

eines diskriminierten Zustandes bereits zu „befürchten" ist, hat der Gesetzgeber offenbar verschmäht.

3.2.3 Erschließung

104 § 34 Abs. 3 a BauGB befreit nicht von dem Erfordernis einer gesicherten Erschließung auch und gerade für die zugelassene Änderung, Erweiterung, Nutzungsänderung oder Erneuerung.

3.3 Verfahren – Entscheidung

3.3.1 Verwaltungsverfahren

3.3.1.1 Zuständigkeiten

105 (1) § 34 Abs. 3 a BauGB erfordert eine **Ermessensentscheidung**. Die Vorschrift bestimmt als materiell-rechtliche Regelung nicht, wer dazu befugt ist. § 36 Abs. 1 BauGB ergibt, daß die Entscheidung gegenüber dem Bauherrn – außenwirksam – nur die Baugenehmigungsbehörde trifft.[128]

106 (2) Die Bauaufsichtsbehörde hat die Gemeinde im Falle einer beabsichtigten positiven Entscheidung zum Zwecke des herzustellenden Einvernehmens gemäß **§ 36 Abs. 1 S. 1 BauGB** zu beteiligen. Die Beteiligung der Gemeinde soll gewährleisten, daß die Planungsvorstellungen der Gemeinde nicht unterlaufen werden. Wenn die Bauaufsichtsbehörde aus tatbestandlichen Gründen die Zulässigkeit des Vorhabens ohnedies verneint, ist eine Beteiligung der Gemeinde entbehrlich. Der Bauherr hat auf die Beteiligung der Gemeinde keinen Anspruch.

107 (3) Die Gemeinde hat im Verfahren des erforderlichen Einvernehmens (§ 36 Abs. 1 S. 1, Abs. 2 S. 1 BauGB) substantiell eine eigene Entscheidung zu treffen. Das gilt auch für ihre Ermessensentscheidung.[129] Stimmt die Gemeinde dem Vorhaben zu, ist die Bauaufsichtsbehörde hieran nicht gebunden. Gemeinde und Bauaufsichtsbehörde treffen jeweils eine eigene selbständige Ermessensentscheidung. Die Bauaufsichtsbehörde hat die Ermessensentscheidung der Gemeinde in ihrer eigenen Ermessensentscheidung zu berücksichtigen.[130]

3.3.1.2 Antragsfreiheit – Antragsgebundenheit

108 (1) Die Entscheidung nach § 34 Abs. 3 a S. 1 BauGB setzt nach Bundesrecht nicht voraus, daß der Bauantragsteller einen ausdrücklichen, gerade hierauf zielenden Antrag gestellt hat.[131] Die Bauaufsichtsbehörde hat die Möglichkeit einer positiven

---

128 Vgl. W. Söfker, in: E/Z/B, BauGB (Stand 1999), § 31 Rn. 60.
129 Vgl. BVerwG, Beschluß vom 10.10.1991 – 4 B 167.91 – Buchholz 406.11 § 36 BauGB Nr. 45 zu § 31 Abs. 2 BauGB.
130 Ähnlich wohl G. Gaentzsch, BauGB, 1990, § 31 Rn. 10.
131 BVerwG, Beschluß vom 28.5.1990 – 4 B 56.90 – NVwZ-RR 1990, 529 = UPR 1990, 345 = ZfBR 1990, 250 = BRS 50 Nr. 171; R.-P. Löhr, in: B/K/L, BauGB, 9. Aufl., 2005, § 31 Rn. 17; O. Schlichter, in: BK, 2. Aufl., 1995, § 31 Rn. 41; W. Söfker, in: E/Z/B/K, BauGB (Stand: Febr. 1999), § 31 Rn. 63.

Berkemann

Entscheidung **von Amts wegen** zu prüfen. Sie muß dazu nicht von sich aus „Ermittlungen" anstellen. Einige **Landesbauordnungen** fordern entsprechend § 91 MBO für eine Ermessensentscheidung nach § 31 BauGB ausdrücklich stets einen gesonderten Antrag (vgl. z. B. § 75 Abs. 2 S. 1 BauO LSA). Andere Landesbauordnungen haben den Vorschlag der Musterbauordnung dagegen nicht übernommen (z. B. § 56 LBauO BW). Die meisten Landesbauordnungen bedürfen im Hinblick auf § 34 Abs. 3 a BauGB der verfahrensrechtlichen Anpassung.

(2) **Freistellung.** Sieht das Landesbauordnungsrecht für das projektierte Vorha- **109**
ben ein Genehmigungsverfahren nicht (mehr) vor, bedarf es im Hinblick auf die erforderliche Ermessensentscheidung gleichwohl des ausdrücklichen Antrages und eines positiven Bescheides (vgl. zum Fall der Befreiung § 61 Abs. 3 BauO Bln; § 56 Abs. 6 LBauO BW; § 73 Abs. 2 BauO NRW; § 72 Abs. 2 S. 2 BbgBO; § 70 Abs. 4 LBauO MV; § 75 Abs. 2 S. 1 BauO LSA). Das Vorhaben ist ohne eine entsprechende Entscheidung **materiell illegal.** Einige **Landesbauordnungen** fordern entsprechend § 91 MBO für eine Ermessensentscheidung nach dem BauGB ausdrücklich einen gesonderten Antrag, wenn ein Baugenehmigungsverfahren nicht vorgesehen ist (vgl. z. B. § 68 Abs. 4 SächsBauO).

3.3.1.3 Bescheid

(1) Über das Vorhaben nach § 34 Abs. 3 a BauGB wird im Zusammenhang mit **110**
dem Antrag auf Erteilung der Baugenehmigung entschieden.[132] Es ergeht nur ein **einheitlicher Bescheid.**

(2) **Vorbescheid.** Auch im Vorbescheid kann die Zulässigkeit eines Vorhabens **111**
nach § 34 Abs. 3 a BauGB nach Maßgabe des Landesbauordnungsrechts bindend ausgesprochen werden.

3.3.1.4 Praktische Hinweise

Will die Baugenehmigungsbehörde die Zulässigkeit des Vorhabens nach § 34 Abs. **112**
3 a BauGB versagen, weil nach ihrer Ansicht bereits die **tatbestandlichen Voraussetzungen** nicht gegeben sind, kann es sehr zweckmäßig sein, „hilfsweise" – also bei Unterstellung der tatbestandsmäßigen Voraussetzungen – außerdem eine **negative Ermessensentscheidung** zu begründen, wenn die „negativen" Voraussetzungen hierfür gegeben sind.

Erwägungswert ist stets, statt einer Entscheidung nach § 34 Abs. 3 a BauGB einen **113**
bestandssichernden B-Plan im vereinfachten Verfahren zu erlassen. § 31 Abs. 1 BauGB läßt gegenüber § 34 Abs. 1 BauGB abweichende Festsetzungen „unwesentlicher" Art zu. Dieses Verfahren kann für die Gemeinde vorteilhaft sein, um die nachbarlichen Interessen einer planerischen Abwägung zuzuführen. In diesem Fal-

---

132 Vgl. BVerwG, Urteil vom 17.2.1971 – 4 C 2.68 – DVBl 1971, 754 = NJW 1971, 1147 = DÖV 1971, 497 = BauR 1971, 106 = BRS 24 Nr. 168 zu § 31 BBauG.

le kommt auch eine Vorweggenehmigung nach Maßgabe des § 33 Abs. 1 BauGB in Betracht.

3.4 Nachbarschutz

114 (1) Der Nachbarschutz im Regelungsbereich des § 34 Abs. 1 BauGB besteht nach Maßgabe des Gebotes der Rücksichtnahme.[133] Das setzt eine tatsächliche Betroffenheit voraus. Dies ist auf § 34 Abs. 3a BauGB zu übertragen. Ob seine Interessen angemessen, nämlich „unter Würdigung" berücksichtigt wurden, muß der Nachbar durch gerichtliche Kontrolle nachprüfen lassen können.[134] Das gilt namentlich dann, wenn das Vorhaben zu einer Änderung des **Gebietscharakters** führen würde. Im System des Individualschutzes bedarf er hierzu einer Rechtsposition (vgl. §§ 42, 113 VwGO). Das nachbarschützende Rücksichtnahmegebot gilt im Regelungsbereich des § 34 Abs. 3a BauGB insbesondere dann, wenn die behördliche Entscheidung einem „heimlichen Dispens" entspricht.[135] Der Nachbar hat keinen über den Anspruch auf „Würdigung nachbarlicher Interessen" hinausgehenden Anspruch auf eine ermessensfehlerfreie Entscheidung der Baugenehmigungsbehörde.[136]

115 (2) Unter welchen Voraussetzungen ein Anspruch auf ermessensfehlerfreie Entscheidung besteht, ist in der Rechtsprechung nicht sehr klar. Das **BVerwG** meint, daß ein **Nachbar keinen** allgemeinen **Anspruch auf ermessensfehlerfreie Entscheidung** habe, soweit die Abweichung eine nicht-nachbarschützende Festsetzung betrifft.[137] Man muß wohl zweifeln, ob diese Auffassung in ihrer Allgemeinheit zutreffend ist. Erteilt die Baurechtsbehörde eine Baugenehmigung ohne die erfor-

---

133 Vgl. BVerwG, Urteil vom 27.2.1992 – 4 C 50.89 – DVBl 1992, 708 = NVwZ 1992, 877 = ZfBR 1992, 184 = BRS 54 Nr. 193; Beschluß vom 13.11.1997 – 4 B 195.97 – NVwZ-RR 1998, 540.

134 Vgl. BVerwG, Beschluß vom 8.7.1998 – 4 B 64.98 – NVwZ-RR 1999, 8 = UPR 1998, 455 = BauR 1998, 1206 = ZfBR 1999, 54 = BayVBl 1999, 26 im Anschluß an BVerwG, Urteil vom 19.9.1986 – 4 C 8.84 – Buchholz 406.19 Nachbarschutz Nr. 71; Urteil vom 6.10.1989 – 4 C 14.87 – BVerwGE 82, 343 = DVBl 1990, 364 = NJW 1990, 1192 = UPR 1990, 28 = DÖV 1990, 205 = ZfBR 1990, 34 = BauR 1989, 710 = BRS 49 Nr. 188; ebenso VGH Kassel, Beschluß vom 4.11.1991 – 4 TG 1610 / 91 – HessVGRspr 1992, 35 = UPR 1992, 197 = BRS 52 Nr. 178; VGH München, Urteil vom 16.7.1999 – 2 B 96.1048 – BayVBl 2000, 532.

135 OVG Bremen, Urteil vom 16.4.1991 – 1 BA 43/90 – BRS 52 Nr. 183; ebenso VGH München, Urt. v. 20.12.1990 – 1 B 89.3453 – BRS 50 Nr. 182 = BayVBl 1991, 755; VGH Kassel, Beschluß vom 9.3.1990 – 4 TG 1478/89 – HessVGRspr 1990, 83 = ESVGH 41, 156 = BauR 1990, 709 = BRS 50 Nr. 195.

136 Vgl. allgemein BVerwG, Beschluß vom 8.7.1998 – 4 B 64.98 – NVwZ-RR 1999, 8 = UPR 1998, 455 = ZfBR 1999, 54 = BayVBl 1999, 26 = BauR 1998, 1206 im Anschluß an BVerwG, Urteil vom 19.9.1986 – 4 C 8.84 – DVBl 1987, 476 = NVwZ 1987, 409 = UPR 1987 184 = ZfBR 1987, 47 = BauR 1987, 70 = BRS 46 Nr. 173; Urteil vom 6.10.1989 – 4 C 14.87 – BVerwGE 82, 343 = DVBl 1990, 364 = NJW 1990, 1192 = DÖV 1990, 205 = UPR 1990, 28 = ZfBR 1990, 34 = BauR 1989, 710 = BRS 49 Nr. 188; ebenso VGH München, Urteil vom 16.7.1999 – 2 B 96.1048 – BayVBl 2000, 532.

137 BVerwG, Beschluß vom 8.7.1998 – 4 B 64.98 – NVwZ-RR 1999, 8 = UPR 1998, 455 = BauR 1998, 1206 = ZfBR 1999, 54 = BayVBl 1999, 26 im Anschluß an BVerwG, Urteil vom 19.9.1986 – 4 C 8.84 – DVBl 1987, 476 = NVwZ 1987, 409 = UPR 1987 184 = ZfBR 1987, 47 = BauR 1987, 70 = BRS 46 Nr. 173; Urteil vom 6.10.1989 – 4 C 14.87 – BVerwGE 82, 343 = DVBl 1990, 364 = NJW 1990, 1192 = UPR 1990, 28 = ZfBR 1990, 34 = BauR 1989, 710 = BRS 49 Nr. 188 zu § 31 Abs. 2 BauGB.

Berkemann

derliche Ermessensentscheidung und liegt nicht zugleich ein Verstoß gegen das Gebot der Rücksichtnahme vor, dann ist es immerhin folgerichtig, daß der Nachbar keinen weitergehenden Anspruch auf fehlerfreie Ermessensausübung hat.[138]

3.5 Gerichtsverfahren

3.5.1 Hauptsacheverfahren

3.5.1.1 Bauherr

Der Bauherr kann gegen die Versagung einer Entscheidung nach § 34 Abs. 3 a **116** BauGB Verpflichtungs- oder Bescheidungsklage erheben. Sie wird nur Erfolg haben, wenn die tatbestandlichen Voraussetzungen des § 34 Abs. 1 und § 34 Abs. 3 a BauGB gegeben sind und ein Ermessensfehler vorliegt.

3.5.1.2 Nachbar

Der Nachbar hat bei erfolglosem Widerspruch die Möglichkeit der Anfechtungs- **117** klage, auch als Untätigkeitsklage. Die Änderung der Rechtslage zum Nachteil des Bauherrn während des Rechtsstreits ist unbeachtlich.[139] Ändert sich das materielle Baurecht nach Abschluß der letzten Behördenentscheidung zugunsten des Bauherrn und zu Lasten des Nachbarn, so ist das zugunsten des Bauherrn zu berücksichtigen.[140] Die Änderung der Rechtslage **zugunsten des Bauherrn** während des Rechtsstreits ist also stets beachtlich. Denn nunmehr müßte die Ausnahme oder Befreiung auf einen neuen Antrag hin erneut beschieden werden. In diesem Sinne gibt es auch die Möglichkeit einer „Heilung" des ursprünglich rechtswidrigen Bescheides.[141]

3.5.1.3 Gemeinde

(1) Die **Nachbargemeinde** kann als eigenes Recht mit dem Mittel der Anfech- **118** tungsklage geltend machen, daß die dem Bauherrn erteilte Baugenehmigung § 34 Abs. 3 BauGB verletzt. Dasselbe gilt hinsichtlich § 34 Abs. 3 a S. 2 BauGB. Es muß sich nicht um eine „angrenzende" Nachbargemeinde handeln. Maßgebend sind „schädliche" Auswirkungen, die nicht nur geringfügig sind.

(2) Mißachtet die Baugenehmigungsbehörde gegenüber der **Ortsgemeinde** **119** (Standortgemeinde) das Erfordernis des Einvernehmens nach §§ 36, 34 BauGB und erteilt sie die beantragte Baugenehmigung, so kann die Gemeinde hiergegen

---

138 So VGH Mannheim, Urteil vom 11.7.1988 – 8 S 1138/88 – ESVGH 39, 234.
139 VGH München, Urteil vom 13.3.1996 – 1 CS 96.638 – BayVBl 1996, 471.
140 VGH München, Urteil vom 4.10.1991 – 2 B 88.1284 – BayVBl 1992, 211 = AgrarR 1992, 275.
141 Vgl. OVG Saarland, Urteil vom 13.2.1976 – II R 87/75 – BRS 30 Nr. 158; vgl. ferner VGH Kassel, Beschluß vom 9.11.1987 – 4 TG 1913/87 – NVwZ-RR 1988, 3; BVerwG, Urteil vom 15.2.1985 – 4 C 42.81 – NVwZ 1986, 205 = BayVBl 1986, 90; Urteil vom 17.2.1971 – 4 C 2.68 – DVBl 1971, 754 = BauR 1971, 106 = BRS 24 Nr. 168.

Widerspruch und Anfechtungsklage erheben.[142] Gegenstand des Verfahrens ist alsdann nur die Frage der Voraussetzungen des § 36 BauGB.[143]

3.5.2 Vorläufiger Rechtsschutz

3.5.2.1 Bauherr

120 Der Bauherr kann gemäß § 123 Abs. 1 VwGO im Wege einstweiliger Anordnung versuchen, eine Verpflichtung der Bauaufsichtsbehörde zu erreichen, einen Genehmigungsbescheid zu erlassen. Das setzt voraus, daß offensichtlich die Tatbestandsvoraussetzungen des § 34 Abs. 3 a S. 1 BauGB gegeben sind und eine Ermessensreduzierung „auf Null" vorliegt. Die Gerichte sind äußerst zurückhaltend. Eine sog. vorläufige Baugenehmigung wird nicht als zulässig angesehen.[144] Indes kommt es nicht auf die materiell-rechtliche Rechtslage an, sondern auf die **Regelungskompetenz** des Gerichtes gemäß § 123 Abs. 3 VwGO in Verb. mit § 938 ZPO.[145] Das kann es im Hinblick auf Art. 19 Abs. 4 S. 1 GG rechtfertigen, zeitweise die „Hauptsache" vorwegzunehmen. Das ist insbesondere für eine Nutzungsänderung durchaus denkbar.[146]

3.5.2.2 Nachbar

121 Widerspruch und Anfechtungsklage des Nachbarn gegen eine bauaufsichtliche Zulassung eines Vorhabens haben – unverändert – keine aufschiebende Wirkung (vgl. § 212 a Abs. 1 BauGB). Daher muß der Nachbar versuchen, zu erreichen, daß die aufschiebende Wirkung gemäß § 80 Abs. 5 VwGO hergestellt wird. Das Beziehungsgeflecht zwischen § 80 VwGO und § 80 a VwGO ist unübersichtlich. Der Gesetzgeber hat es 1991 mit § 80 a VwGO unternommen, **Verwaltungsakte mit Doppelwirkung** teilweise gesondert zu regeln. Das Rechtsschutzinteresse für einen baunachbarlichen Antrag nach §§ 80 a, 80 Abs. 5 VwGO entfällt in aller Regel mit der Fertigstellung des Bauvorhabens.[147]

---

142 Vgl. auch allg. BVerwG, Urteil vom 14.4.2000 – 4 C 5.99 – NVwZ 2000, 1048 = ZfBR 2000, 486 = NuR 2000, 635 = BauR 2000, 1312.

143 BVerwG, Beschluß vom 5.3.1999 – 4 B 62.98 – BauR 1999, 1281; VGH Kassel, 22.8.2001 – 9 TZ 860/00 – BRS 64 Nr. 174 (2000).

144 Vgl. OVG Münster, Beschluß vom 27.11.2003 – 10 B 2177/03 – BauR 2004, 313; VGH Kassel, Beschluß vom 22.5.2003 – 9 TG 1187/ 03 – NVwZ-RR 2003, 814; VGH Kassel, Beschluß vom 18.9.1973 – IV TG 42/73 – BRS 27 Nr. 150; VGH München, Beschluß vom 2.4.1976 – Nr. 21 I 76 – BRS 30 Nr. 130.

145 Insoweit verfehlt OVG Münster, Beschluß vom 27.11.2003 – 10 B 2177/03 – BauR 2004, 313.

146 Wie hier OVG Koblenz, Beschluß vom 7.12.1995 – 1 B 13193/95 – juris (Volltext); ähnlich OVG Lüneburg, Beschluß vom 26.10.1979 – I B 83/79 – AnBI 1983, 279 = BRS 35 Nr. 174; OVG Berlin, Beschluß vom 11.3.1991 – 2 S 1.91 – NVwZ 1991, 1198 = BRS 52 Nr. 167; zurückhaltend OVG Bautzen, Beschluß vom 6.5.1993 – 1 S 104/93 – NVwZ 1994, 783 = SächsVBl 1993, 207; VGH Mannheim, Beschluß vom 9.4.1992 – 8 S 840/92 – juris (Volltext); VGH Mannheim, Beschluß vom 13.12.1991 – 3 S 2931/91 – VBlBW 1992, 179; ablehnend bei offensichtlicher Baurechtswidrigkeit OVG Lüneburg, Beschluß vom 8.9.1993 – 6 M 3885/93 – OVGE MüLü 44, 345 = BRS 55 Nr. 155.

147 Vgl. aber OVG Münster, Beschluß vom 13.7.1995 – 11 B 1543/95 – NWVBI 1996, 113 = BauR 1996, 240 = BRS 57 Nr. 135.

Der Gesetzgeber hat mit § 212a Abs. 1 BauGB keine materielle Bewertung der In- **122** teressen des Bauherrn und des die Baugenehmigung anfechtenden Nachbarn in dem Sinne vorgenommen, daß dem Interesse des Bauherrn an der sofortigen Vollziehbarkeit der Baugenehmigung regelmäßig ein höheres Gewicht zukommt.[148] Ein Nachbar kann im Eilverfahren auch die Feststellung begehren, daß sein Drittwiderspruch gegen den Bescheid aufschiebende Wirkung hat, wenn im Einzelfall ein Rechtsschutzbedürfnis dafür besteht und ausnahmsweise ein Fall des § 212a BauGB nicht gegeben ist.[149]

Der Bauherr (Grundeigentümer) ist zum Verfahren notwendig beizuladen. Gleich- **123** wohl bleibt die Bauaufsichtsbehörde formal die Antragsgegnerin.

3.5.2.3 Gemeinde

§ 212a Abs. 1 BauGB gilt auch für die Orts- und für die Nachbargemeinde.[150]   **124**

IV. § 34 Abs. 4 BauGB 2004 – Städtebauliche Satzungen

Lit.: Arno Bunzel, Novelle des BauGB 2004 im Planspiel-Test, in: ZfBR 2004, 328ff.

1. Text des EAG Bau

(4) Die Gemeinde kann durch Satzung   **125**

1. die Grenzen für im Zusammenhang bebaute Ortsteile festlegen,
2. bebaute Bereiche im Außenbereich als im Zusammenhang bebaute Ortsteile festlegen, wenn die Flächen im Flächennutzungsplan als Baufläche dargestellt sind,
3. einzelne Außenbereichsflächen in die im Zusammenhang bebauten Ortsteile einbeziehen, wenn die einbezogenen Flächen durch die bauliche Nutzung des angrenzenden Bereichs entsprechend geprägt sind.

Die Satzungen können miteinander verbunden werden.

2. Textgeschichte

Der Gesetzesentwurf der BReg. hatte für § 34 Abs. 4 BauGB redaktionelle Anpas- **126** sungen und für die Entwicklungssatzung und die Ergänzungssatzung eine integrierte UP vorgesehen (BTag-Drs. 12/2250 S. 16, S. 54). Der Bundesrat folgte

---

148 OVG Münster, Beschluß vom 13.7.1998 – 7 B 956 / 98 – NVwZ 1998, 980 = BauR 1998, 1212 = NWVBl 1999, 18; VG Neustadt, Urteil vom 7.11.2003 – 4 L 1925/03.NW – juris (Volltext); ebenso für das Fachplanungsrecht BVerwG, Beschluß vom 21.7.1994 – 4 VR 1.94 – BVerwGE 98, 239 = DVBl 1994, 1197 = NVwZ 1995, 383; Beschluß vom 17.9.2001 – 4 VR 19.01 – DVBl 2001, 1861 = NVwZ-RR 2002, 153 = BauR 2002, 63; a.A. OVG Frankfurt (Oder), Beschluß vom 26.3.2001 – 3 B 113/00.Z – DVBl 2001, 1298.

149 Vgl. VGH Kassel, Beschluß vom 15.5.1996 – 4 TG 3247/95 – HessVGRspr 1997, 17 = BRS 58 Nr. 193 zur früheren Rechtslage nach § 10 Abs. 2 BauGB-MaßnG.

150 So VGH Mannheim, Beschluß vom 11.5.1998 – 5 S 465/98 – NVwZ 1999, 442 = VBlBW 1998, 458 zu § 10 Abs. 2 BauGB-MaßnG; OVG Lüneburg, Beschluß vom 9.3.1999 – 1 M 405 / 99 – NVwZ 1999, 1005 = BauR 1999, 884 = BRS 62 Nr. 117; OVG Münster, Beschluß vom 14.8.1997 – 10 B 1869 / 97 – BauR 1998, 93 = BRS 59 Nr. 73; vgl. auch St. Lasotta, Das Einvernehmen der Gemeinde nach § 36 BauGB, 1998, S. 214f.; zweifelnd OVG Bautzen, Beschluß vom 12.9.1996 – 1 S 407/96 – SächsVBl 1997, 33 = BRS 58 Nr. 144.

---

dem in seiner Stellungnahme. Der 14. BTags-Ausschuß empfahl, die Innenbereichssatzungen von der Umweltprüfung auszunehmen und die Abs. 4 bis 6 des § 34 BauGB aus Gründen der Übersichtlichkeit insgesamt neu zu fassen (vgl. BTag-Drs. 2996 S. 42 f., 98). Der Gesetzgeber ist dem gefolgt. Er hat deshalb § 34 Abs. 4 Sätze 3 bis 5 BauGB a. F. aufgehoben.

3. Erläuterung der Änderung

127 Der Gesetzgeber ermächtigt die Gemeinde in § 34 Abs. 4 BauGB, durch „einfachen" Satzungsbeschluß normative Festlegungen im Randbereich eines nach § 34 Abs. 1 BauGB zu beurteilenden Gebietes zu treffen. Hieran hat das EAG Bau festgehalten. Tatsächlich sind die Satzungen auch ein **„Ersatz für die Bauleitplanung"**. Satzungen nach § 34 Abs. 4 BauGB eröffnen die Möglichkeit, relativ einfach Bauland im Rahmen der städtebaulichen Planung zu schaffen. Die Satzungen bieten sich für einfachere Fälle vor allem an, um Baulücken zu schließen und bereits bebaute Strukturen in den Außenbereich zu entwickeln.[151]

128 Der Inhalt des bisherigen § 34 Abs. 4 Sätze 3 bis 5 BauGB findet sich unter redaktioneller Anpassung nunmehr in § 34 Abs. 5 Sätze 1 bis 3 BauGB 2004 (vgl. nachfolgend).

V. § 34 Abs. 5 BauGB 2004 – Städtebauliche Satzungen

1. Text der geänderten Fassung

129 (5) Voraussetzung für die Aufstellung von Satzungen nach Absatz 4 Satz 1 Nr. 2 und 3 ist, dass

1. sie mit einer geordneten städtebaulichen Entwicklung vereinbar sind,

2. die Zulässigkeit von Vorhaben, die einer Pflicht zur Durchführung einer Umweltverträglichkeitsprüfung nach Anlage 1 zum Gesetz über die Umweltverträglichkeitsprüfung oder nach Landesrecht unterliegen, nicht begründet wird und

3. keine Anhaltspunkte für eine Beeinträchtigung der in § 1 Abs. 6 Nr. 7 Buchstabe b genannten Schutzgüter bestehen.

In den Satzungen nach Absatz 4 Satz 1 Nr. 2 und 3 können einzelne Festsetzungen nach § 9 Abs. 1 und 3 Satz 1 sowie Abs. 4 getroffen werden. § 9 Abs. 6 ist entsprechend anzuwenden. Auf die Satzung nach Absatz 4 Satz 1 Nr. 3 sind ergänzend § 1a Abs. 2 und 3 und § 9 Abs. 1a entsprechend anzuwenden; ihr ist eine Begründung mit den Angaben entsprechend § 2a Satz 2 Nr. 1 beizufügen.

2. Textgeschichte

130 § 34 Abs. 5 BauGB entspricht der Empfehlung des 14. BTags-Ausschusses. Dieser schlug vor, § 34 Abs. 4 Sätze 3 bis 5 BauGB aus Gründen der Übersichtlichkeit in einem eigenen Absatz neu zu fassen (vgl. BTag-Drs. 2996 S. 42 f., 98). Der Gesetzgeber ist dem gefolgt.

---

151 Vgl. ausführlich A. Schink, Möglichkeiten und Grenzen der Schaffung von Bauland durch Innen- und Außenbereichssatzungen nach § 34 Abs. 4, 5 und § 35 Abs. 6 BauGB, in: DVBl 1999, 367–375.

Berkemann

3. Regelung des § 34 Abs. 5 BauGB 2004

3.1 Allgemeines

(1) § 34 Abs. 5 BauGB enthält weitere materielle Voraussetzungen nur für die Ent- **131**
wicklungssatzung und die Ergänzungssatzung. Diese Begrenzung deutet an, daß
der Gesetzgeber der Klarstellungssatzung keine konstitutive, sondern nur deklaratorische Bedeutung beimißt.[152]

(2) Der Gesetzesentwurf der BReg. hatte für die Entwicklungssatzung und die Er- **132**
gänzungssatzung durch Bezugnahme auf § 2 Abs. 4 BauGB eine integrierte **Um-**
weltprüfung als Regelverfahren vorgesehen (vgl. BTag-Drs. 15/2250 S. 54). Nach
seiner Auffassung unterfielen die Satzungen dem Geltungsanspruch des Art. 3 der
Plan-UP-RL. Die Satzungen hätten für das zuzulassende Vorhaben eine „rahmen-
setzende" Funktion. Die Planspielgemeinden sahen darin eine Überforderung.[153]
Der 14. BTags-Ausschuß hat dies berücksichtigt. Eine integrierte UP ist nach seiner Ansicht europarechtlich nicht geboten. Erhebliche Umweltauswirkungen seien
zudem bei der Entwicklungssatzung und der Ergänzungssatzung nicht zu erwarten (BTag-Drs. 15/2996 S. 98).

Um einen immer denkbaren Verstoß gegen Art. 3 der Plan-UP-RL vorsorglich zu **133**
vermeiden, bestimmt § 34 Abs. 5 S. 1 Nr. 2 BauGB eine Begrenzung für den Erlaß der Entwicklungssatzung und der Ergänzungssatzung. Durch sie darf kein Vorhaben zugelassen werden, das einer UVP nach Maßgabe des UVPG oder des
Landesrechts unterliegt. § 34 Abs. 5 S. 1 Nr. 2 BauGB wiederholt hier die Gesetzestechnik des § 13 Abs. 1 Nr. 2 BauGB. Es bleibt abzuwarten, ob die Gemeinden
von der „erleichternden" Möglichkeit der Ergänzungssatzung verstärkt Gebrauch
machen werden.

---

152 So wohl bereits BVerwG, Urteil vom 18.5.1990 – 4 C 37.87 – DVBl 1990, 1112 = NVwZ 1991, 61 =
   UPR 1990, 388 = DÖV 1990, 933 = NuR 1991, 14 = ZfBR 1990, 248 = BauR 1990, 451 = BRS 50
   Nr. 81; VGH Mannheim, Urteil vom 7.5.1993 – 8 S 2096/92 – VBlBW 1993, 379 = NVwZ-RR 1994,
   432 (L) = BRS 55 Nr. 75; vgl. Chr. Bönker, in: W. Hoppe/Chr. Bönker/S. Grotefels, Öffentl.
   Baurecht, 2. Aufl., 2002, S. 346 Rn. 188; K. Schmaltz, in: H. Schrödter (Hrsg.), BauGB, 6. Aufl.,
   1998, § 34 Rn. 61: schlichte Rechtsanwendung; O. Reidt, in: K. Gelzer/Chr. Bracher/O. Reidt, Bau-
   planungsrecht, 7. Aufl., 2004, Rn. 1975f.; a.A. wohl G. Gaentzsch, BauGB, 1990 § 34 Rn. 27: kon-
   stitutive Klärung von Zweifelsfällen; Einschätzungsvorrang (Beurteilungsspielraum) der Gemeinde.
   Für Rechtsfehlerhaftigkeit nur bei offensichtlicher Unvertretbarkeit etwa H. Dürr, in: Brügelmann,
   BauGB (Stand: 1991), § 34 Rn. 68f.; W. Söfker, in: E/Z/B, BauGB (Stand: Febr. 2000), § 34 Rn. 99;
   VGH München, Urteil vom 28.5.1993 – 1 N 92.537 – NVwZ-RR 1994, 431 = BauR 1993, 573 =
   BayVBl 1993, 624 = BRS 55 Nr. 76; kritisch auch B. Jeand'Heur, Gibt es Satzungen mit nur „dekla-
   ratorischem" Gehalt? Zugleich ein Beitrag zur Auslegung von § 34 IV Nr. 1 BauGB, in: NVwZ 1995,
   1174–1178. OVG Bautzen, Urteil vom 4.10.2000 – 1 D 683/99 – NVwZ 2001, 1070 = NuR 2001,
   286 = SächsVBl 2001, 15 verlangt auch für die Klarstellungssatzung die erforderliche Bestimmtheit.
153 Vgl. A. Bunzel, Novelle des BauGB 2004 im Planspiel-Test, in: ZfBR 2004, 328–337 [330].

3.2 § 34 Abs. 5 Satz 1 BauGB 2004

3.2.1 Allgemeines

3.2.1.1 Allgemeine Ziele

134 (1) Die Satzung nach § 34 Abs. 4 BauGB besitzt keine wirkliche Ersatzfunktion hinsichtlich einer geordneten Bauleitplanung. Die Satzung darf derartige „substantielle" Aufgaben etwa eines B-Plans auch im Hinblick auf die nach § 34 Abs. 5 S. 2 BauGB möglichen Erweiterungen nicht substituieren. Vielmehr hat sie als ein vereinfachtes Normsetzungsverfahren nur die Aufgabe, eine sich bereits **tatsächlich abzeichnende Entwicklung** aufzunehmen, nicht aber sie erstmals planerisch zu initiieren.[154] Der Gesetzgeber will also eine behutsame Fortentwicklung der bestehenden **städtebaulichen Situation** erleichtern. Dies ist der innere Grund, bei der Satzung von der sonst erforderlichen Beteiligung der Bürgerschaft abzusehen. An dieser Zielsetzung hat das EAG Bau nichts ändern wollen.

135 (2) Bereits § 34 Abs. 4 S. 3 BauGB a. F. enthielt den Vorbehalt, daß die Entwicklungssatzung und die Ergänzungssatzung mit der geordneten städtebaulichen Entwicklung vereinbar sein müsse. § 34 Abs. 5 S. 1 Nr. 1 BauGB übernimmt diese Einschränkung, ergänzt sie in § 34 Abs. 5 S. 1 Nrn. 2 und 3 BauGB aus umweltschutz- und habitatschutzrechtlichen Gründen.

3.2.1.2 Maßvolle Erweiterung des Innenbereichs

136 (1) § 34 Abs. 4 S. 1 BauGB beabsichtigt nur die maßvolle Erweiterung des Innenbereichs. Die einbezogene Fläche muß durch die vorhandene bauliche Nutzung des angrenzenden Innenbereichs bereits „geprägt" sein (so ausdrücklich § 34 Abs. 4 S. 1 Nr. 3 BauGB). Die einbezogene Fläche selbst erlaubt zwar noch keine Zuweisung einer bestimmten baulichen Nutzung. Die angrenzende Fläche strahlt indes in die Außenbereichsflächen gleichsam aus, ohne bereits die Intensität des § 34 Abs. 1 S. 1 BauGB erreicht zu haben.[155]

137 (2) Die mögliche bauliche Entwicklung des Satzungsbereiches muß sich grundsätzlich aus der prägenden Wirkung der an das Satzungsgebiet angrenzenden baulichen Nutzung herleiten.[156] Ihrer Funktion entsprechend haben sich die Festsetzungen der Entwicklungssatzung und der Ergänzungssatzung auf die spezifi-

---

154 Ähnlich G. Gaentzsch, BauGB 1990 § 34 Rn. 31 a. E.; K. Schmaltz, in: H. Schrödter (Hrsg.), BauGB, 6. Aufl., 1998, § 34 Rn. 1.

155 VGH München, Urteil vom 7.3.2002 – 1 N 01.2851 – NVwZ 2003, 236 = UPR 2002, 318 = BauR 2003, 1526 = BRS 65 Nr. 90 (202) = BayVBl 2003, 248; vgl. auch H. Jäde, in: ders./F. Dirnberger/J. Weiß, BauGB, 4. Aufl., 2005, § 34 Rn. 50f.; ebenso O. Reidt, in: K. Gelzer/Chr. Bracher/O. Reidt, Bauplanungsrecht, 7. Aufl., 2004, Rn. 1992; A. Schink, Möglichkeiten und Grenzen der Schaffung von Bauland durch Innen- und Außenbereichssatzungen nach § 34 Abs. 4, 5 und § 35 Abs. 6 BauGB, in: DVBl 1999, 367–375 [371].

156 OVG Münster, Urteil vom 2.12.2002 – 7 a D 39.02.NE – BauR 2003, 665 = BRS 65 Nr. 89 (2000); vgl. auch BVerwG, Urteil vom 18.5.1990 – 4 C 37.87 – DVBl 1990, 1112 = NVwZ 1991, 61 = ZfBR 1990, 248 = BauR 1990, 451 = BRS 50 Nr. 81; Beschluß vom 16.3.1994 – 4 NB 34.93 – NVwZ-RR 1995, 429 = UPR 1994, 394.

Berkemann

sche Zielsetzung, den Innenbereich um einzelne Außenbereichsflächen zu „ergänzen", zu beschränken. Die Gemeinde ist nicht berechtigt, die städtebauliche Entwicklung durch eine Satzung in der einem qualifizierten B-Plan entsprechenden Regelungsdichte zu steuern.[157] Ihre allgemeine Planungspflicht aus § 1 Abs. 3 S. 1 BauGB darf nicht leer laufen.[158]

3.2.1.3 Abwägungserfordernis?

(1) Die Beurteilung der „geordneten städtebaulichen Entwicklung" (§ 34 Abs. 5 S. 1 Nr. 1 BauGB) setzt eine „geminderte" planerische Entscheidung der Gemeinde voraus, die aber nicht Reichweite und Intensität nach § 1 Abs. 6 und 7 BauGB erreicht. Die Ordnungsziele des § 1 Abs. 6 BauGB bleiben maßgebend.[159] Hierzu ist umstritten, ob die Satzung nach § 34 Abs. 4 Nr. 2 und 3 BauGB einer „echten" **planerischen Abwägung** im Sinne des § 1 Abs. 7 BauGB unterworfen ist.[160] Der ausdrückliche Vorbehalt des § 34 Abs. 5 S. 1 Nr. 1 BauGB könnte gerade dagegen sprechen. Verneint man die Frage, dann ist § 214 Abs. 3 S. 2 Halbs. 2 BauGB nicht anzuwenden. Ausnahmen sind für den Anwendungsbereich des § 34 Abs. 5 S. 2 und 4 BauGB erwägenswert. Aus der fehlenden Bezugnahme des § 34 Abs. 5 BauGB auf die Ermittlungs- und Bewertungspflicht des § 2 Abs. 3 BauGB darf man keine Schlüsse ziehen.

138

(2) Das BVerwG neigt dazu, jedenfalls die **Ergänzungssatzung** als **abwägungsbezogen** anzusehen.[161] Aus der Sicht des Art. 14 Abs. 1 S. 2 GG ist dies dann naheliegend, wenn die Satzung schutzwürdige Interessen einzelner Grundeigentümer berührt. Die „Abwägungsbezogenheit" kann auch im Bereich des § 1 a Abs. 2 S. 3 und Abs. 3 S. 1 BauGB in Verb. mit § 21 Abs. 1 BNatSchG 2004 gegeben sein (vgl. § 34 Abs. 5 S. 3 Halbs. 1 BauGB). So kann die Einbeziehung einer Außenbereichsfläche in Richtung auf einen emittierenden Betrieb der geordneten städtebaulichen Entwicklung widersprechen. Hier werden zumeist bodenrechtliche Spannungen ausgelöst.[162] Nimmt man eine Abwägungsbezogenheit an, dann ist die Satzung jedenfalls dann rechtswidrig, wenn im Falle eines B-Plans ein Abwägungsmangel im Sinne des § 1 Abs. 7 BauGB gegeben wäre.

139

157 OVG Münster, Urteil vom 2.12.2002 – 7 a D 39.02.NE – BauR 2003, 665 = BRS 65 Nr. 89 (2000); ebenso BVerwG, Beschluß vom 13.3.2003 – 4 BN 20.03 – juris (Volltext).
158 OVG Bautzen, Urteil vom 4.10.2000 – 1 D 683/99 – NVwZ 2001, 1070 = NuR 2001, 286 = SächsVBl 2001, 15; ähnlich EAG Mustererlaß 2004, Nr. 2.8.
159 Ähnlich K. Schmaltz, in: H. Schrödter (Hrsg.), BauGB, 6. Aufl., 1998, § 34 Rn. 74; BGH, Urteil vom 5.12.1991 – III ZR 167/90 – BGHZ 116, 215 = DVBl 1992, 558 = NJW 1992, 431 = UPR 1992, 108 = DÖV 1992, 361 = ZfBR 1992, 134 = NuR 1992, 446 = BauR 1992, 201 = BRS 53 Nr. 25 mit Anm. F. Ossenbühl, in: JZ 1992, 1074–1075.
160 Verneinend OVG Bautzen, Urteil vom 23.10.2000 – 1 D 33/00 – NVwZ-RR 2001, 426 = SächsVBl 2001, 79 = NuR 2001, 468 für die Klarstellungssatzung.
161 BVerwG, Beschluß vom 11.7.2001 – 4 BN 28.01 – BRS 64 Nr. 54 (2001) = ZfBR 2003, 68 (L) zur Abrundungssatzung nach früherem Recht.
162 Vgl. VGH München. Urteil vom 4.8.1988 – 2 N 86.03043 – BauR 1989, 309 = BRS 48 Nr. 55.

3.2.2 § 34 Abs. 5 S. 1 Nr. 1 BauGB 2004

140 (1) Die Entwicklungssatzung oder die Ergänzungssatzung müssen mit der geordneten städtebaulichen Entwicklung vereinbar sein. Der Begriff der „Vereinbarkeit" lehnt sich an die zentrale Vorgabe des § 1 Abs. 3 S. 1 BauGB an. Auch § 8 Abs. 4 S. 1 BauGB wählt für den vorzeitigen B-Plan eine etwas andere Fassung („entgegenstehen"). Gemeint ist, daß die durch die Satzung zugelassenen Vorhaben mit der städtebaulichen Zielsetzung der Gemeinde, wie sie abstrakt in § 1 Abs. 3 S. 1 BauGB umschrieben wird, zu vereinbaren, also verträglich ist. Das ist mehr als nur nicht „entgegenstehen", wie § 8 Abs. 4 S. 1 BauGB formuliert. Die Beweislast der Vereinbarkeit liegt bei der Gemeinde.

141 (2) Die **„geordnete städtebauliche Entwicklung"** ist der Maßstab der Beurteilung. Dieser ist entgegen der Textfassung („eine") nicht abstrakt, sondern **konkret**.[163] Entscheidend ist die städtebauliche Situation der jeweiligen Gemeinde. Hier ist § 8 Abs. 4 S. 1 BauGB mit der Bezugnahme auf das Gemeindegebiet genauer. Die städtebauliche Situation setzt sich aus verschiedenen Elementen zusammen. Zu ihnen zählen neben der vorhandenen Struktur eines nach § 34 BauGB zu beurteilenden Randgebietes auch die Darstellungen im vorhandenen F-Plan und die Festsetzungen in vorhandenen B-Plänen, aber auch die tatsächliche Struktur des angrenzenden Außenbereichs. Die „Ordnung" einer städtebaulichen Entwicklung liegt vorgreiflich als Regelfall in der Bauleitplanung selbst. Das kann auch die Berücksichtigung berührter Umweltbelange einschließen, auch wenn der Grad des § 34 Abs. 5 S. 1 Nr. 2 BauGB nicht erreicht wird.

142 Die Darstellung im vorhandenen F-Plan ist für die Prüfung der „geordneten" städtebaulichen Entwicklung zumindest von indizieller Bedeutung.[164] Die Innenbereichssatzung ist nicht selbst ein Instrument, um städtebauliche Ordnung zu entwickeln. Die ist auf die bestehende tatsächliche Situation reaktiv, die aktiv. Sollte die städtebauliche Entwicklung eine Ordnung erforderlich machen, kann es gemäß § 1 Abs. 3 S. 1 BauGB geboten sein, einen B-Plan aufzustellen. Die Abgrenzung ist im einzelnen kritisch. Größere Flächen, die von einer Satzung erfaßt werden sollen, dürften sich stets dem „Gefahrenbereich" des § 1 Abs. 3 S. 1 BauGB nähern.[165]

143 Die mögliche bauliche Entwicklung muß sich bei einer Ergänzungssatzung grundsätzlich aus der prägenden Wirkung der an das Satzungsgebiet angrenzenden baulichen Nutzung herleiten.[166] Die Gemeinde ist nicht berechtigt, die städtebauliche Entwicklung durch eine Ergänzungssatzung in der einem qualifizierten B-Plan entsprechenden Regelungsdichte zu steuern.[167] Hat die Gemeinde einen qualifi-

---

163 Vgl. VGH Kassel, Urteil vom 20.11.2003 – 3 N 2380/02 – HGZ 2004, 179.
164 So M. Krautzberger, in: B/K/L, BauGB, 9. Aufl., 2005, § 34 Rn. 71.
165 Vgl. zur Diskussion auch VGH Kassel, Urteil vom 19.5.1988 – 3 OE 60/83 – ESVGH 38, 226 = NVwZ 1989, 7 = NuR 1988, 396 = ZfBR 1988, 288 = BRS 48 Nr. 56.
166 OVG Münster, Urteil vom 2.12.2002 – 7 a D 39.02.NE – BauR 2003, 665 = BRS 65 Nr. 99 (2002).
167 BVerwG, Beschluß vom 13.3.2003 – 4 BN 20.03 – juris (Volltext); OVG Bautzen, Urteil vom 4.10.2000 – 1 D 683/99 – NVwZ 2001, 1070f. = SächsVBl 2001, 15 = NuR 2001, 286; OVG Münster, Urteil vom 2.12.2002 – 7a D 39/02.NE – BauR 2003, 665 = BRS 65 Nr. 89 (2002).

Berkemann

zierten oder einen vorhabenbezogenen B-Plan erlassen, scheidet die Anwendung des § 34 Abs. 4 BauGB im Hinblick auf den Vorrang des § 1 Abs. 8 BauGB aus.[168]

3.2.3 § 34 Abs. 5 S. 1 Nr. 2 BauGB 2004

(1) Die Entwicklungs- oder die Ergänzungssatzung gehören an sich zu den Plä- **144** nen und Programmen der Plan-UP-RL, da sie einen „Rahmen" für die spätere Zulassung eines Projektes setzen können.[169] Das EAG Bau will dieses Ergebnis vermeiden. Dazu kupiert es die Maßgeblichkeit der PLan-UP-RL durch eine negierende Voraussetzung. Das ändert die frühere Regelungsbreite dieser Satzungen. Beide Satzungen dürfen die Zulässigkeit eines Vorhaben nicht begründen, die einer Pflicht zur Durchführung einer UVP nach Anlage 1 zum Gesetz über die **Umweltverträglichkeitsprüfung** oder nach entsprechendem Landesrecht unterliegen.

(2) § 34 Abs. 5 S. 1 Nr. 2 BauGB ist fast textgleich mit § 13 Abs. 1 Nr. 1 BauGB. **145** Dort ist bereits das „Vorbereiten" der Zulässigkeit des Vorhabens ein Hindernisgrund. § 34 Abs. 5 S. 1 Nr. 2 BauGB will verhindern, daß die Gemeinde durch den „kleinen" B-Plan die europarechtlich vorgegebene Pflicht zur UVP umgeht. Aus demselben Grunde darf diese Satzung nicht in den mutmaßlichen Bereich des **europäischen Habitatschutzrechtes** eindringen, vgl. § 34 Abs. 5 S. 1 Nr. 3 BauGB 2004 (vgl. § 13 BauGB, Rn. 43 ff.).

3.2.4 § 34 Abs. 5 S. 1 Nr. 3 BauGB 2004

Die Entwicklungssatzung oder die Ergänzungssatzung dürfen die Zulässigkeit eines **146** Vorhabens (§ 29 Abs. 1 BauGB) nicht begründen, wenn Anhaltspunkte für eine Beeinträchtigung der in § 1 Abs. 6 Nr. 7 Buchst. b) BauGB genannten Schutzgüter bestehen. § 34 Abs. 5 S. 1 Nr. 3 BauGB ist textidentisch mit § 13 Abs. 1 Nr. 2 BauGB. Vgl. die dortigen Bemerkungen (§ 13 BauGB Rn. 51 ff.).

3.3 § 34 Abs. 5 Satz 2 BauGB 2004

(1) **Erweiterung des Regelungsinhalts.** § 34 Abs. 5 S. 2 BauGB eröffnet der **147** Gemeinde die Möglichkeit, den in § 34 Abs. 4 S. 1 Nr. 2 und 3 BauGB für die Entwicklungssatzung oder die Ergänzungssatzung festgelegten Regelungsinhalt zu ergänzen. Das ist praktisch. Mit der Satzung können „einzelne Festsetzungen" nach § 9 Abs. 1, 3 sowie 4 BauGB verbunden werden. Das Maß des nach § 34 Abs. 5 S. 2 Halbs. 2 BauGB Zulässigen ist allerdings nicht erst dann überschritten, wenn die Ergänzungssatzung zu einem qualifizierten B-Plan wird.[170] Ihrer Funktion entsprechend haben sich ihre „einzelnen" Festsetzungen auf die spezifische Ziel-

---

168 Vgl. VGH München, Urteil vom 7.3.2002 – 1 N 01.2851 – NVwZ 2003, 236 = BauR 2002, 1526 = BRS 65 Nr. 90 (2002).

169 So auch K.-P. Dolde, Umweltprüfung in der Bauleitplanung – Novellierung des Baugesetzbuchs – Bericht der Unabhängigen Expertenkommission, in: NVwZ 2003, 297–304 [298].

170 BVerwG, Beschluß vom 13.3.2003 – 4 BN 20.03 – juris (Volltext); ebenso OVG Bautzen, Urteil vom 4.10.2000 – 1 D 683/99 – NVwZ 2001, 1070 = NuR 2001, 286 = SächsVBl 2001, 15.

setzung, den Innenbereich um einzelne Außenbereichsflächen zu ergänzen, zu beschränken. Entschließt sich die Gemeinde, „einzelne" Festsetzungen in die Satzung aufzunehmen, nähert sich diese der Funktion eines B-Plans. Das kann Folgen hinsichtlich einer amtshaftungsrechtlichen Beurteilung haben.[171]

148 (2) Die Verweisung auf die Katalogfestsetzungen des § 9 Abs. 1 BauGB erfaßt dessen jetzige Fassung. Das gilt auch für die Bezugnahme auf den gesamten § 9 Abs. 3 BauGB. In diesem ist aus redaktionellen Gründen der frühere § 9 Abs. 2 BauGB a.F. als § 9 Abs. 3 S. 1 BauGB übernommen worden. Eine sachliche Änderung ist damit nicht verbunden.

149 (3) Auch § 9 Abs. 4 BauGB ist anwendbar, wenn und soweit das Landesrecht dies grundsätzlich für örtliche Bauvorschriften vorsieht (z.B. § 81 Abs. 4 BauO NW; § 92 Abs. 4 LBO SH). Einige Landesbauordnungen sehen die „Aufnahme" örtliche Bauvorschriften in Innenbereichssatzungen nicht vor (z.B. § 74 Abs. 7 LBauO BW, § 83 Abs. 4 SächsBO).

3.4 § 34 Abs. 5 Satz 3 BauGB 2004

150 § 9 Abs. 6 BauGB ist entsprechend anzuwenden. Das entspricht der bisherigen Rechtslage.

3.4.1 § 34 Abs. 5 Satz 4 Halbs. 1 BauGB 2004

151 (1) § 34 Abs. 5 S. 4 BauGB betrifft nur die **Ergänzungssatzung** (§ 34 Abs. 4 S. 1 Nr. 3 BauGB). Die Änderung in § 34 Abs. 5 S. 4 BauGB ist gegenüber § 34 Abs. 4 S. 5 BauGB 1998 im wesentlichen nur redaktioneller Art. Die Satzung muß den Voraussetzungen des § 1a Abs. 2 und 3 und § 9a Abs. 1 BauGB in Verb. mit dem BNatSchG entsprechen. Die in § 34 Abs. 4 S. 5 BauGB 1998 bestehende Bezugnahme auf den gesamten § 1a BauGB 1998 und damit auch auf § 1a Abs. 2 Nrn. 3 und 4 BauGB 1998 ist im Hinblick auf § 34 Abs. 5 S. 1 Nrn. 2 und 3 BauGB zutreffend entfallen.

152 (2) Trotz inhaltlicher Einschränkungen in § 34 Abs. 5 S. 1 Nrn. 2 und 3 BauGB rechnet der Gesetzgeber damit, daß die Ergänzungssatzung Vorhaben zulassen könnte, welche die Zielwerte des § 1a Abs. 2 und 3 BauGB berühren. Das mag an sich wenig wahrscheinlich sein. Gleichwohl ordnet er die „entsprechende" Beachtung an. Für die Ergänzungssatzung gilt die gegenüber § 1a Abs. 1 BauGB 1998 inhaltlich erweiterte Bodenschutzklausel des § 1a Abs. 2 BauGB. An der „naturschutzrechtlichen" Bezugnahme auf § 1a Abs. 3 BauGB hat sich dagegen gegenüber der früheren Rechtslage des § 1a Abs. 2 Nr. 2 und Abs. 3 BauGB 1998 inhaltlich nichts geändert. Dasselbe gilt hinsichtlich des Habitatschutzrechtes des § 1a Abs. 4 BauGB. Die Vorschrift entspricht § 1a Abs. 2 Nr. 4 BauGB 1998. Zutreffend entfällt durch die nunmehrige Verweisung das für § 1a Abs. 2 BauGB

---

171 Vgl. OLG Karlsruhe, Urteil vom 23.8.1990 – 9 U 38/88 – NVwZ 1991, 101.

1998 bereits früher bestehende Bedenken, daß nach dessen Wortlaut der Bereich des europäischen Habitatschutzrechtes abwägungsbezogen sei.

(3) Die Ergänzungssatzung muß gemäß § 34 Abs. 5 S. 4 Halbs. 1 BauGB in Verb. **153** mit § 1a Abs. 3 S. 1 BauGB die **naturschutzrechtliche Eingriffslage** (§§ 18, 19 BNatSchG) im Rahmen der Abwägung beachten. Die Ausgleichsregelung des § 1a Abs. 3 S. 2ff. BauGB gilt. Es handelt sich alsdann um „festgesetzte" Maßnahmen im Sinne des § 135a Abs. 1 BauGB. § 9 Abs. 1a BauGB ist entsprechend anzuwenden. Insoweit gilt dann § 135a Abs. 2 BauGB. In der Ergänzungssatzung können daher Flächen oder Maßnahmen zur Kompensation nach § 9 Abs. 1 Nr. 20 BauGB festgesetzt werden.

3.4.2 § 34 Abs. 5 Satz 4 Halbs. 2 BauGB 2004

(1) § 34 Abs. 5 S. 4 Halbs. 2 BauGB ersetzt die in § 34 Abs. 4 S. 5 enthaltene **154** **Begründungspflicht** des § 9 Abs. 8 BauGB 1987. Der Ergänzungssatzung ist eine Begründung mit den Angaben entsprechend § 2a Satz 2 Nr. 1 BauGB **bei-** **zufügen**. Die Gemeinde hat damit in ihrer Begründung die Ziele, Zwecke und wesentlichen Auswirkungen der Satzung darzulegen. Ein Umweltbericht muß nicht beigefügt werden. § 34 Abs. 5 S. 4 BauGB verweist nicht auf § 2a Satz 2 Nr. 2 BauGB. Das ist im Hinblick auf § 34 Abs. 5 S. 1 Nr. 2 BauGB folgerichtig.

Die Wendung des § 34 Abs. 5 S. 4 Halbs. 2 BauGB läßt nach ihrer Wortstellung **155** die Frage offen, ob sich die **Begründungspflicht** nur auf die Angaben nach § 2a S. 2 Nr. 1 BauGB bezieht. Das ist indes zu verneinen. Es besteht eine allgemeine Begründungspflicht. Bereits § 34 Abs. 4 S. 5 BauGB 1998 ordnete dies durch Bezugnahme auf § 9 Abs. 8 BauGB an. Für § 9 Abs. 8 BauGB a.F. war nicht umstritten, daß die Begründung nicht auf die Darlegung der Angaben nach § 9 Abs. 8 S. 2 BauGB zu beschränken war. Vielmehr war § 9 Abs. 8 S. 2 BauGB 1987 begründungserweiternd zu verstehen. Die jetzige Bezugnahme auf § 2a S. 2 Nr. 1 BauGB ist durch das Streichen des § 9 Abs. 8 S. 2 BauGB durch das EAG Bau veranlaßt, mithin nur redaktioneller Art. Eine inhaltliche Änderung war damit nicht beabsichtigt.

(2) Die Begründung einschließlich der Angaben nach § 2a S. 2 Nr. 1 BauGB sind **156** Gegenstand des **Einsichtsrechts**. Das folgt aus § 34 Abs. 6 S. 2 BauGB in Verb. mit § 10 Abs. 3 S. 2 BauGB.

3.5 Rechtsfehler

(1) Die Ergänzungssatzung ist begründungsbedürftig (§ 34 Abs. 5 S. 4 Halbs. 2 **157** BauGB). Die Begründung muß auch die Angaben nach § 2a S. 2 Nr. 1 BauGB enthalten. Wird dies mißachtet, liegt darin gemäß § 214 Abs. 1 S. 1 Nr. 3 BauGB ein beachtlicher Verfahrensfehler. Nach der internen Unbeachtlichkeitsklausel gilt dies nicht, wenn die Begründung einschließlich des Berichtes nach § 2 S. 2 Nr. 1 BauGB nur unvollständig ist.

158 (2) Andere, also materiellrechtliche Mängel in der Anwendung des § 34 Abs. 4 und 5 BauGB erfassen die Planerhaltungsvorschriften der §§ 214, 215 BauGB nicht. Sie sind daher stets erheblich. Ob dies im Hinblick auf § 215 Abs. 3 S. 2 Halbs. 2 BauGB bei einer Ergänzungssatzung für die „Abwägung" gilt, ist bislang nicht geklärt, ist indes zu bejahen. Folgerichtig ist, die Hinweismöglichkeit des § 215 Abs. 2 BauGB auf derartige Satzungen auch insoweit zu erstrecken.

VI. § 34 Abs. 6 BauGB 2004 – Beteiligungsverfahren

Lit.: Arno Bunzel, Novelle des BauGB 2004 im Planspiel-Test in: ZfBR 2004, 328 ff.

1. Text der geänderten Fassung

159 (6) Bei der Aufstellung der Satzungen nach Absatz 4 Satz 1 Nr. 2 und 3 **sind die Vorschriften über die Öffentlichkeits- und Behördenbeteiligung nach § 13 Abs. 2 Nr. 2 und 3** entsprechend anzuwenden. Auf die Satzungen nach Absatz 4 Satz 1 Nr. 1 bis 3 ist § 10 Abs. 3 entsprechend anzuwenden.

2. Textgeschichte

160 § 34 Abs. 6 BauGB entspricht der Empfehlung des 14. BTags-Ausschusses. Der Ausschuß schlug vor, § 34 Abs. 5 BauGB 1987 nach Maßgabe des neu gefaßten § 13 Abs. 2 Nr. 2 und 3 BauGB zu ändern und zudem die Genehmigungspflicht des § 34 Abs. 4 S. 2 BauGB 1987 aus Gründen der „Deregulierung und Verfahrensvereinfachung" zu beseitigen (vgl. BTag-Drs. 2996 S. 42 f., 98). Der Gesetzgeber folgte dem.

3. Inhalt der Änderung

3.1 Änderung des § 34 Abs. 6 S. 1 BauGB 2004

161 (1) **Beteiligungsverfahren.** Nach § 34 Abs. 5 S. 1 BauGB 1987 war nur für die Entwicklungssatzung (§ 34 Abs. 4 S. 1 Nr. 2 BauGB) und für die Ergänzungssatzung (§ 34 Abs. 4 S. 1 Nr. 3 BauGB) das „vereinfachte" Verfahren nach § 13 Nr. 2 und 3 BauGB 1987 anzuwenden. Für die Klarstellungssatzung war ein Beteiligungsverfahren ganz entbehrlich. Das EAG Bau übernimmt diese Regelung und paßt sie § 13 Abs. 2 Nrn. 2 und 3 BauGB in dessen nunmehriger Fassung an. Die Planspielgemeinden hatten eine stärkere Anpassung an § 13 BauGB vorgeschlagen.[172] Der Gesetzgeber ist dem nicht gefolgt.

162 (2) Der Verweis auf die in § 13 Abs. 2 Nrn. 2 und 3 BauGB normierte Öffentlichkeits- und Behördenbeteiligung eröffnet der Gemeinde die dort vorgesehene **facultas alternativa.**

---

172 Vgl. A. Bunzel, Novelle des BauGB 2004 im Planspiel-Test, in: ZfBR 2004, 328–337 [330].

3.2 Streichung des § 34 Abs. 5 Sätze 2 und 3 BauGB a. F.

(1) Das EAG Bau hat die Genehmigungspflicht durch die höhere Verwaltungsbe- **163** hörde beseitigt. Damit entspricht das Gesetz einer allgemeinen Zielsetzung des novellierten BauGB.

(2) Die Länder können gemäß § 246 Abs. 1 a S. 1 BauGB für Satzungen nach § 34 **164** Abs. 4 S. 1 BauGB ein **Anzeigeverfahren** gegenüber der höheren Verwaltungs- behörde einführen.[173] Damit kann entsprechend § 6 Abs. 2 BauGB eine Rechts- kontrolle erreicht werden. Bestehende landesgesetzliche Regelungen bleiben un- berührt (vgl. z. B. § 86 SächsBauO).

3.3 Rechtsfehler

Wird § 34 Abs. 6 S. 1 BauGB verletzt, ist dies nach § 214 Abs. 1 S. 1 Nr. 2 Halbs. 1 **165** BauGB ein beachtlicher Verfahrensfehler. § 214 Abs. 1 S. 1 Nr. 2 Halbs. 2 BauGB enthält dazu eine interne Unbeachtlichkeitsklausel.

VII. Überleitungsrecht

1. Änderung der Nutzungsmöglichkeiten im Bereich des § 34 BauGB 2004

1.1 Text der Entschädigungsregelung

§ 238 [Satz 1] BauGB a. F. enthält eine Überleitungsvorschrift für **Entschädigun-** **166** **gen** für den Bereich des § 34 BauGB. Das EAG Bau ergänzt diese Regelungen durch **§ 238 Satz 2 BauGB** wie folgt:

Wird durch die Änderung des § 34 durch das Europarechtsanpassungsgesetz Bau vom 24. Juni 2004 die bis dahin zulässige Nutzung eines Grundstücks aufgehoben oder wesentlich geändert, ist Satz 1 entspre- chend anzuwenden.

1.2 Erörterung der Ergänzung

(1) § 238 S. 1 BauGB ordnet eine Entschädigung in entsprechender Anwendung **167** der §§ 42, 43 Abs. 1, 2, 4 und 5 und des § 44 Abs. 1 S. 2, Abs. 3 und 4 BauGB an. Die Änderung der bis zum Inkrafttreten des EAG Bau zulässigen Nutzung muß durch die neue Rechtslage, die das EAG Bau geschaffen hat, entweder aufgeho- ben oder wesentlich geändert worden sein. Sinngemäß ist nicht entscheidend, ob die Rechtslage durch das EAG Bau selbst geändert wurde. Es genügt, daß das Gesetz erstmals zu einer Änderung ermächtigte.

(2) Die Bestimmung ist vor allem vorsorglich zu verstehen.[174] Man kann sich kaum **168** Sachverhalte vorstellen, in denen § 238 S. 2 BauGB relevant ist. Denkbar ist eine

---

173 Vgl. dazu OVG Bautzen, Urteil vom 4.10.2000 – 1 D 19.00 – SächsVBl 2001, 34 = BRS 63 Nr. 36 (2000).
174 Ablehnend H. Janning, Die Novelle zum BauGB aus der Sicht der Gemeinden, in: W. Spannowsky/ T. Krämer, (Hrsg.), BauGB-Novelle 2004. Aktuelle Entwicklungen des Planungs- und Umweltrechts, 2004, S. 11–37 [27].

Begrenzung der Nutzung durch § 34 Abs. 3 BauGB. Zu § 238 S. 1 BauGB sind Streitigkeiten nicht bekannt geworden. Der Ablauf der Jahresfrist des § 42 Abs. 7 BauGB schließt substantielle Fälle aus.

2. Satzungsrecht

169 Das Überleitungsrecht für Innenbereichssatzungen ist in § 244 Abs. 1 BauGB gesondert geregelt (vgl. § 244 Rn. 4).

§ 35 BauGB 2004 – Bauen im Außenbereich

I. § 35 Abs. 1 BauGB 2004 – Biogasanlagen

1. Text der geänderten Fassung

(1) Im Außenbereich ist ein Vorhaben nur zulässig, wenn öffentliche Belange nicht entgegenstehen, die **1** ausreichende Erschließung gesichert ist und wenn es

...

5. der Erforschung, Entwicklung oder Nutzung der Wind- oder Wasserenergie dient,

6. **der energetischen Nutzung von Biomasse im Rahmen eines Betriebes nach Nummer 1 oder 2 oder eines Betriebes nach Nummer 4, der Tierhaltung betreibt, sowie dem Anschluss solcher Anlagen an das öffentliche Versorgungsnetz dient, unter folgenden Voraussetzungen:**

 a) **das Vorhaben steht in einem räumlich-funktionalen Zusammenhang mit dem Betrieb,**

 b) **die Biomasse stammt überwiegend aus dem Betrieb oder überwiegend aus diesem und aus nahe gelegenen Betrieben nach den Nummern 1, 2 oder 4, soweit letzterer Tierhaltung betreibt,**

   c) es wird je Hofstelle oder Betriebsstandort nur eine Anlage betrieben und

   d) die installierte elektrische Leistung der Anlage überschreitet nicht 0,5 MW

oder

7. der Erforschung, Entwicklung oder Nutzung der Kernenergie zu friedlichen Zwecken oder der Entsorgung radioaktiver Abfälle dient.

2 Die Textfassung läßt § 35 Abs. 1 Nrn. 5 und 7 BauGB in der bisherigen Fassung sachlich unberührt.

2. Textgeschichte

3 Der Gesetzestext entspricht nicht dem Gesetzesentwurf der BReg. (BTag-Drs. 15/2250 S. 16, S. 54 f.). Dieser hatte folgende Regelung vorgesehen:

6. der Herstellung und Nutzung der Energie von aus Biomasse erzeugtem Gas im Rahmen eines landwirtschaftlichen Betriebs nach Nummer 1 dient, unter folgenden Voraussetzungen:

   a) das Vorhaben steht im räumlich-funktionalen Zusammenhang mit einer Hofstelle eines landwirtschaftlichen Betriebs,

   b) die Biomasse stammt überwiegend aus diesem landwirtschaftlichen Betrieb oder überwiegend aus diesem und aus nahe liegenden land- und forstwirtschaftlichen Betrieben und

   c) es wird nur eine Anlage je Hofstelle betrieben.

4 Die Gesetz gewordene Fassung entspricht dem Vorschlag des Bundesrates. Der 14. Ausschuß des Bundestages ist dem gefolgt (BTag-Drs. 15/2996, S. 40, 98). Die Begrenzung der elektrischen Leistungshöhe auf 0,5 MW soll dem Schutz des Außenbereichs dienen.

Lit.: Matthias Dombert, Was bringt das EAG Bau im Bereich der Landwirtschaft?, in: AgrarR 2004, 393–398; Helmar Hentschke / Kirsten Urbisch, Baurechtliche Zulässigkeit für Biomasseanlagen im unbeplanten Außenbereich nach dem EAG Bau, in: AUR 2005, 41–46.

3. Erläuterung der Änderung des § 35 Abs. 1 Nr. 6 BauGB 2004

3.1 Zielsetzung

5 (1) § 35 Abs. 1 Nr. 6 BauGB normiert eine Privilegierung der Biogas-Anlagen im Außenbereich. Der Gesetzgeber folgt damit nicht dem negativen Votum der Expertenkommission.[1] Vielmehr setzt der Bundesgesetzgeber eine Festlegung der Koalitionsvereinbarung um, nach der bei der Novellierung des Baurechts die Errichtung von Biogasanlagen im Außenbereich erleichtert werden sollte.[2]

6 (2) **Zielkonflikte.** § 35 Ab. 1 Nr. 6 BauGB wird durch zahlreiche Zielkonflikte und politische Kompromisse geprägt. Das erschwert seine Auslegung. § 35 Abs. 1 Nr. 6 BauGB dient an sich der bauplanungsrechtlichen Absicherung der Zielsetzung des

---

1   Bundesministerium für Verkehr, Bau- und Wohnungswesen (Hrsg.), Bericht der unabhängigen Expertenkommission zur Novellierung des BauGB, Berlin, August 2002; abrufbar auch unter www.bmvbv.de.

2   Vgl. auch M. Krautzberger/J. Schliepkorte, Vorarbeiten für ein Gesetz zur Anpassung des Baugesetzbuchs an EU-Richtlinien, in: UPR 2003, 92–97 [96].

EEG (vgl. § 1 Abs. 1 EEG 2004).[3] Die in ihm vorgesehenen Begrenzungen sind gleichwohl recht beachtlich. Der Gesetzgeber versucht, neben einer allgemeinen energiepolitischen Zielsetzung einen Kompromiß zwischen der befürchteten Belastung des Außenbereichs und namentlich den Interessen der an weiteren Erwerbsquellen interessierten Landwirtschaft zu finden. So wird die Privilegierung wohl politisch in erster Linie als Förderung des Strukturwandels in der Landwirtschaft „verkauft" werden.[4] Eine Verlagerung in den dörflichen Randbereich wäre erwägenswert gewesen. Auch die mittelbare Privilegierung durch § 35 Abs. 1 Nr. 1 BauGB hat der Gesetzgeber als nicht ausreichend angesehen.[5] Die tatsächliche Effektivität erscheint indes zweifelhaft, insbesondere durch die Begrenzungen in § 35 Abs. 1 Nr. 6 Buchst. b) und d) BauGB.

(3) An der schnellstmöglichen Verwertung von Bioabfällen nach dem neuesten Stand von Wissenschaft und Technik in Biomüllvergärungsanlagen besteht ein hohes öffentliches Interesse. Dabei kann die Integration einer Grüngutkompostieranlage zu einer wesentlichen Verbesserung der Gesamtsituation hinsichtlich der Geruchsbelastung führen. **7**

3.2 Betriebscharakter

3.2.1 Allgemein (numerus clausus)

(1) **Junktim.** Die energetische Nutzung der Biomasse nach § 35 Abs. 1 Nr. 6 BauGB ist nicht allgemein privilegiert. Die Privilegierung ist nur **„im Rahmen eines (anderen) Betriebes"** privilegiert. Dabei muß es sich um einen Betrieb handeln, der nach § 35 Abs. 1 Nr. 1 BauGB, nach § 35 Abs. 1 Nr. 2 BauGB oder nach § 35 Abs. 1 Nr. 4 BauGB zu beurteilen ist. Im letzteren Falle muß der Betrieb Tierhaltung betreiben. Eine andere Betriebsart ist ausgeschlossen. Die Biogasanlage ist also nicht als solche privilegiert.[6] Die geforderte Zuordnung wird in Buchst. a) nochmals betont. Die energiepolitische Reichweite des § 35 Abs. 1 Nr. 6 BauGB ist stark begrenzt. **8**

(2) Die Nutzung von Biomasse ist nur **„im Rahmen eines Betriebes"** privilegiert. Das bedeutet dreierlei: **[1]** Die Herstellung von Biomasse darf nicht (alleiniger) Primärzweck des Betriebes der in § 35 Abs. 1 Nrn. 1, 2 und 4 BauGB genannten Art sein. **[2]** In aller Regel wird es sich um ein verwertungsfähiges **Nebenprodukt** handeln. Das wird zumeist ein „Abfallprodukt" sein. Die gezielte Herstellung der Biomasse ist zwar nicht unzulässig; sie darf indes in keinem Falle die primäre Tätig- **9**

3   Gesetz für den Vorrang erneuerbarer Energien – EEG – vom 21.7.2004 (BGBl. I S. 1918).
4   So deutlich Begründung des Referentenentwurfs eines Gesetzes zur Anpassung des Baugesetzbuches an EU-Richtlinien (Europarechtsanpassungsgesetz Bau – EAG Bau), Allg. Teil S. 17 [Stand: 3.6.2003]; auch die spätere Gegenäußerung der BReg., in: BTag-Drs. 15/2250 S. 93; dem folgend M. Dombert, Was bringt das EAG Bau im Bereich der Landwirtschaft?, in: AgrarR 2004, 393–398 [394].
5   Vgl. BReg, in: BTag-Drs. 15/2250 S. 55.
6   H. Hentschke/K. Urbisch, Baurechtliche Zulässigkeit für Biomasseanlagen im unbeplanten Außenbereich nach dem EAG Bau, in: AUR 2005, 41–46 [45].

keit des nach § 35 Abs. 1 Nrn. 1, 2 und 4 BauGB zu beurteilenden Betriebes überwiegen, um die Privilegierung nach § 35 Abs. 1 Nr. 6 BauGB 2004 auslösen zu
können.

10 [3] **Kein Umkehrschluß und Abgrenzung zu § 35 Abs. 1 Nr. 1 BauGB.** Die Regelung des § 35 Abs. 1 Nr. 6 BauGB legt den Schluß nahe, daß der Gesetzgeber
einen landwirtschaftlichen Betrieb, der sich ausschließlich und gezielt der Herstellung von Biomasse zum Zwecke der energetischen Nutzung widmet, nicht für nach
§ 35 Abs. 1 Nr. 1 BauGB privilegiert erachtet. Anderenfalls liefe die in § 35 Abs. 1
Nr. 6 BauGB enthaltene mehrfache Begrenzung leer. Die gegenteilige Auffassung
des OVG Koblenz zum Begriff der Wiesenwirtschaft dürfte jedenfalls auf der Grundlage der geänderten Gesetzeslage obsolet geworden sein.[7] Die Begrenzung nach
§ 35 Abs. 1 Nr. 6 BauGB betrifft nur die Zielsetzung des Betriebes, die Biomasse
energetisch zum Zwecke der Einspeisung in ein öffentliches Versorgungsnetz zu
nutzen (vgl. § 4 EEG 2004). Hier begrenzt § 35 Abs. 1 Nr. 6 BauGB die Leistungshöhe zudem auf 0,5 MW.

11 (3) **Keine abschließende Regelung.** § 35 Abs. 1 Nr. 6 BauGB stellt gegenüber
der Privilegierung nach § 35 Abs. 1 Nr. 1 BauGB keine abschließende (verdrän-
gende) Regelung in dem Sinne dar, daß ein landwirtschaftlicher Betrieb keine Biomasse als „mitgezogener Betriebsteil" verwerten darf.[8] Für eine derartige Rechtsfolge, die gegenüber § 35 Abs. 1 Nr. 1 BauGB zu einer Rechtsminderung führen
würde, fehlt es an jedem textlichen Anhalt (str.).[9] Sie ist auch aus der Entstehungsgeschichte nicht wirklich belegbar, im Sinne der umweltpolitischen Zielsetzung des
EAG Bau vielmehr konträr. Der Betrieb im Sinne des § 35 Abs. 1 Nr. 1 BauGB
darf nur eigene Biomasse zur überwiegend eigenen energetischen Nutzung umsetzen. Von dieser Begrenzung will § 35 Abs. 1 Nr. 6 BauGB gerade befreien.
Schließlich würde diese Auslegung in einem inneren Widerspruch zu der Steue-

---

7 OVG Koblenz, Urteil vom 24.10.2001 – 8 A 10125/01 – RdL 2003, 295–296 = NL-BzAR 2003, 422
   (L).
8 Zur „mitgezogenen" Nutzung vgl. allg. BVerwG, Urteil vom 16.6.1994 – 4 C 29.93 – BVerwGE 96, 95
   = DVBl 1994, 1141 = NVwZ 1995, 64 = BRS 56 Nr. 72; Beschluß vom 23.6.1995 – 4 B 22.95 – BRS
   57 Nr. 102; Beschluß vom 28.8.1998 – 4 B 66.98 – NVwZ-RR 1999, 106 = DÖV 1999, 32 = BauR
   1999, 33 = BRS 60 Nr. 89 (1998).
9 So aber Nr. 4.3.1.2 Abs. 3 Muster-Einführungserlasses der Fachkommission Städtebau vom 1.7.2004.
   Es hat den Anschein, daß diese Rechtsauslegung auch das Bundesministerium für Verkehr, Bau-
   und Wohnungswesen „offiziös" vertritt, vgl. J. Schliepkorte/M. Tünnemann, Änderungen im allgemeinen Städtebaurecht durch das Europarechtsanpassungsgesetz Bau (EAG Bau), in: ZfBR 2004,
   645–652 [652]; W. Söfker, Neuregelungen im Bereich der planungsrechtlichen Zulässigkeit von Vorhaben, in: W. Spannowsky/T. Krämer (Hrsg.), BauGB-Novelle 2004. Aktuelle Entwicklungen des
   Planungs- und Umweltrechts, 2004, S. 87–94 [91]; wie hier wohl W. Schrödter, Das Europarechtsanpassungsgesetz Bau – EAG Bau, in: NST-N 2004, 197–216 [215]; nicht erörtert bei M. Dombert,
   Was bringt das EAG Bau im Bereich der Landwirtschaft?, in: AgrarR 2004, 393–398 [394]; H.
   Hentschke/K. Urbisch, Baurechtliche Zulässigkeit für Biomasseanlagen im unbeplanten Außenbereich nach dem EAG Bau, in: AUR 2005, 41–46 [43]. Nach BVerwG, Beschluß vom 14.12.1995 – 4 N
   2.95 – NVwZ-RR 1996, 429 = ZfBR 1996, 165 = BauR 1996, 358 = BRS 57 Nr. 57 (1995) ist für die
   Auslegung einer Norm ausschlaggebend der objektive Wille des Gesetzgebers, soweit er wenigstens
   andeutungsweise im Gesetzestext seinen Niederschlag gefunden hat. Daran fehlt es.

rungsmöglichkeit des § 35 Abs. 3 S. 3 BauGB stehen. Diese bezieht sich auf § 35 Abs. 1 Nrn. 2 bis 6 BauGB, nicht auch auf § 35 Abs. 1 Nr. 1 BauGB.

3.2.2 Betrieb im Sinne des § 35 Abs. 1 Nr. 1 BauGB 2004

(1) Der Betrieb nach § 35 Abs. 1 Nr. 1 BauGB ist der noch vorhandene land- oder **12** forstwirtschaftliche Betrieb. Der Begriff der Landwirtschaft liegt nicht genau fest. § 201 BauGB ist beispielhaft. Der Betrieb muß noch privilegiert sein. Maßgebend ist der Zeitpunkt, zu dem über die Zulässigkeit der Biogasanlage befunden wird. Ist der landwirtschaftliche Betrieb zuvor aufgegeben worden, ist eine Privilegierung nach § 35 Abs. 1 Nr. 6 BauGB ausgeschlossen.

(2) **Abgrenzungen: Tierintensivhaltung ohne** eigene **Bodenertragsnutzung** **13** (z. B. Intensivhühnerhaltung, Kälbermästereien, Schweinemästereien) sind auf eine Nutzung im Außenbereich nicht angewiesen. Es fehlt auch zumeist an der „untergeordneten" Betriebsfläche, vgl. aber § 35 Abs. 1 Nr. 4 BauGB. Eine **Fischzucht**, der eine Teichfläche von lediglich 2.100 qm zur Verfügung steht und bei der als Ertrag von zwei Jahren 225 kg Fische gewonnen werden, kann nicht als berufsmäßige Binnenfischerei eingestuft werden.[10] Ein Obst- und Beerenanbau im Umfang von 33 Obstbäumen, 20 Rebstöcken, 50 Himbeerstöcken, einigen wenigen Johannisbeer- und Stachelbeersträuchern sowie 150 Erdbeerpflanzen stellt auch dann keinen landwirtschaftlichen Betrieb im Sinne von § 35 Abs. 1 Nr. 1 BauGB dar, wenn das erzeugte Obst im Bäckerei- und Konditoreibetrieb des Klägers verwertet und dadurch der Ankauf von Obst im Umfang der Eigenproduktion erspart wird.[11]

(3) Wird der landwirtschaftliche Betrieb später aufgegeben und damit „entprivile- **14** giert", ist dies für die materielle Rechtmäßigkeit der genehmigten oder errichteten Biogasanlage unschädlich.

(4) **Nebenerwerbsbetrieb.** Auch landwirtschaftliche Nebenerwerbsstellen kön- **15** nen landwirtschaftliche Betriebe im Sinne von § 35 Abs. 1 Nr. 1 BauGB sein (std. Rspr.).[12] Eine Nebenerwerbsstelle kann nur dann ein landwirtschaftlicher Betrieb sein, wenn sie die Merkmale einer spezifischen betrieblichen Organisation, der Nachhaltigkeit der Bewirtschaftung und der Lebensfähigkeit aufweist und darauf gerichtet ist, dem Betreiber weitere Einnahmen zu verschaffen und damit seine Existenz wirtschaftlich zusätzlich abzusichern. Dazu sind **sehr strenge Anforderungen** zu stellen.[13]

---

10 OVG Saarland, Urteil vom 26.10.1993 – 2 R 22/92 – juris (Volltext).
11 OVG Saarland, Urteil vom 6.9.1993 – 2 R 6/93 – juris (Volltext).
12 Seit BVerwG, Urteil vom 27.1.1967 – 4 C 41.65 – BVerwGE 26, 121 = DVBl 1967, 777 = NJW 1967, 1145; Urteil vom 24.8.1979 – 4 C 3.77 – DÖV 1979, 905 = BauR 1979, 481 = BRS 35 Nr. 80; Urteil vom 11.4.1986 – 4 C 67.82 – NVwZ 1986, 916 = ZfBR 1986, 192 = BauR 1986, 419 = BRS 46 Nr. 75M Beschluß vom 26.4.1994 – 4 B 124.94 – Buchholz 406.11 § 35 BauGB Nr. 299.
13 BVerwG, Beschluß vom 1.12.1995 – 4 B 271.95 – BRS 57 Nr. 100; OLG Schleswig, Urteil vom 29.6.2000 – 11 U 1377/98 – NordÖR 2000, 411 (Nebenerwerbspferdezucht).

16 (5) **Betrieb in dörflicher Randlage.** Der landwirtschaftliche Betrieb im Sinne des § 35 Abs. 1 Nr. 6 BauGB muß grundsätzlich im Außenbereich liegen. Das ist dann fraglich, wenn zwar die Betriebsflächen im Außenbereich liegen, sich dagegen die landwirtschaftliche Hofstelle oder der Betriebsstandort als „Dorflage" im Innenbereich (§§ 30, 34 BauGB) befindet. § 35 Abs. 1 Nr. 6 BauGB verlangt indes, daß die Biomasse „im Rahmen eines Betriebes" nach § 35 Abs. 1 Nr. 1 BauGB genutzt wird.

17 Ein „landwirtschaftliche Betrieb", der zu einer Privilegierung nach § 35 Abs. 1 Nr. 1 BauGB führt, muß nicht selbst ein „Außenbereichsbetrieb" sein. Die Privilegierung, die § 35 Abs. 1 Nr. 1 BauGB landwirtschaftlichen Betrieben einräumt, beruht auf der Überlegung, daß es, wenn auch nicht unabdingbar, so doch sinnvoll ist, bauliche Vorhaben den typischerweise im Außenbereich gelegenen Wirtschaftsflächen räumlich zuzuordnen.[14] Diese Zielsetzung ist auch gegeben, wenn sich der landwirtschaftliche Betrieb als Hofstelle noch im Innenbereich befindet. § 35 Abs. 1 Nr. 1 BauGB unterscheidet zwischen landwirtschaftlichem Betrieb und Betriebsfläche. Dagegen fordert § 35 Abs. 1 Nr. 6 BauGB, daß die Anlagen im Rahmen eines „Betriebes nach Nummer 1" betrieben werden. § 35 Abs. 1 Nr. 6 Buchst. b) BauGB wiederholt diesen Bezug. Ein landwirtschaftlicher Betrieb in „Dorflage" in Innenbereichslage ist indes kein „Betrieb", dessen Zulässigkeit nach § 35 Abs. 1 Nr. 1 BauGB zu beurteilen ist. Für eine Privilegierung der Biogasanlage nach § 35 Abs. 1 Nr. 6 BauGB fehlt auch ein tragender Grund, da die Hofstelle im Innenbereich liegt und die Biogasanlage dieser zugeordnet sein muß. Bejaht man gleichwohl für Betriebsflächen eines landwirtschaftlichen Betriebes in Innenbereichslage die Anwendbarkeit des § 35 Abs. 1 Nr. 6 BauGB, so dürfen öffentliche Belange dem Vorhaben nicht entgegenstehen.

18 (6) Der privilegierter Betrieb muß auch im **grenznahen Bereich** ein „deutscher" sein, d. h. die Hofstelle oder der Betriebsstandort, in dessen Rahmen die Biogasanlage betrieben werden soll, muß auf dem **Gebiet der Bundesrepublik Deutschland** liegen. Demgemäß muß auch die „überwiegend" verwertete Biomasse aus diesem Betrieb und dem ihm zuordneten Anlagen oder Flächen stammen. Eine grenzüberschreitende Kooperation sieht § 35 Abs. 1 Nr. 6 Buchst. c) BauGB nicht vor.

3.2.3 Betrieb im Sinne des § 35 Abs. 1 Nr. 2 BauGB 2004

19 (1) Ein Betrieb, welcher der gartenbaulichen Erzeugung dient, ist nach § 35 Abs. 1 Nr. 2 BauGB privilegiert. § 35 Abs. 1 Nr. 2 BauGB enthält seit dem BauROG 1998 einen gesonderten Privilegierungstatbestand.

20 (2) Die gartenbauliche Erzeugung ist eine besondere Art der Landwirtschaft. Gegenstand ist die Erzeugung von Pflanzen. Die Aufzucht kann in überdachten Hal-

---

14 Vgl. hierzu BVerwG, Urteil vom 22.11.1985 – 4 C 71.82 – DVBl 1986, 413 = NVwZ 1986, 644 = ZfBR 1986, 83 = BauR 1986, 188 = BRS 44 Nr. 76; VGH Mannheim, Urteil vom 4.3.1996 – 5 S 1526/95 – NuR 1996, 613 = BRS 58 Nr. 87 (1996).

len oder durch Hydrokultur erfolgen. Das BVerwG hat dies ursprünglich unentschieden gelassen.[15] Die Neufassung des § 35 Abs. 1 Nr. 2 BauGB hat die Frage nunmehr zugunsten der Privilegierung entschieden.

Der Begriff der „gartenbaulichen Erzeugung" erfaßt nur die Produktion selbst erzeugter Pflanzen, nicht aber eine Betätigung mit fremderzeugten Pflanzen, z. B. im Sinne eines sog. Pflanzenleasing.[16] Allerdings ist ein untergeordnetes „Zukaufen" in geringen Mengen unschädlich, weil dieser Zukauf durch die privilegierte Hauptnutzung „mitgezogen" wird.[17]   **21**

3.2.4 Betrieb im Sinne des § 35 Abs. 1 Nr. 4 BauGB 2004

Lit.: Martin Burgi/Bernd Vogler, Der Privilegierungstatbestand des § 35 Abs. 1 Nr. 5 Var. 2 BauGB – Bedeutung und Struktur, insbesondere im Hinblick auf die Behandlung von Abfallentsorgungsanlagen, in: UPR 1992, 136–140.

3.2.4.1 Zielsetzung der Regelung

§ 35 Abs. 1 Nr. 6 BauGB entlastet die Praxis von der Klärung der Frage, ob eine Biogasanlage durch das zugelassene „gesollte" Außenbereichsvorhaben „mitgezogen" wird.[18] Soweit dies verneint werden würde, wäre eine Verwertung nur außerhalb des Außenbereichs möglich, also etwa im Dorfgebiet (§ 5 BauNVO).   **22**

3.2.4.2 Begrenzung: Tierhaltung

(1) **Beispiel:** Der Betreiber einer gewerblichen Intensivtierhaltung (Geflügel)[19], Kälbermästereien, Schweinemästereien) ist von § 35 Abs. 1 Nr. 6 BauGB begünstigt. Im Gesetzesentwurf der BReg. waren derartige Vorhaben durch die vorgesehene Begrenzung der Privilegierung auf landwirtschaftliche Betriebe ausgeschlossen, obwohl auch bei ihnen in erheblichem Maße Biomasse anfällt und die Unternehmen einen erheblichen Strombedarf haben (vgl. BTag-Drs. 15/2250 S. 16).   **23**

(2) Damit scheiden aus der Privilegierung nach § 35 Abs. 1 Nr. 6 BauGB u. a. aus: Fischmehlfabriken, Düngemittelfabriken.   **24**

---

15 BVerwG, Urteil vom 20.1.1984 – 4 C 43.81 – BVerwGE 68, 311 = DVBl 1984, 627 = NVwZ 1984, 367 = ZfBR 1984, 200 = BauR 1984, 269 = BRS 42 Nr. 91.

16 Vgl. OVG Saarland, Beschluß vom 25.9.2001 – 2 Q 23/01 – juris (Volltext) – gartenbauliche Erzeugung; ebenso VGH Mannheim, Urteil vom 13.11.1989 – 8 S 1087/89 – NuR 1991, 134 = BRS 50 Nr. 87; W. Söfker, in: E/Z/B/K, BauGB, § 35 Rn. 50; H. Dürr, in: Brügelmann, BauGB, § 35 Rn. 46.

17 Vgl. allg. BVerwG, Urteil vom 16.6.1994 – 4 C 29.93 – BVerwGE 96, 95 = DVBl 1994, 1141 = NVwZ 1995, 64 = BRS 56 Nr. 72; Beschluß vom 23.6.1995 – 4 B 22.95 – BRS 57 Nr. 102; Beschluß vom 28.8.1998 – 4 B 66.98 – NVwZ-RR 1999, 106 = DÖV 1999, 32 = BauR 1999, 33 = BRS 60 Nr. 89 (1998).

18 Vgl. allg. BVerwG, Urteil vom 30.11.1984 – 4 C 27.81 – DVBl 1985, 395 = NVwZ 1986, 203; Urteil vom 16.5.1991 – 4 C 2.89 – NVwZ-RR 1992, 400 = BauR 1991, 576; dazu kritisch H. Hentschke/K. Urbisch, Baurechtliche Zulässigkeit für Biomasseanlagen im unbeplanten Außenbereich nach dem EAG Bau, in: AUR 2005, 41–46 [42].

19 BVerwG, Beschluß vom 27.6.1983 – 4 B 206.82 – NVwZ 1984, 169 = ZfBR 1983, 284 = DÖV 1984, 294 = NuR 1984, 101 = BRS 40 Nr. 74, vgl. Bespr. K.-P. Dolde, in: NVwZ 1984, 158.

3.3 Energetische Nutzung der Biomasse

Lit.: Lothar Knopp/Anke Heinze, Erneuerbare-Energie-Gesetz und Biomasseverordnung: Nutzung des energetischen Potenzials organischer Restabfälle?, in: NVwZ 2002, 691–693; Georg von und zu Franken-stein, Zukünftige Anforderungen an die bauliche Nutzung landwirtschaftlicher Flächen, in: AUR 2003, 73–76; Wolfgang Burger, Rechtliche Rahmenbedingungen beim Bau und Betrieb von Biogasanlagen, in: BWGZ 2004, 320–322.

3.3.1 Begriff der „Biogasanlage"

25 Der Gesetzgeber verwendet den Begriff der „Biogasanlage" nicht. Der Inhalt er-schließt sich erst aus der technisch erforderlichen Anlage, um aus Biomasse eine spezifische energetische Nutzung erreichen zu können.

3.3.1.1 Herstellung von Biogas aus Biomasse

3.3.1.1.1 Begriff der „Biomasse"

3.3.1.1.1.1 Maßgeblichkeit des EEG?

26 (1) § 35 Abs. 1 Nr. 6 BauGB definiert den Begriff der „Biomasse" nicht selbst. Aus dem (energiepolitischen) Gesamtzusammenhang ist anzunehmen, daß insoweit ein Rückgriff auf § 3 Abs. 1 EEG 2004 zulässig und geboten ist.[20] § 35 Abs. 1 Nr. 6 BauGB dient der bauplanungsrechtlichen Absicherung der Zielsetzung des EEG 2004. Das kommt in dem Erfordernis des Anschlusses an das öffentliche Versor-gungsnetz hinreichend zum Ausdruck. Ergänzt wird dieser Bezug durch die Be-grenzung der „elektrischen Leistung" in § 35 Abs. 1 Nr. 6 Buchst. d) BauGB.

27 (2) § 3 Abs. 1 EEG 2004 definiert seinerseits den Begriff der „Biomasse" nicht abschließend.[21] Das ist jedenfalls der Standpunkt der Gesetzesbegründung zu der Vorgängerregelung des § 2 Abs. 1 EEG 2000.[22] In der Entwurfsbegründung zu § 2 Abs. 1 EEG 2000 wird zur Erläuterung verwiesen auf „Brennstoffe in festem, flüssigem und gasförmigem Aggregatzustand, deren Ursprung aktuell geerntetes Pflanzengut einschließlich Resthölzern und Ernterückständen ist, sowie Holzabfälle und organische Abfälle aus Nahrungsmittelerzeugung oder der Tierhaltung".[23] In-des war und ist der Begriff „Biomasse" in seinen Einzelheiten – namentlich in Ab-grenzung zum Abfallrecht[24] – umstritten.[25] Dagegen hatte sich der Bundesgesetz-

---

20 Ebenso H. Hentschke/K. Urbisch, Baurechtliche Zulässigkeit für Biomasseanlagen im unbeplanten Außenbereich nach dem EAG Bau, in: AUR 2005, 41–46 [41].

21 Gesetz für den Vorrang erneuerbarer Energien – EEG – vom 21.7.2004 (BGBl. I S. 1918), in Kraft seit dem 1.8.2004 (Art. 4 S. 1).

22 BReg., in: BTag-Drs. 14/2776 S. 21 zu § 2 Abs. 1 EEG in der Fassung des Gesetzes vom 29.3.2000 (BGBl. I S. 305).

23 BReg., in: BTag-Drs. 14/2776 S. 21, 34; P. Salje, EEG. Kommentar, 2. Aufl., 2000, § 3 Rn. 59; vgl. auch L. Knopp/A. Heinze, Erneuerbare-Energie-Gesetz und Biomasseverordnung: Nutzung des energetischen Potenzials organischer Restabfälle?, in: NVwZ 2002, 691–693 [692].

24 Vgl. Bioabfallverordnung vom 21.9.1998 (BGBl. I S. 2995). Danach sind Bioabfälle „Abfälle tierischer oder pflanzlicher Herkunft zur Verwertung, die durch Mikroorganismen, bodenbürtige Lebewesen oder Enzyme abgebaut werden können; hierher gehören insbesondere die im Anhang 1 Nr. 1 genannten Abfälle".

25 Vgl. P. Salje, EEG. Kommentar, 2. Aufl., 2000, § 2 Rn. 77.

geber entschlossen, keine eigene Entscheidung zu treffen, sondern in § 2 Abs. 1 S. 2 EEG 2000 eine Ermächtigung zum Erlaß einer begriffbestimmenden Rechtsverordnung durch das Bundesministerium für Umwelt, Natur und Reaktorsicherheit (BMU) im Einvernehmen mit dem Bundesminister für Ernährung, Landwirtschaft und Forsten und dem Bundesministerium für Wirtschaft und Technologie vorzusehen. Die Verordnung soll bestimmen, welche Stoffe und welche technischen Verfahren „bei Biomasse" in den Anwendungsbereich des EEG fallen.

3.3.1.1.1.2 Biomasseverordnung

Die Verordnung über die Erzeugung von Strom aus Biomasse (Biomasseverord- **28** nung – BiomasseV) vom 21.6.2001 (BGBl. I S. 1234) regelt – für den Anwendungsbereich des EEG –, welche Stoffe als „Biomasse" gelten.[26] Die Verordnung unterscheidet nach „anerkannter Biomasse" (§ 2 BiomasseV) und „nicht anerkannter Biomasse" (§ 3 BiomasseV). Faktisch führen diese Begriffsbestimmungen dazu, daß sich darauf auch der Anwendungsbereich des § 35 Abs. 1 Nr. 6 BauGB bezieht.[27]

3.3.1.1.1.2.1 „Anerkannte Biomasse" (§ 2 BiomasseV)

Nach § 2 Abs. 1 BiomasseV sind sog. anerkannte Biomasse die Energieträger aus **29** Phyto- oder Zoomasse. Dazu zählen auch Folge- oder Nebenprodukte, Rückstände und Abfälle, deren Energiegehalt aus Phyto- oder Zoomasse stammt. § 2 Abs. 2 BiomasseV konkretisiert dies näher, indes nicht abschließend.[28] Danach gilt als „Biomasse" u. a. **[1] Pflanzen- und Pflanzenbestandteile; [2] aus Pflanzen oder Pflanzenbestandteilen hergestellte Energieträger.** Dazu müssen sämtliche Bestandteile und Zwischenprodukte aus Biomasse im Sinne des § 2 Abs. 1 BiomasseV erzeugt worden sein. **[3] Abfälle und Nebenprodukte pflanzlicher oder tierischer Herkunft**, und zwar aus der Landwirtschaft, der Forstwirtschaft oder der Fischwirtschaft. Hier werden bestimmte Arten von Abfällen im Sinne des KrW-/AbfG erfaßt. In Betracht kommen danach Abfälle oder Nebenprodukte wie Gülle oder Mist aus der Tierhaltung, Festbrennstoffe (Waldrestholz, Schwachholz, Landschaftspflegeholz, Altholz, Stroh, Getreide geringster Qualität), Grün- und Strauchschnitt, China-Schilf.[29] Aus zucker- und stärkehaltigen Acker- und Ölfrüchten lassen sich Treibstoffe herstellen (Raps).

---

26 Die Biomasseverordnung 2001 gilt gemäß § 21 Abs. 5 EEG 2004 bis zum Erlaß einer neuen Rechtsverordnung im Sinne des § 8 Abs. 7 EEG 2004 fort; vgl. zur früheren Rechtslage J. Dannischewski, Die Verordnung über die Erzeugung von Strom aus Biomasse (Biomasseverordnung), in: ZNER 2001, 70–74; A. Kersting/J. Hagmann, Investitionssicherheit für nach dem EEG geförderte Anlagen, in: UPR 2001, 215–219; H. Buchmann, Die Biomasseverordnung aus immissionsschutz- und abfallrechtlicher Sicht, in: ZNER 2002, 112–116.

27 Ähnlich M. Dombert, Was bringt das EAG Bau im Bereich der Landwirtschaft?, in: AgrarR 2004, 393–398 [394].

28 Ebenso M. Dombert, Was bringt das EAG Bau im Bereich der Landwirtschaft?, in: AgrarR 2004, 393–398 [394].

29 So BRat-Drs. 329/00, S. 14; ebenso L. Knopp/A. Heinze, Erneuerbare-Energie-Gesetz und Biomasseverordnung: Nutzung des energetischen Potenzials organischer Restabfälle?, in: NVwZ 2002, 691–693 [693]; vgl. für Verwertung aus Altholz die Überleitungsregelung des § 21 Abs. 3 EEG 2004 in Verb. mit der Altholzverordnung vom 15.8.2002 (BGBl. I S. 3302), vgl. dazu A. Oexle, Neuordnung des Altholzrechts, in: AbfallR 2003, 10–14.

30 **[4] Bioabfälle** im Sinne von § 2 Nr. 1 der Bioabfallverordnung (§ 2 Abs. 2 Nr. 4 BiomasseV). Nach der Bioabfallverordnung vom 21.9.1998 (BGBl. I S. 2995) sind Bioabfälle „Abfälle tierischer oder pflanzlicher Herkunft zur Verwertung, die durch Mikroorganismen, bodenbürtige Lebewesen oder Enzyme abgebaut werden können; hierher gehören insbesondere die im Anhang 1 Nr. 1 genannten Abfälle". Zu beachten ist dabei, daß Bioabfälle im Sinne der BioabfallV den Anforderungen des § 3 Abs. 2 KrW-/AbfG entsprechen müssen. Das bedeutet, daß ein Mindestheizwert von 11.000 kJ/kg erzielbar sein muß. Hier werden also nur bestimmte Arten von Abfällen im Sinne des KrW-/AbfG erfaßt. Erreicht werden solle eine gewisse Verzahnung der Rechtsmaterie des EEG und des KrW-/AbfG.[30] Erfaßt werden hier u. a. Bioabfälle aus Nahrungsverarbeitungsmittelverfahren, kompostierbare Küchen- und Kantinenabfälle, zudem getrennt erfaßte Bioabfälle privater Haushalte und des Kleingewerbes, Bioabfälle aus der Holzbe- und -verarbeitung und Landschaftspflegeabfälle.[31]

31 **[5] Gas**, das durch Vergasung oder Pyrolyse aus Biomasse im Sinne des § 2 Abs. 1 BiomasseV erzeugt wurde, und daraus resultierende Folge- und Nebenprodukte. „**Biogas**" ist aufgrund seines hohen Methangehaltes energetisch nutzbar. Es entsteht unter Sauerstoffabschluß aus organischer Masse in wäßrigem Milieu als wasserdampfgesättigtes Mischgas. Unbeschadet von § 2 Abs. 1 BiomasseV gelten (fiktiv) weiterhin als „Biomasse" im Sinne der Verordnung durch anaerobe Vergärung erzeugtes **Biogas**, sofern zur Vergärung nicht Stoffe nach § 3 Nrn. 3, 7 oder 9 der BiomasseV oder mehr als 10 Gewichts-% Klärschlamm eingesetzt werden.

32 **[6] Alkohole**, die aus Biomasse im Sinne des § 2 Abs. 1 BiomasseV erzeugt wurden, deren Bestandteile, Zwischen-, Folge- und Nebenprodukte aus Biomasse erzeugt wurden.

3.3.1.1.1.2.2 „Nicht anerkannte Biomasse" (§ 3 BiomasseV)

33 In § 3 BiomasseV werden als „Biomasse" nicht anerkannte Stoffe aufgeführt. Hierzu gehören u. a. gemischte Siedlungsabfälle aus privaten Haushalten sowie ähnliche Abfälle aus anderen Bereichen, des weiteren Tierkörper oder Tierkörperteile, welche dem Gesetz über Tierkörperbeseitigung unterfallen. Auch Torf dürfte als „nicht anerkannte" Biomasse gelten (vgl. § 3 Nr. 2 BiomasseV).

3.3.1.1.2 Bedeutung des § 6 Abs. 2 KrW-/AbfG

34 Grundsätzlich sind die Anforderungen des § 6 Abs. 2 KrW-/AbfG zu beachten. Das Gesetz hat folgenden Wortlaut:

---

30 Vgl. BRat-Drs., 329/00 S. 13; L. Knopp/A. Heinze, Erneuerbare-Energie-Gesetz und Biomasseverordnung: Nutzung des energetischen Potenzials organischer Restabfälle?, in: NVwZ 2002, 691–693 [693].

31 Vgl. L. Knopp/A. Heinze, Erneuerbare-Energie-Gesetz und Biomasseverordnung: Nutzung des energetischen Potenzials organischer Restabfälle?, in: NVwZ 2002, 691–693 [693].

Berkemann

Soweit der Vorrang einer Verwertungsart nicht in einer Rechtsverordnung nach Absatz 1 festgelegt ist, ist eine energetische Verwertung im Sinne des § 4 Abs. 4 nur zulässig, wenn

1. der Heizwert des Abfalls, ohne Vermischung mit anderen Stoffen, mindestens 11000 Kj/kg beträgt,
2. ein Feuerwirkungsgrad von mindestens 75% erzielt wird,
3. entstehende Wärme selbst genutzt oder an Dritte abgegeben wird und
4. die im Rahmen der Verwertung anfallenden weiteren Abfälle möglichst ohne weitere Behandlung abgelagert werden können.

Abfälle aus nachwachsenden Rohstoffen können energetisch verwertet werden, wenn die in Satz 1 Nr. 2 bis 4 genannten Voraussetzungen vorliegen.

3.3.1.2 Entstehung „energetischer" Nutzung

(1) Der Begriff ist nicht sehr klar. Mit Biomasse läßt sich durch „gesteuerte" Ver- **35** gärung **Elektrizität** oder **Wärme** (thermische Energie) erzeugen. Die Begrenzung nach Buchst. d) deutet an, daß der Gesetzgeber vor allem an die Erzeugung von Elektrizität gedacht hat.

(2) Die Verordnung über die Erzeugung von Strom aus Biomasse (Biomassever- **36** ordnung – BiomasseV) vom 21.6.2001 (BGBl. I S. 1234) regelt – für den Anwendungsbereich des EEG –, auch die technischen Verfahren zur Stromerzeugung aus Biomasse (vgl. § 1 BiomasseV). Angesichts der Zielsetzung der Stromeinspeisung führt dies im Ergebnis dazu, daß unter dem Begriff „energetischer Nutzung" praktisch das in **§ 1 BiomasseV** vorgesehene technische Verfahren zu verstehen ist.

3.3.2 Anschluß an das öffentliche Versorgungsnetz

(1) **Versorgungsnetz.** Der Begriff des „öffentlichen Versorgungsnetzes" ist im **37** Sinne des § 35 Abs. 1 Nr. 3 BauGB zu verstehen. Ein Bezug ergibt sich auch aus § 3 Abs. 6, §§ 4, 5 EEG 2004. Die Versorgung betrifft hier Elektrizität und Wärme. Nicht ausgeschlossen ist auch Gas. In aller Regel dürfte nur der Anschluß an das öffentliche Elektrizitätsnetz in Betracht kommen, vgl. aber thermische Energienutzung z.B. in Blockheizkraftwerken auf der Grundlage von Rapsöl.

(2) **Öffentliches Versorgungsnetz.** Es muß sich um ein Versorgungsnetz der **38** „öffentlichen" Versorgung, d.h. der „allgemeinen" Versorgung handeln, also nicht einer privaten. Die Abgrenzung kann nicht nach der Handlungsform, sondern nur nach der Funktion vorgenommen werden (vgl. auch § 2 Abs. 3 EnwG 1998). Die Versorgungsträger, die ein öffentliches Versorgungsnetz betreiben, sind in aller Regel privatrechtlich organisiert.

(3) **Anschluß.** § 35 Abs. 1 Nr. 6 BauGB setzt voraus, daß das durch Nutzung der **39** Biomasse entstehende Sekundärprodukt in ein Versorgungsnetz eingespeist werden kann. Es genügt dazu die objektive Anschlußfähigkeit. Ob eine betriebswirtschaftlich sinnvolle Verwertung besteht, ist eine bauplanungsrechtlich unerhebliche Frage.[32]

---

32 BVerwG, Beschluß vom 5.1.1996 – 4 B 306.95 – NVwZ 1996, 597 = ZfBR 1996, 166 = BauR 1996, 363 = BRS 58 Nr. 91.

3.4 Begrenzende Voraussetzungen

40 § 35 Abs. 1 Nr. 6 BauGB knüpft die Zulässigkeit des privilegierten Vorhabens an vier weitere Voraussetzungen. Diese sind kumulativ zu verstehen. Sie wollen verhindern, daß im Außenbereich ein Biomassentourismus entsteht. Die Gemeinde kann dieser gesetzgeberischen Zielsetzung durch die Ausweisung eines Sondergebietes, etwa in Dorfrandlage, ausweichen oder unter den Voraussetzungen des § 1 Abs. 3 S. 1 BauGB städtebaulich ordnen. Das bietet sich für landwirtschaftliche Betrieb der Dorfrandlage an.

3.4.1 Räumlich-funktionaler Zusammenhang

41 (1) Die zur Herstellung und Nutzung der Energie erforderliche bauliche Anlage muß objektiv in einem räumlich-funktionalen Zusammenhang mit „dem Betrieb" stehen. Gemeint sind Betriebe nach § 35 Abs. 1 Nr. 1 BauGB, nach § 35 Abs. 1 Nr. 2 BauGB oder nach § 35 Abs. 1 Nr. 4 BauGB, wenn dieser Tierhaltung betreibt. In deren „Rahmen" soll die Biomasse umgesetzt werden. Die Biogas-Anlage wird also nicht isoliert privilegiert.

42 (2) Zwischen der Biogasanlage und gerade dem „Basis-Betrieb" muß ein **räumlich-funktionaler Zusammenhang** bestehen. § 35 Abs. 1 Nr. 6 BauGB übernimmt hier eine Formel, die der Gesetzgeber erstmals in § 4 Abs. 3 Maßnahmegesetz zum BauGB 1993 verwandt hatte und die dann in § 35 Abs. 4 S. 1 Nr. 1 Buchst. e) BauGB übernommen wurde. Damit soll eine Zersplitterung des Außenbereichs tunlichst und vorbeugend vermieden werden. Den Begriff hatte die Rechtsprechung des BVerwG entwickelt.[33]

43 (3) **Bezugspunkt** ist im Regelfall die Kernbetriebsstätte, welche die Privilegierung des „Betriebes" nach § 35 Abs. 1 Nrn. 1, 2 oder 4 BauGB rechtfertigt. Das wird zumeist die „Hofstelle" oder ein Betriebsstandort sein. Eine nur räumliche Betrachtungsweise ist indes nicht genügend. Der Verweis auf die erforderliche **funktionale Zuordnung** betont, daß die verwertende Nutzung der Biomasse auch in einem betrieblichen (betriebstechnischen) Zusammenhang der tatsächlich bereits **vorhandenen Betriebsstruktur** stehen muß.[34] Dieser Zusammenhang muß objektiv gegeben sein. § 35 Abs. 1 Nr. 6 BauGB liegt der Gedanke zugrunde, mit der Privilegierung der Biogasanlage an eine vorhandene bauliche Struktur anzuknüpfen. Das bauliche Vorhaben darf also von dem Bezugspunkt nicht so weit räumlich abgesetzt sein, daß aufgrund betriebswirtschaftlich vernünftiger Betriebsabläufe und Wirtschaftsweisen ein Zusammenhang nicht mehr erkennbar ist. Eine nach Metern zu bestimmende Entfernung läßt sich interpretatorisch nicht festlegen. Das BVerwG hat zu § 35 Abs. 4 S. 1 Nr. 1 BauGB eine Entfernung von 300 m als nicht mehr

---

33 Vgl. BVerwG, Urteil vom 16.5.1991 – 4 C 2.89 – NVwZ-RR 1992, 440 = ZfBR 1991, 277 = UPR 1992, 26 = BauR 1991, 576; Urteil vom 16.12.1993 – 4 C 19.92 – NVwZ-RR 1994, 371 = ZfBR 1994, 149 = BauR 1994, 337 (zu § 35 Abs. 4 S. 1 Nr. 6 BauGB.

34 Vgl. BVerwG, Urteil vom 16.12.1993 – 4 C 19.92 – NVwZ-RR 1994, 371 = ZfBR 1994, 149 = BauR 1994, 337 zu § 35 Abs. 4 S. 1 Nr. 6 BauGB.

genügend angesehen.[35] Maßgebend ist die auf den Einzelfall bezogene Lage. Sind vorhandene Betriebsflächen stark gestreut, wird man dem Betreiber für die Zuordnung eine Art Auswahlermessen zuzubilligen haben.[36] Nur logistische Erwägungen sind nicht ausschlaggebend.

(4) Problematisch ist, ob eine Anlage zur energetischen Nutzung einer landwirtschaftlich genutzten Fläche zugeordnet werden kann, wenn diese für den Anbau nachwachsender Rohstoffe genutzt wird. Eine ökonomisch sinnvolle Verwertung der Biomasse kann dann „an Ort und Stelle" stattfinden. § 35 Abs. 1 Nr. 6 Buchst. a) BauGB fordert aber, einen Zusammenhang der Anlage „mit dem Betrieb". Darunter kann nur der vorhandene Betrieb gemeint sein, in dessen „Rahmen" die Anlage betrieben werden soll. Die Fläche selbst ist mithin nicht der „Betrieb", auch nicht die dort zu errichtende Anlage. Denn über dessen Zulässigkeit soll gerade nach § 35 Abs. 1 Nr. 6 BauGB befunden werden. **44**

(5) Auch die Privilegierung des § 35 Abs. 1 Nr. 6 BauGB steht unter dem Vorbehalt, daß keine öffentlichen Belange entgegenstehen. Das kann der Fall sein, wenn die Lokalisierung der Biogasanlage zur Zersiedelung der Landschaft führt und andere Betriebsabläufe ohne weiteres möglich sind. Einem Vorhaben stehen öffentliche Belange entgegen, „wenn ein vernünftiger Landwirt – auch und gerade unter Berücksichtigung des Gebots größtmöglicher Schonung des Außenbereichs – dieses Vorhaben mit etwa gleichem Verwendungszweck und mit etwa gleicher Gestaltung und Ausstattung für einen entsprechenden Betrieb errichten würde und das Vorhaben durch diese Zuordnung zu dem konkreten Betrieb auch äußerlich erkennbar geprägt wird".[37] Von erheblicher Bedeutung sind Belastungen durch Gerüche und Lärm (vgl. § 35 Abs. 3 S. 1 Nr. 3 BauGB in Verb. mit § 3 Abs. 1 BImSchG). **45**

3.4.2 Herkunft der Biomasse

3.4.2.1 „Eigener" Betrieb

§ 35 Abs. 1 Nr. 6 Buchst. b) BauGB nimmt als Regelfall an, daß die zu verwertende Biomasse überwiegend aus „dem" **eigenen Betrieb** stammt. Dies ergibt die Wendung des Gesetzes mit Kennzeichnung „dem Betrieb" und aus der Gegenüberstellung mit anderem, aber **„nahe gelegenen" Betrieben**. Auf die Eigentumsverhältnisse kommt es dabei nicht an (arg. e § 201 BauGB 2004). Gewollt ist eine Betreibergemeinschaft, um einen Biomassetourismus möglichst zu unterbinden.[38] **46**

---

35 BVerwG, Urteil vom 18.5.2001 – 4 C 13.00 – NVwZ 2001, 1282 = ZfBR 2001, 564 = BauR 2001, 1560 = BRS 64 Nr. 103.

36 Abweichend mit betont agrarfreundlicher Tendenz H. Hentschke/K. Urbich, Baurechtliche Zulässigkeit für Biomasseanlagen im unbeplanten Außenbereich nach dem EAG Bau, in: AUR 2005, 41–46 [43], welche jede überbetriebliche Anlage als zulässig ansehen; insoweit ähnlich auch M. Dombert, Was bringt das EAG Bau im Bereich der Landwirtschaft?, in: AgrarR 2004, 393–398 [394]. Indes hat § 35 Abs. 1 Nr. 6 Buchst. c) BauGB die Zusammenarbeit mehrerer Betriebe gerade als regelungsbedürftig angesehen.

37 Vgl. BVerwG, Urteil vom 3.11.1972 – 4 C 9.70 – BVerwGE 41, 138 = DVBl 1973, 643 = BRS 25 Nr. 60.

38 A.A. H. Hentschke/K. Urbich, Baurechtliche Zulässigkeit für Biomasseanlagen im unbeplanten Außenbereich nach dem EAG Bau, in: AUR 2005, 41–46 [44], den Gesetzeswortlaut überdehnend.

3.4.2.2 Kooperation mit „nahe gelegenen" Betrieben

47 (1) Die energetisch zu verwertende Biomasse muß nicht ausschließlich aus dem eigenen Betrieb stammen. Gefordert wird ohnedies nur, daß die eigene Biomasse „überwiegt" (vgl. Rn. 54). Das setzt die Verwertung fremder Biomasse als zulässig voraus. Die energetisch zu verwertende Biomasse kann „überwiegend" auch aus dem eigenen und/oder aus anderen, aber nahe gelegenen Betrieben im Sinne des § 35 Abs. 1 Nrn. 1, 2 oder 4 BauGB stammen, soweit letztere Tierhaltung betreiben.

48 (2) § 35 Abs. 1 Nr. 6 BauGB öffnet damit der Möglichkeit der **Kooperation** verschiedener (kleinerer) Betriebe. Die Zahl legt das Gesetz nicht fest. Die Betriebe müssen jeweils die privilegierte Betriebsqualität nach § 35 Abs. 1 Nrn. 1, 2 oder 4 BauGB besitzen.

49 (3) Ob ein Betrieb „nahe gelegen" ist, läßt sich nicht entfernungsmäßig näher festlegen. Maßgebend ist die Örtlichkeit im Einzelfall.[39] Siedlungsstrukturelle und flächenmäßige Besonderheiten sind zu berücksichtigen. Ziel ist, aus ökologischen Gründen einen „Gülle-Tourismus" zu unterbinden (So BReg. in: BTag-Drs. 15/2250 S. 55). Eine zeitliche Fahrleistung von mehr als 30 min wird man im allgemeinen nicht mehr als „nahe gelegen" bewerten. Als **„nahe gelegen"** wird man stets angrenzende Betriebe ansehen, also Betriebe im unmittelbar räumlich zugeordneten Umkreis, bezogen auf den Ort der Anlage. Ein sonstiger Zukauf von verwertbarer Biomasse wird aus demselben Grund nicht ermöglicht.

3.4.2.3 Rechtliche Kooperationsformen

3.4.2.3.1 Trägerformen einer „Gemeinschaftsanlage"

50 (1) § 35 Abs. 1 Nr. 6 Buchst. b) BauGB läßt offen, in welcher rechtlichen Form die Kooperation besteht. Daß es eine rechtliche Konstruktion der vereinbarten Zusammenarbeit der „nahe gelegenen Betriebe" gibt, setzt das Gesetz voraus. Naheliegend ist eine vertragliche Gestaltung. Vertragspartner ist der Eigentümer der Anlage und die „zuliefernden" Betriebe. Es ist auch nicht ausgeschlossen, daß sich die „zuliefernden" Betriebe an der Errichtung der Anlage finanziell durch „Einlagen" (Investitionsanteil) beteiligen.

51 (2) **Gemeinschaftsanlage.** Die Anlage muß dem Betrieb, „in dessen Rahmen" sie betrieben wird, unmittelbar rechtlich zugeordnet sein. Eine eigene Trägerschaft der „Gemeinschaftsanlage" ist damit ausgeschlossen. Das gilt z. B. für eine GmbH. Es fehlt an der auch in § 35 Abs. 1 Nr. 6 BauGB vorausgesetzten unmittelbaren Bodenertragsnutzung (vgl. § 201 BauGB). Auch die Konstruktion einer Genossenschaft scheidet aus.[40] Dasselbe gilt für eine GbR, wenn diese Eigentümerin der Anlage sein soll.

---

39 Ebenso H.-D. Upmeier, Einführung zu den Neuregelungen durch das Europarechtsanpassungsgesetz Bau (EAG Bau), in: BauR 2004, 1382–1392 [1389].

40 Vgl. BVerwG, Beschluß vom 16.3.1993 – 4 B 15.93 – NVwZ-RR 1993, 396 = ZfBR 1993, 251 = BauR 1993, 438 = BRS 55 Nr. 94; vgl. auch abgrenzend BVerwG, Urteil vom 14.4.1978 – 4 C 85.75 –

3.4.2.3.2 Inhalt der Baugenehmigung

(1) Im Genehmigungsverfahren muß der Bauherr eine schriftliche Kooperations- **52** vereinbarung vorlegen. Diese muß erkennen lassen, daß die Anlage mit einer Biomasse betrieben wird, die in ihrer Zusammensetzung überwiegend aus den nahe gelegenen Betrieben stammt. Die Genehmigungsbehörde sollte eine entsprechende Betriebsbeschreibung zum Gegenstand der Genehmigung machen. Durch Auflagen muß ein Verfahren der Kontrolle festgeschrieben werden. Zweckmäßig wird als Auflage festgeschrieben, daß jede Änderung der Kooperationsvereinbarung der Genehmigungsbehörde anzuzeigen ist.

(2) Die Verpflichtungserklärung des § 35 Abs. 5 S. 2 BauGB 2004 ist Vorausset- **53** zung der Genehmigung. Die Erklärung ist nur von dem Eigentümer der Anlage abzugeben. Nur er ist auch Adressat der Maßnahmen der Sicherstellung nach § 35 Abs. 5 S. 3 BauGB.

3.4.2.3.3 Störung und Auflösung der Kooperation

Stammt die in der Anlage verwertete Biomasse nicht mehr überwiegend aus dem **54** eigenen und/oder den nahe gelegenen Betrieben, führt dies bei gleichbleibender Menge der zu verwertenden fremden Biomasse zu einem materiell baurechtswidrigen Zustand. Aus welchen Gründen dieser Zustand eintritt, ist unerheblich. Die Bauaufsichtsbehörde kann alsdann nach Maßgabe des Bauordnungsrechts zunächst die Nutzungsuntersagung und alsdann die Beseitigung der Anlage anordnen.

3.4.2.4 „Überwiegende" Herkunft der Biomasse

3.4.2.4.1 Begriff des „Überwiegens"

Die zu verwertende Biomasse muß **„überwiegend"** aus den zu berücksichtigen- **55** den Betrieben stammen (Mindestanteil). Den Begriff „überwiegend" versteht die Rechtsprechung als **„mehr als die Hälfte"**. Eine höhere Dominanz wird nicht verlangt. Die Fremdbeschickung kann also etwa 49 % erreichen.[41]

3.4.2.4.2 „Zusammengesetzte" Biomasse

3.4.2.4.2.1 Kooperationsmodell

(1) Die „überwiegende" Biomasse kann erzeugermäßig „zusammengesetzt" sein. **56** Das Gesetz fordert, daß die Biomasse entweder überwiegend aus dem eigenen Betrieb, in dem die Anlage steht, oder daß die Biomasse überwiegend aus dem eigenen und den nahe gelegenen Betrieben stammen muß. Kooperieren „nahe gelegene" Betriebe miteinander, ist eine **Gesamtbetrachtung** geboten. Maßgebend

---

DÖV 1978, 920 = BauR 1978, 383; Beschluß vom 11.8.1989 – 4 B 151.89 – NVwZ-RR 1990, 64 = ZfBR 1989, 269 = BRS 49 Nr. 93.
41 Ebenso M. Dombert, Was bringt das EAG Bau im Bereich der Landwirtschaft?, in: AgrarR 2004, 393–398 [395].

Berkemann

ist nur das Volumen, bezogen auf die Verwertung in der privilegierten Anlage. Die an der Zusammensetzung der verwerteten Biomasse beteiligten Betriebe können mit sehr geringen Quoten am Gesamtvolumen beteiligt sein.

57 (3) Folgende **Beispiele** können dies erläutern: Es kooperieren vier Landwirte, A, B, C und D. Die Betriebsstelle (Betriebsstandort) steht auf dem Hof des D. Die Landwirte erbringen zusammen 60 % der in der Anlage verwerteten Biomasse. Damit wird das Kriterium „überwiegend" erfüllt. Der Anteil setzt sich seinerseits an Einzelanteilen dieser Betriebe zusammen. So ist es denkbar das A an dem Anteil von 60 % seinerseits mit 20 %, B mit 40 %, C mit 30 % und D mit 10 % beteiligt sind. Dann tragen an der verwerteten Biomasse A 12 %, B 24 %, C 18 % und D 6 % bei. Für jeden liegt der Anteil deutlich unterhalb des Kriteriums der „überwiegenden" Herkunft.

58 Zulässig ist auch, daß ein „nahe gelegener" Betrieb einen eigenen Betriebsstandort auf der Hofstelle hat, aber sich mit der eigenen Biomasse zugleich an einer anderen Anlage beteiligt. Folgendes Beispiel kann das erläutern: Es kooperieren drei Landwirte, A, B und C. A und B haben je eine Anlage auf ihrer Hofstelle. Die Anlage von A verwerte 55 %, die Anlage von B 60 % „überwiegende" Biomasse. Beide Anlagen erfüllen das maßgebende Kriterium. Für die Gesamtbetrachtung kommt es auf die konkrete Herkunft der Biomasse, also auf die anteilsmäßige Zusammensetzung der kooperierenden Betriebe, nicht an. Das gilt auch dann, wenn C seine verwertbare Biomasse auf die Anlage A und B verteilt und A seinerseits Biomasse an die Anlage von B abgibt. Durch ein überlegtes **Netzwerk** kann die Limitierung des § 35 Abs. 1 Nr. 6 Buchst. d) jedenfalls abgefedert werden. Ob dies ökonomisch sinnvoll ist, ist für die bauplanerische Zulässigkeit der Vorhaben nicht maßgebend.[42]

3.4.2.4.2.2 „Gemischte" Biomasse

59 (1) Nach § 2 Abs. 1 BiomasseV sind sog. anerkannte Biomasse die Energieträger aus Phyto- oder Zoomasse. Dazu zählen auch Folge- oder Nebenprodukte, Rückstände und Abfälle, deren Energiegehalt aus Phyto- oder Zoomasse stammt. § 2 Abs. 2 BiomasseV konkretisiert dies näher, indes nicht abschließend.

60 (2) Biomasse kann also aus nachwachsenden Rohstoffen, Gülle und Abfällen zusammengesetzt sein. § 35 Abs. 1 Nr. 6 Buchst. b) BauGB gibt nicht an, was bei einer derart gemischten Biomasse als „überwiegend" anzusehen ist. Bei einer gemischten Biomasse kommt eine alleinige Beurteilung nach der Menge (Volumen) nicht in Betracht. Maßgebend ist das gesetzgeberische Ziel, einen „überwiegenden" Anteil an fremder Biomasse zu unterbinden. Auch diese kann gemischt zusammengesetzt sein. Eine sinnvolle Berechnung des „Eigen-" und des „Fremdanteils" ist anhand des jeweils eingesetzten **Energiegehaltes** der verwerteten Biomasse möglich.

---

42 BVerwG, Beschluß vom 5.1.1996 – 4 B 306.95 – NVwZ 1996, 597 = ZfBR 1996, 166 = BauR 1996, 363 = BRS 58 Nr. 91.

(3) **Cofermente.** Der Einsatz nicht betriebseigener Cofermente ohne landwirt- **61**
schaftlichen Ursprung kann die Ausbeute von Biogas deutlich steigern. Ein Merk-
blatt zur Errichtung und zum Betrieb von Biogasanlagen im landwirtschaftlichen
Bereich [Stand: 18.9.2002] des Ministeriums für Umwelt und Naturschutz, Landwirtschaft und Verbraucherschutz des Landes NRW will den Anteil auf 20 % der
eingesetzten Substrate begrenzen. Derartige Begrenzungen entsprechen nicht
der durch § 35 Abs. 1 Nr. 6 BauGB geschaffenen Rechtslage.

3.4.3 Begrenzung der Zahl der Anlagen

3.4.3.1 Hofstelle

§ 35 Abs. 1 Nr. 6 Buchst. c) BauGB begrenzt die Zahl der Anlagen je Hofstelle auf **62**
eine Anlage. Hofstelle ist ein landwirtschaftlicher Standort, welcher der privilegierten Nutzung ihr Gepräge gibt.[43] § 5 Abs. 2 BauNVO spricht von „Wirtschaftsstelle"
eines landwirtschaftlichen Betriebes. Eine genauere Begrifflichkeit ist hier entbehrlich. Maßgebend ist die Zielsetzung der zahlenmäßigen Begrenzung.

Ähnlich der Begrenzung des § 35 Abs. 1 Nr. 6 Buchst. d) BauGB will das EAG Bau **63**
mit der Voraussetzung des § 35 Abs. 1 Nr. 6 Buchst. c) eine flächenmäßige Streu-
ung von Biogasanlagen im Außenbereich verhindern. Verbindet man beide Kriterien miteinander, so wird die abwehrende Zielsetzung deutlich erkennbar. Das EAG
Bau sieht die Privilegierung der Biogasanlage letztlich nur eingeschränkt als ein
Mittel an, die Landwirtschaft in einem Strukturwandel zu unterstützen. Das gesetzgeberische Konzept nähert sich eher einem zugelassenen „Nebenverdienst".

3.4.3.2 Betriebsstandort

(1) § 35 Abs. 1 Nr. 6 Buchst. c) BauGB nennt als weitere Bezugsgröße der zah- **64**
lenmäßigen Berechnung den „Betriebsstandort". Damit werden diejenigen privilegierten Betriebe erfaßt, bei denen man üblicherweise nicht von einer „Hofstelle"
spricht. Das ist bei forstwirtschaftlichen Betrieben, bei Gartenbaubetrieben oder
bei Betrieben der Tierhaltung nach § 35 Abs. 1 Nr. 4 BauGB der Fall.

(2) § 35 Abs. 1 Nr. 6 Buchst. c) BauGB enthält durch das Kriterium des „Betriebs- **65**
standortes" eine sachliche Erweiterung.[44] Das kann zu einer erheblichen Ausweitung der im Außenbereich zulässigen Biogasanlagen führen. Es werden Unternehmen privilegiert, die nach ihrer Betriebsstruktur über mehrere Betriebsstandorte
verfügen. Das ist bei größeren Unternehmen nicht ausgeschlossen. Hier dient das
Kriterium etwa dazu, Gülletransporte zu vermeiden und gleichzeitig die Regiona-
lisierung der Energieerzeugung zu unterstützen. Eine spätere Zusammenführung

---

43 Vgl. BVerwG, Urteil vom 18.5.2001 – 4 C 13.00 – NVwZ 2001, 1282 = ZfBR 2001, 564 = BauR 2001,
    1560 = BRS 64 Nr. 103.
44 Das ergibt auch die Entstehungsgeschichte. Der Zusatz „oder Betriebsstandorte" beruht auf einem
    Vorschlag des Bundesrates (vgl. BTag-Drs. 15/2250 S. 81). Die BReg. erhob nur „Bedenken" (vgl.
    BTag-Drs. 15/2250 S. 93). Der 14. BTags-Ausschuß fügte die Limitierung nach § 35 Abs. 1 Nr. 6
    Buchst. d) BauGB als politischen Kompromiß hinzu (vgl. BTag-Drs. 15/2996 S. 98 f.).

mehrerer landwirtschaftlicher Betriebe hat dann keinen Einfluß auf die Privilegierung nach § 35 Abs. 1 Nr. 6 BauGB.

3.4.4 Begrenzung der elektrischen Leistung

3.4.4.1 Textgeschichte und gesetzgeberische Ziele

66 (1) Der Referentenentwurf zu § 35 Abs. 1 Nr. 6 BauGB (Stand: 3.6 2003) hatte die Privilegierung auf eine Kapazitätsobergrenze von zwei Megawatt begrenzt. Der Gesetzesentwurf der BReg. hatte von einer Begrenzung ganz abgesehen (BTag-Drs. 15/2250 S. 16). Der Gesetzgeber hat die Begrenzung durch eine Leistungslimitierung aufgegriffen. Das soll erklärtermaßen dem Schutz des Außenbereichs dienen. Dazu ist die Anlage so zu beschränken, daß deren „installierte elektrische Leistung" 0,5 MW nicht überschreitet.[45] Das soll etwa 2,0 MW Eingangsleistung der eingesetzten Biomasse entsprechen.[46] Die Begrenzung gerade der elektrischen Leistung besitzt keine unmittelbar städtebauliche Relevanz.

67 (2) Das Mittel der Begrenzung ist hier nur ein sehr grobes. Der hierzu kolportierte Schluß von der Leistungsfähigkeit der Anlage auf deren „äußere" Störqualität im Außenbereich ist allenfalls annäherungsweise möglich. Die Kapazität mag nur derzeit ein gewisser Anhalt für die Größe der Anlage sein. Dieses Ziel hätte sich indes in anderer Weise klarer bestimmen lassen. Die jetzige Regelung verhindert von vornherein technologische Entwicklungen zugunsten eines höheren Auswertungsgrades.

68 Das kann eigentlich schwerlich im Sinne energiepolitischer Zielsetzungen liegen, wie sie die Bundesrepublik im Protokoll von Kyoto übernommen hat.[47] Die Kapazitätsobergrenze würde auch das Interesse mehrerer landwirtschaftlicher Betriebe zu der in § 35 Abs. 1 Nr. 6 BauGB eröffneten und auch effektiveren „Zusammenarbeit" begrenzen. So nähret diese restriktive Voraussetzung eher den Verdacht, daß der Gesetzgeber hier drängenden Vorstellungen der Energieunternehmen gefolgt ist. Im Zusammenwirkung mit der Voraussetzung des § 35 Abs. 1 Nr. 6 Buchst. c) BauGB ist jedenfalls offenkundig, daß die Privilegierung nach § 35 Abs. 1 Nr. 6 BauGB keineswegs eine optimale Ausnutzung entstehender Biomasse an Ort und Stelle ermöglicht.[48] Der Wortlaut des § 35 Abs. 1 Nr. 6 Buchst. d) BauGB ist eindeutig. Er läßt auch für Betriebe nach § 35 Abs. 1 Nr. 4 BauGB keine erweiternde Auslegung zu.[49]

---

45 So Beschlußempfehlung und Bericht des 14. BTags-Ausschusses, in: BTag-Drs. 15/2996 S. 98 f.

46 Vgl. EAG Mustererlaß 2004, Nr. 4.3.1.3 Abs. 2.

47 Die Bundesrepublik Deutschland ist Signaturstaat des Protokolls von Kyoto vom 11.12.1997 (BGBl. II S. 967) zum Rahmenabkommen der Vereinten Nationen vom 9.5.1992 über Klimaänderungen (BGBl. II S. 1783). Die im Anhang I zum Protokoll von Kyoto genannten Industriestaaten verpflichten sich, die für sie festgelegten Emissionsreduktionsziele zu erfüllen. Das Protokoll ist durch Vertragsgesetz vom 27.4.2002 (BGBl. II S. 966) zustimmend ratifiziert worden; vgl. auch BTag-Drs. 13/4978.

48 Ebenso M. Dombert, Was bringt das EAG Bau im Bereich der Landwirtschaft?, in: AgrarR 2004, 393–398 [395] unter Hinweis auf die Stellungnahme des Bundesverbandes BioEnergie vom 20.6.2003 im Anhörungsverfahren.

49 Unzutreffend H. Hentschke/K. Urbisch, Baurechtliche Zulässigkeit für Biomasseanlagen im unbeplanten Außenbereich nach dem EAG Bau, in: AUR 2005, 41–46 [41].

3.4.4.2 Vergütung nach EEG

(1) **Vergütungsstruktur.**[50] Grundsätzlich ist die Höhe der Vergütung vom Umfang 69
der elektrischen Leistung der Anlage abhängig. Die Festlegung der Vergütung wird
für Altanlagen und Neuanlagen gleichbehandelt (vgl. §§ 4 bis 6, 8 EEG 2000; nunmehr § 8 EEG 2004). Bei Anlagen, die im Jahre 2002 oder später errichtet werden, verringern sich die Vergütungssätze allerdings jährlich bei Verwertung der
Biomasse um 1 %. Der Gesetzgeber will damit den technologischen Fortschritt und
die daraus zu erwartende Kostensenkung bei den Anlagen berücksichtigen.[51]

(2) **Stichtag.** Neuanlagen für das EEG 2000 sind Anlagen, die nach dem 1.4.2000 70
in Betrieb genommen wurden (§ 2 Abs. 3 S. 1 EEG 2000), für das EEG 2004 sind
gemäß § 21 Abs. 1 Nrn. 3 bis 5 EEG 2005 verschiedene Stichtage maßgebend,
u. a. 1.8.2004 für nunmehr errichtete Biogasanlagen.

(3) **Vergütungssätze.** Das EEG 2000 sah für die Erzeugung von Strom aus Bio- 71
masse für die Zeit vom 1.1.2002 bis zum 31.7.2004 folgende Vergütungssätze vor
(vgl. §§ 5 ff. EEG):

– installierte elektrische Leistung bis einschließlich 500 Kilowatt mindestens 10,23 Cent/Kilowattstunde;

– installierte elektrische Leistung bis einschließlich 5 Megawatt mindestens 9,21 Cent/Kilowattstunde;

– ab 5 Megawatt bis zur Obergrenze von 20 Megawatt mindestens 8,70 Cent/Kilowattstunde.

Die normierten Vergütungssätze sollten nach Absicht der BReg. derart bestimmt 72
sein, daß in typisierender Betrachtung bei rationeller Betriebsführung ein wirtschaftlicher Betrieb der Anlage ermöglicht wird.[52] Daran hält im Grundsatz § 8
Abs. 1 EEG 2004 fest. Ein Vergütungssprung besteht nach § 8 Abs. 1 S. 1 Nr. 2
EEG 2004 wiederum bei **500 Kilowatt.**

Die Vergütungssätze erhöhen sich gemäß § 8 Abs. 2 EEG 2004, wenn der Strom 73
aus Pflanzen oder Pflanzenteilen, die ausschließlich in landwirtschaftliche Betrieben gewonnen wurden oder die im Rahmen der Landschaftspflege anfallen, wenn
diese u. a. nur zur Nutzung in einer Biomasseanlage aufbereitet wurden. Entsprechendes gilt für Strom, der ausschließlich aus Gülle im Sinne der EG-Verordnung
Nr. 1774/2002 (ABl. EG Nr. L 273 S. 1), geändert durch EG-Verordnung Nr. 808/
2003 (ABl. EU Nr. L 117 S. 1) gewonnen wurde.

---

50 Vgl. auch V. Oschmann/Th. Müller, Neues Recht für Erneuerbare Energien – Grundzüge der EEG-
Novelle, in: ZNER 2004, 24–30; H. Krebs, Analyse der Biomasse-Verstromung nach dem Erneuerbare-Energie-Gesetz (EEG), in: ET 2004, 538–540; Nach § 21 Abs. 1 Nr. 3 EEG 2004 sind für Strom
aus Biomasseanlagen, die nach dem 31.12.2003 in Betrieb genommen werden, die ab dem 1.8.2004
geltenden Vergütungssätze des § 8 EEG 2004 maßgebend. Für Strom aus Biomasseanlagen, die
vor 1.1.2004 in Betrieb gegangen sind, erhöht sich gemäß § 21 Abs. 1 Nr. 4 EEG 2004 die Mindest-
vergütung nach Maßgabe des § 8 Abs. 2 EEG 2004.

51 Vgl. BReg. in: BTag-Drs. 14 / 2776 S. 22 zum EEG 2000; vgl. auch L. Knopp/A. Heinze, Erneuerbare-
Energie-Gesetz und Biomasseverordnung: Nutzung des energetischen Potenzials organischer Restabfälle?, in: NVwZ 2002, 691–693 [692].

52 So die Annahme der BReg., in: BTag-Drs. 14/2776 S. 1.

4. Immissionsschutzrechtliche Genehmigungsverfahren

74 Das Vorhaben kann dem immissionsschutzrechtlichen Genehmigungsverfahren nach § 4 BImSchG in Verb. mit der Anlage zur 4. BImSchV unterfallen.[53] Nach § 1 Abs. 2 Nr. 2 4. BImSchV erstreckt sich das Genehmigungserfordernis auch auf vorgesehene „Nebeneinrichtungen", wenn ein räumlicher und betriebstechnischer Zusammenhang mit der Hauptanlage besteht. Das kann für immissionsschutzrechtlich genehmigungsbedürftige Betriebe der Tierhaltung von Bedeutung sein.

75 Liegen die Voraussetzungen des § 4 Abs. 1 BImSchG in Verb. mit § 1 Abs. 1 Satz 1, § 2 Abs. 1 Satz 1 Nr. 1a 4. BImSchV vor, bedürfen die in Nr. 8.6 Spalte 1, Buchst. a), des Anhangs zur 4. BImSchV aufgeführten Anlagen der immissionsschutzrechtlichen Genehmigung im förmlichen Verfahren mit Öffentlichkeitsbeteiligung (§ 10 Abs. 3 und 4 BImSchG). Ein Mangel im Verfahren der Öffentlichkeitsbeteiligung wirkt nur dann präklusionshindernd, wenn er zu einer Behinderung des Einwenders bei der Wahrnehmung seiner Rechte geführt haben kann (str.).[54]

II. § 35 Abs. 3 BauGB 2004 – Öffentliche Belange

1. Text der geänderten Fassung

76 (3) Eine Beeinträchtigung öffentlicher Belange liegt insbesondere vor, wenn das Vorhaben

1. ...

8. die Funktionsfähigkeit von Funkstellen und Radaranlagen stört.

Raumbedeutsame Vorhaben dürfen den Zielen der Raumordnung nicht widersprechen; öffentliche Belange stehen raumbedeutsamen Vorhaben nach Absatz 1 nicht entgegen, soweit die Belange bei der Darstellung dieser Vorhaben als Ziele der Raumordnung abgewogen worden sind. (...)

2. Textgeschichte

77 § 35 Abs. 3 S. 1 Nr. 8 BauGB entspricht im wesentlichen dem Gesetzentwurf der BReg. (BTag-Drs. 15/2250 S. 16, 55). Der Bundesrat schlug in seiner Stellungnahme vor, den im Entwurf der BReg. benutzten Ausdruck „Telekommunikationsanlage" durch den Ausdruck „Funkstelle" zu ersetzen und damit den zu schützenden Bereich einzuschränken (BTag-Drs. 15/2250 S. 81 f.). Der 14. BTags-Ausschuß folgte diesem Vorschlag (BTag-Drs. 15/2996 S. 41, 98). Die Gesetzesfassung des § 35 Abs. 3 S. 2 BauGB entspricht dem Entwurf der BReg. (BTag-Drs. 15/2250 S. 16, 55).

---

53 Vgl. H. Hentschke/K. Urbisch, Baurechtliche Zulässigkeit für Biomasseanlagen im unbeplanten Außenbereich nach dem EAG Bau, in: AUR 2005, 41–46 [45].

54 VGH München, Beschluß vom 4.6.2003 – 22 CS 03.1109 – NVwZ 2003, 1138; OVG Münster, Urteil vom 27.4.1992 – 21 A 800/88 – NVwZ 1993, 386 [387] = UPR 1993, 105; OVG Lüneburg, Beschluß vom 6.3.1985 – 7 B 64/84 – NVwZ 1985, 506 [508] = UPR 1985, 255; H. D. Jarass, BImSchG, 5. Aufl., 2002, § 10 Rn. 93 m.w.N.; a.A. A. Roßnagel, in: GK BImSchG, § 10 Rn. 394.

3. Erläuterung der Änderung des § 35 Abs. 3 BauGB 2004

3.1 Allgemeines

Der Entwurf der BReg. hatte vorgesehen, den Katalog der Darstellungen des F- 78
Plans durch § 5 Abs. 2 Nrn. 11 und 12 BauGB (Vorrangflächen, Eignungsflächen
und Belastungsflächen) zu ergänzen (BTag-Drs. 15/2250 S. 13, 48; vgl. § 5 BauGB,
Rn. 47 ff.). Das hätte ggf. auch Auswirkungen für § 35 Abs. 3 S. 1 Nr. 1 BauGB ge-
habt. Der 14. BTags-Ausschuß hat die Erweiterung des Katalogs des § 5 Abs. 2
BauGB aufgrund der Ergebnisse des Planspiels abgelehnt (BTag-Drs. 15/2996
S. 29, 94). Der Gesetzgeber ist dem gefolgt.

3.2 § 35 Abs. 3 Satz 1 Nr. 8 BauGB 2004

3.2.1 Zielsetzung der Änderung

(1) § 35 Abs. 3 S. 1 BauGB enthält einen Katalog benannter öffentlicher Belange. 79
Der Katalog ist nicht abschließend.[55] Ziel der Erweiterung des bisherigen Katalogs um § 35 Abs. 3 S. 1 Nr. 8 BauGB 2004 ist es, den Schutz der Funktionsfähigkeit von Funkstellen und Radaranlagen als eigenständigen öffentlichen Belang
hervorzuheben (vgl. BReg., in: BTag-Drs. 15/2250 S. 48). Das EAG Bau sieht
diesen Schutz für erforderlich an.

Anlaß der Novellierung sind u. a. aufgetretene Störungen entsprechender Anlagen 80
durch die Errichtung von Windenergieanlagen. Dem soll begegnet werden. Recht
einleuchtend ist das genannte Motiv nicht. Nach dem Schutzbereichsgesetz (SchBG)
vom 7.12.1956 (BGBl. I S. 899) in der Fassung der Änderung vom 20.12.1976
(BGBl. I S. 3574) kann der Bundesminister für Verteidigung Schutzbereichszonen
festlegen.[56] Im Schutzbereich einer militärischen Radaranlage darf eine Windenergieanlage ohne besondere Genehmigung nicht errichtet werden. Problematisch ist
hier eher, daß die Anordnung des Schutzbereiches nur eingeschränkt bekannt-
gegeben wird. Die Anordnungen werden nicht in einem Amtsblatt veröffentlicht.

(2) Ein Vorrang der Funktionsfähigkeit aller Telekommunikationsanlagen ließe sich 81
unschwer aus der Privilegierung des § 35 Abs. 1 Nr. 3 BauGB entwickeln. Blitz-
einschläge können – möglicherweise – zu Überspannungen im Telefonnetz führen.
Das kann – möglicherweise – eintreten, wenn Blitzschutzanlagen der Windenergieanlage nicht funktionsgerecht installiert sind.[57] Die Erweiterung besitzt daher vor
allem klarstellende Bedeutung. Die Begrenzung auf „Funkstellen" geht auf einen
Vorschlag des Bundesministeriums der Verteidigung zurück (vgl. Stellungnahme
des BRats, in: BTag-Drs. 15/2250 S. 82).

---

55 Vgl. BVerwG, Urteil vom 1.8.2002 – 4 C 5.01 – BVerwGE 117, 25 35 = DVBl 2003, 62 = NVwZ 2003,
    86 = UPR 2003, 35 = ZfBR 2003, 38 = BauR 2003, 55 = BRS 65 Nr. 10 (2002) – Einkaufszentrum
    Zweibrücken (FOC).
56 Vgl. BVerwG, Beschluß vom 25.1.2002 – 4 B 37.01 – NVwZ-RR 2002, 444 = NuR 2002, 362 =
    BauR 2002, 922 zu OVG Münster, Urteil vom 19.2.2002 – 11 A 5502/99 – NZWehrr 2001, 257.
57 Vgl. OVG Münster, Urteil vom 18.11.2002 – 7 A 2127/00 – NVwZ 2003, 756 = ZfBR 2003, 275 =
    NWVBl 2003, 176 = ZNER 2003, Nr. 7, 55 = ZUR 2003, 240 = Immissionsschutz 2003, 68 = NuR
    2003, 570 = BauR 2003, 517 = mit Anm. Fr.-J. Tigges, in: ZNER 2003, 61–62.

3.2.2 Erläuterung des § 35 Abs. 3 S. 1 Nr. 8 BauGB 2004

82 (1) Der im Entwurf der BReg. vorgesehene Schutz der „Telekommunikationsanlagen" orientierte sich an dem Tatbestand der Privilegierung des § 35 Abs. 1 Nr. 3 BauGB. Der Begriff ist umfassend. Erfaßt werden alle Vorhaben der Nachrichtentechnik, u. a. Rundfunk- und Fernsehtürme und Verstärkeranlagen, aber auch Mobilfunkanlagen. Der Bundesrat nahm in seiner Stellungnahme an, daß der von der BReg. vorgesehene Bereich der „Telekommunikationsanlagen" im bauordnungsrechtlichen Genehmigungsverfahren den Kreis der zu beteiligenden Stellen erweitere. Der Bundesrat hielt dies ersichtlich für entbehrlich. Damit kann man jedoch der Sachfrage nicht ausweichen, ob u. a. eine Windenergieanlage auf eine bereits vorhandene Telekommunikationsanlage (etwa **Mobilfunk-Sendeanlage** – Funkbasisstation) aus Gründen des öffentlichen Bauplanungsrechts Rücksicht zu nehmen hat. Die Schließung einer Versorgungslücke eines Mobilfunknetzes kann im Einzelfall im öffentlichen Interesse liegen (vgl. auch Art. 87 f GG).[58]

83 (2) Der **Schutz der Funkstellen** soll vor allem den Belangen der **Flugsicherheit** dienen. Die Befürchtung besteht, daß rotierende Teile der Windenergieanlagen die Funkverbindung (Sprachübertragung, Datenübertragung) stören und zum Zusammenbruch der Funkstrecke führen können. Eine Störung liegt vor, wenn die Funktionsfähigkeit der Funkstelle zeitweise aufgehoben wird. Dazu genügt es, daß eine Störung zu befürchten ist. Bereits dann besteht eine Beeinträchtigung im Sinne des § 35 Abs. 3 S. 1 BauGB. Zur Funktionsfähigkeit der Anlage gehört ein hohes Maß an Verläßlichkeit.

84 (3) § 35 Abs. 3 S. 1 Nr. 8 BauGB bezweckt auch den **Schutz der Radaranlagen**. Radaranlagen dienen in aller Regel der großräumigen Überwachung des Luftraums. Vielfach haben sie militärische Zielsetzungen. Sie dienen auch der allgemeinen Flugsicherheit. Ob eine Störung in der Funktionsfähigkeit der Radaranlage gegeben oder jedenfalls zu befürchten ist, kann im Einzelfall umstritten sein. Regelmäßig wird eine Stellungnahme der zuständigen Wehrbereichsverwaltung erforderlich sein.

85 (4) **Auflagen.** Zur Verhinderung nur befürchteter Störungen kann die zuständige Behörde gehalten sein, den Inhalt einer Baugenehmigung näher zu bestimmen oder ihr Nebenbestimmungen beizufügen, um auf diese Weise Störungen, auch kontrollierend, auszuschließen.

3.3 § 35 Abs. 3 Satz 2 BauGB 2004

86 Die Änderung besitzt nach Ansicht des Gesetzentwurfs der BReg. nur redaktionelle Bedeutung (BTag-Drs. 15/2250 S. 55). Das trifft zu. § 35 Abs. 3 S. 2 BauGB regelt die Wirkung von Zielen der Raumordnung.

---

58 OVG Koblenz, Urteil vom 7.8.2003 – 1 A 10196/03 – ZfBR 2004, 184 zu § 31 Abs. 2 BauGB; BVerwG, Beschluß vom 20.6.2001 – 4 B 41.01 – NVwZ-RR 2001, 713 = BauR 2002, 1057 = BRS 64 Nr. 82 (2001) zu § 9 Abs. 8 FStrG.

3.3.1 § 35 Abs. 3 Satz 2 Halbs. 1 BauGB 2004

(1) Das EAG Bau streicht in § 35 Abs. 3 S. 2 Halbs. 1 BauGB die Worte „nach **87** den Absätzen 1 und 2". Diese Bezugnahme war in der Tat seit längerem überflüssig. Halbsatz 1 bestimmt **negativ**, daß **raumbedeutsame Vorhaben** den Zielen der Raumordnung **nicht widersprechen** dürfen. Das entspricht der Beachtung der Darstellungen in einem F-Plan.

(2) § 35 Abs. 3 BBauG hatte die „Ziele der Raumordnung und der Landesplanung" **88** noch als einen Spiegelstrich-Fall in § 35 Abs. 3 S. 1 BBauG normiert. Bereits zu dieser Rechtslage war nicht zweifelhaft, daß sich Ziele der Raumordnung auch gegenüber privilegierten Vorhaben „durchsetzen" konnten.[59] Das sollte allerdings nur gelten, wenn die Ziele der Raumordnung sachlich und räumlich konkretisiert waren.[60]

§ 35 Abs. 3 S. 3 Halbs. 1 BauGB 1987 stellte bewußt klar, daß „raumbedeutsame **89** Vorhaben" nach § 35 Abs. 1 und 2 BauGB den Zielen der Raumordnung nicht „widersprechen" dürften. Gleichzeitig wurden Ziele der Raumordnung (bis zum 31.12.1997 auch der „Landesplanung") rechtstechnisch durch eine selbständige Regelung „aufgewertet". Schließlich präzisierte § 3 Nr. 2 ROG 1998 den Begriff der Ziele der Raumordnung hinsichtlich seiner normativen Maßgeblichkeit. Die jetzige Fassung des § 35 Abs. 3 S. 2 Halbs. 1 BauGB 2004 bringt die Entwicklung zu einem auch textlichen Abschluß.

(3) Das EAG Bau hat daran festgehalten, daß § 35 Abs. 3 S. 2 Halbs. 1 BauGB **90** nur **raumbedeutsame Vorhaben** erfaßt. Der Begriff ist wenig deutlich. Es liegt sehr nahe, die begriffliche Bestimmung des § 3 Nr. 6 ROG 1998 zu übernehmen.[61] Das BVerwG verweist auf die Umstände des Einzelfalles.[62] Maßgebend sind die „raumbedeutsamen" **Auswirkungen**.[63]

---

59 Vgl. BVerwG, Urteil vom 20.1.1984 – 4 C 43.81 – BVerwGE 68, 311 = DVBl 1984, 627 = NVwZ 1984, 367 = UPR 1984, 221 = ZfBR 1984, 200 = BauR 1984, 269 = BRS 42 Nr. 91.

60 Vgl. auch BVerwG, Urteil vom 19.7.2001 – 4 C 4.00 – BVerwGE 115, 17 = DVBl 2001, 1855 [1856] = NVwZ 2002, 476 = UPR 2002, 33 = ZfBR 2002, 65 = NuR 2002, 49 = BauR 2002, 41.

61 Vgl. BVerwG, Beschluß vom 7.11.1996 – 4 B 170.76 – DVBl 1997, 434 = NVwZ8-RR 1997, 523 = UPR 1997, 106; Beschluß vom 2.8.2002 – 4 B 36.02 – BauR 2003, 837 = ZfBR 2003, 488 (L); OVG Magdeburg, Urteil vom 12.12.2000 – 2 L 450/00 – juris (Volltext) mit Anm. J. Berghaus, in: ZNER 2003, 54–55; K. Schmaltz, in: H. Schrödter (Hrsg.), BauGB, 6. Aufl., 1998, § 35 Rn. 99; W. Söfker, in: E/Z/B/K, BauGB, § 35 Rn. 120.

62 BVerwG, Beschluß vom 2.8.2002 – 4 B 36.02 – BauR 2003, 837 = ZfBR 2003, 488 (L); ebenso OVG Magdeburg, Urteil vom 12.12.2000 – 2 L 450/00 – juris mit Anm. J. Berghaus, in: ZNER 2003, 54–55.

63 Vgl. allg. W. Hoppe, Die rechtliche Wirkung von Zielen der Raumordnung und Landesplanung gegenüber Außenbereichsvorhaben (§ 35 Abs. 3 Satz 3 BauGB), in: DVBl 1993, 1109–1117 [1114]; P. Runkel, Steuerung von Vorhaben der Windenergienutzung im Außenbereich durch Raumordnungsplänen, in: DVBl 1997, 275–281; I. Schmidt, Die Raumordnungsklausel in § 35 BauGB und ihre Bedeutung für Windkraftvorhaben, in: DVBl 1998, 669–677; K. Schmaltz, in: H. Schrödter (Hrsg.), BauGB, 6. Aufl., 1998, § 35 Rn. 98.

91 (4) Die seinerzeitige Bezugnahme auf § 35 Abs. 2 BauGB erfaßte zudem begünstigte Vorhaben nach § 35 Abs. 4 BauGB 1987, da auch diese „sonstige Vorhaben" nach § 35 Abs. 2 BauGB sind.[64] Daran hat sich durch das EAG Bau nichts geändert. Ein an die Ziele der Raumordnung gemäß § 1 Abs. 4 BauGB angepaßter F-Plan bleibt danach zwar formal unberücksichtigt, aber die in ihm umgesetzten Ziele der Raumordnung setzen sich nach § 35 Abs. 3 S. 2 Halbs. 1 BauGB alsdann unmittelbar durch.

3.3.2 § 35 Abs. 3 Satz 2 Halbs. 2 BauGB 2004

Lit.: Bernhard Stüer/Eva Stüer, Planerische Steuerung von privilegierten Vorhaben im Außenbereich. Werden Flächennutzungspläne und Raumordnungspläne zu Rechtssätzen?, in: NuR 2004, 341–348.

92 (1) Das EAG Bau streicht in § 35 Abs. 3 S. 2 Halbs. 2 BauGB die Worte „in Plänen im Sinne der §§ 8 und 9 des Raumordnungsgesetzes". § 8 ROG betrifft den Raumordnungsplan für das Landesgebiet, § 9 ROG Teilräume der Länder (Regionalpläne). Diese in § 35 Abs. 3 S. 2 Halbs. 2 BauGB erst 1998 mit dem ROG 1998 aufgenommene Bezugnahme war überflüssig. Eine sachliche Änderung ist mit dem EAG Bau nicht eingetreten.

93 (2) **Halbsatz 2** stellt insoweit eine **positive** Regelung dar, als sich die Ziele der Raumordnung zugunsten **privilegierter Vorhaben** gegen (andere) öffentliche Belange durchsetzen. § 35 Abs. 3 S. 2 Halbs. 2 BauGB enthält mittelbar eine Änderung, da der Kreis der privilegierten Vorhaben um Biogasanlagen (§ 35 Abs. 1 Nr. 6 BauGB) erweitert wurde.

94 (3) Öffentliche Belange können gemäß § 35 Abs. 3 S. 2 Halbs. 2 BauGB durch den Inhalt einer verbindlichen Landesraumplanung oder eines verbindlichen Regionalplans „verdrängt" werden.[65] Die Ziele der Raumordnung müssen in den Plänen benannt sein. Planaussagen haben nur dann Zielqualität, wenn die Planaussage hinreichend räumlich und sachlich konkret ist und bei der Festlegung die von ihr berührten Belange gegeneinander und untereinander im Sinne einer Letztentscheidung abgewogen worden sind (vgl. auch § 3 Nr. 2 ROG 1998).[66] Dabei kommt es nicht darauf an, ob das „Ziel" ausdrücklich genannt wurde.[67] Der normative Gehalt muß ggf. durch Auslegung ermittelt werden.

95 (4) Das Ziel der Raumordnung muß gerade in einem **Verfahren der Abwägung** nach Raumordnungsrecht abgewogen worden sein. Nur dann ist es gerechtfertigt, einen entgegenstehenden „öffentlichen Belang" zurückzustellen. § 35 Abs. 3 S. 2 Halbs. 2 BauGB berührt damit die Planungshoheit der Gemeinde in einer empfindlichen Weise. Das privilegierte Vorhaben, das Gegenstand der Abwägung war, setzt sich durch. Die Gemeinde ist nicht befugt, insoweit ihr Einvernehmen nach § 36

64 A.A. noch H. Schrödter, in: H. Schrödter (Hrsg.), BauGB, 5. Aufl., 1992, § 35 Rn. 79.
65 Vgl. OVG Koblenz, Urteil vom 29.7.1999 – 1 A 11871/98 – UPR 2000, 80 (L).
66 VGH Kassel, Urteil vom 12.9.2000 – 2 UE 924/99 – DÖV 2001, 303 im Anschluß an BVerwG, Beschluß vom 7.11.1996 – 4 B 170.96 – DVBl 1997, 434.
67 BVerwG, Beschluß vom 15.4.2003 – 4 BN 25.03 – SächsVBl 2003, 192 = BauR 2004, 285.

Abs. 1 BauGB zu versagen. Sind andere öffentliche Belange (die also nicht selbst Ziele der Raumordnung sind) in einem Verfahren der Raumordnung bereits **abgewogen** worden und haben sie sich dabei nicht durchgesetzt, bleiben sie insoweit als öffentliche Belange auch gegenüber dem privilegierten Vorhaben unberücksichtigt. Sie sind wie **präkludierte** öffentliche Belange zu behandeln. Wird ein regionales Raumordnungsprogramm aufgestellt, sollte sich die Gemeinde, für welche die Zielbestimmung eine Anpassungspflicht nach § 1 Abs. 4 BauGB begründen würde, sich an dem Aufstellungsverfahren zur Wahrung ihrer Planungshoheit beteiligen.[68]

§ 35 Abs. 3 S. 2 Halbs. 2 BauGB beläßt es bei dem bisherigen raumordnungs- **96** rechtlichen „Abwägungsmodell" (vgl. § 3 Nr. 3, § 7 Abs. 7 S. 1, § 10 Abs. 2 Nr. 2, Abs. 3 ROG und dem entsprechenden Landesplanungsrecht).

III. Unveränderte Geltung des § 35 Abs. 3 Satz 3 BauGB 2004

1. Gescheiterte Änderungen

(1) Die BReg. hatte in ihrem Gesetzesentwurf vorgeschlagen, § 35 Abs. 3 S. 3 **97** BauGB wie folgt zu ändern (BTag-Drs. 15/2250 S. 16, 55):

Öffentliche Belange stehen einem Vorhaben nach Absatz 1 Nr. 2 bis 6 in der Regel auch dann entgegen, soweit hierfür im Flächennutzungsplan eine Vorrang- oder Eignungsfläche an anderer Stelle dargestellt, in sonstiger Weise durch Darstellung eine Ausweisung an anderer Stelle erfolgt, eine Belastungsfläche an der betreffenden Stelle dargestellt oder als Ziel der Raumordnung ein Vorrang-, Eignungs- oder Belastungsgebiet festgelegt worden ist.

§ 35 Abs. 3 S. 3 BauGB in der Fassung des Gesetzesentwurfes der BReg. sollte **98** die Steuerungsmöglichkeiten des bisherigen § 35 Abs. 3 S. 3 BauGB präzisieren. Zu dessen Auslegung hatten sich inzwischen zahlreiche Fragen ergeben.[69]

Die textliche Ergänzung sollte sich u. a. an die Ausdrucksweise des § 7 Abs. 4 **99** ROG 1998 anlehnen. Durch positive Standortzuweisungen an einer oder auch mehreren Stellen im Plangebiet sollten die Gemeinden ausdrücklich die Möglichkeit erhalten, den übrigen Planungsraum von den durch den Gesetzgeber privilegierten Anlagen „freizuhalten".[70] Dabei reichte eine ausschließlich negativ wirkende „Verhinderungsplanung" einer Gemeinde ohne gleichzeitig positive Ausweisung eines Standortes im Plangebiet zwar unverändert nicht aus.[71] Um die „positiven"

---

68 Vgl. OVG Lüneburg, Urteil vom 22.10.1999 – 1 K 4422 / 98 – NVwZ 2000, 579 = RdL 2000, 105 = NdsVBl 2000, 122.

69 Vgl. BVerwG, Urteil vom 17.12.2002 – 4 C 15.01 – BVerwGE 117, 2897 = DVBl 2003, 797 = NVwZ 2003, 733 = UPR 2003, 188 = ZfBR 2003, 370 = NordÖR 2003, 161 = BauR 2003, 828 mit Anm. Fr.-J. Tigges, in: ZNER 2003, 43; Urteil vom 13.3.2003 – 4 C 4.02 – DVBl 2003, 1064 = NVwZ 2003, 738 = ZfBR 2003, 464 = BauR 2003, 1165; Urteil vom 13.3.2003 – 4 C 3.02 – NVwZ 2003, 261 = ZfBR 2003, 469 = BauR 2003, 1172 (jeweils zu Windenergieanlagen).

70 Zum sog. Freihaltebelang allg. kritisch BVerwG, Urteil vom 6.10.1989 – 4 C 28.86 – NVwZ 1991, 161 = BRS 50 Nr. 98; Beschluß vom 26.2.1990 – 4 B 31.90 – ZfBR 1990, 308 = BRS 51 Nr. 191; a.A. H.-J. Birk, Kommunale Selbstverwaltung und überörtliche Planung, in: NVwZ 1989, 905–913.

71 Vgl. F. Schidlowski, Standortsteuerung von Windenergieanlagen durch Flächennutzungspläne, in: NVwZ 2001, 388–391.

Steuerungsmöglichkeiten der Gemeinden durch einen F-Plan jedoch zu verdeutlichen, sollten gleichzeitig der Katalog der Darstellungsmöglichkeiten des § 5 Abs. 2 BauGB erweitert werden (vgl. § 5 BauGB, Rn. 47ff.).

100 Ziel dieser Maßnahmen sollte es vor allem sein, die Belastung durch **Intensivtierhaltung** zu regulieren und bestimmte Flächen in Ortsrandlagen im Außenbereich für **künftige Siedlungsentwicklungen** freizuhalten (vgl. BReg., in: BTag-Drs. 15/2250 S. 33). Der Gesetzesentwurf folgte damit Überlegungen, welche die Unabhängige Expertenkommission entwickelt hatte.[72] Der Bundesrat erhob in seiner Stellungnahme zum Gesetzesentwurf der BReg. keine Einwände (vgl. BTag-Drs. 15/2250 S. 81/82).

101 (2) Der 14. BTags-Ausschuß empfahl hingegen, die im Entwurf vorgeschlagenen Erweiterungen der §§ 5 Abs. 2 Nrn. 11 und 12 BauGB und die vorgeschlagene Änderung des § 35 Abs. 3 S. 3 BauGB abzulehnen (BTag-Drs. 15/2996 S. 94f.). Nach seiner Ansicht ergab das während des Gesetzgebungsverfahrens durchgeführte Planspiel der Gemeinden, daß das von der BReg. vorgesehene Konzept nicht zielgerichtet angewandt werden könne.[73] Der Gesetzgeber folgte der Empfehlung des Ausschusses.

102 (3) Der Zweck der beabsichtigten Änderung lag nicht in der substantiellen Erweiterung des Katalogs des § 5 Abs. 2 BauGB. Dieser ist ohnehin offen. Anders als in § 9 Abs. 1 BauGB besteht für die Darstellung im F-Plan kein Katalogzwang. Die Gemeinde kann unverändert Flächen für bestimmte Nutzungsweisen ausweisen. Sie kann dazu nach § 5 Abs. 2 BauGB auch Siedlungsbereiche darstellen.[74] Der 14. BTags-Ausschuß empfahl, das sachliche Anliegen des Gesetzentwurfs zumindest teilweise de lege lata durch eine Darstellung nach § 5 Abs. 2 Nr. 6 BauGB umzusetzen (vgl. BTag-Drs. 15/2996 S. 94f.). Tatsächlich ging der Vorschlag der BReg. deutlich weiter.

2. Mittelbare Änderung des § 35 Abs. 3 Satz 3 BauGB

103 (1) Die Gegenstände des § 35 Abs. 3 S. 3 BauGB betreffen nur Vorhaben, die nach § 35 Abs. 1 Nrn. 2 bis 6 BauGB privilegiert sind. Der Gesetzgeber hat indes mit dem EAG Bau in § 35 Abs. 1 BauGB eine abweichende Numerierung vorgenommen. Danach werden – wie bisher – Vorhaben nach § 35 Abs. 1 Nr. 1 BauGB und nunmehr auch § 35 Abs. 1 Nr. 7 BauGB, bisher § 35 Abs. 1 Nr. 6 BauGB 1987, nicht von § 35 Abs. 3 S. 3 BauGB erfaßt.

---

72 Unabhängige Expertenkommission, Bericht 2002, Rn. 232ff.; vgl. auch H.-G. Gierke, Empfehlen sich Änderungen oder Ergänzungen des Baugesetzbuches zur Verbesserung der Steuerung von Standorten für Tierhaltungsanlagen, in: NdsVBl 2002, 225–232.

73 Vgl. zum Planspiel A. Bunzel, Novelle des BauGB 2004 im Planspiel-Test, in: ZfBR 2004, 328–337 [335].

74 Vgl. BVerwG, Urteil vom 19.9.2002 – 4 CN 1.02 – BVerwGE 117, 58 = DVBl 2003, 204 = ZfBR 2003, 135 = BauR 2003, 209 = BRS 65 Nr. 20.

(2) Die Gemeinde kann damit für Vorhaben, welche der Erforschung, Entwicklung **104** oder Nutzung der Kernenergie zu friedlichen Zwecken oder der Entsorgung radioaktiver Abfälle dienen, nunmehr keine **Standortpolitik** mehr betreiben. Die Änderung der bisherigen Gesetzeslage zielt – ohne daß dies die Gesetzesmaterialien aussprechen – darauf, die kritische Entsorgung radioaktiver Abfälle aus der Gemeindepolitik „herauszunehmen".

IV. § 35 Abs. 4 S. 1 Nr. 1 BauGB 2004 (Sperrfrist)

1. Text der geänderten Fassung

(4) Den nachfolgend bezeichneten sonstigen Vorhaben im Sinne des Absatzes 2 kann nicht entgegenge- **105** halten werden, dass sie Darstellungen des Flächennutzungsplans oder eines Landschaftsplans widersprechen, die natürliche Eigenart der Landschaft beeinträchtigen oder die Entstehung, Verfestigung oder Erweiterung einer Splittersiedlung befürchten lassen, soweit sie im Übrigen außenbereichsverträglich im Sinne des Absatzes 3 sind:

1. die Änderung der bisherigen Nutzung eines Gebäudes im Sinne des Absatzes 1 Nr. 1 unter folgenden Voraussetzungen:

   a) ...

   ...

   d) **das Gebäude ist vor mehr als sieben Jahren zulässigerweise errichtet worden,**

2. ...

...

2. Textgeschichte

Die Änderung folgt einem Vorschlag des 14. Ausschusses des Bundestages (vgl. **106** BTag-Drs. 15/2996 S. 42, 99). Das **BauROG 1998** hatte § 35 Abs. 4 S. 1 BauGB in den Nrn. 1, 2 und 5 grundlegend geändert. Es hatte dazu im wesentlichen § 4 Abs. 3 Satz 1 Nrn. 1, 2 und 5 BauGB-MaßnG übernommen.

3. Erläuterung des § 35 Abs. 4 S. 1 Nr. 1 Buchst. d) BauGB 2004

3.1 Allgemeines

(1) § 35 Abs. 4 S. 1 BauGB betrifft bestimmte sonstige Vorhaben im Sinne des **107** § 35 Abs. 2 BauGB. Die angeordnete Rechtsfolge besteht in der Unbeachtlichkeit bestimmter öffentlicher Belange, die § 35 Abs. 4 S. 1 BauGB abschließend bestimmt. Die Regelung ist eine Ausnahmevorschrift.[75] Sie ist nicht erweiterungsfähig. Die Gemeinde kann durch eine verbindliche Bauleitplanung etwas anderes regeln. Liegen die **spezifischen** Tatbestandsvoraussetzungen des § 35 Abs. 4 S. 1 Nrn. 1 ff. BauGB nicht vor, bleibt es bei den allgemeinen Voraussetzungen des § 35 Abs. 2 und 3 BauGB.

---

75 BVerwG, Beschluß vom 28.9.1992 – 4 B 175.92 – NVwZ-RR 1993, 176 = UPR 1993, 29 = NuR 1993, 81 = ZfBR 1993, 36 = BauR 1993, 200; ebenso Beschluß vom 29.9.1987 – 4 B 191.87 – NVwZ 1988, 357 = DÖV 1988, 381 = BRS 47 Nr. 81; Beschluß vom 31.5.1988 – 4 B 88.88 – NVwZ 1989, 355 = ZfBR 1988, 285 = BauR 1988, 698 = BRS 48 Nr. 77.

108 (2) Über die gesetzlich geregelten Tatbestände des § 35 Abs. 4 BauGB hinaus ist kein Raum mehr für weitergehende Ansprüche auf Genehmigung eines Vorhabens aufgrund des sog. „überwirkenden Bestandsschutzes" oder einer „eigentumskräftig verfestigten Anspruchsposition".[76]

3.2 Regelungsbereich des § 35 Abs. 4 S. 1 Nr. 1 BauGB 2004

109 (1) Ermöglicht wird nur der Wechsel der bisherigen nach § 35 Abs. 1 Nr. 1 BauGB privilegierten Nutzung in eine **nicht privilegierte Nutzung**. Die Bestimmung erfaßt nur die Änderung der Nutzung eines Gebäudes im Sinne von § 35 Abs. 1 Nr. 1 BauGB, nicht die Nutzungsänderung von sonstigen Anlagen, die möglicherweise nach § 35 Abs. 1 Nrn. 2 bis 6 BauGB privilegiert waren. Die Privilegierung als landwirtschaftlicher oder forstwirtschaftlicher Betrieb muß auch **tatsächlich** ausgenutzt worden sein.[77] Es genügt nicht, daß die bauliche Anlage für das privilegierte Vorhaben nur genehmigt worden war.[78] Die „bloße" Genehmigung stellt noch keine Kapitalinvestition dar, die es bei einem zu erleichternden Strukturwandel zu schützen gilt.

110 (2) **Gebäudebegriff.** Die bisherige Nutzung muß sich auf ein **Gebäude** bezogen haben. Der Begriff des „Gebäudes" ist auslegungsbedürftig. Nach der Zielsetzung des § 35 Abs. 4 S. 1 Nr. 1 BauGB wird vorausgesetzt, daß eine massive Bausubstanz besteht, die erhaltenswert ist. Das schließt eine „Umnutzung" z. B. einer Scheune aus.[79] Die Nutzungsänderung einer **Scheune** in ein Wohnhaus wird ohnedies in aller Regel ausgeschlossen sein, da der Umbau den Einbau von Decken, Böden, Zwischenwänden und Installationen erfordert und damit eine Änderung der bisherigen Bausubstanz bedingt.[80]

111 § 35 Abs. 4 S. 1 Nr. 1 BauGB begünstigt nicht nur die Entprivilegierung ganzer Gebäude, sondern auch von **Gebäudeteilen**.[81] Wird ein Teil eines Gebäudes um-

---

76 BVerwG, Beschluß vom 3.12.1990 – 4 B 145.90 – ZfBR 1991, 83 = UPR 1991, 271 = NuR 1991, 334 = BRS 50 Nr. 88 unter Hinweis auf BVerwG, Beschluß vom 19.7.1988 – 4 B 124.88 – Buchholz 406.11 § 35 BauGB Nr. 250; Urteil vom 15.2.1990 – 4 C 23.86 – BVerwGE 84, 322 = DVBI 1990, 572 = NVwZ 1990, 755 = BauR 1990, 328 = BRS 50 Nr. 75; Urteil vom 10.8.1990 – 4 C 3.90 – BVerwGE 85, 289 = DVBI 1990, 1182 = ZfBR 1990, 290 = BauR 1991, 51; Beschluß vom 11.12.1996 – 4 B 231.96 – NVwZ-RR 1997, 521 = BRS 58 Nr. 93.

77 BVerwG, Urteil vom 28.10.1982 – 4 C 6.78 – UPR 1983, 202 = ZfBR 1983, 32 = NuR 1984, 99 = BRS 39 Nr. 87.

78 BVerwG, Urteil vom 31.5.1983 – 4 C 16.79 – UPR 1983, 311 = BauR 1983, 448 = NuR 1984, 25 = DÖV 1984, 293 = BRS 40 Nr. 94 unter Hinweis auf BVerwG, Urteil vom 29.10.1982 – 4 C 6.78 – Buchholz 406.11 § 35 BBauG Nr. 191; OVG Lüneburg, Urteil vom 21.1.1999 – 1 L 2065/96 – NVwZ-RR 1999, 493 = UPR 1999, 316 = BauR 1999, 882.

79 Str.; das BVerwG ist in seinem Urteil vom 18.5.2001 – 4 C 13.00 – NVwZ 2001, 1282 = ZfBR 2001, 564 = DÖV 2001, 959 = BauR 2001, 1560 davon ausgegangen, daß auch eine „Scheune" ein Gebäude im Sinne des § 35 Abs. 4 S. 1 Nr. 1 BauGB sein könne. Die Frage war nicht entscheidungserheblich.

80 K. Schmaltz, in: H. Schrödter (Hrsg.), BauGB, 6. Aufl., 1998, § 35 Rn. 123 a.E.

81 VGH München, Urteil vom 28.9.2001 – 1 B 00.2504 – UPR 2002, 148 = ZfBR 2002, 170 = BauR 2002, 48.

---

genutzt, kommt es regelmäßig nicht darauf an, ob die Bausubstanz dieses Teils, sondern ob die des gesamten Gebäudes erhaltenswert ist.[82]

3.3 Zeitpunkt des § 35 Abs. 4 S. 1 Nr. 1 Buchst. d) BauGB 2004

(1) **Zielsetzung.** Die erleichterte Zulassung nach § 35 Abs. 4 S. 1 Nr. 1 BauGB **112** setzt voraus, daß die entprivilegierte bauliche Anlage vor „mehr als sieben Jahren zulässig errichtet" wurde. § 35 Abs. 4 S. 1 Nr. 1 Buchst. d) BauGB 2004 ersetzt damit den bisherigen Stichtag durch einen dauerhaften Zeitrahmen. Damit ist der frühere Zweck aufgegeben. Der Gesetzgeber hatte den Stichtag des 27. August 1996 (Beschluß der BReg. über den Entwurf des BauROG) seinerzeit gewählt, um Mißbrauch gerade aus Anlaß der Gesetzesänderung zu vermeiden. Es sollte verhindert werden, daß mit Absicht über eine nur vorübergehende Privilegierung eine Wohnnutzung im Außenbereich „erschlichen" werden konnte. Nunmehr besteht mit § 35 Abs. 4 S. 1 Nr. 1 Buchst. d) BauGB eine **allgemeine Mißbrauchsklausel.** Der Gesetzgeber will damit eine Mindestkarenzzeit festlegen, um einer befürchteten Umgehung zu begegnen.

(2) **Zulässige Errichtung.** Zulässig errichtet ist ein Gebäude, wenn es im Zeit- **113** punkt seiner Errichtung formell oder materiell legal war. Die formelle Legalität wird durch eine auf das Vorhaben bezogene Baugenehmigung begründet.[83] Errichtet ist ein Gebäude, wenn es so weit fertiggestellt ist, daß es bestimmungsgemäß genutzt werden kann.[84] Nach dem Zweck des § 35 Abs. 4 S. 1 Nr. 1 Buchst. d) BauGB muß ferner die mit § 35 Abs. 1 Nr. 1 BauGB vorgesehene **landwirtschaftliche Funktion** aufgenommen worden sein. Die Privilegierung besteht nicht für das Gebäude isoliert, sondern gerade in dessen dienender Funktion.[85] Deckt eine erteilte Baugenehmigung die bauliche Anlage nicht ab und bestand in der Zwischenzeit auch keine materielle Legalität, so scheidet die Anwendung des § 35 Abs. 4 S. 1 Nr. 1 BauGB aus.

Ein unter Geltung des § 29 Satz 1 BBauG/BauGB 1986 errichtetes Gebäude ist **114** nicht im Sinne des § 35 Abs. 4 S. 1 Nr. 1 BauGB „zulässigerweise errichtet", wenn es nach Landesrecht genehmigungs- und anzeigefrei war und deshalb nicht den bebauungsrechtlichen Zulässigkeitsvoraussetzungen der §§ 30 bis 37 BBauG/BauGB

---

82 VGH München, Urteil vom 28.9.2001 – 1 B 00.2504 – UPR 2002, 148 = ZfBR 2002, 170 = BauR 2002, 48.

83 Vgl. BVerwG, Urteil vom 8.6.1979 – 4 C 23.77 – BVerwGE 58, 124 = DVBl 1979, 626 = NJW 1980, 1010 = BauR 1979, 304 = BRS 35 Nr. 82 zu § 35 Abs. 5 S. 1 Nr. 2 BBauG [1976/1979]; Beschluß vom 27.7.1994 – 4 B 48.94 – NVwZ-RR 1995, 68 = UPR 1994, 454 = ZfBR 1994, 297 = BauR 1994, 738.

84 BVerwG, Beschluß vom 15.6.2000 – 4 B 30.00 – NVwZ-RR 2000, 758 = UPR 2000, 460 = ZfBR 2001, 60 = NuR 2001, 44 = BauR 2000, 1852 = BRS 63 Nr. 116 unter Hinweis auf BVerwG, Urteil vom 22.1.1971 – 4 C 62.66 – NJW 1971, 1624 = BauR 1971, 188 = BRS 24 Nr. 193.

85 Vgl. BVerwG, Beschluß vom 9.9.2002 – 4 B 52.02 – BauR 2003, 1021 = BRS 65 Nr. 92 (2002); vgl. auch BVerwG, Urteil vom 15.11.1974 – 4 C 32.71 – BVerwGE 47, 185 = DVBl 1975, 498 = BauR 1975, 44 = BRS 28 Nr. 34; Urteil vom 24.10.1980 – 4 C 81.77 – BVerwGE 61, 112 = DVBl 1981, 397 = NJW 1981, 2140 = ZfBR 1981, 90 = BauR 1981, 180 = BRS 36 Nr. 99.

unterlag oder wenn nach seiner Errichtung ohne Baugenehmigung und ohne Bauanzeige ein bauaufsichtsbehördliches Zeugnis ausgestellt worden ist, es sei genehmigungs- und anzeigefrei.[86]

115 (3) **Fristenberechnung.** Zwischen dem Zeitpunkt der zulässigen Errichtung des Gebäudes im Sinne des § 35 Abs. 1 Nr. 1 BauGB und der nach § 35 Abs. 4 S. 1 Nr. 1 BauGB zugelassenen Nutzungsänderung muß ein Zeitraum von mindestens **sieben Jahren** liegen (**Sperrfrist**). Vor Ablauf der Siebenjahresfrist ist ein Vorhaben jedenfalls nicht nach § 35 Abs. 4 S. 1 Nr. 1 BauGB begünstigt. Mit diesem Zeitrahmen will das Gesetz verhindern, daß eine Privilegierung (etwa als „Nebenerwerbslandwirt") mit der Absicht aufgenommen wird, im Außenbereich alsbald eine Entprivilegierung nach § 35 Abs. 4 S. 1 Nr. 1 BauGB zu erreichen.

3.4 Exkurs: Zeitrahmen des § 35 Abs. 4 S. 1 Nr. 1 Buchst. c) BauGB 2004

3.4.1 Fristanfang – Nutzungsaufgabe

116 (1) § 35 Abs. 4 S. 1 Nr. 1 Buchst. c) BauGB gilt unverändert. Die **Frist von sieben Jahren** beginnt mit der Aufgabe der bisherigen, nach § 35 Abs. 1 Nr. 1 BauGB privilegierten Nutzung. Ob eine Nutzungsänderung vorliegt, beurteilt sich nach denselben Maßstäben wie zu § 29 Abs. 1 BauGB.[87] Im Regelfall ist das der Zeitpunkt, zu dem der bisherige Betrieb in vollem Umfang eingestellt wird.[88] Seit der Aufgabe der nach § 35 Abs. 1 Nr. 1 BauGB privilegierten Nutzung besteht ein materiell rechtswidriger Zustand. Das Gesetz „toleriert" diesen Zustand einstweilen, damit der Landwirt sich über die weitere Verwendung schlüssig werden kann. Innerhalb des Zeitrahmens von sieben Jahren kann eine Beseitigung der Bausubstanz nicht verlangt werden.

117 Wird ein Betrieb nur schrittweise aufgegeben, ist der Beginn der Frist zweifelhaft. § 35 Abs. 4 S. 1 Nr. 1 BauGB ist indes nicht nur anzuwenden, wenn der landwirtschaftliche Betrieb ganz oder teilweise aufgegeben wird, sondern auch, wenn erhaltenswerte Bausubstanz durch eine nachhaltige Betriebsumstellung frei wird.[89] § 35 Abs. 4 S. 1 Nr. 1 BauGB betrifft nur die **erstmalige Nutzungsänderung**.[90] Jede weitere Umnutzung eines ursprünglich nach § 35 Abs. 1 Nr. 1 BauGB privilegiert gewesenen, aber bereits „entprivilegierten" Vorhabens beurteilt sich nur nach § 35 Abs. 1 und 2 BauGB.

---

86 Vgl. BVerwG, Urteil vom 8.10.1998 – 4 C 6.97 – BVerwGE 107, 264 = DVBl 1999, 241 = NVwZ 1999, 297 = UPR 1999, 109 = ZfBR 1999, 46 = BauR 1999, 159 = BRS 60 Nr. 95 (1998) zu § 35 Abs. 4 S. 1 Nr. 3 BauGB mit Anm. H. Jäde, in: UPR 1999, 298–300.

87 Vgl. OVG Lüneburg, Urteil vom 21.1.1999 – 1 L 2065/96 – NVwZ-RR 1999, 493 = UPR 1999, 316 = BauR 1999, 882 zu § 35 Abs. 4 S. 1 Nr. 1 BauGB 1986.

88 OVG Münster, Urteil vom 12.10.1999 – 11 A 5673/97 – BRS 62 Nr. 113 (1999).

89 VGH München, Urteil vom 28.9.2001 – 1 B 00.2504 – BauR 2002, 48 = UPR 2002, 148 = ZfBR 2002, 170.

90 BVerwG, Urteil vom 12.3.1998 – 4 C 10.97 – BVerwGE 106, 228 = NVwZ 1998, 842 = UPR 1998, 228 = ZfBR 1998, 259 = BauR 1998, 760 = BRS 60 Nr. 98; Beschluß vom 1.2.1995 – 4 B 14.95 – juris (Volltext).

Das BVerwG hat bislang unentschieden gelassen, ob die **„bisherige Nutzung"** **118** betriebsbezogen zu verstehen sei.[91] Das wäre sie nicht, wenn z. B. eine Scheune an einen anderen Landwirt verpachtet wurde und darin eine Nutzungsänderung im Sinne des § 35 Abs. 4 S. 1 Nr. 1 BauGB zu sehen ist. Dann wäre übrigens kaum anzunehmen, daß die bisherige Nutzung in einem räumlich-funktionalen Zusammenhang mit der Hofstelle steht.

3.4.2 Fristende

(1) § 35 Abs. 4 S. 1 Nr. 1 Buchst. c) BauGB regelt nicht ausdrücklich, zu welchem **119** Zeitpunkt die Siebenjahresfrist beendet ist. Der Gesetzeswortlaut legt die Auslegung nahe, daß die Nutzungsänderung die tatsächliche Aufnahme der neuen Nutzung ist. Das entspricht indes kaum dem gesetzgeberischen Willen. Es bedarf einer berichtigenden Auslegung. Die Siebenjahresfrist ist als eine äußerste „Überlegungsfrist" zu verstehen. Demgemäß ist der Zeitpunkt auf die **Stellung des Antrags auf Genehmigung** der Aufnahme einer neuen Nutzung maßgebend.[92] Das ist gerechtfertigt, weil die Dauer des Genehmigungsverfahrens nicht im Verantwortungsbereich des Bauwerbers steht. Sieht das landesrechtliche Bauordnungsrecht eine Genehmigungspflicht nicht vor, ist der Zeitpunkt der tatsächlichen neuen Nutzungsaufnahme maßgebend.

(2) **Vorbescheid.** Ob eine Bauvoranfrage (Vorbescheid) die Siebenjahresfrist **120** wahrt, erscheint zweifelhaft. Ein Antrag auf Erlaß eines baurechtlichen Vorbescheids ist nach Ansicht des BVerwG jedenfalls dann nicht fristwahrend, wenn im Vorbescheidsverfahren nicht alle bauplanungsrechtlichen Fragen geklärt werden sollen.[93] Die vom BVerwG angedeutete Möglichkeit eines fristwahrenden Vorbescheidsantrages ist indes abzulehnen. Das Ergebnis wäre unbefriedigend. Die im Bauordnungsrecht eröffneten Verlängerungsmöglichkeiten des Vorbescheides und des auf seiner Grundlage später erlassenen Baugenehmigungsbescheides könnten eine „Fristverlängerung" bis zu zehn Jahren begründen. Dies ist gegenüber der bundesgesetzlichen Siebenjahresfrist erkennbar zielwidrig.

(3) **Übergangsfrist.** Die Länder können gemäß § 245 b Abs. 2 BauGB 2004 **121** bestimmen, daß die Frist des § 35 Abs. 4 S. 1 Nr. 1 Buchst. c) BauGB bis zum **31.12.2008** nicht anzuwenden ist. Hiervon haben einige Bundesländer Gebrauch gemacht.

---

91 BVerwG, Urteil vom 18.5.2001 – 4 C 13.00 – NVwZ 2001, 1282 = BauR 2001, 1560 = ZfBR 2001, 564 = DÖV 2001, 959.

92 Vgl. auch VGH Mannheim, Urteil vom 10.11.1995 – 3 S 863/95 – BRS 57 Nr. 114; OVG Münster, Urteil vom 12.10.1999 – 11 A 5673/97 – juris (Volltext); ähnlich VGH München, Urteil vom 16.4.2002 – 15 B 98.744 – KommunalPraxis BY 2002, 355 (L).

93 BVerwG, Beschluß vom 8.10.2002 – 4 B 54.02 – NVwZ-RR 2003, 173 = ZfBR 2003, 58 = BauR 2003, 221 = UPR 2003, 151; VGH München, Urteil vom 16.4.2002 – 15 B 98.744 – KommunalPraxis BY 2002, 355 (L).

3.4.3 Erneute Aufnahme der Altnutzung

122 Umstritten ist, ob und bis zu welchem Zeitraum die „alte" Nutzung erneut aufgenommen werden kann. **VGH München** will von vier Jahren seit **Nutzungsunterbrechung** ausgehen.[94] Dies ist für die Frage erheblich, ob es einer erneuten Baugenehmigung bedarf. § 35 Abs. 4 S. 1 Nr. 1 BauGB hindert nicht, erneut eine nach § 35 Abs. 1 Nr. 1 BauGB privilegierte Nutzung aufzunehmen, solange von der Gunst des § 35 Abs. 4 S. 1 Nr. 1 BauGB kein Gebrauch gemacht wurde (arg. e § 35 Abs. 4 S. 1 Nr. 1 Buchst. g) BauGB). Geschieht dies und wird die erneute Nutzungsaufnahme wieder aufgegeben, beginnt die Frist des § 35 Abs. 4 S. 1 Nr. 1 Buchst. c) BauGB erneut. Mißbräuchlich ist es, wenn die erneute privilegierte Nutzung nur in der Absicht aufgenommen wird, den Fristablauf zu vermeiden.

V. § 35 Abs. 5 BauGB 2004 – Rückbauverpflichtung

1. Text der geänderten Fassung

123 (5) Die nach den Absätzen 1 bis 4 zulässigen Vorhaben sind in einer flächensparenden, die Bodenversiegelung auf das notwendige Maß begrenzenden und den Außenbereich schonenden Weise auszuführen. **Für Vorhaben nach Absatz 1 Nr. 2 bis 6 ist als weitere Zulässigkeitsvoraussetzung eine Verpflichtungserklärung abzugeben, das Vorhaben nach dauerhafter Aufgabe der zulässigen Nutzung zurückzubauen und Bodenversiegelungen zu beseitigen; bei einer nach Absatz 1 Nr. 2 bis 6 zulässigen Nutzungsänderung ist die Rückbauverpflichtung zu übernehmen, bei einer nach Absatz 1 Nr. 1 oder Absatz 2 zulässigen Nutzungsänderung entfällt sie.** Die Baugenehmigungsbehörde soll durch nach Landesrecht vorgesehene Baulast oder in anderer Weise die Einhaltung der Verpflichtung **nach Satz 2** sowie nach Absatz 4 Satz 1 Nr. 1 Buchstabe g sicherstellen. Im Übrigen soll sie in den Fällen des Absatzes 4 Satz 1 sicherstellen, dass die bauliche oder sonstige Anlage nach Durchführung des Vorhabens nur in der vorgesehenen Art genutzt wird.

2. Textgeschichte

124 Der Gesetzesentwurf der BReg. hatte die Aufnahme einer Rückbauverpflichtung wie folgt vorgesehen (BTag-Drs. 15/2250 S. 16, 56):

Für Vorhaben, die nach Absatz 1 Nr. 2 bis 6 oder Absatz 2 genehmigt werden und einer Umweltverträglichkeitsprüfung nach Bundes- oder Landesrecht unterzogen worden sind, hat der Eigentümer eine Verpflichtung zu übernehmen, das Vorhaben nach dauerhafter Aufgabe der zulässigen Nutzung zurückzubauen und Bodenversiegelungen zu beseitigen.

125 Diesem Vorschlag war der Bundesrat in seiner Stellungnahme entgegengetreten (vgl. BTag-Drs. 15/2250 S. 82). Die BReg. hatte in ihrer Gegenäußerung den Entwurfsvorschlag neu gefaßt (vgl. BTag-Drs. 15/2250 S. 93). Der 14. Ausschuß des Bundestages und der Gesetzgeber haben die geänderte Fassung übernommen.

---

94 VGH München, Urteil vom 29.3.1996 – 2 B 92.3953 – RdL 1996, 230 = BayVBl 1997, 150 = AgrarR 1997, 86 = NuR 1997, 560.

Berkemann

3. Erläuterung der Änderung des § 35 Abs. 5 BauGB 2004

3.1 Allgemeines – Zielsetzung

(1) Die mit § 35 Abs. 5 S. 2 und 3 BauGB vorausgesetzte und gesicherte Verpflich- **126** tung zum Rückbau einer entprivilegierten Nutzung wird den Vorhabenträger moti- vieren, seine Entscheidung der Entprivilegierung nur mit Bedacht zu treffen. Er wird die Folgen seiner Entscheidung stärker als bisher zu bedenken haben. Ob dies mittelbar zu einer wirksamen Sperre gegenüber einer „voreiligen" Entprivile- gierung führt, erscheint zweifelhaft.[95] Ausschlaggebend werden letztlich Überle- gungen einer ökonomische Gesamtrechnung sein. Diese werden durch die Quali- tät der konkret geforderten „Sicherheit" (§ 35 Abs. 5 S. 3 BauGB) geprägt. § 35 Abs. 5 S. 2 BauGB geht übrigens über den Regelungsanlaß deutlich hinaus. Diese bezog sich auf die dauerhafte Aufgabe von Windenergieanlagen.

(2) § 35 Abs. 5 S. 2 BauGB 2004 schafft keine bundesrechtlich statuierte Rück- **127** bauverpflichtung, sondern setzt diese als bestehend voraus. Bereits de lege lata führt die Aufgabe der Nutzung eines privilegierten Vorhabens zu einem formell und materiell baurechtswidrigen Zustand.[96] Einen Bestandsschutz gibt es nicht.

§ 35 Abs. 4 S. 1 Nr. 1 und Abs. 5 S. 2 BauGB setzt diese gesetzgeberische Beur- **128** teilung zutreffend voraus.[97] Die zuständige Bauaufsichtsbehörde ist nach Landes- recht seit jeher ermächtigt, zur Herstellung baurechtmäßiger Zustände eine Be- seitigungsanordnung zu erlassen.[98] Insoweit kommt § 35 Abs. 5 S. 2 BauGB „bun- desrechtlich" nur klarstellende Bedeutung zu. Einen Umkehrschluß erlaubt die neue Regelung nicht.

(3) Verpflichteter für die Beseitigung des baurechtswidrigen Zustandes ist neben **129** dem ehemaligen Betreiber der Anlage grundsätzlich auch der Grundeigentümer der Betriebsfläche als Zustandsstörer. Vielfach ist es in Ermangelung einer sinn- vollen Nachnutzung der Anlage nicht möglich, anderweitig baurechtsgemäße Zu- stände herzustellen. Das wird im Regelfall dazu führen, daß die Bauaufsichtsbe- hörde aus bauplanungsrechtlichen Gründen eine **Abrißanordnung** zu treffen hat. Diese darf sie ggf. im Wege der Ersatzvornahme durchsetzen. Die ungenutzte An- lage stört latent die Eigenart der Landschaft.

(4) Umstritten war und ist, ob eine Verpflichtung zum Rückbau als Nebenbestim- **130** mung in die **Baugenehmigung** aufgenommen und diese Pflicht durch Anordnung

---

95 Optimistisch insoweit K. Finkelnburg, Die Änderungen des Baugesetzbuchs durch das Europarechts- anpassungsgesetz Bau, NVwZ 2004, 897–903 [901]; M. Dombert, Was bringt das EAG Bau im Be- reich der Landwirtschaft?, in: AgrarR 2004, 393–398 [395].

96 Ausdrücklich BVerwG, Beschluß vom 21.11.2000 – 4 B 36.00 – NVwZ 2001, 557 = ZfBR 2001, 200 = BauR 2001, 610 = BRS 63 Nr. 121 zu OVG Lüneburg, Urteil vom 21.1.2000 – 1 L 4202/99 – ZfBR 2000, 349 = BauR 2000, 1030 (militärische Nutzung einer Verteidigungsanlage).

97 Vgl. auch BVerwG, Urteil vom 18.5.2001 – 4 C 13.00 – NVwZ 2001, 1282 = ZfBR 2001, 564 = BauR 2001, 1560 = BRS 64 Nr. 103.

98 Vgl. zuletzt BVerwG, Beschluß vom 9.9.2002 – 4 B 52.02 – Buchholz 406.16 Grundeigentumsschutz Nr. 84.

einer **Sicherheitsleistung** gesichert werden darf. Derartige Erwägungen betrafen insbesondere Windenergieanlagen.[99] Maßgebend dürfte das jeweilige Bauordnungsrecht sein. Dieses sieht nur in bestimmten Fällen eine befristete Nutzungsgenehmigung vor. Zumeist wird angenommen, es fehle jedenfalls an der erforderlichen gesetzlichen Ermächtigungsgrundlage, eine Sicherheitsleistung anzuordnen. Die Erlaßpraxis der Länder entwickelte sich uneinheitlich.[100]

131 (5) Der Bundesgesetzgeber wählt eine „mittelbare" Lösung, indes halbherzig. Im Streit steht nicht die Pflicht zum Rückbau. Diese ergibt sich bundesrechtlich bereits durch die Aufgabe der privilegierten Nutzung. Dadurch entsteht ein **baurechtswidriger Zustand**. Diesen zu beseitigen, ist die Behörde nach Bauordnungsrecht ermächtigt und zumeist verpflichtet.[101]

132 Eine Beseitigungsanordnung durchzusetzen, ermöglicht das Instrumentarium der **Verwaltungsvollstreckung**. Ist der Verpflichtete aus finanziellen Gründen zur Beseitigung nicht in der Lage, steht die Behörde vor der Frage, ob sie im Wege der Ersatzvornahme – ggf. letztlich auf eigene Kosten – handeln soll (vgl. dazu unten zu § 35 Abs. 5 S. 3 BauGB). Im Kern geht es daher um die Frage, ob diese voraussehbare Kostenlast durch die Anordnung einer Sicherheitsleistung – etwa in Höhe der mutmaßlichen Abrißkosten – abzusichern ist. Die Gemeinde kann gegenüber der zuständigen Behörde auf die Beseitigung dringen.[102] Gerade dieses bundesgesetzlich anzuordnen, wäre hilfreich gewesen. Dies gilt um so mehr, als der Zustandsstörer nicht uneingeschränkt zur Kostentragung verpflichtet werden kann.[103]

133 (6) **Kompetenzfragen.** Der Bundesgesetzgeber hat mit § 35 Abs. 5 S. 2 BauGB eine Regelung getroffen, die materiell dem landesrechtlichen Bauordnungsrecht zuzuordnen ist. Das wirft Fragen der bundesgesetzlichen Gesetzgebungskompe-

---

99 Vgl. J. Niedersberg/T. Baumann, Rückbauverpflichtung und Sicherheitsleistung als zulässige Nebenbestimmungen zur Genehmigung für die Errichtung und den Betrieb von Windenergieanlagen (WEA)?, in: ZNER 2002, 101–108.

100 Der Runderlaß des Ministeriums für Stadtentwicklung, Wohnen und Verkehr des Landes Brandenburg zu bauplanungsrechtlichen Anforderungen an Windkraftanlagen 24/01.01 vom 7.5.2001 (n.v.) gab den Bauaufsichtsbehörden auf, nur „bedingte" Baugenehmigungen zu erteilen und die dadurch als ausgelöst angesehene Verpflichtung zum Rückbau mit einer Sicherheitsleistung zu verbinden. In Rheinland-Pfalz durfte nach Nr. IV 2.6 des Gemeinsamen Rundschreibens des Ministeriums der Finanzen, des Ministeriums des Innern und für Sport – Oberste Landesplanungsbehörde –, des Ministeriums für Wirtschaft, Verkehr, Landwirtschaft und Weinbau und des Ministeriums für Umwelt und Forsten „Hinweise zur Beurteilung der Zulässigkeit von Windenergieanlagen" vom 18.2.1999 (MinBl. 1999 S. 148ff.) eine Sicherheitsleistung nicht gefordert werden. Auch Nr. 2.2.3 des Gemeinsamen Erlasses des Sächsischen Staatsministeriums des Innern und des Sächsischen Staatsministeriums für Umwelt und Landwirtschaft zur Zulässigkeit von Windkraftanlagen vom 15.1.2003 (Az.: 53–458/28) untersagte mangels gesetzlicher Grundlagen die Anordnung einer Sicherheitsleistung als Nebenbestimmung.

101 Vgl. zuletzt BVerwG, Beschluß vom 9.9.2002 – 4 B 52.02 – BauR 2003, 1021 = BRS 65 Nr. 92 (2002).

102 Vgl. BVerwG, Urteil vom 14.4.2000 – 4 C 5.99 – NVwZ 2000, 1048 = ZfBR 2000, 486 = BauR 2000, 1312 = BRS 63 Nr. 115; vgl. auch BVerwG, Urteil vom 12.12.1991 – 4 C 31.89 – NVwZ 1992, 878 = UPR 1992, 262 = BRS 52 Nr. 136.

103 Vgl. BVerfGE 102, 1 = DVBl 2000, 1275 = NJW 2000, 2573 = UPR 2000, 302 = BauR 2000, 1722 = BRS 63 Nr. 212 (Altlastensanierung).

Berkemann

tenz auf (vgl. BVerfGE 3, 407). Der Bund hat keine Kompetenz für das gesamte „Bauwesen", sondern nur für das „Bodenrecht" (Art. 74 Abs. 1 Nr. 18 GG). § 35 Abs. 5 S. 2 BauGB betrifft die Frage der Beseitigung ordnungswidriger Zustände und damit der Herstellung ordnungsgemäßer Zustände (vgl. BVerfGE 3, 407 [430 ff.]). Das gehört herkömmlich zum Aufgabenbereich der Baupolizei. Das Baupolizeirecht steht nicht in der Kompetenz des Bundes. Es ist auch nicht möglich, die Regelung im Sinne einer Annexkompetenz dem materiellen Regelungsbereich des Baurechts zuzuordnen (vgl. BVerfGE 3, 407 [423]). Die gesetzgebenden Gremien des Bundes haben sich über diese kompetentiellen Bedenken hinweggesetzt. Zu einer Problematisierung ist es ausweislich der Gesetzesmaterialien nicht gekommen. Es spricht manches dafür, daß ein hierauf bezogenes Problembewußtsein nicht vorhanden war.

3.2 Erläuterung des § 35 Abs. 5 Satz 2 Halbs. 1 BauGB 2004

3.2.1 Weitere Zulässigkeitsvoraussetzung

(1) § 35 Abs. 5 S. 2 BauGB begründet kraft Gesetzes eine „weitere" Zulässigkeitsvoraussetzung für das beabsichtigte Vorhaben im Sinne des § 29 Abs. 1 BauGB. Eine Genehmigung kann vor Abgabe der Verpflichtungserklärung nicht erteilt werden. Wird eine Nutzung vor Abgabe der Erklärung aufgenommen, besteht materielle Illegalität. Die Umschreibung der Verpflichtungserklärung als weitere Zulässigkeitsvoraussetzung ist ein gesetzestechnischer „Trick". Es ist ungewöhnlich, daß der Bürger sich vorab verpflichtend erklären muß, erst später eintretende Rechtsfolgen für sich zu akzeptieren. **134**

(2) Wird ein Vorhaben nach § 35 Abs. 1 Nrn. 2 bis 6 BauGB in ein solches nach § 35 Abs. 1 Nrn. 1 oder 7 BauGB oder nach § 35 Abs. 2 BauGB „umgenutzt", entfällt die Verpflichtung nach § 35 Abs. 5 S. 2 BauGB. **135**

3.2.2 Regelungsbereich

(1) § 35 Abs. 5 S. 2 BauGB beschränkt sich auf die Privilegierungstatbestände des § 35 Abs. 1 Nrn. 2 bis 6 BauGB. Nicht erfaßt sind die Privilegierungen nach § 35 Abs. 1 Nr. 1 und Nr. 7 BauGB. Für diese bereits im Gesetzentwurf der BReg. vorgesehene Begrenzung wird ein Grund nicht genannt. Man kann nur mutmaßen. Gerade bei landwirtschaftlichen Betrieben besteht durchaus die Gefahr der Umgehung, wie der Gesetzgeber durch Änderung des § 35 Abs. 4 S. 1 Nr. 1 Buchst. d) BauGB selbst anerkennt. Der Bericht des 14. BTags-Ausschusses läßt es mit dem Hinweis auf die fehlende Erforderlichkeit bewenden (BTag-Drs. 15/2996 S. 99). Das ist nichtssagend, bei den Nebenerwerbslandwirten sogar verfehlt. **136**

(2) § 35 Abs. 5 S. 2 BauGB erfaßt auch keine „sonstigen" Vorhaben im Sinne des § 35 Abs. 2 BauGB. Der Entwurf der BReg. hatte dies noch vorgesehen (vgl. BTag-Drs. 15/2250 S. 16, 56). Auch dies hat der 14. Ausschuß des Bundestages gestrichen. Er folgt damit einem Vorschlag des Bundesrates (vgl. BTag-Drs. 15/2250 S. 82). Da die Möglichkeiten der Zulässigkeit eines „sonstigen Vorhabens" nach **137**

§ 35 Abs. 2 BauGB ohnedies sehr gering sind, ist dieser Verzicht im Ergebnis kaum bedeutsam. Die Möglichkeit des städtebaulichen Vertrages bleibt unberührt.

138 (3) **Tatsächlicher Regelungsbedarf** besteht für Windenergieanlagen, für Biogasanlagen, für Energieversorgungsanlagen, für Anlagen der Intensivtierhaltung im Außenbereich und für Mobilfunksendeanlagen.

3.2.3 Inhalt der Verpflichtungserklärung

139 Inhalt der Erklärung ist die „Selbstverpflichtung", das zugelassene privilegierte Vorhaben nach dauerhafter Aufgabe der bis dahin zulässigen Nutzung zurückzubauen und Bodenversiegelungen zu beseitigen. Die Zielsetzung folgt dem Rückbau- und Entsiegelungsgebot des § 179 BauGB. § 35 Abs. 5 S. 2 BauGB übernimmt dies mit der Absicht, die Wiederherstellung des ursprünglichen Zustandes zu fördern.

3.2.3.1 Baurechtswidriger Zustand

140 Der Regelung des § 35 Abs. 5 S. 2 BauGB liegt die Unterscheidung zwischen rechtmäßigen und rechtswidrigen baurechtlichen Zuständen zugrunde. Ein **baurechtswidriger Zustand** tritt aus der Sicht des § 35 Abs. 5 S. 2 BauGB bei „dauerhafter Aufgabe" der bisher zulässigen Nutzung ein. Was darunter zu verstehen ist, regelt § 35 Abs. 5 S. 2 BauGB nicht näher, verweist damit auf bauordnungsrechtliches Verständnis.

3.2.3.2 Aufgabe der Nutzung

141 (1) Eine „Aufgabe" der bisherigen Nutzung ist anzunehmen, wenn zu einer anderen übergegangen wird. Gleiches gilt, wenn die bisherige Nutzung beendet wird. Keine Aufgabe ist die Änderung innerhalb der **Variationsbreite** der bisher zulässigen Nutzung.[104] Diese wird erst verlassen, wenn eine geänderte Nutzungsweise gegenüber dem bisherigen Zustand neue baurechtlich relevante Auswirkungen besitzt. Für die Anwendung des § 35 Abs. 5 S. 2 BauGB ist problematisch, die nutzungsbeendende „Aufgabe" von der „Unterbrechung" bisheriger Nutzung abzugrenzen.

142 (2) Die Nutzung wird „aufgegeben", wenn nach Maßgabe der Umstände des Einzelfalles die „eingefahrene" betriebliche Funktionalität nicht mehr fortgesetzt wird und dies ohne betriebliche Ursachen in naher Zukunft auch nicht zu erwarten ist, wenn also der Betrieb stillgelegt wird. Die funktionsgerechte Nutzung wird nicht (mehr) ausgeübt.[105] Dieser Befund läßt sich in aller Regel anhand von Indizien hinreichend sicher feststellen. Bedeutsam für die Beurteilung sind die üblichen Be-

---

104 BVerwG, Urteil vom 18.5.1990 – 4 C 49.89 – NVwZ 1991, 264 = UPR 1990, 342 = ZfBR 1990, 245 = BauR 1990, 582 = BRS 50 Nr. 1 66; Beschluß vom 11.7.2001 – 4 B 36.01 – BRS 64 Nr. 73 (2001).
105 Vgl. BVerwG, Urteil vom 11.2.1977 – 4 C 8.75 – NJW 1977, 1932 = BauR 1977, 253; Urteil vom 23.1.1981. 4 C 83.77 – NJW 1981, 1224 = ZfBR 1981, 95 = BauR 1981, 246 = BRS 38 Nr. 89; Beschluß vom 10.7.1987 – 4 B 147.87 – Buchholz 406.16 Grundeigentumsschutz Nr. 44, jeweils zu Fragen des Bestandsschutzes.

triebsabläufe des privilegierten Betriebes. Ein Betriebsablauf wird u. a. eingestellt, wenn hierfür notwendige Teile beseitigt werden. Keine Aufgabe sind übliche Reparatur- oder Instandsetzungsarbeiten. Sie dienen gerade dazu, die Fortsetzung der bisherigen Nutzung zu gewährleisten. Für die Beurteilung ist nicht die subjektive Vorstellung des Vorhabenträgers, sondern die objektive Verkehrsauffassung maßgebend.[106] Zerstörung durch Brand, Naturereignisse oder „andere außergewöhnliche Ereignisse" beenden die bisherige Privilegierung (arg e § 35 Abs. 4 S. 1 Nr. 3 BauGB).

3.2.3.3 Dauerhafte Aufgabe

(1) Der baurechtswidrige Zustand entsteht mit der „dauerhaften" Aufgabe der bisherigen Nutzung. § 35 Abs. 5 S. 2 BauGB akzentuiert mit dem attributiven Zusatz „dauerhaft" eine gewisse Endgültigkeit. Das dient dem Schutz des Vorhabenträgers. Rückbau und Beseitigung der Bodenversiegelung werden mit erheblichen Kosten verbunden sein. Die Erfüllung der übernommenen Verpflichtung soll nicht voreilig ausgelöst werden. **143**

(2) Die Frage der zeitlichen Dauer ist in der Vergangenheit für Windenergieanlagen kritisch geworden.[107] Sie wird sich auch für die nach § 35 Abs. 1 Nr. 6 BauGB privilegierte Biogasanlage stellen. Eine gesetzliche Betriebspflicht gibt es bislang nicht. Daß dies ein rechtspolitischer Mangel ist, wird zunehmend erkannt. Windenergieanlagen haben zumeist eine nur begrenzte technische und wirtschaftlich sinnvolle Nutzungsdauer und stehen als technische Einrichtung in Abhängigkeit von der technologischen Entwicklung. Es ist verständlich, daß Betreiber von „Altanlagen" das Interesse an der Fortsetzung der Nutzung verlieren können. **144**

(3) Die **Erlaßpraxis der Länder** ist hier bislang unterschiedliche Wege gegangen. In einem Erlaß des Landes Brandenburg wird als „dauerhafte Einstellung" der Windenergienutzung angesehen, daß die Anlage endgültig vom Netz geht oder länger als 6 Monate keinen Strom erzeugt.[108] Die meisten Länder haben von einer Regelung im Erlaßwege abgesehen. Letztlich ist ein bestimmter Zeitraum nicht maßgebend, dieser besitzt nur indizielle Bedeutung. Ein in der Erlaßpraxis angegebener Zeitraum gibt insoweit nur an, ab welchem Zeitpunkt die Behörde von **145**

---

106 BVerwG, Urteil vom 18.5.1995 – 4 C 20.94 – BVerwGE 98, 235 = DVBl 1996, 40 = NVwZ 1996, 379 = UPR 1996, 69 = BauR 1995, 807 = BRS 57 Nr. 67 (1995) – Autolackierer; vgl. auch BVerwG, Beschluß vom 17.5.1988 – 4 B 82.88 – Buchholz 406.11 § 35 BauGB Nr. 248; Beschluß vom 10.7.1987 – 4 B 147.87 – Buchholz 406.16 Grundeigentumsschutz Nr. 44; vgl. auch BVerwG, Urteil 19.9.1986 – 4 C 15.84 – BVerwGE 75, 34 = DVBl 1987, 478 = NVwZ 1987, 406 (Bebauungszusammenhang).

107 Vgl. J. Niedersberg/T. Baumann, Rückbauverpflichtung und Sicherheitsleistung als zulässige Nebenbestimmungen zur Genehmigung für die Errichtung und den Betrieb von Windenergieanlagen (WEA)?, in: ZNER 2002, 101–108.

108 Vgl. Runderlaß des Ministeriums für Stadtentwicklung, Wohnen und Verkehr des Landes Brandenburg zu bauplanungsrechtlichen Anforderungen an Windkraftanlagen (Abrißverpflichtung, Sicherheitsleistung) 24/01.01 vom 7.5.2001 (n. v.).

Berkemann

einer dauerhaften Aufgabe ausgehen will. Der **Muster-Einführungserlaß** zum EAG Bau enthält sich einer Empfehlung.[109]

3.2.3.4 Inhalt des zu fordernden Rückbaus

146 Rückbau ist die Beseitigung der baulichen Anlage, welche der bisherigen Nutzung diente, und insoweit die Herstellung des davor bestehenden Zustandes (status quo ante). Das wird in aller Regel der Abriß der baulichen Anlage sein. Nicht gefordert ist, gerade den zuvor bestehenden naturhaften Zustand im Außenbereich im Sinne einer Renaturalisierung durch Ausgleichsmaßnahmen wiederherzustellen (vgl. § 19 Abs. 2 S. 2 BNatSchG).

3.2.3.5 Beseitigung der Bodenversiegelung

147 Mit der Errichtung der baulichen Anlage im Außenbereich ist regelmäßig eine Bodenversiegelung verbunden. Diese hat nachteilige naturbezogene Auswirkungen. Dem soll die Bodenschutzklausel des § 1a Abs. 2 S. 1 Halbs. 2 und des § 35 Abs. 5 S. 1 BauGB bereits in der Phase der Planung oder bei Zulassung des Außenbereichsvorhabens entgegenwirken. Die „Entsiegelung" dient dazu, die natürlichen Bodenfunktionen wiederherzustellen. Maßnahmen betreffen etwa die Beseitigung betonierter Fundamente im Erdboden und die damit verbundene Herstellung eines naturhaften Zustandes.

3.2.4 Verpflichtungserklärung

3.2.4.1 Rechtsnatur der Verpflichtungserklärung

148 Die Verpflichtungserklärung ist eine einseitige, öffentlich-rechtliche Willenserklärung, ähnlich § 35 Abs. 4 S. 1 Nr. 1 Buchst. g) BauGB. Für die ähnliche Anerkenntniserklärung des § 33 Abs. 1 Nr. 3 BauGB wird von einer „dinglichen" Wirkung ausgegangen.[110] § 35 Abs. 5 S. 2 BauGB hat davon abgesehen, eine Vertragsform für erforderlich anzusehen. Die Erklärung kann gleichwohl Bestandteil eines öffentlich-rechtlichen Vertrages im Sinne des § 11 BauGB sein.

149 Der Gesetzgeber geht wohl „dogmatisch" nicht davon aus, daß der Verpflichtungserklärung eine „dingliche Wirkung" beizumessen ist, die als eine öffentliche Last auf dem Grundstück liegt. Anderenfalls wären die in § 35 Abs. 5 S. 3 BauGB empfohlenen Sicherungsmaßnahmen entbehrlich. Das EAG Bau hat auch nicht bestimmt, daß die Verpflichtungserklärung den **Rechtsnachfolger** bindet, vgl. insoweit § 33 Abs. 1 Nr. 3 BauGB. Tritt Universalrechtsnachfolge ein, setzt sich die Bindungswirkung der Erklärung fort. Problematisch ist die Einzelrechtsnachfolge. Die meisten Landesbauordnungen sehen für die Baugenehmigung die Bindung des

---

109 EAG Bau – Mustererlaß, beschlossen von der Fachkommission Städtebau am 1.7.2004. Man wird nicht sagen können, daß der Mustererlaß damit seiner Aufgabe gerecht wird.

110 Vgl. BVerwG, Urteil vom 18.4.1996 – 4 C 22.94 – BVerwGE 101, 58 = DVBl 1996, 920 = NVwZ 1996, 892 = UPR 1996, 308 = ZfBR 1996, 337 = BauR 1996, 671 = BRS 58 Nr. 44 (1996).

Berkemann

Rechtsnachfolgers vor. Da eine Veräußerung eine ausgesprochene Baugenehmigung unberührt läßt, kann der Eigentumswechsel die Verpflichtungserklärung als „weitere Zulässigkeitsvoraussetzung" nicht aufheben. Nimmt man bauordnungsrechtlich an, daß im Falle des Eigentumswechsels die Berechtigungen und Verpflichtungen (Auflagen) der Baugenehmigung auf den neuen Eigentümer übergehen, so trifft dies auch auf die Verpflichtungserklärung des § 35 Abs. 5 S. 2 BauGB 2004 zu.

3.2.4.2 Person des Erklärenden

Die Verpflichtungserklärung ist vom Vorhabenträger (Bauantragsteller) abzugeben. **150** Das muß nicht notwendig der Grundeigentümer sein. Jedoch darf nicht übersehen werde, daß die mit der Erklärung übernommene Verpflichtung erfüllbar sein muß. Ist der Vorhabenträger (Bauherr) nicht Grundstückseigentümer, muß die Erfüllbarkeit der Verpflichtung in tatsächlicher und rechtlicher Hinsicht sichergestellt sein. Das ist kritisch, wenn der Bauantragsteller keinen rechtlichen „Zugriff" auf das Grundstück haben wird. Es wäre besser gewesen, das EAG Bau hätte ausdrücklich eine Beteiligung des Grundeigentümers vorgesehen.

3.2.4.3 Adressat der Erklärung

Auch die einseitige Verpflichtungserklärung ist als Willenserklärung nach Maßgabe des § 35 Abs. 5 S. 2 BauGB 2004 empfangsbedürftig. Adressat ist die für die **151** Genehmigung des Vorhabens zuständige Behörde. Sie ist unabhängig vom Einvernehmen nach § 36 Abs. 1 BauGB nach außen hin allein zuständig, über die Zulässigkeit des Vorhabens zu entscheiden.

3.2.4.4 Inhalt, Zeitpunkt und Prüfung der Erklärung

(1) Die Erklärung ist **schriftlich** abzugeben. Sie muß als weitere Zulässigkeits- **152** voraussetzung im **Zeitpunkt** der Genehmigung bereits vorliegen (arg. e § 35 Abs. 5 S. 3 BauGB 2004). Die Genehmigungsbehörde hat zu prüfen, ob die Erklärung dem zu erreichenden Zweck des § 35 Abs. 5 S. 2 BauGB 2004 inhaltlich genügt. Eine Genehmigung unter der aufschiebenden Bedingung der Vorlage der Verpflichtungserklärung fördert nur die Rechtsunsicherheit. Die Behörde sollte dies vermeiden. Sie ist ohnedies nicht verpflichtet, eine aufschiebend bedingte Genehmigung zu erteilen. Die Entgegennahme der Erklärung, auch die widerspruchslose, verpflichtet die Behörde nicht zur Genehmigung des Vorhabens. Wird der Inhalt des Bauantrages geändert, muß ggf. die Erklärung dem angepaßt werden.

(2) Die Erklärung muß ausdrücklich die Übernahme der Verpflichtung enthalten, **153** nach dauerhafter Aufgabe das Vorhaben zurückzubauen und die eingetretene Bodenversiegelung zu beseitigen. Es empfiehlt sich dringend, den Inhalt dieser Verpflichtung nach Maßgabe der Umstände des Einzelfalles beschreibend zu konkretisieren. Dazu ist etwa ein näherer Bezug auf eine **Anlagenbeschreibung** geeignet und ratsam.

154 (3) Zweifelhaft ist, ob die Erklärung eine nähere Bestimmung enthalten muß, was als „dauerhafte" Aufgabe der zulässigen Nutzung verstanden werden soll. Eine rechtsbindende Definitionsmacht besitzt die Genehmigungsbehörde nicht. Sie ist indes nicht gehindert, durch einen „Hinweis" im Genehmigungsbescheid anzugeben, was sie darunter versteht. Das dient der Rechtssicherheit.

3.2.5 Nutzungsänderung (§ 35 Abs. 5 S. 2 Halbs. 2 BauGB 2004)

3.2.5.1 Übernahmeverpflichtung

155 Bei einer Änderung der bisherigen Nutzung (gleichgültig nach welcher Rechtsgrundlage) in eine nach § 35 Abs. 1 Nr. 2 bis 6 BauGB zu beurteilende Nutzung ist eine bereits bestehende Rückbauverpflichtung zu übernehmen. Der Ausdruck „Rückbauverpflichtung" ist hier verkürzend benutzt. Er ist in einem erweiternden Sinne gemeint und umfaßt auch die Pflicht, eine Bodenversiegelung zu beseitigen. Die „Übernahme" ist selbst eine einseitig verpflichtende Erklärung. Das Gesetz geht damit wohl „dogmatisch" nicht davon aus, daß der Verpflichtungserklärung eine „dingliche Wirkung" beizumessen ist, die als eine öffentliche Last auf dem Grundstück liegt.

3.2.5.2 Fortfall der Rückbauverpflichtung

156 (1) Bei einer Änderung der bisherigen Nutzung in eine nach § 35 Abs. 1 Nr. 1 BauGB oder nach § 35 Abs. 2 BauGB zu beurteilende Nutzung „entfällt" die bereits bestehende Rückbauverpflichtung. Sie erlischt und muß bei einer erneuten Nutzungsänderung ggf. gemäß § 35 Abs. 5 S. 2 BauGB erneut begründet werden. Der tiefere Sinn dieser Regelung erschließt sich nur schwer, insbesondere hinsichtlich der gewollten Begünstigung „sonstiger Vorhaben". Das Gesetz strebt ersichtlich eine Parallelität zum Regelungsbereich des § 35 Abs. 5 S. 2 Halbs. 1 BauGB an. Das ist formal insoweit mißlungen, als § 35 Abs. 5 S. 2 Halbs. 2 BauGB nicht den Privilegierungstatbestand des § 35 Abs. 1 **Nr. 7** BauGB erfaßt. Ein redaktionelles Versehen läßt sich hierzu nicht erkennen.

157 (2) § 35 Abs. 5 S. 2 Halbs. 2 BauGB setzt einen zeitlichen Zusammenhang zwischen Aufgabe der bisherigen Nutzung und der Aufnahme einer neuen Nutzung voraus, soweit diese nach § 35 Abs. 1 Nr. 1 BauGB oder nach § 35 Abs. 2 BauGB zu beurteilen ist. Dieser Zusammenhang einer „Anschlußnutzung" ist jedoch nicht entscheidend. Wird nach dauerhafter Aufgabe, welche an sich die Rückbauverpflichtung auslöst, eine neue Nutzung, soweit diese nach § 35 Abs. 1 Nr. 1 BauGB oder nach § 35 Abs. 2 BauGB zu beurteilen ist, begonnen, entfällt für diese neue Nutzung die bereits ausgelöste Rückbauverpflichtung. Diese entfällt zudem nur insoweit, als tatsächlich eine integrierende „Umnutzung" der vorhandenen baulichen Anlage in die nunmehrige Nutzung gegeben ist. Besteht ein derartiger Funktionszusammenhang nicht, bleibt es bei der Verpflichtung zum Rückbau und zur Beseitigung der Bodenversiegelung. Denn insoweit besteht ein baurechtswidriger Zustand.

3.3 Sicherstellung – § 35 Abs. 5 Satz 3 BauGB 2004

(1) Die Baugenehmigungsbehörde soll die Verpflichtung nach § 35 Abs. 5 S. 2 **158** BauGB **sicherstellen**. Die Fassung, die das EAG Bau ergänzt, beruht auf der seinerzeitigen Novellierung durch das BauROG 1998.

Bereits in der Vergangenheit hat sich diese Forderung als problematisch erwiesen. **159** Das EAG Bau betont erneut die Verpflichtung zur Sicherstellung. § 35 Abs. 5 S. 3 BauGB 2004 ist jedoch recht „lieblos" gestaltet. Adressat der Pflicht ist die **Baugenehmigungsbehörde**. Das ist die Baugenehmigungsbehörde oder im Falle einer **immissionsschutzrechtlichen Genehmigung** nach §§ 4, 10, 19 BImSchG die dafür zuständige Behörde.

(2) § 35 Abs. 5 S. 2 BauGB selbst gibt – außer der **Baulast** – keine konkreten **160** Mittel der Sicherstellung an. Immerhin enthält § 35 Abs. 4 S. 1 Nr. 1 Buchst. g) BauGB einen Hinweis. Danach soll eine Verpflichtung „übernommen" werden. Zu denken ist an eine einseitige Erklärung in entspr. Anwendung des § 33 Abs. 1 Nr. 3 BauGB. Das Recht der Baulast richtet sich nach Landesbauordnungsrecht. Sieht dieses eine **Baulast** nicht vor (so derzeit in Bayern und in Brandenburg), kommt eine dingliche Sicherung durch eine vorrangige Grunddienstbarkeit in Betracht. Beide Sicherungsmaßnahmen sind geboten, um im Falle einer Zwangsversteigerung die Verpflichtung aufrechtzuerhalten.[111] Die zivilrechtliche Grunddienstbarkeit kann ebenfalls nur die übernommene Verpflichtung bestärken.

Die Sicherstellung muß sich gerade auf die versprochene Handlung beziehen, die **161** Gegenstand der Verpflichtungserklärung ist. Das betrifft deren Erfüllung. Das bedeutet negativ: Handlungen des Vorhabenträgers, welche nur die Ernsthaftigkeit der abgegebenen Erklärung bekräftigen wollen, genügen dazu nicht. So ist es z. B. belanglos, ob die Erklärung ihrerseits in notarieller Form abgegeben wird. Eine Bekräftigung der Erklärung stellt keine Sicherstellung ihrer Erfüllung dar.

(3) **Sicherheitsleistung.** Die Bestellung einer Baulast oder einer Grunddienstbar- **162** keit löst für die Verpflichtung nach § 35 Abs. 5 S. 2 BauGB nicht das eigentliche Problem. Dieses besteht darin, die Erfüllung der erklärten Verpflichtung durchzusetzen. Die Baugenehmigungsbehörde hat daher „in anderer Weise" die Einhaltung der Verpflichtung sicherzustellen. Das kann nur durch eine **finanzielle Absicherung** der anfallenden Kosten einer Beseitigung geschehen. Eine Baulast hat dies nicht zum Inhalt. Demgemäß zielt die Sicherstellung auf eine ggf. notwendig werdende **Ersatzvornahme**.

Die einzig naheliegende und effektive Möglichkeit besteht in der Sicherheitsleistung **163** entsprechend §§ 232 ff. BGB erfüllt werden.[112] Das hat im Regelfall („soll") zu ge-

---

111 Vgl. BVerwG, Beschluß vom 29.10.1992 – 4 B 218.92 – DVBl 1993, 114 = NJW 1993, 480 = ZfBR 1993, 91 = BRS 54 Nr. 157; Beschluß vom 27.9.1990 – 4 B 34 und 35.90 – NJW 1991, 713 = UPR 1991, 72 = ZfBR 1991, 321 = BauR 1991, 62.

112 Wie hier H.-D. Upmeier, Einführung zu den Neuerungen durch das Europarechtsanpassungsgesetz Bau (EAG Bau), in: BauR 2004, 1382–1392 [1389]; ähnlich auch H. Hentschke/K. Urbisch, Baurechtliche Zulässigkeit für Biomasseanlagen im unbeplanten Außenbereich nach dem EAG Bau, in: AUR 2005, 41–46 [46].

schehen. Das EAG Bau hätte dies in § 35 Abs. 5 S. 3 BauGB 2004 gewiß deutlicher ausdrücken können. Daß dies nicht geschehen ist, beruht auf der Gesetzestechnik. Diese bestand für das EAG Bau nur in der Ergänzung der bisherigen Gesetzesfassung durch Hinzunahme der Worte „nach Satz 2 sowie". Die bereits vorhandene Wendung „in anderer Weise" ermächtigt die Baugenehmigungsbehörde indes auch nach altem Recht dazu, jede geeignete und zumutbare Sicherung der Erfüllung zu verlangen. Eine andere effektive Sicherstellung als durch eine zu erbringende Sicherheitsleistung ist im Falle der Beseitigungspflicht nicht ersichtlich. Der Muster-Einführungserlaß äußert sich zu dieser Frage nicht näher (vgl. dort Nr. 4.3.1.5).

164 Erörtert wird, ob dem öffentlichen Sicherungsinteresse dadurch entsprochen werden kann, daß der Vorhabenträger ab dem Zeitpunkt der Errichtung der Anlage eine jährlich **aufzustockende Rücklage** (Treuhandkonto) bildet. Das ökonomische Ziel ist in diesem Fall, allmählich bis zur Höhe der voraussichtlichen Beseitigungskosten einen Kapitalstock anzusammeln.

165 Das Verfahren (Rn. 163) ist ungeeignet. Es wird der Zielsetzung des § 35 Abs. 5 S. 3 BauGB nicht gerecht. Die Zahlung auf ein Treuhandkonto genügt ohnedies nur, wenn hierauf ausschließlich die Baugenehmigungsbehörde einen rechtlichen Zugriff besitzt. Die Sicherstellung muß indes nicht nur den mutmaßlichen späteren Abschreibungszeitpunkt der Anlage erfassen, sondern sofort auch unvorhergesehene Schäden, die zu einer Nutzungsaufgabe zu einem Zeitpunkt führen, zu dem ein hinreichendes Kapital, das die Beseitigungskosten abdecken soll, noch nicht gebildet worden ist, z. B. bei Mastbruch bei einer Windenergieanlage. Der Betreiber kann ohne weiteres eine entsprechende Vereinbarung der Kapitalbildung mit der die Sicherheitsleistung stellende Bank treffen. Er kann damit intern die jährlichen Kosten der Bankbürgschaft (Avalprovision) senken.

166 Nicht genügend ist auch, daß der Betreiber der baulichen Anlage gegenüber dem Grundeigentümer (Verpächter) eine Sicherheitsleistung erbringt. Diese Sicherheitsleistung sichert nur den privaten Grundeigentümer. Sie erfolgt hingegen nicht, um die Erfüllung der öffentlich-rechtliche Verpflichtungserklärung abzusichern. Zudem kann die private Sicherheitsleistung zwischen Grundeigentümer und Betreiber als Gegenstand einer privatrechtlichen Vereinbarung jederzeit einvernehmlich aufgehoben werden.

167 (4) **Zeitpunktfragen.** Ein Nachweis einer Sicherheitsleistung (etwa durch selbstschuldnerische Bürgschaft einer Bank) bereits für den Zeitpunkt der Antragstellung dürfte nicht zulässig sein. Es ist übermäßig, bereits für die Dauer des Antragsverfahrens eine derartige Sicherheit zu verlangen. Dasselbe gilt auch für den Zeitraum, in dem die erteilte Genehmigung noch nicht ausgenutzt wird. Die Gefahr, der § 35 Abs. 5 S. 3 BauGB begegnen will, entsteht erst mit der Errichtung der Anlage. In Betracht kommt daher die Erteilung einer bedingten Genehmigung.

168 (5) Die Landesgesetzgeber sollten durch Änderung ihres Bauordnungsrechtes eine „klarstellende" Ermächtigungsgrundlage für eine Anordnung der Sicherheitsleistung schaffen. Das würde die Zweifel ausräumen, ob mit der Verpflichtungserklärung eine Sicherheitsleistung gefordert werden darf.

3.4 Überleitungsrecht

(1) § 35 Abs. 5 S. 2 BauGB gilt gemäß § 244 Abs. 7 BauGB nicht für die Zuläs- **169** sigkeit eines Vorhabens, das die Nutzungsänderung einer baulichen Anlage zum Inhalt hat, deren bisherige Nutzung **vor dem 20.7.2004** zulässigerweise aufgenommen wurde. Die Regelung soll „besitzstandswahrend" sein. Wurde die bisherige Nutzung vor dem Stichtag des 20.7.2004 aufgenommen, bestand bislang keine nach § 35 Abs. 5 S. 2 BauGB zu beurteilende Verpflichtung, sich zum Rückbau und zur Beseitigung der Bodenversiegelung zu verpflichten. Das EAG Bau trat nach seinem Art. 7 erst mit dem 21.7.2004 in Kraft, konnte also erst mit dem 21.7.2004 die Verpflichtung des § 35 Abs. 5 S. 2 BauGB begründen.

(2) § 244 Abs. 7 BauGB geht auf die Empfehlung des 14. Ausschusses des BTages **170** zurück (vgl. BTag-Drs. 15/2996 S. 99). Nach seiner Ansicht soll die Bestimmung sicherstellen, daß bauliche Anlagen, die bereits vor dem Inkrafttreten des EAG Bau zugelassen worden sind, „auch bei einer Nutzungsänderung nicht nach § 35 Abs. 5 S. 2 BauGB zurückgebaut werden müssen". Das trifft nur im wörtlichen Sinne, nicht aber der Sache nach zu. Eine Pflicht zum Rückbau gerade nach § 35 Abs. 5 S. 2 BauGB kann für **Altfälle** in der Tat nicht bestehen, da entsprechende Verpflichtungserklärungen nicht vorliegen. Der sachliche Irrtum des 14. Ausschusses besteht jedoch darin, daß sich die materielle Pflicht zur Beseitigung baurechtswidriger Zustände aus dem materiellen Baurecht in Verb. mit der jeweiligen LBauO ergibt. Dafür ist die in § 35 Abs. 5 S. 2 BauGB vorgesehene „einseitige" Verpflichtung nicht konstitutiv (vgl. Rn. 139). Ob der Bundesgesetzgeber kompetentiell befugt wäre, eine Pflicht zur Beseitigung baurechtswidriger Zustände aufzuheben, ist ohnedies zweifelhaft. Der Wortlaut des § 244 Abs. 7 BauGB besagt dies jedenfalls nicht. Vielmehr stellt die Überleitungsregelung nur klar, daß eine Pflicht zur nachträglichen Abgabe einer Verpflichtungserklärung ausgeschlossen ist.

3.5 Rechtsfehler

Wird ein Vorhaben nach § 35 Abs. 1 Nr. 2 bis 6 BauGB ohne Beachtung des § 35 **171** Abs. 5 S. 2 BauGB genehmigt, liegt ein materiell rechtswidriger Bescheid vor. Die Genehmigung kann nach Maßgabe des § 48 VwVfG zurückgenommen werden.

VI. § 35 Abs. 6 BauGB 2004 – Außenbereichssatzung

1. Text der geänderten Fassung

(6) Die Gemeinde kann für bebaute Bereiche im Außenbereich, die nicht überwiegend landwirtschaftlich **172** geprägt sind und in denen eine Wohnbebauung von einigem Gewicht vorhanden ist, durch Satzung bestimmen, dass Wohnzwecken dienenden Vorhaben im Sinne des Absatzes 2 nicht entgegengehalten werden kann, dass sie einer Darstellung im Flächennutzungsplan über Flächen für die Landwirtschaft oder Wald widersprechen oder die Entstehung oder Verfestigung einer Splittersiedlung befürchten lassen. Die Satzung kann auch auf Vorhaben erstreckt werden, die kleineren Handwerks- und Gewerbebe-

trieben dienen. In der Satzung können nähere Bestimmungen über die Zulässigkeit getroffen werden. **Voraussetzung für die Aufstellung der Satzung ist, dass**

1. **sie mit einer geordneten städtebaulichen Entwicklung vereinbar ist,**
2. **die Zulässigkeit von Vorhaben, die einer Pflicht zur Durchführung einer Umweltverträglichkeitsprüfung nach Anlage 1 zum Gesetz über die Umweltverträglichkeitsprüfung oder nach Landesrecht unterliegen, nicht begründet wird und**
3. **keine Anhaltspunkte für eine Beeinträchtigung der in § 1 Abs. 6 Nr. 7 Buchstabe b genannten Schutzgüter bestehen.**

Bei Aufstellung der Satzung sind die Vorschriften über die Öffentlichkeits- und Behördenbeteiligung nach § 13 Abs. 2 Nr. 2 und 3 entsprechend anzuwenden. § 10 Abs. 3 ist entsprechend anzuwenden. Von der Satzung bleibt die Anwendung des Absatzes 4 unberührt.

2. Textgeschichte

173   Die Außenbereichssatzung hat in der Vergangenheit kaum eine praktische Bedeutung erreichen können. Der Gesetzentwurf der BReg. sah daher vor, § 35 Abs. 6 BauGB zu streichen (BTag-Drs. 15/2250 S. 16, 56). Das entsprach auch dem Votum der Unabhängigen Expertenkommission.[113] Der Bundesrat folgte in seiner Stellungnahme dem Vorschlag der BReg. (vgl. BTag-Drs. 15/2250 S. 82). Der 14. BTags-Ausschuß hielt an der Außenbereichssatzung unter Ergänzung des § 35 Abs. 6 S. 2 BauGB fest (BTag-Drs. 15/2996 S. 42, 99). Der Gesetzgeber hat dem entsprochen.

3. Erläuterung der Änderung des § 35 Abs. 6 BauGB 2004

3.1 Allgemeines

174   (1) Der Gesetzgeber will unverändert den Außenbereich für **Wohnbauvorhaben öffnen.** Damit wird in Grenzen eine nicht privilegierte Bebauung im Außenbereich zugelassen (**Außenbereichssatzung**). Daß dies mit den ebenfalls im BauGB niedergelegten Zielen eines schonenden, flächensparenden Umgangs mit Grund und Boden nur schwer verträglich ist (§ 35 Abs. 5 S. 1 BauGB), liegt auf der Hand. § 35 Abs. 6 S. 1 BauGB begünstigt den Bau von Wohnhäusern im Außenbereich allerdings nur dann, wenn die Gemeinde eine Satzung nach dieser Vorschrift erlassen hat.[114]

175   (2) Eine Satzung nach § 35 Abs. 6 BauGB besitzt ausschließlich eine positive, die Zulässigkeit bestimmter nicht privilegierter Vorhaben unterstützende, aber keine negative Wirkung.[115] Sie läßt die Anwendbarkeit des § 35 Abs. 1 BauGB hinsichtlich der dort benannten privilegierten Vorhaben unberührt. Privilegierungen können auch nach § 35 Abs. 6 BauGB nicht ausgeschlossen werden.[116] Will die

---

113 Bericht der Unabhängigen Expertenkommission, Aug. 2002, Rn. 67, 269 Nr. 5.

114 BVerwG, Beschluß vom 4.7.1990 – 4 B 103.90 – NVwZ 1990, 962 = ZfBR 1990, 249 = BauR 1991, 50 = BRS 50 Nr. 83 = NuR 1992, 326.

115 OVG Koblenz, Urteil vom 18.6.2003 – 8 C 11960/02 – BauR 2003, 1612 (L).

116 BVerwG, Beschluß vom 1.9.2003 – 4 BN 55.03 – BauR 2004, 1131; ebenso OVG Greifswald, Urteil vom 5.10.2002 – 3 L 308/98 – LKV 2002, 33 = BRS 64 Nr. 108; OVG Münster, Urteil vom 8.6.2001 – 7 a D 52/99.NE – NVwZ 2001, 1071 = BauR 2001, 1562 = ZfBR 2001, 565 = UPR 2002, 146 = BRS 64 Nr. 107; vgl. auch W. Söfker, in: E/Z/B/K, BauGB, (Stand: Jan. 2003), § 35 Rn. 175.

Gemeinde für einen bestimmten Bereich privilegierte Vorhaben gänzlich ausschließen, kann sie dies nur durch einen B-Plan erreichen. Sie kann auch festsetzen, daß Flächen von jeder Bebauung freizuhalten sind (vgl. § 9 Abs. 1 Nr. 10
BauGB). Das löst allerdings eine Entschädigungslast nach § 40 BauGB aus.[117]

(3) § 35 Abs. 6 BauGB verlangt eine Entscheidung in Form eines Rechtssatzes. **176**
Die Gemeinde hat ihr kommunales Satzungsrecht anzuwenden. Anzuwenden ist
gemäß § 35 Abs. 6 S. 5 BauGB auch das vereinfachte Verfahren nach § 13 Abs. 2
Nrn. 2 und 3 BauGB. Eine Anwendung des § 9 Abs. 4 BauGB ist nicht möglich, da
eine Verweisung entsprechend § 34 Abs. 5 S. 2 BauGB (Innenbereichssatzungen)
fehlt. Der räumliche Geltungsbereich der Außenbereichssatzung kann sich nur auf
den „bebauten Bereich" erstrecken. Die Satzung ist kein Instrument, einen Sied-
lungssplitter in den Außenbereich hinein zu erweitern.[118] Ihr Geltungsbereich darf
daher nicht über die vorhandene Bebauung hinausgreifen.[119]

3.2 § 35 Abs. 6 S. 4 BauGB 2004

3.2.1 Allgemeines

3.2.1.1 Allgemeine Zielsetzung

(1) Die Außenbereichssatzung besitzt keine wirkliche Ersatzfunktion hinsichtlich **177**
einer geordneten Bauleitplanung. Die Satzung darf derartige Aufgaben etwa eines
B-Plans auch im Hinblick auf die nach § 35 Abs. 6 S. 2 und 3 BauGB möglichen
Erweiterungen und Ergänzungen nicht substituieren. Vielmehr hat sie als ein vereinfachtes Normsetzungsverfahren nur die Aufgabe, eine sich bereits tatsächlich
abzeichnende Entwicklung aufzunehmen, nicht sie aber erstmals planerisch zu
initiieren (vgl. § 35 Abs. 6 S. 1 BauGB). Dazu muß eine **Wohnbebauung** von „einigem Gewicht" vorhanden sein. Dazu muß sich bereits eine tatsächliche Entwicklung zu einem „Wohnort" abzeichnen. Die Außenbereichssatzung soll vorhandene
Lücken schließen.[120]

§ 35 Abs. 6 BauGB will damit eine behutsame Fortentwicklung der bestehenden **178**
städtebaulichen Situation erleichtern. Eine „organische" Siedlungsstruktur soll in
nuce ermöglicht werden. Dies ist der Grund, daß von der Beteiligung der gesamten Bürgerschaft abgesehen werden darf. Damit bereits bestehende Produktions-
räume der Landwirtschaft erhalten bleiben, darf der Geltungsraum der Satzung
nicht überwiegend landwirtschaftlich, also agrarstrukturell, geprägt sein.[121] An diesen Zielsetzungen hat das EAG Bau nichts ändern wollen.

---

117 Vgl. BVerwG, Beschluß vom 24.2.2003 – 4 BN 14.03 – NuR 2004, 310; vgl. ferner BVerwG, Beschluß
    vom 17.12.1998 – 4 NB 4.97 – NVwZ 1999, 984 = DVBl 1999, 780 = BauR 1999, 608 = ZfBR 1999,
    157 = BRS 60 Nr. 20.
118 OVG Lüneburg, Urteil vom 27.7.2000 – 1 L 4472/99 – NVwZ-RR 2001, 368 = RdL 2001, 7 = ZfBR
    2001, 66 = BauR 2001, 80 = NdsRpfl 2001, 144 = NuR 2001, 99 = AgrarR 2001, 260.
119 OVG Greifswald, Urteil vom 5.10.2001 – 3 L 306/98 – BauR 2002, 135 (L) = NordÖR 2002, 180 (L).
120 VGH Mannheim, Urteil vom 27.2.2003 – 8 S 2681/02 – BWGZ 2003, 535.
121 Vgl. Chr. Degenhart, Außenbereichssatzungen nach dem Wohnungsbauerleichterungsgesetz, in:
    DVBl 1993, 177–180.

179 (2) Bereits § 35 Abs. 6 S. 4 BauGB a. F. enthielt den Vorbehalt, daß die Außenbereichssatzung mit der geordneten städtebaulichen Entwicklung vereinbar sein müsse. § 35 Abs. 6 S. 4 Nr. 1 BauGB übernimmt diese Einschränkung, ergänzt sie in § 35 Abs. 6 S. 4 Nrn. 2 und 3 BauGB aus umweltschutz- und habitatschutzrechtlichen Gründen.

3.2.1.2 Maßvolle Erweiterung des Bereichs der Wohnbebauung

180 § 35 Abs. 6 S. 1 BauGB beabsichtigt nur, eine maßvolle Erweiterung der bereits vorhandenen Wohnbebauung im Verfahren der einfachen Satzung zu ermöglichen.[122] Die ausgewiesene Fläche muß durch die vorhandene bauliche Nutzung bereits „vorstrukturiert" sein. Die mögliche bauliche Entwicklung des Satzungsbereiches ist dazu grundsätzlich aus der tatsächlichen Situation des Satzungsgebietes abzuleiten. Ihrer Funktion entsprechend haben sich die Festsetzungen der Satzung auf die spezifische Zielsetzung, den städtischen Innenbereich um einzelne Außenbereichsflächen zu „ergänzen", zu beschränken. Die Gemeinde ist nicht berechtigt, die städtebauliche Entwicklung durch eine Satzung in der einem qualifizierten B-Plan entsprechenden Regelungsdichte zu steuern. Ihre allgemeine Planungspflicht aus § 1 Abs. 3 S. 1 BauGB darf nicht leer laufen.[123]

3.2.1.3 Abwägungserfordernis?

181 (1) Die Beurteilung der „geordneten städtebaulichen Entwicklung" (§ 35 Abs. 6 S. 4 Nr. 1 BauGB) setzt an sich eine „geminderte" planerische Entscheidung der Gemeinde voraus, die allerdings nicht die Reichweite und Intensität nach § 1 Abs. 6 und 7 BauGB erreicht. Die Ordnungsziele des § 1 Abs. 6 BauGB bleiben maßgebend. Daher ist zweifelhaft, ob die Außenbereichssatzung einer „echten" **planerischen Abwägung** im Sinne des § 1 Abs. 7 BauGB unterworfen ist.[124] Verneint man die Frage, dann ist § 214 Abs. 3 S. 2 Halbs. 2 BauGB nicht anzuwenden. Das Planerhaltungsrecht spielt hier zwiespältige Rolle.

182 (2) Das BVerwG neigt dazu, die Ergänzungssatzung als abwägungsbezogen anzusehen.[125] Eine gewisse Ähnlichkeit dieser Satzung mit der Außenbereichssatzung besteht. Aus der Sicht des Art. 14 Abs. 1 S. 2 GG ist die Annahme einer Abwägungsbezogenheit dann naheliegend, wenn die Satzung schutzwürdige Interessen einzelner Grundeigentümer berührt. Auffällig ist dagegen, daß § 35 Abs. 6 BauGB abweichend von § 34 Abs. 5 S. 4 BauGB keinen Bezug auf § 1a Abs. 2 S. 3, Abs. 3 S. 1 BauGB und § 9 Abs. 1 BauGB enthält. Demgemäß erwähnt § 21

---

122 Vgl. W. Hoppe, Die angemessene bauliche Erweiterung eines gewerblichen Betriebs im Außenbereich als Privilegierungstatbestand (§ 35 Abs. 4 S. 1 Nr. 6 BauGB), in: DVBl 1990, 1009–1017.

123 OVG Bautzen, Urteil vom 4.10.2000 – 1 D 683 / 99 – NVwZ 2001, 1070 f. = NuR 2001, 286 = SächsVBl 2001, 15 zur Innenbereichssatzung.

124 Vgl. M. Krautzberger, in: B / K / L, BauGB, 9. Aufl., 2005, § 35 Rn. 122; vgl. Chr. Bönker, in: W. Hoppe/ Chr. Bönker/S. Grotefels, Öffentl. Baurecht, 2. Aufl., 2002, S. 386 Rn. 363.

125 BVerwG, Beschluß vom 11.7.2001 – 4 BN 28.01 – BRS 64 Nr. 54 (2001) = ZfBR 2003, 68 (L) zur Abrundungssatzung nach früherem Recht.

Abs. 1 BNatSchG 2004 die Außenbereichssatzung nicht. Ein Vorhaben, das nach Maßgabe der Außenbereichssatzung zulässig ist, unterliegt demgemäß der Eingriffsregelung der §§ 18, 19 BNatSchG. Daran hat das EAG Bau nichts geändert.

Auffällig ist ferner, daß § 35 Abs. 6 BauGB – wiederum abweichend von § 34 Abs. 5 **183** S. 4 Halbs. 2 BauGB – für die Gemeinde keine Begründungspflicht statuiert. Das alles spricht dafür, daß der Gesetzgeber die Außenbereichssatzung, vielleicht im Hinblick auf das Steuerungselement des § 35 Abs. 6 S. 4 Nr. 1 BauGB, nicht als abwägungsbezogen ansieht. Verneint man daher die Abwägungsbezogenheit der Außenbereichssatzung, dann sind inhaltliche Mängel in der Anwendung des § 35 Abs. 6 BauGB nicht nach § 214 Abs. 3 S. 2 Halbs. 2 BauGB und § 215 Abs. 1 Nr. 2 BauGB zu beurteilen.

(3) Ein Anspruch des Grundeigentümers auf Erlaß einer Außenbereichssatzung **184** besteht nicht (arg. e § 1 Abs. 3 S. 2 BauGB). Ein derartiger Anspruch läßt sich auch nicht aus Art. 14 Abs. 1 S. 1 GG ableiten. Ein Recht auf Zulassung eines Vorhabens außerhalb gesetzlicher Regelungen gibt es nicht.[126] Die Baufreiheit ist nur nach Maßgabe des einfachen Rechts gewährleistet (BVerfGE 35, 263 [276]). Die Schonung des Außenbereichs ist ein am Gemeinwohl ausgerichtetes öffentliches Interesse.

3.2.2 § 35 Abs. 6 S. 4 Nr. 1 BauGB 2004

(1) Die Außenbereichssatzung muß mit der geordneten städtebaulichen Entwick- **185** lung vereinbar sein. Der Begriff lehnt sich an die zentrale Vorgabe des § 1 Abs. 3 S. 1 BauGB an (vgl. Kommentierung zu § 34 Abs. 5 S. 1 Nr. 1 BauGB). Wie bei den Innenbereichssatzungen des § 34 Abs. 4 S. 1 Nrn. 2 und 3 BauGB ist auch die Außenbereichssatzung kein Instrument, die Vorgaben einer vorbereitenden und einer verbindlichen Bauleitplanung zu umgehen.

(2) Inhaltlich verlangt der Erlaß einer Außenbereichssatzung die Entscheidung **186** der Gemeinde, eine Erweiterung oder eine Verfestigung einer Splittersiedlung „hinzunehmen". Mit der Zahl der Wohneinheiten steigt die Zahl der Haushalte und damit regelhaft die Zahl der Bewohner. Der Verkehr nimmt zu. Die Versorgung und die Entsorgung werden aufwendiger. Das alles kann den öffentlichen Belangen widerstreiten und daher eine Planung erfordern. Die „geordnete städtebauliche Entwicklung" ist hierfür der Maßstab der Beurteilung. Dieser Maßstab ist entgegen der Textfassung („eine") nicht abstrakt, sondern konkret. Entscheidend ist die städtebauliche Situation der jeweiligen Gemeinde. Diese setzt sich aus verschiedenen Elementen zusammen. Zu ihnen zählen neben der vorhandenen Struktur auch der bereits vorhandene F-Plan nach Maßgabe des § 5 Abs. 1 BauGB. Die „Ordnung" einer städtebaulichen Entwicklung liegt vorgreiflich als Regelfall in der Bauleitplanung selbst. Das kann die Berücksichtigung berührter Umweltbelange

---

126 BVerwG, Urteil vom 15.2.1990 – 4 C 23.86 – BVerwGE 84, 322 = DVBl 1990, 572 = NVwZ 1990, 755 = ZfBR 1990, 198 = BauR 1990, 328 = BRS 50 Nr. 75; Urteil vom 12.3.1998 – 4 C 10.97 – BVerwGE 106, 228 = NVwZ 1998, 842 = ZfBR 1998, 259 = BauR 1998, 760 = BRS 60 Nr. 98.

Berkemann

einschließen, auch wenn der Grad des § 35 Abs. 6 S. 4 Nr. 2 BauGB nicht erreicht wird.

3.2.3 § 35 Abs. 6 S. 4 Nr. 2 BauGB 2004

187 (1) Die Außenbereichssatzung gehört an sich zu den Plänen und Programmen der Plan-UP-RL, da sie einen „Rahmen" für die Zulassung eines Projektes setzen kann.[127] Das EAG Bau will dieses Ergebnis vermeiden. Dazu kupiert sie die Maßgeblichkeit der PLan-UP-RL durch die negierende Voraussetzung des § 35 Abs. 6 Nr. 2 BauGB. Das ändert den früheren Regelungsgehalt der Außenbereichssatzung. Die Satzung darf daher die Zulässigkeit eines Vorhabens nicht begründen, das einer Pflicht zur Durchführung einer UVP nach Anlage 1 zum Gesetz über die **Umweltverträglichkeitsprüfung** oder nach Landesrecht unterliegt.

188 (2) § 35 Abs. 6 S. 4 Nr. 2 BauGB ist textgleich mit § 34 Abs. 5 S. 1 Nr. 1 BauGB. § 35 Abs. 6 S. 4 Nr. 2 BauGB will verhindern, daß die Gemeinde durch den „kleinen" B-Plan die europarechtlich vorgegebene Pflicht zur UVP umgeht. Vgl. dazu die Bemerkungen zu § 13 Abs. 1 Nr. 1 BauGB.

3.2.4 § 35 Abs. 6 S. 4 Nr. 3 BauGB 2004

189 Die Außenbereichssatzung darf die Zulässigkeit eines Vorhabens ebenfalls nicht begründen, wenn Anhaltspunkte für eine Beeinträchtigung der in § 1 Abs. 6 Nr. 7 Buchst. b) BauGB genannten Schutzgüter bestehen. Aus diesem Grunde darf die Satzung nicht in den mutmaßlichen Bereich des **europäischen Habitatschutzrechtes** eindringen. § 35 Abs. 6 S. 4 Nr. 3 BauGB ist textidentisch mit § 13 Abs. 1 Nr. 2 BauGB. Vgl. die dortigen Bemerkungen.

3.3 § 35 Abs. 6 S. 5 BauGB 2004

3.3.1 Beteiligungsverfahren

190 Bei der Aufstellung der Satzung sind die Vorschriften über die Öffentlichkeits- und Behördenbeteiligung nach § 13 Abs. 2 Nr. 2 und 3 BauGB entsprechend anzuwenden. Die Gemeinde besitzt demgemäß in der Frage der Beteiligung eine facultas alternativa. Vgl. die Kommentierung zu § 13 Abs. 2 BauGB.

3.3.2 Wegfall der Genehmigungspflicht

191 (1) Die Außenbereichssatzung bedarf nicht (mehr) der Genehmigung der höheren Verwaltungsbehörde (vgl. § 35 Abs. 6 S. 6 BauGB 1997). Die Gemeinde trifft die Entscheidung in eigener Verantwortung.

192 (2) Die Außenbereichssatzung kann praktisch eine entgegenstehende Darstellung im F-Plan aufheben (arg. e § 35 Abs. 6 S. 1 BauGB). Daß die Gemeinde durch ihre

---

127 So auch K.-P. Dolde, Umweltprüfung in der Bauleitplanung – Novellierung des Baugesetzbuchs – Bericht der Unabhängigen Expertenkommission, in: NVwZ 2003, 297–304 [298].

Satzung und ohne Kontrolle durch die höhere Verwaltungsbehörde die nach § 35 Abs. 3 S. 1 Nr. 1 BauGB bestehende Maßgeblichkeit der Darstellung ihres eigenen F-Planes ausschalten kann, ist wenig einleuchtend. Immerhin zeigen die inhaltlichen Voraussetzungen des § 35 Abs. 6 S. 4 Nr. 1 BauGB an, daß die Erfordernisse des § 1 Abs. 3 S. 1 BauGB gegeben sein müssen.

3.4 § 35 Abs. 6 S. 6 BauGB 2004

§ 35 Abs. 6 S. 6 BauGB hat mit der Anordnung der entsprechenden Anwendung   **193** des § 10 Abs. 3 BauGB nur redaktionelle Bedeutung. Bereits § 35 Abs. 6 S. 6 Halbs. 2 BauGB a.F. sah die entsprechende Anwendung der Bekanntmachungsvorschriften des § 10 Abs. 3 BauGB vor. Die Bezugnahme ist ohne Einschränkung, damit auch auf § 10 Abs. 3 S. 2 BauGB. Das ist insoweit etwas irreführend, als der Außenbereichssatzung keine Begründung und insbesondere keine „zusammenfassende Erklärung" beizufügen ist. Gleichwohl ist das Einsichts- und Auskunftsrecht gegeben.

3.5 Rechtspolitische Mängel

§ 35 Abs. 6 S. 4 Nrn. 2 und 3 BauGB sind nahezu textidentisch mit § 13 Abs. 1   **194** Nrn. 1 und 2 BauGB. Nach § 13 Abs. 3 S. 2 BauGB ist im Falle der Beteiligung nach § 13 Abs. 2 Nr. 2 BauGB darauf hinzuweisen, daß von einer UVP abgesehen wird. Weshalb § 35 Abs. 6 S. 5 BauGB diese Hinweispflicht gerade für eine Außenbereichssatzung nicht ebenfalls anordnet, bleibt dunkel. Die Gesetzesmaterialien lassen eine Erklärung nicht zu.

4. Rechtsfehler

Die Verletzung des § 35 Abs. 6 S. 5 BauGB in Verb. mit § 13 Abs. 2 Nrn. 2 oder 3   **195** BauGB ist gemäß § 214 Abs. 1 S. 1 Nr. 2 BauGB ein beachtlicher Verfahrensfehler. Sind nur einzelne Personen, Behörden oder sonstige Träger öffentlicher Belange nicht beteiligt worden, ist dies dann unbeachtlich, wenn die entsprechenden Belange unerheblich waren oder in der Entscheidung berücksichtigt wurden. Dabei ist gleichgültig, ob die Gemeinde eine Betroffenenbeteiligung oder eine allgemeine Auslegung (§ 3 Abs. 2 BauGB) oder allgemeine Beteiligung (§ 4 Abs. 2 BauGB) gewählt hat.

5. Überleitungsrecht

(1) Abweichend von § 233 Abs. 1 werden gemäß § 244 Abs. 1 BauGB Satzungen   **196** nach § 35 Abs. 6 BauGB, die nach dem **20.7.2004** förmlich eingeleitet worden sind oder die erst nach dem **20.7.2006** abgeschlossen werden, nach den Vorschriften des novellierten BauGB zu Ende geführt. Das heißt umgekehrt: Außenbereichssatzungen, die vor dem 20.7.2004 eingeleitet wurden, können nach bisherigem Recht fortgesetzt werden, wenn sie vor dem 20.7.2006 „abgeschlossen" werden. Da für diese Satzungen der Vorbehalt des § 35 Abs. 6 S. 2 Nr. 2 BauGB

nicht gilt, ist immerhin zweifelhaft, welche Bedeutung die Plan-UP-RL für diese „Alt-Satzungen" hat.

197 (2) Das Satzungsverfahren muß vor dem 20.7.2004 **förmlich eingeleitet** worden sein. Anders als im Verfahren der Bauleitplanung entfällt ein Aufstellungsbeschluß gemäß § 2 Abs. 1 S. 2 BauGB. Eine andere bundesrechtliche Vorgabe ist nicht vorhanden. Maßgebend ist danach das kommunalverfassungsrechtliche Satzungsverfahren. Dieses sieht in aller Regel vor, daß ein Antrag auf Beschlußfassung über eine Satzung der Gemeinde förmlich bekannt gemacht werden muß. Das Satzungsverfahren ist **„abgeschlossen"** mit der Bekanntmachung der beschlossenen und ausgefertigten Satzung gemäß § 35 Abs. 6 S. 6 BauGB in Verb. mit § 10 Abs. 3 BauGB.

§ 200 a BauGB – Ersatzmaßnahmen

1. Text der geänderten Fassung – § 200a BauGB 2004

Darstellungen für Flächen zum Ausgleich und Festsetzungen für Flächen oder Maßnahmen zum Aus- **1** gleich im Sinne des § 1a Abs. 3 umfassen auch Ersatzmaßnahmen **[nach den Vorschriften der Landesnaturschutzgesetze]**. Ein unmittelbarer räumlicher Zusammenhang zwischen Eingriff und Ausgleich ist nicht erforderlich, soweit dies mit einer geordneten städtebaulichen Entwicklung und den Zielen der Raumordnung sowie des Naturschutzes und der Landschaftspflege vereinbar ist.

2. Textgeschichte

Die Gesetzesfassung entspricht dem Gesetzesentwurf der BReg. (BTag-Drs. 15/ **2** 2250 S. 21, 62). Das Gesetz streicht in § 200a BauGB den Zusatz „nach den Vorschriften der Landesnaturschutzgesetze".

3. Erläuterung der Änderung

(1) § 200a BauGB ist durch das BauROG 1998 in das BauGB eingefügt worden. **3** Die Bestimmung sollte im Hinblick auf den ebenfalls neugeschaffenen § 1a Abs. 2 Nr. 2 und Abs. 3 BauGB im wesentlichen der Klarstellung dienen. Als Ausgleichsflächen im Sinne des § 1a Abs. 3 S. 1 BauGB sollten auch „Ersatzmaßnahmen" gelten. Gemeint waren damit in erster Linie „Ersatzflächen". Diesen Begriff hatten die landesrechtlichen Naturschutzgesetze aufgrund der rahmenrechtlichen Ermächtigungsgrundlage des § 8 Abs. 9 BNatSchG 1976 entwickelt. Da der Begriff der „Ersatzflächen" landesrechtlich unterschiedlich war, bestimmte § 200a S. 2 BauGB ergänzend, daß unter näheren Voraussetzungen ein räumlicher Zusammenhang zwischen der Fläche, auf die sich der naturschutzrechtliche Eingriff bezieht, und der den Eingriff „ausgleichenden" Fläche (Kompensationsfläche) nicht zu bestehen habe.

Das EAG Bau hält dies aufrecht. Demgemäß ist ein unmittelbarer Zusammenhang **4** zwischen Eingriff (auf dem Eingriffsgrundstück) und dem Ausgleich (auf dem Ausgleichsgrundstück) nicht erforderlich. Das öffnet Möglichkeiten der vertraglichen Lösung oder des Ausgleichs durch „sonstige geeignete Maßnahmen" im Sinne des § 1a Abs. 3 S. 4 BauGB. Ob damit auch eine interkommunale Kooperation im Gebiet der Nachbargemeinde zugelassen wird, läßt sich § 200a BauGB nicht entnehmen.

(2) Der Begriff der Ersatzmaßnahme ist nunmehr auch in § 19 Abs. 2 S. 1 **5** BNatSchG 2002 aufgenommen. Dort wird er als Maßnahme der Kompensation der Ausgleichsmaßnahme gegenübergestellt. Das EAG Bau nimmt dies zum An-

laß den Bezug des § 200 a S. 1 BauGB auf das Landesnaturschutzrecht zu streichen. Wie der Begründung der BReg. zum Gesetzesentwurf zu entnehmen ist,
geschieht dies, um Mißverständnisse zu vermeiden (BTag-Drs. 15/2250 S. 62).

6 Das ist ein bemerkenswertes Beispiel einer legislatorischen Perfektionssucht. Eine
sachliche Änderung besteht nicht. Da § 19 Abs. 2 BNatSchG Rahmenrecht (vgl.
§ 11 S. 1 BNatSchG 2002) ist, ist – vorbehaltlich § 200 a S. 2 BauGB – unverändert die landesnaturschutzrechtliche Begrifflichkeit maßgebend. Der novellierende
Gesetzgeber hätte eher bemerken sollen, daß der unverändert gebliebene undif-
ferenzierte Bezug auf § 1 a Abs. 3 BauGB wegen dessen Änderung im Hinblick
auf § 1 a Abs. 3 S. 1 BauGB 2004 verfehlt ist.

§ 201 BauGB – Begriff der Landwirtschaft

1. Text der geänderten Fassung – Änderung – § 201 BauGB 2004

Landwirtschaft im Sinne dieses Gesetzbuchs ist insbesondere der Ackerbau, die Wiesen- und Weide- **1** wirtschaft einschließlich **Tierhaltung, soweit das Futter überwiegend auf den zum landwirtschaftlichen Betrieb gehörenden, landwirtschaftlich genutzten Flächen erzeugt werden kann,** die gartenbauliche Erzeugung, der Erwerbsobstbau, der Weinbau, die berufsmäßige Imkerei und die berufsmäßige Binnenfischerei.

2. Textgeschichte

Die Gesetzesfassung entspricht dem Gesetzesentwurf der BReg. (BTag-Drs. 15/ **2** 2250 S. 21, 62). Das Gesetz ersetzt in § 201 BauGB die Worte „einschließlich Pensionstierhaltung auf überwiegend eigener Futtergrundlage" durch die Worte „Tierhaltung, soweit das Futter überwiegend auf den zum landwirtschaftlichen Betrieb gehörenden, landwirtschaftlich genutzten Flächen erzeugt werden kann". Der Bundesrat hatte in seiner Stellungnahme vorgeschlagen, die Worte „gehörenden, landwirtschaftlich genutzten Flächen" durch „bewirtschafteten Flächen" zu ersetzen. Nach seiner Ansicht sollte stärker verdeutlicht werden, daß sowohl Eigentums- als auch Pachtflächen als Grundlage der Futtererzeugung dienen könnten (BTag-Drs. 15/2250 S. 87). Die BReg. stimmte dem Anliegen nicht zu (BTag-Drs. 15/2250 S. 95) und verwies dazu auf den Stand der Rechtsprechung, die eine nachhaltige landwirtschaftliche Betriebstätigkeit im Außenbereich fordere.

3. Änderung des § 201 BauGB

Lit.: Matthias Dombert, Was bringt das EAG Bau im Bereich der Landwirtschaft?, in: AUR 2004, 393–398.

3.1 Zielsetzung der Änderung

(1) Das BauGB benutzt den Begriff der Landwirtschaft verschiedentlich (vgl. § 1 **3** Abs. 6 Nr. 8 Buchst. b); § 5 Abs. 2 Nr. 9 Buchst. a); § 35 Abs. 1 Nr. 1; § 35 Abs. 6 S. 1, § 135 Abs. 4 BauGB). § 201 BauGB enthält für den Begriff eine gesetzlich bindende Explikation durch Beispiele („insbesondere"), jedoch keine Legaldefinition.[1] § 201 BauGB gilt nur für das BauGB, nicht für andere Gesetze.[2]

---

1 So aber U. Battis, in: B/L/K, BauGB, 9. Aufl., 2005, § 201 Rn. 1; ähnl. W. Schrödter, in: H. Schrödter (Hrsg.), BauGB, 7. Aufl., 2005, § 201 Rn. 1, dort auch umfassend zum Begriff der Landwirtschaft.
2 Vgl. OVG Koblenz, Urteil vom 9.6.1983 – 1 A 31/82 – NuR 1985, 239 = BRS 40 Nr. 89; BayObLG, Beschluß vom 7.4.1997 – 3 ObOWi 17/97 – NVwZ-RR 1997, 590 = BRS 59 Nr. 97.

4 (2) Wiederholt hat der Gesetzgeber die Explikation geändert. In der Novelle 1976 wurde der damalige § 146 BBauG durch die berufsmäßige Imkerei erweitert. Das BVerwG hatte in Auslegung zu § 146 BBauG verneint, die Pensionstierhaltung als Landwirtschaft anzusehen.[3] In Reaktion auf diese Ansicht erweiterte der Gesetzgeber in § 201 BauGB 1987 die gesetzlichen Beispiele um die „Pensionstierhaltung auf überwiegend eigener Futtergrundlage". Die Rechtsprechung hat dazu stets das Merkmal der **unmittelbaren Bodenertragsnutzung** hervorgehoben.[4]

5 (3) Mit dem Kriterium der „überwiegend eigenen Futtergrundlage" stellt § 201 BauGB ein eingrenzendes Merkmal auf. Die Rechtsprechung hat aus dieser gesetzlichen Vorgabe entnommen, daß mindestens die Hälfte des Tierfutters auf **eigener Fläche** erzeugt (sog. flächenbezogene Tierzucht) und auch tatsächlich verfüttert werden mußte (sog. konkrete Betrachtung). Das BVerwG hatte es abgelehnt, das gesetzliche Erfordernis der „überwiegend eigenen Futtergrundlage" im Hinblick auf einen geltend gemachten Strukturwandel der Landwirtschaft als überholt anzusehen.[5] Dem Gesetzgeber erscheint die „konkrete" Betrachtungsweise den heutigen betrieblichen Abläufen in der Landwirtschaft nicht mehr angemessen (vgl. Gesetzesentwurf der BReg., in: BTag-Drs. 15/2250 S. 62). Mit der Gesetzesänderung strebt er eine Erweiterung an.

3.2 Erläuterung der Änderung

6 (1) **Tierhaltung.** § 201 BauGB gibt die Begrenzung auf Pensionstierhaltung ausdrücklich auf. Bereits nach bisheriger Rechtslage war nicht zweifelhaft, daß Tierhaltung und Tierzucht als Landwirtschaft im Sinne des § 201 BauGB anzusehen ist, soweit das benötigte Futter überwiegend im Betrieb erzeugt wird.[6] § 201 BauGB stellt dies lediglich klar. Unter den Begriff der Tierhaltung fällt auch die „Pensionstierhaltung". Eine sachliche Änderung der bisherigen Rechtslage wollte das EAG Bau insoweit nicht treffen.

7 (2) **Futtergrundlage.** Das für die Tierhaltung benötigte Futter muß „überwiegend" selbst erzeugt sein. Nach bisheriger Ansicht muß dies auf der Eigenfläche geschehen. Das so erzeugte Futter alsdann dann auch an die „eigenen" Tiere verfüttert werden (sog. konkrete Betrachtung). § 201 BauGB 2004 ändert dies. Danach ist nicht mehr erforderlich ist, daß das Futter als „eigene Futtergrundlage" unbedingt aus den dem jeweiligen Betrieb zugeordneten Flächen stammt.[7] Im

---

3 BVerwG, Urteil vom 19.4.1985 – 4 C 54.82 – NVwZ 1986, 200 = ZfBR 1985, 191 = BauR 1985, 545 = BRS 44 Nr. 82.

4 Vgl. BVerwG, Urteil vom 4.7.1980 – 4 C 101.77 – NJW 1981, 139 = BauR 1980, 446 = BRS 36 Nr. 59; Beschluß vom 25.10.1996 – 4 B 191.96 – Buchholz 406.11 § 35 BauGB Nr. 325; Urteil vom 3.4.1987 – 4 C 41.84 – DVBI 1987, 903 = NVwZ 1987, 884 = BauR 1987, 1987, 538 = BRS 47 Nr. 63.

5 BVerwG, Beschluß vom 6.1.1997 – 4 B 256.96 – NVwZ-RR 1997, 590 = BRS 59 Nr. 85.

6 Vgl. BVerwG, Beschluß vom 1.12.1995 – 4 B 271.95 – Buchholz 406.11 § 35 BauGB Nr. 316 = BRS 57 Nr. 100 (Koppelschafhaltung).

7 Vgl. bereits in diesem Sinne BVerwG, Beschluß vom 19.5.1995 – 4 B 107.95 – Buchholz 406.11 § 35 BauGB Nr. 310, auch zur Dauer eine Pacht.

Berkemann

Sinne einer sog. abstrakte Betrachtung ist vielmehr es ausreichend, daß der Betrieb die Möglichkeit hätte, das Futter auf der vorhandenen Eigenfläche zu gewinnen.[8] Damit können auch gepachtete Flächen in wesentlich stärkerem Maße als bisher Grundlage der „eigenen" Futtererzeugung sein, wenn sie dem landwirtschaftlichen Betrieb zugeordnet sind und landwirtschaftlich genutzt werden können.[9]

Die Neuregelung entspricht insbesondere den Strukturbedingungen in den neuen **8** Bundesländern.[10] Dadurch bekommt das Kriterium der erforderlichen Dauerhaftigkeit des landwirtschaftlichen Betriebes ein stärkeres Gewicht. Die Nachhaltigkeit muß nunmehr stärker anhand anderer Indizien begründet werden.[11] § 201 BauGB läßt offen, ob die unmittelbare Verfütterung des erzeugten Futters an die Tiere vorausgesetzt wird.[12] Der Wortlaut („kann") läßt dies sprachlich an sich offen. Indes ist es eine sinnwidrige Auslegung, nur darauf abzustellen, daß die (nicht genutzte) Möglichkeit besteht, die Tiere „überwiegend" mit der vorhandenen „eigenen" Futtergrundlage zu versorgen. Auf die unmittelbare Verfütterung des erzeugten Futters an die Tiere desselben Betrieben soll es nach der gesetzgeberischen Zielsetzung gerade nicht mehr ankommen.[13]

(3) § 201 BauGB hält an der Voraussetzung der unmittelbaren Bodenertragsnutzung fest, läßt aber zu, daß das so erzeugte Produkt vor der Verfütterung „tiergerecht" **verarbeitet** wird.[14] § 201 BauGB will dies dadurch ausdrücken, daß das Futter überwiegend auf den landwirtschaftlich genutzten Flächen erzeugt werden **„kann".** Das ist etwas irreführend. Eine Potentialität ist nicht gemeint. Das Futter muß tatsächlich überwiegend auf den landwirtschaftlich genutzten Flächen erzeugt worden sein.

---

8   So M. Dombert, Was bringt das EAG Bau im Bereich der Landwirtschaft?, in: AgrarR 2004, 393–398 [394].

9   Vgl. zur früheren Rechtslage BVerwG, Beschluß vom 3.2.1989 – 4 B 14.89 – ZfBR 1989, 177 = BauR 1989, 182 = BRS 49 Nr. 92; Beschluß vom 14.11.1989 – 4 B 194/89 – juris (Volltext); Beschluß vom 22.2.1991 – 4 B 124.90 – juris (Volltext); BVerwG, Beschluß vom 4.12.1989 – 4 B 214.89 – juris (Volltext); VGH Mannheim, Urteil vom 7.8.1991 – 3 S 1075/90 – BauR 1992, 208 = BRS 52 Nr. 73; OVG Schleswig, Urteil vom 25.11.1991 – 1 L 27/91 – AgrarR 1993, 157 = SchlHA 1993, 175.

10 Vgl. VG Magdeburg LKV 1997, 380; vgl. Agrarbericht 2001: Pachtanteil in den neuen Bundesländern: 90 %, in den alten Bundesländern: 50 %.

11 Vgl. BVerwG, Urteil vom 3.11.1972 – 4 C 9.70 – BVerwGE 41, 138 = DVBl 1973, 642 = BRS 25 Nr. 60; Urteil vom 24.8.1979 – 4 C 3.77 – BauR 1979, 481 = BRS 35 Nr. 60; Urteil vom 13.4.1983 – 4 C 62.78 – UPR 1983, 391 = BRS 40 Nr. 76; Beschluß vom 24.6.1994 – 4 B 124.94 – Buchholz 406.11 § 35 BauGB Nr. 299; Beschluß vom 5.7.2001 – 4 B 49.01 – BRS 64 Nr. 92.

12 Verneinend B. Stüer, Planerische Steuerung von privilegierten Vorhaben im Außenbereich, in: NuR 2004, 341–348 [347].

13 So auch M. Dombert, Was bringt das EAG Bau im Bereich der Landwirtschaft?, in: AgrarR 2004, 393–398 [394] mit Hinweis aus BTag-Drs. 15/2250 S. 62.

14 Ebenso EAG Mustererlaß 2004, Nr. 4.3.1.1.

§ 214 BauGB – Beachtlichkeit der Verletzung von Vorschriften über die Aufstellung des Flächennutzungsplans und der Satzungen; ergänzendes Verfahren

Berkemann

Lit.: Günter Gaentzsch, Änderungen im System der Fehlerfolgen im Rahmen der Bauleitplanung, in: W. Spannowsky/T. Krämer (Hrsg.), BauGB-Novelle 2004, S. 131–143; Michael Quaas/Alexander Kukk, Neustrukturierung der Planerhaltungsbestimmungen in §§ 214ff. BauGB, in: BauR 2004, 1541–1552; Michael Uechtritz, Die Änderung im Bereich der Fehlerfolgen und der Planerhaltung nach §§ 214ff. BauGB, in: ZfBR 2005, 11–20.

I. § 214 Abs. 1 BauGB 2004 – Beachtliche Verfahrensfehler

1. Text der geänderten Fassung

1 (1) Eine Verletzung von Verfahrens- und Formvorschriften dieses Gesetzbuchs ist für die Rechtswirksamkeit des Flächennutzungsplans und der Satzungen nach diesem Gesetzbuch nur beachtlich, wenn

1. **entgegen § 2 Abs. 3 die von der Planung berührten Belange, die der Gemeinde bekannt waren oder hätten bekannt sein müssen, in wesentlichen Punkten nicht zutreffend ermittelt oder bewertet worden sind und wenn der Mangel offensichtlich und auf das Ergebnis des Verfahrens von Einfluss gewesen ist;**

2. die Vorschriften über die Öffentlichkeits- und Behördenbeteiligung nach § 3 Abs. 2, § 4 Abs. 2, §§ 4a und 13 Abs. 2 Nr. 2 und 3, § 22 Abs. 9 Satz 2, § 34 Abs. 6 Satz 1 sowie § 35 Abs. 6 Satz 5 verletzt worden sind; dabei ist unbeachtlich, wenn bei Anwendung der Vorschriften einzelne Personen, Behörden oder sonstige Träger öffentlicher Belange nicht beteiligt worden sind, die entsprechenden Belange jedoch unerheblich waren oder in der Entscheidung berücksichtigt worden sind, oder einzelne Angaben dazu, welche Arten umweltbezogener Informationen verfügbar sind, gefehlt haben, oder bei Anwendung des § 13 Abs. 3 Satz 2 die Angabe darüber, dass von einer Umweltprüfung abgesehen wird, unterlassen wurde, oder bei Anwendung des § 4a Abs. 3 Satz 4 oder der § 13 die Voraussetzungen für die Durchführung der Beteiligung nach diesen Vorschriften verkannt worden sind;

3. die Vorschriften über die Begründung des Flächennutzungsplans und der Satzungen sowie ihrer Entwürfe nach §§ 2a, 3 Abs. 2, § 5 Abs. 1 Satz 2 Halbsatz 2 und Abs. 5, § 9 Abs. 8 und § 22 Abs. 10 verletzt worden sind; dabei ist unbeachtlich, wenn **die Begründung** des Flächennutzungsplans oder **der Satzung oder ihr** Entwurf unvollständig ist; **abweichend von Halbsatz 2 ist eine Verletzung von Vorschriften in Bezug auf den Umweltbericht unbeachtlich, wenn die Begründung hierzu nur in unwesentlichen Punkten unvollständig ist;**

4. ein Beschluss der Gemeinde über den Flächennutzungsplan oder die Satzung nicht gefasst, eine Genehmigung nicht erteilt oder der mit der Bekanntmachung des Flächennutzungsplans oder der Satzung verfolgte Hinweiszweck nicht erreicht worden ist.

Soweit in den Fällen des Satzes 1 Nr. 3 die Begründung in wesentlichen Punkten unvollständig ist, hat die Gemeinde auf Verlangen Auskunft zu erteilen, wenn ein berechtigtes Interesse dargelegt wird.

2. Textgeschichte

2 § 214 Abs. 1 BauGB entspricht im wesentlichen dem Gesetzesentwurf der BReg. (BTag-Drs. 15/2250 S. 21). Der Bundesrat hatte keine grundsätzlichen Einwände

(BTag-Drs. 15/2250 S. 87f.). Einige, im wesentlichen nur redaktionelle Änderungen beruhen auf Klarstellungen, die der 14. BTags-Ausschuß empfahl (BTag-Drs. 15/2996 S. 59). Zur näheren Entwicklungsgeschichte vgl. nachfolgend gesondert (Rn. 21ff.).

3. Erläuterung der Änderung

3.1 Zielsetzung der Änderung

3.1.1 Allgemeine Zielsetzung: Bestandssicherung

(1) Die Planerhaltung soll die „Bestandskraft" von städtebaulichen Satzungen erhöhen.[1] Insbesondere die in der Erarbeitung sehr zeit- und personalaufwendigen B-Pläne sollen, soweit sie nicht an einem grundlegenden Mangel leiden, nach Möglichkeit in ihrem Bestand erhalten werden. Maßgebend ist das geschriebene Recht, also u.a. §§ 214ff. BauGB. Einen ungeschriebenen Rechtsgrundsatz der „Planerhaltung" gibt es hingegen nicht.[2] Von einem allgemeinen „Massesterben" von B-Plänen kann ohnedies keine Rede sein.[3]   **3**

Der Kreis der unbeachtlichen Mängel will das EAG Bau im Vergleich mit dem früheren Rechtszustand nicht enger ziehen, sondern eher erweitern. Das ist insbesondere das „textliche" Anliegen in § 214 Abs. 1 S. 1 Nr. 1 BauGB. Die Plan-UP-RL und auch der Öffentlichkeitsbeteiligungs-RL enthalten keine Aussagen, geschweige denn Vorgaben zur Frage der Planerhaltung.[4] Die gegenteilige Ansicht der Unabhängigen Expertenkommission zur Novellierung des BauGB ist schlicht unzutreffend.[5] Diese irreführende Ansicht hat die Gesetzgebungsarbeit zum EAG Bau anfänglich stark beeinflußt (vgl. Rn. 21ff.). Bemerkenswert ist, daß das **raumordnungsrechtliche Planerhaltungsrecht** (vgl. § 10 ROG) keineswegs dieselbe Aufmerksamkeit des novellierenden Gesetzgebers auf sich lenken konnte.   **4**

(2) § 214 BauGB gibt die bisherige Unterscheidung von Verfahrens- und Formvorschriften einerseits und inhaltlichen „Abwägungsmängeln" andererseits letztlich nicht auf. Man kann nur von dem Versuch sprechen, eine Art neu formulierter „Fehlerlehre" zu normieren. Das ergibt sich deutlich aus der einleitenden Regelung zu § 214 Abs. 1 S. 1 Nr. 1 BauGB und zu § 214 Abs. 3 S. 2 BauGB. Die bis-   **5**

---

1 Vgl. all. R. Käß, Inhalt und Grenzen des Grundsatzes der Planerhaltung: dargestellt am Beispiel der §§ 214–216 BauGB, 2002; H. Steinwede, Planerhaltung im Städtebaurecht durch Gesetz und richterliche Rechtsfortbildung, 2003; zur früheren Rechtslage vgl. G. Gaentzsch. Rechtsfolgen von Fehlern bei der Aufstellung von Bebauungsplänen, in: Baurecht – Aktuell. FS F. Weyreuther, 1993, S. 249–269.

2 Dies gegen W. Hoppe, Erste Überlegungen zu einem „Grundsatz der Planerhaltung, in: FS O. Schlichter 1995, S. 87–111; ders., Das Abwägungsgebot in der Novellierung des Baugesetzbuches, in: DVBl 1997, 1047–1041; H. Sendler, Plan und Normerhaltung vor Gericht, in: Planung. FS Hoppe, 2000, S. 1011–1039.

3 Wie hier H.-J. Koch/R. Hendler, Baurecht, Raumordnungs- und Landesplanungsrecht, 4. Aufl., 2004, S. 257f., mit empirischen Nachweisen.

4 M. Quaas/A. Kukk, Neustrukturierung der Planerhaltungsbestimmungen in §§ 214ff. BauGB, in: BauR 2004, 1541–1552 [1541].

5 Bericht der Unabhängigen Expertenkommission zur Novellierung des BauGB, 2002, Rn. 122ff.

herige Prüfung des Abwägungsvorganges soll durch eine Prüfung der als **verfahrensbezogen angesehenen Arbeitsschritte** des Ermittelns und des Bewertens der von der Planung berührten Belange substituiert werden. Der entsprechende Zusammenhang erschließt sich auch aus dem Zusammenspiel von § 214 Abs. 1 S. 1 Nr. 1 BauGB und der dort in Bezug genommenen Regelung des § 2 Abs. 3 BauGB (vgl. näher unten zu § 214 Abs. 1 S. 1 Nr. 1 BauGB, Rn. 35ff.). Eine fehlerhafte Ermittlung und Bewertung des **Abwägungsmaterials** gilt dem Gesetzgeber des EAG Bau hier textlich (noch) als „Verfahrensfehler". Teil dieses Bereiches ist auch die in § 2 Abs. 4 S. 1 BauGB angeordnete **Umweltprüfung.** Denn die Umweltauswirkungen sind lediglich „verfahrensbezogen" spezifisch zu ermitteln und zu bewerten. Das Berücksichtigungsgebot des § 2 Abs. 4 S. 4 BauGB stellt dies klarstellend fest.

3.1.2 Bedeutung des europäischen Umweltrechts

6 § 2 Abs. 4 BauGB setzt **europäisches Umweltrecht** um. Bislang ist nicht hinreichend geklärt, ob der nationale Gesetzgeber befugt ist, eigenes Sanktionsrecht für den Fall der Verletzung europäischen Rechts zu setzen. Teil des Sanktionsrechtes ist – eine Sanktion partiell negierend – auch das Planerhaltungsrecht. Man wird anzunehmen haben, daß der nationale Gesetzgeber im Sinne des gemeinschaftsrechtlichen „effet utile" gehalten ist, für eine Durchsetzung des europäischen Richtlinienrechts auch verfahrensrechtlich zu sorgen.[6] Eine Änderung der Frage könnte eintreten, wenn gemeinschaftsrechtlich eine Verbandsklage eingeführt wird.

3.1.3 Gerichte als Adressat des Planerhaltungsrechts

7 Die „Stunde der Wahrheit" jeder gesetzlichen Fehler- und Sanktionsdogmatik ist das gerichtliche Verfahren. Die Intensität der Prüfung im Planungsrecht steht im Streit der Meinungen, auch innerhalb der Dritten Gewalt selbst. Das BVerwG hat mehrfach Anlaß gesehen, die Gerichte, aber auch sich selbst, zu ermahnen, „sich nicht ungefragt auf Fehlersuche zu begeben".[7]

8 Diese Wendung ist nicht ungefährlich, da sie ein Gericht leicht zur Immunisierung verleiten kann. Sich „aufdrängenden" Fehlermöglichkeiten hat ein sachkundiges

---

6 Vgl. A. Epiney, Gemeinschaftsrecht und Verbandsklage, in: NVwZ 1999, 485–495.
7 BVerwG, Urteil vom 7.9.1979 – 4 C 7.77 – DVBl 1980, 230 = ZfBR 1979, 255 = BauR 1980, 44 = BRS 35 Nr. 15; Urteil vom 17.6.1993 – 4 C 7.91 – NVwZ 1994, 281 = UPR 1993, 445 = ZfBR 1993, 304 = BauR 1993, 698 = BRS 55 Nr. 34; Beschluß vom 12.9.1989 – 4 B 149.89 – Buchholz 406.11 § 10 BauGB Nr. 19; Urteil vom 3.12.1998 – 4 CN 3.97 – BVerwGE 108, 71 [76] = DVBl 1999, 786 = NVwZ 1999, 986 = UPR 1999, 222 = ZfBR 1999, 155 = BauR 1999, 601 = BRS 60 Nr. 43 (1998); Beschluß vom 20.6.2001 – 4 BN 21.01 – NVwZ 2002, 83 = ZfBR 2002, 274 = BauR 2002, 284 = BRS 64 Nr. 58 (2001); vgl. auch BVerwG, Urteil vom 17.4.2002 – 9 CN 1.01 – BVerwGE 116, 188 = DVBl 2002, 1409 = NVwZ 2002, 1123; OVG Saarland, Urteil vom 30.8.2001 – 2 N 1/00 – BRS 64 Nr. 39 (2001); OVG Münster, Urteil vom 4.5.2000 – 7 A 1744/97 – NVwZ 2000, 1066; OVG Münster, Urteil vom 29.1.1997 – 11 A 2980/94 – BRS 59 Nr. 27 (1997).

Gericht stets nachzugehen.[8] Das anhängige Verfahren darf selbstverständlich keinen Vorwand bieten, um allgemeine Kritik zu üben. Das eigentliche Rechtsschutzbegehren darf nicht aus den Augen verloren gehen. Gleichwohl bleibt die Frage, wie sich das BVerwG die Sanktion vorstellt, wenn ein Gericht gegen die „Ermahnung" verstoßen hat. Darauf hat das BVerwG bislang eine Antwort nicht gegeben. Sie kann auch nicht gegeben werden. Pädagogische und vormundschaftlich gemeinte Hinweise zu geben, ist nicht Aufgabe eines Revisionsgerichtes.

3.1.4 Staatliche Behörden als Adressat des Planerhaltungsrechts

(1) **Bedeutung des § 216 BauGB.** Die höhere Verwaltungsbehörde ist im Genehmigungsverfahren (z. B. nach § 6 Abs. 2 BauGB) nicht an das Planerhaltungsrecht der §§ 214, 215 gebunden (vgl. § 216 BauGB). Sie kann indes nach allgemeinen Rechtsgrundsätzen nur Rechtsverstöße zum Anlaß der Genehmigungsverweigerung nehmen, die sich auf das Ergebnis der Bauleitplanung ausgewirkt haben können. Das dürfte etwa für das Fehlen eines erforderlichen Aufstellungsbeschlusses (§ 2 Abs. 1 S. 2 BauGB) oder für den rechtswidrigen Verzicht auf eine frühzeitige Öffentlichkeitsbeteiligung (§ 3 Abs. 1 BauGB) zu verneinen sein. Da das EAG Bau die Beteiligung der höheren Verwaltungsbehörde erneut verringert hat, verliert § 216 BauGB weiterhin an Bedeutung. Ein Eingreifen der Kommunalaufsicht ist nach Maßgabe des Landesrechts nicht ausgeschlossen.[9] **9**

(2) **Administrative Normprüfung – Normverwerfungskompetenz.** Ob den staatlichen Behörden, welche einen Bauleitplan oder eine Satzung anzuwenden haben, eine „Normverwerfungskompetenz" zusteht, ist stark umstritten. Die Frage ist unverändert zu verneinen.[10] **10**

Von Interesse ist die gegenteilige Ansicht der Unabhängigen Expertenkommission. Diese war „einhellig" der Meinung, daß eine Behörde, die aus Anlaß einer von ihr **11**

---

8   Kritisch M. Uechtritz, Keine Inzidentprüfung des Bebauungsplans im Beitragsverfahren?, in: NVwZ 1990, 734–736; J. Schmidt, Kontrolldichte bei der Prüfung von Abgabensatzungen oder „Fingerspitzengefühl" in einem neuen Bundesland, in: LKV 2003, 71–74; die Rechtsprechung des BVerwG verteidigend E. Franßen, Verwaltungsgerichtsbarkeit im vereinten Deutschland, in: SächsVBl 1993, 35–38 [37].

9   Chr. Bracher, in: K. Gelzer/Chr. Bracher/O. Reidt, Bauplanungsrecht, 7. Aufl., 2004, Rn. 1048; näher A. Decker, §§ 214ff. BauGB und die Kommunalaufsicht, in: BauR 2000, 1825–1833 [1830ff.].

10 Vgl. zum Meinungsstand u.a. W. Schrödter, in: H. Schrödter (Hrsg.), BauGB, 7. Aufl., 2005, § 10 Rn. 12ff.; R. Engel, Zur Normverwerfungskompetenz einer Behörde, in: NVwZ 2000, 1258–1260; frühere Entscheidungen des BVerwG (4. Senat) nehmen einen eher negierende Auffassung ein, vgl. BVerwG, Urteil vom 21.11.1986 – 4 C 22.83 – BVerwGE 75, 142 = DVBl 1987, 481 = NJW 1987, 1344 = ZfBR 1987, 96 = BauR 1987, 171 = BRS 46 Nr. 3; Urteil vom 21.11.1986 – 4 C 60.84 – UPR 1987, 188 = ZfBR 1987, 98 = BRS 46 Nr. 4; selbst als Ausnahme bezeichnend und bejahend BVerwG (6. Senat), Urteil vom 31.1.2001 – 6 CN 2.00 – BVerwGE 112, 373 = DVBl 2001, 931 = NVwZ 2001, 1035 = BayVBl 2001, 440 = ZfBR 2001, 342 = NuR 2001, 391 = BauR 2001, 1066 = BRS 64 Nr. 210 (2001); zurückhaltend auch BGH, Urteil vom 10.4.1986 – III ZR 209/84 – DVBl 1986, 1264 = ZfBR 1986, 297 = BauR 1987, 62 = BRS 46 Nr. 41; für eine Normverwerfung OVG Lüneburg, Beschluß vom 15.10.1999 – 1 M 3614/99 – DVBl 2000, 212 = NVwZ 2000, 1061 = ZfBR 2000, 141 = BauR 2000, 73 = BRS 62 Nr. 22 (Veränderungssperre); H.-G. Gierke, in: Brügelmann, BauGB (Stand: April 1999), § 10 Rn. 499ff.; G. Gaentzsch, in: BK, 3. Aufl., 2002, § 10 Rn. 35ff.

zu treffenden Verwaltungsentscheidung ernsthafte Zweifel an der Wirksamkeit einer von ihr anzuwendenden städtebaulichen Satzung hat, der Frage nachgehen muß und die Satzung nicht anwenden darf, wenn sie – nach Anhörung der Gemeinde – zu der Überzeugung gelangt, die Satzung sei unwirksam".[11] Folgt man dem, so ist zu klären, ob auch insoweit das Planerhaltungsrecht der §§ 214, 215 BauGB für die Behörde gilt oder wie im Streitfall der Rechtsschutz der Gemeinde zu bestimmen ist, die an der Rechtmäßigkeit ihrer Satzung festhalten will. An einen sog. Nichtanwendungsbeschluß der Gemeinde, dem konstitutive Bedeutung nicht zukommt, ist die staatliche Behörde nicht gebunden (unstr.).[12]

12   Das **EAG Bau** hat angesichts der skizzierten Komplexität zutreffend keine administrative Normverwerfungskompetenz eingeführt. Das entspricht insoweit dem Votum der Expertenkommission. Das BVerwG (6. Senat) hat in einem von ihm selbst als Ausnahmefall gekennzeichneten Sachverhalt die Möglichkeit einer administrativen „Normnichtanwendung" bejaht.[13] Auch bei angenommener exekutivischer Verwerfungskompetenz gilt jedenfalls das Präklusionsrecht des § 215 BauGB.

3.2 Regelungsgegenstände

13   (1) Die neu gefaßten Bestimmungen zur Planerhaltung beziehen sich auf den F-Plan und auf alle städtebaulichen Satzungen, damit auch auf die verbindlichen Bauleitpläne, also auf die Bebauungspläne. **Sonstige Satzungen** sind u.a.:

[1]   Veränderungssperre (§ 14 ff. BauGB);

[2]   Besonderes Vorkaufsrecht (§ 25 BauGB);

[4]   Innenbereichssatzung (§ 34 Abs. 4 BauGB);

[5]   Außenbereichssatzung (§ 35 Abs. 6 BauGB);

[6]   Erschließungsbeitragssatzung (§ 132 BauGB);

[7]   Naturschutzrechtliche Kostensatzung (§ 135 c BauGB);

[8]   Sanierungssatzung (§ 142, 162, 170 BauGB);

[9]   Entwicklungssatzung (§ 165 BauGB);

[10] Stadtumbausatzung (§ 171d BauGB);

[11] Erhaltungssatzung (§ 172 BauGB).

---

11   Bericht der Unabhängigen Expertenkommission zur Novellierung des BauGB, 2002, Rn. 160; vgl. auch referierend K.-P. Dolde, Umweltprüfung in der Bauleitplanung – Novellierung des Baugesetzbuchs – Bericht der Unabhängigen Expertenkommission, in: NVwZ 2003, 297–304 [302].

12   Vgl. BVerwG, Urteil vom 21.11.1986 – 4 C 22.83 – BVerwGE 75, 142 = DVBl 1987, 481 = NJW 1987, 1344 = ZfBR 1987, 96 = BauR 1987, 171 = BRS 46 Nr. 3; ebenso U. Kuschnerus, Der sachgerechte Bebauungsplan, 3. Aufl., 2004, Rn. 65 a.E.

13   BVerwG, Urteil vom 31.1.2001 – 6 CN 2.00 – BVerwG 112, 373 = DVBl 2001, 931 = NVwZ 2001, 1035 = BauR 2001, 1066 = BRS 64 Nr. 210 (2001) mit Anm. D. C. Hermann, in: NuR 2001, 458–460; vgl. auch OVG Lüneburg. Beschluß vom 15.10.1999 – 1 M 3641/99 – DVBl 2000, 212 = NVwZ 2000, 1061 = ZfBR 2000, 141 = BauR 2000, 73 = BRS 62 Nr. 122 (Veränderungssperre), kritisch dazu R. Engel, Zur Normverwerfungskompetenz einer Behörde, in: NVwZ 2000, 1258–1260.

3.3 Fehlerbereiche des § 214 BauGB 2004

(1) § 214 BauGB will die als wesentlich angesehenen Fehlerbereiche erfassen. **14** Das ist indes nicht gelungen. § 214 BauGB betrifft nur Fehler, die sich aus der Anwendung von **Bundesrecht** ergeben. Die ehedem in § 215a Abs. 2 BauGB a. F. vorgesehene Berücksichtigung von Verfahrens- und Formfehlern des **Landesrechts** wurde aufgegeben. Das beruht auf der Annahme, die Regelung der Rückwirkung des § 214 Abs. 4 BauGB erfasse auch Verstöße gegen Landesrecht.[14] Das führt zu einer gewissen Aufspaltung des Planerhaltungsrechts: Ob ein nach Landesrecht entstandener Fehler beachtlich ist, entscheidet unverändert das jeweilige Landesrecht.[15] Das gilt nicht nur für landesrechtliches Verfahrensrecht. § 13 Abs. 1 Nr. 2, § 34 Abs. 5 S. 1 Nr. 2 und § 35 Abs. 6 S. 2 Nr. 2 BauGB setzen die Anwendbarkeit **landesrechtlichen Umweltrechts** voraus (vgl. auch § 3d UVPG). Dagegen eröffnet § 214 Abs. 4 BauGB mit der Möglichkeit der Rückwirkung einen bundesrechtlichen Zugang.

(2) § 214 BauGB konzentriert sich auf „Form- und Verfahrensfehler" nach Maßga- **15** be des BauGB (§ 214 Abs. 1 BauGB), auf das Verhältnis von F-Plan und B-Plan zueinander (§ 214 Abs. 2 BauGB) und auf „Teile" eines Abwägungsbereiches, welche das EAG Bau herkömmlich als „Abwägungsvorgang" bezeichnet (§ 214 Abs. 3 S. 2 BauGB). Dagegen reguliert § 214 BauGB ein rechtswidriges „Abwägungsergebnis" und Fehlerbereiche, die in der **Verletzung strikten Rechts** liegen, nicht, und zwar gleichgültig, ob es sich hierbei um BauGB-internes (z. B. § 1 Abs. 3 S. 1 BauGB) oder **externes Recht** (z. B. Landschaftsschutzverordnung) handelt (vgl. § 215 BauGB, Rn. 22ff.). So ist bei präziser Zuordnung auch die Verletzung des § 50 BImSchG externes Recht. Die Rechtsprechung hat hier bislang über den Kreis des § 214 BauGB hinausgehende „Heilungsmaßnahmen" entwickelt.[16] Das EAG Bau hat keinen Anlaß gesehen, hier regelnd einzugreifen.

3.4 System der Fehlerqualifizierung

Das EAG Bau hält die **Klassifizierung** der Form- und Verfahrensfehler des bishe- **16** rigen Rechts aufrecht, modifiziert diese allerdings nach seiner Ansicht erweiternd in § 214 Abs. 1 S. 1 Nr. 1 BauGB (dazu näher Rn. 36ff.). Danach sind systematisch zu unterscheiden:[17]

[1] Absolut beachtliche Fehler: § 214 Abs. 1 S. 1 Nr. 4 BauGB, nach § 215 Abs. 1 **17** BauGB auch nicht präkludierbar; **[2]** grundsätzlich beachtliche Fehler: § 214 Abs. 1

---

14 Vgl. Gesetzesentwurf der BReg., in: BTag-Drs. 15/2250 S. 66.

15 Vgl. BVerwG, Beschluß vom 24.10.1990 – 4 NB 29.90 – NVwZ 1991, 1074 = ZfBR 1991, 32 = UPR 1991, 111 = BRS 50 Nr. 3 zum landesrechtlichen Kollisionsrecht.

16 Vgl. etwa die sog. „objektive" Befreiungslage BVerwG, Urteil vom 30.1.2003 – 4 CN 14.01 – BVerwGE 117, 351 = DVBl 2003, 733 = NVwZ 2003, 742 = ZfBR 2003, 471 = BauR 2003, 1175; Urteil vom 17.12.2002 – 4 C 15.01 – BVerwGE 117, 287 = DVBl 2003, 797 = NVwZ 733 = ZfBR 2003, 370 = BauR 2003, 828 = BRS 65 Nr. 95 (2002) mit Anm. M. Enger, in: NuR 2003, 737–740; M. Kment, in: NVwZ 2004, 314–315; H. v. Nicolai, in: ZUR 2004, 74–80.

17 Vgl. U. Battis, in: B/K/L, BauGB, 9. Aufl., 2005, § 214 Rn. 1.

Nr. 2 Halbs. 1, Abs. 1 S. 1 Nr. 3 Halbs. 1 BauGB, jeweils präkludierbar; **[3]** benannte, generell unbeachtliche Fehler: § 214 Abs. 1 S. 1 Nr. 2 Halbs. 2, Abs. 1 S. 1 Nr. 3 Halbs. 2 BauGB; **[4]** unbenannte Fehler als „Restklasse" im Gegenschluß. Nicht benannte Verfahrens- und Formvorschriften des Bundesrechts sind generell unbeachtlich (sog. **externe Unbeachtlichkeit**).[18]

18 Die dogmatische Zuordnung von § 214 Abs. 1 S. 1 Nr. 1 BauGB erweist sich als problematisch; liegen die Voraussetzungen dieses Fehlerbereiches vor, sieht das EAG Bau im Gegensatz zu anderen „Verfahrensfehlern" eine Kausalitätsprüfung vor.

4. Fehlergruppe – § 214 Abs. 1 S. 1 Nr. 1 BauGB 2004

Lit.: Wilfried Erbguth, Rechtsschutzfragen und Fragen der §§ 214 und 215 BauGB im neuen Städtebaurecht, in: DVBl 2004, 802–810; Werner Hoppe, Die Abwägung im EAG Bau nach Maßgabe des § 1 VII BauGB 2004. Unter Berücksichtigung von § 2 III, IV BauGB 2004, in: NVwZ 2004, 903–910; Ingo Kraft, Gerichtliche Abwägungskontrolle von Bauleitplänen, in: UPR 2004, 331–335; Michael Quaas/Alexander Kukk, Neustrukturierung der Planerhaltungsbestimmungen in §§ 214ff. BauGB, in: BauR 2004, 1541–1552; Michael Uechtritz, Die Änderung im Bereich der Fehlerfolgen und der Planerhaltung nach §§ 214ff. BauGB, in: ZfBR 2005, 11–20; Ulrich Stelkens, Planerhaltung bei Abwägungsmängeln nach dem EAG Bau – zugleich Versuch einer Abgrenzung zwischen § 1 Abs. 7 und § 2 Abs. 3 BauGB, in: UPR 2005, 81–88.

4.1 Allgemeines – Zielsetzungen

19 (1) § 214 Abs. 1 S. 1 Nr. 1 BauGB unternimmt es, die bisherige Kontrolle der Abwägung (nunmehr § 1 Abs. 7 BauGB) neu zu strukturieren. Darin sieht § 214 Abs. 1 S. 1 Nr. 1 BauGB ersichtlich einen wichtigen Akzent der Novellierung des Rechts der Planerhaltung.

20 (2) Dazu soll durchaus kompensatorisch eine verbesserte Beteiligung der Öffentlichkeit und der Behörden dienen. Das wird man eher skeptisch zu beurteilen haben. Zwar ist richtig, daß die Beachtung von differenzierten Verfahrensregelungen eine indizielle Bedeutung für die inhaltliche Rechtmäßigkeit haben kann.[19] Das läßt sich indes schwerlich zu einer allgemeinen „Vermutungsregel" entwickeln.[20] Die von der Rechtsprechung erwogene „indizielle" Bedeutung hat zudem eine andere Zielrichtung. Wenn der Planungsentscheidung textlich eine nur unzureichende Begründung zugrunde liegt, spricht dies dafür, daß ihr auch die Ermittlung und Bewertung der erheblichen Belange nicht so recht gelungen sein dürfte.

4.2 Konzeptionsänderung während der Entstehungsgeschichte

21 (1) Das Verständnis des Planerhaltungsrechts in § 214 Abs. 1 S. 1 Nr. 1 BauGB und des § 214 Abs. 3 S. 2 Halbs. 1 BauGB in der Fassung des EAG Bau wird durch eine Änderung der ministeriellen Konzeption im Verlaufe der vorbereitenden

---

18 Vgl. M. Uechtritz, Die Änderung im Bereich der Fehlerfolgen und der Planerhaltung nach §§ 214ff. BauGB, in: ZfBR 2005, 11–20 [12].

19 Vgl. allg. BVerwG, Urteil vom 5.12.1986 – 4 C 13.85 – BVerwG 75, 214 [251] = DVBl 1987, 573 = NVwZ 1987, 578 = UPR 1987, 343 = BauR 1987, 412 = BRS 46 Nr. 24 (Flughafen München II).

20 Vgl. auch die Darstellung der Entstehungsgeschichte und Kommentierung zu § 2 Abs. 3 BauGB, Rn. 59ff.

Gesetzgebungsarbeiten erschwert. Das ergibt die Rekonstruktion der Entstehungs-geschichte.[21] In der Gesetz gewordenen Fassung finden sich „Restbestände" **gegenläufiger Konzeptionen.**

Die **ministeriellen Vorarbeiten** sind erkennbar durch europäische Richtlinien ge-   22
prägt. Es handelt sich um die Richtlinie 2001/42/EG des Europäischen Parlaments
und des Rates vom 27.6.2001 über die Prüfung der Umweltauswirkungen bestimmter Pläne und Programme – **Plan-UP-RL** (ABl. EG Nr. L 197 S. 30) und um die
Richtlinie 2003/35/EG des Europäischen Parlaments und des Rates vom 26.5.2003
über die Beteiligung der Öffentlichkeit bei der Ausarbeitung bestimmter umweltbezogener Pläne und Programme und zur Änderung der Richtlinien 85/337/EWG
und 96/61/EG des Rates in bezug auf die Öffentlichkeitsbeteiligung und den Zugang zu Gerichten (ABl. EG Nr. L 156 S. 17). Die sog. **Öffentlichkeitsbeteiligungs-RL** hatte der Gesetzgeber im Zeitpunkt des Inkrafttretens des EAG Bau (20.7.2007)
noch nicht in deutsches Recht umgesetzt (vgl. Gesetzentwurf der BReg. zum EAG
Bau, in: BTag-Drs. 15/2250 S. 43 zu § 3 BauGB; S. 63 zu § 214 BauGB).

(2) Die **Unabhängige Expertenkommission** zur Novellierung des BauGB hatte   23
in ihrem Bericht 2002 vorgeschlagen, den „Grundsatz der Planerhaltung" aus Gründen der als erforderlich angesehenen Bestandssicherung deutlich zu effektuieren.[22]
Dazu vertrat die Kommission die These, das europäische Recht lege es nahe, an die
Einhaltung der Verfahrensanforderungen die gesetzliche Vermutung zu knüpfen,
mit der Beachtung des Verfahrens sei das angestrebte materielle Ziel gewahrt.[23]

Demgemäß sollte, so schlug die Kommission vor (vgl. Bericht der Unabhängigen   24
Expertenkommission zur Novellierung des BauGB, 2002, Rn. 138), die Ordnungs-gemäßheit des Verfahrens die Ordnungsgemäßheit der Abwägung „indizieren".[24]

---

21 Unkritisch etwa Chr. Bracher, in: K. Gelzer/Chr. Bracher/O. Reidt, Bauplanungsrecht, 7. Aufl., 2004,
    Rn. 1055ff., problematisierend dagegen U. Stelkens, Planerhaltung bei Abwägungsmängeln nach dem
    EAG Bau, in: UPR 2005, 81–88: „Ein komplizierter Rechtszustand wird durch eine unklare Regelung
    in eine unklare Richtung geändert."

22 Bericht der Unabhängigen Expertenkommission (sog. Gaentzsch-Kommission) zur Novellierung des
    BauGB, hrsg. vom Bundesministerium für Verkehr, Bau- und Wohnungswesen, Aug. 2002, Rn. 134;
    vgl. auch I. Kraft, Gerichtliche Abwägungskontrolle von Bauleitplänen, in: UPR 2004, 331–335 [331].

23 Vgl. auch entsprechend der referierende Bericht bei K.-P. Dolde, Umweltprüfung in der Bauleitpla-
    nung – Novellierung des Baugesetzbuchs – Bericht der Unabhängigen Expertenkommission, in:
    NVwZ 2003, 297–304 [301]; Dolde war stv. Vorsitzender der Kommission; vgl. ferner G. Gaentzsch,
    Änderungen im System der Fehlerfolgen im Rahmen der Bauleitplanung, in: W. Spannowsky/T.
    Krämer (Hrsg.), BauGB-Novelle 2004, S. 131–143 [132ff.]; J. Schliepkorte, Regierungsentwurf für
    das Gesetz zur Anpassung des Baugesetzbuchs an EU-Richtlinien (Europarechtsanpassungsgesetz
    EAG Bau), in: ZfBR 2004, 124–127 [126]; befürwortend auch H. Janning, Die Novelle zum BauGB
    aus der Sicht der Gemeinden, in: W. Spannowsky/T. Krämer (Hrsg.), BauGB-Novelle 2004. Aktuelle
    Entwicklungen des Planungs- und Umweltrechts, 2004, S. 11–37 [22, 25]; kritisch dazu I. Kraft, Ge-
    richtliche Abwägungskontrolle von Bauleitplänen, in: UPR 2004, 331–335 [331].

24 Ebenso G. Gaentzsch, Änderungen im System der Fehlerfolgen im Rahmen der Bauleitplanung, in:
    W. Spannowsky/T. Krämer (Hrsg.), BauGB-Novelle 2004. Aktuelle Entwicklungen des Planungs- und
    Umweltrechts, 2004, S. 131–143 [135]; so noch der Allg. Teil der Gesetzesbegründung (BTag-Drs.
    15/2250 S. 28); noch heute J. Schliepkorte/M. Tünnemann, Änderungen im allgemeinen Städtebau-
    recht durch das Europarechtsanpassungsgesetz Bau, in: ZfBR 2004, 645–652 [649]; J. Schliepkorte,
    in: Regierungsentwurf für das Gesetz zur Anpassung des Baugesetzbuchs an EU-Richtlinien (Euro-

---

Einer besonderen Regelung über die Beachtlichkeit von Fehlern im Abwägungs-vorgang neben der Regelung über die Folgen des Verstoßes gegen auf den Ab-wägungsvorgang bezogene Verfahrensvorschriften bedürfe es dann nicht. Das war ein unheilvoller Satz. Diesen „positiven" Rechtssatz gibt es nicht.[25] Es gibt keine rechtlich erhebliche Vermutung zugunsten der Verbindlichkeit eines Rechts-satzes, wenn das Verfahren „ordnungsgemäß" war. Nur das Umgekehrte gilt. Ein Verfahrensmangel ist aus der Funktion des Verfahrens heraus ein Indiz dafür, daß eine materielle Rechtsverletzung bestehen kann (vgl. auch § 46 VwVfG a.F.).[26] Angestrebt wurde ein Paradigmenwechsel. Ob dies tatsächlich gemeinschafts-rechtlich erforderlich war, wie die Kommission (Bericht S. 55f.) meinte, erschien von Anfang an mehr als fraglich.[27] Für diese Ansicht gibt es in der Plan-UP-RL selbst keinen erkennbaren Beleg.

25 Das federführende Bundesministerium (BMVBW) wollte Anfang 2003 dem Vor-schlag der Kommission in der Ausgestaltung des Planerhaltungsrechts folgen. Dies zeigt der Referentenvorentwurf vom 14.1.2003. Der Vorentwurf, der nur ein-geschränkt veröffentlicht wurde, sah in seinem § 4c Abs. 3 eine entsprechende Regelung vor:

> Sind die Verfahrensvorschriften für die Aufstellung der Bauleitpläne beachtet worden, begründet dies die Vermutung, daß die Entscheidung auf der Grundlage vollständiger Ermittlung und zutreffender Bewertung der maßgeblichen Belange ergangen ist.[28]

26 Das damit verfolgte Ziel erhöhter Bestandssicherheit der Pläne setzte konzeptio-nell eine Stärkung des Verfahrensrechts voraus. Zu diesem Zwecke wurden die Anforderungen an den **Abwägungsvorgang** als Anforderungen an das zu beach-

---

parechtsanpassungsgesetz EAG Bau), in: ZfBR 2004, 124–127 [126]; dezidiert EAG Mustererlaß 2004, Nr. 3.4.4.2; ähnlich auch B. Stüer, Städtebaurecht 2004, 2004, S. 39; wohl auch H.-D. Upmeier, Einführung zu den Neuerungen durch das Europarechtsanpassungsgesetz Bau (EAG Bau), in: BauR 2004, 1382–1392 [1386]. Zurückhaltend M. Krautzberger, Zur Novellierung des Baugesetzbuches 2004, in: UPR 2004, 41–50 [49]; referierend und stark einschränkend bereits U. Kuschnerus, Der sachgerechte Bebauungsplan, 3. Aufl., 2004, Rn. 679.

25 Der Rechtssatz kann entgegen B. Stüer, Städtebaurecht 2004, 2004, 39 auch nicht BVerwG, Urteil vom 25.1.1996 – 4 C 5.95 – BVerwGE 100, 238 = DVBl 1966, 677 = NVwZ 1996, 788 = ZfBR 1996, 275 (Eifelautobahn A 60) entnommen werden. Der Entscheidung lag ein Sachverhalt zugrunde, in dem das Verfahrensrecht des UVPG gerade nicht maßgebend war. Wie hier I. Kraft, Gerichtliche Ab-wägungskontrolle von Bauleitplänen, in: UPR 2004, 331–335 [333].

26 Vgl. BVerwG, Urteil vom 5.12.1986 – 4 C 13.85 – BVerwGE 74, 214 [251] = DVBl 1987, 573 = NVwZ 1987, 578 = UPR 1987, 343 = BauR 1987, 412 = BRS 46 Nr. 24: Mängel in der Begründung; vgl. allg. J. Lorenz, Verfahrensvorschriften und Fehlerfolgen. Ein Vergleich der Regelungen des Bau-gesetzbuches und des Verwaltungsverfahrensgesetzes, 2002.

27 Zu Recht zweifelnd W. Erbguth, Rechtsschutzfragen und Fragen der §§ 214 und 215 BauGB im neuen Städtebaurecht, in: DVBl 2004, 802–810 [807]; W. Hoppe, Die Abwägung im EAG Bau nach Maßgabe des § 1 VII BauGB 2004. Unter Berücksichtigung von § 2 III, IV BauGB 2004, in: NVwZ 2004, 903–910 [904]; dezidiert verneinend M. Quaas/A. Kukk, Neustrukturierung der Planerhal-tungsbestimmungen in §§ 214ff. BauGB, in: BauR 2004, 1541–1552 [1541].

28 Zitiert nach SRU, Zur Einführung der Strategischen Umweltprüfung in das Bauplanungsrecht (Stel-lungnahme Nr. 3 / 2003), Mai 2003, S. 13; www.umweltrat.de/03stellung/downlod03/Stellung_Sup_ Mai2003.pdf. Im Sinne des Vorentwurfs noch deutlich J. Schliepkorte, Regierungsentwurf für das Gesetz zur Anpassung des Baugesetzbuchs an EU-Richtlinien (Europarechtsanpassungsgesetz EAG Bau), in: ZfBR 2004, 124–127 [126].

Berkemann

tende Verfahren reformuliert (so deutlich § 2 Abs. 3 BauGB-RE). Man glaubte sich zu diesem Zeitpunkt der Gesetzgebungsarbeiten an die Vorgaben der auf Verfahrensrecht zentrierten Plan-UP-RL gebunden. Jedenfalls übernahm das federführende Bundesministerium die These der Unabhängigen Expertenkommission, das Gemeinschaftsrecht fordere für das (deutsche) Planerhaltungsrecht eine entsprechende Konstruktion. Die vorgeschlagene Vermutungsregel sei gemeinschaftsrechtlich vorgegeben. Das war objektiv falsch. Das sekundäre Gemeinschaftsrecht enthält ganz allgemein keine Vorgaben über „Heilungsvorschriften" oder gar eine Regelung zur gerichtlichen Kontrollzurückhaltung.[29] Gemeinschaftsrechtlich gilt vielmehr das Umgekehrte: Das nationale Recht des Mitgliedstaates darf eine Verletzung europäischen Rechts nicht sanktionslos lassen. Sowohl im Bericht der Kommission wie auch in der Begründung des Referentenvorentwurfs fehlt denn auch eine nähere Begründung für die eingenommene Auffassung.

Im Frühsommer 2003 bahnte sich im federführenden Bauministerium ein Meinungswechsel an. Man darf verläßlich annehmen, daß hierfür u. a. eine Erörterung mit Richtern des 4. Revisionssenates des BVerwG, ein negatives Stimmungsbild auf dem Deutschen Anwaltstag[30] und die sehr deutliche ablehnende Stellungnahme des SRU prägend war.[31] Der später gemäß § 47 Abs. 3 GGO veröffentlichte **Referentenentwurf (BauGB-RE)** vom 3.6.2003 schrieb diesen geänderten Meinungsstand des federführenden Bundesministeriums bereits teilweise fest. In Verfolg einer revidierenden Umwertung des Abwägungsvorganges wurde das Planerhaltungsrecht nunmehr ergänzt. § 214 Abs. 1 S. 1 Nr. 1 BauGB-RE erhielt dazu folgende Fassung: **27**

(1) Eine Verletzung von Verfahrensvorschriften dieses Gesetzbuchs ist für die Rechtswirksamkeit der Bauleitpläne nur beachtlich, wenn

1. die von der Planung berührten Belange, die der Gemeinde bekannt waren oder hätten bekannt sein müssen, in wesentlichen Punkten nicht zutreffend ermittelt oder bewertet worden sind; dabei ist unbeachtlich, wenn nach den Umständen des Einzelfalls offensichtlich ist, dass der Fehler das Ergebnis des Verfahrens nicht beeinflusst hat.

Der BauGB-RE strich außerdem in § 214 BauGB den bisherigen Abs. 3 S. 2 BauGB. Die Präklusionsregelung des § 215 Abs. 1 BauGB änderte der BauGB-RE dahin, daß die Verletzung von Verfahrensvorschriften „im Sinne des § 214 Abs. 1 Satz 1 Nr. 1 bis 3" unbeachtlich werden sollte. § 215 Abs. 1 Nr. 2 BauGB entfiel. Folgerichtig wurden zentrale Arbeitsbereiche des Abwägungsvorganges in § 2 Abs. 3 BauGB und in § 4a Abs. 1 BauGB als Frage eines ordnungsgemäßen Verfahrens normiert. Die dem BauGB-RE beigefügte Begründung ließ keinen Zweifel an die- **28**

---

29 So auch SRU, Zur Einführung der Strategischen Umweltprüfung in das Bauplanungsrecht (Stellungnahme Nr. 3/2003), Mai 2003, S. 13.

30 Vgl. auch U. Battis, Novellierung des Baugesetzbuchs unter Berücksichtigung der Plan-UP-Richtlinie, in: AnwBl. 2004, 42–45 zur Diskussion auf dem Deutschen Anwaltstag; vgl. auch U. Battis/M. Krautzberger/R.-P. Löhr, Die Änderungen des Baugesetzbuchs durch das Europarechtsanpassungsgesetz Bau (EAG Bau 2004), in: NJW 2004, 2553–2559 [2556].

31 SRU, Zur Einführung der Strategischen Umweltprüfung in das Bauplanungsrecht (Stellungnahme Nr. 3/2003), Mai 2003, S. 13f.

ser Konzeption. Anstelle der bisherigen Überprüfung des Abwägungsvorgangs sollte die Überprüfung der „verfahrensbezogenen Elemente des Ermittelns und Bewertens der von der Planung berührten Belange" treten (vgl. BauGB-RE, Begr. Allg. Teil, S. 145.; vgl. auch Bes. Teil, S. 70). Mängel im Planungsprozeß sollten damit nur als Verfahrensfehler relevant sein.[32] Die Sprache des BauGB 2004 läßt diesen Vorgang noch gut rekonstruktiv erkennen (vgl. § 2 Abs. 3, § 4a Abs. 1, § 214 Abs. 1 S. 1 Nr. 1, § 214 Abs. 3 S. 2 BauGB). Absichtsvoll und konzeptionell folgerichtig wurde das Kriterium der Offensichtlichkeit auf eine Kausalitätsfrage reduziert.

29 (3) Der **Gesetzesentwurf der BReg.** vom 15.10.2003 hielt die Konzeption des BauGB-RE grundsätzlich aufrecht. § 214 Abs. 1 S. 1 Nr. 1 BauGB-RE wurde um den Zusatz „entgegen § 2 Abs. 3" ergänzt und damit der Bezug zu der ursprünglichen Verfahrenskonzeption an sich äußerlich gerade verstärkt (vgl. auch die Begründung, BTag-Drs. 15/2250 S. 63). Jedoch wurde § 214 Abs. 3 BauGB-RE um einen Satz 2 (der jetzige Halbs. 1) ergänzt. Danach sollten Mängel, „die Gegenstand der Regelung in Absatz 1 Satz 1 Nr. 1 sind" nicht als Mängel der Abwägung geltend gemacht werden können. Dieser Zusatz war ersichtlich vorsorglich gemeint (vgl. BTag-Drs. 15/2250 S. 65).

30 Welche „Sorge" den Gesetzesentwurf hier trieb, ergab die gewählte Textfassung deutlich. Statt zu sagen, daß derartige Mängel auch im Hinblick auf eine Abwägung unbeachtlich sind, betonte der Text, daß sie nicht „geltend gemacht" werden könnten. Dazu heißt es in der Begründung des Gesetzesentwurfs, in der Rechtsprechung sei anerkannt, „daß die Einhaltung bestimmter Verfahren indizielle Bedeutung für die mit der Verfahrensanforderung zu gewährleistende materielle Rechtmäßigkeit der Entscheidung haben" könne (BTag-Drs. 15/2250 S. 32). Das war erneut ein Bezug auf eine „Vermutungsregel" (vgl. Rn. 25). Der **EAG Musterlaß 2004** wiederholt diese fehlerhafte Rechtsansicht unreflektiert und in Verkennung der Gesetz gewordenen Rechtslage (Nr. 3.4.4.2). Der Ausdruck „indiziell" ist in der Rechtssprache hinreichend bestimmt. So muß man wohl festhalten, daß der EAG Musterlaß 2004 die sich in der Gesetzgebung abzeichnende Problemebene nicht einmal annäherungsweise erreicht hat.

31 (4) Der federführende **14. Ausschuß des Bundestages** folgte der Konzeption der BReg. nur eingeschränkt. Er nahm zwei bemerkenswerte Änderungen vor. § 214 Abs. 1 S. 1 Nr. 1 BauGB gab er eine andere Fassung. Das Kriterium der

---

32 So lange Zeit die Vertreter der Ministerialbürokratie, vgl. etwa J. Schliepkorte/M. Tünnemann, Änderungen im allgemeinen Städtebaurecht durch das Europarechtsanpassungsgesetz Bau, in: ZfBR 2004, 645–652 [649]: Die Einhaltung der Verfahrensvorschriften habe indizielle Bedeutung für die mit den Verfahrensschritten zu gewährleistenden materielle Rechtmäßigkeit der Planungsentscheidung. Kritisch bereits insoweit G. Gaentzsch, Änderungen im System der Fehlerfolgen im Rahmen der Bauleitplanung. Vortrag auf der Tagung „BauGB-Novelle 2004 – Aktuelle Entwicklungen des Planungs- und Umweltrechts, 2003, Ms. S. 8, vgl. dazu Bericht B. Hohwiller, „BauGB-Novelle 2004 – Aktuelle Entwicklungen des Planungs- und Umweltrechts" – Bericht über eine wissenschaftliche Fachtagung der Universität Kaiserslautern, in: UPR 2004, 21–23 [23]; ebenso unkritisch U. Kuschnerus, Der sachgerechte Bebauungsplan, 3. Aufl., 2004, Rn. 195.

Offensichtlichkeit bezog er nicht mehr auf die Frage der Kausalität des Mangels, sondern auf das Bestehen des Mangels selbst. Er übernahm eine Fassung, welche die BReg. in ihrer Gegenäußerung vorgeschlagen hatte (BTag-Drs. 15/2250 S. 96). Daß damit – so die Begründung der BReg. – nur eine Vereinheitlichung des Sprachgebrauchs mit dem ebenfalls ergänzten § 214 Abs. 3 S. 2 BauGB erreicht werden sollte, war indes unzutreffend, da der BTags-Ausschuß das Objekt der Offensichtlichkeit austauschte. Außerdem ergänzte der Ausschuß § 214 Abs. 3 S. 2 BauGB um einen Halbsatz. Nunmehr sollten Mängel im Abwägungsvorgang vorbehaltlich § 214 Abs. 1 S. 1 Nr. 1 BauGB nur erheblich sein, „wenn sie offensichtlich und auf das **Abwägungsergebnis** von Einfluß gewesen sind". Nur eine Folgeänderung war es dann, die Präklusionsregelung des § 215 Abs. 1 BauGB „sicherheitshalber" um die Nr. 3 zu ergänzen.

(5) Tatsächlich hatte damit der Gesetzgeber – wie nachfolgend zu zeigen ist – **32** zum bisherigen Konzept der inhaltlichen **Relevanz des Abwägungsvorganges** zurückgefunden. Dieses hatte bereits der BauGB-RE anvisiert. Denn der Entwurf hatte die Erheblichkeit des „Verfahrensmangels" an das Ergebnis des Verfahrens gebunden und damit notwendig inhaltlich relativiert.

Betrachtet man das legislatorische Vorgehen in seiner Substanz, dann zeigt sich, **33** daß der Gesetzgeber Teile des Abwägungsvorganges aus dem Regelungsbereich des § 214 Abs. 3 S. 2 BauGB a.F. in den Regelungsbereich des § 214 Abs. 1 S. 1 Nr. 1 BauGB „verlagert" hat, dort jedoch der Sache nach unter dieselben Erheblichkeitskriterien gestellt hat, wie sie die Rechtsprechung seit längerem zu § 214 Abs. 3 S. 2 BauGB a.F. entwickelt hatte. Der Versuch, das Rechtfertigungskonzept der Bauleitplanung auf ein nur verfahrensmäßig gemeintes Ermitteln und Bewerten zu reduzieren (§ 2 Abs. 3 BauGB) und damit strukturell zu ändern, war aus der Perspektive der Planerhaltung gescheitert.[33] Der Vorschlag der **Unabhängigen Expertenkommission**, die Korrektheit des Verfahrens zum maßgebenden Kriterium des neuen Planerhaltungsrechts zu erheben, war endgültig aufgegeben. Zu einer wünschenswerten textlichen Bereinigung des ursprünglichen Konzeptes fehlte die Kraft.

Bei diesem Gesetzesverständnis erübrigt sich die Frage, ob der Gesetzgeber des **34** EAG Bau aus **verfassungsrechtlichen Gründen** überhaupt zu einem „reinen" Verfahrensfehlermodell übergehen dürfte. Daran bestehen begründete Zweifel. Zumindest planerische Entscheidungen setzen im Kern eine situative Anwendung

---

33 Zutreffend W. Hoppe, Die Abwägung im EAG Bau nach Maßgabe des § 1 VII BauGB 2004. Unter Berücksichtigung von § 2 III, IV BauGB 2004, in: NVwZ 2004, 903–910; I. Kraft, Gerichtliche Abwägungskontrolle von Bauleitplänen, in: UPR 2004, 331–335 [333]: lediglich „Umadressierung"; der Sichtweise des „verfahrensrechtlichen Wende" hingegen (zumeist unkritisch) blieben verhaftet etwa J. Schliepkorte/M. Tünnemann, in: ZfBR 2004, 645–652 [650]; U. Battis, Novellierung des Baugesetzbuchs unter Berücksichtigung der Plan-UP-Richtlinie, in: AnwBl. 2004, 42–45; M. Krautzberger/ B. Stüer, Städtebaurecht 2004: Was hat sich geändert?, in: DVBl 2004, 781–797 [789f.]; H.-D. Upmeier, Einführung zu den Neuerungen durch das Europarechtsanpassungsgesetz Bau (EAG Bau), in: BauR 2004, 1382–1392 [1386]; M. Krautzberger, Europarechtsanpassungsgesetz Bau – EAG Bau 2004: Die Neuregelungen im Überblick, in: UPR 2004, 241–246 [242, 244].

des Grundsatzes der Verhältnismäßigkeit voraus.[34] Das ist ein materielles Prinzip, das einer „reinen" Verfahrensrichtigkeit nicht zugänglich ist. Insoweit dürften „Sachgesetzlichkeiten" bestehen, die der Gesetzgeber verfassungsrechtlich nicht überwinden kann.[35]

35 (6) Die hier referierten Überlegungen zu einer Konzeptänderung der Fehlerlehre waren nur auf die Bauleitplanung des BauGB bezogen. Das **raumordnungsrechtliche „Abwägungsmodell"** (vgl. § 3 Nr. 3, § 7 Abs. 7 S. 1, § 10 Abs. 2 Nr. 2, Abs. 3 ROG) stand dagegen zu keinem Zeitpunkt zur Diskussion. Das in § 10 Abs. 2 und Abs. 3 ROG rahmenrechtlich vorgesehene Planerhaltungsrecht sollte nicht strukturell geändert werden. Das war angesichts der Bindungswirkung der Ziele der Raumordnung kaum folgerichtig. Denn auch für die Aufstellung und Änderung von Raumordnungsplänen bedarf es einer UP nach Maßgabe der Plan-UP-RL (vgl. § 7 Abs. 5 S. 1 ROG).

4.3 Erläuterung zu § 214 Abs. 1 S. 1 Nr. 1 BauGB 2004

4.3.1 Abgrenzungen – Bezug auf § 2 Abs. 3 BauGB 2004

36 (1) § 214 Abs. 1 S. 1 Nr. 1 BauGB erfaßt nur Mängel, die sich aus einer Verletzung des § 2 Abs. 3 BauGB ergeben. Nach dieser Bestimmung sind bei der Aufstellung der **Bauleitpläne** die Belange, die für die Abwägung von Bedeutung sind, zu ermitteln und zu bewerten. Durch die Verweisungsnorm des § 1 Abs. 8 BauGB gilt dies auch für die Änderung, die Ergänzung oder Aufhebung eines Bauleitplans. Es gilt nicht – entgegen dem einleitenden Satzteil des § 214 Abs. 1 S. 1 BauGB – für **„Satzungen"** nach dem BauGB.

37 (2) § 214 Abs. 1 S. 1 Nr. 1 BauGB stellt den Bezug zu **§ 2 Abs. 3 BauGB** her, nicht auch zu **§ 2 Abs. 4 BauGB**. Das entspricht der Fassung des Gesetzesentwurfs der BReg. (vgl. BTag-Drs. 15/2250 S. 21, 63). Zu diesem Zeitpunkt lag § 2 Abs. 4 BauGB als „integrierter" Bestandteil des Aufstellungsverfahrens bereits vor. Bei dieser Sachlage ist schwer zu deuten, aus welchen Gründen § 214 Abs. 1 S. 1 Nr. 1 BauGB zwar auf § 2 Abs. 3 BauGB, nicht aber auf den gerade mit dem EAG Bau verfolgten zentralen Bereich des § 2 Abs. 4 BauGB, also der „strategischen Umweltprüfung", Bezug nimmt.

38 Der Referentenentwurf (3.6.2003) enthielt den Bezug auf § 2 Abs. 3 BauGB oder § 2 Abs. 4 BauGB nicht. Welchen Zweck die spätere Ergänzung „entgegen § 2 Abs. 3" als „Verfahrensfehler" haben sollte, ist nach der insoweit zugänglichen Ent-

34 Vgl. BVerfGE 79, 174 [179] = DVBl 1989, 352 = NJW 1989, 1271 = ZfBR 1989, 115 = BauR 1989, 160; BVerfG NVwZ 2003, 727 = BauR 2003, 1338 = BRS 65 Nr. 6 (2002); BVerwG, Urteil vom 5.7.1974 – 4 C 50.72 – BVerwGE 45, 309 = DVBl 1974, 767 = BauR 1974, 311; vgl. ferner J. Berkemann, Horizonte rechtsstaatlicher Planung, in: FS O. Schlichter, 1995, S. 27–54.

35 Ähnlich M. Quaas/A. Kukk, Neustrukturierung der Planerhaltungsbestimmungen in §§ 214ff. BauGB, in: BauR 2004, 1541–1552 [1545]; I. Kraft, Gerichtliche Abwägungskontrolle von Bauleitplänen, in: UPR 2004, 331–335 [334]; vgl. auch M. Uechtritz, Die Änderung im Bereich der Fehlerfolgen und der Planerhaltung nach §§ 214ff. BauGB, in: ZfBR 2005, 11–20 [15].

stehungsgeschichte nicht nachweisbar.[36] Äußerlich fungiert der Zusatz in seiner „drohenden" Entgegengesetztheit als Verstärkung. Versteht man § 2 Abs. 3 BauGB gegenüber § 2 Abs. 4 BauGB als die maßgebende „Grundnorm", erfaßt § 214 Abs. 1 S. 1 Nr. 1 BauGB alle Mängel der Ermittlung und Bewertung, die für die Gemeinde durch die in § 2 Abs. 4 BauGB angeordnete UP veranlaßt sind. Verneint man dies, gilt für diesen Bereich § 214 Abs. 3 S. 2 Halbs. 2 BauGB. Angesichts der einheitlichen Rechtsfolge der Präklusion in § 215 Abs. 1 BauGB kann weiteres dahinstehen.

4.3.2 Berührte Belange

§ 214 Abs. 1 S. 1 Nr. 1 BauGB erfaßt nur **Belange**, die von der Planung „berührt" **39** werden. Das ist redaktionell nicht präzise. Der Ausdruck „Planung" ist untechnisch gemeint, da nicht alle Satzungen, die § 214 Abs. 1 S. 1 Nr. 1 BauGB erfassen will, zugleich Planungen darstellen. Man kann dem EAG Bau andererseits nicht unterstellen, daß es über das Planerhaltungsrecht mittelbar für städtebauliche Satzungen einen materiellen und verfahrensmäßigen „Planungsbegriff" einführen wollte. Als berührte Belange gilt der nicht abschließende Katalog des § 1 Abs. 6 BauGB, aber auch das insoweit strikte Recht des § 1 Abs. 5 BauGB. Der Bezug auf § 2 Abs. 3 BauGB verweist auf das Abwägungsmaterial. Man kommt der Sache näher, wenn § 214 Abs. 1 S. 1 Nr. 1 BauGB Mängel in der Sachverhaltsgrundlage erfassen will.

4.3.3 Der Gemeinde bekannte berührte Belange

Ist ein berührter Belang der Gemeinde bekannt, ist er gemäß § 2 Abs. 3 BauGB da- **40** mit **äußerlich Teil des entscheidungserheblichen Abwägungsmaterials.** § 214 Abs. 1 S. 1 Nr. 1 BauGB beschreibt das hierauf bezogene als **beachtlich anzusehende Fehlverhalten** der Gemeinde im Umgang mit dem Abwägungsmaterial unter zwei Gesichtspunkten, nämlich dem der Ermittlung und dem der Bewertung. Für die Feststellung der Beachtlichkeit ist folgende **Prüfungsabfolge** zu durchlaufen:

[1] Feststellung der Kenntnis der Gemeinde;

[2] Feststellung der Fehlerhaftigkeit;

[3] Erheblichkeit des festgestellten Fehlers

[4] Prüfung der Offensichtlichkeit;

[5] Prüfung der Kausalität.

4.3.3.1 Ermittlungsfehler trotz Kenntnis

[1] Feststellung der Kenntnis der Gemeinde. § 214 Abs. 1 S. 1 Nr. 1 BauGB **41** geht von einer bestimmten (subjektiven) Kenntnislage der Gemeinde aus. Diese

---

36 Kritisch zu Recht M. Uechtritz, Die Änderung im Bereich der Fehlerfolgen und der Planerhaltung nach §§ 214ff. BauGB, in: ZfBR 2005, 11–20 [12f.]; I. Kraft, Gerichtliche Abwägungskontrolle von Bauleitplänen, in: UPR 2004, 331–335 [332f.].

ist zunächst festzustellen. Das ist eine Frage „historischer" Ermittlung. Ermittlungs-grundlage ist die Planbegründung einschließlich des Umweltberichts und der „zu-sammenfassenden Erklärung". Ermittlungsgrundlage können die Verfahrensakten der Gemeinde sein. Die Kenntnis der Gemeinde ist auf den Zeitpunkt der Beschluß-fassung zu beziehen (§ 214 Abs. 3 S. 1 BauGB). Eine Grenze der Ermittlungsin-tensität bildet das Element der **Offensichtlichkeit des Mangels**. Die Gemeinde kann im Rechtsstreit ihr Informationsniveau erläutern, aber nicht verändern. Die-se Phase der Prüfung endet mit der Feststellung, ob das, was die Gemeinde ihrer Entscheidung zugrunde legte, objektiv unzutreffend war.

42 **[2] Feststellung der Fehlerhaftigkeit.** Obwohl der durch die Entscheidung „be-rührte" Belang der Gemeinde bekannt war, hat sie ihn „in wesentlichen Punkten nicht zutreffend ermittelt". Es fällt nicht leicht, dies zu verstehen. Wenn der Belang bekannt war, dann ist er Bestandteil des Abwägungsmaterials. Wer ihn ermittelt hat, ist dann ohnedies unerheblich. Gemeint ist etwas anderes. Nach § 2 Abs. 3 BauGB in Verb. mit § 4a Abs. 1 BauGB gilt der Grundsatz der Vollständigkeit der Ermittlung, gemeint im Sinne einer umfassenden Informationslage, welche der an-stehenden Entscheidungslage adäquat ist. Die Gemeinde verletzt das Gebot der Vollständigkeit, wenn die Ermittlung lückenhaft oder objektiv fehlerhaft ist.

43 § 214 Abs. 1 S. 1 Nr. 1 BauGB beschreibt diesen Befund sehr deutlich: Die Ge-meinde hat „entgegen § 2 Abs. 3 ... nicht zutreffend ermittelt". Sie hat dann ihrer planerischen Entscheidung einen Belang als Sachverhalt zugrunde gelegt, der ob-jektiv so nicht zutraf, kurz, sie hat sich in tatsächlichen Annahmen oder in der An-nahme der Vollständigkeit geirrt.[37] Das schließt auch fehlerhafte Prognosen ein.

44 **[3] Erheblichkeit des festgestellten Sachfehlers.** Der Fehler der Ermittlung muß „wesentlich" sein, um im Sinne des Planerhaltungsrechts beachtlich sein zu können. Er muß also zumindest kausal für das Ergebnis gewesen sein. Das ver-steht sich von selbst. Das alles erfordert eine Rekonstruktion des internen Ent-scheidungsverlaufs.[38]

45 § 214 Abs. 1 S. 1 Nr. BauGB begrenzt die Kausalitätsprüfung: Der berührte Belang muß „nur" in wesentlichen Punkten nicht zutreffend ermittelt worden sein. Das bedingt eine bewertende Beurteilung. Diese darf allerdings nicht auf das Ergebnis der Entscheidung gerichtet werden. Denn die Prüfung des Einflusses des Mangels steht nach der Konstruktion des § 214 Abs. 1 S. 1 Nr. 1 BauGB noch aus, ist also von der Konstruktion des § 214 Abs. 1 S. 1 Nr. 1 BauGB her analytisch „nachran-gig". Ob die Ermittlung in einem wesentlichen Punkt unzutreffend ist, muß vielmehr auf den Sachverhalt, den der Belang repräsentieren soll, selbst bezogen werden.

---

37 Vgl. zum Ermittlungsbereich W. Hoppe, in: ders./Chr. Bönker/S. Grotefels, Öffentliches Baurecht, 2. Aufl., 2002, S. 275ff.

38 Vgl. methodisch tiefgründig H.-J. Koch, Das Abwägungsgebot im Planungsrecht – Einige Bemer-kungen zur Intensität verwaltungsgerichtlicher Kontrolle, veranlaßt durch das BVerwG, Urteil vom 21.89.1981, in: DVBl 1983, 1125–1133; ders., Abwägungsvorgang und Abwägungsergebnis als Ge-genstände gerichtlicher Plankontrolle, in: DVBl 1989, 399–405.

Berkemann

Es muß sich um einen Informationsmangel handeln, der eine sachgemäße Gesamtbeurteilung des beurteilungsbedürftigen Sachverhaltes ausschließt oder doch deutlich erschwert. Der maßgebende Sachverhalt besteht aus Teilkomplexen der Befundaufnahme (vgl. hierzu § 2 Abs. 3 BauGB, Rn. 73ff.).[39] § 214 Abs. 1 S. 1 Nr. 1 BauGB will – ganz zu Recht – erreichen, daß Nebensächlichkeiten außer Betracht bleiben. Die Argumentations- und Beweislast liegt bei demjenigen, der die Rechtsunwirksamkeit geltend macht („nur beachtlich, wenn").

[4] Prüfung der Offensichtlichkeit. Ist der zugrunde gelegte Sachverhalt objektiv unzutreffend, weil unvollständig oder falsch, und ist dieser Mangel zudem wesentlich, dann muß der so festgestellte Mangel des weiteren dem Kriterium der Offensichtlichkeit genügen, um beachtlich zu sein. Das EAG Bau übernimmt hier die Regelung des § 214 Abs. 3 S. 2 BauGB a.F. (vgl. unten zur Kommentierung des § 214 Abs. 3 Halbs. 2 BauGB). Das an dieser Stelle eingeführte **Evidenzmerkmal** ist zumindest überraschend. Es wird auf einen Mangel bezogen, der sich bereits in der vorherigen Stufe als „nicht unwesentlich" qualifiziert hat. Das Ganze zeugt von konzeptioneller Unsicherheit des Gesetzgebers. **46**

[5] Prüfung der Kausalität. Ist der Mangel offensichtlich, verlangt § 214 Abs. 1 S. 1 Nr. 1 BauGB abschließend eine Kausalitätsprüfung. Der Mangel muß „auf das Ergebnis des Verfahrens von Einfluß gewesen" sein. Das müßte er eigentlich stets sein, wenn er einen wesentlichen Punkt betraf, wie dies § 214 Abs. 1 S. 1 Nr. 1 BauGB tatbestandlich voraussetzt. Auch hier übernimmt das EAG Bau in seiner Konstruktion, methodisch unbedacht, den Vorbehalt des § 214 Abs. 3 S. 2 BauGB a.F., der dort indes eine andere Funktion zu erfüllen hat (vgl. zu § 214 Abs. 3 Halbs. 2 BauGB, Rn. 135ff.). **47**

Im Resümee bedeutet dies: Bei § 214 Abs. 1 S. 1 Nr. 1 BauGB handelt es sich in der Sache keineswegs um die Beachtlichkeit eines „Verfahrensfehlers", jedenfalls nicht in dem Sinne, daß die äußere Ordnungsgemäßheit des Verfahrens die Rechtmäßigkeit des Ergebnisses „indiziert". § 214 Abs. 1 S. 1 Nr. 1 BauGB reguliert – wie die frühere Rechtslage auch – die zu bewertende Relevanz eines Ermittlungsfehlers, also die Korrektheit der erforderlichen Befundaufnahme. Eine sachliche Änderung liegt in alledem nicht.[40] **48**

4.3.3.2 Bewertungsfehler trotz Kenntnis

(1) Nach § 2 Abs. 3 BauGB in Verb. mit § 4a Abs. 1 BauGB ist die Gemeinde verpflichtet, die aufgenommenen (ermittelten) Befunde „zutreffend" zu bewerten. Das kann sie verfehlen. Das EAG Bau führt zwar auch in § 214 Abs. 1 S. 1 Nr. 1 BauGB den Ausdruck des Bewertens ein, läßt aber wiederum offen, was darunter gerade im Sinne des Präklusionsrechts verstanden werden soll (vgl. auch Kom- **49**

---

39 Vgl. W. Hoppe, in: ders./Chr. Bönker/S. Grotefels, Öffentliches Baurecht, 2. Aufl., 2002, S. 249ff.; O. Reidt, in: K. Gelzer/Chr. Bracher/O. Reidt, Bauplanungsrecht, 7. Aufl., 2004, Rn. 570ff.

40 Wie hier W. Hoppe, Die Abwägung im EAG Bau nach Maßgabe des § 1 VII BauGB 2004. Unter Berücksichtigung von § 2 III, IV BauGB 2004, in: NVwZ 2004, 903–910.

mentierung zu § 2 Abs. 3). Da § 2 Abs. 3 BauGB seinerseits auf das „**Abwägungs-material**" im Sinne des § 1 Abs. 7 BauGB verweist, könnte man die Vorschrift dahin verstehen, daß mit „Bewerten" die Gewichtung der für die Abwägung bedeutsamen Belange gemeint ist. Es gelten dann die Erkenntnisse, welche die Rechtsprechung für den **Abwägungsvorgang** im engeren Sinne erarbeitet hat. Indes changiert das EAG Bau mit dem Wort „bewerten" (vgl. § 2 BauGB, Rn. 76f.).[41] Folgt man der Sprache des § 12 UVPG, dann bezieht sich das „Bewerten" eher auf die beurteilende Feststellung, daß ein ermittelter Belang objektiv abwägungsrelevant ist, ohne daß damit bereits seine Gewichtung im Abwägungsvorgang vorgegeben wird.[42] Der Gesetzgeber hätte bei diesem Verständnis den Abwägungsvorgang mittels §§ 2 Abs. 3, 214 Abs. 1 S. 1 Nr. 1 BauGB zusätzlich „strukturiert". Man muß wiederum bezweifeln, ob der Gesetzgeber des EAG Bau für sein Konzept der Planerhaltung noch einen hinreichenden systemischen Durchblick hatte. Seine textlichen Irrungen erleichtern die Rechtsanwendung jedenfalls nicht.

50 (2) Die Beachtlichkeit eines Bewertungsfehlers bei „bekannten" Belangen entspricht strukturell der Maßgeblichkeit eines Ermittlungsfehlers. Die Feststellung des Bewertungsvorganges erfordert dessen Rekonstruktion. Erst darauf kann sich die weitere Frage stützen, ob die Gemeinde Belange „nicht zutreffend" bewertet hat. Die von der Gemeinde gemäß § 1 Abs. 7 BauGB autonom auszufüllenden **Bewertungsfreiräume** (Abwägungsspielraum) reduzieren den Fehlerbereich. Bedeutsam sind in erster Linie normative Gewichtungsvorgaben (Bedeutungsgehalt). Im Ergebnis bedeutet dies weitgehend eine „nachvollziehende" Abwägungskontrolle. Fehlerhaft ist es, wenn unter den gegebenen Umständen abwägungserhebliche (bewertbare) Belange („Abwägungsposten") ausgeblendet oder in ihrer zu bewertenden Relevanz zueinander unzutreffend und unsachgemäß beurteilt werden. Einzelheiten können hier nicht dargestellt werden.

51 (3) Nach § 214 Abs. 1 S. 1 Nr. 1 BauGB ist der Bewertungsfehler nur beachtlich, wenn die Bewertung „in wesentlichen Punkten" unzutreffend ist. Das ist ein Korrektiv, das angesichts des vorausgesetzten Bewertungsfreiraums eher selten bedeutsam ist. Auch hier gilt es, Nebensächlichkeiten außer Betracht zu lassen. Zu Recht nimmt das EAG Bau dazu eine pragmatische Sicht ein. Geringfügige Bewertungsdefizite oder andere Bewertungsmängel würden die Gemeinde bei Beachtlichkeit des Fehlers schwerlich veranlassen, bei erneuter Beschlußfassung zu einem nunmehr anderen Ergebnis zu gelangen.

52 (4) Liegt ein wesentlicher Bewertungsmangel vor, so muß er offensichtlich sein, um rechtlich beachtlich sein zu können. Ist auch das der Fall, verlangt § 214 Abs. 1 S. 1 Nr. 1 BauGB abschließend eine Kausalitätsprüfung (vgl. unten zur Kommentierung des § 214 Abs. 3 Halbs. 2 BauGB). Bei einem offensichtlichen Bewertungs-

---

41 Kritisch auch M. Uechtritz, Die Änderung im Bereich der Fehlerfolgen und der Planerhaltung nach §§ 214ff. BauGB, in: ZfBR 2005, 11–20 [15], der die Ungereimtheiten in einer „Fiktion" für die gerichtliche Kontrolle retten will.

42 Hierfür U. Stelkens, Planerhaltung bei Abwägungsmängeln nach dem EAG Bau, in: UPR 2005, 81–88 [84].

Berkemann

fehler wird man fast stets die Ursächlichkeit anzunehmen haben (vgl. Rn. 41). § 214 Abs. 1 S. 1 Nr. 1 BauGB fordert dem Wortlaut nach an sich den positiven Nachweis, daß der Bewertungsfehler auf das Ergebnis „von Einfluß gewesen ist". Dieser Nachweis könnte mit Gewißheit nur in den seltensten Fällen geführt werden. Aus diesem Grunde hat die Rechtsprechung die Anforderungen gemindert. Mängel sind danach auf das Ergebnis dann von Einfluß gewesen, wenn nach den Umständen des jeweiligen Falles die **konkrete Möglichkeit** besteht, daß ohne den Mangel die Planung anders ausgefallen wäre.[43] Das ist ohne eine hypothetische Betrachtung nicht möglich. Dazu will das BVerwG gleichwohl aus Gründen der Bestandssicherung der Bauleitplanung einen „strengen Maßstab" anlegen.[44]

4.3.4 Der Gemeinde nicht bekannte, dennoch „berührte" Belange

(1) Beachtlich sind auch Belange, die der Gemeinde nicht bekannt waren, ihr aber **53** hätten bekannt sein müssen. Die in § 214 Abs. 1 S. 1 Nr. 1 BauGB aufgestellte Forderung, daß auch diese Belange „in wesentlichen Punkten nicht zutreffend ermittelt oder bewertet worden sind", ergibt keinen Sinn. Wenn die Gemeinde die Belange nicht kannte, läßt sich auch nicht feststellen, ob sie unzutreffend ermittelt oder bewertet wurden. Es fehlt am Objekt der Betrachtung.

(2) Ähnlich § 4a Abs. 6 S. 1 BauGB behandelt § 214 Abs. 1 S. 1 Nr. 1 BauGB eine **54** **defizitäre Sachlage**. § 214 Abs. 1 S. 1 Nr. 1 BauGB bestätigt damit die Rechtsprechung, nach der es einen Mangel der Abwägung darstellt, wenn die Gemeinde einen Belang unbeachtet läßt, dessen Kenntnis sich ihr hätte „**aufdrängen**" müssen.[45] Das ist letztlich eine Frage der Ermittlungs- und Bewertungssensibilität, die im Einzelfall zu fordern ist. Präzisierende Aussagen, die einen auf den Einzelfall bezogenen subsumtiven Charakter haben, lassen sich dazu nicht treffen. Der Maßstab des „Bekanntseinmüssens" bestimmt sich nach der gebotenen Sorgfalt der Planungstätigkeit der Gemeinde (vgl. dazu § 2 Abs. 3 BauGB).

---

43 Vgl. bereits BVerwG, Urteil vom 21.8.1981 – 4 C 57.80 – BVerwGE 64, 33 = DVBl 1982, 354 = NJW 1982, 591 = BauR 1981, 535 = BRS 36 Nr. 37 zu § 155 b Abs. 2 S. 2 BBauG 1979 (textidentisch mit § 214 Abs. 3 S. 2 BauGB 1987); vgl. ferner BVerwG, Urteil vom 30.5.1984 – 4 C 58.81 – BVerwGE 69, 256 = DVBl 1984, 1075 = NVwZ 1984, 718 (Flughafenplanung); Urteil vom 5.12.1986 – 4 C 13.85 – BVerwGE 75, 214 [228] = DVBl 1987, 573 = NVwZ 1987, 578 = BauR 1987, 412 = BRS 46 Nr. 24 (Flughafenplanung); Beschluß vom 20.1.1992 – 4 B 71.90 – NVwZ 1992, 663 = BauR 1992, 344 = BRS 54 Nr. 18.

44 BVerwG, Beschluß vom 20.1.1995 – 4 NB 43.93 – DVBl 1995, 518 = NVwZ 1995, 692 = ZfBR 1995, 145 = BauR 1996, 63 = BRS 57 Nr. 22; ähnlich zum Planfeststellungsrecht BVerwG, Urteil vom 30.5.1984 – 4 C 58.81 – BVerwGE 69, 256 [269 f.] = DVBl 1984, 1075 = NVwZ 1984, 718; Urteil vom 14.11.2002 – 4 A 15.02 – BVerwGE 117, 149 = DVBl 2003, 534 = NVwZ 2003, 485; BVerwG, Urteil vom 31.1.2002 – 4 A 15.01 – DVBl 2002, 990 = NVwZ 2002, 1103 = BauR 2002, 1676 = BRS 65 Nr. 216 (2002).

45 BVerwG, Beschluß vom 9.11.1979 – 4 N 1.78 u.a. – BVerwGE 59, 87 [104] = DVBl 1980, 233 = NJW 1980, 1061 = ZfBR 1980, 39 = BauR 1980, 36 = BRS 35 Nr. 24; Beschluß vom 25.1.2001 – 6 BN 2.00 – ZfBR 2001, 419 = BRS 64 Nr. 214 (2001); ebenso für die Fachplanung BVerwG, Urteil vom 13.9.1985 – 4 C 64.80 – NVwZ 1986, 740 = BauR 1986, 59 = BRS 44 Nr. 20; Beschluß vom 11.1.2001 – 4 B 37.00 – NVwZ 2001, 1398 (zu § 17 Abs. 4 FStrG); vgl. auch G. Gaentzsch, in: BK, 3. Aufl., 2002, § 3 Rn. 3; U. Battis, in: B/K/L, 9. Aufl., 2005, § 4a Rn. 15 a.E.; M. Krautzberger, in: E/Z/B/K (Stand: Mai 2003), BauGB, § 4 Rn. 31.

55 Der Betrachter muß dazu notwendig eine **bewertende Sichtweise** einnehmen. Diese muß sich an der zu fordernden Professionalität der Planungstätigkeit der Gemeinde einerseits und an den Auswirkungen der konkreten Planung andererseits ausrichten. Dabei stellt die **objektive Erkennbarkeit** des Belangs ein gewichtiges Merkmal dar. Bei der Anwendung des § 214 Abs. 1 S. 1 Nr. 1 BauGB handelt es sich um eine objektive Beurteilung. Deshalb sind subjektive, auf einen Verschuldensmaßstab etwa des Amtshaftungsrechtes bezogene Kriterien auszuschalten. § 214 Abs. 1 S. 1 Nr. 1 BauGB ist zu entnehmen, daß das Defizit „wesentlich" sein muß. Im Gefüge der zu treffenden Abwägungsentscheidung fehlt ein gewichtiger Gesichtspunkt, der für eine sachgemäße Interessenbeurteilung und Konfliktlösung bedeutsam ist.

56 (3) Liegt ein derartiger Mangel vor, so muß er offensichtlich sein. Das wird sich in aller Regel anhand der Planungsunterlagen einerseits und den mit der Planung verbundenen Folgen andererseits feststellen lassen.

57 (4) Ist auch die Offensichtlichkeit des Mangels gegeben, verlangt, wie erörtert, § 214 Abs. 1 S. 1 Nr. 1 BauGB abschließend eine Kausalitätsprüfung (vgl. unten zur Kommentierung des § 214 Abs. 3 Halbs. 2 BauGB). Bei einem offensichtlichen „Defizit" wird man fast stets die Ursächlichkeit anzunehmen haben. Handelt es sich um einen „wesentlichen" Mangel, dann erlaubt dieser Befund keine Prognose, wie die Gemeinde im Falle der Kenntnis entschieden hätte. In diesem Fall – mehr als sonst – läßt sich die Annahme rechtfertigen, daß nach den Umständen des Falles die **konkrete Möglichkeit** besteht, daß ohne den Mangel die Entscheidung anders ausgefallen wäre (vgl. Rn. 47).

5. Fehlergruppe – § 214 Abs. 1 Satz 1 Nr. 2 BauGB 2004

58 Die Fehlergruppe entspricht im wesentlichen § 214 Abs. 1 S. 1 Nr. 1 BauGB 1987. Die Änderungen sind zumeist redaktioneller Art. Die interne Unbeachtlichkeitsklausel erweitert den Personenkreis, dessen unterlassene Beteiligung für den Bestand des Bauleitplanes unschädlich sein soll. Zugleich wird die Nichtbeteiligung mit einem Kausalitätserfordernis verkoppelt.

5.1 1. Stufe: Beachtliche Verfahrensverstöße

59 Die Verletzung der Vorschriften über die Öffentlichkeits- und Behördenbeteiligung nach § 3 Abs. 2, § 4 Abs. 2, §§ 4a und 13 Abs. 2 Nr. 2 und 3, § 22 Abs. 9 Satz 2, § 34 Abs. 6 Satz 1 sowie § 35 Abs. 6 Satz 5 sind grundsätzlich beachtlich.

5.1.1 Beteiligung der Öffentlichkeit (§ 3 Abs. 2 BauGB 2004)

60 (1) **Zielsetzung.** Die Bekanntmachung nach § 3 Abs. 2 S. 1 BauGB hat die Aufgabe, „dem an der Bauleitplanung interessierten Bürger sein Interesse an Information und Beteiligung durch Anregungen und Bedenken bewußt zu machen und da-

durch eine gemeindliche Öffentlichkeit herzustellen"[46] (sog. Anstoßfunktion). Das gilt in formaler, aber auch in inhaltlicher Hinsicht. Die Angabe einer Nummer eines B-Planes genügt nicht.[47] Ebenso ist die bloße Aufzählung von Flurnummern unzureichend.[48] Werden zwei B-Pläne gleichzeitig ausgelegt, muß Vorsorge gegen eine mögliche Verwechslung getroffen werden.[49]

(2) Umstritten ist, ob ein ausdrücklicher Auslegungsbeschluß geboten ist.[50] § 3 **61** Abs. 2 BauGB sieht eine förmliche Beschlußfassung über die Offenlegung nicht vor. Die Nichtigkeit des Beschlusses, einen Entwurf gemäß § 3 Abs. 2 BauGB auszulegen, führt bundesrechtlich nicht zur Unwirksamkeit des später beschlossenen B-Plans.[51]

(3) **Fristen.** Mängel in der ortsüblichen Bekanntmachung oder der Berechnung **62** der Wochen- und Monatsfristen sind beachtliche Verfahrensfehler. Eine Verkürzung der einmonatigen Auslegungsfrist oder eine Auslegung ohne Begründung ist beachtlich. Eine Verkürzung der Bekanntmachungsfrist für die Auslegung des Entwurfs eines B-Plans ist für seine Wirksamkeit nur unerheblich, wenn die (bekannt gemachte) Dauer der Auslegung so bemessen ist, daß die Mindestfristen des § 3 Abs. 2 S. 1 und 2 BauGB für Bekanntmachung und Auslegung des Entwurfs insgesamt eingehalten werden.[52] Eine datumsmäßige Angabe des Fristendes der Auslegung ist zwar sinnvoll, aber nicht zwingend.[53] Bei der Berechnung der Frist ist der erste Tag der Auslegung mitzuzählen.[54]

(4) **Auslegungsinhalt.** Der Auslegungsinhalt erstreckt sich nach § 3 Abs. 2 S. 1 **63** auf den Planentwurf, auf dessen Begründung, und zwar einschließlich des Umweltberichts, und die bereits vorhandenen umweltbezogenen Stellungnahmen, soweit diese nach Einschätzung der Gemeinde „wesentlich" sind, und auf Angaben

---

46 BVerwG, Urteil vom 6.7.1984 – 4 C 22.80 – BVerwGE 69, 344 = DVBl 1985, 110 = NJW 1985, 1570 = UPR 1984, 25 = ZfBR 1984, 291 = BauR 1984, 602 = BRS 42 Nr. 23; vgl. R. Hendler, Rechtsprechungsbericht zum öffentlichen Baurecht (Bauleitplanung) – Teil 1, in: JZ 1987, 495–503 [496].

47 Vgl. BVerwG, Urteil vom 10.8.2000 – 4 CN 2.99 – DVBl 2000, 1861 = NVwZ 2001, 203 = UPR 2001, 67 = BauR 2001, 87 = ZfBR 2001, 61 = BauR 2001, 71 = BRS 63 Nr. 42 (2000) zur Bekanntmachung nach § 10 Abs. 3 BauGB.

48 BVerwG, Urteil vom 26.5.1978 – 4 C 9.77 – BVerwGE 55, 369 [375] = DVBl 1978, 815 = NJW 1878, 2564 = BauR 1978, 276; VGH Mannheim, 14.12.2001 – 8 S 375/01 – VBlBW 2002, 304 = BRS 64 Nr. 44.

49 Vgl. VGH Mannheim, Urteil vom 9.8.2002 – 5 S 818/00 – NVwZ-RR 2003, 331 = ZfBR 2003, 65 = VBlBW 2003, 208.

50 Vgl. VGH Mannheim, Urteil vom 24.3.1982 – 3 S 599 / 81 – NuR 1983, 121: Beschluß des Gemeinderates über den Planentwurf enthält stillschweigend die Ermächtigung an die Verwaltung zur Auslegung.

51 VGH Kassel, Urteil vom 5.5.2003 – 9 N 640/00 – HGZ 2003, 396 = NuR 2004, 47 = ZfBR 2003, 704 (L), der auch einen Mangel nach hess. Landesrecht verneint.

52 BVerwG, Beschluß vom 23.7.2003 – 4 BN 36.03 – NVwZ 2003, 1391 = UPR 2003, 450 = ZfBR 2004, 64 = NuR 2004, 109 = BauR 2004, 42.

53 BVerwG, Beschluß vom 8.9.1992 – 4 NB 17.92 – NVwZ 1993, 475 = UPR 1993, 26 = ZfBR 1993, 31 = BauR 1993, 305 = BRS 54 Nr. 27.

54 GmSOBG, Beschluß vom 6.6.1972 – GmS-OBG – 2/71 – BVerwGE 40, 363 = DVBl 1973, 30 = BauR 1972, 350 = BRS 25 Nr. 16.

darüber, welche Arten umweltbezogener Informationen verfügbar sind.[55] Ob darüber hinaus Unterlagen auszulegen sind, regelt § 3 Abs. 1 S. 1 BauGB nicht.

64 Das BVerwG hat den Kreis der Unterlagen erweitert, wenn dies zum substantiellen Verständnis des Entwurfs erforderlich ist. Dazu können alsdann auch eingeholte Gutachten gehören.[56] Das ist nach der Zielsetzung des § 3 Abs. 2 BauGB auf die Bauleitplanung übertragbar. Das gilt etwa für die „Machbarkeit des Vorhabens" in immissionsschutzrechtlicher Sicht. Die Auslegung zur beabsichtigten Bebauungsplanung eingeholter Gutachten ist dann nicht erforderlich, wenn dem Informationszweck dieser Vorschrift durch die ausgelegten Unterlagen genügt ist.[57]

65 Bei **Fehlern in Hinweisen** (§ 3 Abs. 2 S. 2 BauGB) kommt es auch auf die Sicht des „verständigen" Bürgers an. Hier stellt § 4a Abs. 6 S. 2 BauGB die maßgebende materielle Sanktion dar (vgl. auch § 4a Rn. 119). Insoweit erfordert § 214 Abs. 1 S. 1 Nr. 2 BauGB eine reduktive Auslegung.

66 **(5) Einsichtnahme.** Eine andere Frage ist es, ob und in welchem Umfang Einsicht in die vorhandenen Unterlagen zu gewähren ist. Hier besteht hinsichtlich umweltbezogener Angaben grundsätzlich auch ein Anspruch auf Information nach dem **Umweltinformationsgesetz** [UIG].[58] Der Anspruch nach § 4 Abs. 1 S. 1 UIG richtet sich im Bauleitplanverfahren gegen die Gemeinde als „Behörde" im Sinne von Art. 2 Buchst. b) UI-RL. Diese hat für ihre Entscheidung gemäß § 1 Abs. 7 in Verb. mit § 2 Abs. 4 S. 4 BauGB, mithin kraft Gesetzes, Umweltbelange zu berücksichtigen.[59] Die Ausübung des in § 4 Abs. 1 S. 2 UIG eingeräumten behördlichen Ermessens, in welcher Weise der Anspruch auf Informationen über die Umwelt erfüllt wird, ist an dem Zweck der Umweltinformations-RL 90/313/EWG vom 23.6.1990 auszurichten und damit restriktiv zu verstehen. Ein Auswahlermessen besteht deshalb nur zwischen solchen Informationsmitteln, die im wesentlichen

---

55 Zurückhaltend seinerzeit noch BVerwG, Beschluß vom 17.5.1995 – 4 NB 30.94 – DVBl 1995, 1010 = NJW 1995, 2572 = UPR 1995, 311 = ZfBR 1995, 269 = BauR 1995, 654 = BRS 47 Nr. 2 (1995) zu § 17 S. 2 in Verb. mit § 2 Abs. 1 S. 3 UVPG a.F.

56 BVerwG, Urteil vom 5.12.1986 – 4 C 13.85 – BVerwGE 75, 214 [224] = DVBl 1987, 573 = NVwZ 1987, 578 = BauR 1987, 412 = BRS 46 Nr. 24 (luftverkehrsrechtliche Fachplanung) zu § 73 Abs. 3 VwVfG.

57 OVG Münster, Urteil vom 2.3.1998 – 7a D 172/95.NE – NVwZ-RR 1999, 228 = NWVBl 1998, 359 = BRS 60 Nr. 37 (1998); vgl. auch M. Uechtritz, Die Änderung im Bereich der Fehlerfolgen und der Planerhaltung nach §§ 214ff. BauGB, in: ZfBR 2005, 11–20 [13].

58 Gesetz zur Umsetzung der Richtlinie 90/313/EWG des Rates vom 7.6.1990 über den freien Zugang zu Informationen über die Umwelt – Umweltinformationsgesetz (UIG) – vom 8.7.1994 (BGBl I S. 1490); vgl. auch Richtlinie des Rates vom 7.6.1990 über den freien Zugang zu Informationen über die Umwelt (90/313/EWG) – ABl EG Nr. L 158 vom 23.6.1990, S. 56. Inzwischen liegt als Änderung die Richtlinie 2003/4/EG vom 28.1.2003 des Europäischen Parlaments und des Rates über den Zugang der Öffentlichkeit zu Umweltinformationen und zur Aufhebung der Richtlinie 90/313/EWG des Rates (ABl EG Nr. L 41 S. 26) vor, Text auch abgedruckt in NVwZ 2003, 842.

59 Vgl. A. Theuer, Der Zugang zu Umweltinformationen aufgrund des Umweltinformationsgesetzes (UIG), in: NVwZ 1996, 326–333 [328]; A. Faber, Die Bedeutung des Umweltinformationsgesetzes für die Kommunalverwaltung, in: DVBl 1995, 722–729 [726f.]; V. Müller/J.-U. Heuer, Problemfälle des Anspruchs auf Umweltinformation, in: NVwZ 1997, 330–333; M. Butt, Erweiterter Zugang zu behördlichen Umweltinformationen, in: NVwZ 2003, 1071–1075.

Berkemann

die gleiche Informationseignung besitzen.[60] Die Verletzung des § 4 Abs. 1 S. 1 UIG dürfte indiziell für die Verletzung des § 3 Abs. 2 BauGB in Verb. mit § 2a BauGB sein.

(6) Sind nur **einzelne Personen** unbeteiligt geblieben, ist dies unbeachtlich. Das **67** EAG Bau erweitert hier die interne Unbeachtlichkeitsklausel. Eine substantielle Änderung liegt darin nicht.

5.1.2 Beteiligung der Behörden (§ 4 Abs. 2 BauGB 2004)

§ 214 Abs. 1 S. 1 Nr. 2 BauGB entspricht hinsichtlich der Behördenbeteiligung der **68** bisherigen Rechtslage. Das EAG Bau hat in § 4 Abs. 2 BauGB den Kreis der TöB um „Behörden" erweitert (vgl. § 4 Rn. 9). Für die Unbeachtlichkeit kommt es nicht darauf an, aus welchen Gründen die Gemeinde einen TöB nicht beteiligte.[61] Beachtlichkeit ist immer gegeben, wenn die Gemeinde den Verfahrensschritt der Behördenbeteiligung „ausfallen" läßt.

5.1.3 Gemeinsame Vorschriften zur Beteiligung (§ 4a BauGB 2004)

Die Verweisung auf § 4a BauGB betrifft dort zahlreiche Vorschriften. Fehler kön- **69** nen im Parallelverfahren und in der erneuten Auslegung und Behördenbeteiligung entstehen. Bei der Nutzung der elektronischen Informationstechnologie ist dies weniger zu erwarten. Bei Mängeln in der Anwendung des § 4a Abs. 5 BauGB stellt sich die Frage, wer entstandene Fehler in der „grenzüberschreitenden Beteiligung" geltend machen kann.

5.1.4 Vereinfachtes Verfahren (§ 13 BauGB)

(1) § 214 Abs. 1 S. 1 Nr. 1 BauGB a.F. hatte bereits auf Fehler im vereinfachten **70** Verfahren in zweifacher Weise Bezug genommen. Das EAG Bau differenziert weiter.

(2) Die Verletzung der Beteiligung gemäß § 13 Abs. 2 Nrn. 2 oder 3 BauGB ist **71** beachtlich. Das erfaßt auch eine fehlerhafte Beurteilung der Betroffenheit. Hat das unzuständige Gemeindeorgan die ihm eröffnete facultas alternativa (§ 13 Abs. 2 Nr. 2 oder 3 BauGB) ausgeübt, so stellt dies einen nur landesrechtlich erheblichen Verstoß dar. Das gleiche gilt, wenn der Beschluß entgegen dem maßgebenden Kommunalverfassungsrecht nicht in öffentlicher Sitzung gefaßt wurde.

5.1.5 Fremdenverkehrssatzung (§ 22 Abs. 9 Satz 2 BauGB 2004)

Eine sachliche Änderung gegenüber § 214 Abs. 1 S. 1 Nr. 1 BauGB a.F. besteht **72** nicht. § 22 Abs. 9 S. 2 BauGB ist nur redaktionell geändert.

---

60 BVerwG, Urteil vom 6.12.1996 – 7 C 64.95 – BVerwGE 102, 282 = DVBl 1997, 438 = NJW 1997, 753 = UPR 1997, 109 = NuR 1997, 401 = NWVBl 1997, 460.
61 OVG Lüneburg, Urteil vom 14.9.2000 – 1 K 5414/98 – NVwZ 2001, 452 = ZfBR 2001, 134 = BRS 63 Nr. 66.

5.1.6 Innenbereichssatzung (§ 34 Abs. 6 Satz 1 BauGB 2004)

73 Eine sachliche Änderung gegenüber § 214 Abs. 1 S. 1 Nr. 1 BauGB a. F. besteht nicht. § 34 Abs. 6 S. 1 BauGB ist nur redaktionell unter gleichzeitiger Anpassung an § 13 Abs. 2 BauGB geändert.

5.1.7 Außenbereichssatzung (§ 35 Abs. 6 Satz 5 BauGB 2004)

74 Eine sachliche Änderung gegenüber § 214 Abs. 1 S. 1 Nr. 1 BauGB a. F. besteht nicht. § 35 Abs. 6 S. 5 BauGB ist nur redaktionell geändert.

5.1.8 Nicht benannte Satzungen

75 (1) § 214 Abs. 1 S. 1 Nr. 2 BauGB erfaßt zahlreiche Satzungen nicht. Das EAG Bau hat keinen Anlaß zu Änderungen gesehen. Das BauGB verlangt für die nachfolgend genannten Satzungen kein Beteiligungsverfahren: Veränderungssperre (§ 14 ff. BauGB); besonderes Vorkaufsrecht (§ 25 BauGB); Erschließungsbeitragssatzung (§ 132 BauGB); naturschutzrechtliche Kostensatzung (§ 135 c BauGB); Sanierungssatzung (§§ 142, 162, 170 BauGB); Entwicklungssatzung (§ 165 BauGB); Stadtumbausatzung (§ 171d BauGB); Erhaltungssatzung (§ 172 BauGB).

76 (2) Sollten das Kommunalverfassungsrecht in diesen Fällen eine Öffentlichkeitsbeteiligung vorsehen oder die entsprechenden Rechtsvorschriften verletzt werden, handelt es sich nicht um eine Verletzung von Verfahrensvorschriften des BauGB, sondern des Landesrechts.

5.2   2. Stufe: Interne Unbeachtlichkeitsregelung

5.2.1 Beteiligungsmängel

77 (1) Das EAG Bau hat die **interne Unbeachtlichkeitsklausel** bei Nichtbeteiligung einzelner Träger aufrechterhalten.[62] Danach ist, wenn bei Anwendung der Vorschriften über die Beteiligung (§§ 3 Abs. 2, 4 Abs. 2 BauGB) einzelne Personen, Behörden oder sonstige TöB, die nicht beteiligt wurden, die entsprechenden Belange jedoch unerheblich waren oder in der Entscheidung berücksichtigt worden sind, ein beachtlicher Beteiligungsfehler nicht gegeben. Es muß sich um **„einzelne"** Beteiligte handeln. Sind nur **einzelne Personen** unbeteiligt geblieben, ist dies unbeachtlich. Das EAG Bau erweitert hier die interne Unbeachtlichkeitsklausel. Eine substantielle Änderung liegt darin nicht.

78 (2) Der „entsprechende" Belang muß auch inhaltlich unerheblich sein, um rechtlich unbeachtlich sein zu können.[63] § 214 Abs. 1 S. 1 Nr. 2 BauGB sanktioniert nicht die unterlassene Beteiligung als solche, sondern den durch eine Beteiligung

---

62 Vgl. W. Erbguth, Rechtsschutzfragen und Fragen der §§ 214 und 215 BauGB im neuen Städtebaurecht, in: DVBl 2004, 802–810 [804].

63 M. Uechtritz, Michael, Die Änderung im Bereich der Fehlerfolgen und der Planerhaltung nach §§ 214ff. BauGB, in: ZfBR 2005, 11–20 [13]; U. Battis, in: B/K/L, BauGB, 9. Aufl., 2005, § 214 Rn. 6.

Berkemann

zu repräsentierenden „entsprechenden" Belang, also gerade den Belang, welcher der unterlassenen Beteiligung „entspricht". Ist dieser – bezogen auf die Entscheidung – unerheblich, fehlt es an der Kausalität des Verfahrensmangels. Dasselbe gilt, wenn der Belang aus anderen Gründen in der „Entscheidung" berücksichtigt wurde. Das ist selbstverständlich, bedurfte schwerlich der gesetzgeberischen Betonung. Weshalb das BauGB den Ausdruck „Entscheidung" wählt statt „Beschlußfassung" bleibt ungeklärt.

(3) Sind mehr als nur **„einzelne"** Personen, Behörden oder sonstige TöB nicht **79** beteiligt worden, obwohl sie nach Maßgabe der §§ 3 Abs. 2, 4 Abs. 2 BauGB im Verfahren hätten beteiligt werden müssen, liegt ein beachtlicher Verfahrensfehler vor. Auch die fehlende Beteiligung mehrerer „einzelner" Personen oder Behörden kann unerheblich sein, solange damit nicht insgesamt wesentliche Informationssegmente ausfallen.

5.2.2 Umweltbezogene Angaben

(1) Fehlen nur **einzelne Angaben** darüber, welche Arten von umweltbezogenen **80** Informationen verfügbar sind, ist dies nach § 214 Abs. 1 S. 1 Nr. 2 Halbs. 2 BauGB unbeachtlich. Derartige Informationen anzugeben, ist im Verfahren des Offenlegungsverfahrens (vgl. § 3 Abs. 2 S. 2 BauGB) Pflicht.

(2) Ob „einzelne" Angaben fehlen, ist nicht numerisch festzustellen. Vielmehr ist **81** deren Relevanz zu gewichten. Erteilt die Gemeinde (z.B. durch einen Gemeindebeamten) während des Offenlegungsverfahrens über umweltbezogene Angaben nähere Auskünfte, so ist dies zulässig und unter den Voraussetzungen des § 4 Abs. 1 S. 1 UIG sogar geboten. Derartige Auskünfte müssen indes „richtig, klar, unmißverständlich und vollständig erteilt werden, damit der Empfänger der Auskunft entsprechend disponieren kann".[64] Das gilt erst recht, wenn der Auskunftsberechtigte von der Planung abwägungserheblich „betroffen" sein kann.

5.2.3 Unbeachtliche Verstöße gegen § 13 BauGB 2004

(1) Wurde der Hinweis nach § 13 Abs. 3 S. 2 BauGB unterlassen, ist dies als Ver- **82** fahrensfehler unbeachtlich. Voraussetzung ist, daß die Gemeinde gerade das vereinfachte Verfahren bewußt gewählt hat.[65] Die Regelung ist im Hinblick auf den abschließenden Verfahrenskatalog des § 214 Abs. 1 S. 1 Nr. 2 Halbs. 1 BauGB überflüssig.

(2) Nach § 214 Abs. 1 S. 1 Nr. 2 Halbs. 2 BauGB ist nur die Wahl des falschen **83** Beteiligungsverfahrens (§ 13 Abs. 2 Nr. 2 BauGB) unbeachtlich, nicht aber das

---

64 BGH, Urteil vom 8.1.1976 – III ZR 5/74 – DVBl 1977, 576 [577].
65 M. Uechtritz, Die Änderung im Bereich der Fehlerfolgen und der Planerhaltung nach §§ 214ff. BauGB, in: ZfBR 2005, 11–20 [13]; vgl. ferner VGH Mannheim, Urteil vom 17.10.1989 – 5 S 3065/88 – NVwZ-RR 1990, 290 = UPR 1990, 308 = BauR 1990, 448 = BRS 50 Nr. 34; OVG Lüneburg, Urteil vom 19.10.2000 – 1 K 4464/88 – BRS 63 Nr. 28 (2000); P. Lemmel, in: BK, 3. Aufl., 2002, § 214 Rn. 24.

völlige Unterlassen der notwendigen Beteiligung eines betroffenen Bürgers.[66] „Verkannt" hat die Gemeinde nur, wenn sie die Voraussetzungen für die Anwendung des § 4a Abs. 3 S. 4 BauGB oder des § 13 BauGB fehlsam beurteilt hat, dagegen nicht, wenn sie die gesetzlichen Voraussetzungen schlicht übergangen oder übersehen hat.[67]

5.2.4 Unbeachtliche Verstöße gegen § 4a Abs. 3 Satz 4 BauGB 2004

84 Eine sachliche Änderung gegenüber § 214 Abs. 1 S. 1 Nr. 1 BauGB a.F. besteht nicht. Der dort in Bezug genommene § 3 Abs. 3 S. 3 BauGB a.F. entspricht – unter redaktioneller Anpassung – § 4a Abs. 3 S. 4 BauGB.

5.3 Von vornherein unbeachtliche Verfahrensverstöße

85 (1) Aus dem Positivkatalog der beachtlichen Verfahrensverstöße ergibt sich mittelbar eine **Verlustliste** der folgenlosen Verfahrensfehler. Nicht benannte Verfahrens- und Formvorschriften des Bundesrechts sind generell unbeachtlich (sog. **externe Unbeachtlichkeit**).[68]

86 (2) **Beispiele:** Der Aufstellungsbeschluß (§ 2 Abs. 1 S. 2 BauGB) ist keine Wirksamkeitsvoraussetzung für den Bauleitplan.[69] Eine unterlassene Festlegung des Detaillierungsgrades zum Zwecke des Scopings (§ 2 Abs. 4 S. 2 BauGB) bleibt folgenlos.[70] Auch eine Verletzung des § 3 Abs. 1 BauGB (frühzeitige Öffentlichkeitsbeteiligung) ist unbeachtlich.[71] Das gleiche gilt für das vereinfachte Verfahren (§ 13 Abs. 2 Nr. 1 BauGB). Die unterlassene Benachrichtigung nach § 3 Abs. 2 S. 3 BauGB ist unschädlich. Unbeachtlich ist ferner das Fehlen einer zusammenfassenden Erklärung nach § 10 Abs. 4 BauGB.[72]

---

66 BVerwG, Beschluß vom 11.12.2002 – 4 BN 16.02 – DVBl 2003, 795 = NVwZ 2003, 621 = ZfBR 2003, 383 = BauR 2003, 847 = BRS 65 Nr. 59 zu § 13 Nr. 2 BauGB a.f.; VGH Mannheim, Urteil vom 17.10.1989 – 5 S 3065/88 – NVwZ-RR 1990, 290 = UPR 1990, 308 = BauR 448; OVG Magdeburg, Urteil vom 2.11.1995 – 1 K 3/95 – JMBl. LSA 1998, 391.

67 OVG Magdeburg, Urteil vom 2.11.1995 – 1 K 3/95 – JMBl. LSA 1998, 391 VGH Mannheim, Urteil vom 17.10.1989 – 5 S 3065/88 – NVwZ-RR 1990, 290 = UPR 1990, 308 = BauR 448, jeweils zu § 3 Abs. 3 S. 2 BauGB a.F.; wie hier M. Quaas/A. Kukk, Neustrukturierung der Planerhaltungsbestimmungen in §§ 214ff. BauGB, in: BauR 2004, 1541–1552 [1542].

68 Vgl. M. Uechtritz, Die Änderung im Bereich der Fehlerfolgen und der Planerhaltung nach §§ 214ff. BauGB, in: ZfBR 2005, 11–20 [12].

69 BVerwG, Beschluß vom 15.4.1988 – 4 N 4.87 – BVerwGE 79, 200 [204f.] = DVBl 1988, 958 = NVwZ 1988, 916 = UPR 1988, 388 = ZfBR 1988, 274 = BauR 1988, 562 = BRS 48 Nr. 21.

70 M. Krautzberger, Europarechtsanpassungsgesetz Bau – EAG Bau 2004: Die Neuregelungen im Überblick, in: UPR 2004, 241–246 [243]; M. Uechtritz, Die Änderung im Bereich der Fehlerfolgen und der Planerhaltung nach §§ 214ff. BauGB, in: ZfBR 2005, 11–20 [12].

71 BVerwG, Beschluß vom 23.10.2002 – 4 BN 53.02 – NVwZ-RR 2003, 172 = UPR 2003, 152 = ZfBR 2003, 157 = BauR 2003, 216 = BRS 65 Nr. 47; vgl. VGH Mannheim, Beschluß vom 12.8.1994 – 8 S 903/94 – NVwZ 1996, 271 = VBlBW 1995, 241 = NuR 1995, 262 zu § 3 Abs. 1 S. 1 Nr. 3 BauGB 1987.

72 M. Krautzberger, Europarechtsanpassungsgesetz Bau – EAG Bau 2004: Die Neuregelungen im Überblick, in: UPR 2004, 241–246 [243].

Berkemann

5.4 Rechtsfolge des beachtlichen Verfahrensfehlers

(1) Das BauGB sagt nicht ausdrücklich, welche Rechtsfolge eintritt, wenn ein be- **87** achtlicher Verfahrensfehler vorliegt. Das ergibt sich jedoch aus ungeschriebenem Recht. Dieses weist einem (beachtlichen) Verfahrensfehler die Rechtsfolge der Nichtigkeit (Unwirksamkeit) der Norm zu.

(2) Eine Prüfung der Ursächlichkeit des beachtlichen Verfahrensmangels für das **88** Ergebnis ist nicht vorgesehen. § 214 Abs. 3 S. 2 Halbs. 2 BauGB gilt nicht, auch nicht § 46 VwVfG. Das EAG Bau hat diese Rechtslage nicht geändert. Ob bei einer beachtlichen Nichtbeteiligung zugleich ein Abwägungsfehler gegeben ist, kann dahinstehen. Im Hinblick auf die einheitliche Rügefrist des § 215 Abs. 1 Nrn. 1 und 3 BauGB ist die Unterscheidung für die Feststellung der Rechtsfolge ohne erkennbare Relevanz.

(3) Das BauROG 1998 führte in § 215 a Abs. 1 BauGB sinngemäß die Unter- **89** scheidung zwischen Nichtigkeit und Unwirksamkeit ein (vgl. Rn. 170f.). § 214 BauGB selbst benutzte in anderem Zusammenhang den Ausdruck der Unwirksamkeit (vgl. § 214 Abs. 2 Nr. 3 BauGB). Das EAG Bau hat § 215a BauGB ersatzlos aufgehoben. Welche inhaltliche Bedeutung die durch das EAG Bau in § 47 Abs. 5 S. 2 Halbs. 1 VwGO angeordnete festzustellende **Rechtsfolge der „Unwirksamkeit"** außerhalb des gerichtlichen Normenkontrollverfahrens hat, ist bislang nicht geklärt.

5.5 Landesrechtliche Verfahrensregelungen

5.5.1 Allgemeines

(1) Das Bundesrecht (BauGB) enthält keine in sich abgeschlossene und vollstän- **90** dige Regelung der formellen Voraussetzungen für gültige Bauleitpläne.[73] Es setzt – ausdrücklich oder sinngemäß – dem Landesrecht nur einen Rahmen. Dieser darf nicht überschritten werden. Soweit Bundesrecht keine Regelung trifft, bestimmt sich demgemäß das bei der Aufstellung von F-Plänen oder Satzungen einzuhaltende Verfahren nach Landesrecht.[74] Zum Bereich des Bundesrechts gehört auch das Rechtsstaatsprinzip. Gleichwohl ist es zunächst Aufgabe des jeweiligen Landesverfassungsrechts und der einfachen Landesgesetzgebung, die allgemeinen Vorstellungen über den Inhalt des Rechtsstaatsgebots zu konkretisieren. Das gilt

---

73 BVerwG, Beschluß vom 15.4.1988 – 4 N 4.87 – BVerwGE 79, 200 = DVBl 1988, 958 = NVwZ 1988, 916 = UPR 1988, 388 = ZfBR 1988, 274 = BauR 1988, 562 = BRS 48 Nr. 21; Beschluß vom 24.5.1989 – 4 NB 10.89 – NVwZ 1990, 258 = UPR 1989, 387 = ZfBR 1989, 227 = BauR 1989, 692 = BRS 49 Nr. 25; Beschluß vom 16.5.1991 – 4 NB 26.90 – BVerwGE 88, 204 = DVBl 1991, 823 = NVwZ 1992, 371 = UPR 1991, 383 = ZfBR 1991, 216 = BauR 1991, 563 = BRS 52 Nr. 32.

74 Vgl. BVerwG, Urteil vom 7.5.1971 – 4 C 18.70 – DVBl 1971, 757 = NJW 1972, 699 = BauR 1971, 187 = BRS 24 Nr. 20; Beschluß vom 18.6.1982 – 4 N 6.79 – DVBl 1982, 1095 = NVwZ 1983, 347 = ZfBR 1982, 220 = BauR 1982, 453 = BRS 39 Nr. 28; Beschluß vom 3.10.1984 – 4 N 1 und 2.84 – DVBl 1985, 387 [388] = NVwZ 1985, 487 = UPR 1985, 131 = ZfBR 1985, 48 = BRS 42 Nr. 21; Beschluß vom 8.12.1987 – 4 NB 3.87 – BVerwGE 78, 305 = DVBl 1988, 497 = NVwZ 1988, 726 = BRS 48 Nr. 34.

Berkemann

jedenfalls dann, wenn sich das einfache Bundesrecht erkennbar einer eigenen Regelung enthalten will.

91 (2) Wird eine landesrechtliche Verfahrensregelung verletzt, entscheidet grundsätzlich (nur) das Landesrecht über die rechtliche Erheblichkeit.[75] Dasselbe gilt für hierauf bezogene landesrechtliche „Heilungsbestimmungen". Hier ist das Landesrecht unterschiedlich.[76]

5.5.2 Kommunalgesetzliche Befangenheitsvorschriften

92 (1) Unter welchen Voraussetzungen ein B-Plan wegen Mitwirkung eines „befangenen" Ratsmitgliedes mangelbehaftet ist, bestimmt das Landesrecht.[77] Die kommunalrechtlichen Befangenheitsregelungen sind unterschiedlich.[78] Ein Mitglied des Gemeinderates ist bei gegebenen Sonderinteressen von der Beschlußfassung ausgeschlossen. Seine Beteiligung etwa am Satzungsbeschluß nach § 10 Abs. 1 BauGB führt zur Nichtigkeit (Unwirksamkeit) des B-Plans.[79] Sonderinteressen liegen nicht vor, wenn das Ratsmitglied lediglich in seiner Eigenschaft als Mandatsträger Anregungen oder Bedenken im Sinne des § 3 Abs. 2 BauGB vorträgt.[80]

93 (2) Ein B-Plan ist bundesrechtlich nicht deshalb nichtig, weil Ratsbeschlüsse, die im Verfahren zu seiner Aufstellung vor dem Satzungsbeschluß (§ 10 BauGB) gefaßt wurden, infolge der Mitwirkung befangener Gemeinderäte – nach Landesrecht – rechtswidrig sind.[81]

5.5.3 Ortsgesetzliche Bekanntmachungsvorschriften

94 (1) Welche Anforderungen an die Bekanntmachung eines F-Plans oder einer Satzung im einzelnen zu stellen sind, läßt das Bundesrecht ungeregelt.[82] Das BauGB

---

75 So dezidiert VGH Kassel, Urteil vom 5.5.2003 – 9 N 640 / 00 – HGZ 2003, 396 = NuR 2004, 47 = ZfBR 2003, 704 (L).

76 Vgl. u.a. § 18 GO BW, Art. 49 GO Bay, § 25 GO NdS, § 31 GO NRW, § 22 GO RP, vgl. dazu auch OVG Münster, Urteil vom 20.9.1983 – 7a NE 4 / 80 – NVwZ 1984, 667 = BRS 40 Nr. 30; OVG Koblenz, Urteil vom 7.12.1983 – 10 C 9/83 – NVwZ 1984, 670; vgl. ferner St. Wirth, Fehler des Bebauungsplans, in: BWGZ 2000, 56–62; K. Rabe, Fehler in der Bauleitplanung, in: ZfBR 2001, 229–238.

77 BVerwG, Beschluß vom 5.11.1998 – 4 BN 48.98 – NVwZ-RR 1999, 425; vgl. bereits BVerwG, Urteil vom 7.5.1971 – 4 C 18.70 – DVBl 1971, 957 = NJW 1972, 699 = BRS 24 Nr. 20; vgl. ferner BVerwG, Beschluß vom 15.4.1988 – 4 N 4.87 – BVerwGE 79, 200 = DVBl 1988, 958 = NVwZ 1988, 916 = BauR 1988, 562 = BRS 48 Nr. 21; Beschluß vom 8.12.1987 – 4 NB 3.87 – BVerwGE 78, 305 = DVBl 1988, 497 = BRS 48 Nr. 34.

78 Vgl. BVerwG, Beschluß vom 5.11.1998 – 4 BN 48.98 – NVwZ-RR 1999, 425; OVG Lüneburg, Urteil vom 11.3.1985 – 6 C 14/84 – NdsRPfl 1986, 86M VGH Kassel, Urteil vom 21.7.2003 – 3 N 2168/98 – UPR 2004, 50 (L) = BauR 2004, 1664 (L).

79 OVG Koblenz, Urteil vom 1.8.1984 – 10 C 41/83 – NVwZ 1984, 817 = BRS 42 Nr. 15.

80 OVG Münster, Urteil vom 4.12.1987 – 10a NE 48/84 – NVwZ-RR 1988, 112 = DÖV 1988, 647 = BRS 48 Nr. 20 zu § 23 Abs. 2 Nr. 3 in Verb. mit § 30 GO NW; vgl. auch OVG Münster, 12.3.2003 – 7a D 20/02.NE – NVwZ-RR 2003, 667.

81 BVerwG, Beschluß vom 15.4.1988 – 4 N 4.87 – BVerwGE 79, 200 = DVBl 1988, 958 = NVwZ 1988, 916 = UPR 1988, 388 = ZfBR 1988, 274 = BauR 1988, 562 = BRS 48 Nr. 21.

82 Vgl. K. Schenk, Die Rechtsprechung zur Ausfertigung von Bebauungsplänen, in: VBlBW 1999, 161–166.

Berkemann

beschränkt sich auf das zur Wahrung eines rechtsstaatlichen Mindeststandards Notwendige.[83] So ist es rechtsstaatlich geboten, einen B-Plan auszufertigen.[84] Danach muß z. B. die Ausfertigung der ortsüblichen Bekanntmachung (§ 10 Abs. 3 S. 1 BauGB) vorausgehen.

(2) Demgemäß ergeben sich die inhaltlichen Vorgaben über eine ordnungsgemä-   **95** ße Bekanntmachung maßgebend aus dem Landesrecht. So bestimmt Landesrecht die Art und Weise der Ausfertigung.[85] Eine zu Unrecht vorgenommene Beurkundung der Legalität führt nicht zur Heilung von Verfahrensfehlern. Der Mangel einer (nur) der Legalitätsfunktion nicht genügenden Ausfertigung hat aus diesem Grunde kein derartiges Gewicht, daß er den Regelungsgehalt des bundesverfassungsrechtlichen Rechtsstaatsgebotes berührt.[86] Die „ortsübliche" Bekanntmachung bestimmt sich in aller Regel nach der Hauptsatzung der Gemeinde oder unmittelbar nach landesrechtlichen Bestimmungen. Die Hauptsatzung wird das maßgebende Veröffentlichungsorgan zu bestimmen haben. Ob eine Bekanntmachung durch Aushang zulässig ist, wird zunehmend zweifelhafter.[87] Das EAG Bau hat keinen Anlaß gesehen, hier „ermahnend" einzuschreiten.

6. Fehlergruppe – § 214 Abs. 1 Satz 1 Nr. 3 BauGB 2004

6.1 Beachtliche Fehler

(1) Das EAG Bau hat den Fehlerbereich des § 214 Abs. 1 S. 1 Nr. 3 Halbs. 1   **96** BauGB a. F. im wesentlichen unverändert gelassen. Hinzugekommen ist, ohne daß der Gesetzestext insoweit äußerlich geändert wurde, die Regelung, daß eine Verletzung über die Vorschriften über den **Umweltbericht** (§ 2a BauGB) erheblich ist. Die gesonderte Erwähnung des § 2a BauGB gibt insoweit keinen Sinn, als diese Vorschrift über § 5 Abs. 5 BauGB für den F-Plan, über § 9 Abs. 8 BauGB für den B-Plan bereits Bestandteil der jeweiligen Begründung ist.

(2) Der **F-Plan** ist gemäß § 5 Abs. 5 BauGB mit den Angaben nach § 2a BauGB   **97** zu begründen. Dasselbe gilt im Aufstellungsverfahren (vgl. § 2a S. 1 BauGB, auch in Verb. mit § 3 Abs. 2 BauGB). Die nunmehr in § 6 Abs. 5 S. 3 BauGB vorgesehene „zusammenfassende Erklärung", die dem F-Plan beizufügen ist, erwähnt § 214 Abs. 1 S. 1 Nr. 3 BauGB nicht. Die „zusammenfassende Erklärung" besitzt zwar ebenso wie die Begründung eine Erläuterungsfunktion. Gleichwohl begrün-

---

83 BVerwG, Beschluß vom 9.5.1996 – 4 B 60.96 – NVwZ-RR 1996, 630 = UPR 1996, 311 = ZfBR 1996, 340 = BauR 1996, 670 = BRS 58 Nr. 41 (1996).

84 Vgl. BVerwG, Beschluß vom 16.5.1991 – 4 NB 26.90 – BVerwGE 88, 204 = DVBl 1991, 823 = NVwZ 1992, 371 = UPR 1991, 383 = ZfBR 1991, 216 = BauR 1991, 563 = BRS 52 Nr. 32.

85 Vgl. BVerwG, Beschluß vom 24.5.1989 – 4 NB 10.89 – NVwZ 1990, 258 = UPR 1989, 387 = ZfBR 1989, 227 = BauR 1989, 692 = BRS 49 Nr. 25; BVerwG, Beschluß vom 16.5.1991 – 4 NB 26.90 – BVerwGE 88, 204 = DVBl 1991, 823 = NVwZ 1992, 371 = UPR 1991, 383 = ZfBR 1991, 216 = BauR 1991, 563 = BRS 52 Nr. 32.

86 BVerwG, Beschluß vom 16.5.1991 – 4 NB 26.90 – BVerwGE 88, 204 = DVBl 1991, 823 = NVwZ 1992, 371 = UPR 1991, 383 = ZfBR 1991, 216 = BauR 1991, 563 = BRS 52 Nr. 32.

87 Vgl. kritisch OVG Lüneburg, Urteil vom 12.12.2002 – 1 K 1177/01 – NVwZ-RR 2003, 670 = NdsVBl 2003, 193 zu § 6 Abs. 4 Nds. GO.

Berkemann

det ein Mangel in der Erklärung keinen beachtlichen Verfahrensfehler (vgl. § 6 Abs. 5 S. 3 Rn. 17).[88]

98 (3) Ist die beigefügte **Begründung des B-Plans** (§ 9 Abs. 8 BauGB) von dem zuständigen Gemeindeorgan nicht gebilligt worden, so liegt darin ein beachtlicher Verfahrensmangel im Sinne des § 214 Abs. 1 Nr. 3 Halbs. 1 BauGB.[89] Ein völliges Fehlen der Begründung eines B-Plans kann nicht durch einen Rückgriff auf Materialien oder Ratsprotokolle ausgeglichen werden.[90] Dennoch ist die Begründung eines B-Plans kein rechtsverbindlicher Planbestandteil.[91] Sie nimmt am Normcharakter des B-Plans nicht teil. Gleichwohl muß gewährleistet sein, daß das Beschlußorgan zeitlich vor oder im Zusammenhang mit dem Satzungsbeschluß nachweisbar Gelegenheit zur Kenntnisnahme der Planbegründung hatte.[92] Eine nachträgliche Änderung, mit Ausnahme redaktioneller Verbesserungen, ist unzulässig.[93]

6.2 Interne Unbeachtlichkeitsklausel

99 (1) Nach § 214 Abs. 1 S. 1 Nr. 3 Halbs. 2 BauGB ist unbeachtlich, wenn die Begründung des F-Plans oder einer Satzung oder ein hierauf bezogener Entwurf „nur" unvollständig ist. Welche Satzung begründungspflichtig ist, ergibt sich aus dem jeweiligen Regelungsgegenstand. Der B-Plan ist nach § 9 Abs. 8 BauGB, die Fremdenverkehrssatzung nach § 22 Abs. 10 BauGB begründungsbedürftig, ebenso die Ergänzungssatzung (§ 34 Abs. 4 Nr. 3 BauGB) gemäß § 34 Abs. 5 S. 4 Halbs. 2 BauGB.

100 (2) Die Abgrenzung zwischen tolerabler Unvollständigkeit im Sinne des § 214 Abs. 1 S. 1 Nr. 3 Halbs. 2 BauGB und Mißachtung der Begründungspflicht ist nicht leicht zu ziehen. Unvollständig im Rechtssinne ist eine Begründung jedenfalls dann, wenn der Begründungstext weitgehend fehlt, sinnwidrig lückenhaft oder in sich grob

---

88 So auch M. Krautzberger, Die Umweltprüfung im Bauleitplanverfahren nach dem EAG Bau 2004, UPR 2004, 401–408 [408]; W. Schrödter, in: H. Schrödter (Hrsg.), BauGB, 7. Auflage, 2005, § 6 Rn. 26; K. Finkelnburg, Die Änderungen des Baugesetzbuchs durch das Europarechtsanpassungsgesetz Bau, NVwZ 2004, 897–903 [901]; M. Krautzberger/B. Stüer, Städtebaurecht 2004: Umweltprüfung und Abwägung, in: DVBl 2004, 914–924 [921]; U. Kuschnerus, Der sachgerechte Bebauungsplan, 3. Auflage 2004, Rn. 478.

89 BVerwG, Beschluß vom 23.10.2002 – 4 BN 53.02 – NVwZ-RR 2003, 172 = UPR 2003, 152 = ZfBR 2003, 157 = BauR 2003, 216 = BRS 65 Nr. 47 (2002) = SächsVBl 2003, 37 zu § 214 Abs. 1 S. 1 Nr. 2 BauGB a. F.

90 Vgl. BVerwG, Urteil vom 30.6.1989 – 4 C 15.86 – DVBl 1989, 1061 = NVwZ 1990, 364 = UPR 1989, 433 = ZfBR 1990, 30 = BauR 1989, 687 = BRS 49 Nr. 29.

91 BVerwG, Urteil vom 18.9.2003 – 4 CN 3.02 – BVerwGE 119, 45 = DVBl 2004, 247 = NVwZ 2004, 229 = ZfBR 2004, 167 = BauR 2004, 286; BVerwG, Urteil vom 18.3.2004 – 4 CN 4.03 – DVBl 2004, 957 = NVwZ 2004, 856 = UPR 2004, 424 = ZfBR 2004, 563 = BauR 2004, 1260; ebenso bereits BVerwG, Beschluß vom 21.2.1986 – 4 N 1.85 – BVerwGE 74, 47 = DVBl 1986, 686 = NVwZ 1986, 917 = ZfBR 1986, 142 = BauR 1986, 298 BRS 46 Nr. 12.

92 Vgl. BVerwG, Urteil vom 6.7.1984 – 4 C 28.83 – DVBl 1985, 112 = NVwZ 1985, 564 = ZfBR 1984, 293 = BauR 1984, 606 = BRS 42 Nr. 26.

93 OVG Lüneburg, Urteil vom 30.5.2001 – 1 K 389/00 – NVwZ-RR 2002, 98 = BRS 64 Nr. 12 (2001) = NdsRPfl 2001, 376.

Berkemann

widersprüchlich ist oder aus „Leerformeln" (Textbausteinen) besteht.[94] Dem ist gleichzustellen das Fehlen von Begründungen über zentrale Abwägungsfragen (arg. e § 214 Abs. 3 S. 2 Halbs. 2 BauGB).

Die Begründung muß allerdings die Motivation der Gemeinde nicht vollständig dar- **101** legen. Sie muß nicht jede strittige Frage behandeln. Zu ernsthaften Auseinandersetzungen zu problematischen Entscheidungen und zu neuen Entwicklungen darf sich die Begründung nicht in Schweigen hüllen.[95] Das Maß ist überschritten, wenn die Begründung inhaltlich so unzureichend ist, daß sie dem teilweisen Fehlen einer Begründung substantiell gleichzustellen wäre. Eine solche unzureichende Begründung liegt ohne weiteres vor, wenn sich die Begründung in der Wiederholung des Gesetzeswortlauts, in nichtssagenden Phrasen, die zu jedem Planinhalt passen, oder nur in der textlichen Beschreibung der zeichnerischen Festsetzungen, d. h. des „festgesetzten" Planinhalts, erschöpft.[96] Auch die Wiederholung von Behauptungen, die im Aufstellungsverfahren kritisiert wurden, genügt nicht,[97] ebensowenig die Wiedergabe des Planinhaltes.[98] Sind dagegen nicht alle tragenden Gesichtspunkte zu einer zentralen Regelung erwähnt, so muß darin noch keine unvollständige Begründung liegen.

Die einzunehmende beurteilende Sichtweise ist nicht allein die der Rechtfertigung **102** der tatsächlich getroffenen Darstellungen oder Festsetzungen. Die Begründung muß den Abwägungsvorgang substantiell nachzeichnen. Sie muß erkennen lassen, welchen maßgebenden Stellungnahmen, wie sie sich aus der Beteiligung der Öffentlichkeit oder der Behörden ergeben haben, der Plangeber nicht gefolgt ist.

(3) Die Begründung muß den wirklichen **Planungswillen** darstellen.[99] Geben die **103** vorhandene Begründung und die Beschlußvorlagen den wirklichen Planungswillen (nachweislich) nicht zutreffend wieder, dann liegt kein Mangel im Sinne des § 214 Abs. 1 S. 1 Nr. 3 BauGB, sondern ein Mangel im Sinne des § 214 Abs. 3 S. 1 Nr. 4 BauGB vor. Es fehlt an der erforderlichen Beschlußfassung. Auch Planinhalt und Planbegründung müssen sich entsprechen.[100]

---

94 BVerwG, Beschluß vom 21.4.1994 – 4 B 193.93 – NVwZ 1995, 271 = BauR 1994, 601 = BRS 56 Nr. 92; Beschluß vom 21.2.1986 – 4 N 1.85 – BVerwGE 74, 47 [51] = DVBl 1986, 686 = NVwZ 1986, 917 = BauR 1986, 298 = ZfBR 1986, 142 = BRS 46 Nr. 12.

95 Ähnlich BVerwG, Urteil vom 7.5.1971 – 4 C 76.68 – DVBl 1971, 759 = BauR 1971, 182 = BRS 24 Nr. 15; vgl. auch U. Kuschnerus, Der sachgerechte Bebauungsplan, 3. Aufl., 2004, Rn. 720.

96 Ähnlich VGH Mannheim, Urteil vom 15.11.1993 – 3 S 2262/92 – juris (Volltext); VGH München, Urteil vom 15.3.1983 – 36 I 78 – BayVBl. 1984, 82; VGH Mannheim, Urteil vom 25.11.1983 – 5 S 962/83 – NVwZ 1984, 529 = BRS 42 Nr. 9; BGH, Urteil v. 11.6.1981 – III ZR 14/80 – DVBl 1982, 325 = NVwZ 1982, 210 = BauR 1981, 540 = UPR 1982, 121; OVG Münster, Urteil vom 17.3.1981 – 11a NE 30/79 BauR 1981, 539 = BRS 38 Nr. 14.

97 Vgl. OVG Lüneburg, Urteil vom 15.7.1980 – 1 C 4/78 – DVBl 1981, 411 = NJW 1981, 1057 = BauR 1980, 533 = BRS 36 Nr. 23; O. Reidt, in: K. Gelzer/Chr. Bracher/O. Reidt, Bauplanungsrecht, 7. Aufl., 2004, Rn. 389.

98 VGH Mannheim 25.11.1983 – 5 S 962/83 – NVwZ 1984, 529 = ZfBR 1984, 100 = BRS 42 Nr 9.

99 Vgl. BVerwG, Beschluß vom 30.3.1993 – 4 NB 10.91 – NVwZ 1994, 270 = UPR 1994, 270 = BRS 55 Nr. 22; Urteil vom 18.3.2004 – 4 CN 4.03 – DVBl 2004, 957 = NVwZ 2004, 856 = UPR 2004, 424 = ZfBR 2004, 563 = BauR 2004, 1260.

100 Vgl. OVG Münster, Urteil vom 22.6.1998 – 7a D 108/96.NE – NVwZ 1999, 79 = BauR 1998, 1198 = BRS 60 Nr. 1 (1998) = NWVBl 1998, 476.

104 Das **BVerwG** meint, eine Regelung, die dem Willen des Satzungsgebers nicht entspricht, sei ein Abwägungsfehler.[101] Das trifft nicht zu. Die Gemeinde hat gerade keine entsprechende Abwägung vorgenommen. Demgemäß ist auch nicht zu prüfen, ob es sich um einen beachtlichen Fehler im Sinne des § 214 Abs. 3 S. 2 Halbs. 2 BauGB handelt. Übrigens kann man sich unter der Annahme eines Abwägungsfehlers schlechterdings keinen Fall vorstellen, in dem der Fehler nicht offensichtlich ist und keinen Einfluß auf das Abwägungsergebnis haben kann. Bereits dies zeigt an, daß der Zuordnung des BVerwG nicht zu folgen ist. Die Abgrenzung des Fehlerbereichs ist hinsichtlich der Präklusion nach § 215 Abs. 1 BauGB erheblich.

105 (4) **Umkehr der Argumentations- und Beweislast.** Die „unvollständige" Begründung ist von der unvollständigen Ermittlung des Sachverhaltes oder einer unzureichenden Bewertung der Belange zu unterscheiden. Der Begründungsmangel kann ein deutliches Indiz für einen inhaltlichen Mangel sein.[102] Dafür kann der Grad der Unvollständigkeit bedeutsam sein. Eine Umkehr der Argumentations- und Beweislast im Regelungsbereich des § 214 Abs. 1 S. 1 Nr. 1 BauGB und des § 214 Abs. 3 S. 2 Halbs. 2 BauGB ist alsdann naheliegend. Im Verwaltungsrecht ist der „Beweis des ersten Anscheins" (prima facie) nicht ausgeschlossen.[103]

6.3 Fehlerhafter Umweltbericht und fehlerhafte Umweltprüfung

6.3.1 Fehlerhafter Umweltbericht

106 (1) § 214 Abs. 1 S. 1 Nr. 3 Halbs. 3 BauGB begründet eine Sonderregelung für den Umweltbericht (§ 2 Abs. 4 BauGB). Es handelt sich gegenüber § 214 Abs. 1 S. 1 Nr. 3 Halbs. 2 BauGB um eine „lex specialis". Der Sinn ist textlich nur schwer verständlich. Das ergibt die doppelte Verneinung. Danach ist die Verletzung beachtlich, wenn die Begründung in wesentlichen Punkten unvollständig ist. Indes bezieht sich die Frage der Vollständigkeit gerade auf die „wesentlichen Punkte". Aus dem Regelungszusammenhang darf man indes entnehmen, daß das EAG Bau hinsichtlich des Umweltberichtes einen strengeren Maßstab für angezeigt ansieht.[104]

107 Der Begriff der „Wesentlichkeit" ist demgemäß eng auszulegen. Nur dies entspricht auch der gemeinschaftsrechtlichen Vorgabe. Art. 5 Abs. 1 Halbs. 1 PLan-UP-RL

101 BVerwG, Urteil vom 18.3.2004 – 4 CN 4.03 – DVBl 2004, 957 = NVwZ 2004, 856 = UPR 2004, 424 = ZfBR 2004, 563 = BauR 2004, 1260; ebenso O. Reidt, in: K. Gelzer/Chr. Bracher/O. Reidt, Bauplanungsrecht, 7. Aufl., 2004, Rn. 612; B. Stüer, Handbuch des Bau- und Fachplanungsrechts, 2. Aufl., 1998, Rn. 794f.

102 Vgl. BVerwG, Urteil vom 5.12.1986 – 4 C 13.85 – BVerwGE 74, 214 [251] – NVwZ 1987, 578 = DVBl 1987, 573 = UPR 1987, 343 = BauR 1987, 412 = BRS 46 Nr. 24 (Mängel in der Begründung).

103 Vgl. BVerwG, Beschluß vom 4.10.2001 – 4 BN 45.01 – BRS 64 Nr. 28; Beschluß vom 1.4.1997 – 4 BN 206.96 – NVwZ 1997, 890 = ZfBR 1997, 203 = BauR 1997, 597 = BRS 59 Nr. 34 (Verlust des Plandokuments).

104 Vgl. M. Uechtritz, Die Änderung im Bereich der Fehlerfolgen und der Planerhaltung nach §§ 214ff. BauGB, in: ZfBR 2005, 11–20 [13]; H. Janning, Die Novelle zum BauGB aus der Sicht der Gemeinden, in: W. Spannowsky/T. Krämer, (Hrsg.), BauGB-Novelle 2004. Aktuelle Entwicklungen des Planungs- und Umweltrechts, 2004, S. 11–37 [15].

erfordert einen Umweltbericht. Das verfahrensmäßige Gewicht dieser Vorgabe muß das nationale Recht auch in seinem zugeordneten Sanktionsrecht beachten. Die gemeinschaftsrechtliche Betonung des Verfahrensrechtes darf der nationale Gesetzgeber nicht durch überzogene Nachsicht im Verletzungsbereich konterkarieren.[105]

(2) Der Verstoß ist gemäß § 214 Abs. 1 S. 1 Nr. 3 Halbs. 3 BauGB dann unbe- **108** achtlich, wenn der Umweltbericht nur in unwesentlichen Punkten unvollständig ist. Als „wesentlich" wird man grundsätzlich solche Defizite anzusehen haben, die umweltbezogen abwägungsrelevant sind. Denn der Umweltbericht dient gerade dazu, daß die Gemeinde das Ergebnis der im Umweltbericht getroffenen Feststellungen berücksichtigt (vgl. § 2 Abs. 4 S. 4 BauGB). Die interne Unbeachtlichkeitsklausel stellt gerade hinsichtlich der UP gegenüber dem Fachplanungsrecht eine abweichende Regelung dar. Nach Ansicht des BVerwG indiziert das Fehlen einer förmlichen UVP allein noch keinen Abwägungsmangel.[106]

(3) Enthält der Umweltbericht inhaltlich die in der Anlage zum BauGB (vgl. § 2 **109** Abs. 4 S. 1 Halbs. 2 BauGB in Verb. mit § 2 a S. 2 Nr. 2 BauGB) vorgesehene Strukturierung nicht, begründet dies in aller Regel die wesentliche Unvollständigkeit.[107] Das kann nach Lage der konkreten Situation, die zu beurteilen ist, auch anders sein.

Unvollständigkeit besteht z. B., wenn entgegen Nr. 3 Buchst. b) der Anlage zum **110** BauGB konkrete Angaben zur Überwachung nach § 4 c BauGB fehlen.[108] In aller Regel stellt das Fehlen von Angaben zu den nach § 1 Abs. 6 Nr. 7 BauGB relevanten Umweltbelangen einen wesentlichen Mangel dar. Das gilt nicht, wenn die Planung derartige Belange offensichtlich nicht berührt. Sind Umweltbelange an anderer Stelle – also in der regulären Begründung – behandelt, kann dies zur Frage der Unvollständigkeit berücksichtigt werden.[109]

(4) Liegt eine wesentliche Unvollständigkeit des **Umweltberichtes** vor, ist dies **111** nach der klaren Regelung ein beachtlicher Verfahrensfehler. Er begründet die Unwirksamkeit des Bauleitplanes. Dieser Mangel kann nicht ohne weiteres ohne Öffentlichkeitsbeteiligung korrigiert werden. Vielmehr muß ein nunmehr vollständiger

105 Ebenso M. Quaas/A. Kukk, Neustrukturierung der Planerhaltungsbestimmungen in §§ 214ff. BauGB, in: BauR 2004, 1541–1552 [1547].
106 Vgl. BVerwG, Urteil vom 25.1.1996 – 4 C 5.95 – BVerwGE 100, 238 = DVBl 1996, 677 = NVwZ 1996, 788 = UPR 1996, 228 = BRS 58 Nr. 7 (Eifelautobahn A 60); Beschluß vom 29.5.2000 – 11 B 65.99 – ZLW 2001, 601; OVG Schleswig, Beschluß vom 6.12.1999 – 1 M 91/99 – NordÖR 2000, 470; vgl. zur Kausalität auch BVerwG, Urteil vom 8.6.1995 – 4 C 4.94 – BVerwGE 98, 339 = DVBl 1995, 1012 – NVwZ 1996, 381 = UPR 1995, 391 (Bernhardswald).
107 Wie hier U. Kuschnerus, Der sachgerechte Bebauungsplan, 3. Aufl., 2004, Rn. 483.
108 J. Schliepkorte/M. Tünnemann, Änderungen im allgemeinen Städtebaurecht durch das Europarechtsanpassungsgesetz Bau, in: ZfBR 2004, 645–652 [648]; U. Kuschnerus, Der sachgerechte Bebauungsplan, 3. Aufl., 2004, Rn. 513; B. Stüer/A. Sailer, Monitoring in der Bauleitplanung, in: BauR 2004, 1392–1401 [1396]; U. Kuschnerus, Der sachgerechte Bebauungsplan, 3. Aufl., 2004, Rn. 513.
109 J. Schliepkorte/M. Tünnemann, Änderungen im allgemeinen Städtebaurecht durch das Europarechtsanpassungsgesetz Bau, in: ZfBR 2004, 645–652 [647].

Umweltbericht erstellt werden. Er muß in entsprechender Anwendung des § 4 a Abs. 3 S. 1 BauGB in einem „ergänzenden Verfahren" erneut zum Gegenstand der Öffentlichkeits- und Behördenbeteiligung gemacht werden.[110] Das gilt jedenfalls dann, wenn der Öffentlichkeit im Verfahren nach § 3 Abs. 2 BauGB zuvor ein derart unvollständiger Bericht „angeboten" worden war.[111]

6.3.2 Fehlerhafte Umweltprüfung

112 (1) Wird eine nach § 2 Abs. 4 BauGB gebotene UP nicht oder fehlerhaft durchgeführt, liegt ein Rechtsfehler vor. Kritisch ist, ob es sich hierbei um einen Verfahrensfehler oder um einen Mangel in der Abwägung handelt.[112] Zwar ist gemäß § 2 Abs. 4 S. 4 BauGB das Ergebnis der UP „in der Abwägung zu berücksichtigen". Das könnte dafür sprechen, daß das EAG Bau die UP als eine abwägungsbezogene Frage der Ermittlung und Bewertung ansieht. Jedoch hat das EAG Bau die Vorgehensweise der UP – ohne Änderung der früheren Rechtslage – als unselbständigen Verfahrensschritt ausgestaltet.[113] Treten hierbei Fehler auf, betrachtet § 214 Abs. 1 S. 1 Nr. 1 BauGB diese als Mängel des „Verfahrens", die allerdings Einfluß auch auf das Ergebnis haben können.

113 (2) Die formale Einordnung des Rechtsfehlers ist für die Reichweite des Planerhaltungsrechts bedeutsam. Liegt ein beachtlicher Abwägungsfehler vor, ist nach § 214 Abs. 3 S. 2 Halbs. 2 BauGB die Kausalität zu prüfen. Bei einem beachtlichen Verfahrensfehler ist dies nicht der Fall. § 46 VwVfG gilt für Satzungen nicht. Das EAG Bau hat die frühere Regelung des § 214 Abs. 1 a BauGB 2001 gestrichen.

7. Fehlergruppe – § 214 Abs. 1 Satz 1 Nr. 4 BauGB 2004

114 (1) Diese Fehlergruppe ist wortgleich zu § 214 Abs. 1 S. 1 Nr. 3 BauGB 1998. Der F-Plan ist gemäß § 6 Abs. 1 BauGB unverändert genehmigungsbedürftig. Die Fehlergruppe erfaßt sog. Ewigkeitsmängel (arg. e § 215 Abs. 1 BauGB).

115 § 214 Abs. 1 S. 1 Nr. 4 BauGB enthält hinsichtlich der bundesrechtlichen Fehler bei der Bekanntmachung eine abschließende Regelung. Die bezeichneten Fehler gelten als unbeachtlich.[114] Unterläßt die Gemeinde im Verfahren des F-Plans entgegen § 3 Abs. 2 S. 6 BauGB, der Genehmigungsbehörde die nicht berücksichtigten Stellungnahmen vorzulegen, ist dieser Fehler nicht beachtlich.[115] Ein Man-

---

110 Wie hier U. Kuschnerus, Der sachgerechte Bebauungsplan, 3. Aufl., 2004, Rn. 482.
111 Kritisch auch M. Quaas/A. Kukk, Neustrukturierung der Planerhaltungsbestimmungen in §§ 214ff. BauGB, in: BauR 2004, 1541–1552 [1543].
112 VGH München, Urteil vom 21.6.2004 – 20 N 04.1103 – juris (Volltext) nimmt für die frühere Rechtslage (§ 1a Abs. 2 Nr. 3 BauGB) einen „Verfahrensfehler" an.
113 Vgl. auch G. Gaentzsch, Zur Umweltverträglichkeitsprüfung von Bebauungsplänen und zu Fehlerfolgen insbesondere bei unmittelbarer Anwendbarkeit der UVP-Richtlinie, in: UPR 2001, 287–294.
114 Ebenso M. Uechtritz, Die Änderung im Bereich der Fehlerfolgen und der Planerhaltung nach §§ 214ff. BauGB, in: ZfBR 2005, 11–20 [13. f.].
115 VGH Mannheim, Urteil vom 10.11.1994 – 8 S 2252/94 – UPR 1995, 278 (L) = ZfBR 1995, 279 (L) = juris (Volltext).

Berkemann

gel in der „zusammenfassenden Erklärung" (§ 6 Abs. 5 S. 3, § 10 Abs. 4 BauGB) bleibt danach für den Bestand des Bauleitplanes folgenlos.[116]

(2) Fallen **Festsetzungsinhalt** und **Planungswille** (erwiesenermaßen) auseinander, ist problematisch, wie dieser Fehler zu klassifizieren ist. Das BVerwG sieht darin einen „Abwägungsfehler".[117] Das ist indes zweifelhaft, da eine Abwägung im herkömmlichen Sinne gerade nicht stattgefunden hat (vgl. Rn. 103).   **116**

(3) Das BVerwG hat über den Text des § 214 Abs. 1 Nr. 4 BauGB hinaus einen weiteren Fall der Unbeachtlichkeit entwickelt. Ein F-Plan, den eine Stelle ohne Sachkompetenz aufstellt, ist „an sich" unwirksam. Die Unwirksamkeit berührt jedoch die Gültigkeit eines B-Plans nicht, wenn dieser als „vorzeitiger B-Plan" verstanden werden kann.[118]   **117**

II. § 214 Abs. 2 BauGB 2004

1. Text der geänderten Fassung

(2) Für die Rechtswirksamkeit der Bauleitpläne ist auch unbeachtlich, wenn   **118**

1. die Anforderungen an die Aufstellung eines selbständigen Bebauungsplans (§ 8 Abs. 2 Satz 2) oder an die in § 8 Abs. 4 bezeichneten dringenden Gründe für die Aufstellung eines vorzeitigen Bebauungsplans nicht richtig beurteilt worden sind;

2. § 8 Abs. 2 Satz 1 hinsichtlich des Entwickelns des Bebauungsplans aus dem Flächennutzungsplan verletzt worden ist, ohne dass hierbei die sich aus dem Flächennutzungsplan ergebende geordnete städtebauliche Entwicklung beeinträchtigt worden ist;

3. der Bebauungsplan aus einem Flächennutzungsplan entwickelt worden ist, dessen Unwirksamkeit **sich** wegen Verletzung von Verfahrens- oder Formvorschriften einschließlich des § 6 nach Bekanntmachung des Bebauungsplans herausstellt;

4. im Parallelverfahren gegen § 8 Abs. 3 verstoßen worden ist, ohne dass die geordnete städtebauliche Entwicklung beeinträchtigt worden ist.

2. Erläuterung der Änderung

(1) § 214 Abs. 2 BauGB ist fast wortgleich mit § 214 Abs. 2 BauGB 1998. Im Eingangssatz des § 214 Abs. 2 BauGB werden die Worte „Vorschriften über das Verhältnis des Bebauungsplans zum Flächennutzungsplan" gestrichen. Sachlich liegt darin keine Änderung. Auf eine inhaltliche Erläuterung kann hier verzichtet werden.   **119**

(2) § 214 Abs. 2 BauGB bezieht sich auch auf den Teilflächennutzungsplan im Sinne des § 5 Abs. 2b BauGB.   **120**

---

116 M. Uechtritz, Die Änderung im Bereich der Fehlerfolgen und der Planerhaltung nach §§ 214 ff. BauGB, in: ZfBR 2005, 11–20 [14].

117 BVerwG, Urteil vom 18.3.2004 – 4 CN 4.03 – DVBl 2004, 957 = NVwZ 2004, 856 = UPR 2004, 424 = ZfBR 2004, 563 = BauR 2004, 1260; wohl auch O. Reidt, in: K. Gelzer/Chr. Bracher/O. Reidt, Bauplanungsrecht, 7. Aufl., 2004, Rn. 612.

118 BVerwG, Beschluß vom 18.12.1991 – 4 N.89 – DVBl 1992, 574 = NVwZ 1992, 882 = ZfBR 1992, 136 = BRS 52 Nr. 6 (Stadtverband Saarbrücken).

III. § 214 Abs. 3 BauGB 2004 – Zeitpunkt und Abwägungsfehler

1. Text der geänderten Fassung

121 (3) Für die Abwägung ist die Sach- und Rechtslage im Zeitpunkt der Beschlussfassung über den **Flächennutzungsplan oder die Satzung** maßgebend. **Mängel, die Gegenstand der Regelung in Absatz 1 Satz 1 Nr. 1 sind, können nicht als Mängel der Abwägung geltend gemacht werden;** im Übrigen sind Mängel im Abwägungsvorgang nur erheblich, wenn sie offensichtlich und auf das Abwägungsergebnis von Einfluss gewesen sind.

2. Textgeschichte

122 Der Gesetzentwurf der BReg. sah § 214 Abs. 3 S. 1 BauGB und § 214 Abs. 3 S. 2 Halbs. 1 BauGB vor (BTag-Drs. 15/2250 S. 22). Der Bundesrat bat für das Gesetzgebungsverfahren um weitere Prüfung (BTag-Drs. 15/2250 S. 87). Darauf ergänzte die BReg. in ihrer Gegenäußerung ihren Vorschlag um den § 214 Abs. 3 S. 2 Halbs. 2 BauGB (BTag-Drs. 15/2250 S. 96). Dem folgte der 14. BTags-Ausschuß (BTag-Drs. 15/2296 S. 61). Zur Entstehungsgeschichte des § 214 BauGB siehe Rn. 21 ff.

3. Erläuterung der Änderung

3.1 Regelung des § 214 Abs. 3 Satz 1 BauGB 2004

123 (1) Das EAG Bau übernimmt die Regelung des § 214 Abs. 3 S. 1 BauGB a.F. sachlich unverändert. Die Bestimmung des für die Sach- und Rechtslage maßgebenden Zeitpunktes (**Stichtag**) entspricht im wesentlichen der bisherigen Gesetzeslage (§ 214 Abs. 3 S. 1 BauGB a.F.). Interessant ist, daß der Gesetzgeber den Ausdruck „Abwägung" beibehält. Das ist im Hinblick auf § 1 Abs. 7 BauGB folgerichtig.

124 (2) Die **Erweiterung auf „Satzungen"** ist nach Ansicht der Gesetzesbegründung der BReg. der Sache nach nur redaktioneller Art (vgl. BTag-Drs. 15/2250 S. 64). Daß Mängel der Abwägung auch bei Satzungen bestehen können, setzt § 214 Abs. 3 S. 1 BauGB damit als möglich voraus, entscheidet dies aber selbst nicht. Ob städtebauliche Satzungen generell abwägungsbezogen sind, ist keineswegs gewiß. Dies läßt sich nur von Fall zu Fall beurteilen und ist letztlich von einem materiellen Planungsbegriff abhängig.

125 (3) § 214 Abs. 3 S. 1 BauGB enthält eine materielle, fristunabhängige Präklusion. § 214 Abs. 3 S. 1 BauGB verhindert, daß nachträgliche tatsächliche Veränderungen der städtebaulichen Verhältnisse oder rechtliche Veränderungen bei späterer Beurteilung der Rechtswirksamkeit beachtlich sein können.[119] Abwägungsvorgang und Abwägungsergebnis (§ 214 Abs. 3 S. 2 Halbs. 2 BauGB) betreffen denselben Zeitpunkt.

---

119 BVerwG, Beschluß vom 3.7.1995 – 4 NB 11.95 – NVwZ 1996, 374 = UPR 1995, 441 = BRS 57 Nr. 29.

Berkemann

(4) Konflikttransfer – Prognose. Ein für das Entscheidungsergebnis relevanter **126** Fehler ist auszuschließen, wenn die Gemeinde die rechtliche Möglichkeit des nachfolgenden Vollzuges zutreffend prognostizierte.[120] Maßgebend ist der Zeitpunkt der Beschlußfassung. Ein auf den Zeitpunkt des § 214 Abs. 3 S. 1 BauGB bezogener relevanter Fehler liegt auch nicht vor, wenn ein erst durch die Planung geschaffenes Problem noch während des Vollzugs des B-Plans bewältigt werden kann, ohne die Konzeption der Planung zu berühren, und die Gemeinde dies im Zeitpunkt der Beschlußfassung konzeptionell auch erkannt hat.[121]

3.2 Regelung des § 214 Abs. 3 Satz 2 BauGB 2004

Lit.: Werner Hoppe, Die Abwägung im EAG Bau nach Maßgabe des § 1 VII BauGB 2004. Unter Berücksichtigung von § 2 III, IV BauGB 2004, in: NVwZ 2004, 903–910; Ingo Kraft, Gerichtliche Abwägungskontrolle von Bauleitplänen, in: UPR 2004, 331–335; Michael Quaas/Alexander Kukk, Neustrukturierung der Planerhaltungsbestimmungen in §§ 214ff. BauGB, in: BauR 2004, 1541–1552; Michael Uechtritz, Die Änderung im Bereich der Fehlerfolgen und der Planerhaltung nach §§ 214ff. BauGB, in: ZfBR 2005, 11–20; Ulrich Stelkens, Planerhaltung bei Abwägungsmängeln nach dem EAG Bau – zugleich Versuch einer Abgrenzung zwischen § 1 Abs. 7 und § 2 Abs. 3 BauGB, in: UPR 2005, 81–88.

3.2.1 Allgemeines – Zielsetzung

(1) Das EAG Bau hat mit § 214 Abs. 3 S. 2 BauGB die frühere Regelung nur teil- **127** weise übernommen. In seiner Funktion dient § 214 Abs. 3 S. 2 Halbs. 2 BauGB unverändert als Filter für die Frage der Beachtlichkeit eines Fehlers. Die Bestimmung dient damit der **Bestandssicherung**. Insoweit besteht keine sachliche Änderung. § 214 Abs. 3 S. 2 Halbs. 1 BauGB stellt eine **„Angstklausel"** des Gesetzes dar. Die Vorschrift soll die zu § 214 Abs. 1 S. 1 Nr. 1 BauGB statuierte Konzeption der „verfahrensrechtlichen" Einordnung gleichsam innersystematisch absichern.

(2) § 214 Abs. 3 S. 2 BauGB ist Ausdruck der legislatorischen Konzeption, be- **128** stimmte Fehler des Planungsprozesses auch sachlich als Verfahrensfehler (§ 214 Abs. 1 S. 1 Nr. 1 BauGB) zu „definieren" und sie aus dem Abwägungsvorgang „abzuspalten".

Nach Ansicht des Gesetzentwurfs der BReg. sollte die Regelung des 1. Halbsatzes **129** daher „an Stelle der nach bisherigem Recht vor allem aufgrund der Rechtsprechung des BVerwG verlangten Anforderungen im Hinblick auf den Abwägungsvorgang sowie der diesbezüglichen Unbeachtlichkeitsklausel des bisherigen Absatzes 3 Satz 2 treten. Die Neufassung soll sicherstellen, daß dieser Teil der Plan-

---

120 BVerwG, Urteil vom 30.1.2003 – 4 CN 14.01 – BVerwGE 117, 351 = DVBl 2003, 733 = NVwZ 2003, 742 = ZfBR 2003, 471 = ZfBR 2003, 471 = BauR 2003, 1175; Urteil vom 17.12.2002 – 4 C 15.01 – BVerwGE 117, 287 = DVBl 2003, 797 = NVwZ 2003, 733 = BauR 2003, 828 = BRS 65 Nr. 95; Beschluß vom 25.8.1997 – 4 NB 12.97 – NVwZ-RR 1998, 162 = ZfBR 1997, 320 = BauR 1997, 978 = BRS 59 Nr. 29; Beschluß vom 38.8.1987 – 4 N 1.86 – DVBl 1987, 1273 = NVwZ 1988, 351 = ZfBR 1988, 44 = BRS 47 Nr. 3.

121 BVerwG, Urteil vom 18.9.2003 – 4 CN 3.02 – NVwZ 2004, 229 = DVBl 2004, 247 = ZfBR 2004, 167 = BauR 2004, 286; vgl. ferner BVerwG, Beschluß vom 17.5.1995 – 4 NB 30.94 – DVBl 1995, 1010 = NJW 1995, 2572 = ZfBR 1995, 269 = BauR 1995, 654 = BRS 57 Nr. 2 zu § 15 BauNVO.

---

erhaltungsvorschriften nunmehr im vorgeschlagenen Absatz 1 Satz 1 Nr. 1 geregelt ist" (BTag-Drs. 15/2250 S. 64). Damit unterstellte das Konzept der BReg. die **verfahrensrechtliche „Teilbarkeit"** des Abwägungsvorganges. Während der Entstehungsgeschichte des Gesetzes wurde dieses Konzept aufgegeben, spätestens durch Aufnahme des 2. Halbsatzes.

3.2.2 Erläuterung zu § 214 Abs. 3 S. 2 Halbs. 1 BauGB 2004

130 (1) **Bezug § 214 Abs. 1 S. 1 Nr. 1 BauGB.** Mängel, die (bereits) Gegenstand der Regelung des § 214 Abs. 1 S. 1 Nr. 1 BauGB sind, können nicht (auch) als Mängel der Abwägung geltend gemacht werden. Da § 214 Abs. 1 S. 1 Nr. 1 BauGB nach dem Selbstverständnis des EAG Bau eine legislatorische Definition der Reichweite eines Verfahrensfehlers enthält, stellt das Gesetz im Sinne einer „Angstklausel" klar, daß die damit angeordnete Rechtsfolge nicht dadurch umgangen werden darf, daß man „an anderer Stelle" von einem Mangel der Abwägung ausgeht.[122]

131 (2) § 214 Abs. 3 S. 2 Halbs. 1 BauGB in Verb. mit § 214 Abs. 1 S. 1 Nr. 1 BauGB ist in seiner Konzeption nur schwer verständlich.[123] Das gilt gleichermaßen für § 215 Abs. 1 Nr. 1 BauGB, der auf § 214 Abs. 1 S. 1 Nr. 1 BauGB verweist, und § 215 Abs. 1 Nr. 3 BauGB, der auf den gesamten § 214 Abs. 3 S. 2 BauGB Bezug nimmt, nicht also nur auf § 214 Abs. 3 S. 2 Halbs. 2 BauGB. Die Textfassung erschließt sich erst aus der Entstehungsgeschichte (vgl. zu § 214 Abs. 1 S. 1 Nr. 1 BauGB, Rn. 21 ff.).

132 (3) Die **Regelung des EAG Bau** zu § 214 Abs. 3 S. 2 BauGB beruht auf der Annahme, daß Verfahrensfehler und Abwägungsmängel ein unterschiedliches „Rechtsschicksal" haben können. Das traf für die frühere Gesetzeslage zu. Gleichwohl konnte ein Verfahrensverstoß zugleich einen Mangel im Abwägungsbereich verdecken (These der „Infizierung").[124]

133 § 214 Abs. 3 S. 2 Halbs. 1 BauGB will für diesen Fall offenbar eine **Exklusivregel** zugunsten des Vorrangs des Verfahrensrechts normieren. Das war eine zutreffende Überlegung solange das Präklusionsrecht des § 215 Abs. 1 BauGB ausschließlich Verfahrensfehler erfassen sollte. Nach dem Gesetzesentwurf der BReg. zu § 215 Abs. 1 BauGB war dies der Fall (BTag-Drs. 15/2250 S. 22). Das Präklusionsrecht sollte nur den Fehlerbereich des § 214 Abs. 1 S. 1 Nrn. 1 bis 3 BauGB betreffen.

---

122 Vgl. I. Kraft, Gerichtliche Abwägungskontrolle von Bauleitplänen, in: UPR 2004, 331–335 [333].

123 Kritisch auch M. Uechtritz, Die Änderung im Bereich der Fehlerfolgen und der Planerhaltung nach §§ 214ff. BauGB, in: ZfBR 2005, 11–20 [14ff.]; U. Stelkens, Planerhaltung bei Abwägungsmängeln nach dem EAG Bau, in: UPR 2005, 81–88 [84ff.].

124 OVG Münster, Beschluß vom 30.3.1990 – 7 B 3551/89 – DVBl 1990, 1119 = NVwZ-RR 1991, 138 = UPR 1990, 393 = BRS 50 Nr. 37; vgl. BVerwG, Beschluß vom 21.2.1986 – 4 N 1.85 – BVerwGE 74, 47 = DVBl 1986, 686 = NVwZ 1986, 917 = BauR 1986, 298 = BRS 46 Nr. 12; U. Battis, in: B/K/L, BauGB, 9. Aufl., 2005, § 214 Rn. 7 (zum Umweltbericht); Chr. Bracher, in: K. Gelzer/Chr. Bracher/O. Reidt, Bauplanungsrecht, 7. Aufl., 2004, Rn. 1064.

Berkemann

In ihrer Gegenäußerung schlug die BReg. aufgrund der Prüfbitte des Bundesrates **134** vor, den § 214 Abs. 3 S. 2 um den Gesetz gewordenen Halbsatz 1 zu ergänzen (BTag-Drs. 15/2250 S. 87f.). Damit war indes der Sinn der Exklusivregel entleert, denn ein Unterschied zwischen Verfahrensfehlern und „verbleibenden" Fehlern im Abwägungsvorgang war durch das einheitliche Präklusionsrecht und durch ein einheitliches Rückwirkungsrecht rechtspraktisch eliminiert.[125] Der Vorbehalt des § 214 Abs. 3 S. 2 Halbs. 1 BauGB ist mithin ein „Fossil" der Gesetzgebungsgeschichte.

3.2.3 Erläuterung zu § 214 Abs. 3 S. 2 Halbs. 2 BauGB 2004

3.2.3.1 Allgemeines

(1) § 214 Abs. 3 S. 2 Halbs. 2 BauGB entspricht § 214 Abs. 3 S. 2 BauGB a.F. **135** Das EAG Bau übernimmt unverändert die beiden Elemente der Erheblichkeit, nämlich Offensichtlichkeit und Kausalität. Der Gesamtkontext des neuen Planerhaltungsrechtes gibt keinen Anlaß, ein abweichendes Verständnis anzunehmen. § 214 Abs. 3 S. 2 **Halbs. 2** BauGB setzt Begriff und Diagnose des „Mangels im Abwägungsvorgang" als Gegenstand der Regelung voraus. Allerdings impliziert der Gegensatz zum Regelungsbereich des § 214 Abs. 3 S. 2 **Halbs. 1** BauGB, daß sich der Mangel nicht auf den Bereich der Ermittlung und der Bewertung im Sinne des § 2 Abs. 3 BauGB bezieht. Diese Annahme des EAG Bau ist – wie zu § 214 Abs. 1 S. 1 Nr. 1 BauGB erörtert – bereits konzeptionell fragwürdig (Rn. 36ff.). Der 2. Halbsatz beruht auf einem Vorschlag des 14. BTags-Ausschusses (BTag-Drs. 15/2296 S. 99). Auf der Grundlage des ursprünglichen ministeriellen Konzepts des Planerhaltungsrechts ist diese Ergänzung als subsidiäre „Angstklausel" zu verstehen.[126]

(2) Die Abgrenzung des Anwendungsbereichs des § 214 Abs. 1 S. 1 Nr. 1 in Verb. mit § 2 Abs. 3 BauGB einerseits und des § 214 Abs. 3 S. 2 Halbs. 2 BauGB andererseits („im übrigen") ist nur theoretischer Art.[127] § 214 Abs. 1 S. 1 Nr. 1 BauGB erklärt nur Fehler in der Phase der Ermittlung und der Bewertung für beachtlich, die „wesentliche Punkte" betreffen. Eine entsprechende Eingrenzung fehlt für den Anwendungsbereich des § 214 Abs. 3 S. 2 Halbs. 2 BauGB. Diese sprachliche „Feinsteuerung" besitzt wegen des Kausalitäts- und Offensichtlichkeitserfordernisses und im Hinblick auf die gleichgeregelte Präklusion nach § 215 Abs. 1 Nrn. 1, 3 BauGB keine erkennbare praktische Bedeutung. Versteht man den Begriff des „Bewertens" im Sinne des § 12 UVPG als eine beurteilende Entscheidung über die

---

125 Ähnlich M. Uechtritz, Die Änderung im Bereich der Fehlerfolgen und der Planerhaltung nach §§ 214ff. BauGB, in: ZfBR 2005, 11–20 [14].

126 Vgl. W. Erbguth, Rechtsschutzfragen und Fragen der §§ 214 und 215 BauGB im neuen Städtebaurecht, in: DVBl 2004, 802–810 [807]; I. Kraft, Gerichtliche Abwägungskontrolle von Bauleitplänen in: UPR 2004, 331–335 [332]: „Sicherheitsreserve"; U. Stelkens, Planerhaltung bei Abwägungsmängeln nach dem EAG Bau, in: UPR 2005, 81–88 [84]: „Vorsichtsmaßnahme".

127 A.A. U. Stelkens, Planerhaltung bei Abwägungsmängeln nach dem EAG Bau, in: UPR 2005, 81–88 [84f.].

objektiv bestehende Abwägungsrelevanz des ermittelten Befundes, so erfaßt § 214 Abs. 3 S. 2 Halbs. 2 BauGB ergänzend alle „Gewichtungsmängel".[128] Entscheidend wird letztlich sein, ob derartige Mängel auf das Abwägungsergebnis „durchschlagen" und ob eine Fehlerbeseitigung in einem „ergänzenden" Verfahren (§ 214 Abs. 4 BauGB) in Betracht kommt.

3.2.3.2 Offensichtlichkeit des Mangels

136 (1) § 214 Abs. 3 S. 2 Halbs. 2 BauGB hat § 214 Abs. 3 S. 2 BauGB a. f. nicht geändert; die Sachlage entspricht auch der des § 214 Abs. 1 S. 1 Nr. 1 BauGB. Die Offensichtlichkeit muß sich auf das Vorhandensein des Mangels beziehen, nicht aber – wie in § 46 VwVfG – auf die Kausalität des Mangels hinsichtlich des Entscheidungsergebnisses.

137 (2) Ein offensichtlicher Mangel im Abwägungsvorgang setzt voraus, daß konkrete Umstände auf einen derartigen Mangel positiv und klar hindeuten.[129] Es genügt nicht, wenn lediglich nicht ausgeschlossen werden kann, daß der Abwägungsvorgang an einem Mangel leidet. Nicht alles, was nicht nachweislich erwogen wurde, kann bereits als Abwägungsausfall gewertet werden.[130] Die „subjektive" Meinungsbildung, die keinen Niederschlag in objektiven Umständen gefunden hat, ist unbeachtlich.[131] Der Nachweis muß „beweismäßig" geführt werden können.[132] Wenn ein beachtlicher Mangel ohnedies erst besteht, wenn in wesentlichen Punkten unzutreffend ermittelt oder bewertet wurde (vgl. § 214 Abs. 1 S. 1 Nr. 1 BauGB), dann wird dies im Regelfall sowohl die Offensichtlichkeit als auch die erforderliche Kausalität indizieren.[133] Einen positiven Nachweis der Kausalität wird man alsdann nicht fordern können.

138 (3) Die Offensichtlichkeit besteht nicht bereits, wenn Planbegründung (§ 9 Abs. 8 BauGB) oder Aufstellungsvorgänge keinen ausdrücklichen Hinweis darauf enthalten, daß sich der Plangeber mit bestimmten Umständen abwägend befaßt hat.[134]

---

128 So etwa I. Kraft, Gerichtliche Abwägungskontrolle von Bauleitplänen, in: UPR 2004, 331–335 [333]; W. Erbguth, Rechtsschutzfragen und Fragen der §§ 214 und 215 BauGB im neuen Städtebaurecht, in: DVBl 2004, 802–810 [808].

129 Vgl. BVerwG, Urteil vom 6.5.1993 – 4 C 15.91 – NVwZ 1994, 274 = ZfBR 1994, 28 = BauR 1993, 688 = BRS 55 Nr. 36; Beschluß vom 20.1.1995 – 4 NB 43.93 – DVBl 1995, 518 = NVwZ 1995, 692 = ZfBR 1995, 145 = BauR 1996, 63 = BRS 57 Nr. 22.

130 Vgl. BVerwG, Urteil vom 5.7.1974 – 4 C 50.72 – BVerwGE 45, 309 [320] = DVBl 1974, 767 = BauR 1974, 311 = BRS 28 Nr. 4.

131 BVerwG, Beschluß vom 15.10.2002 – 4 BN 51.02 – NVwZ-RR 2003, 171 = ZfBR 2004, 287 = BauR 2004, 641.

132 Vgl. BVerwG, Beschluß vom 29.1.1992 – 4 NB 22.90 – NVwZ 1992, 662 = UPR 1992, 193 = ZfBR 1992, 139 = BauR 1992, 342 = BRS 54 Nr. 15.

133 Ähnlich M. Quaas/A. Kukk, Neustrukturierung der Planerhaltungsbestimmungen in §§ 214ff. BauGB, in: BauR 2004, 1541–1552 [1546].

134 BVerwG, Beschluß vom 29.1.1992 – 4 NB 22.90 – NVwZ 1992, 662 = UPR 1992, 193 = ZfBR 1992, 139 = BauR 1992, 342 = BRS 54 Nr. 15; Beschluß vom 20.1.1992 – 4 B 71.90 – NVwZ 1992, 663 = ZfBR 1992, 138 = BauR 1992, 344 = BRS 54 Nr. 18; Urteil vom 16.3.1995 – 4 C 3.94 – DVBl 1995, 754 = NVwZ 1995, 899 = UPR 1995, 350 = ZfBR 1995, 212 = BauR 1995, 508 = BRS 57 Nr. 175.

Das gilt jedenfalls dann, wenn dem Plangeber das Planungsziel der Sache nach bekannt war, Bedenken gegen das Abwägungsergebnis nicht ersichtlich sind und lediglich ein ausdrücklicher Hinweis darauf fehlt, daß der Plangeber sich auch die rechtlichen Voraussetzungen zur Verwirklichung dieses Ziels im einzelnen vor Augen geführt hat.[135] Fallen Festsetzungsinhalt und **Planwille** (erwiesenermaßen) auseinander, ist dies nach Ansicht des BVerwG ein offensichtlicher „Abwägungsfehler" (vgl. dazu kritisch Rn. 103).[136]

3.2.3.3 Einfluß auf das Abwägungsergebnis

(1) § 214 Abs. 3 S. 2 Halbs. 2 BauGB hat § 214 Abs. 3 S. 2 BauGB a. F. nicht ge- **139** ändert; die Sachlage entspricht auch der des § 214 Abs. 1 S. 1 Nr. 1 BauGB. Entgegen der Wortfassung des § 214 Abs. 3 S. 2 Halbs. 2 BauGB („gewesen **sind**"), kann der positive Nachweis nicht gefordert werden, da dieser praktisch nie zu führen ist.

(2) **Mängel im Abwägungsvorgang** im Sinne des § 214 Abs. 3 S. 2 Halbs. 2 **140** BauGB sind nach der Rechtsprechung des BVerwG auf das Abwägungsergebnis dann von Einfluß gewesen, wenn nach den Umständen des jeweiligen Falles die **konkrete Möglichkeit** besteht, daß ohne den Mangel die Planung anders ausgefallen wäre. Es kommt einerseits nicht auf den positiven Nachweis eines Einflusses auf das **Abwägungsergebnis** an, auf der anderen Seite genügt aber auch nicht die abstrakte Möglichkeit, daß ohne den Mangel anders geplant worden wäre.[137] Das erfordert eine Beurteilung nach den Regeln der „praktischen Vernunft", welche eine loyale Betrachtung der Gemeinde vorauszusetzen hat. Es genügt also eine „realistische" Wahrscheinlichkeit.[138]

(3) **Begriff des Abwägungsergebnisses.** Das EAG Bau läßt offen, was unter „Ab- **141** wägungsergebnis" zu verstehen ist. Demgemäß ist auch der Begriff des Mangels im Abwägungsergebnis unsicher. Im allgemeinen wird darunter die unverhältnismäßige Berücksichtigung eines Belangs verstanden (**Disproportionalität**). Einem Belang wird in der Abwägung gegenüber anderen Belangen ein Gewicht zugemessen, das ihm objektiv nicht zukommt.[139] Das Verbot der Disproportionalität wird als eine unmittelbare Ausprägung des Grundsatzes der Verhältnismäßigkeit verstanden.[140]

---

135 BVerwG, Beschluß vom 29.1.1992 – 4 NB 22.90 – NVwZ 1992, 662 = UPR 1992, 193 = ZfBR 1992, 139 = BauR 1992, 342 = BRS 54 Nr. 15.

136 BVerwG, Urteil vom 18.3.2004 – 4 CN 4.03 – DVBl 2004, 957 = NVwZ 2004, 856 = UPR 2004, 424 = ZfBR 2004, 563 = BauR 2004, 1260 zu OVG Münster, Urteil vom 29.1.2002 – 10a D 98/99.NE – BauR 2002, 1201 = BRS 65 Nr. 27; wohl auch O. Reidt, in: K. Gelzer/Chr. Bracher/O. Reidt, Bauplanungsrecht, 7. Aufl., 2004, Rn. 612; B. Stüer, Handbuch des Bau- und Fachplanungsrechts, 2. Aufl., 1998, Rn. 794.

137 BVerwG, Beschluß vom 9.10.2003 – 4 BN 47.03 – BauR 2004, 1130 = BRS 66 Nr. 65.

138 Ähnlich I. Kraft, Erheblichkeit von Abwägungsmängeln, in: UPR 2003, 367–373.

139 Ähnlich G. Gaentzsch, Änderungen im System der Fehlerfolgen im Rahmen der Bauleitplanung, in: W. Spannowsky/T. Krämer (Hrsg.), BauGB-Novelle 2004. Aktuelle Entwicklungen des Planungs- und Umweltrechts, 2004, S. 131–143 [135].

140 BVerwG, Beschluß vom 25.2.1997 – 4 NB 40.96 – DVBl 1997, 828 = NVwZ 1997, 893 = ZfBR 1997, 206 = BauR 1997, 590 = BRS 59 Nr. 31 (1997).

3.3 Rechtsfolge

142 Das BauGB sagt nicht ausdrücklich, welche Rechtsfolge eintritt, wenn ein beachtlicher „Abwägungsfehler" vorliegt. Das ergibt sich jedoch aus ungeschriebenem Recht. Dieses weist einem „beachtlichen" Fehler die Rechtsfolge der Nichtigkeit (Unwirksamkeit) der Norm zu. Vgl. dazu aber nunmehr § 47 Abs. 5 S. 2 VwGO (vgl. auch Rn. 159 ff.). Im Schrifttum wird die Frage erörtert, ob ein B-Plan „objektiv" auch rechtswidrig ist, wenn zwar ein Mangel gegeben, dieser aber nicht „offensichtlich" ist.[141]

IV. § 214 Abs. 4 BauGB 2004 – Rückwirkung

1. Text der geänderten Fassung

143 (4) Der Flächennutzungsplan oder die Satzung können durch ein ergänzendes Verfahren zur Behebung von Fehlern auch rückwirkend in Kraft gesetzt werden.

2. Textgeschichte

144 Der Gesetzestext ist textidentisch mit dem Gesetzesentwurf der BReg. (BTag-Drs. 15/2250 S. 22). Bundesrat und 14. BTags-Ausschuß hatten keine Bedenken.

3. Erläuterung der Änderung

3.1 Aufgabe des bisherigen Konzepts des § 215a Abs. 2 BauGB 1998

145 § 215a Abs. 2 BauGB 1998 begrenzte die Möglichkeit der Rückwirkung eines fehlerhaften B-Plans auf die in § 214 Abs. 1 BauGB bezeichneten Verfahrensvorschriften und auf Verfahrens- und Formfehler nach Landesrecht. Damit war nach dem Willen des Gesetzgebers eine Rückwirkung bei anderen Fehlern ausgeschlossen.[142] Auf der Grundlage dieser Regelung war damit von erheblicher Bedeutung, ob ein rechtlich beachtlicher Mangel als Verfahrensfehler oder als Abwägungsfehler einzuordnen war. Diese vom Gesetzgeber mutmaßlich anfänglich kaum durchschaute Atypik der selbst geschaffenen Begrenzung der zulässigen Rückwirkung gibt § 214 Abs. 4 BauGB in Übereinstimmung mit allgemeinem Rückwirkungsrecht auf.

146 § 214 Abs. 4 BauGB stellt nach Auffassung der seinerzeitigen Entwurfsbegründung der BReg. „keine grundsätzliche Änderung gegenüber der bisherigen Regelung in § 215a BauGB" dar (BTag-Drs. 15/2250 S. 65). Das ist eine wohl euphe-

---

141 Vgl. Kopp/Schenke, VwGO, 13. Aufl., 2003, § 47 Rn. 127; H. Schmaltz, Rechtsfolgen der Verletzung von Verfahrens- und Formvorschriften von Bauleitplänen nach § 214 BauGB, in: DVBl 1990, 77–81; ders., in: H. Schrödter (Hrsg.), 6. Aufl., 1998, § 214 Rn. 4.

142 BVerwG, Urteil vom 18.4.1996 – BVerwGE 101, 58 [61] = NVwZ 1996, 892 = DVBl 1996, 920 = UPR 1996, 308 = BauR 1996, 671 = ZfBR 1996, 337 = BRS 58 Nr. 44; Beschluß vom 7.11.1997 – 4 NB 48.96 – NVwZ 1998, 956 = DVBl 1998, 331 = UPR 1998, 114 = ZfBR 1998, 96 = BauR 1998, 200 = BRS 59 Nr. 32 zu § 215 Abs. 3 BauGB a.F. und zu § 12 Satz 4 BauGB a.F.; Beschluß vom 6.3.2000 – 4 BN 31.99 – NVwZ 2000, 808 = ZfBR 2000, 341 = BauR 2000, 1008.

mistische Umschreibung der wahren Ziele. Die Konzeption des § 215a BauGB war mißlungen. Nur mit erheblichen Mühen hat die Rechtsprechung der Regelung des § 215a Abs. 1 BauGB einen substantiellen Inhalt abgewinnen können.[143]

(2) § 214 Abs. 4 BauGB erfaßt alle Fehlerarten. Eine Unterscheidung zwischen „leichten" und „schweren" Fehlern besteht nicht mehr. Es kommt insbesondere nicht darauf, ob der diagnostizierte Fehler die „Grundzüge der Planung" betrifft.[144] Eine andere Frage ist, ob es der Gemeinde im „ergänzenden" Verfahren gelingt, einen schwerwiegenden Abwägungsmangel auszuräumen, wenn der „Kern der Abwägungsentscheidung" betroffen ist.[145] Insoweit können auch verfassungsrechtliche Grenzen einer „bedenkenlosen" Rückwirkung bestehen (vgl. Rn. 156). **147**

(3) **Verfahrenserleichterung.** Die umfassende Zulässigkeit einer „rückwirkenden" Beseitigung aller beachtlichen Rechtsfehler dient substantiell der Planerhaltung. Das EAG Bau gibt den Gemeinden ein Instrument an die Hand, um auch Zweifel an einer Rechtslage zugunsten der Rechtsbeständigkeit verhältnismäßig leicht auszuräumen. Es mag bei den Gemeinden die Einsicht fördern, die Frage der Rechtmäßigkeit eines B-Plans nicht „durch die Instanzen" zu treiben. Außerhalb des Anwendungsbereiches des § 214 Abs. 4 BauGB kann ein B-Plan oder ein F-Plan nicht rückwirkend in Kraft gesetzt werden. § 214 Abs. 4 BauGB ist, bei aller Weite der Rechtsnorm, abschließend.[146] **148**

3.2 Verfahrensrechtliche Voraussetzungen

3.2.1 „Ergänzendes" Verfahren

(1) Den Begriff des „ergänzenden" Verfahrens hat das EAG Bau § 215a Abs. 1 BauGB 1998 entnommen. Der Ausdruck stammt aus dem Fachplanungsrecht. Rechtlich erhellend war der Begriff eigentlich nicht. Die Annahme, bis zur Durchführung des „ergänzenden" Verfahrens sei der fehlerbehaftete F-Plan oder die fehlerbehaftete Satzung „schwebend unwirksam", war stets irreführend. Liegt ein beachtlicher Rechtsfehler vor, so besteht eine **dauernde Rechtsunwirksamkeit**. Die vor allem rechtspraktische Frage lautete vielmehr, wie die Rechtslage im Zeitraum des § 215a Abs. 1 BauGB bis zum Ablauf der Rügefrist zu beurteilen war. **149**

---

143 Vgl. W. Rieger, Bedeutung und Rechtsfolgen der Regelung in § 215a Abs. 1 BauGB über das ergänzende Verfahren zur Behebung von Satzungsmängeln, in: UPR 2003, 161–168.

144 Vgl. dazu BVerwG, Urteil vom 8.10.1998 – 4 CN 7.97 – DVBl 1999, 243 = NVwZ 1999, 414 = ZfBR 1999, 107 = BauR 1999, 359 = BRS 60 Nr. 52 (1999); Urteil vom 16.12.1999 – 4 CN 7.98 – BVerwGE 110, 193 – DVBl 2000, 804 = NVwZ 2000, 815 = ZfBR 2000, 266 = BauR 2000, 684 = BRS 62 Nr. 44; Beschluß vom 10.11.1998 – 4 BN 45.98 – NVwZ 1999, 420 = ZfBR 1999, 106 = BauR 1999, 361 = BRS 60 Nr. 53; Beschluß vom 16.3.2000 – 4 BN 6.00 – ZfBR 2000, 353 = BauR 2000, 1018 = BRS 63 Nr. 73 (2000); Beschluß vom 20.6.2001 – 4 BN 21.01 – NVwZ 2002, 83 = ZfBR 2002, 274 = BauR 2002, 284 = BRS 64 Nr. 58 (2001); Beschluß vom 20.5.2003 – 4 BN 57.02 – DVBl 2003, 1462 = NVwZ 2003, 1259 = UPR 2003, 443 = ZfBR 2003, 692 = BauR 2003, 1688.

145 Vgl. BVerwG, Beschluß vom 10.11.1998 – 4 BN 45.98 – NVwZ 1999, 420 = BauR 1999, 361 = BRS 60 Nr. 53; Beschluß vom 16.3.2000 – 4 BN 6.00 – ZfBR 2000, 353 = BauR 2000, 1018.

146 Wie hier Chr. Bracher, in: K. Gelzer/Chr. Bracher/O. Reidt, Bauplanungsrecht, 7. Aufl., 2004, Rn. 1101 a.E.

150 (2) Das „ergänzende" Verfahren vermittelt eine funktionale Sichtweise. Der Ausdruck besitzt indes nicht nur eine verfahrensmäßige, sondern auch eine inhaltliche Zielsetzung. Das EAG Bau setzt erkennbar den erreichten Diskussionsstand voraus: Es gilt die Regel, daß der Fehler auf der **Verfahrensstufe** zugunsten der Rechtswirksamkeit des F-Plans oder der Satzung beseitigt werden kann, in welcher er gegeben ist.[147] Die Gemeinde kann den Fehler ferner in einem „ergänzenden" Verfahren auszuräumen. Das bedeutet, daß zwischen dem früheren und dem auf Rückwirkung ausgerichteten neuen Verfahren ein inhaltlicher Bezug gegeben sein muß. Die Fehlerbeseitigung darf mithin die Identität des früheren Planes nicht in Frage stellen.[148] Das ist regelmäßig der Fall, wenn der Mangel den „Kern der Abwägungsentscheidung" betraf.[149]

151 (3) Erörtert wird, ob auch das vereinfachte Verfahren nach § 13 Abs. 1 BauGB geeignet ist, als ein „ergänzendes Verfahren" zu fungieren.[150] Die bejahende Ansicht ist in ihrer Allgemeinheit zweifelhaft, ja gefährlich. Eine unmittelbare Anwendung scheidet tatbestandlich aus. § 13 Abs. 1 BauGB setzt in seiner ersten Altn. die Änderung oder Ergänzung eines bereits bestehenden, nämlich rechtsverbindlichen B-Planes voraus. Eben diesen gibt es nicht. § 13 Abs. 1 BauGB kann auch nicht angewandt werden, wenn gerade die Grundzüge der Planung verkannt worden waren oder die Voraussetzungen des § 13 Abs. 1 Nr. 2 oder 3 BauGB entgegen der früheren Annahme der Gemeinde nicht gegeben sind. War die UP unzureichend und demgemäß der Umweltbericht unvollständig, gilt dies erst recht. Eine andere Frage ist, wenn der unwirksame Plan jedenfalls verfahrensrechtlich zu Recht im vereinfachten Verfahren beschlossen worden war.

3.2.2 Zuständigkeiten

152 (1) § 214 Abs. 4 BauGB gibt nicht an, welches Gemeindeorgan für die Fehlerbehebung in dem „ergänzenden Verfahren" zuständig ist. Nach Ansicht des BVerwG bedarf es für das rückwirkende Inkraftsetzen eines B-Plans aus bundesrechtlicher

---

147 Ebenso G. Gaentzsch, Änderungen im System der Fehlerfolgen im Rahmen der Bauleitplanung, in: W. Spannowsky/T. Krämer (Hrsg.), BauGB-Novelle 2004. Aktuelle Entwicklungen des Planungs- und Umweltrechts, 2004, S. 131–143 [136].

148 Vgl. BVerwG, Urteil vom 18.9.2003 – 4 CN 20.02 – BVerwGE 119, 54 = DVBl 2004, 251 = NVwZ 2004, 226 = UPR 2004, 115 = ZfBR 2004, 177 = BauR 2004, 280; Urteil vom 8.10.1998 – 4 CN 7.97 – DVBl 1999, 243 = NVwZ 1999, 414 = ZfBR 1999, 107 = BRS 60 Nr. 52; Urteil vom 16.12.1999 – 4 CN 7.98 – BVerwGE 110, 193 = DVBl 2000, 804 = NVwZ 2000, 815 = ZfBR 2000, 266 = BauR 2000, 684 = BRS 62 Nr. 44; Beschluß vom 16.3.2000 – 4 BN 6.00 – ZfBR 2000, 353 = BauR 2000, 1018 = BRS 63 Nr. 73 (2000); ebenso M. Quaas, Zur Prüfungspflicht im Normenkontrollverfahren bei der Anfechtung von Bebauungsplänen, in: VBlBW 2002, 289–291 [290].

149 Vgl. zur früheren Rechtslage BVerwG, Beschluß vom 10.11.1998 – 4 BN 45.98 – NVwZ 1999, 420 = BauR 1999, 361 = BRS 60 Nr. 53; Beschluß vom 16.3.2000 – 4 BN 6.00 – ZfBR 2000, 353 = BauR 2000, 1018 = BRS 63 Nr. 73 (2000).

150 BVerwG, Beschluß vom 22.9.1989 – 4 NB 24.89 – DVBl 1990, 364 = NVwZ 1990, 361 = ZfBR 1990, 100 = BRS 49 Nr. 5; ebenso P. Lemmel, in: BK, 3. Aufl., 2002, § 215a Rn. 20 zu § 215 a BauGB; B. Stüer, Bauleitplanung, in: HdbÖffBauR (Stand: April 2000) Rn. B 565; R.-P. Löhr, in: B/K/L, BauGB, 9. Aufl., 2005, § 13 Rn. 2: „leichte" inhaltliche Mängel; vgl. auch OVG Münster, Urteil vom 18.6.2003 – 7 A 188/02 – juris (Volltext).

Berkemann

Sicht jedenfalls keiner erneuten Ratsentscheidung.[151] Das erscheint zweifelhaft, da die Anordnung der Rückwirkung objektiv die maßgebende Rechtslage ändert. Zu bedenken ist, daß die Entscheidung des BVerwG den Fehlerbereich des § 215a Abs. 2 BauGB a.F. betraf.

(2) Da im „ergänzenden" Verfahren der Fehler auf der Verfahrensstufe zu berei- **153** nigen ist, in der er entstanden ist, entscheidet sich danach die Zuständigkeit des Gemeindeorgans. Das schließt nicht aus, daß das höherstehende Gemeindeorgan nach Maßgabe des Kommunalverfassungsrechts die Entscheidung „an sich" zieht. Verlangt die rückwirkende Anordnung der Sache nach eine abwägende Entscheidung, liegt es nahe, mit dieser Frage das für den F-Plan oder die Satzung zuständige Beschlußorgan zu befassen. Diese Frage war bereit nach früherer Rechtslage umstritten.

3.3 Materiellrechtliche Voraussetzungen

(1) Es gibt nach § 214 Abs. 4 BauGB keine fehlerbezogene Limitierung der Rück- **154** wirkung mehr. Dies darf allerdings nicht zu dem Schluß führen, daß die Anordnung der Rückwirkung nur noch eine Formalfrage ist. Gerade wenn der diagnostizierte Fehler materieller Art ist, ist unverändert zu prüfen, ob die Entscheidung, eine Rückwirkung anzuordnen und damit nachträglich die bis dahin bestehende Rechtslage zu ändern, einer abwägenden Entscheidung bedarf.[152] Das Vertrauen in die Wirksamkeit der Bauleitplanung kann als ein abwägungserheblicher Belang gelten.[153]

(2) Beruht der Rechtsfehler auf einer Verletzung externen Rechts, schließt dies **155** nach Ansicht des BVerwG eine Rückwirkung nicht unbedingt aus.[154] Vielmehr könne versucht werden, die Kollision während des „ergänzenden Verfahrens" noch zu ändern. Dem Begriff des „ergänzenden" Verfahrens wird diese Auffassung nicht gerecht.[155] Das „ergänzende" Verfahren dient im System des Planerhaltungsrechts

---

151 BVerwG, Urteil vom 10.8.2000 – 4 CN 2.99 – DVBl 2000, 1861 = NVwZ 2001, 203 = ZfBR 2001, 61 = BauR 2001, 71 = BRS 63 Nr. 42 zu § 215a Abs. 2 BauGB; vgl. auch BVerwG, Beschluß vom 25.2.1997 – 4 NB 40.96 – DVBl 1997, 828 = NVwZ 1997, 893 = ZfBR 1997, 206 = BauR 1997, 828 = BRS 59 Nr. 31, unter teilweise Aufgabe seiner früheren Rechtsprechung; ablehnend Chr. Bracher, in: K. Gelzer/Chr. Bracher/O. Reidt, Bauplanungsrecht, 7. Aufl., 2004, Rn. 1101.
152 Wie hier B. Stüer, Städtebaurecht 2004, 2004, S. 42.
153 Vgl. BVerwG, Urteil vom 5.12.1986 – 4 C 31.85 – BVerwGE 75, 262 [267] = DVBl 1987, 486 = NJW 1987, 1346 = ZfBR 1987, 101 = BauR 1987, 166 = zu § 155a Abs. 5 BBauG; BVerwG, Beschluß vom 23.6.1992 – 4 NB 26.92 – NVwZ 1993, 361 = BauR 1993, 64 = BRS 54 Nr. 22.
154 Vgl. BVerwG, Urteil vom 18.9.2003 – 4 CN 20.02 – BVerwGE 119, 54 = DVBl 2004, 251 = NVwZ 2004, 226 = UPR 2004, 115 = ZfBR 2004, 177 = BauR 2004, 280 – Zielabweichungsverfahren nach Raumordnungsrecht; Beschluß vom 20.5.2003 – 4 BN 57.02 – DVBl 2003, 1462 = NVwZ 2003, 1259 = BauR 2003, 1688 (Landschaftsschutzverordnung).
155 Wie hier wohl auch M. Quaas/A. Kukk, Neustrukturierung der Planerhaltungsbestimmungen in §§ 214ff. BauGB, in: BauR 2004, 1541–1552 [1548]; W. Rieger, Bedeutung und Rechtsfolgen der Regelung in § 215a Abs. 1 BauGB über das ergänzende Verfahren zur Behebung von Satzungsmängeln, in: UPR 2003, 161–168 [163]; J. Schmidt, Möglichkeiten und Grenzen der Heilung von Satzungen nach § 215a BauGB, in: NVwZ 2000, 977–983 [979]; a.A. B. Stüer/St. Rude, Planreparatur im Städtebaurecht – Fehlerheilung nach § 215a BauGB, in: ZfBR 2000, 85–93 [87]; K.-P. Dolde, Das ergänzende Verfahren nach § 215a I BauGB als Instrument der Planerhaltung, in: NVwZ 2001, 976–982 [977f.].

dazu, dem Plangeber zu ermöglichen, eigene, d. h. vermeidbare Fehler nachträglich zu bereinigen. Bei einer Kollision mit externen Vorschriften ist dies nicht der Fall. Selbst dann besteht jedenfalls eine zeitliche Grenze der Rückwirkung. Maßgebend ist dann der Zeitpunkt der Aufhebung der kollidierenden Rechtsnorm.

156 (3) Ein ergänzendes Verfahren kommt in Betracht, wenn nachträglich die sog. objektive **Befreiungslage** geschaffen werden kann. Das ist insbesondere bei einem Verstoß gegen Landschaftsschutz- oder Naturschutzverordnungen möglich.[156] Die Möglichkeit eines nachträglichen **Zielabweichungsverfahrens** (vgl. § 11 ROG) steht einer Befreiungslage nicht gleich. Im Hinblick auf § 3 Nr. 2 ROG in Verb. mit § 1 Abs. 4 BauGB handelt es sich hier funktional um eine spätere „Normänderung", nämlich die generelle Aufhebung der Verbindlichkeit.

3.4 Formale Grenzen der „Rückwirkung"

157 (1) Die Rückwirkung ist auf den Zeitpunkt der ersten Bekanntmachung beschränkt. Eine darüber hinaus gehende Rückwirkung ist wegen Verstoßes gegen § 10 Abs. 3 S. 4 BauGB unzulässig.[157] Ein erneutes, auch rückwirkendes Inkraftsetzen eines B-Plans ist unzulässig, wenn sich die Sach- und Rechtslage inzwischen derart geändert hat, daß das im B-Plan zum Ausdruck kommende Abwägungsergebnis unhaltbar geworden ist.[158]

158 (2) Eine gleiche Sach- und Rechtslage löst ein Verbot der **Normwiederholung** aus.[159]

3.5 Rechtsfolgen der Rückwirkung

159 Die beabsichtigten Rechtsfolgen sind objektiv zu verstehen. Es wird rückwirkend der status quo ante hergestellt. Ein bisher baurechtswidriger Zustand kann in dieser Weise materiell legal werden. Das gilt auch umgekehrt, wenn das Vorhaben ohne den (rechtswidrigen) B-Plan planungsrechtlich zulässig war.[160] Diese Folgen stützen die Ansicht, daß die Gemeinde mit der Anordnung der Rückwirkung „ab-

---

156 Vgl. dazu BVerwG, Beschluß vom 25.8.1997 – 4 NB 12.97 – NVwZ-RR 1998, 162 = ZfBR 1997, 320 = BauR 1997, 978 = BRS 59 Nr. 29; Urteil vom 17.12.2002 – 4 C 15.01 – BVerwGE 117, 287 = DVBl 2003, 797 = NVwZ 2003, 733 = UPR 2003, 188 = ZfBR 2003, 370 = BauR 2003, 828 = BRS 65 Nr. 95 (2002) = NordÖR 2003, 161 mit Anm. M. Egner, in: NuR 2003, 737–740, M. Kment, in: NVwZ 2004, 314–315.

157 BVerwG, Beschluß vom 7.11.1997 – 4 NB 48.96 – DVBl 1998, 331 = NVwZ 1998, 956 [959] = ZfBR 1998, 114 = BauR 1998, 284 = BRS 59 Nr. 32; Beschluß vom 1.8.2001 – 4 B 23.01 – NVwZ 2002, 205 = ZfBR 2002, 77 = BauR 2002, 53 = BRS 64 Nr. 110; VGH München, 30.4.2003 – 8 N 01.3009 – BauR 2003, 1612 (L) = juris (Volltext).

158 BVerwG, Urteil vom 29.9.1978 – 4 C 30.76 – BVerwGE 56, 283 [288f.] = DVBl 1979, 151 = NJW 1979, 1516 = BauR 1978, 449; Beschluß vom 16,.5.1991 – 4 NB 26.90 – BVerwGE 88, 204 = DVBl 1991, 823 = NVwZ 1992, 371 = ZfBR 1991, 216 = BauR 1991, 563 = BRS 52 Nr. 32; Urteil vom 10.8.2000 – 4 CN 2.99 – DVBl 2000, 1861 = NVwZ 2001, 203 = UPR 2001, 67 = ZfBR 2001, 61 = BauR 2001, 71 = BRS 63 Nr. 42 zu § 215a Abs. 2 BauGB.

159 BVerwG, Urteil vom 25.11.1999 – 4 CN 17.98 – NVwZ 2000, 813 = DVBl 2000, 467 = ZfBR 2000, 301 = UPR 2000, 193 = BauR 2000, 690 = BRS 62 Nr. 26.

160 Vgl. VGH München, Urteil vom 6.12.2001 – 1 B 00.2488 – UPR 2002, 152 = BayVBl 2002, 737.

Berkemann

wägende" Entscheidung zu treffen hat, welche sich sowohl am Grundsatz des Vertrauensschutzes auszurichten als auch die Durchsetzung der gemeindlichen Planungshoheit zu beachten hat.

3.6 Mißlungene Rückwirkung

Die beschlossene Rückwirkung im ergänzenden Verfahren kann ihrerseits fehler- **160** haft sein. Das kann auf verfahrensrechtlichen, aber auch auf materiell-rechtlichen Gründen beruhen. In diesem Falle kommt in Betracht, die erneute Regelung jedenfalls mit Wirkung ex nunc als rechtmäßig anzusehen.[161] Maßgebend sind die konkreten Umstände.

4. Verfassungsgemäßheit des § 214 Abs. 4 BauGB 2004

Die Anordnung der Rückwirkung stellt eine inhaltsbestimmende Regelung im Sin- **161** ne des Art. 14 Abs. 1 S. 2 GG dar. Das verleiht der Anordnung eigentumsrechtliche Relevanz. Diese hat die Gemeinde zu beachten.

Die gesetzliche Anordnung einer rückwirkenden „Heilung" einer rechtswidrigen **162** Rechtsnorm ist verfassungsrechtlich nicht von vornherein ausgeschlossen.[162] Es bestehen im Grundsatz auch keine verfassungsrechtlichen Bedenken, daß der Gesetzgeber die Gemeinde als Ortsgesetzgeber ermächtigt, von Fall zu Fall zu entscheiden, ob sie eine Rückwirkung anordnen will. Das gilt auch für den Bereich materieller Mängel.[163] Die Gemeinde muß bei ihrer Entscheidung berücksichtigen, daß der rechtsstaatliche Grundsatz des Vertrauensschutzes ambivalent ist. Er betrifft zum einen das Vertrauen in den Bestand eines ordnungsgemäß bekannt gemachten Bauleitplanes. Zum anderen kann durchaus ein Vertrauen dahin entstanden sein, daß ein erkanntermaßen fehlerhafter Bauleitplan nicht rückwirkend in Kraft gesetzt wird.[164]

5. Landesrecht

(1) § 214 Abs. 4 BauGB eröffnet nach seinem Wortlaut die Möglichkeit der Rück- **163** wirkung uneingeschränkt. Entgegen § 215a Abs. 2 BauGB 1998 wird eine Verletzung landesrechtlicher Form- und Verfahrensvorschriften nicht erwähnt. Mit der Absicht des EAG Bau, den Gedanken der Planerhaltung in den §§ 214, 215 BauGB fortzuentwickeln, wäre es kaum vereinbar, nach Landesrecht begründete Verfahrens- und Formfehler, die behoben werden können, aus dem Anwendungsbereich

161 Vgl. BVerwG, Beschluß vom 7.11.1997 – 4 NB 48.96 – DVBl 1998, 331 = NVwZ 1998, 956 [959] = ZfBR 1998, 114 = BauR 1998, 284 = BRS 59 Nr. 32 (B-Plan); Beschluß vom 1.8.2000 – 4 B 23.01 – NVwZ 2002, 205 = BauR 2002, 53 = BRS 64 Nr. 110 (Veränderungssperre).
162 Vgl. BVerwG, Urteil vom 10.7.2003 – 4 CN 2.02 – DVBl 2003, 1464 = NVwZ 2003, 1389 = UPR 2003, 447 = ZfBR 2003, 771 = BauR 2004, 53 (Sanierungssatzung).
163 Vgl. BVerwG, Beschluß vom 7.11.1997 – 4 NB 48.96 – DVBl 1998, 331 = NVwZ 1998, 956 = ZfBR 1998, 96 = BauR 1998, 200 = BRS 59 Nr. 32 (1997); Urteil vom 10.7.2003 – 4 CN 2.02 – DVBl 2003, 1464 = NVwZ 2003, 1389 = UPR 2003, 447 = ZfBR 2003, 771 = BauR 2004, 53.
164 So die Unabhängige Expertenkommission, Bericht, 2002, Rn. 151.

des erneuerten § 214 Abs. 4 BauGB auszuschließen.[165] Für diese Absicht bietet der Fortfall des § 215a Abs. 2 BauGB a.f. einen mittelbaren Hinweis. Der Gesetzesentwurf der BReg. beruht auf der Annahme, die Regelung der Rückwirkung des § 214 Abs. 4 BauGB erfasse Verstöße gegen Landesrecht.[166]

164 (2) Nicht zweifelsfrei ist dagegen, ob der Bundesgesetzgeber überhaupt befugt ist, bei Verstößen gegen landesrechtliches Verfahrensrecht die Möglichkeit der rückwirkenden „Heilung" einzuräumen.[167] Das BVerwG ist entsprechenden Bedenken zu § 215a BauGB 1998 entgegengetreten.[168] Der Bund greife in die Kompetenz der Länder nicht ein. Er respektiere, daß Verstöße gegen landesrechtliche Vorschriften beachtlich seien. Die bundesrechtliche Regelung erschöpfe sich darin, einen verfahrensrechtlichen Weg zur Bewältigung der Rechtsfolgen bestimmter Mängel aufzuzeigen. Damit halte sich der Bund in den durch Art. 74 Abs. 1 Nr. 18 GG gezogenen Grenzen.[169]

165 (3) Führt die Mitwirkung eines befangenen Ratsmitgliedes zur Rechtswidrigkeit des Gemeinderatsbeschlusses, so sind an den erneuten Beschluß, mit dem gemäß § 214 Abs. 4 BauGB eine Rückwirkung erreicht werden soll, grundsätzlich dieselben Anforderungen zu stellen wie an den ursprünglichen Beschluß.[170]

166 (4) **Landesrechtliche „Heilungsvorschriften".** Diese bleiben durch § 214 Abs. 4 BauGB unberührt. Landesrechtliche Heilungsvorschriften finden sich typischerweise in den Gemeindeordnungen (vgl. etwa § 5 Abs. 4 Hess. GO, § 6 Abs. 4 Nds. GO), vgl. oben Rn. 92.

V. Überleitungsrecht

167 Maßgebend ist § 233 Abs. 2 BauGB. Danach sind die Vorschriften über die Planerhaltung auch auf F-Pläne und Satzungen anzuwenden, die auf der Grundlage bisheriger Fassungen des BauGB in Kraft getreten sind. § 233 BauGB ist absichtsvoll für künftige Gesetzesänderungen konzipiert. Er gilt daher auch insoweit, als das EAG Bau das Planerhaltungsrecht neu geordnet hat. Vgl. näher die Kommentierung zu § 233 Abs. 2 BauGB, Rn. 4.

---

165 Ähnlich BVerwG, Urteil vom 25.11.1999 – 4 CN 12.98 – BVerwGE 110, 118 = DVBl 2000, 798 = NVwZ 2000, 676 = UPR 2000, 191 = ZfBR 2000, 197 = BauR 2000, 845 = BRS 62 Nr. 45 (1999) zu § 215 a BauGB 1998.

166 Vgl. Gesetzesentwurf der BReg., in: BTag-Drs. 15/2250 S. 66.

167 So K. Schmaltz, in: H. Schrödter (Hrsg.), BauGB, 6. Aufl., 1998, § 215 a Rn. 4; ablehnend wohl auch VGH Kassel, Urteil vom 5.5.2003 – 9 N 640/00 – HGZ 2003, 396 = ZfBR 2003, 704 (L); vgl. auch J. Stock, in: E/Z/B/K, BauGB (Stand Sept. 2001), § 214 Rn. 39.

168 BVerwG, Urteil vom 25.11.1999 – 4 CN 12.98 – BVerwGE 110, 118 = DVBl 2000, 798 = NVwZ 2000, 676 = UPR 2000, 191 = ZfBR 2000, 197 = BauR 2000, 845 = BRS 62 Nr. 45 (1999).

169 Vgl. BVerfGE 3, 407 [424f.]. Das Rechtsgutachten des BVerfG enthält keine ausdrückliche Erörterung über eine Fehlerlehre.

170 OVG Bautzen, Urteil vom 4.10.2000 – 1 D 19/00 – BRS 63 Nr. 36 (2000) = SächsVBl 2001, 34 zu § 215 Abs. 2 BauGB 1998.

Berkemann

VI. Prozeßrecht – § 47 Abs. 5 VwGO 2004

Lit.: Fritz Ossenbühl, Eine Fehlerlehre für untergesetzliche Normen, in: NJW 1986, 2805–2810; Friedrich Schoch, Die verwaltungsgerichtliche Prüfung von Bebauungsplänen, in: AöR 115 (1990), S. 93–98; Jürgen Kohl, Leitfaden für die Normenkontrolle von Bebauungspläne, in: JuS 1993, 320–324; Peter Baumeister, Das Rechtswidrigkeitwerden von Normen, 1996; Dirk Heckmann, Geltungskraft und Geltungsverlust von Rechtsnormen, 1997.

1. Text der geänderten Fassung

Art. 4 des EAG Bau ändert im verwaltungsgerichtliche Normenkontrollverfahren **168** § 47 Abs. 5 VwGO.

(5) Das Oberverwaltungsgericht entscheidet durch Urteil oder, wenn es eine mündliche Verhandlung nicht für erforderlich hält, durch Beschluss. Kommt das Oberverwaltungsgericht zu der Überzeugung, dass die Rechtsvorschrift ungültig ist, so erklärt es sie für **unwirksam**; in diesem Falle ist die Entscheidung allgemein verbindlich und die Entscheidungsformel vom Antragsgegner ebenso zu veröffentlichen wie die Rechtsvorschrift bekannt zu machen wäre. Für die Wirkung der Entscheidung gilt § 183 entsprechend.

2. Textgeschichte

Die Gesetzesfassung ist textidentisch mit dem Gesetzesentwurf der BReg. (BTag- **169** Drs. 15/2250 S. 26, 74). Zur Begründung führt der Entwurf aus:

Es handelt sich um eine Folgeänderung auf Grund der Änderung der Vorschriften über Planerhaltung im Baugesetzbuch (vgl. Artikel 1 Nr. 66 und 67). Es wird damit eine Empfehlung der Unabhängigen Expertenkommission zur Novellierung des Baugesetzbuchs aufgegriffen, die Unterscheidung zwischen nichtigen und unwirksamen Satzungen, wie sie dem bisherigen § 215a zugrunde lag, aufzuheben, da sie Rechtsunsicherheit erzeuge (vgl. Bericht, Rn. 147f.). Materielle Änderungen sind damit jedoch nicht verbunden.

3. Erläuterung

3.1 Erklärung der Unwirksamkeit

(1) In § 47 Abs. 5 S. 2 VwGO wird das Wort „**nichtig**" durch das Wort „**unwirk-** **170** **sam**" ersetzt. § 47 Abs. 5 S. 4 VwGO wird ersatzlos gestrichen. § 47 Abs. 5 S. 2 VwGO führt damit für das Normenkontrollverfahren eine neue „Begrifflichkeit" ein. Der Gesetzgeber folgt damit einem Vorschlag der Unabhängigen Expertenkommission.[171] Eine inhaltliche Änderung ist mit der Novellierung nicht verbunden. Nur psychologische Erwägungen haben den Anlaß gegeben, das juristisch immer noch eindeutige Wort „nichtig" durch den verschwommenen Ausdruck „unwirksam" zu ersetzen. Mit der Erklärung der „Unwirksamkeit" wird nunmehr ein bestehender rechtlicher Schwebezustand suggeriert, den es bei Normen nicht gibt (vgl. Rn. 149 zu § 214 Abs. 4 BauGB).[172] Der Gesetzgeber war bereits zu § 215a BauGB

---

171 Bericht der Unabhängigen Expertenkommission, 2002, Rn. 147ff.
172 So aber U. Battis, in: B/K/L, BauGB, 8. Aufl., 2002, § 214 Rn. 2, insoweit unverändert 9. Aufl., 2005, § 214 Rn. 19; § 215a Rn. 2; wohl auch Fr.-J. Peine, Das neue Bau- und Raumordnungsrecht 1998, in: JZ 1998, 23–30 [25]. Eine derartige Ansicht wurde seinerzeit in der sog. Schlichter-Kommission (1995) vertreten. Ihm ist die Fehlkonstruktion des § 215a Abs. 1 BauGB geschuldet, nämlich zwischen „Nichtigkeit" und „Rechtsunwirksamkeit" zu unterscheiden, vgl. die indirekte Kritik des BVerwG, Beschluß vom 20.6.2001 – BN 21.01 – NVwZ 2002, 83 = UPR 2002, 30 = ZfBR 2002, 274 = BauR 2002, 284 = BRS 64 Nr. 58 (vgl. dazu M. Quaas, in: VBlBW 2002, 289–291). Die Entwurfsbegründung der BReg. zum BauGB 2004 wiederholt dieses Fehlverständnis (vgl. BTag-Drs. 15/2250 S. 65).

2001 dem Irrtum erlegen, zwischen der Rechtsfolge der „Unwirksamkeit" und der der „Nichtigkeit" könne substantiell unterschieden werden, soweit damit die Frage der Rechtsgültigkeit gemeint war.[173]

171 (2) **Regelungsbereich der Änderung.** Die Gesetzesänderung des § 47 Abs. 5 VwGO bezieht sich nicht nur auf Satzungen nach dem BauGB. Das Wort „nichtig" wird für alle dem Normenkontrollgericht zugewiesenen Normprüfungsfälle durch „unwirksam" ersetzt werden. Das ist mehr als ein Schönheitsfehler. Daß zudem erst das Prozeßrecht die Rechtsfolge des fehlerhaften B-Plans bezeichnet und § 214 BauGB selbst hierüber schweigt, zeigt ein unsystematisches Vorgehen des Gesetzgebers. Die Anordnung der materiellen Rechtsfolge einer Rechtswidrigkeit ist dem jeweiligen Fachrecht zuzuordnen, gehört also nicht in das Prozeßrecht. Eine Bundeskompetenz, für nur landesrechtliche Satzungen die Rechtsfolge der „Unwirksamkeit" festzulegen, gibt es nicht. Das entsprechende Kollisionsrecht gehört dem Landesrecht an.[174] Enthält ein (einfacher) F-Plan einen durchgreifenden Rechtsfehler, führt dies zu seiner „Nichtigkeit"; auf ihn bezieht sich § 47 Abs. 5 VwGO nicht. Das zeigt einmal mehr, daß die Anordnung der spezifischen baurechtlichen Rechtsfolge im Prozeßrecht systematisch verfehlt ist.

3.2 Bedeutung der Erklärung des OVG

172 Die Erklärung der für unwirksam erklärte Norm ist deklaratorisch, nicht konstitutiv.[175] Daran ändert die der Erklärung des OVG zugewiesene Wirkung **inter omnes** nichts. Der in § 47 Abs. 5 VwGO enthaltene Vorbehalt des § 183 VwGO bestätigt dies mittelbar. Die Gemeinde wird durch die Entscheidung des OVG nicht gehindert, in ein „ergänzendes Verfahren" gemäß § 214 Abs. 4 BauGB einzutreten. Auch die Anhängigkeit des Normenkontrollverfahrens hindert sie darin nicht.

3.3 Fehlerhafter Flächennutzungsplan

173 (1) Das **EAG Bau** hat sich nicht entschließen können, den F-Plan ausdrücklich als Angriffsgegenstand des verwaltungsgerichtlichen Normenkontrollverfahrens gemäß § 47 Abs. 1 VwGO aufzunehmen. Das BVerwG hatte 1990 eine entsprechende Gleichstellung von B-Plan und F-Plan abgelehnt.[176] Die Unabhängige Expertenkommission hat die Frage nicht erwogen.

174 (2) Gerade im Anwendungsbereich des § 35 Abs. 3 S. 3 BauGB hat der **„qualifizierte" F-Plan** inzwischen dieselbe Funktion wie eine bauplanerische Festsetzung

---

173 Vgl. BVerwG, Beschluß vom 7.11.1997 – 4 NB 48.96 – DVBl 1998, 331 = NVwZ 1998, 956 = ZfBR 1998, 96 = BauR 1998, 200 = BRS 59 Nr. 32.
174 BVerwG, Beschluß vom 24.10.1990 – 4 NB 29.90 – NVwZ 1991, 1074 = ZfBR 1991, 32 = UPR 1991, 111 = BRS 50 Nr. 3.
175 Vgl. BGH, Urteil vom 27.1.1983 – III ZR 131/81 – BGHZ 86, 359 = DVBl 1983, 628 = NJW 1983, 1796.
176 BVerwG, Beschluß vom 20.7.1990 – 4 N 3.88 – NVwZ 1991, 262 = DVBl 1990, 1352 = ZfBR 1990, 296 = BauR 1990, 685 = BRS 50 Nr. 36; ebenso VGH Kassel, Urteil vom 16.8.2002 – 4 N 3272/01 – RdL 2003, 25 = NuR 2003, 115.

erreicht.[177] Dieser F-Plan beseitigt ein an sich nach § 35 Abs. 1 Nrn. 2 bis 6 BauGB gegebenes „privilegiertes" Baurecht, und zwar im Ergebnis für die Dauer der Wirksamkeit des F-Plans. § 5 Abs. 2b BauGB und die Zurückstellung gemäß § 15 Abs. 3 BauGB haben diese Zielsetzung nochmals verstärkt. Der damit insgesamt erreichte Rechtszustand unterscheidet sich inhaltlich nur noch marginal von dem einer bauplanerischen Festsetzung nach § 9 Abs. 1 BauGB.

Ein derartiger, auf **Außenwirksamkeit** angelegter „qualifizierter" F-Plan ist mithin 175 geeigneter Gegenstand einer verwaltungsgerichtlichen Normenkontrolle. Die „prozessuale Ökonomie", mit der die Existenz der verwaltungsgerichtlichen Normenkontrolle gegenüber der Inzidentkontrolle rechtspolitisch begründet wird, besteht auch hier.[178] Das gilt erst recht im Vergleich mit Regionalplan, soweit dieser Ziele der Raumordnung festlegt. Hier sieht die Rechtsprechung inzwischen die Normenkontrolle nach § 47 Abs. 1 Nr. 2 VwGO als zulässig an, auch wenn der Landesgesetzgeber für den Regionalplan keine Rechtssatzform vorgibt.[179] Angesichts dieser Rechtsentwicklung sollte das BVerwG seinen gegenteiligen Standpunkt für die „qualifizierten" F-Pläne aufgeben.[180]

3.4 Exkurs: Bedeutung von Mehrfachfehlern

(1) Ein Bauleitplan oder eine Satzung kann unter mehreren rechtserheblichen 176 Fehlern leiden. Das gilt sowohl für Form- und Verfahrensfehler als auch – kombinierend – für Abwägungsfehler oder Verstöße gegen zwingendes (striktes) Recht. Das beurteilende Gericht kann sich auf die Feststellung eines Fehlers beschränken.[181]

Gibt das Normenkontrollgericht einem Antrag statt und weist aber in den Gründen 177 seiner Entscheidung einen geltend gemachten Rechtsfehler als nicht gegeben zurück, erwächst die Entscheidung über den nicht als durchgreifend angesehenen Mangel nicht in Rechtskraft.[182] Daraus folgt: Das Normenkontrollgericht ist prozessual nicht gehindert, in einem zweiten Durchgang den erneut in Kraft gesetz-

---

177 Ähnlich bereits Erwägungen in BVerwG, Urteil vom 21.10.1999 – 4 C 1.99 – BVerwG 109, 371 = NVwZ 2000, 1045 = DVBl 2000, 794 = UPR 2000, 187 = ZfBR 2000, 202 = BauR 2000, 695 = BRS 62 Nr. 38.

178 Andeutend bereits BVerwG, Urteil vom 20.11.2003 – 4 CN 6.03 – BVerwGE 119, 217 = DVBl 2004, 629 = NVwZ 2004, 614 = ZfBR 2004, 272 [274] = UPR 2004, 179 = NuR 2004, 362 [364] = BauR 2004, 807 = BRS 66 Nr. 55 (2003); ähnlich R. Hendler, Verwaltungsgerichtliche Normenkontrolle Privater gegen Raumordnungs- und Flächennutzungspläne, in: NuR 2004, 485–491 [490].

179 BVerwG, Urteil vom 20.11.2003 – 4 CN 6.03 – BVerwGE 119, 217 = DVBl 2004, 629 = NVwZ 2004, 614 = ZfBR 2004, 272 = BauR 2004, 807 = BRS 66 Nr. 55 (2003).

180 Vgl. erwägend BVerwG, Urteil vom 20.11.2003 – 4 CN 6.03 – BVerwGE 119, 217 = DVBl 2004, 629 = NVwZ 2004, 614 = ZfBR 2004, 272 [274] = UPR 2004, 179 = NuR 2004, 362 [364] = BauR 2004, 807 = BRS 66 Nr. 55 (2003).

181 BVerwG, Beschluß vom 20.6.2001 – 4 BN 21.01 – NVwZ 2002, 83 = UPR 2002, 30 = ZfBR 2002, 274 = BauR 2002, 284 = BRS 64 Nr. 58; Beschluß vom 11.12.2002 – 4 BN 16.02 – DVBl 2003, 795 = NVwZ 2003, 621 = ZfBR 2003, 383 = BauR 2003, 847 = BRS 65 Nr. 59.

182 BVerwG, Beschluß vom 20.6.2001 – 4 BN 21.01 – NVwZ 2002, 83 = UPR 2002, 30 = ZfBR 2002, 274 = BauR 2002, 284 = BRS 64 Nr. 58.

ten B-Plan sowohl aufgrund „neuer" Gründe als auch durch eine anderweitige Beurteilung „alter", aber im ersten Durchgang nicht als durchgreifend angesehenen
Gründe als rechtsfehlerhaft zu beurteilen.

178 (2) Die Änderung des § 47 Abs. 5 S. 2 VwGO hat den Streit erledigt, ob die Zurückweisung eines geltend gemachten „Nichtigkeitsgrundes" eine selbständige
prozessuale Beschwer enthält, wenn der B-Plan im Hinblick auf § 215 Abs. 1 BauGB
a. F. „nur" für unwirksam erklärt worden war.[183]

---

183 Vgl. dazu BVerwG, Beschluß vom 20.5.2003 – 4 BN 57.02 – DVBl 2003, 1462 = NVwZ 2003, 1259
= ZfBR 2003, 692 = BauR 2003, 1688; Beschluß vom 20.7.2001 – 4 BN 21.01 – NVwZ 2002, 83 =
ZfBR 2002, 274 = BauR 2002, 284 = BRS 64 Nr. 58 (2001).

§ 215 BauGB – Frist für die Geltendmachung der Verletzung von Vorschriften

Lit.: Michael Quaas/Alexander Kukk, Neustrukturierung der Planerhaltungsbestimmungen in §§ 214 ff. BauGB, in: BauR 2004, 1541–1552; Michael Uechtritz, Die Änderung im Bereich der Fehlerfolgen und der Planerhaltung nach §§ 214 ff. BauGB, in: ZfBR 2005, 11–20.

I. § 215 Abs. 1 BauGB 2004 – Präklusionsrecht

1. Text der geänderten Fassung

(1) Unbeachtlich werden   **1**

1. **eine nach § 214 Abs. 1 Satz 1 Nr. 1 bis 3 beachtliche Verletzung der dort bezeichneten Verfahrens- und Formvorschriften,**
2. **eine unter Berücksichtigung des § 214 Abs. 2 beachtliche Verletzung der Vorschriften über das Verhältnis des Bebauungsplans und des Flächennutzungsplans und**
3. **nach § 214 Abs. 3 Satz 2 beachtliche Mängel des Abwägungsvorgangs,**

wenn sie **nicht innerhalb von zwei Jahren** seit Bekanntmachung des Flächennutzungsplans oder der Satzung schriftlich gegenüber der Gemeinde **unter Darlegung des die Verletzung begründenden Sachverhalts** geltend gemacht worden sind.

2. Textgeschichte

Der Entwurf der BReg. (BTag-Drs. 15/2250 S. 22, 65) hatte eine etwas andere **2**
Fassung als § 215 Abs. 1 BauGB. Danach sollte die Präklusionsbestimmung wie folgt gefaßt werden:

(1) Die Verletzung von Verfahrensvorschriften über die Aufstellung von Bauleitplänen im Sinne des § 214 Abs. 1 Satz 1 Nrn. 1 bis 3 wird unbeachtlich, wenn sie nicht innerhalb eines Jahres seit Bekanntmachung des Bauleitplans schriftlich gegenüber der Gemeinde unter Darlegung des die Verletzung begründenden Sachverhalts geltend gemacht worden ist.

3 Der Bundesrat erhob keine Einwände (vgl. BTag-Drs. 15/2250 S. 88). Die Gesetz gewordene Fassung beruht auf einem Vorschlag des 14. BTags-Ausschusses (vgl. BTag-Drs. 15/2996 S. 61, 105). Die Rügefrist wurde auf zwei Jahre bestimmt, um eine gewisse Vergleichbarkeit mit der Antragsfrist des § 47 Abs. 2 VwGO zu erhalten. Ferner wurde die Präklusion auf den Bereich des § 214 Abs. 2 und Abs. 3 S. 2 BauGB erstreckt.

3. Erläuterung der Änderung

3.1 Zielsetzung – Allgemeines

4 (1) Die Präklusion des § 215 Abs. 1 BauGB begründet einen zeitlichen Einwendungsausschluß. Sie „entspricht" funktional für den F-Plan und für die BauGB-Satzungen die Wirkung, die sich für einen Verwaltungsakt aus dem Eintritt der Bestandskraft ergibt (arg. e §§ 48, 49 VwVfG). Die Kürze der Präklusionsfrist von zwei Jahren steht in einem Wertungswiderspruch zur Siebenjahresfrist des § 42 Abs. 2 BauGB. Das Planerhaltungsrecht des BauGB ist auch hier nicht mit dem Planerhaltungsrecht des § 10 ROG hinreichend koordiniert. Das ist vor allem in Hinblick auf den Planungsvorbehalt des § 35 Abs. 3 S. 3 BauGB kaum verständlich.

5 (2) § 215 Abs. 1 BauGB 1998 unterschied für die „Verfristung" von Fehlern zwischen bestimmten Verfahrensvorschriften und Abwägungsmängeln. Das hatte Bedeutung für unterschiedliche Rügefristen. Das EAG Bau gibt diese Unterscheidung nicht auf, obwohl nunmehr eine **einheitliche Rügefrist von zwei Jahren** bestimmt ist. § 215 Abs. 1 BauGB 2004 systematisiert die präkludierbaren Bereiche in **drei Fehlergruppen.**

6 (3) Die Präklusion des § 215 Abs. 1 BauGB ist nicht auf die verwaltungsgerichtliche Normenkontrolle beschränkt, sondern gilt in jeglicher Hinsicht, also auch für eine verwaltungsgerichtliche **Inzidentprüfung.**

3.2 Regelungsbereiche der Verfristung

7 § 215 Abs. 1 BauGB erfaßt als **numerus clausus** nur Fehler, die nach **§ 214 BauGB als beachtlich** gelten. Andere Mängel verfristen nicht. Entsprechende Mängel sind nicht selten, vgl. dazu näher Rn. 22 ff.

3.2.1 § 215 Abs. 1 Nr. 1 BauGB 2004

8 § 215 Abs. 1 Nr. 1 BauGB erfaßt alle nach § 214 Abs. 1 S. 1 Nrn. 1 bis 3 BauGB beachtlichen Fehler. Das entspricht – mit Ausnahme des Bereiches des § 214 Abs. 1 S. 1 Nr. 1 BauGB – der bisherigen Rechtslage. Die genaue Abgrenzung von

§ 214 Abs. 1 S. 1 Nr. 1 BauGB und § 214 Abs. 3 S. 2 BauGB ist für die Präklusionsfolge angesichts der einheitlichen Frist ohne Interesse.

3.2.2 § 215 Abs. 1 Nr. 2 BauGB 2004

§ 215 Abs. 1 Nr. 2 BauGB stellt eine „echte" Neuregelung dar. Die Verfristung wird **9** auf den Bereich des § 214 Abs. 2 BauGB ausgedehnt. Das Zusammenspiel von F-Plan und B-Plan (§ 214 Abs. 2 BauGB) gilt gemäß § 215 Abs. 1 Nr. 2 BauGB nunmehr als präkludierbar. Damit sind substantielle Verstöße gegen das Entwicklungsgebot bei Verfristung nicht mehr rügefähig. Es muß sich allerdings um einen Fehler im Sinne des § 214 Abs. 2 BauGB handeln.

3.2.3 § 215 Abs. 1 Nr. 3 BauGB 2004

(1) Gegenstand ist nur der nach § 214 Abs. 3 S. 2 Halbs. 2 BauGB beachtliche **10** Mangel im Abwägungsvorgang. Die Gesetzesfassung ist insoweit ungenau, als das EAG Bau einen erheblichen Teil dem Fehlerbereich des § 214 Abs. 1 S. 1 Nr. 1 BauGB zuordnet. Der Entwurf der BReg. hielt eine auf Mängel der Abwägung bezogene Präklusionsregelung für überflüssig (vgl. BTag-Drs. 15/2250 S. 65). Das war unter der Voraussetzung folgerichtig, daß der gesamte Abwägungsvorgang bereits durch § 214 Abs. 1 S. 1 Nr. 1 BauGB erfaßt sei. Bereits der Bundesrat hatte in seiner Stellungnahme Bedenken geäußert, ob die Textfassung der BReg. tatsächlich gewährleisten werde, daß die nach „geltendem Recht erreichte Bestandskraft zumindest erhalten bleibt" (vgl. BTag-Drs. 15/2250 S. 87). Dieses Risiko mochte die BReg. nicht eingehen und schlug bereits in ihrer Gegenäußerung die Gesetz gewordene Fassung vor (vgl. BTag-Drs. 15/2250 S. 95).

(2) Ob die interkommunale Abstimmung nach § 2 Abs. 2 S. 1 BauGB, soweit sie materiell zu verstehen ist, rechtstechnisch noch als „Abwägung" im Sinne des § 1 Abs. 7 BauGB anzusehen ist, ist im Hinblick auf die jüngste Rechtsprechung des BVerwG zumindest erörterungsbedürftig.[1] Wenn § 2 Abs. 1 S. 1 BauGB nach Ansicht des BVerwG „eine besondere gesetzliche Ausprägung des planungsrechtlichen Abwägungsgebots" ist, kann dies Zweifel begründen, ob das Regelungssystem der §§ 2 Abs. 3, 214 Abs. 1 S. 1 Nr. 1 BauGB überhaupt auf die interkommunale Abstimmung anwendbar ist. Das hätte ggf. Folgen für den Anwendungsbereich des § 215 Abs. 1 BauGB. Das EAG Bau hatte insoweit ersichtlich kein Problembewußtsein.

(3) Ein Mangel im **Abwägungsergebnis** verfristet nicht (sog. Ewigkeitsfehler). Ein **11** inhaltlich in jeder Hinsicht sachwidriger B-Plan ist keine zulässige Bestimmung von Inhalt und Schranken des Eigentums im Sinne des Art. 14 Abs. 1 S. 2 GG. Das

---

1 Vgl. U. Stelkens, Planerhaltung bei Abwägungsmängeln nach dem EAG Bau, in: UPR 2005, 81–88 [86f.] unter Hinweis auf BVerwG, Urteil vom 1.8.2002 – 4 C 5.01 – BVerwGE 117, 25 [32f.] = DVBl 2003, 62 = NVwZ 2003, 86 = BauR 2003, 55 = BRS 65 Nr. 10 (2002) – FOC Zweibrücken, Urteil vom 17.9.2003 – 4 C 14.01 – BVerwGE 119, 25 [34] = DVBl 2004, 239 = NVwZ 2004, 220 = ZfBR 2004, 171 = BRS 66 Nr. 1 (2003) – Gewerbepark Mülheim-Kärlich.

EAG Bau hat sich dieser früher umstrittenen Frage durch absichtsvolle Begrenzung des Fehlerbereiches auf Mängel des Abwägungsvorganges nicht ausgesetzt.[2] Eine kurze Verfallfrist bei Grundrechtsverstößen läßt sich verfassungsrechtlich schwerlich rechtfertigen.[3]

3.3 Fristberechnung

12 Die Frist beginnt mit der Bekanntmachung des F-Plans gemäß § 6 Abs. 5 S. 1 BauGB oder der Bekanntmachung der Satzung gemäß § 10 Abs. 3 S. 1 BauGB.

3.4 Verfahren der „Fristhemmung" durch Rüge

13 (1) Der Fristablauf kann verhindert werden, und zwar auf Dauer. Dazu muß der jeweilige Rechtsverstoß gegenüber der Gemeinde gerügt werden. § 215 Abs. 1 BauGB erfordert für die Rüge Schriftform. Das kann auch ein Schriftsatz an das Normenkontrollgericht sein.[4] In diesem Falle muß der Schriftsatz die Gemeinde vor Ablauf der Rügefrist erreichen. Eine fristgerecht erhobene Rüge wirkt für jedermann.[5]

14 (2) Das **EAG Bau** hat die Anforderungen an den Inhalt der Rüge etwas verschärft. Danach muß der **„die Verletzung begründende Sachverhalt"** dargelegt werden. Das entspricht weitgehend den Anforderungen, welche die Rechtsprechung bislang entwickelt hatte.[6] Durch die Rüge gemäß § 215 Abs. 1 BauGB soll sichergestellt werden, daß die Gemeinde aufgrund gezielter Information in die Lage versetzt wird zu prüfen, ob und wie sich der geltend gemachte Mangel beheben läßt. Eine solche Anstoßwirkung kann nur von Erklärungen ausgehen, die in hinreichend bestimmter Weise auf einen dahin gehenden Rügewillen schließen lassen.[7]

---

2   Vgl. M. Quaas/A. Kukk, Neustrukturierung der Planerhaltungsbestimmungen in §§ 214ff. BauGB, in: BauR 2004, 1541–1552 [1549]; kritisch zur früheren Rechtslage F.-J. Peine, Zur verfassungskonformen Interpretation des § 215 I Nr. 2 BauGB, in: NVwZ 1989, 637–639; K. Schmaltz, in: H. Schrödter (Hrsg.), BauGB, 6. Aufl., 1998, § 215 Rn. 7.

3   Vgl. auch allg. R. Käß, Inhalt und Grenzen des Grundsatzes der Planerhaltung, dargestellt am Beispiel der §§ 214–216 BauGB, 2002; kritisch H. Dürr, in: Brügelmann, BauGB (Stand: März 2004), § 215 Rn. 16; M. Uechtritz, Die Änderung im Bereich der Fehlerfolgen und der Planerhaltung nach §§ 214ff. BauGB, in: ZfBR 2005, 11–20 [18]; W. Spannowsky, Neustrukturierung der Anforderungen an das Bauleitplanverfahren und die Abwägung aufgrund der Plan-UP-Richtlinie, in: ders./T. Krämer (Hrsg.), BauGB-Novelle 2004, 2003, S. 39–78 [62]; zweifelnd auch BVerwG, Beschluß vom 2.1.2001 – 4 BN 13.00 – ZfBR 2001, 418 = BauR 2001, 1888 = BRS 64 Nr. 57 (2001) zu § 244 Abs. 2 BauGB a.F. zur Siebenjahresfrist.

4   Vgl. VGH Kassel, Urteil vom 22.10.1991 – 4 N 670/88 – BRS 52 Nr. 31; OVG Münster, Urteil vom 13.2.1997 – 7a D 115 / 94.NE – NWWBl 1997, 346 = BRS 47 Nr. 47; OVG Münster, Urteil vom 18.6.2003 – 7a D 188/02 – juris (Volltext).

5   BVerwG, Beschluß vom 2.1.2001 – 4 BN 13.00 – ZfBR 2001, 418 = BauR 2001, 1888 = BRS 64 Nr. 57 (2001).

6   Vgl. BVerwG, Beschluß vom 18.6.1982 – 4 N 6.79 – DVBl 1982, 1095 = NVwZ 1983, 347 = BauR 1982, 453 = BRS 39 Nr. 28; Beschluß vom 8.5.1995 – 4 NB 16.95 – NVwZ 1996, 372 = BRS 57 Nr. 51; Beschluß vom 11.11.1998 – 4 BN 50.98 – NVwZ-RR 1999, 424 = BRS 60 Nr. 58; K. Schmaltz, in: H. Schrödter (Hrsg.), BauGB, 6. Aufl., 1998, § 215 Rn. 12.

7   BVerwG, Beschluß vom 11.11.1998 – 4 BN 50.98 – NVwZ-RR 1999, 424 = BRS 60 Nr. 58 (1998) zu § 244 Abs. 2 BauGB a.F.

Berkemann

Die Rüge muß danach sachverhaltsbezogen und in verständlicher Form erhoben **15** sein. Sie muß so substantiell sein, daß die Gemeinde ihr gezielt zum Zwecke der Beseitigung des geltend gemachten Mangels nachgehen kann.[8] Unzureichend sind pauschale Rügen, die keinerlei Erkenntniswert besitzen.[9] Ein konkreter „Rügewille" fehlt bei Äußerungen, die mit erkennbar anderer Zweckrichtung abgegeben werden und die sich allenfalls mittelbar als Hinweis darauf werten lassen, daß ein B-Plan an einem Abwägungsmangel leide. Eine Angabe der als verletzt angesehenen Rechtsnorm ist allerdings entbehrlich.

3.5 Rechtsfolge der Verfristung

(1) Mit Ablauf der Frist **wird** der nicht rechtzeitig geltend gemachte Rechtsver- **16** stoß unbeachtlich.[10] Die Frist des § 215 Abs. 1 BauGB ist als Ausschlußfrist konzipiert. Eine Wiedereinsetzung in den vorigen Stand ist daher ausgeschlossen (arg. e § 32 Abs. 5 VwVfG). Umgekehrt wirkt die ordnungsgemäß erhobene Fehlerrüge allgemein und absolut für jedermann, also nicht nur zugunsten desjenigen, der den Mangel geltend gemacht hat.[11]

(2) Solange der Fristablauf nicht eingetreten ist, ist der nach § 214 Abs. 1 bis 3 **17** BauGB beachtliche Fehler rechtserheblich.

3.6 Verfassungsgemäßheit des § 215 Abs. 1 Nr. 3 BauGB 2004

(1) Daß der Gesetzgeber eine Präklusion bei Abwägungsmängeln vorsehen darf, **18** ist mit Art. 14 Abs. 1 GG vereinbar.[12] Das von ihm gewählte Ziel, eine erhöhte „Bestandskraft" vor allem der B-Pläne zu erreichen, dient der Rechtssicherheit.[13] Trotz der legislatorischen Regelungskompetenz des Art. 14 Abs. 1 S. 2 GG ist dies nicht beliebig möglich.[14] § 215 Abs. 1 Nr. 3 BauGB wirft die Frage nach den Grenzen einer noch rechtsstaatlicher Normsetzung auf.[15]

---

8   Vgl. VGH Mannheim, Urteil vom 20.5.1998 – 3 S 2784/96 – BRS 60 Nr. 56 (1998); VGH Kassel, Urteil vom 6.11.2000 – 9 N 2265/99 – HGZ 2001, 441.
9   Vgl. BVerwG, Beschluß vom 2.1.2001 – 4 BN 13.00 – ZfBR 2001, 418 = BauR 2001, 1888 = BRS 64 Nr. 57 (2001); VGH Mannheim, Urteil vom 20.5.1998 – 3 S 2784/96 – BRS 60 Nr. 56 (1998) = DVBl 1998, 1302 (L) = NVwZ-RR 1998, 614 (L).
10 BVerwG, Urteil vom 30.6.1989 – 4 C 15.86 – DVBl 1989, 1061 = NVwZ 1990, 364 = UPR 1989, 433 = ZfBR 1990, 30 = BauR 1989, 687 = BRS 49 Nr. 29; Beschluß vom 2.1.2001 – 4 BN 13.00 – ZfBR 2001, 418 = BauR 2001, 1888 = BRS 64 Nr. 57 (2001); Beschluß vom 23.10.2002 – 4 BN 53.02 – NVwZ-RR 2003, 172 = UPR 2003, 152 = ZfBR 2003, 157 = BauR 2003, 216 = BRS 65 Nr. 47.
11 BVerwG, Beschluß vom 18.6.1982 – 4 N 6.79 – DVBl 1982, 1095 [1096] = NVwZ 1983, 347 = BauR 1982, 453 = BRS 39 Nr. 28; Beschluß vom 2.1.2001 – 4 BN 13.00 – ZfBR 2001, 418 = BauR 2001, 1888 = BRS 64 Nr. 57 (2001).
12 Vgl. BVerwG, Urteil vom 24.5.1996 – 4 A 38.95 – DVBl 1997, 51 = NVwZ 1997, 489 = UPR 1996, 386.
13 Die meisten Kontrollverfahren gegen B-Pläne wurden innerhalb von 7 Jahren eingeleitet. Vor Änderung des § 47 Abs. 2 VwGO betrafen nur 15% der Gerichtsentscheidungen der 80er Jahre B-Pläne, die älter als 7 Jahre waren (vgl. E. Scharmer, Bebauungspläne im Normenkontrolle. Ursachen und Folgen des Scheiterns von Plänen, Berlin 1988).
14 Vgl. krit. Fr.-J. Peine, Zur verfassungskonformen Interpretation des § 215 I Nr. 2 BauGB, in: NVwZ 1989, 637–639; U. Battis, in: B/K/L, BauGB, 9. Aufl., 2005, Vorbem. §§ 214ff. Rn. 11 a.E.
15 Zu verfassungsrechtlichen Bedenken zu § 215 Abs. 1 Nr. 2 BauGB a.F. vgl. u.a. R.-P. Löhr, Das neue Baugesetzbuch – Bauleitplanung, in: NVwZ 1987, 361–369 [368f.]; A. Gern/S. Schneider, Zur

19   Ein Abwägungsmangel im Sinne des § 214 Abs. 3 S. 2 Halbs. 2 BauGB, dessen Erheblichkeit immerhin offensichtlich und für das inhaltsbestimmende Ergebnis von Einfluß gewesen sein muß, bleibt nach Ablauf der Rügefrist von zwei Jahren dauernd unbeachtlich. Es erscheint zweifelhaft, daß dem Gesetzgeber mit einer Befristung von zwei Jahren ein verfassungsrechtlich einwandfreier Ausgleich zwischen legitimen Belangen aller Betroffenen und der am Gemeinwohl ausgerichteten Rechtssicherheit gelungen ist.[16] Zu der Fristberechnung des § 42 Abs. 2 BauGB besteht ein Wertungswiderspruch.

20   (2) In ihrer Gegenäußerung zur Stellungnahme des BRates führt die BReg. aus, § 215 Abs. 1 Nr. 3 BauGB erfasse nicht das Abwägungsergebnis (BTag-Drs. 15/2250 S. 96). Der jetzige Gesetzestext hat mit der Verwendung des Ausdrucks des Abwägungsvorganges zu einer Begrenzung der Präklusionsfolge geführt. Der Gesetzgeber hat immerhin hinsichtlich des Abwägungsergebnisses – wenngleich auf einem sehr schmalen Pfad – eine Entscheidung zugunsten des Planbetroffenen getroffen. Dagegen erfaßte die Präklusion des § 215 Abs. 1 Nr. 2 BauGB a. F. unverändert jeden Mangel der Abwägung. Einer verfassungskonformen Handhabung bietet sich hier ein Weg.

21   (3) Angesichts dieser Problemstellung wird sich nach ungenutztem Ablauf der Rügefrist der Streit über die Frage verschärfen, ob das Abwägungsergebnis rechtlicher Prüfung Stand hält. Auch Versuche, materielle Mängel aus dem Zuordnungsbereich des Abwägungsvorganges „herauszunehmen", werden zunehmen (vgl. Rn. 21 ff.). Im Hinblick auf die Kürze der Rügefrist ist es gewiß angemessen, im Wege verfassungskonformer Auslegung und Anwendung den Bereich des fehlerhaften Abwägungsergebnisses gerade bei schwerwiegenden Mängeln weitherzig zu bestimmen.

4. Nicht durch § 215 Abs. 1 BauGB 2004 erfaßte Mängel

22   § 215 BauGB enthält keine abschließende Regelung aller materiell beachtlicher Rechtsfehler (vgl. Rn. 7).[17] Soweit Bundesrecht berührt ist, kann es sich um die dem Regelungsbereich des BauGB zuzuordnende (interne) Fehler als auch „externe" Fehler anderen Bundesrechts handeln. § 215 BauGB erfaßt keine Rechtsfehler, die sich aus Landesrecht einschließlich des örtlichen Satzungsrechts ergeben.

23   **[1] Fehlender Gemeindebeschluß.** § 215 Abs. 1 BauGB erfaßt nicht den Fehlerbereich des § 214 Abs. 1 S. 1 Nr. 4 BauGB. Dieser Fehlerbereich gilt gleichsam

---

Verfassungsmäßigkeit der Unbeachtlichkeitsvorschriften bei Abwägungsfehlern nach dem Baugesetzbuch, in: VBIBW 1988, 125–129 [128f.]; F. Ossenbühl, Eine Fehlerlehre für untergesetzliche Normen, in: NJW 1986, 2805–2812 [2811]; K.-P. Dolde, Die „Heilungsvorschriften" des BauGB für Bauleitpläne, in: BauR 1990, 1–14 [7ff.].

16 Zweifelnd auch M. Quaas/A. Kukk, Neustrukturierung der Planerhaltungsbestimmungen in §§ 214ff. BauGB, in: BauR 2004, 1541–1552 [1546].

17 Wie hier U. Stelkens, Planerhaltung bei Abwägungsmängeln nach dem EAG Bau, in: UPR 2005, 81–88 [86].

als absolut. Das ist insbesondere der Fall, wenn Beschlüsse der Gemeinde oder erforderliche staatliche Genehmigungen nicht vorliegen. Dasselbe hat zu gelten, wenn die vorgeschriebene **Bekanntmachung** (vgl. §§ 6 Abs. 5 S. 1, 10 Abs. 3 BauGB) in Verb. mit dem landes- oder ortsrechtlichen Bekanntmachungsrecht mißachtet wurde. In derartigen Fällen gibt es auch kein bauplanungsrechtlich „rechtsbegründendes" **Gewohnheitsrecht.**[18]

[2] § 1 Abs. 3 S. 1 BauGB. Das BauGB enthält zwingendes Recht, das vom Plan-   **24** erhaltungssystem der §§ 214, 215 BauGB nicht erfaßt wird. Dazu zählt u. a. die Verletzung des § 1 Abs. 3 S. 1 BauGB, etwa die Mißachtung des Gebots d. Realisierungsfähigkeit der Bauleitplanung.[19] Der Verwirklichung des B-Plans dürfen auf unabsehbare Zeit rechtliche oder tatsächliche Hindernisse nicht entgegen stehen.[20] Die Planung kann nicht „erforderlich" im Sinne des § 1 Abs. 3 S. 1 BauGB sein, wenn sie nicht aller Voraussicht nach innerhalb eines angemessenen Zeitraums abgeschlossen werden kann. Für eine Straßenplanung nach § 9 Abs. 1 Nr. 11 BauGB gilt ein ungefährer Zeitrahmen von etwa 10 Jahren.[21] Das Tatbestandsmerkmal der Erforderlichkeit gilt nicht nur für den Anlaß, sondern auch für den Inhalt des B-Plans, und zwar für jede Festsetzung.[22] Auch das Verbot des sog. Etikettenschwindels ist ein Fall des § 1 Abs. 3 S. 1 BauGB.[23] Ferner ist die sog. Negativplanung § 1 Abs. 3 S. 1 BauGB zuzuordnen.[24] Die Abgrenzung zu § 1 Abs. 7 BauGB kann problematisch sein.[25]

---

18 BVerwG, Urteil vom 26.5.1978 – 4 C 9.77 – BVerwGE 55, 369 [317] = DVBl 1978, 815 = NJW 1978, 2564 = BauR 1978, 276; OVG Lüneburg, Urteil vom 22.10.1987 – 1 A 107/85 – NuR 1988, 302; a.A. OVG Berlin, Urteil vom 30.10.1987 – 2 B 5.86 – OVGE BE 18, 68 (fehlerhafte Planverkündung).

19 BVerwG, Urteil vom 12.8.1999 – 4 CN 4.98 – BVerwGE 109, 246 = DVBl 2000, 187 = NVwZ 2000, 550 = UPR 2000, 68 = ZfBR 2000, 125 = BauR 2000, 229; Urteil vom 21.3.2002 – 4 CN 14.00 – BVerwGE 116, 144 = DVBl 2002, 1469 = NVwZ 2002, 1509; Urteil vom 30.1.2003 – 4 CN 14.01 – BVerwGE 117, 351 = DVBl 2003, 733 = NVwZ 2003, 742; VGH Mannheim, Urteil vom 7.12.1998 – 3 S 3113/97 – VBlBW 1999, 174; OVG Münster, Urteil vom 26.10.1999 – 11a D 173/96.NE – BRS 62 Nr. 10 (1999) = NWVBl 2000, 187; kritisch W. Hoppe, in: ders./Chr. Bönker/S. Grotefels, Öffentliches Baurecht, 3. Aufl., 2004, § 5 Rn. 16, 30.

20 Vgl. VGH Mannheim, Urteil vom 7.12.1998 – 3 S 3113/97 – VBlBW 1999, 174 (Fragen des Bestandsschutzes).

21 BVerwG, Urteil vom 18.3.2004 – 4 CN 4.03 – DVBl 2004, 957 = NVwZ 2004, 856 = UPR 2004, 424 = ZfBR 2004, 563 = BauR 2004, 1260; vgl. auch BVerwG, Urteil vom 20.5.1999 – 4 A 12.98 – DVBl 1999, 1514 = NVwZ 2000, 555 = ZfBR 2000, 69 = BRS 62 Nr. 6.

22 BVerwG, Urteil vom 31.8.2000 – 4 CN 6.99 – BVerwGE 112, 41 = DVBl 2001, 377 = NVwZ 2001, 560 = ZfBR 2001, 126 = BauR 2001, 358 = BRS 63 Nr. 1.

23 Vgl. VGH Kassel, Urteil vom 17.9.2002 – 4 N 2482/98 – NVwZ-RR 2003, 417; VGH Kassel, Beschluß vom 21.5.1988 – 3 N 20/83 – UPR 1989, 194 = BRS 48 Nr. 11; OVG Saarland, Urteil vom 28.9.1993 – 2 R 50/92 – BauR 1994, 77; OVG Lüneburg, Urteil vom 23.9.1999 – 1 K 5147/97 – BauR 2000, 523 = BRS 62 Nr. 16; OVG Lüneburg, Urteil vom 30.5.2001 – 1 K 389/00 – NVwZ-RR 2002, 286 = BRS 64 Nr. 12 (2001).

24 Vgl. BVerwG, Beschluß vom 18.12.1990 – 4 NB 8.90 – DVBl 1991, 445 = UPR 1991, 154 = ZfBR 1991, 123 = BauR 1991, 165; VGH München, Urteil vom 29.11.1991 – 1 B 90.2688 – BayVBl. 1992, 721 [722f.]; VGH Mannheim, Urteil vom 18.9.1998 – 8 S 1279/98 – VBlBW 1999, 136; vgl. auch M. Lendi, Negativ- und Positivplanung im Wechselspiel, in: UPR 1982, 73–82.

25 Vgl. BVerwG, Beschluß vom 9.10.1996 – 4 B 180.96 – NVwZ-RR 1997, 213 = ZfBR 1997, 97 = UPR 1997, 102 [103] = BauR 1997, 263 = BRS 58 Nr. 3 zur Erheblichkeit vorgeschobener „privater Interessen".

25 **[3] § 9 Abs. 1 BauGB.** Die Gemeinde darf im B-Plan nur festsetzen, was nach dem abschließenden Katalog des § 9 Abs. 1 und Abs. 1a BauGB einschließlich der BauNVO **festsetzungsfähig** ist. Irrt sich die Gemeinde durch objektiv fehlerhafte Auslegung des § 9 Abs. 1 BauGB und/oder der BauNVO, so trägt sie den Nachteil ihres Irrtums.[26] Auf subjektive Gründe kommt es nicht an. Die Gemeinde besitzt kein „Festsetzungsfindungsrecht".[27]

26 **[4] Städtebauliche Gründe.** § 9 Abs. 1 BauGB und die BauNVO erfordern, daß die getroffenen Festsetzungen von „städtebaulichen Gründen" getragen werden. Liegen diese nicht vor, stellt dies eine Verletzung strikten Rechts dar.[28]

27 **[5] Bestimmtheit.** Ein B-Plan muß – wie jede andere Rechtsnorm – hinreichend klar zum Ausdruck bringen, welche Regelung mit welchem Inhalt normative Geltung beansprucht.[29] Läßt sich z.B. das Maß der baulichen Nutzung in einem vorhabenbezogenen B-Plan nur aus dem Lageplan ohne Maßangaben entnehmen, kann eine starke Verkleinerung des Lageplans und die Stärke der Begrenzungslinien der bebaubaren Fläche zu Ungenauigkeiten führen, die zur Unbestimmtheit des B-Plans führen.[30] Als Unterfall fehlender Bestimmtheit gilt, wenn Bestimmungen einer Satzung zueinander **widersprüchlich** sind.[31] Das gilt auch für die Bestimmung des Plangebietes.[32]

28 **[6] Ziele der Raumordnung.** Der Bauleitplan oder baurechtliche Satzungen dürfen nicht gegen nicht-baurechtliche Rechtsvorschriften verstoßen (vgl. auch § 6 Abs. 2 BauGB). Eine derartige Kollision führt zur **dauernden Nichtigkeit.**[33] Die Gemeinde unterliegt einem **überregionalen Anpassungsgebot** (§ 1 Abs. 4 BauGB).

---

26 Beispiel: BVerwG, Urteil vom 16.12.1999 – 4 CN 7.98 – BVerwGE 110, 193 = DVBl 2000, 804 = NVwZ 2000, 815 = BauR 2000, 684 = BRS 62 Nr. 44 (1999); Beschluß vom 10.8.1993 – 4 NB 2.93 – NVwZ-RR 1994, 138; Beschluß vom 7.3.1997 – 4 NB 38.96 – NVwZ-RR 1997, 522; VGH München, Urteil vom 12.9.2000 – 1 N 98.3549 – BauR 2001, 210 = ZfBR 2001, 205 = BRS 63 Nr. 76 (2000); VGH München, Urteil vom 29.7.1992 – 20 N 91.2692 – NuR 1993, 328 = BRS 54 Nr. 42; OVG Münster, Beschluß vom 27.3.1998 – 10a D 188/97.NE – NVwZ-RR 1999, 110 = BauR 1998, 981 = BRS 60 Nr. 25 (1998).

27 Vgl. BVerwG, Beschluß vom 31.1.1995 – 4 NB 48.93 – DVBl 1995, 520 = NVwZ 1995, 696 = BRS 57 Nr. 23; OVG Münster, Urteil vom 13.3.1998 – 11a D 128/93.NE – BRS 60 Nr. 32 (1998).

28 Vgl. VGH Mannheim Urteil vom 30.7.1998 – 5 S 2181/97 – BRS 60 Nr. 28 (1998).

29 BVerwG, Beschluß vom 18.12.1989 – 4 NB 26.89 – NVwZ-RR 1990, 229 = ZfBR 1990, 99 = BauR 1999, 185 = BRS 49 Nr. 75; Beschluß vom 8.3.2002 – 4 BN 7.02 – NVwZ 2002, 1385 = ZfBR 2002, 492 = BauR 2002, 1066 = BRS 65 Nr. 59 (2002); VGH Mannheim, Urteil vom 7.1.1998 – 8 S 1337/97 – DVBl 1998, 601 (L).

30 OVG Lüneburg, Urteil vom 8.7.2004 – 1 KN 184/02 – DWW 2004, 306 (L) = juris (Volltext).

31 OVG Lüneburg, Urteil vom 27.6.2000 – 4 K 2/00 – NordÖR 2000, 462 (Straßenreinigungspflicht); OVG Lüneburg, Urteil vom 12.4.2000 – 1 K 5694/98 – NdsRpfl 2000, 301 = BRS 63 Nr. 39 (2000).

32 VGH München, Urteil vom 11.7.2000 – 26 N 99.3185 – NVwZ-RR 2001, 288 = BauR 2000, 1716 = BRS 63 Nr. 126 (2000() = BayVBl 2001, 114 (Veränderungssperre); OVG Weimar, Urteil vom 16.5.2001 – 1 N 932.00 – NVwZ-RR 2002, 415 = BauR 2002, 917 = ZfBR 2002, 272 = BRS 64 Nr. 53 (2001) = ThürVBl 2002, 74 (Veränderungssperre).

33 BVerwG, Beschluß vom 28.11.1988 – 4 B 212.88 – NVwZ 1989, 662 = UPR 1989, 112 = ZfBR 1989, 77 = NuR 1989, 225 = BRS 48 Nr. 17; OVG Schleswig, Urteil vom 17.6.1999 – 1 K 7 / 98 – NordÖR 2000, 423; vgl. auch BVerwG, Beschluß vom 25.8.1997 – 4 NB 12.97 – NVwZ 1998, 162 = BRS 59 Nr. 29.

Auch landesplanerische Aussagen, die gemäß § 3 Nr. 2 ROG Merkmale der Ziele der Raumordnung festlegen, müssen hinreichend bestimmt sein.[34]

[7] Abwägungsergebnis. Ein in jeder Hinsicht abwägungsfehlerhafter B-Plan ist 29 keine zulässige Bestimmung von Inhalt und Schranken des Eigentums im Sinne des Art. 14 Abs. 1 S. 2 GG (vgl. Rn. 11). Das fehlerhafte Abwägungsergebnis wird durch § 215 Abs. 1 BauGB nicht erfaßt.

Ob eine Trennung von Abwägungsvorgang und Abwägungsergebnis, wie § 214 30 Abs. 3 S. 2 Halbs. 2 BauGB voraussetzt, stets deutlich möglich ist, ist nicht zweifelsfrei.[35] Das gilt vor allem dann, wenn die Ermittlungs- und Bewertungsmängel einen grundrechtsrelevanten Bereich betreffen, etwa den Schutzbereich des Art. 2 Abs. 2 S. 1 GG.[36] Das zwingt zu einer **verfassungskonformen Anwendung** des § 215 Abs. 1 Nr. 3 BauGB zugunsten der Erheblichkeit schwerwiegender Mängel. Wegen der Kürze der Präklusionsfrist ist dies auch angemessen.

II. § 215 Abs. 2 BauGB 2004 – Hinweispflicht

1. Text der geänderten Fassung

(2) Bei Inkraftsetzung des Flächennutzungsplans **oder** der Satzung ist auf die Voraussetzungen für die 31 Geltendmachung der Verletzung von **Vorschriften** sowie **auf die** Rechtsfolgen hinzuweisen.

2. Textgeschichte

Der Entwurf der BReg. hatte bereits die Gesetz gewordene Fassung (BTag-Drs. 32 15/2250 S. 22, S. 65). Der Bundesrat erhob keine Bedenken.

3. Erläuterung der Änderung

(1) Das EAG Bau übernimmt die Hinweispflicht des § 215 Abs. 2 BauGB a.F., 33 strafft sie aber. Hinweispflichtig sind unverändert der F-Plan und alle Satzungen, die von § 214 Abs. 1 BauGB erfaßt werden. Der Hinweis ist mit der Bekanntmachung zu verbinden, mit welcher der F-Plan oder die Satzung in Kraft gesetzt wird.

(2) Der Hinweis hat sich inhaltlich auf die „Voraussetzungen für die Geltendma- 34 chung der Verletzung von Vorschriften sowie auf die Rechtsfolgen" zu beziehen. Das ist recht unbestimmt und bedarf der Konkretisierung. Der systematische Zusammenhang, in dem § 215 Abs. 2 BauGB steht, zeigt auf, daß sich die Hinweis-

---

34 BVerwG, Urteil vom 18.9.2003 – 4 CN 20.02 – BVerwGE 119, 54 = DVBl 2004, 251 = NVwZ 2004, 226 = ZfBR 2004, 177 = BauR 2004, 280.

35 Vgl. H.-J. Koch/R. Hendler, Baurecht, Raumordnungs- und Landesplanungsrecht, 4. Aufl., 2004, S. 250ff.; H.-J. Koch, Abwägungsvorgang und Abwägungsergebnis als Gegenstände gerichtlicher Kontrolle, in: DVBl 1989, 399–405.

36 Vgl. bereits R. Breuer, Die Kontrolle der Bauleitplanung – Analyse eines Dilemmas, in: NVwZ 1982, 273–280 [279] zu Art. 14 Abs. 1 S. 2 GG; F. Weyreuther, Verwaltungsverantwortung und gerichtliche Kontrolle, in: UPR 1986, 121–127 [123].

pflicht auf den Regelungsbereich des § 215 Abs. 1 BauGB bezieht. Als maßgebende Rechtsfolge ist die Präklusionsfolge zu umschreiben.

35 (3) Unterbleibt der Hinweis oder ist er irreführend, tritt der Rügeverlust nicht ein.[37] Die Rechtsverbindlichkeit des F-Plans oder der Satzung bleibt unberührt. Der unterbliebene Hinweis kann isoliert nachgeholt werden.[38] Der isoliert bekanntgemachte Hinweis muß allerdings aus sich heraus verständlich sein. Wird der Hinweis nachgeholt, beginnt mit der Bekanntmachung des Hinweises der Lauf der Rügefrist.

---

37 VGH Mannheim, Urteil vom 11.7.1995 – 3 S 1242/95 – UPR 1996, 115 = BRS 57 Nr. 291 (1995).
38 Str., wie hier K. Schmaltz, in: H. Schrödter (Hrsg.), BauGB, 6. Aufl., 1998, § 215 Rn. 9; a.A. etwa VGH Kassel, Beschluß vom 13.4.1984 – 4 N 13/77 – NVwZ 1984, 803 = BRS 42 Nr. 28; K.-P. Dolde, Die „Heilungsvorschriften" des BauGB für Bauleitpläne, in: BauR 1990, 1–14 [2].

Berkemann

§ 233 BauGB – Allgemeine Überleitungsvorschriften

I. Anwendung des § 233 Abs. 1 BauGB 2004

1. Text der weiter geltenden Fassung

(1) Verfahren nach diesem Gesetz, die vor dem Inkrafttreten einer Gesetzesänderung förmlich eingelei- **1** tet worden sind, werden nach den bisher geltenden Rechtsvorschriften abgeschlossen, soweit nachfolgend nichts anderes bestimmt ist. Ist mit gesetzlich vorgeschriebenen einzelnen Schritten des Verfahrens noch nicht begonnen worden, können diese auch nach den Vorschriften dieses Gesetzes durchgeführt werden.

2. Textgeschichte

§ 233 Abs. 1 BauGB ist unverändert. Das entspricht dem Gesetzesentwurf der **2** BReg. (BTag-Drs. 15/2250 S. 22, 68).

3. Erläuterung des § 233 Abs. 1 BauGB 2004

(1) § 233 Abs. 1 BauGB in der Fassung des BauROG 1998 gilt unverändert. **3** Demgemäß ist hier nur zu erörtern, welche Bedeutung § 233 Abs. 1 BauGB für das Verfahren besitzt, soweit das EAG Bau dieses geändert hat. Es handelt sich mithin nur um Fragen der **Anwendung des § 233 Abs. 1 BauGB**.

4 (2) § 233 Abs. 1 BauGB fungiert auch hinsichtlich des EAG Bau als **Grundnorm**. Die Vorschrift folgt allgemeinen Rechtsgrundsätzen des intertemporalen Rechts (vgl. auch § 243 Abs. 1 BauGB). Das EAG Bau kennzeichnet Abweichungen von der Grundnorm ausdrücklich. Beispielgebend ist § 244 Abs. 1 BauGB.

3.1 Erläuterung zu § 233 Abs. 1 Satz 1 BauGB 2004

3.1.1 Stichtag

5 Maßgebender Stichtag ist der **Zeitpunkt** des Inkrafttretens des EAG Bau. Das EAG Bau trat nach seinem Art. 7 am **20.7.2004** in Kraft. Wurde das Verfahren bis einschließlich des **19.7.2004** förmlich eingeleitet, gilt nach § 233 Abs. 1 S. 1 BauGB „altes" Recht. Ist das Verfahren vor dem 20.7.2004 „abgeschlossen" stellt sich die Frage des Übergangsrechtes des § 233 Abs. 1 BauGB nicht. **§ 233 Abs. 3 BauGB** bekräftigt dies klarstellend.

3.1.2 Begriff des Verfahrens

6 (1) Der Begriff des Verfahrens ist umfassend zu verstehen. § 233 Abs. 3 BauGB gibt dafür einen Anhalt. Gemeint sind alle Bauleitpläne, Satzungen, aber auch Entscheidungen, soweit sie verfahrensmäßig nach dem BauGB zu treffen sind.

7 (2) **Begriff der Verfahrenseinleitung.** § 233 Abs. 1 S. 1 BauGB gibt nicht näher an, was unter „Einleitung" eines Verfahrens zu verstehen ist. Ähnlich § 243 Abs. 1, § 244 Abs. 1 und 2 BauGB betont § 233 Abs. 1 S. 1 durch den Zusatz „förmlich" eine bestimmte Qualität des Beginns des Verfahrens. Das EAG Bau will damit betonen, daß ein gewisses Maß an **außenwirksamer Erkennbarkeit der bewußten Verfahrenseinleitung** bestehen muß. Dies kann wegen der unterschiedlichen Rechtsfolgen des jeweiligen Verfahrens erheblich sein. Bereits § 233 Abs. 1 S. 1 BauGB unterstellt, daß das eingeleitete Verfahren mehrere Verfahrensschritte durchlaufen wird. Der maßgebende Entscheidungsträger stößt das Verfahren gleichsam „öffentlich" an; er, nicht ein anderer, „leitet es ein".

8 (3) **Pläne – Satzungen.** Für den Bauleitplan ist wird in aller Regel der **Aufstellungsbeschluß** (§ 2 Abs. 1 S. 2 BauGB) als maßgebender Zeitpunkt angenommen. Zwingend ist dies indes nicht. Aus der Zielsetzung des § 233 Abs. 1 S. 1 BauGB ist es jedenfalls nicht erforderlich, daß der Aufstellungsbeschluß auch ortsüblich bekannt gemacht wurde.[1] Fehlt es an einem Aufstellungsbeschluß, kommt es auf einen anderen förmlichen, d. h. „einleitenden" Verfahrensschritt an. Das ist

---

1   Vgl. dazu BGH, Urteil vom 12.7.2001 – III ZR 282/00 – DVBl 2001, 1619 = NVwZ 2002, 124 = UPR 2002, 24 = ZfBR 2001, 555 = BauR 2001, 1884 = BRS 64 Nr. 157 (2001); vgl. ferner BVerwG, Beschluß vom 15.4.1988 – 4 N 4.87 – BVerwGE 79, 200 [205] = DVBl 1988, 958 = NVwZ 1988, 916 = ZfBR 1988, 274 = BauR 1988, 562 = BRS 48 Nr. 21; Beschluß vom 9.2.1989 – 4 B 236/88 – NVwZ 1989, 661 [662] = ZfBR 1989, 171 = BauR 1989, 432 = BRS 49 Nr. 21; Beschluß vom 6.8.1992 – 4 N 1.92 – NVwZ 1993, 471 = ZfBR 1992, 292 = BauR 1993, 59 = BRS 54 Nr. 77; OVG Koblenz, Urteil vom 9.10.1980 – 10 C 3/80 – AS RP-SL 16, 135 = BRS 36 Nr. 108.

Berkemann

u. a. nach § 3 Abs. 1 BauGB die frühzeitige Öffentlichkeitsbeteiligung.[2] Fehlt diese, ist es zumindest die „reguläre" Öffentlichkeitsbeteiligung nach § 3 Abs. 2 BauGB ein geeignetes Kriterium.

Für die Satzungen nach §§ 34 Abs. 4 S. 1, 35 Abs. 6 BauGB gibt es im BauGB **9** keinen, einem Aufstellungsbeschluß vergleichbaren verfahrenseinleitenden Akt. Maßgebend ist hier der Ablauf des kommunalverfassungsrechtlichen Satzungsverfahrens (vgl. § 244 Abs. 1 BauGB Rn. 16f.).

(4) **Entscheidungen.** Vorausgesetzt wird ein Verfahren. §§ 9, 22 VwVfG ist ent- **10** sprechend anwendbar. Liegt ein **Antrag** vor, stellt dies den Beginn des Verfahrens dar.[3] Auf die Dauer des Verfahrens hat der Antragsteller im Grundsatz keinen Einfluß. Es muß sich um ein im BauGB geregeltes (administratives) Verfahren handeln.[4] § 233 Abs. 1 BauGB erfaßt keine Verfahren nach dem Bauordnungsrecht (etwa Antrag auf Erlaß einer Baugenehmigung).[5]

3.1.3 Rechtsfolge

Das nach alter Rechtslage eingeleitete Verfahren ist nach den bisher geltenden **11** Rechtsvorschriften abzuschließen. Entgegen dem verkürzenden Wortlaut des § 233 Abs. 1 S. 1 BauGB sind die Verfahren nicht nur nach „altem" Recht abzuschließen, sondern zunächst einmal nach Maßgabe der „alten" Rechtsvorschriften durchzuführen. Diese Regel gilt dann nicht, wenn „nachfolgend" etwas anderes bestimmt worden ist. Dieser Vorbehalt schließt aus, Änderungen, die systematisch vor § 233 Abs. 1 S. 1 BauGB stehen, zu beachten. Die von § 233 Abs. 1 S. 1 BauGB benutzte „soweit-nicht"-Klausel begründet eine Argumentationslast. Ein Anwendungsfall der Vorbehaltsklausel ist § 233 Abs. 1 S. 2 BauGB.

3.1.4 Fortfall eines „früheren" Verfahrensschrittes

(1) § 233 Abs. 1 BauGB regelt nicht, was zu geschehen hat, wenn durch Ände- **12** rung des BauGB ein früher bestehender Verfahrensschritt entfallen ist. Beispielsweise ist die Entwicklungs- und Ergänzungssatzung (§ 34 Abs. 4 S. 1 Nrn. 2 und 3 BauGB) **genehmigungsfrei** oder die Verlängerung und der erneute Erlaß der Veränderungssperre sind nicht mehr zustimmungspflichtig (§ 17 Abs. 2, 3 BauGB). Hierzu wird die Ansicht vertreten, daß diese Verfahrensstufe alsdann entfällt.[6] Der

---

2 Dies erwägend OVG Münster, Urteil vom 6.8.2003 – 7a 100 / 01.NE – NuR 2004, 321 = NWVBl 2004, 262 zu UVP-RL in der Fassung der Änderungsrichtlinie 97/11/EG vom 3.3.1997; vgl. auch G. Gaentzsch, Zur Umweltverträglichkeitsprüfung von Bebauungsplänen und zu Fehlerfolgen insbesondere bei unmittelbarer Anwendbarkeit der UVP-Richtlinie, in: UPR 2001, 287 [290].

3 Ebenso OVG Hamburg, Urteil vom 21.9.2000 – 2 Bf 18/97 – NordÖR 2001, 81 = BRS 63 Nr. 123 zu §§ 233, 243 BauGB a.F. in Verb. mit § 13 BauGB-MaßnG.

4 R.-P. Löhr, in: B/K/L, BauGB, 9. Aufl., 2005, § 233 Rn. 2; K. Schmaltz, in: H. Schrödter (Hrsg.), BauGB, 6. Aufl., 1998, § 233 Rn. 1b.

5 OVG Münster, Urteil vom 12.10.1999 – 11 A 5673/97 – BRS 62 Nr. 113; VGH Mannheim, 26.3.1998 – 8 S 315/98 – NVwZ-RR 1998, 622 (L) = BRS 60 Nr. 140.

6 Vgl. R.-P. Löhr, in: B / K / L, BauGB, 9. Aufl., 2005, § 233 Rn. 3; ähnlich für den Fortfall des Anzeigeverfahren OVG Münster, 28.7.1999 – 7a D 42/98.NE – NVwZ-RR 2000, 573 = BRS 62 Nr. 36 (1999).

Text des § 233 Abs. 1 BauGB ist dazu nicht eindeutig. Im Hinblick auf die in § 233 Abs. 1 S. 2 BauGB eröffnete Wahlmöglichkeit hat die Frage praktisches Gewicht nur dann, wenn die Gemeinde eine präventive staatliche Kontrolle gerade wünscht.

13 (2) § 233 Abs. 1 BauGB ist nicht auf Verfahren anzuwenden, die es nach Änderung des BauGB durch das EAG Bau als solche nicht mehr gibt.[7] Die Fortsetzung eines derartigen Verfahrens ist sinnlos. Das ist für Verfahren zur Genehmigung von Grundstücksteilungen gemäß § 19 BauGB der Fall (vgl. auch § 244 Abs. 5 BauGB). Das kann im Einzelfall dann anders sein, wenn die Teilungsgenehmigung als privatrechtsgestaltender Verwaltungsakt Wirkung für den schuldrechtlich zu beurteilenden Teilungskauf besitzt.[8]

3.2 Erläuterung zu § 233 Abs. 1 Satz 2 BauGB 2004

14 (1) Die im BauGB vorgesehenen Verfahren sind teilweise in ihrem Ablauf strukturiert. Das Bild des § 233 Abs. 1 S. 1 BauGB ist es, daß der Gesetzgeber des BauGB selbst „einzelne" Verfahrensschritte angegeben und ausgeformt hat. Ist mit einem derartigen Schritte bereits begonnen worden, bleibt es für diesen Schritt bei der seinerzeit gegebenen Rechtslage. Ist der Verfahrensschritt noch nicht begonnen worden, eröffnet § 233 Abs. 1 S. 2 BauGB eine **facultas alternativa**. Der Entscheidungsträger kann wählen, ob er für diesen Verfahrensschritt das „alte" Verfahren wählt oder nach der neuen, durch das EAG Bau geschaffenen Rechtslage verfährt. Er kann das eine oder das andere wählen; ein mixtum compositum ist ihm versagt.

15 Die Gemeinde kann z. B. für die Auslegung nach § 3 Abs. 2 BauGB 2004 verfahren, auch wenn sie die frühzeitige „Bürgerbeteiligung" noch nach § 3 Abs. 1 BauGB a. F. durchgeführt hat. Entsprechendes gilt für die Beteiligung der Behörden und sonstige Träger öffentlicher Belange.

II. Änderung – § 233 Abs. 2 BauGB 2004

1. Text der geänderten Fassung

16 (2) Die Vorschriften des Dritten Kapitels Zweiter Teil Vierter Abschnitt zur Planerhaltung sind auch auf Flächennutzungspläne und Satzungen **entsprechend** anzuwenden, die auf der Grundlage bisheriger Fassungen dieses Gesetzes in Kraft getreten sind. **Unbeschadet des Satzes 1 sind auf der Grundlage bisheriger Fassungen dieses Gesetzes unbeachtliche oder durch Fristablauf unbeachtliche Fehler bei der Aufstellung von Flächennutzungsplänen und Satzungen auch weiterhin für die Rechtswirksamkeit dieser Flächennutzungspläne und Satzungen unbeachtlich. Abweichend von Satz 1 sind für vor dem Inkrafttreten einer Gesetzesänderung in Kraft getretene Flächennutzungspläne und Satzungen die vor dem Inkrafttreten der Gesetzesänderung geltenden Vorschriften über die**

---

7 BVerwG, Beschluß vom 8.4.1998 – 4 B 184.97 – BauR 2000, 79 = BRS 62 Nr. 125; Beschluß vom 14.5.1999 – 4 B 41.99 – ZfBR 2000, 201 = BRS 62 Nr. 126 (1999); Urteil vom 1.7.1999 – 4 C 23.97 – NVwZ 2000, 195 = ZfBR 1999, 353 = BauR 2000, 75 = BRS 62 Nr. 124.

8 Vgl. dazu BVerwG, Beschluß vom 22.10.1975 – 4 B 95.75 – BauR 1975, 407 = BRS 29 Nr. 73; Beschluß vom 14.5.1999 – 4 B 41.99 – ZfBR 2000, 201 = BRS 62 Nr. 126.

Berkemann

Geltendmachung der Verletzung von Verfahrens- und Formvorschriften, von Mängeln der Abwägung und von sonstigen Vorschriften einschließlich ihrer Fristen weiterhin anzuwenden.

2. Textgeschichte

§ 233 Abs. 2 S. 1 BauGB ist textidentisch mit der bisherigen Regelung. § 233 Abs.   17
2 Sätze 2 und 3 BauGB entsprechen ohne inhaltliche Änderung dem Gesetzesentwurf der BReg. (BTag-Drs. 15/2250 S. 22, 66). Die Gesetzesfassung beruht auf der klarstellenden Empfehlung des 14. BTags-Ausschusses (BTag-Drs. 15/2996 S. 62, 105).

3. Erläuterung der Änderung

3.1 Zielsetzung

§ 233 Abs. 2 BauGB will erreichen, daß gegenüber früheren F-Plänen und Sat-   18
zungen das Planerhaltungsrecht (§§ 214 ff. BauGB) in seiner jeweiligen Fassung
jeweils zugunsten der Planerhaltung angewandt wird. § 233 Abs. 2 S. 3 BauGB
enthält eine besondere Übergangsregelung für die Frage, wie ein Mangel nach
Inkrafttreten des neuen BauGB „geltend gemacht" werden kann.

3.2   § 233 Abs. 2 Satz 1 BauGB 2004

3.2.1 Gegenstände der Regelung

(1) **Gegenstandsbereich.** § 233 Abs. 2 S. 1 BauGB ist fast textidentisch mit dem   19
bisherigen § 233 Abs. 2 BauGB. Die hinzugefügte Wendung „entsprechend" besitzt keine inhaltliche Bedeutung. Das EAG Bau erstreckt das jetzige Planerhaltungsrecht (§§ 214 ff. BauGB 2004) auf frühere F-Pläne und auf alle städtebaulichen Satzungen, d. h. auf F-Pläne und auf BauGB-Satzungen, die bereits vor dem
20.7.2004 in Kraft getreten waren.

(2) **Stichtag.** Der F-Plan und die Satzungen müssen bereits vor dem 20.7.2004   20
nach den Kriterien des alten Rechts in Kraft getreten sein. Treten sie erst mit dem
20.7.2004 oder später in Kraft, gilt das jetzige Planerhaltungsrecht der §§ 214 ff.
gemäß § 233 Abs. 1 S. 1 BauGB unmittelbar. Der F-Plan tritt mit der Bekanntmachung seiner Genehmigung in Kraft (vgl. § 6 Abs. 5 S. 2 BauGB). Für Satzungen
gilt unmittelbar oder aufgrund Bezugnahme § 10 Abs. 3 S. 4 BauGB).

3.2.2 Angeordnete Rechtsfolge

(1) Auf die früheren F-Pläne und Satzungen ist das „materielle" Planerhaltungs-   21
recht, wie es seinen Inhalt nunmehr durch das EAG Bau erhalten hat, uneingeschränkt anzuwenden. Das gilt für die Feststellung beachtlicher Fehler (§ 214
Abs. 1 bis 3 BauGB), für die Präklusion des § 215 BauGB, aber auch für die Möglichkeit der **rückwirkenden Fehlerbeseitigung** gemäß § 214 Abs. 4 BauGB. Damit stellt § 233 Abs. 2 S. 1 BauGB durch die pauschale Bezugnahme auf §§ 214 f.
BauGB selbst eine rückwirkende Regelung dar.

22 (2) In welcher Weise die Verletzung von Mängeln „**geltend gemacht**" werden kann, hat das EAG Bau in § 233 Abs. 2 S. 3 BauGB gesondert geregelt. Das gilt vor allem für die **Rügefrist**.

3.3 § 233 Abs. 2 Satz 2 BauGB 2004

23 (1) § 233 Abs. 2 S. 2 BauGB betrachtet die Rechtswirksamkeit früherer F-Pläne und Satzungen. Die Vorschrift schränkt die Verweisung in § 233 Abs. 2 S. 1 auf das „neue" Planerhaltungsrecht ein. Sie stellt die Sachlage dahin dar, daß nach früherem Planerhaltungsrecht für die Rechtswirksamkeit ein Fehler unbeachtlich war (§ 214 BauGB a.f.) oder infolge Fristablaufs unbeachtlich (§ 215 Abs. 1 BauGB a.f.) wurde. Dann soll es bei dieser Rechtsfolge verbleiben („weiterhin"). Ob der Fehler – so die Annahme des EAG Bau – nach nunmehrigem Planerhaltungsrecht beachtlich sein könnte, soll in jedem Falle unerheblich sein. Das neue Planerhaltungsrecht soll also zu keiner „Verschlechterung" der Bestandssicherheit führen. § 233 Abs. 2 S. 2 BauGB will den Fall erfassen, daß für einen Bauleitplan vor dem 20.7.2004 ein **Aufstellungsverfahren** begonnen und gemäß § 233 Abs. 1 S. 1 BauGB nach altem Recht fortgesetzt wurde, die Rechtswirksamkeit aber erst nach dem 20.7.2004 eintrat. Der Stichtag des § 233 Abs. 2 S. 1 BauGB wird insoweit **zugunsten der Planerhaltung** relativiert.

24 (2) § 233 Abs. 2 S. 2 BauGB ist der Sache nach eine salvatorische Klausel. Es ist hinsichtlich des § 214 Abs. 1 bis 3 BauGB nicht erkennbar, daß das neue Planerhaltungsrecht bei früheren F-Plänen oder Satzungen zu einer höheren Erheblichkeit vorhandener Mängel führen würde. Das Gegenteil dürfte zutreffen. Hinsichtlich der Unbeachtlichkeit eines Fehlers durch Fristablauf ist § 233 Abs. 2 S. 2 BauGB teilweise regelungsgleich mit § 233 Abs. 2 S. 3 BauGB.

3.4 § 233 Abs. 2 Satz 3 BauGB 2004

25 (1) § 233 Abs. 2 S. 3 BauGB ist lex specialis gegenüber § 233 Abs. 2 S. 1 BauGB. Das Gesetz betont dies selbst. Der Regelungsgehalt des § 233 Abs. 2 S. 2 BauGB wird teilweise wiederholt.

26 (2) § 233 Abs. 2 S. 3 BauGB ist sehr abstrakt gefaßt. Die Vorschrift will auch künftige Gesetzesänderungen erfassen. Diese Zielsetzung erschwert das Verständnis. Gemeint ist: Sollen Mängel gegenüber F-Plänen oder Satzungen „**geltend gemacht**" werden, ist für dieses Geltendmachen dasjenige Verfahrensrecht anzuwenden, das hierfür in dem Zeitpunkt galt, in dem der F-Plan oder die Satzung wirksam wurden, also im Sinne des § 233 Abs. 2 S. 1 BauGB „in Kraft traten".

27 (3) § 233 Abs. 2 S. 3 BauGB normiert nach seinem Wortlaut nur das „Recht des Geltendmachens", nicht die Mängel und deren Beachtlichkeit selbst. Ob sich das wirklich trennen läßt, mag zweifelhaft sein. Denn das jeweilige Planerhaltungsrecht stellt einen Zusammenhang zwischen materieller Fehlerqualität und dem Geltendmachen durch einen „Rügeberechtigten" her. Im Kern zielt § 233 Abs. 2 S. 3 BauGB nur auf die Präklusion (vgl. § 155a Abs. 1 BBauG 1976, § 215 BauGB

1987, § 215 BauGB 1998). § 233 Abs. 2 S. 3 BauGB ordnet an, daß das Präklusionsrecht dem Planerhaltungsrecht folgt, das im **Zeitpunkt** des Beginns der **Rechtswirksamkeit** des F-Plans oder der Satzung galt.

(4) Für die Änderung der Rechtslage durch das EAG Bau heißt dies beispielsweise: **[1]** War eine Präklusion eines an sich beachtlichen Verfahrensfehlers in der Fallgruppe des § 215 Abs. 1 Nr. 1 BauGB a.f. vor dem 20.7.2004 eingetreten, hat es damit sein Bewenden. Die Verlängerung der Rügefrist durch § 215 Abs. 1 BauGB 2004 auf zwei Jahre kommt dem Betroffenen nicht zugute. **[2]** War eine Präklusion in der Fallgruppe des § 215 Abs. 1 Nr. 1 BauGB a.f. am 20.7.2004 noch nicht eingetreten, wird die frühere Frist nicht durch die jetzige erweitert. Es verbleibt bei dem Lauf der kürzeren Frist des § 215 Abs. 1 Nr. 1 BauGB a.F. **[3]** Betrifft der geltend zu machende Mangel eine Frage der Abwägung, kann der Mangel innerhalb der Siebenjahresfrist des § 215 Abs. 1 Nr. 2 BauGB a.f. geltend gemacht werden. Die Rügefrist wird nicht verkürzt.   **28**

[4] Unklar ist, was als „Mangel der Abwägung" im Sinne des § 233 Abs. 2 S. 3 BauGB anzusehen ist. Dies ist insofern bedeutsam, als § 215 Abs. 1 Nr. 2 BauGB Mängel im Abwägungsergebnis nicht (mehr) erfaßt. Diese präkludieren nach neuem Recht nicht. Außerdem ist – jedenfalls aus der Sicht des EAG Bau – der Bereich relevanter Abwägungsmängel durch § 214 Abs. 3 S. 2 Halbs. 1 BauGB reduziert. Sachangemessen ist es, für das „alte" Präklusionsrecht keine Trennung zum relevanten materiellen Fehlerbereich vorzunehmen. Für frühere F-Pläne und Satzungen ist daher § 215 Abs. 1 Nr. 2 BauGB a.f. uneingeschränkt maßgebend. Ob der Gesetzgeber einen Mangel im Abwägungsergebnis in verfassungsrechtlicher Hinsicht überhaupt für präkludierbar erklären kann, ist eine andere Frage.   **29**

§ 244 BauGB – Überleitungsvorschriften für das Europarechtsanpassungsgesetz Bau

I. § 244 Abs. 1 BauGB 2004 – Verpflichtung zur Umweltprüfung

1. Text der Gesetzesfassung

(1) Abweichend von § 233 Abs. 1 werden Verfahren für Bauleitpläne und Satzungen nach § 34 Abs.   1
4 Satz 1 und § 35 Abs. 6, die nach dem 20. Juli 2004 förmlich eingeleitet worden sind oder die nach
dem 20. Juli 2006 abgeschlossen werden, nach den Vorschriften dieses Gesetzes zu Ende geführt.

2. Textgeschichte

§ 244 Abs. 1 BauGB entspricht im wesentlichen dem Gesetzesentwurf der BReg.   2
(BTag-Drs. 15/2250 S. 22, 66). Die Aufnahme der Außenbereichssatzung (§ 35
Abs. 6 BauGB) ergab sich aus der Entscheidung, auf diese Satzung nicht zu ver-
zichten. Dies hatte die BReg. in ihrem Entwurf vorgeschlagen.

3. Erläuterung

§ 244 Abs. 1 BauGB ist **lex specialis zu § 233 Abs. 1 BauGB**. Sind die maßge-   3
benden Stichtage überschritten, ist das „neue" Recht des EAG Bau zwingend anzuwenden. § 244 Abs. 1 BauGB entspricht der europarechtlichen Vorgabe des Art.
13 Abs. 3 S. 2 Plan-UP-RL 2001/42/EG.[1]

3.1 Sachliche Gegenstände des § 244 Abs. 1 BauGB 2004

(1) § 244 Abs. 1 BauGB erfaßt den vorbereitenden und den verbindlichen **Bauleit-**   4
plan, damit auch den vorhabenbezogenen B-Plan (arg. e § 12 Abs. 1 S. 2 BauGB).
Aus dem Bereich der städtebaulichen Satzungen hat das EAG Bau nur die **Innen-**
bereichssatzungen, hier sämtliche (ähnl. § 246 Abs. 1a S. 1 BauGB), und die
Außenbereichssatzung aufgenommen. Das gilt entsprechend auch für die genannten Satzungen. Das bedeutet umgekehrt: Für alle übrigen städtebaulichen
Satzungen gilt das besondere Überleitungsrecht des § 244 Abs. 1 BauGB nicht,
mithin wiederum die Grundnorm des § 233 Abs. 1 BauGB.

(2) Von der in § 244 Abs. 1 BauGB gesondert geregelten Überleitungsfrage ist die   5
andere zu trennen, welche Bedeutung die **Plan-UP** für die Innen- und die Außenbereichssatzung und für den B-Plan des vereinfachten Verfahrens überhaupt besitzt. Während der Überleitungsfrist von zwei Jahren ist das bisherige Recht der
Innen- und der Außenbereichssatzung anzuwenden. Die **Ausschlußgründe des**
§ 34 Abs. 5 S. 1 Nr. 2 und des § 35 Abs. 6 S. 4 Nr. 2 BauGB 2004 gelten nicht,
wenn diese Verfahren nicht nach dem 20.7.2004 eingeleitet wurden. Dasselbe gilt
für B-Pläne im vereinfachten Verfahren (§ 13 Abs. 1 BauGB).

(3) Die **übrigen städtebaulichen Satzungen** unterfallen der Grundregel des § 233   6
Abs. 1 BauGB, also Veränderungssperre (§ 16 BauGB), Satzung über besonderes
Vorkaufsrecht (§ 25 BauGB), Erschließungsbeitragssatzung (§ 132 BauGB), natur-
schutzrechtliche Kostensatzung (§ 135c BauGB), Sanierungssatzung (§ 142, 162,

---

1   Vgl. auch M. Krautzberger/B. Stüer, Städtebaurecht 2004: Was hat sich geändert?, in: DVBl 2004,
    781–791 [790f.].

170 BauGB), Entwicklungssatzung (§ 165 BauGB), Stadtumbausatzung (§ 171d BauGB) und Erhaltungssatzung (§ 172 BauGB). Bei diesen Satzungen hat das EAG Bau zutreffend abstrakt verneint, daß sie im Sinne des Art. 3 Abs. 4 Plan-UP-RL 2001/42/EG einen „Rahmen" für die künftige Genehmigung von Vorhaben setzen, die voraussichtlich erhebliche Umweltauswirkungen haben. Aus der Sicht der Richtlinie ist es daher „unschädlich", daß ihnen § 233 Abs. 1 S. 2 BauGB eine facultas alternativa eröffnet.

7   (4) § 244 Abs. 1 BauGB erfaßt auch Änderungen oder Ergänzungen der Bauleit-pläne (§ 1 Abs. 8 BauGB), vgl. näher dortige Kommentierung zur Überplanung und nachträglichen Gliederung (vgl. § 1 Abs. 4 und 9 BauNVO).

3.2   Zeitliche Unterscheidungen

3.2.1   Zweijährige Übergangsfrist

8   (1) § 244 Abs. 1 BauGB führt einen **doppelten Stichtag** ein. Die von § 244 Abs. 1 BauGB erfaßten Pläne und Satzungen, deren Verfahren nach dem **20.7.2004** förm-lich **eingeleitet** wurden (1. Altn.) oder die erst nach dem **20.7.2006 abgeschlos-sen** werden (2. Altn.), müssen nach den Vorschriften des novellierten BauGB, da-mit mit einer **UVP**, zu Ende geführt werden.

9   (2) Das heißt: **[1]** Ist das Verfahren förmlich **nach dem 20.7.2004**, eingeleitet wor-den, so ist in jedem Falle das Recht des EAG Bau maßgebend. Das entspricht im Gegenschluß der Regel des § 233 Abs. 1 BauGB. **[2]** Ist das Verfahren förmlich **nicht nach dem 20.7.2004**, also vorher, eingeleitet worden, bildet § 244 Abs. 1 BauGB durch einen neuen Stichtag zwei Fallvarianten:

10   **[2.1]** Kann das so unter „altem" Recht eingeleitete Verfahren erst **nach dem 20.7.2006** „abgeschlossen" werden, so ist wie zu [1] ebenfalls das neue Recht des EAG Bau anzuwenden, und zwar uneingeschränkt. Für diese noch laufenden „Altverfahren" entscheidet also über die Notwendigkeit der UP der Verfahrensab-schluß. Das entspricht Art. 13 Abs. 3 S. 2 Plan-UP-RL 2001/42/EG.

11   **[2.2]** Kann (besser: könnte) dagegen das nicht nach dem 20.7.2004, also vorher, eingeleitete Verfahren **nicht (erst) nach 20.7.2006**, sondern bereits vorher abge-schlossen werden, enthält § 244 Abs. 1 BauGB zu dieser Fallvariante unmittelbar keine Aussage. Insoweit ist aus der Sicht des § 233 Abs. 1 S. 1 BauGB „nichts ande-res bestimmt". Damit gilt wiederum die Grundregel des § 233 Abs. 1 BauGB selbst. Das führt zur Anwendung des „alten" Rechts. Das ist nach der Begründung des Ge-setzesentwurfs der BReg. auch so gewollt (BTag-Drs. 15/2250 S. 66). In diesem Falle besteht gemäß § 233 Abs. 1 S. 2 BauGB allerdings für die einzelnen Verfah-rensschritte eine **facultas alternativa**. Die Gemeinde kann ihr Verfahren nach neuem Recht ausrichten. Dafür sollte sie sich entscheiden, wenn sie nicht hinreichend si-cher ist, das eingeleitete Verfahren bis zum 20.7.2006 abschließen zu können.

12   (3) Im Ergebnis bedeutet § 244 Abs. 1 BauGB: Die Gemeinden können in einer **Übergangsfrist von zwei Jahren** die Anwendung des UVP-Rechts des EAG Bau

vermeiden. Ein Mitgliedstaat ist zwar grundsätzlich nicht ermächtigt, durch seine Verfahrensgestaltung die Effektivität einer Richtlinie hinsichtlich der vorgegebenen Umsetzungsfrist in einer eigenen Übergangsregelung abzuschwächen.[2] Das ist nur anders, wenn der Richtliniengeber selbst zu einer abweichenden Regelung ermächtigt. Eben dies ist mit Art. 13 Abs. 3 S. 2 Plan-UP-RL 2001/42/EG geschehen.

3.2.2 Rechtslage am 20.7.2004

(1) Eine Frage bleibt: Wie ist die **Rechtslage am 20.7.2004** selbst. Diese Frage **13** ist dahin zu stellen, wie ein am 20.7.2004 förmlich eingeleitetes Verfahren zu beurteilen ist. Für ein an diesem Tag förmlich eingeleitetes Verfahren gilt das BauGB in der Fassung des EAG Bau. Dieses Gesetz trat am 20.7.2004 in Kraft. Das ordnet Art. 7 EAG Bau an. Damit trat das EAG Bau mit **Beginn** des 20.7.2004 in Kraft. Das EAG Bau selbst wurde unter dem 30.6.2004 im BGBl. verkündet. Am 20.7.2004 galt damit bereits auch § 244 Abs. 1 BauGB.

§ 244 Abs. 1 BauGB ist lex specialis zu § 233 Abs. 1 BauGB. Das normiert § 244 **14** Abs. 1 BauGB selbst. In seiner ersten Alternative behandelt § 244 Abs. 1 BauGB nur Verfahren, die nach dem 20.7.2004 BauGB förmlich eingeleitet wurden. Diese Voraussetzung trifft für Verfahren, die erst am 20.7.2004 eingeleitet wurden, nicht zu. Damit scheidet die erste Alternative des § 244 Abs. 1 BauGB aus. Zu prüfen bleibt damit die zweite Alternative des § 244 Abs. 1 BauGB. Diese steht im zeitlichen Ablauf im Gegensatz zur ersten Alternative. Für alle Verfahren, die nicht von der ersten Alternative erfaßt werden, gilt die **Option** der zweiten Alternative. Damit kann die Gemeinde ein Verfahren, das am 20.7.2004 eingeleitet wurde, bis zum Ablauf des 20.7.2006 nach den bisherigen Vorschriften des Gesetzes zu Ende führen. Zu diesen Vorschriften gehört nun aber auch § 233 Abs. 1 BauGB selbst. § 233 Abs. 1 S. 1 BauGB regelt seinerseits Verfahren, deren förmlicher Verfahrensbeginn vor dem Zeitpunkt des Inkrafttretens liegt. Damit würde für ein am 20.7.2004 eingeleitete Verfahren das EAG Bau als „neues Recht" anzuwenden sein. Jedoch soll § 233 Abs. 1 BauGB bei der Anwendung des § 244 Abs. 1 BauGB ausgeschlossen sein.

(2) Diese Zurückverweisungstechnik der §§ 233 Abs. 1, 244 Abs. 1 BauGB ist für **15** den Tag des 20.7.2004 zugunsten der Anwendung der Optionslösung zu entscheiden. Diese zeitliche Unsicherheit ist nicht zuletzt dem Gesetzgebungsverfahren geschuldet.[3] Bundestag und Bundesrat hatten bei ihren Beschlußfassungen zu Art. 7 EAG Bau entgegen Art. 82 Abs. 2 GG ein Datum nicht endgültig festgelegt. In der für das Gesetzgebungsverfahren aufschlußreichen Drucksache BRat-Drs.

---

2 Vgl. EuGH, Urteil vom 21.1.1999 – C–150/97 – EuGHE I 1999, 259 = EWS 1999, 107 zu RL 85/337/ EWG; EuGH, Urteil vom 22.10.1998 – C–301/95 – EuGHE I 1998, 6135 = DVBl 1999, 232 = NVwZ 1998, 1281 = NuR 1999, 95 zu RL 85/337/EWG (Deutschland); EuGH, Urteil vom 11.8.1995 – C–421/95 – EuGHE I 1995, 369 = DVBl 1996, 424 = NVwZ 1996, 102 (Deutschland – Großkrotzenburg).

3 Bereits die Begründung zum Gesetzesentwurf der BReg. enthielt datumsmäßige Unsicherheiten (BTag-Drs. 15/2250 S. 66). Dort erscheint – vom vorgeschlagenen Gesetzestext nicht gedeckt – das Datum des 21. Juli 2004 als Stichtag.

395/04 (sog. zweiter Durchgang) heißt es in Art. 7 zum Inkrafttreten wörtlich: „Dieses Gesetz tritt ... (einsetzen: Datum des Tages nach der Verkündung, oder, wenn dieses Datum vor dem 20. Juli 2004 liegt '20. Juli 2004`) in Kraft". In entsprechender Weise waren die in § 244 Abs. 1 vorgesehenen Daten formuliert. Ziel war, die **Umsetzungsfrist** der **Richtlinie 2001/42/EG** zu wahren. Diese Frist endete nach Art. 13 Abs. 1 der Richtlinie drei Jahre nach ihrem Inkrafttreten, gerechnet mit dem Tag der Veröffentlichung der Richtlinie im Amtsblatt der EG. Das war der 21.7.2001 (ABl. EG Nr. L 197/30). Die Umsetzungsfrist endete mit Ablauf des 20.7.2004.

3.3 Förmliche Einleitung und Abschluß des Verfahrens

3.3.1 Förmliche Einleitung

16 (1) Die Anwendung des **Stichtagsprinzips** bedingt die Feststellung, was als „förmlich eingeleitet" anzusehen ist. § 244 Abs. 1 BauGB übernimmt hier die entsprechende Wendung des § 233 Abs. 1 BauGB. Das attributive Wort „förmlich" betont die auch formale Erkennbarkeit des Einleitungsverfahrens. Damit soll Rechtsklarheit geschaffen werden, ob altes oder neues Recht anzuwenden ist. Art. 13 Abs. 3 S. 1 Plan-UP-RL umschreibt dies als „ersten förmlichen Vorbereitungsakt".

17 (2) Für den Bauleitplan ist der Zustand des eingeleiteten Verfahrens jedenfalls durch einen **Aufstellungsbeschluß** (§ 2 Abs. 1 S. 2 BauGB) erkennbar (vgl. § 233 BauGB Rn. 8 f.). Zwingend ist dies nicht.[4] Für die Rechtswirksamkeit eines Bauleitplans ist ein Aufstellungsbeschluß keine bindende Voraussetzung (arg. e § 214 Abs. 1 S. 1 Nr. 2 BauGB). Demgemäß ist auch nicht geboten, daß ein etwa vorhandener Aufstellungsbeschluß bereits gemäß § 2 Abs. 1 S. 2 BauGB ortsüblich bekannt gemacht wurde. Das alles ist anders, wenn eine Veränderungssperre oder eine Zurückstellung (§§ 14 ff. BauGB) beabsichtigt ist. Die frühzeitige Öffentlichkeitsbeteiligung (§ 3 Abs. 1 BauGB) oder die frühzeitige Behördenbeteiligung (§ 4 Abs. 1 BauGB) stellen Phasen eines förmlich eingeleiteten Verfahrens dar. Als Beginn kann jedenfalls auch eine Maßnahme der Beteiligung nach § 3 Abs. 1, 3 Abs. 2 oder § 4 Abs. 1 BauGB gelten.[5] Eine erneute Auslegung (nunmehr § 4a Abs. 3 BauGB) nach dem 20.7.2004 beläßt es bei einem „Altverfahren".

18 (3) Für die Satzungen nach §§ 34 Abs. 4 S. 1, 35 Abs. 6 BauGB gibt es im BauGB einen vergleichbaren verfahrenseinleitenden „förmlichen" Akt nicht. Eine anderweitige bundesrechtliche Vorgabe besteht nicht. Maßgebend ist danach das kommunalverfassungsrechtliche Satzungsverfahren. Dieses sieht in aller Regel vor, daß ein Antrag auf Beschlußfassung über eine Satzung der Gemeinde förmlich (öffentlich) als Tagesordnungspunkt bekannt gemacht werden muß. Das ist genügend, um von einem „förmlich" eingeleiteten Verfahren ausgehen zu können. In diesem Falle ist das Stadium der nur internen Erwägungen beendet.

---

4   Beiläufig a.A. B Stüer/A. Sailer, Monitoring in der Bauleitplanung, in: BauR 2004, 1392–1401 [1392].
5   Ebenso W. Schrödter, Das Europarechtsanpassungsgesetz Bau – EAG Bau, in: NST-N 2004, 197–216 [207].

3.3.2 Abschluß des Verfahrens

(1) **B-Plan.** § 244 Abs. 1 BauGB setzt in seiner zweiten Alternative voraus, daß **19** das Verfahren nicht nach dem 20.7.2006 „abgeschlossen" wird. Der Begriff ist im Hinblick auf den genauen Zeitpunkt kritisch. Für den B-Plan oder eine Innen- oder Außenbereichssatzung kommen der Zeitpunkt der Beschlußfassung (vgl. § 214 Abs. 3 S. 1 BauGB) oder der Zeitpunkt der Bekanntmachung (für den B-Plan vgl. § 10 Abs. 3 S. 4 BauGB) in Betracht. Der B-Plan wäre danach das Verfahren erst mit der öffentlichen Bekanntmachung insoweit „abgeschlossen", als erst dann die Rechtswirksamkeit eintritt. Für die Innen- und die Außenbereichssatzung ergibt sich dies gemäß § 34 Abs. 6 S. 2, § 35 Abs. 6 S. 6 BauGB in Verb. mit § 10 Abs. 3 BauGB. Problematisch ist indes, ob der Eintritt der Rechtswirksamkeit der maßgebende Zeitpunkt im Sinne des § 244 Abs. 1 BauGB zu sein hat. Bessere Gründe sprechen im Hinblick auf die spezifische Zielsetzung des § 244 Abs. 1 BauGB dafür, den Zeitpunkt der Beschlußfassung für maßgebend anzusehen.[6] Die Gemeinde erhält durch § 244 Abs. 1 BauGB eine Option für zwei Jahre, das zuvor förmlich eingeleitete Bauleitplanverfahren nach „altem" Recht zu Ende zu führen. Dazu muß das Beschlußgremium wissen, aufgrund welcher Rechtslage es entscheidet. Die Maßgeblichkeit der Anwendung „alten" oder „neuen" Rechts sollte nicht von etwas Ungewissem, nämlich von dem Zeitpunkt der nachfolgenden Bekanntmachung, abhängig gemacht werden. Von größerem Gewicht ist demgegenüber der Zeitpunkt der Entscheidung. Zudem will der deutsche Gesetzgeber die gemeinschaftsrechtliche Vorgabe der Fristregelung des Art. 13 Abs. 3 S. 2 Plan-UP-RL umsetzen. Die Regelung der Plan-UP-RL verlangt die Anwendung des neuen Recht, wenn der Plan – bezogen auf den Umsetzungsstichtag – erst mehr als 24 Monate danach „angenommen" wurde. Diese „Annahme" liegt in der Beschlußfassung, nicht jedoch in deren Dokumentation durch öffentliche Bekanntmachung.

(2) **F-Plan.** Der F-Plan bedarf der Genehmigung der höheren Verwaltungsbehör- **20** de (§ 6 Abs. 1 BauGB). Hier ist das inhaltliche Verfahren noch nicht mit der Beschlußfassung der Gemeinde „abgeschlossen", sondern setzt sich „stufig" im Genehmigungsverfahren fort. Das Verfahren ist erst mit der erteilten Genehmigung abgeschlossen. Diese muß mithin der Gemeinde bis zum 20.7.2006 erteilt sein. Auf den Zeitpunkt der nachfolgenden Bekanntmachung der Genehmigung (§ 6 Abs. 5 S. 2 BauGB) kommt es nicht an (entsprechend Rn. 19 zum B-Plan).

(3) Kann die Gemeinde den Zeitpunkt des 20.7.2006 für ihre „abschließende" Be- **21** schlußfassung oder für erforderliche Genehmigung mutmaßlich nicht einhalten, ist ihr dringlich zu raten, von vornherein das neue Recht anzuwenden. Dazu ist sie nach § 233 Abs. 1 S. 2 BauGB befugt.

---

6   A.A. wohl W. Schrödter, Das Europarechtsanpassungsgesetz Bau – EAG Bau, in: NST-N 2004, 197–216 [207]: Zeitpunkt der Bekanntmachung.

II. § 244 Abs. 2 BauGB 2004 – Projekt-UVP-Änderungsrichtlinie

1. Text der Gesetzesfassung

22 (2) Abweichend von Absatz 1 finden auf Bebauungsplanverfahren, die in der Zeit vom 14. März 1999 bis zum 20. Juli 2004 förmlich eingeleitet worden sind und die vor dem 20. Juli 2006 abgeschlossen werden, die Vorschriften des Baugesetzbuchs in der vor dem 20. Juli 2004 geltenden Fassung weiterhin Anwendung. Ist mit gesetzlich vorgeschriebenen einzelnen Verfahrensschritten noch nicht begonnen worden, können diese auch nach den Vorschriften dieses Gesetzes durchgeführt werden.

2. Textgeschichte

23 Die Gesetzesfassung entspricht dem Entwurf der BReg. (vgl. BTag-Drs. 15/2250 S. 22, 66).

3. Erläuterung

24 (1) § 244 Abs. 2 S. 1 BauGB ist lex specialis zu § 244 Abs. 1 BauGB. Die Vorschrift soll eine Art verfahrensmäßigen Vertrauensschutz begründen. Sie entspricht dem bisherigen § 245c Abs. 1 BauGB 2001. Das Datum des **14.3.1999** bezieht sich auf die unmittelbare Geltung der Projekt-UVP-Änderungsrichtlinie.

25 (2) Begünstigt sind Verfahren der Bebauungsplanung, die nach 14.3.1999 förmlich eingeleitet wurden. § 244 Abs. 2 S. 1 BauGB billigt mit dem Bezug auf den 14.3.1999 die Rechtsansicht, daß die **Projekt-UVP-Änderungsrichtlinie** wegen fehlender rechtzeitiger Umsetzung unmittelbare Rechtswirkung entfaltete. Die Verfahren sind nach der Maßgabe des sog. Artikelgesetzes vom 27.7.2001 (BGBl. I S. 1950) zu Ende zu führen. Ist danach das Verfahren vor dem 20.7.2004 eingeleitet und wird es spätestens mit Ablauf des 20.7.2006 abgeschlossen werden, beschränkt sich die UP nur auf bestimmte projektbezogene B-Pläne.

26 Ein Genehmigungsantrag, der für ein Vorhaben vor dem 14.3.1999 gestellt worden ist, ist gemäß Art. 3 Abs. 2 der Richtlinie des Rates vom 3.3.1997 zur Änderung der Richtlinie 85/337/EWG über die Umweltverträglichkeitsprüfung bei bestimmten öffentlichen und privaten Projekten – UVP-ÄndRL – (ABl. EG Nr. L 73 S. 5) die UVP-RL in ihrer bisherigen Fassung anzuwenden (sog. Altvorhaben).[7]

27 (3) § 244 Abs. 2 BauGB betont die **Förmlichkeit** des Einleitens. Damit soll erreicht werden, daß die Maßgeblichkeit des jeweiligen Rechts auch hier zweifelsfrei ist. Kann das Bauleitplanverfahren mit Ablauf des 20.7.2006 nicht abgeschlossen werden, gilt das neue Recht des EAG Bau und damit auch § 2 Abs. 4 BauGB uneingeschränkt. Die neue UP nach § 2 Abs. 4 BauGB 2004 gilt gemäß § 244 Abs. 2 BauGB auch, wenn das Bauleitplanverfahren erst nach dem Inkrafttreten des EAG Bau, also nach dem 19.7.2004, eingeleitet wurde.

---

7 OVG Lüneburg, Urteil vom 25.9.2003 – 1 LC 276/02 – NuR 2004, 125 = NordÖR 2004, 115 (Windenergieanlage).

III. § 244 Abs. 3 BauGB 2004 – Monitoring

1. Text der Gesetzesfassung

(3) § 4 Abs. 3 und § 4c gelten nur für Bauleitpläne, die nach Absatz 1 oder 2 nach den Vorschrif-   28
ten dieses Gesetzes zu Ende geführt werden.

2. Textgeschichte

Die Gesetzesfassung entspricht im wesentlichen dem Entwurf der BReg. (vgl. BTag-   29
Drs. 15/2250 S. 22, 66). Der Entwurf hatte vorgesehen, ein Monitoring auch für
Innenbereichssatzungen (§ 34 Abs. 4 S. 1 BauGB) zu bestimmen. Der 14. BTags-
Ausschuß folgte dem nicht (BTag-Drs. 15/2996 S. 64). Die genannten Satzungen
dürfen ohnedies nur erlassen werden, wenn **keine UP** geboten war (vgl. § 34 Abs.
5 S. 1 Nr. 2 BauGB).

3. Erläuterung

(1) Die Textfassung ist sprachlich mißlungen. Sie ist schief: Nicht Bauleitpläne   30
werden „zu Ende geführt", sondern allein Verfahren, die Bauleitpläne zum Gegenstand haben. Es ist leider nicht der einzige Fall, daß das EAG Bau zur sprachli-
chen Verkürzung neigt (vgl. zu den „berührten Behörden" § 4a Abs. 3 S. 4, § 13
Abs. 1 Nr. 3 BauGB).

(2) § 244 Abs. 3 BauGB schränkt die Informationspflicht der Behörden gegenüber   31
der Gemeinde über Auswirkungen eines Bauleitplanes auf die Umwelt ein (§ 4
Abs. 3 BauGB). Dieselbe Einschränkung gilt für die Pflicht der Gemeinde zum
Monitoring nach § 4c BauGB. § 4 Abs. 3 und § 4c gelten nur für Bauleitpläne, für
welche das „neue" Recht des EAG Bau nach § 244 Abs. 1 oder 2 BauGB anzuwenden ist.[8]

(3) Die Gemeinde sich **kann** während der **zweijährigen Übergangsfrist** gemäß   32
§ 233 Abs. 1 S. 1 BauGB entschließen, bereits das „neue" Recht der UP anzuwenden. Für diesen Fall will das EAG Bau ebenfalls die Anwendung des § 4 Abs. 3
BauGB und des § 4c BauGB ausschließen. Der Sinn dieser Einschränkung erhellt sich nicht. Die Entstehungsgeschichte läßt vermuten, daß dem Gesetzgeber
diese Variante nicht vor Augen stand (vgl. Begründung des Gesetzesentwurfs der
BReg., in: BTag-Drs. 15/2250 S. 67).

IV. § 244 Abs. 4 BauGB 2004 – Überprüfungspflicht bei F-Plänen

1. Text der Gesetzesfassung

(4) § 5 Abs. 1 Satz 3 ist auf Flächennutzungspläne, die vor dem 20. Juli 2004 aufgestellt worden   33
sind, erstmals ab 1. Januar 2010 anzuwenden.

---

8   Vgl. B Stüer/A. Sailer, Monitoring in der Bauleitplanung, in: BauR 2004, 1392–1401.

Berkemann

2. Textgeschichte

34 Die Gesetzesfassung entspricht der Beschlußempfehlung des 14. BTags-Ausschusses (BTag-Drs. 15/2996 S. 64, 105), der damit einer Anregung aus dem Planspiel folgte.

3. Erläuterung

35 § 5 Abs. 1 S. 3 BauGB unterwirft F-Pläne einer Überprüfungspflicht. Die Pflicht beginnt spätestens 15 Jahre nach erstmaliger oder erneuter Aufstellung des Plans. § 244 Abs. 4 BauGB **verlängert** den Zeitrahmen. Eine Pflicht entsteht frühestens mit dem 1.1.2010, wenn der F-Plan vor dem 20.7.2004 aufgestellt wurde. Der in § 244 Abs. 4 BauGB benutzte Ausdruck „aufgestellt" ist unscharf. Er weicht von dem in § 244 Abs. 1 und 2 verwandten Begriff des „Einleitens" ab, entspricht aber der Ausdrucksweise des § 5 Abs. 1 S. 3 BauGB. Sachangemessen ist es, in der Beschlußfassung der Gemeinde über den F-Plan den maßgebenden Stichtag zu sehen (vgl. näher die Kommentierung zu § 5 Abs. 1 S. 3 BauGB).

V. § 244 Abs. 5 BauGB 2004 – Teilungsrecht

1. Text der Gesetzesfassung

36 (5) Die Gemeinden können Satzungen, die auf der Grundlage des § 19 in der vor dem 20. Juli 2004 geltenden Fassung erlassen worden sind, durch Satzung aufheben. Die Gemeinde hat diese Satzung ortsüblich bekannt zu machen; sie kann die Bekanntmachung auch in entsprechender Anwendung des § 10 Abs. 3 Satz 2 bis 5 vornehmen. Unbeschadet der Sätze 1 und 2 sind Satzungen auf der Grundlage des § 19 in der vor dem 20. Juli 2004 geltenden Fassung nicht mehr anzuwenden. Die Gemeinde hat auf die Nichtanwendbarkeit dieser Satzungen bis zum 31. Dezember 2004 durch ortsübliche Bekanntmachung hinzuweisen. Die Gemeinde hat das Grundbuchamt um Löschung eines von ihr nach § 20 Abs. 3 in der vor dem 20. Juli 2004 geltenden Fassung veranlassten Widerspruchs zu ersuchen.

2. Textgeschichte

37 Die Gesetzesfassung ist textidentisch mit dem Gesetzesentwurf der BReg. (vgl. BTag-Drs. 15/2250 S. 22, 66).

3. Erläuterung der Änderung

3.1 Zielsetzung der Überleitungsregelung

38 (1) Nach § 19 BauGB in der Fassung des EAG Bau sind Grundstücksteilungen genehmigungsfrei. Bisher bestand eine Genehmigungspflicht. Sie beruhte auf Satzungen, welche die Gemeinde gemäß § 19 Abs. 1 BauGB a.F. erlassen konnte. Der gesamte § 244 Abs. 5 BauGB erweist sich bei näherer Betrachtung als ein Musterbeispiel eines „quasi-perfekten" Gesetzgebers.

39 (2) Die am 20.7.2004 **anhängigen Verfahren**, die eine Genehmigung der Teilung eines Grundstücks gemäß § 19 Abs. 1 BauGB a.F. zum Gegenstand haben,

Berkemann

können nicht fortgesetzt werden. § 233 Abs. 1 BauGB ist nicht anwendbar. Die Verfahren sind ohne Sachentscheidung zu beenden.[9] Da die Genehmigungspflicht generell entfallen ist, besteht auch keine Notwendigkeit mehr, entsprechende Negativatteste auszustellen (vgl. § 20 Abs. 2 BauGB a.F.). Die Kenntnis der Genehmigungsfreiheit wird für die Grundbuchämter vorausgesetzt.

(2) § 244 Abs. 5 BauGB zieht aus dem Fortfall der Genehmigungspflicht die Folgerung, daß die materiellen Rechtsgrundlagen derartiger Genehmigungen aus Gründen der **Rechtsbereinigung** zu beseitigen sind. Das EAG Bau wählt nicht den Weg, gemeindliche Satzungen kraft Bundesrechts unmittelbar aufzuheben. Gegen diese Vorgehensweise hätten im Durchgriff auf die Planungshoheit der Gemeinde möglicherweise verfassungsrechtliche Bedenken geltend gemacht werden können.[10] Statt dessen verpflichtet § 244 Abs. 5 BauGB die Gemeinden, ihrerseits für eine Rechtsbereinigung zu sorgen. **40**

3.2 § 244 Abs. 5 Satz 1 BauGB 2004

(1) Die Gemeinde kann ihre Teilungsgenehmigungssatzung, die sie gemäß § 19 Abs. 1 BauGB a.F. vor dem 20.7.2004 erlassen hatte, durch Satzung aufheben. Die Satzung war „erlassen", wenn sie gemäß § 19 Abs. 1 S. 2 oder S. 3 BauGB a.F. ortsüblich bekanntgemacht worden war. War dies am 19.7.2004 geschehen, trat die Satzung am diesem Tage der Bekanntmachung in Kraft (vgl. § 10 Abs. 3 S. 4 BauGB), war also noch wirksam. **41**

(2) § 244 Abs. 5 S. 1 BauGB enthält eine Selbstverständlichkeit. Die Gemeinde konnte vor dem Inkrafttreten des EAG Bau jederzeit eine Teilungsgenehmigungssatzung durch Satzung aufheben. Die Notwendigkeit, die Gemeinde dazu im Überleitungsrecht ausdrücklich zu ermächtigen, erschließt sich nur aus dem Perfektionismus des Gesetzgebers. Dieser nahm an, durch den Fortfall des § 19 Abs. 1 BauGB a.F. habe er gleichzeitig der Gemeinde die Befugnis entzogen, altes Satzungsrecht aufzuheben. **42**

3.3 § 244 Abs. 5 Satz 2 BauGB 2004

Hebt die Gemeinde ihre Teilungsgenehmigungssatzung durch eine Satzung auf, hat sie diese Satzung ortsüblich bekannt zu machen. Sie kann dazu die Verfahrensweise des § 10 Abs. 3 Satz 2 bis 5 BauGB nutzen. Man fragt allerdings, welchen Sinn die ermöglichte Ersatzverkündung bei einer kassatorischen Aufhebungsentscheidung noch haben kann. **43**

---

9   Vgl. BVerwG, Beschluß vom 14.5.1999 – 4 B 41.99 – ZfBR 2000, 201 = BRS 62 Nr. 126 (1999); Urteil vom 1.7.1999 – 4 C 23.97 – NVwZ 2000, 195 = ZfBR 1999, 353 = BauR 2000, 75 = BRS 62 Nr. 124; VGH München, Beschluß vom 4.2.1999 – 1 B 98.1800 – NJW 1999, 2296 = BauR 1999, 887 = BRS 62 Nr. 127.
10 Vgl. BVerfGE 56, 298 [310, 312] = DVBl 1981, 535 = NJW 1981, 1659 = UPR 1982, 22 – Flugplatz Memmingen.

3.4 § 244 Abs. 5 Satz 3 BauGB 2004

44 (1) § 244 Abs. 5 S. 3 BauGB normiert ein **Anwendungsverbot** einer bestehenden, d.h. nach § 244 Abs. 5 S. 1 BauGB noch nicht aufgehobenen Teilungsgenehmigungssatzung; auch dies ein Beispiel des Gesetzesperfektionismus: Ein Genehmigungsverfahren nach § 19 BauGB a.F. gibt es mit Beginn des 20.7.2004 nicht mehr. Ein Anwendungsfall ist daher nicht mehr denkbar. Anhängige Verfahren sind ohne Sachentscheidung zu beenden.[11] Ob dies auch für Teilungsgenehmigungen mit **privatrechtsgestaltender Wirkung** gilt, erscheint dagegen zweifelhaft.[12] Hier wäre eine teleologische Reduktion des § 244 Abs. 5 S. 3 BauGB geboten.

45 (2) Der Zusatz, daß es sich um Satzungen „in der vor dem 20. Juli 2004 geltenden Fassung" handeln muß, ist irreführend und hat keine Bedeutung. Andere Teilungsgenehmigungssatzungen gibt es nicht, da die Ermächtigungsgrundlage des § 19 Abs. 1 BauGB a.F. mit dem Inkrafttreten des EAG Bau am 20.7.2004 entfallen ist.

3.5 § 244 Abs. 5 Satz 4 BauGB 2004

46 (1) § 244 Abs. 5 S. 4 BauGB begründet eine **Hinweispflicht**. Die Gemeinde ist verpflichtet, die in § 244 Abs. 5 S. 3 BauGB angeordnete Nichtanwendbarkeit der Teilungsgenehmigungssatzung ortsüblich bekanntzumachen. In der Begründung des Gesetzesentwurfs der BReg. wird als Zweck der statuierten Hinweispflicht eine „erhöhte Transparenz" angegeben (BTag-Drs. 15/2250 S. 67). Zur Erfüllung wird der Gemeinde eine **Frist** bis zum 31.12.2004 gesetzt.

47 (2) Beachtet die Gemeinde die Hinweispflicht nicht, hat das für die Nichtanwendbarkeit der noch nicht aufgehobenen Satzung keine Bedeutung. Da der Gemeinde zur Erfüllung der Hinweispflicht eine Frist bis zum 31.12.2004 eingeräumt ist, darf man sich fragen, ob das Gesetz tatsächlich annimmt, die Gemeinde werde bis zu diesem Zeitpunkt nicht in der Lage sein, die Satzung gemäß der Pflicht des § 244 Abs. 5 S. 1 BauGB aufzuheben. Man kann also der kostensparenden Gemeinde nur empfehlen, von einem Hinweis abzusehen und die Satzung „mit einem Federstrich" aufzuheben. Der Gesetzgeber hat sich erkennbar nicht bewußt gemacht, daß das Grundbuchamt und der die Teilungserklärung protokollierende Notar die neue Rechtslage kennen.

3.6 § 244 Abs. 5 Satz 5 BauGB 2004

48 (1) Hat das Grundbuchamt eine Teilung des Grundstücks ohne die erforderliche Teilungsgenehmigung in das Grundbuch eingetragen, ist dieses materiell unrich-

---

11 Vgl. BVerwG, Beschluß vom 14.5.1999 – 4 B 41.99 – ZfBR 2000, 201 = BRS 62 Nr. 126 (1999); Urteil vom 1.7.1999 – 4 C 23.97 – NVwZ 2000, 195 = ZfBR 1999, 353 = BauR 2000, 75 = BRS 62 Nr. 124; VGH München, Beschluß vom 4.2.1999 – 1 B 98.1800 – NJW 1999, 2296 = BauR 1999, 887 = BRS 62 Nr. 127.

12 Vgl. BVerwG, Beschluß vom 22.10.1975 – 4 B 95.75 – BauR 1975, 407 = BRS 29 Nr. 73; Beschluß vom 15.4.1999 – 4 B 41.99 – ZfBR 2000, 201 = BRS 62 Nr. 126; vgl. auch E. Taegen, in: BK, 2. Aufl., 1995, § 19 Rn. 21.

Berkemann

tig geworden.[13] Gleichwohl stand die Eintragung unter dem Schutz des öffentlichen Glaubens (§ 892 Abs. 1 S. 1 BGB). Um ihr öffentliches Interesse zu sichern, ermächtigte § 20 Abs. 3 BauGB a. F. die Gemeinde, das Grundbuchamt um die Eintragung eines Widerspruchs gegen die Richtigkeit des Grundbuchs zu ersuchen. § 20 Abs. 3 BauGB a. F. hebt zutreffend hervor, daß die Zulässigkeit eines Amtswiderspruchs nach § 53 GBO unberührt blieb.

(2) § 244 Abs. 5 S. 5 BauGB verpflichtet die Gemeinde, das Grundbuchamt um **49** **Löschung** eines von ihr veranlaßten Widerspruchs zu ersuchen. Dem hat das Grundbuchamt zu entsprechen. Man kann nicht den Eindruck gewinnen, daß der Gesetzgeber mit dieser Regelung die sachenrechtliche und grundbuchrechtliche Rechtslage wirklich erkannt hat. Richtig ist, daß § 19 BauGB Sachenrecht und Bauplanungsrecht „entkoppelt" hat (vgl. § 19 BauGB, Rn. 14)). Das ändert aber nichts an den bereits zuvor eingetretenen sachenrechtlichen Rechtsfolgen. Das Grundbuch bleibt unrichtig. Daran ändert die Rücknahme des Widerspruchs der Gemeinde nichts. Das Grundbuchamt kann den gelöschten Widerspruch der Gemeinde durch einen **Amtswiderspruch gemäß § 53 GBO** substituieren.

VI. § 244 Abs. 6 BauGB 2004 – Fremdenverkehrssatzung

Die Überleitungsbestimmung betrifft das Recht der Fremdenverkehrssatzung (§ 22 **50** BauGB). Von einer Erläuterung wird abgesehen.

VII. § 244 Abs. 7 BauGB 2004 – Rückbauverpflichtung

1. Text der Gesetzesfassung

(7) § 35 Abs. 5 Satz 2 gilt nicht für die Zulässigkeit eines Vorhabens, das die Nutzungsänderung **51** einer baulichen Anlage zum Inhalt hat, deren bisherige Nutzung vor dem 20. Juli 2004 zulässigerweise aufgenommen worden ist.

2. Textgeschichte

Die Gesetzesfassung entspricht der Empfehlung des 14. BTags-Ausschusses **52** (BTag-Drs. 15/2996 S. 66, 106). Der Gesetzesentwurf der BReg. hatte trotz der Änderung des § 35 Abs. 5 BauGB eine Überleitungsregelung nicht vorgesehen (BTag-Drs. 15/2250 S. 23).

3. Erläuterung

(1) § 244 Abs. 7 BauGB betrifft die **Nutzungsänderung einer „Altnutzung"**. Die **53** Vorschrift suspendiert die nach § 35 Abs. 5 S. 2 BauGB bestehenden Verpflichtungen. Die Nutzungsänderung muß eine bauliche Anlage betreffen, deren Nutzung ihrerseits vor dem 20.7.2004 „zulässigerweise" aufgenommen war. Die Zulässigkeit der „Altnutzung" beruht entweder auf formeller oder auf materieller Legalität.

---

13 BGH, Urteil vom 14.3.1980 – V ZR 115/78 – BGHZ 76, 242 = NJW 1980, 1691; H. Dürr, Die Teilungsgenehmigung nach §§ 19ff. BBauG 1979, in: NVwZ 1983, 73–77 [76].

Es muß sich um eine privilegierte „Altnutzung" im Sinne des § 35 Abs. 1 Nrn. 2 bis 6 BauGB im Sinne der Numerierung nach dem EAG Bau handeln. Ohne § 244 Abs. 7 BauGB unterfiele die Nutzungsänderung dem Regelungssystem des § 35 Abs. 5 S. 2 BauGB (vgl. § 35 BauGB, Rn. 122).

54 (2) § 244 Abs. 7 BauGB erfaßt hauptsächlich das **Repowering** älterer **Windenergieanlagen**. Bei Änderung der Nutzungstechnologie der Anlage kann darin eine **Nutzungsänderung** im Sinne des § 29 Abs. 1 BauGB liegen. Das gilt nach allgemeinen Grundsätzen dann, wenn durch die veränderte Nutzung mit veränderten Auswirkungen auf die Umwelt zu rechnen ist. Dann kann sich – gerade im Außenbereich – die Genehmigungsfähigkeit der neuen Nutzung neu stellen. Zweifelhaft kann die Rechtslage sein, wenn eine „Altanlage" durch eine „Neuanlage" ersetzt wird. § 29 Abs. 1 BauGB unterscheidet zwischen Errichtung einer baulichen Anlage und der Nutzungsänderung einer bestehenden baulichen Anlage (ebenso § 9 Abs. 2 S. 1 BauGB). Die Abgrenzung kann auch zu § 29 Abs. 1 BauGB im Einzelfall schwierig sein. Wird bei einer Windenergieanlage der Rotor „ausgetauscht", liegt eine Nutzungsänderung dann vor, wenn mit dem neuen Rotor auf die Umwelt bezogene andere Auswirkungen verbunden sind.

55 Eine bauplanungsrechtlich relevante Nutzungsänderung ist stets anzunehmen, wenn keine Gleichartigkeit mit der früheren bodenrechtlichen Situation besteht. Die Gleichartigkeit muß in jeder Beziehung bestehen, also u. a. hinsichtlich des Standortes, der Nutzung und in der Funktion.[14]

56 (3) § 244 Abs. 7 BauGB wählt als den maßgebenden Zeitpunkt nicht den der Errichtung der baulichen Anlage oder deren bauordnungsrechtliche Abnahme oder die erteilte bauordnungsrechtliche oder immissionsschutzrechtliche Genehmigung. Eine Nutzung ist „aufgenommen", wenn sie ins Werk gesetzt wurde. Das verweist – im Gegensatz zur Errichtung – auf die betriebliche Aufnahme der Altnutzung. Liegt diese nach dem 19.7.2004, entfällt die Gunst des § 244 Abs. 7 BauGB. Liegt zu diesem Zeitpunkt zwar eine Genehmigung bereits vor, wurde die Altnutzung (die „bisherige" Nutzung) aber noch nicht aufgenommen, so wirkt sich diese Verzögerung der Nutzungsaufnahme für den Vorhabenträger in dem Sinne nachteilig aus, als er die Verpflichtung des § 35 Abs. 5 S. 2 BauGB einzugehen hat.

57 (4) Der Muster-Einführungserlaß (ARGE Bau) erläutert § 244 Abs. 7 BauGB irreführend (Nr. 4.3.1.5). Die Überleitungsregelung solle sicherstellen, „dass bauliche Anlagen, deren Nutzung bereits vor dem Inkrafttreten des EAG Bau zulässigerweise aufgenommen worden ist, auch bei einer Nutzungsänderung nicht nach § 35 Abs. 5 S. 2 BauGB zurückgebaut werden müssen". § 35 Abs. 5 S. 2 BauGB regelt materiell den Rückbau nicht, sondern setzt das Entstehen einer baurechtswidrigen Lage vielmehr voraus. Hat die vor dem 20.7.2004 eingetretene Nutzungsänderung zu einem baurechtswidrigen Zustand geführt, berührt dies die materielle Beseitigungspflicht nicht. § 244 Abs. 7 BauGB enthält keine „Heilungsbestimmung".

---

14 Vgl. zum Begriff der Gleichartigkeit BVerwG, Urteil vom 8.6.1979 – 4 C 23.77 – BVerwGE 58, 124 [130] = DVBl 1979, 626 = BauR 1979, 304; Urteil vom 23.1.1981 – 4 C 85.77 – BVerwGE 61, 290 [293] = DVBl 1981, 932 = BRS 45 Nr. 127.

§ 246 BauGB – Sonderregelungen für einzelne Länder

Änderung – § 246 Abs. 1a BauGB 2004

1. Text der geänderten Fassung

(1a) Die Länder können bestimmen, dass Bebauungspläne, **die nicht der Genehmigung bedürfen**, und **1** Satzungen nach § 34 Abs. 4 Satz 1, § 35 Abs. 6 und § 165 Abs. 6 vor ihrem Inkrafttreten der höheren Verwaltungsbehörde anzuzeigen sind; dies gilt nicht für Bebauungspläne nach § 13. (...)

2. Textgeschichte

Die BReg. hatte in ihrem Gesetzesentwurf eine Änderung des § 246 Abs. 1a BauGB **2** nicht vorgesehen (vgl. BTag-Drs. 15/2250 S. 68). Die Gesetzesfassung beruht auf einem Vorschlag des 14. BTags-Ausschusses (vgl. BTag-Drs. 15/2996 S. 67, 106). Der Ausschuß sieht die Änderung als Folgeänderung zur Abschaffung des Genehmigungserfordernisses nach § 34 Abs. 5 S. 2, § 35 Abs. 6 S. 2 und § 165 Abs. 7 BauGB an. Das angegebene Motiv ist hinsichtlich der Innenbereichssatzungen sachlich unzutreffend. Genehmigungspflichtig war nach § 34 Abs. 5 S. 2 BauGB nur die Ergänzungssatzung. § 246 Abs. 1a S. 1 BauGB a.F. bezog sich auf alle Innenbereichssatzungen, auch die schon bisher nicht genehmigungspflichtigen Satzungen nach § 34 Abs. 4 S. 1 Nrn. 1 und 2 BauGB. Aus welchem Grund § 246 Abs. 1a BauGB den Kreis auf die nicht genehmigungsbedürftigen B-Pläne erweitert, gibt die Begründung des 14. BTags-Ausschusses nicht an.

3. Erläuterung

3.1 Ermächtigung zur landesrechtlichen Regelung

Die Länder werden mit § 246a Abs. 1a S. 1 Halbs. 1 BauGB ermächtigt, für be- **3** stimmte Satzungen das frühere **Anzeigeverfahren** einzuführen. § 246 Abs. 1a S. 1 BauGB a.F. hatte diese Möglichkeit bisher nur für B-Pläne und Innenbereichssatzungen nach § 34 Abs. 4 S. 1 BauGB vorgesehen. Das EAG Bau modifiziert diesen Gegenstandsbereich.

3.2 Regelungsbereiche

3.2.1 Bebauungspläne

4 (1) Das Anzeigeverfahren kann für **B-Pläne** vorgesehen werden, welche der Genehmigung nicht unterliegen. Das bestimmt sich nach § 10 Abs. 2 BauGB. Genehmigungspflichtig sind B-Pläne nur in den Fällen des § 8 Abs. 2 S. 2, des § 8 Abs. 3 S. 2 BauGB oder des § 8 Abs. 4 BauGB. In diesen Fällen ist die höhere Verwaltungsbehörde im Verfahren nach § 6 BauGB ohnehin mit der Rechtsprüfung befaßt. Damit normiert § 246 Abs. 1 a S. 1 BauGB eine landesrechtlich einzuführende Anzeigepflicht nur für diejenigen B-Pläne, die gemäß § 8 Abs. 2 S. 1 BauGB aus einem bestehenden F-Plan entwickelt worden sind.

5 (2) Bebauungspläne, die im vereinfachten Verfahren nach § 13 BauGB erlassen werden, sind gemäß § 246 Abs. 1 a S. 1 Halbs. 2 BauGB von der Möglichkeit des Anzeigeverfahrens ausgeschlossen. Darin liegt eine mittelbare Änderung der bisherigen Rechtslage insoweit, als das vereinfachte Verfahren gemäß § 13 Abs. 1 BauGB auch den bestandssichernden B-Plan erfaßt. Die Entstehungsgeschichte läßt zweifeln, ob diese mittelbare Erweiterung erkannt wurde.

3.2.2 Sonstige Satzungen

6 § 246 Abs. 1 a S. 1 BauGB erfaßt nicht alle Satzungen des BauGB, sondern nur sämtliche Innenbereichssatzungen (§ 34 Abs. 4 S. 1 BauGB), die Außenbereichssatzung (§ 35 Abs. 6 S. 1 BauGB) und die Entwicklungssatzung (§ 165 Abs. 7 BauGB). Daß das EAG Bau unverändert die Möglichkeit des Anzeigeverfahrens auch für die nur deklaratorische Klarstellungssatzung vorsieht, ist im Verhältnis zur größeren Bedeutung anderer städtebaulicher Satzungen kaum verständlich.